青海省志

社会科学志

（1993—2010）

青海省地方志编纂委员会　编

社会科学文献出版社
SOCIAL SCIENCES ACADEMIC PRESS (CHINA)

图书在版编目（CIP）数据

青海省志. 社会科学志：1993 - 2010 / 青海省地方
志编纂委员会编. -- 北京：社会科学文献出版社，
2021.3
　　ISBN 978 - 7 - 5201 - 7912 - 6

　　Ⅰ. ①青… 　Ⅱ. ①青… 　Ⅲ. ①青海 - 地方志 ②社会科
学 - 工作概况 - 青海 - 1993 - 2010 　Ⅳ. ①K294.4
②C124.4

　　中国版本图书馆 CIP 数据核字（2021）第 025473 号

青海省志·社会科学志（1993—2010）

编　　　者／青海省地方志编纂委员会
主　　编／陈　玮　孙发平
副 主 编／马起雄　代　辛　张生寅

出 版 人／王利民
组稿编辑／陈　颖
责任编辑／薛铭洁　梁艳玲

出　　版／社会科学文献出版社·皮书出版分社 （010）59367127
　　　　　地址：北京市北三环中路甲 29 号院华龙大厦　邮编：100029
　　　　　网址：www. ssap. com. cn
发　　行／市场营销中心 （010）59367081　59367083
印　　装／三河市东方印刷有限公司

规　　格／开 本：889mm × 1194mm　1/16
　　　　　印 张：39.75　插 页：2.25　字 数：949 千字
版　　次／2021 年 3 月第 1 版　2021 年 3 月第 1 次印刷
书　　号／ISBN 978 - 7 - 5201 - 7912 - 6
定　　价／498.00 元

本书如有印装质量问题，请与读者服务中心 （010 - 59367028）联系

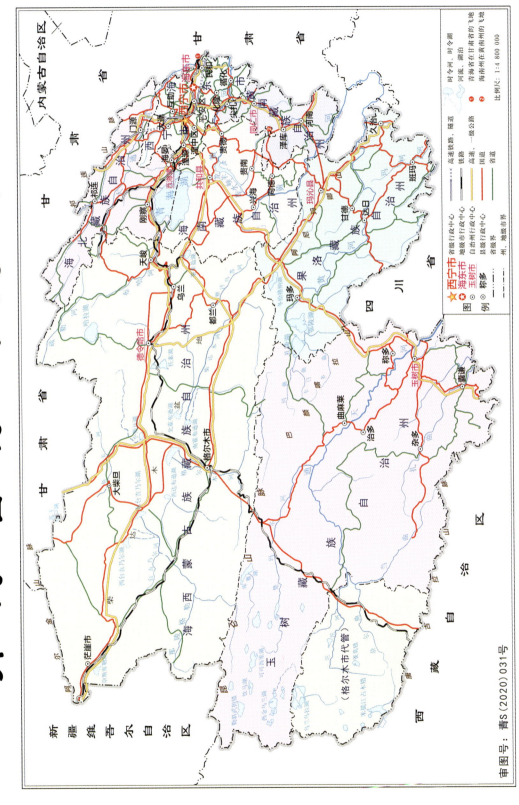

青海省行政区划图

青海省地方志编纂委员会

2007 年 6 月—2010 年 4 月

主　　任：宋秀岩
副 主 任：李津成　曲青山　姚湘成　蒲文成
委　　员：于敬尧　杨效平　来　斌　杨森林　胡启江　韩　宏
　　　　　杜小明　陈秉智　马海莉　赵森民

2010 年 5 月—2013 年 9 月

主　　任：骆惠宁
副 主 任：徐福顺　吉狄马加　刘春耀　韩玉贵
委　　员：高　华　巨　伟　祁建青　曹文虎　程丽华　曹　萍
　　　　　李　宁　赵宗福　刘德然　龚国平　索　南　杜常顺

2013 年 10 月—2016 年 9 月

主　　任：郝　鹏
副 主 任：马顺清
委　　员：高　华　巨　伟　陈正果　吴海昆　曹　萍　李建青
　　　　　王建勋　赵宗福　王振青　龚国平　索　南　杜常顺

2016 年 9 月—2017 年 2 月

主　　任：郝　鹏
副 主 任：张西明　苏　宁　杨逢春（常务）　纪仁凤
委　　员：高　煜　陈正果　吴海昆　党明德　高玉峰　李建青
　　　　　陈　玮　魏守良　冯小青　解晓东　王志忠　刘　伟
　　　　　杨松义　先　巴

2017 年 2—10 月

主　　任：　王建军
副 主 任：　张西明　苏　宁　杨逢春（常务）　纪仁凤
委　　员：　高　煜　陈　玮　吴海昆　党明德　高玉峰　李建青
　　　　　　陈正果　魏守良　解晓东　王志忠　杨松义　刘　伟
　　　　　　李玉胜　先　巴

2017 年 10 月—2018 年 9 月

主　　任：　王建军
副 主 任：　张西明　苏　宁　杨逢春（常务）　纪仁凤
委　　员：　张黄元　高　煜　陈　玮　吴海昆　巨克中　高玉峰
　　　　　　贾小煜　谢宏敏　张继东　魏守良　解晓东　王志忠
　　　　　　杨松义　刘　伟　马成俊

2018 年 9 月—2020 年 10 月

主　　任：　刘　宁
副 主 任：　张西明　高　华　杨逢春（常务）　杜德志
委　　员：　张黄元　董杰人　王志忠　杨松义　党晓勇　侯碧波
　　　　　　张　宁　刘天海　谢宏敏　张继东　魏守良　解晓东
　　　　　　陈　玮　庞宁涛　河生花　马成俊

2020 年 10 月—

主　　任：　信长星
副 主 任：　陈瑞峰　高　华　杨逢春（常务）　杜德志
委　　员：　张黄元　董杰人　王志忠　谢宏敏　杨松义　党晓勇
　　　　　　侯碧波　张　宁　刘天海　张继东　颜高国　解晓东
　　　　　　索端智　邓玉兰　魏守良　河生花　马成俊

青海省地方志编纂委员会办公室

主　　任：王振青（2011 年 4 月—2015 年 1 月）

高　煜（2015 年 2 月—2017 年 11 月）

杨松义（2018 年 9 月—　　　　　　）

副 主 任：刘德然（2005 年 12 月—2012 年 6 月）

杨松义（2012 年 8 月—2018 年 9 月）

魏守良（2019 年 1 月—　　　　　　）

《青海省志·社会科学志（1993—2010）》编纂委员会

主　　任：陈　玮　索端智

副 主 任：孙发平　马起雄　代　辛　河生花

委　　员：马洪波　徐忠杰　杨皓然　马德明　李美华　马成俊

张海云　王建军　李臣玲　云公保太　耿占坤　丁生东

戴　鹏　任惠英　赵　晓　拉毛措　张立群　毛江晖

鄂崇荣　杜青华　张生寅　谢　热　刘景华　马勇进

主　　编：陈　玮　孙发平

副 主 编：马起雄　代　辛　张生寅

《青海省志·社会科学志（1993—2010）》编纂委员会办公室

主　　任：孙发平

副 主 任：任惠英　赵　晓　张生寅

工作人员：窦国林　柴丰洪　杨　军　李芳琴　白晓娟

《青海省志·社会科学志（1993—2010）》终审、验收小组

组　　长：杨逢春

副 组 长：杨松义

成　　员：魏守良　马廷旭　崔永红　李泰年　李　勇　云公保太

张堰翔　庞宁涛　李　清　董得华

《青海省志（1986—2005）》卷目

《总述·大事记》　　　《邮政电信志》　　　《民政志》

《区域建置志》　　　　《水利志》　　　　　《劳动人事和社会保障志》

《自然环境志》　　　　《城乡建设志》　　　《公安志》

《气象志》　　　　　　《农业志》　　　　　《检察志》

《环境保护志》　　　　《畜牧业志》　　　　《审判志》

《国土资源志》　　　　《林业志》　　　　　《司法行政志》

《地震志》　　　　　　《煤炭工业志》　　　《监狱管理志》

《人口和计划生育志》　《石油工业志》　　　《军事志》

《发展计划志》　　　　《电力工业志》　　　《教育志》

《经济志》　　　　　　《国内贸易志》　　　《科学技术志》

《财政志》　　　　　　《粮食流通志》　　　《社会科学志》

《税务志》　　　　　　《金融志》　　　　　《文化艺术志》

《统计志》　　　　　　《共产党志》　　　　《旅游志》

《工商行政管理志》　　《民主党派志》　　　《广播电视志》

《质量技术监督志》　　《群众团体志》　　　《报业志》

《审计志》　　　　　　《青海省人民代表大会志》　《医疗卫生志》

《海关志》　　　　　　《青海省人民政府志》　《体育志》

《交通志》　　　　　　《中国人民政治协商会议青　《人物志》

《铁路交通志》　　　　海省委员会志》　　　《附录》

《民用航空志》　　　　《纪检监察志》

序

　　盛世修志，志载盛世。在全省上下深入学习贯彻习近平新时代中国特色社会主义思想和党的十九大精神，决胜全面建成小康社会、奋力建设更加富裕文明和谐美丽新青海的关键时期，卷帙浩繁的《青海省志（1986—2005）》各分卷相继完成，这是青海省修志工作和文化建设的一件大事，值得庆贺和褒扬！

　　以史为鉴，鉴史知今。回望20年峥嵘岁月，青海各族人民在党的领导下，把握发展大势，顺应时代潮流，改革开放，与时俱进，不断打破思维固化的束缚，清除阻碍发展的藩篱，抢抓时代赋予的机遇，经济实力大幅跃升，改革开放阔步向前，人民生活极大改善，生态保护成效显著，民族团结不断巩固，共同绘就了一幅波澜壮阔、气势恢宏的历史画卷，谱写了一曲勠力同心、攻坚克难的奋斗赞歌。一代人有一代人的使命，一部志有一部志的价值。《青海省志（1986—2005）》坚持辩证唯物主义和历史唯物主义方法论，以120余部省、州（市）、县三级志书和特色志书，记录奋进时光，承载历史厚重，翔实描述20年的发展成就和宝贵经验。全书门类之齐全、内容之丰富、采编之审慎、文字之凝练，实为书写青海发展历史的精品良志。

　　修志问道，以启未来。进入新时代、站在新起点，我们要高举习近平新时代中国特色社会主义思想伟大旗帜，更加紧密团结在以习近平同志为核心的党中央周围，增强"四个意识"，坚定"四个自信"，做到"两个维护"，统筹推进"五位一体"总体布局、协调推进"四个全面"战略布局，认真贯彻"四个扎扎实实"重大要求，深入实施"五四战略"，扎实推进"一优两高"，大力弘扬新青海精神，在拼搏中前进，在奋进中图强，用实干定义青海发展的新征程。

　　历史需要铭记，岁月应当珍藏。希望全省广大地方志工作者继续秉持崇高信念，以更加饱满的热情、求真存实的作风，赓续传统、创新理念，执着守望、辛勤耕耘，进一步做好地方志编纂、管理和开发利用工作，全面完成"两全目标"，为当代提供资政辅治之参考，为后世留下堪存堪鉴之记述！

　　是为序。

2019 年 1 月 2 日

凡　例

一、本志以马克思列宁主义、毛泽东思想、邓小平理论、"三个代表"重要思想、科学发展观、习近平新时代中国特色社会主义思想为指导，坚持辩证唯物主义和历史唯物主义的立场、观点和方法，力求思想性、科学性和资料性相统一。坚持实事求是、存真求实的原则，全面真实地记述断限期间本行政区域内自然、政治、经济、文化、社会等方面的发展历程，着重突出时代特征、地方特点和行业特色。

二、本志为续编本，上限起自 1986 年，下限迄至 2005 年。某些重大事件和人物，凡与第一轮志书有所衔接或阐明因果者，可适当上溯；由于上轮志书记述内容下限较晚而致本轮志书内容上下限不足 15 年的，下限可适当延长，但原则上不超过 2010 年。

三、本志除总述·大事记、人物志、附录 3 部综合内容外，按照现代科学分类与社会分工来归类，设 55 部分志。各分志独立成书，按述、记、志、传、图（照）、表、录等体裁编排，一律采用章节体，一般设章、节、目三个层次。

四、本志使用规范的现代语体文记述。除总述、概述及章下无题序可适度议论外，其他据事直书、述而不论。行文力求严谨、朴实、简洁、流畅。

五、本志语言文字、标点符号、称谓、数字数据、时间表述、计量单位、图（照）、表和引文注释等的使用，均按国家相关规定、标准执行。

六、本志所使用的国民经济和社会发展相关数据以国家统计部门公布的法定数据为准，统计部门没有统计的，采用业务主管部门的统计数据。

七、本志资料主要来自各部门文书档案和报刊、专题文献或专著，同时也采用社会调查和询问记录。所采用的原始资料经鉴别、核实后入志，一般不作注释。个别涉及重要观点的引文和有歧义的重要资料，采用多说并存并加脚注。

八、本志各分志应设编纂说明，补充本凡例未涉及的相关情况，内容包括分志编纂过程、上下限时间、编纂原则、撰写分工、资料来源及与相近分志内容的交叉侧重、特殊问题处理、各章节涉及的技术性问题等。

九、本志设总述，各分志设概述。总述和概述分别是全志和各分志之纲，采取述论结合的方法，概述全貌，突出特点，总结得失，彰明因果，揭示规律。

十、本志大事记采用编年体和纪事本末体相结合的方法，记述全省经济和社会发展等方面的重大事件。各分志亦可设"大事记"，着重记述相关行业或产业的重大事件。大事记应紧扣记述主体，大事、要事不遗漏，时间、地点、事件、原因、结果等要素齐备，做到言简意赅。

十一、本志人物志由传、录（简介）、表组成。坚持生不立传的原则，立传人物为在青海省有重大影响者，以及本籍人物在外地有重大影响者。入传人物以卒年为序排列，入录、入表人物以生年为序排列。各分志可根据情况按收录标准设置人物录（简介）、人物表及有较大影响的人物传记。

十二、本志有关分志对难以适用志书诸种体裁且需要集中完整记述的重要事件可采用专记法。凡已设专志记述的内容，如党建、纪检、精神文明建设活动等，各分志中不再设专章记述；确有特色需要记载的，可设专记。

十三、本志及各分志均设置附录。所录文献原则上必须是对全省本行业事业发展有重大影响的政策性、法规性文献和具有典型意义的调研报告等，其余补遗考订等资料应当准确精当，有重要存史价值。

十四、本志设索引，收录记述的主要条目、人物和重要图、表等信息提示，按主题词首字汉语拼音音序编排。

编　纂　说　明

　　一、本志是《青海省志·社会科学志（古代至 1992 年卷）》的续志，上限为 1993 年，下限为 2010 年。个别章节为了叙事完整进行适当上溯。

　　二、本志编纂坚持辩证唯物主义和历史唯物主义的立场、观点，遵循通行学术规则，资料选取客观、公正、公平，学科综述以学科发展事实和学术成果为根据，体现青海社会科学发展的基本情况。

　　三、本志采取章节体，全卷分为青海社会科学学科（第一至第二十章）和青海社会科学事业（第二十一至第二十三章）两大部分。青海社会科学学科部分按学科类别列章，记述各学科发展情况；青海社会科学事业部分按事业门类（如管理、学术活动、研究机构、学术团体、队伍建设等）列章，记述事业发展情况。

　　四、为充分反映志书断限内青海社会科学的学科发展特点和时代特征、地方特色，本志在基本延续前志章节设置的同时，参考关于学科分类的国家推荐标准，增设或调整了部分章节的设置：增设宗教学研究、藏学研究、管理学研究、新闻传播学研究四章，将前志中的法学、社会学研究一章分列为法学研究和社会学研究二章，将前志中的语言、文学、艺术研究一章分列为语言学研究、文学研究、艺术研究三章，将人才资源开发与管理部分的内容归入管理学研究一章，将心理学研究的内容归入教育学与心理学研究一章。

　　五、本志增设藏学研究一章主要基于藏学是国家权威部门制定的学科目录（GB/T13745—2009）中规定的二级学科（代码85040），同时青海是中国藏学研究的重镇，有众多的藏学教学、研究机构，也有十分丰富的研究成果，所以单设一章很有必要。

　　六、为全面反映志书断限内青海社会科学工作者在全省经济社会发展

"五位一体"中的积极贡献，本志增设了文化建设研究、生态文明建设研究两章。

七、为避免章节之间的内容重复，民族学研究中关于藏族研究的内容、宗教学研究中关于藏传佛教研究的内容和文学研究中关于格萨尔研究的内容都安排在藏学研究部分，关于生态经济研究的内容主要安排在生态文明建设研究部分，关于热贡文化研究的内容主要安排在文化建设研究部分，关于花儿研究的内容主要安排在文学研究部分。

八、本志依据"生不立传"原则和针对青海社会科学发展较为薄弱的状况，社会科学人物部分暂未设置人物传，仅以表格的形式收录了获得特殊荣誉称号专家、高级职称学者，获得高级职称学者由于前志未收录而适当上溯。获得特殊荣誉称号专家以获得荣誉称号的时间排序，获得高级职称学者以所在单位、获得任职资格的时间进行排序。

九、部分学科领域由于研究比较薄弱，收录了部分内部刊物刊发的研究成果。

十、本志只反映时间断限内发生的与青海社会科学发展相关的历史事实；入志学者及其成果，主要以其在青海工作或任职期为准；以事系人，涉及人名，前后一般不加缀职务、职称、学位、敬称等。

十一、本志中的各种组织、机构全部使用简称，如："中国社会科学院"简称为"中国社科院"，"中共青海省委员会"简称为"青海省委"，"青海省人民政府"简称"青海省政府"，"中共青海省委员会办公厅"简称为"青海省委办公厅"，"青海省人民政府办公厅"简称"青海省政府办公厅"，"中共青海省委组织部"简称"青海省委组织部"，"中共青海省委宣传部"简称"青海省委宣传部"，"中共青海省委统战部"简称"青海省委统战部"，"青海省地方志编纂委员会办公室"简称"青海省地方志办公室"，"中共青海省委党校"简称"青海省委党校"，"青海省社会科学界联合会"简称"青海省社科联"，"青海省社会科学院"简称为"青海省社科院"，"青海省发展和改革委员会"简称"青海省发改委"等。

十二、本志采用圆括号夹注形式，涉及成果一般在作者名及成果名称之后夹注出版单位及年份或刊名及年份期数；引文采用双引号并以圆括号夹注出处；多人合作成果，作者超过三人的只注明排名前三位的作者，作者之间用顿号相连，不用"和""与""同""合著"等字样。

十三、本志行文中涉及"文革""十年动乱""十年内乱""十年浩劫"等用语，一律采用加引号的"文化大革命"；涉及"解放前（后）""建国前（后）""新中国成立前（后）"等用语，一律采用"中华人民共和国成立前（后）"。

十四、本志行文中涉及年代、年份用语，一律采用规范公元纪年方式，如"20 世纪 90 年代""1991 年"等。

1994 年 5 月 17 日，青海省社科联召开全省社会科学学会工作现场经验交流会

1996 年 10 月 23 日，青海省副省长白玛（前左二）
在青海省第四次哲学社会科学优秀成果总结颁奖大会上讲话

1997年1月10日，青海省委常委、宣传部部长田源（左二）
在青海省社科院指导工作

1997年7月30日，中国国际经济合作学会和青海省外贸厅联合举办
中西部地区利用外资研讨会

1997 年 8 月 26 日，青海省委宣传部、青海省经贸委、青海日报社联合召开
"学习邓小平经济理论，努力开创青海改革发展新局面座谈会"

1997 年 12 月 25 日，青海省社科联召开第三次代表大会

1997 年 12 月 30 日，青海省委副书记桑结加（左二）
在青海省社科院首批特邀研究员聘任会上讲话

1998 年 5 月 21 日，青海省委宣传部和青海省委党校
联合召开"省垣各界纪念真理标准讨论 20 周年座谈会"

1998 年 8 月 7 日，中国社科院党委书记王忍之（右二）一行
在青海省委常委、宣传部部长田源（右一）陪同下在青海省社科院考察指导工作

1998 年 12 月 2 日，青海省召开纪念党的十一届三中全会 20 周年理论研讨会

2000 年 6 月 22 日，青海省委宣传部、省发展计划委员会、省社科院、省社科联、青海日报社联合召开"西部大开发青海大发展"理论研讨会

2001 年 3 月 22 日，青海省委副书记宋秀岩（中），青海省委常委、宣传部部长曲青山（左一）在青海省社科院视察指导工作

2001 年 6 月 26 日，青海省委宣传部、组织部、党校、党史研究室和青海省教育厅、社科院、社科联、军区政治部联合召开青海省纪念中国共产党成立 80 周年理论研讨会

2003 年 1 月 21 日，青海省社科联召开第四次代表大会

2003 年 8 月 21~23 日，青海民族学院举办第四届经济法前沿理论研讨会

2003 年 10 月 31 日，青海省委副书记骆惠宁（左二），省委常委、宣传部部长
曲青山（左一）看望青海省第六次哲学社会科学优秀成果获奖代表

2004 年 7 月 27 日，青海省委党校召开繁荣发展哲学社会科学研讨会议
青海省委副书记、党校校长宋秀岩（右五）致辞

2004 年 8 月 24~27 日，青海民族学院承办中国蒙古学会第三次委员会代表大会

2005 年 7 月 7~8 日，青海民族学院承办全国首届民间法、习惯法学术研讨会

2006 年 8 月 7 日，青海省委党校召开民族地区党的建设论坛

2006 年 6~10 月，青海省社科院组织专家学者
在海北州、黄南州、海南州、海西州、玉树州、果洛州、海东地区开展省情大调研

2007 年 7 月 29 日，青海民族学院举办首届唐卡艺术学术研讨会

2007年8月2日，青海省委党校召开中国特色社会主义道路理论研讨会

2007年8月3~6日，青海民族学院承办第四届现代汉语语法国际研讨会

2008 年 5 月 12 日，青海省社科联召开全省社科学会工作会议

2008 年 7 月 18 日，青海省社科院召开纪念改革开放 30 周年理论研讨会

2008 年 7 月 23 日，青海省社科院承办第十一届全国社科院文史所所长联席会
暨地域文化多样性与和谐社会建设学术研讨会

2008 年 8 月 24~30 日，青海省社科院与日本爱知大学中国学研究中心
就"西部大开发中日共同证实性研究"合作课题进行交流座谈

2008 年 10 月 28 日，青海省社科联召开青海省社会科学普及周活动总结表彰会

2009 年 8 月 10 日，青海省委宣传部、北京社科联、青海社科联
联合召开西部大开发回顾与展望高峰论坛

2009年5月8日，青海省委党校召开青海省发展中的马克思主义研究中心成立大会

2009年11月30日，中国藏学研究中心与青海省委党校举行合作签字仪式

2010 年 3 月 29 日，青海省委党校承办绿色发展与东亚合作学术研讨会

2010 年 5 月 1 日，青海省社科院召开五一劳动节情系灾区学术交流会

2010 年 7 月 12 日，青海大学社科系举办首届教师论坛

2010 年 7 月 19 日，青海大学召开"2010 中国保险与风险管理国际年会"

目　录

概　述

一

青海自古以来是多民族聚居的地方，古代先民们在勾画多元文化交汇发展画卷的同时，就已经开始了科学文化方面的探索。魏晋南北朝时期，西平高僧麴瞻（道照）潜心整理研究当时的乐器和演奏技巧，著有《琴图》《琴声律》，名闻一时。曾任南凉国祭酒的郭韶，受命撰录时事，撰成《托（拓）跋凉录》十卷，为青海最早的地方专史。唐代，处于唐蕃角逐前沿的青海地区备受中原文人学士的关注，在唐诗中留下了不少吟诵青海的名篇佳句。宋代，曾参加元符年间战争的李远记其经历而成《青唐录》一卷，后汪藻删修而另成《青唐录》三卷，为研究宋代西北民族历史的重要笔记史料。明代，得益于儒学教育的开展和儒家文化的传播，地方史志著述开始涌现。河湟名士张芝草创西宁卫旧志，进士张问仁有《闵子集》《河右集》传世，西宁兵备副使刘敏宽和西宁卫监收同知龙膺在万历年间共同纂修了《西宁卫志》。清代，受儒学教育与宗教教育的长期浸染，地方文化发展取得长足进步，文史科技著述不断涌现；顺治十四年（1657），苏铣纂成《西宁志》（又名《西镇志》），为青海现存最早的地方志书；乾隆十二年（1747），西宁道杨应琚纂成《西宁府新志》，被誉为明清陇右方志中的佳作；康乾时期，陆续纂成《碾伯所志》《循化志》；嘉庆年间任西宁办事大臣的文孚先后编成《青海事宜节略》《湟中杂记》，对研究青海历史有一定参考价值；佑宁寺名僧松巴堪布·益西班觉的代表作《如意宝树史》《青海史》，遗惠后人；佑宁寺名僧土观·罗桑却吉尼玛的代表作《土观宗教源流》，享有盛誉；碾伯县马扬寺（马营寺）高僧索巴嘉参撰成的《马扬寺汉历心要》，拉加寺僧侣商卓特·绛巴桑热撰成的《商卓特桑热历》，分别是藏族时宪历（农历）和时轮历的代表作；一世夏日仓噶丹嘉措的《噶丹嘉措全集》，是藏族文学史上的传世之作；成书于光绪四年（1878）和光绪三十四年（1908）的《西宁府续志》与《丹噶尔厅志》，体例完备，内容翔实。上述著述，虽不是现代学术意义上的社会科学研究成果，但却是青海各民族人民对社会科学文化探索的历史足迹，是20世纪以来青海社会科学研究事业起步的文化基因与历史阶梯。

二

现代学术意义上的青海人文社会科学研究肇始于中华民国时期。当时，一大批探险家、旅行者在极其困难的条件下深入青海，对一些突出的社会现象进行了详细记述和独到解析。1929 年青海建省，可谓青海现代学术史的起始点。迄后至 2010 年，可分别以中华人民共和国成立、"文化大革命"开始、实行改革开放、20 世纪 80 年代末、21 世纪初为时间节点，将青海哲学及人文社会科学研究（以下除特指外，统称为社会科学研究）分为 6 个时期，即"萌芽启蒙期""初步发展期""低谷期""恢复重建期""稳定发展期""快速发展期"。1993 年至 2010 年，在国家整体环境与青海地方发展需求的共同作用下，青海社会科学研究取得突飞猛进的发展。1993 年末，全省共有社会科学专门研究所、室 30 个，地方志编纂机构 114 个，各类学会、研究会、协会 68 个，会员 19800 多人，出版学会会刊 40 余种。至 2010 年，全省共有社会科学专门研究所、室 40 多个，各类学会、研究会、协会 78 个，会员达 2 万多人，出版学会会刊 50 余种。据不完全统计，这一时期，先后出版的专著、教材、论文集有 550 余部，公开发表的论文、发掘报告、科普类论文多达 22800 余篇，编纂出版的各类志书有 130 多部，编纂出版的各类年鉴有 160 多部，举办全国性学术会议 29 起、区域性学术会议 24 起。这一时期青海社会科学发展的具体状况，大致可以从刊物、组织、人力、资金、制度、视野、成果等方面做如下分期回溯。

（一）20 世纪 90 年代初至世纪之交：稳定发展期

经过改革开放后十多年的恢复重建，到 20 世纪 90 年代初，青海社会科学研究经历了机构设置、期刊平台打造、人才支援、团体勃兴的过程，一些基础学科特别是经济学、民族学、历史学、藏学、宗教学等迅速取得优势地位，涌现出《觉囊派通论》、《青海蒙古族历史简编》、《土族（蒙古尔）源流考》、《藏族古代教育史略》、《中国妇女社会地位调查（青海卷）》、《中国少数民族审美意识史纲》、《藏族部落制度研究》、《十世班禅大师的爱国思想》、《中国密教史》、《青海古城考辨》、《修辞学专题研究》、《青海通史》、《青海百科全书》、《高耗电工业西移对青海经济和环境的影响》、《现代化进程中的民族问题》、《青海省志·社会科学志》、《青海经济史（古代卷）》、《青海经济史（近代卷）》、《五世达赖喇嘛传》（译著）、《伊斯兰文化新论》、《土族文学史》、《青海当代文学 50 年》等一批优秀成果，很多成果成为各学科研究的集成之作、奠基之作。进入 20 世纪 90 年代后，有两方面的社会环境变化对青海社会科学研究产生了重大影响。

一是社会主义市场经济体制的建立和发展。1992 年召开的党的十四大第一次明确提出了建设社会主义市场经济体制的目标。在这一经济体制改革目标导向下，青海社会科学研究从学科布局、研究侧重点等方面进入短暂的调整期，过去围绕计划经济设置的一些学科布局迅速调整，如经济学研究的重点向更注重实际、地方问题研究的区域经济、民族经济研究转变。同时，在市场导向下，就业体制亦发生变化，逐步由过去的计划分配向双向选择及自主择业转变，对社会科学研究教学机构而言，在选人用人上有了更多的自主权，有利于缓解社会科学研究人员的空缺或断层。

二是"两个文明"建设目标的提出。经过改革开放后十多年的发展，中国经济实现了腾飞，但各种矛盾凸显，社会问题逐渐暴露出来。改革开放总设计师邓小平敏锐地发现这个问题，他在"南巡讲话"中提出一手抓物质文明建设、一手抓精神文明建设的"两手抓、两手都要硬"原则。从党的十二大到十五大，中国共产党一直强调"建设社会主义物质文明、精神文明"。其中，1996年10月召开的党的十四届六中全会通过《中共中央关于加强社会主义精神文明建设若干重要问题的决议》，将中国特色社会主义事业的总体布局从"一个（政治）统帅"正式确立为"两个文明"。在青海社会科学研究上，这一转变突出体现在涉及精神文明所包含的社会主义文化建设和思想道德建设的相关学科得到明显发展。这一时期，除传统的哲学、政治学、经济学、历史学、科学社会主义、法学等学科外，文化学、文学、艺术学、民族学等新型学科呈现良好发展势头。特别是对少数民族文化研究的重视，激发出对少数民族专门研究的热情，几个单一民族研究会及依托于研究会的民族会刊相继建立或创办，如1992年9月成立的青海土族研究会，其后分别于1993年10月、1994年成立的青海撒拉族研究会、青海回族研究会；相应地，1994年3月、1995年《中国撒拉族》《青海回族》分别创刊。加上已经创办的《青海社会科学》《青海民族研究》《青海民族学院学报（社会科学版)》《青海师范大学学报（哲学社会科学版)》《青海师专学报（教育科学版)》《攀登》《青海师范大学民族师范学院学报》《柴达木开发研究》《青海群众艺术》和同期创办的《民族经济与社会发展》等，青海社会科学研究领域期刊形成具有一定规模的方阵，有的刊物因所关注民族对象的独有性而颇具特色，如《中国撒拉族》集中反映撒拉族的历史、文化、文学艺术、经济、宗教等方面内容而颇受瞩目。上述学科面上的扩展，也可视之为"民族问题研究"这一学科内容的延展。此外，就某一民族的研究，逐步从传统的历史、语言、宗教等领域扩大到"对具体的宗教艺术、民俗民风、巫傩文化、建筑艺术、戏曲歌舞、饮食习俗、服饰特色、工艺美术、传统节日等等进行全方位的考察研究"。很显然，青海社会科学研究的上述扩展，较好地体现了其服务于地方经济社会发展的经世致用功能。

（二）21世纪初至2010年：快速发展期

进入21世纪后，青海社会科学研究所面临的环境变得更为复杂，主要表现在社会生活的多元性更加丰富，受国际国内各种社会思潮的影响更加广泛，与此同时，国家政策层面和民间鲜活实践的推动力更加有力，高校学科建设稳步推进，省内外学术交流日益频繁，高层次人才培养水平大幅提升，学术研究队伍不断发展壮大，涌现出《中国古代遗嘱继承制度质疑》《人口控制学》《青海省志·宗教志》《西陲古地与羌藏文化》《青海省志·建置沿革志》《青海省志·军事志》《三代社会形态——中国无奴隶社会发展阶段研究》《青海佛教史》《青海社会文论》《青海人力资源开发研究》《藏族传统文化及其现代化》《民族法学基础理论》《中国古代僧尼名籍制度》《土族史》《青海历史人物传》《青藏高原的古代文明》《撒拉族史》《青海地理》《五世达赖喇嘛传》《藏族生态文化》《始于兵而终于礼——中国古代族刑研究》《中国美学》《中国三江源区生态价值及补偿机制研究》《汉藏民族关系史》《明代以来黄河上游地区生态环境与社会变迁史研究》《青海审美文化》等一批优秀成果，从而使青海社会科学事业快速发展，呈现更加兴盛的局面。这一时期，有三方面的环境变化对青海社会科学研究牵动至深。

一是"西部大开发"战略的实施。新千年的第一年，西部大开发战略的正式实施成为国内外普遍关注的热点问题，青海学术界从如何用好、用活西部大开发政策展开了多学科讨论。2000年6月，由中共青海省委宣传部等组织召开的"西部大开发，青海大发展"理论研讨会，编辑出版了《大开发探索——西部大开发青海大发展理论研讨会论文集》，是对西部大开发战略的及时回应，并对一些至关紧要的重大理论和现实问题做出了回答。在这次会议的引导下，青海社会科学研究的诸多应用性学科纷纷从各自学科角度，对西部大开发理论和实践进行解析，涌现出一大批研究成果。同时，作为中国对外开放的重大成果，2001年12月11日中国正式加入世界贸易组织（WTO），成为其第143个成员。青海社会科学界也及时做出回应，特别是经济学界多采用SWOT分析、量度指标分析等方法，研究解析WTO背景下青海不同产业发展形势的变化，注重为宏观环境发生变化后区域经济、企业发展战略选择提供初步方案。

二是生态文明愈加受到重视。青海社会科学研究的整体性生态转向是21世纪初出现的显著变化。发生这一转向的最大驱动力来自20世纪末国内自然生态环境领域发生的几起重大灾难，最为突出的莫过于1998年前后遭遇的黄河断流和长江洪灾。这一中国大陆南北自然生态环境的"冰火两重天"，给全国上下极大的震撼，特别给发展决策予以强烈的警示，催生了对地处江河之源的青海发展影响深远的"天然林保护工程"（1998年）、"退耕还林（草）"（2009年）及"三江源生态保护与建设'一期'工程"（2005年）等政策的出台和实施。作为自然生态保护实践先于理论研究的青海省，21世纪初自然生态及其相关研究迅速成为经济学、社会学、民族学等学科的热点，主要是针对政策实施中出现的突出问题展开研究和讨论，随之出现一些新的具有一定地方特色的研究领域或学科，典型的如生态移民、生态经济、生态伦理、环境与资源保护法学、生态社会文化史等。参与这些领域的研究者主要集中在青海省内，也不乏京、川、甘等省（市）的专家学者、硕博研究生。在国家发展理念层面，党的十六大（2002年11月）提出社会主义政治文明建设目标的同时，把"社会更加和谐"（包括人与自然的和谐）作为全面建设小康社会的目标之一，之后，党的十七大（2007年10月）首次提出"生态文明"，党的十八大（2012年11月）将"生态文明"提升到更高的战略层面。这是对我国经济高速发展过程中存在的资源、环境等突出问题的正视和论断。不能不说，在这种国家发展战略的调整中，作为"中华水塔"的青海，其生态土壤、民间智慧以及学术研究做出了特别的贡献。

在围绕自然生态环境进行多学科研究中，学者们自觉或不自觉地发现自然生态环境与人文生态环境是紧密共存、须臾不可分离的。特别发现以藏传佛教文化为内核的高原藏族文化在调适人与自然关系中所起到的不可代替的作用，及其背后一直遵循着的"把自然纳入伦理共同体范围"所呈现的启发反思价值。藏文化保护遂被纳入国家文化多样性保护的重要视界。其中最为突出的是2008年"热贡文化生态保护实验区"的建立，这是首批文化生态保护实验区中西部地区的唯一。在这个保护区设立过程中，青海社会科学研究的先行作用堪称典范，并逐步催生了"热贡文化研究"这一学术热点。这是青海学术生态转向呈现在文化研究上的突出表现。此外，党的十六届四中全会（2004年9月）把"提高构建社会主义和谐社会的能力"作为党执政能力的一个重要方面明确提出后，"和谐"为青海社会科学研究多个学科所重视。比如，民族学人类学倡导和谐文化，社会学重视和谐社会以及社会（建设）治理，宗教学更加强调宗教与社会主义社会相适应。

三是国家社科基金设立"西部项目"。1989年，经国务院批准设立国家社会科学基金后，青海社会科学界能申请获批者如凤毛麟角。"国家社科基金项目数据库"显示，青海最早申请获得的国家社科项目为宗教学一般项目《藏传佛教宁玛派与萨迦派概论》（1991—2002）。也有青海学者承担国家社科基金重大或重点项目的子项目，比较突出的成果如《甘青藏传佛教寺院》（1990）、《中国藏族部落》（1991）等。1993年以后，青海社会科学界申请获批的国家社科基金项目逐渐增多，但最初几年，数量总体偏少，有的年份只有一二项甚至没有。1993年至2003年的11年里，青海获批30项国家社科基金项目，年均不及3项，其中1995年没有立项课题。2004年，经全国哲学社会科学规划领导小组批准，国家社科基金设立专项资助西部地区社科研究项目（简称"西部项目"）。这一政策调整在青海得到立竿见影的体现，当年青海获批项目达到18项，是之前11年立项课题数总和的60%。之后，立项课题数连年骤升，2007年开始当年立项数开始超过2003年之前11年的总和。到2010年，后7年青海的立项数是前11年立项数的6.73倍；总立项课题中西部项目占42.75%。正是"西部项目"的设立，使国家社科规划项目资助惠及范围越来越广泛，有的单位绝大多数科研人员主持有国家社科基金项目。从其主持人所在单位看，1993—2003年主要集中在青海省社会科学院这个全省唯一的社会科学专门研究机构（占46.67%），其他分布在青海民族学院（2009年更名为青海民族大学）、中共青海省委党校、青海师范大学等机构，省考古研究所、省格萨尔研究所、省委政策研究室、省师范专科学校等单位也有获批立项者。2003 年以后，主持国家社科基金项目者单位来源更加广泛，许多青年学者作为成员甚至是主持人，参与到国家社科项目的研究中。

三

1993 年至 2010 年，青海社会科学研究事业得到长足发展，呈现出如下鲜明特点。

（一）坚持正确的政治方向和学术导向，确保社会科学研究健康发展

历史经验表明，坚持把马克思主义立场观点方法贯穿研究全过程这个政治方向，坚持为人民群众做学问、为人民群众拿笔杆子这个学术导向，对社会科学研究而言具有根本性地位。否则，很难避免当代中国哲学社会科学的"百家争鸣"走向与人民利益、民族利益相悖的道路。在 1993 年至 2010 年的 17 年间，青海社会科学研究始终坚持正确的政治方向和学术导向，始终保证这个生命线不动摇，确保了社会科学研究事业的健康发展。首先，在各类奖项、专家荣誉等的评选评定中，对于方向导向极其重视。其中哲学社会科学优秀成果评奖是省委、省政府颁发的社会科学研究领域最高奖，影响大、导向性强，备受全省社科界关注。相关组织机构一以贯之地把政治方向和学术导向作为首要评价标准，所产生的导向作用十分突出。其次，在国家社科基金项目申报、结项评审等各个环节，始终强调坚持正确的政治方向和学术导向。在申报环节，把"高举中国特色社会主义伟大旗帜，以马克思列宁主义、毛泽东思想、邓小平理论、'三个代表'重要思想、科学发展观为指导"作为首要条件。在结项评审中，把"成果是否涉及政治敏感问题，是否存在有违马克思主义基本原理、有违中央现行方针政策"作为首要条件，并实行一票否决。最后，各科研教学单位对意识形态工作的高度重视。各科研教学单位基于青海特殊的省情，把意识形态工作作为一项极端重要的工作，始终强调"学术无禁区，发表、出版有纪律"的要求，坚决同一切分裂破坏势力和错误社会思潮做坚决斗争，保证了社会科学研究的健康发展。总之，只有自觉用中国特色社会主义理论体系统领学术研究，站稳政治立场，保持政治定力，坚持用马克思主义立场观点方法分析问题、研究问题、解决问题，站稳为人民做学问的立场，才能确保社会科学研究不偏不倚，沿着正确的方向发展。

（二）学科界限明晰化，跨学科研究逐渐增多

随着研究队伍壮大，社会科学学科建设工作日益受到重视，社科研究工作者学科意识增强，学科界限明晰化。一个显著标志是，各个专业学会陆续成立，所开展的学术活动愈加频繁，而且科研人员参加国内外专业学术团体会议的人数、频次增多。这一特点在国家社科基金项目所分布的专业上同样有体现。从纵向看，从 1993 年开始，项目大多分布在民族问题研究、经济学专业；2005 年以后，项目在所涉及各个学科的分布更加广泛。就总体而言，所获准立项课题中"民族问题研究"最多，占总立项数的32.76%；其次为"应用经济"，占10.78%；"中国文学"和"社会学"分别占9.48%和9.05%；法学、中国历史、语言学、宗教学、理论经济、体育学、党史·党建、政治学、图书·情报与文献学立项数在5—11项；人口学、马列·科社、哲学立项数在2—3项；考古学、统计学、外国文学、新闻传播皆立1项。

在学科界限逐渐明晰化的同时，面对纷繁复杂的社会现象，学科交叉研究更加普遍。体现在，一是分支学科增多。比如，针对越发凸显的生态环境问题，分别从经济学、民族学（社会学）、法学、史学等一级学科析出生态经济学、环境社会（人类）学、环境与资源保护法学、生态史学，在诠释现象、解析问题中发挥着更为重要的作用，日益成为特色学科。二是对同一经济社会现象多学科展开研究的情况越来越普遍。比如，就国家社科基金项目学科分类所列"民族问题研究"，其申报者并不局限于民族学领域，而是分布在经济学、历史学、政治学等不同的学科。这种学科或研究视角上的分合变化，增强了社会科学对现象的解释力。

（三）科研成果的评价、奖惩逐步制度化

青海社会科学成果评价、奖惩机制建立较早，青海省哲学社会科学优秀成果评奖活动开始逐渐制度化。这一活动始于1986年，试行3届后的1994年，青海省委、省政府下发《青海省哲学社会科学优秀成果评奖试行条例》，规定：凡获荣誉奖或一、二、三等奖者，由省政府颁发证书和奖金；凡获鼓励奖者，由省评奖领导小组颁发证书和奖金。哲学社会科学评奖遂成为政府奖项。2003年正式颁布的《青海省哲学社会科学优秀成果评奖条例》，到2010年一直作为评奖活动的法规依据而沿用。1993年至2009年，青海省哲学社会科学优秀成果评选奖励6次，累计评出一等奖21项，二等奖194项，三等奖594项，鼓励奖413项，荣誉奖54项。此外，从宏观层面制定的制度，有1994年青海省社科联发布的《青海省社会科学界联合会团体会员管理试行办法》，2007年国家社科规划办公室制定发布的《国家社会科学基金项目经费管理办法》，2008年青海省社科规划办公室印发的《青海省社会科学规划项目成果鉴定结项工作细则（试行)》，等等。各科研单位、党校、高校等为了进一步优化社会科学管理，制定有关科研成果考核、科研教学业绩奖励、专家荣誉评定、自设科研项目管理等方面的制度。有的科研教学单位从激励、约束正反方面发力，制定资金额度较大的科研教学奖励办法，以及严苛的考核不合格者退出的机制。虽然有的制度实行起来受到纪律、观念、就业体制以及制度本身的科学性等条件的约束，但也为实行宽严相济、灵活多样的科研管理制度探索积累了有益经验。

（四）人才培养水平、层次持续提升，市场化人才流动日趋活跃

青海较早开展社会科学硕士学位研究生教育的是青海民族大学和青海师范大学，前

者于1981年获得国务院学位委员会第一批硕士学位授权，成为青海省最早开展学位与研究生教育的高校，后者于1994年被国务院学位委员会办公室批准为硕士学位授予单位。进入21世纪以来，青海民族大学和青海师范大学在硕士研究生培养的基础上，开始与京津地区大学联合培养博士研究生，着手博士研究生学位点建设。其中，青海民族大学藏学院藏语言文学系与中央民族大学联合培养博士生，青海师范大学中国史专业2009年被批准为博士学位授权立项建设学科，为优势学科建立博士点打下了基础。此外，随着《青海省中长期人才发展规划（2009—2020)》《青海省引进海外高层次人才暂行办法》以及"西部之光"访问学者、博士服务团等诸多专项人才培养计划和项目的实施，持续提升了社科研究人才培养的水平与层次，加快了社科研究人才队伍的建设，逐步培养了一支具有一定规模和素质的社科研究队伍和专家队伍。2010年末，全省有中级专业技术职务的社科研究人员有13730人，有高级专业技术职务的社科研究人员有1588人。1993至2010年间，全省有2人获得"国家突出贡献专家"荣誉称号，31人享受国务院特殊津贴专家荣誉，12人获"省级优秀专家"荣誉称号，16人获"省级优秀专业技术人才"荣誉称号。

社会主义市场经济体制的推行，打开了人才流动的大门。20世纪90年代，省内人才流动渐呈滥觞之势。不同单位之间人才流动逐渐增多，逐渐改变了过去"一日为单位人，终身为单位人"的人才禁锢。同时，在东部地区相对优厚的物质待遇、良好的科研条件所形成的拉力以及省内相对更加行政化的学术环境和科研机制所引起的推力的共同作用下，省内不少在各自研究领域具有一定学术成就的学者大量向省外流动，对青海社会科学发展影响至深，对有的学科犹如釜底抽薪。以社会学为例，迄20世纪末尚能较多地看到从专业视角研究分析青海社会现象和问题的本土著述，在专业社会学期刊上偶能见到青海学者评论学科建设的著述，随后这些学者中的主力外流后，类似著述数量迅速减少，有关社会学论文的专业性大为下降，曾经颇为活跃的青海哲学社会学会长期处于瘫痪状态。这种状况在其他学科中都不同程度地存在，极大地影响了青海社会科学研究的核心竞争力和学术话语权。

（五）前沿理论和方法更受关注，智库作用发挥日益突出

1993年至2010年间，青海学者更加重视对前沿理论与方法的利用，从前沿理论视角关注青海本土问题，并且更加倚重定量、定性及二者结合方法的社会科学研究成果不断涌现。这种十分有利于学科发展的结果得益于以下因素：一是与外界学术交流的广度、深度超过以往。20世纪90年代以来的最初几年中，省内各科研教学单位所举办的学术研究研讨会往往拘泥于极小范围，多为纪念性质的研讨活动，所讨论的议题也就有较大的局限性。20世纪90年代末起，学术会议的规模和层次逐渐发生较大变化，有全国性学术年会、国际学术会议在青海召开。二是省外学者更加关注研究青海问题。中国科学院、

内地大学的自然地理、生物、高原医学等自然科学领域对青海的研究，全国民族学社会学界对高原生态移民问题的持续关注，均在当时形成了新的学术热点，惠及青海社会科学研究。其中最为突出的是对生态及其相关问题的关注，体现了青海作为"中华水塔"的世界性学术研究对象价值。三是良性的学术争论的展开。在这一时期的社会科学发展中，学界形成诸如"卡力岗'藏回'族群归属""土族族源""青海文化定位""都兰古墓文化属性"等一些学术讨论热点。其中，有的讨论热点越辩越明，比如对青海文化定位的讨论，从"西羌文化""青藏文化"到"三江源文化""昆仑文化"等定位，与对青海省情的认识深化相辅相成；省内外学者对"卡力岗'藏回'族群归属"的讨论，丰富了民族认同问题的研究和认知。

学术的发展也在一定程度上推动了学界智库服务意识和能力的提升。早在20世纪80年代，青海省委就提出了社会科学研究"三为主，三兼顾"原则，即历史问题研究与现实问题研究兼顾，以现实问题研究为主；基础理论研究与应用研究兼顾，以应用研究为主；全国性问题研究与青海地方问题研究兼顾，以青海地方问题研究为主。因此，青海社会科学研究从党的十一届三中全会后就肩负着鲜明的智库功能。这种角色表现在，一方面，省委、省政府领导密切关注社会科学发展，突出呈现在每逢重大研讨交流颁奖等活动，相关领导甚至省委、省政府主要领导亲自参与，体现了决策层对智库的需求和倚重。另一方面，社会科学研究机构主动靠近省委、省政府决策，积极建言献策。比如，青海省社科院在20世纪90年代末提出"有为有位"的理念，主动向决策层面靠拢，于21世纪初陆续创办一事一议的《进言》，系统阐发观点或提出对策的《青海研究报告》，分析形势、预测未来的《青海蓝皮书》（始创于1999年）等，在社会科学专门研究机构发挥"思想库""智囊团"作用上走在了前列。之后，青海省社科联的《决策参考》、青海省委党校的《研究报告》等智库报告载体相继搭建起来，社会科学研究经世致用的作用得以进一步发挥。社科研究机构的这种转向，得到决策层面的积极回应，21世纪初的两任青海省委书记多次在专家学者撰写的智库报告上做出肯定性批示，有的省委主要领导甚至对"研究报告""每期都看"，呈现了决策层面与社会科学界良性互动局面。

四

社会科学是人们认识世界、改造世界的重要工具，是推动历史发展和社会进步的重要力量。当前，社会科学发展正呈现出中西方文化融合发展、自然科学与人文社会科学研究相互渗透、科学精神与人文精神互补、应用性问题研究成为重要方向之一、研究手段与方法日益现代化等趋势。展望未来，青海社会科学工作者应自觉用中国特色社会主义理论体系统领学术研究，站稳政治立场，坚持用马克思主义立场观点方法分析问题、研究问题、解决问题，站稳为人民做学问的立场，确保社会科学沿着正确的方向发展。要按照立足中国、借鉴国外，挖掘历史、把握当代，关怀人类、面向未来的思路，坚持社会科学应该体现继承性、民族性、原创性、时代性、系统性、专业性的要求，着力构建青海地方特色哲学社会科学，为青海地方经济社会发展服务。

大　事　记

1993 年

2 月 20 日　青海省社科联第二届二次常务委员会召开，青海省委宣传部部长田源出席会议并讲话，听取第三次全省哲学社会科学评奖工作情况通报。

3 月 10 日　青海省撒拉族研究会成立。

6 月 8 日　西北五省区社会科学院第二届二次院长联席会议在西宁举行。青海省委副书记桑结加、青海省委宣传部部长田源出席会议并讲话。

6 月 24 日　青海省第三次哲学社会科学优秀成果评奖活动总结颁奖大会在西宁召开。大会由青海省社科联名誉主席陈云峰主持。青海省委副书记、省长田成平，青海省委副书记蔡竹林、桑结加，青海省人大常委会副主任马世清，青海省政府副省长马元彪、白玛到会祝贺，并向获奖者颁发证书和奖金。

7 月 20—21 日　青海省地方史志研究会举行 1993 年年会暨第九次学术讨论会。

8 月 2—5 日　第八次华北、东北、西北地区职工思想政治工作研究会负责人联席会在西宁召开，13 个省市区及首钢、一汽的研究会负责人和先进企业代表 78 人出席会议，交流论文 40 篇。青海省委书记尹克升看望与会代表，青海省委副书记桑结加出席会议并讲话。

9 月 2 日　国家新闻出版署批复，同意创办《社科新苑》月刊，公开发行。

9 月 15 日　青海省机构编制委员会批准同意成立《社科新苑》杂志社，为事业单位。

9 月 20 日　青海省委同意成立青海省延安精神研究会，挂靠青海省委党校。

10 月下旬　由青海省社科联主办的《青海社联》更名为《青海社联学刊》。更名后的《青海社联学刊》由过去的以学术动态性为主改为以学术研究性为主的综合性刊物，仍为内部发行的双月刊。

11 月 16 日　青海省社科联召开省社科界学习《邓小平选集》第三卷座谈会，社科界专家、学者等 20 多人参加会议并发言。青海省委宣传部部长田源出席会议并讲话，青海省社科联主席朱世奎主持。

12 月 16—18 日　由青海省委宣传部牵头，会同青海省社科联、青海省委党校、青海省委党史研究室、青海省人民出版社，组织召开青海省纪念毛泽东诞辰 100 周年理论研讨会。青海省委书记尹克升、副书记桑结加，青海省人大常委会副主任杨茂嘉及老同志马万里、陈云峰等出席开幕式。

12月30日　青海省社科系列职改领导小组和青海省职称改革办公室联合下发《关于社科系列外语考试的通知》，对晋升专业技术职务人员进行外语考试，并对语种与级别、考试范围与内容、题型与计分等做出规定。

1994 年

2月21日　青海省地方志编纂委员会召开《青海省志》首轮发行会议。青海省委副书记、省长田成平在讲话中指出，《青海省志》各分志的陆续出版，是青海文化史上的一件大事，是古为今用、鉴古知今、开拓未来、搞好物质文明和精神文明建设的一项重要文化工程。

3月18日　青海省社科联学会秘书长会议召开。

3月23日　青海省委党校举行第二次优秀科研成果评奖活动，共评出获奖成果122项，其中荣誉奖66项、一等奖1项、二等奖3项、三等奖19项、鼓励奖33项。

4月12日　中共青海省委办公厅、青海省人民政府办公厅印发《青海省哲学社会科学优秀成果评奖试行条例》。

4月14日　青海省劳动人事厅职称改革办公室和青海省社会科学系列职称改革领导小组联合印发《青海省社会科学研究人员专业职务资格评审条件》。

4月18—19日　省高校思想政治教育研究会召开年会。青海省委副书记桑结加、青海省委宣传部部长田源出席会议并讲话。

5月12日　青海省社科联二届六次常委会召开，通过《青海省社会科学界联合会团体会员管理试行办法》。

5月17日　青海省社科联召开"全省社会科学学会工作现场经验交流会"。青海省级各学会、协会、研究会代表及厅局级领导180多人参加会议。青海省委常委、省纪委书记多巴，副省长刘光和及老同志马万里出席会议。青海省政府副省长刘光和、青海省委宣传部部长田源讲话。青海省社科联主席朱世奎做工作报告。

8月26—27日　青海省委宣传部、青海省社科联、青海省委党校、青海省社科院、青海省教委共同组织召开"青海省建设有中国特色社会主义理论研究会成立大会暨理论研讨会"。青海省委副书记桑结加、省人大常委会副主任格桑多杰、省政协副主席马进孝及老同志马万里出席会议。全体理事和40位入选论文者、省级有关部门负责人，各州、地、市委宣传部部长和部分报刊的主编、主任参加会议。青海省委副书记桑结加、青海省委宣传部部长田源讲话。

9月15日　青海省社科联与《青海日报》社联合举办"建立现代企业制度理论和实践研讨会"，省垣部分专家、学者、企业家30多人参加研讨。青海省委副书记桑结加、副省长赵乐际和青海省委宣传部部长田源出席会议。

9月16日　青海省民政厅召开"青海省先进社团和优秀社团工作表彰大会"，青海省社会科学界联合会被授予"青海省先进社团"称号。

10月28日　青海省社科联召集全省学会、协会、研究会负责人及省垣社科界部分专家、学者80

多人，专题座谈讨论十四届四中全会《决定》精神。

12月1—3日　青海省委组织部、青海省委宣传部和青海省延安精神研究会，在青海省委党校联合举办"全省延安精神与当代中国发展和民族工作实践理论研讨会"。青海省委副书记桑结加出席开幕式。150多人参加了会议，收到论文86篇。

12月5日　青海省委党校和青海省党建学会联合召开"邓小平党建理论研讨会"。

1995 年

2月11日　青海省社会科学界、文学艺术界、新闻出版界的专家、学者和知名人士，座谈中共中央总书记国家主席江泽民在春节茶话会上关于台湾问题的重要讲话。青海省委副书记桑结加、青海省委宣传部部长田源及有关单位的领导参加座谈会。

3月16日　青海省社科联召开二届八次常委会。青海省委宣传部部长田源就如何深化社会科学研究，更好地发挥社科联作用讲话。

4月11日　青海省社科联召开各学会、协会、研究会秘书长会议，70多人参加会议。

6月7—11日　"全国西北、西南医药职工思想政治工作研究会第五次联席会议"在西宁召开。

6月15—16日　"青海省社会科学界联合会工作会议"在西宁召开。青海省社科联委员，社科界各学会、协会、研究会会长、秘书长，社科联特约研究员及特邀代表190多人参加会议。

7月15日　青海省委宣传部、青海省社科联、青海省建设中国特色社会主义理论研究会召集西宁地区理论研究专家、学者，召开"学习《邓小平同志建设有中国特色理论学习纲要》座谈会"。

8月10日　"全省纪念抗日战争胜利50周年学术交流会议"在青海省社科院举行。省垣近现代史、中共党史学界专家学者40余人出席会议，青海省委副书记桑结加出席会议并讲话。

10月4日　青海省社科联印发《青海省社会科学界联合会特约研究员管理条例（试行）》。

11月28—30日　青海省委宣传部和青海省职工政治思想研究会联合召开"青海省建立现代企业制度与企业思想政治工作研讨会"。

1996 年

1月4—5日　"青海省党校系统建设有中国特色社会主义理论研讨会暨全省党校系统建设有中国特色社会主义理论研究中心成立大会"在青海省委党校召开。大会共评出优秀论文29篇，入选论文17篇。

1月20日　青海省社科联组织召开"省垣社科界专家学者学习党的十四届五中全会精神座谈会"。

10月22日　青海省社科联举办社科界学习中共十四届六中会全精神座谈会。

10月23日　全省第四次哲学社会科学优秀成果评奖活动总结颁奖大会在青海日报社召开。青海省委常委、宣传部部长田源主持会议，青海省委副书记桑结加、省人大常委会副主任格桑多杰、副省长白玛出席会议。共评出荣誉奖3项、一等奖3项、二等奖39项、三等奖95项、鼓励奖87项。

1997 年

1 月 8 日　青海省社科联二届十二次常委会召开，研究通过《关于召开青海省社会科学界联合会第三次代表大会的决定》，并决定将《青海社联学刊》更名为《社科论坛》。

1 月 8—10 日　第二次全省地方志工作会议在西宁召开。青海省委副书记、省长田成平在讲话中强调，我们没有任何理由不重视修志工作，更不能疏于职守。

3 月 13 日　青海省社科联召开"省垣社科界部分青年专家学者座谈会"，就召开首届青年社科工作者理论研讨会事宜进行座谈。

5 月 28 日　青海省委办公厅转发青海省社科联《关于进一步繁荣发展青海省社会科学事业意见的通知》。

6 月 1—2 日　全省人大制度理论研究和宣传工作座谈会召开，青海省委常委、宣传部部长田源，省人大常委会副主任格桑多杰、孙肇然，人大制度理论研究会秘书长徐澄清、副秘书长黄建国等 50 余人参加会议，田源、格桑多杰、孙肇然等讲话。

6 月 17 日　青海省委宣传部、青海省社科联联合召开邓小平"一国两制"思想学习研讨会。省垣社科专家学者 40 余人参加会议，青海省委常委、宣传部部长田源出席会议并讲话。

7 月 15 日　青海省社科联召开二届十三次常委会，传达全国第二届社会科学工作理论研讨会精神。

11 月 4 日　青海省委组织部、青海省委宣传部、青海省社科联在西宁联合举办"全省首次青年社科工作者西部开发与精神文明建设理论研讨会"。青海省社科联常务副主席冯敏主持会议，青海省委组织部副部长李忠保和青海省委宣传部副部长赵森民分别讲话。研讨会共收到论文 65 篇，其中 18 篇获优秀论文奖，20 篇获入选论文奖。

11 月 12 日　青海省委宣传部、青海省社科联、青海省建设有中国特色社会主义理论研究会联合召开"省垣社科界高举邓小平理论伟大旗帜，促进青海省社会科学发展专题研讨会"，与会 40 多名社科界专家学者参加研讨。

12 月 25—26 日　青海省社科联第三次代表大会在西宁召开，青海省委书记田成平，青海省委常委、宣传部部长田源讲话，青海省社科联常务副主席冯敏做工作报告。会议修订通过《青海省社会科学界联合会章程》，选举产生青海省社会科学界联合会三届委员会。

12 月 30 日　《青海日报》在头版发表了《高举伟大旗帜，繁荣社会科学》的社论。

1998 年

2 月 13 日　举行青海省第一部省级综合年鉴《青海年鉴》的首发式，青海省委常委、副省长王汉民，青海省委常委、宣传部部长田源等出席，青海省地方志编纂委员会主任马万里为首发年鉴揭幕。

3 月 9 日　青海省劳动人事厅、青海省社科院联合印发《青海省社会科学研究人员专业技术职务任职资格评审条件（试行）》。

5月6日　青海省委宣传部和青海省委党校在西宁联合召开"省垣各界纪念真理标准讨论二十周年座谈会"。青海省委书记田成平作《思想解放，永无止境》的讲话。

5月12日　青海省社科联、青海省社科院、青海日报社编辑部联合召开"省垣社科界纪念真理标准问题讨论20周年研讨会"。青海省委常委、宣传部部长、社科联主席田源出席并讲话。

7月6—10日　"全国第三届社科学会工作理论研讨会"在西宁召开。全国24个省市区，深圳、珠海特区和部分地市级社科联领导、专家学者、先进学会代表近130人参加会议。大会收到论文60篇，30位代表进行交流发言。青海省委常委、副省长王汉民，青海省委常委、宣传部部长、社科联主席田源，青海省政协副主席王孝榆出席会议，王汉民、田源讲话。

7月29日　青海省委宣传部、青海省社科联和青海日报编辑部联合召开"省垣社科理论界学习江泽民同志重要讲话座谈会"。省垣宣传、社科、党史研究部门及党校、新闻单位的领导和专家学者20多人参加，青海省委宣传部副部长赵森民主持座谈会。

9月10日　青海省委党校举行"全省党校系统纪念党的十一届三中全会20周年理论研讨会"。120余人参加，共收到论文95篇。

12月2—3日　青海省委宣传部、青海省委党史研究室、青海省社科联联合召开"纪念党的十一届三中全会20周年理论研讨会"。青海省委副书记桑结加代表青海省委讲话，青海省委常委、宣传部部长田源致开幕词。青海省委、省政府有关部门领导，各州、地、市委宣传部负责人，优秀论文、入选论文作者，共204人参加会议。

1999 年

4月1—2日　"省高等教育学会第四届理事会换届会暨1999年学术年会"在青海医学院举行，第三届理事会理事，各高校分会、学会各专业委员会代表以及论文交流作者100余人参加会议。青海省教委主任高荣、青海省社科联常务副主席冯敏出席会议并讲话。会议讨论修改并通过学会章程，选举产生新一届理事会。会议收到论文49篇，其中27篇进行会议交流。

2000 年

3月6日　青海省评奖领导小组召开省第五次哲学社会科学优秀成果评奖活动新闻发布会，青海省委宣传部常务副部长、领导小组成员、评委会主任曲青山主持新闻发布会。

5月23日　青海省委宣传部、青海省社科院、青海省社科联、青海日报社联合举办"省垣社科理论界学习江泽民同志'三个代表'重要思想座谈会"。

6月22—23日　青海省委宣传部、青海省计划生育委员会、青海省社科联、青海日报社联合举办"西部大开发，青海大发展理论研讨会"。青海省委副书记桑结加，青海省委常委、宣传部部长田源，青海省人大常委会副主任宋彭生等出席。研讨会共收到论文276篇，有60篇入选研讨会。

7月14日　全省第五次哲学社会科学优秀成果评奖总结颁奖大会在西宁召开。青海省委常委、宣传部部长田源，青海省人大财务核算副主任格桑多杰，副省长白玛，青海省政协副主席王孝榆等出席。

此次评奖共收到申报成果 613 项，共评出荣誉奖 19 项、一等奖 4 项、二等奖 46 项、三等奖 139 项、鼓励奖 136 项。

10 月 22—24 日　全省地方志工作暨总结表彰会议在西宁召开。青海省政府表彰奖励自 1986 年以来涌现出的 11 个先进单位和 57 名先进个人。青海省地方志编纂委员会对 24 个先进单位和 25 名先进修志工作者进行通报表扬。青海省省长赵乐际做题为《总结经验，明确任务，不断开拓青海省地方志工作新局面》的讲话。会议对全省地方志续修工作提出具体要求。

2001 年

2 月 12 日　由青海省委宣传部牵头组织，青海省委组织部、青海省委党校、青海省委党史研究室、青海省教育厅、青海省社科院、青海省社科联、青海省军区政治部等 8 个单位和部门联合成立青海省"纪念中国共产党成立 80 周年理论研讨会"办公室。

2 月 21 日　青海省社科联、青海省社科院、青海日报社、青海省政协学习和文史委员会联合举办"省垣社科界以德治国学术研讨会"。省垣社科界部分专家、学者和社科院部分科研人员参加。青海省政协副主席、青海省社科联主席田源出席会议并讲话。

2 月 23 日　青海省社科联、青海省政协学习和文史委员会、青海日报社在西宁联合举行"省垣社科界专家学者学习江泽民同志提出的弘扬'五种精神'研讨会"。

5 月 11—25 日　青海省社科联、青海省委党史研究室、青海省中共党史学会在西宁联合举办"纪念中国共产党成立 80 周年和党史教育系列"讲座会。

5 月 31 日　"全省党史系统纪念建党 80 周年理论研讨会"在西宁举行。全省党史界的专家学者 70 余人参加会议，获奖论文代表进行了大会交流。

6 月 8—9 日　"全省党校系统建党 80 周年理论研讨会"在青海省委党校召开。青海省委副书记、省政协主席、党校校长桑结加，青海省委组织部、青海省委宣传部有关负责人，青海省委党校各校委，州、地、市党校负责人和论文作者百余人参加会议。

6 月 26—27 日　青海省委宣传部、青海省委组织部、青海省委党校、青海省委党史研究室、青海省教育厅、青海省社科院、青海省社科联和青海省军区政治部联合召开"全省纪念中国共产党成立 80 周年理论研讨会"。青海省委副书记宋秀岩出席会议并讲话，青海省委常委、组织部部长肖瑞华出席，青海省委常委、宣传部部长曲青山做总结讲话。理论研讨活动领导小组成员及省内各大专院校、科研单位领导，州、地、市有关部门领导，特邀代表、获奖论文作者 120 余人参加会议。16 名获奖论文作者在大会上发言交流，106 篇入选论文受到表彰。会后出版《旗帜·方向·使命》优秀论文集。

7 月 2 日　青海省委宣传部、青海省社科联、青海省社科院、青海日报社联合召开"省垣社科界学习江泽民同志'七一'重要讲话座谈会"。青海省社科理论界、教育界、新闻界以及有关部门的代表 20 余人应邀参加会议，15 位同志发言。

8 月 20 日　青海省委宣传部、青海省社科联、青海日报社在西宁联合召开"省垣社科理论界学习江泽民'三个代表'重要思想理论研讨会"。省垣社科理论界专家学者 20 多人和有关部门的领导同志参加研讨活动。

9月27日　青海省社科联、省社科院联合召开"社科专家学者学习十五届六中全会精神座谈会"。

11月9日　青海省委宣传部、青海省社科联、青海省文明办联合召开"省垣社科理论界学习《公民道德建设实施纲要》座谈会"。青海省委宣传部副部长石昆明主持会议，青海省社科联常务副主席王昱等8位专家学者发言。

12月26日　青海省政府召开全省地方志编委会会议，青海省省长赵乐际、省人大常委会副主任姚湘成、省政协副主席田源等听取青海省地方志2001年工作总结和2002年工作安排的汇报。

2002 年

1月28日　青海省禁毒委员会办公室、青海省青少年犯罪研究会、青海省法学会联合召开"青海省首次禁毒工作研讨会"。

5月15日　青海省委宣传部和青海省社科联举行"省垣社科界学习江泽民'4·28'重要讲话座谈会"。来自省垣宣传理论、社科研究、新闻出版等部门及大专院校的有关领导和专家参加座谈。

7月16—19日　青海省社科院举办全国"科研管理与社科成果评价研讨会"，国内部分社科院及高校、党校的有关人员参加会议。

7月22日　青海省委宣传部、青海省社科院、青海省社科联在西宁联合召开"学习江泽民总书记7月16日在考察中国社科院时发表的重要讲话座谈会"。青海省委宣传部、青海省社科院、青海省社科联及青海省委党校、青海省委讲师团、青海师范大学、《攀登》编辑部、《青海学刊》编辑部的领导和部分专家学者参加座谈会。

8月10—14日　全国第七届省级年鉴研讨会在西宁召开，会议主题是"年鉴创新与西部开发"。

8月15—16日　"西北西南地区社科规划管理工作协作交流会"在西宁召开，西北、西南省区社科规划办的代表以及中宣部社科规划办公室的领导30余人参加。部分大专院校、科研单位的负责人应邀参加会议。

9月27日　"省土族研究会成立十周年《中国土族》杂志创刊十周年庆祝大会"在省会议中心举行，青海省政协主席桑结加、省人大常委会副主任姚湘成、省政协副主席松布和全国政协委员马元彪等出席会议。

10月18日　青海省委宣传部、青海省直机关工委、青海省委党校联合举办"看形势，谈体会，迎接十六大"报告会。

10月29日　青海省机构编制委员会下发《关于青海省委宣传部所属事业单位机构改革方案的批复》，规定青海省社科联为全省社会科学群团组织的管理机构，由青海省委宣传部代管。

11月8日　青海省委宣传部、青海省社科联共同召开"省垣社科理论界学习党的十六大精神座谈会"。省垣社科理论界部分单位负责人、专家学者近20余人参加。

2003 年

1月21日　青海省社科联第四次代表大会在西宁召开。来自70多个学会、协会、研究会、各大专院校、科研单位，以及省级有关单位、西宁市、海东地委、海西州委宣传部等团体和单位 120 名代表及 30 名特邀嘉宾出席会议。青海省委副书记宋秀岩，青海省委常委、宣传部部长曲青山，青海省人大常委会副主任张玉林，青海省政府副省长邓本太，青海省政协副主席寻兴才等出席会议。宋秀岩讲话，曲青山致闭幕词，青海省社科联常务副主席王昱主持会议。大会审议通过青海省社科联第三届委员会工作报告，修改通过《青海省社会科学界联合会章程》，选举产生省社科联第四届委员会。大会还表彰省法学会等 22 个先进学会和张致弟等 25 名先进学会工作者。

4 月 24 日　青海省第六次哲学社会科学优秀成果评奖领导小组召开第一次会议，传达青海省委办公厅《关于举办第六次哲学社会科学优秀成果评奖活动的批复》，研究通过评奖有关文件。

4 月 28 日　《青海社会科学》获全省汉文社科类期刊编校质量一等奖。

7 月 7 日　青海省委宣传部、青海省社科联、青海日报社联合举办"学习胡锦涛总书记'七一'重要讲话座谈会"。青海省委常委、宣传部部长、青海省社科联主席曲青山讲话，青海省直有关部门负责人及理论界部分专家学者参加座谈会并发言。

8 月 4—8 日　中国地方志协会四届二次常务理事会暨年鉴专业委员会第二次常务理事会会议在西宁召开。

8 月 21—23 日　青海民族学院举办"第四届经济法前沿理论研讨会"。

9 月 15 日　"西北地区高校党建研究会三届二次年会"在青海大学召开。西北地区高校从事党建研究的主要负责人，青海省委组织部、青海省教育厅有关领导出席会议。青海省委常委、宣传部部长曲青山出席并讲话。

9 月 19 日　青海省党校系统学习贯彻"三个代表"重要思想，全面建设小康社会理论研讨会在青海省委党校举行。

9 月 27 日　由青海省社科联、青海省反邪教协会、青海省政协社会学研究会、青海省法学会联合举办的"防范邪教，维护稳定，建设小康"理论研讨会暨省反邪教协会第二届学术年会召开，共收到论文 16 篇，评选出优秀论文 6 篇、入选论文 10 篇。

10 月 23 日　青海省委宣传部和青海省社科联联合召开"省垣社科理论界学习十六届三中全会精神座谈会"，邀请省垣部分专家、学者围绕《中共中央关于完善社会主义市场经济体制若干问题的决定》做了专题发言。

10 月 31 日　全省第六次哲学社会科学优秀成果评奖总结颁奖大会在西宁召开。青海省委副书记骆惠宁出席会议并讲话，青海省委常委、宣传部部长曲青山，青海省政协副主席蒲文成出席会议。青海省委、省政府有关部门负责人，州、地、市委宣传部分管部长，青海省社科联各学会负责人及获奖作者共 200 余人参加会议。这次评奖共收到申报成果 519 项，共评出荣誉奖 12 项、一等奖 4 项、二等奖 38 项、三等奖 129 项、鼓励奖 16 项。

2004 年

2 月 5 日　青海省委书记赵乐际对进一步繁荣发展青海省哲学社会科学做出批示。

3 月 3 日　由青海省社科院主办的《青海经济蓝皮书》与《青海社会蓝皮书》合并，成立《青海经济社会蓝皮书》编委会。

3月5日　青海省委宣传部、青海省社科联、青海日报社联合召开"省垣社科理论界树立和落实科学发展观座谈会"。青海省委组织部、青海省直机关工委、青海省委政研室、青海省社科院、青海民族学院、青海经济研究院等单位的有关专家学者与会并发言。

3月31日　青海省委宣传部、青海省社科联举办"省垣理论界学习贯彻中央《中共中央关于进一步繁荣发展哲学社会科学的意见》精神座谈会"，来自青海省委政研室、青海省社科院、青海省委党校、青海大学等单位和部门的领导、专家学者参加座谈。

7月26—27日　中央党校繁荣发展哲学社会科学研讨会暨期刊（联络站）工作会议在西宁召开。青海省委副书记、党校校长宋秀岩致辞，来自山东、安徽等省市区委党校的有关负责人共50多人参加了研讨会。

7月27—28日　中央党校党建教研部、青海省委宣传部、青海省委党校在西宁联合举办"全国党的执政能力建设理论研讨会"。全国党建研究会会长张全景、中央党校副校长李君如、中宣部理论局副局长路建平等出席并讲话，青海省委副书记骆惠宁致欢迎词，十位专家学者交流发言。

8月18日　青海省社科院举办"纪念邓小平同志诞辰100周年理论研讨会暨邓小平理论、'三个代表'重要思想研究中心成立大会"。

8月20日　青海省委宣传部、青海省教育厅、青海省委党校、青海省社科院、青海省党史研究室、青海省军区政治部等6家单位联合举办"纪念邓小平同志诞辰100周年理论研讨会"。省垣社科理论界的50余位专家学者参加，青海省委常委、宣传部部长曲青山出席并讲话。

8月24—27日　青海民族学院承办"中国蒙古学会第三次委员会代表大会"。

9月15日　青海省委印发《中共青海省委关于繁荣发展哲学社会科学的实施意见》。

9月22日　青海省委宣传部、青海省社科联、青海日报社联合召开"省垣社科理论界学习十六届四中全会精神座谈会"。青海省社科院、青海省委党校、青海省社科联、青海省内各大专院校和省直机关工委领导、专家学者和实际工作者参加座谈。

9月24—27日　青海民族学院举办"全国民族理论与民族政策教学研讨会"。

10月26日　青海省社科联召开全省社科类省级学会、协会、研究会秘书长工作座谈会，传达学习《中共青海省委关于繁荣发展哲学社会科学的实施意见》和全国第八次学会工作会议、西部地区社科规划办公室主任会议精神。

11月5日　青海民族学院举办"青海省首届法学前沿理论研讨会"。

2005 年

5月14日　青海省地方志办公室召开"青海历史文化"定位首届沙龙，《青海日报》以一个整版的篇幅报道沙龙成果。青海省委常委、常务副省长李津成，青海省委常委、宣传部部长曲青山，青海省政府副省长邓本太，青海省政协副主席蒲文成以及省垣有关专家学者出席和参加。

6月19—23日　由中国图书馆学会主办，青海省图书馆学会、青海省图书馆承办的"中国图书馆学会第二期《中国文献编目规则》培训班暨'数字图书馆发展与展望'报告会"在青海省图书馆举办。

7月7—8日　青海民族学院承办"全国首届民间法、习惯法学术研讨会"。

7月13日　青海省委副书记刘伟平就《中共中央关于进一步繁荣发展哲学社会科学的意见》和青海省委《实施意见》的贯彻落实情况，在青海省社科院、青海省社科联进行调研。

9月2日　青海省委党史研究室与青海省中共党史学会联合召开"青海省党史系统纪念抗日战争胜利暨世界反法西斯战争胜利60周年理论座谈会"。

2006 年

1月5—7日　青海省委党校召开全面落实科学发展观，谋划"十一五"发展研讨会。

月内，《青海社会科学》入选2006年度"中文社会科学引文索引"（CSSCI）来源期刊目录。

2月26日　由青海省社科院主办的对策研究平台《进言》创刊。

5月　全省"保持共产党员先进性教育活动与党的先进性建设"理论研讨会召开。

7月19日　青海省委党校举办"青海历史文化论坛"，青海省委党校、青海省文化厅、青海师大、青海民族学院等单位的80余人参加论坛。

同日，全省第七次哲学社会科学成果评奖活动表彰大会在西宁举行，2003年至2005年全省哲学社会科学领域的151项优秀成果受到表彰。

7月21日　中国社科院原常务副院长王洛林图书捐赠仪式在青海省社科院举行。青海省委副书记刘伟平、中国社科院办公厅主任黄晓勇等参加。

8月7日　青海省委党校召开"民族地区党的建设论坛"。

12月7—8日　第四次全省地方志工作会议在西宁召开。青海省委常委、副省长李津成做题为《总结规律，依法修志，努力开创全省地方志工作新局面》的讲话。会议明确了下一步全省地方志工作的主要任务，就全省启动第二轮方志编修工作做出部署。

2007 年

1月23—25日　青海省社科院召开首次科研工作会议。

5月18日　青海省社会科学规划办公室在青海省委党校举办《国家社会科学基金项目经费管理办法》培训班，青海省承担国家社科基金项目单位分管科研的领导、科研（技）处负责人、项目管理工作人员、财务负责人以及青海省社科联全体工作人员参加培训。

7月5日　青海省党校系统"学习贯彻省第十一次党代会精神、促进富裕文明和谐新青海建设"研讨会举行。

7月29日　青海民族学院举办"首届唐卡艺术学术研讨会"。

8月2日　青海省委党校召开"中国特色社会主义道路理论研讨会"。

8月3—6日　青海民族学院承办"第四届现代汉语语法国际研讨会"。

9月8日　青海中华文化学院在省社会主义学院挂牌成立。青海省委常委、统战部部长多杰热旦出席并讲话。

11 月 13 日、21 日　青海省委宣传部、青海省社科联分两次召开以"高举中国特色社会主义伟大旗帜""深入贯彻落实科学发展观"为专题的"省垣社科理论界学习宣传贯彻党的十七大精神系列研讨会"。

2008 年

4 月 29 日　南京大学中国社会科学研究评价中心公布 2008—2009 年度"中文社会科学引文索引"（CSSCI）来源期刊名单，《青海社会科学》杂志再次入选。

5 月 12 日　青海社科学会工作会议在西宁召开，总结过去 5 年的工作，对 5 家全省社科学会先进学会和 10 名先进工作者进行表彰。

6 月 15 日　"第十五次全国毛泽东哲学思想学术研讨会"在青海省委党校召开，中央机关、全国党校、高校和社科院系统的 70 余名专家学者参加。

6 月 24 日　青海省委党校举办"全省党校系统纪念改革开放 30 周年理论研讨会"。

7 月 11 日　青海省社科规划办公室印发《青海省社会科学规划项目成果鉴定结项工作细则（试行）》。

7 月 18 日　青海省社科院举办"纪念改革开放三十周年理论研讨会"。

7 月 23 日　青海省社科院承办"第十一届全国社科院文史所所长联席会暨地域文化多样性与和谐社会建设学术研讨会"。

8 月 7 日　中国社科院院报第 59 期以四个整版的篇幅介绍青海省社会科学院发展思路、领导专访和重要科研成果等有关情况。

8 月 24—30 日，青海省社科院与日本爱知大学中国学研究中心就"西部大开发中日共同证实性研究"合作课题进行座谈。

10 月 12 日　由青海省社科联主办，青海省直机关工委、青海省委党校、省内各高等院校、各学会，西宁市城中区人民政府、湟源县人民政府承办的 2008 年社科普及周活动在西宁启动。

11 月 27 日　青海省社科规划办组织召开"国家社会科学基金项目和省社科规划项目检查座谈会"。

2009 年

3 月 5 日　中国社科院《要报》副主编、编审卢世琛应邀来青海省社科院做专题报告。

5 月 8 日　"青海省发展中的马克思主义研究中心"在青海省委党校挂牌成立，青海省委常委、宣传部部长曲青山出席成立大会。

6 月 17 日　第五次全省地方志工作会议在西宁召开，青海省委常委、副省长徐福顺讲话，青海省人大常委会副主任刘春耀传达全国第四次地方志工作会议及国务委员刘延东讲话精神。会议部署后五年全省地方志工作。

7 月 6 日　由中国马克思主义哲学史学会主办，青海省委党校承办，西宁市委、市政府协办的

"新中国60年与马克思主义哲学发展理论研讨会暨中国马克思主义哲学史学会2009年年会"开幕，来自全国各地的专家、学者100余人参加会议。

8月1日　由青海省委宣传部、青海省社科联联合主办的"2009年青海省社会科学普及周活动"正式启动。

8月10日　由青海省委宣传部、北京市社科联、青海省社科联联合举办的"西部大开发回顾与展望高峰论坛"在西宁召开。

8月11日　青海省社科院与中国社科院社会政法学部、民族学与人类学研究所、藏族历史文化研究中心等联合主办的"首届中国藏区经济社会发展论坛暨藏区社会科学院院长联席会议"在西宁召开。青海省委常委、宣传部部长曲青山出席并讲话。

10月10日　《青海社会科学》获"中国北方十佳期刊奖"。

11月30日　中国藏学研究中心与中共青海省委党校举行合作签字仪式。

12月25日　全省第八次哲学社会科学优秀成果评奖活动颁奖大会在省社科院举行。青海省人大常委会副主任刘春耀、青海省政府副省长吉狄马加、青海省政协副主席鲍义志出席并为获奖作者颁奖。

2010 年

3月29日　青海省委党校承办绿色发展与东亚合作学术研讨会。

5月1日　青海省社科院召开"五一劳动节情系灾区学术交流会"。

5月20日　青海省社科院召开"坚持科研诚信、反对学术不端座谈会"。

6月3日　由青海省社科联、中科院心理研究所共同组建的震后心理援助西宁工作站举行揭牌仪式。

7月5—8日　由青海省社科院和中国社科院中国特色社会主义理论体系研究中心共同主办的"全国社会科学院系统中国特色社会主义理论体系第十五届年会暨理论研讨会"在西宁召开。

7月12日　青海大学社科系举办"首届教师论坛"。

7月19日　青海大学召开"2010中国保险与风险管理国际午会"。

7月28日　由青海省社科院主办的"《青海社会科学》杂志创刊三十周年纪念大会"在西宁召开，《中国社会科学》杂志社总编高翔、青海省委宣传部常务副部长王向明出席并讲话。

8月26日　中国地方志指导小组常务副组长朱佳木在青海调研地方志工作，对青海省地方志工作给予充分肯定。

12月　青海省"双百"活动组委会组织实施2010年"百名法学家百场报告会"法治宣讲活动，各级党政机关、人民团体、企事业单位干部职工等3600余人参加了报告会。

第一章 哲学研究

20世纪90年代以来，随着改革开放和市场经济发展的不断深入，中国特色社会主义建设事业取得全面发展，这为马克思主义哲学不断丰富与发展提供了鲜活的实践基础。与此同时，西方社会文化思想的大量传入为反思中国传统文化、拓宽研究视野提供了更多的视角，马克思主义哲学研究的新的增长点不断涌现，中国哲学在中西交流中对传统与现代关系的认识不断深化，哲学研究的繁荣体现了中国的哲学界对时代课题的回应。

在这一学术环境中，青海省的哲学研究也进入了快速发展时期。在研究基本理论的基础上，参与"实践唯物主义"大讨论和研究马克思主义生态哲学等反映时代热点、省情特色的研究开始不断出现。中国哲学研究范围不断扩大，从先秦至近代，儒佛道等传统文化均有研究成果问世。美学立足多民族、地域特色，在少数民族审美研究方面颇有成绩。据不完全统计，1993—2010年，青海哲学研究相关专著有5部，公开发表论文近百篇，国家社科基金项目2项。在研究成果日益丰富的同时，研究质量也有了大幅提升，出版了《老庄语冰录》《中国少数民族审美意识史纲》等一批高水平哲学专著，发表了《计算复杂性理论及其哲学研究》《抽象逻辑和具体逻辑论纲》《审美感觉论》《科学知识普适性信念及其批判》《马克思主义的理论与哲学》《论老子思想的根源》等多篇有影响力的学术论文，较好地反映了青海省哲学研究的水平。

第一节 马克思主义哲学研究

20世纪90年代以来，青海的马克思主义哲学研究始终坚持以马克思主义及其中国化理论成果为指导，助推马克思主义哲学创新发展，在马克思主义基本问题研究、西方马克思主义研究等方面取得了较大成绩。

一、马克思主义哲学基本问题研究

1990年以前，青海学者结合社会实践的变化已将系统论、价值论、现代性等论题纳入了马克思主义哲学基本理论的范畴，使其内容更具当代性。1990年后，则进一步结合马克思经典著作探讨其基本命题，这也同我国哲学界"重回马克思"的趋势相呼应。

实践的本体论研究。 关励妹、侯西安的《试论马克思主义哲学的逻辑起点问题》(《青海民族学院学报》1995年第3期) 一文，认为马克思由现实的人出发，建构自己哲学理论体系的框架，发现劳动实践活动在人类历史性的存在和发展中的特殊地位，确立了社会存在决定社会意识的唯物史观的基本原则，实现了哲学历史观上的根本变革。刘清纪的《论精神生产的本性》（《青海民族学院学报》1996年第1期）一文认为，一切精神生产都是生产力的生产，它既生产普遍性又生产现实性，因而在本质上具有实践的双重属性，科学理论等观念的东西构成现实生产力的第一要素。吴玉敏的《马克思主义的理论与哲学》（《青海社会科学》2005年第4期）一文认为，马克思主义哲学有三个特点：一是总体性，即要对人类的社会生活进行整体全面的理解，突出人类物质存在活动的实践性、社会历史性；二是实践性，即现实生活和人类的实践活动是马克思始终关注的核心观点；三是历史性，即作为人类认识和改造对象的事物本身，必须以人类实践客体即一定的感性具体的形式呈现在人类的面前，而这种呈现又是历史的呈现。

辩证唯物论研究。 青海学者对这一论题有较为深入的探讨，刘清纪、李长福的《马克思主义哲学方法论导论》[《青海民族学院学报》（社会科学版）1997年第4期]一文认为，方法和体系是马克思主义哲学的真正价值，观点及其观点体系乃是思维通过方法所建构的，建构哲学体系不能按照由空中楼阁到地基的方法，而是要由基础到上层建筑即由狭义辩证法推及至广义辩证法。刘清纪的《唯物辩证法总特征新论》（《青海师专学报》2000年第1期）一文认为，马克思主义哲学要求辩证地看待旧哲学和唯物辩证法自身以至宇宙万物，扬弃法则和矛盾法则从不同侧面反映了"过程整体"的思想，它们作为唯物辩证法总特征的不同表达，都可以成为贯穿全部哲学体系之物。刘清纪的《完整准确地理解马克思的哲学观》[《青海师范大学学报》（社会科学版）2006年第1期]一文指出，应该从马克思经典文本出发，反对教材对马克思哲学的教条

化。就马克思哲学的整体而言，马克思的哲学方法是辩证的方法，马克思的哲学规律是辩证的规律，马克思的哲学原理是辩证的原理。绽小林的《科学政治哲学观视角下的"实践唯物主义"》（《青海师专学报·教育科学》2006年第6期）一文认为，"实践唯物主义"是马克思主义哲学的准确表述，以实践为基本观点的唯物主义，是付诸实践、指导实践、变革世界的唯物主义，而作为思辨哲学分支的政治哲学揭示了政治世界的本质和普遍规律，提供了改造社会的世界观和方法论。吴玉敏的《"真理标准"大讨论对马克思主义研究的意义》（《青海社会科学》2008年第4期）一文认为，这场争论对马克思主义，特别是马克思主义哲学研究步入新时代意义重大，通过马克思对人的实践活动的全面阐释，进一步澄清了这样的基本事实：人类的理论活动导源于人的现实实践。张广志的《有关对立面统一性的一些问题》[《青海师范大学学报》（哲学社会科学版）2010年第2期]一文认为，统一性同斗争性一样，是对立面之间关系的一个根本方面，是矛盾的最高属性之一，它存在于任何矛盾之中，贯穿于矛盾过程之始终，因而它的存在同样是无条件的、普遍的、恒常的、绝对的。

二、西方马克思主义哲学研究

西方马克思主义哲学出现于20世纪20年代，国内学者对西方马克思主义的研究开始于1980年代，从1990年代后期青海学者也开始关注这一思潮的进展。吴玉敏的《葛兰西哲学观对马克思思想的继承和深化》[《青海师范大学学报》（哲学社会科学版）2004年第4期]一文认为，在葛兰西看来思想或哲学的历史性根植于人的实践过程，并与人对自身的认识发展过程联系在一起。人本身的历史进化过程应是物质和精神两个方面，它们全都体现在人类丰富的、全面的实践活动中，这是对马克思哲学观的进一步阐释与延伸。吴玉敏、郑丽娅的《后现代马克思主

评析》（《攀登》2005 年第 5 期）一文认为，后现代马克思主义决不仅指拉克劳和墨菲的后马克思主义，还包括了新批判的马克思主义以及所有用后现代手法改造马克思主义的许多观点和派别，大多数的后马克思主义者又秉承马克思主义的批判精神，对资本主义持质疑和否定的态度，并提出了一些新的分析和认识问题的方法。

三、马克思主义哲学与中国哲学的对话研究

马克思主义哲学与中国哲学的对话是马克思主义中国化的重要途径。袁志明的《传统哲学与马克思主义哲学的认知共性》（《青海民族学院学报》2006 年第 3 期）一文认为，在唯物主义思想方面中国传统哲学和马克思主义哲学在世界本原问题上的认识是一致的，即都认为世界的本原统一于物质。在认识论方面中国传统哲学与马克思主义哲学都认为世界是可知的，实践是认识的基础。辩证法方面中国传统哲学与马克思主义哲学都认为世界是普遍联系和永恒发展的，世界是矛盾的统一。在唯物史观方面中国传统哲学与马克思主义哲学都认为，人类社会在本质上是一个自然历史过程。吴玉敏的《马克思主义大众化与当代中国文化认同的重建》（《青海社会科学》2010 年第 4 期）一文认为，马克思主义大众化关涉的不仅是一个政治认同问题，同时也是一个当代中国文化认同的重建问题。在推进马克思主义大众化的过程中，把马克思主义作为当代中国社会文化建设的一个重要内容，通过大众化的方式使其得到广大民众的广泛认同，内化到中华民族现代文化中去，使马克思主义真正成为中国现代文化的一部分。

四、马克思主义生态哲学研究

有关青海省生态问题的哲学研究是在全球环境问题、中国转变发展方式和青海特殊省情等背景下展开的。吴玉敏的《人的自我中心与人的自我扬弃》（《青海社会科学》1999 年第 5 期）一文认为，无论是"自我中心"还是"人类共同中心"，都不外是强调了人在世界中的核心地位和中心价值，都是以强化人的主体性意识为最终目的，人与自然的分离与对峙，是由传统理性思维的视界狭窄和偏执造成的，重新省察人与自然的关系、实现人类中心的自我扬弃意味着生态伦理观的确立。朱瑞的《对人与自然关系的新认识——生态伦理学的观点及其价值初探》（《攀登》2001 年第 4 期）一文认为，马克思是从人的发展、人与社会的发展历程的广阔视野去研究人与自然的关系问题的，从本体论意义上看，人源出于自然，人的本性也就是自然的本性。吴玉敏的《生态伦理——两种文明冲突后的和解》（《青海社会科学》2007 年第 2 期）一文认为，现代生态伦理正是肇始于传统工业化的快速推进而引发的生态环境的急剧恶化和自然资源的不断告罄。工业文明抑或西方文化应该从传统的农业文明，甚或东方的中国传统文化中寻找和汲取生态智慧资源，以在人类今后的发展进步中融入传统自然经济文明的有益成分。

五、邓小平哲学思想、"三个代表"哲学思想以及科学发展观研究

邓小平理论、"三个代表"重要思想和科学发展观是改革开放以来马克思主义中国化的最重要成果，也构成了青海省马克思主义哲学研究的重要领域。

邓小平理论研究。 对邓小平哲学思想的研究主要涉及实践观、辩证法、科学技术与生产力等课题。辛积山的《简论邓小平哲学思想的基本特征》（《攀登》1995 年第 2 期）一文，从整体上论述了邓小平哲学的基本特征。认为实事求是的科学精神是邓小平哲学思想的主线，注重实践是邓小平哲学思想的核心，维护广大人民群众的利益是邓小平哲学思想的基本价值取向。

"三个代表"哲学思想研究。 对"三个代表"哲学思想的研究聚焦于科学内涵、哲学基础以及人的全面发展等。刘清纪的《论马克思主义

哲学的全球化进程——兼论"三个代表"的划时代意义》（《青海民族学院学报》2001年第4期）一文，从全球化角度阐释了"三个代表"的哲学基础。认为"三个代表"在马克思主义发展史上称得上是又一新的里程碑，是由"阶级说"马克思主义向"人类学"马克思主义的转变，这是马克思主义全球化的基本条件。杨虎德的《关于"代表中国先进生产力发展要求"的哲学思考》（《青海民族学院学报》2003年第2期）一文认为，代表先进生产力取决于：生产力决定生产关系进而从根本上制约着社会形态的性质，生产力的发展是实现社会全面进步的根本条件，生产力的发展是实现人的全面发展的根本条件，生产力发展是社会发展的集中体现。

科学发展观研究。 2003年中共十六届三中全会提出以人为本的科学发展观，在理论界引起了继20世纪80年代初人道主义大讨论之后第二次关于人学的大讨论。青海省学术界因而围绕"人的全面发展"进行了深入研究，研究的主要内容是关于马克思的人的全面发展思想。袁志明的

《论科学发展观的哲学基础》[《青海师范大学学报》（哲学社会科学版）2006年第3期]一文认为，作为世界观科学发展观揭示了人类社会必须要协调发展、和谐存在，否则就违背了社会发展的客观规律；作为价值观，科学发展观昭示了发展的目的、发展的意义和发展的方向；作为方法论，科学发展观为我们提供了方法论指导。赵正全的《科学发展观是唯物史观的最新理论成果》（《青海社会科学》2007年第3期）一文认为，科学发展观创新了社会发展的客观物质力量、社会发展的主体力量和社会发展系统力量的新内容，是指导社会发展的世界观、方法论和价值观，丰富和发展了唯物史观在当代的新形态，是唯物史观发展的最新理论成果。张玉良的《科学发展观：统领发展的世界观和方法论》（《青海社会科学》2008年第4期）一文认为，科学发展观运用马克思主义世界观和方法论，深刻揭示了中国现代化建设的发展道路、发展模式、发展战略、发展目标和发展手段，集中体现了马克思主义的世界观和方法论。

第二节　中国哲学研究

20世纪90年代"国学热"兴起，中国传统哲学研究取得空前繁荣。在这样的学术背景下，青海的中国哲学研究较之先前有了进步，研究方向逐步细化，研究成果中开始有哲学专著问世，但从整体来看，青海的中国哲学研究无论是研究力量还是研究成果都相对较弱，有待加强。

一、古代哲学研究

对中国古代哲学的研究主要集中在儒家和道家哲学方面，有少量的宗教研究涉及佛教哲学，也可以视为古代哲学研究的成果。

（一）儒家哲学研究

在"国学热"的大背景下，儒学研究不仅涉及对传统儒学理论做客观的、历史性的分析，也

涉及现代化背景下对儒学当代价值的探寻，儒学研究在学理性和深刻性上取得长足进步。

儒学基本理论研究。 李泰年的《漫说"半部〈论语〉治天下"——兼谈弘扬传统文化中的"诚"》（《青海民族学院学报》1994年第4期）一文，围绕《论语》是一部什么样的书、在青海社会政治经济中应该如何应用孔孟之道及《论语》的有益的东西展开论述，认为《论语》讲仁是谈"诚"的原理；《大学》是讲"诚"的内容；《中庸》是讲"诚"的方法；《孟子》则是讲"诚"的境界；冠于群经之首的《周易》就是谈"诚"的规律，并认为"诚"是自然、宇宙、天地人的法则。李晓的《程朱理学的理想人

格及其矛盾》[《青海师范大学学报》（哲学社会科学版）2002 年第 2 期]一文认为，程朱在构建自己的理想人格时是以"圣人""贤人""君子"作为他们的理想人格的，从结构上来讲，三者是合一的，从层次上来讲，三者又有实践主体的区别。程朱理想人格在塑造和实现过程中，由于与实践结合得并不紧密，存在理想人格与现实人格、理想人格与个性自由、理想人格与"人欲"的矛盾。左克厚的《大学中庸导读》（广东高等教育出版社，2004 年）一书，通过集注、释文、导读、讲解等形式分别对儒家经典《大学》《中庸》进行诠释，在译注经典的基础上阐发了对儒学思想的理解。李健胜的《子思研究》（陕西师范大学出版社，2009 年）一书，运用近 20 年来中国学术界对陆续出土简帛的研究成果，尤其是在整理过的"郭店"和"上博"简的文献基础上，研究了儒家早期代表人物子思的思想。

儒学当代价值研究。左克厚的《论儒家文化的命运——纪念"五四"80 周年》（《青海社会科学》1999 年第 3 期）一文，以纪念五四运动 80 周年为契机，研究现代化进程中的儒家文化命运，认为现代化进程的每一步都是对儒家伦理不断克服的结果，现代化的历史就是现代思想与以儒家为代表的传统文化的冲突史。他的《舍鱼取熊掌与舍生取义——一个传统观念的现代阐释》（《攀登》2006 年第 4 期）一文认为，孟子"舍生取义"的道德命题中，"生"和"义"的内涵并不对称，"生"是自然概念，内含单纯，"义"是文化概念，内含丰富。从"舍鱼取熊掌"到"舍生取义"，其间有逻辑断点，前者是利益选择，后者是道德选择。李晓的《儒家思想对建立和谐世界的启示》[《青海师范大学学报》（哲学社会科学版）2006 年第 6 期]一文认为，面对经济全球化进程中人类所面临的种种矛盾和危机，西方文明并没有很好地加以解决，作为中国传统文化主干之一的儒家文化思想，可以在世界

稳定与和平发展的诸多方面提供十分有意义的资源。金颜的《儒家人格观及其现实意义》（《青海民族学院学报》2007 年第 3 期）一文认为，儒家人格观是我国传统文化的精华，是社会主义道德建设的珍贵资源，它对于提高人们的道德水平、维护社会秩序、构建和谐社会有着重要的意义。丁晓武的《儒家中庸思想的"至诚"主张及现代意蕴》[《青海师范大学学报》（哲学社会科学版）2009 年第 1 期]一文认为，中庸思想为孔子首倡，并为历代儒学思想家所继承和充实。它的基本特征是以道德标准、方法论和世界观为统一体，其归结点是"诚"。该理论在儒家中庸思想中处于核心地位，在中国传统文化中意蕴凸显，具有很强的普世性价值。在现实社会中，中庸思想仍为政治制度、经济关系、社会关系以及人的发展等方面提供指导，为构建社会主义和谐社会理念将起到积极的作用。李健胜的《先秦仁学知识结构的现代阐释》（《青海师范大学民族师范学院学报》2010 年第 1 期）一文认为，先秦仁学知识结构是于仁学体系持续地体验和反思社会现实的过程中形成的，用于生成新知和注解当下语境的知识资源与思想基石，其最为根本的特质在于批判型的知识与思想倾向。"仁"的批判性是先秦仁学体系中具有通约特质的知识性格，它的真实意义在于提醒人们只有通过持续的反思与批判，才能在变动不居的历史语境中找到与现实社会进行对话的知识立据和思想通路。

（二）道家哲学研究

20 世纪 90 年代以来，道家研究较之前有了进步，相关议题的学术论著不断增多。胡安良的《老庄语冰录》（青海民族出版社，2005 年）一书，以语言学的角度，从整体、语言构成要素及运用、综合三个层面探究老庄的语言观及风格，为老庄的语言观及风格研究提供了比较充实的基础。周立梅的《论庄子心物观中的自由精神》（《青海民族学院学报》2007 年第 3 期）一文，

讨论了自由精神在庄子哲学思想中的地位，认为自由精神是庄子哲学思想的核心。李小平、肖莉的《老子和谐观及其现实启示》［《青海师范大学学报》（哲学社会科学版）2009年第5期］一文认为，老子《道德经》中有许多独到的社会主张，尤其是他的和谐观给社会治理提供了丰富的资源，对处理人与自然以及社会成员之间的关系、提高公民的素质、倡导社会和谐有重要的借鉴意义。左克厚的《论老子思想的根源》（《青海社会科学》2010年第4期）、《论老子的身体意识》［《青海民族大学学报》（社会科学版）2010年第4期］和《论老子身体思想的价值》［《青海师范大学学报》（哲学社会科学版）2010年第4期］三文，研究了"身体"在老子哲学中的独特地位，认为身体感觉是思想形成的重要条件，不同的身体感觉产生不同的思想类型，孔子将身体伦理化，老子将身体哲理化。《老子》中出现大量的身体词汇和身体意象，表明老子有强烈的身体意识，这也成为老子的思想特色之一。

（三）佛教哲学研究

青海学者对佛教哲学也形成了一定的研究成果。赵春娥的《儒佛果报观异同之比较——兼谈佛教的本土化》（《青海民族研究》2008年第3期）一义，指出因果报应的观念是佛教人生观、伦理观的思想基础。佛教传入之前中国已经存在报应观念，尽管佛教和儒家善恶报应观旨归相同，但是二者在善恶标准、主体承担、实现动力、实现过程和形式上存在明显差异。到汉魏以后，佛教的果报观随着其本土化过程的实现和儒家文化相融合，并在现实层面产生影响，为民众

普遍接受，成为善恶行事的标准。作为一种观念，果报观由最初的简约状态发展到明代成为具有相当影响的民众信仰，成为中国文化的组成部分，佛教也最终在中国生根发展。阿忠荣的《佛教与宗教及唯心诸义理辩证》［《青海师范大学学报》（哲学社会科学版）2009年第2期］一文认为，一般宗教皆承许神的主宰和拯救，佛教讲人心自救、佛不能救；一般宗教讲自宗的神是唯一的至尊，佛教讲众生皆可成佛；将佛教看作唯心主义时，更需要分析佛教中本已包含的唯物、唯心与中观等见解层次。他的《佛教因果思想要义及现代价值简论》［《青海师范大学学报》（哲学社会科学版）2010年第6期］一文认为，佛教因果思想的公平、自由和道德性原则具有深刻的哲理依据和特殊价值，对现代人安顿生命、谐和社会、改造环境具有积极的借鉴意义。

二、近代哲学研究

近代哲学研究是中国哲学研究的薄弱环节，研究人员较少，研究成果相对集中、单一。李晓的《孙中山与儒家思想文化》（《民革中央纪念孙中山诞辰140周年学术研讨会论文集》，2006年）和《孙中山对儒家文化的继承和发扬》（《青海师范大学民族师范学院学报》2007年第1期）两文，主要研究孙中山对儒家文化的批判与继承，认为孙中山从儒家文化中汲取精华并用之于革命实践活动，其思想既闪烁着儒家文化的光芒，也有以儒家文化建构其思想体系的特征，从而将他的革命理论根植于儒家文化的深厚沃土之中，使儒学在服务于资产阶级革命的同时，自身也充满了现实意义。

第三节　伦理学研究

伦理学研究较之20世纪90年代以前有了较大进步，特别是结合青海多民族、多宗教和生态大省的现实，在生态伦理、民族宗教伦理等领域

有了较多的研究成果。

伦理学理论研究。方立江的《公正是社会主义道德体系的重要原则》［《青海师范大学学报》

（哲学社会科学版）2006 年第 5 期]一文认为，公正原则是人类历史上优秀的道德遗产，是社会主义的核心价值，是社会主义市场经济发展的需要，公正原则是社会成员正确处理与自我、他人、社会关系的主观条件，是社会主义道德体系的最起码的原则。李姝睿的《儒家文化中生存价值的伦理解读》[《青海师范大学学报》（哲学社会科学版）2009 年第 3 期]一文认为，儒家学者历来重视个体生命及其死亡的伦理意义和价值，并对其进行了深入的理性思考。儒者认为生与死都是自然现象和自然规律，重视人在自然界中的地位，认为"人为天下贵"，在面对生死抉择时更重视生存的道德价值。

生态伦理研究。李晓的《儒家"天人合一"的生态伦理思想》[《青海师范大学学报》（哲学社会科学版）2004 年第 2 期]一文，从探讨儒家"天人合一"哲学思想的角度阐释其中蕴含的生态伦理。认为儒家的"天人合一"思想肯定了人是自然界的产物，是自然界的组成部分，提倡尊重生命，兼爱万物，其根本目的是实现人与自然的和谐发展，凝聚着中国古代生态伦理的高超智慧。李姝睿的《藏族传统生态伦理的当代启示》[《青海师范大学学报》（哲学社会科学版）2007 年第 6 期]、《试论藏族传统文化之生态哲学》（《青海民族研究》2009 年第 2 期）和《藏族传统生态经济伦理观探微》（《青海民族学院学报》2009 年第 3 期）三文，从生态伦理学的角度研究以藏传佛教为价值核心的藏族文化中传统生态伦理的丰富内涵，以此为基础将藏族生态伦理思想置身于现代化的背景之下，研究其对构建中国伦理思想和应对生态危机的积极意义。吴玉敏的《生态文明视野下中国环境伦理建设探微》（《攀登》2010 年第 1 期）一文认为，生态文明是人类正在追求的新的发展高度和境界，体现着人类正沿着农业文明、工业文明的演进之路向着人类与自然真正和谐相处的目标迈进。环境伦理

观照了人与自然环境相互关系的道德意义，关注了生态环境之于人类的全方位的价值，在本质上体现的是人类社会未来发展方向和生存态度与生存方式的重新而重要的选择。建设生态文明必然包括环境伦理的建设内容，中国的环境伦理建设问题需要从细微处加以关注和研究。石长起的《青海省生态伦理建设管窥》（《人民论坛》2010 年第 36 期）一文，针对青海生态伦理建设中存在的问题，在分析原因的基础上，探讨其难点和优势，提出了相应的建设措施。

宗教伦理研究。吴春香的《宗教伦理在促进社会发展中的作用》（《青海民族学院学报》2007 年第 3 期）一文认为，从宗教伦理的实质内容和现实发展历程来看，宗教伦理是人类生存智慧的重要组成部分，它不仅不排斥社会世俗伦理，而且与世俗伦理相结合，是维护现实社会秩序不可缺少的规范。她的《论藏传佛教伦理对当代藏族伦理观发展的影响》（《攀登》2007 年第 3 期）一文认为，藏传佛教的伦理观念始终影响着藏族社会的方方面面。在新的历史条件下如何正确认识藏传佛教伦理思想对藏族伦理道德发展的积极作用，是需要深入研究的一项重要课题。

伦理应用研究。李姝睿的《现代生物技术及其伦理学思考》[《青海师范大学学报》（哲学社会科学版）2004 年第 2 期]一文，探讨了现代生物技术引发的伦理问题，认为现代生物技术飞速发展，广泛应用于许多领域。特别是它作用于医学方面，引发了人类社会对伦理规范的紧迫思考，也促进了生物伦理学的形成与发展。以基因工程为核心的现代生物技术，应该在相应法律制度的规范下，在新型伦理道德观和科学理性的制约下，健康有序地发展，最终造福于人类。周立梅的《试论当代中国婚姻家庭伦理关系的新变化》[《青海师范大学学报》（哲学社会科学版）2006 年第 5 期]和《从人类两性关系进化进程

审视当代婚姻伦理》（《青海师范大学民族师范学院学报》2007 年第 1 期）两文，探讨了家庭伦理的相关问题。她的《对无性生殖的伦理探讨》（《青海师范大学民族师范学院学报》2010 年第 2 期）一文，对无性生殖引发的一系列全新的重大

伦理问题进行一些探讨。石长起的《道德视域下的法制建设研究》（《吉林省教育学院学报》2014 年第 7 期）一文，在阐述道德与法律关系的基础上，探讨了法治与德治相结合、法制教育与德治教育相融合的体制建设。

第四节　美学及其他研究

青海美学研究稳步前进，成果不断出现。科学哲学和逻辑学等学科是青海哲学研究中的薄弱环节，20 世纪 90 年代发展较快，有影响的研究成果皆出自这一时期，但是进入 21 世纪以后，科学哲学和逻辑学研究鲜有新成果。

一、美学研究

20 世纪 90 年代以来，青海美学研究在此前基础上得以继续前进，不断涌现新的成果，研究面不断拓展。

少数民族审美研究。冯育柱、彭书麟的《中国少数民族审美意识史纲》（青海人民出版社，1994 年）一书，讨论了中国少数民族审美意识的发展史，时限上自远古、下迄近代，对民族审美意识从远古的萌发、上古的发展、中古的嬗变到近古的高涨的历史进程，作了科学阐释，进而揭示其发展规律。李景隆的《西北少数民族婚俗文化审美漫谈——西部民族风情审美研究之一》（《青海民族研究》1995 年第 4 期）、《论生态环境与审美意识——青海审美文化研究之一》（《青海民族学院学报》2006 年第 3 期）、《审美生存的智慧——青海审美文化研究之二》（《青海民族学院学报》2007 年第 2 期）和《略论青海审美文化的特点》（《青海民族研究》2007 年第 2 期）等文，系统研究了青海特殊的地理自然环境和生存环境对各民族审美意识和审美文化的形成发展的影响以及特点意义，涵盖了婚俗、人际交往、诞生礼仪、丧葬习俗、节日、饮食文化等多方面社会生活中蕴含的美学因素。

美学文本研究。左克厚主编的《中国美学》（同济大学出版社，2007 年）一书，以美学经典文本为核心，上始先秦、下迄清代，篇目涉及老子——自然美学、孔子——人际关系的美学、魏晋风度——人的美学等十五个专题，既体现中国古代散文发展演变的大致轨迹，又突出其专题特点，主要关注中国古代散文发展史上几个创作高峰和特色鲜明的阶段。

美学范畴研究。左克厚的《真善美统一论》[《青海师范大学学报》（哲学社会科学版）1999 年第 2 期]一文认为，人们总是在特定的场合谈论真善美的统一，在人们构造知识体系时，特别强调知识的客观性、真理性，它要极力排除主观的干扰，仿佛知识（真）是完全独立自主的。在人们构造道德体系时，又特别强调道德价值的超越性，既超越残酷的历史主义，也超越审美享乐主义。但是人们构造美学体系时，却千方百计强调真善美的统一，这既是对美学脆弱性的担心，也表现出对美学的极度不信任。他的《审美感觉论》[《北京大学学报》（哲学社会科学版）2001 年第 1 期]一文认为，在美学研究领域，首先应当确立研究的优先性原则。审美感觉的优先性其一是审美感觉具有自明的原始神秘性，其二是审美感觉的私人性是不可替代的。从逻辑的角度看，美学学科的实践性品格，决定了参与者审美主体天然地具有了合法的优先性。审美感觉是在议论言说中走上了理论的舞台。李景隆的《审美人类学研究的当代启示》（《青海社会科学

2011 年第 3 期）一文认为，审美人类学是一门新兴的学科，尽管它在学术规范和学科体系等方面都处于探索阶段，但其表现出的全新的学理观念和方法、开阔的理论视野，为当代美学建设和少数民族审美文化的探索和总结，提供了许多理论启示和值得借鉴的经验。

美学家思想个案研究。左克厚的《美：一种简单的生活方式——老子美学思想的逻辑》（《青海社会科学》2006 年第 3 期）和《孔子美学思想结构新论》（《温州师范学院学报》2006 年第 3 期）两文，对儒家和道家代表人物的美学思想进行了个性化研究。李景隆的《蔡元培美育思想及其现代意义》[《青海民族大学学报》（社会科学版）2010 年第 3 期]，认为蔡元培从"教育救国"的宗旨出发，把美育列入新式教育之中，并对美育的特性、功能、实施等提出了较为完整的思想体系，对今天的教育改革、构建和谐社会具有有益的借鉴。雒海宁的《〈美学〉中的典型——黑格尔人物性格论》[《青海师范大学学报》（哲学社会科学版）2010 年第 6 期]一文，论述了黑格尔《美学》中的艺术美、理想，分析其理论关于艺术美和艺术的本质，就其理想性格所具有的三个特征，即丰富性、明确性、坚定性进行辨析。雒海宁的《"尽善"、"尽美"与"文质彬彬"——论孔子的美学思想》[《青海师范大学学报》（哲学社会科学版）2009 年第 6 期]、《荀子的美学思想》（《青海师范大学民族师范学院学报》2010 年第 1 期）和《"性善论"与孟子的美学思想》[《青海师范大学学报》（哲学社会科学版）2010 年第 3 期]三文，分别对先秦儒家的三位代表人物的美学思想进行了研究。

二、科学哲学研究

青海省的科学哲学研究主要集中在 20 世纪 90 年代，出现了较多的研究成果。

数学哲学研究。郝宁湘发表了《混沌学及其哲学意义》[《青海师范大学学报》（哲学社会科学版）1993 年第 2 期]、《论实验与理论的因果关系》（《东岳论丛》1994 年第 6 期）、《计算复杂性理论及其哲学研究》（《自然辩证法研究》1995 年第 3 期）、《可计算性与不可解性及其哲学底蕴》（《自然辩证法研究》1996 年第 8 期）、《构造性数学及其哲学意义》（《自然辩证法通讯》1997 年第 3 期）和《大系统理论及其思想、方法与应用》（《系统辩证学学报》1998 年第 1 期）等一系列文章。其中《计算复杂性理论及其哲学研究》一文认为，算法的复杂性不只是一个数学的复杂性或数学问题的复杂性，即不仅反映了"理念"世界的复杂性，它还有深刻的本体论背景和确切的现实指称。物理的复杂系统、生物的复杂系统、大脑与思维的复杂系统，乃至社会的复杂系统，正是计算复杂性理论最深刻的本体论背景，其中无不包含着算法复杂性问题的现实指数。

科学家的科学哲学思想研究。李正风的《科学知识普适性信念及其批判》（《自然辩证法研究》1994 年第 11 期）一文认为，在西方学术传统中，认为"科学知识是普遍适用的"这样一种信念有着持久而深刻的内在作用。相信存在普适性的科学知识，构成了从事认识论研究的众多哲学家构建其哲学体系的基本起点，而寻找这样的普适性科学知识则是多数科学家进行科学研究的追求目标，与该信念在哲学和科学发展中的如此作用相比较，学术界对其合理性的分析始终是不够的，而且在很多情况下存在不加批判的盲目认同。他的《卡尔·波普尔历史思想评析》[《青海师范大学学报》（哲学社会科学版）1994 年第 1 期]、《爱因斯坦科学社会学思想》（《自然辩证法研究》1994 年第 11 期）和《尼尔斯·玻尔的主客体思想》（《青海社会科学》1996 年第 6 期）三文，是对爱因斯坦等重要科学家的科学哲学思想的个案研究。

三、逻辑学研究

逻辑学是哲学研究最薄弱的领域，成果较少。朱丰杰的《抽象逻辑和具体逻辑论纲》（《青海社会科学》1997年第1期）一文认为，真理有抽象和具体之分，逻辑亦应如此。抽象逻辑是求抽象真理的方法，具体逻辑是求具体真理的方法。虽无抽象逻辑和具体逻辑之名称，但它们实际上已经存在，演绎逻辑和归纳逻辑就是抽象逻辑，演绎逻辑在抽象的概念世界中驰骋；具体逻辑亦早已存在，它存在于具体实践之中。张淑君的《逻辑课教学中兴趣的诱发和培养》（《青海民族学院学报》2003年第2期）一文认为，逻辑学是一门抽象思维科学，学生不易产生兴趣。为此，教师在教学中应采取有效的教学方法，调动学生的积极性，诱发和培养学生学习逻辑课的兴趣。

第二章　经济学研究

20世纪90年代以来，在改革开放大潮的推动下，青海省经济领域发生了重大变化，经济发展的内涵进一步拓宽，经济结构、产业结构进入重大调整期，以推动区域协调发展、促进民族地区经济快速发展为主旨的西部大开发战略开始实施，三江源生态保护日益受到重视。同时，伴随着我国加入世界贸易组织（WTO），加快开放型经济发展也成为当时青海经济发展的重要方向。

在这一历史巨变的过程中，青海的经济学研究也进入了繁荣发展的时期。经济学研究的理论和方法均取得了长足的发展，多学科交叉研究的趋势日趋明显，研究领域持续向广度和深度拓展。社会主义市场经济、产业结构调整、经济体制改革、区域协调发展、人力资源开发、生态环境保护、外向型产业培育等领域的研究不断深化。研究队伍不断壮大，研究成果明显增多。据不完全统计，1993—2010年，青海省经济学研究的相关专著有30多部，公开发表学术论文3000余篇，理论经济和应用经济类国家社科基金项目有31项。在研究成果数量持续增多的同时，研究成果质量也稳步提升，先后出版了《青海资源开发研究》《省外在青海固定资产投资研究》《高耗电工业西移对青海经济和环境的影响》《循环经济理论与实践——以柴达木循环经济试验区为例》等一批高水平的学术专著，发表和完成了《关于开发青海黄河经济带的调查与研究》《"十一五"期间青海特色优势产业集群化发展战略研究》《三江源地区实现可持续发展的制度保障研究》等多篇有一定影响力的学术论文和调研报告。这些研究成果对青海经济问题从理论和应用两个方面进行了深入研究，并提出了一系列具有理论价值和现实价值的学术观点，丰富了全省经济学理论研究的内涵，同时也对区域经济发展起到了重要的指导作用。

第一节　理论经济学研究

进入20世纪90年代，党的十二届三中全会肯定了我国社会主义经济是公有制基础上的有计划的商品经济，社会主义市场经济理论正式以党的决议的形式得以确立，中国经济市场化改革不断深化，青海的经济建设在这一时期取得了突出成效，理论经济研究也相应取得了长足的拓展，并产生了一大批高质量研究成果。

一、政治经济学研究

在马克思主义经济学基本原理指导下，青海的经济学者在对马克思主义政治经济学和社会主义建设研究方面，开展了许多有益的探索和创新。

社会主义市场经济体系研究。窦汝广的《对社会主义市场经济体制的若干思考》（《青海社会科学》1993年第1期）一文认为，党的十四大把我国经济体制改革目标明确为社会主义市场经济体制，这个正确判断包含着对以宏观调控为主的计划调节重要性的肯定，但在计划与市场相互关系的侧重点上强调的是社会主义经济即市场经济。这样过去的"计划为主、市场为辅"就变成了"市场为主、计划为辅"，"让市场在资源配置中起基础性作用，使经济活动遵循价值规律的要求，适应供求关系的变化"。田源的《试论社会主义市场经济理论的科学体系》（《青海社会科学》1994年增刊）一文认为，解放思想、实事求是是社会主义市场经济理论的哲学基础，社会主义初级阶段论是社会主义市场经济理论的思想理论基础。正确认识和处理计划与市场的关系是社会主义市场经济理论的关键问题，解放和发展生产力是社会主义市场经济理论的目的与本质内容，同社会主义基本制度结合在一起，是社会主义市场经济理论的基本特征。孙发平的《国际经济环境与中国经济改革》（青海人民出版社，1995年）一书，通过对西方国家市场经济有关情况的介绍与分析，并结合我国经济改革现状，对西方国家和我国的经济模式、宏观经济调控、国际贸易、国际投资、国有企业管理体制、股份制发展、社会保障体系及第三产业发展等进行了全面的比较研究，并提出了我国与世界经济接轨、全面参与国际经济竞争的对策建议。孙发平主编的《马克思主义政治经济学新编简明教程》（中共中央党校出版社，2000年）一书，在坚持马克思主义经济理论的系统性、完整性和科学性，总

结党校教学的成功经验，吸收有关教材的重要成果的基础上，从政治经济学基础理论、资本主义的生产过程、资本主义的流通过程、资本主义生产的总过程、垄断资本主义等五个方面，对马克思主义政治经济学进行了全面深入的解读。

市场经济与计划经济差异性研究。王毅武的《社会主义市场经济的几个理论问题》（《青海师范大学学报》1993年第1期）一文，指出市场是商品经济存在和发展的重要条件，是社会化商品的经济载体。生产条件所有制两个方面既相矛盾又相统一的运动，是社会主义市场经济存在的一般条件，而它们的特殊结合方式又决定了社会主义市场经济的特殊性。之布的《确立社会主义劳动力商品理论》（《青海社会科学》1995年第4期）一文认为，社会主义的本质是解放生产力、发展生产力、消灭剥削、消除两极分化，最终达到共同富裕。不承认劳动力商品是认识上的误区，承认劳动力商品不违背社会主义本质，市场决定工资不违背社会主义按劳分配原则，劳动力成为商品不会否定社会主义劳动者的主人翁地位。马洪波的《完善社会主义市场经济体制的若干思考》（《青海社会科学》2004年第1期）一文，提出市场经济作为一种有别于自然经济和计划经济的新体制，其形成本身是一个艰难的制度创新过程，也是一个复杂的系统工程，需要从建立健全现代产权制度、加强政治法治建设、改造中国传统文化等方面入手，才能最终实现不断完善社会主义市场经济体制的历史任务。

市场经济运行规律研究。刘忠的《适应建立社会主义市场经济体制的目标——青海改革应整体推进有所突破》（《青海社会科学》1994年第1期）一文认为，中国的改革已经进入用新体制取代旧体制的关键时期，应大胆积极地整体推进，力争在建立现代企业制度以及推进宏观调控体制改革、价格改革、社会保障制度和住房制度改革等方面有所突破。郭华、金铸仁的《论我国经济

体制及经济增长方式的转变》（《青海民族学院学报》1996 年第 4 期）一文认为，改革是发展的动力，妨碍发展的许多体制上的深层次矛盾只有通过改革才能得到解决。围绕发展这个硬道理，体制改革及转变必须抓好深化国有企业改革，塑造充满活力的社会主义市场竞争主体；加快建立和完善市场体系，充分发挥市场机制的作用；继续转变政府职能，增强国家的宏观调控能力三个方面的工作。胡建平、胡玉婷的《市场经济与土地产权制度改革》（《青海社会科学》1997 年第 5 期）一文认为，新中国成立以来，我国农村在进行生产关系改革中，从优化劳动力、资金、技术等经济资源配置，提高土地利用率和经济效益出发，对土地制度进行了四次变革。在市场经济条件下，土地既是资源又是资产，既是自然物又是商品生产的必要生产资料；使用土地生产的农户或集体经济组织是独立的商品生产者和经营者。因此，构建集体土地产权制度，在政策上应明确土地产权主体，规范土地产权界区，界定土地产权关系。王兰英的《社会主义经济体制的演变及其改革经验》（《攀登》1999 年第 5 期）一文，从三个方面总结了我国社会主义经济体制改革的经验：一是选择和确定一种经济体制模式最根本的基础是生产力水平；二是同一经济制度可以采取不同的经济体制，而不同的经济制度又可以采取相同的或类似的经济体制；三是不同的历史条件下，可以选择不同的经济体制。孙发平、刘傲洋的《论科学发展观的时代性与前瞻性》（《攀登》2008 年第 3 期）一文，提出科学发展观是党的十六大以来党中央提出的重大战略思想，是改革开放三十年来中国发展理论探索的时代结晶。它以理论继承为前提，坚持理论创新，在改革开放三十年实践基础上，实现了中国发展理论的一次伟大突破，具有顺应时代发展要求、与时俱进的理论品质，以及指引中国未来发展的战略前瞻性。

西方经济学借鉴研究。詹斌的《科技进步：经济增长方式转变的生产力基础》（《攀登》1996 年第 3 期）一文，提出科学技术虽是推动经济增长的核心力量，但就其本质而言，科学技术只是一种潜在的、知识形态的生产力，它只有作用于生产过程，才能转化为现实的生产力，而科技进步在很大程度上也受制于经济的发展。总体来说，科学技术是生产力中起决定性作用的因素，是经济增长的动力和源泉，是内生于现代经济体制的重要部分，是推动经济增长方式转变的生产力基础。刘志的《西方经济学中关于"市场失灵"和"政府失灵"的分析》（《青海社会科学》1997 年第 3 期）一文认为，从现代西方经济学的发展来看，国家干预论和经济自由主义之间融合的趋势日益明显。经济自由主义正逐步由彻底的自由放任向承认政府部分干预的合理性转变，而国家干预主义也逐步承认市场经济的效率，主张将政府干预和市场调节结合起来。从长远来看，国家干预与市场调节以及它们之间的关系还将是今后西方经济学家研究探讨的课题。

二、数量经济学研究

数量经济学研究在青海的起步相对较晚，研究成果的学科体系完整性不强，主要集中于市场环境综合评价、区域经济和产业竞争力比较以及增长效率的计量分析等方面。

市场环境综合评价研究。王建军的《青海省投资软环境关键因素实证分析》（《青海社会科学》2004 年第 1 期）一文，运用"三因素评估法"对经济环境、生产要素环境、行政环境、市场环境、法律环境、财务环境、社会政治环境和社会服务环境等 8 项影响青海省投资软环境的因素进行了实证分析，认为当前对青海吸引投资综合影响较大的投资软环境因素依次为：经济环境、生产要素环境、行政环境、市场环境、法律环境等。刘同德、张效娟的《青海产业结构定量分析及结构优化研究》（《青海社会科学》2006

年第 5 期）一文，通过对青海产业结构的计量分析，认为今后青海产业结构调整与优化的方向是：从就业结构的角度看，要着重解决就业人员的产业结构偏离问题，把就业弹性作为产业结构调整的重要依据；从三次产业结构的角度看，要着重解决产业关联度低、联系不紧密的问题，逐步培育主导产业；从产业结构升级的角度看，要着重解决加工低度化的问题，实现工业结构的优化升级。裴兰的《青海经济发展综合评价》（《湖北财经高等专科学校学报》2010 年第 2 期）一文，选择地区生产总值、人均 GDP、固定资产投资总额等 8 项指标，通过因子分析法，得到两个公共因子——综合因子和发展因子。根据统计分析，认为总体来看青海经济自 20 世纪 90 年代以来有所发展，但相对来说，农村的发展还是远远滞后于城市，二元结构突出。赵晓葵的《基于聚类分析的青海藏区社会经济发展水平评价研究》[《青海师范大学学报》（自然科学版）2010 年第 4 期]一文，根据计算结果将青海省 25 个藏区县依照社会经济发展水平划分为由环青海湖地区和柴达木盆地组成的较发达地区，黄南州和海南州组成的中等地区，青南玉树和果洛组成的落后地区等三类地区。初步判断出柴达木地区处于工业化和经济起飞的初期阶段，环青海湖地区处于过渡阶段，而青南地区处于相对落后的起步阶段。

区域经济和产业竞争力比较研究。刘志的《青海产业结构定量分析及存在问题研究》（《青海师范大学学报》2008 年第 1 期）一文认为，"九五""十五"时期，从三次产业产值的变动演化看，青海省的产业结构变动基本符合工业化进程的一般规律，但三次产业间存在发展不协调的问题。丁生喜的《青海省区域经济差异与发展模式分析》（《青海师范大学学报》2008 年第 2 期）一文，以县为区域单元，运用因子分析法，对青海省区域经济差异进行了实证分析，并根据

综合得分将青海省内各市县划分为以西宁为增长中心的东部综合经济区、以格尔木为增长中心的西部柴达木盆地资源开发工业经济区、东西两增长极区域之间的中部环青海湖农牧业经济区和青南经济落后地区四大经济区域。

区域经济和三次产业增长效率的计量分析研究。王建军、束艳霞、刘守跃的《基于数据包络分析法的青海省各产业效率分析》（《青海民族研究》2009 年第 4 期）一文，通过运用数据包络分析法对青海省 36 个产业近年来的投入产出效率进行测算分析，认为青海省是显著的资源依赖型经济，青海省各产业应该在投入资源的利用率上下功夫，既要提高资产质量，也必须不断提高人员的素质，更要使工业经济的发展与环境的改善之间达到更好地协调，即坚持走内涵式发展道路。康英的《青海省经济增长质量的评价与分析》（《经济纵横》2009 年第 15 期）一文，采用经济增长质量评价的经济效益、经济结构、科技进步、环境保护、人民生活、经济运行稳定性等 7 项指标，从经济增长的持续性、协调性、稳定性、增长潜能四个方面对青海省 1998—2007 年的经济增长质量进行了评价和分析，认为青海省经济增长质量在总体上日趋好转，特别是在稳定性上表现较好，但青海省的经济仍处于粗放型阶段，政府应该加大力度搞好经济增长的协调性、持续性和增长潜能。高兴霞的《青海外贸竞争力分析及对策研究》（《青海社会科学》2010 年第 2 期）一文，运用贸易竞争力指数、国际市场占有率、出口商品结构转换率三个指标对青海近年来的外贸竞争力的变化进行了计量分析，提出了加大科技投入，优化商品结构，提升产品国际竞争力；加大引资力度，利用国家各种优惠政策，推动产业结构升级；增强外贸出口主体实力，优化出口主体结构，形成多元化的出口市场；培育自有品牌，扩大品牌出口，提高企业和出口产品的核心竞争力等对策措施。

三、发展经济学研究

在发展经济学研究领域，青海经济学者主要在区域均衡发展、农牧区贫困、资源开发与环境保护等相关领域进行了较为深入的研究。

区域均衡发展研究。郑砚的《对缩小东西部地区经济发展差距的思考》（《青海社会科学》1994 年第 2 期）一文认为，我国地域辽阔，由于受地理自然条件、历史发展进程、人口民族构成、资源状况等因素的影响，各地区经济发展不平衡。东南沿海地区比较发达，而西北地区相对比较落后，存在明显差距，近年来这种差距又呈扩大趋势。王青娟、詹斌的《论东西部经济非均衡增长与协调发展》（《青海社会科学》1997 年增刊）一文认为，我国地域辽阔，自然地理、经济、社会、人口、资源差异很大。长期以来，东西部之间的差异一直存在，只是随着我国实行的沿海发展战略在国民生产总值、人均国民生产总值、国民收入、人均国民收入、工业产值等重要经济指标层面呈现日益拉大的趋势。

农牧区贫困问题研究。温生辉的《青海牧区经济的现状、矛盾与对策》（《青海社会科学》1994 年第 1 期）一文，基于对青海牧区设立的固定观察点从 1986 年到 1992 年连续 7 年的跟踪调查，认为这一时期青海省的畜牧业生产在改革开放中得到持续发展，牧民生活得到明显改善。但与此同时，草原逐步退化、双层经营体制很不完善等深层次矛盾和制约性因素也不容忽视，需要通过不断完善牧区家庭草场经营承包责任、调整牧区经济结构、重视牧区基层组织的再构造、抓好牧区计划生育等政策措施逐步加以解决。李泽启、梁明海的《关于青海农村实现小康的研究》（《青海社会科学》1994 年第 4 期）一文认为，青海农村实现小康的基本思路是全面规划，分类指导，重点突破，分步推进。总的目标是在全面发展农村经济的基础上，争取到 20 世纪末，全省 70% 以上的农村达到小康水平。胡建平、胡玉

婷的《扶贫与反贫困战略》（《青海社会科学》1996 年第 6 期）一文认为，贫困是一种社会现象，是经济、社会、文化贫穷落后的总称。要根本改变贫困地区的面貌，需要从端正基本思路，掌握指导原则；承认差距，适度保持差距；增强扶贫紧迫感；转轨变型，加快脱贫；调整产业政策，拓宽致富的路子；加大扶贫力度，用经济手段引导扶贫；扶贫必须同控制人口紧密结合起来；扶贫既要道德约束，又要健全法律制度等方面着手建立长效扶贫机制。完玛冷智的《青海农牧民返贫原因与反返贫策略》（《青海社会科学》2001 年第 3 期）一文认为，人口增长过快，人均收入降低；抗灾能力弱，灾后重建难；生产结构单一，经营规模小；经营管理不善，经济效益滑坡；思维方式落后，生产力水平低下；科普工作不扎实，产品科技含量低；农牧民负担过重，再生产投入不足等问题是青海民族地区长期贫困的重要原因。孙发平、杜青华、陈志苣的《青海省扶贫开发思路、目标及对策》（《青海社会科学》2010 年第 1 期）一文，通过对"十二五"时期青海扶贫开发形势的分析和判断，设计了"十二五"时期扶贫开发总体思路、原则、目标以及区域重点任务，提出了青海"十二五"时期扶贫开发工作的对策建议。

资源开发与环境保护研究。吴天荣的《开发青海黄河经济带刍议》（《青海社会科学》1994 年第 6 期）一文认为，黄河流域面积广，能源、矿产资源十分丰富，生产潜力巨大，在我国现代化建设中黄河经济区的地位将日益重要，在建设沿海、沿江地带的同时，沿黄地带将成为我国生产力布局的第三条主轴线。黄河流域尤其是河谷地带是青海发展农牧经济的黄金地带，将成为我国重要的水电能源基地。贺文慈的《青海经济与亚欧大陆桥》（《青海社会科学》1995 年第 5 期）一文认为，20 世纪 90 年代初在市场化推动过程中，我国的区域经济主要划分为沿海经济带、沿

江经济带、沿边经济带和沿桥经济带等四个经济区域。青海虽然被划进了沿桥经济带，但其经济发展状况和同处于沿桥经济带的其他兄弟省区相比较，还有一定的差距。景晖的《青海资源开发研究的理性思考》（《青海社会科学》1997年第6期）一文认为，从社会维度来研究青海资源开发问题，不但要立足于探讨青海资源开发过程中的特殊性，同时还必须着眼于全国社会经济发展的大局。孙发平、王兰英的《青海资源开发中的市场导向问题》（《柴达木开发研究》1997年第6期）一文提出，加快资源开发步伐是青海经济发展的突破口，而走市场导向的资源开发道路又是唯一有效的途径。我们只有在今后的资源开发工作中，切实做到以市场需求为导向，以市场规律为准则，进一步完善经济外部环境，青海的资源才能为经济建设和繁荣做出更大的贡献。孙发平的《青海冬虫夏草资源可持续开发利用的经验总结及改进建议》（《青海社会科学》2009年第4期）一文认为，冬虫夏草是青海的一大优势资源，其产量和质量都居世界之冠。该文总结了十多年来青海省开发管理冬虫夏草资源的基本经验，并提出了有针对性和前瞻性的冬虫夏草资源开发管理工作的改进建议。

四、民族经济研究

关于民族经济的创新研究，青海经济理论界在民族地区经济发展方式探索、民族地区改革创新、民族贸易共生性等领域进行了积极探索。

民族地区经济发展方式研究。仁青本的《发展青海民族经济之管见》（《青海民族研究》1994年第3期）一文，提出青海独特的高寒地理位置和丰富的水利矿产资源对发展民族经济，既有潜在的优越条件，也有制约的不利因素。要加速民族地区的经济振兴和社会进步，必须要有政策倾斜和资金投入这两个不可或缺的要素。还需要国家将东西部联合由过去的以"资源互补"和"产品互补"为原则逐渐向以比较利益为原则进

行联合过渡，将能源、原材料的比价作为一种增加民族地区投入的有力措施。王恒生的《关于青藏牧区经济发展的若干问题》（《青海社会科学》1995年第3期）一文认为，一个国家或地区经济的起飞，常常归因于个别经济因素的作用，或区位，或产品，或人口素质等。对于青藏牧区来说，且不论种类繁多、储量可观的矿产，得天独厚的水能、太阳能、风能资源和极富特色的文化、旅游资源，仅就畜牧业和野生动植物资源而言，如果能得到比较充分、科学的开发利用，就足以使该地区经济在现有基础上跃上新台阶。梅进才的《青海民族经济发展中的困难机遇途径》（《青海民族研究》1998年第2期）一文认为，贫困落后的青海民族地区既面临社会主义市场经济的严峻挑战，也面临着国家把经济建设战略重点转移到中西部地区的大好机遇，民族地区必须主动适应市场经济发展的要求，实事求是地分析在建立社会主义市场经济体制过程中存在的差距和问题，因地制宜地制定发展战略，选择好发展路径，早日达到小康水平。陈国建、刘忠的《民族地区经济社会发展探析》（《青海社会科学》1998年第6期）一文认为，党的十一届三中全会以来，党和国家为提高民族地区的社会生产力，逐步改革民族地区经济相对落后的状况，缩小各民族间在经济、文化和社会发展上的差距，从社会主义本质的要求和民族地区的实际出发，重申了逐步实现各民族共同繁荣的总方针，并制定了一系列具体政策措施。这一时期是民族地区经济增长最快、经济发展实力显著增强的时期。井含伟的《青藏高原民族地区经济发展思路探析》（《青海民族研究》2004年第3期）一文认为，改革开放二十年来，青藏高原民族地区虽然经济增长成绩显著，但与全国相比，无论在质量上还是速度上，都有较大差距。与此同时，尽管经济增长大大低于全国平均水平，但历年的平均投资率却比全国的平均水平高出很多。

民族地区改革创新研究。 张致义、王兴、李夏的《大力推进牧区民族贸易改革与发展》(《青海社会科学》1994 年第 4 期)一文认为，党的十一届三中全会以后，在改革开放大潮的推动下，牧区计划经济体制有了突破，市场经济体制逐步形成，民族经济获得很大发展。青海牧区地域辽阔，资源极为丰富，把资源优势尽快转化为经济优势是振兴民族经济的关键所在。韩官却加的《社会转型期青海蒙古族经济价值观调查与分析》(《青海民族学院学报》2006 年第 4 期)一文认为，蒙古族的经济观念与主流社会没有太大的差距，但在具体问题上又呈现不同的特点：一是其金钱观基本反映出对义利并举的价值认同；二是对市场经济体制有着较高的认同度，但部分人群在认识上仍存在不确定性；三是职业观念更趋开放，对发展工商业、民族间经济互动、外出打工经商总体上有着较高的认同，但在不同群体中认识却不尽一致。

民族贸易共生性研究。 马燕的《历史上河湟地区回族与藏族的经济交往》[《青海民族学院学报》(社会科学版) 2007 年第 4 期]一文认为，历史上河湟地区回、藏两族由于社会传统文化的不同而形成了不同的经济结构，这是一种互补共生型的经济结构。总体来说，"和而不同"是回、藏关系呈现出的总体特征。这种民族间的经济文化互动，不仅促进了地区社会经济的发展，而且在一定程度上打破了边疆地区的封闭状态，为民族间的文明交流奠定了基础。陈文烈的《青海回族经济型构的式微与衍生性发展研究》(《青海民族学院学报》2008 年第 1 期)一文，提出青海回族经济的持续发展必须具备地区禀赋要素、独特的市场经营特色、经济结构的市场化发展趋势三个基本要素。其中，禀赋性要素是基础，独特的市场经营是前提，经济结构的市场化发展是关键。

第二节　经济体制改革研究

20 世纪 90 年代以来，计划与市场关系问题是中国经济学界研讨的热点问题，青海经济学界对经济体制改革理论的研究基本与我国市场化改革进程同步，并注重青海作为经济欠发达地区的省情实际，为经济体制改革理论研究做出了不懈的努力和探索，并产生了一批较高水平的研究成果。

一、所有制改革研究

关于所有制改革的研究，青海经济理论界的研究主要集中在所有制改革的重要性、所有制改革的路径等领域。孙发平的《西方国家股份制的发展趋势及其对我们的启示》(《攀登》1994 年第 6 期)一文，通过对西方国家股份制发展趋势的分析，认为股份制作为反映社会化大生产和市场经济客观要求的财产组织形式和生产管理方式，它不仅可以为资本主义国家所采用，也可以为社会主义国家所借鉴和利用。尤其在当前我国进行的国有企业公司化改造的过程中，相当一部分企业将要实行股份化经营，并建立多元投资主体的有限责任公司或股份有限公司。因而研究和把握西方国家股份制发展的基本趋势和特点，对于指导我国目前的股份制试点工作无疑有重大的现实意义和促进作用。李连峻的《论经济体制转换时期的宏观调控》(《青海社会科学》1995 年第 5 期)一文，指出必须按照发展社会主义市场经济的要求进一步深化宏观管理体制改革，实现管理思路、管理观念、管理职能、管理方式等全方位的根本转变，建立能保证国民经济良性循环、快速发展的宏观经济调控体系。具体来讲，需要搞好宏观调控的组织体系建设，充分发挥国家计划在宏观调控中的总体指导和综合协调作用，逐步完善法律、法规体系，把握好宏观调控的力度。孙发平的《股份合作制是公有制的一种有效实现形式》（《攀登》1997年第6期）一文，分析了股份合作制的类型和特点，认为股份合作制是能够促进生产力发展的一种公有制实现形式，因此，只要我们从社会主义初级阶段这个最大的实际出发，坚持解放思想、实事求是的思想路线，以邓小平提出的"三个有利于"为根本标准，积极依靠群众在实践中的探索创新，就一定会使股份合作制为搞活公有制经济发挥更积极的作用。田源、李连峻、姚惠敏主编的《改革 求实 创新 青海省纪念党的十一届三中全会二十周年优秀论文集》（青海人民出版社，1998年）一书，入集论文54篇。各地区、各行业、各战线的领导和理论工作者从理论和实践的结合上，多领域、多角度地回顾与总结了党的十一届三中全会以来的20年间取得的成就和经验，探讨和提出了实现跨世纪奋斗目标的具有创见性的设想和思路。陶秉元、聂紫的《略论混合所有制经济及其对西部民族地区经济发展的意义》（《青海民族研究》1998年第1期）一文认为，改革开放以来，西部民族地区与东部沿海地区经济发展的差距越拉越大，成为一个不容回避的严峻现实。为缩小这种差距，西部民族地区应尽快适应全国市场经济发展变革要求，积极稳妥地发展适合西部民族地区的各种类型的混合所有制经济，以加速社会经济发展，逐步缩小东西部差距。田源、李连峻、姚惠敏等的《我国西部地区所有制结构调整与经济发展》（入选由中共中央宣传部理论局主编的《纪念党的十一届三中全会二十周年理论研讨会文集》，学习出版社，1999年）一文认为，所有制结构调整与经济发展关系问题，是改革进入攻坚阶段必须解决的一个重大课题。中国改革与发展的态势表明，西部地区只有加大所有制结构调整力度，才能促进经济的振兴，进而逐步缩小东西部差距。潘振成、周勇的《青海完善社会主义市场经济体制研究》（《青海社会科学》

2005年第2期）一文认为，正确处理改革与发展的关系，加快政府以公共服务为中心的转型步伐，建立健全适合公有制多种有效实现形式的新体制，加大农牧区经济体制改革力度，全面推进收入分配制度改革和完善社会保障体系，深化对外经济体制改革，深化市场体系改革，是不断完善青海市场经济体制应坚持的重点所在。孙发平的《论青海经济体制改革的目标原则与任务》（《青海社会科学》2005年第1期）一文提出，2005—2010年，青海经济体制改革要实现由计划经济向社会主义市场经济体制的过渡；2011—2020年建成比较完善的社会主义市场经济体制。围绕这一目标，应从所有制结构、国企改革、国有资产管理、市场体系、收入分配、就业制度、社会保障和城乡二元结构等方面入手，进一步深化改革，创新体制。杨松义的《对经济体制创新问题的几点认识》（《青海社会科学》2007年第5期）一文，就经济体制创新中的有关问题进行论述，认为体制创新应充分考虑制度环境的约束，应以政府管理制度的创新为核心，应遵循企业是市场经济主体、市场配置资源、成本和效益相统一、以人为本、公平公正公开和诚实守信、统筹兼顾和可持续发展等六条基本原则，应以最大限度满足先进生产力发展要求为目的。由曲青山、王向明、郭云甫主编的《青海省纪念改革开放30周年理论研讨会论文集》（青海人民出版社，2008年）一书，入集论文45篇。来自省委各部委、省直各单位及各州、市、地和个人作者从不同领域、不同角度回顾与总结了30年改革开放的成功实践和丰富经验，探讨了改革发展稳定中的重大理论和实践问题。

二、国有企业改革研究

关于国有企业改革的研究，青海经济理论界的研究主要聚焦在建立现代企业制度方面。翟松天等人的《青海建立现代化企业制度的基本思路及进程预测》（《青海社会科学》1994年第3期）

一文认为，企业是市场经济的微观基础和竞争主体，没有与市场经济相适应的现代企业制度，就没有完整的市场经济可言。因此，在构筑市场经济体制框架的过程中，必须把建立现代企业制度作为中心环节来抓。刘忠等人的《青海省国有工业亏损企业扭亏对策研究》（《青海社会科学》1994年第5期）一文认为，国有工业企业的利润大量地向利息、税赋、摊派方面转移是困扰国有工业企业特别是大中型企业发展的一大难题。另外，经营管理不善，企业办社会问题严重，企业收益向个人倾斜，产业结构和产品结构不合理等原因也不容忽视。因此，理顺国有企业产权关系、调整亏损企业的组织结构、加强企业管理、强化减亏扭亏责任等是实现减亏扭亏的关键措施。曹学礼的《现代企业制度的中国特色思考》（《青海社会科学》1994年增刊）一文认为，建设中国特色社会主义理论是建立现代企业制度的根本指导思想，现代企业制度的中国特色是社会主义市场经济体制的重要内容。以建设中国特色社会主义理论为根本指导思想，现代企业制度的中国特色内涵必将十分丰富。孙发平的《试论现代企业制度建设中亟待解决的几个问题》（《青海师范大学学报》2000年第1期）一文认为，在当前建立和完善现代企业制度的过程中，必须着力解决好三个方面的问题：一是继续推进政企分开，进一步明确政府与企业的权利和责任；二是按照国家所有、分级管理、授权经营、分工监督的原则，建立健全国有资产管理、运营、监督体制；三是进行规范化的公司制改革，完善法人治理结构，彻底根除翻牌公司。

三、对外开放研究

关于对外开放，青海经济理论界的研究主要聚焦在对外开放路径研究、完善市场体系等方面。

对外开放路径研究。张继银、李勉业、王玉英的《扩大青海对外开放的思考》（《青海社会科学》1994年第2期）一文认为，青海地处内

陆腹地，地理环境封闭，第三产业不发达、对外经贸工作起步较晚等制约因素是当前青海对外开放面临的主要困难。进一步扩大青海对外开放，需要正确认识对外开放与经济发展的关系，提高对外开放度，逐步形成全方位的开放格局。孙发平的《青海对外开放若干问题的分析与思考》（《青海社会科学》1997年增刊）一文认为，充分认识对外开放在青海经济发展中的地位和作用，选择正确有效地利用外资形式，加强同东部发达地区的经济联合与协作，进一步改善投资环境，加大招商引资的力度，将是直接关系能否尽快缩小东西部差距、实现青海经济飞跃的重大问题。张首青的《浅谈中国加入WTO对青海外贸出口的影响》（《青海统计》2000年第6期）和张亚玲的《加入世界贸易组织对青海省对外贸易的影响及对策》（《青海金融》2001年第11期）两文，从不同角度分析了加入世贸组织对青海对外贸易发展的积极影响和挑战，提出青海应通过发展比较优势出口产业、实施"走出去产"战略、改革外经贸体制、加强法制建设等途径大力发展对外贸易。严琼的《改革开放与青海跨越式发展》（《青海社会科学》2009年第2期）一文认为，青海应充分发挥后发优势、依托资源优势，选准具有比较优势和能够提高区域经济发展效益的特色经济体系和产业模式，积极转变经济发展方式，实施生态立省战略，推进青海开放发展和跨越式发展。张伟的《青海扩大对外开放的战略研究》（《青海社会科学》2010年第1期）一文，分析了青海对外开放现状和存在的问题，并就"十二五"时期乃至其后更长时期青海扩大对外开放进行了战略性研究。高兴霞的《青海对外贸易结构的实证分析》（《中国商贸》2010年第14期）一文，从商品结构、地区结构、贸易方式和主体结构四个方面对青海对外贸易结构做出了分析，并就如何优化青海对外贸易结构提出了相应的建议和对策。杨志龙、胡英的《青海省

对外贸易对经济影响的实证分析》（《经济研究导刊》2010年第31期）一文，在运用时间序列分析和格兰杰因果检验等计量经济学方法实证分析青海对外贸易和经济增长之间的关系的基础上，得出了青海进出口与经济存在正相关关系的结论。

完善市场体系研究。张致义、王伦景的《青海市场体系的培育发展与对策》（《柴达木开发研究》1995年第2期）一文认为，当前青海市场培育中的主要问题主要表现在生产资料和生产要素市场发展严重滞后、市场法规建设尚待加强等方面。需要进一步完善消费品市场，加快发展生产资料市场，大力发展生产要素市场，在开拓市场中求发展；培育和发展中心市场、卫星市场和初级市场；在坚持国家宏观调控下，促进市场对资源配置起基础性作用和资源的优化配置，以进一步培育和发展青海省市场体系。青海省社科院课题组的《青海省经济成分与利益主体多样化问题研究》（《青海社会科学》2000年第3期）一文认为，经济成分和利益主体多样化为市场经济体制的建立创造了必要的条件，促进了社会资源配置效率的提高。但另一方面由于改革不到位，社会成员间出现了收入差距和分配不公等问题。基于上述分析，提出要切实加快实质性改革步伐，加大依法治国的力度，加强党的自身建设，更加重视社会科学工作等对策建议。

四、非公有制经济发展研究

关于非公有制发展经济的研究，青海经济理论界主要聚焦在非公有制经济的界定和辨析、非公有制经济发展路径等方面。

非公有制经济的界定和辨析研究。秦璐的《非公有制经济发展的现状及其趋向》（《青海社会科学》1999年第6期）一文认为，要实现非公有制经济向公有制经济过渡，必须大力发展社会生产力，使社会所必需的产品极大丰富，使非公有制经济更多地通过与公有制经济参股、参资共同发展的形式，通过资本联合的办法，使之逐

步成为国家控股或者基金投资控股的混合所有制的社会资本经济。景芳的《关于非公有制经济的几个认识问题》（《青海社会科学》2001年第4期）一文认为，从人类历史发展看，只有一种居于统治地位的经济成分才能决定社会性质，我国的性质也是由居于主体地位的公有制所决定的，因此，非公有制经济的存在和发展只是社会主义市场经济的重要组成部分。

非公有制经济发展路径研究。孙发平的《从战略高度认识民族地区中小企业的改革与发展》（《青海民族学院学报》2000年第1期）一文提出，民族地区中小企业发展缓慢，其中一个重要原因是人们对中小企业在民族地区经济发展中的地位和作用认识不足。文章阐述了发展中小企业的重要意义，指出政府应该采取有效措施，在政策上进行大力扶持和倾斜，以便使民族地区中小企业渡过难关，走出困境。李勇的《青海省个体私营经济发展研究》（《攀登》2001年第3期）一文，提出了"十五"时期需要进一步解放思想，更新观念，推动个体私营经济快速发展；围绕产业结构调整，提高非公有制经济比重；制定鼓励个体私营经济发展的优惠政策；积极转变政府职能，为个体私营经济发展创造良好的外部环境；深化企业内部改革，努力转变个体私营经济增长方式等加快青海省个体私营经济发展的基本对策。高明森的《青海非公有制经济发展研究》（《青海民族研究》2005年第4期）一文认为，制约青海省非公有制经济发展的因素是多方面的，包括政治因素、经济因素、文化因素、历史因素、宗教因素等，进一步促进青海非公有制经济发展，必须依据市场经济发展的要求，为非公有制经济在政策优惠、发展空间、市场准入、法律平等等方面创造条件，营造良好的非公有制经济发展环境。蔡守琴的《青海省非公有制经济融资问题研究》（《攀登》2005年第5期）一文认为，要通过完善以银行为主体的间接融资体

系，建立非公有制企业信用评估体系，建立和完善非公有制企业信用担保体系，规范和发展非公有制金融机构等融资渠道主要途径拓展非公有制企业。张希珍的《青海民营经济的发展现状分析》（《青海民族研究》2006年第4期）一文认为，改革开放以来青海民营经济已成为青海地方经济，尤其是县域经济的重要支柱和财政来源。但与此同时，资金制约、生产经营范围狭窄、经济环境较差等仍是制约青海民营经济发展的外在因素。在此基础上，提出了解放思想、转变观念，引导民营企业建立现代企业制度和营造优秀企业文化，切实改善民营企业人治式的管理方式等，旨在促进青海民营经济发展的政策措施。孙发平、马震、王东宏的《试论中小企业的比较优势及其战略选择》（《中央财经大学学报》2005年第11期）和《对青海民营企业发展定位和战略的思考》（《青海民族学院学报》2007年第2期）两文，均认为青海民营企业要获得持续发展的竞争优势，不能盲目地追求"做大做强"，而应在全面认识自身比较优势的基础上，制订适宜的发展战略，力争"做精做专"。

第三节　区域经济发展研究

自20世纪90年代中后期以来，我国东南沿海地区作为改革开放的前沿，在外向型经济的引领下，经济增速加快，而中西部内陆地区经济仍保持了较为缓慢的增长态势，区域经济发展的差距逐渐拉大。在此背景下，为促进西部地区的开放发展，国家实施了西部大开发战略。青海省社科理论界和经济学界主动顺应时代潮流，在区域经济发展战略、西部大开发、经济结构调整和区域均衡协调发展等方面展开了深入研究，产生了一批富有创新性和建设性的研究成果。

一、区域经济发展战略研究

如何抓住国家实施区域均衡发展战略和西部大开发战略这一千载难逢的重大机遇，制订适合青海实际的区域经济发展战略，促进区域经济实现跨越发展成为这一时期青海经济学界研究的主要内容，并产生了一系列重要成果。

青海经济发展战略研究。马福印的《青海未来经济发展环境分析》（《攀登》1995年第6期）一文，在综合分析国内环境条件对青海经济发展的影响和青海经济发展自身的有利条件及制约因素的基础上，提出通过加快交通运输和邮电通信业等基础设施建设、加大固定资产投入、加强科教事业、加快工业化进程等举措，加快青海经济发展步伐。陈玮、徐军霞的《振兴柴达木区域经济的思考》（《青海民族研究》1995年第4期）一文，分析了柴达木盆地的资源优势和制约柴达木经济发展的主要因素，提出通过加大投入力度、加快资源开发、加强交通和通信建设、转变思想等途径实现柴达木地区经济快速发展。刘忠的《青海跨世纪经济社会发展总体战略构想》（《青海社会科学》1996年第1期）一文，归纳总结了党的十一届三中全会以来青海改革开放、经济建设和社会建设的经验，提出了未来15年青海经济社会发展的战略构想、战略目标、发展重点、具体步骤及对策建议。其专著《青海跨世纪经济社会发展研究》（青海人民出版社，1996年）一书，从青海实际出发，采取定量与定性分析、纵向与横向比较相结合的科学方法，勾画了1996—2010年青海人口和就业、农业及农牧区经济、工业化程度、建筑业、交通运输、邮电通信、商业流通、地区经济协调发展、国土整治、环境保护、投资政策与产业结构、科技教育和文化卫生、体育事业发展、人民生活和社会保障、脱贫致富奔小康等经济社会发展的基本图像，并预测了面临的挑战和困难，提出了实现战略目标应采取的政策与建议。景晖、李正风等的《青海资源开发研究》（青海人民出版社，1998年）一书，认为资源开发作为振兴青海经济的根本途径，对于缩小青海同其他先进地区的发展差距，促进社会稳定和民族团结具有极其重要的作用。指出通过加强对青海资源开发外部动力与内部动力、外部环境与内部环境的分析，科学选择资源开发途径与重点。许淳、李永春的《青海经济发展的环境因素及发展战略》（《青海社会科学》1999年第1期）一文，在对青海经济发展前景进行展望分析的基础上，认为我国的经济体制正在由计划经济体制向市场经济体制转换，从国家长远需要和青海特殊的地理位置以及自然资源优势看，青海经济必将会有以柴达木资源大开发和南水北调西线工程建设为标志的大发展时期。刘同德的《关于加快青海经济发展的思考》（《青海社会科学》2000年第1期）一文，提出要处理好争取中央扶持与发挥地方积极性的关系、争取资源开发项目与争取基础设施项目的关系、争取普惠政策与特殊政策的关系、政策环境与体制环境的关系、抓大放小与抓小放大的关系。巨伟的《对21世纪青海发展的几点思索》（《青海社会科学》2001年第6期）一文，对把握自然规律、加快经济发展、消除思想贫困、缓解人口压力、提高农牧民收入、开发旅游资源、完善法治与创新体制等问题进行了研究。严维青、段继业、孙发平的《青海人口面临的严峻形势及其对可持续发展的影响》（《青海社会科学》2004年第5期）一文认为，研究青海人口问题首先要从青海人口的基本现状出发，分析青海人口形势，掌握青海人口发展规律及其变化趋势，这是研究青海人口发展战略，全面建设小康社会，实现全面、协调、可持续发展最基本的前提。该文针对青海人口的现状，通过与全国人口形势的比较，分析了青海人口面临的严峻形势及其对可持续发展的影

响。孙发平、严维青、段继业的《青海人口发展战略研究的必要性与紧迫性》（《西北人口》2005年第1期）一文认为，面对青海日益严峻的人口形势，要用科学的态度正视青海的人口问题。抓紧研究青海人口发展战略，这不仅是实施青海可持续发展战略的前提条件和重要内容，也是实现全面建设小康社会的客观需要和制定青海经济社会发展规划的重要依据。陈文烈的《青海省实施跨越式发展的战略选择分析》（《青海民族学院学报》2005年第3期）一文认为，青海传统的渐进式经济发展模式既不能适应新形势发展的需要，也不能充分发挥青海现有的各项优势。要进行经济发展战略创新，充分发挥青海的后发优势，实施跨越式发展战略，变渐进式经济发展模式为跳跃式经济发展模式。

转变经济方式研究。青海省社会科学院2007年完成的《青海未来五年会"又好又快"发展构想及路径》课题，对青海"十二五"时期发展环境进行了前瞻性分析，提出未来五年青海应着重实施好资源转换战略、统筹发展战略、可持续发展战略等"三大战略"，力争使青海在发展循环经济、推进新型工业化进程方面走出一条新路子，在生态环境保护与建设方面走出一条新路子，在构建和谐社会方面走出一条新路子。孙发平、马洪波、王兰英的《增强青海经济活力问题研究》（《青海民族研究》2007年第3期）一文，运用数量分析法对西北五省区经济活力进行排位，其结果是：青海经济活力综合指数低于陕西和新疆，高于宁夏和甘肃，位居西北五省区第三。在此基础上，文章梳理和分析了制约青海经济活力的主要因素，提出了进一步增强青海经济活力的主要措施与路径。孙发平、张伟主编的《青海转变经济发展方式研究》（青海人民出版社，2008年）一书，从转变经济发展方式的理念入手，系统全面地研究了青海转变经济发展方式的重要意义、基本思路、重点难点和路径对策。

全书突出定性与定量相结合、历史与现实相结合的方法，通过对青海转变经济发展方式的全方位研究，提出青海必须在遵循全国"三个转变"一般要求的同时，从省情出发，因地制宜，突出重点，积极探索符合青海自身实际的发展路径，实现经济发展方式质的转变。孙发平的《青海转变经济发展方式探析》（《青海社会科学》2009年第1期）一文认为，转变经济发展方式是贯彻落实科学发展观、实现全面建设小康社会目标的必然要求。青海作为一个欠发达地区，转变经济发展方式更具有十分重要的现实意义，必须在遵循全国"三个转变"一般要求的同时，从省情出发，因地制宜，突出重点，积极探索符合自身实际的有效途径。张伟的《青海转变经济发展方式的基本思路》（《青海社会科学》2009年第2期）一文，提出青海要以科技创新为动力和突破口，促进经济增长由主要依靠增加物质资源消耗向主要依靠科技进步、劳动者素质提高、管理创新转变；以资源节约型发展为核心和途径，调整生产要素投入结构，促进产业结构优化升级；以提高产品科技含量为依托，扩大出口贸易和消费，拉动国民经济又好又快发展。孙发平、张伟、丁忠兵的《青海转变经济发展方式思路、任务及对策》（《青海社会科学》2010年第2期）一文认为，转变经济发展方式是"十二五"时期青海实践科学发展观、破解发展难题、实现经济又好又快发展的根本要求。文章在分析"十二五"时期青海转变经济发展方式面临的主要困难和问题的基础上，提出了转变经济发展方式的基本思路、重点任务及对策措施。李勇的《对推进青海经济发展方式转变的思考》（《攀登》2010年第6期）一文，提出青海要力争在资源精深加工关键技术、节能减排技术、清洁生产技术、先进装备制造技术以及电子材料、数控机床、农畜产品精深加工、新能源、生态环境保护、公共安全等方面的关键技术上取得重大突破，增强科技进步对青

海经济增长的贡献。

区域协调发展研究。孙发平、吴红卫的《青海新农村建设中基础设施供给问题研究》（《青海师范大学学报》2007年第1期）一文认为，加快基础设施建设是建设社会主义新农村的一项重要任务。文章通过对青海农村基础设施供给现状的初步判断，运用公共财政的相关理论，研究探讨了提升青海农村基础设施供给能力的具体对策与建议。苏海红、杜青华的《中国藏区反贫困战略研究》（甘肃民族出版社，2008年）一书，以青海、西藏、甘肃、四川、云南五省区藏族聚居区为研究对象，对中国藏区自然地理、行政区划、民族特点、经济社会发展、生态环境和基础设施状况等基本情况作了概述。并对《中国农村扶贫开发纲要》实施以来所取得的主要成效、做法和经验做了评价。还从分布特点、县域经济社会发展状况和贫困特征等三个层面对藏区扶贫开发工作进行了分析，总结了反贫困工作中存在的主要问题、贫困成因以及发展趋势，并提出了相应的对策建议。孙发平、刘成明、李军海的《青海湖区人口状况考察及政策建议》（《西北人口》2007年第4期）一文，鉴于青海湖区面临湖水水位持续下降、湿地面积逐年萎缩、土地沙化和草地退化日趋严重、生物多样性受到严重威胁等问题，从人与自然协调发展的角度，结合青海省实施的《青海湖流域生态环境保护与综合治理规划》项目，通过青海湖区人口承载能力的测算和未来人口发展趋势的预测，提出"保护青海湖生态环境应统筹解决人口问题"的观点，并从人口变动方面提出了统筹解决青海湖区人口问题的对策建议。张宏岩的《青海省藏族地区经济与社会协调发展研究》（中央民族大学出版社，2010年）一书，内容涵盖了青海藏区经济与社会协调发展研究的理论基础、青海藏区经济社会发展概况、青海藏区经济与社会协调发展评价等，分析了青海藏区小康进程中经济与社会协调发展的贫

困问题、人口问题、教育问题、制度创新问题及藏区实现经济与社会协调发展的理论和战略选择等，提出通过加快基础设施建设、大力发展特色产业、强化政策资金支持、加快人力资源开发等举措，加快青海经济社会发展，实现青海藏区经济与社会协调均衡发展。戴鹏的《"十二五"时期加快推进青海跨区联动发展的思路》（《攀登》2010年第4期）一文，指出从"十二五"开始，青、藏、甘、川、新五省区围绕"深化区域合作、提升区域发展水平"主题，轮流牵头每年召开一次区域经济合作与发展座谈会，协调落实和推进区域大交通体系建设、信息资源共享、区域旅游合作、生态环境保护、人力资源合作、区域规划编制、信用体系建设、共同推进自主创新等领域的合作事宜，拓宽合作的深度和广度，促进五省区经济共同繁荣发展。

同时，随着西部大开发战略的深入实施，全省社科理论界，尤其是经济学界申报并完成了一批国家社科基金项目，有力推动了区域经济研究的深入。如张嘉选的《中国西部农业土地资源开发研究》（1996年）、翟松天的《高耗电工业西移对青海经济环境的影响》（1997年）和《对中国藏区国家级贫困县的调查研究及对策建议》（2004年）、蒲文成的《青藏高原经济可持续发展战略研究》（2000年）、王恒生的《西部大开发与青海少数民族优势产业研究》（2001年）、刘忠的《西部大开发与民族地区可持续发展研究》（2001年）、高昭平的《三江源生态经济研究》（2001年）、马生林和刘景华的《青藏地区藏族和回族经济发展问题研究》（2004年）、张和平的《西部少数民族地区人才资源开发的特殊性研究》（2004年）、冀康平和张继宗的《循环经济研究：柴达木矿产资源开发的模式转换》（2005年）、王亚玲的《西部地区贫困与反贫困研究》（2007年）、张卫东的《柴达木地区资源综合利用和发展循环经济研究》（2007年）、苏

多杰的《东西部区域协调发展与构建和谐社会研究》（2007年）、鲁临琴的《实现青海藏区跨越式发展研究》（2010年）等。

二、西部开发研究

21世纪初，党中央为切实加快西部地区经济社会发展，实现区域均衡协调发展，实施了西部大开发战略。青海经济学界为此开展了一系列深入的研究。

西部开发框架性思路研究。张伟的《西部发展战略的总体框架探讨》（《青海社会科学》1994年增刊）一文认为，我国区域经济战略向西转移势在必行。改革开放以来，我国抓住国际市场机遇和东部沿海经济技术水平较高的优势，采取了区域经济发展向东部倾斜的战略，对东部沿海地区从外贸、投资、财政和税收等方面给予了优惠政策。这对增强国力、建立市场体系和促进东部发展都起到了积极的作用。但是，随着客观事物的发展和变化，它已暴露出诸多弊端和不相适应的因素。因此，国家区域经济发展战略重点必须及时向西转移。刘同德的《西部大开发思路分析》（《青海师范大学学报》2000年第2期）一文，提出西部大开发必须明确解决三个问题：一是开发什么？要解决开发对象、开发重点与开发的先后顺序等问题；二是如何开发？要解决开发过程中所需的生产要素及其优化配置问题；三是为谁开发？要研究开发项目的受益人、投资主体及其之间的关系，解决投资主体的问题。认为只有真正解决上述三个问题，才能加快西部大开发的进程，提高开发质量与效益。马占彪的《浅析西部开发中青海经济发展战略》（《柴达木开发研究》2000年第2期）一文，在回顾和分析青海省"七五""八五""九五"时期经济发展战略的基础上，认为随着西部大开发战略的提出和实施，新形势下青海经济发展环境已发生了重大变化，青海经济发展战略的调整与深化已具备了重要的条件，具有直接转变为现实的可能性。对

此，文章提出要从处理好开发资源与保护建设生态环境、增加经济实力与提高人均收入、自力更生与国家支援、特色经济与有所为有所不为等方面的关系入手，调整经济发展战略，建立具有青海特色的经济结构。杜敏学的《实施西部大开发战略的理论意义与现实选择》（《青海民族学院学报》2000年第4期）一文，指出在新形势下，要紧紧抓住西部地区发展的历史机遇，正视西部地区发展面临的问题、困难和障碍，适应市场经济发展和经济增长方式转变的要求，探索新的思路是实施西部大开发战略的现实选择。王锋的《关于西部大开发几个问题的思考》（《青海大学学报》2000年第5期）一文，对西部大开发战略实施过程中开发什么、如何转变观念、如何发挥西部地区优势、如何保证西部地区的持续发展等问题进行了梳理，并提出了解决问题的基本思路。万伟力的《论西部大开发决策的依据及重大战略意义》（《青海社会科学》2000年第5期）一文，分析了西部大开发战略的理论渊源和现实依据、重大现实意义，认为西部大开发战略不仅能加快地区协调发展，使青海各族群众与全国一道逐步走向共同富裕；还能在西部地区经济发展的过程中促进青海各民族的团结。李鸿霞的《国外开发不发达地区的做法对西部大开发的启示》（《青海师专学报》2000年第5期）一文认为，在西部大开发战略中，青海在认真做好西部地区调查研究的同时，还需借鉴发达国家开发落后地区的经验教训，发挥政府的宏观调控职能，推动西部大开发战略计划有效实施。曹淑英的《实施西部大开发战略的思考》（《青海社会科学》2000年第6期）一文认为，西部开发有利于改善西部的生态环境、有利于东西部互补、有利于扩大内需和民族团结。文章还分析了青海在西部大开发中的有利条件和开发思路。马洪波的《比较优势与西部大开发》（《攀登》2001年第5期）一文，提出西部大开发战略的制订必须放弃长期

形成的单纯以资源禀赋为导向的习惯性思维方式，而应通过制度创新、人力资本培育和信息化应用等措施组合生产要素，构筑西部地区的比较优势。刘忠的《西部大开发与民族地区可持续发展》（青海人民出版社，2002年）一书，多角度、全方位、深层次论述了西部大开发与民族地区的可持续发展及应注重的问题。该书通过对西部民族地区产业结构分析得出，第一产业呈逐渐下降趋势，第二产业不断发展，第三产业逐步上升，产业结构正朝着社会主义现代化建设的目标前进；认为西部民族地区第一产业内部农业和牧业占据绝对比重，林业和渔业发展较快但比重较低，工业内部重工业和传统工业比重一直较大，产业结构水平低，二元结构明显，与生态环境不协调。在此基础上，提出了实现民族地区可持续发展的对策建议。徐建龙的《青海实施西部大开发战略的几点思考》（《攀登》2002年第2期）一文，提出国家实施西部大开发战略已对并还将对青海经济社会产生全方位、整体性的影响，只有发挥相对优势，克服不利因素，依靠科技和体制创新走特色经济之路，青海才有可能走在西部大开发的前列。田运康的《西部大开发的国际意义》（《青海社会科学》2002年第2期）一文，从世界局势中的中国与西部、地缘经济中的西部、地缘政治中的西部三个角度对西部大开发的国际意义进行了研究。

西部大开发路径研究。赤旦多杰的《迎接西部大开发，加快青海特色经济发展》（《青海师范大学学报》2000年第2期）一文，提出在西部大开发中，青海经济不可能撒网式地全面发展，而应以市场为导向，抓住优势产业、战略性企业大改组，通过结构调整，加大金融支持力度，大力发展青海特色经济。多才旦的《抓机遇、夯基础、促发展——西部开发与青海民族地区经济发展》（《青海民族研究》2000年第4期）一文，分析了青海民族地区经济社会发展现状、特点及

其在区域经济中的地位，提出青海民族经济发展应继续实行非均衡发展战略布局，把有限的资源和生产要素有重点地投放到人才相对集中，市场发育程度相对较好，生态、社会和经济效益较高的民族自治地方，通过市场经济来促进民族区域经济的进一步发展。孕宝英的《浅谈西部大开发中制约民族地区发展的几个因素》（《青海民族研究》2002 年第 3 期）一文认为，浓厚的宗教氛围、复杂的民族意识、多元的文化传统、人口文化素质失衡、敌对势力的干扰和破坏以及意识形态领域中的一些问题，成为西部大开发过程中制约民族地区发展的制约因素。朱玉坤的《西部大开发与环境公平》（《青海社会科学》2002 年第 6 期）一文，提出环境公平问题已成为我国东西部协调发展的一个十分严肃且不可回避的问题，因此，在西部大开发战略中要注重公平环境营造。马晓红的《西部大开发背景下青海现代化建设的几个问题》（《攀登》2002 年第 6 期）一文，从体制制度创新、工业化建设、城镇化建设、信息化建设等几个方面对青海现代化建设进行了分析，并相应地提出了基本思路和对策建议。陈修文的《西部大开发青海重大项目布局研究》（《青海社会科学》2003 年第 1 期）一文，围绕国家西部大开发战略的总体要求，就青海重大项目布局进行了研究，认为青海存在基础设施发展滞后、地区间产业发展不平衡、产业结构单一、生态环境恶化等问题，因此应在重大项目布局建设中围绕上述问题，扬长避短，科学合理布局。

三、区域经济结构研究

在区域协调发展战略和西部大开发战略引领下，青海社科理论界就调整经济结构、优化经济空间布局、加快人力资源开发等方面进行了研究。

战略性产业发展和产业结构研究。张伟的《青海战略产业研究》（《攀登》1996 年第 1 期）

一文认为，青海主导产业要以盐化工业、石油天然气工业和水电工业为主，支柱产业要以农牧业、原材料工业、机械工业、轻纺工业、建筑业为主，瓶颈产业为交通和通信业。文章根据各产业特征，提出了相应的对策。马正党的《青海省农业经济结构调整及其对策》（《攀登》2001 年第 1 期）一文认为，青海省农业经济结构在前期调整中形成了以数量增长为特征的农业生产结构，农产品质量没有得到充分提高，不适应市场需求，今后要以增加农民收入为出发点，进一步优化农业生产结构，发展具有地域优势的特色农业，加快农业产业化步伐，促进农牧区经济迈上新台阶。陈月辉的《青海省农村牧区经济结构调整的思路及主要对策》（《中国农业资源与区划》2002 年第 3 期）一文，针对青海农村牧区经济结构中存在的主要问题，依据国家产业政策和青海省资源优势，分析和探讨了青海省农牧区经济结构调整的基本原则，调整选择了目标重点及主要对策，为促进青海省农牧区经济协调发展提供了依据和思路。蓝庆新、王述英的《结构调整是西部大开发的关键问题》（《青海社会科学》2002 年第 4 期）一文认为，结构问题是制约西部经济发展的主要因素，青海等西部省区要加强政策支持，实施多元化的产业发展战略，优化地区产业结构，调整所有制结构，采取点轴结合、非均衡梯度推移战略，推进区域经济快速发展。陈修文等的《青海省牧区县特色产业发展的总体思路》（《中国农业资源与区划》2003 年第 6 期）一文，从外部条件、资源优势及发展基础等方面系统分析了青海省 26 个牧区县特色产业发展中存在的机遇与优势，提出了加快青海省牧区县域经济发展的基本思路。闵小芳的《青海省农牧业经济结构调整的现状与对策》（《攀登》2006 年第 3 期）一文提出，通过进一步优化农牧业结构、加快农牧业产业化经营步伐、深化农畜产品流通体制改革等措施加快青海农牧业经济结构调整。张爱儒的《青海省区域经济协调发展研究》(《统计与决策》2008 年第 16 期)一文,在国内外区域经济及区域经济差异理论和实践研究的基础上,根据青海省各个地区的实际情况,对青海省各地区经济差异的时空动态变化进行了分析,并运用多指标评价体系对青海省经济差异进行了综合分析。马玉琴的《论青海特色经济体系的构建》(《现代商贸工业》2008 年第 10 期)一文,提出青海要以特色资源为基础、以特色产品为核心、以特色产业为龙头、以特色技术为依托,构建特色经济体系。

区域经济空间划分和布局研究。巨伟的《青海区域经济发展重点及布局探寻》(《青海社会科学》1993 年第 1 期)和《构建"弓箭"型区域经济格局——区域经济发展重点及布局探寻》(《开发研究》1994 年第 1 期)两文,提出在"弓箭"型格局的全省总体战略布局的指导下,突出区域发展重点、搞活全局,推动青海省经济更好更快发展。贺文慈的《青海省经济区域划分及区域经济发展战略探讨》(《攀登》1997 年第 4 期)一文,在分析青海区域经济特色的基础上,依据全省各地资源禀赋和区位优势,提出了对青海经济区域划分的新设想,即东部河湟经济区、西部海西经济区和牧区五州经济区。卓玛措、刘丰贵的《从可持续发展论区域开发——以青海区域开发为例》(《经济地理》2000 年第 3 期)一文,从可持续发展的角度出发,提出要以重点地区的开发带动青海整体实力的提高,开发优势资源,优化产业结构,合理布局产业,实现全省经济可持续发展。毛尔炯、祁春节的《青海省城郊型县域经济发展模式研究——以西宁市郊县为例》(《青海社会科学》2005 年第 3 期)一文,定义了城郊型县域经济的概念,引出研究的对象——西宁市郊县。在考察西宁市郊县经济社会发展的现状后,分析了县域经济发展过程中的几个问题,指出要实现县域经济快速发展其总的模

式就是要实现区域经济特色化。文章还归纳了区域经济特色化所含的五个内容。徐欣蓉的《对青海省经济区划分及发展思路的再思考》(《攀登》2006 年第 1 期)一文,对青海经济区进行了重新划分,首次将海东 6 县从以往的"东部经济区"中划出,与黄河、湟水流域的另外 4 个县合并为海东经济区,列为发展与保护并重的适度发展区。张忠孝的《青海综合经济区划探讨》(《青海社会科学》2006 年第 3 期)一文,对综合经济区划的目的意义、应遵循的区划原则进行了探讨,在此基础上,提出了区划方案,即全省划分为东部综合经济区、柴达木盆地资源开发经济区、草原牧区生态保护经济区。经济区内部依据各地自然条件、经济发展、历史、民族文化等差异性和相近性,划分为 10 个经济小区。文章对每个经济区的发展方向与途径进行了探讨。马生林的《加快发展以西宁为中心的东部综合经济区的思考》(《青海社会科学》2008 年第 1 期)一文,提出西宁要通过发展特色农牧业和旅游业,着力打造"夏都"品牌,建成"世界藏毯之都",建立"东部农业科技示范园区"。

经济发展方式研究。张宏岩的《青海省藏族地区知识发展问题的探讨》(《统计与决策》2005 年第 11 期)一文认为,要进一步转变思想观念,通过大力发展民族地区现代教育、加快通信网络建设、扩大对外开放等措施,促进青海藏区知识经济的发展。邹再进的《欠发达地区区域创新论——以青海省为例》(经济科学出版社,2006 年)一书,以系统科学原理和相关经济学理论为指导,以青海省为实例,以创新与欠发达地区区域经济发展的关系研究为切入点,从区域创新系统构建、区域创新模式选择、区域创新空间组织、区域创新制度安排以及区域创新能力建设五个方面,全面探讨了欠发达地区区域创新问题和相关对策。丁悦的《"青海现象"对区域经济发展的启示》(《攀登》2008 年第 5 期)一文,

将青海通过举办一系列大型国际赛事从而带动区域经济社会发展的情况称为"青海现象"。认为这种现象对西部地区实现经济社会发展具有重大的借鉴意义。李鸿霞的《青海藏区农牧业循环经济发展研究》（《青海民族学院学报》2008年第4期）一文，提出要在构建循环型农牧业体系的基础上大力发展特色农牧业经济，加强对农牧业人力资源的开发，提高农牧民经营者素质，充分发挥政府在政策制定和规划中的主导作用。李慧的《对青海发展低碳经济的思考》（《攀登》2010年第4期）一文认为，应通过加大科技创新力度、完善法律保障、强化政策支持、发展壮大循环经济、培育低碳消费习惯等措施，加快发展低碳经济。马建武的《发展低碳经济实现青海可持续发展》（《攀登》2010年第4期）一文，提出青海应发展低碳技术和低碳产业，在全社会倡导低碳的生活方式和消费模式，形成政府主导、市场驱动、企业主动、社会联动的低碳经济发展格局。

城镇化建设研究。王西明的《迎接西部大开发搞好青海省城镇规划建设》（《攀登》2000年第2期）一文，提出要必须重视城镇建设，科学规划，分类指导，突出重点，有序推进，在高起点上进一步调整完善城市规划，完善城镇基础设施，搞好村镇建设。张伟的《青海小城镇发展的模式》（《青海社会科学》2002年第2期）一文认为，青海城镇化发展速度和水平较低的主要原因在于缺乏科学的长远总体规划，城镇功能尚未健全、大部分处于自然状态，管理体制不适应小城镇的发展，乡镇企业和第三产业发展缓慢等，因此，青海小城镇发展应走以扩大就业岗位为基础与科技教育为先导并举的道路。马忠良的《关于加快青海城镇化进程的理论思考》（《青海社会科学》2003年第6期）一文，回顾分析了青海城镇化的历史和现状，认为这一时期的城镇化明显带有社会转型时期的特征，进驻城镇的人口中有相当一部分是离土不离乡、人在城镇户口却在农村的农民，实际城镇化水平并不高。文章提出青海要选择符合本地实际的发展模式和政策措施，根据当前的形势和未来经济社会发展规划与趋势，推进城镇化水平。马维胜的《青藏高原城市化模式研究》（国家社会科学基金项目，2003年），以中华民族生态安全和青藏高原可持续发展的学术视野，探索了一条既能保证区域发展，又能保障中华民族生态安全的城市化路径。该研究从城市与城市化理论分析、青藏高原城市文明与城市化发展进程、青藏高原城市化现状及其滞后的负效应、城市化发展条件分析、青藏高原城市化模式选择、青藏高原生态城市化模式构想、生态城市化模式下的城市化目标研究、青藏高原城市布局构想、生态城市化模式下的城市形象设计、生态城市化模式的制度构想等方面，对青藏高原城市化模式进行了系统分析，特别是提出了生态城市化模式的概念，并对其含义、特点、目标、指标、实现路径等进行了深入研究。苏海红的《中国西部城镇化发展模式研究》（国家社科基金项目，2005年），从西部地区经济社会发展程度入手，分析了中国西部地区城镇化进程中存在的各类问题及面临的重大挑战，梳理了不同区域城镇化发展的模式，并针对我国西部地区提出了新型城镇化建设的发展模式。丁生喜、张宏岩、刘晓平的《西部省区城市竞争力的统计评价与提升对策——以青海省为例》（《城市规划》2005年第3期）一文，在构建城市竞争力评价指标体系的基础上，通过综合运用多元统计中的因子分析方法和对应分析方法，对西部10个省区的城市竞争力进行定量化分析和综合评价，并以青海省为例，探讨了落后省区城市竞争力提升的对策和思路。苏海红的《青海城镇化发展的战略思考》（《青海社会科学》2010年第1期）一文认为，加快城镇化发展是拓展经济发展空间、改善城乡经济结构、实现城乡协调发展的重要举措。文章结合"十二五"时期发展形势，探讨和分析了青海加快城镇化发展的思路、路径及措施。

人力资源开发研究。 万惠的《青海农牧业资源与人才开发》（《青海师范大学学报》2002 年第 2 期）一文，指出要加速青海农牧业经济的可持续发展，提高广大农牧民生活水平，就必须要加快人才资源的开发和有效利用。刘晓平的《青海省农村剩余劳动力转移模式分析》（《青海师范大学学报》2004 年第 1 期）一文，在对青海省五大区域农村剩余劳动力空间分布格局分析的基础上，进行了青海省农村剩余劳动力转移模式分析，提出了青海省农村剩余劳动力的战略转移模式。王兰英的《加快青海农牧业富余劳动力转移就业的调研报告》（《攀登》2006 年第 5 期）一文认为，青海省农村富余劳动力占农牧业劳动力总数的 70% 以上，加快青海农牧区富余劳动力合理转移是发展农牧区经济、建设社会主义新农村新牧区的重要内容。文章提出青海省农牧业富余劳动力转移必须遵循合理转移的规律，确立农牧民的主体地位，同时要充分发挥各级政府在农牧业富余劳动力转移过程中的引导、服务作用。

四、区域均衡发展研究

伴随着区域协调战略和城镇化建设的深入推进，缩小城乡发展差距、增加农牧民收入及改善消费结构等问题成为青海社科理论界研究的热点。

区域发展差异研究。 张宏岩的《青海省区域内部经济差异分析》（《统计与决策》2003 年第 8 期）一文认为，生产力落后、经济发展不平衡是我国基本国情。从各省区域内部来看，也存在明显的区位梯度差异以及在此基础上形成的经济发展水平不平衡，对这种经济发展不平衡进行综合考察和研究，可以为制定区域经济发展战略提供客观依据。苏建军的《近十年来青海省区域经济差异动态分析》（《国土与自然资源研究》2006 年第 4 期）一文，以人均 GDP 为测度区域经济

差异的总体指标，运用人均 GDP 标准差、标准差系数及极值比率定性定量研究了 1993—2002 年青海省区域经济差异的总体水平及空间特征，结果表明差异呈扩大趋势，并提出了旨在缩小差异、达到协调发展的对策。其《青海省区域经济差异时空格局分析研究》（《甘肃科技》2007 年第 3 期）和《青海省区域经济发展差距的因素分析》（《青海民族研究》2008 年第 2 期）两文，对青海省内区域经济差距进行了分解，认为从产业部门看，构成全省总体差距的主要是第二产业和第三产业差距；从空间来看，对全省总体差距贡献最大的是地带间差距和东部综合经济区内部差距。鲍琴莲的《青海省社会经济发展的实证分析》（《青海师范大学学报》2007 年第 1 期）一文，综合运用了区域经济发展理论和因子分析方法，通过使用 SPSS 统计软件计算和分析，对青海省 46 个区县（市）的社会经济发展状况进行了综合评价和排位，并对各主因子的得分情况给出了相应的评价及提出了相应的对策。薛静、付建新的《青海省区域经济空间结构演化研究》（《经济论坛》2009 年第 1 期）一文，从县域空间尺度上对青海省 1986 年、1990 年、1995 年、2000 年、2005 年五个时间段的人均 GDP 利用 GIS 软件进行空间插值，得到区域经济空间结构演化图，并对其进行分析，得出近 20 多年来青海省区域经济发展不平衡，部分地区资源优势成为区域经济增长点，但大部分地区仍处于较贫困状态，区域中心城市缺乏完整的城市功能体系，辐射作用微弱等结论。张海峰等的《基于 SDA－GIS 的青海省区域经济差异研究》（《干旱区地理》2009 年第 3 期）一文，对青海省县域经济的空间差异进行了实证分析。认为青海省城市与区域相互作用的类型属离散型和聚集型，而扩散型及均衡型尚未出现。童旭光等的《青海地区发展不平衡性实证分析》（《青海社会科学》2010 年

第 2 期）一文，提出通过推动经济、人口进一步集聚、建立生态补偿机制、缩小知识发展差距、推进基本公共服务均等化等措施促进青海区域协调发展。詹红岩的《青海与全国和东部地区发展差距实证分析》（《青海社会科学》2010 年第 5 期）一文，利用统计方法对青海与全国及东部地区发展差距问题进行了初步的分析与评价，并对发展差距拉大的原因进行了剖析，提出了对策建议。

城乡发展差距研究。袁金霞的《对青海省农民增收问题的探讨》（《青海师专学报》2003 年第 4 期）一文，分析了青海省农业和农村经济的特点，提出从提高农民素质、发展乡镇企业、搞好农业和农村经济结构调整、加大农村贫困人口的扶贫力度等方面增加农民收入。黄勇、祁春节的《青海省城乡差距扩大的表现特征与政策调整》（《社会主义研究》2005 年第 4 期）一文，提出打通并建立统一有序的城乡市场，统筹城乡资源配置，打破城乡产业分隔，加快城乡产业融合，增强城乡产业关联度，灵活进行制度创新，创造城乡统筹发展的软环境，加快基础设施建设，改善城乡统筹发展的硬环境等举措缩小城乡发展差距。刘晓平的《青海省城镇居民收入差距的实证分析》（《攀登》2005 年第 5 期）一文，通过建立扩展的线形支出系统需求函数模型，计算出青海省城镇居民基本生活线，以此提出居民收入差距调节的数量界限。文章并采用 Panel Data 模型，对由于城镇居民收入差距所带来的消费结构的变化和影响进行了分析。夏春萍、黄勇、祁春节的《青海省城乡居民经济差距及其影

响因素分析》（《农业经济》2005 年第 7 期）一文，从历史、经济与社会、制度与体制等方面分析了青海城乡发展差距产生的原因。

消费结构差异研究。房玉双的《青海省城镇居民畜产品消费结构分析》（《青海大学学报》2003 年第 6 期）一文，对青海省城镇居民1990—2000 年畜产品消费结构进行了初步分析，认为青海省城镇居民的食品消费已经从以粮食为主，逐步向以动物食品为主过渡，城镇居民畜产品消费量及消费水平均明显提高，但总体上仍低于全国平均水平，有待于进一步提高。其《青海省城乡居民消费差异分析》（《青海科技》2004 年第 1 期）一文，对青海省城乡居民消费现状及消费结构差异进行了分析，并就缩小城乡差距提出对策建议。吉敏全的《青海省城镇居民收入差距影响消费结构实证研究》（《技术经济》2005 年第 11 期）一文，鉴于收入差距与青海省城镇居民消费结构的密切关系，利用 2000—2004 年青海省城镇居民家庭不同收入等级消费支出的调查资料建立 Panel Data 模型，估计和分析了收入等级因素和预期对青海省城镇居民消费结构的影响，并就存在的主要问题提出相关建议。其《青海省消费需求与经济增长关系实证研究》（《商场现代化》2005 年第 26 期）一文，分析了青海省消费需求现状和经济增长现状及影响消费需求增长的因素，提出通过加快建立社会保障制度、调整收入分配结构；增加居民收入、转变消费观念；减少储蓄、增加消费、营造良好的消费环境；积极发展消费信贷，加快个人信用体系建设等举措扩大青海消费需求。

第四节　产业经济研究

随着西部大开发战略的实施和中国加入世界贸易组织，如何立足青海资源优势和区位优势，面向国际市场，加快产业结构调整，建立健全科

学高效的青海特色产业体系，利用青海特色生态资源，加快农牧业增质增效发展；利用资源禀赋，加快工业循环发展；利用丰富的旅游资源和

区位优势，加快服务业快速发展及三次产业融合发展等问题，成为这一时期青海经济学界研究的主要方向和领域，并产生了一批研究成果。

一、产业结构研究

产业结构优化对青海经济发展具有极为重要的驱动作用。这一时期，随着外部经济环境的变化，青海省经济学界对青海产业结构变迁及调整优化进行了系统的研究。

产业结构调整研究。 翟松天、徐建龙的《中国东西部产业结构联动升级中的产业对接模式研究》（《青海师范大学学报》1999年第2期）一文，回顾与分析了东西部产业对接方式的演变历程及相应特点，提出结构升级和规模效益要求东西部产业实现有序合理的对接，并提出了应倡导的三种对接模式。该文入选由中共中央宣传部理论局主编的《纪念党的十一届三中全会二十周年理论研讨会文集》（学习出版社，1999年）。张爱儒、陈建红、吉桂军的《青海省1978—1995年产业结构变动的经验法则分析》（《青海大学学报》1998年第2期）一文，用配第—克拉克经验法则和库兹涅茨经验法则对青海省1978—1995年产业结构的变动情况进行了分析，并用摩尔向量法对青海省的产业结构变动速度进行了测量、分析和比较，认为改革开放极大地解放了青海农村的劳动力，促使了农村劳动力向其他产业转移。同时，改革开放加快了青海三次产业结构变动速度。张爱儒的《青海省1978—2002年产业结构变动的库兹涅茨经验法则分析》[《青海大学学报》（自然科学版）2003年第4期]一文，用库兹涅茨经验法则对青海省1978—2002年产业结构的变动情况进行了分析，并用摩尔向量法对青海省的产业结构变动速度进行测量、分析和比较，指出青海省产业结构调整的目标应锁定在产业结构的优化升级上，要加快工业化进程，积极发展高新技术产业，推进信息化使产业结构向高级化方向迈进，利用信息化加强对传统农业、工业、服务业的改造，促使传统产业实现升级。其《青海产业结构变动分析》（《统计与决策》2003年第7期）一文认为，青海要实现现代化，缩小与东部发达地区的差距，须大力发展第二和第三产业，促进劳动力从第一产业向第二、第三产业合理转移，使之尽快符合经济发展规律，否则就会受到规律的惩罚。刘同德、张效娟的《青海产业结构定量分析及结构优化研究》（《青海社会科学》2006年第5期）一文，在对青海产业结构定量分析的基础上，根据产业结构中存在的突出问题，提出了青海产业结构调整与优化的基本思路与方向。文章认为青海经济发展存在主导产业缺位问题，必须大力培育。在今后较长的时期内，轻工业应成为青海重点和优先发展的战略产业。张海峰、白永平、刘峰贵的《1949—2007年青海省产业结构演进特征及定量评价与分析》（《西北师范大学学报》2009年第3期）一文，对青海省1949—2007年产业结构演进的特征进行了定量评价与分析。认为青海经济主要依靠迅速发展的第二产业推动，但产业结构水平与全国相比仍有很大差距，产业关联度低，三次产业之间及其内部结构有待于进一步优化。

产业结构调整优化研究。 张淑君的《关于青海省产业结构调整与优化的思考》（《青海师范大学学报》2001年第4期）一文，提出青海优化产业结构的四项政策措施：一是制定青海产业发展政策，确保主导产业优先发展；二是确定行业规模结构，获得最佳规模效益；三是依靠科技进步，优化产业结构；四是实行倾斜政策，形成不断优化产业结构的保障制度。鲁临琴的《青海农牧业产业化存在的问题及其对策》（《攀登》2004年第1期）和《青海农牧业产业化发展的制约因素及对策》（《青海师范大学学报》2006年第6期）两文，认为在青海农牧业产业化发展过程中必须积极培育龙头企业，对青海牧区的龙头企业在税收上提供更多的优惠政策，加快培植特色主导产业，健全科技服务体系，优化投融资机制，建立多元化的利益联结机制。多杰才让的《对推进青海农业结构战略性调整的理性思考》（《攀登》2004年第2期）一文认为，要加快发展特色农牧业，发展非农产业，培育市场，加快农村劳动力转移，提高农牧民的组织化程度，提高农牧民综合素质。王小梅的《产业结构制约下青海就业状况分析》（《青海师范大学学报》2005年第2期）一文，在明确青海产业发展中"虚高度化"现象基础上，分析其对就业不利的原因，并针对实现产业结构与就业结构协调发展，缓解就业压力做了进一步的判断，提出青海应通过提高工业化整体发展水平、加快发展服务业、扶持民营中小企业及增加教育投资等途径缓解就业压力。那小红的《青海省产业政策的合理调整与优化》（《青海师范大学学报》2006年第4期）一文认为，作为一个资源性省份，突出与发展自己的特色经济是推进经济发展的关键。因此，青海省应充分挖掘优势产业，抢抓国家政策机遇，强化政策支持，改造升级传统产业，加快培育壮大特色产业。刘志的《青海产业结构定量分析及存在问题研究》（《青海师范大学学报》2008年第1期）一文认为，青海产业结构存在产业间发展不平衡、就业结构不合理、产业间关联度低及产业内部结构不合理、轻重工业比例失调、工业附加值低、第三产业生产性服务部门发展滞后等问题。许光中的《优化青海能源产业结构的路径分析》（《青海师范大学学报》2008年第5期）一文认为，青海应把握能源开发的现状，抓住机遇，争取有利的政策环境，优化能源产业结构，合理地开发和利用各种能源资源，促进经济发展。王建军、刘守跃、束燕霞的《青海省产业结构演变中的技术选择探析》（《青海社会科学》2009年第3期）一文，基于VAR模型，从技术选择指数和产业结构效益系数的演变趋势分析入手，分析了青海省技术选择指数

和产业结构效益系数三十年来的交互演变关系，认为技术选择是青海省产业结构升级演变的内生变量。文章进而得出结论，认为青海省技术选择对产业结构升级具有带动、渗透和填补作用。梅端智的《青海省调整产业结构与改善民生问题研究》[《青海民族大学学报》（社会科学版）2010年第2期]一文认为，产业结构的调整与升级是转变经济发展方式、优化资源配置、形成新的竞争优势和经济增长点、主动适应国内外市场变化、增强应对市场风险能力的保证，也是保增长、扩内需、解决民生问题的重要途径。因此，青海要大力调整产业结构，促进经济发展，改善人民生活。

二、产业发展研究

依托青海特色优势资源，加快对外开放合作，促进特色农牧业、新型工业和第三产业发展成为这一时期青海经济学界研究的重点。

（一）农牧业发展研究

自20世纪90年代以来，产业化和特色化发展成为青海农牧业发展的主要方向。青海经济学界就充分挖掘青海农牧业特色资源，加快农牧业产业化发展和特色化发展进行了研究，产生了一批代表性的研究成果。

1. 农业发展研究

在青海对外开放步伐不断加快和中国加入世界贸易组织（WTO）的大背景下，这一时期青海的经济学界从国际化的视角对中国加入WTO为青海农业发展带来的机遇与挑战及青海农业产业化发展和现代特色农业发展等方面进行了研究。

农业发展方式和途径研究。顾茂臣的《试谈青海农业发展中的几个关系问题》（《青海社会科学》1996年第4期）一文，在探讨青海农业发展中深度开发与广度开发、"走水路"与"走旱路"、结构效益与单项效益、种植业与养殖业、农业与林业、农业科研与农村科普等之间关系的基础上，分别提出了对策建议。苏海红的《青海

非农产业发展对农业的影响》（《青海社会科学》1996 年第 6 期）一文，分析了非农产业，即二、三产业对青海农业发展的影响，提出要培育农业新的增长点，优化工业与农业关系以改善农业经营的外部经济环境，建立新的经济主体和运行机制以优化农业资源配置，实现农业与工业同步发展。李军乔、韩照祥的《青海省农业资源的比较优势及开发途径》（《青海大学学报》2000 年第 6 期）一文，系统分析了青海省农业资源的比较优势及不利条件，提出通过恢复生态环境、提高人口综合素质、稳定发展畜牧业、调整农业生产结构、发展农业产业化等途径开发青海特色农业资源。多杰才让的《关于西部大开发中发展青海农业的思考》（《攀登》2001 年第 1 期）一文认为，在西部大开发中，发展适宜冷凉性气候的高原特色农业，形成区域优势和名特优产品是新时期发展青海农业、调整农业产业结构的必然选择。因此，青海要通过更新观念，完善社会化服务体系，加强服务指导，推进科教兴农步伐，加快技术创新，推动农业产业化经营。杨发玉的《对青海省农牧业产业化经营的思考》（《青海大学学报》2001 年第 6 期）一文，对青海发展农牧业产业化经营的优势和存在的问题进行了分析，提出通过大力发展科教事业；以市场为导向，培育主导产业，扶持龙头企业；抓好流通载体，大力培育和开拓市场；完善农牧业产业化信息服务组织体系等举措加快青海农牧业产业化经营步伐。李双元、樊协平的《比较优势与青海省农牧业结构调整》（《攀登》2002 年第 6 期）一文，利用"显示"比较优势法（RCA）对青海省具有代表性的豆类、食用植物油、活畜禽、肉食、蔬菜、中药材、畜产品等几类农畜产品进行了定量分析，认为青海省农畜品中、中药材、豆类、畜产品、活畜禽、肉食具有比较优势，而蔬菜、食用植物油不具备比较优势。文章并在对豆类、蔬菜、中药材、畜产品进行了细分及比较优势分析

的基础上，提出了青海省农牧业结构调整的对策建议。张继宗的《WTO 与青海农业发展的思考》（《青海学刊》2003 年第 5 期）一文，提出政府必须坚决地从对农业管理的微观经济活动中跳出来，让农民自主经营、自主决策、自担风险，充分调动农民的积极性和创造性，充分发挥市场机制在资源配置中的基础作用。丁忠兵的《实施名牌战略带动青海农业发展》（《柴达木开发研究》2003 年第 5 期）一文，提出要通过更新观念，提高认识，围绕特色农产品，有计划、有重点地推动农业名牌战略，制定优惠政策措施，积极扶植企业创农业名牌等举措实施农业品牌战略。孙发平的《青海农村全面建设小康社会的难点及其解决途径》（《攀登》2004 年第 1 期）一文认为，农牧民收入低，农村贫困人口多，农村基础设施建设滞后，农民素质低下和社会经济发展缓慢是影响青海农村全面建设小康社会进程的主要难点。为此，要加大扶贫开发的力度，优先发展农牧区基础设施建设，调整经济结构；加快小城镇建设步伐，大规模组织劳务输出，大力普及农牧区九年义务教育，提高劳动力文化素质，提升农业的科技含量等，是青海实现全面建设小康社会宏伟目标的有效途径。王健的《论建立青海生态农业机制的影响因素》（《青海大学学报》2005 年第 3 期）一文，根据青海生态农业机制在建立和完善过程中面临的问题与影响因素，提出了生态农业发展机制建立途径和基本对策。关丙胜的《青海省香巴农业扶贫开发项目及其人口迁移》（《西北人口》2005 年第 4 期）一文，介绍了香巴农业扶贫开发项目实施的背景、项目基本状况以及项目中的人口迁移情况。文章认为香巴农业项目的实施，对项目实施区的社会发展产生了深刻影响。随着迁移群众生活的稳定，经济和社会的进一步发展，香巴项目实施的社会意义会更加凸显。孙发平的《对青海新农村建设若干问题的调研及政策建议》（《攀登》2006 年第 6 期）一

文，在调研的基础上，就青海新农村新牧区建设中如何加快推进农牧业产业化、富余劳动力转移、基础教育改革、新型合作医疗体系建设、基层党组织建设和乡镇机构改革等问题提出了对策建议。

农业产业化经营研究。鲁临琴的《关于青海农业产业化经营问题的思考》（《攀登》2000年第1期）一文认为，要通过加快龙头企业发展、调整产业结构、培育支柱产业、建立和健全适应农业产业化经营的社会化服务体系和促进农业科技进步等途径加快青海农业产业化经营。其《论发展青海高原特色农业》（《攀登》2001年第5期）一文，指出青海高原特色农业发展要突出青海独特的地域特色、品种特色，在农业产品品质、形象上创特色，并切实做好相应的基础工作。苏海红的《青海农产品加工产业的发展与对策》（《青海社会科学》2000年第5期）一文，提出充分利用青海农业资源的独特优势，对农产品进行深度开发加工，提高其附加值是发展青海特色经济的重要内容，也是青海经济的新增长点。徐建龙的《对青海特色农业产业化经营的思考》（《青海社会科学》2000年第6期）一文，梳理了青海发展特色农业的资源禀赋和农业产业化经营现状，提出通过突出重点、创立青海名牌、积极调整和优化产品结构、提高加工企业的管理与技术水平、选好主导产品的市场定位等路径，加快青海特色农业产业化经营发展。陈来生的《发展专业合作经济组织，加快青海特色农业产业化进程》（《攀登》2003年第4期）一文，在分析了农户与市场之间的矛盾的基础上，阐述了农村专业合作经济组织在特色农业产业化进程中的作用，并针对青海省特色农业和农业专业合作经济组织的现状，提出通过加快农业专业合作经济组织创新步伐和制度建设步伐，扶持龙头企业（公司）和中介组织，强化农业专业合作经济组织属性，加强基础设施建设，提高生产力水平

等途径加快发展青海农业合作经济组织。马淑珍的《加快青海省农业和农村经济发展的主要措施》（《攀登》2003年第4期）一文，指出青海在农业和农村经济发展上，要用工业化、城镇化、产业化的理念来谋划农业，建设农村，富裕农民。梅端智的《依托龙头企业推动青海省农牧业产业化经营》（《青海师专学报》2008年第3期）一文，指出青海省要推动优势农牧业产业化经营，切实增强龙头企业的社会责任感，与农牧民结成更紧密的利益共同体，让农牧民更多地分享产业化经营成果。蔡守琴的《基于产业化经营的青海特色农牧业发展研究》（《资源开发与市场》2010年第11期）一文，在分析青海省特色农牧业产业化发展现状的基础上，梳理了青海省特色农牧业在产业化经营中存在的问题，并提出青海要进一步加大整合发展力度，以市场化、产业化为原则，用现代企业经营理念和管理模式，积极促进青海农牧区特色农业专业合作经济组织的发展。

现代特色农业发展研究。许光中的《发展都市农业对改善青海城市生态的作用分析》（《青海师范大学学报》2009年第1期）一文，指出都市农业是以现代科技为基础，以农业产业化为依托，以多种经营为条件，集生产、服务、消费于一体的经济、生态和社会等多种功能并存的现代农业。在城市中大力推行都市农业可以扩大城市的绿化面积、改善城市生态、强化城市功能，有效化地解城市生态面临的危机。陈来生的《青海"数字农业"建设探讨》（《青海农林科技》2008年第1期）一文，以"数字农业"概念为背景，介绍了"数字农业"的概念、技术体系和运行基础。文章并结合青海实际，分析了青海数字化农业发展的前景及存在的问题和不足，提出通过制定发展战略规划、建立协调机构、完善信息技术体系和加强人才队伍建设等举措，加快发展青海"数字农业"。

2. 畜牧业发展研究

畜牧业经济是青海国民经济的重要组成部分，如何在保护好生态环境的前提下，大力发展青海畜牧业经济，成为当时青海经济学界研究的热点。

畜牧业发展路径研究。陈玮的《青海畜牧业经济发展的制约因素及对策》（《青海民族研究》1993 年第 1 期）一文，分析了青海畜牧业发展的潜力和面临的发展困难，提出通过突破传统的粗放型经营方式，走现代化养畜的道路；以科学方法和法律手段保护草原，防止草原退化；改良牲畜品种，推广优良品种，提高个体生产能力；大力发展商品经济，加快成畜周转率，促进畜牧业经济效益；加强畜牧业科学研究，发展牧区教育，提高科学文化水平；克服部落观念，消除草山纠纷，维护牧区的社会稳定和经济繁荣等举措，加快青海畜牧业发展。洛藏旦巴的《青海畜牧业生产要解决的几个关键问题》（《攀登》1995 年第 2 期）一文，分析了青海畜牧业发展存在的主要问题和制约因素，并有针对性地提出，加快青海畜牧业发展必须要处理好畜牧业发展方向、草原保护、草原承载力等问题。鲍呈辉的《青海畜牧业发展的现状及战略对策》（《柴达木开发研究》1995 年第 5 期）一文认为，不合理的开垦破坏了大面积的草原，鼠害、虫害等迅速蔓延，导致可利用草原面积减少。同时，多数牧民不重视商品经济，不重视出栏率，盲目追求牲畜的存栏头数，致使牲畜周转率低而缓慢。文章提出通过保护和合理利用天然草场、处理好发展与保护的关系、提升畜牧业经济效益、加快商品化发展等途径，加快青海畜牧业健康发展。张学明的《对市场经济条件下发展青海畜牧业的思考》（《攀登》1996 年第 2 期）一文认为，思想观念转变不够、生产方式落后、畜产品流通不畅、基础设施建设滞后、社会化综合服务缺失等因素导致青海畜牧业发展落后，青海应通过健全市场体系、建立中间组织、完善基础设施建设和大力发展加工业等途径加快推进畜牧业发展。孙海梅的《青海草原畜牧业必须走出粗放型增长之路》（《攀登》2001 年第 1 期）一文，提出传统的粗放式经营无法全力释放青海畜牧业的发展活力和效益，因此，青海省草原畜牧业必须走出粗放型增长之路，尽快走上以科技进步为核心的集约型增长道路。林桂英的《青海民族地区畜牧业经济发展的有效途径》（《青海民族学院学报》2004 年第 3 期）一文，分析了青海牧区经济发展的基本状况，提出通过改革经营方式和管理体制、加强草原保护和建设力度、改良畜种、推广科学技术、加强疫病防治等措施加快畜牧业经济发展。

畜牧业产业化经营研究。丁生喜、张宏岩等的《青海青南藏族地区畜牧业产业化发展研究》（《开发研究》2005 年第 1 期）和《青海省藏族地区畜牧业产业化发展的制约因素》（《统计与决策》2005 年第 1 期）两文，在对青海青南藏族地区自然、社会、经济等方面的优劣势分析的基础上，提出了从青南藏区的区情出发，引导全民性经济观念的转变和新观念、制度的培植，坚持生态—经济重建、经济开发与社会开发、生态环境保护同步发展，构建青藏高原绿色产业化模式的发展思路。邓本太的《关于加快青海生态畜牧业发展的思考》（《攀登》2010 年第 1 期）一文，从分析青海省草地畜牧业发展现状及存在问题入手，指出当前制约畜牧业发展的根源在于落后的生产经营方式。文章结合正在开展的生态畜牧业建设试点工作，提出了青海省发展生态畜牧业的思路和政策措施。李双元的《青海特色农牧业发展探研》（《青海社会科学》2010 年第 2 期）一文，在分析青海特色农牧业发展现状和特色农产品比较优势的基础上，深入探讨了特色农业的概念界定和青海特色农业发展现状、存在的问题及难点，提出通过处理好常规农业与特色农业的关系、推进农牧业产业结构优化与升级、培育现代农牧业主体、建立现代农牧业经营组织等措施加快推进青海特色农牧业发展。

（二）工业发展研究

随着区域协调发展和西部大开发战略的深入推进，青海作为资源大省，在经济全球化进程中，青海经济学界就如何加快青海工业发展开展了一系列研究。

工业与WTO研究。徐建龙、张翼德的《重返"关贸"对青海原材料工业的影响与对策》（《青海社会科学》1993年第4期）一文，分析了中国恢复关贸总协定缔约国地位给青海原材料工业带来的机遇与挑战，提出政府与企业必须做好准备，抓住机遇，采取适应性对策和积极性对策加以应对。苏海红的《加入WTO对青海轻纺业的影响及对策》（《柴达木开发研究》2001年第2期）一文，梳理了青海轻纺工业的现状及存在的问题和不足，分析了加入WTO对青海轻纺工业发展带来的机遇与不利影响，评价了青海轻纺工业的市场竞争力，提出通过加大轻纺产品结构调整力度，开发特色工业，推进体制改革，加强内部管理，促进资本运营，建立企业社会化服务体系，积极拓宽就业渠道，减小再就业压力等举措加快青海轻纺业发展，提升市场竞争力。

工业布局与结构调整研究。徐建龙的《青海工业布局"点线面"模式研究》（《青海社会科学》1997年第1期）一文，梳理了青海工业"点线面"的布局模式，提出青海工业布局调整，要以现有的基础条件为出发点，除对一些确实因历史原因而布置不合理，难以生存的工业"遗产"进行搬迁之外，对那些在长期国民经济发展过程中形成的工业"点线面"，要结合生产特点加以巩固和发展。同时，根据地域辽阔和资源开发情况，调整工业布局，培养新的增长极、建设新的发展线，协调发展工业区，构筑新的工业布局"点线面"模式。田源的《探索适合青海自身

发展的工业化道路》（《攀登》1997年第6期）一文，在分析青海工业化的历史进程及其结构现状的基础上，提出了适应市场经济新形势，从实际出发，加快青海工业化进程的思路。李勇的《适时调整青海轻重工业结构》（《青海经济研究》2001年第3期）一文认为，青海产业结构长期以来以重化工业为主的工业结构，打乱了产业结构自然成长的一般规律，使农业、轻工业没有得到充分的发展，其结果造成农、轻、重之间以及积累和消费之间的非均衡发展。文章提出结构调整不但要调整产业结构、消费结构、产品和生产能力结构、所有制结构，也要调整过去重复建设造成的不合理经济结构、老工业基地经济结构等矛盾，对于青海省轻重工业结构不合理问题也应不失时机地进行适度调整，调整青海轻重工业结构，优化工业经济结构。詹红岩的《青海国有工业结构调整的若干问题》（《青海师专学报》2001年第4期）一文认为，青海省国有企业改革与脱困目标的基本实现只是一个阶段性的成果，国有工业改革和发展中的许多深层次问题还远未得到根本解决，特别是国有工业结构不合理的矛盾还很突出。因此，要从青海支柱性产业调整、制造业调整、政府职能转换等方面入手，更加重视国有大企业的改制、改组问题。

工业发展路径研究。马正党的《青海省工业化发展的路径选择与政策建议》（《攀登》2003年第5期）一文认为，微观活力不足、市场需求对工业化发展制约日趋强化、产业结构升级和创造就业机会之间矛盾突出、企业技术创新能力普遍不足等问题制约了青海工业化的发展。因此，必须要调整思路，扬长避短，从常规的、传统的思维模式中跳出来，正确选择实现工业化的路径，发挥"驱动力、加速力、竞争力、提升力"的合力作用，实现全省工业经济以超常规的速度发展。徐建龙的《关于青海新型工业化实现途径的几点思考》（《青海社会科学》2004年第4期）

一文，从五个方面对青海如何走新型工业化道路作了探讨：一是采取多种措施，以信息化带动工业化；二是施行集约型经济增长模式，积极推动资源开发向精深加工转型；三是运用先进技术改造传统产业，有选择地发展高新技术产业；四是发展非公有制中小企业，解决日益严重的就业问题；五是大力发展低污染产业和清洁工艺。孙发平的《推进青海工业化进程的五大举措》（《青海师范大学学报》2004年第6期）一文，提出加快青海工业化进程要从自身的实际出发，突出青海的特点，必须从五个方面做文章，即观念要先行、制度要创新、环境要优化、融资要突破、生态要保护。詹红岩的《青海工业内生性增长路径选择研究》（《青海师范大学学报》2005年第3期）一文，就制约青海工业内生性增长的问题进行了理论分析，提出了青海工业内生性增长的路径选择。崔岁显和詹红岩的《青海工业发展路径选择》（青海人民出版社，2005年）一书，从三部分阐述了对青海工业发展的理解和认识。回顾了1949—2004年青海工业发展的历史、状况，引出了存在的问题。该书运用比较成本论、劳动价值论等相关理论进行了介绍、分析，对青海新型工业化和生态环境等进行了论述，并结合青海省情，提出了青海发展现代工业的具体路径和对策建议。严琼的《关于推进青海新型工业化进程的思考》（《攀登》2006年第3期）一文，将青海新型工业化水平与西部其他省区进行了比较分析。提出发展工业是提高区域竞争力和发展第三产业的重要基础，青海要根据新型工业化的基本要求及工业基础和条件，确定工业化发展目标和实施途径，因地制宜地推进青海新型工业化进程。刘波的《新型工业化视角中的青海轻工业发展》（《攀登》2006年第4期）一文，从新型工业化的视角分析了青海省轻工业发展中存在的问题，认为青海轻工业产业结构不合理，企业管理和市场营销水平低，债务包袱沉重，项目投资不

足，提出要把协调发展作为今后全省轻工业发展的主题。文章还提出轻工业的发展必须与经济环境的变化相适应，坚持速度与效益相统一，速度与生态环境相协调，注重提高经济增长的质量，走集约化可持续发展的新型工业化道路。詹红岩、孙喜芸、吴红卫的《青海工业化水平的定位及其提升路径》（《青海社会科学》2006年第5期）一文，指出促进青海经济崛起的内力和龙头是青海的工业。为此，要以制度创新为动力，加快市场化改革和对外开放的力度，加快经济结构调整的步伐，完善所有制结构，形成低耗高效的新型工业化所需的制度环境和微观基础；依托特色优势资源，大力发展循环经济；实施人力资源开发战略等提升青海工业化水平。那小红的《青海省新型工业化模式研究》（《青海师范大学学报》2008年第4期）一文，认为经济总量小、产业链条短、附加值低、精深加工和资源综合利用程度不高、环境污染仍然较严重等问题严重制约了青海省经济发展的步伐。文章提出要立足于青海省情，通过优化产业布局、发展循环经济及延长产业链等途径提升青海新型工业化水平。

工业发展效益研究。张爱儒的《青海省工业产品产量对GDP的影响》（《统计与决策》2003年第8期）一文，认为青海省主要工业产品生产对GDP的影响较为显著，工业总产值在国民生产总值中仍占较大比重。因此，要通过对青海省主要工业产品生产的分析，找出青海省各地区经济发展不平衡的深层次原因，为各地工业发展提供依据。张宏岩的《青海省工业经济效益纵横谈》（《统计与决策》2003年第9期）一文，对青海省工业经济效益进行了分析，认为从工业增加值率、总资产贡献率、工业成本费用利润率及经济效益综合指标看，青海省大型工业企业效益明显好于中小型企业，而中小型工业企业面临着严峻的挑战，应采取一系列措施进一步提高其经济效益。曲波的《青海省工业循环经济评价指标体系

的建立和评价方法选择》（《攀登》2006 年第 6 期）一文，围绕工业循环经济评价指标体系设计的原则，分别构建了青海省工业循环经济评价的理论指标体系和操作指标体系，提出了具体的评价方法，并据此对青海省工业循环经济总体发展状况进行了评价。陈建红的《青海省工业化水平评价指标研究》（《青海师范大学学报》2005 年第 4 期）一文，分析了工业化水平评价理论，并结合青海实际从收入水平、消费结构、就业、产业结构、技术水平等方面考察了青海省工业化水平，指出了青海工业化进程中存在的问题和不足，提出了相应的对策建议。严琼、张卫东、吴红卫等的《青海省新型工业化量度指标探析》（《青海师范大学学报》2006 年第 4 期）一文，以青海区域经济为研究对象，运用国内外工业化进程测评指标体系和模型，在对全省近两年工业化发展进行量化分析的基础上，进一步探索了青海发展新型工业化的指标。孙发平、朱建平的《格尔木盐湖化工产业集群发展研究》（《攀登》2007 年第 6 期）一文，在对格尔木盐湖化工产业集群发展阶段初步判断的基础上，分析了格尔木盐湖化工发展产业集群的有利条件与制约因素。文章提出通过推进资源综合开发，延伸产业链条，大力推进盐湖化工产业集群发展循环经济，围绕主导产业，配套发展与其相互关联的企业群体，构建格尔木盐湖化工产业集群的信息服务平台，以龙头企业带动盐湖化工产业与相关产业共同组建产业集团、加强基础设施建设，完善城市功能、制定和完善盐湖化工产业集群发展的经济政策等旨在推动格尔木盐湖化工产业集群发展的对策建议。束艳霞的《基于 DEA 的青海省不同经济类型工业企业效益评价》（《当代经济》2009 年第 18 期）一文，以数据包络分析（DEA）为研究方法，对 2000—2007 年青海省不同经济类型工业企业的效率水平进行了评价。评价结果表明，青海各类型工业企业均存在不同程度的非效

率，应更加注重改进投入资源的利用效率，走集约型发展道路。

循环经济发展研究。詹红岩的《对青海省工业园区发展的思考与建议》（《青海师专学报》2004 年第 6 期）一文，就青海工业园区建设中存在的产业链短、未形成核心企业、主导产业不突出、产业集群特征不明显等问题进行了探讨，并提出通过延长产业链、加快培育核心产业、注重集群化发展等措施，加快青海工业园区发展。李勇、史素敏的《青海省发展工业循环经济的模式选择和主要任务》（《攀登》2006 年第 5 期）一文，认为青海省发展工业循环经济，应根据资源禀赋、产业特点、工业经济发展程度等因素，选择出适合本省实际的工业循环经济发展模式，抓好资源开发、资源消耗和废弃物利用三个环节，紧紧围绕主要工业行业以及柴达木循环经济试验区的建设，提升工业发展的产业关联度，形成多产业横向扩展和资源深加工纵向延伸相结合的循环型工业。孙发平、冀康平、张继宗的《循环经济理论与实践——以柴达木循环经济试验区为例》（青海人民出版社，2008 年）一书，从理论、实践和国内外案例三个方面入手，在全面梳理国内外循环经济研究成果的基础上，对循环经济与清洁生产、科技进步、自主创新、资源节约、新型工业化以及相关立法等方面的重大理论问题进行了探索。该书提出了柴达木循环经济试验区在盐湖、石油天然气、铅锌、煤炭等资源开发领域开展循环经济试验的途径和模式，并对试验区发展循环经济的保障措施和法制建设进行了研究。全书还对国内外循环经济的成功实践进行了有针对性的选介，总结了柴达木循环经济试验区发展可资借鉴的经验启示。盛国滨的《基于循环经济理念的青海工业园区生态化发展》（《青海师专学报》2009 年第 2 期）一文，认为基于循环经济理念的青海生态型工业园区发展模式是探索和寻求生态保护和

经济发展相耦合的关键。徐军、徐广英的《格尔木地区发展工业循环经济的思考》（《青海师范大学学报》2009年第4期）一文，从格尔木发展工业循环经济的优势、必要性和存在的不足入手，提出格尔木要加快培育优势产业群，加强产业横向扩展和资源精深加工相结合的循环型工业发展，重点发展盐湖化工、石油天然气化工、有色黑色金属选冶等特色产业链。

藏毯产业发展研究。黄军成的《青海藏毯产业发展的战略模式研究》（《商业时代》2007年第34期）一文，认为发展藏毯产业是青藏高原落后的民族地区缩小与发达地区差距的重要途径，也是实现产业结构调整，突出区域经济优势的现实选择。该文以青海为例，论述了藏毯产业发展对民族地区经济增长、产业结构演进、社会福利的贡献，并对青海省藏毯产业发展的战略模式提出了对策建议。王兰英的《加快藏毯产业集群发展，促进生态立省战略实现》（《青海社会科学》2008年第6期）一文，提出以产业集群理论为指导，促使青海藏毯产业加快集群发展，不仅能推动藏毯产业本身形成现代产业组织形式，而且可较好地推动区域经济社会快速发展，促进生态立省战略实现。李毅、王英虎的《青海藏毯产业集聚现状与产业集群化研究》（《青海社会科学》2009年第5期）一文，认为青海藏毯产业处在产业集聚的初级阶段，企业之间缺乏分工协作，产业链过于单一，集聚效应不明显。文章提出在做好规划引导工作的同时，应通过构建产业集群化发展的助推机制促进青海藏毯产业发展。

工业科技创新研究。冀康平的《青海省新型工业化道路的科技支撑研究》（《青海科技》2004年第2期）一文，通过对新型工业化道路的理论解释，分析研究了科技对新型工业化道路的决定性作用和支撑作用，提出了青海依靠科技支撑走新型工业化道路的思路。何海云、王明礼的《青海省工业科技创新能力建设刍议》（《攀登》

2006年第2期）一文，通过分析"十五"期间青海省工业科技能力建设取得的成绩和存在的问题，提出了进一步提高工业科技创新能力的目标、建设任务和保障措施。孙发平的《以科技创新推动资源开发向循环利用的根本性转变》（《柴达木开发研究》2007年第5期）一文，认为循环经济是按照自然生态物质循环方式运行的发展模式，它要求遵循生态学规律，合理利用自然资源和环境容量，在物质不断循环利用的基础上发展经济，实现经济活动的生态化。因此，循环经济的本质是生态经济，是以生态价值为核心的新发展观实现的基本途径，是以人为本的科学发展观和人与自然和谐相处的价值观的根本体现。王桃荣、张宏岩的《资源型企业科技创新问题探讨——以青海为例》（《商场现代化》2010年第35期）一文，认为青海省资源型企业仍处在低层次和粗放型的初级阶段，科技创新能力较弱，科技投入不足，严重制约了青海省经济发展的进程。因此，需要认清青海省资源型企业科技创新的现状及存在的问题，采取对策，提升青海省资源型企业科技创新能力。

（三）第三产业发展研究

20世纪90年代，在加快区域经济发展的同时，青海省不断优化产业结构，大力发展第三产业。社科理论界对青海旅游、商贸、物流等服务业的发展进行了研究，尤其在旅游业发展研究方面成果颇丰。

第三产业发展综合研究。李寿德、万威武的《青海省第三产业发展的制约因素分析》（《青海社会科学》1996年第3期）一文，认为青海省第三产业不论与沿海和内地发达地区相比，还是与本身经济发展的客观需要相比，差距较大，第三产业发展层次低，内部缺陷多。同时，该文从需求和供给两个方面全面分析了制约青海第三产业发展的主要因素。翟松天、杜青华的《旅游业与青海第三产业发展》（《柴达木开发研究》

2001 年第 6 期）一文，分析了青海省旅游业发展现状及其在第三产业发展中的重要地位，全面梳理了青海文化生态旅游资源，提出通过完善基础设施建设、加强宣传推介力度等举措大力发展青海旅游业。那海生的《青海省服务业发展的现状与对策》（《攀登》2003 年第 2 期）一文，在分析青海服务业发展状况和发展环境的基础上，提出要从青海省实际出发，重点推进，协调发展，促进服务业发展。杨晓的《发展青海省服务业的分析与思考》（《全国商情》2010 年第 14 期）一文，认为服务业是国民经济的重要组成部分，其发达程度是衡量现代社会经济发展水平的重要标志。青海省服务业总体发展水平较低，还存在一些阻碍服务业发展的突出问题，需要从加快体制改革，消除服务业发展的体制性障碍、加快城镇化进程，拓展服务业发展空间、搞好规划，确立服务业发展重点及加强人才队伍建设和强化政策支持等方面入手，加快青海服务业发展。

旅游业发展研究。张璞的《青海省旅游业可持续发展初探》（《青海师范大学学报》1999 年第 2 期）一文，认为青海高原景观和民族文化旅游资源丰富，全省旅游业发展只有坚持以生态学为基础，以生态环境和自然资源为取向，才能获得良好的社会经济效益。只有让旅游与环境保护结合起来，旅游业才能获得持续发展，才能与经济、文化等其他领域的发展相协调。鲁顺元的《论西部大开发中的青海旅游业》（《青海社会科学》2000 年第 3 期）一文，认为青海旅游资源十分丰富，主要体现在类型多，无论是以功能分还是以内在属性、外部特征及构成要素分，各类旅游资源都有不同程度的分布；数量多，价值高、潜力大。文章提出发展青海旅游业必须要转变观念、灵活经营、主动出击、积极运作，统筹规划、全盘布局，充实内容、增加内涵。贺文慈的《谈青海省节假日旅游业开发》（《青海社会科学》2002 年第 1 期）一文，提出通过把握节

假日旅游特点，确立旅游业特色产业地位、不断丰富旅游配套产品、延长游客逗留时间、加强行业管理、继续坚持和完善旅游市场准入制度、加强生态建设和完善市场管理制度等途径大力发展节假日旅游业。杨多才旦的《对青海省旅游业可持续发展的几点思考》（《攀登》2003 年第 4 期）一文，提出青海旅游业发展存在旅游功能相对滞后、缺乏深度开发、旅游业投入不足和宣传力度不够等问题，因此要充分开发和挖掘丰富的旅游资源，重视人力资源的开发，建构产业发展模式，优化资源配置，走永续利用的可持续发展之路。马春梅的《加快青海省旅游业发展的思考》（《青海大学学报》2003 年第 6 期）一文，分析了青海旅游业发展的有利条件及存在的问题，提出通过树立大旅游产业观念，科学规划、大力完善基础设施、开发新旅游项目、规范旅游服务队伍、提高旅游服务质量、加大宣传和投资的力度、合理开发、保护生态等措施加快青海旅游业发展。郭廷权的《青海省发展体育旅游刍议》（《青海师范大学学报》2004 年第 6 期）一文，根据青海省旅游规划的总体战略目标要求和对青海旅游资源的分析，提出通过发展"环青海湖自行车公路赛""高原登山探险""少数民族传统体育"等体育旅游项目，促进体育旅游产业发展。邓彩兰、殷生宝的《青海民族体育旅游业发展之我见》（《青海民族学院学报》2006 年第 3 期）一文认为，了解青海民族体育旅游资源现状，分析民族体育与当地旅游业市场互动发展影响，对于促进民族体育产业化，使之成为青海省经济发展的增长点具有重要的意义。杨红的《青海旅游开发的问题与对策》（《青海师范大学学报》2006 年第 5 期）一文，从青海旅游市场开发现状入手，分析了旅游开发中存在的问题，并就这些问题的解决提出了建议。赵莺燕的《基于"钻石模型"对青海省旅游产业的竞争力分析》（《攀登》2007 年第 3 期）一文，从生产要素、

需求条件、企业战略与竞争、相关支持性产业、政府支持、机遇等六个方面对青海省旅游业的竞争力进行了分析。其《基于 TEF 模型的青海省旅游业可持续发展评价》(《青海民族研究》2010 年第 1 期)一文,评价了青海旅游业发展的可持续性,并在可能改善的领域进行分析,探讨了促进与改善青海省旅游业可持续性的途径。孙慧婷的《旅游业作为青海新支柱产业可行性研究》(《青海师范大学学报》2007 年第 4 期)一文,通过对青海旅游业优劣势的区际比较和科学的定量分析,认为青海旅游业已初步具备作为支柱产业的基本条件,可考虑作为支柱产业发展。马桂芳的《青海省旅游业与第三产业的发展》(《青海师范大学学报》2007 年第 5 期)一文,分析了青海旅游业发展的现状与第三产业的关系,提出青海要以打造旅游精品为重点,让旅游业驱动第三产业快速发展,使第三产业推动旅游业的壮大,实现两驾马车并驾齐驱。其《对加快青海体育旅游业发展的几点思考》(《攀登》2008 年第 4 期)一文,分析了发展体育旅游业对青海经济发展的积极作用,提出加快青海体育旅游业的发展,必须进一步解放思想,抓住机遇,逐步完善政策措施,从而使青海潜在的体育旅游资源得到开发并创造出良好经济效益。马丽雅的《浅析青海省旅游产品营销》(《现代经济信息》2008 年第 12 期)一文认为,在旅游业成为青海省重要经济产业乃至经济支柱产业的背景下,总结经验、探索新的营销途径是实现青海旅游产业规模化的现实选择。张爱儒的《青海省旅游业发展对区域经济增长的影响》(《统计与决策》2009 年第 15 期)一文,分析了旅游业发展对青海经济的推动作用,认为青海省旅游业与区域经济增长互为因果关系,提出了促进旅游业发展的相关政策建议。蒋贵彦、张俊英的《1999—2008 年青海省国内游客调查分析与建议》(《资源开发与市场》2010 年第 2 期)一文,以 1999—2008 年

的青海旅游统计资料为基础,分析了青海省国内游客的构成和特征,认为青海旅游业存在省外游客吸引力弱、游客平均停留天数少、旅游设施差、服务质量低等问题。文章并针对上述问题提出了相关对策建议。丁悦等的《基于因子分析的青海旅游产业发展潜力评估》(《青海社会科学》2010 年第 6 期)一文,介绍了青海省旅游产业发展潜力评价方法及指标体系构建,分析了旅游业发展的潜力,揭示了青海省旅游产业发展潜力的提升由慢到快、由不稳定到稳步提升的变化趋势。

物流业发展研究。周元福的《青海省现代物流发展现状及对策建议》(《经济师》2006 年第 3 期)一文,阐述了青海省发展物流的重要意义,指出了青海物流发展中存在的问题,提出通过制定物流发展的方针和目标、构建适应青海发展的物流体系、建立物流发展协调机制、加快发展第三方物流企业、建立物流统计指标体系、重视人才培养等途径加快发展青海物流业。刘傲洋的《青海省产业结构影响物流总量的实证研究》(《青海社会科学》2009 年第 4 期)一文,运用灰色关联分析的测度方法,定量分析了青海省三次产业结构对物流总量的影响,其分析结果表明:青海第二产业对物流总量的灰色关联度最高;在青海工业化、城镇化、市场化快速发展初期的历史阶段,第二产业是影响青海物流发展规模与水平的重要因素。为此,文章建议从三次产业结构角度考量青海物流发展重点,完善政策措施。李葶的《青海现代物流业发展刍议》(《攀登》2008 年第 6 期)一文,提出青海企业生产原材料供应和产成品销售"两头在外",因此,要更加注重现代物流业发展。房玉双的《青海省商贸流通业现状及发展思路》(《中国商贸》2010 年第 14 期)一文,认为青海商贸流通业存在整体发展水平不高、业态结构有待进一步完善、信息化建设亟待加强、龙头企业仍需培育壮大等问题。文

章提出通过树立现代经济意识、做好商业网点规划、积极发展现代流通方式、加快社区流通网络体系建设等途径加快发展青海商贸流通业。

电子商务、拉面经济等新兴产业发展研究。李桂娥的《在西部大开发中应重视电子商务的发展》（《攀登》2000 年第 6 期）一文，分析了发展电子商务在西部大开发中的重要作用，提出政府要加强对电子商务的重视，加大宣传推广力度，加强人才培养，强化企业现代化管理，使电子商务发展与西部经济的协调发展相统一，使电子商务成为西部实现后发追赶的重要优势。孙发平、马桂芳的《"拉面经济"——青海省化隆县解决"三农"问题的一种有效模式》（《攀登》2005 年第 2 期）一文，全面梳理了"拉面经济"的产生、发展过程。文章通过列举青海化隆拉面从业者的成功案例，分析了"拉面经济"模式对解决"三农"问题的效应，总结了"拉面经济"为其他落后地区摆脱贫困提供的有益启示。鲁临琴、桑才让的《对青海海东地区穆斯林群众拉面经济的思考》（《青海社会科学》2006 年第 4 期）一文，分析了青海穆斯林"拉面经济"的形成及

特点，认为"拉面经济"不仅使青海农民走出了一条脱贫致富的大道，而且开阔了眼界，转变了观念，"拉面经济"具有重要的经济意义和社会意义。但其发展中还存在资金短缺、协调机制不完善、对当地社会的融入度不够、子女入学问题难以解决、技能培训仍需加强等问题。下一步应通过提升规范化经营水平、强化政府力度、完善与所在地的协调机制等举措，支持"拉面经济"做大做强。吴文钰的《西部少数民族地区农村劳动力的转移——青海"拉面经济"现象的分析》（《西北人口》2010 年第 2 期）一文，认为青海"拉面经济"成为青海众多农村劳务人员致富的成功法宝，带来了收入、就业、社会、其他产业等效应，是落后的青海省实现同发达的东南沿海互动，进而促进少数民族地区发展的典型案例。文章指出青海"拉面经济"的成功主要包括独特的生产要素、广阔的需求市场、独特的竞争策略、政府支持等。青海拉面产业的升级发展还需要在政府、行业协会的引导和支持下，进一步提高管理服务水平，提升青海拉面形象，确立品牌优势，加大产品研发，实现持续健康发展。

第五节　财政金融研究

1993—2010 年，中国财政金融体制产生了重大变革。针对青海省情实际，在分税制财政管理体制改革、西部大开发、中国加入世界贸易组织、次贷金融危机等不同背景下，许多专家、学者在财政金融领域贡献了大量理论和应用研究，重点关注了财源建设、财政金融管理体制改革、财政金融支持各产业行业发展、中小企业融资等研究领域，产生了一批研究成果。

一、财政研究

随着国内外经济环境的不断变化，中国财政体制的不断改革，基于青海财政实际，青海经济学界就振兴财政、财政金融支持各行业发展及不

同时期的财政热点问题进行了有益的研究。

财源建设研究。贾国明的《立足自身振兴青海财政》（《财政》1996 年第 8 期）一文，结合青海省财政实际，分析说明了分税制实行后青海财政将面临更严峻的考验，要立足本省、深化改革、转变观念，通过努力培植效益财源，加大税收征管力度，调整和优化支出结构，缓解县级财政困难来振兴青海财政。孙发平的《青海利用外资的几点理论思考》（《柴达木开发研究》1997 年第 2 期）一文，说明了青海省财政资源匮乏的现实情况，论证了青海利用外资的理论依据及现实意义，提出应选择合理有效地利用外资形式，

进一步加强基础设施建设，努力改善投资环境，利用比较优势发展青海经济。张永革的《青海资金开发策略研究》（《青海金融》1998年第4期、第5期）一文，论述了青海资金开发存在国有企业经济效益下降、资金占用不合理、资金使用效益低、资产负债率偏高、利用外资和市场融资的比例太小、资本运营水平低等问题，提出了加快发展资本市场、积极稳妥地利用外资、优化融资结构、加快国有企业兼并改组步伐、推行资本营运、优化资本配置等建议。张孚路、刘忠、权甲戍等编的《青海财源建设研究》（中国财政经济出版社，1998年）一书，分析了青海省基本情况，阐述了青海财源建设的内涵、重大意义和原则，对省、市、地、州及八个典型县（市）各级财源的历史发展进行了详细的回顾，论述了各级财源建设目标的主导思想、挑战和难点，并针对性地对各级财源建设提出了发展经济培育新的经济增长点，培育利税大户壮大骨干财源，夯实基础抓好基础财源建设，发展多种经济培植新兴财源，挖掘潜在财源开辟补充财源，大力开发替代性财源，努力提高自给能力缓解县级财政困难，坚持依法治税并加强税收征管，调整和优化支出结构九项对策建议。贾国民的《青海财政的现状与出路》（《中国财政》1999年第2期）一文，说明分税制财政体系建立后，青海财政面临收支增长前景不确定、对中央财政过于依赖、支出结构不合理、预算约束严重、思想观念较落后等现实问题，要采取继续推进财政管理体制改革，确保完成税收任务，深化支出结构改革，办实事与办急事四项对策破解财政困境。王兰英、孙发平等的《关于青海省拓宽融资渠道问题研究》（青海省社科规划项目，2002年）一文，提出在当前形势下，积极争取中央政府加大对青海的投资力度，积极创造良好"软环境"吸引社会资金，优化资本市场融资结构，扩大利用外资规模等举措，是进一步拓宽青海省融资渠道的重要方式。

孙发平、吴大伟的《青海利用外资的环境分析与对策研究》（《青海社会科学》2003年第6期）一文，通过对青海利用外资的环境分析，提出吸收外资将是青海经济发展的长期战略任务。青海必须审时度势，抓住国际资本移动新特点和国内利用外资新机遇，想方设法克服吸收外资中存在的不利因素，在引资思路与策略上要重点突破，积极探索一条超常规吸收外资的新路子。李实的《青海公共财政面临的挑战》（《科学决策》2004年第3期）一文，指出青海省是我国的一个低度发展水平省份，即使在欠发达的西部地区，青海省也属于落后地区。为提升实际人均地方财政收入水平，中央财政应进一步加大对青海省的财政支持力度，青海省内部的地区差距需要省级财政的配合才能妥善解决。徐建龙的《省外在青海固定资产投资研究》（青海人民出版社，2004年）一书，根据引进外来投资理论、外来投资类型理论、外来投资效应理论等理论基础，将省外在青固定资产投资按照中央项目投资、外省投资、外国及港澳台地区投资分成三类分别进行测算，研究分析了三类省外在青固定资产投资的发展阶段、对青海生产总值的乘数效应、固定资产投资类型和效应，并对典型个案做了详细阐述。分别从政府行政工作、社会经济环境两方面论述了省外在青固定资产投资相关问题，提出了改善投资环境、提升项目策划能力和改进招商引资办法等相关政策措施建议。薛和荣的《青海财政收入结构变化及发展趋势的分析与思考》（《青海财政》2007年第6期）一文，提出2001—2006年是青海省经济发展速度最快、质量最好、城乡面貌变化最大、人民得到实惠最多、财政收入快速增长的五年，要继续保持青海省财政收入稳定快速增长，必须推动国民经济快速健康协调发展，同时要抓住重点，进一步强化税收征管。

财政管理体制改革研究。 胡先来的《略论青海财政问题与改革思路》（《青海社会科学》

1993 年第 1 期）一文，通过梳理青海省财政特点和面临的现实矛盾，提出了推行以"分税制"和"复式预算"为主要内容的预算体制改革，以及搞好国有企业进行体制改革的思路。王继卿的《充分发挥财政调控职能　促进民族地区经济发展》（《青海财会》1996 年第 5 期）一文，建议分税制建立后，要客观地评价民族地区的事权支出需求与财政供给能力，合理划分各级政府间的财权范围，完善省地两级政府间的财政转移支付制度。张弘力的《对云南青海宁夏分税制财政管理体制的调查》（《中国财政》2001 年第 4 期）一文，指出分税制财政管理体制逐步建立了规范的政府间财政关系，促进了经济发展，增强了财政总体实力，促进了产业结构的合理调整，增强了中央时政的宏观调控能力。要缓解地方财政压力，应加快财政支出管理改革步伐，加大省对下转移支付力度，加大中央对地方转移支付力度。青海省财政厅的《青海分税制改革壮大财政实力》（《中国财政》2004 年第 3 期）一文，系统梳理了"分税制"改革以来青海省的应对和收获，总结出四条经验：理顺财政分配关系、建立创新理财机制、落实国家改革工作、积极探索建立公共财政管理框架。李德禄的《稳健财政政策下青海财政对策探讨》（《青海财政》2006 年第 1 期）一文，对稳健财政的内涵、积极财政政策下青海经济发展状况、积极财政政策的实施对青海财政经济的影响等方面进行了探讨，建议加大支持经济发展的政策力度，进一步优化支出结构，稳步推进财政管理改革，不断完善财政监督机制。青海省财政厅的《稳健财政政策下的青海财政问题研究》调研报告（2006 年），在分析我国的财政政策由"积极"转向"稳健"的宏观背景下，从青海省地方税收现状入手，解析了国家稳健财政政策下青海省地方税收存在的潜在问题，建议加速经济发展，赋予地方一定的税收立法权，优化地方税税种，规范税收优惠政策。

财政功能研究。杨珠生的《创新财政支持农业产业化工作的思路与建议》（《青海财政》2006 年第 5 期）一文，论述了财政支持农业产业化存在的主要问题，并提出应正确把握农业产业化的经营性与公益性，同时关注财政支持的环节、政策、方针以及产业化的管理机制。荣增彦、赵红的《完善青海三江源地区生态环境补偿政策研究》（《经济研究参考》2009 年第 6 期）一文，基于青海所处的环境和地理位置，建议国家在制定和完善环境补偿政策时，应充分考虑青海的特殊因素，并提出建立国家生态补偿专项转移支付制度，继续加大生态保护与建设项目的投资力度，建立生态环境补偿机制等对策措施。俞花的《青海省财政支持藏区建设现存问题及对策》（《地方财政研究》2010 年第 12 期）一文，论述了青海财政支持藏区建设存在财政收入增长缓慢、财政支出成本过高等问题，并提出了建立藏区投入稳定增长的长效机制，突出财政支持的重点，增加投入、发挥财政资金的引导作用，加强监管等针对性的政策建议。

西部大开发投融资研究。孙发平的《西部开发与青海利用外资研究》（《攀登》2000 年第 5 期）一文，通过对青海与东部地区利用外资的差距比较，认为制约青海利用外资的深层次因素主要是现实市场狭小、制度创新滞后和资源供给优势的递减。为此，加快制度创新，选择切实有效的利用外资方式，建立高度开放的市场是青海利用外资应采取的重要策略。荣增彦的《实施西部大开发青海财政应处理好几个关系问题》（《青海财会》2000 年第 6 期）一文，提出在西部大开发的背景下，青海若要获得大发展，青海财政应处理好公共财政与经济发展、投入与产出、大开发与财政促进经济发展、资源开发与生态环境保护和建设之间的关系问题。2000 年，青海省财政学会与西部省区协作完成的《西部大开发中财力及资金筹措问题的思考》《西部大开发中对青海财政政策的思考》两个专题报告，系统梳理了青海财政面临资金筹措较为困难，进而影响经济发展的状况，研究了青海财政在西部大开发中的政策机遇，就把握机遇应采取的财政政策提出了相关建议。吴大伟、孙发平的《西部大开发中青海利用外资的实证分析和对策研究》（青海省社会科学规划项目，2001 年）一文，梳理了青海以往引进外资的各个重大项目，论述了青海吸引外资的优势和挑战，实证分析了青海利用外资的情况，提出了在西部大开发的机遇下，青海借助本土优势，利用外资发展本地经济的针对性对策建议。程丽华的《西部大开发以来青海财政取得的成就经验及建议》（《攀登》2009 年第 6 期）一文，就深入推进西部大开发战略进行探讨，提出了尽快制定出台《西部开发促进法》、加大对西部地区的一般性转移支付力度、加快建立推进三江源地区生态补偿机制等政策建议。绽小林的《试论西部大开发视域下的青海藏区经济发展》（《特区经济》2010 年第 8 期）一文，从西部大开发的视角论述了青海藏区由于地域、政策等限制导致经济落后，建议争取国家财税政策支持，实行财税政策和投资项目倾斜，提高财政资金使用效益，以经济发展支撑农牧民的可持续发展。

WTO 与财政研究。李双元的《"绿箱政策"与青海农业财政投资转变》[《青海师范大学学报》（哲学社会科学版）2002 年第 3 期]一文，通过对青海农业财政投资的现状和存在的问题分析，在 WTO 农业协议国内支持"绿箱政策"的框架下，就适合青海农业发展的农业财政投资方式进行了研究，提出继续加大对农业基础设施建设、农业科研教育和技术推广、质量标准和市场信息等服务体系建设的支持力度，调整农业生产结构，实施地区援助计划，实施环保农业等对策建议。李双元、张宏岩的《世贸组织与青海农业财政投资使用方式的转变》（《青海社会科学》2002 年第 5 期）一文，论述了通过财政支农资金

使用方式的转变充分发挥区域比较优势，发展优势产业和优势产品，积极参与国际经济大循环，争得尽量多的比较利益，稳定持续地增加农民收入。王西秦的《WTO 与青海财政政策的调整》（《青海财政》2002 年第 6 期）一文，指出要调整财政政策来适应中国加入 WTO 这一时代发展的新趋势，建议推进财政管理制度改革，充分利用 WTO 的"黄箱"和"绿箱"政策，调整财政对科技的投入政策，改革财政对经济的支持和保护方式，进一步调整财政支出结构，切实转变财政职能。

二、金融研究

伴随着中国金融改革的不断推进、金融市场主体功能的不断完善，青海经济学界为青海金融在不同时期应对不同的国内外事件、政策影响以谋求自身发展不断研究、出谋划策，产生了一系列研究成果。

金融改革研究。祁贵兴的《论青海金融第二轮改革》（《青海社会科学》1993 年第 5 期）一文，系统论述了党的十四大以后金融体制改革的目标与路径，提出青海应顺应国家金融体制改革的方向，抓住相关政策机遇，以建立多种商业性金融机构为突破口，通过转换经营机制、增强国家银行的宏观调控来加大改革力度。邵辉、欧华的《加快金融体制改革，建设和完善青海省金融市场》（《青海金融》1994 年第 2 期）一文，提出要在逐步完善现有信贷资金管理办法的基础上，发展同业拆借市场，发展和完善证券发行市场，积极开拓证券交易市场，加强金融市场的管理，健全经济法规等对策建议。祁贵兴的《青海经济呼唤金融市场》（《青海金融》1996 年第 1 期）一文，提出青海经济发展对金融市场需求不断增大，金融市场不完善严重制约着青海经济发展，尤其制约实体经济的发展，建议通过健全完善货币市场，拓展和发展资本市场以促进青海金融市场健康运行。山雨的《论青海个体私营经济

的金融环境》（《青海金融》1998年第11期）一文，论述了思想观念的误区、政策法规的滞后和个私经济本身的问题对营造好的金融环境存在不利影响，建议要建立良好的金融环境应转变思想观念，完善政策法规，拓宽融资渠道。王建军的《青海省投资软环境分析与评价》（青海省社会科学规划项目，2001年）一文，建立了青海省投资软环境的分析框架，详细列举了相关投资数据，并结合调研，对青海省投资软环境进行了分析和评价，并就后续投资软环境提升提出了有益建议。孙立军的《深化青海投融资体制改革的思考》（《青海金融》2004年第2期）一文，认为深化青海投资体制改革需要转变政府职能，建立科学的投融资决策机制，扩大市场准入，推进政府投资向市场化转变，优化资本市场融资结构，加快国有银行改革步伐。青海银监局课题组的《金融脱媒对青海银行业的影响》（《青海金融》2006年第7期）一文，论述了在面对金融脱媒的新形势下，商业银行要彻底更新经营理念，主动改变银行业务结构，加大对中小企业、"三农"和县域经济支持力度，密切跟踪、仔细研究、及时提示。庞香萍的《因子分析在青海省金融生态环境评价中的应用》（《现代商业》2008年第36期）一文，经过实证研究，证实1996—2004年青海金融生态环境逐步优化，但具有一定的起伏性和波动性，主要原因源于较低的金融资源水平和不完善的社会信用与法制环境，进而得出经济发展水平、金融资源水平、社会信用及法制环境是构成青海省金融生态环境的三大要素。王小平、石海城、陈希凤的《建立青海现代金融体系研究》（《青海社会科学》2009年第1期）一文，在剖析了建立青海现代金融体系的条件和制约因素后，提出了建立现代金融体系的基本思路、途径和分三步走的策略设计，建议以四大国有商业银行为核心做大做强青海银行业，大力发展非银行金融机构，发展和完善以西宁为中心的金融市场，协调金融监管，促进金融稳定。陈希凤、李三鱼、李新鹏的《对青海金融业现状的调查》（《西部金融》2009年第2期）一文，剖析了制约青海金融业发展的因素包括金融业支撑功能发挥受到限制、市场化进程明显滞后、金融创新亟待开拓、金融生态环境整体欠佳，并提出对青海金融业持续发展的策略建议：加快体制改革，稳步推进市场化进程，加大政策倾斜力度，规范强化金融服务，全面优化金融生态环境。王晓省的《青海金融发展与经济增长的内在关系分析》（《财会研究》2009年第17期）一文，通过实证检验得出青海省金融发展失衡在根本上是一种金融机构结构的失衡，表现为自我投资、资本市场直接融资和非正规金融体系替代了正规金融体系对经济增长的推动作用。王小平的《财政政策货币政策协调配合　促进青海经济更快发展》（《西部金融》2009年第10期）一文，基于2003—2008年财政政策与货币政策在青海的协调配合实践，实证分析了两大政策配合的效果与存在的问题，提出形成财政货币政策合力，选择适宜青海经济发展的财政货币政策配合模式，找准财政货币政策配合的切入点，探索财政货币政策配合的有效途径等对策建议。

金融支持产业发展研究。荆海龙的《振兴青海经济的金融支持问题初探》（《青海金融》1997年第8期）一文，论述了青海在资金短缺的情况下，破解经济发展的难题急需通过金融支持解决资金供需矛盾，主要途径包括以金融手段支持搞活国有企业、支持资源开发、支持非国有经济发展。胡安舜的《青海工业化进程分析及金融支持》（《西安金融》2004年第9期）一文，分析了青海工业化发展的阶段及现状，提出了金融支持青海工业化进程的建议：发挥好货币信贷政策作用，强化中央银行窗口指导；引导金融机构着力调整信贷结构，促进工业产业结构调整，抓住地方特色，促进农业产业化发展；提高直接融资比例，加大招商引资力度；整治信用环境，减少行政干预，实现银企良性循环。王小平的《对青海藏区发展问题的金融思考》（《西安金融》2006年第9期）一文，从青海藏区金融市场组织体系建设、业务创新、政策引导、财政和金融的政策协调等角度进行了深入分析，并提出加快建立适应藏区经济发展的金融组织体系，加大政策性银行对青海藏区发展的支持力度，加大商业银行信贷支持力度，加快金融改革创新，完善适应藏区发展实际的投融资体制和工作机制，多渠道筹措融通资金，加强信贷供需研究，加快金融生态环境建设，积极构建藏区县域融资担保体系，中央加大对青海藏区发展的支持力度等策略建议。中国人民银行西宁中心支行的《金融支持青海三江源移民后续产业发展问题研究》（《西部金融》2007年第7期）一文，针对青海三江源移民后续产业面临的金融支持功能弱化、效率低下、风险偏高等问题，提出重点支持比较优势产业和主导产业，形成协同支持移民后续产业的金融合力，加大城镇化建设力度，建立金融支持移民后续产业的长效机制等对策。张永春的《对青海省产业结构调整中金融支持问题的思考》（《财会研究》2009年第23期）一文，提出区域经济的发展需要调整产业结构，加大产业结构调整中的金融支持力度是极其重要的因素，建议充分发挥金融资源在青海产业结构调整中的配置作用，加强资本市场融资功能，提升政策性投资的引导作用。中国人民银行西宁中心支行的《青海玉树灾后重建与金融支持对策研究》研究报告（2010年），针对地震后玉树基础设施毁损严重、建设环境复杂、交通不便及金融机构残缺不全等实际，借鉴国内外灾后重建的相关做法和经验，提出了以财政资金为主导、注重财政和货币政策的搭配使用、全方位整体推进的金融支持灾后重建的新路径。

中小企业融资研究。白凤英的《中西部地区乡镇企业发展中存在的问题及金融对策》（《农村金融研究》1995年第1期）一文，论述了青海乡镇企业存在行政干预过多、资金严重短缺、经济结构不尽合理、人才缺乏、科技落后、乡镇企业信贷人员少等问题，建议增强市场意识，拓宽乡镇企业信贷资金来源渠道，强化服务功能，进一步调整产品结构，加强信贷管理。曹学礼的《刍议青海中小企业融资难的原因及解决措施》（《青海金融》2002年第12期）一文，探讨了青海中小企业融资难的原因包括中小企业较高的停业和倒闭率使金融机构面临较大放贷风险，金融机构向中小企业放贷的经营成本较高，中小企业资信程度低，金融机构经营理念和中小企业理财观念存在问题等，并提出了完善和健全信用担保制度和机构，改善金融业对中小企业的服务，设立风险投资等对策建议。丁琳的《青海省投资微观经济环境实证分析》（《青海社会科学》2003年第4期）一文，就微观经济投资环境评价体系进行了实证分析，提出通过切实遵循"国民待遇"原则，规范行政行为，发展货币资源的融通市场等举措来改善青海省微观经济投资环境。中国人民银行西宁中心支行的《青藏地区小额信贷实证研究》研究报告（2006年），从近几年的统计数据出发，通过对小额信贷在青藏地区实施效果分析，挖掘制约青藏地区小额信贷关键性影响因素，以及这些因素与金融机构支持的密切关系，提出了准确定位，完善管理办法和运作机制，多层次开展业务，加强金融生态环境建设，实行差别的信贷政策等进一步完善小额信贷的建议措施。

金融服务农牧区经济发展研究。黄军成、朱有良的《青海农村金融服务体系发展的路径》（《攀登》2006年第4期）一文，从青海农村金融服务体系的现状出发，针对青海农村金融服务体系存在的问题，探讨了青海农村金融改革的路径，提出推进青海农村金融体制改革，鼓励商业性金融拓展农村金融业务，深化农村信用社改革，引导农牧区民间金融规范、健康发展。中国人民银行西宁中心支行的《农村金融需求演进与普惠金融弱化——青海个案研究》（研究报告2007年），通过透视普惠金融弱化的发展轨迹，提出了强化欠发达地区普惠金融的相关建议措施：完善对普惠金融的法律支持，提高普惠金融资金保障水平，完善对普惠金融的政策扶持，加强普惠金融制度建设，为普惠金融创造良好的投融资环境。黄军成的《青海农村牧区金融服务体系创新研究》（青海省社会科学规划项目，2007年）一文，以青海农牧区作为一个场域来解读农牧区金融服务体系发展的状态，并从青海农牧区金融服务体系的合理诉求入手，紧紧围绕农牧区金融服务体系创新主线，以实证分析为手段，提出重塑竞争与合作的农牧区金融服务体系，完善多元化的农牧区金融市场，完善对农牧区优惠的金融政策等政策建议。张永春的《完善青海省农村金融服务体系与支持新农村建设问题研究》（青海省社会科学规划项目，2008年）一文，对青海农村金融现状及未来发展进行了探讨，提出深化农村金融改革，引导农村信贷投向，发展"三农"保险，优化农村金融生态环境等政策建议。张永春的《金融支持青海省新农村建设面临的难点与对策探析》（《农业经济》2010年第3期）一文，指出"三农"问题的解决核心是增加农民收入，其实现途径直接或间接依赖于农村金融的发展和支持。社会主义新农村建设，需要金融的大力支持，只有建立起支持农村建设资金循环的长效机制，农村发展才能步入良性循环的轨道。宋慧的《青海农牧区金融需求分析》（《特区经济》2010年第9期）一文，通过对青海农牧区金融需求的分析，提出以国有政策性金融和国有商业银行为主体，培育新的农牧区金融支农框架，以财政多渠道直接补贴农村金融，政策引导民间金融等方式提高青海农牧区金融服务水平。

西部大开发、WTO 与金融研究。薛长德的《金融支持西部大开发思考》（《青海金融》2000年第9期）一文，详述了金融支持青海实施西部大开发工作重点，提出青海省在西部大开发中，应加快金融体制改革，鼓励金融创新，增设政策性金融机构，积极争取国外长期优惠贷款等多项金融支持对策。李长春的《实施西部大开发战略——不失时机地发展青海经济金融》（《青海金融》2000年第11期）一文，探讨了发展青海经济金融的思路：合理设置金融机构，实行倾斜的货币金融政策，国家应给予专项政策帮助西部地区解决特殊困难，增加国家对西部大开发的专项信贷资金投入。牛永涛的《加入WTO对青海经济金融的影响及对策分析》（《财经理论与实践》2001年第1期）一文，分析了中国加入WTO将对青海经济金融的发展产生重大而深远的影响，提出应提高青海经济金融的整体竞争力，提高青海企业的竞争和发展能力，积极吸引外资等对策建议。吕晶的《在西部大开发中信贷支持青海经济发展的难点和对策》（《青海金融》2001年第9期）一文，论述信贷支持青海经济发展过程中存在的难点，并提出了政策建议：充分利用人民银行体制改革以后形成的新格局发挥大区分行的调控功能，实行有差别的存款准备金政策，增加对青海资源开发和基础设施建设的投资力度，大力发展青海省资本市场拓宽融资渠道，进一步加大维护金融债权的力度，改善金融服务增加有效资金投入。陈永魁的《入世对青海金融业的挑战与对策》（《青海金融》2002年第1期）一文，指出入世后将对青海金融业在经营政策和经营理念、争取市场份额和优质客户、金融服务内容和服务水平、人力资源利用等方面带来冲击，提出应采取壮大资金实力，解决不良资产和亏损占用生息资金，提高赢利水平，增强科技支撑力，加快人员结构调整等措施以应对挑战。

金融危机影响研究。中国人民银行西宁中心支行的《影响有限可控，全面积极应对——金融危机对青海经济金融影响的调查》研究报告（2009年），分析了由于青海外贸依存度低及危机传导的时滞性，受危机负面冲击呈现有限、滞后、行业有别的特征，认为青海通过加大财政投入力度、强化金融支持等积极应对策略，完全可以达到有惊无险顺利度过金融海啸。孙发平的《青海应对后金融危机的难点及对策措施》（《攀登》2009年第6期）一文，提出青海应对后金融危机的对策措施：加大正面宣传力度，提高研判宏观经济走势能力，提高财政资金支持经济发展的力度，扩大消费，加强国内外经济技术合作，强化公共财政职能。丁忠兵的《青海民营企业应对金融危机的调查与思考》（《攀登》2009年第6期）一文，在对青海民营企业深入调研的基础上，深刻总结民营企业面对金融危机时遇到的困境，并从理顺体制机制、加强银企合作、探索股权融资、推进企业整合、完善企业退出机制、加强政府信息服务能力建设等方面提出了相关建议。吉利、吴有祯的《次贷危机背景下青海中小企业融资问题研究》（《青海民族学院学报》2009年第3期）一文，分析了次贷危机对青海中小企业的融资影响，并提出了解决中小企业融资难的建议性对策，包括大力推进中小企业信用与担保体系建设，借鉴国外经验，大力发展中小型金融机构，合理利用民间融资，等等。王小平、邵辉的《金融危机对青海省企业的影响分析》（《青海金融》2009年第11期）一文，审视金融危机对青海省企业影响程度，揭示在金融危机中企业暴露出的问题，提出了树立企业信心，增强青海经济增长后劲，建立青海经济发展的相关模式，加快企业转型步伐，创建新经济增长点，做好金融与产业政策的融合，整合相关融资平台等对策建议。

第三章　科学社会主义研究

20世纪90年代以后，中国特色社会主义事业进入了一个崭新的发展阶段，从而带动了国内社会科学界对科学社会主义相关问题的研究。青海省社会科学界以此为契机，从多层面、多维度对科学社会主义基本理论、中国特色社会主义理论，以及相关的政治学等问题开展了研究，提出了一系列具有一定理论和实践意义的学术观点。

1993—2010年，青海省科学社会主义研究重点围绕社会主义市场经济的理论与实践展开，视野不断拓宽，成果逐步增多。据不完全统计，这一时期科学社会主义研究的专著有15部，教材有4部，论文有150余篇，课题有8项。这一时期分为前后贯通的两个阶段：1993—2002年是第一个阶段，主要围绕邓小平理论和"三个代表"重要思想两大理论创新成果展开研究；2003—2010年是第二个阶段，主要围绕科学发展观这一理论创新成果展开研究。研究队伍主要分布在党校、高校、社科研究机构，人员数量保持了基本稳定，研究水平持续提高。代表性著作有《理想与现实——人的自由发展与社会主义》《新时期毛泽东思想发展研究》《毛泽东与中国社会主义》《邓小平哲学思想概论》《社会主义市场经济条件下的道德建设概论》《当今中国廉政与腐败的较量》等，有一定影响力的论文有《树立马克思主义自由观》《论新时期的思想解放》《马克思的社会发展三大形态理论及其意义》《从"两个必然"和"两个决不会"论断看民主社会主义》《社会主义建设探索中的曲解与校正现象研究》等。另有"西部大开发中民族关系发展态势研究""社会主义政治文明建设若干问题研究"等多项课题。这些研究成果，为全省思想理论建设和意识形态工作做出了贡献。

第一节　科学社会主义基本理论研究

1993—2010年，科学社会主义基本理论问题的研究主要围绕马克思主义社会发展形态、"两个必然"和"两个决不会"论断、人的全面发展思想、当代社会主义运动、资本主义新变化、全球化问题、社会主义与市场经济的关系、按劳分配与共同富裕、社会主义和谐社会、马克思主义意识形态等问题展开，产生了一批研究成果。

一、科学社会主义基本问题及其发展研究

科学社会主义基本问题研究主要围绕马克思主义社会发展形态、"两个必然"和"两个决不会"论断、人的全面发展思想等内容展开，逐步深入。

社会发展形态研究。 张明映的《马克思的社会发展三大形态理论及其意义》（《青海社会科学》1997 年第 1 期）一文，基于相关的理论分析与实践考察等视角，通过"人类社会发展三大形态理论的内容""无产阶级社会归属哪一大形态""学习马克思主义社会发展三大形态理论的意义"三个部分，就马克思社会发展三大形态理论及其意义进行了阐述。苏暐的《社会主义社会是过渡性的社会》（《青海社会科学》1997 年第 3 期）一文，从理论与实践相结合的研究视角，通过"两个社会之间的革命转变时期""革命转变时期的社会主体""革命转变时期社会主体的发展性质"三个部分的内容安排，集中论述了社会主义作为过渡性社会而存在的基本特性。

历史发展趋势研究。 王文波的《社会主义是历史发展的大趋势》（《攀登》1998 年第 2 期）一文，通过"《共产党宣言》的发表是马克思主义诞生的标志""《共产党宣言》揭示了共产主义必然代替资本主义的客观规律""《共产党宣言》与国际共产主义运动的伟大实践"三个部分论述了社会主义是历史发展大趋势这一重要的理论认识问题。苏雪芹的《邓小平理论与社会主义运动的复苏》（《青海民族学院学报》1998 年第 4 期）一文，从邓小平理论对世界社会主义运动贡献的角度，比较系统地论述了社会主义发展的客观规律和历史必然性，认为邓小平理论极大地丰富了马克思主义和科学社会主义，是科学社会主义理论继马克思、恩格斯和列宁、毛泽东之后的第三次升华。苏雪芹的《从"两个必然"和"两个决不会"论断看民主社会主义》（《马克思主义研究》2009 年第 4 期）一文，从"两个必然"和"两个决不会"论断的角度切入，比较系统地论述了社会主义发展的客观规律、历史必然性和曲折性。认为这两个论断是科学社会主义的

重要原理，是认识当代资本主义和民主社会主义的重要理论依据。必须划清科学社会主义与民主社会主义的界限，坚持马克思主义在意识形态领域的指导地位，坚定不移地走中国特色社会主义道路，进一步坚持和发展科学社会主义。

人的全面发展思想研究。 徐澄清的《树立马克思主义自由观》（《青海社会科学》1991 年第 2 期）一文，比较系统地梳理和分析了马克思主义关于自由问题的基本观点，认为自由问题是近年来被资产阶级自由化的鼓吹者搞得极为混乱的一个问题，在深入学习社会主义理论的今天，应该以马克思主义为武器，拨开对于自由问题的迷雾，树立正确的自由观，促进和实现人的全面发展。张玉良的《浅论社会主义市场经济与人的全面发展》（《青海社会科学》2002 年第 6 期）一文，从江泽民《在庆祝中国共产党成立八十周年大会上的讲话》中关于马克思主义人的全面发展思想的阐述切入，论述了社会主义市场经济与人的全面发展的关系，认为研究和贯彻马克思主义关于人的全面发展思想对于建立和发展社会主义市场经济、推进中国特色社会主义事业具有重要意义。曹海玲的《理想与现实——人的自由发展与社会主义》（青海人民出版社，2004 年）一书，比较系统地研究了马克思"人的自由全面发展"的思想这一科学社会主义核心原理，从马克思关于人的自由发展出发，对社会主义市场经济的发展前景做了理论上的剖析与展望。作者认为，人类理想中最具时代价值的目标就是马克思主义所揭示的"每个人的自由发展是一切人的自由发展的条件"，社会主义市场经济与人的自由发展是在人类劳动实践基础上的辩证统一过程，社会主义市场经济承载着社会主义的价值理念。曹海玲的《马克思的理想社会与现实社会主义》（《青海师范大学学报》2004 年第 4 期）一文，认为理想的意义在于它引导人们现实的实践活动朝着有利于人类自身的方向发展，并以自己的价

值对现实的实践活动起着监控的作用，马克思的理想社会理论立足于理想与现实的统一，为现实社会主义选择相宜的发展方式提供着基本的启迪。曹海玲的《论社会主义与人的自由发展之和谐关系》（《青海民族学院学报》2006年第1期）一文，认为社会主义作为迄今为止人类创造的最优化的社会制度，不仅是人类追求自由发展的产物，同时也为人的进一步自由发展提供了前所未有的社会历史条件，社会主义与人的自由发展之间存在前所未有的和谐关系。

二、科学社会主义理论视角下的社会现实问题研究

1993年至2010年，青海学界聚焦国内外发展中的热点、难点等重大事件，用科学社会主义基本理论进行分析和研究，内容主要涉及当代社会主义运动、资本主义新变化、全球化问题、社会主义与市场经济的关系、按劳分配与共同富裕、社会主义和谐社会、马克思主义意识形态等问题。

历史趋势与理想信念研究。马晓红的《从当代资本主义的新变化看社会主义的历史必然性》（《攀登》1999年第5期）一文，从资本主义新变化的视角，研究和论述了社会主义必然胜利的历史规律和发展趋势，认为当代资本主义社会基于多种原因，发生了一系列新变化，但并没有改变资本主义社会的性质，也不能挽救资本主义必然灭亡的历史命运。相反，资本主义这些新变化还为社会主义革命积累了条件，显示出社会主义必将代替资本主义的历史必然性。曹淑英的《对社会主义发展的回顾与展望》（《青海社会科学》2001年第3期）一文，通过回顾社会主义的发展历史，展望社会主义的未来走势，认为在重新审视中进行深刻的理论思考，对于正确认识中国特色社会主义事业现实问题，乃至世界社会主义运动发展规律都是十分重要的。马晓红的《两次世纪之交马克思主义历史命运的论争及启示》（《青

海社会科学》2002年第5期）一文，认为怎样科学认识、对待马克思主义，是马克思主义诞生后，特别是当代资本主义出现新情况、新变化和当代社会主义运动陷入低潮后经常引起世人关注和争论的一个重大问题，也是中国共产党在领导革命、建设和改革开放的过程中经常引起人们讨论的一个重大问题，文章就此进行了比较深入的分析。

全球化问题研究。薛红焰的《论社会主义对经济全球化的历史性贡献》（《青海师专学报》2004年第6期）一文，聚焦社会主义对经济全球化事实上存在的多方面的推动作用，昭示社会主义与全球化两种客观历史进程的内在统一性，展望社会主义发展的光明前景。吴玉敏的《对全球化资本主义本质的一种认识——反全球化的合理性意义评析》（《攀登》2006年第5期）一文，认为全球化是全球范围内大多数国家不得不面对和进入的历史大趋势，在承认和肯定全球化的益处与合理性的同时，不能忽略或轻视了全球化潮流下的片面性和陷阱，尤其是深藏于全球化之中的资本主义本质特性，文章认为反全球化运动为深层次认识资本主义力求统治世界的问题及其历史局限性提供了一个有益视角。薛红焰的《从社会主义事业的辉煌发展透视社会主义的开放性》（《攀登》2007年第3期）一文，聚焦社会主义国家对外开放实践辉煌发展和不懈理论探索，探讨经济全球化蓬勃发展大背景下社会主义所固有的开放性这一基本属性，从而昭示社会主义作为人类文明成果而存在发展的必然性，昭示出社会主义的强大生命力。

马克思主义意识形态研究。冶成云的《当代中国的马克思主义政治经济学》（《攀登》1997年第5期）一文，论述了邓小平建设中国特色社会主义理论的历史地位和时代价值，认为邓小平建设中国特色社会主义理论中关于改革开放条件下中国经济体制和经济发展的阐述内容丰富且系统，构成了立足中国实际反映时代发展要求的马

克思主义政治经济学，成为中国改革开放和社会主义现代化建设的科学理论指南。李泰年的《试论马克思主义的配角思想》（《青海民族学院学报》2000 年第 2 期）一文，从理论高度提出了马克思主义配角思想的新命题，并深刻分析了甘当配角不仅是马克思主义的重要思想原则，也是一种重要的思想作风和方法，且贯穿了经典作家们一生的实践。这对于当前强调树立配角思想、涵养配角胸襟、锤炼配角境界、提高配角艺术具有很强的针对性。张启才的《坚持和巩固马克思主义在意识形态领域的指导地位》（《青海社会科学》2005 年第 5 期）一文，认为建设中国特色社会主义必须坚持和巩固马克思主义在意识形态领域的指导地位，提出了必须用包括邓小平理论、"三个代表"重要思想和科学发展观在内的中国特色社会主义理论体系一广大干部思想认识的重要问题。

社会主义市场经济研究。萧然、严丽芬的《论社会主义与市场经济的相容性》（《青海师专学报》1994 年第 3 期）一文，从理论与实践结合的角度集中分析了社会主义与市场经济的相容性问题，认为计划与市场都是调控经济的手段，各有其长，又各有其短，在社会主义条件下并不存在根本矛盾，如何处理好计划与市场的关系问题是正确认识和理解社会主义市场经济理论的关键。郑纳的《马克思主义分配观在中国的实践与创新》（《攀登》2008 年第 4 期）一文，集中分析了马克思主义分配观在中国的实践与创新问题，认为新中国成立后毛泽东把马克思主义分配观的基本原理和中国的现实相结合，提出只有首先解决"均"的问题，才能解决"富"的问题的思想，但由于操之过急，使"均中求富"变成了绝对平均主义，中国人民的生活走向了低效率和相对贫困的境地。改革开放以后，邓小平针对平均主义"大锅饭"的收入分配状况，在探索社会主义本质问题的过程中，依据马克思主义基本

原理和中国经济比较落后的国情，提出在以生产资料公有制为主体、多种所有制经济共同发展基础之上建立以按劳分配为主体、多种分配方式并存的分配制度。

科学发展与和谐社会研究。薛红焰的《科学发展观与科学社会主义新视野》（《攀登》2006 年第 2 期）一文，认为科学发展观作为引领中国特色社会主义事业健康发展的重大战略思想，推动着整个科学社会主义理论与实践的创新和发展。韩海珍的《一脉相承：构建社会主义和谐社会与马克思主义》（《青海民族学院学报》2008 年第 1 期）一文，认为构建社会主义和谐社会的理论与马克思列宁主义、毛泽东思想、邓小平理论和"三个代表"重要思想一脉相承，有着共同的理论内涵、理论要求、价值取向和哲学基础，是在继承和发展马克思主义的基础上产生的，是马克思主义在当代中国的新发展。薛红焰的《以人为本与新中国 60 年发展之路》（《思想政治教育研究》2009 年第 4 期）一文，认为以人为本体现出新中国 60 年发展的一个基本目标和不懈追求。新中国的长期发展实践和以人为本的价值取向是紧密联系的，统一于中国特色社会主义伟大事业。

历史视角社会主义研究。这一时期，还有一些从历史发展的视角研究社会主义理论与实践问题的成果。王毅武的《论孙中山的社会主义》（《青海社会科学》2000 年第 2 期）一文，论述了孙中山关于社会主义的若干思想观点，认为孙中山的社会主义研究是一个极为重要的学术性问题，其关系到对孙中山三民主义（包括新三民主义），尤其是民生主义的历史与时代意义的认识与评价，至少应把握孙中山社会主义即民生主义的本质特点、科学社会主义经济制度的基本内容、孙中山的社会主义有无时代意义三个要点。马文祥、苏静的《试论社会主义人本思想的理论渊源及其发展》（《商丘师范学院学报》2007

年第 4 期）一文，集中分析了社会主义人本思想的理论渊源及其发展问题，认为社会主义人本思想的主要理论来源是马克思、恩格斯的人本思想，中国古代民本思想的积极意义也为社会主义人本思想的发展提供了借鉴价值。在社会主义市场经济条件下，在实现人的全面发展这一价值目标的过程中，各项工作都应结合中国的现实国情和具体制度，坚持以人为本，发展和完善社会主义人本思想。

第二节　中国特色社会主义理论研究

1993 年至 2010 年期间，青海省关于中国特色社会主义理论的研究发展较快、成果较多，研究内容包括毛泽东思想、邓小平理论、"三个代表"重要思想、科学发展观、中国特色社会主义理论的专题研究与综合研究等。

一、毛泽东思想及其实践问题的研究

毛泽东思想，是中国特色社会主义的理论基础，故纳入其研究范围。青海省关于毛泽东思想及其实践问题研究，主要涉及毛泽东思想的实践基础、思想源流、现实意义、国情论述、社会主义建设探索、民主政治建设、民族理论等内容，研究成果集中出现于 1993 年纪念毛泽东同志诞辰 100 周年前后。

毛泽东思想基本要点研究。景晖的《论新时期毛泽东思想发展的实践基础和思想源流》（《青海社会科学》1993 年第 4 期）一文，以中国改革开放新时期社会发展所面临的新的历史条件为背景，论述了毛泽东思想这一马克思主义中国化伟大成果的实践基础，分析了毛泽东思想形成和发展的思想源流和基本脉络。景晖的《新时期毛泽东思想发展研究》（青海人民出版社，1993年）一书，比较系统地论述了毛泽东思想这一马克思主义中国化伟大成果的基本内涵、理论要点、实践要求和时代价值。作者认为在改革开放新时期全国人民推进社会主义现代化建设事业仍然需要坚持以毛泽东思想为指导，必须在研究新情况、解决新问题的伟大实践中丰富和发展党的指导思想，不断推进党的理论创新。

毛泽东思想形成发展研究。秦璐的《毛泽东在开创中国革命道路中的杰出贡献》（《青海社会科学》1993 年第 6 期）一文，论述了毛泽东在开创中国革命道路中的一系列杰出贡献，强调毛泽东和毛泽东思想在中国革命、建设和改革发展中的伟大历史地位，昭示出人们对待毛泽东和毛泽东思想应持有的科学态度。马晓红的《毛泽东探索社会主义建设的经验对当代马克思主义者的启示》（《青海民族学院学报》1998 年第 4 期）一文，分析了以毛泽东为核心的第一代中国共产党人在社会主义革命和建设方面所取得的历史性成就和宝贵经验，归纳出这些历史经验对当代马克思主义者和共产党人推进社会主义事业的重要启示。张丽萍的《毛泽东对建设有中国特色社会主义的探索》（《青海民族学院学报》2000 年第 1 期）一文，回顾和分析了毛泽东同志对建设有中国特色社会主义的理论建树、实践探索和重大贡献，归纳出其中所包含的现实意义和重要启示。

社会主义建设道路研究。周忠瑜、孙欲声的《毛泽东与中国社会主义》（青海人民出版社，1993 年）一书，比较系统地研究和论述了毛泽东作为新中国社会主义制度的主要缔造者为中国社会主义革命和建设事业做出的历史性贡献，认为以毛泽东同志为核心的中国共产党人领导人民在当时建立集中统一的计划经济体制模式，有其客观必然性，发挥过积极作用，取得了重大成就。同时，毛泽东也是我们党内最早敏锐地觉察到计划经济体制弊端的党和国家领导人，并积极发展与世界各国的经济文化交流，探索符合中国国情的社会主义建设道路。王毅武的《论中国社会主义工业化理论的基本特点与理论贡献》[《武汉大学学报》（哲学社会科学版）1993 年第 1 期]一文，考察了中国社会主义工业化理论的产生、特点与历史贡献，认为这些论题是中国社会主义经济思想研究中的重要问题，应当科学系统地总结与概括中国社会主义工业化过程中的特点与基本经验、历史地阐述中国社会主义工业化理论对于建设中国特色社会主义的理论与现实意义。王毅武的《毛泽东的国情理论及其深化》（《青海社会科学》1993 年第 6 期）一文，梳理了毛泽东同志关于中国国情的相关认识和重要论述，归纳出"毛泽东的国情理论"这一颇有新意的学术命题，提出了毛泽东的国情理论还需要在改革开放新的实践中进一步发展和深化的问题。李宗远的《刘少奇论社会主义社会的根本任务》（《青海社会科学》1994 年第 6 期）一文，认为解放和发展社会生产力是刘少奇同志的积极主张，也是社会主义的根本任务和毛泽东思想的内在要求，刘少奇关于社会主义根本任务的思想渊源在于马克思主义、历史唯物主义的科学理论，深植于中国革命和建设的深厚沃土之上。

民主政治思想和民族理论研究。张燕辉的《毛泽东民主政治思想及其现实思考》（《青海师范大学学报》2002 年第 3 期）一文，分析了毛泽东的民主政治思想及其实践探索成就和经验，归纳出其中所包含的、具有重要现实意义的若干思考和启示。乔秀华的《简论毛泽东的民族观》（《青海民族研究》2004 年第 3 期）一文，通过对理论与实践两个维度相结合的分析，梳理出毛泽东同志在领导中国革命和建设过程中认识和处理民族问题所形成的一系列基本思想观点，提出和论述了"毛泽东的民族观"这一重要命题和理论范畴。

二、邓小平理论及其实践问题研究

1993 年至 2010 年期间，青海省关于邓小平

理论及其实践问题的研究主要涉及邓小平同志的理论探索、邓小平理论的科学体系、社会主义本质论、初级阶段论、民主思想、统战理论、民族理论、改革开放思想、经济社会发展等问题。

邓小平理论总体研究。江再杰、司卫国的《建设有中国特色社会主义若干理论问题读本》（中央党校出版社，1993 年）一书，结合改革开放这一时期的实践经验和思想认识，通过"科学社会主义篇""哲学篇""党的建设篇""中共党史篇""民族、宗教、统战篇"五个板块的内容安排，比较系统地归纳和总结了建设有中国特色社会主义理论的若干基本问题和理论要点。司卫国的《关于邓小平理论是一个科学体系的思考》（《攀登》1996 年第 5 期）一文，论述了邓小平理论的性质和定位，认为正确理解和把握邓小平理论的科学体系是把这一理论的学习和研究引向深入的关键；建设有中国特色社会主义理论已经形成了一个科学体系并走向成熟，其主要原因在于建设有中国特色社会主义理论作为一个科学体系经历了较长的历史过程，经过了几次比较大的理论概括，是逐步形成和发展起来的。

邓小平理论哲学视角研究。张延桢、曲青山的《邓小平哲学思想概论》（青海人民出版社，1994 年）一书，以中国改革开放新的历史条件下国家经济社会各方面的发展为背景，比较系统地论述了邓小平哲学思想这一马克思主义中国化的重要理论范畴的基本内涵、理论要点、实践要求和指导意义，展示了邓小平理论所包含的宽广理论维度和深刻思想内涵，认为邓小平哲学思想是革命的、批判的、创新的，它不仅要求人们正确地认识世界，更要求能动地改造世界，它的一系列基本原理是建设有中国特色社会主义的哲学基础。薛红焰的《从社会主义道路的新探索看邓小平的非凡胆识与创新精神》（《攀登》2000 年第 1 期）一文，从唯物辩证的求实精神、放眼世界的宽广胸怀、高瞻远瞩的非凡眼光、无畏不屈的革

命气概和勇于创新的理论勇气五个特点的角度，探讨了邓小平对中国现代化道路、改革开放发展要求、人类社会发展趋势的深刻把握和理论贡献。薛红焰的《关于解放思想不同境界的哲学思考》（《社会主义研究》2004年第7期）一文，运用马克思主义认识论的科学方法，归纳出思想解放的三个基本境界，并做了初步探析，揭示其内在联系、规律和进程。

中国特色社会主义基本理论问题研究。王文波的《邓小平社会主义本质论简析》（《攀登》1994年第1期）一文，结合20世纪90年代我国改革开放和社会主义现代化建设的实践发展，简要地分析了邓小平同志关于社会主义本质问题的一系列思想观点。司卫国的《试论邓小平的社会主义观》（《青海社会科学》1994年第S1期）一文，对邓小平社会主义观作了初步的探讨和分析，认为毛泽东逝世后，邓小平以巨大的政治勇气和开拓马克思主义新境界的巨大理论勇气，冲破重重阻力重新确立起实事求是的思想路线，为提出和创立建设有中国特色社会主义理论做出了历史性的重大贡献，并在实践中开辟了一条建设社会主义的新道路，这是对马列主义、毛泽东思想的丰富和发展。赵森民的《继续加强对邓小平建设有中国特色社会主义理论的研究》（《青海社会科学》1997年第S1期）一文，依据我国改革开放和社会主义现代化建设近20年实践发展的新要求，论述了"邓小平建设有中国特色社会主义理论"这一重要理论命题和范畴的形成发展、基本内涵和指导意义，强调了加强对邓小平建设有中国特色社会主义理论进行系统研究的重要性、必要性和现实针对性。

社会主义初级阶段研究。马学勤的《对社会主义初级阶段理论的再认识》（《攀登》1997年第6期）一文，依据我国改革开放和社会主义现代化建设的实践发展，从"两个根本原因——初级阶段理论价值思考""九个历史阶段——初级

阶段基本特征定位"两个部分的内容安排和理论分析，对社会主义初级阶段理论进行了比较深入的探讨。曹淑英的《对社会主义初级阶段理论的再认识》（《青海社会科学》1998年第4期）一文，对社会主义初级阶段理论做了比较深入的分析，认为党的十五大报告对这一理论做出了新的科学阐述，这对于统一认识、解疑释惑、排除干扰、团结奋斗，把建设有中国特色社会主义事业全面推向21世纪具有十分重要的意义。

党的思想路线研究。曲青山、沈虎生的《树立理论联系实际的马克思主义学风》（《青海社会科学》1997年第6期）一文，通过对学风方面存在的教条主义、经验主义、实用主义等问题的分析，比较系统地论述了坚持理论联系实际这一马克思主义、科学社会主义所倡导的正确学风和科学方法，强调了坚持解放思想、实事求是这一党的思想路线的极端重要性。曲青山的《论新时期的思想解放》（《青海社会科学》1998年第6期）一文，认为每一次大的社会变革和历史进步，总要以一次大的思想解放为先导，这一点已被中外无数历史事实所证明。

邓小平经济社会发展思想研究。刘同德的《略论邓小平社会主义经济思想的新贡献》（《青海社会科学》1994年第1期）一文，认为邓小平社会主义经济思想涉及市场作用、计划与市场关系、社会主义与市场经济的关系等一系列社会主义现代化建设的重要问题，形成了诸多相互联系的重要思想和理论观点，构成了系统完备、内涵丰富的思想理论体系，是科学认识社会主义本质和根本任务的重要思想成果，是全面总结中国社会主义建设正反经验教训、充分吸收和借鉴国际上有益做法的重要成果，具有重大贡献和指导作用。田源、曲青山的《社会主义市场经济条件下的道德建设概论》（青海人民出版社，1994年）一书，比较系统地论述了社会主义市场经济条件下的道德建设的基本要点和实践要求，认为

社会主义市场经济体制的建立和发展，相应地需要反映市场经济诸现象与规律的道德观念，社会主义市场经济观念又被纳入社会主义思想体系中，以适应社会主义经济基础。如何使社会主义市场经济观念既适应市场各种利益群体的活动，以促进市场经济的运转与繁荣，又服务于社会主义经济基础，以实现它作为意识形态的职能，是社会主义条件下道德建设所要肩负的重要任务。马玉英的《邓小平的发展观与西部民族地区的经济社会发展》（《青海民族学院学报》2005 年第 2 期）一文，从 21 世纪新阶段我国西部民族地区经济社会发展的实际出发，分析了邓小平关于经济社会发展的一系列思想观点，提出了"邓小平的发展观"的重要理论命题和范畴及其对西部民族地区经济社会发展的重要指导作用。唐萍的《试论邓小平改革开放思想及其现实意义》（《青海社会科学》2008 年第 6 期）一文，结合中国改革开放和社会主义现代化建设发展的新实践，分析和归纳了邓小平关于中国改革开放的一系列重要思想观点和精辟论述，强调并论述了邓小平改革开放思想的现实针对性和实践指导意义。

邓小平统一战线和民主思想研究。李琼的《邓小平关于民族工作的理论与实践》（《青海民族学院学报》1997 年第 1 期）一文，通过总结邓小平同志长期以来关于民族工作的重要思想观点和精辟论述，分析了邓小平同志对于我国民族工作理论与实践发展的历史性探索、杰出贡献和重要思想，梳理和论述了邓小平民族工作理论对我国改革开放新时期民族工作实践的指导作用。吴承义的《邓小平对我党统战理论的新的重大贡献》（《青海社会科学》1997 年第 S1 期）一文，分析了邓小平同志作为中国共产党第二代领导集体的核心对党的统一战线理论丰富发展的历史探索和重大贡献，比较系统地论述了邓小平统一战线思想。孙欲声的《论邓小平的民主思想》（《青海社会科学》1997 年第 S1 期）一文，通过

梳理和总结邓小平同志长期以来关于发扬党内民主、人民民主，加强社会主义民主建设的一系列重要思想观点和精辟论述，分析了邓小平同志关于中国特色社会主义民主建设的思想要点和理论贡献，论述了"邓小平民主思想"的理论命题和学术范畴。

三、"三个代表"重要思想及其实践问题研究

"三个代表"重要思想研究涉及经济社会发展、政治文明、和谐社会、国际战略和这一时期党的理论创新成果的历史地位等问题。

"三个代表"重要思想综合研究。武良桃的《民族地区实践"三个代表"重要思想刍议》（《青海社会科学》2003 年第 5 期）一文，认为在民族地区如何具体践行"三个代表"重要思想仍然是一个需要长期深入研究和探索的重大课题。梁代生的《论"三个代表"重要思想的历史地位》（《攀登》2003 年第 S1 期）一文，认为"三个代表"重要思想历史地位的确立并非偶然，而是对中国共产党 80 多年，特别是党的十三届四中全会以来实践经验的概括和总结，是对中国共产党执政规律、社会主义建设规律和人类社会发展规律认识深化的结果，是对马克思列宁主义、毛泽东思想和邓小平理论继承与发展的新成果。

政治文明建设研究。潘振成、李春杰、彭延青的《贯彻"三个代表"重要思想　推进民族地区政治文明建设》（《青海省社会科学》2003 年第 6 期）一文，对民族地区推进社会主义政治文明建设所取得的成就、总体现状和存在问题进行了分析，提出了民族地区政治文明建设的基本要求和相关思路。作者认为，在民族地区进行政治文明建设必须正确认识和把握好发展民主政治与做好民族宗教工作的关系问题，正确认识和把握好政治体制改革中"积极"与"稳妥"的关系问题。穆殿春的《政治文明探析》（《青海民族研究》2004 年第 2 期）一文，研究和论述了政治文明的基本理论要点和中国特色社会主义政治文明

建设的若干实践问题。作者认为，社会主义政治文明的实质是建设高度的社会主义民主，集中体现在坚持党的领导、人民当家做主和依法治国三个方面及其有机统一，新时期政治文明建设应遵循积极稳妥、借鉴吸收、健全规则等几个原则。

国际战略问题研究。苏雪芹的《国际政治格局演变与中国社会主义发展》（中国社会科学出版社，2007 年）一书，立足于 20 世纪国际政治格局和国际形势的演变经历，对中国时局变化、外交政策调整、新时期改革开放形成、中国特色社会主义理论实践发展等问题进行了探讨，认为党要随时根据时代及其发展的客观要求适时地对国际外交战略做出变革与调整，使这一战略与国内政治经济文化发展和理论创新处于良性互动的动态平衡之中。何颖的《试论江泽民对邓小平国际战略思想的继承和发展》（《贵州党校学报》2010 年第 4 期）一文，结合一个时期国内外形势发展的内在要求，论述了江泽民同志对邓小平国际战略思想的继承、发展和新的理论实践贡献，展示出"三个代表"重要思想所包含的丰富理论要点和深厚内涵。

四、科学发展观及其实践问题研究

关于科学发展及实践问题的研究，主要涉及科学发展观的历史地位、社会主义和谐社会、政治文明建设、欠发达地区科学发展等内容。

科学发展观历史地位研究。赵正权的《科学发展观是唯物史观的最新理论成果》（《青海社会科学》2007 年第 5 期）一文，认为科学发展观创新了社会发展的客观物质力量、社会发展的主体力量和社会发展系统力量的内容，是指导社会发展的世界观、方法论和价值观，它丰富和发展了唯物史观在当代的新形态，是唯物史观发展的最新理论成果。曹淑英的《科学发展观对马克思主义中国化的新发展》（《贵州社会主义学院学报》2010 年第 1 期）一文，认为科学发展观体现了马克思、恩格斯、列宁关于发展问题的丰富

思想，是与马列主义、毛泽东思想、邓小平理论和"三个代表"重要思想一脉相承又与时俱进的科学理论，是马克思主义与当代中国实际和时代特征相结合的产物，它以一系列新理论、新观点、新论断丰富了中国特色社会主义理论体系，推进了马克思主义中国化的新发展，是马克思主义中国化的创新成果。

社会主义和谐社会研究。王小娟、李建军的《用科学发展观指导和谐社会建设》（《中共石家庄市委党校学报》2007 年第 12 期）一文，认为科学发展观是中国共产党人对改革开放一个较长时期中国经济社会发展历史经验的深刻总结，是指导国家发展全局、构建和谐社会的战略思想，必须把科学发展观落实到位。刘文的《协调利益关系与构建和谐社会》（《攀登》2009 年第 3 期）一文，认为统筹协调各方面的利益关系，是构建社会主义和谐社会的必然要求，日趋多样的社会利益关系已成为影响我国经济社会发展的重大问题，只有建立健全科学的利益调节机制，才能从根本上减少社会矛盾与冲突，进而促进构建社会主义和谐社会目标的实现。张玉良的《系统论视域下的社会主义和谐社会构建》（《系统科学学报》2010 年第 3 期）一文，认为构建社会主义和谐社会是一个系统工程，要正确处理经济建设、政治建设、文化建设、社会建设的关系，把构建社会主义和谐社会作为中国特色社会主义新的战略思想。

政治文明建设研究。马晓红的《政治文明建设中应重视研究和解决的几个问题》（《青海社会科学》2005 年第 1 期）一文，论述了科学发展背景下社会主义政治文明发展所应当着重研究和解决的几个重要问题，认为政治文明是人类社会政治活动与政治关系的进步状态和发展程度，社会主义的本质特征是主权在民。人民当家做主，其实现形式是民主选举、民主决策、民主管理和民主监督；同时，对建设社会主义政治文明的过

程中如何解决封建专制文化的影响，以及如何吸收和借鉴资本主义政治文明中合理的政治理念、政治体制等问题进行了探讨。胡维忠的《社会主义政治文明建设若干问题研究》（青海省社科基金项目，2005年）一文，基于理论与实践相结合的研究视角，结合改革开放一个时期社会主义民主政治建设，特别是西部民族地区政治建设和政治发展的实际情况，从不同层面比较系统地分析和研究了我国社会主义政治文明建设的若干重要问题，丰富了社会主义政治文明建设的实践内涵和理论认识。

欠发达地区科学发展研究。薛红焰的《科学发展观与西部民族地区的跨越发展》（《青海社会科学》2006年第1期）一文，探讨了西部民族地区实现跨越发展的有利条件、制约因素和新的思路，认为科学发展观并不排斥跨越发展，西部民族地区的跨越发展正是全面落实科学发展观的内在要求和必要条件。孙发平、拉毛措主编的《科学发展与西部和谐社会建设》（青海人民出版社，2010年）一书，分析了经济社会科学发展与社会主义和谐社会建设的内在关系，论述了推进中国特色社会主义伟大事业在西部地区新实践需要着重解决好的一系列重大现实问题。李清源的《欠发达地区实践科学发展观的现实路径》（《科学社会主义》2010年第2期）一文，以生态脆弱、发展相对滞后的西部民族地区为例，从正确认识环境与经济的辩证关系、坚持以保护环境优化经济增长、以科学发展主导环境变化三个方面，分析和阐述了欠发达地区实践科学发展观的路径选择，认为在欠发达地区全面贯彻落实科学发展观、谋求环境和经济共赢是实现科学发展的首要问题。

五、中国特色社会主义理论的专题研究和综合研究

关于中国特色社会主义理论的研究，既有以不同时期理论创新成果为线索的纵向研究，又有以中国特色社会主义理论所涉及的重要问题为对象的横向专题研究，还有对中国特色社会主义理论的综合研究。

（一）中国特色社会主义理论专题研究

此方面的研究成果，集中于中国特色社会主义政治建设、主流价值观坚守和传播、大学生思想政治教育和西部大开发宏观研究等方面。

中国特色社会主义政治建设及反腐倡廉研究。陈光国的《论社会主义民主与人民代表大会制度——兼论民族地区的民主政治建设》（《青海社会科学》1994年第6期）一文，认为人民代表大会制度是实现社会主义民主的基本形式，是同人民民主专政的国家性质相适应的政治制度，体现了社会主义民主的本质，符合中国国情，具有强大的生命力；要建设高度的社会主义民主，必须从人民代表大会制度着手，发展社会主义民主、坚持和完善人民代表大会制度是我国政权建设的根本任务。孙传宝的《当今中国廉政与腐败的较量》（中国工人出版社，1996年）一书，依据当时中国反腐倡廉建设的实际情况，围绕反腐败和廉政建设的理论和实践问题进行了全方位的考察和探究。作者认为，腐败是人类面临的共同挑战之一，反腐败是当今中国亟待解决的重大课题和共产党人的伟大使命；在建立社会主义市场经济的新时期，怎样消除腐败、建设廉洁政治，使我党永葆革命之青春、永远立于不败之地，是一个非但不容回避且应亟待解答的一大难题。青海省委组织部的《县（区、市）人大、政府领导班子换届选举问题研究》（《青海社会科学》1998年第2期）一文，总结了党的十一届三中全会以来青海省县（市、区）领导班子换届选举工作的成效和经验，分析了存在的问题及原因，阐述了改革开放新时期社会主义基层民主建设的相关问题，探讨了进一步做好换届选举工作的对策及途径。何颖的《坚持中国特色社会主义政治发展道路》（《科学社会主义》2008年第5期）一文，认为中国共产党坚持把马克思主义基本原理同中国具体实际和时代特征相结合，在发展社会主义民主政治、建设社会主义政治文明的实践中走出了一条符合中国国情的中国特色社会主义政治发展道路，只有坚定不移地走中国特色社会主义政治发展道路才能推进改革开放和社会主义现代化建设伟大事业，才能实现中华民族伟大复兴。

主流价值观坚守和传播研究。肖莉、宋琳的《对社会主义荣辱观的几点认识》（《青海社会科学》2006 年第 3 期）一文，认为社会主义荣辱观是对我国优秀传统道德和社会主义道德建设思想的继承和发展，是中华民族传统美德与时代精神的统一，是当代中国最基本的价值取向和行为准则，具有引导社会风尚的现实针对性和重要的历史意义；树立和践行社会主义荣辱观，宣传教育是基础，正确理解其内涵是前提，政策、法律、制度是保障，营造良好的文化氛围是条件。袁志明的《推动当代中国马克思主义大众化的思考》[《青海师大学报》（哲学社会科学版）2009 年第 5 期]一文，认为马克思主义是指导中国革命和社会主义建设的科学理论，在当代中国应通过理论的不断创新、党的执政能力的不断加强和和谐社会的进一步发展，推动马克思主义的大众化，使之成为群众自觉运用的生产生活实践的指导方法，成为统一社会各阶层思想、增强民族凝聚力、坚定中国特色社会主义信念的思想基础。赵连云的《网络公德建设是网络生活和谐的重要保障》[《青海师范大学学报》（哲学社会科学版）2010 年第 3 期]一文，集中论述了网络公德建设是网络生活和谐的重要保障的观点，认为日益普及和完备的网络在为人们提供了丰富资源和极大便利的同时，其负面效应也日渐呈现，产生了诸多网络问题甚至网络违法犯罪；加强网络公德建设，着力培养、提升广大网民的网络公德水平，是网络生活和谐的重要前提，在构建和谐网络生活中发挥着带有根本性的、不可替代的重

要作用。吴玉敏的《公民道德建设中的民族认同与国家认同相统一探析》[《青海师范大学学报》（哲学社会科学版）2010 年第 3 期]一文，认为国内各民族之间的整体认同是国家认同的基本表现，超越民族的国家认同是对国家公民的基本要求，加强民族认同与国家认同相统一的道德教育，使爱国主义的热忱成为每个公民主体发自内心的追求与自觉，既是公民道德教育的基础性内容，也是提升和强化公民爱国主义精神的重要途径。吴玉敏的《马克思主义大众化与当代中国文化认同的重建》（《青海社会科学》2010 年第 4 期）一文，认为马克思主义大众化涉及的不仅是一个政治认同问题，同时也是一个当代中国文化认同的重建问题，在推进马克思主义大众化的过程中应把马克思主义作为当代中国社会文化建设的一个重要内容，通过大众化的方式使其得到广大民众的广泛认同，并内化到中华民族现代文化中去，使马克思主义真正成为中国现代文化的一部分，进而以文化认同夯实政治认同的基础。吴玉敏的《"中国模式"解读下社会主义的坚守问题》（《社会主义研究》2010 年第 5 期）一文，认为对"中国模式"所取得的成就进行解读和分析，仅是认识、判断中国改革开放水平的一个方面，另外一个不能忽略的重要内容，就是要对中国改革实践探索中有关社会主义的坚守与偏离的诸种表现进行整理和透视，尤其是在今后的现代化改革中如何使"中国模式"中的社会主义原则成为其显著而又无法取代的标志，将是这个模式能够发挥影响的根本所在，也是当下研究"中国模式"时应重视的关键问题。

高校思想政治教育研究。赵正权的《发展先进文化与高校"两课"教学》（《青海师专学报》2003 年第 2 期）一文，结合西部地区高校的实际，探讨了高校"两课"教学中存在的诸多问题、深层原因和解决问题的对策思路。荣增举的《大学"两课"教学状况调查与思考》（《青海民

族学院学报》2003 年第 3 期）一文，围绕大学"两课"教学状况进行了调查与分析，认为在"两课"教育教学改革中，只有把学习"两课"与运用科学理论分析和解决问题的能力相结合，教师授课与学生思想、现实问题相结合，课堂课本教学与相关书籍阅读相结合，才能有效地增强"两课"教育教学的吸引力、说服力和感染力。汪丽萍的《高校"毛泽东思想概论"贯彻"三个代表"思想若干问题思考》（《中华教育学刊》2004 年第 4 期）一文，聚焦高校"毛泽东思想概论"课程教学，探讨了"毛泽东思想概论"教学中如何贯彻"三个代表"重要思想所存在的若干实际问题和相关对策思路。王永宏的《高校"中国近现代史纲要"课程分析与教学设计》[《青海大学学报》（社会科学版）2006 年第 5 期]一文，结合西部民族地区高校政治理论课教学的实际情况，从"中国近现代史纲要"课程的设置意义、课程分析、教学方案设计等角度探讨了普通高校所开设的"中国近现代史纲要"课程的教学内容和教学方式、方法设计的主要思路。周成仓的《高校思想政治理论课改革与建设探析》（《青海师专学报》2008 年第 1 期）一文，认为高校思想政治理论课改革与建设必须"体现时代性，把握规律性，富于创造性，增强实效性"，确立新型的教学理念、创新的教学方法，建立一支高素质、高水平的教师队伍。邱翔的《经济全球化背景下的大学生爱国主义教育》（《青海社会科学》2008 年第 3 期）一文，认为爱国主义是民族精神的核心，也是高校思想政治课教育的重要内容；现今大学生爱国主义教育面临着国际政治、经济、文化和价值观念等各个领域的严峻挑战，尤其在经济全球化进程中大学生爱国主义教育呈现出许多特点，如何与时俱进且富有实效地对当代大学生开展爱国主义教育是高校思想政治教育面临的重要课题。陈国飞的《高校思想政治理论课教育教学实效性探究》（《青海

师专学报（教育科学版）》2008 年第 3 期）一文，认为提高高校思想政治理论课教育教学的实效性，既是提高课堂教学效果的需要，也是提高学生整体素质的需要，更是指导学生树立社会主义核心价值体系的需要。准确地认识和把握现实以及未来的需要，其关键和核心是以增强教学实效为目的，改进教学理念，运用各种有效手段和方法，积极探索建立和完善思想政治理论课教育教学的有效机制、途径和方法。刘文的《浅谈思想政治工作对大学生团队精神的培养》（《科学时代》2009 年第 5 期）一文，认为大学时代的教育对人才培养起着极其重要的作用；认识和探讨大学生团队精神的形成和培养不仅是高校思想政治教育的重要内容，而且对做好新时期思想教育工作具有非常重要的现实意义。武永亮的《新形势下加强和改进高校党建工作的思考》（《党史文苑》2010 年第 2 期）一文，认为在经济全球化、政治多极化、高新科技迅猛发展的时代，加强和改进高校党建工作显得尤为迫切和重要，进而就加强和改进高校党建工作的主要思路进行了探讨。和东红的《教师主题博客对大学生思想政治教育的作用》[《青海师范大学学报》（哲学社会科学版）2010 年第 5 期]一文，立足多元文化存在和发展的社会背景，就教师主题博客对大学生思想政治教育的作用等一系列问题进行分析，认为在各种社会思潮和价值观念随着网络信息大量涌入的形势下，必须解放思想、转变教学理念，借助校园网络媒介特有的功能，延伸思想政治教育的时空，在"键对键"中，潜移默化地引导大学生树立正确的世界观、价值观、人生观和恋爱观，把校园网络思想政治教育与大学生思想政治理论课放在同等的地位上，发挥两个主渠道作用，并将二者有机结合，在增强大学生思想政治教育的说服力、感染力和亲和力的基础上，有效增强大学生思想政治教育的实效性。

西部大开发战略实施研究。青海省关于中国

特色社会主义研究的一大重要成果，集中体现于对西部大开发战略和民族地区发展的研究中。高昭平、刘忠、陈晓雪的《中国西部大开发战略研究》（青海人民出版社，2000年）一书，通过党和国家领导人对西部开发的论述、总体战略、人口控制战略、产业结构优化战略、农业发展战略、工业发展战略、建筑业发展战略、交通运输业发展战略、邮电通信业发展战略、旅游业发展战略、城市发展战略、内外贸发展战略、区域经济发展战略、西部投资发展战略、教育发展战略、科技发展战略、环境保护战略、国外开发边远地区的经验借鉴等十八章的内容安排，围绕主题，就西部大开发中的相关问题展开研究和论述。郭德宏、杨秋宝、孙欲声的《中国现代化与西部大开发》（当代世界出版社，2001年）一书，分为"中国现代化的进程与理论""西部大开发的战略决策""全面实施西部的开发战略""西部大开发与地区经济发展"四个部分，共收入69篇"中国现代化与西部大开发"研讨会入选论文。该书围绕中国实现现代化的时代背景，就我国实施西部大开发战略的相关问题进行研究和探讨。关桂霞的《西部大开发中民族关系发展态势研究》（国家社科基金项目，2002年）项目成果，认为西部大开发的宏观经济环境为民族关系的发展提供了强大的内在动力和良好的外部条件，从多角度、多层面对西部乃至全国民族关系的发展产生积极的影响；分析了当前影响西部大开发中民族关系发展的主要因素，对西部地区民族关系发展的基本态势进行了较为详细的归纳总结，并提出了相关的对策和建议。

（二）中国特色社会主义理论综合研究

中国特色社会主义理论及实践问题的综合研究，主要涉及中国特色社会主义理论的体系结构、探索过程、现实条件、基本经验、道路选择、历史意义、社会传播等问题。

中国特色社会主义理论基本要点研究。 江再

杰、王立青的《建设有中国特色社会主义建设若干专题》（中央党校出版社，1993年）一书，结合中国自1978年开始的改革开放十多年的实践探索和经验总结，比较系统地论述了建设有中国特色的社会主义理论与实践的若干重要问题，从总体上梳理出邓小平理论这一马克思主义中国化创新成果在形成过程中的阶段性成果的基本内容和核心要点，提出要把马克思主义普遍真理同中国具体实际相结合，走自己的路，建设有中国特色的社会主义。田源、曲青山的《关于建设有中国特色社会主义理论体系结构的研究》（《青海民族学院学报》1994年第2期）一文，对建设有中国特色社会主义理论基本概念与范畴体系的演进与形成、建设有中国特色社会主义理论主要内容结构的发展与完善、建设有中国特色社会主义理论哲学基础框架的确立与构成等内容进行了较为深入的探讨和分析，认为建设有中国特色社会主义的理论，是以邓小平为代表的第二代中国共产党人在中国改革开放和现代化建设的伟大实践中坚持和发展马列主义、毛泽东思想，不断探索、不断实践、反复总结、反复思考提炼而成的宏大理论体系。司卫国的《建设有中国特色社会主义理论干部读本》（青海人民出版社，1997年）一书，从社会主义的发展道路问题、发展阶段问题、根本任务问题、发展动力问题、外部条件问题、政治保障问题、战略步骤问题、领导力量和依靠力量问题、祖国统一问题等方面，梳理和归纳了建设有中国特色社会主义理论的一系列基本要点，认为中国特色社会主义理论在新的历史条件下对党的思想路线进行了集中概括，必须长期坚持并将其作为根本指导思想。汪增春的《对我国社会主义的几点再认识》（《青海社会科学》1997年第5期）一文，通过对一些思想认识问题的重新辨析，比较系统地论述了中国进入改革开放新时期推进社会主义事业的若干理论和实践问题。霍霞的《试论马克思主义中国化的实

现条件和经验启示》（《青海社会科学》2007 年第 5 期）一文，认为马克思主义中国化的伟大事业在中国的开创与不断推进，绝不是偶然的，而是具有历史的必然性，马克思主义理论本身的内在要求、中国革命建设和改革伟大实践的客观需要，为马克思主义中国化的形成、发展创造了条件；文章指出，在这个马克思主义中国化的伟大历史进程中，也留下了丰富的经验和深刻的教训，值得人们总结和铭记。马进虎的《对中国特色社会主义理论体系的几点认识》（《青海社会科学》2007 年第 6 期）一文，比较全面地阐释了中国特色社会主义理论体系的历史渊源、理论分支、本质特征和重大意义等基本要点，认为中国特色社会主义理论体系坚持和发展了马克思列宁主义、毛泽东思想，凝结了几代中国共产党人带领人民不懈探索实践的智慧和心血，是马克思主义中国化的创新成果，是党和国家最可宝贵的政治和精神财富，是全国各族人民团结奋斗的共同思想基础。陈国飞的《中国特色社会主义道路模式的理论考察》（《延安精神研究》2008 年第 8 期）一文，从农村包围城市的革命道路对中国特色社会主义道路与模式的启示、选择农村包围城市社会主义现代化道路与模式的必要性、选择农村包围城市社会主义现代化道路与模式的现实可能性三个方面，分析了中国特色社会主义道路与模式问题。薛红焰的《中国特色社会主义理论体系的理论特性和创新意义》（《攀登》2009 年第 5 期）一文，认为中国特色社会主义理论体系，既坚持了科学社会主义的基本原则，又立足中国实际，反映时代特征，是马克思主义中国化的创新成果，具有一系列显著特性和理论品质，体现出多方面重大而深远的创新意义。

中国特色社会主义理论历史发展研究。翟松天的《社会主义建设探索中的曲解与校正现象研究——兼论建设有中国特色社会主义理论形成的历史条件》（《青海社会科学》1993 年第 5 期）

一文，从曲解与校正的历史回顾，曲解与校正围绕的主要问题及我们的认识，曲解与校正的诸种途径、形式及缘由探析三个方面，就中国社会主义建设道路探索中的"曲解"与"校正"现象及其相关问题和原因进行了探讨和论述。朱玉坤、周生文的《探索中国式社会主义建设道路的伟大成果》（《青海社会科学》1994 年第 5 期）一文，认为《论十大关系》是把马克思主义理论与中国建设实际相结合、努力探索中国式的社会主义建设道路的重要著作，在我国改革开放和现代化建设的新形势下进一步深入学习这篇著作，必将有助于人们加深对建设有中国特色社会主义理论的理解和认识。司卫国、罗菊芳的《我党进行社会主义道路探索的基本经验》（《攀登》1994 年第 6 期）一文，认为中国共产党带领人民历经新中国成立后近 30 年的艰辛探索，才明确而坚定地走上了建设有中国特色的社会主义道路。赵德兴的《开启马克思主义中国化新境界的历史起点》（《攀登》1998 年第 6 期）一文，聚焦中共十一届三中全会的历史地位，认为党的十一届三中全会重新确立了马克思主义的思想路线、政治路线和组织路线，果断地做出了把工作重点转移到社会主义现代化建设上来的战略决策，从而揭开了党和国家历史发展的新篇章，开启了马克思主义中国化新境界的历史起点，其历史价值以及对未来中国社会发展所产生的深远影响不可估量。孙萍的《中国共产党对有中国特色社会主义道路的探索与发展》（《攀登》2001 年第 S1 期）一文，集中分析了中国共产党对中国特色社会主义道路的探索与发展问题，认为中国共产党领导的 80 年，是把马克思主义与中国革命实践相结合的 80 年。和东红的《试论党的三代领导人对社会主义经济建设道路理论的贡献》（《青海社会科学》2005 年第 3 期）一文，认为新中国成立 50 多年来，毛泽东、邓小平、江泽民先后结合各自的历史实践形成了具有时代特征的丰富的社会主义建设道路和思想，这些思想为建设社会主义指明了方向，是中国社会主义工业化和现代化事业取得胜利的理论依据和行动指南。薛红焰的《马克思主义各个发展阶段对社会主义根本问题的探索和贡献》（《攀登》2008年第4期）一文，通过对各个历史时期马克思主义经典作家关于社会主义根本问题的探索思考、思想贡献的分析和归纳，梳理和论述了社会主义思想不断丰富发展的基本脉络和理论构建。

中国特色社会主义与民族复兴问题研究。薛红焰的《中国和平崛起新道路与邓小平的历史性贡献》（入选全国党校系统纪念邓小平同志诞辰100周年研讨会论文集，中共中央党校出版社，2005年）一文，认为邓小平同志作为新中国的开国元勋之一、改革开放的总设计师和领导者，是中国特色社会主义道路的伟大开创者，对中华民族复兴事业做出了历史性贡献。薛红焰的《中国特色社会主义：陈云的探索及其现实意义》（《青海社会科学》2005年第3期）一文，认为在中国特色社会主义道路的历史探索中，陈云同志做出了非凡贡献，成为这条道路探索、开辟的推进者的杰出代表之一。童生兰的《中国共产党与中华民族精神的复兴》（《党的生活》2006年第7期）一文，认为中华民族在过去几千年的岁月中生生不息，创造了辉煌灿烂的中华文明，提出中华民族精神是中华民族的灵魂，它包含自强精神、仁爱精神、勤奋精神、探索精神、创新精神、爱国精神、气节精神、革命精神、改革精神和开放精神十个主要方面的内容，进一步建设和弘扬中华民族精神，是推进中国社会主义现代化建设和中华民族伟大复兴的需要。

第三节　与科学社会主义相关的政治学学科研究

20世纪90年代至21世纪头十年，伴随着中国社会转型发展带来的剧烈变革，政治学研究出现了前所未有的繁荣局面，带动了青海省政治学研究的发展，政治理论、政治行为、政治文化、人权保护、政治稳定、民族政治、国际政治等问题，成为青海省政治学界研究的主要方向和领域，产生了一批科研成果。

一、关于政治逻辑、政治参与和政治文化问题研究

世纪之交，随着我国政治学研究领域的不断拓展，研究方式的不断创新，青海省社科理论界在政治学研究方面有了新突破，对政治逻辑、政治行为、政治文化等问题进行了较为深入的研究。

政治逻辑研究。曾晓玲的《洛克政治逻辑探析》（《青海社会科学》2000年第2期）一文，认为洛克的政治理论继承了中世纪自然法传统，以明智理性的态度、朴实简明的语言捍卫了个人的权利与自由，其理论体系也蕴含了自由主义的政治逻辑。张子敬的《"政治"涵义新释》（《攀登》2000年第4期）一文，认为政治不是阶级社会特有的社会现象，而是一定经济基础上的社会主体为实现特定目的，通过社会公共权力所进行的活动及所产生的关系，其主要表现是动态的行为、属性的关系、主导性的主体和静态的载体。

政治参与研究。马晓红的《对民族地区新阶层政治参与问题的思考》（《科学社会主义》2008年第3期）一文，认为积极组织、引导民族地区新阶层有序政治参与，满足新阶层的政治利益诉求，无论对民族地区的经济、政治建设，还是对民族地区的社会稳定及社会和谐的构建，都具有重大的价值和功能。薛红焰的《新的社会阶层与当代中国协商民主的发展》（《黑龙江省社会主义学院学报》2008 年第 4 期）一文，从新的社会阶层和协商民主的内在关系入手，认为新的社会阶层是当代中国社会主义协商民主的推动者、参与者和建设者，促进了协商民主的新发展，社会主义协商民主是新的社会阶层参与政治、发挥作用的重要机制，保证了新的社会阶层健康发展，二者的密切联系和相互作用，深刻地影响、促进着当代中国的社会主义民主建设和政治发展。薛红焰的《少数民族政治参与机制研究》（全国社会主义学院系统招标课题，2010年）项目成果，以青海民族地区为例，从政治参与的历史发展、存在问题及其成因、对策思路和保障机制等层面，比较系统地研究了我国少数民族政治参与的机制、途径、载体、方式和方法等问题，认为政治参与既是推进民主政治建设的一个尺度，也是维护社会政治和谐稳定的重要保障。对于民族地区的政治参与，既要大力推进、充分发挥其积极作用，又要加强引导和规范、使其步入制度化和有序化的健康轨道。

政治文化研究。邓薇、张黎萍的《全球化背景下的中国政治文化建设》［《青海师专学报》（教育科学版）2005 年第 S2 期］一文，主要论述了全球化背景下的中国政治文化发展的机遇和面临的挑战，比较详细阐述了当代建设中国特色社会主义政治文化的举措。邓薇的《政治文化对当代中国政治发展的影响》（《青海社会科学》2006 年第 4 期）一文，认为当代中国政治文化的多元并存、多元冲突、多元互动、多元融合的特点，决定了当代中国政治发展既要把握社会改革发展的创新方向，又要兼顾对传统文化合理的吸收和扬弃，既要大力借鉴人类政治文明的有益成果，又要坚持社会主义政治发展的价值取向。邓薇的《和谐社会视野下民族地区的政治文化建设》（《青海社会科学》2007 年第 4 期）一文，认为由于民族地区社会发展的特殊性和复杂性，客观上需要通过政治文化建设来解决民族地区构

建和谐社会所面临的诸多问题。传统政治文化中的现实难题，决定了民族地区政治文化建设的着力点，即普及社会主义性质的参与型政治文化；强化正确的国家观与平等的民族观的宣传和教育；加强民主法治教育。赵晓红的《民族地区民主政治建设的经验反思及公民文化推进研究》（全国党校系统课题，2009 年）项目成果，以青海等省区藏族聚居区民主政治建设的实践为例，比较系统地研究了我国民族地区民主政治建设过程中正、反两方面的经验教训，提出了推进公民文化建设等对策建议，并认为一个民族的政治文化精神与民主政治发展进程息息相关，要提升现代民主政治文化的统摄功能，促进民族地区公民文化的培育和发展，锻造一个健全而完善的民主政治良性运行机制，以此从根本上推进民族地区民主政治建设的前进步伐。

二、关于人权保护和政治稳定发展问题研究

自 20 世纪 90 年代以后，青海省政治学界在人权保护和政治稳定发展方面关注的重点是人权理论、藏区妇女人权、国际人权、政治稳定和社会发展等问题。

人权保护研究。苏雪芹的《对人权问题的哲学思考》［《青海民族学院学报》（社会科学版）1994 年第 4 期］一文，从人权问题这一当代国际政治斗争的焦点问题出发，阐明了马克思主义人权观的哲学基础，认为在人权问题上存在两种根本对立的观点，必须进一步揭示资产阶级人权观的实质，划清两种人权观的界限。何颖的《论中国特色的社会主义人权理论》［《青海师范大学学报》（社会科学版）1995 年第 1 期］一文，论述了中国特色社会主义人权理论的基本要点，认为中国共产党把马克思主义的人权理论同中国社会主义建设的具体实际相结合，在不断改善中国人权状况、为社会主义人权而奋斗的实践中，创建了有中国特色的社会主义人权理论，并使之成为新时期中国特色社会主义文化的一个重要组成部

分，有利于促进国家的政治和经济稳定，加速改革开放。何颖的《论邓小平人权思想》（《攀登》1996年增刊）一文，较为系统地论述了邓小平把马克思主义的人权理论同中国的具体实际相结合，在不断改善中国人权状况的实践中，创造了有中国特色的社会主义人权思想，并使之成为新时期有中国特色的社会主义文化的一个重要组成部分。何颖的《当代国际关系中的人权问题》（《青海社会科学》2001年第6期）一文，分析了资产阶级人权思想、马克思主义人权理论、人权问题国际化等问题，认为人权问题是一个广泛涉及国际关系和备受各国政府关注的重大问题，并逐渐跃升为一种重要的国际法律原则，促进人权普遍而充分的实现已成为国际社会共同努力的目标。何颖的《藏区妇女人权问题研究》（国家社科基金项目，2001年）项目成果，以藏族聚居区妇女人权为主题，从人权角度阐述了藏区妇女的现状，对妇女人权的概念、妇女人权的实质进行了论述；在对藏区妇女人权的历史演变以及对藏区妇女争取妇女解放和男女平等的斗争历程进行纵览的基础上，从理论与实践、历史与现实的结合中，对藏区妇女人权保障、妇女人权所取得的成就和存在的问题进行了客观的、实事求是的分析和论述，同时对解决藏区妇女人权方面所存在的问题提出了一些对策，并就21世纪藏区妇女人权的发展前景进行了展望。

政治稳定发展研究。李庆的《关于进一步促进青海省民族地区经济社会发展和政治稳定的一些思路》（《青海民族研究》1997年第1期）一文，从发展民族地区经济、发展民族教育、培养少数民族干部、争取国家对民族地区实行优惠照顾政策、尊重和保护宗教信仰自由、把民族宗教工作纳入法制化的轨道等方面入手，对如何进一步促进青海省民族地区经济社会发展和政治稳定的问题进行了分析和探讨。杨虎德的《政治稳定和社会发展》（《青海民族研究》2003年第4期）

一文，认为坚持以邓小平理论为指导，正确处理改革、发展、稳定的关系，坚持共同富裕的原则，健全社会主义法制，坚持"两手抓"的方针，是保持社会持续、快速、健康发展的有效做法和手段。杨虎德的《青海藏区社会稳定研究》（云南教育出版社，2010年）一书，分析了青海藏区自然地理环境对其政治建设、经济发展、文化教育、民族关系、宗教信仰等的重要影响，并根据社会稳定指标体系对青海藏区社会稳定进行了总体评价，总结了维护青海藏区政治稳定、经济稳定、人心稳定、社会秩序稳定的基本经验以及机制方略，提出维护青海地区社会稳定必须从本地区实际出发采取有针对性的特殊措施。

三、关于民族政治和国际政治问题研究

这一时期，伴随世界格局的巨变，世界各地民族矛盾凸显及国际社会中各种政治力量在不同情况下出现了对峙、组合、分化和斗争。青海省政治学界对民族政治和国际政治相关问题进行了一定的研究。

中国共产党民族政策研究。周忠瑜的《中国共产党对民族问题的认识和共产国际的影响》（《青海民族大学学报》1993年第1期）一文，认为在中国共产党的早期活动中有很多重大问题都和共产国际有关，中国共产党关于民族问题的理论和政策的形成过程也受到了苏联共产党与共产国际的指导和影响；文章指出，以毛泽东为首的中国共产党人摆脱苏联共产党及共产国际的消极影响，从而正确地制定了"民族区域自治"政策。周忠瑜的《民族区域自治与联邦制的比较研究》（《中共党史研究》2001年第4期）一文，对中国的民族区域自治制度和苏联的联邦制进行了探讨和分析，认为以民族自决权、联邦制为标志的民族理论和政策是苏联、东欧诸国发生民族分离、纷纷成立民族国家的重要原因，而中国共产党实行的民族区域自治制度符合中国各民族的实际，表现出了越来越强大的生命力。杨虎德的

《论中国共产党民族区域自治制度的形成与发展》（《青海民族研究》2004年第3期）一文，论述了中国共产党民族区域自治制度的形成与发展，认为民族区域自治制度是最大限度地满足各少数民族平等自治和自主管理本民族、本地区内部事务的政治制度，完善民族区域自治既体现了国家的根本利益，又是国内少数民族的根本利益所在，也是我国全面建设小康社会的目标之一。关桂霞的《民族发展进步与构建和谐社会研究》（国家社科基金项目，2006年）项目成果，立足和围绕民族和谐是多民族国家社会和谐基础的基本思路，以发展经济与促进民族关系的和谐发展、加强民族法制建设与促进民族关系的和谐发展、加快民族文化建设与促进民族关系的和谐发展、完善制度机制建设与促进民族关系的和谐发展、强化民族宗教政策教育与促进民族关系的和谐发展等方面内容为研究视角，比较系统地研究了民族团结、发展进步与构建和谐社会研究的有机联系，分析了此方面面临的矛盾问题和应有的政策建议。吴秀兰的《论新形势下我国民族区域自治制度的发展与完善》（《青海民族研究》2010年第4期）一文，系统研究了我国民族区域自治制度的理论与实践，探讨和分析了新形势下我国民族区域自治制度发展中存在的主要问题及解决完善的对策，指出我国民族区域自治制度既是政治制度又是法律制度，解决民族问题的主要路径就是要始终坚持民族区域自治制度，并在实践中根据客观形势的发展需要不断完善。

古代藏族政治制度研究。何峰的《论吐蕃赞普继承制度》（《西北民族研究》2007年第1期）一文，对赞普继承制度这一吐蕃政治制度的核心内容进行了比较深入的研究，认为吐蕃赞普多为终身制，赞普人选必须从同一家庭的男性成员中产生，以父子承继为主，兄弟承继为辅，由长及幼，往往给新赞普上尊号，以表明权力的交接或表彰伟业、树立权威，这有效地保证了吐蕃政治核心权力的顺利延续，也保证了吐蕃政权的延续和发展。星全成、陈柏萍的《藏传佛教大活佛系统与清朝治理蒙藏方略》（青海人民出版社，2010年）一书，从藏传佛教及其高僧与清王朝关系的视角，探讨了清朝中央政府治理蒙藏地区的方略，揭示了藏传佛教僧侣在清代为维护蒙藏地区社会稳定、促进国家统一做出的积极贡献，为今后中央人民政府制定和实施正确的藏区治理方略提供了相关的依据。叶拉太的《吐蕃时期政治制度研究》（民族出版社，2010年）一书，以历史唯物主义的历史观，充分应用古藏文文献以及汉史中的有关吐蕃政治制度方面的零星记载，通过对历史学、文献学、政治学的交叉研究，在国内外学者的研究基础上，分析和论述了吐蕃赞普王朝时期的行政制度、职官制度、法律制度、军事制度、外交制度、财政经济制度，从而比较全面系统地研究和揭示了吐蕃赞普王朝的各种政治制度。

国际政治研究。胡文平的《关于构建和谐世界的几个问题》（《青海社会科学》2006年第3期）一文，论述了我国推动构建和谐世界所面临的几个重要现实问题，认为构建和谐世界是中国外交的一个新理念，既有很强的必要性，也有充分的可能性，并从建立公正合理的国际政治经济新秩序、支持广大发展中国家加快发展、尊重文明的多样性、建立集体安全机制等方面付诸努力，使构建和谐世界的理想从可能变为现实。胡文平的《国际能源格局中的大国政治》（《青海社会科学》2007年第6期）一文，系统研究了国际关系中大国政治的若干问题，认为能源的日趋重要，使国际地缘政治发生了新的变化，产生了国际能源地缘政治；能源政治作为分析国际政治的一种新角度，在国际政治舞台上展现出一个新的国际能源格局，而在国际能源格局中，大国政治又表现出许多新的特点。徐世和、周忠瑜、李加才旦的《联共党的影响与中国共产党民族理论的曲折发展》（红旗出版社，2007 年）一书，比较深入地研究了苏联共产党的理论、方针、政策的广泛影响，特别是对中国共产党的影响，论述了中国共产党的民族理论在发展过程中所面临的内外环境和有效应对，认为中国共产党的民族理论历经了艰难曲折的发展，在逐步突破联共党民族理论基础上，经过毛泽东、邓小平、江泽民、胡锦涛的发展，形成了有别于联共党的、适合中国实际情况的、与时俱进的新型民族理论。

杨虎得、熊坤新的《前苏联民族政策中的经验教训对中国的警示》［《广西民族大学学报》（哲学社会科学版）2010 年第 1 期］一文，是教育部"985 工程"课题的阶段性成果，该文从苏联民族政策及其实施中的经验和教训出发，比较系统地研究了我国处理民族关系、落实民族区域自治应注意的几个问题，提出了结合我国民族地区的实际情况制定合理的政策、改善中国的民族状况和民族关系、不断完善少数民族发展环境的对策思路。

第四章　中共党史党建研究

20世纪90年代以来，随着改革开放的不断深入和青海经济社会的持续发展，党的建设发生了深刻的变化，特别是东欧剧变、苏共解体后，党面临着抵御各种风险和总结执政经验的考验，对党的领导、执政能力、党的自身建设等提出了新的更高的要求，如何在社会主义市场经济的条件下加强党的建设，成为青海党史党建理论工作者的重大课题。

1993—2010年，由于各级领导的高度重视及地方科研实力的显著增强，青海省的党史党建研究有了长足的进步，相关研究成果更加丰富，学术质量稳步提升，学科建设更加清晰，研究队伍不断壮大，形成了一批具有青海特色的研究成果，使得青海省党史党建研究进一步融入全国研究。据不完全统计，这一时期青海省党史党建研究的相关专（编）著有30部，公开发表学术论文1500余篇，完成党史党建国家社科基金项目4项。《丰碑——中国共产党八十年奋斗与辉煌（青海卷）》《社会主义市场经济条件下党的建设》《李大钊宪政思想与近代中国社会》《西部少数民族聚居区党的执政能力建设研究》等一批高水平的科研专著，《国共两党与抗日民族统一战线之形成——兼论国民党在抗战前后的政治态度》《关于青海省流动党员教育和管理问题的调查与思考》等有较大影响力的学术论文和调研报告，从全国和地方两个方面对青海党史党建进行了深入研究，提出，一系列极具理论价值和实践价值的学术观点，弥补了在青海党史党建研究领域的一些空白，并为今后青海党的建设的具体实践提供有益历史借鉴和现实启示。

第一节　中共党史研究

1993—2010年，青海省的中共党史研究主要分为全国性的党史研究和青海地方党史研究两个方面，主要围绕抗日战争、长征、西路军、李大钊、党史事件对青海的影响等展开，产生了一定数量和有分量的学术研究成果。同时，随着社会对党史研究的重视程度不断提升，以及红色资源的持续开发，大量被隐没的史料被发掘出来，涌现出一批较高质量的党史研究成果。

一、全国性的党史研究

20世纪90年代以来，青海的全国性党史的研究既有历史事件的研究，也有人物思想的研究，研究的视野、维度和深度也进一步扩展。

中华人民共和国成立前党的民族理论及实践研究。周忠瑜的《民族团结与抗日战争》（《青海社会科学》1994 年增刊）一文，论述了民族团结和抗日战争的关系，以及民族团结对于中国抗日战争的重要性。张嘉选、张金凤的《关于红军长征期间党的民族政策问题》（《青海社会科学》1996 年增刊）和周忠瑜的《红军长征时期民族问题之再探讨》（《青海社会科学》1996 年增刊）两文，深入剖析了党在长征过程中处理民族关系和开展民族工作的具体实践，并对其产生的重大影响和对党自身发展的作用进行了论述。李加才旦的《长征时期红军执行民族政策的情况述要》（《青海民族学院学报》1996 年第 4 期）一文，梳理和论述了长征过程中红军的民族政策以及执行的情况。周忠瑜的《中国共产党在延安时期的民族理论与民族政策》（《青海民族学院学报》1996 年第 3 期）一文，梳理和分析了延安时期中国共产党的一系列民族理论和民族政策，认为这一时期中国共产党实行的民族区域自治政策是成功的，符合中国各民族的实际情况。周忠瑜的《中共二大主张民族地区实行"联邦制"的原因探析》（《西北民族学院学报》1999 年第 3 期）一文，论述了中共二大主张民族地区实行"联邦制"的历史根源，认为提出这一原则与接受共产国际和联共党在思想上的指导与组织上的控制不无关系。李加才旦的《浅析解放战争时期中国共产党的宗教政策》（《青海民族研究》2001 年第 3 期）一文，以解放战争为时代背景，深入论述这一时期中国共产党开展宗教政策的具体实践，并对取得的效果进行了总结分析。周忠瑜的《共产国际的影响与中共二大解决民族问题主张的提出》（《大连民族学院学报》2003 年第 2 期）一文，认为中国共产党早期的理论主张曾受到了共产国际与联共党的影响，民族理论与政策也同样受到了影响，中共二大提出用联邦制解决民族问题，最重要的原因是受共产国际、联共党的影响。李加才旦的《党的第三代领导集体宗教理论述略》（《青海民族研究》2004 年第 4 期）

和《党的第三代领导集体对马克思主义民族发展理论的贡献》（《青海师专学报》2005 年第 3—4 期）两文，对中国共产党第三代领导集体的宗教理论进行了分析，认为以江泽民为核心的党的第三代领导集体不仅继承了马列主义关于宗教问题的基本理论，而且把马列主义基本原理同当代中国宗教方面的实际相结合，提出了许多新观点、新思想，成功地解决了我国宗教方面的一系列问题，走出了一条中国特色的正确解决我国宗教问题的道路，积累了宝贵的历史经验，丰富和发展了马列主义宗教问题理论。马学勤的《抗战时期毛泽东对马克思主义民族理论的贡献》（《攀登》2005 年第 4 期）一文，认为毛泽东关于中国民族问题的基本纲领、基本政策、基本方针和原则等的一系列理论的形成及在革命战争时期的初步实践，极大地丰富了马克思民族理论和宝库。徐世和、周忠瑜、李加才旦的《联共党的影响与中国共产党民族理论的曲折发展》（红旗出版社，2007 年）一书，是青海省首部论述联共党对中国共产党民族理论影响的研究成果，对新民主主义革命时期联共党对于中国共产党民族理论的影响进行了分析研究，通过正反两方面剖析了联共党对于中国共产党民族理论的指导和影响。

中华人民共和国成立前党的有关政策研究。周忠瑜、陈志强的《瑞金时期党的经济理论和经济政策》（《青海社会科学》1995 年第 1 期）一文，梳理了民主革命时期党在苏区的经济理论和经济政策，并从正确和错误两个方面深入剖析了其产生的具体作用和影响。张嘉选的《国共两党与抗日民族统一战线之形成——兼论国民党在抗战前后的政治态度》（《青海社会科学》1995 年增刊）一文，对抗战前后国民党的政治态度进行了系统的梳理和分析，并结合当时的国际国内形势分析了国民党政治态度的变化过程及主要原因，指出中国共产党在构建抗日民族统一战线过程中发挥的巨大作用。徐世和、李加才旦、钟玉的《藏族人民对抗日战争的贡献》（《青海民族研究》1995 年第 3 期）一文，论述了藏族群众在抗日战争中发挥的重要作用以及为抗日战争做出的重大贡献。张嘉选、秦学勤的《中共党史上的两大主要问题及其启示》（《攀登》1997 年第 4 期）一文，对中国式的革命与建设道路问题、中共党史上的"左"与右的问题及其启示进行了论述。卜广坡、孙传宝的《继承和发扬井冈山时期的艰苦奋斗精神》（《攀登》1998 年增刊）一文，对从井冈山时期到 20 世纪 90 年代的历史和现实经验进行总结，认为伟大的创业必须有伟大的艰苦奋斗精神，时代呼唤必须永远继承和发扬井冈山时期的艰苦奋斗精神。李加才旦的《张国焘放弃另立中央原由探析》（《青海民族学院学报》2002 年第 3 期）一文，对长征时期张国焘自立中央事件进行了还原分析，认为张国焘后来取消第二中央一方面是军事上的失败和政治上的孤立，另一方面是党中央对张国焘采取了正确的政策以及张浩从中调解所发挥的巨大作用。

中华人民共和国成立以来党的社会主义建设探索研究。张嘉选的《党的思想解放运动及其启示》（《柴达木开发研究》1996 年第 2 期）一文，对中国共产党的思想解放运动进行了梳理和分析，论述了党的思想解放运动的全过程，同时指出了这一重大历史事件对于党的各项工作的影响。张嘉选的《建国以来党对社会主义建设道路的探索》（《攀登》1996 年增刊）一文，系统梳理了中华人民共和国成立后中国共产党对于社会主义建设的一系列实践，论述了党关于社会主义建设理论和道路的认识和实践逐步深化的过程及特点。张嘉选的《周恩来"过渡思想"探析》（《青海社会科学》1998 年第 3 期）一文，论述了周恩来的"过渡思想"产生的基本过程，梳理了这一思想的核心内容及对中国社会发展和建设的启示。周忠瑜的《党的八大与牧业区的社会主义改造》（《青海民族学院学报》1997 年第 3 期）

一文，论述了党的八大对于牧业区社会主义改造的影响，认为社会主义改造是中国共产党在牧业区进行建设的重大实践，虽然在具体执行的过程中出现了一些"左"的错误，但就总的情况看，牧业区的社会主义改造还是成功的、有效的。周忠瑜的《刘少奇、邓小平与〈论十大关系〉》（《青海社会科学》1999 年第 5 期）一文，研究了《论十大关系》形成和发表的过程，并阐述了刘少奇、邓小平在这一过程中所发挥的作用。

李大钊研究。周忠瑜对李大钊的思想进行了比较系统、深入的研究，发表了一系列研究成果。《李大钊与孙中山在民族主义思想上的相互影响》（《青海民族学院学报》1990 年第 3 期）一文，认为孙中山关于民族平等的思想对李大钊之影响是很深的，李大钊始终坚持和宣传孙中山先生的新三民主义，尤其是民族主义。《李大钊宗教思想初探》（《青海民族学院学报》1991 年第 3 期）一文，对李大钊的宗教思想，从宗教的本质作用、宗教所持的态度等方面进行了探讨。《"中国实业之振兴，必在社会主义之实行"——学习李大钊关于社会主义的部分论述》（《青海师专学报》1991 年第 2 期）一文，认为中国最早高举起马克思主义旗帜、高举起社会主义旗帜的李大钊，在深入研究了马克思主义基本原理以及中国国情之后，明确提出了"中国实业之振兴，必在社会主义之实行"的论断。《中国共产党创建的特点与李大钊》（《青海民族学院学报》1992 年第 1 期）一文，认为中国共产党的创建是十月革命后在共产国际指导下进行的，它说明中国共产党从一开始就是以马克思列宁主义为指导思想的坚定的工人阶级政党，而这一特点和李大钊的努力分不开。《试论李大钊的"联邦主义"思想》（《北京党史》1992 年第 6 期）一文，认为李大钊的联邦制思想虽不像他的其他主张那样引人注目，而且没能在中国成为现实，但是联邦制作为当时的一种主张，作为李大钊理论中的一个组成部分，理应进行分析和研究。《李大钊、毛泽东、邓小平与中国的社会主义》（《青海社会科学》1993 年第 2 期）一文，认为李大钊、毛泽东、邓小平所处的具体历史时期不同，面临的国际国内形势不同，对社会主义的认识也不完全一致，但他们在思想发展上具有衔接性，认真研究他们之间在社会主义问题上的传承关系，尤其是毛泽东在其中所起的重要的承上启下的作用，对全面理解邓小平同志关于建设具有中国特色的社会主义理论具有重要意义。《李大钊、毛泽东与大革命时期的农民问题》（《青海民族学院学报》1995 年第 1 期）一文，阐述了农民问题是中国革命的首要问题的主张，也阐述了在农村组织农民武装和党努力去教育、领导这些武装的重要性，同时从他们的文章和交往谈话中还可以看出，在农民问题及其指导思想上他们是相互影响和相互补充的。《民彝思想是李大钊早期宪政主张的核心》（《青海社会科学》2005 年第 4 期）一文，认为民彝思想是李大钊早期最重要的政治主张之一，也是李大钊早期宪政主张的核心观点。此外，《李大钊宪政思想与近代中国社会》（红旗出版社，2005 年）一书，是当时青海省研究李大钊宪政思想最全面、最权威的理论成果，该书对李大钊宪政思想进行了全方位的分析和研究，并将其同中国近代社会进行了比较，论述了李大钊的宪政思想对中国近代社会产生的影响。

西路军研究。周忠瑜的《西路军的形成和西进是中央同张国焘斗争的一种妥协》（《甘肃社会科学》1998 年第 1 期）一文，对西路军研究的传统观点和新观点的形成和缺点进行了分析，认为西路军的形成和西进实际上是中央同张国焘斗争的一种妥协，并主张西路军研究是一个很复杂的问题，绝不能用一种资料来概括全部，应对资料进行深入研究后才能得出符合客观实际的结论。周忠瑜的《西路军研究的历史与现状》（《青海民族学院学报》1999 年第 1 期）一文，

认为国内西路军研究大致经历了三个阶段，第一阶段为党的十一届三中全会前的 40 多年，第二阶段从党的十一届三中全会到 1983 年 9 月，第三阶段从 1985 年至今，并对三个阶段西路军研究的主要观点、重要论著以及各个时期的研究特点等作了综述。周忠瑜的《陈昌浩与西路军》（《青海民族学院学报》2000 年第 4 期）一文，分析了在西路军失败这一问题上陈昌浩到底负怎样的责任，并对一部分西路军研究者将西路军西进的责任说成陈昌浩所为的这种观点进行了分析，提出了自己的看法。周忠瑜的《宁夏战役战略方针的制定及被迫中止的原因》（《青海民族学院学报》2001 年第 4 期）一文，梳理了宁夏战役战略方针的制定过程，认为其被迫中止是敌情突变、张国焘的不配合、渡河部队（随后称西路军）很难单独完成等原因综合作用的结果。周忠瑜的《共产国际、苏联与红军西路军》（《青海民族学院学报》2005 年第 4 期）一文，通过对新史料的分析和梳理，探讨了苏联、共产国际与红军西路军的组成、西进及失败之间的关系。董汉河的《西路军被俘将士遭残害人数、地点及原因考》（《甘肃社会科学》2007 年第 5 期）一文，认为西路军兵败河西走廊以后，大量被俘将士被马步芳军阀关押、杀害于青海地区，通过查阅大量历史档案对马步芳军阀残害西路军被俘将士的人数、地点等进行了考证，对于一些将士被残害的原因进行了分析。周忠瑜的《共产国际前后指示相悖：西路军失败原因之一》（《探索与争鸣》2009 年第 1 期）一文，认为中共中央及中央军委之所以要组织西路军西进，是因为要打通苏联，是因为有苏联、斯大林的承诺，要给接近苏联的红军以军用和其他物资的援助。西路军长时间待在河西走廊、不进不退、不接近苏联的一个很重要原因仍然是苏联、斯大林的指示，即坚决反对西路军退入新疆。这种出尔反尔的指示是导致西路军失败的重要原因。周忠瑜的《季米特洛夫与

红军西路军》（《党史文汇》2009 年第 4 期）一文，认为季米特洛夫虽然积极参与了苏联向中国红军给予军事援助决策的全过程，但是其不让西路军到达新疆是导致其失败的原因之一。

二、青海地方党史研究

青海地方党史研究重点聚焦于发生在青海的对全国有较大影响的历史事件上，在以往研究的基础上逐步向层次化、整体化方面发展，研究更具连贯性，同时地方党史资源的发掘研究也取得了一些重要成果。

中华人民共和国成立前若干历史事件与青海的研究。张嘉选的《红军长征经过青海研究状况综述》（《青海社会科学》1996 年增刊）一文，对国内研究红军长征时期经过青海的一系列历史事件和史实进行了系统的总结和论述，为青海省红军长征史的研究提供了有益的借鉴。苟格林的《西安事变及其对青海的影响》（《青海社会科学》2006 年第 6 期）一文，在梳理西安事变基本经过的基础上，对抗日战争前后青海省的政策和形势的变化进行了剖析，论述了西安事变对青海社会发展和政治局势变化的影响。青海省委党史研究室李忠杰、李蓉等编撰的《青海省抗日战争时期人口伤亡和财产损失》（中共党史出版社，2015 年）一书，通过查阅和搜集各种档案文献、当年的报刊资料及多年研究形成的成果，对抗日战争时期青海地区的人口伤亡和财产损失进行了概述，为相关的研究提供了重要的参考和借鉴。

组织史研究。张嘉选的《浅谈解放初期青海民族地区的建党问题》（《青海民族学院学报》1995 年第 2 期）一文，分析了解放初期青海的社会背景、基本形势及民族地区建党的特殊性、复杂性，论述了建立党组织的基本经过、具体步骤和主要特点，并对建党工作所取得的具体成效进行了分析论述。由中共青海地方组织志编纂委员会编写的《中国共产党青海地方组织志》（青海

人民出版社，1999 年）一书，按照观点正确、实事求是、体例完备、行文规范的要求，对 1949—1990 年青海省的建党建政、领导机构、重要会议、重大决策、组织工作、宣传教育、统战工作、政法工作、政策研究、保密工作、党史研究和党校工作等进行了归纳整理，全面、准确、客观、真实地记述了省委领导全省的历史进程。由中共青海省委组织部、中共青海省委党史研究室、青海省档案局共同编写的《中国共产党青海省组织史资料（1949.9—1987.10）》（内部印刷，1995 年）一书，收集、汇编了青海省各级党组织建设、发展的大量原始档案和数据，是研究青海地方组织史的重要参考资料。

中华人民共和国成立以来青海社会主义建设实践与成就研究。张嘉选的《青海党史纵论》（青海人民出版社，1997 年）一书，是一部系统研究党领导青海各族人民翻身解放、进行社会主义革命和建设并取得伟大胜利历程的学术专著，对青海建政初期的政权建设、社会主义改造、农牧区党组织的发展等做了详细阐述，对青海的"大跃进"运动、"文化大革命"运动作了实事求是的评价，对改革开放以来青海的社会主义现代化进程做了系统总结。张嘉选、马学勤、乔培林的《丰碑——中国共产党八十年奋斗与辉煌（青海卷）》（中央文献出版社、人民日报出版社，2001 年）一书，对解放 52 年来青海各族人民在党的领导下彻底推翻反动势力统治、开展民主改革和社会主义改造、进行大规模社会主义建设的历程，做了全面的梳理，对青海经济、科技、文化、卫生、党建所取得的成就进行了详细论述。由中共青海省委党史研究室、中共青海省委政策研究室、青海省农林厅共同编撰的《中国新时期农村的变革（青海卷）》（中共党史出版社，1998 年）一书，由综述、各市（县）区概述、典型材料、大事记、图表等部分组成，对新时期青海省农村发展进行了系统性的梳理，还原

了青海省农村改革发展的历史过程。由中共青海省委党史研究室编撰的《拨乱反正（青海卷）》（甘肃人民出版社，1999年）一书，结合《关于中华人民共和国成立以来党的若干历史问题的决议》，比较全面地叙述了党的十一届三中全会以来青海省拨乱反正工作的基本历程及主要成就，是青海省最早、最全面地反映拨乱反正工作的研究成果。陈国建、翟松天、余中水的《中国改革开放二十年的理论与实践·青海卷》（中国大百科全书出版社，1998年）一书，从政治、经济、文化、教育、卫生、工业、农牧业等方面，对青海省改革开放二十年以来取得的重大成就进行了系统性的总结，尤其是对改革开放理论进行了较为详细的阐述，阐述了"走自己的路，建设有中国特色的社会主义"的科学论断对青海的作用。由中共青海省委党史研究室编撰的《走进新世纪的青海——从党的十五大到十六大》（青海人民出版社，2002年）一书，从政治、经济、文化、民主等多个维度，全面呈现了党的十五大到十六大期间青海省在党的领导下发生的种种深刻变化，并对取得的一系列重大建设成就和经验教训

进行了深入总结。由中共青海省委党史研究室编写的《青海的共和国之最》（甘肃民族出版社，2005年）一书，以时间为脉络，描写了青海省对于全国发展和建设的一系列重大贡献，体现了青海省对于全国发展的重要性，为青海各族人民群众构建青海自信、发扬青海精神提供了现实依据和历史支撑。周乐华、周江涛的《格尔木开发史》（青海人民出版社，2005年）一书，是一部系统研究格尔木经济开发历程的专著，记述了第一代格尔木人在党的领导下白手起家，开荒造田、植树造林、修公路、开商店、开矿藏、建工厂、办学校、兴医院的历程，既反映柴达木经济开发史，又反映中国共产党在柴达木建设。由青海省党史研究室编写的《新世纪新阶段新成就——从党的十六大到十七大（青海篇）》（中共党史出版社，2008年）一书，记述了从党的十六大到十七大青海省在政治、经济、文化及社会发展各方面的成就。由青海省党史研究室编写的《执政中国（青海篇）》（中共党史出版社，2009年）一书，展示了新中国成立60年来青海各行业各区域所取得的成就、经验以及愿景。

第二节　党建研究

党的十四大以后，为了适应建立和完善社会主义市场经济体制的需要，党中央对政治建设、思想建设、组织建设、作风建设提出了新的更高要求。这一时期，青海党的建设的研究步伐不断加快、力度不断加大，党建研究领域不断扩展，特别是对少数民族地区和藏区党的建设的专门研究从无到有，研究力度和深度不断增强，形成了一大批质量较高的学术研究成果。

一、党的建设理论与实践研究

随着青海党的建设理论队伍的成长，青海理论工作者对党的建设理论和实践、民族地区党的建设等的研究能力不断增强，这一时期党的建设

研究成果逐渐积累起来。

党的建设理论研究。彭启胜的《围绕全党工作大局　开展党建理论研究》（《攀登》1995年第2期）一文，是专门论述党建理论研究的一篇学术成果。结合新时期的要求和背景，论述了当前党建理论研究的重点和方向以及如何更好地服务于党的工作大局。同时，提出了一系列党建理论研究的具体要求。张进德的《关于加强机关党支部建设的思考》（《攀登》1995年第3期）一文，紧紧围绕机关党支部建设对于其在建设过程中存在的一系列问题的表现形式、产生根源等进行了细致的分析，同时还结合机关党支部的职

称、地位、作用对加强机关党支部建设提出了具
体的实践路径，具有较强的现实指导性和具体可
操作性。卜广坡的《历史地位·时代特征·科学
体系——对邓小平新时期建党思想的认识》（《攀
登》1995 年增刊）一文，站在党的十四届四中
全会把党的建设提到"新的伟大工程"的高度，
对其重大的现实意义和深远的历史意义进行了阐
述，认为这是中国共产党建设史上的又一次壮
举。卜广坡、彭启胜的《社会主义市场经济条件
下党的建设》（青海人民出版社，1995 年）一
书，对社会主义市场经济条件下党的建设重要
性、紧迫性、新变化、新要求及加强和改进新形
势下党的建设任务、方法、途径等进行了阐述。
并指出，社会主义市场经济的价值规律对党的建
设提出了新的要求和挑战，提出了市场经济越发
展，党的建设越是要加强，党的领导决不能缺
失。是全国较早研究市场经济背景下党的建设的
著作。汪增春的《谈理论在党的建设中的地位和
作用》（《青海师范大学学报》1996 年第 3 期）
和《论理论对党的建设的指导作用》（《长白学
刊》1996 年第 4 期）两文，论述了理论在党的
建设中的地位和作用，指出了党的理论建设的必
要性和紧迫性，要求进一步增强对党的理论建设
的重视程度。王霞的《邓小平对党的思想政治工
作理论的重大发展》（《攀登》1996 年增刊）一
文，新的历史时期，邓小平针对党和国家面临的
新情况、新问题，全面深刻地阐述了党的思想政
治工作，系统地总结了思想政治工作的经验教
训，提出了一系列思想政治工作的新观点。张进
德的《新时期机关党的建设概论》（青海人民出
版社，1998 年）一书，全面系统地论述了机关党
的建设的重要地位和指导思想和原则；机关党的
思想建设、组织建设和制度建设；机关党的纪律
检查工作、思想政治工作；等等。并对新时期机
关党的建设的基本任务、方法途径进行了阐述，
指出新时期机关党的建设必须坚持党的建设的基

本问题。曲青山的《邓小平民族理论与实践》
（青海省社科规划项目，1998 年）一文，论述了
邓小平民族理论的发展和演进过程以及具体实践
过程，分析了邓小平民族理论对于党的民族工作
的重要指导意义。宋健生的《认真学习十五大精
神　深入开展反腐败斗争》（《攀登》1998 年增
刊）一文，对 1997 年青海省纪检监察系统"学
习十五大、深入开展反腐败斗争"理论研讨会成
果进行了总结。孙传宝的《加强理论研究　促进
党风廉政》（《攀登》1998 年增刊）一文，展示
了青海省纪检监察系统"学习十五大、深入开展
反腐败斗争"理论研讨会的成果和观点；对新形
势下的反腐败斗争进行了深入的研究探讨。梁代
生的《国有企业党的建设始终要坚持工人阶级先
锋队性质》（《攀登》2000 年第 5 期）一文，认
为在现阶段，我国经济所有制结构、阶级关系、
企业经营方式以及党的任务都已发生重大变化。
但是，国有企业不能由此而动摇马克思主义的指
导地位，淡化党的政治职能，削弱工人阶级的基
础地位和主人翁作用。因此，国有企业党的建设
始终要坚持工人阶级先锋队性质，这样才能保证
党对以公有制为主体的国有企业的政治领导。王
霞的《共产党人最根本的价值取向》（《攀登》
2000 年第 4 期）一文，认为党是由工人阶级先锋
队性质决定的，也是共产党人最根本的价值取
向，只有全面加强党的建设，党才能实现、发
展、维护好最广大人民的根本利益。费雅君的
《对毛泽东与邓小平党建思想的比较研究》（《攀
登》2001 年增刊）一文，比较分析了毛泽东和
邓小平党建思想的异同以及特点，并指出了二者
在不同时期所发挥的特殊作用，进一步深化了广
大党员干部对毛泽东和邓小平党建思想的认识。
毛艳云、杨俊义、孙萍的《加强和改进新形势下
的机关党建工作》（《攀登》2003 年第 5 期）一
文，着眼于加强和改进机关党的建设，分析了新
形势下机关党建工作的地位及其面临的一些新问

题，并做了相应的对策探讨。王霞的《再论腐败现象滋长蔓延的根源》（《攀登》2003年第4期）一文，从分析经济体制和经济结构的双重转换、干部任用和管理体制上的弊端以及人民群众的有序参与不到位是腐败现象的滋长蔓延的基本成因入手，进一步对与腐败现象的滋长蔓延与社会转型、社会心理及体制等因素密切相关的一些问题进行了相应探讨。王霞的《邓小平对执政党建设理论的突出贡献》（《西藏发展论坛》2004年第6期）一文，紧紧围绕邓小平的党建理论进行了深入的分析，进一步指出了邓小平同志对于执政党建设理论的突出贡献。马学勤的《第三代领导集体对党的执政能力建设思想的重大贡献》（《攀登》2004年第5期）和《党的三代领导集体对中国特色社会主义道路的探索》（《青海民族学院学报》2005年第2期）两文，认为加强党的执政能力建设，是事关党和国家长治久安的带有全局性、根本性和长期性的重大课题。对党的第三代领导集体在创造性地实施党的建设新的伟大工程的实践中，对执政能力建设问题进行了锲而不舍的探索。对于走中国特色社会主义谦和道路，从根本上加强执政党能力建设，巩固党的执政地位，具有十分重大的意义。王霞的《党的执政能力建设的意义、内涵及途径》（《哈尔滨市委党校学报》2004年第6期）一文，认为加强党的执政能力建设，要以"三个代表"重要思想为指导，研究和解决执政中面临的重大问题，推进执政党理论和实践的创新；要以改革和完善党的领导方式和执政方式为着力点；要以提高党的各级组织和领导干部执政能力为重点；要以探索党的执政规律为基础。梁代生的《执政党与执政能力建设》（中国言实出版社，2004年）一书，以全面加强和改进党的建设、不断提高党的执政能力为课题，以推进党的建设新的伟大工程、全面建设小康社会、开创中国特色社会主义局面、深入学习贯彻党的十六大精神为目的，为建党83周年而编撰。全书从建设始终走在前列的执政党、执政党建设的指导方针、执政党建设的价值取向、执政党的执政基础建设、执政党的党内民主建设、执政党领导方式和执政方式、执政能力建设基本内涵、执政能力建设基本内容、执政能力建设等重要环节进行了论述。王霞、周永学的《新编党员理想信念教育》（民族出版社，2005年）一书，是配合保持共产党员先进性教育活动而编写的。该书以马列主义、毛泽东思想、邓小平理论和"三个代表"重要思想为指导，侧重就党员理想信念问题，从理论和实践上进行了论述，力求做到观点正确、立意新颖、内容系统、通俗易懂。既可以为从事党的理论研究和宣传工作者提供参考，又可以作为保持共产党员先进性教育活动的辅助读物。对基层党组织和广大党员进一步坚定共产主义理想和中国特色社会主义信念有所裨益。唐萍的《论党的先进性的理论品格与现实价值》［《青海师范大学学报》（哲学社会科学版）2005年第6期］一文，认为所谓理论品格是指先进性政党区别于其他政党的理论特性，也是一个先进政党得以存在的理论体现。这种理论体现是经过人们的努力将先进性理论转化为实践，从而体现出先进性的现实价值。王霞的《论提高党正确处理转型期人民内部矛盾的能力》（《哈尔滨市委党校学报》2007年第2期）一文，认为若要提高党正确处理转型期人民内部矛盾的能力，须提高党科学判断社会矛盾现状和形势的能力，提高党维护和实现社会公正的能力，提高党建立、健全化解人民内部矛盾动力机制的能力，提高党创造性地化解人民内部矛盾的能力，提高党做好新形势下群众思想政治工作的能力。费雅君、秦学勤的《十六大以来党的建设的理论创新》（《攀登》2007年第4期）一文，认为党的十六大以来，新一届中央领导集体在对世情、国情和党情进行准确把握的基础上，提出了以党的执政能力建设为重点，以党的先进性建设为主线，以党的制度建设为基础的加强党的建设的理论体系。这一马克思主义中国化的最新理论成果，对于全面推进新世纪新阶段中国特色社会主义的伟大实践，具有重大的现实意义和深远的历史意义。马学勤的《开创中国社会主义发展崭新道路的实践探索》（《攀登》2007 年第 5 期）一文，认为社会主义在当代中国焕发的勃勃生机，向世界证明了中国共产党人开创的中国特色社会主义发展道路的巨大成功。社会主义道路在中国的确立及其崭新实践，是中国共产党人在长期的实践中不断深化对社会主义建设规律的认识所取得的伟大成果。王霞的《中国共产党对先进性建设理论的创造性探索》（《中共福建省委党校学报》2007 年第 5 期）一文，认为政党先进性是考察一个政党在历史发展进程中历史合法性的主要指标，是党赖以生存和发展的内在基础，是巩固党的执政地位、实施党的领导的根本前提。从历史的向度分析了中国共产党对建设一个什么样的党、怎样建设党的核心问题做出创造性的探索。王霞的《论改革开放以来党风廉政建设和反腐败斗争的特点》（《哈尔滨市委党校学报》2008 年第 5 期）一文，认为推进党风廉政建设和反腐败斗争，是新形势下全面加强党的建设新的伟大工程的重要任务。把握改革开放以来党风廉政建设和反腐败斗争的特点及其发展脉络，以此深化我们党对廉政建设基本规律的研究。

党的自身建设研究。张伟、邓民宪的《民主集中制本质问题的认识论考察》（《攀登》1995 年增刊）一文，认为民主集中制作为无产阶级政党的根本组织原则和组织制度，这已是各国共产党的共识，并对民主集中制的本质问题论进行了论述。汪铭霞的《加强民主集中制　坚决维护中央权威》（《攀登》1995 年增刊）一文，认为维护中央权威是发展社会主义市场经济的迫切需要。我们党是以马列主义建党学说为指导，按照民主集中制原则建立起来的工人阶级先锋队组织，是一个有机的整体。党的中央领导集体必须要有权威，维护中央权威在保持全党团结和行动一致中具有十分重要的意义。孙传宝的《反腐败与马克思主义的"大道理"》（《攀登》1998 年增刊）一文，认为从严治党，把反腐败看作关系党和国家生死存亡的严重政治斗争是党的十五大的重要理论贡献之一。强调要铲除腐败滋生的土壤，使党能够在新时期担负起领导人民进行社会主义现代化建设的历史重任的三个"道理"。高昭平的《以江泽民"七一"讲话为指导　切实搞好干部教育培训工作》（《攀登》2001 年第 6 期）一文，紧密结合江泽民同志"七一"讲话，以党的干部教育培训为切入点，深刻论述了江泽民同志"七一"讲话的重大指导意义，并结合讲话提出了加强党员教育培训工作的具体要求。梁代生的《鞠躬尽瘁、死而后已的勤政品格》（《长春市委党校学报》2002 年第 3 期）一文，对鞠躬尽瘁、死而后已的勤政品格是中国共产党人对中国传统文化的继承和发展进行了阐述，成为激励和鞭策一代又一代的中国从政者，为了理想和事业执着地奉献自己的全部心血的动力。王霞的《经济全球化与执政党的现代化建设》（《哈尔滨市委党校学报》2002 年第 6 期）一文，结合经济全球化下世界格局的深刻变化和我们党面临的考验和挑战，指出必须进一步加强执政党现代化建设。论述了中国共产党在经济全球化形势下自身建设的重要性以及具体途径。费雅君的《发扬"两个务必"精神　增强党的拒腐防变能力》（《青海社会科学》2003 年第 4 期）一文，论述了毛泽东同志在党的七届二中全会上所提出的"两个务必"重要思想对于当前增强党的拒腐防变能力的现实意义和突出作用，要求广大党员干部进一步发扬"两个务必"精神，坚决抵制和杜绝任何腐败行为。胡杰的《完善农村民主政治建设的有效路径》（《攀登》2003 年增刊）一文，对当前农村基层民主政治建设中存在的问题进行了分析，提出协商式民主是完善农村基层民主政治建设的有效路径，并就协商式民主的制度安排进行了初步的理论探讨。梁代生、孟永华的《入党积极分子教育新读本》（中央党校出版社，2003年）一书，对马克思主义政党学说和中国共产党的基本理论、基本路线、基本知识进行了阐释。第一篇，政党概述。政党、政党制度。第二篇，中国共产党的光辉历程。只有共产党才能救中国，只有社会主义才能发展中国。第三篇，中国共产党的性质和历史使命。中国共产党性质的历史性概括、中国共产党的历史使命。第四篇，中国共产党的基本理论、路线、纲领、作风和纪律与时俱进。第五篇，党员条件、义务和权利。共产党员的条件及时代特征、共产党员的义务和权利、发展党员的手续和程序。第六篇，端正入党动机，加强思想修养，争取成为合格党员。费雅君的《坚持"立党为公，执政为民"必须心系群众》（《柴达木开发研究》2003年第6期）一文，结合党全心全意为人民服务的宗旨，指出当下必须坚持"立党为公，执政为民"和心系群众的有机统一。赵理真的《关于领导干部坚持立党为公、执政为民的研究》（青海省社会科学规划项目，2004年）一文，对"立党为公、执政为民"的理念进行了较为系统的研究。费雅君的《共产党员先进性的时代要求》（《青海社会科学》2005年第2期）一文，对党员的先进性进行了学理分析，并结合党中央的具体要求指出了中国共产党加强自身先进性建设的时代要求。高清的《对加强党的执政能力建设的几点思考》（《实事求是》2005年第2期）一文，认为党的执政能力建设是我党在执政经验方面进行科学总结得出的必然结论，是党勇于承担时代重任做出的重大举措。需要我们不断扩大党的群众基础，努力提高干部队伍素质，不断推进制度创新。薛红焰的《学习能力建设：党执政能力建设的重要历史经验和时代课题》（《兵团党校学报》2005

年第5期）一文，认为注重和善于学习是我们党发展壮大的一条历史经验，更是新时期加强党执政能力建设的时代要求。新形势下，学习能力建设，既要发挥我们党的传统优势，又要吸收现代学习理论成果，才能更好地担当起民族复兴的重任。费雅君的《对保持党员先进性长效机制的思考》（《上海党史与党建》2005年第6期）一文，深化了对党员先进性的研究，从机制入手确保党员时刻保持自身的先进性以适应不断变化发展的时代要求。费雅君的《对建立健全共产党员联系群众和服务群众长效机制的思考》（《攀登》2006年第1期）和《建立健全党员联系群众、服务群众长效机制的重要意义》（《上海党史与党建》2006年第2期）两文，以制度建设为切入点，论述了建立健全党员联系群众、服务群众长效机制的必要性，提出要以完善体制机制为重点，增强党员联系群众、服务群众的能力，对建立健全党员联系群众、服务群众的长效机制问题进行了初步探讨。李忠保等的《加强领导干部作风建设问题研究》（2006年的调研报告）一文，将领导干部作风建设同密切联系群众结合了起来，指出了当前加强领导干部作风建设的重要性，并分析了领导干部在作风建设方面存在的问题和具体改进的路径。费雅君的《"一把手"腐败成因及其治理对策》（《攀登》2008年第5期）一文，认为"一把手"的角色定位，使处于权力中心的领导干部面临着拒腐防变的严峻考验。适应新的时代特点，认真分析"一把手"腐败的成因，深入探讨"一把手"腐败的治理对策，对于保证权力的正确运行和加强干部队伍建设具有重要的现实意义。

"三个代表"重要思想研究。进入21世纪以后，随着"三个代表"重要思想的提出和党的建设科学化步伐的加快，青海省围绕"三个代表"重要思想展开的研究明显增多。李诸平的《"三个代表"是党的领导思想的精髓》（《攀登》

2001 年专刊）一文，运用唯物辩证法思想，从实践和理论上把"三个代表"重要思想，与中国共产党的领导思想统一起来。进一步深化了政党和人民群众相统一的党的领导活动主体论思想，揭示了领导活动的主体及其本质，指明了党的领导活动的方向，揭示了党的领导规律。何启林的《"三个代表"与党的统一战线》（《攀登》2002 年第 1 期）一文，认为"三个代表"的重要思想是对中国共产党八十年历史经验的新总结，也是对我们党领导统一战线历史经验的新总结。21 世纪，这一重要思想成为我们党在新的政治实践中领导统一战线的理论基础，成为进一步发挥统一战线作用的重要保证。费雅君的《落实"三个代表"重要思想必须把握的几个问题》（《青海学刊》2002 年第 4 期）一文，认为"三个代表"重要思想是我们党的立党之本，执政之基，力量之源，是建党治国的伟大纲领。落实"三个代表"重要思想，必须把握好走在时代前列、加强党的自身建设、全心全意为人民服务等问题。陈明福的《用"与时俱进"精神贯彻"三个代表"重要思想》（《青海师范大学学报》2003 年第 3 期）一文，认为"三个代表"重要思想是马克思主义与时俱进的创造性成果。正确认识与处理"与时俱进"与"三个代表"的关系，并用与时俱进的精神贯彻好"三个代表"重要思想，具有重要的时代意义与实践意义。张伟的《"三个代表"重要思想研究三题》（《青海社会科学》2003 年第 4 期）一文，指出党的十六大的一个历史性决策和历史性贡献，就是把"三个代表"重要思想确立为我们党长期坚持的指导思想。强调"用发展着的马克思主义指导新的实践"，而"三个代表"重要思想就是这种发展着的马克思主义。马学勤的《"三个代表"重要思想与中国共产党执政规律》（《攀登》2003 年第 6 期）一文，"三个代表"重要思想总结了党多年来的执政经验教训、认识和探索共产党执政规律的创新成果。深刻把握"三个代表"重要思想与中国共产党执政规律的关系问题，对于全面推进党的建设事业具有重大的现实意义和深远的历史意义。梁代生的《论"三个代表"重要思想的历史地位》（《攀登》2003 年增刊）一文，认为"三个代表"重要思想历史地位的确立并非偶然，而是对中国共产党执政 80 多年，特别是党的十三届四中全会以来党的执政经验的概括和总结，是对中国共产党执政规律、社会主义建设规律和人类社会发展规律认识深化的结果，是对马克思列宁主义、毛泽东思想和邓小平理论继承与发展的最新成果。王霞《试论"三个代表"重要思想的划时代意义》（《攀登》2003 年增刊）一文，认为"三个代表"重要思想深化了对人类社会发展规律和共产党执政规律的认识，揭示了共产党的本质属性，是党的先进性的时代体现。李诸平的《论"三个代表"重要思想蕴涵的领导文化创新》（《攀登》2003 年增刊）一文，认为"三个代表"重要思想是对马克思主义党建理论的丰富和发展，蕴含着对领导文化的创新。并从领导精神创新、领导价值观创新、领导形象创新三个方面进行了阐述。马晓红的《中国共产党代表先进文化的历史使命》（《攀登》2003 年增刊）一文，认为中国共产党始终代表中国先进文化的前进方向，是中国共产党自成立以来的一贯追求。而建设中国特色的社会主义先进文化，则是党在新的历史条件下的神圣使命。司卫国的《"三个代表"重要思想是中国特色社会主义理论的新发展》（《攀登》2004 年第 2 期）一文，认为"三个代表"重要思想作为一个科学体系，它紧紧围绕深化对中国特色社会主义的认识，以发展为主题，贯通哲学、政治经济学、科学社会主义等领域，涵盖经济、政治、文化、科技、教育、民族、军事、外交、统一战线、党的建设等各个方面。进一步丰富和发展了中国特色社会主义理论，把马克思主义中国化推向了新的发展阶段。

少数民族地区、藏区党建研究。苏宁、陈海云的《针对民族地区腐败滋生特点反腐倡廉》（《柴达木开发研究》2002年第1期）一文，指出随着社会主义市场经济体制的逐步建立和不断完善，党和各级人民政府也在不断加大反腐败力度，为经济建设和社会各项事业的发展保驾护航。但是腐败现象仍未得到有效遏制，从近年来查处的违纪违法案件的情况来看，青海民族地区反腐败形势依然十分严峻。这不能不引起我们的关注。梁代生的《西部少数民族居聚区党的执政能力建设研究》（中央文献出版社，2007年）一书，上篇对西部少数民族聚居区党的执政能力的建设进行了深入细致的研究，分析了西部少数民族区的特点和现状，归纳总结西部少数民族聚居区党的执政能力建设的历史沿革及基本经验；进一步提出了加强和改进西部少数民族聚居区党的执政能力建设的对策和建议。特别是对民族地区"党员信教"问题进行归纳、整理和分析。针对民族地区党的执政能力建设出现的新情况、新问题，提出了具体有针对性的见解。下篇对青海民族地区党的建设的基本经验与启示；青海民族地区执政能力建设和特殊性，面临的新情况、新问题；青海民族地区执政能力建设的途径；青海民族地区构建和谐社会等进行了详细的论述。马学勤的《民族地区党的先进性建设基础问题研究》（国家社科基金项目，2006年）一文，针对民族地区党的先进性建设的基础问题展开具体研究。在分析青海少数民族地区党员信教状况、主要特点、原因及其党员信教对民族地区党建工作的影响基础上，提出了解决的对策；就提高农牧区党员队伍素质问题，集中对从"内强素质"对党员素质提出新要求、农牧区党员素质现状及其原因、进一步提高农牧民党员素质的路径选择等方面进行了研究和探讨；就建立健全村级组织经费和村干部报酬保障机制问题，集中对村级组织运转经费和村干部报酬相关规定、达日县与海东地区村级组织经费和村干部报酬状况、建立健全村级组织经费和村干部报酬保障机制的建议等方面进行了研究和探讨。梁代生的《少数民族地区构建和谐社会——以青海为例对构建民族地区和谐社会的探析》（《中国社会科学院研究生院学报》2006年第6期）一文，指出构建民族地区和谐社会，是构建社会主义和谐社会的一个重要组成部分，以青海为例，准确理解和把握构建民族地区和谐社会的科学内涵、意义、特殊性，从民族地区的特点出发，探索构建民族地区和谐社会的实现途径，是落实党的十六届六中全会精神的重要任务。费雅君的《建立健全党内激励、关怀、帮扶机制研究》（国家社科基金项目，2008年）一文，对建立健全党内激励机制的意义、概念、原则、内容、方法等进行了较为系统的研究。把它作为以改革创新精神全面推进党的建设新的伟大工程中不可或缺的一个重要环节。指出建立健全党内激励、关怀、帮扶机制，是筑牢党组织发展根基、是党组织运行的润滑剂和助推器，对于加强基层党的建设，发挥党员先锋模范作用，推进党内民主，促进党内和谐，构建和谐社会起到积极作用。梁代生的《改革开放以来藏区党的建设基本经验及运用研究》（国家社科基金项目，2009年）一文，对改革开放以来藏区党的建设的基本经验进行了系统、全面的总结。对于党的建设的具体实践路径也进行了研究，指出其存在的一系列问题并提出了改进的措施，使得藏区党的建设的研究和认识进一步深化。马伟立的《少数民族地区州县党政领导班子和领导干部进一步提高执政能力问题研究》（青海省社科规划课题，2009年）一文，立足于少数民族地区实际，以州县领导班子和领导干部为研究对象，就其提高执政能力的问题做了研究和分析，指出了少数民族地区州县党政领导班子和领导干部在提高政治能力方面存在的问题，并进行了正反两方面的总结。

二、青海地方党的建设研究

青海省地方党的建设研究伴随着青海党建理论队伍的成长、壮大，研究成果越来越多，研究的深度和广度有了大的提升，特别是在研究民族地区和藏区党的建设上有了一定的优势，形成了一批独具青海特色和有较大影响力的成果。张嘉选的《解放思想、实事求是青海社会发展永恒的话题》（《改革　求实　创新——青海省纪念党的十一届三中全会 20 周年优秀论文集》，青海人民出版社，1998 年）一文，对解放思想、实事求是对于青海地方发展所起到的关键作用进行了深入的分析研究，指出青海省若要不断促进发展、融入全国、不断提升人民群众的生活水平就必须坚持解放思想、实事求是的思想路线。袁志平、王霞的《加强党的干部队伍道德建设是以德治国的关键——对我省党的干部队伍道德建设的调查与思考》（《青海学刊》2003 年第 6 期）一文，对青海回族、撒拉族、土族、藏族等少数民族聚居地区及西宁地区的一些省属机关实地调查并对各种资料进行历史比较和扬弃分析，从理论和实践相统一的角度进行研究，并提出对策措施。中共青海省委党校党史党建教研部课题组的《关于青海省少数民族地区加强党的执政能力建设的调查与思考》（《攀登》2005 年第 3 期）一文，分析了青海省民族地区党的执政能力建设的特殊性及面临的新情况、新问题，并就加强党在青海民族地区执政能力建设的主要途径进行了相应的思考与探讨，客观、真实地反映了青海党的执政能力建设的现状和所取得的经验教训。陈玮、马占彪、马学勤的《民族地区村级党组织改进领导方式的路径选择——对村民自治条件下青海省基层党建工作的调研》（《攀登》2005 年第 6 期）一文，以村民自治为切入点，深入分析和研究了青海省基层党建工作，指出民族地区村级党组织改进领导方式必须同村民自治有效结合起来，不断探索实践路径，在强化和推动村民自治的过程中

改进工作方法和领导路径，保障村民的切身利益。中共青海省纪委的《青海民族地区反腐倡廉制度建设研究》（青海省社会科学规划项目，2006 年）一文，对青海少数民族地区反腐倡廉制度建设的问题、成果都进行了深入的分析研究，并对制度建设在青海民族地区反腐倡廉建设方面的重要性和必要性做了充分的论述。骆惠宁的《新时期党的先进性建设的主要任务》（《青海省保持共产党员先进性教育活动与党的先进性建设理论研讨获奖论文集》2006 年）一文，认为党的先进性是关系马克思主义政党生存发展的根本性问题。加强先进性建设，是以胡锦涛同志为总书记的党中央科学认识新的历史条件下国际国内复杂形势，为全面推进党的建设新的伟大工程而提出的重大战略思想。加强先进性建设有着丰富的内涵，明确其主要任务，对于我们更好地把握先进性建设的要求，自觉地实践党的先进性，具有十分重要的意义。费雅君的《青海省建立健全保持共产党员先进性长效机制问题研究》（《青海省保持共产党员先进性教育活动与党的先进性建设理论研讨获奖论文集》2006 年）一文，认为加强制度建设、建立保持党员先进性长效机制是巩固和扩大先进性教育成果的客观需要，也是加强党的建设的内在要求。为此，省先教办长效机制专题研究组在全面调研的基础上，对全省党员队伍在保持先进性方面主要存在的问题，应当从哪些方面着手建立长效机制、如何建立长效机制等问题进行了深入研究和探讨。梁代生的《论党的先进性建设战略思想的主要特征》（《青海省保持共产党员先进性教育活动与党的先进性建设理论研讨获奖论文集》2006 年）一文，认为党的十六届四中全会以来，以胡锦涛同志为总书记的党中央鲜明地提出和深刻阐述了党的先进性建设的重大战略思想。深刻认识和把握这一重大战略思想的特征，对于执政党建设理论的创新和实践有着十分重要的意义。马学勤的《青海省社区党

建工作调研报告》（青海省社会科学规划项目，2006 年）一文，结合少数民族地区社区党的建设的实践进行理论总结、科学分析、现实研判，对存在的问题进一步剖析其产生的根源，进而提出有效的解决路径。王霞的《对西宁市非公有制经济组织党建工作的调查与思考》（《攀登》2006 年第 1 期）一文，分析了非公有制经济组织党的建设面临的问题有其复杂的根源。分析非公有制经济组织党的建设发展中的问题，探讨其原因，是为了更好地促进社会主义市场经济的发展，确保党对非公有制经济组织的正确领导。中共青海省委课题组、费雅君、魏守良、胡斌的《对青海省县级党政领导干部落实科学发展观的调查与思考》（《攀登》2006 年第 2 期）一文，从青海的实际出发，论述了落实科学发展观对各县党政领导干部提出的新要求，分析了其存在的问题和原因，并提出了相应的对策。武伟生、张伟、王霞、马学勤、梁代生的《关于青海省流动党员教育和管理问题的调查与思考》（《攀登》2007 年第 2 期）一文，从青海省近年来流动党员教育和管理工作的实际出发，分析青海省流动党员教育和管理工作呈现的新特点，总结青海省流动党员教育和管理的成功做法，并针对这一工作中存在的主要问题提出相应对策和建议，以期对流动党员教育和管理的规律性作一研究探索。梁代生的《改革开放与青海民族地区党的执政能力建设实践》（《攀登》2008 年第 6 期）一文，认为改革开放 30 年来，青海民族地区党的执政能力建设取得了长足的进步。通过回顾和总结青海民族地区党的执政能力建设的实践，提出在新的历史起点上不断加强青海民族地区党的执政能力建设，以改革创新精神闯出一条欠发达地区实践科学发展观的成功之路。唐萍的《青海藏区基层党建工作的调查与思考》（《青海社会科学》2010 年第 5 期）一文，围绕青海藏区基层党建工作这个重大的理论和实践命题，在实地调查的基础上，结合相关理论，解析了藏区基层党建工作中所取得的成绩以及凸显的问题，并对存在的问题做了进一步分析，提出了相应的工作思路及对策。

第五章　法学研究

1993—2010 年，是中国特色社会市场经济体制建立、发展和不断完善的时期，也是中国特色社会主义法律体系和法治体系建立、发展和不断完善的时期。随着"依法治国，建设社会主义法治国家"基本方略的提出，法治建设在推动经济社会发展中的作用不断提升。

法学研究在这一时期也进入繁荣和发展阶段。一批学术价值较高的学术专著和论文得以出版和发表，并带动了法学及部门相关学科的发展。据不完全统计，1993—2010 年，青海省共出版法学研究专著 30 多部，公开发表学术论文 2000 余篇，法学类国家社科基金项目有 11 项。这一时期，不仅研究成果数量较多，研究成果的质量和水平也在不断提高，出版了《检察程序概论》《商法学》《民族法学基础理论》《藏族部落习惯法研究丛书》《中国的法制和法制的中国》等一批高质量的法学著作，发表了《立法十年》《青海省预防青少年犯罪的战略与策略研究》《三江源自然保护区法律对策研究》《国家刑事制定法对少数民族刑事习惯法的渗透与整合——以藏族"赔命价"习惯法为视角》等多篇有一定影响力的论文和研究报告。法学研究领域进一步拓展，研究队伍不断壮大，相关学科开始出现研究能力和水平较高的理论研究者，刑法学、商法学、环境法学等学科成为青海法学研究领域的优势和特色学科。

第一节　法学理论研究

1992 年，党的十四大确立了我国经济体制改革的目标是建立社会主义市场经济体制，极大促进了法学理论研究。1993—2010 年，青海省法学理论研究渐趋活跃，其中，法学基础理论、宪法学、法制史等研究领域受到较多关注，产生了一批具有较高学术价值的研究成果。

一、法学基础理论研究

这一时期的法学理论研究，主要涉及马克思主义法学理论、中国特色社会主义法治思想、依法治国（省）理论、改革开放以来的法治建设、法律意识和法律信仰、民族法学基本理论、法的一般理论等方面的研究成果。

马克思主义法学研究。彭友锋的《恩格斯法律思想初探》（《攀登》1995 年第 6 期）一文，提出恩格斯的法律思想是科学社会主义史的重要组成部分，为马克思主义法律观做出了重大的理论贡献。学习和研究恩格斯的法律思想，对于全面系统、完整准确地掌握马克思主义，了解科学社会主义思想史，不断丰富、完善、发展马克思主义的科学理论体系，进一步加强社会主义民主和法制建设都有着十分重要的理论意义和实践意义。

中国特色社会主义法治思想研究。张致弟的《党的思想路线指引下的青海法学研究》（《改革　求实　创新——青海省纪念党的十一届三中全会20周年优秀论文集》，1998年）一文，认为改革开放20年来，青海的法学研究和其他工作一样，在党的解放思想、实事求是的思想路线指引下取得了很大成绩，在为加强民主法制建设服务中发挥了积极作用。周贤安的《邓小平法制思想与中国法文化现代化》（《青海学刊》2002年第4期）一文，认为邓小平法制思想是建设有中国特色的社会主义理论的重要组成部分，是邓小平在我国社会主义新的历史时期，关于国家法律和制度的理论观点、基本主张，初步系统回答了社会主义建设时期民主与法制、民主与专政、法制与经济、法制与社会稳定、执政党与法制建设等基本原则问题，是指导我国社会主义民主法制实践的重要理论基础，同时也是我国法制文化现代化的根本推动力量。

依法治国（省）理论及改革开放以来的法治建设研究。张立群的《谈谈加快依法治国进程》（《青海社会科学》1999年第6期）一文，认为为了使我国真正走上依法治国的道路，就应当从健全我国法律体系、树立现代法律意识等方面来推进依法治国的进程。靳国胜的《法治与德治：社会主义市场经济良性发展的基本条件》（《青海民族学院学报》2000年第3期）一文，认为社会主义市场经济是法制经济，需要运用法律来调控经济活动，但"法治"的强制性又决定了其局限性。因此，还必须加强道德建设，只有"法治"与"德治"相结合，才能为社会主义市场经

济健康有序的发展营造一个良好的环境。王佐龙的《论法治信仰》（《青海民族学院学报》2000年第4期）一文，区分了法治信仰与法律信仰的不同，认为教育是培植法治信仰的可选择手段，强调法治信仰的目的是要建立法治自由。马天山的《中国的法治和法治的中国》（中国人民公安大学出版社，2004年）一书，从文化传承、比较法、国际一体化等多角度对中国法治建设特色予以剖析，回答了中国进行法治建设首先应当在观念上必须明确的一些问题，探讨了检察改革与司法改革、现代法治理念、中国司法改革走势、刑事法治的历史与现实等重大现实问题。张继宗的《走向法治文明的三十年——改革开放以来我国法治建设的回顾与思考》（《青海社会科学》2008年第4期）一文，认为在改革开放三十年来中国法治建设的伟大历程中，中国实现了从人治到法制、又从法制到法治的不懈追求，在这一法治建设的过程中，我国法治建设的脚步并没有停止在对法治形式的简单追求之上，而是在推进法治的历史进程中，将法治文明作为三十年来法治建设的重要价值目标。从而使法治建设目标成为法治国家状态所体现的文明，并与物质文明、精神文明、政治文明、生态文明一并成为我国制度文明建设的追求目标，推动了中国法治建设的进程。乔军的《青海省法制研究报告——制度选择与社会法制》（青海人民出版社，2008年）一书，对青藏高原生态文明建设进行系统的法律思考，提出青海生态立省战略法治保障，同时对青海非公有制经济的法治环境也进行了研究。南杰·隆英强的《藏族聚居区稳定发展的法治思考》（《青海社会科学》2009年第6期）一文，分析了社会主义法治背景下影响民族地区构建和谐社会和阻碍藏族聚居区稳定发展的主要因素，并对民族地区的法制现状进行了反思，提出了构建藏族聚居区社会稳定发展的法治思路和对策，即以社会主义法治的核心思想指导解决藏族聚居

区稳定与发展中存在的主要矛盾；正确处理民族宗教关系，实现民族平等，推动藏族聚居区的和谐稳定与可持续发展；加快民主法治化进程，保障和促进藏族等民族地区的繁荣发展。

法律意识和法律信仰研究。王佐龙的《中国西部社会法律意识现状分析及现代培植》（《青海社会科学》2001 年第 3 期）一文，认为法律意识的提高是西部开发能够依法开发的关键，而西部法律意识的现代培植要从培养民情做起，以契约意识和生态意识的培养为重。韩官却加的《社会转型期青海蒙古族法律和信仰价值观的调查与分析》（《青海民族学院学报》2008 年第 2 期）一文，认为随着我国社会的快速发展，人们的价值观正在突破传统向现代转变，这无疑是一种进步，它代表了未来发展的总趋势。文章通过对社会转型期青海蒙古族法律和信仰价值观的调查，旨在了解其价值观变化的一些轨迹及影响价值观变化的主要因素。张立群、高永宏等的《青海世居少数民族公民法律素质调查与研究》（青海人民出版社，2010 年）一书，首次对青海世居的藏族、回族、土族、撒拉族和蒙古族五个世居少数民族公民法律素质进行田野调查，并将普法、民族区域自治制度、社会稳定、依法治省和法律在民族地区的实施等理论与少数民族公民法律素质相结合开展实证研究，以期为青海省的立法、执法、司法、普法、依法治省和民族地区的社会稳定等工作提供重要决策依据。

民族法学理论研究。何峰的《论藏族僧尼的法律地位》（《青海民族学院学报》1997 年第 2 期）一文，认为在"政教合一"制度下，僧尼（主要是上层僧侣）作为藏区三大领主的主要成员，不仅具有较高的社会地位，而且还受到传统法律的保护。该文着重剖析了藏族传统法律对僧尼的宗教特权、社会地位与经济利益的规定，及其产生的阶级根源和社会根源，指明了僧尼阶层在藏族社会中特殊的法律地位。额定其劳的《青

海蒙古族的村规民约》（《原生态民族文化学刊》2009 年第 2 期）一文，认为青海蒙古族的习惯法源远流长。村规民约的制定过程及其形式既有传统习惯法元素，也有当代特征。青海海西州乌兰县 S 乡 BK 村的村规民约在青海蒙古族中具有代表性。马连龙的《环境习惯法对少数民族地区环境法制建设的贡献——以青海果洛藏族自治州达日县和青海湟中县为例》（《江苏警官学院学报》2009 年第 6 期）一文，认为将民族环境习惯法与国家法进行衔接和融合，既是少数民族地方环境法制建设的需要，也是民族环境习惯法现代化的合理进路。具体而言，三江源地区环境习惯法可以成为国家环境立法的来源，并有助于环境法律的实施，同时能够弥补环境立法的空缺。高永宏的《青海世居少数民族习惯法的正向功能探析》（《青海社会科学》2010 年第 6 期）一文，认为青海世居少数民族习惯法分属藏传佛教信仰习惯法与伊斯兰教信仰习惯法两大体系，这些习惯法至今仍然发挥着一定的现实功能，对青海世居少数民族公民的心理与行为选择产生着深刻影响，进而影响到国家法在民族地区的实施。青海世居少数民族习惯法的正向功能分为规范功能和社会功能，前者包括指引、评价、教育、预测、强制等方面的功能，后者包括秩序维护、信仰维系、族群认同、文化传承、心理调适等方面的功能。

法的一般理论研究。赵喜平的《人性的假设对西方法治的影响》（《攀登》2003 年第 3 期）一文，通过对西方法律思想史中人性恶观念产生、发展历程及其对法治的影响之分析，阐明法治建设从终极意义上应建立在对人性合理的假设之上，才能有利于法治进程的推进。白广勇、袁洪华的《爱与法制文明的辩思》（《青海社会科学》2009 年第 4 期）一文，认为爱作为文明之母，是解读人类文明的一把钥匙。法制文明同样建立于人类之爱之上，是人类之爱发展的产物。爱与法制文明具有特殊的关系，法制既为人们提

供理性的爱的行为规范，又平等地和强制地将爱施与人们。爱与法制文明的发展是互动的过程，人类之爱的发展既是物质生产推动的结果又是被法制强迫的过程，法制的发展强化了人们之间的爱的联系；爱的发展也促进了法制文明的发展，使法制在整个人类共同体范围内建立起来。沈慧珍的《案例指导制度的必要性》（《青海社会科学》2009年第4期）一文，认为案例指导制度作为司法改革的一项措施，随着最高人民法院《人民法院第二个五年改革纲要》的颁布，备受人们关注。而2008年3月1日"许霆盗窃案"的重审，使人们对案例指导制度的反思走向深入。实行案例指导制度要以制定法为主、案例指导为辅，在不影响制定法作为主要法律渊源的前提下，借鉴判例法的一些具体做法。无论是从当前国际形势，还是从我国国内法治建设发展进程，均表明我国目前已经具备建立案例指导制度的必要性与可行性。实行案例指导制度，是我国法治建设提出的迫切需要，是一种能够体现中国特色并顺应世界两大法系逐渐融合发展大趋势的制度变革举措。张启飞的《浅析过错责任》（《法制与社会》2010年第5期）一文，认为过错是侵权责任法中的基本概念，但各国立法都未对其进行界定，因此有必要结合侵权责任法的发展趋势，透过心理学及法理学的不同视角，对过错概念进行深入的研究，从中抽象、归纳出过错概念的构成要素，对过错进行科学的界定。该文通过对过错的心理分析、过错的界定和对过错认定、过错推定及过错责任原则基本内容的阐述，提出了对过错责任原则的相关见解。

二、宪法学研究

宪法学研究，历来受到学者的重视。这一时期的宪法学研究成果，主要集中于宪法的一般理论、地方立法、地方法治建设以及维护社会和谐稳定等方面。

宪法的一般理论研究。张立群的《宪法至上是建设法治国家的核心》（《攀登》2000年第S1期）一文，指出宪法是国家的根本大法，具有最高的法律地位，在建设法治国家中处于核心地位，是一切组织和个人的根本活动准则，是制定普通法律的基础和依据，是实现法治国家的根本保障。周忠瑜的《李大钊宪政思想与中国近代社会》（红旗出版社，2005年）一书，重点对李大钊宪政思想进行剖析，指出"民彝"思想是李大钊宪政思想的基础，宪政与民主、自由、人权的关系是密不可分的。王作全、马天山等的《中国西部区域特征与法制统一性研究》（法律出版社，2009年）一书，指出西部由于文化样态的多元，国家法在实施中不可避免地遭遇尴尬，但法制统一能促使社会秩序化并使社会交往更富有效率，更有利于制度性资源间的协调及合理配置。因而，在多民族统一的中国更需要法制的统一。

地方立法研究。彭建华的《进一步加快民族法制建设》（《青海民族研究》1996年第4期）一文，针对民族区域自治法颁布实施以来，国务院实施自治法的办法尚未出台、5个自治区的自治条例均未颁布、改革开放过程中民族区域自治法在民族自治地方的贯彻落实面临重重困难、民族法制建设道路步履维艰的情况，指出在社会主义市场经济条件下，民族立法的重点必须转移到民族经济立法上来。陈光国的《论民族市场经济的法律调整》（《青海师范大学学报》1997年第2期）一文，认为民族地区一般地处偏远，自然条件较差，人口稀少，交通不便，信息不灵，教育不普及，故市场经济的发展仍然滞后。在这种情况下，只有通过立法制定与社会主义市场经济相适应的法律和制度，制定市场运行基本规则，调整市场关系，保证市场公平交易、平等竞争，形成正常的市场秩序，才能为民族市场提供法制条件，市场经济才能持续发展。吕庆端的《青海地方立法工作的思考》（《青海民族研究》1998年第 3 期）一文，认为为努力做好新形势下的地方立法工作，应加快地方立法步伐，认真贯彻党中央关于"加快立法工作，提高立法质量"的要求，使地方立法工作更好地服从并服务于党和国家的大局，为青海地方经济建设做出应有的贡献。孙崇凯的《青海环境与资源保护地方立法问题研究》（《青海民族学院学报》2009 年第 3 期）一文，认为青海省特别是三江源自然保护区的生态环境与我国环境、经济和社会的可持续发展有着至关重要的关系。三江源生态环境的恶化不断地拷问着青海的地方环境立法。由于青海是一个资源大省，对资源的地方性保护立法同样不可或缺。文章通过对青海环境与资源的地方立法现状进行分析，有针对性地提出立法建议，旨在为青海省的环境与资源保护立法提供参考。

法治建设及维护社会和谐稳定研究。李庆、马继军的《青海民族法治建设现状与对策》（《青海民族研究》1998 年第 2 期）一文，认为青海省是一个多民族的省份，如何运用法律调整民族关系、解决民族工作中的实际问题，对于发展青海省各少数民族的政治、经济、文化，促进各民族的共同繁荣，增进各民族的团结有着至关重要的作用。张立群的《关于青海法制建设问题的思考》（《攀登》2001 年第 3 期）一文，认为法能够保障社会的进步和促进经济的发展。青海既有自身的优势，又存在不足的方面。要使青海的经济和社会协调、稳定、健康、有序地发展，加强法制建设就成为必需的手段。马天山的《青海构建和谐社会法治问题研究》（《青海社会科学》2007 年第 4 期）一文，提出地方法治保障体系从属于国家法治建设，是国家法治体系的组成部分。青海构建和谐社会法治保障体系应以国家法律法规为主要内容，以地方性法规为必要补充，以构建和谐社会为出发点和归宿。马兰花、李文华、马俊祖的《构建和谐青海中的法制保障机制研究》（《青海民族学院学报》2007 年第 4 期）一文，指出构建和

谐青海，需要法制保障。文章分析了青海省现阶段法制建设中存在的问题，并提出了相应的建议。吴秀兰的《维护青海社会稳定的法治保障》（《青海师范大学学报》2010 年第 4 期）一文，认为由于青海特殊的地理位置，它的稳定对我国西南、西北乃至全国的稳定具有重要的意义，其境内有三江源和丰富的自然资源，这对我国未来可持续发展的作用不可低估。文章从维护青海稳定的重要意义出发，分析论证了影响青海社会稳定的诸种因素，并针对性地设计了维护青海社会稳定的法律保障制度。

三、法制史研究

法制的发展、变化、更替需要遵循一定的历史规律，知古而鉴今，对法制史的研究，有助于当代的法治建设。这一时期的法制史研究，主要包括中国古代法制史、近现代法制史、民族法制史等方面的内容，尤以少数民族法制史研究瞩目。

古代法制史研究。魏春艳的《董仲舒法律思想的宗教基因》（《青海民族学院学报》1995 年第 2 期）一文，从董仲舒有关法律思想与中国宗教观念的关系着眼，认为一代儒学大师董仲舒吸收中国传统宗教思想，大力宣扬君权神授、天人感应思想，步殷周以来巫觋的后尘，不仅以阴阳五行学说附会儒家经义，而且还将其改造成为熔冶神权、君权、父权、夫权于一炉的封建神学体系，为封建正统法律思想奠定了理论基础。刘启贵的《我国唐朝流放制度初探》（《青海社会科学》1998 年第 1 期）一文，指出自北魏将流放列入五刑后，唐朝进一步完善发展，在流放类型、对象、目的及执行方面形成了一整套比较完备的制度，成为中国封建社会流放制度的典范。魏道明的《中国古代遗嘱继承制度质疑》（《历史研究》2000 年第 6 期）一文，指出遗嘱继承制度的产生，以单纯的个人所有权的普遍化和血亲观念的相对淡化为前提条件，而中国古代不具备这些条件，因而中国古代不存在一般意义上的

遗嘱继承制度。中国古代的法律仅允许被继承人在"户绝"时适用遗嘱，有子时则必须实行法定继承，与普通意义上的遗嘱继承制度相去甚远；虽然古代史籍中有实行遗嘱继承的个别实例，但不能据此认为中国古代存在遗嘱继承制度。魏道明的《明代家族株连制度的发展——以充军为中心》（《第十一届明史国际学术讨论会论文集，2007 年 7 月》）一文，认为重视亲属团体的连带责任，是中国古代法律制度的重要特征，明代法律亦不例外。该文以充军为主线，概述了明代家族株连制度的发展、变化及其特征。

近现代法制史研究。杨榕的《试论抗日民主政权对人权的法律保障》（《青海师专学报》1995 年第 4 期）一文，认为长期以来，由于极"左"思想的影响，人们往往自觉或不自觉地将人权视为资产阶级的专利，认为只有资本主义才讲人权，从不谈社会主义人权。其实，人权既非资产阶级的专利，更非社会主义的异己物。早在抗日战争时期，中国共产党领导下的抗日民主政权就建立了比较完备的人权法律保障制度，并略述了抗日民主政权对人权的法律保障。

少数民族法制史研究。何峰的《〈番例〉——清王朝对青海藏区的特殊法律》（《青海社会科学》1997 年第 3 期）一文，对雍正十二年颁布的《番例》进行了挖掘和整理，提出《番例》是清政府统治青海藏族人民的单行法规，具有鲜明的特点。陈光国的《论清朝对藏区法制的立法思想和立法原则》（《青海社会科学》1997 年第 3 期）一文，指出清朝统治者入关后，为了巩固专制主义的中央集权制度，维护西部藏族地区的统治秩序，一方面引导农牧民崇信佛教，相信因果，一切听天由命；另一方面用残酷的刑罚镇压敢于反抗的劳动人民。文章认为，清朝前中期在这种礼法并用、宽猛相济的思想指导下，创立了维护满族统治者的优越地位、坚持法制统一、尊重宗教信仰、尊重风俗习惯、原则性与灵活性相结合等立法原则，开展了藏族地区的立法工作。旺希卓玛的《清代青海藏区的主要法律文本、产生年代、特点及历史影响》（《青海民族研究》2003 年第 1 期）一文，概括介绍了清代适用于青海藏区的各种法规、条例，论述了清代青海藏区法律的历史影响。何峰的《论吐蕃法律的渊源、形式和立法原则》（《中国藏学》2007 年第 1 期）一文，认为吐蕃法律有比较系统的立法原则，吐蕃法律的形成主要受到历史传统、佛教文化和外来民族文化的影响，吐蕃法律的形式主要是正规法律文件，赞普诏令、大臣政令等也具有法律效力，其形成一般经过起草、讨论、盖印、颁布等程序。那仁朝格图的《试述清朝对青海蒙藏民族地方的立法》[《内蒙古社会科学》（汉文版）2008 年第 1 期]一文，指出清朝在国家法制统一原则的前提下，对蒙古等民族地区采取了"因俗而治"和"众建而分其势"的统治政策。清朝平定青海后，自雍正初至末年，结合当地蒙藏民族风俗习惯，先后颁布了《青海善后事宜十三条》《禁约青海十二条》《西宁青海番夷成例》三个特别法规。三者互为配合、补充，成为清朝有效管理和统治青海地方的施政方针。华热·多杰的《藏族古代法新论》（中国政法大学出版社，2010 年）一书，以藏族历史上的法律文本和习惯法调查资料为依托，以基本法律概念、法律制度为切入点，主要分析论证了藏族古代法的历史渊源、发展规律、基本内容、文化特点和现实影响。

第二节　部门法学研究

进入 20 世纪 90 年代，中国法制建设迈入快车道。随着立法步伐的不断加快，一些重要的、起骨架作用的法律相继出台，对部门法的研究越来越受到学者们的关注和重视。这一时期的部门法学研究既重视基础理论研究，也关注应用对策研究，研究成果较多，相对集中于行政法学、刑法学、诉讼法学、民商法学、环境与资源法学等领域。

一、行政法学研究

这一时期的行政法研究，涵盖行政法制构建、依法行政、行政管理与行政行为、法治政府建设、行政法律意识等诸多领域。

行政法制构建研究。 20 世纪 90 年代至 21 世纪前 10 年，马怀德发表了一系列行政法方面的论文，出版了《行政许可》（中国政法大学出版社，1994 年）、《行政法制度建构与判例研究》（中国政法大学出版社，2000 年）等多部行政法研究方面的专著，主编了《行政诉讼原理》（法律出版社，2003 年）、《行政程序立法研究》（法律出版社，2005 年）等著作。其中，《行政处罚现状与立法建议》（《中国法学》1997 年第 3 期）一文，分析了我国行政许可制度在适用范围、实施机关、程序及监督等方面存在的问题，提出了尽快研究制定许可法的立法构想；《行政法制度建构与判例研究》一书，对行政许可、行政处罚、行政强制、行政程序、行政复议、行政诉讼以及国家赔偿等方面的制度建构进行了探讨，对行政法制发展过程中具有典型意义的行政诉讼、国家赔偿方面的判例进行了学理研究。孙玮的《行政许可制度本质的法理学思考》（《青海社会科学》2004 年第 4 期）一文，提出了行政许可制度的本质既不是"赋予权利"，也不是"禁止的解除"，而是政府为了维护公共利益依法对公民权利加以限制、制约的观点。才让塔的《行政立法与公民财产权的保护——从交强险的制定实施谈起》（《财产权与行政法保护》——中国法学会行政法学研究会 2007 年年会论文集）一文，指出行政法律规范是一系列法律、法规、规章的

总和，其中行政立法是首要的环节，它直接影响到行政相对人的合法权益。该文以交强险的制定实施对行政相对人的影响为视角，探讨行政立法对公民合法权益的影响，行政法应如何保护公民合法的财产权，完善行政立法的法治化，构建和谐社会。

依法行政研究。 张立群的《试论依法行政》（《青海社会科学》2000 年第 5 期）一文，论证了依法行政的必要性和重要性，分析了行政活动中存在的主要问题及其原因，提出了提高依法行政水平的对策建议。张继宗的《依法行政与营造良好投资环境》（《民族经济与社会发展》2001 年第 9 期）一文，提出要建立法治国家，力争提高依法行政的水平，应当完善社会主义法律体系，完善行政执法监督体系，提高执法人员的法律意识。

行政管理与行政行为研究。 汪春燕的《贯彻〈教师法〉加强教师的培养任用工作》（《青海民族学院学报》1996 年第 2 期）一文，认为《教育法》是我国教育的根本大法，是教育工作的母法，《教师法》是母法中的一个主要组成部分。《教育法》和《教师法》来之不易，颁布之后，关键在于贯彻实施。而要把贯彻实施工作搞好，就必须在实践中逐步学会以法治教，制定与之相配套的法律、法规、规章。马杰的《警察权力运行机制思考》（《青海社会科学》2008 年第 4 期）一文，指出如何构建适应社会主义市场经济发展的新的权力结构，打造规范合理而又科学有效的政治权力运行机制，是政治体制改革的一个重大问题。公安机关处于改革的风口浪尖，完善警察权力制约与监督机制，是建立行之有效的警察权力运行机制的关键。马天山的《青海民族性群体事件有效处置的法律问题研究》［《民族法学评论（第七卷）》，2011 年］一文，认为民族性群体事件具有引发原因不同、表现形式不同、危害后果与方式不同等特点。法律是有效处置民族性群体

事件的重要方式。要通过立法、执法等手段依法、有效、及时处置民族性群体事件。同时处置民族性群体事件，需要注意地方立法与国家相关立法的匹配、衔接，注意民族与宗教、宗教事件与分裂事件性质认定等问题。

法治政府建设研究。彭友锋的《国外廉政法制建设探析》（《攀登》1996 年第 4 期）一文，认为加强廉政建设、反对腐败是建立社会主义市场经济体制的必要条件和重要保证，也是关系改革事业成败、关系党和国家命运的大事。纵观国外廉政法制建设，其成功的经验，显著的特征，主要表现为：以廉政立法为基础，以道德自律为根本，以惩贪治腐为重点，以健全机构为条件，以强化监督为保障，形成了较为完整合理、协调有序、保障得力的廉政法制建设运行机制和体系。张立群的《规范行政许可行为与建设法治政府》（《青海师范大学学报》2007 年第 1 期）一文，认为行政许可法的颁布对于保护公民、法人和其他组织的合法权益，维护公共利益和社会秩序，保障和监督行政机关有效实施行政管理，推动政府进一步转变职能，加强廉政建设，促进社会主义市场经济的完善具有十分重要的作用。文章指出，行政许可法的出台将成为转变政府职能，改革行政管理体制的一个重要突破口，并提出了行政机关应当树立的几个观念。石长起的《论青海民族宗教问题及法制建设》（《法制与社会》2009 年第 6 期）一文，以党和国家的民族宗教政策和实践为基础，对青海省处理民族宗教问题应当坚持的观念及其法制建设提出了思考和建议。

行政法律意识研究。刘志坚、韩雪梅、韩林的《青海少数民族地区公民行政法律意识调查》（《青海社会科学》2005 年第 2 期）一文，介绍了对少数民族地区公众行政法的认知程度、行政法执行状况的评价以及在维护公民合法权益等方面的调查要求，分析了行政立法、执法等问题较

突出的领域行政法执行的现状，提出了更好地制定和执行行政法、保护公民合法权益、为西部大开发提供更好的法制环境、促进西部地区经济发展的建议。

二、刑法学研究

这一时期的刑法学研究，主要集中于犯罪学、藏族习惯法、刑事司法制度等方面。

犯罪学研究。张致弟的《浅谈毛泽东的具有中国特色的改造罪犯思想》（《青海社会科学》1993 年第 3 期）一文，对毛泽东同志关于劳动改造罪犯的思想和理论进行了总结。张致弟的《青海省预防青少年犯罪的战略与策略研究》（《青海社会科学》1999 年第 6 期）一文，对青海省青少年犯罪的现状及预防犯罪的态势进行了分析，提出了青海省预防青少年犯罪的战略目标、重点、方针及措施。星月的《青海省青少年犯罪问题思考》（《青海社会科学》2000 年第 6 期）一文，认为青少年犯罪是社会诸多矛盾消极因素的综合反映，青少年犯罪与吸毒贩毒和环境污染被并列为"三大社会公害"，已成为一个全球性的问题。在即将进入 21 世纪的今天，正视青少年犯罪的复杂性和艰巨性，继续探求完善预防和控制青少年犯罪的措施，制定科学的治理对策，仍然是我国面临的重要课题。张致弟的《青海省青少年犯罪研究》（青海人民出版社，2003 年）一书，共收录了 50 篇论文与调查报告，涉及相关研究工作的回顾与总结、犯罪与防治、毒品与犯罪、道德与指导性等几个领域。张致弟、马玉玲等的《改革开放以来青海省青少年犯罪分析》（《青少年犯罪问题》2003 年第 6 期）一文，分析了青海改革开放以来各个不同时期青少年犯罪的不同规律，提出了预防青少年犯罪的对策建议。李军梅、张致弟的《浅谈青海省预防青少年犯罪与小康社会建设》（《青海民族学院学报》2004 年第 2 期）一文，指出党的十六大以后，青海省经济得到加快发展，东西部差距不断缩小，

然而，青少年犯罪形势依然十分严峻，在一定程度上阻碍着当地小康社会的建设步伐。因此，必须要以人为本，不断提高青少年的素质，积极探索预防青少年犯罪的新途径，全面推进小康社会的发展。来君的《青海省女性犯罪的新态势及对策》（《青海民族学院学报》2000年第3期）一文，指出青海女性犯罪的增长率明显高于男性。文章对女性犯罪原因进行剖析，提出了遏制女性犯罪的几个有效途径。雷扬兰的《关于青海省监管改造藏族罪犯存在的问题及对策》（《青海民族学院学报》2002年第3期）一文，通过分析监狱实地调查数据，介绍了青海省藏族罪犯服刑改造中存在的实际问题，并提出了具体对策。沈凤英的《国家公职人员职务犯罪问题浅探》（《攀登》2007年第5期）一文，从分析职务犯罪的概念入手，进而阐述了职务犯罪的特点、原因，提出了预防和控制职务犯罪的对策和措施。丁玲的《构建和谐青海犯罪预防控制对策》（《四川警官高等专科学校学报》2007年第4期）一文，指出青海省正处于各种社会矛盾凸显、刑事犯罪高发和对敌斗争复杂的特殊时期，不稳定、不安全和不确定的因素日益增多，制约了和谐青海的构建。应切实转变执法观念，预防、打击、矫治并重；建立完备的犯罪防控与综合治理机制；坚持专门机关与群众路线相结合；将犯罪防控纳入城镇总体发展规划之中；提高居民防控城镇犯罪的素质；狠抓犯罪高发区域和高发性犯罪的预防控制；加强对各类犯罪的调查研究，准确把握犯罪新动向，在构建和谐青海中发挥应有的作用。丁玲的《构建和谐青海犯罪防控对策研究》（《青海社会科学》2009年第4期）一文，认为构建和谐社会是时代的主题。犯罪防控作为构建和谐社会的犯罪对策体系的重要组成部分，是解决犯罪问题的治本之策。文章从犯罪防控的内涵及其现代化的标识性特征，以及影响青海省社会稳定的主要因素和原因入手，深入探讨了犯罪防控体系的构建问题。霍启兴的《通过研究犯罪被害人构建预防犯罪的被害预防体系》（《青海社会科学》2009年第5期）一文，通过研究犯罪被害人的概念、特性等方面的问题，试图帮助解决如何更加深刻地理解犯罪这一社会现象，以期找到有效预防犯罪方法，从而达到预防犯罪的目的。

藏族习惯法中的刑事规范及其对国家刑事法律在藏区实施的影响研究。陈光国的《试论藏区部落习惯法中的刑法规范》（《西北民族学院学报》1997年第3期）一文，指出藏区部落习惯法中的刑法规范有其简朴性和地区性。文章对藏区习惯法中刑法规范的指导思想及其内容与特点进行了论述。张致弟的《新时期藏族赔命价方式及治理对策》［《青海民族学院学报》（社会科学版）1998年第4期］一文，指出赔命价是藏区（尤其是牧业区）长期遗留下来的一种对杀人案件的处理方式。虽曾一度产生积极作用，然而，随着社会发展也出现了一系列新的问题。该文对新时期赔命价问题做了探讨，并提出了治理对策。辛国祥、毛晓杰的《藏族赔命价习惯与刑事法律的冲突及立法对策》（《人大研究》1999年第8期）一文，对藏族赔命价习惯与我国现行刑事法律规范的冲突和加强地方立法等方面作了探讨，旨在促进社会主义法制在少数民族地区全面、正确实施和推动民族法学理论研究的深入发展。徐澄清的《关于"赔命价""赔血价"问题的法律思考和立法建议》［《青海民族学院学报》（社会科学版）2001年第1期］一文，认为由于"赔命价""赔血价"习惯法是长期形成的，对藏区影响较大，这对新中国的民主法制在藏区的建设带来了制约和影响。因此，一方面必须历史地看待它，研究它是什么，弄明白为什么及其危害后果；另一方面必须寻求正确的解决办法，坚持和维护社会主义法制统一的原则。苏永生的《国家刑事制定法对少数民族刑事习惯法的渗透与整合——以藏族"赔命价"习惯法为视角》（《法学研究》2007 年第 6 期）一文，认为由于少数民族刑事习惯法与国家刑事制定法遵循着不同的法理念，使得少数民族习惯法与国家制定法存在不可调和之处，但在补偿被害人、限制死刑和贯彻刑法的谦抑性等方面却发挥着国家刑事制定法难以发挥的作用。作者提出只有建立刑事和解制度，将少数民族犯罪纳入刑事和解的范围，才能为国家刑事制定法渗透与整合少数民族刑事习惯法提供有效途径。王佐龙的《藏区习惯法的新解读——从"赔命价"问题的分析介入》（《原生态民族文化学刊》2009 年第 3 期）一文，指出目前藏区习惯法处于一种对历史的继承性发展与从族际知识向区域文化扩张的态势，然而，对此缘由从"赔命价"等藏区习惯法规则本身的平面分析中显然难得其解，而应从民间规则的历史制度价值中去寻求其发挥作用的证据，以论证藏区习惯法在官方与民间的解纷思维中被继承、发展并在区域上文化扩张的必然性，同时通过与国家司法在解纷效率、社会效果上的比较之后对习惯法的价值肯定，以求对此做出新的解读。苏永生的《"赔命价"习惯法：从差异到契合——一个文化社会学的考察》（《中国刑事法杂志》2010 年第 7 期）一文，认为"赔命价"习惯法是藏族习惯法的重要组成部分。一方面，应当认清"赔命价"习惯法与国家刑事制定法冲突的真正原因；另一方面，应当通过刑事和解制度来实现刑事制定法对"赔命价"习惯法的规范化诱导。淡乐蓉的《藏族"赔命价"习惯法与日耳曼民族"赎罪金"制度的比较研究》（《中国藏学》2010 年第 1 期）一文，提出藏族"赔命价"习惯法与日耳曼民族"赎罪金"制度虽属不同宗教法律文化场域中的金钱损害赔偿制度，但其起源均出自宗教禁忌规则体系，其本质与当时其生活的精神环境和物质环境密不可分的观点。

刑法中的具体内容以及改革完善刑事司法制度研究。靳国胜的《罪刑法定原则在我国新刑法中的完善及其意义》[《青海师范大学学报》（哲学社会科学版）1998 年第 4 期]一文，指出修订后的新刑法顺应时代的要求，明确规定了罪刑法定原则，取消了类推适用，并对犯罪的概念、种类，各种犯罪的构成要件，刑罚的种类和适用条件，以及对各种犯罪的量刑幅度等，都做了具体的规定，对于完备刑事立法，强化司法和保障人权具有深远的意义。张立的《论危害环境罪与环境保护》[《青海民族学院学报》（社会科学版）1998 年第 4 期]一文，指出刑事责任已成为保护环境的必要辅助手段，我国新《刑法》专门规定了危害环境罪的罪名及刑罚，这将对打击环境犯罪行为、改善我国环境现状起到重要的作用。马兰花的《试论刑事责任的合理性》[《青海民族学院学报》（社会科学版）2000 年第 4 期]一文，以刑事责任的公正性为核心，从"设定""担负""适用"三个方面论证了刑事责任的合理性。朱玉坤的《新中国禁毒立法比较研究》（《青海社会科学》2001 年第 3 期）一文，指出新中国的禁毒立法主要是解放初期和改革开放以来两个不同的时期，由于斗争的形势与任务的不同，立法调整的范围、形式与内容等有较大的差异。苏永生的《浅析正当防卫的刑法机能》（《青海民族学院学报》2001 年第 2 期）一文，对刑法机能和正当防卫存在的合理根据进行了分析，认为正当防卫既体现了刑法的人权保障机能，又体现了刑法的社会保护机能。苏永生的《刑法生命力的文化内涵》（《青海师专学报》2002 年第 3 期）一文，认为深厚的文化基础是刑法的力量源泉之一。犯罪是社会反主流文化与主流文化严重冲突的表现；刑罚是社会主流文化限制和取缔反主流文化的表现形式之一。当代中国，犯罪是传统文化中的封建文化、计划经济模式下形成的文化、外来文化和亚文化与社会主义文化严重冲突的表现；刑罚是社会主义文化限制和取缔传统文化中的封建文化、计划经济模式下形成的文化和外来文化的表现形式之一。它们共同构成了当代中国刑法生命力的文化内涵。马天山的《严打政策的理论与实务》（中国检察出版社，2002年）一书，主要阐释了"严打"政策和该政策的历史发展、经验教训，以及在我国刑事政策中的地位。马兰花的《试论国际反洗钱立法》（《青海社会科学》2004年第5期）一文，提出国际反洗钱立法经历了一个范围扩张、内容趋于周全的过程，指出相比之下，中国刑法中的反洗钱规定仍处于一种萌芽状态。高永宏的《青海法律援助资源调配与整合研究》（《青海社会科学》2009年第5期）一文，指出法律援助资源是政府履行法律援助责任的基础和前提，青海法律援助资源供需状况总体上表现为供需失衡、供不应求，资源总量不足和局部浪费同时存在。通过科学合理的调配与整合，充分挖掘和利用现有社会资源，是缓解当前法律援助资源供需矛盾的有效途径。苏永生、马德的《社会危害性理论批判之初步反思》（《山东警察学院学报》2010年第5期）一文，指出近年来，社会危害性理论在我国受到了一部分学者极为严厉的批判。从犯罪概念、刑事法治、罪刑法定原则、犯罪构成、刑法解释以及违法性判断等基点看，对社会危害性理论的批判均值得反思。对社会危害性理论之批评性研究的反思，并不意味着不能对社会危害性理论进行批判。事实上，我国学者对社会危害性理论的批判，为完善社会危害性理论提供了一定的参照。

三、诉讼法学研究

这一时期的诉讼法学研究涵盖刑事诉讼、行政诉讼、民事诉讼等多领域，其中对民族地区刑事和解制度、环境公益诉讼制度等方面的研究与青海省情契合度较高，受到学界关注。

行政诉讼研究。赵成龙、王重杰的《浅谈行政赔偿诉讼的几个问题》（《青海社会科学》1995年第1期）一文，指出随着我国行政诉讼、国家赔偿制度的确立，人民法院受理的行政赔偿案件越来越多，审判实践迫切需要对行政赔偿诉讼的概念、性质、种类及提起的条件等问题予以明确，对行政赔偿诉讼在实践中存在的相关问题进行总结。文章对行政诉讼赔偿的概念、性质作了界定，分析了行政诉讼赔偿的性质，提出了行政诉讼赔偿案件的分类标准及提起诉讼的条件。

刑事诉讼研究。刘建霞、刘烨的《律师收集和运用刑事证据理论与实务》（中央民族出版社，2009年）一书，对律师收集刑事证据的特点和技巧进行了分析，重点对危害社会管理犯罪、侵犯人身权利犯罪、危害国家安全犯罪、侵财性犯罪及职务性犯罪的证据收集进行实证研究，并对庭审过程中律师的质证和举证做了理论探讨。谢靖的《侦查阶段律师参与刑事诉讼的几个问题》（《青海社会科学》1998年第2期）一文，认为侦查阶段是刑事诉讼的初始阶段，在侦查阶段律师参与刑事诉讼的问题解决得好，将为下一步辩护作用的发挥产生重大的影响，也对维护人权、提高诉讼质量具有很大的促进作用。王佐龙的《论刑事诉讼中的沉默权》（《青海民族学院学报》1999年第4期）一文，对我国确立沉默权制度的必要性及沉默权的范围、意义等问题做了初步探讨，同时从广义沉默权的角度对律师沉默权（不披露权利）、证人沉默权（拒绝作证）一并进行了讨论。高林友的《浅析刑事强制措施及其执行程序》（《攀登》2007年第4期）一文，指出司法机关在办理刑事案件中较好地执行了《刑事诉讼法》规定的刑事强制措施和办案程序，对于打击犯罪分子和社会稳定做出了贡献。但是，有些办案人员在执法中存在对刑事强制措施执行不力、违反办案程序的现象，严重影响了司法机关的形象。对此，该文对刑事强制措施及其执行问题做了必要的阐述。潘媛的《浅谈我国刑事证人保护制度》

（《攀登》2008 年第 5 期）一文，从建立证人保护制度的意义入手，对我国刑事证人保护的对象、机构以及相关程序和措施作了简要分析和论证。沈慧珍的《刑事和解制度的理论基础与适用范围》（《攀登》2008 年第 5 期）一文，以 2007 年年初广东省东莞市中级人民法院对一起抢劫致人死亡案件的刑事和解案例为切入点，就刑事和解的理论基础、案件适用范围、刑事和解的效果等问题提出一些质疑和思考。认为在实践中选择和构建刑事和解制度时，应当通过科学合理的制度设计来保证司法的公正性。

民事诉讼研究。宁兴海的《对民事诉讼质证制度的思考》（《青海民族学院学报》2002 年第 2 期）一文，认为我国目前在举证方面的立法、司法虽然已趋于完善，但质证与认证却被忽视，未能引起法学理论界的重视。因此，应加强对民事质证、认证制度的理论研究。文章在对质证的构造、质证程序及存在问题进行讨论的基础上，认为应亟待建设若干配套制度。王作全、苏永生的《论建立环境公益诉讼制度的法理机制》（《山东师范大学学报》2005 年第 5 期）一文，认为作为环境法基石范畴的环境权能否得到有效实现，从终极意义上讲，是环境问题能否得到有效解决的决定性因素。环境权的实现依仗于诉讼。环境公共利益所具有的不同于国家利益、个人利益和一般社会利益的特性，环境法的可诉性特征，以及当前关于环境公益诉讼的制度设计中诉讼主体和诉讼事实的广泛性特征构成了环境公益诉讼制度建立的法理机制。周洪亮的《对股东代表诉讼前置程序的思考》（《河南司法警官职业学院学报》2006 年第 4 期）一文，认为新《公司法》增设了股东代表诉讼制度，并且为了使该制度能发挥最大效应而对股东代表诉讼设置了前置程序。股东代表诉讼的前置程序有重要的制度价值，但是目前的法律规定还存在缺陷，需要在立法上予以完善。

四、民商法学研究

民商法研究是部门法学研究重要且基础的学科，民商法学在这个阶段受到许多学者的关注，研究领域较宽，涉及的内容比较多，成果较丰富。

（一）民法学研究

这一时期民法学研究范围相对较广，研究成果丰富。主要有对民法总则内容的研究，也有对物权法、债权法、亲属法、劳动和社会保障法的研究。

民法总则研究。陈晓筠的《隐私权初探》（《青海民族学院学报》2002 年第 1 期）一文，通过概述隐私权的产生、发展，对隐私权的概念进行了界定，并从利益平衡角度阐述了对隐私权的限制，提出了完善我国隐私权法律制度的相关建议。王刚的《自然人民事责任能力制度之反思与重构》（法律出版社，2009 年）一书，从概念分析入手，对各种理论进行梳理，厘清民事责任能力的理论，从比较法的角度考察各法系的价值，重塑中国民事责任能力的价值基础，在综合民事责任能力判定标准基础上，得出重构方案。

物权法和农村土地产权制度研究。陈晓筠的《论抵押权与留置权的竞合》（《青海师范大学学报》2000 年第 4 期）一文，对从学理上两种担保物权并存时谁优先受偿的问题进行分析比较，从探寻抵押权与留置权的竞合原因入手，最终提出建立一套原则上以不动产为标的物的抵押权，以动产为标的物的质权和留置权三者为内容的完善而标准的担保物权体系。马旭东的《试论约定担保物权的流通性》（《青海民族学院学报》2003 年第 4 期）提出构建适合市场经济需要的担保制度要有健全的行政机构办理登记；要有合理的强制执行程序以实现债权；要有市场经济诚实信用的基本论理以维护当事人的信赖；还要有学说与实务的协力，澄清解释运用上的疑义。乔军、李桂荣的《中国农地产权制度研究》（青海人民出版社，2006 年）一书，运用历史分析、比较分析、制度分析等方法，对农村土地产权制度进行了专门研究，探索了农地产权的基本理论，并就我国农地产权的变迁和世界各地农地产权变革做了分析，着重对农地所有权、农地承包经营权、农地流转权等制度进行分析，进而对农地产权制度改革提出建议：一是坚持农地的合有性质，强化农地的承包经营权；二是将农地所有权配置给村农民集体所有；三是改革农村行政管理体制。同时也对农地产权制度相关的户籍制度、养老保险制度、征地制度等进行了探讨。周洪亮、陈晓筠的《从"一户一宅"的视角探讨农村宅基地使用权取得》（《中国农业大学学报》2007年第1期）一文认为，农村因继承房屋而能否实际取得宅基地使用权需要具体分析，法律应该对宅基地使用权的取得与房屋建造之间规定一定的期限，并提出农村宅基地使用权的取得需要通过立法进一步完善。朱峰的《我国地下空间权法律制度的建立与完善》（《攀登》2008年第1期）一文，从地下空间权作为物权的合理性出发，提出构建适应我国现阶段发展实际的地下空间权法律制度。一是要转变立法体例，进一步明确地下空间权的法律地位；二是应修改完善规划法规体系；三是要建立地下空间权登记制度，明确权利的属性；四是要积极建立高效的组织管理体系。陈晓筠的《物权法热点问题研究》（青海人民出版社，2008年）一书，围绕物权法立法过程中的一些重大争论问题进行研究，以物权法各项制度的历史发展为脉络，通过比较研究，深入剖析了物权法律制度，主要包括不动产特权登记、物权请求权、不动产征收和征用、建筑物区分所有权、善意取得制度、土地承包经营权、建设用地使用权、宅基地使用权、典权、居住权、抵押权、占有与占有制度等内容。王刚的《农地权利救济制度之反思与重构》（《内蒙古农业大学学报》2008年第6期）一文，认为我国现有农地权利救济制度存在诸多缺陷和不足，未来农地权利救济制度应在现有救济制度的基础上创设农

地仲裁制度，并充分考量影响农地权利顺利实现之各种障碍性因素，构建以农民权益为本位，切实可行且多元化的救济模式。麻永萍的《论土地承包经营权的法律保护问题》（《攀登》2009年第4期）一文，探讨了如何保护土地征收中的土地承包经营权，并从完善土地承包经营权和制约土地征收权这两个角度提出了见解。

婚姻家庭和继承法研究。陈晓筠的《完善我国夫妻财产制的思考》（《青海民族学院学报》1997年第4期）一文，通过对我国现行夫妻财产制的内容及存在的问题进行分析，提出了立法上更符合国情与社会发展方向并指导司法实践活动的建议。绽小林的《伊斯兰继承法学及其法理思想刍议》（《青海民族学院学报》2001年第4期）一文，认为伊斯兰继承法学自始至终贯穿着伊斯兰文化，由于其理论源于《古兰经》明文具体而精确的客观标准，故其理论原则、基本概念和贯穿始终的主导法理思想几乎是恒定的观点。刘建霞的《婚内侵权损害赔偿制度建构之探析》（《攀登》2008年第6期）一文，认为应厘清婚内侵权损害赔偿责任与离婚损害赔偿责任，处理好请求权的竞合问题，明确婚内侵权损害赔偿行为的类型，把握适用条件，从而构建适合我国国情的婚内损害赔偿制度。

劳动和社会保障法研究。张继宗、娄海玲的《青海社会稳定与就业法律问题研究》（青海人民出版社，2005年）一文，分析了青海社会稳定与就业存在的法律问题，提出建立较为完善的就业与再就业的长效机制，不断健全和完善青海就业法律制度和促进稳定与就业的法治化建议。彭友锋的《关于完善我国劳权法律保障制度的基本思路》（《攀登》2005年第5期）一文，着重提出完善我国劳动合同制度和救济制度，改革劳动争议的构想，即完善劳动合同法律制度；改革劳动争议处理和救济制度；积极编纂具有中国特色的劳动法典。靳国胜的《试论就业歧视及其法律规

制》（《青海师范大学学报》2006 年第 2 期）一文，分析了我国当前用工实践中存在的就业歧视现象，反映出现行有关消除就业歧视方面的立法存在的局限性，提出保障劳动者平等就业机会的实现，应通过借鉴发达国家反就业歧视的立法经验，建立和完善适合我国国情的反就业歧视法律制度。张继宗、娄海玲的《青海省社会保障法律制度建设研究：以地方视角审视国家社会保障法律制度建设》（中国劳动社会保障出版社，2006年）一文，通过对青海社会保障法律制度建设现状的研究，提出构建青海社会保障法律制度首先要加快立法步伐；其次要建立青海社会保障法律制度体系建设；最后要加大司法保护力度。赵喜平的《我国社会结构的变迁与社会法的完善》（《攀登》2007 年第 6 期）一文，认为完善社会法，保障公民的社会权，对构建和谐社会具有重大而深远的理论和现实意义。高永宏的《改革开放三十年我国社会法立法的轨迹与启示》（《宁夏社会科学》2008 年第 5 期）一文，总结改革开放30 年来我国社会法的立法轨迹，并对社会法的含义作了界定，提出未来的社会法立法应更广泛地集中民智、民愿，更直接地体现民情、民意。

（二）商法学研究

商法学研究在这一时期十分活跃，研究内容涉及商法学总论、公司法、知识产权法等，研究成果丰富。

商法学总论研究。王作全的《商法学》（北京大学出版社，2003 年）一书，概述了商事法律关系、主要商事制度、商事救济等内容，并对公司法、证券法、票据法、保险法、海商法等部门法内容进行阐释，各章以章首语形式概括其主要内容，并对学术界相关的主要理论问题及不同观点以不同的形式作了概括，并在各章之后附有精选的典型案例，将理论与实际进行结合。彭友锋的《论商法诚信原则的地位、意义和内容》（《青海民族学院学报》2005 年第

2 期）一文，指出诚信原则是商法基本原则中不可或缺的重要内容，它与商法公平、安全、迅捷、效率等原则相依并存，共同发挥作用。同时它对商法的确立、践行、完善和发展具有重要的理论和现实意义。坚持诚信原则，打造信用经济是法治文明的必然要求与理性选择。乔军等的《对我国商事登记法律制度问题的探讨》（《攀登》2005 年第 3 期）一文，指出商事登记制度是国家登记主管机关依据法律对商事主体的设立、变更、终止资格进行确认的制度。提出要在总结商事登记实践经验的基础上，建立和完善我国的商事登记制度，以维护社会主义市场经济的正常秩序。

公司法研究。王作全的《股份公司法定代表人制度初探》（《青海民族学院学报》1999 年第 3 期）一文，分析了我国改革开放以来公司法中代表人制度的主要内容与特点，提出了我国公司法应从商品交易的重要性和企业法的自主性原则出发，设立比民法上的表见代理制适用范围更为广泛的表见代表制度。马芳的《关于企业兼并的立法思考》（《青海民族学院学报》1999 年第 4 期）一文，指出为了使企业兼并规范有序地进行，必须制定和完善相关的法律，建立起符合我国实际的企业兼并法律体系。张继宗的《我国公司法中公司法人治理结构存在的缺陷及其完善对策》（《柴达木开发研究》2000 年第 3 期）一文，指出完善我国公司法人治理结构需要国有股权的代表法定化；建立相关公司法人制度；完善董事会组成及其职能；强化监事会的监督力度。马旭东的《公司职工持股法律探析》（《青海民族学院学报》2000 年第 4 期）一文，就如何在规则设置上使职工持股更具完善性，进而充分实现其价值问题作了探讨。杜文艳、袁卫民的《独立董事在上市公司内部治理结构中的作用》（《青海师范大学学报》2002 年第 4 期）一文，提出通过改革和完善公司法中有关监事会的职能，使其与股

东大会、董事会、经理层协调运转、有效制衡，充分完善和发挥监事会的监督职能，才能使具有中国特色的公司内部治理机制充分发挥作用的观点。王作全的《试论日本股份公司董事对公司责任制度》（《环球法律评论》2003 年第 2 期）一文，对日本商法中较完整的董事责任机制进行介绍，并提出深入研究日本商法所确立的这种董事责任机制，对于完善我国公司法等相关法律制度具有十分重要的借鉴意义和参考价值。周继红的《青藏高原地区与东部发达地区区域经济合作的法律问题研究》（国家社科基金西部项目，2005年）一文，以青藏高原地区与东部发达地区区域经济合作为切入点，以法治化为视角，对青藏高原地区经济一体化的必然性、法律特征以及青藏高原地区与东部发达地区区域经济合作的若干法律问题进行了探讨，并提出青藏地区与东部发达地区区域经济合作立法的价值取向、模式选择、法律体系构建及主要制度安排等相关法律对策。牛丽云、兰措卓玛的《公司债权人保护之比较法研究》（《攀登》2008 年第 3 期）一文，通过分析债权人保护模式上的差异，认为新公司法对债权人的保护，既要有事前的预防措施，也应有事后的救济途径。王艳、吕波的《有限责任公司股权转让的相关法律问题》（《攀登》2008 年第 4 期）一文，以丰鹿公司修改公司章程为案例，认为公司法的章程应对股东转让其股权做出合理的规定，有限责任公司股权转让价格应当由受让双方协商一致后确定，必要时可以采用综合评估的方式确定股权转让的基准价格，引入市场机制转让股权。李莉娟的《简析上市公司独立董事与监事会并行的合理性》（《攀登》2008 年第 5 期）一文，就独立董事与监事会制度并行的问题作了探讨，期望二者在我国的公司内部治理中发挥应有的作用。李桂娥、黄国政的《股东资格确认的法律问题研究》（《攀登》2008 年第 6 期）一文，针对新《公司法》第 33 条确立的股东资格确认

标准，就实践中出现的股东资格确认问题，对股东资格确认应当遵循的原则、要件及证据的效力进行了阐述，并进一步提出解决股东资格确认问题的对策。孙崇凯的《论我国上市公司控股股东的义务和责任》（《青海师范大学学报》2010 年第 2 期）一文，针对我国证券市场存在的损害上市公司及中小股东利益的现象，从控股股东控制权私有收益理论出发，对控股股东侵权行为的法理进行分析，并对我国在加强控股股东义务和责任方面提出了相应的立法建议。王作全、马旭东、牛丽云的《公司利益相关者法律保护的实证分析》（法律出版社，2010 年）一书，在立足于股东利益化理论的基础上，借助利益相关者理论，提出保护各利益相关者利益的法律措施，实现利益的相对平衡。内容主要包括公司与公司制度的几个基本问题；公司制度演进中的利益相关者理论；公司理念变迁下的股东利益保护；公司职工权益保护；公司债权人利益的依赖保护；公司其他利益相关者的保护。

知识产权法研究。 张立群的《入世与我国知识产权的法律保护》（《青海师范大学学报》2001年第 2 期）一文，对于我国建立与国际发展趋势相协调的知识产权法律保护制度，提出增强知识产权保护意识，制定和完善政策措施，进一步完善和修改知识产权法律法规的建议。谢靖的《按照国际标准加强我国知识产权保护问题》（《青海社会科学》2003 年第 4 期）一文，提出必须重视知识产权的法律保护工作，按照国际标准规范知识产权各类市场秩序，大力推崇品牌战略，继续完善知识产权立法，推动政府职能转变的观点。薛成有的《完善我国驰名商标法律制度研究》（《青海社会科学》2010 年第 5 期）一文，提出有必要建立和完善驰名商标认定制度、驰名商标动态管理制度、第三方权利保护制度、司法认定和行政认定衔接制度、驰名商标权利人权利限制制度以及驰名商标认定后保护期限制度等观点。

五、环境与资源法学研究

由于青藏高原特殊的生态地位以及国家对环境与资源问题越来越重视，环境与资源保护法学作为青海一个新兴的部门法学，专家学者对此进行了梳理研究，并形成了许多研究成果。

（一）三江源生态环境保护研究

青海省作为三江之源，生态地位十分重要，这一时期主要是对三江源自然保护区生态保护立法、生物多样性的法律保障、生态补偿机制等内容进行研究。张立的《江河源生态环境保护与可持续发展之法律分析》（《青海民族学院学报》2001年第2期）一文，指出有的环境资源立法明显滞后于江河源地区生态环境保护建设，因此，必须加强立法，完善各种法律制度，走可持续发展之路。王佐龙等的《三江源自然保护区法律对策研究》（《青海民族学院学报》2002年第2期）一文，全面分析了保护区生态环境的现状及面临的法制困境、传统法律制度方面的缺陷等，并在此基础上提出了构筑自然保护区法律保障体系的基本理念、制度设计和立法构想。王作全、王佐龙等的《三江源区生物多样性保护与生态补偿法律制度之构建》（《青海社会科学》2005年第6期）一文，提出应合理构建相应的法律制度对三江源区生物多样性进行保护，应使生态补偿法治化、制度化的观点。王作全等的《三江源区生态环境保护法治化研究》（北京大学出版社，2007年）一书，对三江源区的地位及其生态环境价值进行了分析，并对三江源区生态环境保护法治化问题进行了认真梳理，提出将高原藏族生态法文化与生态环境保护法治化、三江源区生态法文化、生物多样性保护的民族习惯法等优良资源进行整合等法治化建议。张立的《生态补偿机制与农牧民权益的法律保障——以三江源自然保护区为视域》（《青海社会科学》2008年第5期）一文，指出不能在追求乃至实践重要生态区域外部经济性的同时忽视当地民众的生存与发展，应将

生态补偿问题寓于立法之中，逐步建立责权利相一致的规范有效的生态补偿机制。张立群的《对三江源地区生态补偿机制的法律探讨》（《青海师范大学学报》2008年第5期）一文，认为生态补偿作为一种环境资源保护的手段在三江源具有一定现实性。从法律角度上明确界定生态补偿的体制和机制是十分必要的。张立的《三江源自然保护区生态保护立法问题研究》（国家哲学社会科学基金项目，2006年）一文，对三江源自然保护区立法条件及立法的可行性进行了全面的分析，阐释了三江源自然保护区生态保护立法的目的、基本原则、立法模式与管理体制和制度体系设计。薛成有的《青海省生态系统保护法律问题研究》（青海省哲学社会科学规划项目，2008年）一文，对青海生态建设法治化进程中存在的生态法治理念滞后、生态保护地方立法不完备、法律运行不规范等问题进行了剖析，指出要树立区域生态系统综合管理理念、完善地方立法、规范行政执法、有效整合现行政策，以推进青海省生态系统法治保护的升级。

（二）循环经济发展的法律问题研究

随着青海柴达木循环经济试验区被列为全国首批循环经济试点产业园区，学者对青海发展循环经济的立法及法制建设等方面进行了深入研究。彭友锋的《论循环经济立法的新理念》[《水污染防治立法和循环经济立法研究——2005年全国环境资源法学研讨会论文集（第二册）》]一文，指出发展循环经济，关键在于树立全新的可持续发展理念，法律特别保障理念，主体多维理念，利益多元理念，责任至上理念。唯此，才能为构建和谐社会提供良好的法治保障。黄国政的《论循环经济与青海省牧区生态环境法制建设》[《水污染防治立法和循环经济立法研究——2005年全国环境资源法学研讨会论文集（第二册）》]一文，在对青海省的生态、经济、社会等诸多问题综合分析的基础上，提出发展绿色产

业，走循环经济道路，是实现青海省可持续发展的社会模式。张继宗的《柴达木发展循环经济的立法构想》（《青海社会科学》2006 年第 5 期）一文，从立法背景、立法现状、立法指导思想、立法目标、立法原则、立法特殊性、立法设想等方面对柴达木发展循环经济的立法问题做了宏观研究和思考。乔军的《对促进柴达木循环经济发展的立法思考》（《攀登》2008 年第 3 期）一文，指出发展柴达木循环经济是树立和落实科学发展观的根本要求，是提高经济质量和经济效益的重要措施，也是减轻环境污染和生态破坏的有效选择。张继宗的《茫崖盐湖资源的循环利用与法制保障》（《柴达木开发研究》2008 年第 1 期）一文，提出作为资源型地区，茫崖要实现本地区经济社会可持续发展，需要充分依托自身优势，积极推进循环经济发展。马芳的《柴达木循环经济试验区循环经济法律规制思考》（《青海师范大学学报》2010 年第 6 期）一文，指出发展循环经济是节约资源和保护环境的重要手段，柴达木循环经济试验区作为青海省循环经济的试点，更应认真研究其循环经济发展模式，努力构筑相关法律体系。张立的《柴达木循环经济法律规制相关问题探讨》（《青海民族研究》2010 年第 4 期）一文，指出在柴达木循环经济法律规制中，以环境友好的方式利用自然资源和环境容量，在经济活动中实现废弃物的生态化转向应是基本目标，而基本制度构建则是主要内容，同时应界定相关利益主体行为边界，明确其权利义务。杜文艳、杜文静的《循环经济地方配套立法研究——以柴达木国家循环经济试验区为例》（《理论学刊》2010 年第 10 期）一文，提出发展循环经济需要建构和完善相关法律的观点。

（三）资源开发与保护法治问题研究

随着西部大开发战略的实施，西部丰富的资源如何开发与保护成为学者关注的热点，尤其是法治在资源开发与保护中的作用问题成为这一时期研究的重点。周继红、王立明等的《西部地区资源开发利用中的法律问题》（《山东师范大学学报》2005 年第 6 期）一文，指出制度障碍已成为西部地区资源开发中的主要"瓶颈"。如何用法律的权威平衡环境利益和经济利益，并有效地建立和完善开发利用西部自然资源的法律机制，是西部资源开发和经济社会发展所必须要面对的现实。马莉萍、马天山等的《青海资源开发中的法治问题研究》（《青海社会科学》2006 年第 3 期）一文，指出青海资源开发中法治体系的构建取决于青海的区域特征和经济战略等因素。基本的法律制度、规范资源开发与利用的法律制度和规范对外开放的法律制度，构成青海资源开发与保护的法治体系。杜文艳的《论环境侵权损害赔偿》（《青海师范大学学报》2008 年第 5 期）一文，通过对环境侵权行为的特性、归责原则及其承担责任方式的分析，认为对于环境侵权行为应当坚持无过错责任的归责原则，在环境侵权损害赔偿制度中引入惩罚性赔偿责任，并通过区分过错的形态，将环境侵权的损害赔偿制度建立在补偿性的赔偿措施共同作用的基础上，以期实现对人类生存环境的有效保护。杨英、丁忠兵的《青海依法保护冬虫夏草资源的回顾与思考——以果洛州为例》（《青海社会科学》2009 年第 4 期）一文，在总结果洛州依法保护冬虫夏草资源经验、启示的基础上，提出要坚持依法行政，建立规范高效的资源保护管理监督体系，将冬虫夏草资源的保护纳入规范化、法制化轨道。

第三节　民族法学研究

青海是多民族聚居的地区，民族法学研究在　这一时期成为学者关注的重点和热点，也是青海法学研究成果较为丰硕的领域，研究内容比较全面，研究视角也较多元化，这一时期民族法学的研究主要集中在民族法学理论和少数民族习惯法两个方面，特别是对藏族习惯法的梳理和研究尤为突出。

一、民族法学理论研究

民族法学理论研究成果主要表现在基础理论和民族法律文化等方面。王佐龙的《民族法文化的本土化、多元化与国际化》（《青海民族学院学报》1999年第4期）一文，揭示了民族法文化本土化、多元化与国际化的时代特征，对法文化发展走向作了探讨，进而指出中国民族法文化与世界法文化接轨是中国实现法文化现代化的必由之路。马继军的《浅谈少数民族宗教信仰法律制度建设问题》（《青海民族研究》2001年第1期）一文，根据少数民族宗教信仰的实际，论述了少数民族宗教信仰法律制度的内容、原则、调整对象、方法和目的，提出管理宗教事务需要法制化的观点。马继军的《民族法学基础理论》（青海民族出版社，2002年）一书，全面概述和研究了民族法概念、调整对象的范围和形式、民族法律规范、民族法体系、民族法律关系、民族权利、民族法制的基本原则、立法及适用等方面的问题，并按照中国社会主义民族法的基本体系，全面概述、调整民族关系的民族法律制度在社会各个领域的建立和发展，以期构筑民族法学基础理论。华热·多杰、小林正典的《中国少数民族习惯法序论——以民族法制及其相关领域为中心》（《青海民族研究》2002年第1期）一文，提出在民族法制相关的领域，根据变通补充法律制度和"两少从宽"政策，并参考民族习惯法处理刑事案件的做法恰恰是为了实现民族法制的目的，即实现对民族关系的调整机能，从而产生具有中国特色的实事求是的法律政策。贾晞儒的《试论习惯法复旧的社会根由及对策》（《青海社会科学》2002年第2期）一文，指出习惯法的复旧

有深层的文化因素和社会心理因素，不能简单地采取行政命令，而应该从民族地区的实际出发，把经济发展放在一切工作的首位，大力发展民族文化教育事业，促进现代文化和藏族传统文化之间的相互交流、吸收和融合。华热·多杰的《关于藏区民间法文化现象的透析》（《青海民族学院学报》2004年第1期）一文，从民间法的视角，对历史上和现实生活中的藏族传统法律文化现象做了分析，认为民主改革前后藏族法文化的表现形式各具特色，因而其社会地位和对社会发生作用的方式也略有差异。只有正确认识，方能科学对待。何玲、格明的《完善的法制体系是构建民族地区和谐社会的基石——兼论民族宗教习惯法与国家法的互动》（《攀登》2005年第3期）一文，认为吸纳民族宗教法中的积极因素，形成完备而有效的民族地区的法律体系，对坚持国家法制的统一性、推动民族地区创建和谐社会至关重要。王佐龙的《西部社会民族法律文化研究》（中国民主法制出版社，2006年）一书，通过分析西部社会民族法律文化的形成、当代价值及个性特征，对西部民族地区民族法律文化资源进行理性梳理，提出西部社会的民族法律文化对社会的历史价值与预期价值，努力探寻与国家法的互动交点，从而为西部社会的法制现代化提供理论支持。淡乐蓉的《刍论民间法对法律方法的可能贡献》（《山东大学法律评论》，2007年）一文，从民间法作为国家法之外实存并运行于中国当下社会的规范或秩序的认识出发，探讨民间法与法律方法间的辩证关系，提出有关民间法在司法过程中法律方法的可能性贡献的思考。马天山的《中国民族地区法治统一的相关基础问题分析》（《民族法学评论》2009年第6期）一文，从民族地区共性问题入手，运用比较方法探讨和揭示了民族地区法治统一的理论基础。王佐龙的《民间社会的"私了"——以西部民族地区为视域》（《民族法学评论》2009年第6期）一文，提出

通过规范法学的技术，使"私了"这类民间规则从"经验合法性"上升至"规范合法性"，为国家法与民间法的软性融通提供智识贡献。

二、少数民族习惯法研究

这一时期对少数民族习惯法的研究取得了丰硕的成果，有对藏族习惯法进行深入研究的成果，也有对其他少数民族习惯法进行挖掘整理的成果。

（一）藏族习惯法研究

藏族习惯法研究是青海法学研究者比较关注的研究领域，研究内容也较丰富，形成了一批有特色的代表性成果。文格的《藏族习惯法在部分地区回潮的原因分析》（《青海民族研究》1999年第3期）一文，指出藏族习惯法在部分藏区回潮有其民族文化心理与社会经济方面的原因，但要充分认识习惯法回潮的负面效应，必须坚持社会主义现代法主导地位的观点。张济民的《藏族部落习惯法丛书》（青海人民出版社，2002年）一书，对藏族部落习惯法资料进行挖掘、整理、翻译并收集归纳了历史与现实案例，按现代法律的结构体系进行分析阐述，并依据国家法律、民族特点和社会发展实际，对习惯法的存、废、立、改提出了立法和司法建议，以期规范执法活动，维护民族地区的社会稳定。李明香的《果洛藏族部落习惯法浅议》（《西北民族大学学报》2004年第1期）一文，提出果洛藏族部落习惯法是在特定的文化"土壤"中孕育产生的，其内容十分广泛，且具有混合性、严厉性、简约性和任意性的特点。张继宗的《乡土社会中的传统与现代——藏区民间宗教、文化习俗背景下的生态法》（《青海社会科学》2005年第4期）一文，认为选择藏区生态环境保护的民间传统文化、习俗、制度作为研究对象，通过法律民间实施的过程，以期寻找法的民间根植与法治现代化的契合。甘措的《藏族法律文化研究》（青海人民出版社，2009年）一书，对藏族法律文化的概念和理论进行了论述，并分别从佛教戒律、藏族的语言文化、哲学观念及社会道德规范等方面对藏族不同历史时期的法律文化进行了研究，总结了藏族法律文化重要发展阶段的特点，提出藏族法律文化模式是一个独特的宗教性和道德性结合的法律文化模式。张继宗的《藏族文化生态与法律运行的适应性研究》（国家哲学社会科学基金项目，2009年）一文，以藏族文化生态为切入点，从法学和社会学的视野，考察法律这一社会规制在新的历史条件、不同地域、不同层次的制度化、规范化、定型化过程，尤其是对认知国家法与藏区社会实践的契合过程有着更为深入的研究。

（二）其他少数民族习惯法研究

这一时期，除了对藏族习惯法进行梳理和研究，对土族、撒拉族等其他少数民族习惯法的研究也取得了相应的成果。鄂崇荣的《关于土族习惯法及其变迁的调查与分析》（《青海民族学院学报》2005年第1期）一文，对土族习惯法的历史、现状进行了深入调查，并指出现今国家成文法是维护社会稳定、经济社会发展的保障，但土族习惯法在某些方面还在发挥着国家法难以替代的作用。马旭东、周忠瑜的《罗马法与伊斯兰法比较初探》（《青海民族研究》2005年第2期）一文，指出罗马法与伊斯兰法在现今都具有一定的生命力。重视伊斯兰法与罗马法的关系，能在一定程度上缓解西方法治一元化的进程。王佐龙的《撒拉族习惯法规范的当代运行》（《青海民族学院学报》2006年第3期）一文，提出以禁忌为核心的习惯法依然是当代撒拉族社会的基本行为范式，特别在解决纠纷、维护社会秩序等领域具有主导性和相当的可持续性。马旭东的《回族宗教信仰与社会和谐研究——以宗教习惯法与国家法的协调为主》（国家社科基金青年项目，2007年）一文，对回族民商事习惯法予以客观归纳和科学分析，总结了传统社会走向现代化的法治经验，为法制统一视角下回族民商事习惯法与国家法的协调提供新思路。才让塔的《少数民族非物质文化遗产保护法律制度》（国家社科基金项目，2008年）一文，以青海黄南热贡地区的少数民族非物质文化遗产为研究个案，通过对青藏高原的少数民族非物质文化遗产保护的研究，总结现有保护的方法、政策，提出在法律及其制度层面保护的机制和方法，为我国的非物质文化遗产保护打下良好的现实和制度基础。王刚的《伊斯兰继承制度的本土化及其对我国继承立法的启示》（《环球法律评论》2009年第3期）一文，指出本土化的回族、撒拉族继承习惯源于伊斯兰法却异化为颇具民族特色的继承习惯，我国继承立法应对少数民族继承制度合理部分予以借鉴吸收，以期推动少数民族地区法治化进程。王刚的《人口较少民族非物质文化遗产保护法律问题研究》（教育部人文社会科学项目，2010年）一文，通过对人口较少民族非物质文化遗产进行深入的学理辨析和实证研究，主张通过多种途径对人口较少民族非物质文化遗产相关问题予以整合，传承民族优秀文化和资源，加强对人口较少民族非物质文化遗产的法律保护，为国家和地方相关部门保护人口较少民族非物质文化遗产提供理论、政策和立法参考，同时为国家和地方提供具体立法建议。

第四节　地方法制建设研究

随着青海依法治省的进程明显加快，青海地方法制建设研究也进入繁荣发展时期，研究成果颇丰。这一时期地方法制建设研究主要围绕青海地方立法、民族区域自治制度、普法及依法治理等内容展开，并形成了一批有地方特色的法学研究成果。

一、地方立法研究

地方立法研究主要围绕特殊资源及民族自治地方立法等内容进行研究。彭友锋的《加强民族自治地方立法工作的思考》（《青海民族研究》1997年第4期）一文，认为加强地方立法工作要明确民族自治地方的立法指导思想，要坚持立法原则，要充分发挥民族自治地方的立法权和立法功能，健全立法组织机构，改革立法运行机制，实现民族自治地方的立法工作民主化、法制化、科学化。来君的《论地方民族立法》（《青海民族研究》1999年第2期）一文，认为宪法和民族区域自治法明确规定了民族自治地方有立法权。地方民族立法的核心是保证民族自治权的行使，是促进经济社会全面发展、完善区域自治制度的有效途径和法律保障。陈永进的《加强地方立法　保障青海经济发展》（《攀登》2000年增刊）一文，提出地方立法是《立法法》赋予我们的权力，青海省人大和各自治州、自治县必须运用自己的地方立法权，制定出适合本地区具体情况的地方性法规，以保障青海省经济发展。朱玉坤等的《论青海水资源立法体系的构建》（《青海社会科学》2004年第5期）一文，指出青海水资源立法要突出重点，有原则地进行规范，要增强水权意识，确立水资源的物权地位，健全水资源法律制度。张立群的《对青海民族自治地方立法工作的回顾与思考》（《2005—2006年青海蓝皮书》，青海人民出版社，2005年）一文，提出要注重强化民族自治地方的经济立法，保障民族自治地方各族群众的合法权益，以保护生态环境和资源开发为立法重点，立法中突出平等、团结、互助、和谐的社会主义民族关系的观点。孔庆晶的《浅谈我省的民族立法工作》［《青海民族学院学报》（社会科学版）2005年第3期］一文，指出民族立法既是宪法和法律赋予民族自治地方人大的一项重要职责，同时也是国家立法的重要补充和社会主义民主法制建设的重要内容。

因此，加强地方民族立法工作，不断提高立法质量，将有利于贯彻实施依法治国的基本方略，并为加快地方经济和社会发展提供法律保障。周继红、马旭东的《论青藏高原交通立法与权利保护》（《西北民族研究》2008年第3期）一文，以法治为视角，提出青藏高原交通发展要尊重所在区域传统文化，避免生态环境遭受破坏，保障失地农牧民的权益等观点。彭友锋、李莉等的《论青海高原旅游名省建设的法治保障问题》（《攀登》2009年第1期）一文，提出青海高原旅游名省的建设需要法治来做保障。立法是法治保障的基础，执法是关键，同时还应确立执法人员正确的价值目标，提高执法人员的综合素质。薛成有的《玉树灾后恢复重建中的主体法律问题》（《攀登》2010年第4期）一文，提出玉树地震灾后恢复重建中涉及许多法律问题，例如对地震后的受灾者、恢复重建者、志愿者等主体的认定以及权利保障问题。明确这些主体地位，是确立灾后恢复重建法律关系中的权利和义务的前提。何波的《论青海地方法规架构中的藏汉双语教育》（《青海社会科学》2010年第3期）一文，提出双语教育是民族教育的重要特征，是民族教育改革与发展的关键。在青海地方法规架构中，要以自治州自治条例为基础，以自治州藏语文工作条例、自治州义务教育条例为骨干，涉及藏汉双语教育的方方面面，尤其对双语教育的指导思想、基本原则、实施政策和双语教育的外部关系进行了规范，为双语教育的实施提供了法律制度保障。

二、普法与依法治理研究

随着普法和依法治省工作的开展，青海普法与依法治理研究也取得了丰硕的成果。钱应学的《依法治省概论》（青海人民出版社，1999年）一书，比较全面系统地论述了依法治国的本质、内涵、意义，依法治省的指导思想、原则、内容，加强和完善地方立法，依法行政，公正司

法，建立法制约机制，建设高素质法治队伍，加强精神文明建设，加强党的领导，提高全民法制意识，改善和加强法律服务，积极推进依法治理等理论。彭友锋的《依法治省显著特征之我见》（《攀登》1999年第3期）一文，提出依法治省作为依法治国的重大举措和具体实践活动，既具有地方法制建设的基础性、层次性、多样性、两重性等基本特征，同时也具有自身的显著特征的观点。张继宗的《青海省四五普法依法治理工作研究》（《2005—2006年青海蓝皮书》，青海人民出版社，2005年）一文，指出发展和创新普法工作，深入推进依法治理进程，进一步提升公民的法律素质，增强公民的法律意识，满足公民的法律需求，为建设和谐青海、平安青海提供更加有力的法治保障和环境。高永宏的《青海省社会治安综合治理工作法制化问题探析》（《攀登》2005年第2期）一文，指出将社会治安综合治理工作纳入法制化轨道，建立与社会主义市场经济、民主政治相适应的社会管理长效机制，是社会治安综合治理工作未来发展的根本趋势。张立群、娄海玲的《社会治安综合治理——平安青海建设》（《2006—2007年青海蓝皮书》，青海人民出版社，2006年）一文，提出加强社会治安综合治理工作，既是构建和谐青海的重要内容和基本目标，也是"平安青海"建设的重要基础和保障的观点。

三、民族法制建设研究

青海多民族聚集，民族自治地方面积大，民族法制建设研究成果多为民族区域自治制度在青海贯彻实施的评价研究。马继军的《青海省民族乡贯彻〈民族乡行政工作条例〉调查》（《青海民族研究》1997年第4期）一文，提出按照宪法和民族区域自治法的精神以及《民族乡行政工作条例》的规定，根据民族乡的实际应制定出台之有效的优惠政策，要进一步加强民族法律法规的宣传教育，保障散杂居少数民族的平等权利。关

桂霞的《青海省实施民族区域自治法存在的问题及对策》（《青海民族学院学报》1998年第4期）一文，指出要重视民族法制建设，加强民族立法工作，要抓准立法重点，拓宽立法思路，充分行使好法律赋予的立法自治权，使其真正成为民族区域自治制度健康发展的法律保障。淡乐蓉的《关于建立和完善我国民族法监督机制的思考》[《青海民族学院学报》（社会科学版）2001年第2期]一文，通过对民族法监督机制的分析，揭示出我国民族法监督机制中存在的弊病，提出加强民族法制教育，提高人们的民族法监督意识，健全完善民族法监督机制立法，使之成为一个有序的良性运行体系。杨虎德、张钟月的《关于进一步完善民族区域自治制度的思考》（《青海民族学院学报》2007年第4期）一文，提出要认真贯彻落实民族区域自治法，给予民族自治地方充分的自主权，提高自治机关的自治能力，让自治地方制定一整套适合于民族地区的特殊灵活的政策措施，从而充分落实自治权。娄海玲的《改革开放以来青海民族法制建设的回顾与思考》（《青海社会科学》2008年第5期）一文，提出加快民族法制建设步伐，必须要制定和完善自治地方民族特色的法律，立法重心应当向民族经济立法倾斜，提高民族法律意识，加强民族法律法规的普及和宣传教育，重视和加强民族法制理论研究。张立群的《青海省"法律进宗教活动场所"调查报告》（《青海民族学院学报》2009年第2期）一文，对新形势下如何进一步树立宗教教职人员的法律意识，将宗教活动纳入法治轨道等进行深入分析，并对完善宗教事务的依法管理，促进青海省的宗教和普法工作提出了可操作性的建议。绽小林的《民族区域自治制度中国化实践历程考察》（《青海社会科学》2010年第2期）一文，指出中国民族区域自治理论突出表现在民族地区建立政权、民族聚居区建立自治权力机关的模式、自治机关干部民族化、帮助少数民族地区发展经济和文化等方面，是马克思主义民族区域自治理论中国化进程中的切合中国实际的创新典范。

第六章　社会学研究

20世纪90年代以来，在改革开放和西部大开发战略的推动下，青海社会经历着从传统社会向现代社会、农业社会向工业社会转型的过程，经历着从计划经济体制向社会主义市场经济体制转轨的过程。在这一历史巨变过程中，最直接的变化体现在青海社会领域的方方面面，许多新的社会问题也随之不断涌现。这些变化及问题成为青海社会学研究和关注的重点领域和重要方向。

伴随社会转型和经济转轨的过程，青海社会学研究也进入了一个全新发展的时期，专业化程度不断加深，理论深度亦愈渐提高，各个学科开始更加积极地接受、运用社会学理论及其方法，环境社会学、法社会学、民族社会学、宗教社会学、家庭社会学、性别社会学等分支学科逐步得到发展。1993—2010年，青海社会学研究成果喜人，省级以上刊物公开发表学术论文500余篇，出版专著十多部，应用社会学国家社科基金项目有18项。在社会学研究领域不断拓展和数量持续增多的同时，研究成果的质量也在逐步提升。先后出版了《中国妇女社会地位调查（青海卷）》《青海社会文论》《走进毒品王国》等一批高质量的研究专著，发表和完成了《青海省城镇各社会阶层状况调研报告》《人口可持续发展与青海省农村反贫困问题研究》《循化县水库移民现存问题及对策建议》《对民族地区突发公共事件应急管理机制的认识》《青海藏族自治地区社会稳定研究》《西部地区贫困与反贫困研究》《青藏地区基层宗教组织与社会稳定的社会学研究》《明清民国时期甘青藏传佛教寺院与地方社会发展》等多篇有一定影响力的学术论文和调研报告。这些研究成果从理论和应用两个方面对青海社会问题进行了深入研究，提出了一系列具有理论价值和现实价值的学术观点和较强应用性的对策建议，丰富了全省社会学研究的内涵。

第一节　社会保障研究

党的十六大以来，全社会高度重视社会建设，特别是在改善民生等方面取得了较大进展，迈出了新步伐。为此，青海社会学界围绕建立健全社会保障体系、完善社会保障制度等问题进行了深入研究。尤其在社会保障制度体系、养老保险、医疗保险、社会救助等方面，产生了一批结合青海城镇、农牧区实际的研究成果。

一、社会保障制度研究

社会保障既是经济社会发展的"推进器",也是维护百姓切身利益的"托底机制"和维护社会安全的"稳定器",专家学者就社会保障制度的建立与完善进行了系统研究。

社会保障制度体系研究。郭霞、金红的《青海社会保障体系建设问题研究》(《青海统计》2003年第7期)一文,从青海省社会保障制度的现状和存在的问题入手,对如何完善社会保障制度进行了探讨并提出相应的对策。王兰英的《进一步完善青海城镇社会保障体系》(《青海社会科学》2004年第4期)一文,认为青海省应根据自身特点,进一步完善与市场经济体制相适应的城镇社会保障体系。王黎明的《建立和完善青海省社会保障体系的思路与对策》(《青海社会科学》2007年第5期)一文,结合青海省社会保障的实际问题,提出了青海省建立社会保障体系的基本思路。李凤荣的《青海省统筹城乡社会保障体系思路探讨》(《地方财政研究》2009年第8期)和《统筹城乡的青海省社会保障体系建设研究》(《财会研究》2010年第11期)两文,认为统筹建立适合青海省情的城乡社会保障体系,既是青海经济与社会发展的重大战略问题,也是构建和谐青海、全面建设小康社会的重要标志。该文在审视现行社会保障制度的基础上,着眼城乡统筹,从青海经济社会发展的实际出发,提出了社会保障体系建设的政策建议。

社会保障制度研究。苟全德、孙玉库的《海西社会保障制度现状与对策》(《柴达木开发研究》1997年第5期)一文,对海西社会保障制度现状进行了分析,并提出了相应对策。梁红旗的《浅谈财政在社会保障中的地位》(《青海社会科学》1999年第4期)一文,认为在建立适应社会主义市场经济要求的社会保障制度过程中,财政要发挥作用。徐建龙的《青海省财政社保问题研究》(《青海社会科学》2003年第2期)

一文,认为青海省财政社会保障负担重是支出与收入两方面因素综合造成的,进而针对财政社保工作存在的问题提出了解决个人账户的"空账"问题、建立对州县财政社保工作的激励约束机制、从基金调剂制改革为统收统支制等对策建议。高慧荣的《关于建立和完善青海社会保障制度的思考》(《青海师范大学学报》2008年第4期)一文,认为青海社会保障制度建设中存在经济发展总体水平滞后、绝对贫困人口多、社会保障的财政支持能力弱、社会保障水平较低、社会保障覆盖面窄、社会保障制度不够完善等问题,只有通过建立"低水平、广覆盖、多层次"的社会保障体系、建立多样化的社会保障模式、建立完善的社会保障管理体制、加快社会保障立法工作、构建既公平又有效率的社会保障制度等措施,才能逐步加以改善。孙萍、李永龙的《对青海非公有制企业社会保障和劳动关系的调查与思考》(《攀登》2008年第3期)一文,提出了新时期青海非公有制企业的社会保障和劳动关系问题的对策建议。党周才让、佛秀芳的《完善黄南州社会保障制度刍议》(《攀登》2009年第6期)一文,就完善黄南州社会保障制度提出了对策建议。

农村农民社会保障制度研究。李顺义的《浅议农村社会保障制度的建立与完善》(《攀登》2002年第5期)一文,认为农村社会保障制度是我国社会保障制度的重要组成部分,分析了目前我国农村社会保障的现状与存在的问题,提出了建立与完善农村社会保障的建议。魏有玲、王青娟的《青海失地农民就业和社会保障问题思考》(《青海社会科学》2006年第1期)一文,分析了青海失地农民就业和社会保障存在的问题和解决的难点,提出了相应的对策建议。刘晓平的《青海省城市化进程中的失地农民及其保障》(《攀登》2006年第5期)一文,对青海省城市化进程中失地农民社会保障提出了一些建议。方洁的《农村社会保障：和谐社会的基本命题》（《青海社会科学》2007年第4期）一文，对农村社会保障的必要性、现状、问题及对策进行了探讨。张平、姚红义的《完善青海农村最低生活保障制度的思路与对策》（《青海师大学报》2008年第3期）一文，认为农村最低生活保障制度在青海存在覆盖面窄、分档次补助标准难以操作、农牧民家庭年人均收入难以测算、低保对象难以界定等问题，提出了相应的对策与解决思路。王改平的《完善青海省农牧区社会保障制度促进社会和谐发展》（《攀登》2008年第4期）一文，就切实解决青海省农牧区社会保障制度中存在的问题，提出了相应的对策。石德生的《福利社会学视域中的农村养老状况与体系建设——以青海省都兰县察汗乌苏镇为例》（《青海社会科学》2009年第1期）一文，通过对青海省都兰县察汗乌苏镇农村养老状况的调查分析，阐述了建立集养老福利、保障、保险于一体的农村养老体系构想。张迎春的《基于青海农村劳动力转移视角下的社会保障制度探析》（《经济师》2009年第8期）一文，从青海省农村劳动力转移中的制度缺失入手，结合农村劳动力转移中的主要特征，就农村社会保障面临的问题做出了对策性的探讨。沈有梓、任善英的《青海农村剩余劳动力转移的社会保障问题分析》（《商场现代化》2009年第22期）一文，对农村剩余劳动力的社会保障问题进行了分析探讨。姜玉琴的《浅谈青海省农牧区社会保障问题》（《科技创新导报》2010年第32期）一文，提出了完善农村最低生活保障制度、解决青海省农牧区社会保障制度的思路和建议。

二、社会保险制度研究

关注民生是构建和谐社会的首要问题，自20世纪90年代以来，青海社会学界主要就人民群众最关心的养老保险和医疗保险等社会保险问题进行了研究，产生了一批有代表性的研究成果。

养老保险制度研究。严琼的《青海省社会保险事业发展刍议》（《青海金融》1994年第8期）一文，以全省养老和失业保险的现状和问题为线索，探讨发展青海省社会保险的思路。史绍文的《关于完善我国城镇企业职工养老保险制度问题的探讨》（《青海金融》1996年第7期）一文，对如何完善我国城镇企业职工养老保险制度问题进行了探讨。于富强的《青海企业职工社会养老保险制度改革问题初探》（《攀登》1999年第5期）一文，认为深化养老保险制度改革和完善社会养老保险制度是青海省经济发展的客观要求，总体上要结合省情，突破传统国有企业养老保险模式的界限，以建立全方位的养老保险制度为目标，分步骤扩大覆盖面，增加保险层次，建立多层次的养老保险体系。王千兰的《青海省实施养老保险制度的思考》（《青海统计》2000年第3期）一文，针对青海省实施养老保险制度的现状和存在的问题，提出加快社会保障立法建设，扩大社会养老保险覆盖面，积极筹集社会养老保险资金并保证及时收缴到位等对策措施。苏全仁的《对青海省企业基本养老保险制度改革中几个重要问题的探讨》（《青海大学学报》2001年第3期）一文，针对青海省企业养老保险制度改革的现状，对基本养老保险制度改革中的几个重要问题进行了探讨，并提出了相应对策。刘亚宁、董丽娟、赵衍亮的《对青海省农业保险情况的调查报告》（《青海金融》2005年第1期）一文，对推进青海省开展农业保险和农村养老医疗保险初步形成了政策建议。高永宏的《青海个体私营企业社会保险体系建设的现状、问题与对策》（《青海社会科学》2005年第4期）一文，指出要从规范劳动关系和加快制度创新入手，构建灵活多样的社会保险新政策。何颖的《全球化背景下的中国新生弱势群体与保护性的社会政策》（《攀登》2006年第5期）一文，认为对新生弱势群体要提高认识，建立综合性的城市社会救助系统，全面推进社会保险制度建设，完善社会保障责任共担机制。乔益洁的《青海省城镇基本养老保险制度存在的问题与对策》（《青海社会科学》2007年第3期）一文，认为经过多年改革和发展，青海省城镇基本养老保险制度改革有了突破性进展，但养老保险制度转型的任务并没有完成。进而分析了青海城镇养老保险制度改革中存在的问题，并提出了进一步完善青海省养老保险制度的参考性建议。桂晓红、鄂德魁的《试析中国农村社会养老保险发展中的政府责任》（《攀登》2007年第4期）一文，就我国农村社会养老保险发展中的政府责任重建进行了探讨。唐晓玲的《建立基本养老保险费管理新模式有效防范社保资金风险》（《青海金融》2007年第6期）一文，探讨了建立青海省企业职工基本养老保险费管理新模式。符敏的《基于我国养老保险法制建设的研究》（《中国经贸导刊》2009年第22期）一文，提出了完善我国养老保险法律体系的具体举措。刘春合的《关于完善青海省养老保险制度的几点思考》（《青海民族大学学报》2010年第3期）一文，提出了完善青海省现行养老保险制度、企业养老保险制度改革及深化社会养老保险制度改革的建议。

医疗保险制度研究。许淑兰的《青海省职工医疗保障制度改革试点的成效及问题》（《中国卫生经济》1998年第7期）一文，对青海省职工医疗保障制度改革试点的成效及存在问题进行了探讨。赵磊的《完善措施保障基本——对控制医疗保险费用的思考》（《青海医药杂志》1999年第4期）一文，对医疗单位补偿机制不健全，主要依靠药品收入补偿费用的情况，控制医疗保险费用问题进行了思考。宝三的《果洛州职工医疗保障制度改革的实践与思考》（《中国卫生经济》2000年第2期）一文，分析了自然条件差、患病率高、经济基础薄弱、医疗管理起步较晚等职工医疗保险制度的现状，探讨了实践中出现的问题。

刘德禄的《弱势群体的基本医疗保险问题》（《财会研究》2003年第3期）一文，分析了弱势群体的基本医疗保险现状，就存在的问题进行思考并提出了对策。乔益洁的《中国农村合作医疗制度的历史变迁》（《青海社会科学》2004年第3期）一文，对中国农村合作医疗保障制度，从新中国成立后在农村大面积实施初步解决了数亿农民的就医问题，到因缺乏投入而使大部分农民变成了毫无医疗保障的群体，再到2002年以来建立以大病统筹为主的新型合作医疗制度的历史过程进行了梳理。王淑婕的《新型农村合作医疗制度中的社会性别盲点及其影响》（《攀登》2009年第4期）一文，对新型农村合作医疗制度的性别盲点表现及其产生的影响进行了分析探讨。苏薇的《青海省新型农村合作医疗保险发展与对策研究》（《企业导报》2010年第5期）一文，提出了完善青海省新型农村合作医疗保险的建议。

三、社会救助制度研究

社会救助制度是国家和社会对由于各种原因而陷入生存困境的公民，给予财物接济和生活扶助，以保障其最低生活需要的制度。袁金霞的《浅谈城镇低收入群体与社会救助》（《青海师专学报》2005年第5—6期）一文，认为随着社会转型和经济结构调整步伐的加快，在经济发展、居民收入水平普遍提高的大前提下，城市贫困群体问题日益突出。保护好低收入群体不仅是现阶段建立和完善社会主义市场经济体制、促进经济发展的重要基础，也是维护社会稳定的根本保证，具有重要的现实意义；同时也是实现共同富裕的社会主义本质要求和"三个代表"重要思想在实践中的具体应用。孙林的《社会救助体系建设初探》（《中国民政》2005年第6期）一文，分析了社会救助制度的人员构成——城市居民和农村困难人口，制度构成——基本生活和医疗救助、住房、教育、司法、灾害、五保对象、城市生活无着的乞讨流浪人员救助、临时救助、就业培训、有关税费减免、社会捐赠和慈善、项目扶贫等不同层次、不同范围的救助制度，提出了社会救助体系的构成与实现——制度内容子体系、法制建设子体系、资金保障子体系、科学管理子体系和监督检查子体系，以及当前需要研究和解决的若干问题。王亚玲的《中国西部农村贫困问题及反贫困对策调整》（《经济问题探索》2009年第3期）一文，认为解决温饱和巩固温饱并重是扶贫新阶段的首要任务，这一任务的完成重点及难点在西部地区，分析了西部农村贫困的现状特点，提出了调整反贫困的战略及建议。姚百花的《浅析政府在社会救助制度中的责任与定位》（《青海师专学报》2009年第6

期）一文，认为社会救助是现代社会保障制度的有机组成部分和基本手段之一，是政府的当然责任和义务。通过对社会救助制度中政府责任的必然性、体现等问题的分析，进一步探讨了政府责任在社会救助中的合理定位。刘颖的《略论民国时期青海社会救济》（《和田师专学报》2009年第6期）一文，认为民国时期，青海虽处西北，但在多种因素的促动下，传统的因素开始弱化，并逐渐发生变化，现代的因素开始逐渐向西北地区扩散和生成，传统的封闭的西北地区社会逐渐迈向开放，现代化的社会救济制度和传统的社会救济制度在这里结合，社会救济也开始了艰难的转变历程。

第二节　社会分层、社会变迁研究

随着我国改革开放和西部大开发的逐步深入，经济社会不断发展，社会结构也发生着重大变化，青海社会学界的专家学者非常关注转型时期的社会关系、生活方式、行为规范、价值观念等方面的变化，并结合青海多民族省情，对青海社会阶层结构的变化和各民族社会文化、生活等方面的变迁进行了研究，产生了一批理论成果。

一、社会分层研究

社会转型期社会成员、社会群体因占有社会资源的不同而产生层化或差异，出现新的社会阶层。阶级和阶层之间的异同、青海各社会阶层状况分析等是这一时期青海社会学界关注和研究的问题。刘春杰的《毛泽东社会分层思想及其意义》（《学习　坚持　发展——青海省纪念毛泽东诞辰一百周年优秀论文集》1993年）一文，对毛泽东在领导全国人民求解放、求富强的长期革命斗争和社会主义建设实践中的社会分层思想进行了探讨。马占彪的《社会结构转型对统一战线内部利益关系的影响》（《攀登》2002年第1期）一文，认为我国正处在经济结构调整和增长方式

转换的过程中，社会结构转型使统一战线内部利益关系出现了新变化，使统一战线内部出现了新的阶层。应积极引导、控制好社会结构的分化与整合，使之达到合理有序、相互衔接、良性循环的状态，并促进社会结构的不断完善。苏雪芹的《中国社会转型时期阶级和阶层状况分析》（《青海民族学院学报》2004年第3期）一文，对中国社会转型时期的阶级和阶层状况进行了理论分析。马文慧的《农民工地位的失调及其矫正》（《青海社会科学》2006年第4期）一文，认为由于现行的政策体制，农民工——这些带着"农民"标记的"工人"，无法获得在城市生活及与其工作性质相符的应有地位，其地位的失调会带来许多社会问题，影响社会稳定，提出应给予农民工应有的国民待遇，给农民工提供必要的社会保障。青海省社会科学院哲学社会学研究所的《青海省城镇各社会阶层状况调研报告》（《青海研究报告》2008年第10期）一文，选取青海省城镇"国家与社会管理者""国有企业管理者""党政机关和事业单位一般工作人员""私营企业主""专业技术

人员""个体工商户""商业服务业员工""产业工人""农民工""失业者"10 个阶层进行了问卷调研，深入分析了各阶层的特征和现状，并对其存在的问题提出了相应的对策建议。李臣玲、贾伟的《多维民族文化交汇地带的社会分层研究——以丹噶尔藏人为个案》（《民族论坛》2008 年第 6 期）一文，在田野调查的基础上，结合文献资料，从民族社会学的角度阐释了丹噶尔藏人社会分层的状况，探讨了丹噶尔地区社会分层的发展和特点，为研究多维民族文化交汇地带的社会分层状况提供了较为丰富的实证素材。

二、社会变迁研究

青海社会学界立足青海多民族省情，对各民族文化、生育、社会生活、性别等方面发生的变迁进行了研究，产生了一批研究成果。

汉族社会变迁研究。张海云的《青海贵德汉族节庆民俗变迁研究——以三河地区春节民俗为例》（《西北第二民族学院学报》2007 年第 3 期）一文，探究了多民族聚集区汉族社会的节庆民俗变迁，寻找文化变迁模式的地方性特征。冯霞的《青海循化撒拉族自治县汉族移民乡村社会文化变迁研究》（兰州大学 2010 年博士学位论文）一文，通过对迁居青海少数民族聚居区的汉族移民所组成的社区的研究，剖析他们的经济生活、婚姻与家庭、社会关系、宗教信仰、道德价值观、乡村治理及与其他少数民族的民族关系的真实状态较为全面地呈现了汉族传统乡土社会在少数民族聚居区的社会历史文化变迁。

藏族社会变迁研究。鲁顺元的《文化涵化与社会进步——青海省互助县民族文化现象透析》（《攀登》1997 年第 1 期）一文，认为"涵化"是历史和现实中普遍存在的一种文化现象，文化涵化引起文化变迁，必然推动社会进步和现代化变迁。因此，研究文化涵化与社会进步之间"必然性"的强弱、大小，将会提高人们对民族文化的再认识，对民族发展、政府决策极为有利。在

此基础上对汉、土、藏、回等各民族混居的典型民族社区在现代化变迁中各民族文化的涵化现象及其机制进行了研究。鲁顺元的《论青藏高原牧区社会变迁》（《攀登》2004 年第 1 期）一文，认为青藏高原牧区社会变迁应以人类与自然、环境与社会的和谐以及保护与发展的良性平衡为旨向，遵循文化圈边际示范与传播、信仰文化变迁的带动、国家力量的主导及商业贸易的一般规律，特别突出社会变迁的"计划"性，始终坚持继承创新、边际疏通、生态优先、系统统筹、因地制宜、替代突破原则，使之向更有利于社会现代化的方向加速变迁，并由此提出了青藏高原藏文化圈的概念。李臣玲的《丹噶尔藏人社会文化变迁研究》（兰州大学 2006 年博士学位论文）一文，对丹噶尔藏人的社会文化变迁做了全面系统的研究。藏拉的《现代化进程中玉树藏区社会文化变迁研究》（中央民族大学 2009 年硕士学位论文）一文，研究了玉树州结古镇传统婚姻家庭、生活习惯、宗教信仰、教育观念等方面发生的变迁，分析了现代化对藏族传统社会文化的影响及作用。洲塔、王云的《从婚俗文化看社会转型过程中藏族生育文化的变迁——以青海卓仓藏族为例》（《兰州大学学报》2010 年第 2 期）一文，通过对近代青海藏族婚俗文化意蕴的阐释，描述和分析了青海藏族在现代化转型时期婚俗文化对其生育文化变迁和重构的影响。

回族撒拉族社会变迁研究。骆桂花的《社会变迁中的回族文化环境》（《青海民族研究》2001 年第 4 期）和《社会变迁中的回族文化模式及文化走向》（《周口师范学院学报》2004 年第 3 期）两文，认为在社会变迁中回族的本体文化模式承载着本民族文化发展的基本走向。骆桂花的《青海藏区回族社会生活变迁调查——以黄南州隆务镇为例》（《青海民族研究》2005 年第 4 期）一文，探析了青海黄南藏族自治州隆务镇回族群体的社会生活变迁的不同表现形式及影响因

素。王建斌的《青海地区托茂人的社会变迁研究》（《青海民族研究》2006 年第 1 期）一文，对青海地区"托茂人"在社会结构、群体意识等方面发生的变迁进行了理论分析。骆桂花的《民族社会学视野下的回族生育文化变迁》（《青海民族研究》2006 年第 4 期）一文，探析了回族计划生育工作的发展历程、国家话语与回族生育文化的性别观念、回族生育文化的变迁等层面的不同表现形式及影响因素。骆桂花的《甘青宁回族女性传统社会与文化变迁研究》（民族出版社，2007 年）一书，剖析了甘青宁回族女性传统文化在社会变迁中的不同表现形式及影响因素，探讨了甘青宁回族女性传统文化的多向交流与涵化、回族女性传统社会文化的共性与个性的和谐及新时期回族女性文化的互动、调适与重构。骆桂花的《社会转型时期回族家庭文化变迁问题研究》（《青海民族学院学报》2007 年第 4 期）一文，探析了回族家庭文化模式的主要表现形式和演变过程，以及家庭文化变迁对回族妇女地位的影响。沙彦奋、陈其斌的《乡村回族社区"人情"文化变迁研究》（《青海民族研究》2009 年第 1 期）一文，探讨了乡村回族社区"礼物"—"人情"—个人—社会关系（人际关系）网络三维一体隐型文化结构及其变迁。马龙的《试论撒拉族村落的文化变迁——以初麻村为例》（《西安社会科学》2010 年第 2 期）一文，运用社会转型和文化变迁等理论，以一个撒拉族村落初麻村为例，分析其在社会转型时期文化的变迁，通过其传统和现代的比较，解读其变迁的特点和形式。

蒙古族社会变迁研究。南文渊的《20 世纪前期蒙古南左末旗（群科扎萨旗）的历史变迁》（《青海民族研究》2006 年第 3 期）一文，依据对群科扎萨旗的调查和历史资料，从"文化主位"的立场，引述了群科扎萨旗蒙古人对青海蒙古族历史文化变迁过程的不同看法，考证群科旗

的地域分布，分析了近代青海蒙古族的衰败及其文化变异的原因。南文渊的《青海蒙古族历史发展与文化变迁》（《青海民族学院学报》2008 年第 3 期）一文，论述了青海湖地区蒙古族的历史发展过程、民族文化变迁和标志性文化象征，分析了文化发生变异的原因，指出了当代蒙古民族认同的标准。南文渊的《18—20 世纪初青海蒙古社会的变迁与衰落》（《青海民族学院学报》2009 年第 4 期）一文，对青海 18—20 世纪初蒙古族社会衰败的原因及其社会文化自身的变异状态进行了分析。艾丽曼的《我心依旧：青海河南蒙旗文化变迁研究》（厦门大学 2009 年博士学位论文）一文，从文化现象的表层嬗变和族群认同的深层坚持两方面对河南蒙古族自治县蒙古族的文化变迁进行了详细考量。

社会变迁其他研究。戴巍的《南京国民政府时期甘宁青农村社会变迁探析》（西北师范大学 2005 年硕士学位论文）一文，论证分析了南京国民政府时期甘宁青农村社会变迁，提出了其对西部大开发多方面的借鉴意义。李臣玲、贾伟的《浅论近代青海女性社会地位变迁及其原因》（《青海民族研究》2005 年第 2 期）一文，论述了近代青海女性社会地位的变迁及其原因。祁进玉的《家与族属的观念及其变迁——人类学视野下的土族社会文化变迁个案研究》（《青海民族学院学报》2007 年第 3 期）一文，认为对社会文化变迁研究往往揭示出一个社区或群体社会历时性演变的发展轨迹。梁景之的《生物灾害的防治与社会变迁——青海省东部牧区的个案分析》（《民族研究》2008 年第 5 期）一文，认为在社会变迁的大背景下，青海牧区频发的鼠虫灾害是生态环境日趋恶化的产物，是由于人类不恰当的活动所造成的生态灾难的一种表现形式，并从自然科学和社会学结合的角度对生物灾害与社会变迁的关系进行了探讨。方素梅的《疾疫的救治、防控与乡村社会的变迁——青海省黄南藏族自治

州牧区个案研究》（《民族研究》2008 年第 5 期）一文，认为历史上青海省黄南藏族自治州的牧区主要依靠社会力量对鼠疫、天花等疾疫进行救治，新中国成立后，疾疫救治与防控由民间自发防控向国家政府行为转化，民众由对传统社会组织与宗教的依赖向国家力量不断深入和强化转变。孙亮的《都市化进程中城郊乡村的变迁研究——

以西宁曹家寨为例》（《承德民族师专学报》2010 年第 1 期）一文，认为"城市化"进程中，位于城市边缘的村落社区的传统文化不断地与现代都市文化和伴随流动人口而来的外来文化发生接触、碰撞、冲突、交流和融合，原有的传统文化逐渐转变成了一种具有农村传统文化、现代都市文化和外来文化"三重属性"的文化体系。

第三节　人口、老龄化研究

随着青海融入国家整体发展战略程度的加深，作为社会和经济发展基础的人口越来越受到关注。这一时期青海社会学界的人口研究主要包括：梳理既有的人口社会学研究成果；分析青海人口阶段性状况、发展特点；人口发展与社会变迁的关系及其相互影响，以及人口变动与各种社会因素之间的相互关系等领域。随着老龄人口占总人口的比重不断上升，老龄化研究也成为重要的社会学研究内容，有针对性地对青海省老龄化状况以及由老龄化带来的一系列客观需求和问题进行研究探索并产生了一批研究成果。

一、人口研究

这一时期，青海的社会学工作者从文献梳理及述评、青海人口发展的客观条件、分区域分民族的人口特征等方面进行了一系列的研究工作。

人口理论研究。杨翠兰、张明映的《马尔萨斯人口论的再评价》（《青海社会科学》1995 年第 1 期）一文，认为马尔萨斯人口论对我国人口理论研究具有借鉴和参考价值，要批判它的消极方面，但是同时还要看到它的积极方面。

人口经济研究。杜常顺的《清代青海蒙旗人口与经济问题探析》[《青海师范大学学报》（哲学社会科学版）1996 年第 3 期]一文，对清代青海蒙旗人口与经济问题做了探析。石志新的《清代后期甘宁青地区人口与耕地变量分析》（《中国农史》2000 年第 1 期）一文，分三个时

期讨论了清代后期甘宁青人口和耕地变量情况，旨在为当时这一地区的许多社会问题的研究提供助益。石志新的《清末甘肃地区经济凋敝和人口锐减》（《中国经济史研究》2000 年第 2 期）一文，全面系统地阐述了甘肃地区（包括宁夏及青海一部分）清末道光、咸丰时期人口的停滞或缓减，同治年间人口的锐减和光绪时期人口的恢复与波动等，同时讨论了当时人口锐减的社会原因。丁柏峰的《西晋末年人口大迁徙对"五凉"政权的影响》（《青海师范大学学报》2000 年第 4 期）一文，就割据河西地区的"五凉"政权所推行"保境安民"政策的历史做了分析研究。伊敏的《人头税与两汉人口数量的变化》（《青海师范大学学报》2006 年第 4 期）一文，讨论了人头税与两汉人口数量变化间的关系。郭凤霞的《古代河湟地区人口发展情况述略》（《青海师范大学学报》2010 年第 3 期）一文，指出清代中后期青海河湟地区人口减耗主要由战乱所导致。

区域人口研究。张忠孝、单纬东的《青海省自然环境、人口容量探讨》（《中国人口·资源与环境》1995 年第 4 期）一文，对青海省人口容量进行了初步定量探讨，并就提高人口容量提出了建议。王小梅的《青海人口产业结构初探》（《西北人口》1997 年第 1 期）、《青海的经济发展与人口文化素质》（《西北人口》1998 年第 1 期）和《青海可持续发展中的人口问题研究》

（《西北人口》1999 年第 2 期）三文，就青海人口产业结构所经历的转变与调整的历史沿革进行了分析，并讨论了人口文化素质在青海经济发展中的重要作用及青海可持续发展中的人口问题。张璞、肖景义的《青海省人口与可持续发展》（《西北人口》1999 年第 4 期）一文，提出了经济指标与人口相关指标相结合的青海国民经济持续发展的措施建议。张璞的《浅析影响青海省人口质量的若干因素》（《青海师范大学学报》2000 年第 2 期）一文，强调了提高人口质量的必要性，并提出具体措施。李生梅的《环境因素对西宁市人口容量的影响分析》（《青海社会科学》2004 年第 6 期）一文，依据环境要素的空间分布特征提出西宁市合理的人口容量以及控制目标。宋斌的《青海女性人口文化素质的现状与对策分析》（《西北人口》2005 年第 3 期）一文，指出女性人口文化素质的提高，必须加快经济发展、发挥政府主导作用以及强化女性主体意识。蒋贵彦、刘峰贵、张海峰等的《青海省气候因素与人口分布的定量研究》（《国土与自然资源研究》2006 年第 3 期）一文，认为气温对青海人口分布的影响作用远远大于降水。张海峰、白永平的《中国人口性别结构的区域差异及演变动态分析》（《西北人口》2008 年第 6 期）一文，利用中国第五次人口普查资料及 2005 年 1% 人口抽样资料分析了中国总人口性别比演变动态及地理分布特征。李卫平的《建设生育文明促进出生人口性别比平衡》（《人口与计划生育》2006 年第 7 期）一文，认为生育文明是解决当前我国人口发展中问题，特别是如出生人口性别比持续升高等复杂问题的必然要求。刘晓平的《基于 Logistic 模型的青海省农村人口城镇化水平的预测》（《青海大学学报》2010 年第 2 期）一文，用 Logistic 模型对青海省农村人口城镇化发展进行了测度与预测，反映出城乡人口替代过程的内在联系。

少数民族人口研究。宋赋的《提高少数民族女性人口文化素质、降低生育率》（《西北人口》1995 年第 4 期）一文，指出少数民族女性的文化素质，不仅决定着自身对经济发展的影响，而且还关系到下一代合格人才的培养。黄芸玛的《青海藏族人口特点探析》（《青海民族研究》2000 年第 3 期）和《西部开发与青海藏族人口文化素质》（《青海师专学报》2001 年第 2 期）两文，对青海藏族人口发展存在的性别比偏低、婴儿死亡率高、人口文化素质低等现象产生的原因做了分析，对提高藏族人口的科学文化素质提出了建议。汪春燕的《新时期土族人口与可持续发展简析》（《西北民族学院学报》2002 年第 5 期）一文，对土族人口与经济、社会、环境的协调发展进行了分析。丁柏峰的《一个土族村庄的人口发展轨迹——青海省互助县东沟乡大庄村的田野调查报告》（《青海民族研究》2004 年第 4 期）一文，通过对青海省互助县东沟乡大庄村这一土族村庄人口状况的深入调查，清晰反映出中华人民共和国成立以来土族人口的发展轨迹。余永英的《青海省各民族人口性别比现状分析》（《青海民族研究》2004 年第 4 期）一文，对青海省的出生人口、总人口的性别比例现状和发展趋势进行了简要分析。陈克龙、朵海瑞、丁爱青的《青海省民族人口的信息熵规律研究》（《青海民族研究》2005 年第 1 期）一文，认为一个地区的信息熵值越大，则该地区人口有序程度越高，该区域内民族人口越聚集，反之亦然；并在此基础上系统分析了青海省各民族人口的时空分异规律。拉毛才让的《试论少数民族流动人口的构成、分布特点及动因》（《攀登》2005 年第 2 期）一文，讨论了少数民族流动人口的构成、分布特点及动因。汪春燕的《人口安全与民族文化传承》（《黑龙江民族丛刊》2006 年第 2 期）一文，以民族文化视角对人口安全问题进行了分析。

人口与产业、扶贫研究。杨兰兰的《人口产业结构的转换与产业结构高度化》（《青海社会科学》1998 年第 2 期）一文，对我国人口产业结构相关的因素进行了梳理，并就优化我国人口产业结构提出了建议。关丙胜的《青海省香巴农业扶贫开发项目及其人口迁移》（《西北人口》2005 年第 4 期）一文，介绍了青海省香巴农业扶贫开发项目实施的背景、项目区基本状况、项目中人口迁移情况及项目实施的意义。赵丽群、祁永寿等的《人口素质对青海农村贫困的影响因素分析》（《青海师范大学学报》2007 年第 2 期）一文，认为青海省农村贫困人口的素质是导致青海省农村贫困的最根本原因。李凤荣的《青海省贫困人口成因及扶贫措施探讨》（《攀登》2007 年第 2 期）一文，重点分析了扶贫工作中存在的问题，并在此基础上提出了今后扶贫管理方面的改革措施。赵常丽、祁永寿、韩燕燕的《青海省农牧区反贫困中人口结构问题及对策研究》（《商场现代化》2009 年第 7 期）一文，分析了青海省农牧区反贫困中人口结构问题，并提出对策建议。

二、老龄化研究

随着老龄人口在总人口中的比重不断增加，自 20 世纪 90 年代开始，老龄化问题越来越受到重视，并成为专家学者研究的重点。

老龄化政策研究。孔俐的《人口老龄化与养老保障事业的可持续发展问题的初探》（《青海省社会科学界联合会专题资料汇编》）一文，认为人口老龄化是经济发展、社会进步的结果，也是直接关系我国经济发展的战略问题。张建英的《完善养老政策　确保老有所养》（《社科纵横》2007 年第 3 期）一文，分析了中国目前老龄化的现状及特征，探讨了今后政策的调整内容。

区域老龄化研究。时正中的《青海高原的人口老龄化问题》（《西北人口》1994 年第 4 期）、《试论青海人口老龄化及其对社会经济发展的影响》（《攀登》1995 年第 3 期）和《人口老龄化问题对青海社会经济发展的影响》（《青海社会科学》1997 年第 5 期）三文，分析了青海人口老龄化的趋势、特点以及青海人口老龄化将会导致的经济、社会问题，并且就老龄化问题对青海社会经济发展的影响做出分析。张萍的《对青海省城市老年人人居环境状况的分析》（《攀登》2003 年第 5 期）一文，对青海省城市老年人状况及其人居环境进行了抽样调查，并在此基础上进行了分析和评价。王恒生、唐萍的《关于青海省老龄化问题的调查与思考》（《青海民族学院学报》2006 年第 2 期）一文，指出应当充分重视和加强老龄工作，为青海的社会稳定、和谐与可持续发展做出贡献。丁刚、严维青、马洪波的《青海人口老龄化趋势预测及其对经济增长的影响分析》（《青海社会科学》2008 年第 4 期）一文，分析了青海人口老龄化趋势预测及其对经济增长的影响，并提出了相应的对策建议。严维青的《青海省人口老龄化问题的演变特点与对策思考》（《攀登》2008 年第 6 期）一文，从人口老龄化的界定及其影响出发，分析了青海省人口老龄化问题的演变特点，提出了积极应对青海省未来人口老龄化的建议。杨淑萍的《青海民族地区老龄人口健康状况的研究》（《青海师范大学学报》2008 年第 3 期）一文，认为应从社会养老保障等方面入手提高青海民族地区老年人的生存质量。严维青的《青海省人口老龄化趋势及其对养老保障带来的挑战》（《青海民族研究》2010 年第 1 期）一文，分析了青海省人口老龄化趋势对养老保障带来的挑战。

第四节　性别、婚姻家庭研究

性别、婚姻家庭一直是社会学研究的重要内容。专家学者重点针对青海省域范围内少数民族妇女地位、民族语言文学中的性别表达等开展了较为深入的探讨和研究。

一、性别研究

少数民族性别研究是这一时期青海性别社会学研究的重要内容。同时，跨文化、城市化乃至全球化语境下的性别研究也成为这一时期性别社会学研究的特点。

性别意识研究。戴燕的《基督教与近代中国女性意识的觉醒——以心态史学为视角的历史考察》（《兰州大学学报》2007 年第 5 期）一文，指出西方基督教的传播，对近代中国女性意识的觉醒，以及由此而产生的妇女解放运动都起到了一定的促进作用。杨慧的《从"爱欲"到"圣爱"观念转化中的性别压迫》（《青海师范大学学报》2007 年第 6 期）一文，认为以"性压迫"和"性别压迫"为表征的"爱欲"观念的转化过程，不仅是基督教神学对古希腊哲学的整合过程，同时也是女性在文明进程中地位逐渐丧失，乃至被奴役的过程。袁媛、李振东的《社会性别意识在生育行为和生育观中的重构》（《华北水利水电学院学报》2008 年第 5 期）一文，概括了影响生育行为和生育观中的社会性别意识的经济、文化和社会因素，以及社会性别意识在生育行为和生育观中的重要作用。

少数民族性别研究。拉毛措的《青海藏族妇女在社会经济生活中的地位与作用》（《青海民族学院学报》1995 年第 4 期）和《藏族妇女历史透视》（《青海社会科学》1996 年第 6 期）两文，探讨了青海藏族妇女在政治、经济、文化、宗教、家庭诸方面与男性相比较所处的位置及藏族妇女命运的历史变迁等问题；其《妇女解放首先要妇女自身的解放》（《青海日报》1995 年 9 月 1 日）一文，认为妇女自身的解放是妇女解放的基础；其《从藏戏〈朗萨伟蚌〉看古代藏族妇女的命运》（《西藏研究》2000 年第 2 期）一文，对藏戏《朗萨伟蚌》中的妇女形象进行了分析；其

专著《藏族妇女文论》（青海人民出版社，2004 年）一书，收集了作者就藏族妇女发展等相关问题的论文。卜红的《感受陈染的"超性别意识"》（《青海师专学报》2006 年第 4 期）一文，认为陈染从个体经验出发，得出其作品是女性主义小说创作具有超越意识的典型文本的结论。马桂兰的《社会转型时期回族留守妇女的文化定位问题》（《青海民族学院学报》2007 年第 4 期）一文，就社会转型时期回族留守妇女的文化定位问题进行了探讨。

性别平等及发展研究。马丽君的《论女生素质特征与教育》（《青海师范大学学报》1999 年第 2 期）一文，拟从生理、心理与社会文化等方面对女生素质特征进行研究并提出女生素质教育问题及对策。拉毛措、刘傲洋的《从性别视角构建全面建设小康社会指标体系探析》（《青海民族研究》2003 年第 3 期）一文，对以性别视角构建全面小康社会指标体系的重要性进行了初步探讨。李清源的《和谐青海建设中的女性人才开发问题》（《青海师范大学学报》2007 年第 6 期）一文，从性别和谐的视角，对青海省女性人才开发问题进行较为深入的分析。拉毛措的《西藏自治区妇女的法律保障及其社会经济地位》（《中国藏学》2005 年第 3 期）一文，认为西藏妇女广泛参与西藏自治区整个经济社会的发展进程，为建设团结富裕文明的社会主义新西藏做出了巨大贡献。朱瑞的《科学发展观背景下的性别平等问题》（《攀登》2006 年第 3 期）一文，认为在承认性别差异的同时，追求事实上的性别平等，是科学发展观的具体体现。巴图、吕明杰、王海丽等的《军校大学生校园压力的年级和性别差异比较》（《第四军医大学学报》2007 年第 11 期）一文，探讨了军队院校大学生校园压力的年级和性别差异。王淑婕的《新型农村合作医疗制度的社会性别视角反思》（《中国卫生经济》2008 年第 4 期）和《新型农村合作医疗制度中的社会性别盲

点及其影响》（《攀登》2009 年第 4 期）两文，对新型农村合作医疗制度设计、实施中存在的社会性别意识缺失现象及其导致的性别间医疗卫生资源利用差异进行了深入分析，并提出了相应的对策建议。王淑婕的《青海新型农村合作医疗健康公平性实证研究》（《青海社会科学》2010 年第 5 期）一文，提出青海新型农村合作医疗制度的完善应建立在较强社会性别意识基础之上。汪春燕的《城市化语境下青海女性的生存与发展》（《青海民族研究》2010 年第 4 期）一文，对性别刻板印象与青海女性发展进行了详细分析，认为促进青海女性发展必须抓住重点，制定相应的对策。

跨文化性别研究。毛艳云、苏多杰的《加拿大公共政策中的性别意识及启示》（《攀登》2006 年第 5 期）一文，分析加拿大和我国公共政策中的性别意识，就我国全面贯彻落实男女平等的基本国策提出了建议。张玉琴、李美华的《透视跨文化视野下的性别角色社会化》（《青海民族研究》2007 年第 4 期）一文，探讨了跨文化视野下的性别角色社会化，并就跨文化研究提出了几点思考。曹淑英的《社会性别与环境可持续发展——对加拿大"社会性别与环境可持续发展"的考察》（《国家行政学院学报》2008 年第 5 期）一文，指出两性关系是社会关系的基础。原雪的《多维视角下的语言与性别研究》（《青海民族学院学报》2009 年第 2 期）一文，对国外语言与性别研究的发展历程进行了梳理。

语文的性别研究。王青山的《藏语词汇与性别差异》（《青海民族学院学报》1993 年第 3 期）一文，指出性别差异基于生理差异并在社会层面得到确立，进而使词汇产生相应的区别。朱韶晖的《对〈小学藏语文〉教材图片中存在的性别问题的思考》（《青海民族研究》2003 年第 4 期）一文，从性别角度对小学藏语文教材 1—4 册的图片进行了分析。刘雪萍的《影响性别语言项目

变体差异的因素》（《青海民族大学学报》2010 年第 2 期）一文，认为性别差异是造成语言变体差异的主要原因。孙中强的《女部字的文化反思》（《青海师范大学民族师范学院学报》2010 年第 1 期）一文，认为女部字的产生、孳乳，遵从了性别的自然和社会分工的规律。

二、婚姻家庭研究

分民族、分性别的婚姻家庭研究是这一时期青海社会学界在进行婚姻家庭研究时呈现出的主要特点。此外，在大力推行依法治国的背景下从法律社会学的角度对婚姻家庭中的两性地位、财产分配等问题进行了一定程度研究。

民族婚姻家庭研究。拉毛措的《简论青海藏族妇女的婚姻历程》（《青海社会科学》1997 年第 6 期）、《浅谈泽库牧民的婚姻家庭生活》（《青海社会科学》1999 年第 5 期）和《略谈同仁藏族妇女的婚姻家庭生活》（《青海社会科学》2000 年第 5 期）三文，对青海藏族妇女婚姻历史变迁做了分析讨论，特别是对黄南州泽库、同仁地区的农牧民婚姻家庭生活的诸方面做了探讨。蒲生华的《海东汉族几例特殊亲属称谓制度探微》（《青海民族研究》2004 年第 2 期）一文，对青海海东地区汉族的父辈男性序称法等几例特殊的亲属称谓进行了分析，从而折射出不少现已不大采行或完全绝迹的婚姻家庭制度。韩官却加的《新时期青海蒙古族婚姻家庭价值观的调查与分析》（《青海民族学院学报》2005 年第 3 期）一文，对蒙古族家庭婚姻价值观变化的轨迹及影响价值观变化的一些主要因素进行了分析。祁正贤的《社会转型期土族婚姻家庭价值观透视》（《中国土族》2005 年第 4 期）一文，以问卷形式在互助土族民众中就婚姻家庭方面的有关问题进行了调查。骆桂花的《社会转型时期回族家庭文化变迁问题研究》（《青海民族学院学报》2007 年第 4 期）一文，以社会转型时期回族家庭文化变迁为研究视角，探析了回族家庭文化模式

的主要表现形式和演变过程，以及家庭文化变迁对回族妇女地位的影响。石德生的《转型期撒拉族婚姻家庭价值观变迁探微》（《青海民族研究》2009年第2期）一文，认为传统文化、传统性因子依然是影响撒拉族婚姻、家庭观的主要因素。

婚姻法研究。李永翀的《完善夫妻财产制的立法建议》（《青海民族学院学报》2004年第3期）一文，就我国现行婚姻法中有关夫妻财产制方面存在的问题及需要采取的措施作了探讨。叶奕的《侵犯夫妻财产权的认定及民事责任》（《牡丹江大学学报》2008年第5期）一文，认为应当进一步完善夫妻财产权的立法，确保夫妻财产权的行使。柴让措的《试论离婚损害赔偿制度的法律适用》（《青海民族学院学报》2009年第3期）一文，认为离婚损害赔偿是对侵犯配偶权行为导致的损害赔偿，应以受害方配偶、子女和与配偶共同生活的任一方配偶父母为请求权主体。同时，离婚损害赔偿的责任主体还应扩大到第三者。

婚姻家庭相关研究。郭敏丽的《青海人口中婚姻、家庭的地区和民族差异》（《青海社会科学》2005年第4期）一文，是对青海省第五次人口普查数据中关于婚姻、家庭内容的描述性分析。高清的《改革开放以来我国家庭的变迁与发展》（《攀登》2005年第6期）一文，认为改革开放给中国的家庭带来了巨大的变化。秦玉香的《从平等原则谈婚姻家庭中的男女平等》（《青海社会科学》2006年第4期）一文，认为应进一步规范体现性别差异的法律，实现男女两性的实质平等。周立梅的《试论当代中国婚姻家庭伦理关系的新变化》（《青海师范大学学报》2006年第5期）一文，描述并分析了当代我国婚姻家庭伦理关系体现的时代特征，以及表现出的一些新变化。王大钊的《大学生婚姻解禁后的理性思考》（《青海师范大学学报》2008年第5期）一文，认为应通过开展婚恋观教育，使大学生树立正确的婚恋观，自觉培养良好道德和健康人格。

第五节　城镇化、移民研究

这一时期青海的城镇化研究，既有理论层面的探讨，也有立足青海实际，就本省的城镇化存在的问题、解决途径进行的研究。移民研究一方面对历史上的青海移民状况进行了社会学分析，另一方面又具有对当下伴随城镇化进程中的移民状况有所观照。

一、城镇化研究

青海的城镇化状况如何、面临哪些问题、寻求何种解决途径以及将青海城镇化的经验提升至理论探讨的层面是这一时期青海社会学界研究的主要论题。

城镇化理论研究。丁生喜的《城市化与城郊耕地资源可持续利用》（《西北农业大学学报》2000年第6期）一文，提出城市化过程中对具有过渡性的城郊耕地资源实现可持续利用的措施建议。徐建龙的《青海农牧小康建设路在何方》（《柴达木开发研究》2003年第1期）一文，分析了青海在全面建设小康社会的过程中需解决农村牧区的城镇化问题。马维胜的《论我国西部地区城市化的道路选择》（《青海民族学院学报》2003年第2期）一文，对西部城市化进程中应选择的道路进行了探讨。赵静琳、马玉英的《对加快青海省城市化进程的思考》（《青海民族学院学报》2003年第3期）一文，在总结世界城市化的一般规律和青海城市化现状的基础上，探讨了加速青海城市化进程的基本措施途径。尹秀娟的《浅析中国城市化道路的发展理念》（《青海师范大学学报》2003年第6期）一文，认为中国由于抑城市化政策而形成的城市化滞后于工业化的情况，应当从城市化与工业化这一客观规律寻求发展思路。马忠良的《关于加快青海城镇化进程的理论思考》（《青海社会科学》2003年第6期）一文，讨论了加快青海城镇化进程的重大意义和战略措施。马学勤的《加快城镇化步伐是青海省全面建设小康社会的重大任务》（《攀登》2003年第S1期）一文，围绕着青海省全面建设小康社会的重大任务，就加快城镇化步伐问题进行了探讨。张爱儒的《西部地区城市化发展模式选择探讨》（《青海社会科学》2004年第3期）一文，认为应当立足实际，走以大中城市为主、大中小城市协调发展的城市化模式。刘成明的《青海省人口城镇化的历史与现状之分析及未来构想》（《青海民族研究》2005年第2期）一文，提出了青海城镇化发展模式的构想。马玉英的《青藏高原的城市化与可持续发展》（《青海民族研究》2005年第2期）一文，针对青藏高原地区落后的发展水平及特殊的生态地位，提出了推进城市化与可持续发展的思路。潘铣的《中国城市化构建过程中存在的主要问题》（《青海师专学报》2005年第S1期）一文，就中国社会有些地方城市化过热、过快，盲目建设和城市化进程中所引发的主要问题展开了论述。马英的《谈中国特色的城市化发展道路》（《青海师专学报》2005年第S3期）一文，认为有中国特色的城市化发展道路是大力发展小城镇。盛国滨的《加快青海城镇化进程　全面建设小康社会》（《经济师》2005年第6期）一文，指出加快城镇化进程是青海民族地区全面建成小康社会的有效途径。马玉英的《青海城市化动力机制分析》（《青海社会科学》2005年第5期）一文，探讨了构筑和优化城市化发展动力系统的思路。翟瑞雪的《城市化率之我见》（《全国商情》2006年第3期）一文，以城市化率为切入点，提出了应该纳入城市化衡量指标的科学内容。许彩萍的《西部开发应

走特色城市化之路》（《青海师范大学学报》2006年第4期）一文，从西部城市化的可行性前瞻、西部地区城市化特点与城市化水平以及西部特色城市化的战略思路探寻等三个方面对西部地区城市化方向进行了阐述。马玉英的《青藏高原城市化进程中应处理好的几个关系》（《青海民族学院学报》2006年第3期）和《青藏高原城市化的制约因素与发展趋势分析》（《青海师范大学学报》2006年第4期）两文，从青藏高原的实际出发，对该地区在推进城市化进程中应处理好的几大关系进行分析，并提出了相关建议。马维胜的《人口视阈下的青海城市布局构想》（《青海民族学院学报》2007年第2期）一文，从空间布局、规模结构讨论了青藏高原城市化模式。包颖的《青海城市化水平滞后的问题分析》（《边疆经济与文化》2008年第1期）一文，认为青海城市化要改变滞后状态必须完善城市体系、大力发展第三产业、制度创新、调整产业结构，加强基础设施建设。那小红的《青海城镇化建设的历史变迁及实证分析》（《攀登》2008年第4期）一文，从户籍制度、农村土地使用与流转制度、城乡社会保障制度、城镇建设投融资体制等七个方面对青海的城镇化提出了一些建议。马玉英的《推动青藏高原城市化发展的公共政策研究》（《青海民族学院学报》2008年第4期）一文，对青藏高原经济发展模式的制度体系、户籍制度、就业制度、社会保障制度创新进行了探讨和构想。伍海峰的《城市化是构建和谐青海的必由之路》（《青海民族学院学报》2008年第4期）一文，认为加快城市化步伐是青海实现和谐社会的必由之路。苏海红的《青海城镇化发展的战略思考》（《青海社会科学》2010年第1期）一文，结合"十二五"时期发展形势，探讨和分析了青海城镇化加快发展的思路、路径及措施。

城镇化进程研究。张璞的《城市化进程对农村人地关系影响及协调发展的策略》（《青海环

境》1999 年第 2 期）一文，针对城市化区域不断扩大的现状，揭示了农村人地关系的特征及存在的问题并提出了对策建议。潘振成、刘湖滨等的《青海城镇化进程中的劳动就业问题研究》（《攀登》2002 年第 6 期）一文，指出要加快城镇化进程，不断拓展就业空间。马学勤、田丽杰的《对加快青海城市化进程问题的理论分析》（《攀登》2002 年第 6 期）一文，对青海省在实施城市化战略中需要注意的几个问题进行了分析。马春梅的《推进青海省城市化进程的思考》（《经济师》2002 年第 12 期）一文，对如何加快城市化进程提出了若干建议。鲁顺元的《柴达木盆地城市化历程及其可持续发展》（《青海社会科学》2006 年第 6 期）一文，围绕柴达木盆地城市化历程及其可持续发展问题进行了探讨。穆殿春、林钧昌的《民族地区城镇化进程中必须坚持人与自然的和谐发展》（《青海民族学院学报》2007 年第 2 期）一文，认为民族地区在城镇化进程中要创造良好的人居环境。张建英的《论城市化进程中的城乡统筹发展》（《青海师范大学民族师范学院学报》2007 年第 1 期）一文，认为要在加快发展城市化的同时，搞好统筹城乡经济社会协调发展。何峰、贾伟、李臣玲的《城市化进程中的西宁回族》（《青海社会科学》2008 年第 3 期）一文，分析和探讨了回族在城市化进程中所面临的问题和发展趋势，为民族地区少数民族城市化研究提供了实证素材。那小红的《青海城镇化发展中产业体系构建探析》（《青海社会科学》2008 年第 5 期）一文，指出了制约青海城镇化发展的根本原因在于经济基础薄弱、缺乏产业支撑；并就如何从青海的实际出发构建适宜的产业发展体系提出了一些探讨性建议。孟彬的《浅析城市化进程中和谐民族关系的构建》（《赤峰学院学报》2009 年第 1 期）一文，认为进一步巩固和发展平等、团结、互助、和谐的社会主义民族关系，是构建社会主义和谐社会进程中必须解决

的重要问题。冯海英的《论中国城市化进程中农民工的城市社会融入》（《青海社会科学》2010 年第 5 期）一文，总结了美国西部开发的成功经验，并阐述其深远影响。

区域城镇化研究。 马忠莲的《青海省农牧区城镇化建设初探》（《攀登》2003 年第 S1 期）一文，对推进青海省农牧区城镇化建设提出了建议。马忠良的《加快青海省农村劳动力转移的对策》（《攀登》2004 年第 3 期）一文，分析了青海省农村劳动力向外转移的制约因素，并提出了建设性意见。关小梅、程克华的《加快青海黄河谷地城镇化建设的思考》（《青海社会科学》2004 年第 4 期）一文，提出了黄河谷地城镇化建设的具体思路以及黄河谷地城镇化建设中需要注意的几个问题。刘峰贵、周强、卓玛措的《格尔木市城市经济发展战略研究》（《经济地理》2005 年第 3 期）一文，就格尔木在经济发展中的战略优势进行全面的分析定位，提出今后城市发展中的措施和目标。诺卫星的《海西统筹城乡协调发展的行政基点》（《柴达木开发研究》2005 年第 3 期）一文，对海西实施统筹城乡协调发展的基本做法，推进统筹城乡协调发展的行政基点做了介绍。王兆远的《解决"三农"问题须臾也不能放松》（《甘肃农业》2005 年第 7 期）一文，认为在解决"三农"问题上，必须统筹城乡发展，加快城镇化建设，大量转移农村富余劳动力。王玉邦的《格尔木城市化进程中的问题与对策》（《青海师范大学民族师范学院学报》2006 年第 2 期）一文，认为格尔木城市化现象日渐凸显，做好格尔木城市化研究工作是当前亟待加强的一项工作。陈英玉的《牧民流动与牧区城镇化道路》（《攀登》2006 年第 4 期）一文，根据青藏高原牧民流动方式，探讨了牧区城镇建设的模式和基本途径，并提出了我国牧区城镇建设的措施。张建英的《论我国民族地区城镇化发展中的政府行为》（《青海师专学报》2006 年第 6 期）

一文，对少数民族地区城镇化发展中的政府行为进行了阐述。秦玉兰的《和谐社会构建中西部地区农民市民化的路径选择》（《全国商情》2006年第7期）一文，建议我国西部地区可以采取农民工进城、进入乡镇企业等多层次、多渠道的转移途径，来促进西部地区农村现代化发展和和谐社会构建。卓玛措、冯起的《青海河湟地区城镇化水平的综合分析研究》（《青海师范大学学报》2007年第1期）一文，为河湟地区城镇化进程提供了决策依据。尹秀娟、罗亚萍的《"三江源"生态移民与迁入地城镇化建设》（《青海师范大学学报》2007年第2期）一文，提出通过推进迁入地城镇化建设来实现"三江源"移民与迁入地的可持续发展。汪春燕的《城市化：西北地区各民族共同发展的一个视角》（《青海民族研究》2007年第2期）一文，认为城市化是西北各民族逐步实现现代化的必由之路。许光中的《城市化与农村基础教育改革》（《青海师专学报》2007年第6期）一文，认为农村基础教育如何确立正确的教学导向、如何定位、如何布局，成为我国快速城市化背景下农村基础教育改革的重要问题。王小梅、高丽文的《三江源地区生态移民与城镇化协调发展研究》（《青海师范大学学报》2008年第1期）一文，围绕保障该区生态移民与城镇化协调发展这一主题，从基本路径方面做了系统探讨。单德水的《城市化视角下的农村集体建设用地流转》[《法制与经济（下半月）》2008年第2期]一文，认为必须打破城乡二元体制的限制，允许农村集体建设用地流转。祁学梅的《浅谈乐都县加快小城镇建设的步伐》（《山西建筑》2010年第5期）一文，说明了加快发展农村小城镇建设的重要性，针对如何加快农村小城镇建设进行了探讨，并提出了相关建议。丁生喜、王晓鹏的《环青海湖地区城镇化建设的生态经济效应分析》（《青海民族大学学报》2010年第2期）一文，深入分析环青海湖少数民族地区城镇化建设的生态经济效应，提出了环湖地区城镇化发展的战略思路。刘晓平的《基于Logistic模型的青海省农村人口城镇化水平的预测》[《青海大学学报》（自然科学版）2010年第2期]一文，反映出城乡人口替代过程的内在联系。陈生琛的《城镇化进程中青海三江源生态移民点社区体育发展与和谐社区建设》（《辽宁体育科技》2010年第3期）一文，就社区体育的发展对目前青海三江源生态移民点和谐社区建设的作用和社区体育发展存在的问题进行了分析，并提出了相应的对策。汪春燕的《西北地区少数民族城市化特点初探》（《黑龙江民族丛刊》2010年第3期）一文，在对人口城市化概念进行多向度理解基础上，就西北地区少数民族城市化特点展开了探索性解析。关小梅的《青海省河湟谷地城镇化建设刍议》（《攀登》2010年第6期）一文，指出现阶段应重点推进县城的发展，降低省会城市的首位度，使河湟谷地的城镇结构更趋合理化。丁生喜、王晓鹏的《基于重力模型的环青海湖区域规划与开发战略分析》（《开发研究》2010年第6期）一文，在对环青海湖地区社会经济发展现状进到分析的基础上，讨论了环青海湖区域经济中心，并提出区域经济规划与开发战略措施。

城镇化问题研究。许光中的《城市化与青海城市生态建设问题浅议》（《青海师范大学学报》2005年第6期）一文，认为青藏高原的青海省的城市要走以保护生态环境为主、可持续发展的城市生态化之路。蒋贵彦的《青海省城市化进程与交通网络的相互关系研究初探》（《国土与自然资源研究》2005年第4期）一文，通过相关数学模型分析，讨论了青海省交通网络与城市化水平之间的相关性。刘永萍、吴有祯的《城市化与农村青少年心理调适》（《青海民族学院学报》2007年第4期）一文，就城镇化过程中如何根据农村青少年的心理变化进行相应的教育进行了探讨，并提出相应的措施。王洪元的《城市化进程中失地农民就业问题初探》(《内蒙古电大学刊》2008 年第 3 期) 一文，分析了影响和制约失地农民就业的因素，并由此提出了相应的对策和建议。那小红的《社会主义新农村建设中小城镇发展问题研究》(《青海民族学院学报》2008 年第 4 期) 一文，认为只有大力加强小城镇的建设，加快城市化进程，减少农村人口，才能最终完成新农村建设的目标和任务。高丽文的《三江源地区城镇协调发展面临的问题与对策选择》(《产业与科技论坛》2008 年第 4 期) 一文，讨论了保障三江源地区生态移民与城镇化协调发展的基本路径。阮志刚的《城市化进程中失地农民问题的思考与对策》(《湖北经济学院学报》2009 年第 2 期) 一文，分析了农村征地过程中存在的问题和失地农民所面临的困境，提出相应的对策与建议。吴永娇、马海州、董锁成的《城市扩张进程中水环境污染成本响应模拟》(《地理研究》2009 年第 2 期) 一文，旨在建立地表水环境污染对城市扩张的响应模型，以模拟预测城市扩张进程中的社会经济发展、土地效益和生态环境成本的动态变化过程。陆斌、王远的《城市化背景下体育与经济的关系》[《青海民族大学学报》(教育科学版) 2010 年第 5 期] 一文，阐述了城市化进程中体育对经济发展的促进作用，并对处理体育与城市经济发展关系时应注意的问题进行了分析。汪春燕的《论城市化与民族政治关系》[《西南民族大学学报》(人文社科版) 2010 年第 9 期] 一文，对城市化背景下民族政治关系的内容进行了具体分析。王梅花的《大力发展青海省农牧区经济以推进城镇化建设》(《现代农业科技》2010 年第 19 期) 一文，提出大力发展青海省农牧区经济、加快推进城镇化建设的主要途径。汪春燕的《城市化语境下青海女性的生存与发展》(《青海民族研究》2010 年第 4 期) 一文，对性别刻板印象与青海女性发展进行了详细的分析，认为促进青海女性发展必须抓住重点，制定

相应措施。

小城镇发展研究。曹淑英的《小城镇、城市化在西部大开发中的地位与作用》(《青海民族研究》2000 年第 4 期) 一文，认为发展小城镇与城市化是一个带动农村经济和社会发展的大战略，是西部大开发的战略举措。许光中的《加快小城镇建设促进西部城市化进程》(《青海师范大学学报》2001 年第 1 期) 一文，认为在西部大开发中，通过优先发展小城镇来推进西部的城市化进程，能更迅速地促进西部经济的发展。张伟的《青海小城镇发展的模式》(《青海社会科学》2002 年第 2 期) 一文，分析了青海省小城镇的发展过程，以及可以采取的发展模式、存在的问题，并提出对策建议。那小红的《青海实施小城镇化战略的思考》(《青海师范大学学报》2003 年第 4 期) 一文，就如何根据合理的、科学的规划来推进青海省的小城镇化发展提出了思路。胡居正的《对加强牧区流动人口宏观管理的思考——以青海省杂多县为例》(《攀登》2003 年第 6 期) 一文，从青海牧区的实际出发，对牧区人口流动进行分析，并提出相关建议。赵凤勇的《关于格尔木市农村小城镇发展的思考》(《农业经济》2006 年第 5 期) 一文，讨论了格尔木农村小城镇发展的目标和方向。

城镇化与脱贫研究。牛建章、王梅花的《对青海省农牧民增收问题的思考》(《青海畜牧兽医杂志》2003 年第 1 期) 一文，提出了实现"十五"计划新目标的途径及思路。丁忠兵的《青海贫困地区脱贫致富刍议》(《青海社会科学》2003 年第 6 期) 一文，对青海省贫困地区的现状及面临的问题做了分析，并提出对策建议。郭启才的《青海省海西州小康社会建设的几个关键问题》(《攀登》2003 年第 S1 期) 一文，从四个方面提出全面推进海西州小康社会建设步伐的建议。袁金霞的《构建和谐社会应加大城市反贫困力度》(《青海师专学报》2007 年第 4 期) 一文，

对城市贫困人口及其所处困境的原因进行分析，提出了解决这一问题的方法。张永林的《三江源地区全面建设小康社会与全民健身体育协调发展的研究》（《武汉体育学院学报》2008 年第 8 期）一文，认为三江源地区建设公共服务型政府、加快城镇化建设水平是发展健身体育的关键。郭全新的《农业银行支持城镇化的原则及对策》（《青海金融》2001 年第 3 期）一文，认为青海省各级农行要适应全省城镇化的新形势，加大支持城镇化力度，在促进全省城乡经济协调发展中发展壮大自己。

城镇化历史研究。符松涛的《城市化运动对早期罗马帝国经济发展的影响》[《吉林省教育学院学报》（学科版）2008 年第 9 期]一文，认为早期罗马帝国的城市化运动促进了罗马和各行省经济的发展，改变了经济结构和生活方式，推动了罗马帝国经济的繁荣。符松涛的《希腊大殖民运动对城市发展的影响》（《青海民族学院学报》2008 年第 4 期）一文，认为公元前 8 世纪至前 6 世纪希腊的大殖民运动推动了希腊城市的发展和繁荣，加快了希腊城市化的步伐。符松涛的《早期罗马帝国城市化的动因》（《社科纵横》2008 年第 10 期）一文，认为都市生活的推广改变了罗马和行省的经济结构和生活方式，集聚经济利益成为导致早期罗马帝国城市化的最根本动因，是决定性的动因。

二、移民研究

这一时期，专家学者一方面对历史上的青海乃至西部地区的移民问题进行了社会学分析；另一方面就水电建设、扶贫开发等具体情况下的移民问题做了一定程度的社会学研究。

移民历史研究。董倩的《明代永乐年间移民政策述论》（《青海社会科学》1998 年第 6 期）一文，旨在分析该项移民政策背景与目的，说明其种类、规模和路线，探讨其成效和影响。贾伟、李臣玲的《试论两汉时期青海汉族人口迁移》（《青海民族研究》1999 年第 3 期）一文，就汉族在两汉时期的迁移情况及其相关的诸如迁移过程、来源、类型、管理、分布及其特点等问题进行了讨论。李朝、苏中颖的《关于"祖籍南京竹子巷"一语的文化解读》（《青海民族研究》2001 年第 2 期）一文，论述了青海地方文化的多元化特征。陈永清的《中国近代西北移民及其影响》（《青海民族研究》2001 年第 4 期）一文，指出"移民实边"是晚清社会中的一个重大事件，客观上促进了近代西北尤其是新疆社会经济的发展变化。贾伟、马兴盛的《试论明代青海河湟地区人口迁移》（《青海民族研究》2002 年第 2 期）一文，着重论述了明代河湟地区的人口迁移活动的历史过程，较详细地考证了移民的来源、迁入区以及移民的方式等相关问题。李朝、殷永发的《"南京珠玑巷"新说——兼谈民俗的传承与变异》（《青海民族研究》2002 年第 3 期）一文，指出由于自然和人文环境的变异、官方和民间话语修正的双重作用而使传说发生了改变，并最终使这一文化符号在误读的情况下，被赋予了新的文化内涵。丁柏峰的《明代移民入滇与中国西南边疆的巩固》（《青海社会科学》2003 年第 1 期）一文，认为明代对云南的大规模移民不仅仅是一种安置和开发，而且是使疆域得到巩固和社会经济文化得以发展的重大措施。霍福的《"南京竹子巷"与青海汉族移民——民族学视野下民间传说故事的记忆和流变》（《青海师范大学民族师范学院学报》2006 年第 2 期）一文，对"南京竹子巷"的传说进行解读，认为传说有其事实背景。刘锡华的《唐代吐蕃的移民与社会文化发展》（《韶关学院学报》2007 年第 7 期）一文，认为民众的迁徙是其文化变迁的主要原因之一。陈改玲的《汉族移民与藏区古代经济发展——以甘肃甘南藏区为例》（《辽宁行政学院学报》2008 年第 3 期）一文，分析了秦汉西扩、隋唐的屯田、明清的实边，中原汉族大量进入甘南的过程，认为这一过程在促进甘南经济发展的同时，对当地环境也造成了不良影响。李健胜的《汉族移民与河湟地区的人文生态变迁》（《西北人口》2010 年第 4 期）一文，认为汉族移民的到来改变了河湟地区原有的作业方式，也改变了这一地区原有的人文生态系统。

移民与产业项目研究。孙洲霞、李增春的《西部水电建设中水库移民经济开发问题探讨》（《开发研究》1996 年第 2 期）一文，认为以经济开发为主体是搞好西部水电开发中水库移民工作的根本途径。李燕青、赵霞的《香巴项目区移民规模确定的主要依据》（《柴达木开发研究》1999 年第 1 期）一文，运用科学方法和充分依据对香巴项目移民地区的人口容量、移民规模进行综合分析、归纳，得出较为合理的结论。陈修文的《香巴项目区移民垦殖的生态问题》（《柴达木开发研究》1999 年第 1 期）一文，对香日德、巴隆移民开发项目面临的生态问题进行分析并提出对策措施。王光峰的《调整农业产业结构、发展库区移民经济——对青海省库区移民后期扶持工作的几点思考》（《中国水力发电工程学会会议论文集》，2003 年）一文，分析了青海省库区移民经济现状及发展前景、存在的问题，对今后移民后期扶持工作做了几点思考。康国飞、张克斌等的《绿洲农业开发风险分析研究进展》（《北京林业大学学报》2004 年第 3 期）一文，介绍了绿洲农业综合开发和社区建设中遇到的主要风险、移民管理风险及投资风险的理论和评价方法。肖子树的《沱沱河生态移民纪实》（《柴达木开发研究》2005 年第 1 期）一文，报道了沱沱河地区的 53 户牧民北迁柴达木，搬入位于格尔木市南郊的牧民新村的过程。李洪海的《关于退牧还草工程暖棚利用情况的调查报告》（《青海草业》2005 年第 1 期）一文，对 2003 年在"三江源"地区的十二县实施退牧还草与生态移民工程进行了实地调查并形成报告。邓艳芳、李长慧

的《长江源头地区退牧还草工程调查研究》（《生态经济》2006 年第 2 期）一文，认为将退牧还草和生态移民工程有机结合起来可以促进区域经济的可持续发展。韩良、李杰、祁万强的《黄河谷地一道亮丽的风景线——青海水电建设库区移民生活扫描》（《青海国土经略》2008 年第 4 期）一文，记录了库区移民新村——贵德县河东乡沙柳湾村的新貌。关丙胜的《移居后的调适——对青海省香巴项目的社会学考察》（《社科纵横》2009 年第 4 期）一文，考察了青海省香巴项目区内移民群体出现的各种变迁和调适。

移民与扶贫研究。陈志苈的《青海省异地开发扶贫的思路与对策》（《攀登》1999 年第 3 期）和《略论青海省异地扶贫开发》（《农村财政与财务》2004 年第 9 期）两文，从异地扶贫的必要性、需注意的问题以及对策等方面就如何搞好青海省的异地扶贫进行了论述。杨永隆、乔安海、杜铁瑛的《青海巴隆扶贫项目移民户养殖业生产经营分析》（《青海大学学报》1999 年第 3 期）一文，对青海香日德巴隆农业开发扶贫项目中的移民户生产经营进行了分析，认为该项目建设报酬率高，具有较好的经济、社会、生态效益。张前的《青海省海西异地扶贫问题探析》（《青海社会科学》2003 年第 4 期）一文，总结了海西异地扶贫的成功经验，并就存在的问题提出了对策建议。聂华林、刘同德的《三农框架下西部贫困山区扶贫开发的战略思路》（《青海社会科学》2006 年第 2 期）一文，认为应当将扶贫资金用于从根本上提高西部贫困山区的农牧民素质和社会发育水平以及解决生态环境问题上。

生态移民研究。郭华、盛国滨的《论三江源地区生态移民与可持续发展》和聂华林、刘同德的《梯度规模移民与三江源地区可持续发展》（《中国科学院西北高原生物研究所会议论文集》，2005 年）两文，讨论了三江源地区生态环境、生态移民与可持续发展之间的关系。百乐·司宝才

仁的《谈三江源生态移民及其文化变迁》（《青海师范大学学报》2006年第3期）一文，分析了三江源生态移民的文化变迁。何玲、韩官却加、杨多才旦的《对青海移民地区民族宗教问题的思考——以海西州为例》（《青海社会科学》2006年第3期）一文，探讨了青海省移民地区民族宗教问题的现状及对策。景晖、苏海红的《三江源生态移民后续生产生活问题研究》（《西部论丛》2006年第9期）一文，对三江源生态移民后续生产生活问题进行了研究。朱宏才的《对"三江源"自然保护区中河南蒙古族自治县生态保护工作的调查与思考》（《攀登》2006年第2期）一文，指出生态移民、休牧育草要从实际出发，因地制宜。结合调查所得，阐述了在实施三江源保护工程中河南县应该遵循的指导原则和具体措施。马茹芳的《关于三江源区生态移民的思考》（《四川草原》2006年第4期）一文，从三江源生态移民的重要性、移民"再社会化"过程中遇到的问题和成功实施生态移民的措施方面进行了探讨。乔军的《对三江源生态移民权利保障的思考》（《攀登》2006年第3期）一文，认为保障生态移民的合法权益，是落实科学发展观、构建和谐青海的需要。李芬兰的《三江源区生态移民点民族体育文化现状与发展对策研究》（《西安体育学院学报》2006年第5期）一文，对青海三江源地区生态移民点民族体育文化现状进行剖析并探讨其发展措施。尹秀娟、罗亚萍的《制约三江源地区生态移民迁入地可持续发展的因素》（《西北人口》2006年第5期）一文，讨论了制约三江源地区生态移民迁入地可持续发展的因素。绽小林、陶秉元的《青藏高原三江源区生态环境与生态移民及社会发展困境问题研究——以青海藏区藏民族移民群体为主体的实证研究》（《四川大学中国藏学研究所会议论文集》，2006年）一文，探讨了以青海藏区藏民族为主体的移民群体的基本态势、基本情况，解决生态移民群民群体的基本态势、基本情况，解决生态移民群

体发展的关键问题，以及制约其发展的相关因素。尹秀娟、罗亚萍的《"三江源"生态移民与迁入地城镇化建设》（《青海师范大学学报》2007年第2期）一文，提出通过推进迁入地城镇化建设来实现移民与迁入地的可持续发展。韩官却加的《青海海西移民地区民族宗教问题的调查与研究》（《青海民族学院学报》2007年第2期）一文，对青海海东地区异地扶贫移民项目实施中存在的民族、宗教问题进行了调查研究，查找存在的突出问题，并提出了解决问题的对策。百乐·司宝才仁、韩昭庆的《试论三江源生态移民的文化变迁》（《复旦学报》2007年第3期）一文，指出文化适应才是三江源实现生态移民的最终目的。翟岁显、翟瑞雪的《三江源生态移民高成本的原因分析》（《生态经济》2007年第1期）一文，从牧民生活成本高、生产技能差、地区缺乏产业支持、青海财力有限和生态保护困难五个方面对三江源生态移民高成本的原因进行了分析。白建俊、谢芳的《对黄南藏族自治州三江源自然保护区生态移民情况的调查》（《青海金融》2007年第7期）一文，分析阐述了做好移民工作对促进县域经济发展产生的积极影响，并对今后做好移民工作提出了一些意见和建议。辛积山、白廷举的《三江源区生态移民权益保护的法律框架体系》（《青海师范大学学报》2007年第5期）一文，认为在生态移民工作中，应当加大移民社会的制度建设。王小梅、刘峰贵等的《三江源区生态移民整合问题研究》[《生态经济》（学术版）2007年第2期]一文，对三江源生态移民过程中存在的自然、经济、社会等诸多整合问题进行了分析。绽小林、马占山等的《三江源区藏民族生态移民及生态环境保护中的生态补偿政策研究》（《攀登》2007年第6期）一文，对三江源区生态移民及生态环境保护中的生态补偿从三个方面进行了剖析。马玉成的《"三江源"生态移民后续产业发展的对策措施》（《农业经济》

2007 年第 12 期）一文，提出了"三江源"生态移民后续产业发展的措施。张贺全、逯庆章的《青海三江源地区实施生态移民的分析与思考》（《青海草业》2007 年第 4 期）一文，分析了三江源移民工程面临的主要问题与困难，并提出了相关建议和解决措施。王小梅、高丽文的《三江源地区生态移民与城镇化协调发展研究》（《青海师范大学学报》2008 年第 1 期）一文，围绕保障该区生态移民与城镇化协调发展这一主题，从基本路径方面做了系统探讨。陈生琛的《城镇化进程中青海三江源生态移民点社区体育发展与和谐社区建设》（《体育文化导刊》2008 年第 35 期）一文，对转型期三江源移民区在新的社会环境下，藏民族传统体育文化的发展前景进行了思考和展望。张成鳌的《三江源地区生态移民安居问题探讨》（《青海金融》2008 年第 5 期）一文，对三江源地区生态移民安居中存在的问题和困难进行了分析研究，并提出发展后续产业的意见和建议。周继红的《对依法加强三江源区生态移民工程实施的思考》（《青海民族研究》2008 年第 4 期）一文，讨论了依法加强三江源区生态移民工程的途径。赵宏利、陈修文的《PRA 方法在生态移民后续产业发展项目选择中的应用——以三江源地区生态移民为例》（《开发研究》2008 年第 5 期）一文，首次应用 PRA 方法，提出了目前适合当地的不同类型生态移民可供选择的后续产业发展项目体系。鲁顺元的《生态移民理论与青海的移民实践》（《青海社会科学》2008 年第 6 期）一文，就如何继续推进生态移民理论与实践创新，提出了看法。马洪波、李广泳的《环境保护与可持续发展中的社会问题——中加国际学术研讨会综述》（《攀登》2008 年第 6 期）一文，对环境保护与可持续发展背景下社会公平的实现途径及解决三江源环境保护与可持续发展中社会问题的关键环节进行了梳理和评价。绽小林、陶秉元等的《三江源区生态移民的价值测算与补偿机

制研究》（《攀登》2008 年第 6 期）一文，认为要着力解决推进生态移民工作中的问题，关键在于厘清并建立该区域生态环境的价值测算与补偿机制。骆桂花的《三江源生态移民安置与后续产业发展的社会调查》（《青海民族学院学报》2009 年第 2 期）一文，探析了三江源生态移民安置、后续产业发展等层面的不同表现形式及影响因素。贾荣敏的《三江源生态移民对于反贫困问题的意义》（《青海民族学院学报》2009 年第 2 期）一文，认为应通过改变贫困人口的生存空间，突破制约生存发展的环境约束，从而达到改变贫困人口生存状态的目的。解彩霞的《三江源生态移民的社会适应研究——基于格尔木市两个移民点的调查》（《青海社会科学》2009 年第 3 期）一文，解释了影响三江源生态移民社会适应的原因。赵宏利、陈修文等的《生态移民后续产业发展模式研究——以三江源国家级自然保护区为例》（《生态经济》2009 年第 7 期）一文，总结了该地区生态移民的特殊性，对移民及早实现二次创业和各级有关部门在同类地区进行移民安置、资源合理利用、后续产业构建及产业调整等提供了决策参考。白雪梅的《三江源环境保护中生态移民的人文思考》（《青海环境》2009 年第 3 期）一文，认为树立全面、协调、可持续的科学发展观，对江河源环境保护和建设以及构建社会主义和谐社会具有重要的现实价值。陈生琛的《三江源生态移民点民族传统体育文化发展》[《青海师范大学学报》（自然科学版）2009 年第 4 期]一文，认为民族传统体育文化的发展对移民点和谐社区构建有着重要作用。周恩明的《青海省三江源藏区移民定居点农牧民体育活动开展的方式、途径和方法研究》（《中国体育科学学会会议论文集》，2010 年）一文，分析了青海三江源藏区移民开展体育活动的基本方式、内容、途径和方法，研究其特征以及与现代体育发展的关系。荣增举的《三江源自然保护区生态移民社区

的居民需要——以玉树县上拉秀乡家吉娘生态移民社区为例》（《青海民族研究》2010年第3期）一文，对青海省家吉娘移民社区的居民需要进行了探索，并初步探讨了为满足生态移民社区需要开展的社区工作介入策略。

移民相关研究。强稼的《关注三江源移民的文化迁徙》（《柴达木开发研究》2005年第2期）一文，记录了自2004年底以来，世居长江源头的牧民分批迁入格尔木市生态移民新村的过程，探讨了由此产生的文化变迁。马学贤的《青藏线沿途穆斯林移民社会现状调查》（《青海社会科学》2007年第3期）一文，对青藏线沿途新兴移民中穆斯林的迁入与分布，沿途迁徙的社会背景和主要经济活动，以及经济生活的变化及对周围的社会影响做了分析。朱小川的《落实科学发展观　开创移民安置工作新局面》（《青海国土经略》2008年第6期）一文，论述了落实科学发展观在移民安置工作中的重要性。宋慧的《青海水库移民金融需求分析》（《青海金融》2010年第7期）一文，建议建立金融支持水库移民的筹资体系，支持水库移民安置区建设和移民生产生活水平的恢复与发展。

第六节　社会治理研究

社会治理是指政府、社会组织、社区、个人等多个治理主体参与，对社会公共事务进行治理。这一时期的专家学者主要就社会治理模式、公共服务、基层社会治理等领域进行了研究和探讨，发表了一批研究成果。

社会治理模式研究。马德明的《论民族地区行政伦理责任》（《青海社会科学》2007年第4期）一文，提出加强对民族地区行政伦理责任的重视，既是力求解决民族地区公共行政实践中不同责任冲突的需要，也是民族地区社会治理模式转变的需要。刘刚、于超的《构建我国有效政府模式的几点思考》（《北方经济》2008年第2期）一文，对构建我国有效政府模式进行了思考。苏静的《我国西部地区服务型政府构建的实践与路径思考》（《"建设服务型政府的理论与实践"研讨会暨中国行政管理学会2008年年会论文集》）一文，以西部地区构建服务型政府过程中所取得的成效、存在的问题及其根源为基点，为西部地区找到切合本地实际特点的政府管理新模式提供一些有益参考。来君的《论社会治理模式中法律与道德的冲突及解决》（《青海师专学报》2008年第3期）一文，认为法律与道德的冲突在社会治理模式构建中以法治或德治的治理方式出现，进而从法律与道德的矛盾运动出发，分析了社会治理模式的选择，并提出社会治理过程中法律公正与道德公正的冲突及解决途径。李小平、肖莉的《老子和谐观及其现实启示》（《青海师范大学学报》2009年第5期）一文，认为老子《道德经》中有许多独到的社会主张，尤其是他的和谐观给社会治理提供了丰富的资源。

公共服务研究。张伟的《民族自治地区改善政府公共服务体系研究——以青海民族自治地区为例》（青海省社会科学规划项目，2005年）一文，对青海民族自治地区公共服务发展的历程与成就进行了梳理，分析了青海民族自治地方政府公共服务存在的问题，提出了民族自治地方政府公共服务体系的构建和公共服务能力提升的建议。张伟、肖莉的《关于青海省建设公共服务型政府问题研究》（《青海社会科学》2007年第1期）一文，认为青海省建设公共服务型政府可以采取政府社会公共资源向"经济瓶颈"和社会领域适度倾斜，以提供公共产品和科教、文化、卫生等社会事业服务；采取有效措施，扩大救助资金，提供贫困人口的基本生活保障；完善社会保障体系，提高就业、养老等服务水平等"适度发展，消除贫困"的模式。马蓝的《构建服务型政府的思考》(《内蒙古电大学刊》2008 年第 9 期) 一文，认为政府失灵是政府由于本身的缺陷或缺失而不能有效提供公共物品，造成资源浪费，交易成本过高，寻租和腐败现象增多。服务型政府是一种以人为本，以社会为本，按照人民的意志组织和运行的，构建服务型政府既是政府自身的本质要求，也是矫正政府失灵的一种路径。田志华、李凤荣、李凌云的《实现青海省基本公共服务均等化的路径选择》(《财会研究》2009 年第 16 期) 一文，认为加快实现基本公共服务均等化已经成为我国当前重要的公共政策目标。对青海省目前面临的基本公共服务存在的差距进行分析，对推进青海省公共服务均等化提出相应的路径。刘傲洋、张伟的《民族自治地方改善政府公共服务刍议》(《青海社会科学》2010 年第 5 期) 一文，认为改善政府公共服务对于民族自治地方推进科学发展具有战略意义，应在尊重民族自治地方的差异性与特殊性的基础上，创造性地改善政府公共服务。该文着重从基本思路、主要任务及对策建议等方面进行了探讨。郭睿的《基于服务型政府的文化市场行政执法模式创新》(《学理论》2010 年第 6 期) 一文，认为建设"服务型政府"是政府治理模式发展到一定阶段的产物，是新的历史条件下社会治理的政府模式。深入分析了文化市场行政执法中存在的问题，剖析其深层原因，并积极探索基于服务型政府的文化市场行政执法模式的创新路径。

基层社会治理研究。鲁顺元的《农村基层社区组织运行和功能重构》(《柴达木开发研究》2002 年第 1 期) 一文，从民主自治视角对青海东部地区农村基层社会结构及基层社会组织与基层政权组织对农村社会的功能做了探讨。高永宏的《青海省社会治安综合治理工作法制化问题探析》(《攀登》2005 年第 2 期) 一文，认为建立与社会主义市场经济、民主政治相适应的社会管理长效机制，是社会治安综合治理工作未来发展的根本趋势。陈玮、马占彪、马学勤的《青海社会组织管理合力问题探析》(《青海社会科学》2006 年第 4 期) 一文，立足青海实际，就青海社会组织管理合力问题进行探讨，并提出相应的对策。来君的《村民自治与农村和谐社会构建》(《柴达木开发研究》2007 年第 1 期) 和《村民自治与建设和谐新农村》(《辽宁省社会主义学院学报》2008 年第 1 期) 两文，认为推行村民自治，是现代农村基层社会稳定的基石和保障。孙建的《西部民族地区农村社区治理问题初探》(《东方企业文化》2010 年第 9 期) 一文，讨论了城镇化进程中农村转型社区治理模式以及过程，从中发现该过程中社区治理和建设的一般路径。许光中的《青海西宁"城中村"的现状及治理》(《青海师范大学学报》2006 年第 6 期) 一文，根据青海西宁"城中村"的现状、经济能力和城市规划的发展要求，认为青海西宁"城中村"的改造宜采用"撤村建居"的"渐进式改制"方式。张福春的《民国时期地方政府行政治理权在民族社会的确立——以青海藏族游牧区为例》(《湖南工业大学学报》2010 年第 3 期) 一文，论述了民国时期地方政府行政治理权在民族社会的确立过程。冯海英的《传统与现代：论安多藏族牧区社会冲突治理——基于两类常见纠纷的思考》(《西藏研究》2010 年第 4 期) 一文，认为治理及化解藏族牧区社会冲突，应努力构建多方参与的社会冲突管理格局。

第七节　社会学领域其他问题研究

从社会学的视角来研究探讨与民族、宗教相关联的社会现象和社会问题是青海多元民族宗教省情下社会学研究的重点领域，这一时期，青海各民族的社会组织、社会制度、社会行为等，宗教的社会功能、宗教与信众的社会生活、宗教与人的社会化等方向和领域是青海社会学界研究的重点，社会工作、社会现象、社会问题的研究也是这一时期关注的领域，产生了一批研究成果。

民族社会问题研究。吴德军的《青海藏族的发誓行为》（《攀登》1993 年第 3 期）一文，系统研究了藏族发誓行为的起源及社会功能。南文渊的《藏族知识分子的职业选择倾向》（《青海民族学院学报》1993 年第 3 期）一文，以 1990年人口普查资料为依据，对青海省藏族知识分子职业选择状况做出分析。段继业的《面向回族社会学》（《青海民族研究》2000 年第 2 期）一文，对回族社会学的研究做了论述和分析，探讨了面向回族社会学研究的途径。马成俊的《撒拉族青少年社会化问题刍议》（《青海民族学院学报》2001 年第 3 期）一文，对撒拉族青少年社会化问题进行了初步研究。高永久的《对撒拉族婚礼的民族社会学研究》（《中央民族大学学报》2002年第 1 期）和《对撒拉族家庭的民族社会学考察》（《西北民族研究》2002 年第 1 期）两文，认为撒拉族的婚礼中既有对民族历史的高度浓缩，也处处表现出伊斯兰文化的特质及相邻民族文化的影响，揭示了撒拉族家庭在新时期的功能。李臣玲的《20 世纪 90 年代西北城市社区民族通婚调查研究——以西宁市城中区为例》（《青海民族研究》2004 年第 2 期）一文，对西宁市城中区 20 世纪 90 年代近 8 年的民族通婚变动状况进行了调查研究。李臣玲、贾伟的《新疆撒拉族民族社会学调查》（《新疆大学学报》2005 年第 6 期）一文，较为完整地描述和分析了新疆撒拉族的社会现状，并对导致新疆撒拉族与其他民族之间文化互动调适的因素作了思考。南文渊的《20 世纪初群科旗蒙古的文化变异与边缘化倾向》（《青海民族学院学报》2007 年第 1 期）一

文，认为群科旗以前是青海湖蒙古人的一个基层社会组织，20 世纪以来逐渐从民族集团演变为一个地域集团，在当地，群科旗蒙古人与其他少数民族一样成为非主流民族，他们的文化也发生了变异，一些蒙古人成为多重身份的人，走向边缘化。马文慧的《西宁市区的居住格局与回汉族居民的社会交往》（《青海民族学院学报》2007 年第 4 期）一文，分析了西宁市区回汉族居民的居住格局及形成此格局的主要因素。段继业的《西北回族的第二次东渐》（《攀登》2007 年第 6 期）一文，认为 20 世纪 90 年代以来甘青宁地区的回族群众以开牛肉拉面馆的方式大规模进入东部城市是西北回族的第二次东渐。陈其斌、周鸿锦的《西北少数民族文化发展初探——以东乡族为例》（《社科纵横》2007 年第 6 期）一文，认为东乡族羊文化传统深厚，经济发展和民族发展应立基于传统羊文化的传承、保护和发展。韦仁忠的《民族社会学视域中的撒拉族婚俗》（《科技信息》2007 年第 31 期）一文，认为撒拉族的婚礼表达了对安定生活及子孙绵延不绝的追求，其中既有对民族历史的高度浓缩，也处处表现出伊斯兰文化的特质及相邻民族文化的影响。骆桂花的《城市化进程中的民族流动人口与城市社会关系调查——以青海省格尔木市为例》（《青海社会科学》2008 年第 4 期）一文，探析了格尔木市流动人口来源、流动人口从业特征、流动人口对社会关系的影响。

宗教社会问题研究。马文慧的《宗教文化与青海地区信教群众的社会生活》（《青海民族学院学报》2001 年第 1 期）一文，简要探讨了宗教文化对信教群众社会生活的影响。戴燕的《宗教与人的社会化》（《山西师范大学学报》2007 年第 1 期）一文，认为宗教在确立了个体作为某一个宗教群体成员的身份资格的同时，逐渐强化了所归属集体的群体意识，最终实现了个体向社会人的转变。王康康、祁进玉的《热贡地区土族

"六月会"祭祀活动的仪式分析——以同仁县尕沙日村为个案》(《青海民族大学学报》2010年第4期)一文，依据杜尔干和拉德克利夫－布朗的宗教人类学理论，对青海同仁地区的土族和藏族村庄在每年农历六月举办规模盛大的集体性祭祀活动"六月会"仪式的社会整合功能展开分析，提出"六月会"祭祀圈的概念，并从村落和村际两个层面揭示了其对社区共同体的整体团结和内部结构的巩固、维系作用。马文慧的《青藏地区基层宗教组织与社会稳定的社会学研究》(国家社科基金一般项目，2010年)一文，对青藏地区基层宗教组织的现状、组织特征、组织结构及其运行、经济活动等进行了详细梳理分析，就宗教组织的社会整合功能与社会稳定、青藏地区宗教组织与国家和社会场域的许多问题进行探讨，提出了宗教组织资源的整合与和谐社会构建的对策建议。

社会工作研究。裴敏超的《社会转型期的弱势群体社会工作》(《青海师专学报》2006年第6期)一文，指出在扶助弱势群体的问题上社会工作者具有不可替代的专业优势，转型期针对弱势群体社会工作大有可为。袁金霞的《关于社会工作人才队伍建设的思考》(《攀登》2008年第6期)一文，就加强社会工作人才队伍建设问题进行了分析和研究。荣增举、王莲玉的《社会工作者的专业化：问题与对策——以西宁市上滨河路社区工作者为例》(《青海民族研究》2009年第2期)一文，通过对西宁市上滨河路社区工作者个案的调研，分析了社会工作者确定社会需求、挖掘社区资源、解决社区问题的方法能力和社区工作者的迫切需要，探索社会工作者专业化的发展前景。荣增举、陈海雪的《社会工作与和谐青海的构建》(《青海民族学院学报》2009年第3期)一文，认为社会工作是以助人自助为价值理念，运用专业技能帮助弱势群体、困难群体，挖掘个人潜能和恢复个人、群体、社区发展功能的职业

活动。分析了青海独特的多元文化背景下社会建设中的突出问题，阐述了社会工作在和谐社会建设中的重要地位和作用，并提出了预防、解决社会稳定问题的新模式。

其他社会现象与社会问题研究。段继业的《毛泽东和费孝通社会调查的共同特点》(《青海民族学院学报》1998年第3期)一文，认为毛泽东与费孝通分别代表了中国社会调查史上的两种类型或两种系统，并对二者的特点进行了论述。刘成明的《社会转型对早期社会化的影响及对策》(《青海社会科学》1999年第2期)一文，在对早期社会化的特点及社会转型带来的可能后果及早期困境的缘由进行分析后，提出早期困境的预防及对策。崔永红等的《青海"法轮功"活动调查及对策研究》(青海省社会科学规划项目，2001年)一文，对青海"法轮功"活动进行了调查及对策研究。史海珠的《青海环境问题的环境社会学探析》(《青海环境》2004年第1期)一文，提出解决青海高原的生态环境问题的社会性思路，探索生态问题演变与社会发展变化的关系，揭示社会变迁的社会动因。王佐龙的《法社会学视野中的"三农"问题与权利扶贫》(《青海民院学报》2004年第2期)一文，通过对农村传统扶贫价值观的检讨，认为权利扶贫是解决"三农"问题的基本途径，并以此为取向，对权利扶贫实然化的基本条件和相关制度以及权利扶贫对农村社会现代权利型构的价值等进行了系统的探讨。段继业的《构建和谐社会与中国社会学的历史使命》(《攀登》2005年第2期)一文，认为对于中国的社会学来说，和谐社会并不是一个陌生的概念，而是他们一直持续追求的目标和现实理想。社会学应该为此贡献自己的力量，同时抓住这个难得的机遇，提高自身的学术水平。华热·多杰的《试析民间法的法理依据和社会基础——从民间法理论衍生和成长视角的分析》(《青海师范大学学报》2007年第1期)一文，

认为在法社会学领域，民间法的存在自有其法理依据、历史条件和现实社会基础。严丽芬的《新视角下的儿童社会化研究：以多元文化为价值取向》（《攀登》2007年第2期）一文，以多元文化为主线，倡导多元文化的差异共生为基于多元文化情境下的儿童社会性发展研究提供了新的方法论和研究策略。徐明的《玉树赛马节的社会学思考》（《青海民族研究》2007年第3期）一文，运用社会学理论和方法分析了玉树赛马节，为研究玉树藏族社会文化起到一定的作用。胡静的《校园流行语的社会学意义透析》（《长江工程职业技术学院学报》2008年第2期）一文，对"流行语"的总体特点、来源、所反映的心理现状等方面进行了分析，探讨了校园流行语的社会学意义。郭辉的《个体的社会适应与心理健康的相关性研究》（《攀登》2008年第5期）一文，主要从人际关系和健康状况的心理归因、医学领域中的心理学演进及其内涵、中国传统文化向心理保健的迁移等三个方面对个体的社会适应和心理健康的相关性进行了研究。马兰花的《青海省社区矫正试点工作社会基础分析与对策研究——以西宁市东关社区建设为分析点》（《青海社会科学》2009年第4期）一文，认为客观认识社区建设状况是青海省社区矫正顺利进行的关键性问题之一，也是分析社区矫正试点工作开展对策的一个视角，应积极探索具有民族特色的社区矫正方案。石德生的《社会心理学视域中的"社会认同"》（《攀登》2010年第1期）一文，从社会心理学的角度就社会认同的概念、内涵及形成机制、支撑体系进行了梳理。

第七章　文化建设研究

青海是特色文化大省，蕴藏着极其丰富而独特的文化资源。改革开放以来，尤其是西部大开发之后，随着青海传统文化的复兴和繁荣，青海文化建设领域发生了巨大变化，不仅文化事业、文化产业、文化旅游业得到了较快发展，文化学研究也有了重大突破与建树。

从20世纪90年代开始，省内外诸多学者围绕"文化青海"建设、非物质文化遗产保护、昆仑文化建构、热贡文化传承等开展了多学科、多角度的学术调查与研究，初步打造了昆仑文化、热贡文化研究等特色文化高地，出版发表了一批较有影响的学术论著。据不完全统计，1993—2010年，青海省文化建设研究的相关专著十余部，系列丛书2套，公开发表学术论文300余篇，文化发展与构建和谐社会、非物质文化遗产和热贡文化保护类国家社科基金项目约9项。其中，出版了《神秘的热贡文化》《青海历史文化与旅游开发》《青海省首批国家级非物质文化遗产代表作名录丛书》《河湟民族文化丛书》等一批具有较强资料性和学理性的学术著作，发表和完成了《论历史上青海区域文化的多元性》《神话中之昆仑山考述》《黄河上游小民族非物质文化遗产的抢救与保护研究》《青藏高原热贡艺术的开发、保护和利用》等多篇有较大影响的学术论文和国家社科基金项目。这些研究成果对青海地方文化资源进行了较为系统的挖掘与梳理，并对其保护和开发利用进行了积极探索，不仅促进了具有鲜明地域和民族特色的青海文化学科的建构，还促进了政府部门与学者的沟通与合作，推动了青海文化建设的快速发展。

第一节　文化青海建设研究

20世纪90年代以来，青海文化建设掀起了新高潮，出现了一大批推动"文化青海"建设、发展和繁荣青海文化的相关研究成果，这些成果从不同角度对青海文化建设提出了具体的建议和相关对策，对促进青海文化建设起到了积极的推动作用。

一、"文化青海"内涵研究

党的十七大以来，青海省在深刻学习领会"推动社会主义文化大发展大繁荣"的重要战略思想基础上，提出了"文化青海"建设的全新目标，相关文章对"文化青海"建设的重要性、内涵、主要任务等问题进行了探索研究。

"文化青海"建设总体构想研究。 曲青山的《关于加快"文化青海"建设的思考》（《攀登》2008年第1期）一文，以党的十七大精神为指导，在深刻领会"推动社会主义文化大发展大繁荣"的重要战略思想基础上，首次提出了"文化青海"的概念及目标，论述了建设"文化青海"的重要性和必要性，分析了推动"文化青海"建设的优势和条件，阐释了"文化青海"建设的总体要求和基本内容，提出了加强调研，科学制定"文化青海"建设纲要；加强社会主义核心价值体系建设，巩固全社会共同的思想基础；深入推进和谐文化建设，努力形成良好的人文环境和文化生态；完善公共文化服务体系，繁荣文化事业；大力扶持发展文化产业，打造特色文化品牌；深化文化体制改革，推进文化创新；凝聚社会各界力量，形成文化建设合力；加强队伍建设，为"文化青海"建设提供人才支撑等八个方面的工作要求。

"文化青海"建设的布局与着力点研究。 马进虎的《"文化青海"建设与高原各民族的"文化自觉"》（《攀登》2008年第5期）一文，在分析"文化青海"建设的历史条件和"文化青海"建设面临的观念差异基础之上，提出了"文化青海"建设的布局重点，认为青海各民族经济和文化的发展不仅要以价值观的彻底变革为出发点，有效落实自信、开放、创新的青海意识，而且"文化青海"的标志在于一批知识分子的诞生。同时，作者认为主文化与亚文化的协调是克服青海文化"两张皮"现象、实现发展的重要门径，而且要尊重文化（艺术）创作的个性化特征，让知识分子履行其特殊使命。马进虎的《文化青海建设刍议》（《青海社会科学》2009年第1期）一文，分析了"文化青海"建设的历史条件及面临的观念差异，指出了"文化青海"建设的着力点：推进"文化青海"建设是富裕、文明、和谐新青海建设的迫切需要；继续解放思想、树立青

海意识、推动科学发展是推进"文化青海"建设的主题；大力发展民族民间文化是推进"文化青海"建设的战略重点；政府主办的各类节庆赛事展会活动是推进"文化青海"建设的重要载体；社会主义先进文化建设取得的重大成就是推进"文化青海"建设的雄厚基础和条件，应拓展民族宗教工作视野，将其作为与"文化青海"建设相关的工作来做，推进民族团结进步事业。

民族文化建设研究。 李晓、赵志义的《试论青海文化资源与文化建设》（《青海师范大学学报》2003年第6期）一文，在阐述青海独特的地理环境、丰富的自然资源与人文资源所形成的特色文化资源基础之上，肯定了青海特色文化建设的意义，并提出了响应党中央关于西部大开发的战略决策，转变观念，提高认识；加强青海省文化发展战略研究，制定青海省文化发展规划；合理利用和开发文化资源，发展西部旅游产业及文化产业；加强文艺队伍建设的四大建议。马建武的《青海民族文化建设刍议》（《攀登》2008年第3期）一文，提出进一步提高思想认识，加快青海民族文化建设的步伐，为实现全面建设小康社会的奋斗目标和构建富裕文明和谐新青海奠定良好的基础；加强对青海民族文化的保护意识，解决民族文化建设中存在的资金投入不足问题，突出品牌意识，大力培育少数民族文化专业人才等建议。

二、生态文化建设研究

2008年1月，青海省委第十一届三次会议提出了生态立省战略，为弘扬和建设生态文化提出了新要求，有关专家学者进行了比较深入的探讨。范宗华的《关于青海生态文化建设的思考》（《攀登》2009年第2期）一文，认为培育生态文化是实施生态立省战略的灵魂和保障，深入探讨生态文化建设的有关问题具有重要的理论意义和实践意义，并就推进青海生态文化建设提出了充分认识生态文化建设的重要作用；把生态文化

建设与实现生态文明统一起来；加强对生态科学知识的普及，增强全社会的生态意识；建设各具特色的生态文化带，繁荣生态文化产业；加强宣传，在全社会大力倡导绿色消费模式；建立健全有利于生态文化建设的长效机制等六项建议。郭云甫的《关于青海生态文化建设的若干思考》（《青海社会科学》2009 年第 3 期）一文，提出生态立省战略既是深入贯彻落实党的十七大关于建设生态文明的具体体现，也是发挥青海比较优势、构筑发展新平台、树立发展新形象的最佳选择。文章强调深入探讨生态文化的内涵以及青海生态文化建设的重大意义、目标原则和有效途径，具有十分重要的理论意义和现实意义。韦仁忠的《青海发展生态文化产业的路径探寻》（《青海社会科学》2009 年第 6 期）一文，认为生态文化是生态立省的灵魂，也是一个地区经济社会发展"软实力"的重要标志。借青海生态文化资源之丰，大力发展生态文化产业，在保护建设生态中谋求又好又快发展，促进人与自然和谐共生，走出一条经济发展与保护生态双赢的可持续发展之路，是实施生态立省战略的重要举措。文章提出了发展生态文化产业的对策建议：充分挖掘整理开发青海民族民间文化中的题材资源；积极发展民族演出业；扶持传统工艺品加工；加快民族音像业发展；文化与生态结合打造旅游精品；强化独特的青海花儿、曲艺茶园文化，发展青海的特色餐饮业；重视彩陶文化建设，培育生态文化产业新的增长点；恢复和重建民俗节日文化，使青海的"农家乐"产业上层次、有规模。

三、民族文化与旅游研究

长期以来，独特的民族民俗风情、源远流长的昆仑文化、古朴神秘的宗教文化、异彩纷呈的节日文化，以及绚丽多姿的民族服饰文化等构成了青海极为丰富、最具魅力的高原民族文化生态环境和旅游资源。如何加快开发青海文化旅游资源，保护独特的民族文化生态，成为理论界研究的热点问题。

民族地区文化建设研究。 李红的《浅谈青海民族地区新农村文化建设》（《攀登》2008 年第 2 期）一文，认为加快民族地区农村文化事业的发展，有利于增强民族地区社会经济的发展，推进农村的城市化进程。并就加强农村和谐文化建设应采取的措施提出了提升农村牧区群众文化素质，加强思想道德建设；重塑农牧区文化载体，努力建设农村公共服务体系；各部门齐抓共管，丰富各民族群众的文化生活；培养农牧区文化骨干，强化现代科学文化意识；积极探索农牧区民族文化建设的长效机制等建议。

民族文化与旅游产业研究。 王伟章的《青海文化旅游与民族文化生态建设》（《中国土族》2002 年第 2 期）一文，提出民族文化生态建设是青海建设特色文化大省的基本条件，在"十五"期间乃至一个更长时间里，应始终坚持发展这个主题，着眼省情，立足当前，筹划长远，有步骤、分阶段推进：加强对民族文化旅游资源开发的引导，形成科学合理的开发机制；加强民族文化旅游理论的研究；突出特色，统筹规划；开发文化旅游要点、线、面有机结合，形成立体开发网络；培养人才，提高民族文化旅游资源开发的质量和品位；加大宣传，树立民族文化旅游的形象。何梅青的《青海民族文化旅游品牌建设之我见》（《攀登》2009 年第 1 期）一文，强调青海民族文化旅游资源丰富，特色性强，要在整体开发的基础上依托特色资源培育民族文化旅游品牌，形成推动青海旅游经济迅速发展的新动力。并提出完善和合理利用现有民族文化旅游品牌，整合旅游资源，建设民族文化标志性工程，培育文艺精品，开发民族文化商品；整合资源，整体规划；营造氛围，宣传造势；市场运作，培育实体；完善机制，开发人才资源的建议。方协邦、金文轩的《环青海湖民族民俗体育文化旅游圈建设及发展趋势研究》（《体育文化导刊》2009 年第 12 期）一文，认为青海在环青海湖民族民俗体育文化旅游圈的构建过程中，应当高瞻远瞩，科学合理地将本地区独特凝重的民族体育文化与国内外旅游交流融合在一起，起到自我展示、自我张扬，引领青藏高原走向世界，融入世界各民族友好往来与交流的大潮之中的行动指南作用，使之成为国际文化交流的桥头堡。张荣刚的《灾后重建的文化要素与文化旅游业发展——结合青海玉树建设》（《青海社会科学》2010 年第 3 期）一文，在总结玉树灾后重建中保护和强化原有特色的基础上，充分挖掘文化因素，为文化旅游业发展奠定坚实基础。并构建了灾后重建的基本分析框架，提出了运用文化因素促进旅游业发展的对策措施。文章建议在重建规划过程中，要明确玉树未来经济发展模式应当是以文化旅游业为主体，特别是以自然生态、民族文化旅游为核心，围绕文化旅游业发展多种附属产业，在保持独特的生态人文环境的基础上，优化、凸显民族化景观，更好地实施传统文化资源的保护和利用，在高原生态环境承载能力许可范围内，促进区域经济快速发展，促进当地居民生活水平改善。才仁措的《对青海民族文化旅游资源开发的几点思考》（《青海民族大学学报》2010 年第 2 期）一文，认为要保护和开发青海的民族民间文化，必须树立和落实科学发展观，以发展特色文化旅游产业为主线，以挖掘和展示青海特色民族民间文化资源为主要内容，继续打造体现地域和民族特色的文化品牌，搭建文化旅游发展平台，促进文化遗产保护。并强调要充分利用旅游景点、文化遗产、文艺创作，开发工艺品等途径，打造旅游精品，加强对外宣传和营造良好的文化氛围，努力开拓国际市场，真正把文化资源优势转化为旅游发展优势，为宣传青海、加快构建和谐青海服务。

四、和谐文化建设研究

和谐文化建设作为青海省经济社会和谐发展

的一项十分重要的任务，相关专家学者围绕如何促进各地区各民族经济文化和谐发展提出了相关建议。蔡永梅的《全面建设小康社会与青海文化产业发展》（《攀登》2003 年第 S1 期）一文，认为大力发展文化事业和文化产业，是党的十六大提出的全面建设小康社会的迫切要求。依托青海省文化资源，挖掘文化内涵，积极探寻文化产业化发展的思路，是一项重要而又紧迫的任务。对如何发展文化产业提出了更新观念，树立文化产业意识；健全文化市场体系，完善市场管理机制；加强扶持，制定和完善文化产业政策；调动文化工作者的创新积极性，提高文化产业的创新能力；加强文化市场法制建设，规范文化市场五方面的建议。曹淑英的《建设和谐文化　促进青海和谐发展》（《攀登》2006 年第 6 期）一文，认为加强和谐文化建设，对促进青海省经济社会协调发展必将产生巨大的驱动力。民族地区和谐文化建设，既要体现各民族文化瑰宝的交相辉映，又要促进各民族地区经济文化的协调发展；既要有长期的战略谋划，又要切实抓好当前的工作。并提出了大力加强社会主义思想道德建设，继承发扬中国优秀传统文化；坚持以人为本，一切从人民利益出发；妥善处理文化冲突与文化整合的关系；加强对历史文化遗产和民间艺术的保护，重视发掘和提升民族民俗文化中的积极因素等意见和建议。何启林的《青海地区民族文化特征与和谐社会的构建》（《青海师范大学学报》2007 年第 4 期）一文，认为青海作为一个多民族聚居和多宗教并存的地区，生活在这块地域的各民族之间、不同宗教间、不同文化间的相互宽容、发展与繁荣、合作与交融共同营造的多民族长期和睦共处的民族关系；多种宗教始终相容共处的宗教氛围；各民族文化和而不同的文化传统，为构建和谐青海奠定了坚实的民族基础，构筑了良好的社会氛围，积淀了丰厚的文化底蕴。

五、民间文化研究

青海有着丰富而独特的民族民间文化资源，自西部大开发战略实施以来，各民族民间文化呈现出多样性发展的繁荣景象。在旅游业的带动下，青海各民族民间文化资源不断得到开发与利用。在取得显著成效的同时，也存在一些较为突出的问题。如何正视和解决好这些问题，一些专家学者展开了相关讨论和阐述。

民间文化综合研究。马成俊等的《青海民间文化新探》（民族出版社，2008 年）一书，认为青海处于我国汉儒文化圈、藏传佛教文化圈与伊斯兰教文化圈的边缘，自秦汉以来，便是各民族角逐与文化交流的舞台，元明以来开始形成现在的民族格局。该书从昆仑神话与昆仑文化、青海彩陶、"花儿"、三川纳顿、六月歌会、史诗之冠、蒙古族那达慕、文化边缘上的孤岛八个章节对青海民间文化进行了全面论述。金萍的《青海民族民间文化遗产保护与档案工作》（《兰台世界》2009 年第 13 期）一文，认为档案不仅记录着青海民族民间文化的发展过程，而且档案工作要承担青海民族民间文化遗产保护的责任，并从青海丰富灿烂的历史文化遗存、文物遗址等方面进行论述。就如何推动档案文化遗产保护工作的深入开展提出了提高档案部门和社会各界对保护档案遗产重要性的认识、开展文化遗产的普查工作、抢救和保护珍贵的文化遗产、加强馆藏文物的保护和展示水平，以及积极探索就地保护、分散保护和集中保护相结合的办法等建议。

民间文化保护与开发研究。魏丽萍的《留住民族的根——对抢救保护青海民族民间文化遗产的思考》（《中国土族》2003 年第 4 期）一文，认为民族民间文化遗产不同于经史子集、文化经典、文物精粹等，它存在于各个民族和地域中，是一方水土独特的产物，是中国文化的源头，是原生态文化，都是一次性的，一旦毁灭，无法生还。文化资源的开发，不仅造福于老百姓，传承

了地方的民间文艺，还可增强民族文化认同感和对乡土的热爱，激发人们的文化自尊和民族自信。建议旅游部门设立民族风情园，将独具特色的青海民族舞蹈、民歌、曲艺等进行艺术加工并展示出来，可设立曲艺村、民俗村、歌舞村等等。曹萍的《关于青海民族民间文化保护的思考》（《青海社会科学》2005 年第 3 期）一文，指出青海民族民间文化是中华文化的重要组成部分，是维系中华民族精神与情感的纽带和传承中华文明的重要桥梁。保护和弘扬好民族民间文化是"三个代表"重要思想的具体实践。青海民族民间文化在漫长的历史演进和民族融合进程中，逐步形成了多元化、多民族性的高原文化特色，形成了具有独特的民族风格、地域特色和民族文化个性的文化类型，丰富和发展了中华民族的文化宝库，提出了文化保护必须适应经济社会发展、文化保护要制定科学合理的规划之相应的保护对策。王昱、毕艳君、刘景华等的《青海民族民间文化资源开发之思考》（《青海社会科学》2007 年第 2 期）一文，认为青海有着丰富而独特的民族民间文化资源，自西部大开发战略实施以来，各民族民间文化呈现出多样性发展的繁荣景象。但在取得显著成效的同时，也存在一些较为突出的问题。并提出了加强政府对民族民间文化的扶持与引导；强化对民族民间文化资源开发的创新意识；树立民族文化旅游品牌，提升其竞争力；加强中心城市的带动作用；注重民族民间文化资源的保护；培养专业人才，为开发民族民间文化资源提供智力保证等建议。黄新华的《青海民间文化资源的发掘与保护》（《攀登》2008 年第 1 期）一文，认为在漫长的岁月中，青海各民族文化相互融合、相互影响、相互依存，共同构筑起多民族文化包容共进的辉煌历史，凸显多元文化地域特色的人文内涵和精神魅力，对这些民间文化进行有效的保护和充分的发掘，对促进青海经济社会又好又快发展具有十分重要的意义。

贾桂君的《保护青海民间文化 加大资源开发力度》（《中国土族》2009 年第 3 期）一文，认为民间文化资源的抢救保护是推动社会主义文化大发展大繁荣的重要基础性工作，必须下功夫挖掘抢救和依靠现代科技手段进行管理保护。提出了加快民间艺术保护的法规建设；政府要发挥主导作用，支持资助民间艺术的传承；制定整体规划，建立长效机制；广泛布点拉网，常年坚持搜集；保护优秀艺人，蓄养传承源头等建议。梁玉金的《保护和开发青海农村文化资源探析——以湟中县鲁沙尔镇的民间手工制造业为例》（《青海社会科学》2009 年第 3 期）一文，从鲁沙尔镇民间手工制造业的社会功能和经济功能、文化资源开发状况及存在的问题入手，通过对湟中县鲁沙尔镇的民俗文化资源考察发现，由于多种原因，一些民间手工制造业文化资源尚未得到保护和开发。从认识层面、政策层面、战略层面、可持续开发层面认为利用农村文化资源发展文化产业，一定要处理好农村文化资源的保护和发展特色文化产业的关系，才能实现民俗文化与文化产业的双赢。

六、文化信息资源研究

青海不仅蕴藏着非常丰富的自然资源，同时也蕴藏着独具鲜明地域特点和浓郁民族民间特色的文化信息资源。在信息化建设突飞猛进的大趋势下，对青海省文化信息资源进行论述和讨论，有助于青海文化信息资源的建设与发展。谢平的《青海文化信息资源共享工程建设浅议》（《青海社会科学》2007 年第 6 期）一文，概述了青海文化信息资源共享工程实施五年来的总体发展情况，并就共享工程在建设过程中存在的问题进行了初步探讨，提出了完善保障机制，推动"共享工程"

持续发展；加强宣传工作，营造良好的社会氛围；加强管理，完善机制；培训专业人才，提供技术支撑这四项对策建议。吴新兰的《青海文化信息资源建设浅议》（《青海社会科学》2008 年第 5 期）一文，对青海省文化信息资源的相关问题进行了深入阐述，分析了青海文化信息资源的建设原则，强调要以宗教文化资源库、古文化资源库、民间民俗文化资源库、旅游文化资源库、青海地方期刊全文数据库、青海地方报纸全文数据库、青海地方图书全文数据库、青海年鉴全文数据库、青海方志全文数据库、统计年鉴以及省志、州志、县志为重点建设内容，提出了加强领导、抓紧培养人才、妥善处理知识产权的建议。

七、行业文化建设研究

随着文化建设的深入推进，有关行业文化的建设也引起了人们的关注，出现了对相关领域文化建设的尝试性研究。葛翎的《以先进的行业文化建设为基石，努力构建和谐青海保险业》（《保险研究》2008 年第 8 期）一文，认为青海在培育先进的保险行业文化方面，需要加强精神文化、制度文化和物质文化建设，同时还要继承和发扬中国传统文化中的和谐思想观念，科学界定保险行业文化的内容。并指出建设先进的行业文化，要继承和发扬中国传统文化中的和谐思想观念；建设先进的行业文化，要科学界定保险行业文化的内容；建设先进的行业文化，要营造良好的氛围；建设先进的行业文化，要持之以恒。于继明的《对青海高校体育文化环境建设的思考》（《新西部》2008 年第 12 期）一文，认为高校体育文化环境是校园文化建设的重要环节，青海省高校体育文化环境的建设是一项长期的工程，应着眼于全面规划、长远建设，突出学校特色并进行科学化管理。

第二节 非物质文化遗产保护研究

1997 年，联合国教科文组织第 29 次全体会议通过了"人类口头与非物质文化遗产代表作"

决议。之后，随着中国的古琴、昆曲、新疆木卡姆艺术、蒙古族长调等相继被列入"人类口头与非物质文化遗产"代表作名录，非物质文化遗产保护及其研究逐渐成为全社会关注的热点问题，也成为青海学界研究的重要课题之一。青海有着极其丰富而独特的非物质文化资源，21 世纪以来，省内外学者从地域文化、少数民族文化等角度对青海非物质文化遗产保护进行了初步研究与探索。

一、多元文化与非物质文化遗产保护研究

青海博大精深、绚丽多彩的多元文化是非物质文化遗产的重要载体。省内一些学者立足于非物质文化遗产这一崭新的学术概念，重新梳理了青海丰富多元的地域文化资源，进而对如何开展青海非物质文化遗产保护工作进行了较为深入的探讨。

非物质文化遗产保护研究。鲍义志的《努力保护好我省非物质文化遗产》（《中国土族》2006 年第 4 期）一文，就"什么是非物质文化遗产""为什么要保护非物质文化遗产""如何保护非物质文化遗产"进行了探讨。他认为保护非物质文化遗产，一是要取得认识上的一致，二是要解决保护经费、人员编制问题，三是要深入调查，进行活态保护，不仅要保护传承人，还要保护好传承环境。叶玉梅的《青海非物质文化遗产管窥》（《攀登》2007 年第 1 期）一文，认为青海各族人民创造的非物质文化丰富多彩，包括口头文学、地方曲艺、表演艺术、民俗礼仪与节庆、民族民间工艺美术五大类，在文物展览中，这些非物质文化遗产均是用其载体——实物进行展示，博物馆应发挥职能，正确对待文物与无形文化之间的关系，很好地展示青海非物质文化遗产，做好保护非物质文化遗产的宣传工作。李红的《论青海非物质文化遗产的保护》（《攀登》2007 年第 2 期）一文，对青海非物质文化遗产的种类、分布状况、保护现状及存在问题进行了简

要介绍，提出了抢救濒临灭绝的非物质文化遗产、对非物质文化遗产的具体状况区别对待和分类保护、将抢救和发展非物质文化遗产与发展旅游业相结合等对策建议。刘真的《浅谈青海省非物质文化遗产及保护问题》（《青海师范大学学报》2010 年第 4 期）一文，指出目前普查到全省非物质文化遗产项目有 2600 项，建议对民间文学、民间音乐、传统舞蹈、民间信仰、传统技艺、传统民间美术等加强传承保护。

地域文化与非物质文化遗产研究。谢佐的《青海地域文化与非物质文化遗产保护问题》（《攀登》2006 年第 5 期）一文，将青海历史文化遗存分为以昆仑神话和柳湾彩陶为代表的史前文明、以热贡艺术和玉树歌舞为代表的三江源文化、以河湟"花儿"和平弦坐唱艺术为代表的河湟文化、以吐谷浑为代表的鲜卑文化、环青海湖和黄河谷地形成的河湖文化五大体系，并对如何整合青海丰富的文化资源、努力发展文化产业进行了研究。胡芳、霍福的《青海省非物质文化遗产保护研究》（《2007—2008 年青海经济社会形势分析与预测》蓝皮书）一文，认为青海多元民族文化是非物质文化遗产的资源宝库，提出了加大资金投入、加强人才培养、建立青海省非物质文化遗产数据库、有条件的地方建立非物质文化遗产展示场所等加强非物质文化遗产保护工作的对策建议。

历史文化与非物质文化遗产研究。王昱的《青海历史文化与旅游开发》（青海人民出版社，2008 年）一书，在总结青海历史文化的特点与价值的基础上，较全面地梳理和研究了青海历史文化中物质文化遗产和非物质文化遗产的重点项目及其历史文化内涵，进而提出了开发、保护青海历史文化资源的思路和对策。其中，该书第四章"青海非物质文化遗产重点项目及内涵"对青海非物质文化遗产项目进行了分类，并对国家级的非遗项目进行了介绍和文化解析。

该书还认为，青海历史上涌现过的著名人物及其事迹、重大历史事件也是青海非物质文化资源的重要组成部分，因而选择了一些对青海政治、经济、文化建设产生过较大影响和贡献的历史人物及历史事件，对其进行了概括介绍和评价。

非遗代表作名录丛书。省文化和新闻出版厅、省社会科学院将青海省第一批列入国家级非物质文化遗产名录的 19 个项目，结集为十个大的专题，形成系列，于 2010 年 4 月由青海人民出版社编纂成《青海省首批国家级非物质文化遗产代表作名录丛书》出版。该丛书包括《土族纳顿》《黄南藏戏》《热贡艺术》《河湟绝艺》《藏族歌舞》《热贡六月会》《河湟民间叙事诗》《河湟花儿与花儿会》《雪域传奇〈格萨尔〉》《土族婚礼·撒拉族婚礼》，约 150 万字，图片 1200 余幅，以图文并茂的形式形象地展现了青海省非物质文化遗产的独特魅力和各族群众杰出的文化创造，反映了青海首批国家级非物质文化遗产项目的历史渊源、表现形式、代表性传承人、文化价值、艺术特征和民俗风情等，深入挖掘了青海省非物质文化遗产的丰厚底蕴，盘点了青海优秀民间文化的珍藏，梳理了它们的传承脉络，再现了青海先民的生动故事。

二、少数民族非物质文化遗产保护研究

青海的特有民族撒拉族和土族属于人口较少民族，这两个民族的非物质文化遗产资源不仅丰厚，且颇具民族特色。

少数民族非遗保护综合研究。鄂崇荣的《青海少数民族非物质文化遗产保护与开发研究》（青海省社科规划办课题，2008 年），从非遗分类及保护开发意义、保护与开发中取得的成果及存在问题、保护与开发的路径选择及对策建议几个方面对青海省少数民族非物质文化遗产进行了较为全面系统的研究，并对民间信仰与非物质文化遗产保护、青海省《格萨尔》抢救保护工作与

开发建议等进行了专题研究。

撒拉族与土族非遗保护研究。马成俊的《文化遗产与历史记忆——论撒拉族文化遗产的抢救与保护》（《青海民族学院学报》2006 年第 3 期）一文，对撒拉族的文化遗产、口头与非物质文化遗产、历史记忆遗产进行了系统梳理，认为在经济全球化和文化一体化趋势越来越明显的今天，强调抢救和保护人口较少民族的口头与非物质文化遗产，强化地方性知识对人类文明的贡献与价值，使人类文化继续向着多元化方向发展，并能够做到"美美与共"是十分必要的。马成俊、鄂崇荣、毕艳君的《守望远逝的精神家园——对黄河上游小民族非物质文化遗产的调研报告》（《西北民族研究》2007 年第 3 期）一文，对黄河上游东乡族、保安族、土族、撒拉族、裕固族五个小民族非物质文化遗产的主要内容和生存状况进行了梳理分类和调查分析，提出处理好开发利用与保护之间的关系、采用不同方式加以保护、加强财政支持、扩大非物质文化遗产保护的覆盖范围、加强对非物质文化遗产传承人的保护、充分发挥民间组织的作用等对策建议。鄂崇荣的《守望精神的家园——土族、撒拉族非物质文化遗产保护与开发现状调查》（《中国土族》2007 年第 4 期）一文，对土族和撒拉族的非遗保护现状、存在问题进行了调查，提出加大宣传力度、多方面和多渠道筹措资金进行保护、尊重和包容非物质文化遗产部分内容的自然发展、加强对传承人的扶持与监管、建立优势互补和有机整合的资源共享机制等对策建议。

旅游开发与非遗保护研究。董文寿、鄂崇荣的《旅游开发对土族非物质文化遗产保护的影响——以互助土族自治县小庄村、大庄村为例》（《青海民族大学学报》2010 年第 3 期）一文，以互助土族自治县小庄村、大庄村为个案，就旅游开发中如何进一步保护少数民族非物质文化遗产问题进行了深入探讨。该文从积极和消极两个

方面分析了民俗旅游对土族非物质文化遗产保护的影响，指出随着旅游业的不断发展，土族原有的一些非物质文化遗产受到冲击，脱离了其原生的文化生存环境，逐渐商业化和表演化，失去了原有的韵味与风貌，并对如何保护和开发旅游地非物质文化遗产进行了思考。

第三节 昆仑文化建构研究

昆仑山是万山之祖、中华地脉之首，是青海高原乃至整个东方最神圣的大山，堪称青海的标志性形象。昆仑文化是青海古今各民族文化的最佳概括，是青海的标志性文化品牌。对昆仑文化的深入研究，既是对昆仑文化内涵的再次认知和发扬光大，是增强文化软实力、辐射力、影响力的重要途径，也是实现中华文化复兴中不可或缺的传统资源。20 世纪 90 年代以来，围绕昆仑文化进行的学术研究也得到了较快发展，产生了一大批研究昆仑文化地位、昆仑神话与昆仑文化关系、昆仑文化中的信仰等一系列问题的研究论文。

一、昆仑神话研究

昆仑神话是中国古典神话的主体，也是中华文明的源头之一，在其产生和流传当中融入了儒家文化、道家文化、佛教文化等内容，是我国古代民间文学、道德伦理、社会秩序、生产生活、哲学思想、民族精神的结晶。

昆仑神话的文化地位研究。张得祖的《昆仑神话与羌戎文化琐谈》（《青海民族学院学报》1995 年第 2 期）一文，从开天辟地的创世神话——混沌与黄帝、人类起源的神话——伏羲与女娲、反映西极乐土西王母神话三个方面阐述了昆仑神话，指出古代羌戎是华夏民族的主要先民之一，羌戎文化是炎黄文化的重要组成部分，以古代羌戎为主体创造和流传的昆仑神话是中华民族古代神话的源泉。才让南杰的《昆仑神话与文化传承中的神女形象》（《青海民族学院学报》2006 年第 4 期）一文，通过阐述昆仑神话中的西王母形象及演变、文学作品中的神女形象以及将西王母形象与神女形象进行比较以后指出，昆仑神话是中华民族的起源型神话，西王母是昆仑神话体系中最重要的女神，其神异的形象、独特的精神内涵、积极的浪漫主义精神，对后世文学产生着深远的影响；而在文化传承中的神女形象在具备原始性、情感性、多元性的同时又呈现出丰富多彩的特色。唐仲山的《关于几则昆仑神话的文化释读》（《青海师范大学民族师范学院学报》2010 年第 1 期）一文，通过对天地之初、人类之诞生、补苍天以拯百姓、伏羲始创八卦、后羿射日、多情后羿、应悔嫦娥这几类神话的文化解读，指出昆仑神话包含了民众对天文地理的认识、人类之肇始、农耕文明、渔猎文明及游牧文明和战争、情感等诸多内容，成为探讨先民的社会阶层、民俗秩序、道德伦理及生产技术状况的重要研究素材。吉狄马加的《在神话的思维中感悟未来——昆仑文化与西王母神话国际学术论坛开幕式上的演讲》（《青海社会科学》2010 年第 4 期）一文，从关注神话就是探索人类文明的成长轨迹、昆仑神话是中华早期文明的光辉之巅、探讨昆仑文化和西王母神话的民族价值、交流与传播中国昆仑文化的世界意义四个方面，认为一种区域性的、民族性的传统文化，本身并不具有世界性，只有通过内部传承和提升，然后进入对外交流和传播渠道，在多元文化的碰撞、共鸣和相互吸引中获得普遍价值。

昆仑神话与昆仑文化关系研究。张瑛的《昆仑文化意象与区域文化特征》（《青海师范大学学报》2006 年第 5 期）一文，从昆仑文化与昆仑神话的传说、昆仑文化"四大意象系统"、昆仑文化的传承与青海区域文化特征三方面进行了论述，肯定了昆仑文化是根基文化，是中华文明的思想之源、艺术之源、精神之源，特别是昆仑文化的四大意象系统，即神话意象、宗教意象、文学意象、政治文化意象等已深入人心。将昆仑文化作为一个学术体系，或者作为青海地方文化的标志，可以使人们对整个青海历史发展过程有较为清醒的认识。赵宗福的《论昆仑神话与昆仑文化》（《青海社会科学》2010年第4期）一文，主要梳理了昆仑神话的文化意象、神话昆仑山的基本风貌和女神西王母形象的文化变迁，从不同方面探讨了昆仑神话与青海的密切关系，进而探讨了昆仑文化的基本概念和其在中华民族史上的神圣地位。认为昆仑山是青海高原乃至整个东方最神圣的大山，昆仑文化被称为青海的标志性文化品牌一点也不为过。它不仅是中华文化的有机组成部分，而且在中国多民族地区具有典型性和代表性，是多民族文化的缩影。以昆仑神话为核心的昆仑文化是对青海古今各民族文化的最佳概括。

二、昆仑文化与信仰研究

中国古代神话中西王母所居的昆仑山，是古代神话叙事中令人向往的神仙境界。围绕昆仑山演绎出的许多故事也与藏族原始文化、中国道教的神仙信仰等密切有关，因此，昆仑文化与信仰文化的研究也成为一些学者的研究视点。

昆仑文化与道教研究。先巴的《昆仑文化与道教神仙信仰略论》（《青海民族学院学报》2006年第4期）一文，认为从某种意义上说，渊源于昆仑崇拜的昆仑文化是道教文化的根柢。昆仑文化是古羌文化之延续，其核心是山岳崇拜。它的文化面貌在汉文化当中的延续以五岳崇拜为代表，在羌藏系各民族中，则以山神信仰为代表。后来渐与西王母相连，衍生出东王公、黄帝、穆天子等一系列神话和历史人物，使昆仑文化更加丰富多彩，并与整个中华文化相连相通。在中华民族凝聚力的形成过程中，具有深远的历史影响，可谓中华民族认同感的最好范例。张泽洪、熊永翔的《道教西王母信仰与昆仑山文化》（《青海社会科学》2010年第6期）一文，对西王母崇拜在中国社会的影响、道教神仙系谱中女神西王母形象的建构、昆仑文化与西王母神话的内涵进行了详细考察，认为西王母神话是昆仑山文化的要素之一，更与中国道教的神仙信仰密切相关。西王母神话与昆仑山的神仙境界，在道教神仙信仰的建构中具有重要的启示作用，道教女神西王母与昆仑山文化有着深厚的历史关联。在道教发展的历史进程中，西王母女性神仙的形象有着深远的历史影响。无论在中国神话宝库还是在道教思想宝库中，昆仑山与西王母神话都有值得深入挖掘的文化内涵。西王母可谓东方女神的代表，在世界宗教的殿堂中理应有她的历史地位。

昆仑文化与少数民族文化关系研究。林继富的《昆仑文化与藏族原始文化》（《西藏研究》1995年第1期）一文，认为深厚的昆仑文化与博大的藏族远古文化之间的相同性和相似性，不能仅看到它们相互影响、相互交融的一面，也有在共同的心态、生态背景下生成的互不干扰的文化现象，彼此之间无任何牵连的方面，这也就构成了昆仑文化与藏族原始文化的独立性和特殊性。研究昆仑文化应将它置入世界文化背景中来考察，分析考论它与周边民族、地区的文化关系，这样才能有所突破、有所创新。林继富的《昆仑文化与藏族文化关系研究》（《青海社会科学》2010年第5期）一文，认为大量古代典籍、野史笔记等资料显示，文化昆仑与以冈底斯神山信仰为代表的藏族远古文化之间的相同性和相似性，不仅是交融互动的结果，而且具有共同心态和生态背景下生成的共性和个性的文化逻辑。对于悠鸿久远的昆仑文化与藏族远古文化而言，它们之间的相同性和相似性，不仅仅是交融互动的结果，更应该把握它们之间在共同心态和生态背景下生成的具有共性和个性的文化逻辑，这也是构成以昆仑文化与冈底斯神山为代表的藏族原始文化的独立性和特殊性的重要原因。

三、昆仑文化与旅游研究

随着西部大开发进程的加速和青藏铁路的开通，打造以昆仑文化为主体的旅游圈、快速发展相关区域旅游业，成为提升青海文化品位和加快旅游业发展的目标之一，也成为学者们研究的热点内容。曲小月的《昆仑文化是金色文化》（《统一论坛》2000年第2期）一文，认为在中国神话里，昆仑文化中的西王母与荆楚文化中的东皇太一，分别是西部月亮神话、东部太阳神话的女主神和男主神。而昆仑文化中的西王母与嵩山文化中的女娲，则是两位影响最为深远、最为广泛的女神。青海昆仑文化不但充满了浪漫主义神话的原始文化意蕴，还涵盖了科学考古发现的远古文化遗存。新的旅游文化的积极开展，改变了昆仑文化的传统结构。旅游文化作为文化产业的领头雁，昆仑文化将成为腾飞的金色文化。赵峰、杨畲的《努力打造大昆仑文化旅游圈》（《柴达木开发研究》2007年第4期）一文，从西王母与泾川精神、大昆仑文化旅游圈的提出、昆仑文化旅游的内涵、昆仑文化旅游建设构想等进行论述，指出昆仑文化不仅仅是传统文化的积淀，还是古代文明和现代文明交织的结晶，尤其是它所代表的昆仑神话早已成为华夏文明的基石，它的核心是文明进步，它的主题是融合发展。冯彩莉、孙福葱的《打造昆仑文化旅游产业发展极的思考》（《商场现代化》2008年第27期）一文，认为格尔木地区具有打造旅游产业发展极的资源和文化优势，以昆仑文化为载体，开发多层次性和差异性的旅游产品，建立以格尔木为中心的旅游产业发展极，开发多元特色旅游产品，树立创新务实观念，面向市场实现制度创新，加快旅游基础设施建设，从而推动格尔木及其周边地区旅游产业的迅速发展。曾清林的《彰显新文化　打造新品牌——2009昆仑文化主题论坛评析》（《柴达木开发研究》2009年第5期）一文，认为昆仑文化是华夏文化源头之一，博大精深，源远流长。作为一个学术体系，昆仑文化研究一直是国内外专家学者关注的重要领域；作为一个旅游品牌，打造昆仑文化是整合宣传推介格尔木丰富旅游资源、提升城市文化内涵和加快旅游业发展的重要措施之一。格尔木自2004年开始举办"青海柴达木循环经济试验区项目推介会暨盐湖城旅游文化艺术节"以来，国内外学者围绕发掘和弘扬昆仑文化发表了许多学术文章，召开了多种形式的学术研讨会，具有极大地影响力。2009昆仑文化主题论坛为专家学者和社会各界人士提供了一个学术交流的平台，进一步壮大了昆仑文化研究队伍，不断充实、丰富了昆仑文化的精神内涵和格尔木旅游文化内涵，拓展了昆仑文化外延，弘扬了中华民族优秀文化和自强不息的民族精神。

四、昆仑文化的历史渊源研究

对西王母及其所居之处昆仑山的主要研究成果早先大多出自历史学领域。自20世纪70年代出现历史人类学学科以后，研究者以新的视野重新审视历史与神话的关系，将神话与历史并列观照，把神话同样看作一种历史的叙事，成为历史人类学研究的一个新视点。王伟章的《漫谈昆仑文化》（《青海民族研究》2001年第2期）一文，肯定了昆仑文化是以昆仑山为主脉的地域文化，是对广大青海人民几千年卓越创造的肯定，是对神秘高原自然、人文、审美经验的积累，是对生息繁衍和社会进步而创造的物质和精神财富的总汇，对昆仑文化的认识是一个逐渐的过程。并指出高原昆仑文化未来的走向，必须是不断变化和创新的。三木才的《试论昆仑之丘的源出地望》（《柴达木开发研究》2002年第3期）一文，从窥视"昆仑之丘"地望的争鸣、昆仑山的现代地理背景、神话昆仑之丘的文化背景、昆仑之丘的历史地缘背景、昆仑地名诠证及地域概论、昆仑之丘与自然崇拜的原型、昆仑之丘与周边的民族、民族迁徙与山神迎迁等八个方面对昆仑文化进行了阐述。贺继宏的《昆仑文化之研究》（《新疆地方志》2004年第1期）一文，从解析昆仑文化的神秘音符、昆仑文化的地理内涵、昆仑文化的历史内涵、昆仑文化的哲学内涵、昆仑文化的精神内涵五方面对昆仑文化进行了深入阐释。任玉贵的《从三说看昆仑文化的渊源》（《柴达木开发研究》2007年第2期）一文，提出昆仑文化有中国西部之说、青海环湖之说和湟水源头之说，认为昆仑文化更倾向湟水源头之说，野牛山、宗家沟石洞群、西海、药水温泉等，在地域分布上符合文献资料中关于对昆仑山、西王母石室等的记载和描述，加之丰富的民间传说和湟源卡约文化遗址的佐证，智尽能索，管见所及，可以说昆仑文化渊源就产生于湟水源头。任玉贵、李国权的《追寻昆仑文化的渊源》（《青海社会科学》2008年第1期）一文，从昆仑山不是孤零零矗立在大荒之中，它的周围有许许多多的山水神灵和昆仑山是遥远、神秘而恐怖的，它险境魔幻、峥嵘万状、奇特诡谲的八个地貌特征两个方面进行论述，认为神话中的昆仑山，就是指青海湖雄峰野牛山。昆仑山是昆仑神话借以发生和衍化的中枢地带，是神州大地的主脉，是中国神话的摇篮、祖国灿烂文化的富矿区、中国神话中百神的所在地和中心，也是昆仑文化无可争议的发祥地。王济宪的《昆仑文化——中华文化的源头之一》（《华夏文化》2010年第4期）一文，认为昆仑文化是中华文化多元合流的源头之一，是中原文化和西北各少数民族文化的汇源典型，是中原主体民族和各少数民族融合的产物。作为文化融合的源头，它是中华文化的重要组成部分，是中华民族和版图形成的原始雏形。

西王母的传说，周穆王会西王母，以及后世的文字记述也符合史前的民族迁移。中原的政权和边疆地方政权、华夏民族和其他民族建立的政权共同构建了国家的版图，形成了统一的主权融合、共存共荣的历史进程。

五、有关昆仑文化的会议综述

昆仑文化是华夏文化的源头之一，作为一个学术体系，昆仑文化研究一直是国内外专家学者所关注的重要领域，作为一个旅游品牌，打造昆仑文化是整合宣传推介相关区域丰富旅游资源、提升城市文化内涵和加快旅游业发展的重要措施之一。围绕这些主题，国内外学者就发掘和弘扬昆仑文化举行了多次学术研讨会，具有极大的影响力。

2010年8月在青海省西宁市举行了"昆仑文化与西王母神话国际学术论坛暨青海湟源昆仑文化周"活动，来自国内外的专家学者提交了一批具有较高质量的学术论文。窦国林的《昆仑文化是中华文化的根母——"昆仑文化与西王母神话国际学术论坛暨青海湟源昆仑文化周"综述》（《青海社会科学》2010年第6期）一文，集中介绍了这次会议论文的主要观点，认为昆仑文化与西王母神话学术论坛是促进中国神话研究的契机，将加深世界对东方文明的认同。昆仑文化是中华文化的根母，中华文化的产生、发展来源于昆仑文化。王母神话是中国神话体系中最完美的部分，与青海有着较为紧密的渊源。其中林继富的《昆仑文化与藏族文化述论》[《昆仑文化与西王母神话国际学术论坛论文集》（内部编印）]一文，认为昆仑文化是最富原始特色、最能代表中国根基的文化。昆仑文化与以冈底斯神山信仰为代表的藏族原始文化有密切的关系。《西山经》中的王母形象和西部民族藏族的远古图腾猕猴基本一致；昆仑山与藏族神山的文化、社会功用、宗教情节十分相似；"九"文化和昆仑山与冈底斯山的万河之源说明了昆仑文化和藏族文化有相似性。它们是在共同心态和生态背景下生成的具有共性和个性的文化逻辑。陈永香、贾晓宏的《昆仑神话与西南彝语支民族的虎崇拜》[《昆仑文化与西王母神话国际学术论坛论文集》（内部编印）]一文，认为无论是昆仑神话中的虎符号还是其他诸多民族的虎崇拜，其在文化意义上是相通的，其文化意蕴是男性话语背景下对强大力量的崇拜。昆仑山是古代黄帝集团活动的主要地区，是祖宗圣地。黄帝集团在民族融合的过程中，先后在与炎帝、蚩尤部落的斗争中取胜，三个部落逐渐融合构成了华夏民族主体。在我国古代神话传说中，把许多华夏文化的创造都说成黄帝创造的，这实际上是承认黄帝时代是华夏文化的开端。昆仑神话系统也就成为中国神话中非常重要的部分，对中国传统文化产生了深远的影响。万建中的《西王母神话的现代表达——读罗兰·巴特的〈神话学〉》[《昆仑文化与西王母神话国际学术论坛论文集》（内部编印）]一文，认为神话的精神是永恒的，而最能够代表这一精神的是西王母神话。神话不能被复制，却可以得到延续。现代社会的浅薄、浮躁、功利急需西王母这位伟大女神的纠正，她将带给我们昆仑仙山的深邃、浩渺、永久与壮阔，让我们重新感悟生命的永恒与意义。伴随昆仑神话系统，西王母的影响一直在东扩，现代社会为西王母的再次东征提供了前所未有的恢宏空间。钟宗宪的《死生相系的司命之神——对于西王母神格的推测》[《昆仑文化与西王母神话国际学术论坛论文集》（内部编印）]一文，认为昆仑山有昆仑山的神话体系，是以昆仑之丘为核心，昆仑群山有各个执事神的存在；西王母从一个凶神逐渐演变为一个可以救治人的生命、赐予人生命的神。西王母如果是一个民族的话，或是古羌族的一支，可能还是一支信仰西王母的民族、替西王母服务的民族；西王母神格的转变是一种随死生同缘的概念。陈虎的《关于西王母传说的几点历史学考察》[《昆仑文化与西王母神话国际学术论坛论文集》

（内部编印）]一文，将考古学成果与文献记载相结合，论述了昆仑崇拜和西王母传说的来源、内容及其实质，指出了神话传说体系作为一种文化符号应该采取的态度。认为历史记载中的西王母，不是确指的哪一个历史人物，而是一个文化符号，是一种文化象征，她是构成中华文化始祖文化因子的重要组成部分。张从军的《从华府到洞天——东晋南朝墓葬形制解读》[《昆仑文化与西王母神话国际学术论坛论文集》（内部编印）]一文，通过展示大量汉画像石图片，揭示昆仑山在汉代的图像之中，逐渐隐去其雄伟宏大的面貌，隐去西王母赖以存在的仙山的神秘，并被进一步概念化，最终成为西王母的背景和陪衬，为神仙的主题所取代的一个简化的过程；昆仑山的西王母居住在一个天台状的地方，这个地方或许就是文献中所说的"王母台"。将昆仑山简化为王母台，实际上是为了更好地突出西王母的世界，突出西王母的形象。张泽洪的《西王母与道教神仙信仰论略》[《昆仑文化与西王母神话国际学术论坛论文集》（内部编印）]一文，认为昆仑山文化与西王母神话，与中国道教的神仙信仰密切相关。西王母神话与昆仑山的神仙境界，在道教神仙信仰的建构中具有特殊的启示作用。西王母女性神仙的形象，是吸引女道士修道成仙的楷模。昆仑山道教文化源远流长，在明代末期，昆仑山是道教昆仑派的道场，道教昆仑派在清代末叶已发展到中国台湾地区以及东南亚各国，近代进一步发展到北美、西欧、日本。西王母可谓东方女神的代表，在世界宗教的殿堂中理应有她的历史地位。陈金文的《东汉画像石中西王母与伏羲、女娲共同构图的解读》[《昆仑文化与西王母神话国际学术论坛论文集》（内部编印）]一文，认为西王母是凌驾于伏羲、女娲之上的创世大神，东汉画像石中出现西王母与伏羲、女娲的共同构图或许正缘于西王母信仰在民间的传讹，而这种传讹很有可能是人们把"西王母"混同了

"羲王母"的结果。崔永红的《西王母的三面孔》[《昆仑文化与西王母神话国际学术论坛论文集》（内部编印）]一文，认为西王母有三副面孔：历史上确曾存在的真实的人、历史题材小说中的人物形象、神话传说中的神仙。作为人的西

王母应是西周初期活动在环青海湖地区的羌人母（幕、膜、穆）部落首领，不一定是女性。《山海经》对西王母形象的描绘是傩文化现象的记录，同仁县的"於菟"舞极可能是《山海经》所记西王母形象略有变异的再现。

第四节　热贡文化研究

20世纪90年代以来，热贡文化因其古朴、神秘、多元的文化特质逐渐受到了地方文化工作者和省垣学者的关注，形成了一批有关热贡艺术、民俗和宗教的论著。进入21世纪后，受西部大开发、非物质文化遗产保护等国家战略影响，更多的省内外学者更为广泛地投入热贡文化的田野调查、内涵挖掘与文化阐释中，涌现了一大批有较大社会影响力的研究成果，不仅推动了热贡文化研究的纵深发展，还为热贡文化产业发展、热贡国家文化生态保护实验区建设等提供了智力支持。

一、综合性研究

热贡文化是以同仁县隆务镇为中心、以隆务河流域为地理脉络、以藏文化为主体的区域文化，其内容包括自古以来为各世居民族所创造并不断传承和发展的各种物质文化和非物质文化。热贡文化包罗万象，涵盖热贡地区的地理环境、人文历史、宗教文化、民间艺术、民风习俗、建筑、工艺美术、语言等各个方面，是具有鲜明个性的地方活态文化。21世纪初，学者们从文化整体性、旅游开发和文化溯源等角度对热贡文化进行了较深入的调查和综合性研究。

热贡文化综合研究。马成俊的《神秘的热贡文化》（文化艺术出版社，2003年）一书，是热贡文化史上的第一部综合性研究专著，对热贡的地理概念、文化特征、口头传说、原始信仰、宗教、绘画艺术、泥塑工艺、服饰、婚丧仪礼、巫风傩祭、藏戏、语言等进行了较为广泛深入的系

统调查与研究。该书不仅关注吾屯唐卡、壁画、堆绣等名闻遐迩的热贡艺术，还对热贡的建筑、服饰、舞蹈、民间文学、戏剧艺术和语言等进行了系统深入的研究。该书使用了"热贡文化"的概念，并通过对热贡文化的历史溯源，总结出热贡文化具有多元性、宗教性、融合性三大文化特征。由白渔撰文、郑云峰摄影的《黄南秘境》（中国青年出版社，2006年）一书，以图文并茂的形式，用通俗化、文学化的语言对黄南州尖扎、同仁、泽库、河南4县的旅游资源进行了系统介绍，重点对热贡艺术之乡——同仁县的古城堡、热贡艺术、寺院、民俗文化进行了知识普及性介绍。

历史溯源和分期研究。索端智的《元明以来隆务河流域的民族融合与文化共享》（《青海民族研究》2001年第3期）一文，认为自元明以来，蒙古族和中原汉族等居民开始入居隆务河流域，并与当地原住民藏族接触、交流，发生了一定程度的融合，并在长期的共居生活中，互相借鉴、吸收，从文化上形成整合与共享。王万平的《热贡地区文化涵化的历史变迁》（《西北民族大学学报》2007年第6期）一文，认为热贡文化地处中原汉族文化圈、西南藏族文化圈和北方游牧民族文化圈的交叉地带，是历史上民族迁移、征服、融合的一个热点地区。该文采用文化涵化研究中的"历史复原法"，对热贡地区进行文化考古，认为这一地区的文化是由西羌、吐谷浑、吐蕃、蒙古、穆斯林、汉族等多民族文化多次涵化

而成的、以藏传佛教文化为核心的多元文化，对研究多元文化的形成有着非常重要的价值。张旭辉的《热贡文化的嬗变》（《乌鲁木齐职业大学学报》2010 年第 2 期）一文，认为热贡文化是青南藏区最具代表性的宗教文化之一，其发展历程可分为起源、形成、成熟、衰落、复兴五个时期。其中，起源期追溯到公元 841 年后的弘法期，形成期从 1267 年拉杰扎那瓦到热贡地区弘传佛法开始到明初，成熟期为 17 世纪以来，衰落期为 19 世纪初叶之后，复兴期为 20 世纪 80 年代以来。

二、艺术研究

热贡艺术是热贡文化的核心和重要组成部分，主要内容包括唐卡、堆绣、雕塑、建筑、歌舞等，这些异彩纷呈的艺术种类，赋予了热贡文化深厚博大、灵动多元的独特的艺术风貌，也吸引了众多学者的关注。热贡艺术研究是热贡文化研究的重点，学者们从历史溯源、艺术种类、工艺技法、学科建设、产业发展等方面多角度、多层次地进行了广泛而深入的调查与研究。

热贡艺术综合研究。辛光武的《热贡艺术》（青海人民出版社，2002 年）一书，介绍了热贡艺术各个品类的历史、内容和文化内涵，并对彩绘唐卡和泥塑佛像的工艺、颜色及美学价值进行了论述。唐仲山的《热贡艺术》（青海人民出版社，2010 年）一书，隶属《青海省首批国家级非物质文化遗产代表作名录丛书》，该书结合文献资料和田野调查资料，对热贡艺术的自然与人文环境、历史与传承、艺术种类和特征、现状与保护进行了系统梳理和解析，该书还着重对年都乎村的"於菟"仪式进行了深入的调查与解析。由舒勇主编的大型画册《热贡藏传佛教艺术》（中国民族摄影艺术出版社，1994 年）一书，以图文并茂的形式展现了热贡藏传佛教艺术的精华，该画册分总论和分论两大部分，总论探讨了热贡艺术的起源、形成、发展、特色及影响，分论由壁画、版画、雕塑、建筑和唐卡等部分组成。

热贡艺术源流研究。赵清阳是较早对热贡艺术进行调查与研究的地方文化工作者，他的《热贡艺术历史考察记略（上）》（《西藏艺术研究》1996 年第 4 期）和《热贡艺术历史考察记略（下）》（《西藏艺术研究》1997 年第 1 期）两文，对热贡艺术的名称由来、发展阶段及其绘画特征、种类和艺术特点等进行了初步探讨与解析。他认为热贡艺术的发展可分为两个大的阶段：从拉杰直合拉洼（俗称阿米拉杰）到隆务寺第一世夏日仓活佛葛丹尖措（公元 1301—1630）为第一阶段；第二阶段是热贡艺术传入四屯以后的时期（1630—1949），大体经历了 320 年的时间，这一时期是热贡艺术走向成熟并形成流派的黄金时代。其中，第二阶段又分为早、中、晚三个时期：早期为 15 世纪初到 19 世纪末，是热贡艺术形成流派的准备时期；中期为 18 世纪末到 19 世纪后期，是热贡艺术的繁荣鼎盛时期；晚期为 19 世纪后期至 20 世纪中期。戴嘉艳的《热贡艺术源流浅探》（《青海民族研究》2002 年第 1 期）一文，认为热贡艺术初兴于元代，是在充分吸收和广泛借鉴印度佛教艺术、西藏佛教艺术以及汉地艺术的基础上发展并成熟起来的。佐良的《热贡艺术的源流与现状》（《美术观察》2003 年第 1 期）一文，认为热贡艺术滥觞于 13 世纪，至 15 世纪中叶初具规模，17—18 世纪达到辉煌绚烂的成熟期，热贡艺人博采各画派藏传、汉传佛教艺术及明清民间绘画的优长，兼收并蓄，熔冶成热贡艺术既有别于西藏各派佛教艺术，亦与汉传佛教艺术殊异的独特风貌。伯果的《热贡艺术的历史传承和风格演变》（《西藏艺术研究》2007 年第 2 期）一文，认为热贡艺术分为传入期（15 世纪至 17 世纪 30 年代）、形成期（17 世纪中叶至 18 世纪初）、鼎盛期（18 世纪中叶至 20 世纪）、新中国时期（20 世纪 50 年代至今）四个时期。吕霞的《热贡艺术的历史渊源及发展分期》（《青海民族学院学报》2008 年第 1 期）一文，认为热贡艺术是藏族、土族等民族共同创造的民间艺术瑰宝，主要是随着藏传佛教在青海的传播而产生的，分为传入期（13世纪之前）、形成期（13世纪至17世纪末）、成熟期（17世纪末至20世纪中叶）、多元期（1949年以来）四个历史时期。李加才让的《安多热贡艺术的形成历史及社会功能研究——以"五屯艺人"为论述中心》（《西藏大学学报》2010年第3期）一文，对热贡艺术的形成历史及演变、五屯的社会与村民生活方式的变迁进行了论述与探讨，认为热贡艺术分为传播与兴起、发展与成熟两个大的阶段。

唐卡艺术研究。唐卡是热贡艺术中最为瑰丽的珍宝，省内外学者从著名艺人访谈、唐卡技艺传承、色彩运用、藏传佛教绘画艺术等各个角度多方面探讨与解析，涌现了一批较高质量的学术论著。赵清阳的《全国工艺美术大师夏吾才让》（《西藏艺术研究》1995年第4期）一文，用口述史的笔法对热贡著名画师夏吾才让做了采访和记录，再现了其从佛门弟子到画家、师从张大千到敦煌临摹壁画、到印度考察佛教艺术、还俗绘画成为工艺美术大师的人生经历。胡青华的《热贡唐卡艺术脞说》（《青海民族学院学报》1996年第2期）一文，认为绘制唐卡对热贡艺人而言首先是一种宗教行为，艺人们采用本民族的传统描绘手法，严格按照佛教经典中所规定的程序进行，唐卡的颜料和着色有着强烈的民族艺术特色。赵清阳的《热贡艺术的技术初探》（《青海社会科学》2001年第2期）一文，对热贡古今绘画大师、热贡艺术的基本技术和传统材料、画家的文化与艺术修养进行了介绍。王菊萍、李加林的《热贡唐卡色彩在染织艺术设计中的运用》（《浙江理工大学学报》2007年第4期）一文，概述了热贡唐卡的色彩特点，进而探讨了在染织艺术设计中如何借鉴并运用唐卡色彩特征，合理利用唐卡色彩，并结合现代的图形设计创作具有

传统韵味的新型染织艺术作品。索南多杰、唐仲山、达洛的《中国唐卡艺术集成·吾屯卷》（宁夏人民出版社，2007年）一书，以村落艺术志的方式全面真实展现了热贡唐卡艺术，该书以图文、影视等形式记录了对唐卡艺术进行的保护性的抢救工作，内容涉及村落地理与人文环境、历史与现状、传承与谱系。伯果的《从年都乎寺的清代壁画看早期热贡佛画艺术的风格特征》（《青海民族研究》2008年第3期）一文，以年都乎寺清代壁画为个案，对早期热贡佛画艺术的风格特征进行分析与阐释，指出其总体风格既忠实地继承了西藏曼唐派特别是新曼唐派的艺术风格，又多方取法、风格多样。刘焱的《对藏族唐卡的艺术人类学阐释——以青海黄南藏族自治州境内隆务河流域唐卡绘画为例》（《康定民族师范高等专科学校学报》2009年第1期）一文，认为唐卡的绘制是艺术家在藏传佛教哲学思想影响下进行创作的，唐卡是由一整套本身特有的完整的符号象征体系组合而成，具有特定的宗教教义功能，而且在现实生活中也具有一定的社会整合与社会控制功能。吕霞的《热贡唐卡及其技艺传承述略》（《青海民族学院学报》2009年第4期）一文，对热贡唐卡的主要绘制用具及其功能、绘制实践及相关理论、颜料制作及上色技艺、用金技艺、开眉眼、种类与装裱进行了较为系统的介绍。吴明明的《国家非物质文化遗产之唐卡艺术及其艺术市场浅论——以热贡唐卡为例》（《新视角艺术》2010年第1期）一文，对唐卡艺术的起源与形式、表现题材、"特殊法宝"进行了论述，介绍了我国唐卡艺术市场的现状及存在问题，进而提出建立相关法规与机制、加强唐卡艺人管理和唐卡专业的普及程度、坚持正确的舆论导向等加强唐卡市场建设的对策建议。

热贡雕塑艺术研究。赵清阳的《热贡佛像雕塑艺术的工艺技术初探》（《青海民族研究》2001年第3期）一文，对热贡雕塑艺术的种类与

艺术特色、历史分期、匠师群体、佛像雕塑技艺传承、雕塑佛像的程序和技术、佛像的表情和手脚讲究、雕塑艺术的社会基础等进行了较细致的介绍与探讨。徐春的《"金色峡谷"中的雕塑艺术》(《西部论丛》2010 年第 4 期)一文,对热贡雕塑艺术的人文历史与地理环境、泥塑工艺过程、热贡雕塑艺术的领军人物——夏吾角大师等进行了感性介绍。

热贡建筑艺术研究。张君奇的《"热贡艺术"·隆务寺建筑风格》(《中国土族》2005 年第 4 期)一文,对隆务寺寺院基址选择、总体布局及建筑风格进行了介绍,认为隆务寺及其属寺受汉地建筑影响较大,但仍保留了藏式建筑的传统,具有强烈的民族风格,形成了藏汉合璧的独特造型。赵清阳的《精美的热贡艺术装饰图案》(《西藏艺术研究》2007 年第 3 期)一文,对热贡吴屯寺院装饰的图案内容、图案组成、设色与描绘方式进行了系统描述,指出从整体风格来看,吴屯寺院建筑上的彩画倾向于"殿式"彩画,但同时又吸收了"苏式"彩画的优点。胡青华的《热贡地区藏传佛教寺院建筑的形式美》(《西藏艺术研究》2009 年第 3 期)一文,认为热贡地区藏式佛寺建筑有着非常鲜明和优美的建筑形式与风格,其主要特点为建筑群落没有序列关系,主次关系分明;建筑形制不固定,变化中有统一;建筑规模大小不一,建筑类型变化不大。

黄南藏戏研究。在热贡艺术研究中,黄南藏戏研究起步较晚,但进展较快,且颇具特色。星全成的《热贡藏戏艺术发微》(《青海民族学院学报》2002 年第 2 期)一文,从名称、形成与发展历史、演出程式、舞台艺术以及音乐等方面对热贡藏戏艺术进行了介绍。曹娅丽的《试论藏戏中蕴含的悲喜剧因素——浅析青海黄南藏戏中悲喜剧特征》(《西藏艺术研究》2005 年第 2 期)一文,对黄南藏戏的悲喜剧内涵、悲剧冲突、悲

剧人物、悲剧审美进行了探讨,指出黄南藏戏的悲喜剧具有鲜明的藏民族特色。桑吉东智的《论安多地区最早的藏戏——热贡隆务寺藏戏》(《西藏艺术研究》2006 年第 4 期)一文,对隆务寺藏戏萌芽的艺术土壤、雏形、"呀会则"活动催生出的"南木特戏"、文化特点等进行了介绍,指出隆务寺藏戏的产生和发展是从西藏藏戏到安多藏戏的一个过渡带。曹娅丽的《青海黄南藏戏的改革和提高与文人的参与》(《西藏艺术研究》2006 年第 4 期)一文,认为黄南藏戏是僧侣文人以及藏汉艺术家共同创作的产物,一方面藏戏的形成源于民间,一直以民间艺人为创作主体,另一方面文人的参与使藏戏得到了提高与发展。当周才让的《论黄南民间藏戏表演艺术及审美特征》(《青海师范大学学报》2007 年第 5 期)一文,通过对黄南藏戏的角色与动作、内容分类等特点的分析,指出黄南藏戏独有的美学特点是黄南藏民族在漫长的历史发展中形成的诸多文化现象的集中体现,也是黄南藏戏民间舞蹈风格及特点形成的根基。曹娅丽的《青海黄南藏戏艺术》(《中华艺术论丛》2007 年第 7 辑)一文,认为青海黄南藏戏的产生一方面受西藏藏戏的影响,另一方面受甘南南木特藏戏的影响,其产生与隆务寺密不可分,具有独特的文化价值。曹娅丽的《青海黄南藏戏》(文化艺术出版社,2007 年)一书,结合田野调查与文献资料,对安多藏戏的重要支系——黄南藏戏的历史与现状、演出剧目、民间戏班特有的演出形式与艺人的生活方式以及舞台艺术特征等,进行了较为详尽和细致的描写,进而对黄南藏戏的发展和传承、艺术成就进行了总结与解析。曹娅丽的《青海黄南藏戏遗产传承与表述——以托叶玛乡西顷村蒙古族藏戏演述与文化认同田野调查为例》(《内蒙古大学艺术学院学报》2010 年第 3 期)一文,对青海省黄南藏族自治州河南蒙古族自治县托叶玛乡西顷村的蒙古族藏戏进行了田野调查,在总结其演述

特点的基础上，对藏戏在蒙古族僧俗群众中的传承与表述、蒙古族认同藏戏的文化背景和信仰进行了解析，进而探讨了藏戏在蒙古族族群流变中的文化认同问题。

三、热贡宗教文化研究

热贡文化具有浓厚的宗教色彩，但从总体上说，从宗教学视角对热贡文化进行研究的论著相对较少。陈景源、庞涛、满都尔图的《青海省同仁地区民间宗教考察报告》（《西北民族研究》1999年第1期）一文，以"六月会"现场观察和对法师及熟悉苯教者的访谈记录为主体，对六月会实况、关于六月会的相关说法、供祭诸佛及其传说、祭神活动、各村法师简况及有关传说、村民与佛教寺院关系等进行了现场调查与访谈，并在篇末提出了"以六月会为主要表现形态的热贡地区的民间宗教，是在原始宗教的基础上受藏传佛教的影响而形成的过渡性的宗教形态"的观点。先巴的《热贡"六月会"的宗教学解读》（《青海民族学院学报》2002年第4期）一文，结合实地调查和宗教学理论，认为热贡六月会最主要的宗教是藏族早期的原始信仰、苯教和藏传佛教，也有来自汉族民间宗教的内容，在热贡六月会期间的祭神活动中表现得尤为典型。吕霞的《藏传佛教在热贡的传播及艺术表达》（《青海民族研究》2008年第1期）一文，认为热贡艺术是伴随着藏传佛教在热贡的传播而产生、发展的，从公元7世纪文成公主入藏到15世纪格鲁派的传播，藏传佛教在青海的每一步弘法足迹，都留下了藏传佛教艺术煌煌的光芒，而热贡作为重要的弘法基地，其寺院形制、佛像造型、佛塔规模、塑像仪规等弘法媒介在热贡大地上形成蔚为壮观的人文景象。李加才让的《安多热贡地区的民间宗教活动——对年都乎"於菟"节及其二郎神信仰的考察》（《西南民族大学学报》2009年第5期）一文，认为年都乎土族"於菟"神舞和二郎神祭祀活动与该村的社会历史背景、民族构成及其生产生活方式有必然联系，是融宗教、文化、艺术为一体的民间傩文化形态。

四、文化人类学研究

进入21世纪以来，诸多学者将自己的田野调查与文化人类学理论与方法结合起来，从不同视角和领域对热贡文化进行研究，进而将研究视野扩展至整个高原藏区，突破了以往对热贡文化事象做民俗志描述和浅显阐述的研究，这在很大程度上提升了热贡文化研究的新意、广度和深度。索端智的《历史事实·社会记忆·族群认同——以青海黄南吾屯土族为个案的研究》（《青海民族学院学报》2006年第1期）一文，从考察族群认同变迁入手，就文化与族群性、文化变迁与认同变迁的关系进行了分析，认为族群认同会随着文化的变迁而变迁。祁进玉的《"五屯"土族的族群认同》（《青海民族学院学报》2005年第3期）一文，结合当地口传历史和民间神话传说，考察了青海同仁县土族的族群认同与区分，认为这种认同与区分主要受经济、政治、语言、地域、村庄根基史、习俗、交往程度等的影响。祁进玉的《全球化与地方性：基于同仁县"五屯"地区人类学田野调查的个案分析》（《青海民族研究》2008年第1期）一文，以土族社区"五屯"地区的田野调查为个案，探讨了政治全球化、文化全球化和经济全球化对族群身份认同、国家认同和国民身份建构以及公民认同等的影响。

五、文化保护研究

自2008年热贡文化生态保护实验区建设项目启动之后，非遗文化蕴藏量极为丰富的热贡地区引起了非遗保护研究者们的极大重视，省内外学者从文化产业发展、文化生态保护实验区建设等与非遗保护相关的视角对热贡文化保护进行了学术研究，政府相关部门也积极开展政策调研，在一定程度上促进了学者与政府之间的互动与合作，推动了热贡地区非物质文化遗产保护研究的深入开展。

热贡文化产业发展研究。李勇、戴鹏的《"中国热贡文化"产业发展构想》(《青海社会科学》2007年第1期)一文，通过对热贡文化发展机遇和潜力的分析，阐述了"中国热贡文化"的定位和中国热贡文化产业发展战略构想，在此基础上提出了坚持树立新的文化发展观、强化公共文化服务、发展壮大中国热贡文化产业的对策建议。乔秀花的《唐卡艺术品产业化发展对策》(《攀登》2008年第4期)一文通过对唐卡的历史内涵、文化价值、商业前景的研究，提出应采取有效措施，提高唐卡艺术品的社会化、产业化和市场化水平，从而使其成为青海独具魅力的旅游产品。王华平的《黄南州文化产业发展及其借鉴意义》(《攀登》2010年第1期)一文，认为黄南州以有形和无形的文化遗产为依托，探索出了一条少数民族地区发展文化产业的新路子，其做法和经验对全省发展文化产业有一定的借鉴意义。吴琼的《保护和开发热贡文化资源探析》(《青海社会科学》2010年第5期)一文，认为热贡文化与昆仑文化、三江源文化和河湟文化共同构成了支撑青海文化的四大体系，对热贡文化内涵进行了解析，并对热贡文化保护与开发中存在的问题及对策措施进行了探讨。

热贡文化生态保护实验区建设研究。吕海荣的《试论非物质文化遗产保护与地理标志产品保护的关系——以热贡唐卡为例》(《青海社会科学》2009年第4期)一文，论述了热贡艺术非物质文化遗产保护与热贡唐卡地理标志产品保护的关系，分析了非物质文化的传承和资源价值，从地理标志产品的角度提出了非物质文化遗产艺术产品开发和利用的建议。祁进玉的《非物质文化遗产传承与保护的可行思路——以青海省黄南藏族自治州"热贡艺术"为个案》(《西北民族大学学报》2009年第6期)一文，从人类学整体观的研究角度探讨热贡艺术的文化生态保护和有效传承机制，对基于整体观的文化生态保护思路进行初步论证，重点关注非物质文化遗产传承与保护的社会机制，分析社区发展与文化传承、保护的可行性方案。杨自沿、仲新春的《热贡文化生态保护区建设问题探析》(《青海社会科学》2010年第3期)一文，认为加快推进热贡文化保护实验区建设，应突出特色、加大投入、打造精品、尽快将文化资源转化为经济优势，从而实现文化、生态、经济、社会的和谐共建。李晓燕的《热贡文化生态区保护问题研究》(《青海环境》2010年第3期)一文，认为热贡文化生态区的保护，要遵循可持续发展的生态文明理念，从文明的高度来统筹环境保护与经济发展之间的关系，在更高层次上实现人与自然、人与社会的协调发展。

第八章　管理学研究

1992 年，中国改革开放迎来了第二个春天，随着中国经济的迅猛发展和市场化改革的不断推进，企业管理、企业文化建设、市场营销、人力资源管理等日益成为经济发展中的热点问题，受到政府和企业管理者的高度重视，管理学也迎来了快速发展的大好时机。

这一时期，随着管理学教育体系的不断健全，研究机构的不断扩展，对外交流的不断增多，管理学研究队伍的不断扩大，青海的管理学研究逐步兴起，并很快进入快速发展阶段。青海学者主要在管理学理论、工商管理、公共管理、部门经济管理等领域开展了研究工作，取得了丰硕的科学研究成果。据不完全统计，1993—2010 年，青海省管理学研究的相关专著有 20 多部，公开发表学术论文 1500 余篇，研究成果的质量稳步提升，出版了《人力资源开发与经济增长》《政策科学与应用》《石油企业管理整体优化》《现代学校科学管理概论》等一批高水平的科研专著，发表和完成了《对民族地区突发公共事件应急管理机制的认识——以青海省为例》《儒家的工具伦理与传统制度的超稳态性》《动态环境中的企业战略柔性》《从质量管理的创新看立体质量观》《青海中小企业发展环境研究》《青海省民族地区行政管理体制改革研究》等一批有影响力的学术论文和调研报告。这些研究成果围绕行政管理和工商管理两条主线，深入研究了青海省在管理方面的主要问题，提出了一系列具有学术价值的独到见解和有实际意义的政策措施，丰富了全省管理学理论宝库，也对青海各行各业提升管理水平起到了促进作用。

第一节　管理思想和理论发展研究

1993—2010 年，建立社会主义市场经济体制成为中国改革的主要目标，在这一大背景下，管理学研究受到了理论界的特别关注，青海的专家学者开始对国内外的管理学思想和理论史进行梳理和探讨，主要聚焦在国内外管理思想的历史沿革及启示、管理学基本原理和发展趋势等方面，产生了一批相关成果，为管理学的应用研究提供了思想基础和理论依据。

一、管理思想研究

随着管理学研究的不断发展，青海学界在古代管理思想、国内外管理思想研究方面进行了积极探索，并取得了一批研究成果。

（一）国内管理思想研究

关于国内管理思想的研究，青海学者主要集中在先秦诸子百家管理思想和邓小平管理思想方面。

先秦诸子百家管理思想研究。 韩彬、韩模初的《先秦诸子管理思想与现代企业管理研究论纲》（《青海师专学报》1996年第1期）一文，认为社会主义市场经济的建立可以从中国悠久灿烂的思想文化宝库中汲取营养，借鉴古人的一些理论原理、原则，促进企业的管理，提高效益。乔亚群的《试论传统文化中的准公关思想及其实践形式》（《青海民族学院学报》1998年第3期）一文，认为在我国几千年的历史发展进程中，既有大量的准公关思想和哲理，又有与之相对应的实践活动，这对我们开展有中国特色的公关工作具有理论与实践的双重指导意义。李嘉凯、张建春的《论韩非的行政管理思想》（《哈尔滨学院学报》2007年第8期）一文，认为韩非在其著作《韩非子》中以人性假设为理论基础，从多个侧面详细论述了如何对国家、社会、君、吏等进行管理，体现了其独具特色的行政管理思想，为当代的行政管理者提供了诸多有益的思考。王玉峰的《"无为而治"对现代企业管理的启示》（《现代商贸工业》2009年第17期）一文，认为以"无为而治"为其核心的老子文化在中国的企业现代管理中打下了深深的烙印，它在增强信任、提高领导者素质、提升企业竞争力、规范企业管理秩序方面起到了一定作用。丁忠兵的《略论〈韩非子〉的管理思想》（《青海社会科学》2010年第5期）一文，认为《韩非子》包含着丰富的管理学思想，不仅对中国后来管理思想的形成与演变产生了重要影响，而且对现代管理理论的发展与创新也都具有巨大的借鉴价值和智慧启迪价值。童康胜的《法家思想对现代企业管理的启示》（《黑龙江史志》2010年第1期）一文，认为法家思想有着不可

避免的局限性，但其思想中不乏对现代企业管理有益之处，对领导者自身心性中的本质、动机及想法提出了应对策略，以利建立有效的管理机制、制定法律法规、构筑治理蓝图。牟昱苍的《从传统儒家伦理思想看企业伦理文化的构建》[《青海师范大学学报》（哲学社会科学版）2010年第6期]一文，认为儒家学说蕴含着丰富的经济管理伦理思想，对企业伦理文化建设有积极的借鉴意义。

邓小平管理思想研究。 赵安的《浅论邓小平的企业管理思想》（《柴达木开发研究》1999年第1期）一文，从领导是关键、体制是根本、质量是中心、制度是保证四个方面阐述了邓小平的企业管理思想。张建英的《略论邓小平的政策和策略思想》（《攀登》1999年第4期）一文，从实事求是地制定政策、衡量政策的根本标准是是否有利于生产力发展、保持政策的稳定性与连续性三个方面，阐释了邓小平的政策和策略思想。李青源的《浅析邓小平人才管理思想内涵》（《青海民族学院学报》1999年第4期）一文，论述了邓小平关于育人、选人、用人管理思想的内涵，阐明了邓小平人才管理思想在理论和实践上的重要价值。李顺义的《邓小平的行政管理实践和理论述要》（《攀登》2001年第S1期）一文，探讨了邓小平在土地革命、抗日战争、解放战争、新中国成立后各个时期的行政管理实践活动、行政管理理论。有些学者对我国企业管理思想的错位和变革进行了研究。王岩的《浅议我国企业管理思想的错位及其危害》（《攀登》2005年第4期）一文，认为管理思想错位是目前我国众多企业管理效益低下，适应市场的竞争能力下降的重要原因，当前最重要的是应尽快提高管理者的综合素质，扭转管理思想的错位。苏惠艳的《谈知识经济时代企业管理思想的变革》（《商业时代》2009年第30期）一文，认

为企业管理思想从管理中心、管理目标、管理效益、管理手段、管理职能等诸方面都要顺应知识经济时代的特点而变革，管理思想的变革是知识经济时代领导与驾驭企业所必须具备的思想基础。

（二）国外管理思想研究

对国外管理思想的研究成果主要集中在西方管理思想的介绍和借鉴方面。马春芳的《西方的"政府失灵"理论及对我国政府管理的启示》（《理论探索》2004年第4期）一文，认为公共选择理论作为当代西方一种新公共经济理论，其核心主题是政府失灵说，对于有效发挥我国政府管理的作用具有重要的启发意义。周成仓的《泰勒的科学管理思想对现代管理理论的重要影响》（《青海师范大学民族师范学院学报》2006年第2期）一文，认为泰勒科学管理思想的产生，使管理成为一门独立的科学，这一思想为现代管理理论的形成和发展奠定了理论基础，产生了重要影响。仁青当智的《西方管理心理学人性假设理论的合理内核及其启示》（《青海师范大学学报》2008年第6期）一文，认为我国现行的管理心理学理论中，相当一部分内容吸收了西方管理心理学思想，因此，如何吸收西方管理心理学思想中为我有用的合理内核是非常重要的。刘文瑞、慈玉鹏的《经验学派比较管理研究的经典之作——评戴尔〈伟大的组织者〉》（《比较管理》2010年第1期）一文，认为《伟大的组织者》在管理学方法论上有重要地位。戴尔通过批判普适性，以比较方法概括管理准则，服务于演化式知识增进，并由此建立了比较管理的基本路径，即以熟知之知反对想象之知。

二、管理学理论与发展研究

20世纪90年代初，我国的管理学科刚刚兴起，研究人员大多数由各学科转行而来，这一阶段青海在基础理论研究方面相对薄弱，但也取得了不少成果。

（一）管理学基础理论研究

这一时期管理理论的研究偏重于企业管理基本原理的阐述，体现了管理学交叉学科的特点。王晓节、朱慧敏、袁山林等的《管理学原理的应用与实践》（《中国公共卫生管理》1996年第1期）一文，阐释了管理学的系统原理、能级原理、封闭原理，提出了在卫生防疫站人员、财会、物资、时间、信息管理工作中如何应用的看法。张宏岩的《建立企业技术创新动力机制的探讨》（《攀登》1997年第5期）一文，从建立和完善宏观政策体系、管理制度、企业内部管理机制等方面探讨了如何建立企业技术创新机制。王建军、张晟义的《质量损失的成因分析及估算》[《青海大学学报》（自然科学版）1998年第6期]一文，对引起产品质量损失的原因——质量波动进行了分析。周印利、王建军的《MRPⅡ和ISO9000族标准的关系》[《青海大学学报》（自然科学版）1999年第2期]一文，认为MRPⅡ是现代制造业新一代生产管理思想与当今计算机技术的结合，但MRPⅡ标准系统中没有突出质量管理和质量认证过程，文章通过探讨MRPⅡ和ISO9000族标准的关系来说明两者结合的必要性。王建军的《从质量管理的创新看立体质量观》[《青海大学学报》（自然科学版）2000年第5期]一文，认为在知识经济时代，组织竞争的来源可能出自无法预测的不同方面，组织过程必须围绕全方位的立体质量观加以改进。王建军的《基于服务质量的用户满意研究》（《青海社会科学》2001年第2期）一文，基于服务需求要素分析，利用服务质量差距分析模型分析了服务组织的用户满意机理，进而提出服务组织的用户满意整合观点。王建军的《基于过程的用户满意互动机理分析》（《青海社会科学》2002年第1期）一文，认为用户满意是用户对某项产品或服务的消费经验的情感反应状态，也是成功理解某一用户或某部分用户的爱好并着手为满足用户需要而做出相应努力的结果，是特定过程的"累积"及其相应活动的"集群"。王建军的《基于用户满意理念的组织内部支持体系设计》[《青海大学学报》（自然科学版）2003年第2期]一文，从用户满意战略的一般机理出发，基于组织流程整合原理，提出了实施用户满意工程的组织内部支持体系设计的一般性原则。李广斌的《浅谈中国企业的知识管理》（《攀登》2004年第1期）一文，认为知识管理将企业组织结构柔性化、分配方式多元化、生产经营虚拟化，使管理重心向无形资产转移。祁永寿、段辉民、周舒迥等的《关于企业品牌与品牌文化的基本理论问题》[《青海大学学报》（自然科学版）2004年第6期]一文，认为品牌是企业文化与品牌文化的整合点，企业文化通过品牌得以升华，企业文化的发展和品牌文化的建设是品牌经营所追求的最高目标，是企业发展的最高境界。李广斌的《行政问责制研究》（青海人民出版社，2008年）一书，主要研究了问责制的理论构建、问责制实施的现实困境及解决途径等问题，认为行政问责制的实施是责任政府建设的重要保障，它既是一个重要的理论问题，又是一个艰巨的社会实践课题，它能够强化政府及公务人员的责任心，使公务人员在享有权力的同时承担相应的责任。王建军的《企业管理学》（青海人民出版社，2008年）一书，系统阐述了管理理论和方法，介绍了企业组织理论及其法律背景，对各项职能管理的理论、方法、技术等进行了理性分析，尤其是对管理者应具备的素质及其在管理过程中的地位与作用进行了深入研究。

（二）管理学理论发展研究

进入21世纪，青海学者对管理学理论的发展趋势给予了高度关注。李诸平的《论领导型管理》（《青海师范大学学报》2002年第4期）一文，认为在社会经济从自然经济到工业经济并向知识经济发展的过程中，领导活动与管理活动从合一混同到相对分离并向超越互补发展，人们对领导与管理关系的认识也从"相同论"到"区别论"并向"耦合论"发展。马维胜的《文化管理：管理学发展的新趋势》（《青海民族学院学报》2005年第3期）一文，认为在我国目前的管理实践中，尽管可以借鉴和吸纳文化管理的某些理念，但还不能片面强调文化管理的功能与优点，中国管理实践的当务之急仍然是普及科学管理。马维胜的《可持续发展文明的确立与管理创新》（《青海民族研究》2005年第2期）一文，认为当代社会正在经历着从工业文明向可持续发展文明的转型期，与之相应地，管理模式也在经历着从科学管理向文化管理的转变，并强调只有实现与文明形态相适应的管理模式创新，才能使可持续发展文明得以真正确立和实施。有些学者关注到了管理学发展中分支出来的新学科。胡波的《浅议发展中的"教育管理"》（《漯河职业技术学院学报》2007年第1期）一文，介绍了教育管理的研究对象、理论基础及其流派、模式变化特征、理论导向及其研究的发展趋势。李广斌的《公共管理理论与行政改革》（青海人民出版社，2007年）一书，作为中共青海省委党校专业教师相关成果的论文集，作者们从不同角度探讨了公共管理理论的基本原理及发展脉络，并结合我国多领域行政改革实践与国内外的先进经验进行了比较，从理论和实践两方面考察探讨了新公共管理理论在中国发展取得的进展。孙凌宇的《企业理论发展脉络与研究内容评析》（《攀登》2010年第6期）一文，认为作为现代企业理论最有影响的两大分支，分别是20世纪70年代兴起的以经济学视角进行研究的契约理论和20世纪80年代兴起的以管理学视角进行研究的能力理论。

第二节　工商管理类研究

邓小平南行谈话后，党的十四大首次提出我国经济体制改革的目标是建立社会主义市场经济体制。为此，转换企业经营机制，建立现代企业制度，推进企业文化建设，强化企业管理，成为改革的主要内容。在这一大背景下，青海的专家学者围绕企业体制、企业文化、市场营销、财务管理等内容进行了深入探讨，相关研究成果逐步增多。

一、企业管理研究

建立现代企业制度是国有企业改革的核心，1993—2010年，学界更多地从企业管理体制、战略管理、文化管理、营销管理等方面展开了研究。

（一）企业管理体制研究

伴随着国企改革的步步深入，企业管理体制改革方面的研究成果大量涌现。田燕红的《西方国家国有企业管理体制的现实启示》（《青海师专学报》1995年第2期）一文，认为建立新型的现代企业制度很有必要吸收和借鉴西方国家经历长期实践形成的国有企业管理方面的有益经验，同时要结合中国的国情，积极推动我国企业制度的改革。刘振平、孙发平的《西方国家国有企业的管理体制》（《青海社会科学》1996年第4期）一文，从西方国家国有企业资产管理的部门和职能体系，政府对国有企业的经营管理方式、监督和检查、立法管理、内部领导体制等方面阐述了西方国家国有企业的管理体制。马洪波的《建立有效的国有资产管理、监督和运营机制》（《攀登》1997年第6期）一文，认为国有经济内部产权关系的理顺必将为形成有效的国有资产管理、监督和营运机制奠定坚实的基础。胡玉婷的《建立现代企业制度中土地问题刍议》（《青海科技》1998年第2期）一文，阐述了土地制度改革与国有企业改革相互依存、互为条件的辩证关系，以及土地资产在现代企业产权中的特殊性，提出土地资产的处置方式应依企业性质而定，并应建立土地使用权资产管理制度。曹学礼的《国企改革的关键是完善资产管理形式》（《攀登》2000年第2期）一文，认为完善资产管理形式是建立现代企业制度的关键，"国有资产资本化"是建立股权多元化、规范化的股份公司，健全法人治理结构，搞好资产管理的可行途径。郭华的《国有企业建立现代企业制度的思考》（《青海科技》2001年第1期）一文，认为对国有大中型企业实行规范的公司制改革，是我国生产力发展日益社会化的必然要求，尤其是在经济全球化趋势下，增强国有企业的竞争力对提高综合国力非常重要。武力宁的《国有商业银行信贷管理体制变革思考》（《青海金融》2010年第1期）一文，从青海国有商业银行现行信贷管理体制运行中存在的问题、现行信贷管理体制与支持地方经济的矛盾及路径选择等方面阐述了国有商业银行信贷管理体制变革的思路。

（二）企业战略管理研究

企业改革的深化引起了学界对企业战略管理问题的关注。严振鸣、彭剑琴的《石油企业管理整体优化》（石油工业出版社，1996年）一书，提出了有关石油企业管理整体优化的总体思路、遵循原则和需要研究探讨的主要问题，从战略高度构建了包括质量、安全、健康、环境、内控、风险、能源等内容的石油企业管理体系，并从健全制度层面提出了管理体系、管理职责、资源管理和过程控制的优化措施。桂晓红的《企业竞争形象为上——充满活力的 CI 战略》（《攀登》1996年第2期）一文，认为必须把企业形象塑造作为企业经营战略的重要组成部分，用良好的企业形象协调企业经营、企业文化、生产技术、产品服务等。王建军的《用户满意战略与企业战略的对比研究》（《青海师范大学学报》2000 年第 4 期）一文，认为在现代市场环境下，用户满意战略是成本领先和差异化战略的升华与发展，是通过追求组织——用户的双赢效果而获取长期竞争优势的最佳战略。陈启虎的《关于加强企业管理的几点思考》（《攀登》2000 年第 6 期）一文，认为要加强和改进企业管理工作，必须进一步深化管理也是生产力的认识，在深化改革过程中积极研究并大胆吸收国外现代管理理论和先进经验。郝正腾的《知识经济条件下的企业管理创新》（《青海师专学报》2001 年第 1 期）一文，认为知识经济的核心就是创新，并从管理观念、技术管理、市场管理、生产管理、人才管理五个方面阐明了企业管理创新的途径。郝正腾的《现代企业战略的柔性转变》（《青海师专学报》2006 年第 1 期）一文，认为经营范围的全球化、资源配置水平与模式的国际化、竞争优势效应的强化与弱化以及协同作用的跨国性，要求企业战略柔性化转变。张军的《对我国企业知识管理的战略思考》（《攀登》2006 年第 4 期）一文，认为在知识经济时代，知识被视为一种重要的战略资源，一个企业甚至一个国家的竞争优势更多地来自对知识资源的有效开发和管理。王建军、曲波的《青海省资源型企业竞争力分析》（《攀登》2007 年第 6 期）一文，运用偏离——份额分析法得出青海省资源型企业总体竞争力很弱的结论，确定了当下青海省具有相对竞争力优势的资源型企业类型和需要着力提高其竞争力的企业类型。王建军、曲波的《资源型企业与区域经济可持续发展研究——以青海省为例》（民族出版社，2009 年）一书，立足于资源型企业可持续发展，建立了一套研究企业与资源型区域经济可持续发展的理论框架，重点分析了青海省资源型企业可持续发展能力以及外部发展环境，总结了青海省资源型企业提高可持续发展能力的成功案例，从

确立青海省资源型企业的发展目标、提高可持续发展能力、优化发展环境等方面提出了具有针对性的对策建议。孙凌宇的《动态环境中的企业战略柔性》（《攀登》2009 年第 2 期）一文，认为在复杂动态环境下，如果不具备战略柔性，则不能与环境相匹配，企业原有的核心能力将变成核心刚性，因此，企业在动态环境中必须发展战略柔性。孙凌宇的《面对金融危机我国企业的持续发展思路》（《柴达木开发研究》2009 年第 3 期）一文，认为随着金融危机的蔓延和深化，我国企业的运营环境日趋复杂化，企业应具有战略思维。孙凌宇的《金融危机下的企业战略调适》（《北方经济》2009 年第 13 期）一文，认为随着经济全球化程度越来越高，国际间经济联系越发紧密，企业作为市场经济的主体和产业活动的载体，应该抓住时机进行战略调适以应对危机所带来的各种不确定性。张双喜的《中小企业薪酬留人：基于战略管理的模式设计》（《攀登》2009 年第 3 期）一文，认为应根据企业运营状况和支付能力，选取符合本企业需要的薪酬战略，以便更好地配合企业的长期发展战略。

（三）企业文化研究

企业文化建设问题研究。李志强的《企业与企业文化建设》（《工厂管理》1994 年第 3 期）一文，认为企业文化的建立与发展，在很大程度上取决于企业领导人及领导集体的群体文化素质。贾晞儒的《柴达木开发与企业文化建设》（《青海民族研究》2000 年第 1 期）一文，认为"柴达木精神"是企业文化之"魂"，它不仅是企业文化建设的核心，也是企业建设、发展的精神动力。丁萍的《创建有中国特色的企业管理文化》（《攀登》2000 年第 2 期）一文，认为中国正处在体制转轨和企业制度变迁时代，要坚持"加一再加一"的原则，创建具有中国特色的企业管理文化。邸平伟的《塑造企业整体形象　提高企业竞争能力》（《青海民族学院学报》2000

年第 3 期）一文，认为通过 CIS 战略、公共关系、广告宣传等途径塑造的企业形象侧重于企业的外在形象，通过企业文化塑造起来的却是对企业的生存与发展更为重要的内在精神形象，对企业有着极强的影响力和生命力。王耀东、杨松义的《关于坚持先进文化的前进方向 推进国有企业文化建设问题的思考》（《青海学刊》2003 年第 6 期）一文，认为国有企业应把社会主义制度的优势和现代化管理结合起来，以企业精神和经营理念的提炼、团队精神的塑造、学习型组织的建立、管理制度的完善和道德建设的加强为抓手，提升企业的核心竞争力。祁永寿、段辉民、周舒迥等的《青海省品牌发展及品牌文化现状》[《青海大学学报》（自然科学版）2005 年第 2 期]一文，分析了青海省品牌及品牌文化的发展状况，认为青海省企业及学者专家对品牌及品牌文化的研究还没有引起足够的重视，理论研究严重滞后。王常青的《企业文化在现代企业中的作用及塑造》（《现代企业》2006 年第 9 期）一文，认为企业文化是推动企业发展的根本动力，要借助于核心竞争力来强化和塑造企业文化。段金年的《企业文化成为企业最根本的核心竞争力探析》（《经济理论研究》2006 年第 5 期）一文，认为企业文化的塑造应着重于企业的核心价值观，明确企业的使命，勾画企业的共同愿景，从而把企业所形成的文化力转化为积极的协调力、坚实的支撑力和强大的核心竞争力。刘海斌的《创建先进企业文化的有效途径及基本法则》（《青海民族学院学报》2007 年第 3 期）一文，认为创建先进企业文化必须营造良好的企业人文环境，坚持以人为本原则，遵循文化建设的基本法则。周成仓的《中国传统文化与企业文化建设》（《攀登》2007 年第 3 期）一文，认为中国传统文化的精华不仅可以与市场经济相容，而且能够成为现代企业文化的深厚基础。周善祥的《家族式企业文化管理的重塑》（《商场现代化》

2008 年第 32 期）一文，认为先进的企业文化管理具有传统管理不可替代的作用，通过这些作用的发挥，能够直接或间接地提高家族式企业的竞争力，促进家族式企业健康可持续发展。郭峰的《思想政治工作在企业安全文化建设中的作用》（《现代企业》2009 年第 10 期）一文，认为企业安全文化是企业文化的重要组成部分，在企业文化建设中，思想政治工作将发挥无可替代的作用。高慧荣的《用循环经济理论构建企业文化》（《吉林广播电视大学学报》2009 年第 4 期）一文，认为以循环经济理论指导我国的企业文化建设，将促使我国企业在实现经济效益的同时取得较好的社会效益。方艳的《基于组织文化视角的核心员工管理机制及构建》（《科技经济市场》2010 年第 5 期）一文，提出了通过构建优良的组织文化氛围以达到提高组织承诺和职业承诺，提高核心员工管理机制有效性的思路。

企业文化发展趋势研究。何颖的《中国企业文化发展走向思考》（《青海民族学院学报》1997 年第 1 期）一文，认为现代企业必须走经济文化一体化之路，中国企业文化既要继承中华民族的优秀文化传统，又要汇入全球文化融合潮流，必须体现社会主义的特征。邸平伟的《论企业的发展与文化的整合》（《青海民族学院学报》2001 年第 3 期）一文，认为知识经济要求经济与文化联姻，要求企业家自觉地用文化经营企业，满足社会及广大消费者不断增进的文化需求，这是 21 世纪的必然趋势。刘海斌的《经济全球化与企业文化发展》（《攀登》2002 年第 5 期）一文，认为经济全球化进程的日益加快，要求企业在管理上必须与国际先进的科学管理相融合，既要努力保持和发扬文化传统中的宝贵财富，又要勇于吸收外来文化的精华，创建自己的独具特色的企业文化。卢光发的《我国企业文化的创新和发展》（《青海师范大学学报》2003 年第 1 期）一文，认为中国独特的企业创新文化必须建立在中国优秀文化基础上，必须是与中国社会主义市场经济相吻合的群体创新文化模式。陈晓雪的《新经济时代企业文化演变趋势及启示》（《青海社会科学》2005 年第 5 期）一文，认为新经济一方面为企业文化增加新的内容，另一方面也赋予企业文化以新的形式，呈现出人本文化、融合文化、品牌文化、学习文化、生态文化、信用文化等演变趋势。

行业视角的企业文化研究。唐加水的《企业文化诸问题刍议》（《柴达木开发研究》1993 年第 1 期）一文，认为建设和完善企业文化，在注重时代特征的同时，也要充分体现行业特色。刘世明的《关于青海油田文化建设的几点思考》[《石油大学学报》（社会科学版）1999 年第 3 期]一文，认为一个企业要加强培养自己的企业文化，必须抓住分析总结、定格设计和实践提高等关键环节。冯明纪的《关于金融企业文化与建设高素质员工队伍的思考》（《青海金融》1999 年第 9 期）一文，认为只有建设一支高素质的员工队伍，才能适应时代发展的要求，为培育金融企业精神提供良好的思想文化条件。连宝萍的《略论商业银行的企业文化建设》（《青海金融》2000 年第 2 期）一文，认为在 21 世纪，商业银行间新一轮的竞争在很大程度上取决于企业文化的较量。全面推进企业文化建设，培养企业精神，必须从细微处入手找准企业文化建设的切入点。高强生的《论保险企业文化建设》（《青海金融》2005 年第 3 期）一文，认为保险企业文化建设，要抓住以人为本的主体，突出培育精神文化的主题。周海的《论保险企业文化的定位及其构建》（《青海师范大学学报》2005 年第 5 期）一文，认为保险企业文化的战略导向决定了企业的一切行动都必须在企业文化的约束和指导下进行，一切企业的行为和公司员工的行为都必须与企业文化保持一致。周海文的《构建农发行特色企业文化　做新农村建设的生力军》（《青海金融》2006 年第 8 期）一文，认为要按照企业文化发展的要求，根据农业政策性银行的特点，构建以"至诚服务、有效发展、以人为本、构建和谐"为核心的农发行特色的企业文化。

（四）市场营销研究

营销战略与策略研究。孙州霞的《GI 战略——一种全新的市场营销观》（《攀登》1995 年第 4 期）一文，研究了中国企业导入 CI 战略需解决的关键问题和遵循的基本原则，认为实施独特的企业形象战略，是现代企业市场营销战略的重要组成部分。孙州霞的《新经济时代企业的市场营销观念与营销战略》（《青海民族学院学报》2000 年第 4 期）一文，认为面对新经济，企业市场营销管理应迅速摆脱传统观念的束缚，以新的眼光、新的思维方式来认识所面临的新环境，并据此制定更有针对性和更加有效的营销战略。孙州霞的《经济全球化条件下的企业市场营销》（《中共山西省委党校学报》2002 年第 4 期）一文，分析了加入世贸组织后我国企业市场营销环境的新变化，提出了实施国际市场细分化、加速实现生产系列化与产销网络一体化等对策。桂拉旦、黄忠明的《关系营销——过渡经济时期企业的可持续营销战略》（《社科纵横》2003 年第 5 期）一文，认为过渡经济时期，企业应通过发展积极的关系营销与内、外部环境建立良好关系，形成强大的关系力，推动企业"可持续销售战略"的发展。博科的《论中国人寿改制上市后西部分支公司营销战略》（《青海金融》2004 年第 12 期）一文，认为只有牢固树立科学的发展观，加快转换营销机制，端正考评导向，还原营销本质，注重客户需求，加强专业化经营的团队建设，才能提升可持续发展能力。帖征的《新时期我国农村消费市场营销策略初探》（《攀登》2007 年第 2 期）一文，认为要开发农村消费市场，生产经营者必须根据农村市场的特点和农民的消费特点，转变经营观念，探索适合农村实际情况的营销方式，选择正确的营销策略。房建利的《论我国保险营销的发展战略》（《青海金融》2008年第1期）一文，从注重运用关系策略、服务策略、文化策略、全面策略、主动性策略、人本策略和应变策略等方面提出了营销创新策略。苏惠艳的《知识经济时代下的企业市场营销策略》（《现代商业》2009年第11期）一文，认为营销环境因素的变革，对当今时代的企业产生了越来越大的冲击，如何顺应知识经济发展的潮流，提高企业的竞争能力，已经成为摆在每一个企业面前的一项紧迫课题。时元宁的《企业提高顾客满意的策略分析》（《现代商业》2010年第14期）一文，认为企业要想赢得忠诚的顾客，必须时刻牢记高度的顾客满意创造高度的顾客忠诚，时刻为提高顾客满意而努力。卢光发的《基于消费者体验营销的顾客忠诚度诠释及其提升策略》（《商业时代》2010年第28期）一文，认为体验营销是企业通过创造、提供和出售等活动，让消费者在消费过程中有所感受，使精神需求得到最大限度满足的一种过程。莫乃兴的《产品市场信息不对称的品牌策略》（《中国商贸》2010年第2期）一文，认为企业可以通过品牌策略树立良好的品牌形象，降低市场中信息不对称程度，减少消费者的交易成本，增强消费者的购买信心。

营销方式及问题研究。博科的《入世对西部寿险营销的影响及对策》（《青海金融》2002年第9期）一文，在分析国有寿险公司的市场营销现状基础上，提出了加快国有寿险公司的商业化进程、确定明确的市场营销目标、实施切实可行的市场营销策略和企划、个性化服务树立品牌、建立专业化经营团队等对策。马学梅的《青海省财产保险市场营销探析》（《攀登》2004年第5期）一文，针对青海保险市场存在的问题，从树立财产保险的全新营销理念、拓展保险营销业务、树立良好形象、调整企业营销组合四个方面

提出了完善青海保险市场营销的对策。张晓平的《RAROC原理与青海农行市场营销》（《青海金融》2005年第7期）一文，提出在考虑本行实际风险承受能力的前提下，实施以优质客户为中心的发展战略，促使资产业务带动负债业务和中间业务局面的形成。宋芳的《浅谈客户关系管理理论在企业中的应用》（《辽宁行政学院学报》2007年第12期）一文，认为很多企业在CRM系统实施的过程中，存在很大的盲目性，最终导致了失败，进而研究了实施CRM系统能否取得成功的关键环节。刘娜的《论关系营销和人际关系营销对我国企业的启示》（《经济研究导刊》2008年第7期）一文，认为中国的人际关系营销和西方的关系营销都很注重构建自己的关系互惠网络，但中国的以人际关系为基础的关系营销与西方纯正的关系营销理论在市场领域的延伸和应用是有差别的。兰海的《企业品牌经营模式探析》（《四川理工学院学报》2009年第3期）一文，认为未来企业组织在品牌经营发展模式与提升模式上相关问题的解决，有利于企业核心竞争力的建立。时春雷的《关于企业实施绿色营销的思考》（《青海社会科学》2009年第4期）一文，认为政府、企业、社会公众是开展绿色营销、实施可持续发展的三大力量，在我国要想尽快解决绿色营销实施中现存的问题，就必须将三者有机地结合起来。蔡守琴的《青海绿色食品品牌营销问题及其对策研究》（《改革与战略》2009年第11期）一文，认为由于青海企业缺乏绿色食品品牌营销理念，导致青海的绿色食品在国内外市场上的知名度低，其经济价值未能得到真正体现。

二、会计学和财务管理研究

20世纪90年代以来，青海学界主要从会计学改革发展和会计制度规范化、财务管理问题和财务管理创新发展、企业风险管理等方面进行了研究。

（一）会计学研究

会计学改革创新研究。 肖惠林的《以市场经济为导向　建立金融会计体系》（《青海金融》1994 年第 S1 期）一文，认为改革会计制度是建立金融会计体系的核心。推行金融企业会计制度和财务制度，实行企业化经营和管理，使会计改革迈出关键的一步。王春雷的《试论成本会计发展中的战略成本管理》（《青海师范大学学报》2002 年第 1 期）一文，认为如果我们的企业能及时转变思路，汲取先进的成本管理模式和方法的精华，将成本管理与企业战略相结合，必将使我国企业的整体管理水平得到较大提高。沈凤婷的《知识经济与现代管理会计》（《青海民族学院学报》2002 年第 1 期）一文，认为现代管理会计要求财务会计工作重点要从记账、算账、报账转移到提供经济信息、分析经济情况、核算经济效果、监督经济活动、预测经济前景、参与经济决策、进行目标管理和提高经济效益上来。于海的《传统会计的时代局限性及其改革》（《经济师》2002 年第 6 期）一文，认为面对高度科学化的战略管理，会计必须紧跟战略管理的步伐，从系统的观念出发，运用现代科学、技术进行自我改造与完善。郭晓玲的《论预算改革中的制度创新》（《经济师》2003 年第 8 期）一文，认为会计集中核算制度是在配合支出管理改革和加强财政监督的过程中，地方采用的一种创新模式，实行会计集中核算制度来加强财政资金的监督，要注意把握好政策的灵活性和稳定性的统一。刘海雄的《传统会计学与现代信息技术的运用》（《青海师范大学学报》2004 年第 5 期）一文，认为现代信息技术环境带来的不仅仅是工具及手工会计模拟的简单改变，更重要的是它所带来的对传统会计理念、理论与方法前所未有的强烈变化与冲击。淘元春的《管理会计"价值观"的创新与发展》（《青海师专学报》2005 年第 5 期）一文，认为知识经济社会的到来，以及科学技术的推动

和不断创新企业管理方法的内在要求促使企业管理会计"价值观"发生深刻变化，也给管理会计理论研究提供了新的发展契机。秦燕鸣的《知识经济条件下的无形资产会计创新》（《财会月刊》2005 年第 24 期）一文，认为随着知识经济时代的到来，无形资产在企业经济活动中所起的作用日益增强。只有不断对无形资产会计理论和实践进行创新，才能逐步建立符合时代特征的无形资产会计核算新模式。郭晓玲的《税务会计的独立性探讨》（《事业财会》2006 年第 6 期）一文，认为在市场经济下，政府职能已经转换，所有权与经营权相分离，在会计上体现为利润与税收分别核算，也就使两项制度分离成为必然。秦春红的《独立董事制度与会计信息质量关系的研究》（《现代商贸工业》2007 年第 7 期）一文，认为公司治理与会计信息质量存在内在的联系，会计信息失真的治理需要公司治理结构的改善。

会计制度规范化研究。 曹红的《试论银行会计的规范化管理》（《青海金融》1997 年第 8 期）一文，认为随着对外开放的日益扩大，要求金融会计向国际惯例靠拢，朝着会计体系科学化、会计手段现代化、会计标准国际化的目标迈进。李雪玲的《会计信息失真问题及其解决对策》（《青海师范大学学报》2003 年第 4 期）一文，认为假账泛滥已成社会公害，严重影响正常的社会经济秩序，会计信息失真助长了各种腐败现象和不正之风，严重恶化了社会环境，提出了依法综合整治会计失真的具体对策。刘健霞的《会计信息披露：完善公司治理结构的关键》（《青海社会科学》2005 年第 3 期）一文，认为修改《证券法》和《公司法》是完善上市公司治理结构和会计信息披露制度的根本途径。欧明建的《上市公司执行新会计准则遇到的难题及建议》（《青海金融》2008 年第 3 期）一文，提出了强化公允价值计量方法的相关信息披露、增强会计职业判断能力等对策建议。郭晓玲的《对我国中小企业

会计规范化问题的探讨》（《绿色财会》2009 年第 6 期）一文，认为民营企业组织制度缺失、管理水平不高、逃避纳税和债务的愿望比大型企业要强烈等自身特点，造成中小企业在会计核算方面存在很多不规范问题，提出了对中心企业加强会计规范的措施。冯鹏的《会计稳健性的相关问题研究》[《财经界》（学术版）2009 年第 5 期]一文，从会计稳健性的应用范围、影响因素等方面入手，探讨了会计工作中如何更好地运用稳健性原则提高会计核算水平。傅晓敏的《论现行会计准则对上市公司盈余管理的影响》（《青海师范大学学报》2010 年第 6 期）一文，认为现行会计准则在一定程度上压缩了会计政策和会计估计的空间，限制了企业的盈余管理，同时也在其他一些方面给企业的盈余管理留下了余地。赵爽的《共同治理机制下企业会计管理体制的完善研究》[《财经界》（学术版）2010 年第 10 期]一文，指出了我国经济体制特点与政治环境因素对会计管理体制的影响，分析了未来我国企业内部管理的发展趋势，提出了共同治理机制下企业会计管理体制的完善对策。

（二）财务管理研究

财务管理策略研究。蓝惠德、雷占才的《农村集体财务混乱原因分析与对策》（《柴达木开发研究》1993 年第 1 期）一文，认为随着农村改革的深入和经济的发展，解决农村财务混乱问题和加强农村财务管理工作已迫在眉睫。张余山的《对当前预算外资金管理的思考》（《青海金融》1997 年第 8 期）一文，认为预算外资金管理走向市场具有客观必然性，但在现阶段基本经济关系尚未理顺、新旧体制还处于转轨碰撞时期，引导预算外资金走向市场应采取不同的方式。张宏岩的《青海工业企业财务状况分析及建议》（《青海科技》1998 年第 1 期）一文，通过对青海省工业企业的财务状况分析，对企业存在的资产负债结构不合理、资产运营效率低下等问题提出了

若干建议。孙涛的《规范我国上市公司治理结构的财务决策》（《财经理论与实践》2002 年第 1 期）一文，认为规范上市公司治理结构应从加强财务管理入手，提出了规范上市公司治理结构的财务对策。李鸿霞的《对加强个体企业财务管理的几点认识》（《青海师专学报》2004 年第 6 期）一文，认为个体经济财务管理秩序的混乱不仅阻碍和制约了自身的发展，而且势必影响整个经济发展和社会稳定，必须采取措施加强财务制度建设和管理。李小雄的《村级财务管理问题刍议》（《攀登》2007 年第 4 期）一文，认为农村会计核算与新会计制度的要求严重脱节，村级财务管理混乱，直接影响农村改革发展，必须结合新农村建设目标的新要求加以规范。李鸿霞的《青海中小企业理财管理对策研究》（《青海社会科学》2008 年第 4 期）一文，认为青海民营中小企业要在激烈的市场竞争中立于不败之地，解决成长性问题，必须树立理财管理核心地位的企业发展战略目标，强化理财管理。杨琳的《浅析预算松弛及其防范》（《科技经济市场》2009 年第 3 期）一文，阐述了预算松弛的危害及其成因，提出了防范预算松弛的对策与措施。张仙伊的《浅谈企业资金管理与经济效益分析》（《经济师》2009 年第 8 期）一文，针对如何加强企业资金的管理和控制，提出运用对资金的集中管理、多种监督方式、依靠计算机技术三种手段来达到资金管理、提高经济效益的目的。董少潭的《探析青海省私营企业财务管理存在的问题》（《中国乡镇企业会计》2010 年第 2 期）一文，针对私营企业内部管理制度不健全、财务管理缺失等问题，提出了提高财务管理水平的对策。杨永宁的《浅论新形势下国有企业财务管理的完善策略》（《财经界》2010 年第 11 期）一文，认为金融危机过后，国有企业在争取较大利润空间的同时要加强对风险的有效防范，尽力保持合理的资本结构，为自身营造一个较为宽松的理财空间。

财务管理创新发展研究。 何红丽的《现代企业制度下财务管理的创新意识》（《青海师范大学学报》2002 年第 3 期）一文，认为现代企业制度下财务管理的创新，离不开知识的更新和科学技术的进步。傅晓敏的《财务管理环境的变迁及其发展趋势》（《青海师范大学学报》2002 年第 3 期）一文，认为面对经济全球化浪潮，知识经济与电子商务等因素的冲击，必须加快人才培养、开展相关研究。李鸿霞的《对财务管理如何适应知识经济时代的几点思考》（《经济师》2003 年第 6 期）一文，认为只有对建立在传统经济基础上的财务管理模式进行创新，才能有效应对知识经济的挑战。姜春兰的《现代企业财务管理目标及其影响因素》（《财会研究》2004 年第 10 期）一文，认为在现阶段我国企业仍应将股东财富最大化作为财务管理的目标，而将企业价值最大化作为财务管理目标的努力方向。李鸿霞的《对青海民营企业财务管理模式的探讨》（《青海师专学报》2007 年第 6 期）一文，认为民营企业在对传统财务管理模式进行转换时，应建立组织机构、信息手段和企业制度三位一体的财务管理模式，提高企业财务管理的效率和效果。马海萍的《现代企业财务管理面临的问题及其创新》（《中国乡镇企业会计》2007 年第 10 期）一文，从财务管理目标、融资管理、资本结构的优化、风险管理方法、财务分析内容、财务成果分配方式创新等方面进行研究，提出了实现企业财务管理创新的对策。傅晓敏的《论税收筹划在财务管理中的应用》（《攀登》2007 年第 6 期）一文，认为企业在进行筹资、投资、收益分配等决策时，使企业的纳税行为在遵守税法的前提下，合理利用税收政策，达到合理避免或延迟纳税、少交甚至免除纳税是管理者、经营者以及财务人员的重要职责。韩生贵的《应构建和谐社会企业财务管理目标》（《柴达木开发研究》2007 年第 6 期）一文，认为构建和谐社会必然要求企业在追求自身经济利益的同时，把积极履行社会责任提高到企业目标结构中的更高地位。

（三）企业内控制度与风险管理研究

内控制度与风险管理关系密切，现代审计总是把被审单位现行的内部控制制度当作审查的起点和重点，引起了学界关注。祖彦恒的《企业转换经营机制需要强化内部控制》（《柴达木开发研究》1993 年第 6 期）一文，认为企业转换经营机制，要求其强化内部控制，用自我约束手段规范经济行为。马维胜的《欠发达地区乡镇企业风险管理》（《柴达木开发研究》1995 年第 5 期）一文，认为积极创造使乡镇企业增强风险管理能力的条件，是欠发达地区乡镇企业得以健康发展的重要前提，并从风险控制和风险财务处理两方面提出了对策。薛玉凤的《完善内控机制　防范金融风险》（《青海金融》1997 年第 12 期）一文，认为加强银行内部联行和同城清算内控管理，是防范和化解金融风险的重要举措。高强生的《谈建立商业保险公司的内控机制》（《青海金融》1999 年第 4 期）一文，认为商业保险公司的内控机制，应以机制创新为基准，完善一系列与其经营目标相适应的内部控制制度。王莉的《关于健全和完善银行业内控制度之我见》（《青海金融》2000 年第 2 期）一文，认为处于转轨变型时期的商业银行，必须针对内控制度存在的薄弱环节，借鉴国际通行做法，建立健全适应我国银行业内部控制要求的制度体系。肖军的《论健全内部控制与金融风险的防范》（《青海金融》2000 年第 8 期）一文，认为现代商业银行经营管理活动十分复杂，必须建立与之相适应的内部控制机制，把内控渗透到各项业务过程、操作环节、部门和岗位，做到"无所不控"。仇万强、王京海的《欠发达地区健全和完善商业银行内控机制的思考》（《青海金融》2001 年第 2 期）一文，认为财会部门是银行内部第一道监控关卡，建立相对独立的会计管理体制是内部控制的一个重点。张百琴的《健全和完善企业内部会计控制制度势在必行》（《攀登》2001 年第 5 期）一文，认为为保证财务系统安全运行，提高内控制度的效率和效果，应尽快完善我国企业内控制度，颁布统一的标准体系，实现内控制度的法律化。马丽霞的《建立完善的内部控制制度的思考》（《事业财会》2003 年第 6 期）一文，认为将内部控制与会计法律有机结合，是管制会计信息失真的重大举措，对形成完善的内部牵制和监督制约机制、规范单位会计行为、促进经济健康发展有十分重要的作用。王长春、李成业的《国有商业银行内控制度研究》（《青海金融》2004 年第 6 期）一文，认为国有商业银行要建立严密的会计控制制度，严格按照规定的会计、财务制度与准则来进行，建立起相对独立的内部稽核制度，实现对风险的再控制。吕春峰的《建立单位内部会计控制制度应遵循的原则》（《西北民族大学学报》2005 年第 4 期）一文，认为建立规范、科学的内部会计控制制度，须遵循合法性、合理性、全面性等八项原则。秦燕鸣的《完善企业内部控制制度的几点措施》（《财会通讯》2006 年第 1 期）一文，从完善企业控制环境、进行全面风险评估、设立有效的控制活动、建立广泛的信息与交流系统、加强内控监督与评审等方面研究了企业内控措施。连宝萍的《从创建合规文化谈商业银行风险管理》（《青海金融》2007 年第 1 期）一文，结合银行发生的经济案件，从创建合规文化理念、做到依法合规经营等方面阐述了商业银行如何加强操作风险的防范和管理。雷军军的《企业如何更好地实施内部控制》（《青海师专学报》2008 年第 5 期）一文，认为风险管理在"风险的识别与评估"和"控制活动与职责分离"等内控内容中，与内控相交叉，属于内控强化过程中的管理活动。闫国瑛、杨成山的《企业内部会计控制的对策研究》（《青海师范大学学报（自然科学版）》2009 年第 3

期）一文，认为对内部会计控制成效显著的机构和对会计制度执行较好的人员进行奖励，是强化企业内部会计控制的有效途径。刘红如的《论会计电算化系统的内部控制》（《现代商贸工业》2009 年第 24 期）一文，阐述了会计电算化系统内部控制存在的普遍问题，并对加强和完善电算化内部控制提出了若干对策。杨泽的《信息化环境下内部审计的困惑与对策》（《审计月刊》2010 年第 2 期）一文，分析了信息化环境下内部审计面临的困惑，并提出完善内部审计工作的对策建议。杨泽的《做好企业内部控制制度审计》（《中国审计》2010 年第 8 期）一文，认为随着现代公司治理结构的不断完善和内部审计工作的不断发展，公司管理层在获取信息、评价风险和控制管理空隙以及加强管理薄弱环节等方面对内部审计的依赖越来越强，开展内部控制制度审计显得越来越重要。

三、旅游管理研究

20 世纪末，青海省旅游开发与发展尚处在初级起步阶段，旅游管理方面的研究开展较晚，2000 年以后地方高校才开始设置旅游管理专业，相关研究主要围绕旅游开发管理、营销管理和酒店管理等方面展开。

（一）旅游开发管理研究

旅游开发管理研究的成果主要聚焦在青海旅游资源如何转换为旅游产品等方面。何梅青的《试论旅游产品设计与旅游资源开发的关系——以青海湖为例》（《资源与产业》2006 年第 2 期）一文，认为旅游产品设计只有在旅游资源科学评价的基础上，突出旅游资源特色，注重科学与非科学因素及市场化开发导向才具有吸引力、竞争力和生命力。何梅青的《对开发青海湖旅游产品的分析与探索》（《攀登》2006 年第 4 期）一文，在对青海湖旅游产品开发现状及其可行性进行科学评价和研究的基础上，提出了开发青海湖旅游产品的基本原则和基本思路。张俊英的《青海旅游商品开发的对策研究》[《新西部》（下半月）2007 年第 11 期]一文，认为青海的旅游购物在旅游六大要素中所占的比重较小，不能满足旅游者对旅游商品的需求，所以应大力支持青海旅游商品开发。罗正霞的《西宁发展会展旅游分析与对策》[《青海师范大学学报》（自然科学版）2007 年第 2 期]一文，分析了西宁市开发会展旅游的优势、劣势、面临的机遇和挑战，提出了西宁市会展旅游开发的对策。何梅青的《青海民族文化旅游品牌建设之我见》（《攀登》2009 年第 1 期）一文，认为青海民族文化旅游资源丰富，要在整体开发的基础上培育民族文化旅游品牌，形成推动青海旅游经济迅速发展的新动力。张小红的《青海省旅游市场现状及问题分析》（《商场现代化》2010 年第 3 期）一文，认为青海省旅游市场不景气的主要原因有环境气候的影响，也存在经营管理不到位的问题。

（二）旅游服务营销研究

旅游服务营销的相关成果主要涉及营销策略和对策研究。杨琼的《青海省旅游资源特性及其营销策略》（《青海科技》2006 年第 6 期）一文，阐述了青海省旅游资源的优势和特色以及青海旅游业的形象定位，强调只有体现特色，充分利用青海湖等品牌才能带动青海旅游业的发展。马学梅的《论青海旅游服务营销中的 7P 策略》（《青海社会科学》2007 年第 1 期）一文，认为面向 21 世纪的青海旅游业要形成强有力的市场竞争力，必须在形象力、营销力和产品力上做好文章，建立一种适合青海旅游服务现状的由外向内的营销策划模式。马学梅、何智奇的《青海旅游服务营销的现状与对策研究》（《西北民族大学学报》2007 年第 2 期）一文，认为青海旅游营销要依托现有资源并有所突破，在景点挖潜、景区推介、软硬件建设、服务提升、营销理念等方面需要进一步整体推进。马学梅的《青海旅游服务营销的市场定位研究》（《攀登》2007 年第 4 期）

一文，认为对青海旅游服务营销的市场定位进行理性分析，并寻求新的营销策略，是青海旅游业在市场竞争中做大做强的唯一出路。马丽雅的《浅析青海省旅游产品营销》（《现代经济信息》2008 年第 12 期）一文，认为旅游业已成为青海省重要的经济支柱产业，探索新的营销途径是实现青海旅游产业规模化的现实选择。张连生的《20 年来青海旅游研究综述及展望》（《柴达木开发研究》2008 年第 2 期）一文，把青海学者的研究划分为两个阶段，阐述了这一时期旅游研究的关注点和变化趋势，提出应加强对青海旅游形象与营销策略的研究。王小梅的《中国导游十万个为什么（青海卷）》（中国旅游出版社，2009 年）一书，以展示"大美青海"的无限魅力为主线，比较系统地介绍了"三江源"、莽昆仑、西王母、天路行、日月山、通天河、原子城、塔尔寺、青海湖等旅游资源和主要景点，在研究青海旅游业发展特点的基础上，从导游视角为游客提供了青海多样化的信息，通过让世人了解青海推介了"大美青海"旅游品牌。马学梅的《基于青海旅游业的文化营销研究》（《社科纵横》2010 年第 2 期）一文，从挖掘旅游文化含量、促进旅游文化宣传、培育旅游文化专业人才等方面提出了青海旅游市场文化营销的对策。

（三）酒店管理研究

随着青海旅游业的发展，酒店管理问题日益凸显，相关研究悄然兴起。兰海的《我国酒店企业品牌化经营战略探析》（《重庆城市管理职业学院学报》2009 年第 1 期）一文，认为面对经济全球化的机遇和挑战，中国酒店企业要想与国际饭店集团抗衡，实现可持续发展，并能进入国际市场，就必须创立自己的知名品牌，实施品牌化经营战略。李永梅、万苗苗的《青海饭店业如何培育忠诚员工》（《经济师》2009 年第 10 期）一文，认为饭店企业经营者应该意识到员工才是企业最宝贵的财富和最重要的资源，努力培养一支优秀、忠诚的员工队伍，才是在激烈的市场竞争中制胜的黄金法则。强莹、马耀峰的《青海经济型饭店发展探析》（《经济师》2010 年第 4 期）一文，在调查的基础上分析了青海经济型饭店的发展现状和存在的问题，并提出了相应对策。

第三节　公共管理研究

随着我国经济体制改革的逐步深入，行政体制改革稳步推进，行政管理、公共事业管理、公共关系等成为青海专家学者关注和研究的重点，相关研究也随之增多。

一、行政管理研究

1993—2010 年的行政管理体制改革，主要是适应建立社会主义市场经济体制的需要，对宏观管理体制进行改革，青海学者相关研究成果主要集中在行政管理体制改革、政府行政能力、公共危机管理、工商行政管理和公共政策等方面。

（一）行政管理体制研究

我国行政管理体制改革研究。李广斌的《论社会主义市场经济条件下人事行政管理体制改革的必要性》（《攀登》1995 年第 2 期）一文，认为在社会主义市场经济条件下，应该树立以人才开发为主体的现代人事管理观念，突出人事行政管理的整体性、相关性、目标性和开发性，形成适应社会主义市场经济体制需要的人事行政管理体制。徐世龙的《论我国行政监督体制改革及其完善》（《攀登》1996 年第 5 期）一文，认为改革和健全我国的行政监督体制应该首先从监督的双轨制向单轨制的转变着手。辛全洲的《邓小平行政改革思想初探》（《青海师范大学学报》2003 年第 2 期）一文，认为邓小平关于我国行政改革的目的、追求的目标、实施的步骤及其改革的基本内容的设计，构成了一整套关于行政改革的理论体系，这是指导我们深化行政管理体制改革的重要理论依据。李广斌的《全球化背景下的中国行政体制改革》（《青海民族学院学报》2004 年第 3 期）一文，认为 2003 年启动的中国

行政体制改革是根据世贸组织的规则，通过机构调整、职能转变来塑造服务型政府形象。今后仍将进一步推进公共行政民主化、公共部门民营化、公共管理企业化、公共服务市场化、公共运营信息化。李文华的《行政生态学视角下的公务员制度改革》（《攀登》2006 年第 5 期）一文，运用行政生态学的原理与方法，借用其系统和动态的逻辑思维，以新的视角审视新旧体制转型期我国公务员制度改革所面临的问题，提出了完善我国公务员管理制度改革的基本思路。王韶君的《"新公共管理"及其对我国行政体制改革的启示》（《现代商贸工业》2008 年第 5 期）一文，认为"新公共管理"理论反映了西方公共行政发展的趋势和方向，对于我国的行政体制改革与创新具有重要的借鉴与启示意义。李广斌的《关于控制我国行政成本的对策思考》（《攀登》2008 年第 5 期）一文，认为控制行政成本，提高行政效率，是实现行政管理体制改革的核心问题。李广斌的《美国金融危机的政府责任及其启示》（《青海社会科学》2009 年第 1 期）一文，认为美国金融危机对我国的启示是：应改革初次分配制度，缩小贫富差距；加强对金融机构的监管；促进政府职能转变，建立规范、开放、自我调节的安全的金融体系。王作全的《解读有关当代政府体制改革的若干重要理论——兼论政府职能的科学界定》（《青海社会科学》2009 年第 3 期）一文，认为伴随着当代世界各国政府体制改革，出现了许多既来自这些改革实践又指引着这些改革实践的重要理论观点，其中最具代表性的有公共管理理论、公共领域理论以及公共服务理论等。

青海省行政体制改革研究。马洪波的《三江源地区实现可持续发展的制度创新》[《中国可持续发展研究会学术论文集（下册）》，2005年]一文，针对青海三江源地区的不可持续发展问题，提出应通过改革草场产权制度、加强法治建设、建立生态补偿机制和国际合作机制、精简政府机构以及保持文化多样性等措施，保障三江源地区可持续发展。李广斌的《青海事业单位改革取向及模式选择探析》（《攀登》2007年第2期）一文，认为在各国政府治道变革和我国从"全能政府"向"有限政府"转变的大背景下，青海深化事业单位改革必须明确改革的方向和总体目标，对事业单位未来的基本组织形式进行科学定位，对相应管理模式做出理性选择。李广斌的《关于青海省海西州乡镇机构改革（试点）的调查与思考》（《青海民族学院学报》2007年第4期）一文，分析了海西州乡镇机构和事业站目前所存在的主要问题，在剖析原因基础上提出了改进的对策建议。李广斌的《公共治理与青海政府管理创新》（青海人民出版社，2008年）一书，运用行政管理相关理论，从不同角度对青海地方行政管理体制改革进行了探索，从打破政府管理模式、构建政府、市场和社会三维框架等方面提出了青海建立廉洁高效、运转协调、行为规范的行政管理体系的对策建议，为青海政府管理机制创新提供了新的思路。

（二）政府行政能力研究

研究成果主要集中在民族地区的政府行政能力提升方面。张建英的《论我国民族地区城镇化发展中的政府行为》（《青海师专学报》2006年第6期）一文，从青海经济社会发展和西部少数民族地区的具体实际出发，探讨和分析了政府行政能力建设的意义及其内容，阐述了少数民族地区城镇化发展中的政府行为。张建英的《论构建和谐青海中的政府行政能力建设》（《青海民族学院学报》2007年第2期）一文，认为构建社会

主义和谐社会是政府社会管理的目标，必须创新政府管理体制，积极探索和寻求新的管理方式和方法，不断提升政府能力，加强政府在和谐社会建设中的宏观引导。张伟的《民族自治地区改善政府公共服务体系研究——以青海民族自治地区为例》（国家社会科学基金项目，2005年）一文，通过研究民族自治地区改善政府公共服务体系的特殊性，提出了青海民族地区改善政府公共服务体系的对策措施。周成仓的《论服务型政府建设》（《青海师范大学民族师范学院学报》2008年第1期）一文，在分析建设服务型政府的不利因素的基础上，提出了建设服务型政府的具体措施。张建英的《服务型政府的建设与政府监管能力的提升》（《管理观测》2009年第35期）一文，认为建设服务型政府是我国行政体制改革的根本任务，应该通过法定程序，按照公民意志组建以全心全意为人民服务为宗旨、实现服务职能并承担着服务责任的政府。刘傲洋等的《民族自治地方改善政府公共服务刍议》（《青海社会科学》2010年第5期）一文，认为改善民族自治地方政府公共服务，提高党的执政能力，关系到全国的民族团结、社会稳定和经济的协调可持续发展，应在尊重民族自治地方的差异性与特殊性的基础上，创造性地改善其政府公共服务。

（三）公共危机管理研究

进入21世纪后，公共危机管理的研究逐步深入。何颖的《重视和加强政府危机管理》（《青海社会科学》2003年第3期）一文，认为政府作为公共事务管理者，应针对危机发生后的不同情况确立相应的对策，制定消除事件影响的管理方案，及时采取措施消除危机后果。王莘的《自然灾害应急管理问题研究》（《青海气象》2007年第4期）一文，认为自然灾害应急管理，监测、预警是起点和首选策略；完善应急预案体系是灾害应急管理的主线；信息的收集和分析是自然灾害应急管理的基础；全民应急意识是有效

应急的重要资源；建立健全应急联动机制是自然灾害应急的关键环节。何颖的《对民族地区突发公共事件应急管理机制的认识——以青海为例》（《青海社会科学》2008 年第 6 期）一文，以青海省突发公共事件的特殊性为逻辑分析起点，揭示出民族地区突发公共事件应急管理中存在的主要问题及其原因，说明全国的突发公共事件应急管理机制不能完全应对民族地区的突发公共事件，针对我国民族地区的特殊性提出了民族地区突发公共事件应急管理机制建设与完善的对策建议。张建英的《论转型期我国政府的公共危机管理》（《郑州市委党校学报》2008 年第 6 期）一文，认为现阶段我国正处于社会转型、体制转轨时期，诸多不稳定因素的存在加剧了社会运行的公共风险，增加了公共危机发生的可能性，需要加强公共危机管理，提升政府的危机管理能力。马晓东的《青海防范突发事件预警应急对策》（《青海社会科学》2009 年第 3 期）一文，结合青海实际研究了突发事件对经济社会发展造成的不良影响，分析了突发事件发生、发展的特点，提出了青海防范突发事件的预警应急对策。胡海军的《公共危机管理者的领导与协调艺术》（《管理观察》2009 年第 17 期）一文，认为管理者领导协调艺术在公共危机管理中作用重大，管理者应当加强学习、加强思想道德修养、加强心理素质训练、加强实践锻炼，提高对危机事件的辨别力，增强动员协调力，加强全局领导力，实现危机快速化解。何颖的《中德应急管理体制比较》（《攀登》2010 年第 1 期）一文，认为德国的应急管理已经有机融入社会管理的各个层面，政府的职能定位明确，与社会和公民的关系清晰，其经验拓宽了我国应急管理的思路。于佳的《论学校危机管理》（《黑龙江史志》2010 年第 23 期）一文，针对学校危机事件频繁发生的现实情况，探讨了学校在危机管理中存在的问题，提出了应对学校危机的相应管理策略。王鑫的《危

机管理中的公共政策制定分析——以青海玉树地震为例》（《科技信息》2010 年第 36 期）一文，以政府在青海玉树地震中表现出的公共政策制定能力为例证，对我国危机管理中公共政策制定的现状与出路进行探讨，认为如何运用有效的公共政策应对公共危机是政府提高危机管理能力的关键所在。

（四）工商行政管理研究

20 世纪 90 年代以来，青海省工商行政管理研究比较活跃，形成了一批相关研究成果。王鸿之的《关于工商行政管理面临新情况的思考》（《中国工商管理研究》1993 年第 2 期）一文，从解放思想更新观念、调整业务改革机构、健全法规改善管理、建设队伍提高素质方面，对加强工商行政管理工作进行了研究。张建中的《发挥监管市场职能　努力启动消费市场》（《中国工商管理研究》1999 年第 10 期）一文，认为新形势下的工商行政管理的工作重点要从监管微观的集贸市场向监管更为宏观的社会主义经济的大市场转变。张建中的《积极应对入世挑战　全面提升市场监管执法水平》（《青海学刊》2002 年第 1 期）一文，认为加入 WTO 后，随着市场主体的多元化、市场规则的国际化和市场经营形态的复杂化程度日益加剧，要求我们对传统的监管模式、手段和方法进行改进，通过创新全面提升监管执法水平。陈淑英的《初级阶段的社会主义工商行政管理的浅析》（《商业现代化》2007 年第 24 期）一文，认为在社会主义初级阶段，做好工商行政管理工作最根本的是要坚定、正确地执行党的路线方针政策，把党在社会主义初级阶段的基本理论、基本路线、基本纲领落实到各项工作中去。王红卫的《坚持科学发展观理念　增强市场监管能力》（《中国价格监督检查》2010 年第 1 期）一文，认为价格监督检查工作要深入贯彻落实科学发展观，立足监管、着眼发展、围绕中心、服务大局，切实把政府职能转到为市场主体

服务和创造良好价格发展环境上来。黄利利等的《全力保障供应　维护市场秩序》（《工商行政管理》2010 年第 9 期）一文，针对玉树震后的供应保障，解读了《青海省工商局关于玉树灾区恢复市场交易、维护正常交易秩序的实施方案》，提出了确保灾区市场稳定的措施。张海红的《强化源头市场监管　保障抗震救灾工作开展》（《工商行政管理》2010 年第 9 期）一文，针对玉树震后市场经济秩序的维护，从防止哄抬物价、加强对应急救灾物品的监管、加强对机场站点等重点场所的监管、强化对食品等抗震救灾商品批发源头的监管、援助灾区市场建设等方面提出了应对措施。

（五）公共政策研究

政策科学研究。苏多杰的《政策科学与应用》（青海人民出版社，1994 年）一书，综合运用多学科知识以及运筹学和系统分析方法，对政策的调研、制定、分析、筛选、实施和评价的全过程进行研究，提出为适应中国公共政策实践发展的需要，必须创新和建构政策科学学科的观点，着重从理论体系、框架、基本理论范畴等三个方面对政策科学进行了探讨和阐述，为建立和发展具有中国特色的政策科学进行了有益的探索。

财政经济政策研究。朱清的《建立适应社会主义市场经济的青海公共财政体系》（《攀登》2001 年第 1 期）一文，认为青海应立足于财政改革与发展的现实，着眼于改革开放与经济社会事业的发展，通过进一步深化财政体制改革，建立与社会主义市场经济相适应的公共财政体系。张宏岩的《青海省人力资本投资的财政政策选择》（《青海师范大学学报》2002 年第 2 期）一文，认为青海省人力资本存量较小，严重制约着社会经济发展。文章从财政政策的角度探讨了促进青海省人力资本投资的渠道，提出了加强财政教育科技投入的政策建议。张宏岩的《促进青海省科学技术进步的财政政策选择》（《青海大学学报（自然科学版）》2003 年第 3 期）一文，在分析评价青海省科技投入方面存在诸多问题的基础上，提出了如何选择财政政策，进一步促进青海省科学技术进步的具体建议。王丽芳的《改革预算会计，构建有中国特色的政府会计》（《青海师范大学民族师范学院学报》2010 年第 2 期）一文，认为随着政府体制改革及政府职能转换、公共财政体制的改革，现行预算会计制度已不能适应新的预算环境，改革预算会计，构建中国特色的政府会计势在必行。

教育科技政策研究。马依沙、刘文璞的《对我国民族教育政策的回顾》（《青海民族学院学报》1996 年第 2 期）一文，认为民族教育政策的贯彻实施，发挥了使民族教育沿着正确健康的方向和路子发展的导向作用及调整处理好教育内部各种关系的协调作用。孙州霞的《青藏高原三江源地区教育可持续发展的政府公共政策选择》（《攀登》2009 年第 5 期）一文，认为青藏高原三江源地区地处高寒牧区，面临着非一般教育所面临的问题和困难，这决定了该地区教育的发展要付出比内地教育更多的努力，需要采取更加特殊的、灵活的政策和措施。苏多杰的《美日欧科技发展战略和科技政策调整与我国的科技体制改革》（《攀登》1995 年第 1 期）一文，在对美日欧科技发展战略、政策的调整与我国科技发展战略、科技体制改革进行比较研究的基础上，提出了加快制定更加符合我国国情的科技政策的建议。苏多杰的《进一步完善西部少数民族地区科技政策》（《青海社会科学》2005 年第 2 期）一文，分析了西部少数民族地区出台的科技政策，提出了重点部署西部少数民族地区科技工作，完善西部少数民族地区科技政策的具体思路。伍虹儒、胡昌德的《我国技术创新政策体系及其特征分析》（《攀枝花学院学报》2010 年第 2 期）一文认为，我国的技术创新政策体系已从单一的科技政策、经济政策向明确的技术创新政策转变，技术创新法规建设取得重要进展，但是技术创新政策仍然没有形成一个完整的体系。

社会保障政策研究。张建英的《完善养老政策　确保老有所养》（《社科纵横》2007年第3期）一文，认为人口老龄化是中国目前和今后很长一段时期面临的重要问题，也给中国的养老制度带来了新的挑战，探讨了今后政策的调整内容。马玉英的《推动青藏高原城市化发展的公共政策研究》（《青海民族学院学报》2008年第4期）一文，在梳理我国相关公共政策对城市化制约作用的基础上，对青藏高原经济发展模式的制度体系、户籍制度、就业制度、社会保障制度创新进行了探讨。钟强的《西北少数民族地区公共政策价值取向研究》（《和田师范专科学校学报》2009年第1期）一文，认为我国的公共政策在西北民族地区实施还需因地制宜，要重点考虑民族成分、地理位置，追求社会稳定、公平优先。翟经纬的《新型农村合作医疗政策执行失真分析——公共政策执行主体视角》（《周口师范学院学报》2010年第3期）一文，分析了新型农村合作医疗政策执行过程中的失真现象及其危害，提出政策执行主体要提高自身的综合素质，完善政策执行监督机制，使政策执行进一步透明化等对策。杨文武的《公共政策视角下的社区自治问题研究》（《知识经济》2010年第22期）一文，认为必须以科学发展观作为解决社区自治问题的理念，从而将社区自治问题解决得更彻底，形成强有力的公共政策。

政策执行力研究。张建英的《关于我国政策执行中失真现象的思考》（《青海民族学院学报》2005年第1期）一文，对我国政策失真现象的表现形式及原因进行了分析，提出了相应的对策。李升初的《公共政策执行中的异化及其对策》（《中国市场》2009年第5期）一文，认为公共政策执行过程中，在制定阶段利益博弈中失败的群体会继续在公共政策执行阶段施加压力，而政策执行者作为特定的利益群体，会对不利于自己的政策在执行中予以异化，严重影响政策目的的实现。苏多杰的《论我国公共政策中的性别意识》（《青海社会科学》2010年第1期）一文，认为独具特色的妇女法体系已基本形成，对推动妇女运动和经济社会发展进程具有划时代意义，但在社会性别意识上存在诸多不足，在公共政策中体现公平性应是努力的方向。朱立国的《关于公众参与在公共政策过程中的途径思考》（《邢台学院学报》2010年第2期）一文，认为我国公共政策过程中的公众参与度不是很高，存在公民参与意识不强、参与能力低等问题，并就如何增进公众参与度、拓展公众参与的途径进行了探讨。

二、公共事业管理研究

伴随着社会的进步与发展对公共事业管理提出的新要求，这一时期的相关研究成果主要集中在教育管理、科技管理、文化管理研究等重点领域。

（一）教育管理研究

高等教育管理改革与创新研究。张宏岩的《高等院校建立健全质量体系的初步设想》（《青海大学学报》1997年第3期）一文，论述了高等院校建立健全质量体系的必要性，探讨了高等院校建立健全质量体系的方法步骤、配套措施及政策建议。王立华的《对高校教育行政化的法律思考》（《青海师范大学学报》2002年第2期）一文，认为树立明确的教育理念，恢复教师、科研人员的主体地位，设定高校行政权力的行使范围及其运行程序，并在政府宏观调控下明确高校的自主权，是遏制教育行政化的有效途径。张宏岩的《基于高等教育管理体制改革与创新的思考》[《陕西师范大学学报》（哲学社会科学版）2003年第5期]一文，在分析我国高等教育管理体制基本格局的基础上，论述了我国高等教育管理体制改革的客观必要性，探讨了我国高等教育管理体制改革的基本思路。邓尔玉的《借鉴全面质量管理理论提高高校教育质量》[《青海大学学报》（自然科学版）2005 年第 4 期］一文，阐述了高等教育借鉴企业全面质量管理的思想和方法，提出高等学校实施全面质量管理的基本策略。肖国刚的《系统管理理论在高校思想政治工作中的应用》（《青海民族大学学报》2010 年第 4 期）一文，运用系统管理的理论和方法对高校学生思想政治教育的目的、功能和价值进行了分析，提出了促进高校学生思想政治教育工作科学化、高效化的措施。

管理学科及专业发展研究。郭华的《青海民族学院政治学科专业结构调整实践研究》（《青海民族学院学报》2000 年第 3 期）一文，根据青海民族学院政治系由政治专业向管理科学专业转向的实践，总结专业结构调整的经验，探索了地方民族院校专业设置的发展规律和基本原则。雷培宁的《高职教育旅游管理专业实践教学研究》（《青海交通科技》2008 年第 1 期）一文，探讨构建符合旅游管理专业高等职业教育规律和市场需求的实践教学体系的内容，提出了办出旅游管理专业特色的措施。陈雪梅、姚茜的《对〈企业战略管理〉课程中加强实践教学方法的思考》（《兰州教育学院学报》2010 年第 2 期）一文，阐述了企业战略管理课程在工商管理学科中的定位和课程目标，对企业竞争模拟教学方法在企业战略管理教学中的应用提出了初步设想。陈雪梅、崔冀娜的《强化工商管理学科的实践纬度》（《企业研究》2010 年第 6 期）一文，分析了青海大学工商管理学科服务地方经济现状和存在问题，提出了工商管理学科服务青海地方经济和社会发展的相关对策和建议。久毛措的《工商管理学科双语教学模式路径选择的思考》（《长春理工大学学报》高教版 2010 年第 3 期）一文，以构建柔性双语教学框架为出发点，提出从授课模式、教学环境及教学方法等方面来进行双语教学模式路径选择的思路。

教学管理和学生管理研究。刘波的《网络文化背景下的大学生管理初探》（《青海大学学报》2003 年第 6 期）一文，分析网络文化对当代大学生思想、学习、生活等方面的影响，探讨借助网络文化的优势促成大学生管理的新思路、新方法。赵慧莉的《教育评价与督导：教育管理系统的重要环节》（《探索与争鸣》2004 年第 9 期）一文，认为教育的评价与督导机制是以对完美的教育不断追求为核心，以质量文化为基础的一种教育管理体制，是实现教育管理科学化中不可或缺的环节，在教育管理过程中最具实质性的作用。张韧的《教育管理发展需要的评估》（《攀登》2005 年第 4 期）一文，认为通过评估可以分析科学管理与教育发展之间的关系，应及时调整组织状况，使设计的组织发展目标与教育实际进一步相吻合。武伟生、王霞等的《关于青海省流动党员教育和管理问题的调查与思考》（《攀登》2007 年第 5 期）一文，认为要把流动党员教育管理工作纳入党建工作的目标管理内容，做到工作有部署、管理有制度、组织常督促、年终有考核，切实推动流动党员管理工作的全面发展。肖国刚的《目标管理理论与高校学生的管理工作》（《青海民族学院学报》2008 年第 1 期）一文，阐述了高校学生工作中传统的目标设定方法与目标管理的差异，高校学生工作中实施目标管理的必要性、可行性和路径选择。郭永发的《基于文化管理理论的学生管理工作思考》（《青海大学学报》2009 年第 3 期）一文，阐述了学生管理从经验管理到文化管理的理论基础，并提出了文化管理理论视域下，做好高校学生管理工作的思路和措施。王静等的《西部地区农村中小学现代远程教育管理的现状及其对策》（《实验室研究与探索》2009 年第 8 期）一文，对参加甘肃省 2007 年农村中小学现代远程教育项目培训的教师进行了调查研究，针对存在的问题提出了对策。王树香的《新形势下如何开展党员教育管理工作》［《商业文化》（学术版）2010 年第 8

期〕一文，认为 21 世纪世情、国情、党情的发展变化，决定了以改革创新加强党的建设，既十分重要又十分紧迫，必须把党员教育、管理、监督有机结合起来。

（二）科技管理研究

科技管理改革与创新研究。李永春等的《青海省国有科研院所科技能力综合评价》（《青海科技》1999 年第 2 期）一文，运用数学方法对青海省国有科研院所 1996 年、1997 两年的科技能力进行了动态监评与排序，为青海省科技体制改革提供了依据。苏多杰的《深化我国科技体制改革的再思考》（《青海民族学院学报》2000 年第 2 期）一文，认为建立适应社会主义市场经济体制和科技自身发展规律的新型科技体制，是我国科技体制改革的目标，科技体制改革的任务是科技界要面向产业界进行整体部署，实际上是建立起科技链与产业链相结合的创新机制。王予波的《促进科技成果商品化、产业化是科技管理工作的重要任务》（《青海科技》2001 年第 5 期）一文，针对青海省在科技成果转化方面存在的问题，从更新观念、确立导向、建立机制、塑造主体、建立市场、创新科技成果管理模式六个方面提出了加强科技管理的对策。李宜池、马忠英的《谈德国科技管理与技术创新》（《青海交通科技》2002 年第 4 期）一文，总结了赴德国、西欧考察的经验，系统介绍了德国的科技管理的政策、机构设置、科研体制、科技创新机制、科研成果的转化应用等做法。周卫星、景玉珍等的《建立科技管理人员考核指标体系的探讨》（《青海科技》2003 年第 5 期）一文，分析了当前科技人员考核工作存在的问题，建立了一套科技管理人员考核指标体系及量化指标，并提出了应对措施。苗希春的《浅谈新时期青海省科技成果管理工作的创新与发展》（《青海科技》2007 年第 6 期）一文，认为科技成果管理作为科技管理工作的重要组成部分，是各级政府科

技计划服务的重要手段、促进科技成果向产业化转化的重要桥梁和企业技术创新需求的直接可靠方式，必须应用技术创新的理论和观点来适应自主创新的需求。

科技项目及知识产权管理研究。周健丽等的《科技项目决策与管理支持系统的研究》（《青海师范大学学报》1993 年第 4 期）一文，阐述了对科技项目进行管理并提供项目实施决策信息的计算机管理软件实现的过程，以及软件的技术特色。许淳的《关于科技计划项目实行规范化管理问题的探讨》（《青海科技》1998 年第 4 期）一文，认为为适应社会主义市场经济体制，政府的科技管理部门应转变思想观念，更新管理方式，调整计划类别及经费分配方式，建立科研项目主动征集制和项目主管负责制等规范化管理体系。姚茜的《青海省高等院校知识产权现状及管理制度研究》（《中国高校科技与产业化》2010 年第 Z1 期）一文，认为知识产权是学校无形资产的组成部分，青海省高等院校在科技管理工作中要把知识产权工作作为一项重要工作来抓。文章结合青海省高等院校知识产权现状与存在问题，提出了建立健全和完善青海省高等院校知识产权管理制度的建议。

（三）文化管理研究

文化事业及市场管理研究。马宁生的《基层文化建设应实行馆站目标管理》（《柴达木开发研究》1999 年第 5 期）一文，认为科学的目标管理，是拓宽群众文化工作，有效开展精神文明建设，增强文化事业单位自身发展能力，发展群众文化道路的根本途径。马晓东的《略论文化要素对公共管理的影响》（《青海师专学报》2000 年第 2 期）一文，认为在提高和加强公共管理的社会性效益中，文化要素承担着重要的角色，如何有效利用文化系统的积极因素，改变政府的形象，亟待加以研究。张得祥的《如何加强文化市场管理》（《青海师专学报》2006 年第 S1 期）一

文，认为文化市场管理必须坚持中国特色的社会主义方向，坚持对文化市场主体、客体、规律、环境、建设、管理等方面进行系统优化，强化依法管理，使文化市场健康发展。

网络文化管理研究。曲青山的《关于加强网络文化建设和管理的思考》（《攀登》2008年第4期）一文，认为随着网络的普及和迅猛发展，一种新的文化形态——网络文化逐步兴起并发展，且影响深远。网络既给我们带来了机遇，也给我们提出了严峻挑战，如何加强网络文化建设和管理，是一个亟待深入研究的重大课题。曲青山的《浅议国外网络文化管理的经验及启示》（《青海民族学院学报》2009年第1期）一文，对国外网络管理的经验与做法进行了梳理，提出了对我国的启示和借鉴。曲青山的《进一步加强网络文化建设和管理》（《理论前沿》2009年第9期）一文，认为在网络文化的建设和管理中，要重视借鉴国外成功做法和有益经验，从我国实际出发，建设在前，建管并重，疏堵结合，最大限度地发挥网络文化的优势和作用。

三、公共关系研究

公共关系作为一门新兴的管理学科，20世纪60年代传入我国港澳台地区，80年代初开始渗透到我国东南沿海地区，逐渐受到青海学者广泛关注。

（一）公共关系理论研究

随着管理学科的发展，公共关系的基本理论引起了学者的关注。何颖、石昆明的《中国公共关系兴起、发展的分析与思考》（《攀登》1994年第2期）一文，认为中国公共关系，从刚刚起步到成为"公关热潮"仅10年时间，公共关系在中国不仅有了实践，而且已逐渐上升为理论。许荣生的《新编公共关系学教程》（青海人民出版社，1996年）一书，在吸取新思想、新理论的基础上系统阐述了公共关系学基本原理，并运用大量实际案例增强了可读性和实际应用价值，突

出了青海地方特色。何颖的《社会主义市场经济条件下公共关系发展探析》（《青海师范大学学报》1999年第1期）一文，认为社会主义市场经济体制的建立及新体制的建立所带来的一系列社会经济、科技文化的变革，为公共关系向纵深发展创造了有利的条件。

（二）公共关系作用研究

随着人们对公共关系重视程度的提高，许多研究成果聚焦在了公共关系的作用方面。许荣生的《办公室公共关系探析》（《青海民族学院学报》2004年第4期）一文，认为办公室工作人员只有全面了解办公室公共关系的职能，遵循办公室公共关系的基本原则，才能游刃有余地将公共关系渗透和溶解于办公室每一项工作乃至每一项工作的每一个环节当中。李美华、张龙菊的《试议公共关系在现代企业发展中的作用》（《青海社会科学》2004年第5期）一文，认为任何一个企业都应该设置公共关系部门或与业务相接近的部门，把商品关系人情化，塑造企业形象，提高企业的经济、社会效益。许荣生的《公共关系与构建社会主义和谐社会》（《青海民族学院学报》2006年第1期）一文认为，现代公共关系与构建社会主义和谐社会在理论和实践操作上都有许多"不谋而合"之处，大力发展现代公共关系，将极大裨益于构建社会主义和谐社会。苏静的《地方政府公共关系管理和形象建设的推进》（《攀登》2006年第4期）一文，认为以形象管理为中心的政府公共关系管理，不仅要在形象定位上找准位置，而且需要以大量政府公共关系管理工作来维护和不断创新已经有了良好评价的政府形象。李燕的《论公共关系有效传播的影响因素》（《经济师》2008年第6期）一文，从公众心理、社会文化、环境因素三个方面对影响公共关系传播的常见因素做了分析。

（三）公共关系与青海发展研究

在深入了解公共关系学原理的同时，学界结

合青海实际进行了应用性研究。秦木措的《略论涉外公共关系与青海对外开放》（《青海民族学院学报》1995 年第 2 期）一文，认为涉外公共关系是扩大对外开放的重要手段，要通过开展涉外公共关系等途径，把青海经济发展推向快车道。谢佐、何颖的《青海人文环境与公共关系》（《青海民族研究》1998 年第 4 期）一文，认为公共关系要特别注意研究一个地区的人文环境，真正达到"内求团结，外求发展"的目标。邸平伟的《公共关系与中国传统文化》（《青海民族学院学报》1999 年第 2 期）一文，认为在中国开展公共关系学研究和实践，必须注意借鉴吸收中国传统文化中的有关精华部分，努力创建有中国特色的公共关系学。苏静的《论青海社会发展中的公共关系》（《青海民族研究》2000 年第 3 期）一文，认为公共关系作为第三种知识最富代表性的前沿科学、第三种产业最富活力的新兴行业和领时代风气之先的"技术力量"，将在社会各个更高层面上对青海的社会发展起到积极独特的重要作用。牛军的《略论青海民族文化公关旅游开发》（《青海民族研究》2005 年第 2 期）一文，从公共关系角度审视青海民族文化旅游资源的开发，探讨了公共关系在民族文化旅游开发中所处的地位及所发挥的作用。

第四节　人力资源开发与管理研究

青海的人力资源开发与管理研究自改革开放初期蹒跚起步后，在 1993—2010 年间得到较快发展，研究队伍不断壮大，研究范围不断扩展，研究成果不断增多，研究内容主要聚焦青海人力资源开发与人才强省战略，研究成果也大多以应用对策研究为主，体现出较强的时代特征和地域特色。

一、企业人力资源开发与管理研究

随着社会主义市场经济体制的逐步建立和完善，人力资源管理已成为建立现代企业制度中的非常重要的一环，青海学者通过研究给予了很高的关注。

（一）企业发展与人力资源管理研究

市场经济的发展把加强人力资源管理的重要性凸显出来，相关研究应运而生。李广斌的《人力资源开发与经济增长》（甘肃民族出版社，1998 年）一书，在阐述人力资源开发内容的基础上，系统研究了人力资源开发与经济增长的关系，认为，随着市场经济的到来，人力资源在不同产业之间有较大的变动和分布配置，经济的发展取决于人的作用发挥，人力资源的充分利用，

人力资源开发对于各地的政治、经济、文化、社会等各个方面的协调发展具有重要的作用，是区域经济能否持续发展的关键。李广斌的《青海人力资源开发面临的形势与对策》（《攀登》2000 年第 1 期）一文，认为人力资源开发是促进经济增长的根本动因，青海的发展不能再过分依靠自然资源优势，必须积极推行优先开发人力资源的战略，紧密结合经济发展和改革的进程，制定全省人力资源开发规划，并把它作为社会发展规划的重要内容来对待。李广斌的《青海省劳动力产业配置效率》（《青海师范大学学报》2001 年第 1 期）一文，认为受客观条件的制约及其他诸多因素的影响，青海省产业结构偏离度较大，比较劳动生产率偏低，第二、三产业的劳动力需求弹性较大。因此，要通过符合青海省情的市场化改革来提高劳动力资源配置效率。李广斌的《青海国企发展与人力资源管理》（《青海师大学报》2003 年第 5 期）一文，认为青海国企及国有控股企业发展落后于规模以上集体企业、股份制企业，其原因与人力资源管理水平滞后有很大关系，要加快青海国企发展，就必须提升国企的人

力资源管理水平。周印利的《经济转型时期青海省企业家人力资本的开发》(《经济师》2003 年第 11 期) 一文提出，企业家人力资本层次低，人力资本存量不足，严重制约了青海经济的发展。该文对青海省企业家人力资本匮乏的原因进行了分析，提出通过加大教育投入、改善制度环境、建立民营经济发展制度新机制等举措，解决青海省企业家人力资本匮乏的问题。李广斌的《论职业企业家队伍建设》(《攀登》2005 年第 6 期) 一文，认为政治化倾向明显、激励约束机制不健全等问题长期困扰着我国职业企业家队伍建设。因此，必须加快企业家产权制度改革，优化市场评价机制，建立和完善企业家市场，不断优化职业企业家成长环境。李军立的《企业人才队伍管理研究》(《现代商业》2010 年第 3 期) 一文，认为高层次人才是企业发展的根本，其数量和质量决定着一个企业的核心竞争力，人才引进工作在企业实施人才强企战略中的作用更加突出。

（二）企业人力资源管理模式和途径研究

企业人力资源管理的模式和途径的选择是企业加强人力资源管理的关键，许多学者对此进行了探讨。李积良的《浅谈 ERP 人力资源管理系统实施的关键因素》(《青海师专学报》2009 年第 2 期) 一文，认为在加快信息化建设和应用过程中，应借助具有先进管理理念的 ERP - SAP 软件的实施，使企业的管理水平和经济效益得到大幅度的提高。花宇南的《人力资源外包：西北地区人力资源管理的新途径》(《青海金融》2009 年第 11 期) 一文，认为人力资源外包作为一个新的人力资源管理方式，为缓解西北地区对人力资源的需求提供了一个新的途径。姜玉波的《青海省资源型企业人力资源开发模式研究》(《开发研究》2010 年第 4 期) 一文，分析了青海省资源型企业人力资源开发过程中存在的主要问题，并结合青海省资源型企业发展的特点，构建了适

合青海省资源型企业的三种人力资源开发模式。张海霞的《新时期企业复合型人才开发思考》(《青海社会科学》2010 年第 4 期) 一文，认为科学发展观的提出要求企业坚持以人为本，及时把握和顺应新时期的新要求，加强企业复合型人才开发，并提出了开发重点和对策建议。孔晴云的《浅析人力资源管理信息化》(《青海师范大学学报》2010 年第 4 期) 一文，认为随着计算机的普及和网络技术的成熟与运用，越来越多的企业开始重视人力资源管理信息化问题，进而提出了使企业在未来发展中更加重视人力资源管理信息化建设的建议。孔晴云的《浅析知识经济与人力资源管理》(《青海师范大学民族师范学院学报》2010 年第 2 期) 一文，认为随着时代的发展，世界范围内的社会经济形态和社会结构形态已从工业经济和工业社会向知识经济和知识社会转变，作为企业四大运营职能之一的人力资源管理势必发生转型。张邦红等的《企业基层单位绩效考核的困境及对策浅析》(《商场现代化》2010 年第 30 期) 一文，认为基层单位作为企业的单元，经营绩效的好坏直接影响着企业的经营绩效，文章分析了基层单位绩效考核中常出现的一些问题，提出了相应对策。

二、行政事业单位人力资源开发与管理

随着我国市场经济体制的不断发展与深化，行政事业单位的人力资源管理的问题日益显现，青海学界理论联系实践进行研究，反映了相关研究的前沿动态。

人事制度改革研究。 李广斌的《人事管理学》(青海人民出版社出版，1995 年) 一书，系统介绍了国内外人事管理学科的发展脉络、人事管理的理论与方法，分析了随着经济体制改革的深入，各级人事部门、人事干部的工作内容在不断调整，不断变化，传统的人事管理工作逐渐被现代人力资源管理取代的趋势，提出行政事业单位人事制度改革要坚持科学化、民主化、制度化

方向，以转换用人机制和搞活用人制度为核心，形成权责清晰、分类科学、机制灵活、监管有力，符合人才成长规律的人事管理制度。薛红焰的《从企业管理看西方新公共行政改革——中瑞合作TOT项目各类管理课程的内在联系及其启示》（《中共青岛市委党校.青岛行政学院学报》2003年第3期）一文，认为瑞士政府开展TOT项目国际合作时间较长，在课程设置、项目管理等方面积累了丰富的经验，值得我们学习和借鉴。王建军的《全面推进事业单位人事和分配制度改革》（《人力资源》2003年第5期）一文，认为在人事、分配制度改革中取得实质性进展，是当前和今后一个时期必须解决的重大问题，提出了科学有效地推进改革的思路。詹红岩的《试析我国公务员工资制度改革》（《理论导刊》2009年第3期）一文，认为要采取措施明晰合理的公务员工资结构，规范公务员的工资水平、项目构成和标准，逐步引入绩效工资制度，尽快形成激励体系，加大基层公务员适用的工资等级和数量，合理调控公务员地区收入差距。

行政事业单位人力资源开发与管理研究。李广斌的《青海省人口与计划生育系统人力资源现状及开发思路》（《铜陵职业技术学院学报》2006年第1期）一文，从加强营造尊重人才的氛围、重视人力资源的规划预测、重视本土人才的培养、稳定基层计生骨干队伍、提高人力资源的有效利用率等方面提出了青海人口与计生系统人力资源开发的思路及政策建议。李广斌的《人力资源主要环节中的风险管理》（《青海师范大学学报》2006年第2期）一文，认为通过对人力资源获取、保留、开发、使用过程中的风险识别、衡量、控制，可以尽可能地减少人力资源的损耗和流失。孙宏伟的《中法公务员工资制度比较及其启示》（《山西财经大学学报》2009年第2期）一文，认为每个国家的公务员工资制度都是由本国特定的政治、经济、文化

环境决定的。张晓彦的《关于人力资源管理的趋势与创新》（《青海金融》2009年第7期）一文，从转变管理者观念、突出战略管理、推进制度建设三个方面，论述了加强人力资源管理改革创新的办法和思路。

三、西部地区人力资源开发与管理研究

21世纪初，我国实施了西部大开发战略，青海学界关于西部地区人力资源的开发与管理的研究成果随之丰富起来，主要围绕民族地区和农村进行了探讨。

（一）西部民族地区人力资源开发与管理研究

青海及西部少数民族人力资源开发对促进地区经济社会发展至关重要，因此成为学界研究的热点。吴红卫的《青海省少数民族地区人力资源开发》（《青海社会科学》2000年第1期）一文，认为青海少数民族地区只有充分、科学、合理地发挥人力资源对社会经济发展的积极作用，才能对人力资源进行资源配置、素质提高、能力利用。李广斌的《青海人力资源开发研究》（青海人民出版社，2001年）一书，认为人力资源开发是青海经济发展的原动力，是推动区域社会进步，改善人民生活水平的重要保证，青海的发展不能再过分依靠自然资源优势，必须积极推行优先开发人力资源的战略。学院分析了青海人力资源开发现状，指出了青海省人力资源开发的意识薄弱、人口素质偏低以及人力资源结构不合理等问题，提出了适合青海省人力资源开发的思路及对策。许光中的《青海民族地区人力资源的开发与经营浅析》（《青海民族学院学报》2001年第4期）一文，认为民族地区人力资源的开发应以提升人力资源的质量，增强自身发展能力，促进区域经济增长为主。张宏岩的《西部大开发中青海省人力资源开发与合理配置研究》（《青海省社科规划课题》2001年）一文，分析了青海省人力资源及开发现状、存在问题、制约因素，提出加强人力资源开发、合理配置人力资源的政策建

议。安平年的《青海省人力资源开发探析》（《民族经济与社会发展》2002 年第 7 期）一文，认为青海作为一个欠发达地区，要发挥后发优势，必须紧跟知识经济潮流，把人力资源、人才资源的开发放在更加突出的位置。张和平的《西部少数民族地区人力资源开发的特殊性》（《青海民族学院学报》2004 年第 4 期）一文，认为党和国家以及当地各级政府在制定西部少数民族地区人力资源开发的方针和政策时，应该充分考虑到该地区的特殊性和当地少数民族的特殊性。梅端智、张和平的《青海少数民族地区人力资源开发环境与对策分析》（《青海社会科学》2005 年第 4 期）一文，认为在新的历史条件下，青海少数民族地区要脱贫致富，缩小东西部差距，必须在国家大力支持下，制定人力资源开发的优惠政策。张和平的《西北少数民族地区人力资源开发的路径》（《青海社会科学》2006 年第 5 期）一文，认为西北少数民族地区人力资源开发应从增强主体的自觉性、加大国家政策支持的力度、营造全社会高度关注的氛围等方面进行努力。梅端智、张和平的《加快西北少数民族地区人力资源开发》（《青海师专学报》2006 年第 6 期）一文，认为人力资源开发就要遵循利益对称原理，只有兼顾国家利益，企业利益，家庭个人利益，才能加快西北少数民族地区人力资源开发。仇毓文的《青海民族地区人力资源开发与和谐社会可持续发展》（《青海师范大学学报》2009 年第 2 期）一文，认为培养和训练大批掌握现代社会发展必备技能，可以吸收和消化先进技术和管理方法的劳动者是青海民族地区社会经济可持续发展的关键。旦正道吉的《青海省少数民族人力资源开发对策研究》（《内蒙古科技与经济》2010 年第 6 期）一文，提出了提高对民族教育的认识、加强职业教育和在职教育、坚持合理开发与有效利用并举、实现人力资源开发主体多元化等政策建议。

（二）西部农村人力资源开发与管理研究

相关成果主要基于农村人力资源管理的重要性及西部农村劳动力人口素质整体偏低等问题展开研究。张宏岩的《加速提高农村劳动者素质实现青海省农村经济协调发展》（《攀登》2002 年第 5 期）一文，分析了青海省农村人口文化素质，提出了提高青海省农村劳动者素质的政策建议。祁永寿的《青海省农村人力资源开发问题探讨》（《统计与决策》2005 年第 16 期）一文，认为开发人力资源，提高农村劳动者素质既是实现农村社会经济可持续发展的根本途径，也是农村社会经济发展的目标之一。胡萍的《西部农村经济发展进程中的人力资本投资——以青海省农村为例》（《河北科技师范学院学报》2007 年第 3 期）一文，认为重视青海省的人力资本投资是消除农村贫困的根本性措施。姜玉波的《青海省农村牧区人力资源开发探析》（《调研世界》2009 年第 2 期）一文，认为进行农村牧区人力资源开发应抓住人力资源开发的核心——人力资本投资来进行，在教育培训、资源流动、结构调整、社会保障等方面实现系统开发。张双喜的《农村人力资源：当前问题与开发策略》（《柴达木开发研究》2010 年第 4 期）一文，认为只有实行有效的人力资源开发战略和对策，才能将庞大的农村人力资源数量转变为人力资源质量优势，从而推动农村经济和社会实现现代化。

四、人才资源开发与管理研究

这一时期的成果主要聚焦人才资源开发体制机制改革、人才强省战略实施、人才流失及各类人才队伍建设等方面。

（一）人才战略研究

自 2004 年青海省人才工作会议正式提出实施人才强省战略之后，关于人才开发战略及实施人才强省战略的研究便成为人才资源开发与管理研究的重点，研究内容主要集中于人才开发战略和人才强省战略实施方面。

人才开发战略研究。青海省关于人才开发战略的研究，是在国家提出和实施人才战略的大背景下展开的，研究内容聚焦于青海实施人才开发战略的思路、目标、方针、重点、步骤、制约因素及对策建议等，同时对如何更新观念、树立科学人才观、破除体制机制障碍等也有所涉及，研究成果偏重于应用对策研究且数量相对较少。王建军的《青海省人才开发战略研究》（《青海科技》2001年第3期）一文，在分析青海人才开发现状及人才开发环境，明确人才开发战略的目标、重点和基本思路的基础上，提出了制定实施人才战略的相应对策。宋秀岩的《21世纪初青海人才战略研究》（《青海学刊》2001年第6期）一文，从新世纪新环境所带来的新特点出发，分析面向世界、面向现代化、面向未来的青海人才队伍建设所遇到的新情况和新问题，探索并提出开发青海人才资源的新思路、新对策。

人才强省战略研究。人才强省战略的研究主要探讨如何更新人才观念和实施人才强省战略的重要意义、面临的问题、对策建议等。漆冠海、苗利明、薛庆玲的《学习邓小平人才思想，实施人才强省战略》（《青海社会科学》2004年第4期）一文，认为邓小平人才思想是邓小平理论的重要组成部分，要学习邓小平人才战略思想，牢固树立人才资源是第一资源的观念，坚定不移地实施人才强省战略。青海要大力加强人才队伍建设，创新人才管理体制，创新人才工作机制，营造人才成长与发展的良好环境。崔永红、张生寅的《青海省实施人才战略问题研究》（《青海经济社会蓝皮书：2004—2005青海经济社会形势分析与预测》，青海人民出版社，2005年）一文，从人才资源规模水平、素质状况、产业配置与地区分布等方面分析了青海人才队伍现状，简要回顾了2000年以来青海人才工作取得的成绩，分析了人才工作中的不足之处、人才资源开发

的特点，预测了青海省人才工作及人才开发的趋势，提出了加强人才工作的若干对策建议。王秦丰的《"十一五"规划与实施人才战略》（《攀登》2005年第6期）一文，认为谋划青海"十一五"发展，必须十分重视实施人才战略，切实加强人才队伍建设，要进一步提高对实施人才战略重要意义的认识，进一步明确实施人才战略的指导思想、基本要求、主要任务，妥善处理好各方面的关系，狠抓各项工作的落实，为"建设小康、富民强省"提供坚强的智力支持和组织保证。

（二）人才资源开发研究

1993—2010年，对青海人才资源开发利用问题的研究主要集中于青海人才资源开发的重要性、人才资源开发对策、人才开发体制机制、行业和地区人才资源开发等方面，产生了一批指导性、应用性较强的研究成果。

人才资源开发重要性研究。对人才资源开发重要性的研究，主要从人才对转变经济增长方式、推动可持续发展、建设新青海等方面立论。张和平的《人才是青海大发展的关键》（《青海民族研究》2000年第4期）一文，认为人才是成就一切事业的根本，是实现经济增长方式根本性转变的先决条件，是实现可持续发展的根本保证，是知识经济时代最重要的战略性资源，青海在大发展过程中要把人才资源开发作为首选战略。强卫的《把各方英才凝聚到建设新青海的伟大事业中》（《求是》2008年第8期）一文，认为在新的历史起点上实现建设新青海的奋斗目标，需要全省上下共同努力，需要各项工作全面推进，但最急需的仍然是人才。凝聚人才是建设新青海的迫切需要，培养人才是建设新青海的关键环节，引进人才是建设新青海的外部助力，用好人才是建设新青海的成败所在。

人才资源开发对策研究。20世纪90年代，

对人才资源开发对策的研究，较多关注解放思想、观念转变及人才资源现状等方面。王德平的《建立具有青海特色的人才机制》（《青海民族学院学报》1996 年第 1 期）一文，认为青海的经济发展必须走科技振兴之路，人才问题的解决刻不容缓。开发人才资源必须立足于省情的基点上，解放思想、更新观念，走"土、洋"结合的育才之路。卢承业的《论青海省人才资源开发的对策》（《青海社会科学》1996 年第 5 期）一文，认为青海人才资源开发中存在宝贵的老年科技人才资源未能充分发挥作用、在职科技人才流失严重、人才结构不合理现象加剧等问题，要采取切实措施做好现有人才队伍的稳定工作，充分发挥现有高等院校和科研机构的潜在能力，最大限度地发挥现有人才资源的作用。傅长城、季生荣、马树东等的《试论青海人才资源开发》（《青海社会科学》1998 年第 5 期）一文，在概述青海人才资源状况后认为，青海人才资源开发还存在平均文化程度不高、结构性短缺、分布不合理、人才短缺与人才资源浪费现象同时并存、高级专业技术人才年龄偏大、企业管理人员还没有从传统的干部管理体制中解脱出来等突出问题，提出了青海人才资源开发的目标、指导原则和主要举措。关励姝的《西部大开发中青海人才资源开发利用的策略选择》（《攀登》2000 年增刊）一文，从政策支持和市场机制作用发挥相结合的角度，就青海如何稳定和发展人才队伍、吸引外部人才和充分利用人才提出了相应策略，认为要努力营造"留住人才、吸引人才、用好人才"的政策环境。王全德的《人才问题：青海大发展的关键》（《青海金融》2001 年第 2 期）一文，认为青海高素质人才进不来、留不住的现象非常突出，要彻底改变这种现象，不仅要落实好人才政策，还要特别重视各类人才的培养、选拔和使用。徐可、王亚安的《把人才资源的开发

作为党代表先进生产力发展要求的"第一要务"来抓》（《青海学刊》2002 年第 1 期）一文，认为在人才资源开发工作中，要优化人才的政策和法制环境，拓宽人才发展空间，加大改革力度，创新人才机制，建立和完善人才市场，创新人才配置机制，增加教育投入，加快人才的培养，加大培训力度，拓展人才资源开发的范围，争取支持，寻求合作，实现科教领域的跨越发展。肖瑞华的《对未来五年我省人才资源开发问题的思考》（《青海学刊》2002 年第 3 期）一文，认为在新的历史条件下，做好人才资源开发工作，要以观念创新为先导，用新的工作思路和方式开发人才资源，以制度和机制创新为关键，创造有利于人才脱颖而出的用人环境，加快市场化配置人才资源的进程，促进人才的合理流动和有效利用，实施"拴心留人"工程，吸引和用好人才，加强教育和培训，提高人才队伍的整体素质。张淑君的《开发人力资源，促进青海发展》（《青海师范大学学报》2002 年第 4 期）一文，在分析青海人才资源现状的基础上，提出了青海人才资源开发的几点对策：以观念创新为先导，用新的工作思路和方式开发人才资源；加强教育和培训，提高人才队伍的整体素质；运用市场机制，促进人才的合理流动和有效利用；结合实际，眼光向内，稳定现有人才；大胆开拓，眼光向外，引进人才。崔永红、张生寅、毕艳君等的《青海省人才资源开发与管理》（《青海社会科学》2002 年第 6 期）一文，从人才资源的规模水平、素质结构、产业配置与分布等方面分析了青海人才资源现状，认为青海人才资源开发存在才总量仍嫌不足、人才结构失衡、人才管理机制不适应社会主义市场经济发展要求等问题，并从深化人才管理体制改革、进一步创新用人制度、加快人才市场建设、加大人才结构调整力度、大力搞好人才培训工作、优化人文环境等方面

提出对策建议。王永华、李广德的《关于青海省人才资源开发利用的几点思考》（《攀登》2003 年专刊）一文，认为必须围绕青海经济发展的现实特点，用新的人才观去规划和实施适应时代需求的人才开发战略。陈英玉的《青海大发展中的人才问题初探》[《青海大学学报》（自然科学版）2004 年第 1 期]一文，提出解决青海大发展中的人才问题，要大力发展教育事业，提高人口素质，深化体制改革，充分发挥现有专业人才的作用，转变思维方式，建立有效的人才引进和交流机制。

人才开发体制机制研究。在对青海人才资源开发进行理论阐述的同时，有研究者聚焦于创新人才开发体制机制这个最根本的问题，对如何更有效的推进青海人才资源开发进行了探讨。伍海峰的《实现青海大发展必须健全人才保障与激励机制》（《攀登》2001 年第 5 期）一文，认为健全人才的保障机制是留住青海现有人才的前提条件，健全人才的激励机制是使青海现有人才施展才华、体现个人社会价值的关键所在，以人为本的管理是健全人才激励机制的核心内容。唐天仓的《关于加强青海人才市场建设的思考》[《青海大学学报》（自然科学版）2002 年第 4 期]一文，针对青海人才市场、人才流动面临的形势和挑战，从完善社会化服务体系、加快信息网络建设、完善人事争议仲裁制度、推出"人才派遣"的新型用人形式、发挥人才市场配置主导作用等方面，提出了如何进一步完善人才市场的各项服务功能、充分发挥青海省人才市场在人才资源配置中的重要作用的新举措。青海省人才办课题组的《青海省培养创新型人才的体制机制研究》（《攀登》2008 年第 3 期）一文，探讨了青海省人才工作的体制机制创新问题，并就培养大批创新型人才提出了建议。冯彩莉的《西部人才利用机制微探》（《中国西部科技》2008 年第 25 期）一文，认为人才利用机制问题是人才问题的关键，创新人才机制是实施人才战略工程的关键环节。通过完善人才培养机制、人才竞争机制、人才激励机制、人才流动机制等，从体制机制上为西部人才搭建平台，西部人才战略才能得以实现。

行业及地区人才资源开发研究。有一些学者对青海行业和地区的人才资源开发问题进行了研究，丰富了人才资源开发研究的内容。梅进才的《青海少数民族人口与人才问题研究》（《青海民族研究》1996 年第 4 期）、《青海少数民族人口与人才问题研究（续）》（《青海民族研究》1997 年第 1 期）两文，梳理了青海人口的发展与变迁，对青海民族人口素质状况和民族人才的培养和使用进行了分析，认为不同民族之间人才存在数量和质量不平衡、学科结构不平衡的问题。提出今后人口发展战略的指导思想是进一步贯彻基本国策，落实计划生育政策，保持适度的人口总量，优良的人口质量，合理的人口结构，促进人口与经济、社会、环境、资源的协调发展和可持续发展。万惠的《青海农牧业资源与人才开发》（《青海师范大学学报》2002 年第 2 期）一文，在分析青海农牧业资源现状的基础上，提出了农牧业人才开发的对策。汪彦明的《论人才资源开发与西宁经济发展》（《青海社会科学》2004 年第 2 期）一文，通过分析西宁人才资源存在的现实问题以及与发展经济的密切关系，探讨开发和利用人才资源的有效路径。潘起来、李成凯、胡夏嵩等的《青海地质行业"订单式"人才培养模式》[《青海大学学报》（自然科学版）2008 年第 5 期]一文，通过调研、跟踪回访和教改实践，对青海省地质矿产行业部门专业技术人员队伍现状进行了分析，对青海大学 2003 年以来举办资源勘查工程专业"订单式"人才培养班的工作进行了总结，提出了对"订单式"人才培养工作的建议。

（三）人才流动问题研究

20 世纪 90 年代以来，随着改革开放的持续深入和社会主义市场经济的不断发展，人才资源在全国范围内流动的现象逐渐增多，青海人才流动特别是人才外流的现象日益增多，相关的研究成果也不断增多，而且20世纪90年代的研究更多关注人才流失问题，21世纪以来的研究更多关注人才职业流动的分析。

人才外流问题研究。针对改革开放以来青海人才外流不断加剧的现象，研究者们对人才外流的状况、原因及市场经济条件下遏制人才外流的对策等进行了研究。王恒生的《对青海人才外流问题的思考》（《青海社会科学》1993年第6期）一文，认为改革开放以来由于经济发展不平衡形成的"人才势差"，后进地区的人才大量外流，青海人才流失尤为严重。在市场经济条件下，像青海这样后进地区的人才外流难以完全避免，应该面对现实，采取对策，从多方面解决人才不足的问题。周忠诚、李发明的《青海省人才流失问题浅析及对策》（《攀登》1994年第4期）一文，在概述青海省人才流失特点的基础上，分析了人才流失的成因，提出解决人才流失问题的对策建议。王德平的《建立具有青海特色的人才机制》（《青海民族学院学报》1996年第1期）一文，认为人才流动是人才机制的重要组成部分，人才流动是否合理，直接反映出人才机制是否健全，进而影响到经济建设。青海省的人才流动呈现为严重流失状况，大体呈现为两个流向和两个层次：州县向西宁流动，西宁向沿海或经济发达的内陆省区流动；外流的大多数是中青年人才，职称大多为中、高级。

科技人才流失问题研究。祁乐瑛的《青海科技人员外流的原因及对策》（《中国人力资源开发》1997年第1期）一文，认为青海不稳定的科技人员可分为积极调离型、等待型、观望型、盲目型、犹豫型，科技人员外流有主、客观两方面的因素，稳定青海科技人员队伍，先要稳住人心，稳住人心要从根本上解决工资待遇、

子女的教育就业、保证科研经费等问题。赵慧莉的《科技人员不安心青海工作的社会心态分析》（《青海师专学报》1997年第1期）一文，认为青海科技人才中超过半数的有"跳槽"到外省的心理，影响科技人员队伍稳定的因素主要是工资待遇低、科研经费不足、工作条件差、分配上的倾斜度小等。从根本上稳定青海省的科技人才队伍，必须加大改革力度，增加科技投入，制定切实可行的优惠政策，改善科技人员的工作和生活条件，注重从政治上对科技人员的关心和培养。

高校和企业人才流失问题研究。何农、张英智的《青海高校人才流失的原因探析》（《青海民族学院学报》1997年第2期）一文，认为20世纪90年代以来青海省高校人才流失现象较为普遍，主要原因是缺乏宽松和谐的人际环境、经济落后、财政困难、自然条件差。侯慧清的《企业人才流失原因分析与对策》（《青海社会科学》2007年第6期）一文，分析研究了企业员工离职人才流失的原因，发现薪资福利、学习深造培训、晋升和管理环境成为企业员工离职的四大关键因素，其中薪酬福利待遇是员工离职最重要的因素，学习深造是影响部分员工离职的重要因素。企业要尽量减少因员工离职而造成的损失，就要完善福利制度，提高薪酬水平；针对不同层次员工开展有计划的培训；提供更多的发展晋升机会；关心员工的身心健康，营造和谐的工作和生活环境。

人才职业结构变动研究。陶秉元的《青海人才职业结构的变动趋向及职业选择的主观因素分析》（《青海民族研究》2007年第2期）一文，依据青海地方经济社会的发展现状及前景，对未来几年青海省人才职业流动结构的发展趋向进行了合理展望，对人才在职业选择上的经济利益、自我实现及主观理性等三个主观因素进行了分析，指出青海人才职业流动仍然存在较大的主观

障碍和客观持续压力。陶秉元、陈书伟的《青海人才职业流动状况分析及对策》（《青海社会科学》2007年第2期）一文，结合问卷调查，从青海实际分析了人才职业流动的状况，指出了青海人才职业流动中存在的主要问题，提出完善青海人才职业流动的对策。

职业人才流动及社会管理机制构建研究。陶秉元、花宇南的《青海省职业人才合理流动的模式》［《青海师专学报》（教育科学版）2006年第6期］一文，立足于青海省人才职业流动基本现状分析，通过对青海省人才职业合理流动主题以及基本原则设计，并结合青海省情，进而尝试构建青海人才职业合理流动模式。提出4E即经济、效率、效果和公平是构建青海人才职业合理流动模式应遵循的基本主题，4S即系统、稳定、科学和简便是青海人才职业合理流动模式应遵循的基本原则。陶秉元的《建立可持续发展的青海人才流动的社会管理机制》（《青海民族学院学报》2007年第3期）一文，认为青海地区的人才流动处于相对严重的"逆差"状态，呈现"一边倒"的势态，已成为地区经济社会进步的最主要瓶颈。各级党委政府的当务之急在于坚持科学的发展观，以人为本，创新人才工作机制，把防止人才流失作为当前乃至今后工作的"第一要务"，探索建立适合青海人才合理流动的人性化、动态化的社会管理机制，以吸引、留住与使用好各类人才。

（四）人才队伍建设研究

关于青海人才队伍建设的研究，20世纪90年代以来的相关研究主要集中在专业技术人才队伍建设、科技人才队伍建设、其他各类人才队伍建设等方面。

专业技术人才队伍建设研究。青海专业技术人才队伍建设的研究主要针对专业技术人才队伍的基本状况、存在的突出难题及加强专业技术人才队伍建设的对策建议。严琼、房德信的《关于青海专业技术人才队伍建设的思考》（《攀登》1994年第2期）一文，分析了青海省专业技术人才的基本状况和人才队伍建设中的突出难题，引入物理学的"势能差"概念，认为人才流动是社会和经济发展的必然结果，是由人才配置体制变更、生活工作的客观环境、经济收益差异、生产力发展水平差异、人才成长过程中省际、地区、行业、单位之间"天赋条件"差异、人才管理政策变化形成的人才流动"势能差"综合作用的结果。青海人才政策必须体现改革思想、市场思想、效益思想，并据此提出稳定人才的政策设想。青海省委党校《青海省专业技术人才现状实考》课题组的《青海省专业技术人才现状实考》（《攀登》2004年第6期）一文，分析了青海省专业技术人才状况和存在的主要问题，认为加强青海省专业技术人才队伍建设的基本途径是：全面落实科学的人才观，理清专业技术人才开发思路；加大人事管理制度改革的力度，完善专业技术人才管理体制；加快人才结构调整，促进人才合理分布；加大教育培训力度，进一步优化专业技术人才结构；创造优势留住人才，努力遏制人才外流的势头。青海省委组织部调研组的《关于加强青海省基层专业技术人才队伍建设的调研报告》（《攀登》2007年第2期）一文，针对青海省基层专业技术人才队伍建设中存在的问题，提出了解决问题的措施：合理配置人才资源，优化基层专业技术人才队伍结构；以农牧区综合配套改革为契机，创新基层专业技术人才队伍建设的体制机制；加大教育培训力度，加快基层专业技术人才队伍知识更新步伐；合理安置高校毕业生，加强基层专业技术人才后备队伍建设；逐步完善政策措施，营造基层专业技术人才工作的良好氛围。冯海英的《青海省专业技术人才队伍建设面临的问题研究》（《青海师范大学学报》2008年第3期）一文，在分析专业技术人才队伍建设面临问题的基础上提出了加强和谐人才队伍建设措施：重视人才建设规划，加强领导与监督工作，保障规划落实；以观念更新为先导，理顺体制，不断进行制度创新；打造青海省人才强"势"，构建有效、和谐的人才结构；运用有效措施，建立起"长远契约关系"。

科技人才队伍建设研究。科技人才队伍建设的研究主要集中在科技人才队伍建设的重要性、少数民族科技人才培养、创新科技人才开发机制等方面。陈海云的《立足我省实际，大力培养跨世纪科技人才队伍》（《柴达木开发研究》1996年第4期）一文，认为要振兴青海经济，重中之重就是要大力培养跨世纪科技人才队伍。郭殿雄的《科技教育与青海少数民族科技人才培养》（《青海师范大学学报》2005年第3期）一文，以青海少数民族地区科技人才需要的迫切性为出发点，阐明地区经济的发展首先要培养急需的科技人才，特别是少数民族地区科技人才。切实加强少数民族专业技术人才的业务，重点培养农牧、工程技术、财贸、金融、政法、经济管理，特别是各类企业管理人才。石昆明、李建民的《深入贯彻十七大精神　加强西部地区科技人才队伍建设——"构建和谐青海万名科技工作者大调查"调研报告》（《科协论坛》2008年第4期）一文，对2007年"构建和谐青海万名科技工作者大调查"活动的调查结果进行综述，并提出了加强青海省科技人才队伍建设的对策与建议。费胜章、王建军的《青海科技创新人才开发机制研究》（《青海师范大学学报》2009年第4期）一文，认为青海经济和社会发展缓慢，需要加快引进和大力培养大批科技创新人才，并在分析青海科技创新人才开发机制建立的目标和工作重点基础上，提出了构建科技创新人才开发机制的思路。

其他各类人才队伍建设研究。其他各类人才队伍建设研究主要涉及党政人才、企业人才、金融人才、文艺人才、女性人才、社会工作人才、音乐人才等方面，研究成果相对较少。周元福的

《青海国有企业人才现状及思考》（《柴达木开发研究》1996年第2期）一文，认为青海大多数国有企业都面临着人才紧缺的现实，加快国有企业人才队伍建设，须树立正确的人才观，进一步深化人才管理体侧的改革，切实用好现有国有企业人才，加快培养一大批优秀的国有企业人才。文伊的《文艺人才培养与青海文艺事业可持续发展》（《青海师专学报》1998年第3期）一文，认为青海文艺事业可持续发展，需要以思想的解放和观念的更新为先导，需要找到一个突破口，走出一条具有风格迥异、特色鲜明、民族风情浓郁、主旋律突出的创作之路，切实加大对文艺事业的投入，处理好作家艺术家个体创造与联手合作的关系，实施文艺人才培养工程，造就跨世纪文艺队伍。吴永清的《对青海人行系统培养跨世纪金融人才的思考》（《青海金融》1998年第2期）一文，在分析了青海人民银行职工队伍总体状况和存在主要问题的基础上认为，培养跨世纪金融合格人才应坚持德才兼备与任人唯贤的原则，以经济金融发展为导向确立跨世纪金融人才培养目标，坚持统筹规划、分级落实、灵活多样的培养方式，制定吸引人才、留住人才的特殊政策。刘红梅的《党政人才成业环境与执政能力建设》（《大连干部学刊》2005年第11期）一文，认为执行正确的党政人才评价标准，形成合理的用人导向，是执政能力建设的施治行为。落实正确的政绩观，建立科学的党政人才实绩考核机制，是执政能力建设的施政依据。改革社会分配体制，引导党政人才立足本职建功立业，是执政能力建设的践行路径。邢建民、杨宁的《青海高校金融人才培养能力与质量问题探讨》（《青海师范大学学报》2006年第2期）一文，认为造就一支适应青海金融业发展要求的金融人才队伍，必须突出地方特色，提升青海高校金融人才培养的能力和质量，更新青海高校金融人才培养的理念，构筑与青海金融业发展相适应的金融人才培

养规模，加强金融学科专业建设，提高金融学科的学术研究水平和能力。侯慧清的《中小型高新技术企业人才甄选测评实用方法之探析》（《攀登》2006年第4期）一文，针对中小型高新技术企业岗位内容的变化情况，提出建立一套可操作性强和简便有效的人才甄选测评方法。李清源的《和谐青海建设中的女性人才开发问题》（《青海师范大学学报》2007年第6期）一文，从性别和谐的视角，对青海省女性人才开发问题进行较为深入的分析。李昕、罗宏宇、于书正的《青海高校音乐类人才培养模式探讨》（《青海教育》2010年第12期）一文，认为青海高校音乐教育专业人才培养的改革与发展，应该围绕着为基础教育服务的主旨展开，以音乐基础教育的课程设置为依据，建立人才培养模式与课程体系。

第五节　农业经济管理研究

1993—2010年，是我国农村改革的重点开始转向建立社会主义市场经济体制并取得重大成就的历史阶段，农业经济的快速发展，带动了我国农业经济管理的不断发展，青海学界的相关研究悄然兴起，成果主要聚焦在农村管理体制改革和农村经济管理等方面。

一、农村土地制度改革和土地资源管理研究

1993年，我国正式将"家庭联产承包责任制"写进《宪法》修正案，后期相继出台了一系列完善家庭联产承包责任制的重大政策，学者们的相关研究步步深入。

（一）农村土地制度改革研究

这一阶段的研究，主要聚焦在进一步稳定和完善农村土地承包关系及土地承包经营权流转问题方面。王先觉的《实行土地统管体制　深化土地使用制度改革》（《攀登》1994年第5期）一文，认为必须逐步把土地管理制度纳入市场经济轨道，变土地无偿使用为土地有偿使用，充分发挥地租这一经济杠杆的作用，推动土地的节约和合理使用。胡建平的《土地制度和流转机制的实践》（《青海农林科技》1995年第1期）一文，认为研究农村土地制度建设在所有制上兜圈子没有出路，农村土地制度建设要适应市场经济的发展。胡玉婷的《土地特性与调控机制》（《青海农林科技》1996年第1期）一文，认为通过深化改革，建立起科学、完备、高效的土地宏观调控机制，达到合理、有效地利用土地，增加国家的地产收入。蓝惠德的《关于稳定和完善土地承包责任制的调查与研究》（《柴达木开发研究》1997年第3期）一文，认为延长土地承包期工作是一项涉及面大、情况复杂的工作，需要各级职能部门在实际操作中把握政策。郑永琴、李双元的《关于建立适应市场需要的农地制度的思考》[《青海大学学报》（自然科学版）1999年第5期]一文，从进一步界定产权关系、土地承包权长期化、建立土地使用权流转机制、强化法制建设等方面探讨了农村土地制度改革和建设问题。李双元、张宏岩的《关于深化农地制度改革的思考》（《陕西农业科学》2001年第4期）一文，认为承包制和双层经营制的普遍推行，导致了土地各种派生权利和权益的分离，使土地关系变得更为复杂，土地经营形式也更为丰富。张丽萍的《关于我国农村土地制度改革与创新的思考》（《攀登》2005年第3期）一文，分析了农村土地制度中存在的问题与制度缺陷，提出了农村土地制度改革和创新的基本思路。孙权宏、鄂永利的《加强引导规范管理　促进农村土地承包经营权有序流转》（《农村经营管理》2009年第2期）一文，认为加强对农村土地承包经营权流转工作的引导和管理，对于稳定农村基本经营制度、维护农民土地权益、促进现代农业发展有着重要意义。

（二）土地资源管理研究

土地开发利用研究。 胡建平的《建立与市场经济相适应的土地宏观调控机制》（《柴达木开发研究》1997年第5期）一文，提出了加强土地宏观调控机制的构建和经济体制转换时期土地宏观调控的措施。邢国忠的《青海省海东地区土地利用的若干问题及对策措施》（《青海国土经略》2003年第4期）一文，根据海东地区土地分布特点，重点分析了土地利用存在的问题，提出了合理开发利用土地的对策措施。朱小川的《青海土地资源合理开发利用研究》（《青海国土经略》2004年第1期）一文，分析青海省土地开发利用面临的矛盾及处理的关系，提出了西部大开发中青海土地资源开发利用的基本思路及相关的对策建议。张元青的《加强土地管理 促进经济发展——治理整顿土地市场秩序的一些思考》（《青海国土经略》2004年第3期）一文，从治理整顿市场秩序的视角，分析了"十一五"期间土地供求形势和工作中存在的问题，提出了相应的对策建议。王岩的《青海省土地开发整理规划研究》（《青海国土经略》2005年第1期）一文，从规划角度对青海省土地开发整理相关问题进行了较为系统的研究。李翔业的《青海省耕地后备资源开发利用问题的思考》（《安徽农业科学》2007年第27期）一文，通过对青海省耕地后备资源的现状和分布的分析，提出了青海省耕地后备资源的合理开发利用对策。袁顺莲的《关于城镇房产开发与科学合理利用土地的思考》（《现代农业科技》2010年第18期）一文，分析城镇房地产现状及土地资源利用过程中存在的问题，提出了加强房地产用地管理的措施和完善用地储备制度的建议。

耕地资源保护研究。 丁万良的《成绩、问题与出路——谈青海农地资源的利用与保护》（《中国土地》1999年第5期）一文，针对青海省土地生态环境脆弱、农地资源开发利用受限的实际问题，提出了对现有农地资源加强保护和合理、高效、集约利用的出路。丁生喜《城市化与城郊耕地资源可持续利用》（《西北农林大学学报》2000年第6期）一文，认为我国既不能像发达国家一样过分强调资源的环境保护，也不能只强调眼前利益而不惜过度消耗资源，而要重视可持续发展，并从城郊耕地的特性、功能出发，建立一条以经济、生态、社会可持续性相互协调统一为主体的发展道路。王岩的《浅谈基本农田保护的后续管理》（《青海农林科技》2001年第2期）一文，从四个方面提出了强化基本农田保护后续管理的具体措施。李智伟的《关于青海省耕地资源保护问题的探讨》（《攀登》2003年第5期）一文，认为青海省耕地资源数量少，总体质量不高，生态环境脆弱，因而必须重视对耕地资源的保护。

草原管理研究。 张小华、文香等的《进一步的完善草原管理体系思考》（《青海草业》2005年第3期）一文，提出整合草原管理体系、理顺草原管理体制、强化技术服务功能、加强地区自身管理能力等完善草原管理体系的措施建议。刘生梅的《关于草原管理问题的探讨》（《安徽农业科学》2006年第19期）一文，针对大通县人均占有草原面积小、草原承包难度大、草原超载放牧、鼠虫害和毒草等突出问题，提出了建立放牧审批制度、规定放牧家畜数量、成立草原管理委员会、落实乡镇草原使用范围等草原管理对策。王有聪的《乐都县草原管理中出现的问题及解决措施》（《黑龙江畜牧兽医》2007年第8期）一文，分析了乐都县在草原管理中出现的问题与原因，提出了成立草原管理委员会、列支草原管理经费、建立放牧申报制度、规定放牧家畜数量、开展科技培训工作、加强草原执法工作、广辟饲草来源等解决措施。

二、农村经济管理研究

随着农村改革的不断深入，强化农村经济的

管理成为维护农村稳定和促进农村经济发展的关键，许多学者针对存在的突出问题进行了探讨。

（一）农村经济制度转型研究

刘光和的《切实做好农村集体资产管理工作》（《农村合作经济经营管理》1997年第2期）一文，认为管好用好农村集体资产，对于壮大农村集体经济实力，改善农业生产条件，实现"两个转变"，促进农业、农村经济发展，增加农民收入，增强农村基层组织的凝聚力，推进农村物质文明和精神文明建设，具有极为重要的作用。李双元的《农村经济制度转型中存在的问题及对策》［《青海大学学报》（自然科学版）1998年第5期］一文，对农村制度转型中经济发展存在的问题进行了分析，提出了工农业协调发展、增强比较优势、实行农业国际化等促进农村制度转型中经济发展的战略对策。李双元的《WTO与我国财政支农资金使用方式的转变》（《农业经济》2002年第1期）一文，对我国加入WTO后财政支农资金如何转变使用方式进行了探讨。李双元的《WTO框架下青海"冷凉性"农牧业的结构调整》（《柴达木开发研究》2002年第4期）一文，认为在加入世贸组织和西部大开发战略背景下，最关键的是要立足青海实际，把资源优势同市场需求结合起来，尽快形成有地域特色的产业与产品结构，以获得最大的效益。李双元、樊协平的《比较优势与青海省农牧业结构调整》（《攀登》2002年第6期）一文认为，加入WTO后要尽快熟悉WTO农业规则，争取将资源优势变成产业优势，实现农民增收之目的。李双元的《WTO框架下青藏高原特色农业国际竞争力研究》（青海人民出版社，2008年）一书，以国际贸易理论和迈克尔·波特的产业国际竞争力理论为理论基础，结合青藏高原特色农业发展的实际情况，对青藏高原特色农业国际竞争力进行了系统研究，构建了青藏高原特色农业国际竞争力的理论模型和评价指标体系，判定了青藏高原特色

农产品国际竞争力的强弱程度和优先系列，提出了提升青藏高原特色农业国际竞争力的发展战略和路径。马德君的《西部贫困农村公共产品供给思考》（《合作经济与科技》2009年第20期）一文，认为加大政府对西部贫困地区基础设施建设的投入力度，调整农村公共产品供给的政策取向，加大农村公共产品供给，是解决西部农村贫困问题的有效措施。

（二）农产品安全管理问题研究

进入21世纪，农产品安全问题日益凸显，引起学术界高度关注。王志远的《关于全面加强农产品质量安全管理的探讨》（《青海农技推广》2004年第1期）一文，认为在现阶段农村经济体制下，充分发挥农业产业化龙头企业和农村经济合作组织的引导和带动作用，是实现农产品全程质量安全管理的有效途径。马国福等的《青海省农产品质量安全控制与监管对策建议》（《青海农技推广》2007年第4期）一文，提出了加强产地环境监测与保护、加强生产过程的监督、建立健全农产品检测体系，以及逐步建立市场准入制度和建立网络化的农产品质量安全检测体系、高效率化的农产品质量安全执法体系等措施。吴存玲的《发挥农牧民专业合作社在农产品质量安全控制中的作用》（《青海农技推广》2009年第2期）一文，认为大力推进农村专业合作社建设，有利于促进农产品质量安全追溯制度的实行。李莎燕的《加强产地检疫工作 构筑动物防疫屏障》（《中国动物检疫》2009年第4期）一文认为产地检疫是防止染疫动物及其产品进入流通环节的关键措施，也是把疫病消灭在产地的最小范围内、最大限度地降低危害的关键措施。杜龙政、汪延明的《基于大食品安全的全产业链治理研究》（《科学决策》2010年第10期）一文，认为要从根本上解决食品安全问题，就应该遵循自然生态规律，以全产业链的组织方式，解决食品产业链过长、安全控制难度过大的问题，避免局部效率对整体安全的损害。

第九章 生态文明建设研究

作为"三江源头""中华水塔"的青海省，生态地位重要而特殊，是国家重要的生态安全屏障。20世纪末期，青海的生态环境形势十分严峻，呈现出加速恶化趋势，成为青海可持续发展的最大隐患。西部大开发战略实施后，青海省环境保护和生态建设全面推进，特别是国家大规模启动天然林资源保护、退耕还林还草等工程以来得到较快发展。这些都成为青海专家学者研究和关注的重要领域。

从总体上看，20世纪90年代以来，关于生态文明建设的社会科学研究呈现日益发展壮大之势，研究队伍不断壮大，研究范围不断扩展，研究成果不断增多。广大科研工作者聚焦于生态文明建设战略和生态环境保护与治理、三江源区生态保护、生态经济和产业发展等，各方面研究都取得较大进展，且研究方法呈现多学科化趋势，研究成果以应用对策研究为主，呈现出较强的时代特征和地域特色。据不完全统计，1993—2010年，青海省生态文明建设研究的相关专著近20部，公开发表学术论文200余篇，研究内容与生态文明建设相关的国家社科基金项目18项。在研究成果数量逐渐增多的同时，研究成果质量也稳步提升，出版了《中国三江源区生态价值及补偿机制研究》《青海湖区生态环境研究》《明代以来黄河上游地区生态环境与社会变迁史研究》《生态战略思考》《青海省实施生态立省战略研究》《柴达木百年开发与生态变迁》等高水平的科研专著，发表和完成了《江河源区相对集中人口保护生态环境研究》《近百年来柴达木盆地开发与生态环境变迁研究》《青海湖区生态足迹评价及对可持续发展的启示》《建立三江源生态补偿机制试验区的思考》《三江源生态移民的城镇化安置及其适应性研究》等有一定影响力的学术论文、课题研究和调研报告。这些研究成果对青海生态问题从理论和应用两个方面进行了深入的探讨，并提出了一系列具有理论价值和现实意义的学术观点，丰富了全省生态文明理论研究的内涵，同时也对区域生态保护和生态文明建设起到了重要的指导作用。

第一节 生态文明建设战略研究

1993—2010年，面对资源约束趋紧、环境污染严重、生态系统退化的严峻形势，青海省如何利用资源禀赋，尊重自然、顺应自然、保护自然，加强环境保护工作，实现可持续发展，成为这一时期青海生态学界研究的主要方向和领域，并产生了一批研究成果。

一、生态立省战略研究

党的十六大以后，党中央开始高度关注生态文明建设，2007 年青海省确立了生态立省战略。在这一大背景下，许多专家学者围绕生态立省战略的理论和实践问题进行了深入探索。

生态立省战略理论研究。李清源的《加快青海生态文明建设—促进小康社会全面发展》（《攀登》2003 年总第 129 期）一文，指出青海是一个生态地位极为重要，生态环境十分脆弱，而经济社会发展相对落后的省份，全面建设小康社会必须以建设生态文明作为自身的发展定位和目标选择。景晖、崔永红、孙发平等的《生态战略思考》［青新出（2007）准字第 247 号，2007 年］一书，围绕生态补偿机制、三江源区生态环境、黑河流域生态环境、青南牧区产业发展、三江源生态移民、生态旅游、生态文化等方面进行了深入研究，提出要发挥好青海巨大的生态功能，必须要把生态保护与建设放置到一个更高的位置，全力推进生态立省战略，不断强化政府的生态管理职能。郑杰等的《生态立省是建设和谐青海的根本》（《攀登》2008 年第 6 期）一文，指出实施"生态立省"战略是时代的抉择，良好的生态系统是青海经济社会发展的基础和保障，也是构成青海核心竞争力的重要内容。只有注重生态建设，才能赢得科学发展、和谐发展的先机。张胜邦的《对青海"生态立省"发展战略的思考》（《林业经济》2008 年第 12 期）一文，指出青海"生态立省"战略的实施是保护与建设高原生态系统的重要举措，不仅关系到高原的经济社会可持续发展，更关系到全国的生态安全。曹文虎、李勇的《青海省实施生态立省战略研究》（青海人民出版社，2009 年）一书，总报告阐述了青海生态立省战略提出的背景，青海生态资源及生态环境现状评价，青海生态环境保护和治理的历史

回顾，青海实施生态立省战略面临的挑战和需破解的难题、指导思想和目标、总体任务、战略任务、支撑体系；分报告从实施生态立省战略的区域功能并围绕东部地区、柴达木盆地、环湖地区、三江源地区，从制度保障等方面进行了深入研究。李勇的《对青海省实施"生态立省"战略的思考》（《宏观经济管理》2009 年第 3 期）一文，指出青海生态立省战略的实施是保护与建设高原生态系统的重要举措，不仅关系到高原的经济社会可持续发展，更关系到全国的生态安全，提出了生态立省、生态保护、生态建设、生态经济和生态文化的具体做法和建议。马洪波、李广泳的《实施生态立省战略　推动青海科学发展》（《青海社会科学》2009 年第 6 期）一文，认为要发挥好青海巨大的生态功能，必须将生态保护与建设放置到一个更高的位置，全力推进生态立省战略，不断强化政府的生态管理职能。束艳霞、冉永春、王建军的《对青海省实施生态立省战略的启示》（《青海师专学报》2009 年第 6 期）一文，认为生态学马克思主义基于对资本主义制度以及对科学技术等的批判而提出了关于生态危机的解决途径及解救方案，这对青海省实施生态立省战略具有重要的借鉴和启示意义。尹月香的《青海建设生态文明的重要意义及战略对策》（《法制与社会》2010 年第 27 期）一文，从生态文明的内涵、青海生态问题、青海生态地位的重要性和生态保护发展历程等方面，提出建设生态文明是青海的迫切需要，制定生态建设规划以统筹兼顾为根本方法，处理好人与自然的关系，处理好经济发展与生态环境保护的关系。

生态立省战略实施路径研究。解源的《做强特色经济，实现生态立省》（《经济》2008 年第 12 期）一文，认为在 30 年改革开放的推动下，特别是中央"西部大开发战略"的支持下，青海已经进入一个新的发展时期。在发展中，科技创新将发挥至关重要的支撑和引导作用。王小平的

《民族地区实施生态省建设需要关注的几个问题——以青海为例》（《青海金融》2008 年第 12 期）一文，认为青海省生态立省战略拓展了我国可持续发展的建设领域。在把握民族地区经济社会发展主要特征的基础上，探讨了青海省在实施生态省建设中存在的问题，并提出了民族地区实施生态省建设的政策建议。史生魁的《我国西部民族地区生态保护区建设研究——以青海省生态保护区建设为例》［《中国环境科学学会 2009 年学术年会论文集（第三卷）》，2009 年］一文，指出西部是我国生态保护的重点地区，西北部常年干旱少雨、高寒缺氧、地广人稀、资源丰富。青海省作为三江之源，又具有特别的生态安全意义，生态保护区建设也面临民生、民族、发展等诸多困难。梅端智、朱有良的《青海省实施生态立省战略与资源开发模式研究》（《青海师专学报》2009 年第 4 期）一文，认为实施生态立省战略，就是在生态环境保护的前提下，加快资源开发，发展地方经济，探讨和选择资源开发、经济发展的最佳模式，走出一条适合青海实际的可持续发展的新型工业化道路。杨皓然、王跃荣的《生态立省战略下青海生态政绩考核体系初探》（《青海社会科学》2009 年第 6 期）一文，分析了在生态立省战略背景下青海原有生态政绩考核弱化现象，从生态政绩考核指标、内容、方式等方面构建了青海生态政绩考核体系。毛占彪的《实施生态立省　切实加强三江源生态环境保护与建设》（《中国水利》2009 年第 9 期）一文，认为于立足青海生态的脆弱性、独特性和重要性，着眼于建设生态文明，青海省委、省政府做出了生态立省的战略决策。三江源区是生态保护和建设的重点地区，应采取生物、工程、经济、法律等综合手段，构筑好高原生态屏障。黄军辉的《环境优势型省份生态文明建设分析》（《中国省域生态文明建设评价报告》2010 年）一文，认为 2005—2008 年，青海省的环境质量居全国

上游水平，生态活力居全国中下游水平，社会发展和协调程度居全国下游水平，在生态文明建设的类型上属于环境优势型。邓本太的《努力实现生态改善和经济发展双赢》（《求是》2010 年第 3 期）一文，指出青海独特的生态地位和脆弱的生态环境，决定了青海的发展必须正确处理好生态保护与经济发展的关系。这不仅关系到青海自身的生存发展，而且关乎中华民族长远利益。李双元的《青海省实施"生态立省"战略的制度保障研究》（《开发研究》2010 年第 4 期）一文，指出设计一套保证青海省实施生态立省战略的制度具有非常重要的现实意义，并基于机制设计理论，深入分析青海省生态建设的制度缺陷，从制度供给和制度实施机制两个方面提出了青海省实施生态立省战略的制度保障。

二、可持续发展战略研究

青海省属于生态脆弱区，人口、资源、环境之间矛盾长期存在，相关科研人员在人与自然和谐发展、生态环境保护与可持续发展方面进行了比较深入的研究。

人口、资源、环境协调发展研究。 杨晓鹏、张志良的《青海省土地资源人口承载量系统动力学研究》（《地理科学》1993 年第 1 期）一文，指出一个地区人口承载量的高低，自然条件是基础，且始终是决定因素；经济发展是决定人口承载量大小的最为活跃的因素，不仅如此，还受着各种政治和社会因素的影响。青海省经济技术比较落后，上述特点尤为明显。陈新海的《青海农业经济发展史中的人地关系》（《青海民族学院学报》1998 年第 2 期）一文，认为处理好人与地的关系是实现可持续发展的关键。历史上，青海的先民们在开发农业资源、发展农业经济方面，积累了丰富的经验和教训，可为今后发展青海农业经济、做好环境保护工作提供借鉴。王红宇的《青海人口与生态现状》（《青海统计》2001 年第 9 期）一文，认为可持续发展是世人共同关注的

问题，而青海省要为实现"山青、水秀、人富"的宏伟目标而奋斗，是关系全局的根本大计。卓玛措的《青南地区土地资源及其可持续利用》（《青海环境》2001年第2期）一文，论述了青南地区土地资源利用现状、特征和存在的问题，阐述了青南地区土地资源持续利用的方向、原则和措施。严维青的《青海人口与环境协调发展初探》（《攀登》2001年第5期）一文，认为应高度重视青海人口与环境非协调发展的危害性，采取切实可行的措施，确保青海人口与环境协调共生的和谐性。党秀英、刘海威的《积极开发农村能源 努力建设生态家园》（《青海民族学院学报》2006年第3期）一文，提出要构建西部民族地区人与自然和谐相处的环境，必须依靠科学发展观，大力开发农村能源，建设生态家园，实现自然生态保护和经济社会发展的良性循环。孙州霞的《青海正确处理人与自然关系的几点思考》（《青海社会科学》2006年第4期）一文，认为青海在发展中必须谋求经济发展与社会环境和资源相协调，并对重建人与自然的和谐关系进行了思考。薛冰等的《青海人口—资源—环境关系的耦合演变研究》[《兰州大学学报》（自然科学版）2007年第1期]一文，研究了青海人口—资源—环境的耦合演变关系，对青海省的社会经济发展、生态环境保护具有重要意义。郭泺等的《民族地区生态规划——青海省湟中县案例研究》（中国环境出版社，2009年）一书，从县域生态规划的方法、生态承载力的评估、生态功能分区、生态适宜性分析、生态经济建设、生态文明建设等层面，介绍了青海省湟中县生态规划编制的主要内容与成果；分析了县域生态规划的特殊性和复杂性，探讨了生态规划理论在民族地区环境保护与生态管理中的应用。以湟中县为例，详细分析了生态环境规划技术方法体系、资源环境与社会经济概况和发展趋势，进行了生态评价、生态功能区划、生态旅游规划和拦隆口镇班

仲营村建设规划，以及生态文化体系建设与民族传统文化的保护研究。

生态环境保护与可持续发展研究。孙爱霞、王武龙的《青海高原生态环境问题的成因及对策》（《水利发展研究》2001年第2期）一文，指出青海高原存在着水土流失日益严重、土地沙漠化日渐加剧、水资源日渐枯竭等生态环境问题。提出深刻认识人与自然关系的本质，提高决策者的环境意识，制订并贯彻保护生态环境政策是解决青海高原生态环境可持续发展的可行思路与对策。卓玛措的《论青海河湟地区的开发与可持续发展》（《经济地理》2001年第3期）一文，在分析青海河湟地区区域开发有利因素和制约因素的基础上，提出了加快以交通运输为主的基础设施建设；依托本省优势资源，发展原材料及加工工业；改善农业生产条件，调整农业结构，增加农民收入；合理布局产业等区域开发建设框架。韩永荣、李海明的《青海的可持续发展要确立在可利用水资源的基点上》（《青海环境》2001年第3期）一文，通过对青海省水资源总量及分布特征、利用现状、开发前景、有利条件、不利因素和存在问题的系统分析，就如何实施可持续发展战略，科学治理并开发利用、保护好水资源，正确处理好人口、资源、环境与社会经济发展的关系，提出了观点、思路、方法和措施。马燕的《关于青海民族地区经济可持续发展的思考》[《青海民族学院学报》（社会科学版）2001年第4期]一文，指出良好的生态环境是经济发展的物质基础。由于特殊的高原环境，青海自然生态条件特别脆弱，一旦遭到破坏很难恢复。因此，要发展青海地区的民族经济，必须要走一条适合当地生态环境的可持续发展之路。杜铁瑛的《青海草地生态环境治理与草地畜牧业可持续发展》（《青海草业》2002年第1期）一文，通过系统地阐述青海省草地生态环境退化现状及原因，有针对性地提出了要综合治理草地生态环

境，大力发展草业产业化，在适宜地区大力发展人工种草等的对策建议。拉元林的《草业是青海经济开发与生态环境治理的基础》（《草业科学》2002年第4期）一文，分析了青海经济开发与生态环境失调产生的问题及生态环境失调的主要原因，指出在经济发展中忽视生态环境治理和在生态环境治理上实行重林轻草违背自然规律的失误，草业是青海经济开发与生态环境治理的基础。刁治民、张文静的《青海水土流失与可持续发展的研究》（《青海草业》2002年第4期）一文，认为要在正确认识人与自然的基础上，对青海水土流失现象、成因及危害进行了分析，提出了加强水土保持和防治的有效措施，从而实现人与自然的可持续发展。王永胜的《青海可持续发展模式初探》（《青海民族研究》2003年第2期）一文，认为根据可持续发展原理和青海实际，提出以水、生态环境和经济发展"三位一体"模式建设青海。孙爱存的《对青海经济发展与环境污染关系的研究》（《经济师》2006年第2期）一文，运用相关分析和库兹涅茨曲线模型，对青海省经济发展与环境污染水平之间的关系进行了探究，为青海省的经济发展和环境保护政策提供依据。杨有柏、马凤莲的《青藏高原生态环境保护与可持续发展》（《全国商情：经济理论研究》2006年第8期）一文，针对青藏高原生态环境保护的特殊意义、存在的问题等，提出了加强青藏高原生态环境保护与可持续发展的对策建议。张文君的《应对环境壁垒，构筑生态文明——青海省生态环境保护与可持续发展策略》（《发展》2008年第1期）一文，指出革新环境制度、明晰环境产权、控制人口增长、提高人口素质、支持非营利组织发展等，是实现青海生态、经济可持续发展的根本保证。张敏的《青海省污染减排形势与问题思考》（《青海环境》2008年第4期）一文，立足青海省污染减排工作，针对面临的形势和存在的主要问题，提出了具体的对策建议。

乔龙的《试论青海地区的生态环境与可持续发展问题》（《青海师专学报》2009年第4期）一文，立足青海地区的生态环境状况，指出青海地区的生态环境面临的问题较多，必须加强生态环境保护和建设力度。崔永红、张生寅的《明代以来黄河上游地区生态环境与社会变迁史研究》（青海人民出版社，2008年）一书，概述了黄河上游地区自然环境、经济社会及生态环境，从林业、畜牧业、采矿业、近现代工业、农业垦殖及其对生态环境的影响，明、清、民国时期人口的变迁及其对生态环境的影响，明代以来黄河上游地区的民族分布格局及其变迁、社会保障与社会管理，并研究了中华人民共和国成立后黄河上游地区生态环境保护、经济开发、社会变迁与生态环境互动关系等内容，提出必须努力积极探索开发新模式，倡导生态文明，走可持续发展之路。王海洁、张建英的《青海自然保护区可持续发展研究》（《青海社会科学》2010年第3期）一文，通过对青海省自然保护区发展现状、发展优势和所面临问题的剖析，提出了加强保护区立法、建立科学的管理机制保障保护区发展、正确认识保护区价值、合理利用优势资源、加强社区共管、营造良好社会氛围的可持续发展对策。

生态足迹与可持续发展研究。陈东景等的《祁连山区生态经济系统可持续发展研究——以青海省祁连县为例》（《国土与自然资源研究》2002年第3期）一文，对祁连县生态经济系统进行了研究，运用生态足迹法计算祁连县1999年生态足迹，表明该年经济发展在生态承载力范围内，并探讨其在生态经济协调发展中应注意的问题。孙发平等的《青海湖区生态足迹评价及对可持续发展的启示》（《青海社会科学》2008年第1期）一文，指出除了全球气候变暖和青藏高原气候特点等自然因素之外，人类活动的加剧是造成青海湖区生态环境持续恶化的重要原因。通过对青海湖区生态足迹的预测与分析，提出了青海湖区实现可持续发展的对策建议。杜新波、秦静的《基于生态足迹的区域生态环境承载力评价——以青海省海西州为例》（《资源与产业》2010年第5期）一文，运用生态足迹法评价了2007年该区域生态环境承载力，结果显示2007年海西州生态略有盈余，并提出有利于实现区域可持续开发利用和提高生态环境承载力的政策建议。

生态环境保护与经济建设协调发展研究。王立亚、石树堂的《试论青海草地经济生态问题及对策》（《青海环境》1993年第4期）一文，从高寒生态的角度出发，提出青海草地经济生态存在的主要问题有：过度放牧、人为破坏、鼠虫害、有毒植物的危害、牧业经营与生态环境的矛盾，并提出了对策建议和相应的模型。南文渊的《生态保护：青海未来发展的紧迫问题》（《柴达木开发研究》1995年第4期）一文，指出青海发展应放在全球范围内考虑，吸取历史上的经验，在稳定畜牧业与农业发展的同时，注重发展旅游业、商业，发挥高原传统文化在自然生态系统与社会生态系统协调发展中的功能作用。洛桑·灵智多杰的《青藏高原环境与发展概论》（中国藏学出版社，1996年）一书，主要从高原地势结构与地貌特征、高原气候、高原水文、高原生物、高原土地类型、高原矿产资源、高原自然地域分异、高原发展环境压力、高原经济发展状况、高原社会经济的可持续发展、高原现代化与资源环境政策、高原发展时空次序、高原环境与发展的国家战略等方面进行了系统研究，论述了高原经济发展及生态环境现状，阐释了高原经济可持续发展的基本内容和现代化过程中的环境政策，论证了青藏高原的经济发展水平和环境优劣状况，对我国经济的后续发展将产生深远影响。郑小红的《青海地区资源开发中的生态保护与产业布局》（《青海民族学院学报》1997年第4期）一文，认为青海资源开发中的产业结构布局要与生态环境相适应，要由粗放式经营方式向集约型

转变，产业产品要有利于环境保护，从而实现生态、经济与社会效益的最优化。徐明的《改善青海生态环境刍议》（《攀登》2000年第5期）一文，指出改善青海生态环境，不仅是顺利实施西部大开发战略、保持青海社会经济可持续发展的前提，而且对维持长江、黄河区域生态平衡，促进社会经济发展均具有举足轻重的战略意义。张彦甫的《玛多县生态保护与经济社会发展对策》（《青海学刊》2001年第2期）一文，在大量调研的基础上，对地处江河源头、在青海乃至全国颇具典型性的玛多县的生态保护和经济社会发展问题进行了分析和研究。马成库的《青海畜牧业的发展与生态环境的保护》（《青海民族研究》2001年第3期）一文，指出加快发展畜牧业，是青海实施西部大开发战略、调整经济结构的中心任务。马燕的《关于青海民族地区经济可持续发展的思考》（《青海民族学院学报》2001年第4期）一文，指出良好的生态环境是经济发展的物质基础。由于特殊的高原环境，青海自然生态条件特别脆弱，一旦遭到破坏，则很难恢复。青海要发展民族经济，必须走适合当地生态环境的可持续发展之路。苏多杰的《关于西部为全国提供生态公共产品的思考》（《青海社会科学》2001年第5期）一文，认为西部为全国提供的生态公共产品付出了巨大的成本，这个成本能否得到补偿，即由谁来付费、以怎样的方式付费，是值得深思的问题。赵崇智、李增虎的《保护生态环境促进青海经济发展》（《青海金融》2004年第5期）一文，认为实施西部大开发战略，青海省遇到前所未有的发展机遇，同时也面临着可持续发展经济与生态保护的矛盾。指出青海经济发展的关键在农村牧区；保证经济再生产的持续运行，打好扶贫攻坚战。翟岁显的《论青藏高原生态特殊性对地区开发的影响》（《攀登》2005年第3期）一文，从青藏高原生态特殊性、自然灾害发生、地区贫困程度、社会经济发展压力等视角论

述了青藏高原生态特殊性对地区开发的影响，得出了可持续发展是青藏高原开发的永恒命题。李广英、赵生奎的《青海湖流域生态环境现状与经济社会可持续发展对策》［《中国环境科学学会2006 年学术年会优秀论文集（上卷）》］一文，立足于青海湖流域生态环境现状和一些主要环境问题，分析了青海湖流域生态环境保护和可持续发展的重大意义，提出青海湖流域要把生态环境保护和经济开发有机地结合在一起，使经济效益、社会效益和生态效益达到最优化和持续化。张世花、吴春宝的《青藏高原地区生态环境保护与经济和谐发展的路径选择》（《发展》2007 年第 1期）一文，指出生态环境的保护与经济发展是西部大开发的重点，同时也是难点。特别是对于青藏高原来说，本地区的生态建设是我国经济可持续发展的前提和保证，要正确处理发展和保护的关系，探求一条符合青藏高原地区经济、社会、资源、环境相互协调发展的道路。张平的《保护生态环境　发展青海经济》（《甘肃科技纵横》2007 年第 4 期）一文，指出青海省生态环境保护与建设中存在建设速度跟不上恶化速度、监督管理工作滞后、管理体制不顺等问题，应该通过培育环境友好型的生态伦理观、建立绿色国民经济核算体系、加大投入等途径构建人与自然的和谐共生，实现青海省社会经济和生态环境的可持续发展。周兴民等的《青海冬虫夏草分布与生态环境关系及可持续利用的建议》（《青海环境》2008年第 4 期）一文，阐明了冬虫夏草分布与植被的关系以及冬虫夏草的分布格局，为科学、适当、有序利用冬虫夏草资源和保护草地生态系统的稳定、健康和可持续利用提供科学依据。杨彦的《青海湖流域自然生态保护与经济社会可持续发展对策》（《青海环境》2009 年第 3 期）一文，阐述了青海湖流域自然生态环境现状、分析流域生态环境主要问题及其原因和流域生态环境保护重要性，提出了青海湖流域生态保护与可持续发展的

对策与建议。杨英、丁忠兵的《青海依法保护冬虫夏草资源的回顾与思考——以果洛州为例》（《青海社会科学》2009 年第 4 期）一文，指出冬虫夏草资源的保护与管理是一项长期性工程，涉及面广，参与主体多，利益关系复杂，只有将该项管理工作纳入法制化轨道，才能从根本上保护冬虫夏草资源，实现可持续发展。崔永红的《简论史前青海先民的经济活动及其与生态环境之关系》（《青海社会科学》2010 年第 1 期）一文，指出史前时期青海先民的经济活动始于新石器时代晚期。原始农业主要分布在黄河两岸和湟水中下游谷地，对植被及生态环境的不利影响较大。卡约文化时期，畜牧业经济的比重大幅度上升，游牧方式产生，自然环境的变化对人类经济活动的影响更加突出。

生态环境保护与社会文化和谐发展研究。丁生喜的《湟中县贫困山区社会经济可持续发展的路径选择》［《青海大学学报》（自然科学版）2000 年第 6 期］一文，从系统的角度分析了湟中县贫困山区经济落后的成因，指出进行林业开发，促进生态经济重建，是该地区社会经济可持续发展的有效途径。王伟章的《青海文化旅游与民族文化生态建设》（《中国土族》2002 年第 2期）一文，指出青海旅游业应加快开发青海文化旅游资源，保护独特民族文化生态，是实现"建设特色文化大省，建设全国知名高原旅游基地"的前提，更是青海政治、经济、文化协调发展的保证。马维胜的《青藏高原生态城市化模式研究》（《青海民族研究》2002 年第 4 期）和《青藏高原生态城市化模式释义》（《青海民族学院学报》2008 年第 2 期）两文，认为青藏高原城市化进程应当考虑特殊因素，提出了"生态城市化模式"的构想，依据经济学、社会学、人口学和城市地理学的理论，对生态城市化模式的含义进行剖析，并从区域功能定位、目标特征、过程特征等方面，对青藏高原生态城市化的特征进行了

分析。朱玉坤、鲁顺元的《关注民族"生态家园"的安全：青藏高原环境破坏性生存战略替代与区域发展纵论》（青海人民出版社，2004 年）一书，从青海高原环境特征与环境破坏性生存、"三江源"地区"生态难民"与"环境难民"的变迁等方面，借助于自然科学和社会科学的最新成果和最新资料而倾力于高原地区环境与社会的研究。从历史与现实的角度，提出了高原环境地位与环境影响的价值涵盖，揭示了环境的自然破坏、生存发展性破坏的由来、发展、危害与规律性演变，并透析了人与环境的相互依存、互为作用的关系；总结提升替代模式、替代原则与替代保障，强调发展中的环境公平，把握人与自然持续和谐发展的规律，将情感理性上升为价值理性。赵克俭、赵之重的《青海草原地区生态环境问题与区域社会发展研究》（《青海师范大学学报（哲学社会科学版）》2005 年第 3 期）一文，以青海草原地区生态环境问题与区域社会发展为研究对象，通过阐述草原地区生态环境问题本质，提出了通过城镇化进程和生态经济区的建设实现草原地区跨越式发展的远景规划设想。马晓琴、杨德亮的《地方性知识与区域生态环境保护——以青海藏区习惯法为例》（《青海社会科学》2006 年第 2 期）一文，认为使习惯法与现行环保法形成良好的互动与调适，将扭曲、遗失的地方性知识予以认知和重构，发挥本土人群的主体性作用，将对区域内生态治理和环境保护以及社会和谐有着重要意义。李杰兰等的《基于系统动力学的青海省可持续发展评价》（《资源科学》2009 年第 9 期）一文，利用构建青海省"资源—环境—经济系统"结构模型，揭示了青海省不同发展模式下的环境响应，为青海省可持续发展决策提供参考，也为环境友好型社会建设提供理论依据。

第二节　生态环境保护与治理研究

改革开放以来，国家先后大力实施"三北"防护林等一系列林业生态工程，开展黄河、长江等七大流域水土流失综合治理，加大荒漠化治理力度，推广旱作节水农业技术，加强草原和生态农业建设。青海在国家的大力扶持下，遵循自然规律和生态规律，积极改善生态环境状况，为实现生态文明奠定良好基础。为此，专家学者围绕生态环境本底、生态环境综合治理等方面进行了比较深入的研究和探索。

一、生态环境本底研究

科学把握生态环境的本底状况是生态保护和环境治理的前提条件。为此，许多专家学者从整体和局部两个方面进行了深入研究。

生态环境本底整体研究。古岳的《忧患江河源》（民族出版社，2000 年）一书，认为随着全球性生态环境的急剧恶化，长江、黄河源头地区——青藏高原的生态也已遭到严重破坏，该书从大地忧思录、破坏环境就是制造贫穷、忧患江河源、生命长江源、黄河源头在告急、青海湖会不会消失、藏羚羊正遭受灭顶之灾等方面，呼吁长江、黄河的儿女们，热切关爱母亲河，关爱家园，关爱后代的国人，为保护和改善我们的生态环境做一番努力。徐明的《改善青海生态环境刍议》（《攀登》2000 年第 5 期）一文，认为青海生态环境恶化问题依然严峻，要改变这种现状，须加强宣传教育，改变人们生态观念意识；对症下药，实施综合治理；建立健全有关法律、法规，依法进行生态环境保护和建设。郭廷辅等的《青海省水土保持生态环境建设调研报告》（《中国水土保持》2000 年第 12 期）一文，指出青海省是长江、黄河、澜沧江的发源地，水蚀、风蚀和冻融侵蚀都较严重并呈复合型出现。周陆生的

《青海省长期气候变化趋势及其对生态环境可能影响的初步展望》（《青海气象》2001 年第 2 期）一文，以青海省 21 世纪的气候变化及其对生态环境的可能影响为主题，对已有成果进行了系统整理、归纳和对比分析。李忠的《对西部大开发中青海面临生态危机的思考》［《青海大学学报》（自然科学版）2002 年第 1 期］一文，分析了青海面临的生态危机的现状以及导致的原因，并以可持续发展的理论阐明人类对自然资源正确的观念，协调好科技、经济、生态三者之间的关系，建立地方性法规，遏制生态环境恶化的趋势。张耀生等的《青海省生态环境面临的问题与综合治理》（《青海科技》2002 年第 6 期）一文，指出青海省生态环境不断恶化，在生态环境治理中应重视应用生态工程设计，统筹考虑优化生产结构，进行不同类型的高效农牧业发展模式试验示范，发挥生态系统各子系统和层次间的耦合效应。韩永荣的《青海高原生态恶化的原因及对策》（《水利发展研究》2002 年第 6 期）一文，指出青海高原区域性生态环境每况愈下，生态功能加速紊乱，生态环境日益恶化，生态灾民逐渐增多，经济损失逐年增加，并提出保护对策。李清源的《西部民族地区生态环境恶化态势及影响分析》（《青海民族学院学报》2004 年第 2 期）一文，在阐述西部地区生态恶化现状及成因的基础上，分析了生态环境恶化造成的危害和影响，并提出了遏制西部民族地区生态环境恶化趋势的对策建议。伏洋等的《青海省流域生态环境质量评价指标体系研究》（《青海气象》2004 年第 4 期）一文，以青海省 13 个主要流域和水系为评价单元，建立了科学、系统、具有可操作性的流域生态环境评价指标体系，并确定了各指标的权值和相对的分级标准，选取了评价方法，通过综合判定，得出青海省主要河流生态环境质量的综合评分。景晖、丁忠兵的《青藏高原生态替叠与趋导》（青海人民出版社，2006 年）一书，主要

从生态替叠和生态趋势两个方面进行了探索，指出 20 世纪 60 年代前，许多学者已经对地球生态学及青藏高原生态环境做过一系列经典式研究，其进程可分为萌芽阶段和建立成长阶段。从生态学角度，揭示青藏高原演替趋向，并以可持续发展的视角研究其生态系统结构和谐、能流功能、物质循环、群落演替、食物链带、种群增长以及诸多限制因子，从中发现规律性问题，提出了对未来的可持续发展问题具有导向意义的建设性意见。伏洋等的《青海高原生态环境演变特征及态势分析》（《青海气象》2007 年第 2 期）一文，对青海高原典型生态环境演变特征进行了基础性的分析，揭示了自然灾害与生态环境恶化相互关系的机制，预测了在气候变化情景下青海生态环境演变态势。王谦的《深化青海省情认识　把生态保护和建设作为根本任务》（《林业经济》2008 年第 1 期）一文，认为青海的生态保护面临草场退化沙化加剧、水土流失日趋严重、土地严重荒漠化、湿地面积大幅缩减等严峻状况，因此生态保护必须采取分区治理策略，并将提高多种资源利用效果作为保护生态环境的重要途径。赵昌琼的《让青山常绿　要碧水长流——对青海省生态环境现状的几点思考》（《青海统计》2008 年第 2 期）一文，认为 2006 年青海环境质量总体保持稳定，主要污染物排放总量控制在国家下达的指标以内。重点工业污染物排放达标率在 85% 以上；新上建设项目环评执行率、新建大中型项目"三同时"执行率、重大环境污染和人为生态破坏事件查办率均为 100%。董得红的《青海林业在高原生态文明建设中的作用和发展对策》（《林业建设》2009 年第 1 期）一文，指出青海高原独特的地理生态环境和生态地位，形成了独特的高原生态文化特色，林业在发展高原生态文化、推进高原生态文明进程中具有特殊的作用。

不同区域生态环境本底研究。田磊的《论青

海省江河源区的水土保持生态建设》（《中国水土保持》2001 年第 12 期）一文，指出青海省水土保持应首先关注的是生态问题，其次才是经济和社会问题。流域综合治理与开发是生态建设的主攻方向，以小流域为单元的综合治理是生态建设的主模式。李凤霞等的《青海湖湖重点区域生态环境研究》（气象出版社，2003 年）一书，利用遥感技术、地理信息集成与模拟技术，对青海省青海湖环湖重点区域——共和县及典型研究区——龙羊峡水库库区的生态环境现状进行了系统调查，应用获取的生态环境图形、图像、观测及实地考察数据，建立了地理、社会经济和生态环境基本数据，并设计了适应于研究区域生态环境监测的系统结构，建立了草地、沙漠、土地等生态环境因子的动态监测与分析模型，实现了生态环境动态监测、生态环境规律与趋势的预测评价，为生态环境的治理、重建和保护提供科学依据与决策支持。李积兰、马生林的《青海湖区生态环境恶化原因探析》（《水利经济》2006 年第 4期）一文，简述历史因素对青海湖生态环境的影响、自然因素导致的青海湖生态环境问题、人类活动加速了生态环境的恶化以及旅游活动的负面影响。张庆河等的《青海环湖地区"黑土滩"成因及生态建设探讨——以天峻县为例》（《青海环境》2008 年第 3 期）一文，以天峻为例，对环湖地区"黑土滩"成因作了系统分析，认为其生态建设必须因地制宜，草地建设与环保及经济建设相结合，形成草地生态与经济立体式互动循环互补格局。冯成兰的《青海省海南州气候变化对生态环境的影响及对策研究》（《养殖与饲料》2008 年第 7 期）一文，指出在气候干旱化和人类活动的共同影响下海南州生态环境中气候异常事件即气象灾害频繁发生、草场退化、土地沙化、湖泊水位下降和河流流量减少等生态环境退化现象日益严重。白光丽的《加快林业发展 搞好生态建设——以青海省门源县为例》（《新西部》

2010 年第 8 期）一文，分析了青海门源县的自然概况、森林资源概况和森林经营状况，提出了加强森林保护的原则与措施，推进生态建设，实现经济发展与人口、资源、环境相协调的建议。

二、生态环境综合治理研究

20 世纪 90 年代以来，由于生态环境破坏问题日益凸显，相关科研人员开始从单纯对某一区域的生态环境研究逐步上升为对青海生态保护治理提供相应对策建议的研究。

生态环境各系统保护研究。张胜邦的《谈青海省荒漠化防治对策》（《中国林业》1997 年第 1期）一文，指出青海省荒漠化土地主要分布在柴达木盆地、共和盆地和青海湖畔，随着经济建设逐步向西部转移，资源开发、环境保护与可持续发展等问题越来越引起人们极大的关注。万玛杰的《人工草地是青海省 21 世纪草业建设和生态治理的重要内容》（《青海畜牧兽医杂志》2002年第 5 期）一文，认为通过综合的农业培育技术建立的人工草地，可以达到最优的群落成分和结构，科学管理可以解决退化草地植被的快速恢复和生态重建问题，发挥天然草地的生产能力，推动草业经济和生态建设。赵克俭、赵之重的《青海草原地区生态环境问题与区域社会发展研究》[《青海师范大学学报》（哲学社会科学版）2005年第 3 期]一文，提出了通过城镇化进程和生态经济区的建设实现草原地区跨越式发展的远景规划设想，并且论述了草原地区社会经济发展的核心内容和基本模式。朱万的《青海草原生态环境保护调研报告》（《青海统计》2009 年第 6 期）一文，指出青海省草原生态环境建设要构筑绿色生态安全屏障，走一条建设美丽草原与发展经济的双赢之路，是青海"推进科学发展、建设生态文明、着力改善民生、促进社会和谐"的必然选择。

不同区域生态环境保护研究。哀磊业等的《青海省东部农业区（丘四区）小流域治理模式的研究》（《青海科技》1996 年第 1 期）一文，分析了小流域综合治理效益和环境人口容量，并对土地生产力进行了量化分析，揭示了小流域综合治理与环境因子之间的内在联系，提出了水土保持生态经济学的观点。卞敬玲的《青海湖地区生态环境保护和治理研究》（《水利水电快报》2002 年第 24 期）一文，分析了青海湖水位下降，周边地区环境恶化的原因，提出了青海湖区的生态环境及治理方案。马文慧的《黑河流域沙尘暴问题治理对策研究》（《青海民族学院学报》2004 年第 1 期）一文，在实地调研的基础上，分析了黑河流域沙尘暴形成的原因，提出了相应的治理对策。马生林、刘景华的《青海湖区生态环境综合治理对策研究》（《水利经济》2004 年第 3 期）一文，针对青海湖面临的生态危机，提出要封湖育鱼、封山育草、保护水源涵养林，实施湖区封闭、引水济湖、人工增雨等措施，协调好人与生态环境的关系，坚持可持续发展观和科学观，闯出适合青海湖区发展的新路子。熊曙昕的《河湟谷地水资源利用及生态环境综合治理对策研究》（《青海社会科学》2006 年第 5 期）一文，就如何科学合理利用有限的水资源，对其进行优化配置，以及对河湟谷地的生态环境进行综合治理提出了对策建议。李威邦、董得红的《青海省湟水河流域生态系统综合治理刍议》（《青海科技》2007 年第 1 期）一文，指出了湟水河流域生态环境恶化的严峻形势，提出了生态系统综合治理的主要措施，以促进湟水河流域乃至全省经济社会的可持续发展。俞文政等的《青海湖地区土地资源持续利用研究》（《生态经济》2007 年第 11 期）一文，在保持生态系统的稳定性，促进现有土地资源的合理利用，使生态环境得以保护和实现社会经济的持续稳步发展的总体思路指导下，提出了加强政策法规建设等方面的建议。董旭等的《青海湟水流域生态保护与建设发展战略研究》（中国林业出版社，2008 年）一书，从自然地理、社会经济、植物资源、动物资源、森林资源、草地资源、流域生态环境及评价、流域生态产业及评价、生态建设与保护的理论和实践、生态建设与保护构想、植被恢复与重建、生态建设与保护配套工程、投资估算与效益评价、湟水流域生态建设管理体系、湟水流域生态建设保障体系等方面进行了深入研究，指出青海湟水流域生态问题十分突出，严重制约了青海经济、社会的可持续发展，湟水流域生态建设整体规划、综合治理已迫在眉睫。陈桂琛等的《青海湖流域生态环境保护与修复》（青海人民出版社，2008 年）一书，在吸纳各学科多年研究成果的基础上，全面而系统地介绍了青海湖流域的基本情况、历史沿革、行政区划、经济社会发展状况，分析了地质构造基础、地形地貌特征、青海湖区的形成与演化、流域生态环境自然演变、流域自然资源、生态环境现状与环境特点等，评价了青海湖流域生态系统特征与生态环境质量，对流域生态保护与综合治理规划进行了概要分析，为青海湖流域的生态环境保护和综合治理提供了科学依据和技术支撑。宋晓英的《西宁市扎实推进大南山生态绿色屏障二期工程建设》（《绿化资讯》2009 年第 12 期）一文，指出 2009 年是青海省西宁市实施大南山生态绿色屏障"二期"工程建设年，也是大南山生态绿色屏障建设工程由营造风景林向营造生态经济林转变的关键年。西宁市造林绿化和景观建设应同步实施，生态保护和城市建设应同步发展。

第三节 三江源区生态保护与建设研究

作为我国乃至亚洲的重要饮用水水源地和全 球重要生态屏障，三江源区生态环境十分脆弱，并以其生态效益的开放性、共享性和外溢性而备受世人瞩目。20 世纪 90 年代以来，国家成立青海三江源自然保护区，实施三江源区生态保护与建设工程，积极打造重点生态功能区，大力培育和发展生态经济，使三江源区成为国家生态文明建设的热点地区，从而引发了省内外学者对三江源生态文明建设的高度关切，众多的生态学家和社会科学研究人员对三江源区的生态安全、生态保护与可持续发展、生态移民等重大问题进行了深入、全面、系统的研究和探讨。

一、三江源区生态安全研究

三江源区生态保护不仅影响到青海的建设与发展，而且事关国家以及长江、黄河、澜沧江中下游经济社会发展和生态安全，受到党和国家以及社会各界的高度重视。在对其生态安全方面的研究，主要涉及生态地位、生态资源调查与评价、生态保护和建设等内容。

三江源区生态地位研究。 景晖、徐建龙的《中清以来人类经济活动对三江源区生态环境的影响》（《攀登》2005 年第 3 期）一文，根据有关历史记载、统计资料和科学知识，对中清以来各主要时期三江源区的人口变迁、人类活动规模及其对生态环境的影响进行了分析、测算和评估，对三江源区生态环境的恢复性保护和建设提供了依据。丁忠兵的《论三江源地区的生态地位与可持续发展》（《青海社会科学》2006 年第 2 期）一文，认为三江源的生态环境好坏不仅对青藏高原，而且对全国乃至整个东南亚都具有重要影响，阐述了三江源地区的生态现状及面临的生态危机，分别从人口、资源、环境三方面提出了三江源地区的可持续发展战略。

三江源生态资源调查与评价研究。 涂兵、段其发、王建雄的《三江源区的自然资源状况与可持续发展——以直根尕卡地区为例》（《华南地质与矿产》2005 年第 4 期）一文，以直根尕卡地区为研究对象，从可持续发展的观点出发，在 1 : 25 万区域环境地质调查的基础上，综合分析了三江源区水资源、土壤资源及生物资源状况，揭示了三江源区生态环境存在的主要问题，提出了三江源地区可持续发展的建议及对策。王小梅等的《三江源区旅游资源开发及环境脆弱性相关分析》（《生态经济》2009 年第 8 期）一文，指出在区内生态环境不断恶化的背景下发展旅游产业，并非资源的简单开发就能实现既定的发展目标，基于旅游资源开发独特的生态环境背景和突出的环境问题，必须从战略角度寻求一条科学的旅游发展之路，改善源区生态环境，提高人民生活水平，实现全区社会、经济、环境的协调发展。唐承财、钟林生、陈田的《三江源地区生态旅游资源空间分异特征及开发模式》（《资源科学》2009 年第 11 期）一文，通过对三江源地区生态旅游资源空间分异特征研究，提出了三江源区旅游资源空间梯度转移开发的总体模式，探讨了垄断性资源开发的独立景区模式、交通干线沿线资源开发的线路联动模式、城镇周边资源开发的设施依托模式，为三江源地区及其他生态敏感区生态旅游资源的科学利用提供理论指导。

三江源地区生态保护和建设研究。 兰玉容的《青海三江源区生态恢复需要解决的几个问题》（《国土与自然资源研究》2005 年第 3 期）一文，认为全球气候的变化、草场超载过牧、偷捕乱猎、乱采滥挖是生态环境恶化的主要因素，并从牧民群众的生产生活、生态移民、生态补偿机制、增强生态意识等方面提出了恢复生态的对策建议。邓艳芳等的《长江源头地区退牧还草工程调查研究》（《生态经济》2006 年第 2 期）一文，认为必须要将退牧还草和生态移民工程依照实际生态环境社会现状有机结合起来实施，治标并治本，实现长江源头地区草地生态环境良性转化，促进区域经济的可持续发展。蒋卫平、孙小弟的《三江源自然保护区生态保护与建设中应用参与式管理的探讨》（《青海草业》2009 年第 4 期）一文，指出三江源自然保护区生态保护与建设的目标是通过加强牧民生产生活基础设施建设，提高牧民生产生活水平，进而改善保护区的生态环境，加强保护区的生态功能，让牧民掌握参与式管理的方法，积极参与各项保护和建设工程的实施。

二、三江源地区生态保护与可持续发展研究

三江源地区生态环境敏感脆弱，是我国重要的生态安全屏障，如何在保护生态的同时又保障民生、发展区域经济，实现当地的可持续发展也是这一时期学者们思考的热点，主要从生态保护与可持续发展关系、生态补偿政策等方面开展了比较深入的研究。

生态资源评价与可持续发展研究。王启基、来德珍、景增春等的《三江源区资源与生态环境现状及可持续发展》（《兰州大学学报》2005年第4期）一文，认为三江源区必须加强天然草地资源的保护、优化家庭牧场生态结构及生产模式、建立稳产和高产的人工草地、建立健全草地资源监测预报和综合评价指标体系、开展不同生态类型退化草地植被恢复与重建技术体系研究与示范，实现三江源地区生态环境与社会经济的可持续发展。赵新全、周华坤的《三江源区生态环境退化、恢复治理及其可持续发展》（《中国科学院院刊》2005年第6期）一文，分析了三江源地区生态系统退化现状、退化原因及过程，提出了三江源区退化生态系统的植被恢复配套技术和有效途径，探讨了区域经济、社会、资源、生态环境相互协调和相互促进的发展道路。李佳、成升魁、马金刚等的《基于县域要素的三江源地区旅游扶贫模式探讨》（《资源科学》2009年第11期）一文，提出以适用于整个三江源地区的旅游扶贫基本模式为政府主导模式，以及各类型区的旅游扶贫辅助模式，即资高贫低区的政企合作模式，双高区的项目推动模式，双低区的产业联动模式，资低贫高区的大区带动模式。

区域生态保护与可持续发展关系研究。汪春

燕、汪文焕的《三江源人口、资源、环境的可持续发展——兼论青海民族地区发展问题》（《西北人口》2004年第2期）一文，从三江源地区可持续发展的重要意义、生态退化的原因、实现可持续发展的制度创新和产业选择等方面进行了研究。景晖、徐建龙、刘傲洋等的《三江源区土地生产能力及人口承载量研究》（《青海社会科学》2005年第6期）一文，通过综合考察自然、经济等因素，对三江源区土地生产能力及人口承载量进行了测算，认为三江源区人口规模已超出土地生产能力的承载限度，经济发展与人口、资源、环境之间矛盾突出，应尽快采取得力、有效的战略措施。马洪波的《三江源地区可持续发展研究述评》（《青海社会科学》2006年第3期）一文，从三江源地区可持续发展的重要意义、生态退化的原因、实现可持续发展的制度创新和产业选择等方面对三江源地区可持续发展研究进行述评，指出了今后进一步需要研究的方向。

三江源生态补偿政策研究。王兰英的《关于建立"三江源生态保护基金"的几点思考》（《青海民族研究》2001年第4期）一文，指出建立"三江源保护基金"，可从资金上确保各项事业的顺利开展，从而保证三江源自然保护区生态作用的发挥，保证我国社会经济的可持续发展。穆赤·云登嘉措的《关于三江源区生态建设与生态补偿问题的思考》（《青海社会科学》2006年第1期）一文，对三江源区生态环境恶化及其危害、建立三江源区生态环境建设补偿机制的必要性以及补偿范围进行了初步探讨。孙发平、曾贤刚、苏海红等的《中国三江源区生态价值及补偿机制研究》（中国环境科学出版社，2008年）一书，对生态系统的使用价值和非使用价值的内涵、价值功能分类以及每种价值对应的评价方法进行了较为全面的归纳总结，评估了三江源区生态系统服务功能价值量及价值的构成，计算出三江源区生态系统服务功能价值量现值达

11.55万亿元，在详细阐述三江源区生态补偿实践探索中的措施、成效和问题的基础上，总结了国内外生态补偿的探索和相关经验，针对三江源区的实际，设计了三江源区生态补偿机制的政策及路径，为建立三江源区生态补偿机制提供了理论依据和决策参考。邢小方的《三江源区的生态补偿理论与政策》（青海人民出版社，2008年）一书，以经济外部性理论、生态资本理论、利益理论、公地悲剧理论等理论为指导，全面论述了三江源区生态保护和建设的现状，深入分析了我国及部分地区生态补偿政策试点的成败得失，对三江源区的生态价值进行了定量的分析和测算，提出了三江源区生态补偿的原则、标准、形式、保障措施等若干政策措施，总结出三江源区生态补偿政策要达到的目标是使三江源区实现人与自然的协调发展。对三江源区生态补偿理论和政策的探讨，从生态补偿政策内涵、三江源区的生态价值定量的测算以及对该区生态补偿标准等方面提出了新的设想和观点，为制定三江源区生态补偿政策提供参考。赵青娟的《青海生态补偿法律机制探析》（《攀登》2008年第6期）一文，认为生态补偿是运用经济手段实现资源环境保护的一项重要制度，分析和探讨了生态补偿的含义和功能、建立青海生态补偿法律机制的必要性。关小梅的《三江源地区横向生态补偿机制的研究》（《青海师范大学学报》2008年第6期）一文，分析了建立三江源横向生态补偿机制的紧迫性和制约因素，提出了建立三江源地区横向生态补偿机制的原则及相关的对策思路。马洪波的《建立和完善三江源生态补偿机制》（《国家行政学院学报》2009年第1期）和《建立三江源生态补偿机制的战略思考》（《中国经济发展战略》2009年第7期）两文，指出在《国务院关于支持青海等省藏区经济社会发展的若干意见》中，明确提出了加快建立生态补偿机制的政策，要建立三江源国家生态保护综合试验区，应探索建立和完善

符合市场经济规律的生态补偿机制，按照补偿主体和补偿对象明确化、补偿方式多样化、补偿运作市场化和补偿效果造血化的基本原则，从设立三江源生态补偿转移支付科目、完善工程项目管理体制和改革资源环境税制等方面逐步推进。荣增彦、赵红的《完善青海三江源地区生态环境补偿政策研究》（《经济研究参考》2009年第65期）一文，指出青海三江源地区需要长期不懈的努力和建立健全长效保障机制，国家在制定和完善生态补偿政策时，应在以下方面给予重点支持：一是建立生态补偿专项转移支付制度；二是继续加大生态保护与建设项目的投资力度；三是建立生态环境补偿机制。

三、三江源生态移民研究

随着青海省主体功能区划战略的逐步确立和生态环境保护进程不断深化，三江源生态移民工程在保护和改善三江源生态环境中发挥的作用日益显现，理论界在三江源生态移民领域的研究也在不断延伸和拓展，专家学者主要在三江源生态移民的意义、角色定位和需求、后续产业发展等方面进行了较多的研究探讨。

三江源生态移民意义研究。盛国滨的《论"三江源"地区生态移民与可持续发展》（《青海民族学院学报》2006年第1期）一文，指出随着全球气候的变化和不合理的人为活动，三江源地区的生态环境急剧恶化，科学合理地实施生态移民工程是加快三江源地区生态环境建设步伐和建设小康社会的重要途径。马茹芳的《关于三江源区生态移民的思考》（《四川草原》2006年第4期）一文，在阐述生态移民是治理和保护三江源生态环境重要选择的基础上，从三江源生态移民的重要性、移民"再社会化"过程中遇到的问题和成功实施生态移民的对策措施方面进行了探讨。徐君的《三江源生态移民研究取向探索》（《西藏研究》2008年第3期）一文，在大量实地调研基础上，结合国内外有关三江源以及生态

移民研究现状，对三江源生态移民研究的可能发展趋向进行了分析，指出三江源生态移民研究应注重移民地区特定民族的社会历史形态以及人地关系中地方性知识的特殊价值，关注移民社会组织变迁、社群认同以及后续产业发展问题。贾荣敏的《三江源生态移民对于反贫困问题的意义》（《青海民族学院学报》2009 年第 2 期）一文，指出三江源地区是我们国家经济社会发展最为滞后的地区之一，三江源地区最主要的贫困问题是受生态环境约束的基础性贫困，通过改变贫困人口的生存空间，突破制约生存发展的环境约束，从而达到改变贫困人口生存状态的目的，科学的生态移民对于摆脱因环境压力造成的基础性贫困具有重要意义。

三江源生态移民角色定位和需求研究。 乔军的《对三江源生态移民权利保障的思考》（《攀登》2006 年第 3 期）一文，指出生态移民除享有宪法和法律赋予的各项权利外，还应享有因迁移而派生的补偿权、居住权、发展权、知情权、参与权、监督权、申诉救济权、再教育权、社会保障权、习惯权等权益，要将移民工作纳入法制化的轨道，积极探索新时期移民工作的新思路。尹秀娟、罗亚萍的《制约三江源地区生态移民迁入地可持续发展的因素》（《西北人口》2006 年第 5 期）一文，运用实证分析和规范分析相结合的方法，认为后续产业发展缓慢、生态补偿机制建设滞后、生态环境建设难度大、人口增长过快、教育落后、人力资本匮乏，地方政府行为能力建设滞后是制约生态移民迁入地实现可持续发展的主要因素。翟岁显等的《三江源生态移民高成本的原因分析》（《生态经济》2007 年第 1 期）一文，从牧民生活成本高、生产技能差、地区缺乏产业支持、青海财力有限和生态保护困难等五个方面对三江源生态移民高成本的原因进行了分析。陶忠的《实施生态移民工程对果洛州经济发展产生的深远影响》（《青海统计》2007 年第 1

期）一文，指出果洛州把加强生态治理作为强化畜牧业基础、改善生态环境、促进牧区经济社会可持续发展的一项重要工作来抓，深入实施退牧还草和生态移民工程，使全州生态环境恶化状况得到了有效遏制，但移民后续产业发展问题也成为牧区经济发展全局和长远发展的一个重要课题。白雪梅的《三江源环境保护中生态移民的人文思考》（《青海环境》2009 年第 3 期）一文，指出如何切实做到以人为本，关注生态移民文化的适从和精神世界，实现人与自然的和谐发展，树立全面、协调、可持续的科学发展观，不仅对江河源环境保护和建设具有促进作用，而且对构建社会主义和谐社会也具有重要的现实价值。周甜的《牧民？农民？市民？——浅议三江源生态移民社会角色的特殊性》（《青海民族研究》2009 年第 4 期）一文，通过对三江源生态移民有牧民身份之名没有牧民之实这一社会角色的特殊性的介绍，用社会角色理论对这一现实问题进行了分析，并从就业、保障、社区三个不同的角度提出了解决移民角色认同危机的办法。鲁顺元的《三江源区生态移民社会适应问题的调查与思考》（《青海师范大学学报》2009 年第 5 期）一文，围绕社会群体社会适应这个重大的理论和实践命题，在实地调查的基础上，结合相关理论，厘析了三江源区生态移民群体中所凸显的不适应问题，并提出了相应的对策思路。荣增举的《三江源自然保护区生态移民社区的居民需要——以玉树县上拉秀乡家吉娘生态移民社区为例》（《青海民族研究》2010 年第 3 期）一文，通过对玉树县上拉秀乡家吉娘移民社区的调研，从需要及需要测量的理论视角，采用问卷调查和深度访谈法对家吉娘移民社区的居民需要进行了探索，提出了满足生态移民社区需要的社区工作介入策略。

三江源生态移民社会适应研究。 石德生的《三江源生态移民的生活状况与社会适应——以格尔木市长江源生态移民点为例》（《西藏研究》2008 年第 4 期）一文，讨论了制度性急促城市化带给生态移民观念的影响与变迁。认为虽然两年多的城市化进程导致生态移民的"心理振荡"和"边际人格"，但由于生态移民的社会流动与分化现象较少，职业分化与异质性不深，观念的理性化、世俗化进程较慢，生活方式的现代性、多元化特征尚未成型，移民的生活方式仍然有着浓郁的传统性特征，城市化进程尚处于初级状态。索端智的《三江源生态移民的城镇化安置及其适应性研究》（《青海民族学院学报》2009 年第 2 期）一文，指出三江源生态移民是因草地生态系统退化对人类生存产生影响，同时考虑到三江源地区生态战略安全而进行的人口空间转移活动，移民在安置方式上多采取城镇化安置的模式，这种安置模式使得世代以牧为本的移民群体的社会适应异常艰难，需要积极加以引导。解彩霞的《三江源生态移民社会适应与回迁愿望分析》（《攀登》2010 年第 6 期）一文，通过对三江源生态移民社会适应和回迁愿望的研究，针对三江源生态移民社会适应程度不高、回迁愿望不高这一悖论，分析了形成原因，提出了提高移民社会适应程度、降低回迁风险的对策。周华坤、赵新全、张超远等的《三江源区生态移民的困境与可持续发展策略》（《中国人口·资源与环境》2010 年第 S1 期）一文，提出了加快小城镇建设步伐、加强移民的后期扶持力度、多渠道多形式培育后续产业、实现生态移民的顺利转产、大力发展特色产业、建立完善的多元化生态补偿机制、加大培训力度、建立新的生态移民管理机制等方面的相关建议和解决措施。

三江源生态移民后续产业发展研究。 张涛、张潜、张志良的《三江源区生态移民的规模及其后续产业的选择》（《中国人口科学》2005 年第 S1 期）一文，认为进行生态移民、建立无人小区是三江源区重建生态环境的必然选择，但其规模选择要适度，移民后续产业的选择应立足于绿色、生态环保，走以现代畜牧业为主的多元化道路。骆桂花的《三江源生态移民安置与后续产业发展的社会调查》（《青海民族学院学报》2009 年第 2 期）一文，认为生态移民强化了三江源移民群体生活文化的调适性与整合性；民族产业结构变迁促成了移民群体文化状态的复杂性与多样性；移民安置及发展模式的不完善在某种程度上限制了生态移民工程的绩效。赵宏利等的《生态移民后续产业发展模式研究——以三江源国家级自然保护区为例》（《生态经济》2009 年第 7 期）一文，认为构建三江源地区后续产业，达到"搬得出，稳得住，能致富"的发展目标，是项目建设亟须解决的重要而紧迫课题，提出了适合当地不同时期、不同类型的基本生存型、脱贫型、小康型、富裕型后续产业发展模式，并对其四种模式进行了系统比较分析。邢晓红的《三江源地区生态移民后续产业发展现状及对策》（《林业经济》2010 年第 7 期）一文，认为移民后续产业发展问题是实现"移得出、稳得住、能致富、不反弹"的生态移民工程目标的关键，并从三江源地区生态移民后续产业发展的现状入手，分析了目前存在的后续产业空间有限、主导产业经营水平较低、产业布局发展不合理等问题，提出了建立生态移民补偿机制、培育主导产业、实施城镇带动等对策建议。

第四节　生态经济研究

保护生态环境，转变经济发展方式，推动绿色循环低碳发展，是实现青海经济社会永续发展的重大课题。从 20 世纪 90 年代开始，许多专家学者就如何推动发展生态经济这一命题进行了广泛深入的探讨，形成了比较丰富的生态经济方面的研究成果。这些研究成果主要集中在生态系统服务功能、生态与经济发展关系、生态经济发展模式、区域生态经济发展等方面。

一、生态系统服务功能研究

生态系统服务功能包括生态系统给人类提供的供给功能、调节功能、文化功能以及支持功能等方面，对这一问题的研究，省内外学术界多集中在自然资源资本的评估、能值测定、生态补偿等方面。

区域生态系统服务功能研究。 杜青华的《青海生态环境损失分析与补偿措施初探》（《青海社会科学》2003 年第 4 期）一文，就青海生态环境损失和补偿问题做了初步探讨，提出了生态补偿的措施：以发展经济为中心，重点解决贫困地区的贫困问题，调整产业结构，重点培育生态产业，健全法制，强化管理，加强生态科学研究人才培养。李清源的《青藏高原生态系统服务功能及其保护策略》（《生态经济》2006 年第 7 期）一文，认为准确定位青藏高原生态系统服务功能并明确其价值取向，对于维护全球生态平衡和人类的根本利益具有重要意义，介绍了青藏高原生态系统功能特征及服务价值，分析了生态系统服务功能弱化的深层原因及影响，并就应对策略进行了初步探讨。李勇等的《青海生态系统服务功能价值量评价》（《干旱区资源与环境》2010 年第 5 期）一文，通过采取不同的评估方法对青海省生态系统服务功能价值量分别进行了整体和分项评估，整体评估得出青海生态价值量约为15428.7 亿元/年，分项评估得出青海生态价值量约为 13849.8 亿元/年。

不同生态系统生态价值评估研究。 李幸福的《青海湖流域湿地类型及其生态经济价值》（《青海环境》1995 年第 4 期）一文，认为青海湖流域湿地的价值表现在为鱼类和野生动物提供食物、栖息和繁殖场所以及旅游、观光等多方面，应采取综合治理措施，合理开发利用和保护流域湿地。张向辉等的《青海东峡林区森林生态系统服务功能及经济价值评估》（《北京林业大学学报》2002 年第 4 期）一文，初步探讨了森林生态系统服务功能的内涵，并应用生态经济学的核算方法，对青海省东峡林区森林生态系统服务功能价值进行了定量评估。徐世晓等的《江河源区牛、羊舍饲育肥经济与生态效益核算——以青海省玛沁县为例》（《中国生态农业学报》2005 年第 1 期）一文，通过对三江源区牛、羊舍饲育肥经济与生态效益的核算，认为开展牛、羊舍饲育肥缩短牲畜存栏时间，可减轻放牧压力，保护天然草场，提高牧户抗灾越冬能力，增加牧民收入。李世荣等的《青海大通退耕还林生态功能综合评价》（《水土保持研究》2006 年第 3 期）一文，通过建立黄河上游退耕还林还草综合生态效益评价指标体系和数学模型，以青海大通县为例，对天然云杉林、退耕林地、天然荒草地、天然灌丛等植被类型进行综合生态效益评价，与农田生态系统进行对比研究，认为综合生态效益指数排列顺序为：天然云杉林 > 退耕林地 > 天然灌丛 > 农地 > 天然荒草地。张永利等的《青海省森林生态系统服务功能价值评估》（《东北林业大学学报》2007 年第 11 期）一文，利用市场价值法、费用代替法、替代工程法、机会成本法，估算出 2004 年青海省森林生态系统服务功能的经济价值为 155.35 亿元。陈克龙等的《长江源区和黄河源区生态系统功能变化的对比研究》（《生态经济》2008 年第 11 期）一文，指出 1986—2000 年长江源区、黄河源区的生态系统功能总体呈下降趋势，长江源区的生态系统功能缺失明显高于黄河源区。苏茂新等的《西宁市城市植被生态系统服务功能价值研究》（《环境科学与管理》2010 年第 5 期）一文，运用生态经济学原理和方法对西宁市植被生态系统服务功能进行了评估，提出林地和园地的变化对生态服务价值变化起到放大作用。

生态系统能值分析研究。卓玛措等的《基于能值分析的青海省生态经济系统研究》（《地域研究与开发》2008年第1期）、《青海生态经济系统的能值分析》（《青海师范大学学报》2008年第2期）和《青海生态经济系统的能值分析与可持续发展对策》（《经济地理》2008年第2期）三文，通过对近20年青海省生态经济系统各能值指标的分析，认为青海省经济发展引起的环境污染相对较低，人口压力相对较小，人类活动引起的生态环境演变处在可以接受的范围内，但工业化和信息化水平低，经济开发强度和发展水平低，且系统运行主要依赖本地资源，是资源输出型的省份，说明青海省是一个有较大开发潜力的地区。张雯等的《高寒温带干旱区农牧业生态系统的能值分析——以柴达木盆地为例》（《干旱区资源与环境》2008年第6期）一文，通过分析柴达木盆地的农牧生态经济系统，建立能值指标体系，定量分析海西州农牧业生态系统的特点，查找农牧业生产中存在的问题，为农牧业可持续发展提供了科学依据。

生态系统服务功能与补偿机制研究。郭海君的《建立健全海西州区域生态补偿体系的构想》（《柴达木开发研究》2009年第6期）和《生态立省背景下海西区域生态补偿体系建设的构想》（《青海经济研究》2009年第6期）两文，指出随着"生态立省"战略的实施，青海的生态环境将得到有效的保护，自然资源将得到合理的开发，青海生态保护的独特效应不断凸显，青海经济社会将步入可持续发展的轨道，并就海西区域生态补偿机制问题进行了研究。周飞的《青海省建立生态补偿机制战略研究》（《经济研究导刊》2010年第9期）一文，认为青海省地处中国的西部，兼具保护自身和国家生态安全以及缩小与发达地区差距的双重责任，为了要让青海省的人民分享全国经济社会发展的成果，加快建立科学合

理的生态补偿机制，以生态补偿促进国家地区经济发展。

二、生态经济重要性与战略性研究

为了推动经济发展与生态保护之间的相互协调，实现青海经济可持续发展、生态保护有序进行，学术界开展了青海生态经济的定位和必要性战略对策等方面的研究。

青海发展生态经济的定位和必要性研究。邢红的《青海经济的生态定位与框架思考》（《青海社会科学》2002年第4期）一文，指出青海是我国西部穷省，面对严酷的自然条件，偏远的经济地理位置，薄弱的文化基础设施，面对东部各省经济飞速发展的挑战，应抓住西部大开发的机遇，寻找最佳的经济切入点，使青海经济发展步入良性循环，提出加大生态环境保护与治理力度，最终目标是增加农牧民收入。义旭东等的《生态—经济重建：西部贫困山区可持续发展之路》（《青海社会科学》2002年第6期）一文，中国西部贫困山区具有生态环境脆弱区和贫困人口集中区的双重特点，实施生态环境重建与脱贫致富奔小康之间有着极为密切和互为因果的关系，分析了西部贫困山区的环境特征，指出生态—经济重建带来的新问题，并提出了对策措施。苏多杰的《青海省发展生态经济的思考》（《青海金融》2003年第4期）一文，认为结合省情，应进一步加强生态环境建设，大力发展生态经济，加快实施可持续发展战略步伐，对外顺应时代潮流；对上符合国家战略；对内便于发挥青海优势。发展生态经济，应坚持以发展经济为目标，以改善和保护环境为基本出发点，努力实现经济、社会、生态效益的协调发展。张志斌、李泉的《西部地区区域生态经济发展研究——以青海为例》（《青海社会科学》2004年第2期）一文，从青海的自然资源、气候类型、土地类型、人口增长等方面对青海生态经济发展的制约因素进行了分析和评价，并在此基础上提出了生态意识浓厚，生态经济、生态

服务、生态文化相统一的生态经济大省的战略构想。段金年的《发展生态经济，构建和谐青海》（《民族经济与社会发展》2005 年第 11 期）一文，认为以青海经济发展为主要研究对象，寻求青海经济发展与生态保护之间的结合点，变"两难"为"双赢"，形成符合现代市场经济要求的发展模式，即把生态与青海经济发展结合起来的生态经济。张忠孝的《青海综合经济区划探讨》（《青海社会科学》2006 年第 3 期）一文，提出了青海省综合经济区划方案，即将全省划分为东部综合经济区、柴达木盆地资源开发经济区、草原牧区生态保护经济区。经济区内部依据各地自然条件、经济发展、历史、民族文化等差异性和相近性，划分为 10 个经济小区，并对每个经济区的发展方向与途径进行了探讨。

生态经济的战略性研究。李泉的《不发达地区产业经济生态化发展初论——以青海省为例》（《中国人口·资源与环境》2004 年第 2 期）一文，以青海为例分析、评价了产业经济生态化发展的基础和制约因素，认为发展生态产业经济、促进生态系统与经济系统的良性循环是实现不发达地区产业经济生态化发展的根本保证，提出从生态农业、生态工业和第三产业生态化等体系层面构建产业经济生态化发展的构想、政策建议和启示。淡亚君在《青藏高原生态经济与经济发展协调问题初探——以青海省为例》（《青海金融》2007 年第 2 期）一文，指出发展生态经济，实现青藏高原生态经济和经济发展的协调统一，不仅是保持青藏高原经济社会可持续发展的前提，而且对维系整个江河源地区的生态平衡，促进中下游生态环境的改善和经济社会的可持续发展具有重要战略意义。对青藏高原生态经济和经济发展及模式进行了探讨，提出了实现青藏高原生态与经济协调发展的对策。韩玉民在《建设生态与经济和谐发展的新青海——对青海省环保工作情况的初步调查》（《青海金融》2007 年第 10 期）一

文，指出生态环境保护与经济发展的矛盾已经成为制约青海经济社会进一步发展的重要因素。为全面落实科学发展观，建设生态与经济和谐发展的新青海，环保工作必须加强。在分析青海环保工作的严峻形势和基本现状的基础上，研究了青海环保工作存在的主要问题和困难，并提出了相关对策建议。李姝睿的《藏族传统生态经济伦理观探微》（《青海民族学院学报》2009 年第 3 期）一文，指出生态经济学本质上是一种人本经济学，构建这种新兴的伦理思想既要从西方伦理学中获得个体主义和整体主义观念，也要从传统文化、民族文化中挖掘相关的生态观念。文章对藏族传统生态伦理进行了再讨论，指出确立人与自然和谐的科学发展观，可以借鉴传统文化中的相关伦理观念。贾会娟、赵春霞的《"资源诅咒"：青海经济实现可持续发展必须避开的陷阱》（《柴达木开发研究》2010 年第 2 期）一文，分别从转变经济增长方式，调整和优化产业结构；加大对教育的投入力度，建立良好的人才流动机制；鼓励技术创新，为技术创新提供必需的社会条件；完善基础设施建设和投资环境建设；完善产权制度、提高政府办公透明度，建立广泛的公众监督机制；增强经济发展的可持续性等六个方面提出了促进青海经济可持续发展的对策建议。

三、生态经济发展路径研究

青海如何找到既保护生态又发展经济的科学路径，是学术界高度关注的重大问题。为此，许多专家学者从发展循环经济、绿色经济、生态旅游、生态文化等方面进行了重点探索。

循环经济、绿色经济研究。宛士春的《高海拔生态区域经济发展最适模式的研究》（《青海科技》1997 年第 1 期）一文，提出"工资陷阱""热机损失"和"供暖消耗"是困扰高海拔生态区域经济发展的三个不利因素，并据此提出高技术、少而优的工业，高保护、无污染的农业及高效用、有特色的第三产业是青海高原发展经济的

总体最适模式。同时对产业结构和地区布局问题也进行了初步的探讨，提出了新的建议。盛国滨的《青海工业园区生态化发展模式研究》（《青海社会科学》2009年第2期）一文，认为青海到目前为止还没有完全转变"高投入、高消耗、高排放、难循环、低效率"的粗放型经济增长方式，现有工业园区是推进循环经济发展最为重要的载体，通过建立生态工业园区，进行生态转型，使之成为推进循环经济理想的载体。陈丽君等的《青海生态经济发展的金融支持研究》（《青海社会科学》2009年第3期）一文，以金融业提速服务生态经济建设为切入点，通过对促进柴达木循环经济区、转变藏区农牧业发展方式等重点支持方面的深入分析，提出了金融支持青海生态经济发展的保障措施。张卫东的《柴达木地区矿产资源综合利用和循环经济发展探研》（《青海社会科学》2009年第6期）一文，指出柴达木盆地是矿产资源富集区，矿产资源品种齐全，组合优势明显。需按照"综合开发，高效配置，循环利用"的原则，探索矿产资源综合利用方式，研究制定矿产资源综合开发和循环经济发展的政策措施。周成仓的《特色经济 生态经济 循环经济——青海经济发展的战略选择》（《物流与采购研究》2009年第19期）一文，指出青海的省情决定了未来经济发展中必须从青海的实际出发，找准发展的优势，选择发展的定位，弄清制约发展的主要障碍，扬长避短，发挥优势，使发展的思路更具现实性、可行性。认为发展特色经济、生态经济、循环经济是青海经济发展的战略选择。苏多杰的《大力推行低碳经济走青海特色"绿色发展"之路》（《青海环境》2010年第1期）一文，认为低碳经济已成为各国占领新的国际市场竞争制高点、主导全球价值链的新王牌。对于青海而言，发展低碳经济是在坚持"生态立省"的背景下，实现生态、经济与社会可持续发展的战略选择。李清源的《"十二五"时期青海省

加快发展绿色经济问题研究》（《攀登》2010年第5期）一文，提出了"十二五"时期青海加快发展绿色经济的基本路径为：以政府宏观管理为基础、以政策法规制度为保障、以绿色产业体系为支撑、以倡导绿色消费为前提、以经济结构调整为主线、以市场需求为导向、以科技和人才支撑为动力、以争取国家政策支持为手段推进绿色经济发展，在不同行业中生态经济的发展研究。

生态产业研究。钟天洪的《建设生态林业是青海经济发展的战略抉择》（《大开发探索——西部大开发青海大发展理论研讨会论文集》，2000年）一文，指出西部大开发青海怎么干，其中一个重要问题就是要建设好生态林业，把它作为青海经济发展的战略抉择。朱丽东的《青海生态旅游发展构想》（《经济地理》2000年第4期）一文，在分析青海省旅游资源生态优势的基础上，从资源及地域角度分析了生态旅游的潜力，并对青海生态旅游的发展做了设想，为今后旅游业持续发展提供了依据。胡玉婷的《生态农业是青海大开发的根本》（《青海社会科学》2000年第4期）一文，指出加强农业生态环境建设刻不容缓，提出了生态农业类型应按生态系统的结构特征和功能特征分为立体复合型、物质循环利用型、生态环境综合整治型、资源开发利用型、综合发展与全面建设型五种，并指出了七种生态农业建设的基本内容以及建立健全生态农业社会支撑体系的对策建议。宫敏丽的《青海生态旅游营销策略》（《改革与战略》2005年第9期）一文，指出发展生态旅游是青海旅游业可持续发展的必然选择。文章采用系列变量对青海旅游市场进行细分，确立青海生态旅游的具体目标市场。青海生态旅游产品应定位于生态美和沧桑美，充分体现"原汁原味"的古朴性和原始性，有针对性地提出了青海生态旅游的产品策略、价格策略和促销策略。王芳的《青海湖生态旅游与可持续发展》（《环境保护》2008年第18期）一文，认为

开展以青海湖为主体的生态旅游是青海湖发展生态旅游的重点，更是保持青海湖自身生态、社会和经济可持续发展的重要举措。如何保持青海湖旅游业的良性发展是值得众人关注的焦点。许光中的《发展都市农业对改善青海城市生态的作用分析》（《青海师范大学学报》2009 年第 1 期）和《发展都市农业，改善城市生态——以青海省为例》（《北京科技大学学报》2009 年第 3 期）两文，指出都市农业是以现代科技为基础，以农业产业化为依托，以多种经营为条件，集生产、服务、消费于一体的经济、生态和社会等多种功能并存的现代农业。在青海城市中大力推行都市农业可以扩大城市的绿化面积、改善城市生态、强化城市功能，有效地解决生态面临的危机。韦仁忠的《青海发展生态文化产业的路径探寻》（《青海社会科学》2009 年第 6 期）一文，指出生态文化是生态立省的灵魂，也是一个地区经济社会发展"软实力"的重要标志。借青海生态文化资源之丰，大力发展生态文化产业，在保护建设生态中谋求又好又快发展，促进人与自然的和谐共生，走出一条经济发展与保护生态双赢的可持续发展之路，是实施生态立省战略的重要举措。

四、区域生态经济发展研究

面对资源约束趋紧、生态系统退化的严峻形势，学术界针对三江源地区、柴达木地区、东部干旱山区生态经济的发展开展了有针对性的研究。苏多杰的《三江源城镇建设及其生态经济发展的模式选择》（《攀登》2002 年第 1 期）一文，通过分析三江源城镇化的双重任务，提出了三江源城镇建设和生态经济发展应根据自身的实际，选择不同的发展模式，创造自然与社会相协调的生态经济系统——生态型城镇。苏多杰的《建立三江源生态经济高效模式的依据》（《青海师范大学学报》2002 年第 3 期）和《三江源生态经济高新技术支持模式》（《柴达木开发研究》2003 年第 2 期）两文，从五个方面分析了建立三江源

生态经济高效模式的依据指出，从三江源地区地域、产业、文化的特殊性出发，以产业技术的吸纳与创新驱动社会发展，提高与恶劣自然环境抗衡的综合能力，是实现三江源地区经济、社会与环境协调发展的必由之路。在推进三江源地区技术进步的过程中，应把努力实现生态经济高新技术化放在十分突出的战略地位。陈晓雪的《建立完善的三江源生态经济体系》（《青海社会科学》2004 年第 1 期）一文，从保护生态环境、发展生态经济的角度，提出了建立完善的三江源生态经济体系的具体思路，旨在实现经济、环境的协调统一。赵宏利的《三江源生态经济区特色产业发展构想》（《开发研究》2004 年第 3 期）一文，介绍了三江源区的区域特点、社会经济发展现状，系统分析了该区发展特色产业的资源条件、限制因素，提出了该区今后特色产业发展方向和产业领域。包慧英的《互助县西山浅山水土保持生态经济体系建设设想》（《青海环境》2005 年第 4 期）一文，以青海省互助县西山乡为例，就建立浅山水土保持生态经济体系问题进行初步研究，提出了有关对策措施。说明建设浅山水土保持生态经济体系应当遵照积极保护治理与合理开发利用相结合的原则，形成有序的全方位、多功能、多效益的综合立体防护网络以达到维护最佳生态环境的目的。张凤臣、杨晓阳的《青海柴达木盆地发展沙产业的前景分析》（《生态经济》2007 年第 3 期）一文，基于沙产业的内涵和柴达木盆地的具体情况分析，阐述了在柴达木盆地发展沙产业的必要性及其经济效应、生态效应和旅游效应的可观性，确定了柴达木盆地发展沙产业的方向及相应措施。丁生喜等的《环青海湖地区城镇化建设的生态经济效应分析》（《青海民族大学学报》2010 年第 2 期）一文，通过对环青海湖少数民族地区经济发展与城镇化的现状调查，分析环青海湖少数民族地区城镇化建设的生态经济效应，提出了环湖地区城镇化发展的战略思路。

第十章　民族学研究

20世纪90年代以来，青海民族地区社会经济与文化事业取得长足发展，民族区域自治制度不断完善，平等团结互助和谐的社会主义民族关系不断巩固，各民族和睦相处、和衷共济，各族群众获得感、幸福感不断增强。同时，伴随着中央民族工作会议精神的全面深入贯彻落实，民族地区对外开放步伐的加快以及全国民族团结进步创建活动不断深入开展等，青海民族工作也进入了新的历史时期，从理论到实践都有了新的发展。

民族学研究作为青海省社会科学研究的重要领域，因受到时代要求和青海多民族省情等因素影响，民族理论政策、民族问题以及与世居民族相关的历史、经济、教育、语言文字、文学艺术、民俗文化等内容研究相对受到重视，研究力量强、范围广，且形成了许多有代表性的研究成果。据不完全统计，1993—2010年，青海省民族学研究的相关专著有100余部，公开发表学术论文2000余篇，民族问题研究类国家社科基金项目有73项。出版了《青海风俗简志》《民族理论概论》《现代化进程中的民族问题》《青海少数民族》《青海民族关系史》《撒拉族史》《青海省志·民族志》等多部专著（译注）、论文集和资料汇编，发表了《论种族》《青海新型民族关系形成述略》《用中华民族意识凝聚青海各民族问题调研报告》《青海汉族的来源、变化和发展》《撒拉族文化对突厥及萨满文化的传承》《青海蒙古族部落的变迁与衰落》《历史地理环境的特殊性与河湟地区回族的变迁》《土族文化简论》等多篇具有一定影响力的学术论文及研究报告。这些丰硕的研究成果对青海民族理论政策及民族问题进行了深入研究，提出了一系列具有理论和实践价值的观点及对策建议，既丰富了青海民族学研究的内涵，也对青海民族工作的开展和民族地区社会经济的发展提供了重要指导作用。

第一节　民族理论政策研究

20世纪90年代以来，青海始终以马克思主义民族理论和党的民族政策为指导，结合青海省情实际，定期开展宣传教育，举办民族团结进步创建活动，推动民族地区经济社会文化事业的发展。相关工作部门、专家学者紧贴时代和青海实际，深入民族地区进行实地考察调研，在马克思主义民族理论与政策、民族学理论、民族问题等方面取得了丰富的研究成果。

一、马克思主义民族理论与民族政策研究

青海民族理论学界结合青海社会经济建设实践，对马列主义民族理论与中国共产党解决民族问题的基本理论和政策等进行了系统研究。

（一）民族理论与民族政策教育研究

20世纪末，党的民族理论基本成熟并初步形成体系，马克思主义民族理论与政策作为民族学科中具有中国特色的一门社会科学在青海也开始逐渐发展起来，相关教育读本、基础教材及开展民族理论政策教育研究的成果逐渐涌现。万科、普华、多杰等翻译的《民族理论与民族政策（藏文）》（青海民族出版社，1993年）一书，系统论述了马克思主义民族理论的内容，分析和研究了中国共产党在社会主义现代化建设过程中，以马克思民族理论为指导并结合中国实际，提出的一系列民族理论和政策方面的新成果，强调了各民族在祖国统一和社会经济文化发展等方面做出的重要贡献以及正确认识民族问题的长期性和重要性。在中国革命和建设中，中国共产党提出的理论和政策不仅正确处理了中国的民族关系，同时也都进一步丰富和发展了马克思主义民族理论。谢佐的《民族宗教统战理论与政策》（青海人民出版社，1996年）一书，作为中央党校函授学院教材，全书分民族篇、宗教篇、统战篇三部分，其中民族篇通过对青海历史上民族关系的梳理，论述了马克思主义民族宗教观和党的民族宗教统战政策，突出了在青海解决民族问题、巩固发展社会主义民族关系、坚持完善民族区域自治、推进民族经济文化建设、培养少数民族干部工作等的重要性。黎国义、李大刚的《青海省高等院校开展民族理论与民族政策教育的现状、问题及对策》（《青海民族研究》1996年第4期）一文，对青海省高等院校开展民族理论与民族政策教育的现状、问题及对策进行了论述，强调青海省亟须建设一支革命化、年轻化、知识化、专业化的少数民族干部队伍，并建议从提高思想认识、修订教材、扩大覆盖面、解决师资、提高教学水平等方面全面、深入、系统地对学生进行民族理论政策的教育。许荣生、孔祥录、南文渊等的《民族理论概论》（青海人民出版社，1998年）一书，以《民族理论与民族政策》教材为基础，并对其内容进行修订、补充，更加深入、全面、系统地阐述了马克思主义民族理论，强调了中华民族多元一体格局的形成、发展及党的民族宗教政策，对邓小平民族理论和加快民族地区可持续发展等问题也进行了论述。关桂霞、张和平的《十一届三中全会以来党的民族问题理论的新发展》（《纪念党的十一届三中全会二十周年理论研讨会文集》，1999年）一文，认为正确认识并有效地解决民族问题是新时期改革开放和社会主义现代化建设事业顺利进行的重要保证，并探讨了党的十一届三中全会以来中国共产党在民族问题上的新发展以及解决民族问题的基本经验。袁志明的《关于加强民族地区高校"民族理论与民族政策"教育的思考》（《青海师范大学民族师范学院学报》2009年第2期）一文，认为民族理论与民族政策的内容是不断变化和发展的，强调了民族理论与民族政策教育的开展要不断与时俱进，并提出了《民族理论与民族政策》课程不仅可以有效宣传党的民族理论政策，同时也可以帮助学生树立马克思主义民族观，认识到正确处理民族问题的重要性。

（二）毛泽东民族思想研究

在1993年纪念毛泽东诞辰100周年之际，青海学者围绕毛泽东民族观的形成、发展及其处理、解决民族问题等内容发表了一系列文章。

毛泽东民族观研究。周忠瑜的《中国共产党关于民族理论与政策的曲折发展及共产国际的影响》（《青海民族学院学报》1993年第1期）一文，指出共产国际、联共党对早期以毛泽东为首的中国共产党民族理论和政策的提出产生了重要的影响。喇秉德的《马克思主义民族理论之丰碑——学习毛泽东民族理论的体会》（《青海民族研究》1993 年第 4 期）一文，概括和总结了毛泽东以民族平等为核心的民族理论的提出、形成及内容，并指出这些理论政策在新中国成立后得到了全面贯彻和实施，发挥了巨大威力。孔祥录的《毛泽东对马克思主义民族理论的历史贡献》（《青海民族研究》1993 年第 4 期）一文，梳理了毛泽东在新中国成立前后具有中国特色民族理论的形成过程、内容和对解决中国民族问题的理论与实践发挥的历史贡献，认为毛泽东民族观成功指导了中国新民主主义革命、社会主义革命和建设，是对马克思列宁民族理论的丰富和发展。诸雨民、曲青山的《毛泽东的民族观》（《青海社会科学》1993 年第 6 期）一文，指出毛泽东的民族观是毛泽东思想的重要组成部分，散见于他的各种文章、讲话、精神、指示、批示等论述中，是以马克思主义民族观为指导、以爱国主义为基点、立足于中国多民族事实形成的理论和观点。尕宝英的《谈周恩来同志对毛泽东思想民族理论的几点贡献》（《青海民族学院学报》1994 年第 1 期）一文，认为周恩来同志对中国民族平等、团结、繁荣做出了巨大贡献，不仅将马克思主义民族理论中国化，同时也创造性地发展了毛泽东民族思想，使其科学化、成熟化、系统化。雷莉、公保吉的《周恩来关于我国民族问题的认识和解决》（《青海民族学院学报》1998 年第 3 期）一文，阐述了周恩来同志对毛泽东民族理论和中国民族问题的思考。在中国革命和建设中，周恩来同志强调民族问题对国家前途和民族命运具有重要意义，并实施了一系列解决民族问题的方针政策。之后，乔秀花的《简论毛泽东的民族观》（《青海民族研究》2004 年第 3 期）等多篇文章也都对毛泽东民族理论的提出、形成及内容进行了概括和总结，阐释了其对解决中国民族问题理论和实践的历史贡献。

毛泽东民族理论在青海实践研究。结合毛泽东关于民族干部培养、民族语文、少数民族经济、民族区域自治等民族理论政策，徐世和的《毛泽东与青海民族干部的培养》（《青海民族学院学报》1993 年第 1 期）一文，指出毛泽东同志的《青海剿匪和培养少数民族干部的指示电》是彻底解决民族问题、促进各民族平等团结发展的重要文件，在青海培养少数民族干部、争取民族上层人士与争取人民群众问题上发挥了重要指导作用。贾晞儒的《党的民族语文政策是马列主义民族观的具体体现——学习毛泽东有关民族语文论述的体会》（《青海民族研究》1993 年第 3 期）一文，认为毛泽东同志继承和发展了马克思主义民族语言观，要坚持少数民族有使用和发展本民族语言文字权利的原则是党民族政策的重要组成部分，号召在少数民族地区工作的汉族干部学习当地少数民族的语言文字，也支持和鼓励少数民族干部、群众学习汉语文。陈玮的《发展少数民族经济　促进各民族共同繁荣》（《青海社会科学》1994 年第 2 期）一文，提出了要从认真调查研究各少数民族和各民族地区的特点、实事求是地确定少数民族地区的发展方针、在国家扶持的同时坚持自力更生原则等方面加速发展少数民族地区经济。孔祥录、索端智的《艰辛的探索光辉的实践——党的民族理论政策在青海实践述略》（《青海民族研究》1996 年第 2 期）一文，从贯彻民族平等团结政策、疏通民族关系、发展民族经济文化、社会改革、实施民族区域自治政策等方面，阐述了新中国成立以来中国特色民族理论和政策在青海的实践。

（三）邓小平民族理论研究

邓小平作为中国共产党第一代领导集体的重要成员和第二代领导集体的核心，其民族理论早在新中国成立初期就已初步形成，并在改革开放和现代化建设的实践中逐渐发展并趋于完善。在全党深入开展学习邓小平理论期间，青海学者发表了一系列探讨邓小平民族理论及其解决中国民族问题的文章，研究成果丰富且内容广泛。

邓小平民族理论形成发展与贡献研究。孔祥录的《新时期中国特色民族理论的深化和发展》（《青海民族研究》1993年第1期）一文，探讨了邓小平民族理论指导下的14年间党中央在民族理论方面的深化、丰富和发展，并强调了其重要意义。杨多才旦的《略论邓小平对我国民族理论的主要贡献》（《攀登》1996年第S1期）一文，强调在新的历史条件下邓小平继承和发展马克思主义民族理论，将其与中国民族工作实践相结合，提出了一系列解决中国民族问题的重要理论和政策。陈玮的《学习邓小平民族理论　做好民族地区工作》（《青海民族学院学报》1997年第1期）一文，从坚持四项基本原则、发展社会主义新型民族关系、民族地区要以经济建设为重点以及认真贯彻各民族平等的原则等方面论述了邓小平民族理论内容，强调了其在搞好民族地区各项工作中的现实意义。开哇、李朝的《论邓小平民族理论的核心内容》（《青海民族研究》1998年第2期）一文，从坚持生产力标准、民族平等繁荣、改革开放、民族教育优先等方面阐述了邓小平民族理论的核心内容、基石、关键、根本，强调了邓小平民族理论的重大历史意义和现实意义。冶成云的《邓小平民族理论的形成与发展》（《攀登》1998年第5期）一文，对邓小平民族理论形成阶段、思想内容进行分析，强调了邓小平民族理论具有鲜明的时代特征，将成为新时期解决民族问题的指南。刘同德的《论邓小平民族地区经济社会发展思想》（《青海师范大学学报》2004年第6期）一文，从发展民族地区经济、改革开放、国家帮助和发达地区支援、各民族共同繁荣共同富裕、民族工作、民族平等团结、民族区域自治、培养少数民族干部、发展民族教育文化事业等八个方面概括了邓小平民族地区经济社会发展思想。

邓小平民族理论实践研究。关桂霞的《邓小平发展民族地区经济思想探微》（《青海民族研究》1999年第2期）一文，对邓小平发展民族地区经济思想进行归纳、阐释，并以此为指导对如何发展好民族地区经济提出对策建议，强调民族地区要通过强化中央政府宏观调控、取消不合理的资源受益政策、调整民族地区产业结构、培育产业优势、加强基础设施建设等措施来争取经济建设的较大发展。曲青山的《邓小平民族理论与实践》（青海人民出版社，1999年）一书，作为一部总结性的研究成果，不仅从民族问题、民族关系、民族团结、民族工作、民族区域自治制度、少数民族及民族地区改革和对外开放、培养和建设少数民族干部队伍等多个方面全面系统地论述了邓小平民族理论科学体系的基本内容，同时也分述了内蒙古、西藏、青海等各民族省区实践邓小平民族理论的成就和基本经验。李庆的《高举邓小平民族理论伟大旗帜　搞好跨世纪的民族工作》（《青海民族研究》1999年第2期）一文，以邓小平民族理论为指导，结合青海省情和民族工作特点，提出了职能部门应该处理好的问题和搞好青海省跨世纪民族工作的思路和建议。乔文良的《试论邓小平在民族理论上的创新与发展》（《青海民族研究》2004年第4期）一文，从三个方面指出了邓小平建设有中国特色社会主义民族理论体系的创造性和创新性，并强调了其对建设民族地区经济文化和全面建成小康社会具有一定的现实意义。

（四）党的第三代领导集体民族理论研究

党的十三届四中全会之后，以江泽民为核心的领导集体形成，并强调要高度重视民族工作。其间，相关研究成果开始涌现，学者们普遍围绕江泽民民族思想体系内容及其对毛泽东、邓小平民族思想的继承发展以及"三个代表"重要思想与民族工作、民族问题等内容进行研究。

党的第三代领导集体民族理论研究。关桂霞的《试论第三代领导集体对邓小平民族问题理论的丰富和发展》（《中共云南省委党校学报》2003 年第 1 期）一文，强调从党的十四大到十六大，以江泽民为核心的党中央第三代领导集体，继承和发展了邓小平民族理论并将其与中国民族工作实践相结合，科学开展了新时期的民族工作，总结了中国共产党解决民族问题的基本经验，阐明了民族问题的重要性、长期性和复杂性，也明确提出了加快发展少数民族和民族地区的经济文化事业、促进各民族共同繁荣是改革开放时期搞好民族工作、增强民族团结的核心问题。李加才旦的《党的第三代领导集体对马克思主义民族发展理论的贡献》（《青海师专学报》2005 年第 3—4 期）一文，认为以江泽民为核心的党的第三代领导集体继承、发展了马列主义民族理论，尤其是西部大开发战略的实施，将民族地区经济社会的发展从经济高度提升至政治高度，强调了加快发展在现阶段民族工作中的重要性，并对加快民族地区经济发展的新思路进行了阐释。

新时期民族理论政策深化发展研究。在新的历史条件下，青海学者关于党的民族理论政策研究更加深入，涉及面更广。袁雅丽的《建国以来党的民族理论在青海的实践》（《青海民族研究》2005 年第 3 期）和《建国以来党的民族经济政策在青海的实践》（《青海民族学院学报》2006 年第 4 期）等系列文章，梳理了新中国成立以来，建立民族区域自治政权、培养少数民族出身的共产主义干部、发展少数民族地区经济、促进青海民族教育事业发展等党的民族理论和政策在青海的成功实践经验和困难问题，并提出相关对策。宫秀萍的《党的民族政策的发展与演变》（《西北民族大学学报》2007 年第 1 期）一文，阐释了 80 年间中国共产党以马克思主义为基础在实践和探索中形成的中国特色民族理论和政策体系的内容。赵英的《新中国成立 60 年来民族政策的发展进程及启示》（《攀登》2009 年第 6

期）一文，以新中国成立初期、改革开放之后民族政策发展历程为研究重点，指出中国的民族政策经历了几次历史性的飞跃，只有对民族理论政策进行历史的反观，才能做出现实的思考和较为客观的评价。

二、民族学理论研究

20 世纪 90 年代以来，青海民族学界对民族学理论体系构建、民族意识与民族凝聚力、民族学研究方法等进行了系统研究。同时，伴随学科分类的细化，民族学与历史学、文化学等多学科交叉研究成为青海民族学学科发展的一种趋势。

民族学理论及学科体系构建研究。欧潮泉的《谈创建民族学科学体系》（《青海社会科学》1993 年第 3 期）一文，提出马克思主义民族学传入中国已有百余年历史，是一门主要从横向、纵向两方面整体性、立体化研究民族共同体的产生、发展、各历史阶段不同形态全貌及特点等的学科。民族学体系是一门综合性的学科，要正确理解马克思主义民族学内涵，并以此为理论依据结合新中国民族学的特点，确立明确的研究对象，组建具有中国特色的民族学体系。其《释文化模式论》（《青海民族研究》1994 年第 1 期）一文，对本尼迪克特文化模式思想进行了诠释，认为文化模式论的理论和方法符合科学且有价值，但也要以实事求是的态度去对待，不可全盘接受也不可全盘否定。其《论种族》（《青海社会科学》1994 年第 3 期）一文，从种族差异、人种分化、种族特征形成、种族混血等方面对种族进行了研究，并反对种族歧视，认为种族形成发展阶段就是种族融合的历史，种族的界限会随着社会经济的发展逐渐模糊。马成俊、张科的《视野与方法：关于青海民族史重点学科发展的几点理性思考》（《青海民族学院学报》2002 年第 4 期）一文，肯定了青海民族史学科对青海民族研究的贡献，并提出进入 21 世纪青海民族史学科的发展走向和应该注意的问题。作为民族学教材，欧潮泉的《基础民族学：理论·人种·文化（修订版）》（民族出版社，2007年）一书，抓住了民族学科重视的专业理论、体质特征、文化特征三大主题，从民族学史略、人类起源和种族、婚姻家族发展、民族发展、语言系属、中国各民族、国外百万人口以上民族人种与文化等七个方面将民族学的基础知识进行了系统研究和介绍，并提出新见解。

民族意识与民族凝聚力研究。郭洪纪的《地缘文化与中华民族意识的认同》（《青海民族学院学报》1998年第1期）一文，从地缘文化视角出发，对不同地缘文化的独立性和中华民族意识认同等内容进行了论述，认为青海作为一种地缘文化范式，鲜明地反映了中华民族多元生成的某些规律。曲青山、朱玉坤、余中水的《论中华民族凝聚力》（《青海社会科学》2000年第3期）一文，通过回眸历史，探讨了中华民族的价值认同、群体意识、民族情感、民族心理，强调了深入研究中华民族凝聚力的历史意义和现实意义。拉毛措、鲁顺元、肖莉的《用中华民族意识凝聚青海各民族问题调研报告》（《青海社会科学》2005年第4期）一文，提出新阶段阻碍青海各民族中华民族意识生长的因素仍然存在，需从加强教育、发挥群众意识、民族自我意识、继承发扬民族优秀传统文化、加强队伍建设等方面进一步树立青海各民族中华民族意识、增强民族凝聚力。马成俊的《基于历史记忆的文化生产与族群建构》（《青海民族研究》2008年第1期）一文，运用由法国学者莫里斯·哈布瓦赫提出的集体记忆理论，以撒拉族为个案，探讨了族群历史记忆在维持族群边界、强化族群意识中所起的作用，认为在一定条件下族群的历史记忆与文化再生产以及族群的建构是共生、互动的。

田野考察及青海世居民族综合研究。实地调研和田野考察是民族学科重要的基本研究方法，青海省民族工作者、专家学者始终坚持和贯彻这一优良传统，多次下基层深入民族地区进行民族工作、经济社会文化发展等方面的实地考察调研。穆赤·云登嘉措的《青海少数民族》（青海人民出版社，1995年）一书，为更好地从整体把握和认识青海世居少数民族的历史脉络和现代风貌，分析研究了青海五个主要少数民族的历史演变、政治、经济、文化等，认为青海地处特殊的地理位置，是民族冲突、交流和发展的大舞台，各民族与兄弟民族间不仅存在千丝万缕的联系，同时青海部分民族与其母体相比也呈现出一些特点。在新时期，了解省内各民族的历史、现状对促进青海繁荣发展并向世界宣传青海各民族的人文历史极为重要。李志农、丁柏峰的《中国民族村寨调查：土族——青海互助县大庄村调查》（云南大学出版社，2004年）一书，将大庄村设定为调查土族民族村寨调查点，历经一个月田野调查，通过文献调查法、深入访谈法、问卷调查法、录音、摄影、实物搜集等方法获得了一手调查资料，最后从历史、生态环境、人口、社会经济政治、婚姻家庭、法律教育、科技卫生、宗教风俗等多方面着手完成了20余万字的调查报告。青海省地方志编纂委员会编的《青海省志·民族志》（民族出版社，2008年）一书，作为一部专门记述青海民族和民族问题的史志性典籍，采用图片、图表、文字记录相结合的形式，客观系统地梳理、记述了青海古代民族及各世居民族的历史源流、政治生活、生产活动、教育科技、文化卫生、风俗习惯、宗教信仰、语言文字等多方面的情况，并从历代民族政策与民族关系、社会主义建设时期的民族工作、改革开放以来的民族工作等方面对青海省民族工作的历史和现状进行了全面、真实的记载。

影视民族学研究。随着图像社会与视觉文化时代的来临，影视民族学在青海得到了一定程度的发展。其间，青海民族大学民族学与社会学学院专门建立影视民族学专业实验室并开设影视民族学专业方向。青海省电视台拍摄的《格拉丹东儿女》《於菟》等民族专题纪录片以及青海民委系统、非遗保护机构等拍摄的相关影视民族志资料片，是以青海藏区的家庭人物、民族风俗、宗教信仰仪式、传统节日等为题材，在深入青海民族地区参与实地考察，拍摄视频、图片和收集大量文字资料等基础上形成的影视片。许多省内外学者也以此为基础，从民族学、宗教学等研究视角出发，对青海民族志影片资料、图像进行了分析，并将其融入民族志书、研究报告、论文等成果中。

三、民族问题研究

民族问题是伴随民族这一社会历史现象的出现而产生，是马克思主义民族理论中最基本的概念，是一种涉及内容较多且复杂的综合性问题。20 世纪 90 年代以后，青海学者在对各民族历史、语言文字研究的基础上开始注重对少数民族地区经济、民族关系、民族问题、民族宗教工作等现实问题的研究，青海省社会科学规划办公室也向各社科研究机构下达相关研究课题，强调民族问题研究的重要性。

民族问题综合研究。贾晞儒、李克郁的《现代化进程中的民族问题》（青海人民出版社，1998 年）一书，遵循科学研究为现实服务的原则方针，注重对民族现实问题进行研究。该书分九个部分对民族问题历史渊源、党的民族政策、新时期民族关系等内容进行了详细论述，通过分析现代化进程中出现或可能出现的民族问题，阐明了少数民族现代化对社会主义现代化的重要意义，并提出了化解少数民族地区民族问题的多项途径和实现其现代化的道路方法。穆殿春的《中国共产党处理和解决民族问题的两大法宝》（《青海民族研究》2005 年第 1 期）一文，强调了民族平等团结、民族区域自治在处理和解决民族问题中发挥的重要作用，平等团结是处理民族问题的根本原则，民族区域自治是解决民族问题的基

本政策。关桂霞的《民族问题与构建和谐青海》（《攀登》2007 年第 5 期）一文，阐释了青海民族问题的普遍性和特殊性以及其对构建和谐青海的启示，提出推进社会和谐就是要用法律、制度来保障，有效处理解决民族问题、实现民族和谐发展，把因对民族问题处理不当而产生的不利影响降低到最小限度。韩官却加的《和谐社会视野中的青海民族宗教问题》（《攀登》2008 年第 3 期）一文，认为做好青海民族宗教工作要坚持从青海实际出发，认真贯彻落实党的民族与宗教政策，不断加强对宗教事务的依法管理，积极引导宗教与社会主义社会相适应，巩固和发展党的爱国统一战线，坚决抵制敌对势力的分裂渗透活动，不断加强民族团结。穆赤·云登嘉措的《新时期民族问题研究二三题》（《青海民族大学学报》2010 年第 2 期）一文，在实地调研的基础上分析了新时期民族问题发生的原因，总结了以往处理民族问题的经验教训，对预防和处理民族间冲突与纠纷提出了对策建议。

民族工作研究。马秀梅的《青海民族宗教工作纪事》（《青海民族研究》1993 年第 1—3 期）等多篇文章，按照时间排序，采用工作纪事的形式对青海 1957—1991 年 30 余年的民族宗教相关工作进行了记录、总结。青海民族学院民族研究所编的《青海民族宗教工作 1949—1992》（青海人民出版社，1994 年）一书，梳理概括了宋朝以前青海地区的少数民族以及世居青海少数民族的来源、发展和现状，并对新中国成立后 40 余年青海民族关系、民族地区社会经济、教育文化等工作进行了阐释，系统总结了这一时期的民族研究，突出强调了丰硕的青海民族科研成果，认为青海各民族在历史上为祖国统一和经济文化的发展做出了巨大贡献。改革开放的新时期，各民族依旧继续团结奋斗，为开拓振兴青海做出积极的奉献。吴承义的《中国共产党民族工作八十年历史回顾》（《攀登》2001 年第 S1 期）一文，对 80

年来中国共产党民族工作实践探索时期、全面实施时期"文化大革命"时期以及新历史时期等四个时期的经验、教训进行了总结。张生寅、蓝希瑜的《建国初期青海民族工作的伟大实践与宝贵经验》（《青海师范大学民族师范学院学报》2003年第2期）一文，认为新中国成立初期是青海民族地区经济社会发展较快、民族关系和睦、民族工作开展顺利的最好的一个时期。文章通过回顾和总结新中国成立初期青海民族工作的伟大实践和宝贵经验，强调了要重视和借鉴其经验，开拓性地做好新时期青海民族工作是缔造青海民族工作新辉煌的必由之路。马万里的《镜鉴：青海民族工作若干重大历史事件回顾》（青海人民出版社内部出版，2010年）一书，作为一部以史为鉴、服务现实的民族工作教材，立足历史事实、实事求是，采用史料记录、辩证分析等方法梳理了青海民族工作50年的重大历史事件，并将其划分为四个发展阶段，强调了民族工作的重要性、紧迫性以及正确认识和处理民族问题在党的事业发展全局中的重要作用，提出要坚持马克思主义民族理论和党的正确民族政策不动摇、不断发展完善民族区域自治制度、注重民族发展和处理好民族问题。

民族区域自治制度研究。《民族区域自治法》作为中国民族工作法治化的重要体现，自在青海实践以来，在民族法规体系的配套完善、地方法规条例的出台、保护少数民族权益等方面都取得了一定成效和经验。周忠瑜的《完善民族区域自治制度　加速民族地区经济发展》（《青海民族学院学报》1998年第1期）一文，通过梳理民族区域自治制度在实施过程中存在的问题，就进一步完善民族区域自治制度、促进民族地区经济发展等问题做了探讨。关桂霞的《青海省实施民族区域自治政策的回顾与评价》（《青海民族学院学报》2000年第2期）一文，总结概况了新中国成立以来青海省实施民族区域自治的基本经验和

主要成就，并坚信21世纪以后青海的民族区域自治制度发展会更加完善，也将会取得丰硕的成果。马晓东的《民族区域自治与青海和谐民族关系发展二题》（《青海民族学院学报》2007年第2期）等文，从不同方面强调了坚持实施和完善民族区域自治制度是解决好社会主义现代化建设进程中的民族问题、构建和谐民族关系的根本途径和客观要求。

民族关系综合研究。民族关系是以民族因素为特征的社会关系，其作为社会关系的重要组成部分是民族问题的重要表现形式。杨多才旦的《现阶段我国民族关系发展中的几个问题及对策》（《青海社会科学》1996年第3期）一文，提出研究和探讨民族关系发展中的新态势，对正确把握当前民族工作的重点有重要的现实意义。孕宝英的《西部开发与我国民族关系的发展》（《青海民族学院学报》2002年第3期）一文，论述了西部大开发战略的实施及WTO的加入对中国民族关系的深刻影响，在新的社会条件下，民族关系的物质基础、条件、载体因素都发生了明显变化，需要正确认识和把握中国民族关系的基本态势和格局。关桂霞的《西部大开发中民族关系发展态势研究》（2002年国家社科基金项目02BMZ001）、《我国民族关系发展基本态势探究》（《中央社会主义学院学报》2008年第6期）等项目和文章，对中国民族关系发展的基本态势问题进行了阐释，认为中国民族关系发展的主题是平等团结、互助合作、和谐发展，社会发展的趋势是文化融汇，然而民族个性差异依旧会长期存在，民族法治将会发挥越来越重要的作用。穆殿春的《协调民族关系　促进民族地区和谐发展》（《攀登》2005年第6期）一文，强调在新的历史时期，只有全面贯彻落实党的民族宗教政策，不断协调民族关系、积极化解民族矛盾、充分调动各族群众的积极性，才能进一步增强各民族人民群众的向心力和凝聚力，才能全面推进民族地

区的高度发展，真正实现各民族团结进步、共同繁荣的社会主义和谐社会。

青海民族关系研究。 索端智的《青海民族关系发展的趋势及对策》（《青海民族研究》1995年第2期）一文，强调在新形势下，青海新型民族关系得到了全面的巩固、发展和完善，研究和探讨青海民族关系发展的历史趋势以及正确估量构成民族关系的方方面面具有重要意义。关桂霞的《论社会主义市场经济条件下青海民族关系的发展特点及途径》（《青海民族学院学报》1995年第4期）一文，指出青海民族关系对全省的社会稳定、民族团结以及社会主义市场经济体制的建立具有十分重要的意义，文章通过探讨解放青海以来民族关系的发展轨迹、现阶段的发展特点，对新形势下如何进一步巩固和发展青海民族关系问题提出对策建议。谢佐的《青海民族关系史》（青海人民出版社，2001年）一书，作为全面解读青海民族关系的翔实史料，采用纵横研究方法对青海民族关系发展的历史、特质以及历代中央政府治青方略进行了论述，提出了历史的几点启示。作者认为青海民族关系随着社会的进步而发展，历史上青海民族关系的主流是团结奋斗、相互适应和相互协调，青海作为各民族文化的荟萃之地，各民族间进行文化的交流也是必然的。汪春燕的《从人口学角度看青海民族关系问题》（《青海民族学院学报》2002年第2期）一文，从青海少数民族人口视角出发，将青海民族关系研究与人口学相结合，指出了青海民族关系中存在的问题、隐患，并提出了要通过加快发展经济、促进经济往来、提高人口素质、培养少数民族干部等政策措施来巩固完善青海民族关系。李加才旦、杨虎绷的《当前青海藏族自治地区民族关系探析》（《青海民族研究》2006年第3期）一文，指出随着改革开放的深入和西部大开发战略的实施，出现了一些影响青海藏族自治地区民族关系的新问题，主要集中在环境恶化、经济发

展差距、少数民族群众利益等方面，需要从产生这些问题的原因去寻找解决问题的途径和方法。关桂霞的《构建青海和谐民族关系的调研报告》（《青海社会科学》2007年第1期）等文，将青海民族关系纳入构建社会主义和谐社会体系进行研究，立足于分析青海民族关系的特点、基本态势、影响青海民族关系发展的因素，对构建青海和谐民族关系提出相关对策建议。蒲文成、王心岳的《汉藏民族关系史》（甘肃人民出版社，2008年）一书，将汉藏关系置于中华民族多元一体演进发展的历史大格局中，突出了民族史特点和文献基础，结合田野实践调查，整理了青藏高原汉藏民族关系演变、发展历史，揭示了汉藏关系的全貌和本质，指出汉族、藏族有着密切的亲情血缘关系。新中国成立特别是改革开放以来，汉藏民族关系的发展进入了最好的历史时期，经济文化交往成为汉藏民族关系的重要纽带。米海萍的《论明代青海多民族格局形成的原因和影响》（《青海民族研究》2008年第2期）一文，总结了明代青海多民族格局形成的原因及对青海地区的影响，并提出青海多民族发展与融合过程是中华民族多元一体历史进程的生动诠释。赵英的《青海民族关系的形成和发展及其对当代的借鉴》（《攀登》2008年第3期）一文，从动态视角论述了青海民族关系形成和发展脉络、所呈现的特质及其对当代社会的影响，认为青海民族关系史的研究对于构建当代和谐民族关系有着重要的参考意义及实践价值。白绍业的《民族关系影响因素的社会调查——以循化撒拉族自治县起台堡村为例》（《青海民族研究》2010年第2期）等文，从区域民族关系个案研究视角出发，选取青海某一区域作为调研地点开展民族关系研究，以小见大、以点带面，从而达到对整个青藏高原民族关系的理解。

民族团结研究。 民族团结是社会主义民族关系的基本特征和核心内容之一，自20世纪80年

代起，民族团结进步创建活动已开展近 30 年，成为民族地区重点工作之一。青海学术界十分重视民族团结方面的研究，特别是推进青海民族团结进步创建活动、先进事迹、工作纪实等方面研究成果较多。郑绍功的《中华各民族谁也离不开谁的故事》（青海人民出版社，1995 年）一书，收编了十多个省市上百个专家学者的 400 余篇先秦到新中国成立的故事，历史跨度大、取材广泛，从政治、经济、文化等方面阐释了历史上形成的各民族都为祖国发展做出了巨大贡献且谁也离不开谁的思想和道理。赵远文的《民族团结教育的好教材——〈读中华各民族谁也离不开谁的故事〉》（《青海民族研究》1997 年第 2 期）一文，认为郑绍功的《中华民族谁也离不开谁的故事》一书坚持了马克思主义的历史唯物主义与民族观，以党的民族理论和民族政策为指导，依据历史事实反映了两千多年来各民族的民族关系，并将该书评价为民族团结进步的创举之作。许彩萍、申月霞的《构建和谐青海必须高度重视民族

团结》（《攀登》2007 年第 4 期）一文，提出了青海各民族之间的和谐必须在民族平等、团结和共同繁荣的前提下才能实现，要认真贯彻党和国家的方针、政策，调节各方利益关系，缩小地区间差距，切实促进民族关系的和谐和发展。王珍的《加强民族团结 促进青海经济社会发展》（《攀登》2008 年第 4 期）一文，明确了民族宗教问题在青海的特殊重要性，并强调加强青海各民族之间的团结对于全面推进富裕文明和谐新青海建设进程具有十分重要的意义。杨多才旦的《西部构建和谐社会中的民族团结进步问题研究：以青海藏区为个案》（《第九届中国世界民族学会会员代表大会暨学术讨论会论文集》，2010 年）一文，从青海藏区个案研究视角出发，突出了民族团结对西部边疆民族地区社会局势稳定和长治久安以及实现跨越式发展的重要作用，强调了在构建和谐社会中应从宣传教育、贯彻法规条例、开发人才资源、增加藏区社会事业投入等方面加强民族团结进步工作。

第二节 青海回族研究

1993—2010 年，青海回族研究得到进一步发展，研究广度、深度均得到全面发展，青海本土学者研究队伍不断扩大，学术平台不断增多，不少具有全国影响的学术专著和论文集相继出版，各类学术期刊论文篇数大幅增长，高质量研究成果涌现。这一时期进一步巩固和发展了青海回族历史、经济、宗教等领域研究成果，同时回族教育、文学艺术、民俗等领域研究得到前所未有的关注，取得显著成果，并进一步拓展到族际互动、文化变迁、习惯法等领域。

一、回族历史研究

青海回族是世居青海少数民族中历史悠久、人口较多、分布较广的一个民族，其历史研究历来成为关注焦点。这一时期青海回族历史研究在

研究视角、理论、方法等方面均有了进一步发展。马秀梅的《青海化隆操藏语回族调查》（《青海民族研究》1994 年第 2 期）一文，从操藏语回族社群的形成、社群及内部关系、宗教生活等方面对化隆操藏语回族进行研究，并对"昔藏今回"观点提出不同见解。由崔永红翻译、美国学者默利尔·亨斯博格撰写的《马步芳在青海》（青海人民出版社，1994 年）一书，考察了青马军阀的兴起和孙殿英西进以及马步芳统治时期的青海军事、意识形态管控、经济社会、教育文化等问题，作者查阅了大量西北地区的资料、台湾收藏的档案资料与外文资料，书中还采用很多作者与原青马集团成员如马继援、马呈祥、罗平等人交谈所获得的资料，使得该书引用资料丰

富全面，成为青海近代史研究的重要参考文献。张博的《青海回族抗日英雄马秉忠》（《青海民族研究》1995年第1期）一文，对近代青海回族抗日英雄马秉忠的抗日事迹及英勇牺牲的历史进行了研究。高文远的《清末西北回民之反清运动》（宁夏人民出版社，1998年）一书，对清末西北各族穆斯林群众反清斗争的历史背景、反清人物和左宗棠的剿抚政策、事件余波等进行了深入研究，分地区逐一分析各地反清斗争的爆发原因、交战过程、交战双方力量对比、反清斗争失败的缘由及其产生的影响等，所引用的资料，不仅包括官修史书、私家稗乘，更旁及近、现代以至当代学者的研究成果，包括近年来大陆学者的有关论著。孙滔的《青海回族源流考》（《回族研究》1999年第4期）一文，对青海回族源流进行了深入研究，同时还考证了元代西宁王、冶土司、明代亦卜剌和"卡力岗人""红毛儿""托茂人"等在青海回族史上有重要影响的6个支脉的渊源、发展。刘天明的《西北回族社区地域分布和自然环境》（《青海社会科学》2000年第1期）一文，对青海等西北回族社区地域分布特点与历史变迁、地域分布及自然地理环境对西北回族社区经济发展的影响进行了研究。赵维玺的《关于青海回族军阀的两个问题》（《西北第二民族学院学报》2006年第1期）一文，从军系到军阀的转型、青海回族军阀的军事近代化两个方面对近代青海回族军阀进行研究。喇敏智的《回族对伟大祖国的贡献》（甘肃民族出版社，2006年）一书，着重突出回族从近、现代至当代的贡献和作为，特别是在维护国家安全与统一、抵御外侮、保家卫国、发展经济、繁荣中华文化、推进科技进步及发展教育、艺术、体育、卫生等事业方面所做出的突出贡献，分总论、文化篇、政治篇、经济篇、精神篇几个版块。马进虎的《两河之聚——文明激荡的河湟回民社会交往》（甘肃民族出版社，2006年）一书，从地

理、宗教、文化等多个方面对河湟地区回民社会交往、族际关系等内容作了深入细致的研究，并对回民与周边其他各民族之间的文明交往进行了阐述。杨效平的《马步芳家族的兴衰》（青海人民出版社，2007年）一书，勾勒了马步芳家族的历史背景和发展过程。赵维玺的《青马军制考论——以兵源、军官和训练为考察中心》（《军事历史研究》2007年第4期）一文，以兵源、军官成分及训练为核心，对青海回族军阀的军事制度进行研究分析。马燕的《历史地理环境的特殊性与河湟地区回族的变迁》（《青海民族学院学报》2009年第1期）一文，对青海东部河湟地区历史地理环境的特殊性对当地回族社会变迁的影响进行研究。喇秉德、马文慧的《青海回族史》（民族出版社，2009年）一书，全面叙写青海回族的民族概况、历史渊源、社会政治、反抗斗争、经济生活、文化教育、体育艺术、医药卫生、学术研究、宗教信仰、风俗习惯、古今人物等，对历史上的重要事件和人物评价客观而深刻，详略得当，书后还附录了部分历史文献，章节目录的设置既有严密的逻辑关系，又方便读者查阅。全书从大的文化视野中纵向地寻找史的脉络、史的规律、史的启示，较全面地展现了青海回族的历史和现状。

二、回族经济发展研究

这一时期青海回族经济领域研究越发受广大学者重视，他们从民族学、人类学、经济学等多学科角度，对青海回族经济史、经济发展前景、农村富余劳动力转移等领域进行研究。马小琴的《浅谈西宁市城东区兴办穆斯林经济开发区的前景》（《青海社会科学》1993年第3期）一文，通过对西宁市城东区所具优势的分析，对当时兴办城东区穆斯林经济开发区提出意见和建议。冶福龙的《青海穆斯林经济发展透析》（《青海回族》1996年第2期）一文，就当时青海穆斯林经济的发展状况、规模、趋势及存在的问题等进

行分析。多年后，完成《青海回族撒拉族经济发展再透析》（《首届中国宁夏回商大会文化论坛论文汇编》，2008 年）一文，对青海回、撒拉等穆斯林民族经济发展有较强指导意义。喇海青的《河湟回族经济史研究》（《青海回族》1995 年总第 1 期）一文，对河湟回族经济的历史发展及其特殊形式和今后的发展前景进行论述。马海云的《一个回族农村副业变迁的人类学个案考察》（《青海民族研究》1999 年第 3 期）一文，运用人类学田野工作法，从历史、生态、文化环境出发，对一个回族农村进行考察，并分析了这个农村副业的变迁过程及其原因，指出"村外"副业为西北回族农村经济发展的重要模式，而这种发展模式对当前西北民族关系和民族利益产生了重要影响，应当引起民族学家的重新思考。马金星的《青海回族文化旅游资源的研究与开发》（《青海民族研究（社会科学版）》2000 年第 3 期）一文，通过对青海回族文化旅游现状及开发前景的分析，提出应在文化研究的基础上，大力发展青海回族文化旅游资源，开发出具有民族特色的旅游项目。马学贤的《青海传统民族贸易中回族商贸经济的形成与发展》（《青海社会科学》2004 年第 6 期）一文，从回族在青海早期的商贸活动及回族商业经济的形成，回族商人在青海民族贸易中的经营地域范围、商贸路线、经营内容及经营方式等方面入手，对青海传统民族贸易中回族商贸经济的形成与发展进行研究。鲁临琴的《农村富余劳动力转移问题探讨——以青海海东地区穆斯林群众拉面经济为例》（《人口与经济》2006 年第 5 期）一文，分析和论述了青海海东地区回族等穆斯林民族拉面经济的形成、特征、动力、社会作用以及目前存在的问题，并提出相关对策建议。勉卫忠的《回藏贸易中的盐业问题》（《盐业史研究》2007 年第 3 期）一文，利用历史文献，对历史上河湟地区回藏贸易中的盐业问题进行了研究。马学贤的《青藏线沿途穆斯林移民

社会现状调查》（《青海社会科学》2007 年第 3 期）一文，经过先后多次深入青藏线沿途各地和扶贫移民居多的香巴等农业开发区进行大量实地调研，对青藏沿线穆斯林移民群众在脱贫致富、自身发展和对周围社会的影响等方面反映出的情况进行研究。陈文烈的《青海回族经济型构的式微与衍生性发展研究》［《青海民族学院学报》（社会科学版）2008 年第 1 期］一文，从青海回族经济的发展范式、型构逻辑的新发展观、型构与式微、基于禀赋及衍生要素的发展基点等方面对青海回族经济进行研究。马进虎的《青海穆斯林特色产业发展初探》（《青海回族》2009 年总第 19 期）一文，对青海穆斯林特色产业发展进行研究，并对存在的问题提出了一些对策建议。马有福的《浅谈青海伊斯兰文化旅游资源的开发》（《足音青海回族精选作品集（一）》，民族出版社，2005）一文，对青海伊斯兰文化旅游资源开发进行研究，并提出对策建议。

三、回族传统教育研究

少数民族传统教育是少数民族教育的重要组成部分，是少数民族传统文化传承和发展的主要途径，是现代教育发展的根基和生长的土壤，因而青海回族传统教育研究成为一个重要研究领域。这一时期的回族传统教育研究既涉及传统文化教育，又涉及传统宗教教育，包括其历史与现状、发展前景及对策研究等。南文渊的《试论回族伊斯兰文化的人生观教育》（《青海民族研究》1994 年第 4 期）一文，对回族伊斯兰文化的人生观教育进行了研究。马有义的《试论伊斯兰教对回族文学的影响》（《青海民族学院学报》1995 年第 1 期）一文，从作家、作品以及读者和民间文学出发，研究伊斯兰教对回族文学的影响。马明良的《西北回族撒拉族经堂教育及其历史作用》（《青海民族研究》1995 年第 3 期）一文，主要对青海地区回族、撒拉族经堂教育及其历史作用进行了介绍和评述。喇秉德的《关于回族文

化教育的再思考》（《回族研究》1998 年第 1 期）一文，通过对个案及数据的分析，对青海回族文化教育及存在的问题进行反思。马进虎的《回族教育结构试析》（《青海社会科学》1998 年第 3 期）一文，通过对回族教育结构的研究，认为回族教育是民族教育与公民教育的对立统一。骆桂花的《青海回族教育的难点及对策》（《青海民族学院学报》1998 年第 4 期）一文，对青海回族教育的难点问题进行研究，认为要立足青海回族教育的实际，解决教育中的难点，并提出了相关对策建议。刘景华的《发展青海回族、撒拉族女童教育的认识》（《青海社会科学》1999 年第 6 期）一文，通过回顾青海回族、撒拉族女童教育的现状，分析了失学率高的原因，提出改进回族、撒拉族女童教育的措施。马燕的《青海回族教育发展的特点及途径——兼谈回族女子教育》（《青海民族研究》2000 年第 3 期）一文，在总结青海回族教育发展特点的基础上，研究青海回族教育发展的途径，同时对回族妇女教育问题进行分析。王印堂的《青海省回族女子基础教育现状及对策》（《青海民族研究》2001 年第 3 期）一文，通过对青海省回族女子基础教育的现状的分析，探讨了回族女子基础教育落后的根源，从而提出了新时期发展回族女子基础教育的新思路。马明良的《伊斯兰教生态伦理观与回族撒拉族环境保护意识》（《青海民族学院学报》1999 年第 3 期）一文，就伊斯兰教独特的自然生态伦理观及其对回族、撒拉族环境保护意识的意义进行研究。马燕的《民族传统文化在回族青少年社会化过程中的影响》（《青海民族学院学报》2002 年第 4 期）一文，认为回族传统文化的形成与发展是一个不断与环境相适应的过程，它直接影响着回族的思想观念、生活方式，并在回族青少年社会化过程中起着重要作用。赵春肖的《青海回族穆斯林斋月文化浅析》（《青海民族研究》2005 年第 1 期）一文，从斋月在青海回族穆斯林生活中的意义、青海回族穆斯林斋月文化的地域特点、斋月文化的功能等方面对青海回族斋月文化进行研究。陈其斌、杨文炯的《西宁市城东区回族教育发展现状的人类学调查与研究》（《民族研究》2005 年第 6 期）一文，以西宁市城东区的回族社区为个案，基于实地调查和第五次人口普查资料，对制约回族社区教育发展的因素进行了全面分析和研究，并提出了相关的建议。刘景华的《伊斯兰教伦理道德观对回族传统道德文化的影响》（《青海社会科学》2008 年第 5 期）一文，对伊斯兰教伦理道德的基本范畴及其特点进行研究，并分析了伊斯兰教伦理道德观对回族传统道德文化的影响。

四、回族文学艺术研究

回族文学艺术植根于回族传统文化的肥沃土壤，是回族传统文化最重要的组成部分之一，体现了回族传统文化的特质和精要所在。这一时期青海回族文学艺术研究成果也相当可观。马忠国的《青海回族民歌述略》（《青海师范大学学报》1993 年第 4 期）一文，向读者介绍了青海回族民歌及其特点。郭德慧的《浅谈回族宴席曲的艺术特色》（《青海民族学院学报》1998 年第 2 期）一文，将流传于西北地区结婚喜庆时演唱的回族宴席曲分为散曲、叙事曲和说唱曲，在探讨艺术特色的基础上，将其与西北"花儿"做了对比。李昕的《试论西北回族宴席曲与"花儿"的音乐特色》（《青海民族学院学报》2002 年第 3 期）一文，同样从回族宴席曲的艺术特色出发，将其与西北"花儿"进行比较研究。张佩成的《青海回族"花儿"的爱情观赏析》（《青海民族研究》2002 年第 4 期）一文，通过对青海回族"花儿"内容的分析，展现了回族"花儿"的爱情观。梁莉莉的《试论青海回族宴席曲的存在方式及其民俗事象》（《西北民族大学学报》2003 年第 5 期）一文，对青海回族群众对宴席曲表演时间、空间，参与群众及内容的限制和在某种意义上的超越进行研究，并由此进行价值观念和地方性知识的解释。马有义的《青海当代回族文学纵论》（《青海民族学院学报》2004 年第 3 期）一文，从青海当代回族文学的文化成因、青海当代回族文学发展脉络和重点作家及其作品的审美特点等方面，分析了青海当代回族文学独特的审美品质。马桂花的《青海门源地区回族宴席舞考察报告》（《青海民族研究》2005 年第 2 期）一文，在对青海省海北地区门源回族自治县的回族宴席舞进行田野考察的基础上，对该地区宴席舞的历史渊源、现状做了研究，并提出回族宴席舞作为民族民间文化艺术资源，具有重要的人文价值，应予以充分的发掘与保护。马桂花的《青海化隆地区回族宴席舞考察报告》（《青海社会科学》2007 年第 3 期）一文，通过田野考察，对青海省化隆地区的回族宴席舞的历史渊源、现状及如何发掘、保护做了较为详细的分析和研究，提出回族宴席舞作为民族民间文化艺术资源具有重要的文化价值和人文价值，应予以充分的发掘与保护。张连葵的《浅谈青海回族民歌及其演唱风格》（《民族音乐》2010 年第 4 期）一文，对青海回族民歌进行分类综述，并对其演唱风格进行解读。

五、回族民俗研究

回族民俗文化丰富多彩，形式多样。这一时期青海回族民俗研究涉及饮食、服饰、婚丧、禁忌、刺绣剪纸、卫生观念等众多领域。

回族民俗文化综合研究。朱刚的《青海穆斯林老人问题》（《回族研究》1993 年第 3 期）一文，通过大量社会调查，对青海穆斯林老人的家庭生活、精神生活、心理状态及传统养老观、在家庭和社会中的地位、健康与长寿进行调查，分析青海穆斯林民族养老存在的问题，提出建立青海穆斯林民族老年社会保障制度的设想。马明德的《谈青海回族民俗文化特点》（《青海民族研究》1997 年第 2 期）一文，对青海回族饮食、服饰、刺绣剪纸、卫生观念等方面的民俗文化及

特点进行研究。旦秀英的《关于回族生态价值观的思考》（《青海民族研究》2001 年第 2 期）一文，分析了回族的生态价值观及其形成原因，为回族生态文化观的研究提供了一个新视角。马红艳的《回族禁忌的社会功能探析》（《青海民族研究》2001 年第 2 期）一文，从回族的饮食和社会行为两方面的禁忌入手，深入探讨了回族禁忌的社会功能，认为长期以来回族对禁忌习俗的保留，充分体现了回族强烈的民族意识与共同的民族情感，禁忌起到了维护社会秩序、增强民族凝聚力、传递民族文化的作用。冯迎福的《回族禁忌习俗及其社会功能》（《青海民族学院学报》2004 年第 1 期）一文，认为回族禁忌主要来源于回族先民文化和伊斯兰文化，并受到其他民族文化的影响，回族禁忌具有制约人的行为、增强民族凝聚力和亲和力，以及维护和规范家庭、社会生活秩序的功能。王刚的《伊斯兰继承制度的本土化及其对我国继承法的启示——以青海世居回族、撒拉族继承习惯为例》（《环球法律评论》2009 年第 3 期）一文，以青海世居回族、撒拉族为例，以伊斯兰继承制度为切入点，在肯定其对回族、撒拉族继承习惯产生深远影响的基础上，拣选其比较完善的立法技术和比较成熟的制度为我国继承立法提供参考。

回族婚丧研究。福尔卜的《青海回族婚俗文化》（《青海民族研究》1996 年第 2 期）一文，对青海回族的婚姻类型、婚礼仪式进行了研究。福尔卜的《青海回族丧葬文化》（《青海民族研究》1996 年第 4 期）一文，对青海回族丧葬文化进行较为全面的介绍和分析，包括葬礼仪式、相关术语、禁忌等。马平的《回族民族内婚姻制度的心理内涵》（《青海民族学院学报》1997 年第 3 期）一文，对回族从最早大量实行"民族外婚姻制度"，继而实行"民族内婚姻制度"过程中的心理历程进行分析，继而对回族恪守"民族内婚姻制度"的心理内涵进行解读，通过辩证分

析，强调要正确把握回族"民族内婚姻制度"心理内涵的底蕴。马宏武的《回族的丧葬文化及其人文主义精神》（《青海民族研究》2003年第3期）一文，对回族丧葬文化及其人文主义精神进行研究，显示了回族丧葬文化作用的广泛性、功能的多元性和意义的深远性。骆桂花的《社会转型与回族婚姻家庭价值观念之嬗变》（《青海社会科学》2004年第4期）一文，选择了回族婚姻家庭价值观中的择偶观、生育观、性观念等层面，对社会转型中回族婚姻家庭价值观的嬗变进行深入研究。

六、回族族际互动及文化变迁研究

青海是一个多民族地区，回族与汉族、藏族、蒙古族、土族、撒拉族等兄弟民族共同居住，和谐发展。这一时期回族族际互动及文化变迁研究越来越受到学者关注，并取得一定成就。马桂花的《回族节日文化解读》（《青海民族研究》2001年第3期）一文，着重探讨了回族节日文化的特性及其意义，认为回族节日是回族社会生活中不可缺少的一环，它不仅满足了人的一定的生活要求，同时也推进、巩固了社会秩序。骆桂花的《社会变迁中的回族文化环境》（《青海民族研究》2001年第4期）一文，认为在社会变迁中，一个文化发展进步的民族总离不开其文化赖以依附的环境，回族文化环境作为一个文化系统，是由伊斯兰文化传统积淀和发展、变迁的文化环境所铸成，在从传统向现代化发展的转型期，回族文化的发展充满矛盾和风险，穆斯林的信仰心态，由西向东渐次下降，呈阶梯状。因而在社会转型期，回族文化的发展是一个漫长而充满风险的过程。段继业的《青藏高原地区藏族与穆斯林群体的互动关系》（《民族研究》2001年第3期）一文，以藏族与穆斯林群体的关系尤其是以藏族和回族的关系为主线，兼顾青藏高原东部边缘地带信仰伊斯兰教的撒拉族、东乡族、保安族等民族，深入分析藏穆关系的重要性及其

动力、藏穆互动的根源和基础，并预测藏穆关系的长期发展趋势。沈玉萍的《卡力岗现象及其分析》（《西北第二民族学院学报》2003年第4期）一文，在讨论青海省化隆地区的卡力岗现象和卡力岗人的同时，对类似卡力岗的其他地区的情况乃至国外的类似情况也予以比较研究，认为卡力岗现象实际上是一种藏穆文化的交流、融合现象。马守平的《民国时期青海回族与土族的经济互动》（《中国土族》2004年夏季号）一文，从经济互动中的商品、商人和交易方式等角度，展现了民国时期青海回、土两兄弟民族间的经济往来的整体风貌。骆桂花的《青海藏区回族社会生活变迁调查——以黄南州隆务镇为例》（《青海民族研究》2005年第4期）一文，以田野调查为基础，从微观社会学的角度出发，以青海黄南藏族自治州隆务镇同族群体的社会生活变迁为主题，探析了隆务镇回族日常生活、宗教生活、婚姻家庭、族际交流等层面在社会变迁中的不同表现形式及影响因素。该文认为，社会互动强化了藏区回族生活文化的调适性与整合性；社会结构转型与变迁动力促成了藏回民族地域关系的复杂性与多样性。马燕的《历史上河湟地区回族与蒙古族的社会交往》（《青海民族大学学报》2010年第2期）一文，对历史上河湟地区回族与蒙古族的族际交往及特点进行研究，认为他们之间源远流长的社会交往不仅体现在政治、文化方面，而且在经济贸易中形成了一种互补共生型的经济结构形态。

这一时期青海回族研究取得了长足进展，研究广度、深度均得到全面发展，专著、论文数量及质量明显提升，历史、经济、宗教、文学艺术等领域研究成果尤其丰硕。但也有些不足，例如比起省外回族研究，专著出版数量明显偏少，在少数领域如习惯法、社会变迁等领域，始终只有少数几位学者在进行研究，相关研究队伍需要进一步发展。妇女问题、族际关系、习惯法等领域的研究成果较少，尚需进一步加强。

第三节　青海土族研究

1993—2010 年，青海土族研究氛围愈加浓烈，从整体脉络来看，这一时期青海土族研究的研究重点主要集中在土族历史文化、文学艺术、宗教信仰、文化变迁等研究领域，呈现出深入发展的良好势头，不仅各专家学者所引用的视角方法不断更新，本土和本民族学者研究队伍不断扩大，而且研究成果的质量也不断提高，各类专著、译注、论文等研究成果相继出版发表，进一步补充了青海土族研究。

一、土族历史研究

土族历史源远流长，土族历史的梳理与研究对土族整体性研究具有重要作用，这一时期，青海省民族学界对土族历史的研究主要集中在对土族历史脉络梳理、土族土司制度及英雄人物传记上。

土族历史脉络梳理研究。 李克郁的《土族（蒙古尔）源流考》（青海人民出版社，1993 年）一书，从土族语言着手，运用民族学、语言学等学科知识分析了土族的社会状况，从中探索土族的历史渊源，采取新的研究方法对土族族源问题研究进行进一步深入和发展，对长期以来学术界对土族族源的争论进行了批判与解答，搜集大量民间传说力主土族源于蒙古之一部落——阴山鞑靼，并对历史上土族的自称和他称做了清理，利用对河湟流域同语族民族东乡人、西拉裕固人、保安人和土族人的关系做了介绍，佐证了土族的族源是蒙古人的说法。吕建福的《土族史》（中国社会科学出版社，2002 年）一书，梳理了土族历史发展的过程及特点，论述了土族的迁徙与重组，分析与研究了先民吐谷浑政权盛衰特别是唐五代时期土族的内迁及其活动、蒙元时期土族的迁徙及其军政活动以及民国时期土族的遗存及其社会变革等内容。米海萍、乔生华的《青海土族

史料集》（青海人民出版社，2006 年）一书，系统搜集整理了记载于各种汉文文献中的土族资料和部分有价值的口碑资料，分为历史典籍史料、地方志史料、金石碑刻史料、家成宗谱史料、社会生活史料及口碑史料等六个部分，这一著作主要反映土族民族社会文化史的内容，真实地反映了土族的审美心理、审美气质和艺术情感，接近真实地记录了中国民族史实际过程中土族与其他民族之间融合发展的历史。鄂崇荣的《多元历史记忆与族群认同变迁——从土族神话传说看民和土族认同的历史变迁》（《青海民族学院学报》2008 年第 2 期）一文，以土族的起源、发展、形成与延续为背景，探讨在历史时空变换中，土族的历史记忆和族群认同经历了怎样的传统和调适过程，进一步分析了土族族群自我认同的历史变迁过程。青海省编辑组的《青海土族社会历史调查》（民族出版社，2009 年）一书，囊括了 20 世纪 50 年代中央访问团收集的资料，全国人大民委、中央民委等组织搜集到的资料，这些资料中记录了我国青海土族社会历史的基本情况，记录了青海土族的政治演变、经济生活、语言、民间信仰以及青海互助土族自治县各地区的社会历史调查。

土族土司制度研究。 李克郁的《土族土司研究——土族李土司家族史》（《青海民族研究》2002 年第 3 期）一文，指出关于李土司的族属问题，方志、家谱中均有明确记载，通过对西域突厥沙陀人是怎样辗转到河湟流域这一问题的分析，阐述说明了土族李土司的族属问题。张生寅、崔永红的《由〈西夏李氏族谱〉看李土司宗族内部的组织管理体制》（《青海社会科学》2006 年第 2 期）一文，利用《西夏李氏世谱》披露的有关资料，从土司与土舍之间的关系、土

舍内部组织着眼，初步分析、考察了青海民族和李土司的内部管理体制。景朝德的《元末明初至中华民国时期土族政治制度概述》（《中国土族》2006年第4期）一文，探索与研究了历史上的土族政治制度及其产生的影响，阐述与分析了土司制度及其统治、土官（寺院与宗教上层）及其统治、地方政府管辖系统。

土族人物传记研究。米海平的《明代土官李英事略》（《青海民族研究》1996年第2期）一文，根据《明史》《李氏世族谱》《西宁府新志》《李英墓志铭》等史志碑传资料，详细地概述了土族名将李英的生平事迹。崔永红的《明代土族名将李英》（《中国土族》2004年第1期）一文，梳理了土族名将李英的生平事迹，总结出李英身上值得让人深思的历史教训。腾晓天的《名垂史册的土族历史名人》（《中国土族》2012年第3期）一文，对政治家阿柴、高僧松巴·益西班觉、三世章嘉呼图克图、明军战将祁秉忠、勇将本进忠、教育先行者朱福南、女诗人李宜晴等土族历史名人的生平事迹做了介绍。

二、土族经济发展研究

经济发展关乎着一个民族的整体发展，自20世纪90年代以来，出于经济研究的重要性及土族民族的特殊性，许多专家学者对土族经济发展展开了研究。席元麟的《互助土族农村经济生活的调查与研究》（《青海民族研究》1994年第1期）一文，根据作者对互助土族自治县部分乡、村、社的人口状况、生产和生活资料占有等情况的调查，对互助土族地区经济生活状况作了概要分析，并提出了如改变观念、培养人才、多种经营的建议。张振录、张忠孝的《青海土族地区旅游资源及开发探讨》（《中国土族》1994年第3期）一文，对土族地区的主要旅游资源及特点进行了评价，并对发展旅游业条件进行了分析，提出了战略设想。吴承义的《土族地区的忧与思——来自互助、大通土乡的诉说》（《青海民族研究》1994年第4期）一文，从互助及大通的巨变、新的困惑、致富之路三部分分析了土族地区经济教育文化现状，并对今后土族地区经济发展提出了优化产业结构、加快乡镇企业步伐等建议。吕建中的《市场经济的发展和民和三川土乡商品观念的转变》（《青海民族研究》1996年第3期）一文，从改革开放以来三川土乡种植结构的调整、耕作方式的改变、第三产业的兴起、乡镇企业的发展等方面论述了商品观念的改变。杨卫、杨德的《撒拉族、土族的经济意识对比分析》（《青海师专学报》2005年第2期）一文，对比了撒拉族与土族的经济意识，指出二者不同的原因是多方面的，从居住环境、地貌物产、信仰等方面对撒拉族、土族做了比较。李少波的《土族农村的经济状况调查——以互助县东沟乡大庄村为个案》（《青海民族研究》2005年第2期）一文，通过作者在2003年7月16日至8月17日对青海省互助县东沟乡大庄村进行土族农村经济状况的调查，指出经济行业的变迁对了解土族农村的发展历程具有典型意义。祁正贤、赵德兴的《社会转型时期土族经济价值观调查与分析》（《青海民族学院学报》2006年第1期）一文，指出当前社会转型的一个最为显著的因素是社会主义市场经济体制的建立，这种革命性的变革对经济相对落后、社会发育相对迟缓的土族群体具有较大的影响力和冲击力，并对当前土族民众经济价值观的某些变化进行了分析和阐述。祁桂芳的《青海土族民俗旅游的发展》（《新西部》2008年第22期）一文，在对青海土族民俗旅游资源及旅游现状进行分析的基础上，提出了旅游发展过程中存在的问题，并探讨了土族民俗旅游的发展对策。费胜章的《土族民俗文化与土乡经济发展互动机制研究》（《青海民族研究》2009年第4期）一文，通过研究土族民俗文化与土乡经济发展互动作用，分析影响二者互动的制约因素，提出了构建长效机制，实现土族民俗文化和土乡经济的双赢的设想。

三、土族婚姻家庭人口研究

由于土族特殊的民族习惯及社会风俗，土族婚姻家庭呈现出一定的特性，这一时期，许多专家学者围绕土族婚姻家庭、土族人口等方面进行了相关研究。

土族婚姻家庭研究。张成志的《浅谈土族独特的婚姻习俗及其社会影响》（《青海民族研究》2000年第1期）一文，对土族保留的古老婚姻习俗如抢婚、招赘、哭嫁等及其社会影响进行了探讨。何吉芳的《民和土族婚姻制度初探》（《青海民族研究》2001年第2期）一文，初步探究了解放前民和土族的婚姻制度，并分析了存在于土族家庭中的一夫多妻、一夫一妻、转房婚等三种婚姻形态产生的原因。祁正贤的《社会转型期土族婚姻家庭价值观透视》（《中国土族》2005年第4期）一文，通过问卷调查样本分析和探讨了社会转型期土族婚姻家庭价值观。生杰卓玛的《土族的"戴天头"婚姻》［《青海师专学报》（教育科学版）2005年第3期］一文，通过对土族"戴天头"这一古老婚姻习俗的描述，试图进一步对其形成的历史渊源做出民族学的解释。祁延梅的《浅析土族"哭嫁歌"的文化内涵》（《辽宁行政学院学报》2007年第9期）一文，研究了土族哭嫁现象，指出"哭嫁"是土族女性站在人生重大转折点对自己人生的一次理性回眸，从哭嫁仪式和婚礼歌曲当中折射出土族发展的婚姻观和更深层次的民族心理图景。

土族人口研究。岳世淑的《青海妇女社会地位调查》（中国妇女出版社，1993年）一书，简要论述了土族妇女的人口现状、社会地位、就业状况、婚姻家庭、生活产业等。刘成明的《土族人口状况调查分析》（《青海民族学院学报》1999年第3期）一文，依据历次人口普查的数据和实地调查的资料，详尽分析了土族人口分布、人口增长、生育和死亡、婚姻家庭、文化程度及产业结构等，并探讨了土族人口演进过程中存在的问题及对策。另外，其《土族人口生育状况及影响因素分析》［《青海民族学院学报》（社会科学版）2002年第1期］一文，根据人口普查数据，考察了土族妇女的总和生育率、孩次别生育率、低年龄生育率及人口再生产率，指出土族人口的生育水平尽管有较快下降，但仍然存在较为普遍的多育和早育现象。汪春艳的《新时期土族人口与可持续发展简析》（《西北民族大学学报》2002年第5期）一文，简要分析了土族经济社会发展概括，指出土族人口与可持续发展的要求相比还有一定的距离，在土族人口与经济、社会、环境协调方面仍需加大大力度。丁柏峰的《一个土族村庄的人口发展轨迹——青海省互助县东沟乡大庄村的田野调查报告》（《青海民族研究》2004年第4期）一文，通过深入调查青海省互助县东沟乡大庄村这一土族村庄人口状况，反映了中华人民共和国成立以来土族人口的发展轨迹。

四、土族文化研究

土族的宗教信仰和丰富多彩的风俗习惯造就了异彩纷呈的土族文化，吸引了众多专家学者的关注与研究。

土族传统文化综合研究。席元麟的《土族的尚白文化现象》（《青海民族研究》1993年第2期）一文，从社会风尚、居住建筑、衣着服饰、宗教习惯等方面深入探讨和分析了土族生活中的尚白文化现象；《从土族语词汇看文化的多元性》（《青海民族学院学报》1993年第1期）一文，从土族词汇的历史分析，来透视它们所反映出的多元性文化现象；《土族伦理道德文化》（《青海民族研究》1994年第4期）一文，从家庭观念的形成与发展、亲属关系与称谓、传统伦理道德教育等几个方面系统论述了土族伦理道德文化，并就继承传统道德文化树立社会主义道德观提出了自己的建议。马光星的《土族文化简论》（《青海社会科学》1994年第6期）一文，从土族传统文化的历史传承、流变关系、不同地域、宗教信仰等文化角度进行了介绍和探索。马光星、辛玉琴的《土族传统文化的精神品格》（《江河源文化研究》1998年第1期）一文，从土族文化的精神品格及伦理意识方面，对土族文化的价值进行了比较分析。贾晞儒的《从语言比较中看土族蒙古族文化心理之异同》（《青海民族研究》1998年第2期）一文，基于土族、蒙古族语言词汇上的同源和相似性，从土族、蒙古族两个民族语言的比较中，探索了土族和蒙古族的文化心理异同，探求了两个民族在发展过程中的历史关系的端倪。贺喜焱的《试析土族"纳顿"节传承、复兴的文化动因——以青海省民和县鄂家村为例》（《西北民族大学学报》2005年第2期）一文，以青海省民和县鄂家村为个案，考察了土族喜庆丰收、酬神的民族节日"纳顿"，探讨其节庆习俗得以传承、复兴的动因，力图分析并展现土族传统节日的社会文化内涵。胡芳的《文化重构的历史缩影——土族创世神话探析》（《民族文学研究》2005年第6期）一文，梳理了土族原生创世神话和受汉藏文化影响后产生的次生创世神话发展脉络，并探究了土族创世神话的文化蕴含，指出这是土族受多重文化影响之后进行文化重构的历史缩影。文忠祥的《土族纳顿》（青海人民出版社，2010年）一书，从土族传统节日纳顿的文化语境、历史渊源、神灵体系、狂欢特质、文化功能、非遗保护等方面叙述了这一黄河上游规模最大、历时最长的民间狂欢活动，强调土族纳顿节是土族人民为了庆祝丰收、酬谢神灵保佑而举行的大型民间祭祀活动，它与当地的自然地理环境、社会人文环境具有密切而直接的关系，提出了对这一具有很高文化价值的非物质文化的保护措施。

土族宗教文化研究。李向德的《明清时期土族地区的宗教僧纲制度》（《青海民族学院学报》1996年第1期）一文，指出明清时期土族地区的宗教僧纲制度是历史发展的产物，随着社会的发展与变迁以不同的形式传入土族地区，影响着土族地区的政治、经济和文化。李钟霖、李敏的《土族宗教习俗与藏传佛教》（《中国土族》1998年第7期）一文，从藏传佛教专用术语和普通藏语在土语中的融入、藏传佛教活佛转世制的实行与延续、宗教习俗与宗教活动等几个方面阐述了土族宗教习俗与藏传佛教的渊源关系。徐世栋、苏雪芹、乔秀花的《从土族宗教文化看其文化的多元性》（《青海民族大学学报》2010年第1期）一文，从土族宗教文化的角度入手，透析了土族复杂历史过程中形成的包含有多种文化因素、富有特色的文化体系。

土族丧葬习俗研究。何峰的《民和土族丧葬习俗之调查与研究》（《西北民族研究》1997年第2期）一文，详细描述了民和土族主要的丧葬习俗土葬，指出这些习俗集中反映了土族古老的氏族观念、灵魂观念以及巫术观念。李克郁等的《土族丧葬文化》（青海人民出版社，2003年）一书，对土族人口分布、民族来源、宗教信仰、婚姻观念、婚姻特点、生死观念及丧俗特点等进行了较为系统的描述分析，并指出这些习俗的地域特点。蒲生华的《河湟汉族婚俗中抢婚文化的"遗留物"》（《青海民族研究》2005年第3期）一文，就青海河湟汉族婚俗中的闭户拒纳，藏匿物件；昏时嫁娶，挑灯引路；涂扮公公，妆抹"阿伯"；酒醋设摢，拇战争胜等习俗惯制展开分析，认为这些民俗事象皆是古代抢婚文化的遗留。强调抢婚虽然已成为过去，但抢婚形式所具有的原生态的仪式及文化内涵如今在许多地区的婚俗中仍以不同方式保留着。

五、土族艺术研究

20世纪90年代以来，土族艺术研究方面也逐步在学术界占有一席之地，主要集中在土族服饰研究、庙会及傩戏及音乐方面。

土族服饰研究。忞愫的《多彩的生活　美好的心灵》（《青海民族研究》1993 年第 4 期）和《凤凰点裙子飘，三寸金莲显婀娜》（《青海民族研究》1994 年第 3 期）等文，详细描述了土族妇女部分服饰。李琪美的《土族扭达探析》（《江河源文化研究》1995 年第 2 期）和《漫话土族服饰》（《民族团结》1996 年第 12 期）等文，分析了土族妇女三四十年代以前佩戴的传统头饰文化内涵，揭示出其相关文化渊源。张成志的《土族"扭达儿"考略》（《中国土族》1999 年总第 8 期）一文，详细论述了土族独有的头饰"扭达儿"的种类及其分布、制作工艺、渊源和演变。吕霞的《土族服饰及其审美内涵——土族审美文化研究之二》（《青海民族研究》2001 年第 1 期）一文，从审美的角度审视和探讨了土族服饰艺术，并对土族人特有的审美心理和审美追求进行了分析。曹娅丽的《试论土族服饰中蕴含的原始信仰审美观》（《青海民族研究》2001 年第 2 期）一文，通过对土族服饰发展源流、演变及特征的分析，进一步探讨了土族服饰中蕴含的原始信仰审美观。杨晓燕的《浅议土族服饰的艺术表达》（《青海民族学院学报》2009 年第 2 期）一文，通过对土族服饰艺术表达的分析，指出土族服饰是土族人民在长期的历史发展过程中为适应生存环境而形成的。杨晓鸿的《土族丧葬服饰探析》（《中国土族》2010 年第 3 期）一文，通过对土族风俗习惯及丧葬仪式的论述，探讨分析了土族人民进行丧葬仪式时穿戴的服饰。

土族庙会及傩戏研究。马光星、辛玉琴的《土族"於菟"舞与彝族的虎节》（《青海师范大学学报》1996 年第 4 期）一文，探讨分析了土族驱赶"於菟"和彝族的虎节习俗与巴楚文化的联系，指出军屯、戍边是促成土族与巴楚之间文化交流的主要因素。马光星的《土族傩文化的形态特征及源流关系》（《民族文化论坛》1996 年第 3 期）一文，描述与分析了土族的傩祭文化及艺术表演所蕴含的土族习俗。胡廷的《民和土族

"纳顿"面具艺术述略》（《青海民族学院学报》2001 年第 1 期）一文，探讨了土族"纳顿"面具艺术的内涵。马光星、赵清阳、徐秀福的《人生狂欢——黄河上游民间傩》（青海人民出版社，2003 年）一书，对黄河上游三川地区和热贡地区的傩文化这一民俗现象进行了介绍，就其中所包括的宗教信仰、神话传说及诸多习俗等内容中的祭祀红和舞蹈戏剧表演形式进行了描述和分析。马达学的《青海土族"纳顿"文化现象解读》（《青海师范大学学报》2005 年第 1 期）一文，指出民和三川地区的土族"纳顿"会涵盖了宗教、民俗、艺术和文化人类学、民族学等人文科学领域，既保持了自身文化的主体精神，又成为民族文化和地域文化的可持续发展象征。贺喜焱的《试析土族"纳顿"节传承、复兴的文化动因》（《西北民族大学学报》2005 年第 2 期）一文，以青海省民和县鄂家村为个案，考察了土族喜庆丰收、酬神的节日"纳顿"，并探究了其节庆习俗得以传承、复兴的动因。

土族音乐研究。马占山的《土族音乐文化实录》（中国文联出版社，2006 年）一书，是较系统介绍和研究土族音乐的专业丛书，涉及了土族人民的较为广泛的生活面，包含了土族人民的审美心理、审美习惯和审美观念。赵维峰的《土族民歌的种类及音乐特征研究》（《中国音乐学》1994 年第 2 期）和《土族的民俗与民俗音乐》（《中国音乐》1994 年第 5 期）等文，分析研究了土族民俗音乐的种类及特征。叱培虹、马占山的《土族情歌与"少年"音乐风格比较研究》（《青海师范大学学报》2007 年第 5 期）一文，指出土族情歌与少年（花儿）在歌词结构、音乐风格上的不同之处。郭晓莺的《土族传统婚礼歌及其音乐特点》（《青海民族学院学报》2008 年第 3 期）一文，对土族传统婚礼歌曲所展示的民族风情、婚礼习俗及其内容、结构、特色进行了阐述说明。

六、土族民族教育研究

出于历史的发展，土族民族教育的重要地位在社会中日益彰显，其共性与特性的研究是这一时期相关学者研究的重点。吕建中的《三川土族地区学校教育的历史与现状》（《青海民族学院学报》1994 年第 3 期）一文，论述了三川土族地区学校教育的历史，并对现存的一些问题进行了讨论。任玉贵的《互助土族自治县土族女童义务教育问题》（《民族教育研究》1995 年第 3 期）一文，分析了土族女童教育存在的各种问题，并对土族女童义务教育提出了

一些建议。白光远的《互助土族的教育需求——对两个土族地区的调查》（《青海民族研究》1999 年第 2 期）一文，依据所调查的资料对土族乡村教育现状、村民的教育需求及学生求学目的等问题进行了讨论，并提出了加速发展土族乡村教育的一些建议。陈永湧的《浅析跨文化教育背景下青海土族青少年品格的发展》（《学理论》2010 年第 22 期）一文，研究了青海土族青少年品德个性的变化，探索了青少年品德与个性发展的规律。

第四节　青海撒拉族研究

撒拉族是青海世居民族之一，聚居于青海循化、化隆地区，民族文化独具特色。1993—2010 年，学界更加关注撒拉族社会，他们利用不同学科的前沿理论与方法，拓宽了撒拉族研究的领域。历史研究有了新的突破，语言学进一步发展，不断有学者将社会学、人类学等诸学科领域的新理论、新方法运用到撒拉族研究中，使撒拉族各领域的研究理论、方法均有了质的提升，取得了可喜的成果。

一、撒拉族历史研究

自 20 世纪 90 年代以来，撒拉族族源及历史研究学者开始用全新的视角和前沿理论与方法对撒拉族历史与族源进行进一步反思和研究。马俊华的《浅谈光绪二十一年河湟起义的原因》（《甘肃民族研究》1994 年第 1 期）一文，对光绪二十一年（1895）在甘肃回族、撒拉族地区发生的河湟起义进行了专题研究，深刻探讨和分析了起义发生的社会背景、历史原因，提出了作者独到的见解。韩中义的《试论撒拉族族源》（《甘肃民族研究》1995 年第 2 期）一文，对撒拉族族源问题提出了新的观点，认为撒拉族先民是撒鲁尔人，是突厥蛮的一支，出自西突厥乌古

斯部的弩失毕五部，而不是芈一之认为的出自葛逻禄。作者认为撒拉族先民的东迁是分两次完成的，第一次是 1221 年，第二次是在 14、15 世纪前后孕勒莽、阿合莽从今阿富汗北部的萨曼甘地区举族东迁至今循化地区，认为他们并非来自撒马尔罕。文章还对芈一之提出的撒鲁尔即撒尔特的说法提出了质疑。马成俊的《土库曼斯坦访问纪实——兼谈撒拉族语言、族源及其他》（《青海民族研究》2001 年第 2 期）一文，是作者等人在 2000 年 10 月访问土库曼斯坦并参加该国首都阿什哈巴德举行的土库曼斯坦国际文化遗产会议期间而作，该文通过国际学术交流所获，分析了撒拉族族源、风俗、语言等，角度新颖，对相关研究具有启发意义。文章根据与会专家的意见，结合土库曼斯坦当地流行着与撒拉族民间流传的"口弦"一样的乐器、与撒拉族族源有关的传说及相关建筑，参照米娜瓦尔在《撒拉语与土库曼语的关系》一文中的比较结果，即撒拉语与土库曼语最接近或相似的结论，认为撒拉族先民是在元初及 13 世纪从土库曼斯坦西部马雷州的"sarahas"地区东迁而来。其《关于撒拉族研究中的几个问题》（《青海民族学院学报》2005 年

第 2 期）一文，更加明确了这一观点，并以语言学等方面的比较结果为论据进行论证。自 2000 年 10 月中国撒拉族代表团第一次访问土库曼斯坦之后，循化、西宁等地各业领军人物、知名人士和专家学者等对土库曼斯坦进行了多次访问并发表了多篇考察报告，对方也有领导和学者来访循化。两地之间的不断交流使双方更加亲密，加上近年来语言学方面的研究成果，强化了撒拉族先民来自土库曼斯坦马雷州的说法，越来越多的学者认同这一观点。米娜瓦尔的《再论撒拉族的族源与形成》（《中央民族大学学报》2001 年第 6 期）一文，认为 13 世纪前半叶第一批孕勒莽部的撒鲁尔人作为成吉思汗的西域签军来到今循化地区，14 世纪后半叶第二批孕勒莽部的人因躲避战乱而东迁来投奔自己的族人。2004 年，芈一之的《撒拉族史》出版，该书引用了大量史料，对撒拉族历史进行了深入分析，是作者几十年来对撒拉族历史文化研究的成果，推动了撒拉族历史研究发展。马明忠的《撒拉族"达鲁花赤"官职考》（《青海民族研究》2004 年第 2 期）一文，对撒拉族历史上的重要官职"达鲁花赤"进行研究，考证了元时撒拉族首领所任"达鲁花赤"为从三品官职。马伟的《撒鲁尔王朝与撒拉族》（《青海民族研究》2008 年第 1 期）一文，对撒拉族族源、东迁时间及原因等历史问题的研究取得了突破性进展。文章运用了大量的中、外文资料，结合作者对土耳其学者的采访资料，厘清了撒拉族先民的历史：对乌古斯、塞尔柱帝国和撒鲁尔王朝等不同背景中的撒鲁尔人的活动进行了介绍，其中包括来源于撒鲁尔土库曼部落中的孕勒莽人在小亚细亚建立的孕勒莽王朝的情况，而令人惊奇的是发现该王朝国旗上所使用的图案右半部分的六角形图案与循化撒拉族地区发现的六角形图案几乎完全相同，作者认为两者有着共同的来源。作者举多个确凿的论据后认为撒拉族先民应该为 13 世纪撒鲁尔王朝的撒鲁尔人，作为

蒙古军队的一部分来到了中国。马伟的《论撒拉族的六角形符号》（《中国撒拉族》2008 年第 2 期）一文，展示了六角形符号在撒拉族人民的精神生活中的重要性和使用的广泛性，而且这种六角形符号与撒拉族族源有关。分析了撒拉族六角形符号的来源、与孕勒莽王朝、以色列和匈奴的六角形符号之间的关系，并认为六角形符号应该是撒拉族先民在 13 世纪前、信仰伊斯兰教后接受的。马成俊的《1781 年教争：地方社会与国家权力》[《广西民族大学学报》（哲学社会科学版）2009 年第 3 期]一文，引用大量历史文献及作者在民间发现的历史文书，研究分析了 1781 年教争及在国家权力的强势压迫下撒拉族传统社会结构被迫重组的历史，认为这些打击与旨在同化的政策，并没有真正缓解撒拉族与朝廷之间的仇恨，反而激起了撒拉族的斗争勇气，在此后的多次起义都证明了"哪里有压迫，哪里就有斗争"的道理。马海云著、李丽琴和马成俊译校的《番回还是回番？汉回还是回民？——18 世纪甘肃的撒拉尔族群界定与清朝行政变革》（《青海民族研究》2009 年第 2 期）一文，以大量的历史文献，梳理和分析了 18 世纪撒拉族族群身份的社会定义与自我认同问题，从新的角度向读者展示了历史上撒拉族所遭遇的波折与被赋予的法律身份。

二、撒拉族人口、经济研究

撒拉族作为全国人口较少民族，其人口、经济在这一时期均得到学界关注，尤其经济研究成果较为丰富。

撒拉族人口研究。撒拉族人口较少，相关研究成果也相对较少。朱浙清的《撒拉族人口现状及特点分析》（《青海民族研究》1995 年第 2 期）一文，分析了撒拉族族源及人口演变、新中国成立后撒拉族人口发展与分布、人口现状与特点，并提出了一些控制人口增长、提高文化素质的建议。郗瑞生、戴玉景、薄岭的《青海撒拉族体质

特征研究》（《人类学学报》1995年第1期）一文，对青海撒拉族210人（男107人，女103人）进行活体测量，总结撒拉族人的体格特征和类型，对西北地区十个民族的十项面部指标的数值进行了比较及聚类分析。该文认为青海撒拉族除具有比较典型的蒙古人种的东亚型民族特征外，还具有本民族的独有特点。刘成明的《撒拉族人口状况分析》（《青海民族研究》2000年第3期）一文，运用历次人口普查的数据，对撒拉族人口的分布、增长趋势、生育与死亡、文化水平、婚姻家庭及产业构成等特征进行了综合分析，并就其发展中存在的问题提出了相关的对策。张天成的《青藏高原地区少数民族学生体质健康状况分析——土族、撒拉族学生1985—2000年体质健康状况的动态分析》（《北京体育大学学报》2002年第4期）一文，利用青海省1985年、1991年和2000年学生体质健康状况调研所获得的资料，对土、撒族学生的体质健康状况作15年的动态观察、对比和分析，旨在为高原少数民族学生体质健康水平的提高提供科学依据。王圻、周凤仙的《青海撒拉族社区人口调查》（《百年撒拉族研究文集》青海人民出版社，2004年）一文，对撒拉族社区人口进行调查研究，并提出与人口发展相关的意见建议。马建福的《青海省循化县民族人口分布》（《青海民族研究》2006年第2期）一文，从循化县人口状况、民族人口分布状况等方面分析了当地各民族之间的关系，也反映了改革开放以来民族人口地理分布的变化。

撒拉族经济研究。马维胜的《循化县乡镇企业发展的分析研究》（《青海民族研究》1993年第3期）一文，对20世纪90年代循化县乡镇企业发展的有关问题进行分析和探讨，提出了一些对策建议。马明良的《撒拉族生产观念与生产实践》（《西北民族研究》1994年第2期）一文，对撒拉族的生产观念及其成因、生产观念对生产

实践的影响等方面进行研究。马维胜的《撒拉族商业述略》（《青海民族学院学报》1994年第3期）一文，回顾了撒拉族商业史，研究了撒拉族商业素质，并对不利于撒拉族商业进一步发展的制约因素进行分析。马维胜的《撒拉族乡镇企业中的家族化现象及其改造》（《青海民族学院学报》1995年第4期）一文，对20世纪90年代正蓬勃发展的撒拉族乡镇企业及其家族化现象进行了深刻剖析，提出必须要对撒拉族乡镇企业进行内部制度创新，对当时撒拉族乡镇企业的发展指明了更为健康的发展路线。马维胜的《撒拉族先民经济文化类型分析》（《青海民族学院学报》1996年第3期）一文，对撒拉族先民的经济文化类型进行了论证，认为其经济属于农业经济文化类型。马维胜、马光辉、马芳的《民族贫困地区呼唤科技——循化撒拉族自治县科技状况调查》（《青海民族研究》1998年第1期）一文，对循化地区的科技状况进行了深入调查，分析了当地科技发展存在的问题，并提出了一些加快科技发展的对策建议。马成俊的《循化县社会经济可持续发展研究》（青海人民出版社，1999年）一书，从人口、农业、教育、乡镇企业、旅游、第三产业、文化、宗教、政权建设等方面对循化县如何实施可持续发展作了非常广泛而深入的研究，提出应走人口、经济、生态、文化与社会相协调、可持续发展的道路。赵春晖的《现代撒拉族社会研究》（民族出版社，2006年）一书，对撒拉族在新时期的经济结构、组织结构、文化教育、宗教结构、婚姻家庭等进行研究，探索撒拉族在大量社会资源的重新分配及社会资源分配体系的重组过程中，其原有社会利益格局的变迁，并试图透过变化纷呈的各种表象揭示与把握新时期撒拉族社会的内在本质、运行规律及发展趋势，从而对正确认识和处理西北少数民族地区的民族关系问题提供一些理论依据。马有忠、马承贤的《循化县民营经济发展现状及对策思考》

（《青海经济研究》2006 年第 6 期）一文，通过对循化县民营经济发展现状的研究，提出了一些进一步发展民营经济的建议。黄军成、王庆福的《青海省循化撒拉族自治县民营企业融资诉求与政策回应》（《青海民族研究》2007 年第 4 期）一文，从循化撒拉族自治县民营企业融资问题的现状出发，针对循化县民营企业发展中存在的融资难问题，探讨了循化县民营企业融资的发展路径，并就解决民营企业融资问题的整体发展思路提出了一些对策建议。石德生的《转型期撒拉族民众经济价值观变迁研究》（《青海社会科学》2008 年第 1 期）一文，通过对撒拉族传统文化及经济价值观的梳理与总结，运用定量分析、定性分析的方法探讨、分析了转型期撒拉族民众价值观的变迁状况。先巴加、马文理的《青藏铁路通车对循化劳务输出的影响及对策》（《中国撒拉族》2008 年第 2 期）一文，通过对青藏铁路通车对循化劳务输出的影响的调查研究，提出了数条对策建议。马明忠、马明春的《北京撒拉族餐饮经济发展调查》（《中国撒拉族》2008 年第 2 期）一文，通过实地考察，对北京撒拉族餐饮经济发展状况进行分析，并提出了一些可行性较强的意见建议。杨卫、杨德的《撒拉族、土族的经济意识对比分析》（《青海师专学报》2005 年第 2 期）一文，从居住环境、地貌物产、信仰等方面对撒拉族、土族做了比较，认为这些因素决定了二者经济意识的不同。翟瑞雪的《论撒拉族商业文化——概念、形成环境及功能》（《东南文化》2007 年第 2 期）一文，对撒拉族商业文化的概念、形成环境及功能进行深入研究。张明的《明清时期循化撒拉族的农业开发及其特点》（《青海民族学院学报》2009 年第 1 期）一文，通过分析历史资料，阐述了循化撒拉族自明清以来在土地开发、水利建设、农作物种植以及园艺业发展等方面做出的贡献。张明的《当代撒拉族的农业经济浅析》（《农业经济》2008 年

第 10 期）一文，则从分析当代撒拉族农业的变化出发，分析了发生这种变化的原因及特点。张永康的《较少民族经济发展模式探究——以循化撒拉族为例》（《知识经济》2010 年第 15 期）一文，通过实地调查，研究循化撒拉族经济发展的现状，总结了循化撒拉族经济发展成功的模式。

三、撒拉族文化研究

撒拉族文化是撒拉族在长期共同生产生活实践中产生和创造出来的物质、精神财富，撒拉族文化反映撒拉族族历史发展的水平，因此受到学界广泛关注。这一时期撒拉族文化研究涉及领域广泛，成果颇丰。

撒拉族文化综合研究。马成俊的《撒拉族文化对突厥及萨满文化的传承》（《青海社会科学》1995 年第 2 期）一文，采用社会调查与文献相结合的方式，对撒拉族文化中一部分既不是伊斯兰——阿拉伯式的，也有别于汉族儒道文化和藏传佛教文化的内容进行研究，认为这些文化成分在很大程度上保留了突厥母文化内容，又在长期发展中或与伊斯兰文化融合，或产生了变异，但仍清楚地保留了突厥母文化的痕迹和胎记。这是学界首次对撒拉族文化对突厥文化、萨满文化的传承进行调查研究。马成俊的《论撒拉族服饰文化》（《青海民族学院学报》2000 年第 3 期）一文，对撒拉族服饰文化的发展源流、演变以及服饰特征进行调查研究，较直观地展现了撒拉族服饰文化及其特征。冯敏的《循化撒拉族自治县文化资源开发研究》（青海人民出版社，2000 年）一书，系统梳理了循化县撒拉等民族的文化、经济、宗教、饮食、旅游、建筑等方面的发展现状及特点，分析了相关领域发展中存在的问题，并就如何开发利用循化特色文化资源提出了一些切实可行的意见建议。马伟的《撒拉族及其文化特征——以青海省循化撒拉族自治县积石镇石头坡村为例》（《青海民族研究》2004 年第 4 期）一

文，从一个撒拉族村落——石头坡村的社会历史发展及其文化特征来透视整个撒拉族及其文化特征，研究内容涉及家族组织、政治斗争、文化特征等。朱和双等的《撒拉族——青海循化县石头坡村调查》（云南大学出版社，2004 年）一书，采用问卷、访谈、个案调查、个人专访、分类调查、实地考察、体质人类学测量等方法，对该村进行了较为系统、全面的研究。全书共 12 章 37 万字，主要内容包括概况与历史、生态环境、人口、经济、政治法律、婚姻、家庭、民间文学、风俗习惯、教育、科技卫生、宗教等。张静轩的《撒拉族民歌及其音乐特征述略》（《青海民族学院学报》2005 年第 2 期）一文，对撒拉族民歌及其音乐特征进行研究，发现撒拉族民歌的调式结构是多样的，但其强调属音到主音，或下属音到主音的调式功能关系，不仅使调式和调性的布局很有逻辑性，而且极具艺术特色和表现力。郭德慧的《撒拉族民间音乐文化构成因素初识》（《南京艺术学院学报》2005 年第 2 期）一文，对撒拉族民间音乐的文化生成背景、文化构成因素等进行了研究。马成俊的《文化遗产与历史记忆——论撒拉族文化遗产的抢救与保护》（《青海民族学院学报》2006 年第 3 期）一文，通过对撒拉族这一人口较少民族的物质文化、口头文化、非物质文化遗产、历史记忆遗产的研究，提出了实施抢救性保护的对策。马成俊的《基于历史记忆的文化生产与族群建构》（《青海民族研究》2008 年第 1 期）一文，运用法国学者莫里斯·哈布瓦赫提出的集体记忆理论，以撒拉族为例，探讨一个民族的历史记忆在其文化再生产和族群建构中所起到的作用，通过对民族历史记忆的研究，深刻展现了撒拉族这一个无文字的简单社会（人口较少民族）借助族群的历史记忆是如何维持族群边界、强化族群意识的现象。李荣的《河湟撒拉族族群文化及特征探析》（《青海师范大学学报》2008 年第 5 期）一文，从河湟撒拉

族的宗教信仰、生活习俗、伦理特征、族群特征及文化模式等方面展示了撒拉族族群文化及特征。王玫的《浅论青海撒拉族民歌的多元文化特征》（《青海师范大学学报》2008 年第 5 期）一文，从撒拉族民歌特殊的历史文化背景、丰富多样的体裁形式及深厚的音乐文化内涵等方面，对撒拉族民歌的多元文化特点和独特的音乐艺术风格进行研究。马有义的《中国撒拉族绿色家园——循化旅游文化》（青海人民出版社，2008 年）一书，在实地调查的基础上，介绍了循化撒拉族丰富的旅游文化资源，主要研究内容包括历史文化、社会组织、民俗风情、民间艺术等。该书以朴实、通俗易懂的文字，向读者展现了循化独特迷人的自然生态环境和社会人文环境，以体现其潜在的旅游文化价值。青海省社科联组织调研并发表的《撒拉族精神研究》（《中国撒拉族》2009 年第 2 期）一文，将撒拉族精神概括为爱国如家、崇尚生活、厚德诚信、敢闯敢拼、自强不息，并分析了其内涵、与中华民族精神的关系、形成、地位、作用等。马成俊的《甘青边界的互惠共同体：循化县各民族生计模式与交流》（《青海民族大学学报》2009 年第 4 期）一文，通过大量文献和社会调查资料，分析了循化县撒拉、藏、回、汉等兄弟民族的经济文化类型，同时研究了循化各族群众在经济上形成的互利互惠关系，认为正是不同的经济生产和交往方式奠定了本地区互助合作的族群关系。周莉的《撒拉族传统体育的内容、渊源及特点》（《青海民族研究》2009 年第 3 期）一文，采用文献资料和田野调查结合的方式，对撒拉族传统体育文化的内容、渊源及特点进行研究。

撒拉族婚俗文化研究。高永久的《论撒拉族个体的成长》（《青海民族研究》2001 年第 2 期）一文，对撒拉族的出生礼、儿童的培养和教育、成年仪式、妇女和老年人等都进行了深入的调查与研究，特别是通过对青海循化撒拉族自治县韩

热木赞老人家庭这一个案的调查与研究，运用具体生动的民族社会学资料，试图揭示撒拉族个体的成长历程。张春秀的《撒拉族"羊背子"习俗透视》（《青海民族研究》2001 年第 1 期）一文，介绍了撒拉族"羊背子"习俗的由来及其使用情况，分析它在制作与使用时隐含的民族性与宗教性，并分析了"羊背子"习俗的社会功能、突厥文化与伊斯兰文化在"羊背子"习俗中体现的文化整合现象，以及"羊背子"习俗在撒拉族中的现实意义。范长风的《生产和传承文化的平台——青海循化撒拉族婚礼口头传承的田野考察》（《民族艺术》2003 年第 3 期）一文，通过对民间老人的采访，研究了撒拉族婚礼口头文化及其传承，对哭嫁的意义等进行了简单的分析。常海燕的《撒拉族"骆驼戏"的历史形态探析兼及民俗文化的生存法则》（《西北民族研究》2004 年第 1 期）一文，结合相关史料，拟测了撒拉族传统戏剧"骆驼戏"产生、发展乃至消逝的历史，并以田野访谈材料为基础，分析了有关民俗事象或民俗符号存在、传承的法则。韩建业的《撒拉族民间文学中的民俗事象》（《青海民族学院学报》（社会科学版）2005 年第 2 期）一文，在田野调查的基础上，分析了撒拉族民间文学中的民俗事象。韩建业的《开发利用撒拉族说唱艺术》（《青海民族研究》2005 年第 1 期）一文，分析了撒拉族说唱艺术的内涵及开发利用撒拉族说唱艺术的可能性和必要性。石德胜的《转型期撒拉族政治价值观变迁研究》（《青海社会科学》2007 年第 1 期）一文，通过对当前撒拉族民众政治价值观的变迁及其特征的研究，分析探讨了撒拉族民众政治价值观的建设路径。韦仁忠的《民族社会学视域中的撒拉族婚俗》（《科技信息》2007 年第 31 期）一文，从民族社会学的视角对撒拉族婚俗进行了简单的评析。鄂崇荣的《守望精神的家园——土族、撒拉族非物质文化遗产保护与开发现状调查》（《中国土族》2007 年冬季

号）一文，对撒拉族的物质文化遗产、历史记忆遗产、口头与非物质文化遗产等进行专题研究，并提出对非遗保护的建议。马伟的《撒拉族婚礼的文化特征、功能及价值》（《青海民族学院学报》2008 年第 1 期）一文，从新的角度研究了撒拉族婚礼的文化特征、功能及价值，考察了部分重要婚礼习俗的来历及发展走向。陕锦风的《撒拉族—回族族际通婚的人类学调查——以循化撒拉族自治县草滩坝村为个案》（《中国撒拉族》2008 年第 2 期）一文，在掌握了大量调查资料的基础上，运用较前沿的人类学理论和方法，从影响族际通婚的群体性因素、个体层次的特性因素等方面深入分析了撒拉族族际通婚及影响因素。王海龙的《青海撒拉族民间音乐调试旋律分析》（《青海民族研究》2008 年第 4 期）一文，从音乐艺术角度，从题材形式、调式等方面分析了撒拉族的民间音乐的特点。张云平的《撒拉族哭嫁歌艺术特征研究》（《探索》2008 年第 2 期）一文，通过文献分析，对撒拉族哭嫁歌及其艺术特征进行研究，并探讨了其内涵表达。马建新的《体现撒拉族尚武精神的狩猎文化——以循化撒拉族自治县孟达地区为例》（《中国撒拉族》2008 年第 2 期）一文，以循化撒拉族自治县孟达地区为例，以观察参与和实地调查为基础，分析了隐含在狩猎文化中的撒拉族尚武精神。马永平的《孟达清真寺的始建历程及宗教活动礼俗》（《中国撒拉族》2008 年第 2 期）一文，在实地调研的基础上，结合相关文献，研究分析了孟达清真寺的始建历程及宗教活动礼俗。马成俊等的《青海民间文化新探》（民族出版社，2008 年）一书，对撒拉族民俗文化进行专题研究。石德生的《转型期撒拉族婚姻家庭价值观变迁探微》（《青海民族研究》2009 年第 2 期）一文，通过对转型期撒拉族婚姻家庭价值观变迁的研究，认为传统文化、传统性因子依然是影响撒拉族婚姻、家庭观的主要因素，现代文化、现代性因子

也已进入撒拉族婚姻家庭观念之中，使得撒拉族婚姻家庭价值观呈现出传统与现代的互动、融合的特点。马艳的《撒拉族妇女经济参与的困境与抉择》（《青海社会科学》2009年第2期）一文，通过对撒拉族妇女经济参与程度的调查研究，提出了提高撒拉族妇女社会参与的有效建议。王海龙的《青海撒拉族哭嫁歌研究》（《青海民族学院学报》2009年第3期）一文，主要通过文献分析，对撒拉族哭嫁歌的表现形式及音乐形态特征、内涵进行研究。

撒拉族建筑文化研究。解立红的《从两个村庄看撒拉族村落建筑文化》（《国际人类学与民族学联合会第十六届世界大会专题会议论文集》，2009年）一文，考察了青海循化县大庄村和上白庄村，认为村委会、清真寺和取水点为村落的三个中心，其空间布局考虑了宗教信仰因素。哈静、潘瑞的《青海"庄窠"式传统民居的地域性特色探析》（《华中建筑》2009年第12期）一文认为，循化县的传统民居现存的主要有"庄窠院"和"篱笆楼"两种，庄窠的建造方式是"打庄廓"，具有鲜明的地域特色，是抵御风寒、防御侵袭的微缩城堡。

四、撒拉族宗教信仰研究

撒拉族基本上全民信仰伊斯兰教，宗教信仰的影响体现在撒拉族社会生活的方方面面，历史上曾因教派问题引发社会矛盾，自20世纪50年代以来受到学术界广泛关注。1993—2010年，在党和政府的正确领导下，撒拉族宗教教派矛盾逐渐缓和，学术界的关注点也逐渐转向对伊斯兰教历史与文化的梳理及其对撒拉族社会的正面影响上。马明良的《伊斯兰教与撒拉族教育》（《西北民族学院学报》1995年第1期）一文，对伊斯兰与撒拉族教育问题进行调查研究。马明良的《伊斯兰教生态伦理观与回族撒拉族环境保护意识》（《青海民族学院学报》1999年第3期）一文，对伊斯兰教生态伦理观对撒拉族环境保护意

识的影响和现实作用进行了研究。马通的《中国伊斯兰教派与门宦制度史略（修订版）》（宁夏人民出版社，2000年）一书，对中国伊斯兰教门宦及其各个分派进行了极为详尽的调查研究。陈进惠的《对撒拉族珍藏手抄本〈古兰经〉鉴定的初步见解》（《中国穆斯林》2004年第6期）一文，从经书的来源、书体、书写技艺、字迹等方面对撒拉族手抄本《古兰经》的书写时间进行了鉴定，认为抄写时间距今大约有900—1000年。李兴华的《循化伊斯兰教研究》（《回族研究》2009年第1期）一文，对循化的历史和循化伊斯兰教的地位进行研究，探讨了伊斯兰教传入循化的时间，分析了循化撒拉族穆斯林聚居区的形成和独特的内部结构、有关制度、祖传手抄本《古兰经》等对这个聚居区形成的促进作用。雷波的《伊斯兰教对循化撒拉族商业活动的影响》［《湖北民族学院学报》（哲学社会科学版）2009年第2期］一文，从伊斯兰教积极、消极两方面的作用，深入分析了伊斯兰教对撒拉族商业活动的影响。

五、撒拉族基层组织和习惯法研究

撒拉族有一些特殊的基层社会组织，如工、孔木散等，它们曾在撒拉族历史上发挥了重要作用。撒拉族同样有一些独特的习惯法，在民间发挥积极调解作用。这一时期，学者们对这些基层组织和习惯法进行研究，并取得不少成就。

撒拉族基层组织研究。韩中义的《撒拉族社会组织——"工"之初探》（《西北民族研究》1993年第1期）一文，从撒拉族工的产生和形成、工的特征和功能、工由前期向后期的转化、后期社会工—土司—嘎最的形成等四个方面进行了研究。通过举例和分析，得出"早期撒拉语中使用过'Qong'这个词"的结论，认为撒拉族先民带有游牧民族的特色，而"工"这个词就是沿用了这个游牧民族对他们原来的帐房居住地的称呼。这是对"工"一词更为深入的研究和论证。该文章对工的特征等方面也提出了新的观点。李

文实的《撒拉八工外五工》（《中国撒拉族》1994 年第 1 期）一文，对撒拉族的"工"一词的来历进行了考证，认为这是来自藏语"Gong"一词，意为"沿河较高处之村落"，研究角度较新，但遗憾的是，没有谈及撒拉语中可能存在的背景或来源。韩中义的《撒拉族"孔木散"和"阿格勒"探讨》（《甘肃民族研究》1996 年第 2 期）一文，从撒拉族的孔木散的产生及其结构、特征、功能等方面进行了深入研究，提出了独到的看法。文章认为撒拉族的孔木散是撒拉族最基层的社会组织之一，处在内部有规律地变化之中，遵循由小到大，再由大到小的秩序发展，变化具有离心力。以撒拉族聚居的自然村落为标准，将调查的阿格勒列成表，在分析了阿格勒的特征、功能和属性后，认为"阿格勒是由血缘关系向地缘关系过渡的社会组织标志"，并指出撒拉族的孔木散和阿格勒在撒拉族社会中占有重要地位。韩中义的《撒拉族"阿格乃"初探》（《青海民族研究》1997 年第 1 期）一文，则将撒拉族的阿格乃描述为氏族，从其产生、特征、义务和权利等三个方面进行了研究，得出"阿格乃是撒拉族最基本的社会组织"的结论。文章对阿格乃的各种禁忌关系进行分析后认为撒拉族阿格乃婚姻中表现有伙婚制的残留。高永久、徐亚清的《论历史上撒拉族的亲属制度及社会组织结构》（《西北师范大学学报》2001 年第 4 期）一文，对撒拉族的舅权制度、阿格乃和孔木散以及工组织进行了研究，认为撒拉族的阿格乃和孔木散组织形式是撒拉族群体认同的社会保证，也是维系撒拉族社会运行的一个基本要素。关丙胜的《对一个撒拉族移民乡村的民族学调查》（《青海民族研究》2005 年第 2 期）一文，在田野调研的基础上，对柴达木盆地中形成的第一个撒拉族村落——乌兰县河东村用民族学的理论与方法进行了研究，这是首次对撒拉族移民村落的学术关注。韩得福的《孔木散：撒拉族基层社会组织研

究》（《中国撒拉族》2008 年第 1 期）一文，对循化撒拉族全部村庄的孔木散逐一进行了调查记录，总结了孔木散的特点和功能，并分析了新中国成立后孔木散的变迁，使得孔木散的研究得到进一步发展。马成俊的《百年诉讼：村落水利资源的竞争与权力——对家藏村落文书的历史人类学研究之一》（《西北民族研究》2009 年第 2 期）一文，从全新的研究视角，首次对撒拉族家藏文书进行研究，文中所提供的家藏文书资料对撒拉族村落民族志研究、土地纠纷，以及地方社会与国家权力关系和婚姻制度研究都具有十分重要的意义。韩得福的《从孔木散的繁衍发展看查加工的形成——兼谈查加工各主要地名的由来》（《青海民族研究》2010 年第 1 期）一文，在大量田野调查的基础上，从孔木散的繁衍发展的角度研究了循化查加工的形成过程，对该地区主要地名的由来的传说进行了梳理。马龙的《撒拉族家庭结构变迁和功能分析——以化隆县初麻村为例》（《中国撒拉族》2010 年第 1 期）一文，从家庭结构的变迁及其特点、家庭功能的延续和变化、家庭关系的转变及面临的挑战等方面分析了撒拉族家庭的变迁。

撒拉族习惯法研究。马伟、马芙蓉的《撒拉族习惯法及其特征》（《青海民族学院学报》1997 年第 2 期）一文，阐述了撒拉族传统社会中的社区组织、政治、宗教、经济等方面的习惯法的基本内容，并对其文化根源和基本特征做了概括，这是学术界首次关注撒拉族习惯法。王佐龙的《撒拉族习惯法规范的当代运行》（《青海民族学院学报》2006 年第 3 期）一文，认为以禁忌为核心的习惯法依然是当代撒拉族社会的基本行为范式，特别在解决纠纷、维护社会秩序等领域具有主导性和相当的可持续性。同时，作为一种非正式制度，在国家法制一统的背景下，撒拉族习惯法体现了通过谋求与国家法的契合而寻求正式制度支持的趋势。韩得福、东文寿的《伊斯兰教法对撒

拉族道德观和习惯法的影响》（《青海民族学院学报》2008 年第 1 期）一文，对伊斯兰教法对撒拉族道德观、习惯法的影响进行了研究。王刚的《伊斯兰继承制度的本土化及其对我国继承法的启示——以青海世居回族、撒拉族继承习惯为例》（《环球法律评论》2009 年第 3 期）一文，对青海回族、撒拉族社会继承习惯，伊斯兰继承制度及其中国的本土化进行深度分析，并进一步概括了伊斯兰教继承制度对我国继承礼法的启示。

六、撒拉族教育研究

历史上，撒拉族重商轻文，导致撒拉族文化教育较落后。1993—2010 年，学术界关注撒拉族教育，探索撒拉族教育存在的问题，深切呼吁撒拉族教育迎来新变化。王振岭的《青海撒拉族回族女童教育面临的特殊困难及克服办法之实践研究》（《西北民族研究》1996 年第 1 期）一文，关注到撒拉族、回族女童教育面临的特殊困难，并提出了一些可行的对策建议。王振岭的《青海撒拉族女童教育研究》（《西北民族学院学报》1996 年第 1 期）一文，深入分析了撒拉族女童教育的现状及存在的问题，并提出发展女童教育的对策建议。马成俊等的《沉重的翅膀——关于循化撒拉族女童教育的调查报告》（上、下）（《青海民族研究》1996 年第 1—2 期）两文，通过大量实地调查和分析，深刻剖析了撒拉族女童教育现状和存在的种种问题，揭示了问题存在的深层原因，提出了解决所面临问题的意见建议，为撒拉族女童教育的健康发展指明了一些切实可行且必不可少的出路和对策，在当时引起了社会各方对撒拉族女童教育的强烈关注。马维胜等的《民族贫困地区呼唤科技——循化撒拉族自治县科技状况调查》（《青海民族研究》1998 年第 1 期）一文，认为循化作为国务院确定的一个贫困县，其落后的原因是多方面的，其中科技的落后是主要原因之一，在分析现状和原因之后，针对性地提出了几条重要建议。吴绍安的《从前清至民国

时期的循化县民族教育》（上、下）（《青海民族研究》1999 年第 1—2 期）两文，通过整理文献数据，介绍了前清至民国时期循化地区的民族教育情况，对当时的撒拉族文化教育、寺院教育研究有重要参考价值。

七、撒拉族族际关系研究

撒拉族处于青藏高原东部汉、藏、土等多民族交界地区，族际关系显得尤为重要，但在 1993—2010 年，相关研究相对滞后，学术成果较少。马伟的《撒拉族与藏族关系述略》（《青海民族学院学报》1996 年第 1 期）一文，从撒拉族的形成发展与藏族的关系以及他们之间在生产技术、生活习俗、语言文化、文学艺术等方面的交流与影响，分析了他们在长期生活中形成的密切关系。从该文中可以看出，在撒拉族的形成与发展过程中，藏族是其最主要的交往伙伴之一，在历史的交往中撒拉族就吸收了大量的藏族文化。丁宏的《回族、东乡族、撒拉族、保安族民族关系研究》（中央民族大学出版社，2006 年）一书，共分为六个部分，其中第三、第四部分分别以青海省循化撒拉族自治县和甘肃省积石山保安族东乡族撒拉族自治县为例，以调查报告的形式，从民族分层、人口结构、语言、宗教信仰、居住格局、族际通婚和民族意识等方面研究了撒拉族与周围各民族之间的关系。马金龙、马建福的《现代化进程中民族地区族际关系研究——以循化撒拉族自治县为个案》（《青海民族学院学报》2008 年第 2 期）一文，通过对循化县民族关系的特点、影响族际关系的因素的研究分析，提出了数条关于如何完善当地民族关系的建议。马明忠的《论多民族地区多维民族关系——以循化撒拉族自治县为例》（《中国撒拉族》2010 年第 1 期）一文，从多维民族关系中人口规模对民族分布格局的影响、多维民族关系形成的历史因素等方面，分析了以撒拉族为主体民族的循化多维民族关系。

第五节　青海蒙古族研究

1993—2010 年，在青海省委、省政府的关怀下，在学者们的努力下青海蒙古族研究有了前所未有的繁荣和发展。从青海蒙古族研究的整体脉络来看，青海蒙古族研究领域不断拓展和夯实，呈现出良好的发展势头。不仅研究成果数量越来越多，研究成果质量和水平也在不断提高，蒙古族语言文化、历史、民间文学、民俗研究等成为青海蒙古族研究领域的优势学科，学术专著（译著）、论文集、资料汇编、论文等陆续出版和发表。

一、蒙古族语言文化研究

青海蒙古族语言文化研究属于极为重要且相对独立的研究领域，近年来在学者们的努力下，涌现了一批重要的学术成果。

贾晞儒的《蒙古语几个方位词语义的确定》（《青海民族研究》1991 年第 1 期）一文，认为蒙古语里方位词是一组既能表示方向又能表示位置的体词，其中相当一部分还同时兼有表示时间趋向的功能。方位词在话语、句子中的具体意义是在基本意义的基础上，由语境、参照点、参照点的性质等几个方面来确定，方位意义的变化是有根据和规律的。乌云才其格的《谈谈青海蒙古方言词》（《青海民族研究》1993 年第 1 期）一文，认为和硕特蒙古迁居青藏高原后由于历史原因，在长达 300 多年的时间里与其他兄弟民族交往与交融过程中，语音、词汇等发生了一定的变化，使之与本民族书面语和其他方言有了一些差异，形成了自己的特点。巴依斯哈力、策仁敦德布的《蒙古语青海方言辞典》（蒙文）（内蒙古大学出版社，1998 年）一书，收录了大量青海蒙古方言特有的词汇，列为词条和条目，并加注音标和语意的注解，为后人提供了一份有价值的青海蒙古语方言的翔实语料。贾晞儒的《青海蒙古语言文化纵论》（青海民族出版社，2006 年）一

书，在撰写内容的安排上分为"语言篇"和"文化篇"两部分，意味着语言与文化是不可分家的。该书认为语言是文化的载体和表现形式，文化是语言的管轨，它们共同贮存并表现着一个民族的文化特质和民族历史。其《德都蒙古语"德吉"的文化内涵及发展演变》（《青海民族大学学报》2010 年第 3 期）一文，研究了青海蒙古语"德吉"一词所赋予的习俗文化、伦理观念、社会功能等延展性特点。乌英其其格的《青海蒙古方言研究》（蒙文）（内蒙古人民出版社，2009 年）一书，认为青海蒙古语方言形成的原因是错综复杂的，有社会历史的原因，也有自然地理环境的原因。青海蒙古语方言研究不但可以为研究古代蒙古语提供充分的语料依据，而且因为方言是语言与文化互动的结果，是文化的接触与扩散，对于研究民族文化关系史、民族学、社会学等人文社会科学，也有着重要的论证价值。

二、蒙古族历史研究

青海蒙古族历史研究曾是青海蒙古族研究领域的短板，近年来在本民族学者及其他民族学者的共同努力下取得了不俗的成绩。

芈一之的《青海蒙古族历史简编》（青海人民出版社，1993 年）一书，以唯物主义史观为指导，实事求是地论述了青海蒙古族 700 余年的历史，阐明了其历史演进过程和发展规律。全书前有引言，后附蒙古王公世袭表和历史大事记，书中插图为青海蒙古 29 旗分布示意图，书首有历史文物图片 13 幅，该书采用编年体方法，以时间发展为脉络，对蒙古族在青海活动的历史做了详细的论述。哲仓·才让的《清代青海蒙古族档案史料辑编》（青海人民出版社，1995 年）一书，从中国历史档案馆清史档中抄录了有关青海蒙古族的档案资料，其中集中地辑录了有清一代

在青海蒙藏两族争占牧地纠纷和抢劫案件的奏稿和批示，举凡青海办事大臣、陕甘总督、驻军提镇和都统经历查办及对此项事件处理意见的奏报等件。并对其中抄写错讹与缺漏字句，作了订补，并加以标点，首尾俱全，便于查考，甚有裨于实用。王才华的《德都蒙古起源及其历史演变过程》（蒙文）（内蒙古人民出版社，1999年）一书，在对元以来陆续进入青海地区的蒙古族进行了详细的历史溯源的基础上，对青海蒙古族兴盛及衰败历史作了客观评述。其中，重点对明、清及民国等历代封建王朝对"德都蒙古"的统治政策做了客观的分析和研判。古·才仁巴力的《〈青海蒙古会盟法典〉初探》[《内蒙古大学学报》（蒙文版）2003年第6期]一文，以专著《青海卫拉特蒙古联盟法典》所涉及的内容为研究对象，对青海蒙古族地区所实行的法律及特点，以及蒙、藏民族间法典关系等进行了分析和研究。古·才仁巴力的《青海蒙古杰出的历史人物多尔济达赖巴图尔珲台吉》[《内蒙古大学学报》（蒙文版）2005年第4期]一文，根据蒙、藏、汉文献资料，总结归纳了青海蒙古历史人物多尔济达赖巴图尔珲台吉的生平事迹，认为多尔济达赖巴图尔珲台吉是青海蒙古族历史上杰出的政治家。牛海桢、李晓英的《简论清朝初年对青海蒙古的政策》（《兰州大学学报》2007年第2期）一文，从历史文献中梳理了清王朝对青海蒙古实行的政策，从而证实了清朝民族政策中武力征服是其重要手段。红峰、哈立新的《论马氏统治时期青海蒙古地区税收情况》[《中国蒙古学》（蒙文版）》2008年第6期]一文，就民国时期青海蒙古族在地方军阀马氏家族统治下的赋税种类和制度进行了梳理。韩官却加的《青海蒙古族部落的变迁与衰落》（《青海民族学院学报》2008年第3期）一文，就青海蒙古族的由来、发展以及衰落的历史做了考察。认为青海蒙古族是元、明、清以来，陆续从内蒙古、新疆等地迁移

而来的。经过明朝的军事打击和清朝罗卜藏丹津的反清失败，再加上频繁的疫灾、酷吏和兵乱的袭击，20世纪初，青海蒙古族逐渐衰落。才仁巴力、青格力的《青海卫拉特联盟法典》（蒙文）（民族出版社，2009年）一书，以民间搜集到的手抄本《青海卫拉特蒙古联盟法典》为研究对象，对其内容进行了复原与分析，内容涉及宗教、刑事、民事、行政、司法审判制度、社会风俗习惯等多方面。作者认为《青海卫拉特蒙古联盟法典》是一部较完备的民族法典，在青海蒙古民族法制史上具有较高的学术地位和研究价值。艾丽曼的《青海河南蒙古盟旗制度论略》（《青海社会科学》2009年第1期）一文，研究了1723年和硕特部亲王罗卜藏丹津反清失败后，清朝把青海蒙古收为内藩，设立盟旗制度，将河南蒙古划分为四旗，这一制度的建立对河南蒙古族社会产生了巨大影响。古·才仁巴力的《青海蒙古族部落的溯源与演变特征》（《青海民族研究》2009年第2期）一文，以青海海西蒙古旗台吉乃尔蒙古部姓氏为例，梳理和研究了自13世纪以来进驻青海的蒙古族部落分支、氏族溯源、演变过程等。

三、蒙古族民间文学研究

青海蒙古族民间文学，内容丰富，题材多样，是极其珍贵的非物质文化遗产。近年来，关于青海蒙古族民间文学的搜集整理和翻译出版的成果也较多见。

史诗研究。道照日格图的《英雄史诗汗青格勒研究》（蒙文）（内蒙古人民出版社，2001年）一书，从多种学科、采用不同研究方法解析了史诗《汗青格勒》，内容包括传播范围、文学符号、文化生态、翻译、编纂、艺人、史诗部本、民间信仰、遗迹遗物、民间信仰等。跃进的《青海蒙古族格斯尔传说》（蒙文）（内蒙古文化出版社，2003年）一书，重点整理与汇编了流传于青海蒙古族地区的不同版本的格斯尔传说，并就其版本

特征、语言风格和民俗文化等进行了分析和研究。格日乐的《史诗汗青格勒几种异文的比较研究》（蒙文）（西北民族大学 2005 年硕士学位论文）一文，以德都蒙古特有的英雄史诗《汗青格勒》为专题研究，以文学比较研究为主要研究方法，对史诗《汗青格勒》的几种异文进行了比较研究。玉梅的《史诗〈道利精海巴托尔〉及它所蕴涵的蒙古族民俗文化之韵》（蒙文）（中央民族大学 2007 年硕士学位论文）一文，以青海蒙古族英雄史诗《道利精海巴托尔》为研究对象，对比分析了目前所搜集到的七种文本母题，并探寻了其最原始的母题与古老情节。呼和的《从英雄史诗〈汗青格勒〉看古代蒙古人民俗文化》[《内蒙古社会科学》（蒙文版）2008 年第 4 期]一文，从民俗学的视角探索性地探讨和思考了青海海西蒙古族英雄史诗《汗青格勒》所蕴含和映射的民俗文化现象。杜荣花的《德都蒙古史诗婚俗研究》（蒙文）（中央民族大学 2009 年硕士学位论文）一文，以德都蒙古英雄史诗所体现的婚俗为专题，重点比较分析了几部具有鲜明地域特色的德都蒙古史诗中所体现的婚俗及德都蒙古现存的民间婚俗文化。

文学研究。傲东白力格的《谈谈青海蒙古歌谣的兴体构造及其特点》（《青海民族研究》1998 年第 1 期）一文，认为青海蒙古族歌谣是青海蒙古族人民在长期历史过程中集体创作、口头传承的一种艺术形式，是蒙古族口承文化重要且具有基础性地位的组成部分。文章从青海蒙古族歌谣兴体构造及其特点、类型等进行了分析与研究。才布西格的《美尔根特门传说研究》（蒙文）（内蒙古人民出版社，2004 年）一书，认为蒙古族民间传说"美尔根特门传说"是一个海西蒙古族家喻户晓的富有神话色彩的传说；它起源古远、流传广泛、内蕴丰富、表现形式多彩多姿，是为广大人民群众所喜闻乐见的民间传说之一；它与蒙古族传统的文学、民俗、宗教、历史

等文化样式都有着密切的关联。崔玲玲的《青海台吉乃尔蒙古人人生仪礼及其音乐研究》（中央民族大学出版社，2006 年）一书，借鉴民俗学中有关人生礼仪的研究理论，以台吉乃尔蒙古人的人生礼仪及仪式音乐的实际情况为基础，结合其传统观念，制作研究模式图，进行分析、解释。即将台吉乃尔蒙古人人生礼仪的总体，看作一个完整的圆圈，从中间分开，上半部分为人们由生到死的过程中的礼仪，称其为信仰礼仪。这部分礼仪的总和，体现出一个台吉乃尔蒙古人传统观念中完整的人生礼仪过程。额尔登别力格、跃进的《青海蒙古族民间文学研究》（蒙文）（民族出版社，2008 年）一书，分几个章节分别搜集整理和介绍了青海蒙古族祝赞词、民间谜语和民间谚语、民间故事和神话传说、英雄史诗、民间艺人，从而较全面、系统地研究了青海蒙古族民间文学内容、研究现状和特征。跃进的《青海蒙古族民间口头文学集锦》（蒙文）（内蒙古教育出版社，2008 年）一书，整理记录了青海蒙古族人民从古至今口口相传的民歌、献词、祭词、招福词、英雄史诗、神话传说、民间故事、谜语、谚语等内容。同时，书中还收录了一批蒙古族民间艺人传记。

四、蒙古族民俗文化研究

青海蒙古族民俗文化丰富，且传承和保存较好，一直是学者们关注的焦点和研究的重要领域，研究成果也较为丰硕。

饮食文化研究。韩官却加的《青海蒙古族食俗琐谈》（《青海民族研究》1990 年第 4 期）一文，重点介绍了青海蒙古族饮食习惯、种类、特点及所蕴含的文化内涵，在此基础上分析了历史发展过程中的饮食文化流变特点。哈乌兰巴托的《试论青海蒙古人敬献"德吉"习俗及其渊源》（《内蒙古民族大学学报》2006 年第 5 期）一文，从对青海德都蒙古族"德吉"一词的解释和"德吉"习俗入手，全面探析了"德吉"这一蒙古族

古老习俗和神圣礼节的产生、内涵以及变迁。乌云才其格的《简述海西蒙古族饮食文化的演变和特点》（《青海民族研究》2008年第3期）一文，从青海蒙古族饮食文化着手，对海西蒙古族肉食文化、乳食文化、面食文化的演变和特点进行了探讨，认为海西蒙古族饮食文化的结构及其文化内涵在现代文明进程中，将成为蒙古族现代化的重要组成部分。

服饰文化研究。萨仁格日勒的《青海蒙古喇嘛服饰文化研究》（蒙文）（内蒙古文化出版社，2004年）一书，对青海蒙古族喇嘛服饰种类进行了详细分类，阐释了青海蒙古族喇嘛服饰所蕴含的文化意义，对其文化意义即服饰意义、宗教意义和民众给予的文化意义等三种意义概念进行了分析与研究。红峰的《青海地区蒙古族服饰述略》（《青海民族研究》2004年第1期）一文，从蒙古族进入青海的不同历史阶段，简略地叙述了青海蒙古族服饰文化形成的历史脉络及形成后随着地域、自身的发展和周边民族的不同而又形成独特的服饰文化。艾丽曼的《青海省河南县蒙古族服饰的演变及其文化内涵》（《青海民族学院学报》2008年第4期）一文，揭示了河南蒙古族服饰发展演变的过程及其所蕴含的文化内涵，认为受历史、社会、地理等因素的影响，同一个民族的服饰在不同时期、不同地域亦会有不同表现，甚至发生极大变化。

人生礼俗研究。苏依拉的《当今青海和硕特蒙古人的家庭及其民俗现状的调查研究》（《西北民族研究》1995年第2期）一文，从家庭结构与家庭成员构成、家庭民俗现状与变化、亲属称谓和家庭关系三个方面，研究了当今青海和硕特蒙古人的家庭及其民俗现状。其《青海蒙古族妇女的生育习俗与生育观》（《民俗研究》1997年第1期）一文，认为有关青海蒙古族妇女的生育习俗虽有资料零星记载，然而至今却未见有人对其进行完整而系统的专题调查与分析研究；尤其

在当今改革开放、实施计划生育国策的过程中，生育习俗与生育观现状及变化的研究，可谓空白。作者就此问题，在实地调查获取第一手材料和参阅了有关资料的基础上写成此文。旨在引起有关方面关注，共同探讨提高西蒙古妇女地位，寻找提高人口素质的途径。红峰、阿拉腾其其格的《青海柴达木蒙古族婚礼仪式与象征》（《青海民族研究》2007年第4期）一文，对青海柴达木蒙古族的婚礼仪式及其象征意义作了重点描述，并分析了青海柴达木地区蒙古族婚礼仪式及其文化象征功能。项秀才让、李朝的《青海德都蒙古族剪发礼及其人类学解读》（《青海师范大学学报》2009年第4期）一文，就德都蒙古的剪发礼进行了田野考察和记录，并就其人类学意义进行了分析，认为在这样一个典型的通过仪式上，首先是认可孩子作为正式的社会成员，肯定这个孩子在族人中身份和地位的合法性；其次是作为对社会新成员生存和成长的关心，为这个孩子提供最基本的生产生活资料，做好正常生活和生计的基本准备。艾丽曼的《蒙藏风格参半的青海河南蒙古族自治县婚俗调查》（《青海师范大学学报》2010年第2期）一文，考察了河南蒙旗蒙古族婚俗，认为因其特殊的历史发展背景与文化涵化过程，使河南蒙旗蒙古族婚俗形成了既不同于卫拉特蒙古也不同于青海藏族的特点。

民俗信仰研究。僧格的《青海蒙古族"羊甲骨卜"及其民俗——卫拉特民间巫术调查之一》（《西北民族研究》1989年第1期）一文，指出羊胛骨卜，即羊胛骨为卜具的占卜术。史称"灼羊胛骨""炙羊膀"，亦称"羊骨卜"。这种古老的占卜术，曾在中国古今不少民族如契丹、蒙古、彝、藏等民族中盛行，影响深广，有些民族至今还有残留。作者依据在青海蒙古人中调查的若干田野材料，对这一习俗做了描写，田野调查了一个单一民俗事象。僧格的《蒙古人的飞禽崇拜——基于青海蒙古田野调查》（《西北民族研究》

1997 年第 2 期）一文，指出蒙古人的与飞禽有关的各种认识、观念、习俗和神话传说以及造型艺术等组成了一个独特的、绚丽多彩的原始崇拜文化。文章基于较丰富的田野考察资料和中外文献中的有关史料，从文化人类学的角度把原始崇拜分为神鸟、土鸟和候鸟三大类加以描述的同时，对其产生的原因、传承与衍变涵与外延作了文化透视。韩官却加的《青海蒙古族的原始崇拜及生态价值观》（《青海民族学院学报》2009 年第 4 期）一文，认为蒙古族对神灵与自然生态的崇拜以及其游牧社会特有的生产、生活方式等作为社会生活经验的传统环保意识与习俗行为是在长期的生活和生产实践中形成的，是理性思维的产物，它不仅适用于传统社会，也适用于现代社会。红峰的《青海蒙古族信仰文化述略》（《青海民族研究》2001 年第 4 期）一文，认为青海蒙古族信仰藏传佛教，但同时又保留了某些古老的信仰文化，有的甚至遗传至今。文章就此进行了概略的记述。此外，萨仁格日勒的《上蒙古风俗志》（蒙文，内蒙古人民出版社，1990 年）一书，以德都蒙古各地风土人情、乡俚民风为研究内容，着重介绍了"德都蒙古"居住、饮食、服饰、生产、交通、婚姻、家庭、村落、岁时、节日、丧葬、宗教、道德、礼仪、口头文学等风俗民情。

五、蒙古族社会变迁研究

社会变迁研究是青海蒙古族研究新拓展的领域，近年来学者们对此表现出了较大的热情。

傲东白力格的《台吉乃人的民俗变迁（1990—1995）——兼论"民俗网络"概念》（《西北民族

研究》1996 年第 2 期）一文，以台吉乃尔蒙古人为研究个案，较为详细地研究了近一个世纪台吉乃人的民俗网络及其变迁趋势。南文渊的《可可淖尔蒙古走向边缘的历史》（辽宁民族出版社，2007 年）一书，以青海湖东北隅草原和硕特蒙古群科札萨旗等四旗的历史活动为线索，记载了 17 世纪初到 20 世纪青海蒙古族社会和文化的变迁过程。从比较研究和文化变迁的角度探讨了青海蒙古族民族文化的变迁，对走向边缘化的特征做了分析。南文渊的《青海蒙古族历史发展与文化变迁》（《青海民族学院学报》2008 年第 3 期）一文，重点论述了青海湖地区蒙古族的历史发展过程、民族文化变迁和标志性文化发生变异的原因，梳理了青海蒙古人生存地域的变更、生态环境与生存方式的更替及民族文化的变迁过程，艾丽曼的《论青海省河南蒙旗文化变迁的影响因素》（《青海师范大学学报》2009 年第 1 期）一文，指出河南蒙古族自治县由于受到社会环境的变化、地理环境的制约、藏传佛教的信仰等诸多因素的影响，河南蒙古族在语言、服饰、饮食、习俗等方面已经发生很大改变，与当地藏族基本相似。同时，文章还对影响河南蒙古族文化变迁原因做了分析。僧格的《转型期西蒙古牧区社会生活变迁的实证研究——基于青海蒙古牧区的实地调查》（《西北民族研究》2009 年第 2 期）一文，基于青海蒙古牧区社会实地调查材料，分析和描述了牧区人口和家庭模式、定居点建设、家庭收入渠道、生活设施以及牧民财富观念的转变、社会交往和信息流通等。

第六节　青海汉族、哈萨克族及其他研究

20 世纪 90 年代以来，青海学界对世居民族历史文化进行了系统的梳理和归纳，其中多部民俗志、著作对青海汉族及其他世居少数民族的民俗文化、亲属称谓、民居、饮食、服饰、岁时节

日、人生礼仪等习俗进行了翔实的介绍和整理。其间，青海哈萨克族、边缘穆斯林群体等研究取得了一定成就，青海哈萨克族研究主要集中在其迁徙史及定居后的经济社会文化研究，"托茂人"

和"卡力岗人"等问题也成为青海边缘穆斯林群体研究的主要方向和领域。

一、青海汉族研究

汉族是青海的世居民族，也是主体民族，青海汉族研究内容广泛，主要集中于族源、变化和发展、风俗民情和语言文化等方面。

族源及发展研究。 吴承义的《青海汉族溯源》（《西北史地》1994年第3期）一文，根据民间资料和历史史实，对汉族四次大规模进入青海地区的历史进行了探讨，认为汉族自汉代陆续入青，融合了汉代军伍、隋唐兵卒、明代屯民军户和流官以及全国各地商客，至明代逐渐成为青海主体民族。芈一之的《青海汉族的来源、变化和发展》（上、中、下）（《青海民族研究》1996年第1—3期）等多篇文章，认为青海汉族的历史悠久且影响深远，在研究青海地方和民族史时，汉族研究是不可忽视的，文章分时期对青海汉族来源、发展等问题做了历史探讨，并提出青海汉族史、地区史、地区民族史研究应放在祖国统一和发展的前提下，放在整个大的历史背景中才能看到其全貌，而且汉族的繁荣发展是与其他兄弟民族同步前进的，在发展中不能忽视民族团结、互相帮助、平等相处、共同发展。贾伟、李臣玲的《试论两汉时期青海汉族人口迁移》（《青海民族研究》1999年第3期）一文，着重讨论了汉族在两汉时期的迁移过程及其来源、类型、管理、分布、特点等相关问题。石德生的《明初湟水流域汉族社会初探》（《青海社会科学》2005年第6期）一文，通过研究明朝初期中央对湟水流域的施政，探讨了湟水流域汉族社会的兴起、形成和性质特征，并进一步分析了明初湟水流域汉族的身份、来源及分布格局，认为明初湟水流域的汉族社会是军事型堡寨社会，它的兴起和发展对后世汉族社会及现今湟水流域汉族的居住格局影响较大。霍福的《"南京竹子巷"与青海汉族移民——民族学视野下民间传说故事

的记忆和流变》（《青海师范大学民族师范学院学报》2006年第2期）一文，运用文本资料和民俗资料，对"青海汉族来自'南京竹子巷'"传说、青海汉族历史及人口变迁进行了解读，认为周期性的文化活动借助其宣教功能使一个宗教记忆符号形成了一个汉文化影响圈，并使周边其他民族认为是信史。马成俊的《循化汉族社会文化的建构：从河源神庙到积石宫》（《青海民族学院学报》2009年第2期）一文，通过家族记忆叙事、志书史料探讨了循化汉族的来源、庙宇修建历程，并阐释了在历史记忆下地方修建和重建的"积石宫""河源神庙"等庙宇对族群意识重构的潜在价值。

风俗及信仰等研究。 朱世奎的《青海汉俗的建构特色及意蕴》（《青海社会科学》1994年第6期）一文，分析了青海汉族习俗的建构特点及其哲理意蕴，归纳出青海汉族民俗具有保守性、变通性、交融性及互补性的特点，并透过大量实例考察，阐述了青海汉族文化的一些基本价值观，如对待生死、贵贱、庄与谐及男与女等的认识哲理意蕴。李存福的《青海汉族社、祖同祭习俗探议》（《青海社会科学》1997年第1期）一文，通过对青海汉族社、祖同祭习俗的梳理，认为该习俗具有祈求丰收、子孙繁衍的双重目的，并强调了其加强宗族意识、进行传统教育、调解纠纷、规范族人言行等社会功能。都兴宙的《青海汉族的"社日"风俗及其他》（《青海民族研究》1998年第4期）一文，探讨了青海汉族"春社""秋社"习俗的形成、发展，并认为两个"社日"是青海汉族极为重视的节日，不论是保留至今的青海汉族"社日"风俗，还是古代"社"活动的遗存，其文化内涵都十分广博和深厚，值得挖掘探讨。蒲生华的《青海婚俗中的媒妁文化浅析》（《青海民族学院学报》2001年第2期）一文，通过对青海世居民族婚俗中"谢媒""骂媒"等习俗的分析，探讨了媒妁职业存在的利

弊，认为谢媒、骂媒现象实质上是媒人在男女联姻中积极作用和消极弊端的折射，它们的存在同样合乎情理。其《河湟汉族婚俗中抢婚文化的"遗留物"》（《青海民族研究》2005 年第 3 期）一文，就青海河湟汉族婚俗中的闭户拒纳，藏匿物件；昏时嫁娶，挑灯引路；涂扮公公，妆抹"阿伯"；酒醅设擂，拇战争胜等习俗惯制展开分析，认为这些民俗事象是古代抢婚文化的遗留，强调抢婚虽已成为过去，但如今抢婚形式所具有的原生态仪式及文化内涵在许多地区的婚俗中仍以不同方式保留。张维珊的《青海汉族酒文化漫谈》（《中国土族》2003 年第 3 期）一文，通过对青海互助红崖子沟乡一个汉族人家的实地考察，从酩馏酒的酿造方法、酒曲词令、岁时年节的饮酒习俗、酒香四溢的烧坊、精巧别致的酒具等方面解读了青藏高原传统的青稞酒文化。南德庆的《青海乐都地区汉族寿礼习俗研究》（《青海民族研究》2006 年第 3 期）一文，采用实地调查研究方法对青海乐都地区汉族寿礼习俗的仪式、由来及功能进行了探索性研究，作者认为虽然随着社会经济的发展，子女对父母老人的祝寿方式发生了改变，但在尊老、敬老等中华民族优良传统的引导下祝寿礼仍会代代相传。张海云、宗喀·萧正冈布的《神圣和世俗间的信仰之旅——青海贵德汉族信仰习俗研究》（《青海社会科学》2006 年第 5 期）一文，以青海贵德汉族为例，通过探讨其祖先崇拜、泛神崇拜和自然崇拜，研究了青海汉族信仰及信仰体系中的多元文化碰撞和文化共融，认为青海汉族信仰习俗并非泾渭分明，信仰的多元化不仅利于情绪平和，使汉族社会生活丰富、灵动活泼，而且从其侧面也体现了汉族对异文化的宽容。

二、青海哈萨克族研究

哈萨克族在历史上因受到多种因素影响，迁徙较为频繁，民族交往、交流、交融活跃。关于青海哈萨克族研究文献较丰富，多以哈萨克族在青海极具复杂和曲折性的迁徙史、青海哈萨克人民定居后生产生活方式、社会文化的"调适""反调适"现象等为基础进行研究。

迁徙史研究。早期，中国人民政治协商会议青海省委员会文史资料研究委员会编印的《青海文史资料》（第 20 辑）中多篇文章记述了当时青海哈萨克族的发展状况。青海民族学院民族研究所编的《青海民族宗教工作 1949—1992》（青海人民出版社，1994 年）、青海省地方志编纂委员会编纂的《青海省志·民族志》（民族出版社，2008 年）和新疆等省外地区关于研究哈萨克族、突厥人迁徙史等问题的书籍、文献都叙述和梳理了部分哈萨克人迁居青海境内的历程及其与当地各民族之间的遭遇。生活在新疆北部的哈萨克人民为逃避贫困生活和军阀的压迫与剥削，从 1934 年起开始东迁至甘青境内，在青海散居于海西柴达木尕斯、希里沟以及共和县恰卜恰地区，1949 年后生活趋于安定，然而受气候、习俗、生活方式、通婚等因素的影响，1984 年他们再次迁居北疆各地，但因回迁后的田地、草场以及生活习惯变迁等因素，1985 年部分哈萨克人陆续又返迁青海格尔木地区。青海省编辑组、《中国少数民族社会历史调查资料丛刊》修订编辑委员会共同编著的《青海省回族撒拉族哈萨克族社会历史调查》（民族出版社，2009 年）一书，专列"部分哈萨克族迁徙青海调查"一章，分"哈萨克族的迁青""长期的流浪和斗争"等四个部分，调查、简述了哈萨克族的迁徙史、民族安置情况和工作。21 世纪初，迁出又返迁的青海哈萨克族结束了十余年的流浪生活，部分被安置于海西州大柴旦马海地区，部分迁回新疆奎屯，至此，马海村成为青海唯一哈萨克族村庄，生计方式以畜牧业为主，少量务工、经商。

定居后社会经济、文化等研究。哈萨克族长期的迁徙，引发了民族主体"在位""缺场"的反复空间移位。谢承华的《〈在那遥远的地方〉

历史拾零》（《柴达木开发研究》2003年第2期）一文，记述了青海哈萨克人民不仅勤劳、勇敢、热情且具有独特的艺术天赋，并认为青海哈萨克族人民虽然在不断迁徙，过着流浪的生活，但仍然保持乐天、追求自由的民族性格。王洛宾先生也曾在青海西宁记录哈萨克族民歌，以哈萨克族音乐素材为基础结合自身经历创作了很多体现青海文化底蕴的歌曲。喇海英的《马海村新农村建设调研报告》（《柴达木开发研究》2008年第6期）一文，总结了2002年新疆返青哈萨克族群众被安置后建村以来的基本情况、主要做法成效、存在的问题，并针对推进马海村各项事业全面发展提出了对策和建议。徐如明、僧格的《变迁与调适：青海哈萨克族生产生活八十年》（《北方民族大学学报》2010年第4期）一文，基于"调适"观点，从家庭收支、拥有牧畜情况、教育、政治参与、族际交往等方面描述了青海哈萨克人目前的生产、生活状态及面临的困境，期望更多部门、学界介入并予以关注和研究。

三、青海边缘化穆斯林群体研究

青海地区存在一部分独特的民族群体，他们虽保持穆斯林群体的伊斯兰文化特征，但饮食、服饰等生产生活习俗，以及语言文字、心理等方面却与青海蒙古族、藏族基本相近。因青海边缘化穆斯林群体独特的民族属性和多元性文化特征，学术界对他们的历史来源、生活方式及民族文化的认识、讨论不尽统一。

（一）"托茂人"研究

"托茂人"是生活在青海、新疆和内蒙古部分地区的一个特殊族群，人口较少，自称"托茂""托茂家"，他称"托茂人"等，在青海主要居住于海北藏族自治州海晏县、祁连县、门源县及西宁市湟中区等地。早在20世纪30年代，"托茂人"就引起了学界关注，对其历史来源、社会文化、宗教习俗等方面研究较多。

"托茂"一词及族源研究。学术界关于"托茂"一词的起源和内涵研究并无统一观点，部分学者支持"自称说"，认为"托茂"是族称，有"英勇无比"的意思。孙滔的《青海回族源流考》（《回族研究》1999年第4期）一文，坚持"托茂"一词属译音，认为"托茂"是汉文"土麻""秃满""秃马""秃马惕"的不同异译，并将其划分为青海回族的一支，原为蒙古草原突厥语部落。丁明俊等的《青海托茂人族源与族群关系探析》（《宁夏社会科学》2005年第6期）一文及王野苹、王建斌等学者赞同"地名说"，同时在他们的文章中也简要概述了"托茂人"族源等问题。杨德亮的《托茂及其族源考证》（《西北民族研究》2008年第4期）一文，则否定"地名说"和"汉语'脱蒙'说"，倾向于"托茂"一词由部落名称演变而来的观点。马生林的《托茂人及其宗教信仰》（《西北民族研究》2002年第4期）一文，整理和总结了"托茂"名称与托茂人的源流学说，对其历史渊源、宗教信仰和现状进行了论述，认为"托茂"一词的地名说和部落说可靠性较大、比较符合事实。

文化认同及生活现状研究。进入21世纪，学术界逐渐开始关注青海托茂人的文化认同与生活现状，对其研究也开始多样化，托茂人社会文化、宗教习俗、文化身份认同等研究频现。杨德亮多关注托茂人的社会变迁和文化认同，其《青海"托茂家"的族群认同与文化适应》（《青海民族研究》2008年第4期）一文，提到"托茂家"作为边缘性穆斯林群体，在蒙回边缘维持自我的族群认同，在现代化的作用下，其文化与回族群体逐渐趋同。其《蒙回信仰春秋——托茂人伊斯兰信仰的历史与现状调查》（《青海社会科学》2009年第2期）一文，论述了托茂人宗教信仰的历史演变和在民族化进程中的发展现状，指出托茂社区宗教信仰在回族化的同时，也受到了经济大潮的冲击影响。其《论青海托茂人经济生产的历史与现状》（《中南民族大学学报》2009 年第 3 期）一文，通过论述青海托茂人经济生产生活方式的变迁，反映出其文化的主流化和现代化。不同于其他畜牧业民族，他们除从事畜牧业生产之外，还进行副业等多种经济生产，在市场经济的推动下托茂人的经济生产走上了市场化发展。王建斌的《青海地区托茂人的社会变迁研究》（《青海民族研究》2006 年第 1 期）一文，梳理了青海地区托茂人经济家庭结构、生活习俗、宗教生活的变迁，并对引起其社会变迁和文化适应的自然生态环境、社会生产方式、民族价值观念等因素进行了认识和思考。王建斌、买买担祖皮的《论蒙文化对"托茂人"族群的影响》（《喀什师范学院学报》2008 年第 5 期）一文，从生产生活方式、风俗习惯、语言等方面论述了蒙古文化对托茂人族群形成及其文化的影响，探讨了托茂人文化涵化和文化适应问题，认为托茂人群体处于多元文化共处、杂处的社会背景下，族群文化必然存在多元性和复杂性。

（二）青海卡力岗人研究

早在 20 世纪 20 年代，一些前往甘青考察的学者就已开始关注"卡力岗"现象并做了零星记录，直至 20 世纪 80 年代，该现象被系统研究并涌现了大量研究成果，主要涉及青海卡力岗人族属和生活现状等内容。

族源、族属研究。关于卡力岗人族源、族属问题的研究争论较多，有土著藏人改信伊斯兰教说、西夏说、穆斯林入居藏区说、藏穆通婚说等，未形成统一的研究定论。早期，李耕砚、徐立奎提出了卡力岗人为"昔藏今回"观点，安才旦对其进行质疑，继而展开了族源问题争论研究。马秀梅的《青海化隆操藏语回族调查》（《青海民族研究》1994 年第 2 期）一文，认为卡力岗操藏语回族的主体部分是以进入藏区的回族先民为主，回藏通婚和藏族皈依伊斯兰教是支干部分，不能离开化隆操藏语回族的整体孤立地

研究卡力岗回族。马学仁的《从藏族走向回族的穆斯林——来自卡力岗地区的田野调查》（《西北民族研究》2000 年第 2 期）一文，将卡力岗人称为"藏回"，认为他们是一支原信奉藏传佛教的藏族，后经过两百余年的变迁，部分藏族改信伊斯兰教，进而演变成回族。马宏武的《信仰变异与民族特征——卡力岗回族民族特征浅议》（《青海民族研究》2002 年第 2 期）一文，认为卡力岗人原为藏族，由于信仰了伊斯兰教而随了回族，文章通过分析卡力岗人的宗教活动、生活习俗、语言文字等，指出伊斯兰文化塑造了卡力岗人的民族精神，但保留了部分文化特质，形成了独特的民族特征。沈玉萍的《卡力岗现象及其分析》（《西北第二民族学院学报》2003 年第 4 期）一文，指出"卡力岗"现象是藏穆两种文化交汇、融合的例证，但这种现象不是个别，而是在许多国内外民族杂居地区都会存在，该现象表现了藏族和穆斯林之间深层次的交流往来关系，也反映出了中华各兄弟民族"你中有我，我中有你，谁也离不开谁"的事实。桑才让的《卡力岗"藏回"现象的再调查与研究》（《宗教与民族》2007 年第 1 期）一文，对本课题的相关研究现状进行了整理总结，重新考察了卡力岗"藏回"形成、文化互动和变迁，认为卡力岗"藏回"的形成是比较复杂的，目前卡力岗地区称为"藏回"的群体不都是由藏族演变过来的，他们的祖先融合了藏族、回族、撒拉族等多个民族，其文化发展也应该是双向互动的。

社会文化变迁、族群认同等研究。冯迎福的《试论卡力岗地区的经济社会与可持续发展》（《青海民族研究》2003 年第 2 期）一文，分析探讨了卡力岗地区的社会经济、文化发展和自然生态环境的现状，从实现地区人与自然社会协调发展、引黄上山改善发展农牧业、调庄迁移建立自然保护区和旅游区等方面提出了实现其可持续发展的一些思路。梁莉莉的《卡力岗的藏语穆斯

林》（《中国宗教》2005 年第 11 期）等文章，从口碑资料及口头传承"话语"论证了卡力岗人的族源、生活习俗、宗教信仰，强调了他们的存在正是不同文化融合、调适的结果与产物。刘夏蓓对卡力岗地区进行了民族志调查，并刊发了系列田野调查报告，其《论卡力岗人的文化变迁与变迁防御层次》（《暨南学报》2007 年第 2 期）一文，研究了卡力岗人的族群演变和文化变迁，认为在多元文化的条件下，文化变迁始于宗教信仰等精神文化并形成了从精神—制度—物质的文化防御层次，验证了马克斯·韦伯的价值决定理论。马有福的《走进卡力岗》（《回族文学》2006 年第 3 期）一文，采用实地考察的研究方法考察记录了卡力岗人的生存环境、宗教信仰、生活习俗、语言文化等，作者指出卡力岗地区是多民族繁衍生息的大舞台，也是多种语言汇聚的语言博物馆，在那里，各种文化之间相互碰撞、影响，曾掀起了时代巨浪。马伟华的《青海卡力岗回族语言认同的调查报告——以化隆县德恒隆乡德一村为例》（《青海民族大学学报》2010 年第 2 期）、《青海卡力岗人族群认同及其变迁的考察——以化隆县德恒隆乡德一村为例》（《青海社会科学》2010 年第 2 期）等文章，以化隆县德恒隆乡德一村为例，运用族群理论，从传统文化、宗教、语言等多个视角解读了卡力岗人，并对其伊斯兰文化与藏族游牧文化相融合产生的族群认同进行了研究。

第十一章　宗教学研究

20世纪90年代以来，随着时代的进步发展，中国宗教信仰自由政策不断完善，各宗教和顺向上，各族人民彼此尊重、团结和睦，在青海省委、省政府的支持下，青海宗教学研究领域进一步扩大，研究成果不断增多。基于青海多宗教并存及世居民族聚居地区基本上全民信教的现实情况，青海的宗教学研究长期关注各宗教及民间信仰历史与现实问题研究，成为青海社科研究优势学科和特色学科之一。

这一历史时期，青海宗教学研究特别是藏传佛教与伊斯兰教研究发展较快，且形成了自身的特色。其中，宗教学研究的理论方法取得了较大程度上的创新，与其他学科的交叉研究趋势越发明显，宗教政策理论与现实问题研究、原始宗教、藏传佛教、伊斯兰教、道教、基督教、民间信仰等研究深度和广度不断提高。据不完全统计，1993—2010年，青海宗教学研究的相关专著有20多部，立项的国家社科基金项目有30项，公开发表论文600余篇。总体来看，研究焦点主要集中在宗教政策理论、藏传佛教、伊斯兰教、民间信仰等方面，出版了《青海省志·宗教志》《青海佛教史》《伊斯兰教与西北穆斯林社会生活》《中国民俗大系·青海民俗》《村落、信仰、仪式——河湟流域藏族民间信仰文化研究》等一系列高质量的专著，发表了《河湟地区藏传佛教的历史变迁》《宁玛派大圆满法概述》《藏族信仰结构中的原始宗教遗迹及其根源》《伊斯兰教经济文化》《青海地区伊斯兰教与社会稳定的历史考察》《安多藏区的二郎神信仰》《青海"於菟"巫风调查报告》等多部（篇）具有重要学术价值和理论意义的专著与研究报告。这些研究成果丰富了全省乃至全国宗教学研究的内容，对促进青海民族地区社会发展，维护民族团结、社会稳定发挥了一定作用。

第一节　宗教政策理论与现状研究

青海具有浓厚的宗教产生及发展的自然根源、社会根源和认识根源，是社会历史文化现象的映射点之一。改革开放以来，宗教政策在青海的实践取得了较大成绩，但不可忽视的是仍存在一些问题，青海宗教政策理论与历史发展、如何处理好宗教政策与现实问题之间的关系等成为专家学者关注的重要领域。

宗教政策理论与发展研究。 李存福的《"瓦窑堡会议"前中国共产党的宗教政策》（《青海民族学院学报》1998 年第 4 期）一文，认为"瓦窑堡会议"以前中国共产党对宗教问题的探索为以后中国共产党制定正确的宗教政策、做好宗教工作积累了经验并奠定了基础。李加才旦的《浅析解放战争时期中国共产党的宗教政策》（《青海民族研究》2001 年第 3 期）一文，探讨了解放战争时期中国共产党的宗教政策及其具体实践，指出在解放战争取得胜利的过程中，中国共产党制定和全面实践正确的宗教政策起到了积极的作用。鄂崇荣的《元明清及民国时期青海宗教政策之启示》（《青海社会科学》2010 年第 1 期）一文，总结了元明清及民国时期中央和地方政府处理青海民族宗教政策的一些成功经验，对做好新形势下青海社会稳定工作具有一定的启示作用。

宗教政策理论与现状研究。陈元福的《建国以来青海的宗教工作和基本经验》（《青海师范大学民族师范学院学报》1999 年第 2 期）一文，对自党的十一届三中全会以来青海的宗教工作取得的成就作了相关论述，指出认真总结宗教工作的经验教训，对于迈向新世纪是十分必要和有益的。何启林的《关于引导宗教与社会主义社会相适应的几点思考》（《攀登》2000 年第 6 期）一文，指出引导宗教与社会主义社会相适应不仅是宗教发展的内在要求，而且是当前我国落实宗教政策、维护团结稳定的社会政治局面、促进社会主义现代化建设事业不断发展的客观需要。石长起的《论青海民族宗教问题及法制建设》（《法制与社会》2009 年第 6 期）一文，对青海省民族宗教问题的特点进行分析，并结合党和国家的民族宗教政策和实践，对青海省处理民族宗教问题应当坚持的观念及其法制建设进行了思考，提出了可行性建议。

第二节　原始宗教研究

原始宗教是原始社会发展到一定阶段产生的，以反映人和自然矛盾为主要内容的初期状态的宗教。作为多民族、多宗教聚集地区，青海宗教历史源远流长，而原始宗教作为宗教的初始状态，是省内外学者关注和研究的重要领域。

原始宗教基础及其作用研究。诺吾才让的《藏族原始宗教——雍仲苯教》（《青海民族大学学报》1999 年第 3 期）一文，依据大量藏文史料，介绍和分析了雍仲苯教的含义、教派、创始人、基本教义、主要经典以及发展历史。鲍新山的《浅析原始宗教在国家产生过程中的作用》（《青海社会科学》2000 年第 6 期）一文，指出原始宗教是人类宗教的早期形态，对人类社会的发展产生了深远的影响，特别是在国家产生过程中起了重要的作用。桑才让的《藏族信仰结构中的原始宗教遗迹及其根源》（《青海民族学院学报》2001 年第 1 期）一文，认为藏族的原始宗教（主要是苯教）通过长期的发展逐渐渗透到人们的心理结构、文化观念、生活方式和道德规范中，并积淀为一种十分深厚的文化心理，构成藏族信仰结构中的一个重要方面，直接影响着藏族人民的生活和生产。

原始宗教与原始艺术研究。韩英的《原始艺术与原始宗教关系略谈》（《青海民族学院学报》1999 年第 2 期）一文，认为原始社会最初的艺术并不是为了欣赏，而是当时的人们为了求生而采取的一种通向神的巫术形式，原始艺术中蕴含着原始宗教。叶玉梅的《也谈原始宗教与原始艺术的关系》（《青海民族学院学报》2007 年第 4 期）一文，分析论述了原始宗教与原始艺术的关系，指出原始宗教艺术是伴随着原始宗教的形成和发展而产生的，二者不可分割、互相渗透。

自然崇拜与万物有灵研究。谢热的《论古代藏族的自然崇拜》(《青海社会科学》1996年第2期)一文，对远古藏族地区各种自然物的神化、祭祀形式与特点，以及原始信仰神秘迷雾背后蕴含着的宇宙世纪、万物生成之认识观等进行了简要分析与论述。南文渊的《藏族神山崇拜观念浅述》(《西藏研究》2000年第2期)一文，指出对高原的崇拜是游牧人的一种普遍心理品格，居住在高原山地的牧人和农民有一种上山之巅登高远望的欲望。马丽明的《浅析青海汉族的神灵崇拜》(《青海民族研究》2004年第1期)一文，认为青海汉族神灵崇拜虽源于中原文化，但也受地方原始宗教的影响，虽无完整意义上的教义与宗教组织，但神灵崇拜体系比较庞杂，一些祭神活动有明显的地域特色。同时，青海汉族的神灵崇拜与当地社会生产、生活紧密联系在一起，不同程度地影响着生产的发展和生活的改善。鄂崇荣的《试论中国少数民族中的蛙崇拜》(《青海社

会科学》2004年第5期)一文，从考古发掘、历史文献、人类学田野调查等资料入手，着重对壮族、黎族、土族、纳西族等少数民族存在的蛙崇拜现象进行了较深入的探讨。柳春诚的《浅谈青海古代"太阳"崇拜》(《青海民族研究》2006年第2期)一文，通过对青海地区考古资料的观察、对比、统计与分析，指出青海彩陶上的符号大多与太阳崇拜有关。柳春诚的《青海古代"月亮"崇拜之研究》(《攀登》2007年第4期)一文，通过对青海文物"日月舞人"、画像砖、"玉兔"棺板彩画与大量史料进行对比和分析，指出它们均属青海古代民族对"月亮"崇拜的实物见证。韩官却加的《青海蒙古族的原始崇拜及生态价值观》(《青海民族学院学报》2009年第4期)一文，指出蒙古族在漫长的游牧生活中，深感宇宙天地是世间万物之恩威父母，自然界是世间万物生存发展之摇篮，世界上的一草一木都是大自然恩赐给人类的崇高礼物，绝对不能任意践踏和伤害。

第三节　伊斯兰教研究

1993—2010年，青海伊斯兰教研究成果颇丰，影响较大，其间不少专著、论文问世，除伊斯兰教历史发展、教派等研究外，伊斯兰文化及其与青海其他已有文化的融合、互动，也引起了学者广泛关注。

一、伊斯兰教综合研究

青海伊斯兰教综合研究涉及其整体面貌、哲学与教旨、社会生活、经济文化、生态文明与和谐文化等方面。

伊斯兰教综合研究。喇秉德、马文慧的《青海伊斯兰教》(宗教文化出版社，2009年)一书，通过翔实的历史文献分析，结合广泛深入的田野调查，从青海伊斯兰教现状和传播历史、青海伊斯兰教教派与门宦、青海穆斯林民族经堂教育、清真寺和拱北、著名阿訇、经师和教主、青

海伊斯兰文化等领域进行研究，从历史的轨迹中横向地研讨分析青海伊斯兰教，较为立体地展现了青海伊斯兰教的整体面貌。

伊斯兰哲学与教旨研究。马秀梅的《伊斯兰教一神论哲学浅谈》(《青海民族学院学报》1993年第3期)一文，较为全面地介绍和分析了伊斯兰一神论哲学的宇宙观、认识论和指导穆斯林行为的伦理道德观，认为伊斯兰一神论哲学是穆斯林世界观的基础和一切行为的指南。高健龙的《论伊斯兰伦理与普世伦理的关系》(《青海民族研究》2003年第1期)一文，通过分析伊斯兰伦理与普世伦理的关系，认为二者既相契合又相区别，构成"共性"与"殊性"的关系，伊斯兰伦理作为影响十分深远的宗教伦理，有许多珍贵的伦理思想可以为普世伦理所借鉴。马秀

梅的《〈古兰经〉中的逻辑证明学》（《青海民族研究》2003 年第 1 期）一文，从形式逻辑、信仰逻辑、历史逻辑、辩证逻辑等四个方面对《古兰经》的逻辑证明学进行分析。周忠瑜、马旭东的《关于伊斯兰原教旨主义对青海穆斯林社会的影响的调研报告》（《青海民族研究》2003 年第 2 期）一文，以大量问卷调查、实地走访、座谈等为基础，通过纵横比较等方法对伊斯兰原教旨主义对青海穆斯林社会的影响进行分析，认为青海的文化、经济、民族关系、教派结构等条件，决定了青海不存在产生伊斯兰原教旨主义的土壤。马明良的《论伊斯兰教的和平观——兼及"吉哈德"理念》（《中国宗教》2004 年第 6 期）一文，以大量《古兰经》引文为基础，对伊斯兰教的和平观和"吉哈德"理念进行介绍和分析。马秀梅的《中国藏区穆斯林社群文化意念释说》（《青海民族研究》2006 年第 4 期）一文，通过对典型个案的心理学探视和哲学分析，对中国藏区的穆斯林社群的文化意念——生存哲理和信仰意识进行了内外透视研究。

伊斯兰与回族社会生活、经济发展研究。南文渊的《伊斯兰教与西北穆斯林社会生活》（青海人民出版社，1994 年）一书，主要以甘肃、宁夏、青海地区的回族为研究对象，兼顾当地撒拉、东乡、保安等穆斯林民族，从西北伊斯兰教与穆斯林社会互为一体的特点出发，关注伊斯兰教的社会作用与穆斯林生活方式，不仅展现了西北地区伊斯兰教的整体特征，同时深入研究宗教文化与社会各个部分的相互关系，分析了西北伊斯兰文化存在的社会条件及其对社会的作用，通过对伊斯兰文化与社会发展关系的梳理，进一步探讨了西北地区穆斯林社会和经济、文化、环境全面协调发展的途径。马明良的《伊斯兰教经济文化》（《西北民族研究》1996 年第 1 期）一文，深入研究了在生产、交换、分配、消费等领域伊斯兰经济文化的内涵，进而分析了伊斯兰经济文

化在社会主义经济建设中的意义和价值。马进虎的《伊斯兰经济学与构建和谐社会初探》（《青海社会科学》2005 年第 4 期）一文，对伊斯兰经济学及其历史、核心内容进行研究，并总结了伊斯兰经济学对民族地区构建和谐社会的启示。

伊斯兰生态文化与和谐文化研究。马明良的《伊斯兰生态文明初探》（《世界宗教研究》2003 年第 4 期）一文，对伊斯兰生态文明内涵进行研究，认为伊斯兰生态文明总的原则是人与自然相依为命、共存共荣，同时探索分析了伊斯兰生态文明对当前生态文明建设的价值。马明良的《论阿拉伯——伊斯兰文化的和谐理念》（《阿拉伯世界研究》2006 年第 3 期）一文，对阿拉伯——伊斯兰文化的和谐理念进行研究，认为其主要包括三个方面：人与造物主之间的和谐，强调人的自知之明，以彰显超验精神和终极关怀；人与人之间的和谐，强调人类同根同源，理应爱人如己，以彰显普善和博爱精神；人与自然之间的和谐，强调人与自然相依为命，和谐相处，共生共荣。马明良的《伊斯兰文明与中华文明的生态环境理念及其当代价值》（《世界宗教研究》2009 年第 3 期）一文，通过对比分析，认为伊斯兰文明与中华文明整体的宇宙生态观对于当代人类维护生态平衡、保护生态环境有着根本性的启示意义，有助于弥补西方文明所崇尚的科学主义之不足，从而实现科学主义与人文主义、工具理性与价值理性之有机结合。

二、伊斯兰教发展历史研究

20 世纪 50 年代至 20 世纪 80 年代，青海的伊斯兰教历史研究曾达到一个高峰，成果丰硕。1993 年以来，依旧有不少学者从全新的方法和视角研究伊斯兰教历史。

伊斯兰历史和文化交往研究。马明良的《简明伊斯兰史》（经济日报出版社，2001 年）一书，分上、下两编，上编为伊斯兰教的兴起和传播，下编为伊斯兰教在中国。上编对伊斯兰教历

史上的重大政治事件、重要历史人物，以及伊斯兰文化和教派渊源作了探讨，对伊斯兰文明在世界文明史上的地位和影响、伊斯兰世界由盛而衰而兴的原因做了分析，勾勒了全球化背景下伊斯兰世界的新格局和伊斯兰文化的新走向。下编研究了伊斯兰文化与中国传统文化的互动关系，探索了回、维吾尔、撒拉、东乡等民族的形成发展轨迹，记录了中国穆斯林的思想、文化和情感历程。马明良的《伊斯兰文明与中华文明的交往历程和前景》（中国社会科学出版社，2006 年）一书，认为伊斯兰文明与中华文明都是博大精深、历史悠久的文明，有着丰富的思想内涵、深厚的文化底蕴和持久旺盛的生命力，在历史发展长河中，二者在各个层面、各个领域进行比较深入广泛的交流和交往，如今在全球化浪潮中日益显现出各自独特的魅力，也面临着相似的挑战。二者同中有异，异中有同，交相辉映，异彩纷呈，二者的交往和对话，有着现实的可能性和广阔的前景。

青海伊斯兰教历史研究。 瞻甫的《伊斯兰教传入青海》（《青海民族研究》1994 年第 4 期）一文，对伊斯兰教传入青海的历史进行了分析，认为伊斯兰教传入青海的每一重要时期，大都与当时王朝的兴衰、统治者对内对外政策的开明与否有关，而伊斯兰教在河湟地区同以儒家、道教为主的中原文化、佛教文化交会发展，逐步形成青海地区流传的主要宗教之一，对青海社会发展产生了重要影响。陈元福的《青海地区伊斯兰教与社会稳定的历史考察》（《青海社会科学》1999 年第 4 期）一文，对青海地区伊斯兰教与社会稳定的历史进行梳理，总结了历代王朝伊斯兰教事务管理中的不足与经验教训，并提出意见建议，对当今做好民族宗教工作有一定的借鉴意义。程利英的《元明之际青海、宁夏伊斯兰教的传播与发展》（《天水师范学院学报》2004 年第 1 期）一文，对元明青海、宁夏伊斯兰教的传播与

发展历程及历史背景进行了研究。西宁东关清真大寺志编纂委员会编纂的《西宁东关清真大寺志》（甘肃文化出版社，2004 年）一书，较全面、完整地反映了西宁东关大寺的历史与现状，重点介绍了该寺历史沿革、建筑特色、组织管理、宗教活动、寺院教育、著名人物、寺院经济、社会公益事业和国内外文化交流，反映了东关大寺的历史全貌。该寺志是西宁东关清真大寺自宋代建寺以来的第一部志书，不仅填补了该寺无志书的空白，同时也成为青海伊斯兰教寺院史志的拓荒之作。李兴华的《西宁伊斯兰教研究》（《回族研究》2008 年第 4 期）一文，以翔实的文献资料和实地调研为基础，研究分析了西宁的历史和西宁伊斯兰教的地位，探讨了伊斯兰教传入西宁的时间，论述了穆斯林在此逐步聚居及反清起义的过程，并介绍了著名的清真寺和凤凰山拱北，特别是对东关清真大寺的鼎盛情况进行了叙述。李兴华的《循化伊斯兰教研究》（《回族研究》2009 年第 1 期）一文，探讨了伊斯兰教传入循化的时间，介绍了清乾隆前在循化初建的清真寺和民国时期的循化伊斯兰教，分析了循化伊斯兰教的教派（包括拱北）、教派斗争和穆斯林反清起义。

三、伊斯兰教教派、门宦研究

青海伊斯兰教教派和门宦问题是伊斯兰教研究的重要领域，历来受到青海省内外学者的关注。瞻甫的《青海伊斯兰教派门宦》（《青海民族研究》1995 年第 1 期）一文，对伊斯兰的三大教派、四大门宦在青海的发展历程及特点进行了较为全面的介绍。费雅君的《青海巴藏沟鲜门门宦的形成与演变》（《西北史地》1995 年第 2 期）一文，对鲜门门宦在青海巴藏沟这一局部地区的发展与演变历程进行了专题调查研究。马进虎的《如何对待异己教派关系重大——伊斯兰教派问题纵横谈》（《青海社会科学》1996 年第 6 期）一文，通过回顾历史上的部分教派事件，分

析了教派与教派问题的异同，并阐述了如何正确对待异己教派、消除教派冲突。马翰龚的《青海伊斯兰教教派与门宦现状》（《青海民族研究》1997年第2期）一文，对青海伊斯兰教教派、门宦的现状进行了研究，详细罗列了各教派和门宦在青海的分布状况。马翰龚的《青海伊斯兰教拱北述略》（《青海民族研究》1997年第3期）一文，通过实地调研对青海的80座伊斯兰教拱北进行深入调查记录，逐一介绍和分析了这些拱北的地理分布、规模与特征，较直观地展现了其各自的历史与现状。孔祥录的《清代青海伊斯兰教产生教派的原因探析》（《青海民族研究》1999年第4期）一文，从当时的政治、经济、社会环境，以及宗教本身等方面的因素，全面研究分析了清代青海乃至西北地区的伊斯兰教之所以产生诸多教派的内、外原因。马进虎的《浅析青海伊斯兰教派之分野融合》（《青海社会科学》2006年第3期）一文，从穆斯林地域差异入手，叙述了青海伊斯兰教派关系的现状以及持续分化和纠纷不断的现象，分析了教派纠纷的直接起因，追溯了教派纠纷的历史成因，最后论证实现穆斯林整合的可能性和必然性。

四、伊斯兰文化本土化研究

伊斯兰文化对青海回、撒拉等信仰伊斯兰教的民族影响广泛而深刻。青海本土学者从文化学、民族学、宗教学、比较学、心理学、哲学等视角对青海伊斯兰文化进行了卓有成效的研究。

伊斯兰文化现代化研究。马进虎的《伊斯兰教与现代化关系诠释》（《宁夏社会科学》1993年第1期）一文，从现实利益、历史渊源、文化传统、理性辨析四个角度对伊斯兰教与现代化的关系进行研究。马明良的《伊斯兰文化与中国穆斯林民族现代化进程》（《内蒙古大学学报》2003年第4期）一文，通过对伊斯兰文化与穆斯林民族的人生价值观现代化、经济现代化、科技现代化、教育现代化和地区生态环境建设等领域的关系的研究，分析了伊斯兰文化对中国穆斯林民族现代化进程的积极意义。

伊斯兰文化与其他文化比较研究。马明良、马维胜的《伊斯兰文化与儒家文化人生价值观的比较》（《甘肃民族研究》1993年第4期）一文，通过比较研究，深入分析了伊斯兰文化与儒家文化人生价值观的相同和相异之处，较为直观地展现了二者各自的特点。马明良的《西北穆斯林民族的伦理文化》（《回族研究》1994年第4期）一文，从西北穆斯林伦理文化的成因、主要伦理规范、西北伊斯兰教伦理文化不同于其他宗教伦理文化的特点等方面对西北穆斯林的伦理文化进行了研究。喇秉德的《文化交流与民族关系：清真寺匾联文化琐谈》（《青海回族》1996年第2期）一文，通过清真寺匾联文化，对历史上青海穆斯林民族与周边民族之间的文化交流、民族关系进行研究。马明良的《伊斯兰文明与西方文明主权观之比较》（《西北第二民院学报》2004年第1期）一文，通过对比，分析了伊斯兰文明与西方文明主权观的异同，并呼吁不同文明之间求同存异，相互尊重，相互补充，和谐发展。马明良的《文明对话与族际和谐》（《回族研究》2004年第3期）一文，对文明对话与沟通的迫切性进行分析，提出了对话与沟通所追求的目标，即通过对话、交流、沟通、理解，达到一种和谐，最后提出了一些可行的对话与沟通的方式。马明良的《伊斯兰文化新论》（宁夏人民出版社，2006年）一书，综合运用文化学、宗教学、社会学、哲学的相关理论，把伊斯兰文化划分为宗教、教育、伦理、法、科技、生态、经济、政治、婚姻家庭、衣食住行、节日、娱乐与丧葬、清真寺等十七种具体文化类别，对伊斯兰文化的内容、成因、本质及特点进行全面阐述与论证，同时通过与其他文化如西方文化、中国文化等进行比较，分析其独有特点。

伊斯兰民俗文化与心理学研究。尤素甫·马忠的《用历法推算确定穆斯林传统节日的实践意义》（《青海民族研究》1996 年第 3 期）一文，对回历对穆斯林传统节日的重要意义及其与公历、农历的异同进行研究，认为历法推算确定穆斯林传统节日实践具有重要意义。马秀梅的《伊斯兰文化的心理学内涵》（《青海民族研究》2001 年第 1 期）一文，从心理学角度分析了伊斯兰文化模式，提出中国藏区穆斯林社群文化意念释说的特殊社会现象是源于伊斯兰文化顺乎自然、合乎社会人情的心理学特征。

伊斯兰教育研究。马明良的《伊斯兰教教育理论及其特点新探》（《回族研究》1995 年第 1 期）一文，通过对伊斯兰教教育在回族、撒拉族历史上及当前社会中的表现方式的研究，分析了伊斯兰教教育理论及其特点。马明良的《伊斯兰终身教育观及其现代价值》（《青海民族研究》1998 年第 3 期）一文，以终身教育在当前全球的流行作为铺垫，研究伊斯兰教古已有之的终身教育观，并分析其现代价值。

第四节　道教与基督教研究

道教是我国的固有宗教，早在汉代时就传入青海地区，但由于受地理环境、政治制度、民族构成、文化体系等因素的影响，在 1993—2010 年道教在青海的影响并不太大，其信教群众相较其他宗教也较少。基督教是近代才传入青海地区，其传播地区不太广，教徒也相对较少。因此，这一时期青海学界对道教和基督教关注较少，研究成果也相应比较单薄。

一、道教研究

1993—2010 年，青海的道教研究主要集中在道教基础理论及其对地方文化影响研究、道教历史发展及道教语言文字等方面。

道教基础理论研究。鲍新山的《北宋道教祭神仪式述评》（《探求》2005 年第 3 期）一文，指出斋醮是道教祭神仪式的总称，北宋士大夫们也积极参与斋醮活动，他们或参观斋醮的整个活动仪式，或为其提供各种准备，或直接主持斋醮仪式。频繁的斋醮活动，加深了士大夫们对鬼神的崇信，在北宋士大夫群体中造成一定的社会影响。吴秀兰的《论道教对唐初政治典制的影响》（《青海师范大学学报》2006 年第 6 期）一文，从道教与唐代政治关系的视域进行分析，论述了道教对唐代政治产生深远的影响。

道教历史发展研究。赵春娥的《青海地域中西王母的历史流变》（《青海社会科学》2010 年第 6 期）一文，梳理了青海地域中西王母的历史流变，指出西王母在青海地域的演化反映的是人类社会由氏族社会到国家形成递进中的历史形貌。

道教语言文学研究。李冬梅的《论道教对魏晋志怪小说的影响》（《青海社会科学》2004 年第 3 期）一文，指出魏晋时期是志怪小说兴盛的时代，志怪小说以其独特的叙述方式和话语角度，在文学王国中自成一体，综观其发展过程道教起了十分重要的作用，作为宣扬教义的载体，志怪小说借道教在魏晋这一特殊的时期，不仅提高了自身的社会地位，还丰富和充实了创作的题材、内容，在艺术表现方面更是取得了新的成就。刘永红的《象征·仪式·传说——魏晋洞窟神仙传说叙事特点与文化功能探讨》（《青海师范大学学报》2006 年第 2 期）一文，指出洞窟神仙传说以秦汉以来传统的神仙信仰和魏晋民俗环境为文化基础，以山和洞窟作为象征中介，在早期道教神仙传说的影响之下，吸收了道教和民间信仰中的求仙仪式，作为叙事内容和情节建构，呈现了写实和象征的叙事特色，在文化功能上反映了人类寻求生命理想的情结和追寻乐园的永恒主题。许四辈的《〈梦游天姥吟留别〉一诗寄托的道教理想》（《青海师范大学民族师范学院学报》2008 年第 2 期）一文，认为《梦游天姥吟留别》是李白道教理想的反映，通过描绘道教理想胜地，宣泄他政治抱负不得施展的失落与无奈，表达诗人对自由放达的向往和追求。

二、基督教研究

青海学界对基督教的研究不仅起步晚，其成果也只有寥寥数篇，且主要集中在对传教士的研究上。马明忠的《早期进入青海的天主教传教士考述》（《青海社会科学》2009 年第 6 期）一文，指出对早期进入青海的天主教传教士活动情况相关资料进行系统整理有助于青海天主教历史及传播的研究。马明忠的《近代青海地区基督教传播的特点及社会影响》（《青海民族研究》2010 年第 2 期）一文，介绍了西方传教士对青海回族、撒拉族等少数民族地区的地理环境、政治制度、文化体系、民族构成、语言分布、宗教信仰及其价值观念的考察和认识，并深入分析其传教活动的特点及对青海的社会影响。马明忠、张科的《论传教士对近代青海的认识》（《西北民族研究》2010 年第 2 期）一文，介绍了近代传教士有关青海地区的调查资料，不仅详尽实录了青海的地势、山川、民族、语言等内容，而且也记述了基督教在青海地区传教的历史和教会活动的情况，从中可以窥知近代传教士在青海地区传教的策略或方针。

第五节　民间信仰研究

青海民间信仰是青海各民族和睦相处、多元文化和谐共存的润滑剂，共通的自然古朴生态伦理观、道德价值观以及基于万物有灵的"神圣"观念，是青海多民族文化认同与共享的核心基础。因此，青海各民族的民间信仰也是省内外学者研究的重要领域。

青海民间信仰综合研究。赵宗福、马成俊的《中国民俗大系·青海民俗》（甘肃人民出版社，2004 年）一书，提出青海民俗文化从信仰而言有三个既相互交叉互融又各自独立的文化圈，即藏传佛教文化圈、伊斯兰教文化圈和汉儒文化圈，将青海民俗分为村落、部落、家族、岁时节日、人生礼仪、民间信仰及其民俗十一大类，对青海民间信仰部分内容进行了分类和描述，指出民俗是社会所创造的基础文化，它不仅内涵丰富，而且形式多姿多彩。众多的民俗文化常常融自然与社会为一体，形成一个完整的知识体系，所以要想了解各个人类群体是怎样思考和生活的，就要去了解这些群体所创造的民俗文化，对一个民族、一个国家的了解也是如此。马明忠的《民间信仰的生存状态与组织模式》（《甘肃联合大学学报》2010 年第 3 期）一文，在田野调查的基础上对青海各民族中民间信仰组织形态和村落系统间的关系进行了探讨。

汉族民间信仰研究。荣宁的《明清青海城镇宗教与习俗文化述略》（《青海民族研究》1999 年第 4 期）一文，在对青海民间信仰中一些庙宇和神灵进行了统计和说明的基础上，认为这些神灵多由汉族移民由内地带来。朱普选、姬梅的《河湟地区民间信仰的地域特征》（《青海民族大学学报》2010 年第 4 期）一文，详细统计了历史文献中记载的甘青河湟流域祠庙，并分析了分布类型及特点原因。

藏族民间信仰研究。赵宗福的《丝路古羌人虎图腾舞小论》（《丝绸之路》1993 年第 2 期）及《中国月亮神话演化新解》（《民间文学论坛》1995 年第 4 期）两文，认为於菟与羌人虎崇拜有着深层联系，提出月虎神话起源于昆仑神话，与西王母关系密切。薛艺兵的《青海同仁六月会祭神乐舞的结构与意义》（《民族艺术》2003年第1期）一文，从同仁六月会祭神乐舞的结构分析入手，展开了对其社会文化意义的阐释。唐仲山的《青海"於菟"巫风调查报告》（《民俗研究》2003年第3期）一文，对"於菟"仪式进行了大量细致的田野考察，并就於菟流传范围与时间、文化内涵、仪式分析等诸多方面提出了独到的见解。贾伟、李臣玲的《安多藏区的二郎神信仰》（《民族研究》2005年第6期）一文，指出二郎神是汉族地区历史上所信仰的主要神灵之一，然而在安多藏区也比较广泛地存在对二郎神的信仰，并且在长期的民族互动中，形成了独具特色的信仰体系，在田野调查的基础上，结合有关历史文献的记载，对安多藏区的二郎神信仰做了一些探讨。看本加的《青海湖南部地区文昌神信仰的田野考察》（《西藏研究》2008年第2期）、《安多藏区的文昌神信仰仪式研究》（《西南民族大学学报》2009年第6期）两文，结合历史文献及民间口述资料，深入探讨了文昌神信仰的分布状况、信仰体系及文化特征。

土族民间信仰研究。 鄂崇荣的《浅析土族民间文化中的多重宗教信仰》（《青海社会科学》2002年第5期）一文，描述和分析了土族民间文化中多重宗教信仰的历史及其与宗教演变、民间习俗的关系。杨卫、杨德的《土族"神箭"崇拜初探》（《青海民族学院学报》2005年第1期）一文，介绍了土族"神箭"崇拜习俗，并分析了其中的文化蕴含。杨卫的《土族民间信仰中的神职人员探析》（《青海民族研究》2007年第1期）一文，探讨了土族神职人员的来源及发展状况，认为土族的信仰融入了多种信仰文化，具有融合性的特点。鄂崇荣的《土族民间信仰解读》（甘肃民族出版社，2009年）一书，通过田野调查法、参与观察法、文献法等，说明与分析了土族民间信仰体系的主要结构及内容、主要仪式及通神伺神人员、历史源流及社会特征以及土族民间信仰与社会控制、非物质文化遗产之间的关联等方面，指出民间信仰作为本土宗教生态系统的重要组成部分，也是地域民俗文化的活化样本，具有极强的地方性特点。鄂崇荣的《土族法拉"发神"的宗教人类学解读》（《青海民族学院学报》2009年第2期）一文，运用宗教人类学理论对土族民间信仰中法拉"发神"民俗现象进行了解读，并与土族"拉哇""什典增"和南方的"扶箕"活动进行了比较研究。郭援的《浅析青海互助县大泉村的文化空间与土族信仰》（《黑龙江史志》2010年第3期）一文，以土汉杂居的互助县大泉村为例，描述了其具有明显过渡性的信仰区与民族空间分布状况及形成原因，并以庙会为视角探讨了宗教活动在社会整合等方面发挥的重要作用。

第十二章　藏学研究

进入20世纪90年代以来，伴随改革开放的深入推进，特别是随着中央扶持藏区一系列优惠政策措施的实施，青海藏区经济社会发展全面加快，城乡面貌发生巨变，农牧民群众生活水平显著提高，科学文化知识普及率大幅提升，基层组织建设健康有序推进，生态环境保护日益受到重视，青海藏区社会主义现代化建设进入全面加速发展的新的历史时期。

在这一历史巨变的过程中，青海藏学研究也进入了全面繁荣发展的时期。传统藏学研究向现代藏学研究转型发展的步伐加快，学科体系、理论知识以及研究视野均得到了进一步的完善，藏族历史、藏传佛教、藏族传统文化以及藏区经济社会发展面临的许多重大理论与实践问题研究不断深化，研究队伍不断壮大，研究成果日益增多。据不完全统计，1993—2010年，青海省藏学研究的藏、汉文相关学术专著有70多部，公开发表的藏、汉文学术论文有2500余篇，基础研究与应用研究类国家社会科学基金项目有50多项。在研究成果数量持续增多的同时，研究成果质量也稳步提高，出版了《佛陀释迦牟尼传》《藏族十明文化传世经典丛书》《如意宝树史》《章嘉国师若必多杰传》《五世达赖喇嘛传·云裳》《藏医基础理论》《藏传因明概论》《一世—四世达赖喇嘛传》《五世达赖喇嘛传》《藏族部落习惯法专论》《藏传因明学通论》《藏族教育的改革与发展》《西藏通史》等一批学术专著。发表了《藏文在甘青藏区的使用和发展》《青海藏区社会主义新农村新牧区建设的模式及对策研究》《十世班禅大师的爱国思想》《藏传佛教事务管理问题研究》等一系列论文、调研报告。这些研究成果基本涵盖了藏学研究的各个领域，涉及了藏族社会历史与现实发展中的许多重大理论与实践问题，提出了一系列具有较高学术价值和现实意义的学术观点，充实、丰富了藏学研究的基础理论及其内涵，对促进藏区经济发展、维护民族团结和社会和谐稳定等方面起到了较好的指导作用。

第一节　传统藏学研究

青海大部分地区处于安多藏区腹地，一直具有传承和弘扬传统藏学研究的良好学风，而且伴随改革开放步伐的加快，青海藏区社会转型期反映出的许多热点、焦点问题，引起传统藏学研究者的极大关注与思考，特别是对如何有效挖掘整理和保护利用本民族传统优秀文化资源，继承和弘扬传统优秀文化品格与民族精神等方面给予了很大的关注和投入，产出了一大批学术成果。

一、传统文献整理、注疏及翻译成果

青海藏学研究一直把藏文历史文献资料的整理、注疏及翻译作为一项长期的重要任务，特别是在这一阶段相关学术机构和文化单位先后制订规划，组织专门力量集中开展此项工作，使该领域的研究取得重要进展。

传统文献整理、注疏成果。 青海民族出版社整理出版的《久美旦切嘉措书信集》（藏文，青海民族出版社，1993 年）一书，在广泛收集、整理久美旦切嘉措这位佛学大师一生各类文体书信的基础上，对其主要内容、疑难词句等进行了详细注疏。该书信集是一份不可多得的宝贵历史文献资料，不仅对了解大师本人以及当时安多地区藏传佛教一些活佛重要活动及其历史贡献等极有价值，而且是一本学习藏族传统书信文体的教科书，值得学习借鉴。青海民族出版社整理出版的《佛陀释迦牟尼传》（藏文，青海民族出版社，1997 年）一书，是记述佛陀释迦牟尼诞生、入佛门修习、立八大功绩、成佛等一生事迹的传记体著作。对其许多内容包括一些神话故事、圣迹地名、疑难词语等进行了详细注解。青海民族出版社整理出版的《夏日东文集》（6 卷）（藏文，青海民族出版社，1998 年），全面收集整理了夏日东活佛在藏传佛教教义教理包括因明学、语言学、文学、寺院志等方面的论著。书中既有详尽的注疏、解读，又有适当的导读和提示，以便于阅读理解。青海民族出版社整理出版的《藏族十明文化传世经典丛书》（80 卷）（藏文，青海民族出版社，2004 年），精选了藏族传统大小十明文化体系中的传世经典文献，成为一部体系完整、内涵丰富的重要历史文献集成，是人们学习和掌握藏族传统文化知识的基本读物。红旗、益

西卓玛整理的宁玛文化丛书之《珠旺班玛让卓文集》（藏文，民族出版社，2005 年）一书，主要内容由道歌、祈愿文和有关寺院戒律、宗教仪轨及修行等方面的一些短文构成，涉及领域较广泛，是研究藏传佛教宁玛派教义思想及修习仪轨等方面的重要参考文献。红旗、益西卓玛整理的宁玛文化丛书之《本尊金刚橛历史资料汇编》（藏文，民族出版社，2006 年）一书，收录了历史上藏传佛教宁玛派一些大师撰写的有关金刚橛历史渊源、经典文献注释等文论，是十分宝贵的藏传佛教文献资料，对研究宁玛派教义思想具有重要的参考价值。红旗、益西卓玛整理的宁玛文化丛书之《佐钦曲洋多丹多吉文集》（藏文，民族出版社，2006 年）一书，收录了藏传佛教宁玛派佐钦曲洋多丹多吉大师撰写的道歌及有关天文历算、医学、历史、佛学等方面的著作，内容广泛、丰富，是研究宁玛派教义思想、历史传承及天文历算、医学等方面的重要参考文献。

传统文献翻译成果。 松巴堪布·益西班觉著、蒲文成和才让译的《如意宝树史》（甘肃民族出版社，1994 年）一书，系统记述了藏传佛教的形成、主要派别、教义思想以及历史发展等内容。该汉译本的出版发行，为深入研究藏传佛教思想、教派传播区域、历史发展及其特点等提供了第一手资料。陈庆英、马连龙译的《章嘉国师若必多杰传》（青海民族出版社，1996 年）一书，是一本详细记述章嘉国师若必多杰这位在青海历史上具有重要影响与地位的历史人物一生事迹的传记体著作。该汉译本的出版发行，为研究青海藏传佛教史和地方史、民族关系史等方面提供了重要史料，特别是在研究藏族地方与中央政府关系以及当时中央政府经略和治理藏区策略及成效等方面具有重要学术价值。陈庆英、马林、马连龙译的《五世达赖喇嘛传·云裳》（中国藏学出版社，1997 年）一书，是五世达赖喇嘛的自

传体著作，详尽记述了五世达赖喇嘛一生倾注西藏政教事务、主持藏传佛教传播和促进西藏地方与中央政府关系等方面的重要事迹。桑杰的《论藏族文学翻译》（《青海民族学院学报》2003年第2期）一文，在对历史上的藏族翻译进行回顾和总结的基础上，指出了现代藏族文学翻译中存在的问题，并就如何解决这些问题提出了自己的看法。曲甘·完玛多杰译的《猛厉火消失——热译师传》（青海人民出版社，2003年）一书，系统描述了热译师的一生事迹，是研究藏传佛教重要译经活动、传播藏传佛教教义思想等方面的重要历史资料。陈庆英、马连龙译的《一世—四世达赖喇嘛传》和《五世达赖喇嘛传》（中国藏学出版社，2006年）丛书，分别记述了一世—四世达赖喇嘛的生平事迹，对五世达赖喇嘛这位西藏历史上的风云人物专题进行论述，既有对许多鲜为人知的重要历史事实的详细披露，又有对一些重要历史事件和历史人物的客观评价。马宏武的《马宏武译文集》（甘肃民族出版社，2006年）一书，收集了译者的《格萨尔王传——象雄珍珠国》《诺桑王子》《卓娃桑姆》《热贡山水礼赞》等藏族传统文学类汉译文稿。其中对一些历史典故、佛教词汇等进行了详细的注解，并且对一些问题也陈述了自己的理解和观点。布顿著、蒲文成译的《布顿佛教史》（甘肃民族出版社，2007年）一书，是元代著名佛学大师和佛经翻译家布顿撰写的自传体传记，成书于1322年，是布顿大师的代表作，被称为藏传佛教历史与文化的经典性著作，向来受到海内外藏学界的广泛关注，为藏学研究者必读之书。本译本是在我国著名藏学家郭和卿先生于1986年在首次翻译出版的汉译本之基础上的重译，特别是在文字表述、篇章结构、经论目录等方面做了一定的调整和改进。才旦夏茸著、谢热和马连龙译的《夏琼寺志》（青海人民出版社，2007年）一书，详细记述了夏琼寺的创建与发展、殿堂设施与供物、活佛系

统与高僧大德以及所属子寺与神庄属民等历史发展及现状特点。此外，还有一些零散的历史人物传、寺院志、部落史等方面的译文类成果。这些成果是藏学研究的基础性工程，既有对藏传佛教经典文献的注疏、解读，又有对重要寺院志、历史人物特别是达赖活佛系统传记的汉文翻译。

二、传统史学、医药学研究

青海藏学传统史学及医药学研究历史悠久，研究基础扎实，人才队伍雄厚，多以藏文书写。这一阶段的研究兴趣和研究领域较集中，研究问题的视角和研究方法呈现多元化趋向，取得的成果较丰厚。

传统史学研究。青海省政协文史委员会汇编的《喜饶嘉措大师》（藏、汉文，内部出版，1996年）一书，运用历史文献和档案及文件等资料，首次整理研究喜饶嘉措大师一生从佛生涯及参与地方民族宗教事务管理活动和投身藏族教育事业等方面的事迹，高度评价了大师热爱中国共产党、热爱祖国、热爱社会主义道路和始终关心信教群众疾苦，奉行爱国爱教和人民至上的崇高思想情怀，充分肯定了大师对青海建政、促进文化教育事业和维护民族团结与社会和谐稳定等方面做出的重要贡献。指出大师为人正直，品行高尚，佛学渊博，著述等身，一生追求进步，爱国爱教，是藏传佛教界的优秀代表人物。堪本的《罗摩衍那传释》（藏文，甘肃民族出版社，1997年）一书，在认真阅读理解原文的基础上，综合运用各类文献资料，对《罗摩衍那传》这一鸿篇巨制进行了详细的考证和注解，提出了不少新的见解和看法。彭措的《格西喜饶嘉措与道帏寺》（藏文，民族出版社，1998年）一书，运用藏文历史文献资料的同时，结合社会历史调查，对喜饶嘉措大师与道帏寺的历史及其发展等进行了系统论述。认为历史上借助喜饶嘉措大师的声誉和名望，道帏寺一直兴盛不衰，对弘扬藏传佛教和

促进藏族文化的发展做出了积极贡献。尕让·杭秀东珠、尕让·尚玛杰的《卓仓藏族源流考》（藏文，青海民族出版社，2002 年）一书，运用藏、汉文历史文献资料，对卓仓藏族族源、部落迁移与融合、文化传承与发展以及风俗习惯等方面进行了深入考证、论述。万马叶的《青海阿柔部落历史变迁探析》（藏文，中央民族大学硕士学位论文，2003 年）、《论夏嘉同音与羌藏同源》（藏文，《中国藏学》2006 年第 2 期）两文，依据藏文史料和语言学相关基本理论方法，前文对青海阿柔部落的历史渊源、发展变迁、宗教信仰与文化传承以及风俗习惯等方面进行了分析论述；后文通过对夏尔巴语与嘉戎语的对比研究，对一些学者主张的羌藏同源说进行了进一步的论述。年乃亥·哇热的《汪什代海年乃亥部落族谱》（藏文，青海民族出版社，2008 年）一书，综合运用多方面历史资料，详细考证梳理了汪什代海年乃亥部落族谱，基本廓清了该部落历史发展脉络，也明确了该部落迁徙演变与融合发展的历史轨迹及其特点。认为汪什代海年乃亥部落经历曲折、复杂，有过数次较大的历史变迁起落，从而也造就了汪什代海年乃亥部落英勇顽强、奋斗不止的意志和精神。格日才让、尕藏才旦的《热贡麦秀部落史》（藏文，青海民族出版社，2009 年）一书，以藏族传统历史学基本理论方法为视角，在综合运用历史文献资料的基础上，结合社会历史考察和田野调查，系统梳理归纳出热贡麦秀部落的历史起源、发展变迁、分布区域，以及宗教信仰、文化传承、民风民俗等方面的基本脉络和主要特点。认为该部落起源很早，经历曲折、复杂，产生过一些有一定名望的历史人物，在推动当地宗教文化传播和改善民族关系、促进社会文明进步等方面起到了重要作用。侃本的《道帏藏族社区志》（藏文，甘肃民族出版社，2009 年）一书，在综合运用历史文献资料的基础上，

结合社会历史考察和田野调查，系统梳理论述了道帏地区藏族部落历史、宗教信仰、生产发展、民族关系以及文化传承、风俗习惯等方面的历史与现实的基本面貌、主要特点。认为道帏藏族部落大都以迁居而形成，历史上与其他民族的互动关系较强，文化互补痕迹明显，现代教育发展较快，培养了大批各级各类人才。这些成果采用传统研究思路和方法，运用藏文文献资料，并以藏文书写方式，着重对一些部落史、区域史进行了考证论述，提出了各自的见解和观点。

传统藏医药学研究。云公保太的《药师佛与藏医学》（《青海民族学院学报》1994 年第 3 期）一文，对药师佛在藏民族中的影响和地位以及产生这种现象的原因进行了分析。毛继祖的《藏医基础理论》（藏文，甘肃民族出版社，1999 年）一书，利用藏文文献资料，系统梳理归纳了藏医学经典文献基本理论，提炼概括了藏医学基础理论体系、主要内涵及其特点，并提出了一系列学术观点。指出藏医药学理论体系极其博大、精深，内涵丰富、深邃，它的许多内容仍有待深入挖掘和系统研究，应当尽早为尝试建构现代藏医药学学科体系、实现与现代医学的有效接轨打基础。毛继祖、扎西的《藏医诊疗秘诀》（藏文，甘肃民族出版社，2000 年）一书，将广泛搜集到的藏医诊疗秘诀知识谱系，首次向社会公开披露，同时对其诊疗方法、诊疗效果进行了分析论述。认为藏医学有许多鲜为人知的诊疗秘诀，它是藏医学的一大特色，应当让更多的人了解和掌握这门医术，为广大人民群众造福。金巴才旺著、旦正加整理的《四部医典详解》（藏文，青海民族出版社，2000 年）一书，对《四部医典》这部藏医药学经典文献进行了详细的注疏、解读，并对一些内容提出了自己的看法和见解。阿吾噶洛、东杰、桑德才让的《果洛州医学历史》（藏文，青海民族出版社，2000 年）一书，采用

藏文史料与社会调查相结合的方法，对果洛地区藏医药学发展历史、医学体系及其特点以及著名医学家事迹等进行了论述。认为果洛地区藏医药学发展历史悠久，典籍文献遗存丰富，藏药材资源富集，一直是藏医药学发展的一块宝地，在继承和弘扬藏医药学研究传统、推进藏医药产业化发展等方面具有良好的条件和优势。毛韶玲、马世林、扎西加的《藏医外治疗法》（藏文，甘肃民族出版社，2001年）一书，对藏医外治疗法这一医术进行了翔实的论述，认为藏医外治疗法是适应青藏高原特殊自然环境条件而形成的一门独特的医术，对诸多高原疾病的预防和治疗具有良好的疗效，对此还需要深入挖掘、提炼，从而推动高原藏医药学的现代化转型、发展。这一时期发表的汉、藏文论文类成果也较多，反映了这一阶段青海藏医药学研究态势，体现了青海藏医药学研究水平。

三、传统语言学、因明学研究成果

青海作为藏语言文字的主要使用区域，有着传承和发展藏语言文字的环境优势和人文基础，同时藏传因明学在青海的传承发展较早。因此，青海传统藏学对以上两个学科的研究一直持续深入进行，特别是在这一阶段，随着研究力量的不断加强，研究方向的逐步明确，陆续推出了一批高质量研究成果。

传统语言学研究。侃本的《古藏文详解》（藏文，甘肃民族出版社，1993年）一书，利用敦煌古藏文文献资料，对古藏文的组织结构、书写规律与字、词、句义以及读音、句式等进行了分析论述，认为古藏文作为今天藏文字的早期形态，其字、词、句的组织结构与使用方法较规范、合理，语法、句式、书写以及读音等有其自身的规律及特点。贾桂英的《青海民族语言研究之现状与展望》（《青海民族研究》1994年第1期）一文，在对这一阶段包括藏语言在内的青海少数民族语言的研究现状进行评述的基础上，就

未来该领域研究侧重点以及发展趋向等进行了预期判断。指出随着青海民族语言普及率与使用率的不断提高，民族语言研究一定要紧跟时代发展步伐，重视加强理论与实践的深化研究。扎西东珠、马岱川的《试论安多藏语与河湟花儿的内在联系》（《西藏研究》1994年第2期）、贾晞儒的《民族语言与民族历史关系之探微》（《青海民族研究》1995年第4期）两文，对安多藏语与河湟花儿的内在关系进行了分析论述，认为河湟花儿是受安多拉伊影响的产物，是民族文化相互借鉴和吸收的生动体现。指出将民族语言看成一种民族文化的形态及信息工具去研究与民族历史的关系是一个重要的思路与视角。安世兴的《藏文在甘青藏区的使用和发展》（《民族研究》1996年第2期）一文，采用藏、汉文历史文献资料与实地调查相结合的方法，客观描述藏语文在甘青藏区使用和发展的历史与现状的同时，就藏语文的未来发展趋向以及如何更科学推动藏语文的使用和发展等进行了探讨。周毛吉的《论藏文语法和诗学修辞》（藏文，青海民族出版社，1998年）一书，在对藏文语法知识基本体系及其特点进行分析论述的基础上，阐述了藏文语法在诗学修辞中的运用方法及其重要作用。认为正确处理诗学修辞中的语法关系，对提升诗句的精炼度和精准表达诗文意境至关重要。仲却、格拉索南的《藏语——义多词、词多义词汇及释义》（藏文，青海民族出版社，1999年）一书，对藏语义多词与词多义的形成、演变规律及其特点等进行了分析研究，提出了自己的学术观点。认为藏语文中的义多词、词多义词汇很丰富，正确掌握和使用这一语言特点，对于日常语言交流特别是从事藏语文写作具有重要意义。东主才让的《社会语言学概论》（藏文，青海民族出版社，1999年）一书，通过对藏语社会语言发展历史、演变及特点和使用现状、存在的不足等问题的论述，提出了建构藏语社会语言学学科体系的基本思路、方

法，并概述了藏语社会语言学体系的基本体系及特点。拉毛措的《充分发挥藏语文的信息载体功能》（《青海民族研究》2000 年第 2 期）一文，对如何更充分发挥藏语文的信息载体功能，积极适应数字化与信息化社会发展趋势的问题提出了具有一定可操作性的意见建议。吉太加的《现代藏文语法通论》（藏文，甘肃民族出版社，2000 年）一书，综合藏文语法已有研究成果的不同观点，着重对现代藏文语法进行了系统论述。认为随着藏语文普及率的不断提高，现代藏文语法的使用逐步趋于规范、科学，但受其他语种语法的影响，也存在一些诸如随意和盲目借用甚至乱用其他语种语法等的现象。指出防止此类问题的发生，关键在于要加强藏文语法的学校教育和社会普及。谢热的《走向未来的藏语文——从其现状趋势及主客观条件看藏语文的命运》（《青海民族研究》2001 年第 3 期）一文，从作为拼音文字的藏语文其自身优势以及我国优越的语言文字政策、环境条件等多维视野，对中国藏语文发展现状及其未来走向和发展趋势等进行了分析判断。认为从世界语言文字使用和发展的现状及趋势来看，中国藏语言文字的使用和发展现状更科学、合理，且对其未来发展趋向十分看好。李本加的《藏传计量学与语言学的内在关系研究》（藏文，《安多研究》甘肃民族出版社 2009 年）一文，就藏传计量学的产生和运用以及与藏语言学的关系等进行了分析探讨，并提出了自己的看法和观点。

传统因明学研究。祁顺来的《藏传因明概

论》（藏文，青海民族出版社，1998 年）一书，运用藏文文献资料，对藏传因明学的形成、发展和基本理论体系、主要内涵及特点等进行了概括归纳，厘清了藏传因明学基本体系框架、内涵结构、逻辑组织以及表述方式等主要内容，特别是在一些问题的论述上，提出了自己的观点，并加以详细阐释。七世噶玛巴·曲扎嘉措的《因明七论大疏量理海论》（藏文，青海民族出版社，2001 年）一书，以藏传因明的心类学作为主体，运用比较的方法，对藏传因明七论大疏量理思想进行多维度的思考和阐释，着重围绕所知境、能知心和量识三方面的义理展开论述，并提出了自己的一些观点。智者·龙日白班的《萨迦派摄类学》（上、下册）（藏文，青海佛教文化研究中心发行，2004 年）一书，着重围绕萨迦派摄类学的形成与发展、体系结构、教义思想以及主要特点等内容进行了论述，并提出了自己的观点。祁顺来的《藏传因明学通论》（青海民族出版社，2006 年）一书，是上述其《藏传因明概论》藏文版的汉文扩展版，首次把藏传因明学理论以汉文文体形式撰写并出版发行，为汉语世界学习了解藏传因明学提供了便利。达哇的《藏传因明思维逻辑形式研究》（青海人民出版社，2008 年）一书，成为继《藏传因明学通论》出版之后又一藏传因明学研究的汉文版专著。该书对藏传因明思维逻辑形式及其特点进行了分析论述，并提出了自己的一些看法和见解。

第二节 现代藏学研究

现代藏学研究是以传统藏学研究为基础而发展起来的一门综合性学科体系，它是藏族文化发展史上的一次重大变革，是藏族文化现代化变迁的重要产物。现代藏学研究涉及的学科范围更广泛、更全面，研究方法更规范、更科学，它以理

性和科学为精神，以马克思主义为根本遵循，运用民族学、社会学、人类学、经济学、政治学、生态学、法学以及自然科学相关学科理论体系及其研究方法，对藏族社会历史、文化变迁、传统观念进行反思和讨论，同时对藏区经济发展、民生福祉、民

族团结进步、社会和谐稳定等实践中的焦点、难点问题开展深入研究，取得了不少学术成果。

一、经济学、社会学研究

青海现代藏学研究发展较快，特别是在这一阶段对社会转型期藏区经济发展的研究尤为关注，主要涉及了青海藏区历史上的封建经济类型及特征的分析论述，同时对市场经济条件下的青海藏区经济转型及可持续发展，以及对青海藏区部落习惯法、部落社会形态与社会制度、社会组织、婚姻家庭等开展研究。

经济学研究。周新会的《青海藏族牧业区封建领主经济研究》（陕西人民出版社，1993年）一书，在充分收集和利用汉、藏文资料的基础上，运用经济学基本理论方法，对青海藏区牧业封建领主经济形态与结构、经济制度与运行以及经济特点、社会影响等进行了系统研究，同时对宗教因素和民族迁移的影响进行了论述。此外，对清代中期以后中国逐步沦为半殖民地半封建社会对青海牧区的影响，奴隶制与原始公社制残余等从属问题，也适当作了剖析。陈玮的《解放前青海藏族游牧部落劳动产品分配方式浅析》（《青海社会科学》1993年第3期）一文，运用历史文献资料和大量调查资料，从生产资料占有形式的角度，对青海藏区历史上的封建经济类型包括部落劳动生产形式、产品分配方式及其主要特征等进行了分析。认为解放前青海藏区游牧部落社会形态的封建割据与松散组织特征十分突出，成为制约经济社会发展的根本因素，导致了藏区社会的落后和贫穷。崔永红的《青海经济史（古代卷）》（青海人民出版社，1998年）一书，综合各方面历史资料，对包括藏族在内的青海各民族古代经济史进行了系统探讨论述。指出青海古代经济史是一部各民族融合发展的历史，是各民族互动交流的发展史。通过考察和审视青海古代经济史，能够捕捉到经济发展以外更多社会、文化、思想等层面的信息，对研究青海古代社会历史可提供一定的启示和借鉴。蒲文成的《青藏高原经济可持续发展研究》（青海人民出版社，2004年）一书，围绕青藏高原经济开发与现状、青藏高原经济可持续发展模式、青藏高原社会的可持续发展等议题进行了分析论述。指出从1953年至1985年，青海省在治理环境方面的累计投入仅1.2亿元，每亩草地平均0.25元，同期草地总产出价值78亿元，产出与投入之比为65∶1。因此，对于青藏高原来说，避免持续的环境损害，采取切实可行的措施，治理保护生态环境，是一项十分紧迫的任务。苏海红、杜青华的《中国藏区反贫困战略研究》（甘肃民族出版社，2008年）一书，通过对中国藏区反贫困现状、反贫困与生态维护、反贫困与农村劳动力转移、反贫困与国际合作等的分析，着重强调了藏区反贫困任务的紧迫性、艰巨性、长期性，运用大量实地调研的数据资料，既对藏区反贫困的制约因素进行了思考和分析，又对破解藏区反贫困的切入点与主要抓手等重要策略给予了多视角的探讨，并对进一步推进藏区反贫困实践进行了宏观战略上的论述。陈玮、马占彪的《青海藏区社会主义新农村新牧区建设的模式及对策研究》（《中国藏学》2008年第3期）一文，通过实地调查，在对青海藏区社会主义新农村新牧区建设的主要成就、基本经验进行总结概括的基础上，着重针对青海藏区社会主义新农村新牧区建设的模式进行了分析思考，并提出了具有一定可操作性的对策建议。谢热的《青海藏区与其他藏区经济社会发展的共同性与差异性分析》（《青海社会科学》2010年第1期）一文，运用经济学基本理论方法，通过对青海藏区与其他藏区经济社会发展的比较研究，既分析概括了面临的共同性问题，又梳理阐述了差异性特征。提出推进青海藏区经济发展，关键在于解决好普遍性与特殊性的关系，找准自身优势，扬长避短，因地制宜这一观点。

社会学研究。张济民的《藏族部落习惯法专论》（青海人民出版社，1993 年）一书，对藏族部落习惯法的产生与演变、主要内容与基本特点、结构体系与操作运行以及社会影响等进行了系统论述。认为部落习惯法作为封建农奴制社会的产物，虽然对维护当时社会秩序和封建统治起到了重要作用，但是，今天沿袭使用这种法律制度，不仅是对国家法律法规的无视，而且对推进藏区社会主义现代化建设根本不利。张济民的《青海藏区部落习惯法资料集》（青海人民出版社，1993 年）一书，收集了有关青海藏区部落习惯法方面的各类文献及案例资料，是研究部落习惯法的重要材料。索端智的《关于赔命价与现行法律相协调的探讨》（《青海民族研究》1993 年第 1 期）一文，运用法学基本理论方法，对赔命价与现行法律相协调的问题进行了探讨。认为根据不同实际和社会需要，适当尝试进行合理的协调和衔接，有利于维护社会秩序、促进社会和谐稳定。拉毛措的《青海藏区部落制度的形成与发展变化》（《青海社会科学》1995 年第 5 期）一文，以社会学基本理论及方法为视角，运用藏文历史文献资料和开展的社会调查，对青海藏区部落制度的形成与演变、主要内容及其特征等进行了论述。提出今天一些地方部落制度的遗存、承袭，严重制约了经济社会发展，因此，有效治理这一问题显得十分紧迫。邢海宁的《果洛藏族社会》（青海人民出版社，1997 年）一书，综合藏、汉文各类资料，着重围绕果洛藏族社会的历史发展、社会形态、部落制度、游牧经济、婚姻家庭、伦理道德以及风情民俗等方面进行了全方位的考察和论述。认为果洛藏族社会历史沿袭封建部落制度最为悠久，严重制约了社会文明进步，而且今天个别地方仍有遗存的痕迹，不根除这些落后的东西，难以推动果洛地区的整体发展。陈玮的《青海藏族游牧部落社会研究》（青海民族出版社，1998 年）一书，运用马克思主义

民族宗教学、社会学基本原理，以及藏学基本知识，通过开展大量田野调查，对青海藏族游牧部落社会的由来、变迁，以及该部落社会形态与结构、部落组织与社会制度、社会经济、宗教信仰、社会习惯法、军事武装制度、婚姻制度和妇女的社会地位、风俗习惯等方面做了深入的分析研究和阐述，并提出了自己的一些学术观点。张济民的《寻根理枝——藏族部落习惯法通论》（青海人民出版社，2002 年）一书，运用藏、汉文历史文献资料，结合社会田野调查，对藏族部落习惯法的产生与演变、法律条款与运行、法律效力与社会影响等进行了系统分析研究。指出藏族部落习惯法毕竟是维护封建部落社会制度和封建统治的有效工具，虽然对维持当时社会秩序和服务部落上层阶级利益发挥了重要作用，但因其合理性与公正性的严重缺失，对整体社会的文明进步产生了巨大的副作用。陈文仓的《玉树藏族部落习惯法初论》（《青海民族研究》2004 年第 1 期）一文，运用一手藏、汉文资料，结合社会历史调查包括入户访谈、居住体验观察以及数据材料采集分析等方法，探讨了玉树藏族部落习惯法的产生、演变、主要内容、社会影响等问题。认为由于自然、历史、社会发展、宗教信仰以及文化习惯等方面的差异，玉树藏族部落习惯法有其自身的特点，体现出康巴文化的底蕴和气息。淡乐蓉的《藏族"赔命价"与国家法的漏洞补充问题》（《中国藏学》2008 年第 3 期）一文，运用法学基本理论方法，通过对藏族部落习惯法"赔命价"法理体系、主要内容、运用程序以及基本特征等进行详细分析解读，指出了国家法的相关不足，并提出了具有一定可操作性的补充办法。杨虎德的《青海藏区社会稳定研究》（云南教育出版社，2010 年）一书，运用马克思主义民族宗教学、社会学以及藏学等一系列基本理论方法，以党的治理藏区重大战略部署为遵循，着重围绕青海藏区经济社会发展面临的突出矛盾问题进行

了分析研究。梳理归纳表现出的一些社会不稳定因素，并在探究问题根源和查找发展差距的基础上，就如何做好青海藏区社会稳定工作，推动经济社会健康有序发展这一重大战略展开论述，并提出了自己的一些看法和见解。

二、教育学、文学研究

青海现代藏学研究一直十分重视藏区教育教学和文学方面的研究，特别是在这一阶段对藏汉教育教学历史发展、创新教育体制机制，以及发展现代文学等方面的研究更为突出，研究力量形成一定规模，研究涉及的问题较前沿，取得了许多重要研究成果。

藏区教育研究。夏铸、刘文璞、李延恺的《藏族教育的改革与发展》（青海人民出版社，1993 年）一书，运用马克思主义民族理论与民族政策基本立场、观点，对藏族历史上的寺院教育进行了分析评价，阐述了新中国成立之后党和政府为扶持藏区教育的发展采取的特殊政策及其意义，并提出了改革的思路和建议。陈宝军的《简谈藏族传统文化与现代藏族教育》（《青海民族学院学报》1993 年第 3 期）和刘文璞、王振岭的《青海民族教育发展的基本经验》（《青海民族学院学报》1994 年第 4 期）两文，对藏族现代教育如何既遵循经济发展规律又遵循自身发展规律，吸收过去经验以更好地为社会主义现代化建设服务等方面进行了探讨。谢佐、何波的《藏族古代教育史略》（青海人民出版社，1994 年）一书，运用藏、汉文历史文献资料，对吐蕃、宋元及明清时期藏族教育的发展历史包括教育体系与教育内涵、教育形式及特点等进行了分析研究。指出古代藏族教育以寺院教育为主，完全意义上的学校教育十分欠缺，且与社会发展特别是提高人的技能、推动生产力发展等方面相脱节的问题较严重，应当从中吸取教训总结经验，以更好地促进藏区现代教育。陈化育的《以邓小平"三个面向"为指导，深化和加快青海藏族教育的改革

与发展》（《青海民族学院学报》1994 年第 1 期）一文，以教育学基本理论方法为主线，以邓小平"三个面向"为指导，阐述了中国教育事业发展的正确方向和战略目标，围绕深化和加快青海藏族教育的改革与发展问题进行了分析研究，并提出了具体的对策建议。认为青海藏族教育改革任务艰巨，发展中面临的一些问题也较复杂。鉴于此，只有采取特殊问题特殊解决办法，才能从根本上化解遇到的困难和问题。穆赤·云登嘉措的《藏族的家庭教育与寺院教育》（《青海社会科学》1994 年第 4 期）一文，就藏族家庭教育与寺院教育的形式、内容以及可资学校教育借鉴的经验等进行了分析论述。认为藏族家庭教育与寺院教育能够为学校教育提供许多有益的经验与方法，应当合理继承其优秀成分，以弥补学校教育的不足。先巴的《青海现代藏族教育的社会基础和文化背景》（《中国藏学》1996 年第 3 期）一文，运用藏、汉文历史文献资料，结合社会历史调查，对青海现代藏族教育的社会基础和文化背景进行了分析研究。指出依托教育发展的良好社会基础和得天独厚的文化背景，青海现代藏族教育的发展前景十分看好。解决藏族教育发展面临的现实问题直接关乎青海现代藏族教育发展的质量和方向。何峰的《论藏族经院教育》（《青海民族学院学报》1999 年第 4 期）一文，从教学内容、师资条件、教学方法、教育制度等方面对藏族经院教育做了系统的探讨和研究，提出其中不乏合理性与科学性因素，对现代教育有一定借鉴意义这一观点。白秀清的《论藏族学生汉语教学与文化教学结合的问题——兼论藏族学生汉语能力的培养》（《青海民族研究》2002 年第 1 期）一文，围绕汉语教学同文化教学相结合的问题，阐述了文化在对藏族学生汉语能力培养中的作用，并提出了汉语教学同文化教学相结合时应注意的问题和一些具体做法。

藏族文学研究。青海省文化厅群众艺术馆

《群众艺术》编辑部整理出版的藏族民间文学丛书，包括《拉伊》《藏族歌谣》《安多民间婚礼祝词集》《安多民间宴说集》《安多民间警世恒言集》《安多民间童话集》《安多民间故事集》（藏文，青海民族出版社，1996—1997 年先后出版）等安多民间文学集成，涵盖了安多民间文学的所有内容，其中一些成果兼及相关民间文学典故和文学词汇以及文学史的释义与研究。仁青扎西的《文艺创作艺谈》（藏文，青海民族出版社，1998 年）一书，运用文艺理论思想，对藏族文艺创作形式与手法、文艺思想与文艺情感以及文艺表达等进行了分析探讨，并提出自己的观点。指出虽然藏族传统文艺创作历史悠久，形式多样，但是，向现实主义文艺思想的转变和发展仍有待加强。吴钰、索南航旦的《文学概论》（藏文，青海民族出版社，2000 年）一书，借鉴成熟的现代文学概论思想体系，对建构藏族文学概论新体系进行了探索和尝试，并提出了自己的观点。指出要推动和发展藏族文学，必须有文学思想与文学理论的有力支撑。扎布的《藏族文学史》（藏文，青海民族出版社，2001 年）一书，运用藏文历史文献资料，对藏族文学的形成与发展、形式与内涵以及主要特征等进行了论述。既有纵向的叙述，又有横向的比较论证。认为历史上藏族文学的发展与藏传佛教的传播和兴旺紧密相连。新中国成立后这一文学历史特征彻底得到了改变，而且迎来了现代藏族新文学发展的春天。南色的《新时期藏族小说研究》（藏文，民族出版社，2004 年）一书，以文学基本理论及方法为指导，围绕新时期藏族小说的创作形式与技法、主题构思与意境表达以及追求目标等进行了分析探讨。认为得益于改革开放带来的藏区经济社会发展的新变化、新景象，新时期藏族小说创作进入了历史的最好发展期，特别是以现实主义文学思想为引领的藏族小说创作已成主流，这是藏族文学乃至藏族文化发展史上一次伟大巨变，表明藏族文化现代化的航程已经开启。羊毛吉的《藏族民间文学概论》（藏文，民族出版社，2005 年）一书，运用文学研究基本理论及方法，对藏族民间文学的产生、历史演变、文学形式与文学题材以及文学特征等进行了论述，并提出了自己的学术观点。角巴东主、恰嘎·多杰才让等的《藏族文学史》（6 卷）（藏文，西藏人民出版社，2009 年）丛书，运用文学基本理论方法，对藏族文学的形成、历史发展特别是现代新文学体系的构建、文学主题、文学发展面临的主要问题，以及未来文学发展方向及趋势等进行了论述。既有对从古代文学到现代文学的历史发展过程的纵向梳理与论述，又有对从宗教文学到民间文学到作家文学的横向归纳与论证。李本加的《藏族文学语言学及其艺术史研究》（藏文，西北民族大学硕士学位论文，2010 年）一文，运用现代文学研究基本理论方法，对藏族文学语言学及其艺术史等进行了分析探讨。认为尝试建构藏族文学语言学新体系不仅成立，而且具有较充分的理由和依据。

第三节　藏族历史研究

藏族史学研究一直是青海藏学研究的重点，研究人员较多，研究基础较雄厚，研究领域较宽广。经过长期探索和积累，到这一阶段学科建设更加规范，人才队伍不断成长、壮大。按研究领域和范围来划分，这一阶段青海藏学研究史学方面的学术成果主要表现在以下一些领域。

一、历代中央政府经略藏区与社会变迁研究

这一时期，有关藏族历史学研究成果十分丰富，其中对历代中央政府经略和治理西藏及其他藏区重要战略措施和主要成效与经验等方面的研究显得较突出，同时对整体社会发展与历史变迁也多有涉猎，反映了这一阶段青海藏学研究关于藏族社会发展与历史变迁研究主要关注的领域及问题。

历代中央政府经略藏区研究。 陈庆英的《元朝帝师八思巴》（中国藏学出版社，1994 年）一书，运用藏汉文历史文献资料，对元朝帝师八思巴这一重要历史人物在促进西藏地方与元中央政府关系、加强中央政府对蒙藏地方治理、推动藏传佛教的传播发展、维护蒙藏边疆地区社会稳定，以及管理藏传佛教事务等方面的重要作用进行了系统论述。指出元朝帝师八思巴功勋卓著，为实现中华民族的团结统一和蒙藏地区的社会和谐稳定做出了不可磨灭的贡献。陈玮的《清王朝前期西藏政策的演进及其特点》（《西藏研究》1995 年第 2 期）一文，运用藏汉文历史文献资料，对清王朝前期西藏政策的演进及其主要特点进行了论述。指出纵观历史上西藏地方与中央政府的政治关系，元、明、清三朝对西藏的治理各有所长，也极具特点，但清朝达到了历史上任何王朝竭力却未能达到的顶峰，特别是清朝前期对西藏的治理尤其颇具特点，也最为成功。陈庆英等的《萨迦世系史》（西藏人民出版社，2002 年）一书，通过对西藏地方历史文献资料的阅读、翻检，对元代西藏萨迦王朝世系史进行了论述。认为西藏萨迦王朝作为西藏历史上的一个重要朝政，其对促进西藏地方与元朝中央政府关系、引导藏传佛教东向发展以及加强中央政府对蒙藏地方治理、促进蒙藏民族关系等方面做出的重要历史贡献永垂青史，值得后人回味、珍视。蒲文成的《宋代河湟开发述略》（《青海民族学院学报》2005 年第 4 期）一文，指出河湟地区开发历史悠久，自宋代建立唃厮啰地方政权，并与北宋王朝长期保持友好关系，形成汉藏等族杂居格局。通过屯田农耕、兴修水利、发展手工业、疏通交通、建设城镇、促进贸易等途径，促进了河湟地区经济繁荣，显示出稳定和平的政治环境与民族间的和睦交往。马连龙的《历辈达赖喇嘛与中央政府关系》（青海人民出版社，2008 年）一书，运用历史文献资料，在多角度论述西藏政教合一制度产生的历史背景、作用及其意义的基础上，对宗教上层人士尤其是达赖喇嘛活佛系统在藏族社会历史中的作用作了符合藏族社会历史发展实际的探讨。指出在新的历史时期，我们尤其要实事求是地认识宗教的地位，客观公正地评价历史上宗教上层人士的作用，这对于我们正确认识和解决宗教问题乃至民族问题具有积极的现实意义。星全成、陈柏萍的《藏传佛教四大活佛系统与清朝治理蒙藏方略》（青海人民出版社，2010 年）一书，综合运用多方面资料，对藏传佛教四大活佛系统及其与清朝治理蒙藏方略的多方面关系等进行了挖掘和探讨，提出一系列自己的观点。

历史变迁研究。 王昱的《试析青海历史发展的主要特点》（《青海社会科学》1996 年第 2 期）一文，进一步阐明了探讨青海历史发展的基本特点，总结和继承历史经验和历史传统，是知古鉴今、古为今用的需要，是深入认识省情的需要，这一鲜明的立场和观点。陈庆英等的《西藏通史》（西藏古籍出版社，1996 年）一书，通过对历史文献资料的深入挖掘和综合运用，全景式梳理了整个西藏史基本脉络和主线，论述了许多重大历史事件的起因与过程、历史影响及特点，同时对重要历史人物也给予了客观评价，提出了不少新的见解和观点。陈光国的《青海藏族史》（青海民族出版社，1997 年）一书，综合多方面历史资料，对青海藏族起源、历史变迁以及民族融合等方面进行了较翔实的论述，并提出了自己的学术观点。认为与大多数民族的历史发展一样，青海藏族族源不一，成分复杂，特别是青海湖周围、河湟流域一带藏族的起源、历史变迁就集中体现出了这一特征。刘建丽的《宋代西北吐蕃研究》（甘肃文化出版社，1998 年）一书，运用藏汉文历史文献资料，对宋代甘青藏族部落的分布、部落组织与部落制度以及经济形态、军事武装组织等进行了考证、论述。指出宋代西北吐蕃部落分布区域广阔，人口较多，经济形态多元，军事武装组织有一定势力，而且建立过一些地方政权，历史影响较大。青海省地方志编纂委员会编著的《长江黄河澜沧江源志》（黄河水利出版社，2000 年）一书，是一部较详尽的三江源志书，客观记述了三江源自然生态系统及其特点，同时对人文历史轨迹、游牧生产方式以及风土民俗等进行了分析描述。李文实的《西陲古地与羌藏文化》（青海人民出版社，2000 年）一书，运用藏汉文历史文献及考古资料，通过对甘青一带历史地理及重要地名、古文化遗迹等方面的考证、论述，进一步阐明了羌藏文化的同源关系及其历史变异的基本情形与特点。马林的《后固始汗时期五世达赖权力的集中与扩张》（《青海民族学院学报》2002 年第 3 期）一文，运用藏汉文历史文献资料，着重围绕清代后固始汗时期五世达赖权力的集中与扩张这一问题进行了论述。认为凭借后固始汗时期西藏政教舞台上的一切有利因素，五世达赖喇嘛的政教权力更加集中，且得到了进一步的扩张。北京大学考古文博学院、青海省考古研究所的《都兰吐蕃墓》（科学出版社，2005 年）一书，以 1999 年北京大学考古文博学院与青海省考古研究所联合对青海都兰吐蕃墓进行的抢救性发掘为内容形成研究报告，书中依次记录了四座墓葬的墓葬形制和墓葬品情况。虽然这些墓葬基本被盗空，但仍残留了一些木版画、金银饰件、皮件、木器件、陶器和织物残片。文末还就出土的古藏文、道符、人骨、颜料等加以专文论述。指出这些墓葬是研究中国西北民族史、中西交通史及柴达木盆地环境演变史的宝藏，近年来考古工作者通过对这一古墓群的发掘、研究，解读了许多历史悬疑，是我

国考古发掘与研究的重大成果。阿顿·华多太的《海西地区藏族变迁史略》（《柴达木开发研究》2006 年第 6 期）一文，指出藏族在各个历史时期对自己自始至终的称谓"蕃"，既是一脉相承的，也是一成不变的，但汉文史书里，对藏族在不同的历史背景下有不同的称谓。旦正加的《敦煌古藏文文书所载"森波杰达嘉布"王朝被灭事件及其后果探微》（藏文，《攀登》2008 年第 1 期）、《关于敦煌文献所载钦陵赞婆及达拉山战役探析》（藏文，《安多研究》2008 年第 3 辑）两文，运用历史文献资料，多角度、多侧面对敦煌古藏文文书所载"森波杰达嘉布"王朝被灭事件及其后果以及钦陵赞婆及达拉山战役等进行了分析论述。认为敦煌古藏文文书所载上述历史问题，看似涉及内容细小，但只要仔细揣摩、深究，往往能够折射出一些重大历史问题隐含的复杂根源。

二、社会制度、重要历史人物研究

青海藏学研究一直十分重视研究藏族社会制度及重要历史人物生平事迹，特别是在这一阶段将历史上的西藏政教合一制度，历辈达赖、班禅活佛系统以及历代驻京呼图克图等重要人物生平及主要事迹的梳理、研究作为重点选题进行了多角度的研究和评价，取得了不少研究成果。

社会制度研究。 何峰的《论藏族部落的赔偿制度》（《青海民族学院学报》1996 年第 4 期）一文，运用藏汉文历史文献资料，对藏族传统习惯法始终是维系藏族部落社会的重要纽带，尤其是赔偿制度作为习惯法的核心内容，在藏族部落的经济社会生活中发挥了重要作用这一观点进行了进一步的阐述。马连龙、星全成的《藏族社会制度研究》（青海民族出版社，2000 年）一书，时间跨度上以民主改革为下限，上限则根据资料以吐蕃王朝的建立为界；空间上以甘青藏区为主，四川、云南等藏区也有涉猎。指出通过对藏

族制度文化的研究，可以使人们更全面系统地了解和认识藏族社会历史及其传统文化的核心内容乃至本质特征。认为西藏地方封建割据、藏传佛教的广泛传播和寺院经济的发展壮大等是这一制度形成、存在的坚实基础。何峰的《论吐蕃的军事战略与战术》（《西北民族大学学报》2007 年第 1 期）一文，论述了吐蕃王朝在藏族史乃至中华民族历史上产生过的重要影响，认为其军事方面的影响尤甚。吐蕃在军事战略上采取收抚周边部族，争取霸主地位与大国抗衡，争取平等地位；而在战术上高度重视把握有利时机，主动出击，尤其是在唐蕃战争中多次成功地运用了一系列有效的战术，取得重大战果。陈庆英的《论西藏政教合一制度》（西藏人民出版社，2008 年）一书，综合运用藏、汉文历史文献资料，对历史上的西藏政教合一制度的形成与演变、结构体系与运行秩序以及社会影响等进行了分析论述。指出西藏政教合一制度作为旧西藏维护封建统治阶级利益的工具，延续至上世纪中叶才彻底废除，其对藏族社会产生了严重的桎梏。

重要历史人物研究。陈庆英、蒲文成的《青海驻京呼图克图述略》（《安多研究》1993 年第 1 期）一文，运用藏、汉文一手历史文献资料，对青海驻京呼图克图的委任、重要使命、起居生活以及宗教与政治作用等进行了深入论述。认为青海驻京呼图克图官职的设置是国家政治建设和藏区治理的需要，其重要历史地位及作用值得充分肯定。谢热的《著名藏学家才旦夏茸活佛事略》（《西藏研究》1993 年第 3 期）一文，依据活佛

自传，并结合社会走访，对著名藏学家才旦夏茸活佛生平作了归纳评述，特别是对活佛一生著书立说、弘扬佛法、爱国爱教的高尚情操给予了高度的赞赏，同时对活佛为推动藏族教育事业发展和培养人才等方面做出的重要贡献进行了充分的肯定。拉毛措的《历辈察汗诺门汗呼图克图传略》（《西藏研究》1994 年第 1 期）一文，通过查阅历史文献资料，对历辈察汗诺门汗呼图克图主要事迹进行了概述，提出了自己的观点。刘成刚的《桑热嘉措传》（青海人民出版社，1994 年）一书，对著名学者桑热嘉措一生倾注发展青海民族教育事业，一心关心群众疾苦，始终为党和国家事业忘我工作的奉献精神做了高度的评价。蒲文成、何峰、穆兴天的《十世班禅大师的爱国思想》（《青海社会科学》1995 年第 5 期）一文，对十世班禅大师爱国思想进行了系统概括提炼，指出十世班禅大师一生爱国爱教，他的崇高思想和伟大品格，是我们中华民族的宝贵精神财富，值得我们永远学习、继承和发扬。蒲文成的《七世达赖喇嘛年谱》（中国藏学出版社，2006 年），陈庆英、马林等的《历辈达赖喇嘛生平形象历史》（中国藏学出版社，2006 年），马林的《历史的神奇与神奇的历史——五世达赖喇嘛传》（青海人民出版社，2006 年）三书，均在同一个年份出版发行，形成专题研究达赖喇嘛活佛系统的系列论著，既有对历辈达赖喇嘛形象历史的考察、审视，又有对五世、七世达赖喇嘛的专题研究。披露了许多重要历史资料，对一些问题提出了自己的看法和认识。

第四节　藏族文化艺术研究

青海藏学研究对藏族传统文化及其思想变迁多有研究，特别是在这一阶段，随着西部大开发战略、三江源生态保护一期工程以及中央一系列藏区特殊优惠政策措施的出台实施，新发展理念

全面确立，社会主义核心价值观深入人心，尤其是建设社会主义先进文化的全面推进，不仅掀起了文化建设的大潮，而且也带动了传统文化的继承、创新。在这一时代背景下，更多的藏学研究

者认真关注藏族传统文化的创新、发展，进而推出一批高质量研究成果。

一、藏族传统文化及其现代化变迁研究

藏族传统文化是藏族人民智慧和创造的结晶，它是长期历史发展的积淀，内涵丰富、厚重，体系庞大、完整。对藏族传统文化的形态与内涵及其历史发展的多角度论述，特别是藏族传统文化向现代化的深刻转型与变迁这一命题，成为这一阶段的研究重点，产生了一批研究成果。

藏族传统文化研究。桑德的《古印度梵语文对藏族传统文化的影响》（《西藏研究》1994 年第 2 期）一文，通过运用藏文历史文献资料，特别是对吐蕃开展大规模译经活动过程以及许多经典译著的阅读和理解，着重对古印度梵语文对藏族传统文化的影响进行了分析研究。提出古印度梵语文对藏族语言文字、宗教文化、文学艺术等产生了广泛而深刻的影响。星全成的《再论中外交流中的藏族文化》（《青海民族学院学报》2000 年第 2 期）一文，运用藏汉文历史文献资料，以历史上的中外佛教文化交流为视角，重点考察、审视藏传佛教及其文化艺术在中外文化交流史上的重要价值与影响的同时，还就藏族传统医学、天文历算等文化内容的输出及其重要媒介作用等进行了论述。谢热的《论藏族传统文化的价值结构》（《青海民族学院学报》2004 年第 2 期）一文，运用文化哲学基本原理，对藏族传统文化的价值结构及其逻辑关系进行了阐述。认为传统文化是一个民族自然、历史、社会发展的产物，因而藏族传统文化所蕴含的丰富而深厚的文化价值，既体现了藏民族适应自然与历史发展的志趣与能力，也反映了自然、历史及社会发展赋予藏民族的智慧和思想美德。达哇的《藏族传统文化研究》（藏文，论文集，青海民族出版社，2006 年）一书，涉及了藏族传统文化的形成、历史发展与文化形态、文化内涵以及文化特点等方面的内容，并提出了自己的学术观点。认为藏族

传统文化体系庞大、内涵丰富，继承、弘扬藏族传统文化意义重大。桑杰端智的《文化的嬗变与价值选择》（藏文，甘肃民族出版社，2008 年）一书，探讨了藏族传统文化的历史嬗变过程及其价值选择根源，同时对藏族传统文化的形态与内涵及其历史变迁与发展等进行了系统论述。曲甘·完玛多杰等的《藏族文化通论》（甘肃文化出版社，2009 年）一书，运用文化学基本理论方法，围绕藏族文化的形成与演变、形态与内涵及其基本特征等进行了论述。指出藏族文化体系与文化内涵的挖掘开发还有待扩展、深化，特别是推进藏族文化现代化发展仍需要不断加强，它是实现藏区社会现代化的根本问题。桑杰端智的《藏文化与藏族人》（甘肃民族出版社，2009 年）一书，综合藏汉文资料，运用文化人类学基本理论方法，对藏文化与藏族人的内在关系及相互影响进行了阐述。陈玮、鲁顺元的《玉树灾后重建与藏族传统文化保护》（《中国藏学》2010 年第 3 期）一文，对玉树灾后重建与藏族传统文化保护进行了分析研究。指出玉树处于康巴文化的核心区域，传统文化积淀深厚。虽然玉树地震对当地传统文化的破坏并不严重，但灾后重建中重视保护和体现藏族传统文化意义重大。它既关系对历史的尊重，也关系对现实的观照。

藏族传统文化现代化转型与变迁研究。星全成的《藏族文化传统与藏区现代社会》（《青海民族学院学报》1993 年第 1 期）一文，以社会主义现代化建设的理论与实践为视角，对藏族文化传统这一活态文化的传承如何适应藏区现代社会发展的需要特别是如何自觉转型与变迁的问题进行了探讨，并提出自己的学术观点。认为审视藏族文化传统继承发展的现实变革，作为文化主体的藏民族，应当进一步增强发挥自身优势和创造性意识，自觉担负起文化现代化的历史重任，主动推进社会现代化建设。星全成的《藏族传统文化及其现代化》（青海民族出版社，2002 年）

一书，以文化学基本理论方法为视角，在对藏族传统文化的基本形态与内涵、主要体系及其特点等进行论述的基础上，就藏族传统文化的现代化转型与变迁做了阐述。认为实现藏族传统文化的现代化是历史的必然，因此，深入研究藏族传统文化现代化的理论与实践问题显得极其重要。桑杰端智的《藏族传统文化的个性弊端与现代化》（《青海民族学院学报》2002年第4期）一文，以科学、理性的态度，通过对藏族传统文化的个性弊端进行分析论述，提出了藏族传统文化现代化的具体思路与途径。马林的《青藏铁路沿线藏区农牧民思想观念的变迁》（《中国藏学》2005年第3期）一文，通过实地走访、调查，集中反映了改革开放以来青藏铁路沿线藏区农牧民思想观念的变迁以及在思想观念方面表现出的与改革开放和大规模经济建设相适应或不相适应的诸多问题。谢热的《传统与变迁——藏族传统文化的历史演进及其现代化变迁模式》（甘肃民族出版社，2005年）一书，探讨了藏族传统文化的生成原理、历史变迁轨迹以及向现代化转型与变迁的途径、模式。指出中国文化是多民族文化之重叠、交会，实现各少数民族传统文化的现代化是中华文化现代化的重要内容。因此，加快推进藏族传统文化的现代化转型与变迁，必须推进文化现代化的理论思考和探讨。

二、藏族生态文化、格萨尔文化及传统音乐戏剧和绘画艺术研究

藏族传统文化体系完整、内涵丰富、特征鲜明，是中华文化体系中一颗璀璨的明珠。这一阶段，青海藏学研究对藏族生态文化、格萨尔文化、戏剧音乐以及绘画艺术等研究较多，取得的成果也较丰厚。

生态文化研究。南文渊的《高原生态文化》（甘肃人民出版社，2003年）一书，运用生态学基本理论方法，围绕从高寒大地到神圣雪域、向高原致敬、自然—人文生态系统的统一、试与天

商量、依正不二——藏传佛教关于生命与环境的学说、自然禁忌与自然保护法、游牧方式与农耕文化、生存在高原等八章内容，对藏族生态文化进行了分析归纳和概括论述。朱玉坤、鲁顺元的《关注民族"生态家园"的安全——青藏高原环境破坏性生产战略替代与区域发展纵论》（青海人民出版社，2004年）一书，运用现代生态学基本理论体系、生态学与经济学理论相结合等研究方法，对传统藏族生态文化的形成、内涵及其文化价值与功能等进行了系统深入研究，同时对青藏高原生态修复与保护这一重大战略性工程从区域经济学视角进行了研究。华锐·索南才让的《青藏高原生态保护漫谈》（藏文，青海民族出版社，2006年）一书，综合藏汉文相关资料和国家法规政策等文件，对青藏高原生态保护的重要意义、主要举措以及如何推动等进行了论述，并提出了自己的学术观点。索端智的《从民间信仰层面透视高原藏族的生态伦理——以青海黄南藏区的田野研究为例》（《青海民族研究》2007年第1期）一文，采用历史文献资料与田野调查相结合的方法，从民间信仰层面对藏族生态伦理思想及其历史作用等进行了分析揭示。王作全、牛丽云的《高原藏族文化的生态环境价值探析——以青海玉树藏族自治州拉布寺"避杀生"为例》（《西北民族研究》2007年第3期）一文，以玉树州称多县拉布寺的"避杀生"为例，解析了藏族文化所包含的生态文化价值观，并阐述了对于丰富和发展现代生态文化体系，推动保护青藏高原生态环境实践等方面的重大启示意义。何峰、谢热等的《藏族生态文化》（中国藏学出版社，2009年）一书，运用生态学基本理论方法，从研究青藏高原地理环境即"器"的方面入手，揭示了藏族原始古朴的宇宙观；从"情"的方面探讨依存于这一环境的生命体，研究藏族关爱生命以及动植物等生命体的基本观点及其形成；最后直入主题，剖析藏族对待"情""器"二世界，即

人与自然关系的基本观念，以及由这种观念的长期积淀而形成的适应环境、有效利用生存条件的生产生活方式和习俗等内容。

格萨尔文化研究。赵秉理的《格萨尔学集成》（5卷）（甘肃民族出版社，1994年）一书，收集了我国几十年来调查、搜集、整理、翻译出版的《格萨尔》的资料和研究成果，以及一部分国外学者的研究论著。角巴东主、恰嘎·旦正的《〈格萨尔〉新探》（藏文，青海民族出版社，1994年）一书，运用藏文文献资料，并结合社会历史调查，对格萨尔王传及英雄格萨尔人物进行了探讨。何峰的《〈格萨尔〉与藏族部落》（青海民族出版社，1995年）一书，运用藏文历史文献资料，围绕格萨尔王传中所描写的部落战争的起因、过程及场景等，就其与部落社会历史的关系、产生的社会影响等进行了分析论述。赵秉理的《格学散论》（甘肃民族出版社，1996年）一书，对格萨尔学框架体系、理论依据、主要内涵以及学科特点等进行了概括归纳，并提出了自己的学术观点。角巴东主的《格萨尔疑难新论》（藏文，中国藏学出版社，2000年）一书，运用藏文历史文献资料，结合田野调查，对格萨尔学研究中的一些疑难问题进行专题研究，通过分析问题根源，找出相应破解问题的依据和理由，并提出了自己的一些看法和见解。索南卓玛的《〈格萨尔〉诞生地考》（《青海民族研究》2001年第2期）一文，运用藏文历史文献资料和考古发掘资料，对格萨尔王的诞生地进行了考证。指出虽然格萨尔王的确切诞生地很难认定，但大致方位为康巴玉树及安多上部果洛一带的这一地理范围是可以划定的。角巴东主的《〈格萨尔〉风物遗迹传说》（藏文，青海民族出版社，2006年）一书，收集了藏区大量有关格萨尔风物遗迹传说资料，并围绕这些资料反映的内容、故事流传区域的自然与历史特点等，就格萨尔文化现象与文化传承以及对当地文化发展的影响等进行了

研究。索南卓玛的《〈格萨尔〉文化散论》（甘肃民族出版社，2006年）一书，基于对史诗语境下的格萨尔及其文化内容与形态、文化传播与影响以及文化特点等进行了多角度的思考和分析。旦正加的《利用格萨尔文化资源打造青海民族文化品牌》（《青海社会科学》2009年第6期）一文，对青海格萨尔文化资源进行了初步归类和分析，围绕如何保护和利用格萨尔文化资源以及进一步打造民族文化品牌提出了对策建议。黄智的《〈格萨尔〉史诗概论》（青海民族出版社，2010年）一书，运用文学基本理论方法，对《格萨尔》史诗产生的历史背景、史诗体系与内容以及文体风格与特点等进行了论述。认为《格萨尔》史诗体系庞大、内涵丰富，是研究藏族社会历史的百科全书，其很多内容仍有待深入挖掘和系统研究。索南多杰的《中国格萨尔文化之乡——玛域果洛》（青海人民出版社，2010年）一书，运用藏文历史文献资料，结合社会历史田野调查，通过对果洛一带流传的格萨尔故事和遗存的有关格萨尔遗迹遗物等的考察和研究，提出果洛是中国格萨尔文化之乡的观点，并且指出保护和继承果洛格萨尔文化任重道远，必须付出巨大努力。

音乐、戏剧和绘画艺术研究。谈士杰的《河湟花儿与藏族民歌比较研究》（《民族文学研究》1994年第3期）、刘凯的《西部"花儿"中的藏族文化基因》（《西藏艺术研究》1999年第3期）两文，深入研究了青海地方特色的民歌——花儿的产生环境和曲调旋律风格，提出花儿受到藏族民歌和安多藏语的影响而形成这一观点，在花儿研究先驱者张亚雄先生研究成果的基础上，形成了新的研究成果。曹娅丽的《黄南藏戏的审美风格》（《青海民族学院学报》1998年第1期）一文，以现代戏剧基本理论及方法为视角，对黄南藏戏的审美风格进行了分析概括。认为当地藏戏的地域特色突出，审美风格上也有一定的个性。

马建设的《青藏民族工艺美术》（青海人民出版社，1999年）一书，介绍了青藏高原藏族及其他民族工艺美术历史沿革、工艺交流和工艺发展史。既有纵向的历史考察，又有横向的对比研究，为读者提供了许多有价值的历史资料。宗者拉杰的《中国藏族文化艺术彩绘大观图说明镜》（藏文，民族出版社，2002年）一书，运用传统藏族绘画艺术手法，以图说的形式，对藏族宇宙起源、人类起源、藏族起源等学说进行了详细的描绘，同时对藏族声明学、藏医药学、修辞学、藏戏、因明学、藏文文法等大小五明文化知识进行了详尽图画解说，而且对重大节日、传统服饰、房屋、帐篷等文化内容也有细致的图说解释。宗者拉杰、仁青多杰著，尕藏、星全成、李钟霖等译的《绘画艺术概论》（民族出版社，2002年）一书，运用藏族传统绘画艺术基本理论与方法，对藏族绘画艺术的产生、历史演变、主要形式与内容以及基本特点等进行了归纳论述，同时对该学科基本框架结构、理论体系等方面进行了提炼、概括。曹娅丽的《青海果洛"格萨尔"藏戏艺术》（《西藏艺术研究》2003年第4期）一文，运用现代戏剧艺术理论方法，就果洛地区格萨尔藏戏艺术的种类、历史发展以及现代传承等进行了研究，并提出了具体对策建议。邓长秀的《浅谈青海藏族民间舞蹈》（《青海社会科学》2008年第4期）一文，通过分析探讨，提出藏族有着丰富的民间舞蹈文化历史资源，研究青海藏族民间舞蹈不能脱离特定的时代、特定的人群、特定的社会活动以及特定的心理状态这一观点。多杰仁宗、满当烈、晁元清等的《青海藏传佛教音乐文化》（兰州大学出版社，2009年）一书，运用现代音乐艺术基本理论及方法，对青海藏传佛教音乐文化艺术进行了系统研究。既有对纵向佛教音乐史的考察、梳理，又有对横向佛教音乐传播和影响的分析论述。

三、原始苯教文化、民间信仰文化及民俗文化研究

原始苯教在青海藏区一些地方一直流传下来，历史悠久，影响深远。因此，青海藏学研究一直十分重视对苯教信仰文化的关注和思考，特别是在进入改革开放以后的这一历史发展阶段，将青海苯教文献资料的整理和注疏，以及对其教义教理、历史发展、社会影响等方面的挖掘和研究作为一项重要任务而铺开，逐步取得不少重要研究成果，使得许多鲜为人知的苯教典籍文献和一些学术疑难问题得到披露、破解；与此同时，藏族民间信仰文化、民俗文化等领域的研究也成为这一时期的一大学术亮点，涌现了大量研究成果。

苯教文化研究。吴均的《论苯教文化在江河源地区的影响》（《中国藏学》1994年第3期）一文，综合历史文献资料，围绕苯教文化在江河源区域的传播及社会影响进行了论述。指出苯教文化作为藏族原始信仰文化的主要内容，其在漫长的历史传承过程中，对江河源地区宗教信仰、文化变迁以及思想观念等方面产生了较大影响。诺日才让的《浅谈雍仲苯教九次第乘》（《青海民族研究》2001年第2期）一文，运用苯教历史文献资料，对苯教九次第乘教义的形成、主要思想及程式仪轨等做了分析研究，并提出了自己的观点。认为苯教九次第乘教义是苯教的核心思想，在苯教教义体系中具有很重要的地位和意义，也是研究苯教思想及其文化的重点内容。参看加的《青海苯教文化资源及其开发探析》（《青海社会科学》2006年第1期）一文，通过采用历史文献资料与实地调研相结合的方法，在对青海苯教文化资源进行罗列描述的基础上，就进一步开发和利用这一宗教文化资源，带动当地旅游文化发展等进行了思考和探讨。

民间信仰文化研究。谢热的《论古代藏族的图腾信仰》（《青海社会科学》1998年第1期）

等系列论文，运用历史文献资料，结合实地调查，对古代藏族原始信仰文化包括自然崇拜、图腾崇拜、巫术仪式等内容进行了论述。桑杰端智的《浅谈藏族招魂仪式》（藏文，《青海民族研究》1999 年第 2 期）一文，认为藏族招魂仪式由来已久，它是藏族原始信仰文化的核心内容，对藏族原始思维、原始艺术等产生了深刻影响。群太加的《论藏族神话》（藏文，甘肃民族出版社，2000 年）一书，对藏族神话的起源、演变、类型以及思想主题与表达方式等进行了分析论述，勾勒出藏族神话的基本轮廓与面貌，概括出它的主要特点。蒲文成的《宁玛派的民间信仰》（《中国藏学》2001 年第 3 期）一文，采用历史文献资料与开展社会田野调查相结合的方法，对宁玛派的民间信仰传播区域与分布、形式与内涵、主要仪轨与符号象征、基本特点及社会影响等进行了分析论述。认为宁玛派的民间信仰传播区域较广，信徒较多，与现实经济文化发展密切联系，影响根深蒂固。曹娅丽的《青海湖"祭海""跳神"礼仪》（《青海社会科学》2002 年第 2 期）一文，运用宗教人类学基本理论方法，围绕青海湖"祭海""跳神"礼仪的形成、历史演变以及主要仪轨、象征意义等进行了分析探讨。索端智的《藏族信仰崇拜中的山神体系及其地域社会象征——以热贡藏区的田野研究为例》（《思想战线》2006 年第 2 期）等系列文章，对藏族信仰崇拜中的山神体系及其地域社会象征、信仰与仪式中的文化、权力与秩序等进行了论述。热贡·卡尔泽杰的《世间礼赞——安多热贡地区民间祭祀"六月会"历史文化内涵研究》（藏文，中国藏学出版社，2009 年）一书，从文化人类学的角度，系统描述了青海热贡地区"六月会"这一民间活动中的祭祀仪式。谢热的《村落·信仰·仪式——河湟流域藏族民间信仰文化研究》（社会科学文献出版社，2010 年）一书，通过对河湟流域自然环境与人文历史以及民族传统生产方式等文化生成、发展的客观条件的综合考察，运用民族社会学、宗教人类学等田野调查方法，着重对该流域藏族民间信仰文化的产生、发展与演变、村落共同体与民间信仰文化内涵架构之间的内在关联性等展开分析研究。

民俗文化研究。冯智的《慈悲与纪念——雪域丧葬面面观》（青海人民出版社，1998 年）一书，综合藏文历史文献资料及田野调查，对藏族丧葬习俗进行了分析研究。认为藏族丧葬习俗类型较多，其中天葬、火葬一直传承不衰，反映出其符合社会发展需要的合理性一面。拉毛措的《青海藏族妇女服饰》（《中国藏学》2001 年第 1 期）及旦秀英的《安多妇女服饰装饰艺术》（《西藏艺术研究》2001 年第 4 期）两文，分别对青海藏族妇女服饰文化的审美内涵、文化个性以及地方特色等进行了分析论述。陈娅艳的《浅谈青海藏族服饰蕴藏的民族文化心理》（《青海民族研究》2001 年第 5 期）一文，从青海藏族服饰蕴含的文化象征意义，揭示出其中的民族文化心理特点。吕霞的《隆务河畔的藏族民间服饰及其审美意蕴》（《青海民族学院学报》2003 年第 1 期）一文，运用文化人类学相关理论方法，对隆务河畔藏族民间服饰及其审美意蕴进行了论述。认为隆务河流域藏族服饰有其自身的诸多特点，从中能够捕捉到当地民族的审美情趣与审美追求。扎保的《藏族民俗学概论》（藏文，甘肃民族出版社，2008 年）一书，运用民俗学基本理论方法，对藏族民俗学基本框架体系、理论基础、主要内涵及其特点等进行了归纳概括，建构起较完整的藏族民俗学学科体系，是学习和了解该学科知识的基础教材。拉浪才让等的《循化藏族民俗文化纪实》（藏语，青海昆仑音像出版社，2010 年）音像资料，较完整记录了当地民俗文化的方方面面，特别是对民俗活动种类、文化含意以及仪式展演等进行了详尽的记录，同时对一些环节还进行了学术上的考察与思考。才项多杰的

《藏族箭文化研究》（藏文，民族出版社，2010年）一书，对藏族箭文化的由来、演变以及文化

意义等进行了分析探讨，并进一步论述了箭文化最早是从古代部落战争演变而来这一观点。

第五节　藏传佛教研究

藏传佛教研究一直是青海藏学研究的传统和长项，特别是在这一阶段，青海藏学研究对藏传佛教教义教理的深入挖掘和系统研究尤其显得突出，体现出青海藏学研究在这一阶段对该领域研究上的优势和水平。

一、藏传佛教教义思想、历史变迁研究

藏传佛教教义博大精深，对藏族社会生活产生了广泛而深刻的影响，并且伴随藏族社会的发展而得到继承、弘扬。青海藏学研究长期对这一领域给予了极大的关注，涌现了一大批重要研究成果。这一阶段，有一批兼通藏汉文知识、佛学理论造诣高深的专家学者，集中潜心研究藏传佛教教义教理，发表、出版的学术成果较多，学术影响较大。

藏传佛教教义思想研究。蒲文成、拉毛扎西的《觉囊派通论》（青海人民出版社，1993年）一书，运用藏文文献资料，在对藏传佛教觉囊派的缘起、传播进行梳理归纳的基础上，论述了该教派主要传承人及其教义思想，并对其今天传承与发展现状及其特点等做了阐述。班班多杰的《拈花微笑——藏传佛教哲学境界》（青海人民出版社，1996年）一书，运用宗教学基本理论方法，围绕藏传佛教哲学体系的形成与演变、形式与内涵以及主要特点等进行了论述。认为藏传佛教哲学体系完整、严密，特别是它向实用性与大众化方向的转型和发展，应当是增强其活力和提升其境界的重要途径。周炜的《成佛之路——藏传佛教大师生涯》（青海人民出版社，1996年）一书，运用藏文历史文献资料，对藏传佛教大师生涯包括出家为僧、修习佛法、解读经典以及悟道成佛等从佛主要历程进行了分析探讨。诺布旺

丹的《生命之轮——藏传佛教活佛转世》（青海人民出版社，1996年）一书，运用藏文历史文献资料，对藏传佛教活佛转世制度的产生、承袭与仪轨程式以及主要特点、社会影响等进行了论述。扎洛的《菩提树下——藏传佛教文化圈》（青海人民出版社，1997年）一书，运用文化传播基本理论方法，提出了藏传佛教文化圈的中心区域、次层区域及外层区域这一文化圈观点。黄维忠的《佛光西渐——藏传佛教大趋势》（青海人民出版，1997年）一书，以当代世界文明发展大势这一宏观背景为依托，运用文化学基本理论方法，对藏传佛教未来发展趋势进行了判断和预期。蒲文成的《宁玛派概论》（青海人民出版社，1999年）一书，运用文献资料和调查资料，对藏传佛教宁玛派思想体系、传承历史及社会影响等进行了概述，提出许多自己的观点。桑杰端智的《佛学基础原理》（藏文，甘肃民族出版社，1999年）一书，运用佛教典籍，对佛学基础原理进行了概括论述，提出了不少自己的观点。桑杰的《〈贤愚经〉补译及其注释》（藏文，青海民族出版社，1999年）一书，通过对《贤愚经》的修习、理解，对该经典做了必要的补译和注释。

藏传佛教历史变迁研究。云公保太的《觉囊派在果洛地区传布述略》（《青海民族研究》1993年第4期）一文，对觉囊派何时传入果洛地区进行了考证，认为由于得到阿羌旦增达杰头人的支持，觉囊派传入果洛后在阿羌部落中得到迅速发展，扎果寺遂被阿羌三部落奉为果洛总寺。在阿羌所属三部落中，康干和贡麻仓部落对觉囊派尤为尊崇，特别是赞塘寺在上述二部落中影响更大。蒲文成的《青海是藏传佛教文化传播发展

的重要源头》(《青海民族学院学报》1998 年第 2
期）一文，运用藏汉文历史文献资料，通过对青
海藏传佛教文化传播发展历史的考察、分析，着
重阐述了青海是藏传佛教文化传播发展的重要源
头这一认识。蒲文成的《青海佛教史》(青海人
民出版社，2001 年）一书，综合各方面资料，对
青海佛教传播历史与传播区域、传播途径及特点
以及社会影响等进行了较为全面的论述。蒲文成
的《河湟地区藏传佛教文化的历史变迁》(《昆
仑文化》2001 年第 5 期）一文，运用藏汉文历
史文献资料，对河湟地区藏传佛教文化的历史变
迁进行了论述。认为河湟地区藏传佛教文化的历
史发展有其自身的轨迹及特点，主要反映出与其
他民族文化进行长期交流互动，以更好适应社会
历史发展趋势这一主线。先巴的《唐五代河西佛
教与藏传佛教后弘期"下路弘法"》(《青海民族
研究》2004 年第 4 期）一文，运用藏汉文历史
文献资料，对唐五代河西佛教与藏传佛教后弘期
"下路弘法"的关系以及对推进藏传佛教的发展
等进行了探讨，提出了自己的观点。认为唐五代
河西佛教与藏传佛教后弘期"下路弘法"构成了
当时甘青一带佛教传播发展的历史图景，对后期
藏传佛教的再度弘扬发展产生了重要影响。蒲文
成、参看加的《藏密溯源——藏传佛教宁玛派》
(青海民族出版社，2006 年）一书，运用藏文历
史文献资料，围绕藏传佛教宁玛派的形成、传承
演变与教义思想及其主要特点、社会影响等进行
了论述。乔吉的《青海佛教史》(内蒙古人民出
版社，2008 年）一书，运用多方面资料，对青海
佛教史进行了归纳论述，提出了一些独到的见
解。

二、藏传佛教寺庙、僧侣及其现状与管理研究

藏传佛教传播历史悠久、寺庙分布广泛、出
家僧侣较多。一直以来，青海藏学研究对此关注
较多，特别是在这一阶段，相关研究成果不断增
多，形成特色，产生一定学术影响力。

藏传佛教寺院、僧侣研究。年治海、白更登
的《青海藏传佛教寺院明鉴》(甘肃民族出版社，
1993 年）一书，对青海藏传佛教各教派寺院作了
简介，成为人们了解青海藏传佛教寺院基本历史
概貌和发展现状的必备书。谢佐的《瞿昙寺》
(青海人民出版社，1998 年）一书，详细介绍瞿
昙寺历史及发展现状的同时，围绕历史上该寺庙
与当地政治、经济、文化、教育等方面的关系以
及相互影响等进行了论述，并在一些问题上提出
了自己的观点。陈庆英、马林的《青海藏传佛教
寺院碑文集解》(青海人民出版社，1999 年）一
书，首次在对青海藏传佛教寺院碑文进行收集整
理的基础上，对其反映的内容及学术价值等进行
了翔实的考证、论述。拉毛措的《青海藏族部落
与寺院的关系浅析》(《攀登》2000 年第 2 期）
一文，对青海藏族部落与寺院的供养关系、维持
因素以及社会影响等进行了研究。进一步论证了
过去藏传佛教寺院主要依靠部落社会集体和家庭
的供养而维持生存这一观点。华瑞·索南才让的
《中国佛塔》(青海人民出版社，2002 年）一书，
根据藏汉文历史文献资料，以中国内地佛塔为重
点，但又考虑到中国佛塔产生及其发展的区域性
特征和文化的差异，对包括西藏佛塔、西域佛
塔、傣族佛塔、走出雪域的藏式佛塔等在内的中
国各主要佛塔一一做了简介。白文固、解占录的
《清代喇嘛衣单粮制度探讨》(《中国藏学》2006
年第 3 期）一文，综合多方面资料，对清代喇嘛
衣单粮制度的产生、意义、演变以及运行程序、
社会影响等进行了论述。认为衣单粮制度是一项
维持佛教寺庙及喇嘛个人生活正常运行的有效措
施，对保障喇嘛个人物质生活起到了重要作用。
蒲文成的《罗热噶巴寺志》(青海民族出版社，
2007 年）一书，运用藏文历史文献资料，以志书
的形式，对藏传佛教罗热噶巴寺的历史发展进行
了客观的记述。王璐的《走出雪域——藏传佛教
圣迹录》(青海人民出版社，2007 年）一书，采

用历史资料与实地走访调查相结合的方法，对藏传佛教圣迹遗物进行了较详尽的考察、描述。白文固、杜常顺、丁柏峰等的《明清民国时期甘青藏传佛教寺院与地方社会》（青海人民出版社，2009 年）一书，运用历史学基本理论方法，对明清民国时期甘青藏传佛教寺院与地方社会的政治、经济、文化教育等方面的关系进行了论述。陈玮的《色科寺的历史与现状研究》（兰州大学博士学位论文，2010 年）一文，对色科寺的由来、历史沿革、活佛系统、佛事活动，以及该寺与中央和地方政府的关系等进行了梳理和研究。

藏传佛教现状及寺庙管理研究。谢热的《重视宗教界新一代代表人物的培养》（《民族经济与社会发展》2001 年第 11 期）一文，运用马克思主义民族宗教基本理论方法，通过实地调查，对宗教界新一代代表人物的培养进行了论述。认为各级党委政府主要领导对这一工作的重视程度如何，直接关系到宗教界新一代代表人物的培养成效。所以，进一步统一思想认识，高度重视对宗教界新一代代表人物的培养显得尤为重要。参看加的《藏传佛教与青海藏区社会稳定问题研究》（《青海民族学院学报》2001 年第 2 期）一文，对藏传佛教与青海藏区社会稳定问题等开展研究，提出了具有一定可操作性的对策建议。陈玮的《努力解决好西部大开发中民族宗教方面的几个重要问题》（《攀登》2002 年第 3 期）一文，运用法规文件资料，并结合社会调查，对解决西部大开发中民族宗教方面的几个重要问题进行了阐述。陈玮、毛国庆的《当代世界宗教发展趋势及其对我国宗教的影响》（《攀登》2004 年第 3 期）、陈玮的《西部民族地区构建和谐社会视域中的宗教关系及其发展态势》（《攀登》2008 年第 2 期）两文，研究了世界宗教发展趋势，分析了我国宗教发展特别是西部民族地区构建和谐社会视域中的宗教关系及其发展态势等问题。陈玮的《对新形势下民族宗教工作的几点思考》（《攀登》1994 年第 5 期）、蒲文成的《青海的民族宗教及管理工作现状分析》（《青海民族学院学报》2002 年第 4 期）两文，以马克思主义民族宗教理论和党的民族宗教政策为遵循，结合青海民族宗教工作实际，在查找差距和不足、分析问题根源的基础上，就如何进一步做好青海民族宗教工作特别是寺庙管理工作提出了对策建议。陈玮、陈永进的《法治视野下的服务型政府与宗教事务管理》（《国家行政学院学报》2009 年第 1 期）与陈玮、何启林的《藏传佛教事务管理问题研究》（《国家行政学院学报》2010 年第 3 期）两文，围绕法治视野下的服务型政府与藏传佛教事务管理等进行了探讨，并提出了对策建议。

第十三章 历史学研究

20世纪90年代以来，中国历史学呈现出马克思主义史学在深度调整中继续前进、西方史学的涌入引发中国史坛结构性变动、国学复兴与乾嘉朴学风气有新发展等趋势，为青海历史学研究发展营造了积极的环境。

1993—2010年，青海的中国通史研究、世界通史研究、地方史研究以及地方志编纂方面基本保持了之前的研究传统，但在局部领域有一些细微的变化，表现出自己的一些特点：中国历史、世界历史研究主要由高校教师担纲，研究队伍比较固定，研究内容较为集中；青海地方历史的研究除有一部分专业教学研究队伍外，还有一些民间史学爱好者，研究领域除了传统的政治史、经济史、军事史外，文化史、社会史逐渐成为新的研究方向。青海地方志编纂和地方志研究方面，在完成第一轮修志任务的基础上进行了第二轮修志活动，在修志过程中培养了一支相对稳定的专兼职修志队伍，出现了一大批优秀的成果。据不完全统计，这一时期在青海历史学研究方面出版了《中国古代僧尼名籍制度》《始于兵而终于礼——中国古代族刑研究》《当代青海简史》《青海通史》等专著50多部，发表了《论唐代的虚估与实估》《宋代僧籍管理制度管见》《清代喇嘛衣单粮制度探讨》《中国古代遗嘱继承制度质疑》《清代丹噶尔民族贸易的兴起与发展》等论文500余篇；在地方志编纂方面先后整理、出版了《西宁志》《天峻县志》《青海省志·建置沿革志》《青海省志·社会科学志》《青海省志·军事志》等各类专志130多部，《青海年鉴》《青海统计年鉴》《青藏铁路公司年鉴》等各类年鉴160多部。这些成果为繁荣青海历史学、促进青海文化建设做出了积极的贡献。

第一节 中国古代历史研究

1993—2010年，中国古代史研究跟高校历史教学休戚相关，主要由高校从事历史学教学的教师开展，关注的内容涉及古代各朝代的政治、经济、文化等各方面。

一、先秦史研究

先秦史研究的成果主要集中在中国古史分期、诸子百家思想、夏商周三代土地制度等方面。

中国古史分期研究。张广志的《中国古史分期三家说平议》[《青海师范大学学报》（哲学社会科学版）1998 年第 1 期］一文，对西周封建说、战国封建说、魏晋封建说进行了系统的考察，认为三种说法都不符合历史事实。李学功的《中国古代社会性质问题》（《青海民族学院学报》1998 年第 1 期）一文，不同意将夏商周三代推定为奴隶社会，并认为中国社会历史有自己独立的价值系统，这些价值系统所赖以建立的基础是毗连于野的村社结构。这种村社制是有别于"领主农奴制"和"地主租佃制"的封建制之又一类型。张广志、李学功的《三代社会形态——中国无奴隶社会发展阶段研究》（陕西师范大学出版社，2001 年）一书，从经济形态、政治形态、意识形态等三个方面进行了仔细的论证，认为夏商周三代不是传统史学界所说的奴隶制社会，而是村社封建社会，战国以后则是地主租佃制社会。张广志的《中国古史分期讨论的回顾、反思与前瞻》（《周秦社会与文化研究——纪念中国先秦史学会成立 20 周年学术研讨会论文集》，陕西师范大学出版社，2002 年）一文，认为中国古史分期的讨论已经进行了七十多年，仍无彻底的结论。中国古史分期的讨论吸引了众多史学工作者的关注，产生了千余篇（部）论著，未来讨论还将继续。张广志的《中国古史分期讨论的回顾与反思》（陕西师范大学出版社，2003 年）一书，总结了中国古史分期讨论的四个阶段及每个阶段的特点。张广志的《西周史与西周文明》（上海科学技术文献出版社，2007 年）一书，对西周史料、周族起源、西周王朝兴废、西周诸王年世、西周社会的生产与生活、井田制与西周的社会性质、西周的分封制度、西周的政体之争、宗法制度、昭穆制度、"家庭公社"与"农村公社"、西周的国野制度、西周的职官制度、西周的礼与法、西周的德治与民本思想等问题进行了深入细致的剖析，给读者展现了一幅西周史与西周文化的图景。

诸子百家思想研究。李学功的《孔门后学两极——洙泗之学与西河之学产生原因述略》（《青海社会科学》1995 年第 2 期）一文，探讨了洙泗之学与西河之学赖以生成的历史条件。李少波的《战国时代重农思想评析》[《青海师范大学学报》（哲学社会科学版）1998 年第 2 期］一文，认为战国诸子存在不重视农业劳动者和生产工具改进的缺陷，这些缺陷在以后成为中国重农传统中的弊端。李少波的《孟子经济伦理观浅析》（《青海师范大学学报》2000 年第 4 期）一文，认为孟子的经济伦理观在义利观上重义而不轻利，在分配观上主张以功求食，在赋税观上主张薄赋敛，提倡富民。他还认识到社会分工的必然性和合理性。这些是值得后人珍视的宝贵遗产。李学功的《世纪之交再论儒学与孔子》[《青海民族学院学报》（哲学社会科学版）2001 年第 3 期］一文，认为孔子在改造旧思想、旧学说的基础上，打造出新的思想、学说和理论品牌——儒学，奠定了中国古代思想文化发展的新范式和话语体系结构，影响至巨。李学功、张科的《略论战国秦汉时期的思想整合问题》（《史学月刊》2001 年第 3 期）一文，认为春秋战国之世，随着国家统一的渐趋实现，对思想文化进行整合，为中央集权的封建专制主义国家提供一尊的、指导性的新思想武器的任务便摆在了战国末、秦汉时期政治家、思想家的面前。这种整合，以战国末荀子、吕不韦的尝试始，以西汉中期董仲舒的新儒家思想被定为一尊终。李健胜的《稷下先生社会地位刍议》（《管子学刊》2003 年第 1 期）一文，以钱穆先生的《稷下通考》为依据，对稷下先生的社会地位进行了排异式的分析。认为齐国稷下先生是有"师"或"大夫"之职的君主之臣，而非单纯的君主之"师友"。稷下先生的社会地位具有模糊性、不连续性和不稳定性的特点。李少波的《从"民"的定位看民本思想的实质》（《青海师范大学学报》2005 年第2期）一文，认为民本思想是中国古代政治思想的重要组成部分，至今仍然深刻地影响着中国人的政治生活。李少波的《〈管子〉轻重消费思想论析》（《石家庄学院学报》2005年第1期）一文，认为《管子》消费思想可称之为轻重消费论，主张消费者选择消费模式应视自身条件和客观条件而定，应俭则俭，应奢则奢。统治者应该做好消费引导，以此促进社会稳定和生产发展，使消费有助于国家政治目的的实现。李健胜的《先秦文化批判思想研究》（兰州大学出版社，2006年）一书探讨了儒、墨、道、法四家的文化与社会批判思想的来源、形成过程及表现特点，阐述了先秦诸子思想的知识结构被道德化和权力化的根由。李健胜的《从所载子思言行看〈孔丛子〉的伪书性质——兼说疑古派观点的价值与意义》（《史学月刊》2010年第6期）一文，认为"尝困于宋"、"作《中庸》"和"为鲁缪（穆）公师"是子思生平事迹中的核心问题。而《孔丛子》一书根据上述事件，杜撰出诸多与事实不合的子思言行，故不可将其视为信史。

夏商周三代土地制度研究。李学功的《世纪回眸：井田制问题再认识》（《青海师范大学学报》1999年第1期）一文，认为"公田""私田（份地）"的区分及份地的定期轮换是判断井田有无、井田性质的核心要素所在。井田制早在夏中后期即已推行，商代继之，至西周而完备化，井田的内涵完全符合马克思关于农村公社具有公私二重性的历史命题。井田的性质就是村社土地所有制。李学功、张广志的《试论夏商周三代土地私有形态产生的历史途径》（《青海师范大学学报》2000年第1期）一文，探讨了春秋战国以降我国土地所有制形态的嬗变问题。魏道明的《商鞅强制分户说献疑》（《青海师范大学学报》2003年第2期）一文，认为商鞅在变法中并没有推行过强制分户的措施。学界所谓商鞅通过重赋、刑罚等手段取缔扩大家庭、推行核心家庭的

传统观点并无真凭实据。

二、秦汉魏晋南北朝隋唐史研究

秦汉魏晋南北朝隋唐史研究的内容涉及法律、社会控制、职官制度、僧团组织、经济制度、人物、社会风俗等领域，每个领域的研究成果数量不多。

法制史研究。魏道明的《中国古代遗嘱继承制度质疑》（《历史研究》2000年第6期）一文，认为中国古代不存在一般意义上的遗嘱继承制度，遗嘱继承制度的产生，以单纯的个人所有权的普遍化和血亲观念的相对淡化为前提条件，而中国古代不具备这些条件。中国古代的法律仅允许被继承人在"户绝"时适用遗嘱，有子时则必须实行法定继承，与普通意义上的遗嘱继承制度相去甚远，虽然古代史籍中有实行遗嘱继承的个别实例，但不能据此认为中国古代存在遗嘱继承制度。魏道明的《汉代的不道罪与大逆不道罪》（《青海社会科学》2003年第2期）一文，对两汉时期常见的"不道罪""大逆不道罪"的具体含义及两者之间的关系进行了考证。魏道明的《始于兵而终于礼——中国古代族刑研究》（中华书局，2006年）一书，探讨了中国古代族刑的起源与发展、株连范围、一般原则等，认为中国古代盛行亲属株连制度，一人有罪，亲属往往受累而共同受刑。族刑制度在中国古代实施范围广，持续时间长，影响深远。

古代书院研究。吕建中、吕生海的《中国古代的私学制度》（《青海民族学院学报》2001年第4期）一文，对中国古代私学制度的形成、发展及其教育思想、教育内容、教学方法、治学态度、办学经验进行了探讨，认为私学教育作为我国古代教育史上的一份遗产，有不少合理的、科学的、有用的内容，对今天的教育改革具有借鉴之处。吕建中的《中国古代书院制度述略》（《青海民族学院学报》2004年第3期）一文，考察了书院产生、发展、没落的过程，认为书院对中国封建教育的发展产生过重大影响。

社会控制研究。 李少波的《〈淮南子〉社会控制论初探》（《青海师范大学学报》2010 年第 3 期）一文，认为，《淮南子》主要关注现实社会控制的总原则和理想的社会控制状态等两个方面，它提出社会控制的手段有仁义、礼乐、法、鬼神、舆论，但仁义是礼法能够实施的保障、前提和基础，没有仁作为内容，法只能徒具形式而不能真正长期有效地发生作用。

职官制度研究。 吕建中的《中国古代的行省制度》（《青海师专学报》2002 年第 3 期）一文，阐述了中国古代行省制度形成发展的基础，总结了其特点和积极作用，认为中国古代行省制度的创立，是我国政区管理制度史上的一次重大改革。赵春娥的《汉唐期间奏章与诏令及其关系》（《青海社会科学》2003 年第 3 期）一文，对汉唐之际诏令、奏章的内容、形式及相互之间的关系作了探讨。赵春娥的《南朝宣诏呈奏机枢制度略论》（《青海师专学报》2003 年第 1 期）一文，对南朝宣诏呈奏机枢制度的演变作了探究。吕建中的《中国古代的人事回避制度及其意义》（《青海民族学院学报》2007 年第 3 期）一文，考察了中国古代人事回避制度的发展过程和包含的内容，认为中国古代人事回避制度中的合理因子对完善当代公务员回避制度具有较强的现实意义。

僧团组织研究。 白文固、赵春娥的《中国古代僧尼名籍制度》（青海人民出版社，2002 年）一书，由《魏晋南北朝的僧尼名籍制度》《历代僧道人数考论》等 12 篇论文组成，对中国历代僧尼公贯、僧尼公度、卖度、僧尼身份证件管理、寺院管理、寺院僧尼的赋役等问题进行了探讨。白文固的《唐宋时期戒牒和六念牒管理制度》（《青海社会科学》2005 年第 2 期）一文，认为唐宋时期的封建政府在僧籍管理中不仅制定有一套如同编户的严格的籍账编制呈报制度，而且还专门针对僧道人士创行完善了度牒、戒牒、

六念牒等特殊的身份性证件管理制度。白文固的《唐宋试经剃度制度探究》（《史学月刊》2005 年第 8 期）一文，认为试经剃度制度始创于唐高宗、中宗朝，成于开元以后，至唐末、北宋前期更趋成熟、完善。但由于禅宗的南宗一系的理念不同，僧团内部对试经存有抵触力量，影响了试经制度的正常发育。北宋熙宁初期推行卖度牒政策，极大地败坏了僧尼刻苦攻读经业的良好风气，试经制度渐次变成了一纸空文。

经济制度研究。 魏道明的《唐代货币制度杂考》（《青海师范大学学报》1994 年第 4 期）一文，对唐代金银的货币地位、钱帛比价波动和所谓的钱荒等问题进行了考察，认为唐朝正值货币制度史上的转折阶段，处于贵金属逐步取代铜钱和实物货币的更替过程之中，铜钱、谷帛、金银、珠玉等货币在唐代都不同程度地参与过流通，而唐后期的"飞钱"制度是后世楮币之滥觞。魏道明的《略论唐宋明清的析产制度》（《青海社会科学》1997 年第 3 期）一文，对析产的概念及与继承之间的关系、析产的原则和方法进行了探讨。魏道明的《古代社会家庭财产关系略论》（《青海师范大学学报》1997 年第 1 期）一文，对传统社会中家庭成员之间在财产方面的权利与义务关系进行了考证。伊敏的《唐代茶政问题初探》（《青海社会科学》1999 年第 3 期）一文，对唐代茶政的发展演变、原因，以及对社会的影响进行了探讨。解占录的《试论北魏的掠夺经济》（《青海社会科学》2000 年第 4 期）一文，对北魏的掠夺经济做了深入探讨，认为掠夺经济是北魏重要的经济形式之一。丁柏峰的《西晋末年人口大迁徙对"五凉"政权的影响》（《青海师范大学学报》2000 年第 4 期）一文，认为西晋末年我国北方长期陷入分裂割据状态，社会秩序混乱不堪，生产遭到严重破坏。唯割据河西地区的"五凉"政权推行"保境安民"政策，创造了安定的社会环境，吸引了大量中原流

民，推动了经济文化的发展。魏道明的《论唐代的虚估与实估》(《中国经济史研究》2002 年第 12 期) 一文，认为虚估和实估是理解唐中后期财政制度的关键问题，虚、实估起源于虚、实钱，以实钱估价物品为实估，以虚钱估价物品为虚估，其中，实估是稳定的，而虚估则时常变化。虚钱和虚估本为民间行为，肃宗朝得以合法化。

历史人物研究。罗嗣忠的《隋炀帝的个性特征及其后果》(《青海师范大学学报》1994 年第 1 期) 一文，认为隋炀帝具有予智予雄、狂妄自大、嫉贤妒能、猜忌成性、我行我素、任性妄为、纵欲贪婪、疯狂享乐、迷信暴力、性残好杀的个性，对社会极具破坏力，是促使其成为暴君的一个重要原因。罗嗣忠的《梁武帝最严重的失策不是纳降侯景》(《历史教学问题》1996 年第 4 期) 一文，认为梁武帝萧衍做了 48 年皇帝，最后在侯景叛乱中被软禁，饿死在台城，落了个国破身亡的可悲下场。究其因，并非治史者所谓萧衍接纳侯景投降导致，而缘于萧梁政权自身的腐败不堪。梁朝的腐败又是萧衍倡行和放纵各级官吏腐败的结果，这才是萧衍最严重的失策。

社会风俗研究。罗嗣忠的《浅谈中国古代"贵壮贱老"胡俗及其成因》(《青海师范大学学报》1994 年第 3 期) 一文，认为中国古代游牧民族普遍具有"贵壮贱老"的习俗，原因在于"不食之地"的地理环境和"逐水草迁徙""随畜因射猎禽兽为生业"的生产方式，对青壮年的需求迫切。恶劣的环境和艰苦的生存使掠夺、战争为其能事，产生了以夸示勇武为其荣耀的社会心理，而青壮年恰能担纲并发扬这种社会文化。罗嗣忠的《古代胡族"贵壮贱老"与汉族"尊长敬老"不同习俗形成原因之比较研究》(《青海民族学院学报》1997 年第 2 期) 一文，认为我国古代有"贵壮贱老"的胡俗与"尊长敬老"的汉俗，其原因在于自然环境和经济类型的不同、社会环境和民族心理的差异、文化教育发展

程度的悬殊。

社会形态研究。罗嗣忠的《鲜卑拓跋族统一中国北方原因初探》(《青海社会科学》1996 年第 5 期) 一文，认为拓跋部统一中国古代北方的原因在于，其部族拥有一支战斗力很强的军队，其君王重视根据地建设，大力发展社会经济；敢于冲破传统的民族藩篱，大胆信用汉族士人为北魏出谋划策。另外，北魏实行了比其他割据政权都要高明的怀柔政策，赢得了民心，加速了统一北方的进程。魏道明的《公元七五〇年的大唐帝国——疲惫不堪的历史巨人》(《青海社会科学》1998 年第 2 期) 一文，通过对公元 750 年发生的各种事件的分析，来说明维系统一局面的艰难和统一局面下各种分裂因素的集合与发展，从而证明唐朝分裂的必然性。

三、宋辽金元史研究

宋辽金元史研究内容主要集中在妇女、法律制度、职官制度、僧籍管理、风俗、经济等方面，但各领域研究成果较少。

妇女研究。宋东侠的《宋代"女使"简论》(《河北学刊》1994 年第 3 期) 一文，对"女使"的身份、来源等做了详细的考证。其系列论文《论宋代妇女改嫁盛行的原因》(《青海师范大学学报》1996 年第 2 期) 一文，从法律规定和社会观念两个方面探析了宋代妇女改嫁的原因。《宋代妇女的法律地位论略》(《青海师范大学学报》1997 年第 3 期) 一文，通过妇女在刑事法律关系中地位的一些变化，探讨了宋代妇女人身权的扩大，认为宋代妇女社会地位较高。《浅议宋代妇女在社会生产中的作用》(《青海社会科学》2000 年第 6 期) 一文，认为宋代妇女尤其是江南地区的妇女相对较多地投入手工业和商业领域，成为社会生产中不可或缺的一支重要力量，因之其社会地位亦相应地得以提高。《理学对宋代社会及妇女的影响》(《青海社会科学》2002 年第 1 期) 一文，认为理学对宋代社会和妇

女的影响极其有限。《简析宋代在室女的财产权》（《青海师范大学学报》2002 年第 1 期）一文，认为宋代财产继承法规更加完善，对妇女财产权的规定更为详备，女性的财产权利呈现出多重性的特点。其中在室女的财产权较前扩大，除与兄弟分析家产外，亦可继承户绝财产的全部或绝大部分，同时又可借助嫁资而获得部分财产继承权。《司马光的妇女观》（《西北师大学报》2003 年第 2 期）一文，认为司马光的妇女观一方面具有守旧倾向，另一方面又包含明显的对立和矛盾因素，体现出比较进步的一面。

法律制度研究。宋东侠的《浅析宋代政府的惩贪职能》（《政府与经济发展——中国经济发展史上的政府职能与作用国际研讨会论文集》，知识产权出版社，2004 年）一文，认为宋代统治者意识到官吏的不廉对政权必然造成严重危害，因而以政府职能的强制力惩治贪赃，以实现官吏的清廉，达到稳固统治的目的。伊敏的《宋代流刑特点考论》（《青海师范大学学报》2009 年第 2 期）一文，认为宋代流刑虽然在刑名和内容上均沿袭了唐律中的相关内容，但随着社会的发展和法律制度的不断完备，流刑在这一时期也发生了一些重大变革，呈现出新的特点。伊敏的《北宋沙门岛之免死流浅议》（《青海社会科学》2005 年第 3 期）一文，认为北宋时期，免死流徒主要集中在沙门岛一地，从其犯罪种类来看，免死流有政治性犯罪、严重刑事犯罪、军事性犯罪三种，对这些罪犯的惩治集中反映了封建刑罚在运用中灵活、适变的特点。

职官制度研究。白文固的《宋代外戚恩荫制度浅论》（《青海社会科学》2001 年第 4 期）一文，对宋代外戚恩荫制度的种类、政策性规定以及发展后果等作了探讨。白文固的《北宋文武官员恩荫制度探究》（《史学月刊》2002 年第 2 期）一文，认为北宋时期以恩荫补官极为盛行，官员子弟入仕多通过各种名目的恩荫补

得正官、散阶、馆阁职、试衔或得赐出身。因此，范仲淹提出了"抑侥幸"之策，但该办法带有很大的折中性和调和性。崇宁、政和间改订的荫补办法也没有走出"荫贵"和"荫亲"的框套。北宋滥施恩荫加重了冗官之弊，引发了社会政治生活腐败。

僧籍管理制度研究。白文固的《元代的僧籍管理》（《佛学研究》1999 年第 6 期）一文，认为元代僧籍管理体制经历了试经给牒剃度、保荐剃度、纳钞卖牒剃度等三个发展变化阶段，反映了蒙古统治者从以考察僧尼素质为主的管理格局，向以考虑国家经济利益为主的管理格局变化的全过程。白文固的《宋代僧籍管理制度管见》（《世界宗教研究》2002 年第 3 期）一文，考述了宋代佛教中的度僧、籍账和度牒的管理制度，指出在度僧中存在常度与敕度并行、在籍账中全账与敕账交叉制约、度牒与戒牒和六念牒并用，以及坟寺和童行均系籍账等几个特点，同时又指出宋代管理佛教是空前强化的，既是唐宋以来编户齐民籍账管理制度的必然结果，也是佛教适应能力与妥协性格的曲折反映。白文固的《金代官卖寺观名额和僧道官政策探究》（《中国史研究》2002 年第 1 期）一文，认为金代曾长期推行过官卖僧道度牒、紫衣师德号、寺观名额和僧道官职政策，造成了多种社会弊端，使原来属于宗教文化的度牒、紫衣师德号、寺观名额和僧官道职皆变成了特殊商品，结果极大腐化了僧众道众刻苦攻读经业和着意修行的良好风气，败坏了僧道徒队伍。

风俗研究。宋东侠的《宋代士大夫的狎妓风》（《史学月刊》1997 年第 3 期）一文将视野置于社会史领域，对宋代士大夫狎妓之风盛行的社会现象、原因及后果等问题进行了深入的考证。宋东侠的《宋代厚嫁述论》（《兰州大学学报》2003 年第 1 期）一文，认为在宋代，婚姻论财成为一种颇具时代特征的社会现象。这种社

会现象促成了厚嫁风气，给当时社会造成极大的消极影响，诸如杀婴尤其是女婴、女子迟嫁乃至终身不嫁等现象，对儒家礼仪制度造成了较大冲击。其《浅析宋代丧葬明器》（《青海社会科学》2004 年第 6 期）一文，认为宋代出现了丧葬明器从玉、石、金属、竹、木等材质向纸质转变的端倪，丧葬明器虽没有完全取代其他材质的明器，但纸钱、纸质明器已较盛行。丁柏峰的《文明的冲突——从会宁府的历史变迁看金的汉化过程》（《青海社会科学》2005 年第 3 期）一文，认为金上京会宁府的变迁是金代前期历史的一个缩影。上京的兴废，与女真族改变旧俗、接受汉文化的程度存在直接的对应关系。

经济类研究。白文固的《元代寺院僧尼的赋役问题》（《中国经济史研究》1998 年第 1 期）一文，认为元代寺院僧尼的赋役较为复杂，既有元代赋役制度本身杂乱无章的因素，又有历朝在政策执行上因时立制的因素，也有文献记载方面的歧异舛误诸原因。元代寺院僧尼均有法定免纳或特旨优免等权利，此外僧尼在职役及杂役征发中，还享有一定的免役权利。白文固的《宋代的功德寺和坟寺》（《青海社会科学》2000 年第 3 期）一文，对宋代各种名目的功德寺和坟寺的类别、创置、兴起、盛行情况及其拥有的宗教和经济特权等问题做了探讨。白文固的《宋元明时期僧道免丁钱问题探讨》（《青海民族学院学报》2002 年第 2 期）一文，认为免丁钱是南宋政府在绍兴中期创行的一种身丁税，课征的对象限于寺观僧道。免丁钱是唐后期以来僧尼免赋役特权渐次丧失的必然结果，是宋朝统治集团内部长期要求役僧政策的产物。从税目性质及课征形式论，它又源于五代的身丁钱。

四、明清史研究

明清史研究的成果较多，内容主要涉及西北地区经济、僧团组织、职官制度、思想等方面。

经济类研究。叶玉梅的《明代茶马互市中的金牌信符制度》（《青海民族学院学报》1993 年第 4 期）一文，通过对青海省海南州贵德县文化馆收藏的明代金牌信符的考证，系统考释了茶马贸易中官办贸易兴起、发展和衰落的过程、原因，揭示了明代以来中央政府与青藏地区藏族、蒙古族之间的关系。姚继荣的系列论文如《明代西北马政机构废置考》（《西北史地》1993 年第 2 期）、《试论明代西北马政衰败原因》（《青海社会科学》1994 年第 3 期）、《明代西北马市述略》（《青海民族学院学报》1994 年第 3 期）、《明代西北官牧制度中的"马价"问题》（《西北史地》1996 年第 4 期）、《明代西北马政中的盐马制度》（《宁夏大学学报》1997 年第 1 期）、《明代西北仆苑官牧制度及其演变》（《青海师范大学学报》2000 年第 3 期）等文，对明代西北马政兴起的原因、马政经济的特点、马政机构的置废、马政对官马的管理、官牧制度中的马价等重要的环节做了深入细致的考释。杜常顺的《明清时期黄河上游地区的畜牧业》（《青海师范大学学报》1994 年第 3 期）一文，从少数民族游牧业、官营畜牧业（马政）和农村畜牧业三方面考察了明清时期黄河上游地区畜牧业经济状况，认为当时整个畜牧业经济呈萎缩趋势。姚继荣的《明代茶马互市中的"勘合制"问题》（《青海民族学院学报》1994 年第 3 期）一文，认为出于保证茶马互市顺畅的原因，明代初期实行番族"马赋差发"的金牌制度，之后又实行了"勘合制"。杜常顺的《论明代西北地区的私茶》（《青海师范大学学报》1995 年第 3 期）一文，认为以茶易马，"供边军征战之用"，"系番人归向之心"，这种军事、经济以及政治上的多重效益促使明王朝将这一贸易最大限度地纳入封建国家独占经营的轨道。然而，独占经营一经实施，走私形式的民间贸易也随之兴起，并与封建国家组织经营的官茶形成了尖锐对立，最终导致了官茶的消亡。杜常顺的《明清时期黄河上游地区少数民族经济浅论》

（《青海社会科学》1995 年第 4 期）一文，对明清时期黄河上游地区少数民族经济发展的基本状况和趋势作了综合性的考察和阐述。杜常顺的《明清时期黄河上游地区的民族贸易市场》（《民族研究》1998 年第 4 期）一文，认为明清时期，在高度发展的封建社会商品经济的促动下，黄河上游地区的民族贸易也呈现出前所未有的繁荣景象，其重要表现就是出现了多种类型的贸易市场，标志着这一多民族地区与内地经济交往的形式更加多样化，程度也更加深化了。石志新的《清末甘肃地区经济凋敝和人口锐减》（《中国经济史研究》2000 年第 6 期）一文，考察了清末甘肃地区（包括宁夏及青海一部分）人口的变化状况，同时讨论了人口锐减的社会原因。丁柏峰的《明代移民入滇与中国西南边疆的巩固》（《青海社会科学》2003 年第 1 期）一文，认为明代大批移民入滇成为中国西南边疆得以巩固的关键因素。白文固、解占录的《清代喇嘛衣单粮制度探讨》（《中国藏学》2006 年第 4 期）一文，认为衣单粮制度的实质就是官府养僧，溯源于印度佛教的国家养僧制度，但清代有特殊的规定。衣单粮制度始创于顺治朝，成于康熙时期，而至雍乾之世，更趋发展完善。从表面上看，各地实行的都是称为衣单粮的一种制度，但事实上各地区别较大。

僧团组织研究。杜常顺的《略论藏传佛教前期教团的家庭化特征与家族性政教合一体制》（《佛学研究》1996 年第 6 期）一文，认为藏传佛教教团组织形式在前后期有着明显的不同。前期，大多数教团以某一家族为核心，依其血缘世系来传承维系；后期，则普遍以转世活佛为中心，依其独特的法缘关系来传承维系。白文固的《洪武、永乐年间对僧团的全面整顿》（《青海民族学院学报》2004 年第 4 期）一文，认为明初对社会僧团进行了多方面整顿，诸如改革度牒颁出办法、严格剃度、淘汰僧尼、严肃戒律、裁并

寺院等，使元代以来佛教内部出现的严重颓靡之风大为改观。杜常顺的《明代留住京师的藏传佛教僧人》（《暨南学报》2004 年第 3 期）一文，认为由于治藏的政治需要和皇帝个人的宗教崇信，明代京师留住有大批藏传佛教僧人，受到朝廷供养和优待。留京藏僧在明廷治藏的政治和政策层面发挥了一定的作用。白文固的《清代对藏传佛教的禁约和整饬》（《中国藏学》2005 年第 4 期）一文，认为清康乾之世，对藏传佛教进行了多方面的禁约和整顿，诸如严肃国师禅师的封赠，禁止随意私自剃度或私行建寺，严禁喇嘛游方他地或久居京师，并对喇嘛的服饰及饮食制度做了规整。这些办法对于藏传佛教的健康发展不无益处。但更多的效果是在政治方面，即经过整饬的藏传佛教，更成了统治者用之而得心应手的工具。杜常顺的《明代宦官与藏传佛教》（《西北师范大学学报》2006 年第 1 期）一文，认为明代自成祖开始崇好藏传佛教，宦官也因之深受影响。不仅其佛教信仰中有藏传佛教的因素，而且与藏僧间也多有交往与过从。宦官的汲引也往往成为藏僧得与皇室亲近的重要途径。杜常顺的《明代"西天僧"考略》（《世界宗教研究》2006 年第 2 期）一文，认为元末明初，来自"西天"迦湿弥罗的佛教僧人萨哈拶释哩在中国传法弘道十余年，后其中国弟子智光宗发扬传承，在中国形成了一个佛教教团，即"西天僧"。这个教团与宫廷皇室及宦官有着十分密切的关系，其宗教影响也进入宫廷之中。白文固的《明中后期的居士佛教初探》（《青海民族学院学报》2007 年第 1 期）一文，认为从明代万历初期始，居士佛学兴盛。明中后期居士林佛学的表现形式有两种：一种是遁入空门又不甘寂寞的上层僧人与信佛的官僚在都市的结合，另一种是厌世的文化人和劳苦大众同中下层僧侣在山林的结合。而居主导地位的是前者，正是这种结合推动了明后期佛教的复兴。明后期

的居士们或念佛参禅，或诵经并潜研佛理，禅净合一的修行法门乃是最常见的修行方法。

职官制度研究。 石志新的《清代道光咸丰间吏治败坏情况述略》（《史学月刊》1999 年第 9 期）一文，认为清朝道光至咸丰年间，吏治、法制及军备全面腐败，并对吏治败坏的现象进行了深入的剖析。石志新的《清朝道咸之世军备废驰状况述略》（《青海社会科学》2002 年第 1 期）一文，对道咸之世八旗兵腐化、绿营取代并成为军事主力的状况做了考察。杜常顺的《明代宦官中的非汉族成分》（《青海师范大学学报》2004 年第 4 期）一文，认为明代宫廷中有为数众多的宦官来自少数民族和外国，从一个侧面反映了明代与周边民族地区和国家的密切交往。

思想研究。 李少波的《顾炎武政治思想的成就及其内在缺陷》（《第十一届明史国际学术讨论会论文集》，天津古籍出版社，2007 年）一文，认为顾炎武从青年时代就因"感四国之多虞，耻经生之寡术"而绝意于科举，投身于对明末现实政治的思考，探求社会的长治久安之策，并对其政治思想的成就及内在缺陷做了总结。

第二节　中国近现代史研究

1993—2010 年，青海史学界对中国近现代史有较多关注。但因研究人员少，成果不多，现有研究成果主要集中在太平天国、近现代经济发展、思想变革等几个方面。

一、太平天国研究

太平天国研究涉及太平天国运动的政策、太平天国的职官制度等。石志新对太平天国失败的原因、民族政策、职官制度、赋税制度等进行了系统研究。其《太平天国运动失败原因再探讨》（《青海社会科学》1997 年第 4 期）一文，认为太平天国领导者的政策失误，导致了全面腐败。腐败化的过程，走过了从追求物质享乐到权势欲膨胀和争夺，再到政治上腐朽化的三部曲。其《试论太平天国在民族政策上的失误——朱元璋与洪秀全民族政策之比较研究》（《东岳论丛》1999 年第 2 期）一文，认为太平天国政权及其领袖洪秀全以夏尊夷卑、华夷之辨观念为指导，制定了狭隘的名为种族革命而实为种族复仇的民族政策，将打击清王朝与排斥、仇杀满人相混淆，把反封建与反满人相等同，在实践中导致民族矛盾进一步激化，以致多次发生屠杀旗兵满人事件。其《太平天国职官制度弊端管见》（《青海师范大学学报》1998 年第 3 期）一文，对太平天国职官制度的弊端做了全面系统的探讨。其《太平天国刑法制度初探》（《甘肃社会科学》2000 年第 3 期）一文，认为太平天国虽曾有过断续的立法活动，但不曾编订颁行系统规范的刑典。太平天国确立了以信基督、拜上帝为指导思想，以轻教化、重刑罚为最大特点的立法原则，刑罚苛猛残酷而且广泛；无刑典可本，滥施刑威，一罪数罚或轻罪重罚的现象严重；法无定科，执法官徇私舞弊，对下滥施刑罚、对上犯法不究的枉法现象普遍。这是刑法史上的一次大倒退。其《太平天国赋税制度的混乱与中央财力的匮乏》（《青海社会科学》1998 年第 3 期）一文，对太平天国的赋税制度进行了探讨，认为太平天国赋税制度的混乱导致物质基础崩溃是其失败的重要因素之一。

二、中国近现代经济发展研究

中国近现代经济的发展带有较为明显的商品经济特征，史学界对此有所关注。石志新的《浅析买办在近代化过程中的作用》（《青海师范大学学报》1994 年第 2 期）一文，认为近代中国的买办不是一成不变的阶层，随着社会的进步和中外接触的渐次频繁，买办不断发生着变化。其在中国近代化过程中起到了经济桥梁的作用。

三、近现代思想变革研究

中国近现代化的过程是传统社会接触西方资本主义社会的过程，也是传统的思想发生变革的过程，青海史学界在这方面有过较深入的思考。乔益洁的《民国初期甘青宁地区文化滞后及其原因》（《西北史地》1998年第1期）一文，认为近代以来，由于远离近代文化的辐射中心，甘青宁地区成了文化荒漠。民国建立后，这一滞后的状况愈演愈烈，成为制约这一地区近代化进程的主要因素。石志新的《徐致靖与戊戌变法》（《青海社会科学》1999年第2期）一文，对徐致靖的生平及其与戊戌变法之间的关系作了细致的描述。丁柏峰的《王韬欧陆之行及政治变革思想之酝酿》（《青海师范大学学报》2006年第4期）一文，认为在1867—1870年，王韬以自由身份对欧洲的政治、经济、文化、教育、风俗等状况进行了实地考察，经过这次游历，王韬原有的儒家观念产生了动摇，对西方资本主义经济产生了认同，并进一步提出了近代变革思想。

四、社会研究

中国近现代社会变革对中国历史的走向有着很深的影响，青海史学界对此有一些研究。石志新的《甲午战争对中国政治及远东局势的重大影响》（《青海师范大学学报》1994年第4期）一文，认为中日甲午战争不仅对中国和日本造成了巨大和深远影响，而且对远东地区也是一个划时代的重大事件。中国在这次战争中的惨重失败，一方面极大地刺激了日本军国主义的迅速膨胀，同时也改变了远东局势，助长了欧美等帝国主义列强侵略的嚣张气焰。乔益洁的《民初陕西政局演变探析》（《青海师范大学学报》1995年第4期）一文，认为中华民国建立以后，随着民主革命的推进，部分革命党人因地位的变化而日趋蜕化，革命派内部原已隐伏的分歧日益公开，矛盾进一步激化。辛亥革命后的陕西政局，也同全国的局势一样，出现日益严重的危机。乔益洁的《陕西靖国军前期斗争述论》（《青海社会科学》1997年第5期）一文，认为在护法运动中，陕西靖国军是北方地区声势最大、持续时间最长的武装力量。

第三节　世界史研究

1993—2010年，世界史研究与高校历史教学课程的设置密切相关，研究队伍是高校从事世界史教学的教师，研究内容较为集中，研究成果相对较少。

一、中世纪史研究

这一领域的研究主要涉及西欧封建领主制度、政治人物、中世纪城市、希腊大殖民运动等方面。

封建领主制与政治人物研究。任奇正的《人的社会关系变化与西欧封建领主政制的形成》（《青海师范大学学报》1997年第1期）一文，认为国家权力形式的状况是与人们的社会关系的状况密切相关的，国家是一种人与人之间互动作用的体系，在这个体系中，人们之间的互相作用不同，即社会关系的不同，造成国家权力形式的不同，而人们之间的社会关系状况，又取决于社会经济的状况。符松涛的《论普鲁士"宪法纠纷"之实质》（《青海师专学报》2002年第1期）一文，认为19世纪60年代，普鲁士邦议会中出现了"宪法纠纷"，时任宰相俾斯麦通过暴力手段，推行"铁血政策"结束了这场"宪法纠纷"，完成了德意志统一的历史任务。符松涛的《论马基雅维里的政治思想》（《青海师范大学学报》2002年第4期）一文，认为马基雅维里摆脱了历史时代条件的束缚，在他的政治思想中反映了人文主义的精神，促进了近代资产阶级政治理论的形成，并使政治学发展为一门独立的学科，爱国主义是他政治思想的起点和归宿。

中世纪城市研究。符松涛的《论西欧中世纪城市与封建主的经济关系》（《青海师范大学学报》2003 年第 2 期）一文，认为西欧中世纪城市兴建于教俗封建主的领地上，封建主为了满足自身的经济需要支持城市兴建，城市的建立与发展又需要封建主的保护，双方存在相互依存的经济关系，随着城市经济的发展和资本主义生产关系的出现，双方在经济上的合作关系逐步转变为矛盾对立的经济关系。符松涛的《论封建主对西欧中世纪城市产生的影响》（《青海师专学报》2003 年第 1 期）一文，认为 11 世纪随着西欧社会生产力的发展和经济的复苏，城市开始复兴建立。但西欧中世纪城市兴建于教俗封建主的领地上，封建主为了自身政治、经济、军事的需要支持参与了城市的兴建活动，对城市的产生发展起了积极的促进作用。符松涛的《论西欧中世纪城市与封建主政治关系的变化》（《青海师范大学学报》2008 年第 2 期）一文，认为在西欧中世纪城市兴起的过程中，封建主为了自身政治、经济、军事的需要支持参与了城市的兴建活动。符松涛的《城市化运动对早期罗马帝国经济发展的影响》（《吉林省教育学院学报》2008 年第 3 期）一文，认为早期罗马帝国的城市化运动促进了罗马和各行省经济的发展，改变了经济结构和生活方式，推动了罗马帝国经济的繁荣。符松涛的《早期罗马帝国城市化的动因》（《社科纵横》2008 年第 5 期）一文，认为农业的发展是罗马帝国早期城市化得以发展的基础。人口的聚集，消费的集中，刺激了手工业和商业贸易的发展，构成了城市化的主要动力源。

希腊殖民运动研究。符松涛的《古风时代殖民运动对希腊社会发展的影响》（《青海社会科学》2008 年第 4 期）一文，认为古风时代的大殖民运动为经商航海活动提供了广阔的场所，从而加速了希腊各城邦工商业的发展，为希腊经济繁荣奠定了基础，促进了早期民主政治的出现，为希腊文化的繁荣创造了条件。符松涛的《大殖民运动对希腊经济发展的影响》（《攀登》2008 年第 3 期）一文，认为前 8 世纪至前 6 世纪希腊的大殖民运动不仅解决了人口过剩问题，同时也开拓了海外市场，刺激了希腊商业贸易的发展。殖民运动对希腊经济发展产生了推动作用，促进了希腊经济的繁荣。符松涛的《希腊大殖民运动对城市发展的影响》（《青海民族学院学报》2008 年第 3 期）一文，认为前 8 世纪至前 6 世纪希腊的大殖民运动，不仅开拓了海外市场，促进了希腊商业贸易的发展，而且也推动了希腊城市的发展和繁荣，加快了希腊城市化的步伐。

二、世界近代史研究

这一领域的研究主要涉及美国的农业革命等，主要成果有张礼萍的系列论文。如《美国近代农业革命浅析》（《西安外国语学院学报》1995 年第 2 期）一文，认为从 19 世纪 60 年代开始，美国工业化进入快速发展阶段，美国经济出现腾飞并跃居世界领先地位，这与美国农业经历的革命性变革有关。《试论美国十九世纪的土地政策与农业近代化》（《青海社会科学》1996 年第 4 期）一文，认为农业近代化也是整个社会近代化的关键所在。农业近代化的成败关系一个国家整体的近代化进程。影响农业近代化的关键问题是土地问题。土地问题的解决，很大程度上取决于政府的土地政策。《近现代美国农业教育与农业现代化》（《青海师范大学学报》1997 年第 2 期）一文，认为美国是一个以农业立国、以农业兴国、以农业富国的国家。其农业之发达、农业生产力发展水平之高，在全世界都是举世瞩目的高效率产业。众所周知，现代经济的发展依赖于现代科技的进步，更依赖于现代教育的进步。《美国农业发展的特点及对工业化的影响》（《青海师范大学学报》1997 年第 4 期）一文，认为美国农业发展具有拓荒农业向商品化农业过渡、农业中心西移和地区专业化、农业生产的机械化、政府重视农业并倡导农业科学化、农业生产结构合理并同步发展的特点。以上特点的形成过程是农业自身从传统向现代的转变过程，对工业化产生深刻影响。《美国西部开发成功的经验与影响》（《青海民族学院学报》1998年第2期）一文，认为19世纪美国西部开发的成功极大地改变了美国历史发展的面貌，奠定了美国成为20世纪世界霸主的经济基础。《西进运动与美国近代农业革命》（《青海师专学报》1998年第2期）一文，认为18世纪末发生的西进运动为美国农业革命提供了近代史上其他国家无法比拟的优越条件，加速了农业革命的进程，并对美国农业发展影响至今。《美国西部开发中的土地投机家》（《青海师范大学学报》2004年第3期）一文，认为土地投机家在美国西部开发中拥有着特殊的地位和作用，其行为对西部开发和美国历史发展产生了深远的影响。《土地投机——美国西部开发的特别方式》（《青海社会科学》2004年第3期）一文，认为土地投机是美国西进运动兴起和发展的重要原因，它带动了劳动力和资本西移，促进了国内市场形成，对西部开发影响深远。

三、世界现代史研究

这一领域的研究，主要涉及美国的发展及国家政策、战后世界格局的发展演变等内容。

美国的发展及政策研究。田运康的《美利坚民族的土地要求及其阶段性后果》（《青海师范大学学报》2001年第4期）一文，认为美利坚民族的土地要求是随着其民族形成而逐渐显现、发展起来的。因其具体要求的指向不同（13州和13州以外）而分别具有反殖民主义和殖民主义双重性，《巴黎和约》夺取西部是美国走上殖民国家道路的起点，也是美国独立革命局限性的首要表现和最大污点。田运康的《二战后初期美国大规模对外经济援助之原因》（《青海师范大学学报》2002年第3期）一文，认为大规模对外经济援助构成二战后初期（1945—1960年）美国外交活动极其重要的内容和特色。空前强大的综合国力、重建世界经济秩序的紧迫课题、国际政治领域出现的所谓"权力真空"以及大杂烩式的意识形态膨胀是这一时期美国实施大规模对外经济援助的基本原因。

战后世界格局研究。郭梅花的《两次世界大战间欧洲集体安全体系探微》（《青海师范大学学报》1997年第4期）一文，认为所谓集体安全，就是以集体的或全球的行动，来预防、制止或击败任何实际的或潜在的对和平与安全的破坏。并对集体安全体系的产生、发展及失败过程进行了考证。郭梅花的《战后美苏在欧洲的争夺与苏东关系的变化和东欧剧变》（《青海社会科学》1998年第5期）一文，从二战后各个时期美苏在东欧的争夺入手，概述战后各个时期美苏对东欧政策的演变，揭示了二战后特定背景下美苏争夺与苏东关系发展变化以致东欧剧变的内在联系。郭梅花的《美国全球战略的演变及冷战后的北约"新战略"》（《青海师范大学学报》1999年第3期）一文，认为冷战结束后世界向多极化方向发展，和平与发展成为时代发展的主潮流，然而美国推行霸权主义的全球战略目标并没有发生实质性的变化。郭梅花的《冷战后美国的亚太战略与对华政策调整》（《青海师范大学学报》2001年第1期）一文，认为冷战结束后，随着美国全球战略的改变，美国的亚太战略也随之发生了重大的变化，这使其对华政策经历了一个由以遏制为主、接触为辅向以接触为主、遏制为辅的过程。形成这一特点的原因是美国对中国战略地位认识的变化及美国国内不同利益集团在对华政策上的斗争和力量消长。田运康的《两个资本主义国家类型概念新释》（《青海社会科学》2003年第1期）一文，对"老牌资本主义国家"和"新兴（后起）资本主义国家"的概念进行了考证。

第四节　历史地理

1993—2010 年，历史地理研究较为活跃，产生了一批高质量的成果，研究主要涉及青海地名、建置沿革、道路交通等。

一、地名研究

青海地名研究的成果散见于一些工具书、地方志书、政协文史资料、一些区域史研究的专著以及专门研究相关地名的论文中，涉及地名释义和地名的理论研究。

地名释义研究。卫东、李少波的《都兰地望今昔谈》（《柴达木开发研究》1993 年第 10 期）一文，认为"都兰"作为行政区划名称始于民国 6 年，时任甘边宁海镇守使的马麒在都兰寺设立都兰理事，管辖青海西部的广大地区。1930 年青海建省后，撤都兰理事设都兰县，都兰正式成为县名。西宁市志编纂委员会编纂的《西宁市志·地名志》（三秦出版社，1993 年）、海北州祁连县地名办公室编纂的《祁连县地名志》（内部出版，1994 年）、海北州地名委员会办公室编纂的《海北藏族自治州地名志》（内部出版，2001 年）等专志，对各地区地名做了全面、详细的记述与释疑。宋秀芳的《宋代河湟吐蕃地区历史地理问题探讨》（《藏学研究论丛》第 5 辑，西藏人民出版社，1993 年）一文，考索了《宋史·地理志》中河湟地区吐蕃语地名的今地今名。邢海宁的《果洛藏族社会》（中国藏学出版社，1994 年）一书，对果洛的一些地名的来源、发展及特点作了探讨。秦裕江的《仰华寺寺址初探》（《青海社会科学》1995 年第 1 期）一文，对恰卜恰地名的来源做了分析和探究，认为位于恰卜恰乡加拉村北的加拉上古城遗址即仰化寺遗址。芈一之的《说"临羌"》（《青海地名》1996 年第 2 期）一文，对临羌新县、旧县的地望、设置时间等作了考释。海西州地名办公室编纂的《海西地名

志》（内部出版，1996 年）一书，对海西地名做了系统的梳理和考释。（日）佐藤长的《再论"河西九曲"之地》（《国外藏学研究译文集》第 13 辑，西藏人民出版社，1997 年）一文，认为位于今青海共和县境内在曲沟入黄河的乌兰不拉克河谷即古河西九曲地，并就其重要性及地理情况加以论述。贾晞儒的《海西蒙古语地名小议》（《青海地名》1997 年第 2 期）一文，对海西州蒙古语地名的几个特点进行了总结。韩官却加的《"青海大草滩"考》（《青海民族学院学报》1998 年第 4 期）一文，对青海大草滩及其地理位置、历史建置做了具体的考证。崔乃夫的《中华人民共和国地名大词典·青海分册》（第三卷）（商务印书馆，2000 年）一书，按照青海的行政区划，对各地的地名作了解析，并总结了一些地名的命名特点。李文实的《西陲古地与羌藏文化》（青海人民出版社，2001 年）一书，对雍州、织皮、昆仑、析支等古地名及乐都等海东地区一些地名的含义、来源等，进行了深入细致的考证。先巴的《明代鄂尔多斯库图克台·彻辰·洪·台吉远征图伯特所到的"锡里木济三河交汇之地"考述》（《青海民族研究》2001 年第 2 期）一文，认为"锡里木济三河交汇之地"当在今天青海省大通县境内，即宝库、黑林和东峡三河交汇的地方。马成俊的《循化撒拉族村落名称考释》（《青海民族研究》2001 年第 3 期）一文，对循化撒拉族自治县一些村落的名称及含义进行了调查并做了初步分析，文章认为村落名称反映了一个社会群体的历史沿革、居处环境以及人文精神和美学追求。卢宗义的《青海地名趣谈》（《中国地名》2008 年第 1 期）一文，对青海湖、日月山等地名进行了考释。吉乎林的《浅谈青海蒙古语地名之文化内涵》（《西部蒙古论坛》

2009 年第 1 期）一文，分析了青海蒙古语地名所蕴含的文化内涵及其特点。拉格的《简论安多地区"卓仓"地名的由来》（《西藏研究》2009 年第 4 期）一文，认为"卓仓"最初是家族名称，后来演变为一个族群及其区域的名称。该过程与特定的历史条件紧密相关。刘满的《唐九曲及其相关军城镇戍考》（《敦煌学辑刊》2009 年第 3 期）一文，认为九曲是一片很大的地域，既包括今青海河南蒙古族自治县、同仁县、贵南县、泽库县和甘肃夏河县五县的全部，也包括今甘肃碌曲县的西部和青海同仁县的南部等地区，具有十分重要的战略地位。刘铁程的《汉文历史地理史料中的藏文"都"（mdo）——几处羌、藏语古地名的释名》（《藏学学刊》2010 年第 6 辑）一文，通过历史地理学和汉、藏语对音方法，考证了一些代表性历史地名的语源及具体方位，认为隋唐时的大斗拔谷有"中部汇聚处"之意，近现代文献中的扁都峡意为"交通要道"。刘满的《隋炀帝西巡有关地名路线考》（《敦煌学辑刊》2010 年第 6 辑）一文，对隋炀帝西巡陇右、河西时经过的地区，包括临津关、拔延山、长宁川、星岭、金山、大斗拔谷等几个地名的位置及相关的交通路线进行了考辨。

地名理论研究。 贾晞儒的《青海蒙古语地名的几个特色》（《西北民族研究》1994 年第 2 期）一文，从语言学角度，就青海蒙古语地名命名的语言特点做了系统的考述。陈新海的《历史地理学与青海民族史研究》（《青海民族研究》1995 年第 3 期）一文，认为以青海为研究对象的历史地理学和青海民族史在研究空间、时间、基础等方面有相同之处，从而使两者的关系十分紧密，但两者的研究对象和重点却不尽相同，这使两者成为既独立又能够相互影响、互促共进的两个学科。席元麟的《青海几个地名语源辨析》（《青海民族研究》1996 年第 2 期）一文，对拔延山、伏俟城、星宿海、扎陵湖、那陵湖的语源作了深

入的辨析。贾晞儒的《试论青海民族语地名之研究》（《青海民族研究》1996 年第 3 期）一文，认为民族语地名与有关民族的活动历史、经济生活、习俗等紧密地联系在一起，带有时代的、地域的特点和民族、宗教等种种特色的烙印。通过对青海民族语地名起源的分析，可以看出民族语地名的分布特点和规律，探究部族迁徙的路线和古代氏族分布的情况，看出当时的社会政治、经济状况和民族关系发展的历史脉络。席元麟的《青海高原阿尔泰系民族迁徙与地名语探析》（《青海民族学院学报》1997 年第 1 期）一文，从阿尔泰系几个主要古代民族迁徙的历史记载入手，运用地名语言学的方法，分析论证青海高原阿尔泰系古代民族语地名的族属问题。文章认为拔延、伏俟、幕贺、车我真等古代吐谷浑语地名与今之土族语音义相同或相近，可知古吐谷浑为今土族先民。席元麟的《青海民族语地名民俗蕴涵二题》（《青海民族学院学报》1998 年第 1 期）一文，认为民族语地名是由于各族先民在生产、生活活动中认识和解释自然现象时将原始信仰与自然现象结合后，以自己民族的文化心理、习俗、信仰等加以命名形成的。因此从诸民族语自然地理名称中可以透视各民族的演变史及其文化内涵。席元麟的《从青海民族语地名透视民族关系》（《青海民族研究》1999 年第 1 期）一文，认为在青海地区，许多民族都用自己的民族语言命名了其所活动的地区的地名，有些地名沿用至今，甚至出现一个自然地理实体拥有几个不同民族语命名的名称，通过这个民族文化载体即可透视民族关系。韩建业的《青海民族语地名的语言结构特征》（《青海民族学院学报》1999 年第 3 期）一文，认为青海存在大量的少数民族语地名以及由两种以上民族语构成的混合语地名，同时因为民族和部落的迁徙所形成的一地多名和一名多地现象亦屡见不鲜。青海民族语地名在结构上具有自己的特点。谷晓恒的《青海民族语地名结

构特点及文化意义分析》（《青海民族研究》2001 年第 3 期）一文，分析了青海民族语地名的来源、结构、蕴含等，认为青海民族语地名具有丰富的文化背景。陈新海的《明代兴屯戍边与青海地名》（《青海民族学院学报》1996 年第 2 期）一文，认为青海许多带堡、寨的地名，尤其是在湟水两岸以某某堡、某某寨命名的地名多与明代的移民戍边、置卫兴屯联系紧密。这些以军事为目的而修筑的屯田堡寨经明代历清朝，逐渐由官田变成民田，堡寨之名也随之沿用到今日。陈亚艳的《地名与青海民族史研究》（《青海民族学院学报》1997 年第 2 期）一文，探讨了某些地名在青海民族历史、民族文化交流及民族关系史上的意义与作用，并对其历史文化内涵做了分析。韩昭庆的《青海历史文化多元性及地域文化命名》（《攀登》2006 年第 5 期）一文，认为青海地域文化命名的多样化是由青海历史文化的多元性造成的，地域文化命名和历史文化定位是两个不同的问题，地域文化名称不可能也没必要全面反映一个地区的文化特点。

二、建置沿革研究

建置沿革是青海历史学的传统研究领域，成果较丰富。吴万善的《论近代西北的省区建置和行政区划的形成》（《西北民族学院学报》1993 年第 4 期）一文，对近代时期西北省区一级的建置和行政区划的形成及其演变的缘由与影响作了考述。魏明章的《青海建省记略》（《青海民族学院学报》1994 年第 1 期）一文，对青海建省的过程做了详细的考述。刘喜堂的《青海建省述评》（《西北史地》1994 年第 1 期）一文，通过考述青海建省的历史渊源，揭示其在特定的历史条件下对西北近代政治生活的影响及对开发青海的重大历史意义。房建昌的《清代雍正朝以来青海三十蒙旗及玉树四十族的治所今址及历史地理诸问题》（《西北民族研究》1995 年第 3 期）一文，考证讨论了有清一代雍正朝以后今日青海省

范围内作县级以上设置处理的三十蒙旗及玉树四十族的驻地沿革及历史地理诸问题。李智信的《青海古城考辨》（西北大学出版社，1995 年）一书，按照行政区划，对青海境内发现的古城进行了系统、详尽的考证，对许多问题提出了自己的观点。陈庆英、冯智的《藏族地区行政区划简说》（《西藏民族学院学报》1996 年第 1 期）一文，对中国境内的藏族地区的行政区划状况做了考察，认为这一行政区划是在长期历史发展中形成的，有其地理、经济、政治等多方面的原因，更主要的是因元代以来中国历代中央政府对藏族地区实施统一行政管理的结果。王昱的《清代西宁府及所属县厅设置时间考》（《青海社会科学》1997 年第 6 期）一文，对清代西宁府及所属县厅的设置时间做了深入细致的考证。李冬梅的《北魏鄯善镇名称探源》（《敦煌学辑刊》1998 年第 1 期）一文，对北魏改西平郡为鄯善镇的时间、原因进行了探讨。王昱的《汉魏西平郡考》（《青海社会科学》1998 年第 6 期）一文，对汉魏西平郡的设置时间、西平郡的隶属关系及其属县做了考证。王昱的《青海省志·建置沿革志》（青海人民出版社，2001 年）一书，以青海历史发展的顺序为纲，分两汉、魏晋南北朝、隋唐、宋夏金元、明清、中华民国、中华人民共和国七个部分，对历代青海行政建置的沿革进行了全面、系统的考证，书末附有青海地区历代行政建置总表，便于读者检索。该书是目前研究青海历代建制沿革最全面、最系统的一部著作。牛文春的《近代青海行政建置的一元化轨迹》（《攀登》2003 年第 2 期）一文，认为近代青海随着中国社会变革的步伐，农、牧、工、矿、商各行业得到进一步发展，这逐步消除了因农牧区及民族、宗教不同而造成的行政管理上的多重性，使得整顿青海行政体制的步伐加快，确立了行省，并不断完善，青海纳入中央的一元行政管理体制之下。马晓东的《青海民族区

域自治行政建置的特点》（《青海民族研究》2004 年第 3 期）一文，认为青海由于特殊的地理位置和民族状况，没有形成单一民族自治体制，自治区行政建置表现出多元化、复杂化的特点。王昱的《再谈西平亭与西平郡城》（《青海民族研究》2007 年第 1 期）一文，对西汉元鼎年间所设的西平亭的性质、设立时间、位置及其与东汉建安年间所设的西平郡的位置和相关方位做了简要考证，认为西平亭与西平郡在方位上有凭依关系，其位置在西宁明清城垣之内。张生寅的《北宋震武军城位置考辨——兼谈门源县境内几座古城的始筑年代》（《青海社会科学》2009 年第 1 期）一文，认为北宋震武军城为今甘肃省永登县境内水磨沟口的连城古城，而非今青海省门源县境内的克图古城，并进一步推测克图古城等门源县境内的四座古城为唐开元、天宝年间唐蕃对峙时期所筑。

三、古代交通研究

青海专家学者对古代的道路交通做了一些研究，形成了一些成果。秦裕江的《海南州境内唐蕃古道几个驿站和大非川在何地辨析》（《青海民族研究》1994 年第 4 期）一文，对海南州境内唐蕃古道上的王孝杰米栅、莫离驿、公主佛堂、那录驿以及大非川的地望做了考证。陈克志、王麟的《试论"唐蕃古道"及其唐蕃货币贸易情况》（《青海金融》1994 年第 12 期）一文，对"唐蕃古道"的走向及唐蕃之间贸易的状况做了考证。青海省地方志编纂委员会编纂的《青海省志·唐蕃古道志》（黄山书社，1996 年）一书，对古道的形成、古道走向及古道上的驿站、古道的历史地位、关于古道的考察与学术研究等内容做了详细的叙述。庞琳的《隋炀帝西征经过星岭位置考辨——兼述北川古道交通》（《青海交通科技》1997 年第 2 期）一文，认为星岭就是今新城之北，重型机床厂南面，当地人称"小石山"的山梁，横处在西面金山（金娥山）和东面的元

朔山（老爷山）之间。"星"字有小的意思，星岭之名可能由此而来。由西宁中经星岭北去的北川古道，即"西平张掖道"，是西去丝绸之路的组成部分。陈新海的《西汉时期湟中地区的交通》（《中国历史地理论丛》1997 年第 1 期）一文，对西汉时期湟水流域的交通状况做了考察。阎永宏的《浅析经青海通西域路线不发达的原因》（《青海社会科学》1999 年第 4 期）一文，对古人舍近求远，宁可走河西道入西域而少走，甚至不走经青海通西域路线的捷径的原因进行了探讨。周松的《吐谷浑遣使东魏路线考》（《中国历史地理论丛》2003 年第 3 辑）一文，结合当时中国北方的民族关系、各割据政权间的政治关系，对双方往来交通路线的情况做了考证。许新国的《穿越柴达木的丝绸之路》（《柴达木开发研究》2003 年第 1 期）一文，对青海丝绸之路的重要地位进行了重新评估。青海省公路交通史志编审委员会办公室编的《青海丝路》（青海人民出版社，2004 年）一书，对丝绸之路青海道的发端、形成、发展及衰落的历史做了全面系统的考述。刘满的《西北黄河古渡考（一）》（《敦煌学辑刊》2005 年第 1 期）一文，对青海境内黄河上的津渡、桥梁及相关的城邑山川、军镇戍守和交通路线，尤其是河桥（河厉、洪济桥）、浇河故城渡（河津县渡、积石军渡）、唐廓州（宁塞郡）渡、广违城渡、邯川城渡（盐泉城渡、吐蕃河桥）的地理方位进行了详尽考证。《西北黄河古渡考（二）》（《敦煌学辑刊》2005 年第 4 期）一文，对黄河上的津渡、桥梁及相关的域邑山川、军镇戍守和交通道路，尤其是临津关（临津、白土津、积石关渡、大河家渡）、凤林关、唐会宁关等的地理位置进行了考证。霍巍的《粟特人与青海道》（《四川大学学报》2005 年第 2 期）一文，认为汉唐时代粟特人不仅已经活动在青藏高原，而且通过具有重要交通意义的"青海道"，与中国西南地区很早便有可能产生了商贸

交往，拓展了对粟特人活动范围及路线的认识。李健胜的《三代时期昆仑玉输往中原的路径与方式初探》（《青海民族研究》2006 年第 2 期）一文，认为三代时期昆仑玉输往中原的路径和古代羌族部落从发源地北迁与西进有关，且与羌族的地望昆仑山及其山名的指涉流变密切相关；三代时期，昆仑玉主要是以羌族各部落自西向东以馈赠、贸易等形式逐步传递，最终输入中原地区。此外，武力劫掠和政治上层以和平的外交手段获得昆仑玉，也是昆仑玉东输的重要方式。崔永红、张生寅的《明清时期青海地区驿传设置及驿传役负担的演变》（《青海民族研究》2006 年第 2 期）一文，对明清时期青海地区的驿传设置状况、驿传役的演变情况做了考察。许新国的《青海丝绸之路与都兰大墓》（《文史知识》2006 年第 2 期）一文，认为青海丝绸之路在中西交通史上产生过积极的作用。崔永红、毕艳君的《古道驿传》（青海人民出版社，2007 年）一书，对青海古代的交通做了系统的梳理。许新国的《吐蕃墓出土蜀锦与青海丝绸之路》（《藏学学刊》2007 年第 3 辑）一文，对我国古代以益州为起点经青海省柴达木盆地，西入鄯善、且末的交通路线进行了综合考察。崔永红等的《文成公主与唐蕃古道》（青海人民出版社，2007 年）一书，对唐蕃古道的形成、发展演变做了系统的论述。卜玉凤的《浅谈以益州为起点的吐谷浑之路》（《柴达木开发研究》2007 年第 2 期）一文，对以益州为起点西入鄯善、且末的中西交通路线进行了综合性的考察。林梅村的《试论唐蕃古道》（《藏学学刊》2007 年第 1 期）一文，考证了唐蕃古道，介绍了唐蕃古道沿线的考古发现。李艳玲的《游牧势力在塔里木盆地的角逐及其对交通的影响——以柔然、吐谷浑、高车、嚈哒为中心》（《西域研究》2009 年第 4 期）一文，认为 5 世纪初至 6 世纪中叶，柔然、吐谷浑、高车等游牧势力先后深入塔里木盆地，并在此展开激烈角逐，塔里木盆地的交通状况随之呈现出阶段性变化，这与在此角逐的各势力的强弱密切相关，也是游牧势力在塔里木盆地追求经济利益最大化的结果。

四、古代城镇研究

古代城镇研究是历史地理学研究的重要内容。陈新海的《汉至元代青海城镇形态初探》（《青海民族学院学报》1999 年第 4 期）一文，认为汉至元代是青海城镇产生和初步发展时期，并对青唐城进行了具体分析，阐述高原城镇的特色。陈新海的《青海城镇的初步发展》（《青海民族研究》1999 年第 3 期）一文，认为青海城镇起源很早，但在发展过程中历经曲折，在两汉至宋元时期的青海城镇初步发展阶段中，城镇的空间分布、形制及内部结构都形成了自己的特色。刘景纯的《清代黄土高原地区城镇地理研究》（陕西师范大学博士学位论文，2002 年）一文，对清代青海河湟地区城镇的兴起、城镇化与城镇化过程中的近代化特征、城镇的分布与空间格局、城镇功能组合结构与主要功能以及城镇的功能特征等做了深入的探讨。赵珍的《近代青海的商业、城镇与金融》（《青海社会科学》2002 年第 5 期）一文，对青海近代的商业、城镇及金融发展状况做了探讨。米海平的《简论唐代的鄯州》（《青海民族研究》2002 年第 2 期）一文，从鄯州的设置、人口和经济、军事和政治功能等方面探讨了鄯州在唐代的历史地位。陈亚艳的《鲁沙尔镇的兴起与塔尔寺》（《青海民族研究》2008 年第 3 期）一文，对鲁沙尔镇与塔尔寺结缘，城镇因寺院而形成、发展的历史过程进行了梳理。白文钟的《唐蕃关系与唐代鄯州的历史地位》（《青海师范大学学报》2009 年第 1 期）一文，认为鄯州由于特殊的地理位置，凸显出其在唐王朝政治经济体系中的重要地位，这种重要地位不仅在政治关系中发挥了巨大的作用，也极大地推动了这一地区的经济开发。

第五节　青海地方史研究

20 世纪 90 年代以来，在国内社会史、文化史研究热潮的推动下，青海地方史研究者较多地关注到青海社会史、文化史研究领域，并在研究实践中更多地借鉴社会学、人类学、历史人类学等相关学科的理论、方法，开展历史人类学的田野调查，产生了一批新的研究成果，使青海地方史研究发生了新的变化，取得了新的进展。

一、青海通史研究

青海史学界在地方史研究方面做了很多工作，出现了一批佳作。廖汉生的《解放青海》（《湖南党史》1994 年第 1 期）一文，对解放青海的过程作了细致的勾勒。陈云峰的《当代青海简史》（当代中国出版社，1996 年）一书，将 1949 年至 1994 年的青海历史分为青海解放和国民经济恢复时期、社会主义改造时期、社会主义建设曲折前进时期、"文化大革命"时期、社会主义现代化建设的新时期等五个时期进行了全面、系统的论述。崔永红、张得祖、杜常顺的《青海通史》（青海人民出版社，1999 年）一书，对上起远古，下迄青海解放间青海地区各个历史时期的政治、经济、军事、文化、民族关系等多个方面进行了系统的论述。突出了南凉、吐谷浑、唃厮啰等 3 个少数民族政权，全面勾勒青海历史上各民族发展演变的脉络的同时，突出了青海历史的地方和民族特色。段继业的《青海社会现代化的历史进程》（《青海师范大学学报》2003 年第 5 期）一文，将青海社会现代化的历史进程分为早期现代化探索、全面起步、现代化模式形成及全新的现代化等四个阶段，认为青海现代化史是一条从被动适应到主动选择、从表面到深层、从单纯的自上而下到上下结合的发展轨迹。

二、政治制度史研究

青海政治制度史研究主要涉及历代中央王朝对青海的治理、西宁办事大臣、中央王朝在青海地区设置的特殊管理制度、中央王朝的民族政策等，相关成果较多。

历代中央王朝对青海地区的治理研究。 陈玮的《试论仰华寺与青海蒙藏关系——兼谈明王朝治青方略的演变》（《西北史地》1994 年第 3 期）一文，探讨了仰华寺在这一时期青海蒙藏关系中的历史地位以及明王朝治理青海方略的演变。骆桂花的《明代对西宁卫地区施政方略初探》（《青海民族研究》1995 年第 3 期）一文，认为明朝在河、湟、洮、岷一线建立西番诸卫，用军事卫所制度管理边卫地区的军民等事，卫所由军事单位变成了军政兼管的行政地理单位。西宁卫的设置，加强了对河湟地区的管理，推进了对青海的经营、开发。何峰的《从〈番例〉看清王朝对青海藏区的管理措施》（《青海社会科学》1996 年第 6 期）一文，对清代根据《番例》治理青海藏区的状况做了考察。荣宁的《明朝在青海地区的施政方略》（《青海民族研究》1996 年第 3 期）一文，认为明廷为巩固北部边防，在西北边卫设置军镇，以实现"北拒蒙古，南捍诸番"的战略方针，并有计划地移民实边，稳定边陲，开发河湟。李建宁的《清代管理青海牧区的方略》（《青海民族研究》1996 年第 3 期）一文，对清代管理青海牧区蒙藏各部的不同办法和相同措施做了深入细致的考证。陈新海的《西汉管理青海方略试探》（《青海民族研究》1996 年第 2 期）一文，认为西汉先后采用军事征讨、屯田戍守、郡县其地、设置特殊官职等办法来治理河湟地区。陈新海的《魏晋北朝管理青海东部地区的方略》（《青海民族研究》1997 年第 1 期）一文，认为魏晋南北朝时期各个朝代在青海东部等地区置郡设县，派官施政，以固边塞。陈新海的《民国时期青海管理方略》（《青海民族研究》1997年第3期）一文，对北洋军阀政府和蒋介石国民政府在青海实行的不同施政措施进行了深入系统的考释。赵珍的《那彦成整饬青海述略》（《清史研究》1997年第3期）一文，认为那彦成以安抚为主导，整顿地方秩序，肃清流弊，加强政府对民族经济贸易的管理，使青海民族经济贸易进入有清以来的繁荣时期。李建宁的《清代管理青海河湟地区方略简述》（《青海民族学院学报》1997年第3期）一文，认为清代对河湟地区采取了一系列有别于其他地区的管理措施，对青海河湟地区各民族的社会心理、文化取向都产生了深刻影响。陈亚艳的《隋唐时期管理青海方略试探》（《青海民族研究》1997年第4期）一文，认为隋唐在河湟东部地区建郡县、置军镇，加强统治，对牧区少数民族"因俗而治"，加强了中央王朝对周边民族地区的影响，密切了各民族之间的联系。其羁縻州府制度为宋朝承袭，到明清时期形成土司制度和千百户制度，在我国边政史上具有重要的历史意义。陈亚艳的《北宋王朝治理青海方略》（《青海民族研究》1998年第1期）一文，认为宋王朝对青海的治理方略因时制宜，尤其针对唃厮啰势力的强弱，真宗、仁宗时期和神宗、哲宗时期呈现出不同特点，呈现出时代特征。陈柏萍的《简述陕甘总督那彦成治理青海》（《青海民族学院学报》1998年第3期）一文，认为那彦成在出任西宁办事大臣和陕甘总督期间，针对青海地区复杂的民族关系和混乱的行政区划，实施了一系列改革措施。这些措施既有利于当时社会之稳定，又为以后青海建省及其辖区设置奠定了基础，同时还在一定程度上促进了该地区民族经济的发展。司俊的《略述清代前期西北边疆地区社会制度改革及其历史作用》（《甘肃社会科学》1999年第5期）一文，探讨了清朝积极经营西北边疆地区时曾对当地社会制度进行过重大改革的政策措施。董倩的《明朝对西北蒙藏地区的经营析论》（《中央民族大学学报》2001年第4期）一文，认为明朝在甘青藏区的治理上取得了相当大的成功，有效地巩固了甘青藏区的社会安定，从而得以集中力量对付北方蒙古势力的侵扰。李凤珍的《清朝对西藏与四川、青海、云南行政分界的勘定》（《西藏研究》2001年第1期）一文，认为清朝划分西藏与川、青、滇、巴塘地区行政划界，将蒙古所管辖的地区划归内地，并收抚蒙古所役使的藏族，划界设官分治，从而稳定西藏地区，这是清朝治理西藏的重要政治措施之一。魏明章的《西宁办事大臣的设置及其职责》（《青海民族学院学报》2006年第4期）一文，对西宁办事大臣设置的原因、年代、过程、职掌范围和历史沿革等做了深入的考察。何峰的《明代对河湟地区的经营及其效果》（《青海社会科学》2006年第6期）一文，认为明王朝总结了汉唐以来历代政府经营河湟地区的经验教训，制定了一系列富有新意的政策，对这一地区实施了有效的统治。李清凌的《元明清管理甘青民族地区的政治思想》（《史林》2006年第6期）一文，对元明清三朝在甘青多民族地区实行"因俗而治"的思想及具体做法进行了探讨。狄艳红的《清前期治理青海蒙古的政治政策述评》（《内蒙古电大学刊》2007年第1期）一文，认为清廷对青海蒙古实行了一套符合现实和统治需要的政治政策，成功地控制了这一地区。杨红伟的《循化藏区权力运作机制的文化考察——以光绪朝为中心》（兰州大学博士学位论文，2008年）一文，对光绪时期国家权力、宗教权力与传统部落权力在循化藏区的各自表现及相互之间的关系进行了剖析。那仁朝格图的《试述清朝对青海蒙藏民族地方的立法》（《内蒙古社会科学》2008年第1期）一文，认为清朝平定青海后，先后颁布了《青海善后事宜十三条》、《禁约青海十二条》和《西宁青海番夷成例》三个特别法规。成为清朝有效管理和统治青海地方的施政方针。李清凌的《北宋治理西北边疆民族的思想和实践》（《河西学院学报》2008 年第 1 期）一文，认为宋朝政府对待西北少数民族经历了一个从以防为主到开边拓地、积极进取的战略转变过程。宋朝与此并行的蕃官思想、抚御和汉化蕃民的思想也很有特点，是北宋民族政治思想中最有创意的一个亮点。

盟旗制度研究。吕建中的《清朝对蒙藏地区的特别管辖制度》（《青海民族研究》1995 年第 1 期）一文，对清朝在青海蒙古地区设立盟旗制度及在青海藏区设立千百户制度的情况作了勾勒。杜常顺的《清代青海的盟旗制度与蒙古族社会的衰败》（《青海社会科学》2003 年第 3 期）一文，对清代青海盟旗的建置及会盟制度的先后变化进行了考察。朱普选的《青海蒙古族盟旗制度研究》（《青海民族学院学报》2006 年第 1 期）一文，认为清代青海蒙古族地区实行盟旗制度有其内在的原因，但青海蒙古族所处的以牧为主的生态环境与以地域为本的盟旗制度在一定程度上的不相适应性，最终成为青海蒙古族社会衰退的主要因素之一。艾丽曼的《青海河南蒙古盟旗制度论略》（《青海社会科学》2009 年第 1 期）一文，认为罗卜藏丹津反清失败后，清朝在青海蒙古设立盟旗制度，河南蒙古被划分为四旗，这对河南蒙古族社会产生了巨大影响。

千百户制度研究。何峰的《从〈番例〉看藏族千百户制度》（《青海民族学院学报》1998 年第 2 期）一文，对清代青海藏族地区千百户制度的设置、管理职责及其待遇等作了探讨。朱普选的《青海藏族千百户制度研究》（《西藏研究》2005 年第 3 期）一文，对青海藏族千百户制度产生的历史背景和原因、空间分布及其历史作用做了深入分析。

土官土司制度研究。高士荣的《明代西北推行土司制度原因刍议》（《西北史地》1996 年第 3 期）一文，对明朝沿袭元代的土官制度，采取

"多授原官"措施的原因做了考察。曾国庆的《刍议清代藏区土司制度》（《西藏研究》1997 年第 2 期）一文，对清代在藏区推行的土司制度进行了全面系统的考察。铁进元的《西祁土司衙门及其文化遗迹研究》（《青海社会科学》1999 年第 2 期）一文，认为西祁土司及其衙门在明、清、民国时期是中央政权根据多民族杂居特点，因地施政的产物，有效地维护了封建统治阶级的利益。土司衙门文化具有典型的河湟文化特点，应该科学、理性看待。李克郁的《土族土司研究——土族李土司家族史》（《青海民族研究》2002 年第 3 期）一文，对土族李土司家族世系进行了考察。李清凌的《元明清时期甘青地区的土司制》（《云南社会科学》2003 年第 3 期）一文，认为元、明、清三代，甘青地区的土司，前后相承，衔接清晰，有自身形成的条件和特点，而且其建制多有创意。崔永红的《论青海土官、土司制度的变迁》（《青海民族学院学报》2004 年第 4 期）一文，认为青海土官制度创始于元代，明代得到普遍推行，清代演变为土司制度。随着时代的进步，土司制度日益不合时宜，终于走向消亡。崔永红的《青海史话·土官与土司》（青海人民出版社，2004 年）一书，对青海地区土司制度的发展演变做了全面系统的论述。司俊的《对明代西宁河州卫特有少数民族初始形成的制度分析》（第十一届明史国际学术讨论会，2005 年）一文，认为甘青两省的东乡族、保安族、撒拉族、土族、裕固族的初始形成与明王朝在河州、西宁等卫实施"汉土合治"的方略及其相应的土司制度有着密切关系。景朝德的《元末明初至中华民国时期土族政治制度概述》（《中国土族》2006 年冬季号）一文，对土族地区的土司制度、地方政府（流官）、土官（寺院与宗教上层）等三种并行于当时的政治制度进行了系统的考察。张生寅、崔永红的《由〈西夏李氏世谱〉看李土司家族内部的组织管理体制》（《青海社会科学》

2006 年第 2 期）一文，对青海土司制度的形成、发展、演变、影响和不同土司家族的世系、发展情况、内部组织管理等做了较为全面、深入的研究。骆桂花、高永久的《明朝西宁卫的军事戍防与政治管控》（《中国边疆史地研究》2006 年第 1 期）一文，梳理了明朝于西宁卫所辖地的军事戍防、政治管控等种种施政方略。王晓霞的《明清对湟水流域土司的管理方略概述》（《青海民族学院学报》2007 年第 2 期）一文，认为湟水流域土司制度始于元代，臻于明代完善，衰于清代。霍维洮的《近代甘青地区"土官"制度变迁简论》（《宁夏社会科学》2009 年第 2 期）一文，对甘青"土官"制度发展变化进行了系统的考证。张海云的《"王化"家族——基于对西祁土司的历史考察》（《青海民族研究》2010 年第 4 期）一文，对西祁土司家族的"王化"特征进行了探讨。王倩倩的《青海乐都境内堡塞与明清土司制度》（《青海师大学报》2010 年第 1 期）一文，考察了乐都境内三座堡塞，认为这是明清时期李、赵、祁三土司的驻地。并探讨了土司制度在"治兵保塞"、"平定逆乱"及协调国家政权与当地各民族之间沟通与联系等方面的作用。

民族关系与政策研究。石德生的《浅论唐浑关系与唐代的羁縻州府制》（《青海民族研究》1996 年 4 期）一文，考证了唐代羁縻州府政策及其渊源。甘措的《唐浑联姻与唐的和亲政策》（《青海民族研究》1996 年第 4 期）一文，对唐朝的和亲政策做了考察。骆桂花的《唐朝制定民族政策的历史原因初探》（《青海民族研究》1997 年第 1 期）一文，从历史经验的启示、唐廷的重视、唐朝与周边诸族之关系等三个方面分析了唐朝制定民族政策的原因。陈亚艳的《从唐与吐谷浑的关系看唐对吐谷浑的民族政策》（《青海民族研究》2002 年第 4 期）一文，认为唐朝"胡汉交融、思想开放、兼收并蓄、取精用宏"的文化开放心态，为奠定中华民族多元一体格局

发挥了重要作用。刘继华的《民国时期西北盟旗制度变迁研究》（《甘肃教育学院学报》2003 年第 4 期）一文，对民国时期西北盟旗制度的发展变化做了系统研究。桑丁才仁的《论清政府在玉树地区推行的会盟制度》（《西北民族研究》2004 年第 4 期）一文，对清代会盟制度的由来、基本情况以及主要目的等进行了比较全面的探讨。杜党军、王希隆的《关于清代祭祀青海神制度的两个问题》（《中南民族大学学报》2010 年第 3 期）一文，对临海祭祀青海神的祭海日期和参祭官员构成等两个问题进行了探讨。

三、经济史研究

经济史研究成果丰硕，专著多倾向于通史性质和综合考察，论文则多倾向于断代的、单一的行业梳理。

综合性研究。崔永红的《青海经济史（古代卷）》（青海人民出版社，1998 年）一书，将青海古代经济史划分为四个大的段落，对古代青海的农业、畜牧业、手工业、商业、交通邮驿、土地占有及租佃、赋役状况等做了系统深入的考察。翟松天的《青海经济史（近代卷）》（青海人民出版社，1998 年）一书，对近代青海经济各行业的发展状况做了全面系统的考察，并对近代青海经济发展的历史阶段及特征、民国时期青海的社会性质等做了深入论述。翟松天、崔永红的《青海经济史（当代卷）》（青海人民出版社，2004 年）一书，对新中国成立以来青海经济发展的过程及主要特点、经济总量与主要经济关系的变化，以及农业、畜牧业、工业、建筑业、交通运输业、邮电通信业、商贸及服务业、金融业等的发展过程做了系统的考察。陈新海的《历史时期青海经济开发与自然环境变迁》（青海人民出版社，2009 年）一书，对青海自然环境特征、汉代以前的青海环境、青海农业的兴起与衰退、青海农业的恢复、青海农业的发展等进行了系统论述。陈广恩的《元代西北经济开发研究》（暨南

大学博士学位论文，2003 年）一文，认为元代为对西北地区的农牧业、工商业、交通等进行比较全面的开发，在西北地区民族新格局及多元经济的形成、黄河的开发、交通建设等方面取得了一些新成果。杨惠玲的《宋元时期藏区经济研究》（暨南大学博士学位论文，2006 年）一文，揭示了宋元时期藏区经济制度、畜牧业、农业、手工业、建筑业、商业贸易与邻近地区的经贸往来等方面的具体状况。

农业类经济研究。 赵珍的《民国时期青海田赋附加——营买粮》（《青海社会科学》1993 年第 2 期）一文，认为青海"营买粮"是一个可变量。马氏家族统治青海时期，就西北五省来看，平均每亩赋税额（银元）青海为 0.542 元，甘肃为 0.079 元，陕西为 0.113 元，新疆为 0.113 元，宁夏为 0.509 元，青海居五省之冠。张照庆、张书颖的《青海省解放初期的土地改革运动》（《青海社会科学》1993 年第 3 期）一文，对青海土地改革运动兴起的原因、过程及影响进行了系统的考察，认为土地改革为农业生产力的发展开辟了广阔的前景。崔永红的《北宋河湟地区招募弓箭手垦田戍守的措施及意义》（《青海社会科学》1993 年第 3 期）一文，对北宋时期在河湟地区招募弓箭手垦田的原因、措施及影响进行了考证。崔永红的《青海的原始农业》（《青海社会科学》1994 年第 3 期）一文，对生产工具、农作物进行了考察，勾勒了青海原始农业的面貌。杨炯茂的《青海古代和近代农业纪略》（《古今农业》1994 年第 2 期）、《青海现代农业纪实》（《古今农业》1994 年第 2 期）两文，对青海古代、近代、现代农业经济的产生和发展进行了系统的梳理。崔永红的《两汉魏晋时期河湟地区土地占有状况探讨》（《青海社会科学》1995 年第 6 期）一文，对河湟地区存在的部落占有土地、国有土地及私有土地的状况做了考证。他的《元代青海地区土地占有及赋役状况探讨》

（《青海社会科学》1996 年第 4 期）一文，对元代土地占有关系、赋役制度进行了探讨。崔永红的《两宋时期青海地区经济状况初探》（《青海社会科学》1998 年第 3 期）一文，对两宋时期青海地区的农业、畜牧业、手工业、商业的发展状况进行了考察。索南加措的《新中国柴达木农业经济发展史》（民族出版社，2000 年）一书，对新中国成立以来，柴达木地区农牧业经济发展的过程进行了考察，总结了农牧业发展过程中正反两方面的经验，提出了柴达木生态农业建设的一些措施。董绍宣的《清朝民国时的柴达木农垦》（《柴达木开发研究》2004 年第 2 期）一文，考察了清朝民国时期柴达木垦务的来龙去脉。蒲文成的《宋代河湟开发述略》（《青海民族学院学报》2005 年第 4 期）一文，认为唃厮啰地方政权时期，汉藏等各族人民和睦相处，共同开发河湟，经济一度繁荣。崔永红的《青海近代举办垦务之始末》（《中国历史上的西部开发——2005 年国际学术研讨会论文集》，商务印书馆，2007 年）一文，对清末青海垦务、民国时期青海垦务及柴达木屯垦进行了系统的考察和爬梳。高志伟的《青海地区古代农业的起源与发展》（《青海民族研究》2005 年第 3 期）一文，认为青海地区农业起源可追溯到六千年前，中国历代王朝及青海地方官员都先后采用"戍边屯田"、"移民屯田"、交流引进、教民农桑、引进先进的生产工具和农耕技术、兴修农田水利等促进措施，推动青海农业生产不断进步。黄正林的《黄河上游区域农村经济研究（1644—1949）》（河北大学博士学位论文，2006 年）一文，对包括青海省在内的黄河上游区域的农村经济状况，如人口、耕作和农作物种植结构的变化、农田水利和农村经济、农村经济制度、农村手工业、农村市场等的状况做了系统的梳理。

商业贸易类经济研究。 杜常顺的《关于〈秦边纪略〉对清初青海蒙古的若干记载》（《青海师范大学学报》1993 年第 3 期）一文，对有关青海蒙古的商业贸易活动等进行了分析和探讨。马明忠、何佩龙的《青海地区的歇家》（《青海民族学院学报》1994年第4期）一文，对清代以来青海各地歇家的种类、职能、与买卖双方之间的关系、歇家的衰落等内容做了考察。南文渊的《青海高原上的穆斯林城镇社区》（《回族研究》1994年第4期）一文，对青海地区穆斯林城镇社区的产生、发展、特点及其发展的意义做了考察和分析。杜常顺的《清代丹噶尔民族贸易的兴起与发展》（《民族研究》1995年第1期）一文，探讨了丹噶尔民族贸易的兴起、商业贸易的主体结构以及在该地民族贸易活动中起着重要作用的"歇家"制度等问题。刘景华的《清代青海的商业》（《青海社会科学》1995年第3期）一文，通过对清代青海多巴、丹噶尔、西宁等几个商业重镇的兴起、商贸活动的状况等的考察，勾勒了青海商业的发展概貌。王永亮的《西北回族经济活动史略》（《回族研究》1996年第2期）一文，认为在西北回族社会里，以农业为主而兼营畜牧业、家庭手工业与商业，这在历史上一直是回族家庭经济的重要特色。陈新海的《清代青海的城市建设与商业经济》（《青海民族学院学报》1997年第1期）一文，认为清代是青海城市建设的重要时期，城市建设深受军事因素的影响。随着城市居民数量的增加，消费需求的扩大，专业性较强的城市出现并增加，城市的布局与结构渐趋合理，城市商业贸易与服务行业也兴盛一时。陈柏萍的《17世纪青海蒙藏民族与内地贸易交往初探》（《青海民族学院学报》1997年第4期）一文，梳理了1642—1677年青海蒙藏民族与中原的贸易往来。杨作山的《清末民初的青藏贸易及其历史地位》（《宁夏大学学报》1999年第1期）一文，考察了青海与西藏之间的贸易状况，认为青藏贸易的兴衰一方面反映了内地政治经济格局变动对青藏贸易的影响；另一方面也反映了英国入侵西藏对青藏贸易造成的危

害。陈新海的《青海城镇的初步发展》（《青海民族研究》1999年第3期）一文，认为青海城镇起源很早，但在发展过程中颇多曲折。在两汉至宋元时期，青海城镇的空间分布、形制及内部结构都形成了自己的特色。李峰的《明清时期青海地区藏传佛教寺院商品货币经济新成分的生产和发展》（《中国藏学》2001年第1期）一文，认为寺院经济中的"生产"并非严格意义上的商品生产，但存在商品交换贸易这种商品流通形式，而且货币的支付、价值尺度和流通等职能在寺院经济中都有所体现。李海英、李峰的《近现代青海地区清真寺寺院商品货币经济形态浅析》（《青海师范大学学报》2003年第2期）一文，认为近现代青海地区伊斯兰教经济是以清真寺经济为主，这种经济活动不仅对伊斯兰教自身的发展、延续产生了积极影响，也对近现代青海地区的社会经济发展、经济特点的形成发挥了重要的作用。黄正林的《近代甘宁青农村市场研究》（《近代史研究》2004年第3期）一文，对近代甘肃、宁夏、青海的农村市场构成、专业市场的形成等进行了系统的梳理。马学贤的《青海传统民族贸易中回族商贸经济的形成与发展》（《青海社会科学》2004年第6期）一文，认为青海回族商贸活动的起源、形成、发展及经营形式、内容、方法以及经营品种等随着不同历史时期市场的变化而变化，对青海社会经济发展产生了深远的影响。勉卫忠的《清朝前期河湟回藏贸易略论》（《西北第二民族学院学报》2005年第3期）一文，认为明末清初，官方专营的"茶马互市"衰落之后，以河湟回族为主导的民间群众性回藏贸易迅速崛起，逐渐成为藏区与中原经贸往来的主流。这促进了新兴回藏商业城镇的崛起。董倩的《清代西北商业贸易的历史考察》（《探索与争鸣》2007年第2期）一文，认为清朝在西北地区的区域性贸易中心和民族贸易中心实行的商业政策对社会经济的发展产生了重要影响。但西

北地区的商业发展是不平衡的，除了一些区域性的贸易中心外，整体落后于内地。钟银梅的《近代甘宁青民间皮毛贸易的发展》（《宁夏社会科学》2007年第2期）一文，探讨了抗战前50多年中皮毛贸易在甘宁青地区的发展规模、贸易路线、市场格局等基本情况。胡铁球的《"歇家牙行"经营模式的形成与演变》（《历史研究》2007年第3期）一文，认为在明清商贸民营和赋役货币化的变革过程中，歇家与牙行相互转化结合，形成一种新的"歇家牙行"经营模式，即集客店、经纪人、仓储、贸易，甚至运输、借贷于一体的新的商业运营模式，在藏边地区取代"茶马司"职能，成为明中叶至民国主导该地区的贸易模式之一。胡铁球的《近代西北皮毛贸易与社会变迁》（《近代史研究》2007年第4期）一文，认为自清代晚期以来，皮毛贸易逐渐成了整个西北商业、金融运行的"发动机"，推动了西北城镇布局的演变，改变了西北牧民的消费结构。宋伦、李刚的《明清时期青海山陕会馆的创立及其市场化因素》（《西安电子科技大学学报》2007年第1期）一文，分析了明清时期山陕商人在青海的贸易活动会馆建设中的基本情况，认为这种经贸活动和会馆建设对保证山陕商人经贸事业的顺利开展，促进青海商品经济的发展和市场经济因素发育起到了积极作用。林雅琴的《民国时期西北回族商业经济的特点》（《今日湖北》2007年第3期）一文，认为民国时期，西北回族商业经济得到迅速发展，对民国时期西北经济社会的整体运行产生了积极作用。李晓英的《文化·网络与羊毛贸易：近代甘宁青回族商人（1894—1937年）》（厦门大学博士学位论文，2007年）一文，考察了1894—1937年甘宁青回族商人及其宗教、各种社会制度等。认为这些独特的文化及各种制度使回族穆斯林拥有比汉族更为广泛的社会关系网络。借助于这种关系网，近代甘宁青的回族商人把他们所从事的商业活动嵌入他们的

社会关系之中。马安君的《近代青海歇家与洋行关系初探》（《内蒙古社会科学》2007年第3期）一文，认为歇家早在洋行进入之前就已活跃在青藏地区，洋行没有使歇家买办化，二者只是在特定时空中的商业合作伙伴。青海地方官僚资本的商业垄断是歇家退出历史舞台的根本原因。杨军的《清代青海商品经济发展水平与特点》（《青海民族研究》2008年第1期）一文，认为青海的商品经济发展落后，并呈现出不同于其他地区的发展特点。杨军的《清代青海消费结构与商品经济发展关系探微》（《青海社会科学》2008年第4期）一文，认为清代中晚期，青海地区的消费水平相对落后，而且城镇与乡村之间、农业区与牧业区之间的消费结构不同。清代中晚期，青海地区的商品化程度和手工业商品生产总体水平不高。勉卫忠的《清末民初西宁回族商业的发展及其城市变迁》（《首届中国宁夏回商大会文化论坛论文汇编》，2008年）一文，认为清末民初繁荣的商业促使西宁市井文化的产生与丰富，近代新的社会因素也在西宁竞相驻足，并刺激了西宁向近代化方向转变与发展。喇秉德、勉卫忠的《明清时期青海回族与新兴商业城镇的兴起》（《首届中国宁夏回商大会文化论坛论文汇编》，2008年）一文，认为清初河湟地区贸易得到了旺盛的发展，由于民间贸易的发展促使在湟水谷地涌现出了西宁、多巴、白塔儿（大通县城关镇）、丹噶尔等中外贸易的商业城镇，青海回族在其中发挥了不可替代的关键性作用。崔永红、张生寅的《青海史话·商贸互市》（青海人民出版社，2008年）一书，对青海商贸互市的产生、发展做了梳理。董倩的《明清青海商品经济与市场体系研究》（华东师范大学博士学位论文，2008年）一文，对明清时期青海的商品生产、商业资本与商人群体、市场体系、商品流通路线等进行了细致的考述。马凤兰的《从咏青诗歌看清代河湟商贸活动》（《青海民族研究》2009年第1期）一

文，勾勒出了咏青诗歌中清代青海商贸活动的部分图景。郭凤霞、杜常顺的《论清代及民国时期丹噶尔（湟源）民族贸易与地方经济社会》（《青海民族研究》2010 年第 2 期）一文，认为丹噶尔是清代及民国时期西北地区的民族贸易重镇。在商业贸易的促动下，丹噶尔地方社会也由所谓"边外"之地逐渐纳入"内地化"的社会体系。商人力量在丹噶尔地方社会中发挥着重要的作用和影响。胡铁球的《明清歇家研究》（华东师范大学博士学位论文，2010 年）一文，探讨了"歇家"概念及其异名考略、"歇家"主要构成人员、设立"歇家"这种职役的衙门、"歇家"诞生的制度变革背景、"县乡歇家"、"仓场型歇家"等问题。

手工业类经济研究。崔永红的《汉代以前青海的手工业》（《青海师范大学学报》1995 年第 2 期）一文，探讨了汉代以前青海地区的制陶、纺织等行业的发展状况。刘建丽的《宋代西北吐蕃的手工业》（《西北师大学报》1997 年第 3 期）一文，探讨了两宋时期西北吐蕃的采矿、金属加工制造等行业，认为吐蕃手工业生产带有明显的地域性、民族性和民间性的特点，同时也受到周边汉族等民族的影响。刘景华的《清代青海的手工业》（《青海社会科学》1997 年第 6 期）一文，探讨了青海的农产品加工、畜产品加工、小五金制作等行业，认为清代青海手工业落后于内地。

林业、矿业类经济研究。魏振铎的《民国时期河湟地区的植树造林运动》（《青海民族学院学报》1999 年第 3 期）一文，对民国时期在河湟地区曾开展过的"植树造林运动"的目的和过程做了论述，揭示了该运动的性质和强制性的特点。王友富的《民国时期大通煤矿的发展述略》（《青海民族研究》2005 年第 1 期）一文，对民国时期大通煤矿的发展状况做了较系统的概述。王昱的《对近百年柴达木开发的历史回顾与反思》（《青海社会科学》2005 年第 1 期）一文，

对近百年来柴达木农业、畜牧业、工矿业、交通业等的开发做了系统的考察，总结了成功的经验及对生态的破坏、影响。该文被《新华文摘》（2005 年第 8 期）全文转载。刘景华的《青海历史上的矿产资源开发》（《青海民族学院学报》2007 年第 2 期）一文，对青海近代以后矿产开发状况做了系统考察。刘晓娟的《民国时期青海地区的森林破坏与人工造林》（《三峡大学学报》2010 年第 2 期）一文，认为民国时期青海地区的森林资源受到两种不同的对待，即对天然林的无休止砍伐和轰轰烈烈的人工造林运动同时进行。

城镇兴衰研究。陈新海的《汉至元代青海城镇形态初探》（《青海民族学院学报》1999 年第 4 期）一文，认为汉至元代是青海城镇的产生和初步发展时期。并通过对青唐城的具体分析，阐述了高原城镇的特色。陈新海的《青海城镇的初步发展》（《青海民族研究》1999 年第 3 期）一文，认为青海城镇起源很早，但在发展过程中历经曲折，在两汉至宋元时期的青海城镇初步发展阶段中，城镇的空间分布、形制及内部结构都形成了自己的特色。刘景纯的《清代黄土高原地区城镇地理研究》（陕西师范大学博士学位论文，2002 年）一文，对清代青海河湟地区城镇的兴起、城镇化与城镇化过程中的近代化特征、城镇的分布与空间格局、城镇功能组合结构与主要功能以及城镇的功能特征等做了深入的探讨。赵珍的《近代青海的商业、城镇与金融》（《青海社会科学》2002 年第 5 期）一文，对青海近代的商业、城镇及金融发展状况作了探讨。

四、文化史研究

文化史是新兴的学术研究领域，研究队伍壮大，研究成果较多，主要集中在地域文化、行业民族等专题文化、历史文化等方面。

地域文化研究。戴燕的《古代河湟区域文化溯源》（《青海师范大学学报》1993 年第 4 期）一文，认为河湟文化具有农、牧两种文化并存的

原始特征，在经历了汉至元的四次文化汇合后，实现了河湟文化的总体整合，体现了多元汇聚的历史机缘。芈一之的《江河源文化的形成及其内涵特征的几个问题》（《江河源文化研究》1994年第1期）一文，探讨了江河源文化的形成、内涵及特征。米海平的《十六国南北朝时期青海鲜卑文化》（《江河源文化研究》1994年第2期）一文，对南北朝时期青海地区鲜卑文化的形成、特点做了深入的分析。彭启胜、赵德兴的《重视对青海地域性传统文化特征的研究》（《攀登》1995年第4期）一文，论述了研究青海地域性文化的必要性、指导原则和方法措施。李泰年的《青海的文化地理单元》（《青海民族学院学报》1998年第1期）一文，认为从地缘文化学的角度看，青海可以分为四大文化地理单元，即柴达木盆地文化、河湟文化、江河源文化和青海湖文化。各地区文化呈现出鲜明的地域特色与民族风格。马明忠的《青海的民族文化与社会发展》（《青海民族研究》1999年第4期）一文，认为青海古文化遗址是社会发展的历史见证；文化差异使社会发展呈现多元性，中华民族多元一体化是社会发展的必然趋势。王昱的《论青海历史上区域文化的多元性》（《青海社会科学》1999年第6期）一文，认为青海区域文化呈现出多元性的特色主要是由于历史及地理等诸多因素的影响。芈一之的《青海民族文化史概谈》（《青海民族学院学报》2001年第1期）一文，认为应当坚持"总论"以纵述历史，究其源流；"分论"以横陈门类，叙述事象相结合的办法叙述青海的历史文化。张武明的《江河源文化资源及其开发利用问题》（《青海社会科学》2001年第1期）一文，对江河源文化的内涵、外延做了深入细致的分析，并提出了开发利用的原则和措施。索端智的《元明以来隆务河流域的民族融合与文化共享》（《青海民族研究》2001年第3期）一文，探讨了蒙汉等民族移入后隆务河流域的民族

融合及文化整合与共享。武沐、王希隆的《试论明清时期河湟文化的特质与功能》（《兰州大学学报》2001年第6期）一文，认为明清河湟文化在多元表现的同时又具有相互间联系的机制。陈新海的《河湟文化的历史地理特征》（《青海民族学院学报》2002年第2期）一文，指出地理环境是形成河湟文化特征的主要原因。刘杏改的《青海羌族文化述略》（《青海民族研究》2002年第3期）一文，叙说了青海古代文化中的羌族文化系列，并对其文化特征的差异性做了分析。段继业的《河湟多元文化的起源、价值与现实》（《青海社会科学》2002年第5期）一文，探讨了河湟多元文化的起源、价值及现实意义。王昱的《从历史发展轨迹中寻找城市地域文化特色——西宁市区的历史文化特色与旅游亮点》（《青海社会科学》2004年第5期）一文，提出要从西宁建城历史悠久、战略地位重要、多民族聚居并相互融合、多元文化与多种宗教共存等历史文化特点中，寻找西宁的地域文化特色与旅游亮点。朱普选的《青海历史文化的地域特色》（《西藏民族学院学报》2005年第5期）一文，认为青海的民族文化是中华多元文化的有机组成部分，具有鲜明的地域特色，主要表现在农牧文化共存、多种宗教文化共生、多种制度文化共举、民族风俗文化迥异等几个方面。邓清春、张腾的《青海湖多元文化圈探析》（《青海社会科学》2007年第2期）一文，对青海湖多元文化圈的形成过程及其特征和精神做了探析，并指出了研究这一文化圈的重要意义。刘峰贵、王锋等的《青海高原山脉地理格局与地域文化的空间分异》（《人文地理》2007年第3期）一文，认为青海高原文化的空间分异相对清晰。青海高原山脉分布的基本格局形成了不同的山地文化，如在祁连山与昆仑山之间的湖盆地区产生了昆仑山文化、祁连山西北段为多民族融合的山地文化区、东南段的河湟谷地是华夏文明的主要发祥地之一

等。丁柏峰的《河湟文化圈的形成历史与特征》（《青海师范大学学报》2007 年第 6 期）一文，认为河湟地区作为中原与周边政治、经济、文化力量伸缩进退、相互消长的中间地带，形成了独具特色的地方文化。曾永丰、郭光远的《浅谈西宁文化的历史演变》（《青海社会科学》2008 年第 3 期）一文，认为西宁文化经历了三次明显的演变过程。西宁文化在形成、发展、变化过程中，自然环境和地理条件对其文化内涵构成以及西宁文化融合、包容、开放性特征的确立起了决定性作用。王昱的《试论青海历史文化的基本特点》（《青海社会科学》2009 年第 2 期）一文，认为青海历史文化的主要特点可以概括为"历史悠久、类型多样、内涵丰富、品质独特、多元互补"。

体育及民族专题文化研究。方协邦、李芬兰的《丝绸南路青海段体育文化的内涵与特征》（《青海师范大学学报》1995 年第 2 期）一文，认为青海各民族在生活生产中创造了适应自身及地理环境的各种体育活动，形成具有高原特色的体育文化，为中华民族体育文化宝库增添了丰富的内容。马燕的《浅论自然环境与西北回族文化》（《青海民族研究》1996 年第 3 期）一文，探讨了西北地区的自然环境对回族文化形成、发展的影响。贾晞儒的《试论青海民族文化的共聚性特征》（《青海社会科学》1998 年第 5 期）一文，认为"青海民族文化"将青海各民族文化集合为一个整体加以反映和表述，反映了青海各民族这个集合体的特有属性，表现出青海民族文化所具有的共聚性特征。马小琴的《青海民族文化个性论》（《青海民族研究》2001 年第 2 期）一文，认为青海各民族在历史发展的进程中创造了丰富灿烂、独具特色的民族文化，并突出地体现了民族文化的传承性、地域性、民族性、宗教性的特点。刘杏改的《浅谈青海地区的青铜文化》（《文物春秋》2003 年第 6 期）一文，认为青海地区的青铜文化包括齐家文化、卡约文化、辛店

文化和诺木洪文化，并对其文化特征和地域特色做了分析。侯光良、刘峰贵的《青海东部史前文化对气候变化的响应》（《地理学报》2003 年第 6 期）一文，认为青海史前文化在空间上较为显著的扩张曾发生过两次。这两次扩张同时以黄河谷地和湟水谷地为通道，从东向西不断扩展。这种扩张与气候变化呈显著的相关性，说明气候是青海史前文化变迁的重要激发因子，它对青海史前文明的分布、传播、扩展、演变都产生了重要影响。贾桂英的《试论青海民族文化的"和谐"思想》（《青海民族研究》2005 年第 3 期）一文，认为"和谐"思想是青海民族文化的共同特征。张科的《和而不同：论青海多民族文化的鼎立与互动》（《青海民族研究》2007 年第 4 期）一文，认为青海境内不同类型的民族文化展现出差异、渗透、共存的历史文化图景。何启林的《论青海民族文化的多元和谐》（《青海社会科学》2007 年第 4 期）一文，认为多元和谐是青海文化最基本、最显著的特征。班班多杰的《和而不同：青海多民族文化和睦相处经验考察》（《中国社会科学》2007 年第 6 期）一文，认为青海多种文化同住共存、互相采借、求同存异，生动体现了多民族文化"和而不同"的相处原则。马凤兰的《清代咏青诗歌中的地方农耕文化》（《青海师范大学学报》2008 年第 4 期）一文，勾勒出了清代咏青诗歌中农耕文化的基本情况。张振霞、戴晓琳的《河湟地区近代思想观念的变迁》（《河西学院学报》2009 年第 6 期）一文，认为近代以后河湟地区开始走向近代化。这反映在物质生活方式、精神生活方式的变迁，同时也反映在民主、平等、法制、国家观念等思想意识方面的变迁。张燕辉的《儒家文化在青海少数民族地区的传播及其影响》（《青海民族研究》2010 年第 3 期）一文，认为儒家文化在青海少数民族地区的传播，是儒家文化浸润与影响青海少数民族传统文化，不断吸收、融合各少数民族优秀文化思

想，丰富和充实其文化内涵的过程，也是青海少数民族对儒家文化的认同、发展和创新。

历史文化研究。 芈一之的《黄河上游地区的历史与文物》（重庆出版社，1995年）一书，论述了包括青海在内的黄河上游地区上下几千年的历史文化。杨东晨的《先秦时期青海地区的民族与文化》（《青海师专学报》1998年第2期）一文，认为青海地区原始文学、三代文学基本上与甘肃地区同步，主要原因在于自身的进取和接受统一国家的管理。王昱的《历史文化资源开发：青海大开发的重头戏》（《青海社会科学》2000年第2期）一文，认为青海历史文化资源开发迟滞于内地，应利用西部大开发提供的良好历史机遇，把历史文化资源开发作为青海大开发的重头戏，让这一资源面向全国、走向世界。解占录的《青海历史文化资源开发刍议》（《青海民族学院学报》2000年第3期）一文，认为开发青海历史文化资源无论对文化建设还是对文化产业都具有很强的现实意义。解占录的《简论青海历史文化资源开发的社会价值》（《青海民族研究》2001年第1期）一文，认为开发青海历史文化资源可取得多种社会价值。刘杏改的《从青海考古发掘看古羌族文化与中原文化的融合》（《青海师范大学学报》2003年第3期）一文，认为西汉中叶，中原势力进入青海，汉文化对羌族文化产生了巨大影响。石德生的《青海传统文化及其转型问题》（《攀登》2004年第2期）一文，研究了青海传统文化的发展、特征、特质及其转型问题。李莱的《浅议河湟传统文化的现代化》（《攀登》2005年第4期）一文，认为河湟传统文化是在其自身繁衍和中华民族其他文化的融合下发展起来的。在现代化的发展过程中，河湟文化必须适应社会发展的需求，既有继承又有创新，才能显示出旺盛的生命力。贾晞儒的《试论青海民族传统文化的精神特质及其创新》（《青海社会科学》2005年第3期）一文，认为青海民

族文化是具有民族特点与地域特色的高原文化。提出民族文化创新是构建社会主义和谐社会的一支重要的精神力量。阿朝东的《从历史文物看青海地区多元文化的形成及发展》（《青海民族研究》2005年第3期）一文，认为青海省博物馆馆藏文物从民族文化属性上可归属为羌文化、汉文化、藏文化、北方游牧文化和中西亚文化等，它们是青海地区多民族文化形成和发展的实物例证。芈一之的《西宁的历史与文化》（辽宁民族出版社，2005年）一书，系统描画了西宁几千年的历史文化发展图景。崔永红的《青海历史文化的产生及演变》（《攀登》2006年第5期）一文，对西羌文化在青海的发展历程进行了论述。朱普选的《青海多元民族文化的形成及其整合》（《西藏民族学院学报》2006年第5期）一文，认为青海多元民族文化的特点是在历史发展过程中逐渐形成的，与青海特殊的区位条件、多元化的民族来源、复杂多样的地理条件、不同时期的中央政权的治边政策等有着密切的联系。程二景的《明清时期西宁汉文化研究》（《辽宁行政学院学报》2007年第8期）一文，认为西宁自古以来就是一个以汉文化为主体的据点，并分析了西宁汉文化能够留存下来的原因。芈一之的《青海民族历史的特点与民族文化的特性》（《青海民族学院学报》2007年第3期）一文，对青海民族历史与文化做了梳理。吴均的《吐蕃时期青海地区的文化钩沉——论前宏期多麦藏区文化的发展》（《中国藏学》2008年第1期）一文，指出多麦地区是操蕃语的羌人部落与其他语种的诸羌共同生活发展的地区。吐蕃势力扩展至多麦地区后，其文化呈现出新的特点。石德生的《明中期湟水流域汉族社会与文化之中兴》（《攀登》2008年第2期）一文，通过对明中期湟水流域汉族社会的军事、政治、经济发展状况的梳理，阐述了明中期湟水流域汉文化中兴及对后世的影响。王昱的《青海历史文化与旅游开发》（青海

人民出版社，2008 年）一书，对青海历史文化的内涵、外延及分类等作了细致深入的考证。《柴达木历史与文化》编委会编撰的《柴达木历史与文化》（青海人民出版社，2009 年）一书，对青海柴达木的历史与文化做了全面介绍。

五、社会史研究

20 世纪 90 年代以来，社会史研究逐渐成为新兴的学科，为青海史学界所关注。研究队伍不断壮大，产生了一批社会史方面的研究成果，主要集中在综合性研究、社会交往研究、地方与国家关系研究、社会与文化变迁研究等方面。

综合性研究。邢海宁的《果洛藏族社会》（中国藏学出版社，1994 年）一书，对民主改革前果洛藏族部落的分布及组织状况、游牧经济、婚姻制度、法律规范以及宗教状况等做了比较全面的介绍。邓慧君的《青海近代社会史》（青海人民出版社，1998 年）一书，对近代青海民族的社会格局、社会生活、社会控制、社会状况及社会诸方面的演变轨迹进行了全面的论述和研究。甘措的《元代河湟藏族社会状况探略》（《青海民族研究》2000 年第 4 期）一文，对元代河湟地区的藏族部落的分布、人口及其社会形态、政治经济及宗教等做了分析论述。陈柏萍的《北宋政权与西北吐蕃各部的关系》（《青海民族学院学报》2003 年第 4 期）一文，对北宋政权与西北吐蕃凉州六谷部联盟、河湟唃厮啰政权之间政治、经济交往作了探讨。邓慧君的《青海社会近代化的历史步履》（《青海社会科学》2003 年第 4 期）一文，从商业、运输业等多个层面的变化探讨了青海社会近代化的历史步履。

社会交往研究。先巴的《略述青海新型民族关系的巩固与发展》（《青海民族研究》1995 年第 2 期）一文，叙述了党的十一届三中全会后，党中央在民族工作方面拨乱反正、正本清源，从而使社会主义新型民族关系开始进入新的发展时期。马伟的《撒拉族与藏族关系述略》（《青海民族学院学报》1997 年第 2 期）一文，认为撒拉族自入居循化地区后就与藏族发生了密切的关系。在长期的共同生活中，他们不仅结下了深厚的友谊，而且还促进了相互间文化的交流。段继业的《青藏高原地区藏族与穆斯林群体的互动关系》（《民族研究》2001 年第 3 期）一文，认为藏族和穆斯林群体的关系是和谐与稳定的，这源于他们之间长期、持久和频繁的民间互动，而互动的深层根源则是两种生产方式的互补共生需要。马守平的《民国时期青海回族与土族的经济互动》（《中国土族》2004 年第 2 期）一文，对民国时期的回族与土族的经济往来做了梳理。马进虎的《多元文明聚落中的河湟回民社会交往特点研究》（西北大学博士学位论文，2005 年）一文，认为河湟地区回汉、回藏的交往在经济上互补共荣、在政治上政教分离、在文化上相互理解。李明的《隋浑关系探略》（《青海民族研究》2005 年第 2 期）一文，对隋浑之间的关系进行了探讨。马燕的《历史上河湟地区回汉民族的社会交往》（《青海民族学院学报》2008 年第 2 期）一文，认为河湟地区回汉民族在居住空间上的杂居特点，使两族在文化、经济等方面有了广泛的交流，形成了一种比较亲密的主流关系。蒲文成、王心岳的《汉藏民族关系史》（甘肃人民出版社，2008 年）一书，考察了汉藏两个民族间政治、经济、文化、社会等方面的联系和发展过程，全面地反映了汉藏民族关系发展的历史。马燕的《历史上河湟地区回族与蒙古族的社会交往》（《青海民族大学学报》2010 年第 2 期）一文，认为河湟地区回族与蒙古族的社会交往体现在政治、文化、经济贸易等多个方面。

地方与国家关系研究。马楚坚的《青海归清的历史转折与突破》（《清史研究》1993 年第 2 期）一文，对青海归附清朝的历史渊源等相关问题进行了考证分析。陈新海的《历代移民屯田政策对青海社会的影响》（《西北史地》1997 年第 1

期）一文，对历代中央王朝对青海地区移民实边、屯田固围的政策做了考察。认为通过移民屯田，使大批的以汉族为主体的农耕生产者定居青海，并成为青海地区的主体民族，给青海社会带来了深刻的影响。贾伟、李臣玲的《试论两汉时期青海汉族人口迁移》（《青海民族研究》1999年第3期）一文，对汉族在两汉时期的迁移情况及相关问题进行了系统的考察。任树民的《明代中期青海吐蕃移民略考》（《西藏研究》2000年第2期）一文，对明代青海吐蕃的迁徙及影响做了深入考察。吕海华的《简论宋代河湟地区社会发展特点》（《齐齐哈尔师范高等专科学校学报》2007年第2期）一文，认为赵宋王朝对河湟之地进行了有效的开发，从而使这一地区的社会呈现出诸多特点。马成俊的《1781年教争：地方社会与国家权力》（《广西民族大学学报》2009年第2期）一文，认为自1781年以后，朝廷进一步加强了对地方社会的监管，撒拉族失去了元明时期在朝廷当中的辉煌历史。在国家权力的强势压迫下，撒拉族的传统社会结构被迫重组。清政府的控制激起了撒拉族的斗争勇气，引发了多次反清斗争。尚季芳的《民国时期甘宁青地区农民离村与社会影响述论》（《北方民族大学学报》2009年第1期）一文，对民国时期甘宁青地区农民离村现象、离村的原因、离村后主要的谋生方式及对当时社会的影响等做了探讨。刘颖的《略论民国时期青海社会救济》（《和田师范专科学校学报》2009年第6期）一文，考察了民国时期青海社会救济艰难转变的历程。

社会与文化变迁研究。骆桂花的《甘青宁回族女性传统社会与文化变迁研究》（兰州大学博士学位论文，2006年）一文，考察了甘青宁回族女性的婚姻文化、家庭文化、生育文化、教育文化、社会参与文化与宗教文化等文化现象，剖析了甘青宁回族女性传统文化在社会变迁中的不同表现形式及影响因素。探索了社会转型时期甘青宁回族女性

传统文化的多向交流与涵化、共性与个性的和谐及新时期回族女性文化的互动、调适与重构。李臣玲的《丹噶尔藏人社会文化变迁研究》（兰州大学博士学位论文，2006年）一文，考察了丹噶尔藏人由传统向现代转型中政治、经济、饮食、服饰、居室、节日、婚姻、生育、丧葬、宗教等方面的变化情况，认为丹噶尔藏人社会文化的变迁呈现出了全面性、不均衡性、双向多元性及民族外在表象的弱化与民族自觉性的增强等诸多鲜明特点。安定明的《西宁东关回族社区的变迁研究》（中央民族大学博士学位论文，2009年）一文，对西宁东关回族社区的变迁问题做了系统的考察。刘瑶瑶的《青海海西州汉族移民文化变迁及民族关系研究——以乌兰县铜普镇四个移民村为例》（兰州大学博士学位论文，2010年）一文，考察了乌兰县铜普镇四个移民村汉族移民在生计模式、婚姻文化、宗教信仰、丧葬文化等方面的变化情况。

六、军事史研究

20世纪90年代以来，军事史研究的内容主要集中在综合性研究、军事武器研究、军事战争研究、古代战场研究、回族军阀研究等方面，出现了一批成果。

综合性研究。青海省地方志编纂委员会组织编纂的《青海省志·军事志》（青海人民出版社，2001年）一书，是青海军事史研究方面的一部系统著作。该志分概述、军事地理、军事体制、兵役、驻军、重大军事活动、军队训练与管理、政治工作、军事后勤、民众武装、军事人物等，全面记述了自前201年至1995年两千余年间青海地区的军事活动。马凤兰的《从咏青诗看清代治理青海的军事方略》（《青海民族学院学报》2008年第5期）一文，对青海军事历史的特点、兵器、部落战争、清代治理青海的军事方略、战争与生态环境之间的关系等进行了初步研究。

军事武器研究。何峰的《从史诗〈格萨尔〉看藏族部落的武器装备》（《西北民族研究》

1993 年第 2 期）一文，对史诗中述及的武器装备进行了系统的分析。认为通过史诗可以了解藏族部落的武器装备，从武器装备又能窥见藏族部落社会的生产力状况以及部落成员对生产力发展水平的态度等诸多问题。崔永红的《青海古近代兵器演变考述》（《青海民族学院学报》2002 年第 3 期）一文，对青海古、近代兵器演变的历史进行了系统考察，并从兵器演进史的角度揭示了青海民族发展的历史。高志伟的《试论青海地区新石器时代的兵器》（《青海民族学院学报》2005 年第 4 期）一文，对青海地区新石器时代的兵器类型进行了介绍和分析。

军事战争研究。 何峰的《从史诗〈格萨尔〉看藏族部落战争》（《青海民族学院学报》1993 年第 4 期）一文，探讨了藏族部落之间产生战争的起因、战争前夕的动员以及战争给部落带来的严重影响，认为藏族部落战争促进了部落的融合与民族的统一，具有一定的积极意义。崔永红的《论青海军事历史的主要特点》（《青海社会科学》2001 年第 6 期）一文，认为青海军事历史具有军事制度和军队体制具有多元性、战事频繁、战争类型多样等特点。卢亮华的《浅论唐蕃大非川之战》（《赤峰学院学报》2009 年第 1 期）一文，对大非川之战的前因后果及对唐蕃关系的影响做了考察。

古战场研究。 崔永红的《〈青海史话〉第二辑·古战场巡礼》（青海人民出版社，2005 年）一书，对青海古代历史上的典型战事、古战场等进行了系统的勾勒，并探讨了战事双方之间和战来往的关系。王昱的《石堡城唐蕃争夺战及其方位》（《青海社会科学》2010 年第 6 期）一文，认为唐代石堡城的地理位置在今青海省湟源县日月山口以东的石城山大、小方台上。

地方军阀研究。 杜达山的《"西北四马"军阀割据形成的社会原因探析》（《中南民族学院学报》1993 年第 5 期）一文，对以马步芳、马鸿逵、马鸿宾、马步青为代表的西北军阀割据局面

的形成作了探析。徐宪隆的《诸马军阀集团与西北穆斯林社会》（宁夏人民出版社，2001 年）一书，对西北地区穆斯林前现代社会、诸马军阀的兴起、西北地方军阀的角色转换、诸马主持的早期现代化、军阀体制下的西北穆斯林社会、社会转型时期的西北社会关系、甘宁青早期现代化的审视等几个方面进行了探讨。认为诸马军阀主政时期西北社会转型属于非自觉行为，多个原因导致这次转型极不彻底。田旺杰的《民国时期青海军阀长期存在的原因探析》（《青海民族研究》2004 年第 4 期）一文，剖析了青海军阀长期存在的原因。赵维玺的《关于青海回族军阀的两个问题》（《西北第二民族学院学报》2006 年第 1 期）一文，探讨了从军系到军阀的转型及青海回族军阀的军事近代化等问题，认为青海回族军阀的出现是与清末以来西北动荡的政局、西北雄厚的封建地主阶级势力的存在、复杂的民族宗教关系、社会经济衰落造成的农民破产和游离，以及青海回族军阀三代的军事积淀等有着密不可分的关系。

七、地方政权研究

20 世纪 90 年代以来，青海地方政权的研究有回热的趋势，学者们利用新的资料，运用新的方法，采用新的视角，对南凉政权、吐谷浑政权、唃厮啰政权及马步芳家族统治青海的事实进行了新的研究，产生了一批成果。

南凉政权研究。 米海平的《略论十六国时期南凉文化》（《青海民族研究》2000 年第 1 期）一文，对南凉国在其整个立国期间的文化作了探讨分析，肯定了秃发部大力吸收先进的汉文化来发展自己文化，并在青海历史上留下深刻影响的功绩。崔永红的《〈青海史话〉第一辑·南凉故事》（青海人民出版社，2008 年）一书，对南凉政权的发展兴衰做了系统的梳理和介绍。卢朝、李小荣的《秃发傉檀三议》（《承德民族师专学报》2008 年第 4 期）一文，考察了秃发傉檀的政治、军事活动，并对其做了较为客观的评析。

吐谷浑政权研究。邓慧君的《试论吐蕃与唐争夺吐谷浑获得成功的原因》（《青海社会科学》1993 年第 6 期）一文，认为吐蕃与唐争夺吐谷浑的成功是由众多的历史原因造成的，这些历史原因既有偶然性也有必然性，它们隐藏在历史现象的深层。陈新海的《吐谷浑官制的特色及成因》（《青海民族研究》1994 年第 3 期）一文，对吐谷浑政权的官制特色及形成原因做了探讨。李志敏的《吐谷浑史质疑二则》（《青海社会科学》1995 年第 4 期）一文，认为吐谷浑部是在赀虏与氐人融合体的基础上新形成的一个共同体，而吐谷浑只是传说人物。杨作山的《吐谷浑与唐蕃关系述论》（《西北第二民族学院学报》1995 年第 3 期）一文，认为吐谷浑立国于唐蕃之间，是当时西北地区势力强盛的一个地方政权，它所处的地理位置对唐蕃双方都具有重要的战略意义和经济意义。吐谷浑与唐蕃之间的关系多以战争形式表现出来。杨茂盛的《试论吐谷浑汗国长期存在的原因》（《北方文物》1995 年第 3 期）一文，对吐谷浑汗国长久存在的原因进行了分析。杨茂盛、郭红卫的《试论宗族部族汗国吐谷浑》（《民族研究》1995 年第 4 期）一文，认为吐谷浑部族的形成和国家的建立走了宗族—部族的发展路子。吐谷浑的后代以始祖吐谷浑之名为宗族名、部族名和国家名的举措，是宗族意识观念的集中体现，标志着吐谷浑宗族—部族国家形成的历程。李大龙的《吐谷浑与隋唐王朝互使述论》（《西北民族学院学报》1997 年第 1 期）一文，对吐谷浑与隋唐王朝间遣使的类别、使者的活动情况、朝廷的重视、官方规定的接待礼仪等做了系统的考证。沈祯云的《吐谷浑官制略论》（《敦煌学辑刊》1997 年第 2 期）一文，对吐谷浑官职的前后变化做了考述，认为吐谷浑应该是部落官职、汉制，以后又采用了部分吐蕃官职。靳翠萍的《唐与吐谷浑和亲关系始末考》（《敦煌学辑刊》1998 年第 1 期）一文，对唐与吐谷浑和亲方面的问题进行了考释。李剑红的《唐代中原，吐谷浑和吐蕃的民族迁徙二题》（《西藏研究》1998 年第 2 期）一文，认为唐代曾在较大的空间范围内进行过大规模的民族迁移，构成边疆民族迁徙的重要部分，对当时的历史发展和民族分布产生了相当大的影响。薛宗正的《吐谷浑与西域》（《西域研究》1998 年第 3 期）一文，对吐谷浑经略西域的历史过程进行了考察，认为慕利延西破于阗非吐谷浑拓境西域之始，诸雄逐鹿西域的拾寅时代不容许吐谷浑西向拓宇，而吐谷浑汗国的衰亡与唐朝接管鄯善、且末有较大的关系。米海、韦坚的《评述吐谷浑在历史上的贡献》（《青海社会科学》1999 年第 3 期）一文，对吐谷浑融入祖国大家庭、畅通青海丝路、开拓青海的功绩进行了探讨。姚崇新的《吐谷浑佛教论考》（《敦煌研究》2001 年第 1 期）一文，认为吐谷浑佛教主要源自南朝和西域。罗新的《吐谷浑与昆仑玉》（《中国史研究》2001 年第 1 期）一文，探讨了吐谷浑在占据青海丝路并扮演丝路重要中转角色时，经由青海丝路所进行的由西向东特别是向南朝的玉石及玉器贸易。鄂永利的《吐谷浑与青海畜牧业》（《中国土族》2002 年第 2 期）一文，探讨了吐谷浑迁移青海及对青海畜牧业的影响。徐晓丽、郑炳林的《晚唐五代敦煌吐谷浑与吐蕃移民妇女研究》（《敦煌学辑刊》2002 年第 4 期）一文，对晚唐五代归义军政权时期吐谷浑与吐蕃移民的有关问题、吐谷浑与吐蕃移民中妇女的婚姻、主要经济活动及宗教信仰等状况进行了探讨。李天雪、汤夺先的《略论吐谷浑的游牧型商业经济及对其外交政策的影响》（《青海民族学院学报》2002 年第 4 期）一文，对吐谷浑由游牧经济向游牧型商业经济转变的状况、对吐谷浑外交政策的影响及吐谷浑兴盛的原因进行了探析。梁丰的《吐谷浑佛教考》（《中国历史文物》2002 年第 5 期）一文，对佛教传入吐谷浑的时间及影响进行了考证。杜林渊的

《从出土墓志谈唐与吐谷浑的和亲关系》（《考古》2002 年第 8 期）一文，对唐与吐谷浑的和亲状况进行了探讨。李吉和的《吐谷浑迁徙的原因和影响述略》（《青海民族研究》2003 年第 3 期）一文，论述了吐谷浑迁徙的原因和影响。胡小鹏、杨惠玲的《敦煌古藏文写本〈吐谷浑（阿豺）纪年〉残卷再探》（《敦煌研究》2003 年第 1 期）一文，对阿豺及吐谷浑与唐、吐蕃关系进行了探讨。廖杨的《吐谷浑的宗法统治》（《青海民族研究》2003 年第 2 期）一文，对吐谷浑的氏族血缘组织与初期国家行政、军事组织紧密结合的"三位一体"的宗法奴隶制社会进行了考述。程起骏的《吐蕃治下的"吐谷浑邦国"初探》（《中国藏学》2003 年第 3 期）一文，探讨了吐蕃统治下的"吐谷浑邦国"。吕建福的《唐末诗文中的吐谷浑》（《中国土族》2004 年第 3 期）一文，对诗歌中反映的吐谷浑进行了解析。王超云的《试析吐谷浑在中西交通史上的作用》（《陇东学院学报》2004 年第 4 期）一文，认为吐谷浑对于维护古丝路青海道的畅通，对于中西经济、文化、政治交流都起到了重大作用。胡芳、崔永红的《青海史话·草原王国吐谷浑》（青海人民出版社，2004 年）一书，对吐谷浑的发展历程进行了介绍。刘治立的《吐谷浑王族后裔今何在——读〈镇原慕氏族谱〉》（《寻根》2005 年第 2 期）一文，认为《镇原慕氏族谱》与吐谷浑王族后裔的去向有关，是一部具有重要史料价值和学术意义的著作。程起骏的《吐谷浑人的历史贡献》（《中国土族》2005 年第 3 期）一文，对吐谷浑的历史贡献进行了系统全面的考述。李文学、王希隆的《吐谷浑地方统治制度的演变》（《民族研究》2005 年第 5 期）一文，认为吐谷浑的地方统治制度经历了酋邦部落制、酋邦、宗族部落制并行和汗国宗族部落制阶段，并对各阶段涉及的一些具体问题进行了考证。阿朝东的《从吐谷浑民族的历史轨迹试析其民族精神》（《青海社会科学》2005 年第 5 期）一文，歌颂了吐谷浑民族勤劳勇敢、不畏艰险、披荆斩棘、广纳博取、自强不息、积极进取的民族精神。措科的《简论吐谷浑商业型畜牧经济》（《攀登》2006 年第 4 期）一文，考察了吐谷浑选择发展商业型畜牧经济的原因。黄兆宏的《党项与吐谷浑关系探析》（《青海师范大学学报》2006 年第 5 期）一文，对党项与吐谷浑关系的前后变化进行了考察。杨峰节的《青海穆格滩与沙州吐谷浑探微》（《攀登》2006 年第 5 期）一文，探讨了吐谷浑在沙州的活动状况。吕建中的《唐与吐谷浑的三次和亲》（《中国土族》2007 年第 3 期）一文，对弘化公主、金城县主和金明县主分别嫁与诺曷钵、诺曷钵的长子慕容忠和次子闼卢摸末的情况进行了考述，认为和亲加强了唐朝与吐谷浑的联系，促进了双方在政治、经济、文化方面的交流。张子新的《吐蕃对吐谷浑和南诏的不同统治政策及其对比研究》（《西南民族大学学报》2007 年第 4 期）一文，考察了吐蕃对吐谷浑和南诏进行不同统治措施、原因及影响。解占录的《青海史话·唐蕃青海之争》（青海人民出版社，2008 年）一书，对唐蕃、吐谷浑之间的关系做了较系统的梳理。李文学的《吐谷浑研究》（四川大学博士学位论文，2008 年）一文，对吐谷浑民族形成、发展和消亡的若干问题进行了研究。王葱的《论唐浑联姻及唐朝在西北地区的政策》（《吉林广播电视大学学报》2008 年第 2 期）一文，由唐浑两国的联姻探寻了唐朝在西北地区的政策。朱世奎、程起骏的《吐谷浑白兰地望新考》（《青海社会科学》2008 年第 2 期）一文，对吐谷浑白兰地望进行了较为全面的再研究。沈玉萍的《吐谷浑王国屡败屡兴之原因探析》（《青海社会科学》2008 年第 4 期）一文，探讨了吐谷浑国屡败屡兴的原因，并浅析了吐蕃灭吐谷浑之原因。陈金生的《唐与吐谷浑关系中的质子及其影响》（《社科纵横》2008 年第 12 期）一文，考察了吐谷浑在唐朝质子的情况，认为质子在唐与吐谷浑的关系中扮演着非常重要的角色，也发挥了其应有的作用。薛生海的《吐谷浑谓"阿柴虏"质疑》（《青海社会科学》2008年第3期）一文，认为吐谷浑迁至西北被称"阿柴虏"是西北土著羌人对其的一种蔑称，这与吐谷浑吃狗肉的习俗有关。牟雪松的《浅析吐谷浑在中西交通史上的作用》（《重庆科技学院学报》2009年第9期）一文，认为吐谷浑对于维护古丝绸之路青海道的畅通，对于中西方政治、经济、文化交流都起了重要作用。梁建强的《浅论吐谷浑时期的吐谷浑与羌人的关系》（《柴达木开发研究》2009年第1期）一文，对吐谷浑建国及与羌人之间的关系做了考证。杨铭的《论吐蕃治下的吐谷浑》（《青海民族研究》2010年第2期）一文，讨论了吐蕃治下的吐谷浑小王和吐谷浑臣僚、民众的情况，揭示出吐谷浑被吐蕃征服以及逐步融合的历史真相。蒲文成的《试论吐谷浑在我国民族融合中的历史作用》（《中国土族》2010年第4期）一文，对吐谷浑融入中华民族的事实进行了理论上的考证。崔永红的《吐谷浑与内地诸王朝的关系》（《中国土族》2010年第4期）一文，探讨了吐谷浑与周边诸国之间的关系。李朝的《吐谷浑：丝绸之路伟大的开拓者》（《中国土族》2010年第4期）一文，对吐谷浑以羌中道为基础干线，连通河湟道、西蜀道、吐蕃道、雪山道、西域道等路线的举动进行了考证。尹雁的《唐五代敦煌地区的吐谷浑人和慕容家族》（《兰州学刊》2010年第6期）一文，认为在战乱纷争的晚唐五代时期，吐谷浑人生生不息，作为吐谷浑王族的慕容氏，在敦煌莫高窟开窟造像，为中国西北边疆的发展做出了卓越的贡献。汪家华的《唐代吐谷浑族迁徙考论》（《民族论坛》2010年第8期）一文，对唐代吐谷浑族的迁徙情况做了详细的考证。

唃厮啰政权研究。李峰的《唃厮啰的交换贸易及货币形态》（《中国藏学》1994年第3期）一文，对唃厮啰的商业贸易经济、货币以及对丝绸之路的管理等问题做了探讨。李烈辉的《唃厮啰与税收》（《草原税务》1997年第11期）一文，对唃厮啰的税收制度、税收活动等做了系统的爬梳。祝启源的《唃厮啰政权对维护中西交通线的贡献》（《中国藏学》1998年第1期）一文，对唃厮啰政权维护中西交通的情况进行了系统的勾勒。孟楠的《略论唃厮啰吐蕃政权与周边民族的联姻》（《青海社会科学》1998年第4期）一文，对唃厮啰吐蕃政权与周边部族、国家之间的联姻情况做了考证。侃本的《也谈唃厮啰的族源、身世及其他》（《青海民族学院学报》2003年第1期）一文，对唃厮啰的族源、身世、名称等进行了考证，并对青唐城的含义进行了剖析。徐晓光的《唃厮啰政权的"立文法"与宋朝藏汉关系立法》（《西藏民族学院学报》2004年第4期）一文，认为唃厮啰政权下辖各部落的关系主要以"立文法"的形式体现。另外，唃厮啰面临着与宋朝之间的民族关系调整问题。同时，宋廷在处理与蕃部的关系时注重法律手段的运用，一些较为灵活的法律措施在调整蕃汉民族的关系中起到了很好的作用。刘艳霞的《唃厮啰政权在11世纪中外贸易中的角色》（《西藏研究》2005年第1期）一文，认为唃厮啰政权通过贡赐贸易、榷场贸易、边境贸易和中转贸易，既获得了大量紧缺物资，促进了自身经济的发展，又为西域及中西亚商贾将中国内地商品经青唐道运销西方提供了便利，促进了中外商品流通，有利于国际经济的交流和发展。才让吉的《唃厮啰政权和藏传佛教后弘期》（《青海民族研究》2005年第3期）一文，对宗喀吐蕃政权利用藏传佛教统一、凝聚民族意志，从而达到兴兵割据、立国称雄的问题提出了自己的看法。魏贤玲、洲塔的《唃厮啰及其政权考述》（《中国边疆史地研究》2006年第4期）一文，认为唃厮啰出生于阿里芒域郭仓朵，其家族势力遍布河湟地区。所辖范围是白龙江流域的下迭一带和黄河流域、洮河流域、大夏河流域及湟水流域。其一生娶了三房妻室，大妃在青唐城，二妃在会川，三妃在巴钦（积石山）。其执政期间与宋王朝保持友好关系，且与河湟周边各部落和睦相处。很多家族成员在北宋担任大小官吏。吕变庭、艾蓉的《"青唐羌"冶铁技术在宋代的发展和传播》（《青海民族研究》2006年第1期）一文，论述了"青唐羌"冶铁技术的历史发展过程。乔春的《论唃厮啰政权兴起之因》（《青海师专学报》2006年第2期）一文，从唃厮啰政权兴起前的政治、经济、地理、文化、宗教及与周边国家间的联系来谈其兴起的原因，同时探讨河湟地区在西北地区的重要战略地位。李智信的《青唐城小议》（《青海民族学院学报》2007年第1期）一文，主要考证了青唐城的修筑和布局。汤开建的《唃厮啰是青唐国的王号吗？——与铃木隆一先生商榷》（《民族研究》2007年第1期）一文，认为"唃厮啰"并非青唐"王子"之汉译，而是"佛子"，青唐政权的首领称"王"或"国王"，并非"王子"。张秀清的《也谈"王子"是青唐吐蕃的王号》（《西藏研究》2008年第6期）一文，认为青唐政权的首领并不是称"王"或"国王"，而是称"王子"。杨文的《试论唃厮啰政权对北宋王朝建设及经略河湟民族政策的影响》（《西藏研究》2009年第4期）一文，认为唃厮啰政权的存在对北宋政权建设和经略河湟的民族政策都产生了重大的影响。陈新海的《唃厮啰首府青唐城试探》（《中国藏学》2010年第3期）一文，认为青唐城作为唃厮啰的首府，在城址的分布、结构及建筑等方面，都融合了大量的本民族文化，独具风格。祝启源的《青唐盛衰：唃厮啰政权研究》（青海人民出版社，2010年）一书，对唃厮啰政权建立前河陇地区的吐蕃、唃厮啰政权鼎盛时期、唃厮啰政权衰颓时期、唃厮啰政权崩溃时

期、唃厮啰政权崩溃后河湟吐蕃的抗宋斗争和唃厮啰家族的活动等方面进行了深入的探讨和研究。齐德舜的《唃厮啰家族世系史》（兰州大学博士学位论文，2010年）一文，以唃厮啰家族的世系传承为主线，以中央王朝在西北地区的民族政策为辅线，全面系统而又客观地展现了唃厮啰家族在上千年的历史长河中的发展与演变。

马步芳家族统治青海研究。 喇秉德的《简评"西姆拉会议"前后马麒的历史作用》（《回族研究》1993年第2期）一文，对马麒反对麦克马洪线、维护祖国统一的事实做了系统的梳理。周新会的《辛亥革命与民国初期的青海》（《青海社会科学》1993年第5期）一文，对民国初期的青海的历史面貌作了概述。高屹的《蒋介石政府与"西北四马"》（《战略与管理》1994年第4期）一文，全面考察了蒋介石政府与西北诸马军阀之间的关系。刘景华的《抗战时期的西北诸马》（《青海社会科学》1995年第1期）一文，对抗战时期西北诸马的所作所为进行了系统的梳理。刘喜堂的《简论民国初年马麒在青海的经济革新》（《青海社会科学》1995年第1期）一文，对民国初年马麒苦心经营青海的举措进行了考察。杨作山的《马麒对藏政策述论》（《回族研究》1996年第4期）一文，认为马麒的对藏政策既有"维护桑梓"、抗击外国侵略的一面，也有地方割据、民族压迫的一面。李臣玲的《马步芳对河湟教育的控制及教育的军事化》（《青海民族研究》2001年第3期）一文，认为马步芳为了统治的需要，极力涉足教育领域，并对其进行肆意加工、改造，使教育军事化，窒息了河湟教育的发展。许宪隆、韦甜的《论辛亥革命前后西北诸马军阀的角色转换》（《民族研究》2002年第2期）一文，探讨了辛亥革命对西北诸马军阀集团新旧交替的转换催化作用。田旺杰的《近代青海的天主教与马步芳家族》（《青海社会科学》2005年第1期）一文，论述了马步芳家族与天主

教相互勾结给青海人民带来的灾难，并揭露了二者的侵略本质。赵维玺的《青马军制略论——以兵源、军官和训练为考察中心》（《西北第二民族学院学报》2007年第5期）一文，对青海回族军阀的军事制度进行了较为深入的剖析及研究。曾谦的《民国时期马步芳家族与青海各宗教之间的关系》（《宝鸡文理学院学报》2008年第4期）一文，认为民国时期，马步芳家族与藏传佛教、伊斯兰教和天主教保持着不同的关系，其目的是维护马步芳家族的独裁统治。毛光远的《蒋介石对西北诸马军阀军事控制与反控制》（《甘肃高师学报》2010年第3期）一文，认为蒋介石对西北诸马地方实力派前后经历了拉拢利用、企图剪除和在新的形势下巩固蒋马联盟、加紧控制等几个阶段。周亮亮的《军事威慑与政治笼络并用——马步芳家族对青海草原地区的统治方式》（《知识经济》2010年第18期）一文，认为马步芳家族靠军事镇压、笼络上层贵族、派员管理等办法，逐步实现对青海草原地区的统治。

八、历史人物研究

青海历史人物研究随着西部大开发等活动的兴起呈现出新的特点，出现了一批成果。从研究的内容看，可以分为综合性研究、古代人物研究、近现代人物研究等方面。

综合性研究。张得祖、王瑞琴的《历代开拓西部人物选传》（青海人民出版社，1995年）一书，对中国历史上为开拓西部做出重大贡献的历史人物进行了系统的介绍。青海省政协学习和文史委员会编的《青海文史资料集粹（人物卷）》（内部资料，2001年）一书，辑录了《青海文史资料选辑》中关于人物的相关资料。青海省地方志编纂委员会编的《青海省志·人物志》（黄山书社，2001年）一书，对汉代以来至现代时期，为青海地区发展做出贡献的部分外来、当地的政治、经济、军事、文化名人做了较为详细的考述。该书还附列了新中国成立以来青海省1949年至1985

年党政军领导人的名录、中国工农红军西路军留青老战士名录、青海省革命烈士英名录。赵宗福的《青海历史人物传》（青海人民出版社，2002年）一书，列举了青海历史上有名的军政、宗教等著名人物，是目前青海历史人物研究方面较为系统和权威的著作。李逢春的《河湟人物录》（青海人民出版社，2010年）一书，对春秋战国至近代在河湟地区有着贡献的各类人物作了细致的勾勒。

历代人物研究。米海平的《唐陇右道河源军经略大使考》（《青海师范大学学报》1993年第1期）一文，对唐代陇右道河源军历任经略大使作了考述。米海平的《明代土官李英事略》（《青海民族研究》1996年第2期）一文，对"东李土司"始祖李英的生平事迹进行了深入的探讨。任树民的《古代吐谷浑人自己的"项羽"——吐延》（《青海师专学报》1998年第3期）一文，对吐延的生平事迹进行了考证。王德胜的《清朝首任西宁办事大臣达鼐及其家族考》（《内蒙古大学学报》1999年第4期）一文，对清朝首任西宁办事大臣达鼐及其家族的脉络、对归化城土默特地区和青海地区的影响做了深入的考察。谢佐的《吐谷浑王阿柴传》（《中国土族》2002年第2期）一文，对阿柴的生平事迹进行了探讨。贾伟、李臣玲的《明清时期青海科举人物时空分布及其原因》（《青海社会科学》2004年第6期）一文，通过对明清时期青海科举人物以及官吏数量的统计分析，探讨了青海科举人物与官吏籍贯的时空分布特点，并讨论了其形成的原因。陈亚艳的《从〈西宁府新志〉看杨应琚的民族关系思想及其实践》（《青海民族研究》2006年第3期）一文，探讨了杨应琚"大一统"的思想。

近现代人物研究。张博的《苦战西海的英雄红军——缅怀李先念当年率部在青海进军的光辉业绩》（《青海民族学院学报》1993年第1期）一文，对李先念率军从甘孜等地出发后，假道青海果洛向四川阿坝挺进的事实做了考证。张博的

《执行民族政策的光辉典范——解放初期王震同志在青海活动纪事》（《青海民族研究》1994年第3期）一文，对王震在青海的活动进行了系统的考察。刘文璞、刘成钢的《桑热嘉措传》（青海人民出版社，1994年）一书，详尽记述了藏族教育家桑热嘉措的一生。政协青海省委员会文史资料委员会编的《喜饶嘉措大师》（内部资料，1994年）一书，辑录了30余篇记述和怀念喜饶嘉措大师生平事迹的文章。赵珍的《民国西宁道尹黎丹》（《西北史地》1997年第3期）一文，对黎丹兴办民族教育、沟通汉藏文化、研究边疆史地等的情况做了考察。程颐工的《黎丹与青海近代民族教育》（《中国藏学》2004年第3期）一文，对黎丹在兴办青海民族教育、沟通汉藏文化等方面的活动进行了深入细致的考述。熊坤静的《西部歌王王洛宾：三遭磨难成大器》（《福建党史月刊》2009年第3期）一文，对王洛宾的一生作了较细致的考察。

九、史料学研究

青海历史学界对史料学的研究主要涉及文献综述、资料考证等内容，产生了一批研究成果。哲仓·才让的《清代青海蒙古族档案史料辑编》（青海人民出版社，1994年）一书，对清代青海蒙古族档案史料作了选编，是研究清代青海蒙古族历史的必用书籍。米海萍的《〈二十六史〉中的青海史料介评》（《青海民族学院学报》1995年第2期）一书，从"土司资料""河源志史料"等五个方面全面、系统地加以介绍和评述。米海萍、鄢晓彬整理的《"二十六史"青海志传校注》（甘肃民族出版社，1998年）一书，整理、辑录了

"二十六史"中关于青海历史的资料，为研究者提供了便利。喇秉德、马小琴的《青海回族史料集》（青海人民出版社，2002年）一书，对青海回族文献史料作了辑录。秦永章的《关于马步青、马步芳与日军进行秘密武器交易的几条史料》（《青海社会科学》2003年第5期）一文，介绍了抗日战争全面爆发前夕青海军阀马步芳、马步青与日军进行秘密武器交易的史料，为研究"二马"扩充自己势力，暗中与侵华日军进行秘密接触的历史提供了第一手资料。马成俊、马伟的《百年撒拉族研究文集》（青海人民出版社，2004年）一书，收集、整理了近百年来关于撒拉族研究的文献资料目录。《中国少数民族古籍总目提要·回族卷》编委会编纂的《中国少数民族古籍总目提要·回族卷·青海省分卷·西宁市支卷》（内部资料，2006年）一书，辑录了西宁回族的各类资料。米海萍、乔生华的《青海土族史料集》（青海人民出版社，2006年）一书，对青海土族的文献史料作了辑录。姚继荣的《青海史史料学》（西苑出版社，2007年），分实物史料、纪传体史料、编年体史料、纪事本末体史料、典制体史料、诏令和奏疏史料、文编和汇编史料、丛书和类书史料、笔记和野史史料、传记和谱牒史料、档案和文史史料、少数民族史料、青海史专题史料要目等，把有关青海地方史的资料罗列并做了介绍。《中国少数民族古籍总目提要·藏族卷》编委会编纂的《中国少数民族古籍总目提要·藏族卷·西宁分卷》（内部资料，2010年）一书，收集、整理了西宁地区关于藏族的各类资料。

第六节　地方志研究

20世纪90年代，第一轮地方志编纂工作持续推进，陆续出版了一批志鉴成果。21世纪头十年，启动第二轮地方志编纂工作试点，在开展第二轮修志工作和编纂省、市（州）、县三级综合年鉴的

同时，地方志工作开始朝"志、鉴、馆、网、利用、研究"等多业并举的方向转型、发展。这一时期，全省各级地方志工作机构和队伍建设不断加强，工作体制机制逐步健全，在传承文明、资

政育人、服务经济社会方面做出了贡献。

一、工作部署与推进

规划规定。1996年1月15日，省委办公厅、省政府办公厅转发省志编委会《关于编写〈青海年鉴〉实施意见报告的通知》。通知指出，编史修志是一项利在当代、惠及子孙的重要工作，同时，也是一项涉及面广、内容浩繁的社会系统工程。各级党委和政府要加强领导和协调，有关部门和全社会都要积极配合和支持，共同努力，搞好《青海年鉴》的编写工作。1999年1月13日，省政府办公厅印发《关于切实做好第一届新方志编纂出版工作的通知》。通知要求，努力实现省委、省政府提出的奋斗目标，在20世纪末全面完成第一届社会主义新方志编纂任务。同年3月19日，省委办公厅、省政府办公厅转发省地方志编纂委员会《关于贯彻省委、省政府领导讲话精神，力争20世纪末完成第一届修志任务的实施意见》。该意见强调，各地区、各部门要高度重视，进一步加强领导，把机构、人员、经费及基本工作条件落到实处，切实保证志书的进度和质量。2000年7月13日，省委办公厅、省政府办公厅转发《青海省第一届社会主义新方志编修工作总结》和《青海省第二届社会主义新方志续修工作方案》。这两份文件要求，各地区和有关单位要按照《总结》中所提建议和《方案》要求，认真搞好地方志编修工作。2001年8月21日，省政府办公厅印发《关于做好全省地方志续修试点工作安排的通知》，将省卫生厅、省水利厅、海西州、大通县、贵德县等列为全省第二轮志书编纂试点单位和地区，要求加强对续志工作的领导，稳定机构与队伍；尽快制定出切合实际的续修方案和编目大纲；落实经费；力争在2003年出版发行，以便起到示范作用。2002年3月11日，省政府办公厅印发《关于进一步重视〈青海年鉴〉稿件撰写工作的通知》，要求加强领导，落实责任，搞好指导，提高质量。2006年8月1

日，省政府印发《青海省地方志工作总体规划（2006—2015年）》，从指导思想、总体目标、发展基础、主要任务、保障措施五个方面对今后10年地方志工作的重点任务、业务发展方向、开展地方志工作的基本方法等做了明确规定。2010年6月1日，省政府办公厅印发《第二轮〈青海省志〉编目大纲》。要求，各承编单位要按照《编目大纲》的分工，结合单位实际，尽快制定出切实可行的分志编纂细目和方案；要坚持质量第一的原则，努力探索提高志书质量、丰富志书内容、加快修志进度的新路子。同年10月23日，省政府印发《玉树大地震救灾重建志编纂工作方案》，决定启动《玉树大地震救灾重建志》的编纂工作。

落实《地方志工作条例》。2006年5月18日，国务院颁布《地方志工作条例》。为认真学习贯彻该《条例》，7月24—27日，省地方志办公室在门源县举办《地方志工作条例》学习培训班，邀请有关专家讲解《地方志工作条例》。同年9月，省地方志办公室有关人员陪同中国地方志指导小组调研组到部分州、县对贯彻落实《地方志工作条例》情况进行调研，在广泛征求各地区、各单位意见建议的基础上完成对《地方志工作条例》执行情况的评估工作，为下一步更好地依法推进修志工作提供了科学依据。同年12月7—8日，省政府在西宁召开全省地方志工作会议。要求，总结规律，依法修志，努力开创全省地方志工作新局面。2008年6—7月，省地方志办公室有关人员协同省人大教科文卫委员会专门调研组，先后赴海西州、玉树州及其所属7个县（市）和省财政厅、省经委、省教育厅等单位，就《地方志工作条例》的贯彻执行情况进行调研和检查。2009年9月，省地方志办公室调研组到黄南州及尖扎县检查《地方志工作条例》贯彻情况。2010年4月，省地方志办公室有关人员随由省人大教科文卫委员会和省法制办联合组成的青海省地方志工作立法调研小组，赴四川、云南和安徽三省进行立法调研，拟订并向省法制办报送《青海省地方志工作规定（草案）》。

二、志鉴编纂与出版

（一）志书编纂与出版

第一轮志书。全省第一轮志书规划编纂《青海省志》分志 74 部，州、县（市、区）志 37 部，共计 111 部，实际编纂出版 127 部。其中，省志分志 81 部，州（地、市）、县（区）志 46 部。海东地区志及玉树州 6 县第一、第二轮志书合并编纂。西宁市志未完成编纂任务。1990 年 3 月，第一部县志《湟中县志》出版。1993 年 8 月，《青海省志·物价志》《青海省志·农业·渔业志》出版。1995 年 5 月，第一部州（市）志《海西州志卷一》出版。2010 年，全省第一轮修志工作基本完成。

表 13 - 6 - 1　第一轮《青海省志》分志编纂出版一览

卷号	书名	出版时间	卷号	书名	出版时间
1	总述	2001.10	26	化学工业志	2000.9
2	大事记	2001.9	27	公路交通志	1996.12
3	建置沿革志	2001.4	28	铁路交通志	2000.9
4	自然地理志	1995.8	29	邮电志	1993.10
5	气象志	1996.7	30	民用航空志	1995.4
6	测绘志	1993.10	31	对外经济贸易志	2005.4
7	三江源头志	2000.8	32	计划志	2001.8
8	青海湖志	1998.6	33	商业志	1993.9
9	水利志	2001.8	34	粮食志	1993.11
10	高原生物志	2001.12	35	城乡建设志	2001.11
11	地质矿产志	1993.10	36	环境保护志	2000.4
12	农业·渔业志	1993.8	37	统计志	1995.8
13	林业志	1993.8	38	财政志	1995.8
14	畜牧志	1998.12	39	金融志	1997.12
15	轻纺工业志	2000.8	40	工商行政管理志	1993.10
16	盐业志	1995.8	41	物价志	1993.8
17	手工业志	1995.4	42	土地管理志	2002.2
18	乡镇企业志	1993.10	43	审计志	1997.7
19	机械工业志	1999.1	44	进出口商品检验志	2000.9
20	经济贸易志	2000.11	45	标准计量志	2001.3
21	农牧机械志	1993.9	46	政事志·人大志	1996.12
22	石油工业志	1995.7	47	政事志·中国人民政治协商会议青海省委员会志	1996.12
23	煤炭工业志	2001.3	48	政事志·省政府志	2001.5
24	电力工业志	1996.12	49	中国共产党青海地方组织志	1999.5
25	冶金工业志	2000.10	50	民主党派志	2003

（续表）

卷号	书名	出版时间	卷号	书名	出版时间
51	群众团体志	2001.5	67	医药卫生志	1999.9
52	民政志	1998.7	68	文化艺术志	2001.2
53	劳动人事志	2001.1	69	文物志	2001.3
54	检察志	2000.11	70	彩陶志	1995.5
55	审判志	1999.10	71	唐蕃古道志	1996.9
56	军事志	2001.7	72	社会科学志	1999.10
57	公安志	1995.8	73	科学技术志	2000.8
58	武警志	1995.12	74	人口志	2000.9
59	司法行政志	2000.12	75	民族志	2008.12
60	劳动改造志	2000.11	76	宗族志	2000.8
61	教育志	1996.12	77	方言志	2001.3
62	体育志	1997.8	78	特产志	2000.4
63	广播电视志	1996.1	79	人物志	2001.9
64	报业志	1999.12	80	附录	2003.3
65	出版志	1995.8	81	索引	2008.10
66	档案志	1996.12			

表 13-6-2　第一轮州、县（市、区）志编纂出版一览

卷号	书名	出版时间	卷号	书名	出版时间
1	城中区志	2000.7	17	兴海县志	2000.6
2	城西区志	1993.5	18	同德县志	1999.1
3	城东区志	2007.7	19	贵德县志	1995.4
4	城北区志	1996.6	20	海北州志	1999.6
5	大通县志	1993.5	21	门源县志	1993.6
6	湟源县志	1993.6	22	海晏县志	1994.12
7	湟中县志	1990.3	23	祁连县志	1993.6
8	平安县志	1996.9	24	刚察县志	1997.11
9	乐都县志	1992.8	25	海西州志（卷一）	1995.5
10	民和县志	1993.6		海西州志（卷二）	1996.11
11	互助县志	1993.6		海西州志（卷三）	1996.11
12	循化县志	2001.9		海西州志（卷四、卷五）	1999.12
13	化隆县志	1994.5	26	格尔木市志	2005.8
14	海南州志	1997.1			
15	共和县志	1991.9			
16	贵南县志	1996.1			

（续表）

卷号	书名	出版时间	卷号	书名	出版时间
27	德令哈市志	2004.7	37	尖扎县志	2003.9
28	都兰县志	2001.6	38	泽库县志	2005.1
29	乌兰县志	2003.3	39	果洛州志	2001.9
30	天峻县志	1995.12	40	玛沁县志	2005.11
31	冷湖镇志	2003.12	41	班玛县志	2004.7
32	茫崖行委志	2003.3	42	达日县志	1993.6
33	大柴旦镇志	2002.1	43	久治县志	2005.11
34	黄南州志	1997.1	44	甘德县志	2001.3
35	河南县志	1996.12	45	玛多县志	2001.3
36	同仁县志	2001.5	46	玉树州志	2005.1

2000年10月23日，省政府召开全省地方志工作暨总结表彰会议，总结第一轮修志工作，表彰修志工作先进单位和个人。会议认为，第一轮修志工作顺利完成，收集和积累了卷帙浩繁的地情资料，填补了青海省许多地方无志的空白，为青海的文化建设做出了突出贡献。这些志书，体现了科学的思想观念，贯穿了实事求是的修志原则，反映了各地区、各行业的历史面貌，观点正确，体例规范，结构合理，特点鲜明，资料丰富，文笔简洁，是青海历史和现实的地情书。会议指出，第一轮修志虽然取得良好成绩，但也存在一些问题。特别是个别地区摊子铺得较大，措施不力，整体推进难度加大，影响了修志大局。

第二轮志书。2001年8月，启动第二轮续志编纂试点工作。2004年6月，省地方志办公室举办"续志"工作理论培训班，培训省直和地方修志骨干。2006年8月，省政府印发《青海省地方志工作总体规划（2006—2015年）》，第二轮修志工作正式启动，规划编纂省、州、县三级志书121部（其中：省志67部、市州志8部、县志46部）。10月，全省第二轮修志工作第一部州志《海西蒙古族藏族自治州志（1991—2002）》出版。2008年，省地方志办公室先后赴海西、海

东、海北、海南、玉树等州十几个县和省经委、教育厅、财政厅、商务厅、水利厅、林业局、总工会、电力公司等省直部门进行修志工作督促检查，省政府督查室发出督查通报。2010年6月，省政府办公厅印发《第二轮〈青海省志〉编目大纲》，进一步明确省直各单位的修志任务，并提出具体要求。省地方志办公室深入24个州县和承编单位开展督促检查指导工作，对第二轮志书的编纂进度进行拉网式摸底调研。12月，续修的第一部县志《大通回族土族自治县志（1986—2000）》出版。

特色志书。2006年8月1日，省政府印发的《青海省地方志工作总体规划（2006—2015年）》中提出，各级地方志工作机构要从实际出发，着手编纂反映地方特色文化的特色志书。2010年，全省第一批特色志《青海花儿志》《河湟文明志》《三江源生态文化志》《青海藏毯志》等的编纂工作启动。

（二）年鉴编纂与出版

《青海年鉴》。1997年，省级综合年鉴《青海年鉴》创刊，由青海省地方志编纂委员会组织编纂出版。《青海年鉴》设特载、概况、组织机构、政治、军事、经济、社会事业、州（市、地）县

概况、统计资料、附录、大事记等栏目，规格齐全，内容丰富。除特载、概况、统计资料、附录外，正文基本上全部采用条目体，之后每年不断增加内容和科目。到2010年，青海省地方志编纂委员会共编纂出版《青海年鉴》14部。

市（州）、县（区）级综合年鉴。 20世纪八九十年代，西宁市及各自治州政府开始编纂本地区综合年鉴，记载各市州县的经济、社会和人民生活的发展变化，成为研究各市州县工作的重要原始资料。《海西年鉴》于1988年创刊，之后有所间断，2002年恢复，将2003—2007年的资料合为一本出版，以后为每年一期。《西宁市城北年鉴》于1990年创刊，每年一期。《祁连年鉴》于1994年创刊，至2010年共出版两期，为多年资料集合刊。《西宁年鉴》于1995年创刊，第一期为1995—1997年的资料，2000年后或每年一期，或2—3年一期不等，至2010年共出版7期。《果洛年鉴》于1996年创刊，每年一期，从无间断。《海南州年鉴》于2001年创刊，2009年后改为《海南年鉴》，每年一期。《海北年鉴》于2001年创刊，每年一期。《河南蒙古族自治县年鉴》于2003年创刊，仅出版一期，为1991—2000年资料合刊。《尖扎县年鉴》于2003年创办，为1991—2000年资料合刊。《化隆回族自治县综合年鉴》于2004年创刊，为1986—1996年资料合刊。《大通年鉴》于2006年创办，截至2010年出版三期，分别为2001—2005年资料合刊、2006—2007年资料合刊和2008—2010年资料合刊。《格尔木年鉴》于2006年创办，至2010年出版三期，分别为2001—2005年资料合刊、2006—2008年资料合刊、2009—2010年资料合刊。《门源年鉴》于2006年创办，逐年编印。《德令哈年鉴》于2008年创办，按两年或三年一期编纂出版。《刚察综合年鉴》于2010年创办，仅出刊一期，为2006—2010年资料合刊。《黄南年鉴》至2010年共出版两期，分别为1991—

2000年资料合刊、2001—2005年资料合刊。

专业年鉴。 青海省专业年鉴的创办时间早于综合年鉴。《青海统计年鉴》是青海创办最早的专业年鉴。《青海统计年鉴》最初为《青海省社会经济统计年鉴》，创刊于1985年，并于当年出版发行试行本，1993年起改称《青海统计年鉴》，至2010年共出版发行26期，每年一期，从无间断。青海省政协年鉴全名为《中国人民政治协商会议青海省委员会年鉴》，是省级领导部门编印出版的唯一专业年鉴，创刊于1993年，每年一期，从无间断。青海省邮政公司于2001年开始创办年鉴，刊名《青海邮政年鉴》，至2010年已出版7期。《青海军事年鉴》创刊于2002年，每年一期，从未间断。中国石油天然气总公司青海油田分公司自2004年开始年鉴编纂工作，编纂出版《青海油田分公司年鉴》，当年5月编纂出版2000—2003年资料合刊，此后各卷除2006—2007年、2008—2009年为两年资料合刊外，其他均为每年一期。《青海交通年鉴》创刊于2006年，每年一期，从未间断。《青藏铁路公司年鉴》于2006年创刊，每年一期，从未间断。青海省国土资源厅于2010年开始编纂《青海国土资源年鉴》，于次年内部发行第一期。

三、方志评介与研究

随着地方志书的陆续出版，一些省级领导署名撰写了部分志书评论文章。同时，省地方志办公室积极整理、挖掘省情资料，编纂了一批地情文献。

志书评述。 田成平的《壮丽的画图　热情的期待——读〈青海省志·地质矿产志〉》（《青海日报》1993年5月28日）一文，认为《青海省志·地质矿产志》用大量的数据和资料证明，青海省的矿产储量丰、富矿多、成矿地质条件好、潜在价值大，在青藏高原构造域，青海居重要地位。并指出，目前实施经济开发虽然有较多困难，但只要按照邓小平同志南方谈话精神坚持改革开放，转变思想观念，搞活现有企业，积累资金，加快能源、交通、通信建设，切实创造更宽松的投资环境和投资条件，青海终会成为投资的热点地区。尹克升的《一部高扬西部雄风的创业史——读〈青海省志·石油工业志〉》（《青海日报》1995 年 12 月 22 日）一文，认为《青海省志·石油工业志》详细记述了柴达木盆地的石油勘探与开发史实，反映了青海石油工业发展的全貌。并指出国家发展战略重点逐渐西移，柴达木迎来了发展新高潮，要发扬"柴达木精神"，抓住机遇，在依靠技术进步的基础上，加大柴达木石油天然气资源开发力度。王汉民的《一部了解青海的基础读物——读〈青海省志·自然地理志〉》（《青海日报》1995 年 12 月 24 日）一文，认为《青海省志·自然地理志》体现了科学性与知识性的统一，知识包容面广、含量大；客观展示了青海利用自然、改造自然的历史成就和经验教训；是一部工具书，也是一部青海地理知识的普及读物。并指出建设青海，必须了解青海，各族干部、职工、群众要通过学习青海知识，进一步树立了解家乡、认识家乡、热爱家乡、建设家乡的信念。贾锡太的《大鹏翱翔高原 长天书彩虹——读〈青海省志·民用航空志〉》（《青海日报》1996 年 1 月 2 日）一文，认为《青海省志·民用航空志》客观翔实地记述了青海民航事业 60 多年的发展过程，反映了青海民航事业的重大变化和飞速发展，展示了发展趋势。并指出民航事业的发展离不开地方经济的发展，离不开地方政府和广大人民群众的支持，民航事业的发展对地方经济发展也有积极作用。赵乐际的《坚持改革 立足发展 搞好财政建设——读〈青海省志·财政志〉》（《青海日报》1996 年 2 月 2 日）一文，认为《青海省志·财政志》是第一部系统记述青海省地方财政发展历史的专业志书，着重记述了新中国成立后青海财政的建设和发展情况。并指出要改变财政收入与经济建设、改善

人民生产与生活条件之间的矛盾突出状况，必须坚定不移抓好四个方面工作：要注意把财政的发展根植于整个经济发展之中，要继续抓紧抓好财政自身的改革，要改善财政支出结构，要严格财政内部管理。

方志研究。青海省地方志编纂委员会编辑部编的《坚持质量为本 搞好修志工作》（《青海社会科学》1995 年第 4 期）一文，在系统总结 1987—1994 年全省修志工作经验的基础上，从实践中提炼出带有普遍性、指导性意义的学术观点和处理方法，得到全国方志界的认同。2001 年 4 月，省地方志编纂委员会编辑部开始在《青海日报》开辟"历史上的青海"专栏，组织专家学者以精练的文字专题系统介绍青海历史知识，共发表 11 篇文章。在省纪委机关刊物《昆仑之剑》开辟"西部历史一页"专栏，连续发表《清朝最大的集体冒赈贪污案》《马步芳与青海黄金风潮》等 12 篇文章。6 月 4 日，《青海地方志通讯"领导参阅件"》创刊，主要刊载历史上开发、经营、治理青海的利弊得失，为青海省的经济社会发展提供历史借鉴，全年编发 4 期。9 月，青海省地方志研究会编发《研究与探索》论文集，书中设置"综合研究""修志回眸""续修试点""读志用志""年鉴编纂"等栏目。2005 年 5 月，省地方志办公室组织"青海历史文化定位"沙龙，《青海日报》发专版对其予以介绍。云公保太的《青海湖漫话》（青海人民出版社，2005 年）一书，详细介绍了青海湖的沧桑巨变。省地方志办公室组织在《青海日报》刊发 14 篇专门介绍青海历史文化的文章，为第二届青海民族文化旅游节提出有价值的参考意见。省地方志办公室与青海电视台共同举办《青海历史文化纵横谈》栏目，提高了省地方志办公室的知名度和影响力。省地方志办公室编辑发行《地情研究》4 期，对青海的经济、文化、旅游等事业的发展提出可行性建议，其中《中外专家论青海历史文化》《重

铺丝绸之路》等引起有关领导的重视。省地方志办公室承编的《青海改革开放三十周年巡礼》（青海人民出版社，2008年）一书，多角度、多层次、全方位展现了青海改革开放以来取得的辉煌成就。

四、志鉴获奖成果

志书。1993年9月，中国地方志指导小组举办全国地方志书首届优秀成果评奖活动，《共和县志》《祁连县志》《门源县志》获一等奖，《湟中县志》《大通县志》《乐都县志》《民和县志》《城西区志》《西宁市志·地名志》获二等奖，《达日县志》获三等奖。1996年9月，在青海省第四次哲学社会科学优秀成果评奖活动中，省社会科学院副院长、研究员王昱和省民委古籍办编辑马忠校注的顺治《西宁志》获三等奖。1997年7—8月，在全国地方志优秀志书评奖活动中，《青海省志·地质矿产志》获一等奖，《天峻县志》《平安县志》《青海省志·电力工业志》《青海省志·彩陶志》获三等奖。同年10月，省政府表彰、奖励青海省首届优秀志书，《青海省志·地质矿产志》获特等奖，《青海省志·电力工业志》《青海省志·彩陶志》《青海省志·农业志》《青海省志·气象志》《天峻县志》《平安

县志》《西宁市志·邮政志》获一等奖，《青海省志·财政志》《青海省志·唐蕃古道志》《青海省志·公路交通志》《西宁市城北区志》《贵德县志》《海西州志（卷二）》获二等奖。2000年7月，在青海省第五次哲学社会科学优秀成果评奖活动中，《青海省志·中国共产党青海地方组织志》《青海省志·社会科学志》获二等奖。2003年10月，在青海省第六次哲学社会科学优秀成果评奖活动中，《青海省志·建置沿革志》获一等奖，《青海省志·宗教志》《青海省志·军事志》获二等奖，《青海省志·总述》和《李家峡志》获三等奖。

年鉴。2004年5月，在全国地方志系统开展的首届年鉴评奖中，《青海年鉴（2003）》获省级年鉴综合奖二等奖，《武警青海总队年鉴（2004）》获武警部队年鉴综合奖一等奖。2010年4月，在全国地方志系统第二届年鉴评奖中，《青海年鉴（2007）》《青海统计年鉴（2009）》《青藏铁路公司年鉴（2008）》获二等奖，《海北年鉴（2008）》《海西年鉴（2003—2007）》《果洛藏族自治州年鉴（2008）》《门源年鉴（2007）》《大柴旦年鉴（2001—2008）》《青海军事年鉴（2006）》获三等奖。

第十四章　考古学研究

20世纪80年代中叶，西方考古学范式和新考古学理论传入中国，国内考古学研究超越年代学和类型学，超越遗址和遗物描述进入社群分析和行为重建阶段，向着"理论多元化、方法系统化、技术国际化"的方向发展，更加注重古代环境、动植物及矿产资源、生业模式、聚落形态及演变、器物及技术的交流与传播、文化线路考察等方面的研究，并更多地借助自然科学的技术手段。

这一时期的青海考古事业获得了长足发展，文博机构不断完善，考古人才队伍素质不断提高，对外合作交流日益广泛，国内外考古研究机构密切合作，进行了多项联合调查、发掘、研究项目，研究成果增长显著。据不完全统计，1993—2010年，省内外有关的考古调查、发掘报告、研究专著、论文集、文物志等共77部，发表研究论文、发掘简报、考古年鉴、年报及科普类文章约400余篇。重要的考古发掘报告有《民和核桃庄》《上孙家寨汉晋墓》《都兰吐蕃墓》等。比较有影响的研究专著有《半山与马厂彩陶研究》《中国西北地区青铜时代考古论集》《中国西北地区先秦时期的自然环境与文化发展》等，获得省级奖项的专著及论文有《青海古城考辨》《黄河流域史前考古与传说时代》《都兰出土丝织品初探》《神话中之昆仑山考述》等。这些成果反映了青海考古的重要发掘与发现，揭示了青海古代文化的深刻内涵，为青海古代社会的研究打下了坚实基础。

第一节　文物考古新发现与研究

1993—2010年，青海地区有一批重要的考古新发现，冷湖1号地点的发现将青海有人类活动的历史提前到了距今约3.7万年，胡李家、安达其哈遗址的发掘充分说明在距今约6000年前来自甘肃东部的仰韶文化庙底沟类型已经影响到了青海东部地区，宗日遗存的发现丰富了黄河上游新石器晚期的区域文化类型，喇家灾变遗址的发

掘促进多学科联合考古并开始了省内聚落考古的有益探索。许多研究者对青海新石器时代晚期至青铜时代的文化类型进行了系统的分期，建立了科学的文化谱系。

一、旧石器时代研究

青海地区的旧石器研究主要涉及旧石器时代遗存的发现与研究两个层面，时代是从距今3.7

万年到距今 6000 年左右。从以细石叶技术为主要技术特征的"中石器时代"或"前陶新石器时代"实际上仍是以打制石器为主要技术的时代，从石器工艺及经济形态来看仍处于旧石器时代晚期阶段。

（一）旧石器时代遗存的新发现

1993—2010 年，青海地区旧石器时代的遗存有许多重要的发现，主要分布在柴达木盆地边缘地区、环青海湖地区及黄河上游地区。刘景芝、王国道的《海西州小柴达木湖旧石器地点》（《中国考古学年鉴 1999》，文物出版社，2001 年）一文，介绍了小柴达木湖旧石器地点 1998 年的调查情况，认为小柴达木湖遗址面积在 10 万平方米以上，青藏高原地区与华北地区一样存在有像山西沁水下川细石器遗址（距今约 36000—16000 年）和山西襄汾柴寺细石器遗址（距今约 26000 年）那样早的细石器遗存。高星、周振宇、关莹等的《青藏高原边缘地区晚更新世人类遗存与生存模式》（《第四纪研究》2008 年第 6 期）一文，介绍了冷湖 1 号地点、黑马河 1 号地点、江西沟 1 号地点、娄拉水库 2 号地点、沟后 001 地点、下大武地点、冬给错纳湖 1—5 号地点的试掘情况。其中：冷湖 1 号地点的发现，将青海人类活动的历史提前到距今约 3.7 万年；黑马河 1 号地点和江西沟 1 号地点均显示了更新世晚期古人类在青海湖湖岸地区短时间、小规模的宿营活动以及针对中小型哺乳动物的消费行为；娄拉水库 2 号地点发现了不规则圆形火塘，石制品以石英质的石片、碎屑为主，含少量细石叶，初步判断该遗址形成年代为距今约 13000 年；沟后 001 地点发现一处灰堆，由炭屑、灰烬和砾石组成，部分砾石可能用于加热食物，推测古人类在此进行了短暂宿营，其年代不早于距今一万年；下大武地点剖面上保留了原生层位的石制品，地表采集的石制品包括细石核、细石叶、刮削器等；冬给错纳湖 1—5 号地点出土的

石制品类型有打制石核、细石核、细石叶、石叶、石片及刮削器等。刘宝山的《青海境内青藏铁路沿线细石器地点调查简报》［《考古与文物（先秦专刊）》2004 年］一文，介绍了 2002 年格尔木纳赤台、西大滩、三岔口细石器地点的调查情况。三处细石器地点均分布在昆仑山垭口的雪水河沿岸，石制品主要有细石核、细石叶、刮削器、石片、砍砸器等。胡晓军的《三岔口北岸打制石器遗址》（《青海省文物考古研究所 2004 年报》，内部资料，2005 年）一文，介绍了 2004 年格尔木三岔口细石器地点的发掘情况，发掘面积 100 平方米，地表采集石制品约 170 余件，有石核、细石叶、刮削器、石片等。

（二）青海旧石器时代遗存研究

在旧石器研究方法上过去多从遗迹特点和石器工艺技术方面进行研究，这一时期，研究者更加注重人地关系方面的研究。汤惠生的《略论青藏高原的旧石器和细石器》（《考古》1999 年第 5 期）一文，将青藏高原的细石器按其工艺技术和类型特征分为藏北和藏南两个区域类型。认为藏北（包括青海地区）细石器的工艺技术和器形与华北非几何形细石器传统是一脉相承的。拉乙亥和达玉台两处细石器遗址将高原腹地申扎、双湖的细石器与华北细石器联系在一起，从时、空两个方面清楚地表明二者之间的传播关系。高星等的《青藏高原边缘地区晚更新世人类遗存与生存模式》（《第四纪研究》2008 年第 6 期）一文，认为青藏高原在石器文化方面基本属于中国北方的文化体系，是华北石器文化辐射、衍生的结果。末次冰期间冰段（MIS3）后期，温暖湿润的环境使得狩猎采集者首次出现在该地区。随着末次冰期最盛期的到来，很少能发现这一时期人类在这里生存的遗迹。汤惠生的《青藏高原旧石器若干问题的讨论》（《青海民族大学学报》2010 年第 1 期）一文，认为从类型学和制作技术的角度来看，青藏高原石器的发展经历了细小石器、

细石叶、打制石片石器三个不同阶段，绝对年代上大约从距今 20000 前前后一直延续到公元前后。青藏高原旧石器时代晚期的细小石器是随机性食物搜寻者遗留下来的器物，同时也是青藏高原最早出现的文明形态。

二、新石器时代研究

新石器时代研究既涉及仰韶文化、马家窑文化和宗日文化等青海地区的主要文化类型的发掘和研究，也涉及家养动物来源、东西方文化交流、古史传说、社会组织等综合性研究。

（一）仰韶文化的发掘与研究

1993—2010 年，发掘的仰韶文化遗址有民和胡李家遗址和安达其哈遗址。中国社会科学院考古研究所甘青工作队与青海省文物考古研究所的《青海民和县胡李家遗址的发掘》（《考古》2001 年第 1 期）一文，介绍了 1999 年胡李家遗址的发掘情况。该遗址共发掘了 500 平方米，发现近圆形半地穴式房址和长方形地面建筑各一座，发掘横穴窑址 1 座，灰坑有圆形、椭圆形、不规则形、浅穴的锅状、盆状灰坑、深穴的沟状灰坑 17 个。钱荣的《青海省化隆县近日发现近 6000 年前的古聚落遗址》（青海新闻，2003 年 10 月 18 日）一文，介绍了 2003 年化隆安达其哈遗址的发掘情况。该遗址是迄今为止青海境内发现和发掘过的最早的新石器时代遗址，也是仰韶文化最西边的遗址，共发现庙底沟时期的圆形半地穴式，平地起建的圆形、方形房址 20 座。另有窑址、火灶、灰坑等遗迹单位。出土了骨器、陶器和大量细石器及石环、石环毛坯等。韩建业的《中国西北地区先秦时期的自然环境与文化发展》（文物出版社，2008 年）一书，将青海东部地区仰韶文化遗址划归为仰韶文化二期泉护类型，认为与其他地方的泉护类型存在地方差异。距今 6000 年前后，庙底沟类型向周围急剧扩张和施加影响，造成仰韶文化面貌空前统一的局面。西北地区的泉护类型深受庙底沟类型的影响和晋南豫

西地区文化面貌十分接近，泉护类型又大规模西扩至青海东部。

（二）马家窑文化的发掘与研究

马家窑类型遗存的发掘。 陈洪海的《宗日遗存研究》（北京大学考古系博士学位论文，2002 年）一文，认为宗日一期相当于马家窑类型期，共有墓葬 46 座。随葬陶器不多但是均为实用器，以马家窑文化系统陶器为主要特色。孙鸣生的《公伯峡库区河东台遗址》（《青海省文物考古研究所 2004 年报》，内部刊物，2005 年）一文，介绍了 2004 年河东台遗址的发掘情况。该遗址发掘面积 800 平方米，共发掘圆形房址 3 座，长方形房址 1 座。有圆形袋状、椭圆形斜壁平底坑，陶器有钵、瓶、壶、盆、甑、罐等。王忠信的《公伯峡库区亚曲滩遗址》（《青海省文物考古研究所 2004 年报》，内部刊物，2005 年）一文，介绍了 2004 年亚曲滩遗址的发掘情况。该遗址共揭露面积 750 平方米，发现保存较好的房址 2 座，结构为半地穴式，平面呈圆角长方形，面积约 25 平方米，灰坑有圆形袋状、长方形斜壁坑等，陶器有罐、盆、壶、瓶、甑、瓮等，其中房址 F2 中出土了 1 件彩陶罐和 2 件彩陶，石质生产工具也有斧、刀、凿、锛、钺、环状器及盘状器。王倩倩的《公伯峡库区拉毛遗址》（《青海省文物考古研究所 2004 年报》，内部刊物，2005 年）一文，介绍了 2004 年尖扎县昂拉乡拉毛遗址的发掘情况。该遗址共揭露面积 1000 平方米，清理出马家窑类型期的灰沟 1 条、灰坑 11 座，可辨器形有壶、罐、盆、钵、碗等，磨制石器主要有单、双孔石刀、石凿、石斧、石环等，打制石器主要有打制石片、砍砸器等，骨器多用动物的肢骨磨制而成，器型有骨锥、骨针、骨指环、鹿角器等。

马家窑类型渊源关系的研究。 严文明的《马家窑文化》（《史前考古论集》，科学出版社，1998 年）一文，指出马家窑文化晚于仰韶文化的

庙底沟类型，它是继承仰韶文化而逐渐向西扩展的。在其扩展的过程中可能同当地的土著文化相结合而发生变异，中国西部地区的彩陶源于中原，中国的彩陶是独立发展的。青海西宁朱家寨与民和马厂垣发现的分别属于半山期和马厂期的50多具人骨，经鉴定属于蒙古人种的东亚类型，他们在种族上同仰韶文化的居民没有什么区别，当是戎、羌族系的祖先。

马家窑类型的分期研究。严文明、张万仓的《雁儿湾和西坡呱》［《考古学文化论集（三）》文物出版社，1993年］一文，将马家窑类型又分为石岭下—西坡呱—雁儿湾—王保保城四组先后发展的序列。丁见祥的《马家窑文化的分期、分布、来源及其与周边文化的关系》［《古代文明（第8卷）》，文物出版社，2010年］一文，在前人分期的基础上，吸收了永登蒋家坪下层、大地湾四期、大李家坪三期、宗日马家窑类型墓地、河西走廊照壁、五坝山及川西北的资料将马家窑类型分为五期六段。

半山类型的分布研究。张弛的《半山式文化遗存分析》［北京大学考古系编《考古学研究（二）》，北京大学出版社，1994年］一文，认为半山类型绝对年代约为距今约4655—4330年，半山式文化遗存的分布大致是东起六盘山下，西至黄河上游的同德，南下渭源、陇西，北达河西走廊的永昌。韩建业的《中国西北地区先秦时期的自然环境与文化发展》（文物出版社，2008年）一书，认为半山类型主要分布在以兰州附近为中心的甘肃中部和青海东部，目前有关半山类型的考古资料，多以墓葬为主，遗址发掘很少。青海境内已发现的半山类型遗址约为90余处。

半山类型的发掘。陈洪海的《宗日遗存研究》（北京大学博士学位论文，2002年）一文，认为宗日遗存第二期墓葬有66座相当于半山类型期，第二期墓葬半山类型陶器与宗日式陶器共存，也是宗日式陶器的兴盛期。李伊萍、许永杰的《青海循化苏呼撒墓地》（《考古学报》1994年第4期）一文，介绍了苏呼撒墓地1982—1983年的发掘情况，共清理半山及卡约时期的墓葬116座，其中半山类型墓65座。

半山类型的综合研究。张弛的《半山式文化遗存分析》［北京大学考古系编《考古学研究（二）》，北京大学出版社，1994年］一文，依据甘青地区半山墓地出土的陶器将半山遗存分为五期。在分期的基础上，结合对葬式和陶器组群、墓葬坑位布局的分析，将阳山墓地分成若干个墓组、墓群、墓区，认为这些单元分别代表着血亲家庭、氏族、胞族、部落等不同级别的社会组织，整个墓地的人们群体则是类似部落这样的组织。半山式文化遗存作为一个考古学文化实体，在其发展过程中既存在不断分化、瓦解，又存在不断融合、统一的现象。李水城的《半山与马厂彩陶研究》（北京大学出版社，1998年）一书，认为半山红彩、黑红复彩以及锯齿纹的出现，与内蒙古中南部以及晋中地区仰韶晚期前后的文化存在关联。陈洪海的《甘青地区史前墓葬中的葬式分析》［《古代文明（第2卷）》，文物出版社，2003年］一文，认为半山—马厂类型流行侧身屈肢葬的区域，从宁夏固原、海原一带，延伸到甘青交界的永登、民和一线，在永登以西的河西走廊为流行仰身直肢葬的区域，青海共和盆地为流行俯身直肢葬的区域。洞室墓的流行区域也大致与屈肢葬区域重合。韩建业的《半山类型的形成与东部文化的西迁》（《考古与文物》2007年第3期）一文，从墓葬、彩陶、特殊陶器、特殊符号等方面，对半山类型和东部文化的关系问题进行了分析。认为半山类型的形成，可能正与东部文化所代表的人群的部分西移存在关联。

马厂类型的综合研究。张弛的《半山式文化遗存分析》（北京大学考古系编《考古学研究（二）》，北京大学出版社，1994年）一文，认为半山五期之后存在于半山诸遗存分布区域内的主要是马厂中期遗存和齐家文化遗存。其中以柳湾马厂中期为代表的一类遗存源自柳湾"马厂早期"群和刘家坪群。但这一类遗存分布的范围似较柳湾"马厂早期"群和刘家坪群的分布范围有所缩小，似乎仅分布于河湟地区。李水城的《半山与马厂彩陶研究》（北京大学出版社，1998年）一书，将马厂类型分为四期，认为马厂类型时期文化分布、发展延续了半山类型时期的趋势，马厂早期文化分布与半山类型晚期时基本一致，文化分布的中心在兰州至湟水中下游一带，马厂中期时向西北已扩展到了河西走廊西端的酒泉一带。与此相反，黄河沿岸地区遗址数量稀少，半山、马厂类型遗址多为早期遗址，而后期遗址数量稀少；而湟水中下游地区一直是半山、马厂时期的文化中心。他认为半山、马厂隶属的马家窑文化是在陇东地区仰韶文化的基础上派生出来的，齐家文化接纳了其个别的彩陶工艺，之后的辛店文化、卡约文化、诺木洪文化也都保留了部分彩陶因素；在甘肃河西走廊，马厂类型通过"过渡遗存"演变为四坝文化，随着四坝文化的继续西迁，又将彩陶这一文化特质引入新疆东部地区。韩建业的《中国西北地区先秦时期的自然环境与文化发展》（文物出版社，2008年）一书，认为马厂类型总体上是半山类型的进一步发展，当然也受到齐家文化的较大影响。此外，其"卐"字纹和双"F"形花纹，与大体同时的西伯利亚地区辛塔什塔文化陶器上的某些刻画花纹近似。又见于更早的内蒙辽西的小河沿类型，表明早在前2000年以前，欧亚草原就存在大范围的文化联系。八角星纹则来自小河沿类型，更早的源头在长江中下游和黄河下游。从阳山组人骨形态和测量特征来看，其与甘青地区古代组和现代华北组较为接近，具有东亚蒙古人种的特点。

（三）宗日遗存的发掘与研究

宗日遗址的发掘。青海省文物管理处、海南州民族博物馆的《青海同德县宗日遗址发掘简报》（《考古》1998年第5期）一文，介绍了1994—1998年宗日遗址的发掘情况，先后清理墓葬421座、灰坑18个、祭祀坑18个。该遗址包含有马家窑文化马家窑类型、半山类型、宗日式陶器、齐家文化等多种文化类型。陈洪海的《宗日遗存研究》（北京大学博士学位论文，2002年）一文，阐述了宗日遗存的发现、发掘与研究情况。

宗日遗存的分布研究。陈洪海等的《试论宗日遗址的文化性质》（《考古》1998年第5期）一文，结合文物普查资料共复核出51处"宗日文化"遗址，明确包含该阶段遗存的有贵德狼舌头、尼多岗、叶后浪及贵南增本卡等遗址，还辨认出1977年发掘的贵尕马台遗址也包含这类遗存。陈洪海、格桑本、王国顺的《青海省海南州宗日文化遗址的调查》[《西部考古（第二辑）》，三秦出版社，2007年]一文，认为宗日文化的中心区域在共和盆地的黄河两岸及其支流的中下游，中心区域可扩展到共和盆地的龙羊峡至松巴峡之间的黄河两岸及其支流下游，其影响的范围则可波及松巴峡至临夏段的黄河两岸及湟水下游。

宗日遗存文化内涵研究。陈洪海的《宗日遗存研究中的几点思考》[《西部考古（第一辑）》，三秦出版社，2006年]一文，将宗日遗存出土的陶器分为两个部分，一是甘青地区常见的马家窑文化陶器，二是新发现的一个称为宗日式陶器的陶器群。宗日式陶器是在马家窑文化陶器的基础上产生并发展起来的，并且长期与马家窑文化陶器共存。仰韶文化是一个中心原生文化，西渐特化出来一个马家窑文化为二级文化，再西进特化出来一个宗日文化为三级文化。韩建业的《中国西北地区先秦时期的自然环境与文化发展》（文物出版社，2008年）一书，认为宗日遗存是马家窑文化的一个地方类型——宗日类型。

宗日遗存生业模式研究。陈洪海的《宗日遗存研究》（北京大学博士学位论文，2002 年）一文，认为宗日遗存的人们是以农业为主要生活方式的，同时还有一定程度的渔猎成分。崔亚平等的《宗日遗址人骨的稳定同位素分析》（《第四纪研究》2006 年第 4 期）一文，对宗日遗址出土人骨进行了 C 和 N 稳定同位素分析，表明宗日先民食谱以 C4 植物为主，这与先民主食为粟和黍的普遍认识相吻合，食谱中还存在一定量的肉食，可能来自渔猎或家畜。安家瑗、陈洪海的《宗日文化遗址动物骨骼的研究》[《动物考古（第 1 辑）》，文物出版社，2010 年] 一文，认为宗日遗址由于处于农业经济区的边缘地带，除了发现有黄牛的畜养外，未见猪和羊的畜养，该地仍然以狩猎经济作为农业经济的补充。

宗日遗存出土器物研究。格桑本、陈洪海的《宗日遗址出土文物精粹及论述选集》（四川科学技术出版社，1995 年）一书，收录了宗日遗址出土的各类精品文物图录和十余篇与宗日遗址有关的发掘、研究论文。徐建炜等的《青海同德宗日遗址出土的铜器的初步科学分析》（《西域研究》2010 年第 2 期）一文，对宗日遗址出土的 3 件铜器进行了科学检测分析研究，发现这 3 件铜器均含有砷铜，这是齐家文化铜器中的首次发现。

宗日遗存葬俗源流研究。陈洪海的《甘青地区史前墓葬中的葬式分析》[《古代文明（第 2 卷）》，文物出版社，2003 年] 一文，认为二次扰乱葬在马家窑文化中有所发现，在辛店文化、卡约文化中较为普遍，宗日遗址似乎为其渊源。闫璘、徐红梅的《宗日遗址石棺葬文化族属探讨》（《丝绸之路》2009 年第 12 期）一文，认为石棺葬常见于从东北至西南的半月形地带，而相比较之下，宗日遗址的石棺葬具有时代早、数量多的特点。李锦山的《论宗日火葬墓及其相关问题》（《考古》2002 年第 11 期）一文，认为宗日火葬墓可能是早期羌人的埋葬习俗，死者可能为首领、巫师、勇士或年高望重者，青海火葬墓应

是我国最早的火葬习俗，后来影响到西藏、川滇、新疆及陕甘宁地区。

宗日遗存综合研究。陈洪海的《宗日遗存研究》（北京大学博士学位论文，2002 年）一文，对宗日遗存进行最全面系统的介绍和阐述，全文共分宗日遗存的概况、对陶器的认识、对葬俗的概括与分析、宗日遗存的分布、综合认识等章节。

（四）相关的综合性研究

家养动物来源研究。傅罗文、袁靖、李水城的《论中国甘青地区新石器时代家养动物的来源及特征》（《考古》2009 年第 5 期）一文，认为从各种家养动物在甘青地区出现的时间、顺序和特征来看，羊和马很可能是从西面传入，牦牛可能来自西藏地区，骆驼可能是在附近的阿尔泰地区驯化成家养动物的，也可能就是直接从中亚地区传入的。这些动物传入的路线可能就在河西走廊。猪和狗几乎可以肯定是从东部传入的。牛很可能也是来自邻近地区。

东西方文化交流研究。李水城的《东风西渐：中国西北史前文化之进程》（文物出版社，2009 年）一书，集中讨论了西北地区史前至青铜时代、早期铁器时代诸考古学文化，系统梳理了以中原系统为根基的考古学文化自东向西渐次发展扩张的历史趋势，反映了早期东西方之间的文化互动。

新石器时代考古与古史传说研究。刘宝山的《黄河流域史前考古与传说时代》（三秦出版社，2003 年）一书，结合有关文献记载，论述了黄河流域新石器时代的考古学文化格局与古史传说中东夷、黄帝、苗蛮等几大集团的关系，并着重对他们可能存在的时间及地望作了推定，对一些相关问题进行了探讨。李智信的《伏羲日祝说》（《青海社会科学》2006 年第 6 期）一文，认为伏羲是中国历史传说中的三皇之一，也是汉族及西南少数民族神话传说中的人类始祖，他的原型

应该是远古时期羌姜部落集团的日祝，在后来的历史演化过程中成为华夏各部落集团日祝的代表，并逐步成为华夏文明的象征。李智信的《回纹与共工》（《北京理工大学学报》2006 年第 6 期）一文，认为回形纹最初应源于漩涡纹，具有延绵不断、亘古不变的含义。共工是中国古代的水官和传说中水患的祸首，其角色的转变应该和尧舜时期共工的名字康回有关。远古时期的水崇拜是回纹流行和中国关于共工的诸多传说出现的主要原因。

柳湾遗址社会组织研究。刘宝山的《柳湾从柳湾墓地到河湟地区史前考古学研究》（三秦出版社，2010 年）一书，对柳湾遗址的经济问题、原始社会组织结构、葬俗、信仰、人群迁移和考古学文化的关系、与周边地区之间的交流、陶器特别是彩陶等进行了研究，提出了新的见解。刘宝山的《柳湾墓地屈肢葬式检讨》（《青海民族学院学报》2010 年第 1 期）一文，认为原始社会屈肢葬是氏族内部的丧葬习俗之一，和贫富分化、社会地位高低无关。

马家窑文化彩陶研究。任晓燕等的《浅论马家窑文化彩陶艺术》（《文物春秋》1999 年第 4 期）一文，对马家窑文化各类型彩陶的器物组合、器形、纹饰、色彩、制陶及绘画工艺进行了综述，认为形象思维是当时人们艺术思维的主要方式。彩陶艺术灵感来自生产生活实践，彩陶艺术创作得益于远古艺术家的艺术想象。

三、青铜时代研究

这一时期的研究主要涉及的文化类型是齐家文化、卡约文化、辛店文化和诺木洪文化。

（一）齐家文化的发掘与研究

齐家文化的来源、分布及分期研究。水涛的《甘青地区青铜时代的文化结构和经济形态》（《中国西北地区青铜时代考古论集》，科学出版社，2001 年）一文，认为齐家文化是常山类型经菜园类型的发展，并受到了客省庄文化的影响而

形成，齐家文化的年代跨度为距今 4600—3500 年，年代集中在距今 4200—3800 年，处于铜石并用时代晚期至青铜时代早期阶段。水涛的《甘青地区青铜时代的文化结构和经济形态》（《中国西北地区青铜时代考古论集》，科学出版社，2001 年）一文，将齐家文化分为四期六段，其中将柳湾齐家文化划为第一期至第二期三段，孕马台遗址为第四期第六段。张天恩、肖琦的《川口河齐家文化陶器的新审视》（《中国考古学研究——庆祝石兴邦先生半世纪暨八秩华诞文集》，三秦出版社，2004 年）一文，将齐家文化分为三期。韩建业的《中国西北地区先秦时期的自然环境与文化发展》（文物出版社，2008 年）一书，将齐家文化分为三期，柳湾遗址齐家文化墓葬和居址、民和喇家、宗日 M319 类遗存、大通上孙家寨、陶家寨、上陶村等遗存为齐家中期，贵南孕马台、互助总寨、西宁沈那为齐家晚期。张文立的《青海地区青铜时代文化研究》（吉林大学博士学位论文，2003 年）一文，将柳湾墓地发现的齐家文化墓葬分为五段。

大通县黄家寨墓地发掘报告。高东陆等的《青海大通县黄家寨墓地发掘报告》（《考古》1994 年第 3 期）一文，介绍了 1985 年大通黄家寨墓地的发掘情况，该墓地共清理青铜时代墓葬 26 座、东汉墓 1 座。在文化面貌上，包含着齐家文化和卡约文化两种因素，黄家寨遗存是齐家文化向卡约文化过渡时期的一种考古学文化遗存。

西宁沈那遗址的发掘。刘杏改的《西宁小桥沈那遗址 1991 年发掘简报》（《考古与文物》2007 年增刊）一文，介绍了西宁沈那遗址 1991 年的发掘情况，发掘面积 1200 平方米，发现半地穴式、地穴式房址 10 座，长方形或袋状灰坑 31 个，墓葬 17 座，认为陶器总体上与秦魏家出土的器物相似。王国道的《西宁沈那齐家文化遗址》（《中国考古学年鉴（1992）》，文物出版社，1994 年）一文，介绍了西宁沈那遗址 1992 年的

发掘情况，发掘面积 460 平方米，发现圆形、方形房址 5 座，不规则形、圆形、椭圆形、长方形灰坑 59 座，长方形竖穴土坑墓葬 5 座（其中 1 座为汉墓）。出自晚期灰坑的具有塞伊玛－图尔宾诺文化风格的倒钩铜矛是 1992 年较为重要的发现。吴平的《西宁市沈那遗址》（《中国考古学年鉴（1993）》，文物出版社，1995 年）一文，介绍了沈那遗址 1993 年的发掘情况，共发掘面积 450 平方米，清理圆形、方形房址 4 座，圆形、椭圆形、长方形、不规则形灰坑 71 座，墓葬 6 座。

大通陶家寨遗址的发掘与研究。青海省文物考古研究所的《青海大通陶家寨齐家文化遗址发掘简报》（《考古与文物》2002 年增刊）一文，介绍了 1995 年陶家寨遗址的发掘情况，发掘面积约 500 平方米，发现房址 3 座、灰坑 3 座、墓葬 1 座。汤惠生的《青海大通田家沟齐家文化遗址出土石器的研究》（《史前研究》2002 年第 00 期）一文，主要对该遗址出土的石器主要是细石器进行了研究，认为陶家寨田家沟的打制石器从制作工艺和器形上来看，似乎传承了青海旧石器晚期的石器传统。

喇家遗址的发掘与研究。王国道等的《青海喇家村齐家文化遗址最新揭示：史前灾难现场摄人心魄，黄河慈母佑子情动天地》（《中国文物报》2000 年 7 月 5 日第 1 版）一文，介绍了 2000 年民和喇家遗址发现史前灾难遗迹的发现情况。任晓燕等的《青海民和县喇家遗址 2000 年发掘简报》（《考古》2002 年第 12 期）一文，介绍了喇家遗址 1999—2000 年的勘探、发掘情况。探明该遗址是具有宽大环壕的大型聚落，聚落内分布有密集的白灰面房址。发掘面积 500 余平方米，清理房址 7 座、灰坑 15 座、墓葬 2 座。多个房址发现多个非正常死亡人骨遗骸，显示齐家文化时期喇家曾发生过重大的灾变。叶茂林的《青海民和喇家史前遗址的发掘》（《考古》2002 年

第 7 期）一文，介绍了喇家遗址 1999—2001 年的主要考古收获，阐述了喇家遗址考古发现的重大意义，认为喇家遗址是以齐家文化内涵为主的中心聚落，遗址内发现了大量的房址、灰坑、壕沟、墓葬、广场、奠基坑、杀祭坑、埋葬坑等遗迹。地震和洪水对喇家遗址造成了灾难性的打击和毁灭性的冲击。喇家遗址的发掘和研究为探索黄河上游地区文明起源和早期发展有着重要的意义。叶茂林、何克洲的《青海民和县喇家遗址出土齐家文化玉器》（《考古》2002 年第 12 期）一文，介绍了 1981 年在喇家遗址征集的璧、瑗、刀、斧、锛等 7 件玉器，认为这些玉器皆属软玉，属于广义的昆仑山玉，很可能玉料源于昆仑山东麓的格尔木，也就是广义的和田玉。并初步认定喇家遗址加工玉器。王明辉的《青海民和县喇家遗址人骨及其相关问题》（《考古》2002 年第 12 期）一文，对喇家遗址 F3、F4 灾难性房址发现的 16 具人骨进行了鉴定，认为多数死亡年龄偏小，人群种族类型与东亚蒙古人种类型有较多的接近因素。他们并非死于战争、瘟疫、火灾及宗教祭祀，而可能死于大洪水。王树芝的《木炭在考古学研究中的应用》（《江汉考古》2003 年第 1 期）一文，对喇家遗址灰坑出土的木炭进行切片观察，断定木炭树种为松属。夏正楷等的《青海喇家遗址史前灾难事件》（《科学通报》2003 年第 11 期）一文，通过对位于黄河上游甘青交界处官亭盆地的喇家遗址及其周边地区一些地质现象的观察，发现当时该地区发生了以黄河异常洪水和地震为主，并伴有山洪暴发的群发性自然灾害，这场自然灾害导致了喇家遗址的毁灭，其中黄河异常洪水可能是史前人类遭受灭顶之灾的主要元凶。杨晓燕等的《青海官亭盆地考古遗存堆积形态的环境背景》（《地理学报》2004 年第 3 期）一文，认为由于气候原因黄河上游在距今约 3700—2800 年存在一段洪水频发期，造成人类活动辗转于二级和三级阶地。叶茂林等的

《青海民和喇家遗址发现齐家文化祭坛和干栏式建筑》（《考古》2004年第6期）一文，认为2002年在喇家遗址小广场区域发现的地面建筑遗迹F20是干栏式建筑，2003年发现的人工土堆筑的土台是祭坛。钱耀鹏的《关于喇家聚落的灾难遗迹与广场建筑》（《考古》2007年第5期）一文，认为窑洞式建筑的结构性缺陷，是喇家遗址史前灾难遗迹形成的重要原因。钟建、叶茂林等的《青海民和喇家遗址磁法探测的新成果》（《四川文物》2007年第1期）一文，介绍了将磁法勘探用于喇家遗址尝试性考古勘探的情况，通过大范围的磁法探测，发现遗址的堆积并不是位于遗址整个范围的中心的地方，遗址可能存在组合型的遗址聚落结构，即在遗址东区、西区、北区都有比较中心的重要文化遗存堆积。张小虎等的《青海喇家遗址废弃原因再探讨——与〈古代中国的环境研究〉一文作者商榷》（《考古与文物》2009年第1期）一文，通过对喇家遗址灾难现场红黏土成因的讨论，否定了红黏土绝非泥石流沉积，而认为是黄河特大洪水的沉积物。地震将遗址夷为平地，之后的特大洪水将喇家遗址彻底摧毁并掩埋了起来。幸晓峰等的《青海喇家遗址出土玉石器的音乐声学测量及初步探讨》（《考古》2009年第3期）一文，通过对喇家遗址出土的齐家文化玉璧、玉环、玉管及石磬等进行音乐声学测量，发现两件成组的玉石器具有明显的音乐声学性能，说明喇家遗址的居民已经具有比较成熟的音乐文化观念，也有绝对音高概念和音程概念。

乐都柳湾遗址发掘。肖永明的《首次发掘柳湾遗址》（《中国文物报》2001年8月21日第1版）一文，介绍了柳湾遗址2001年的发掘情况，发掘面积1050平方米，发现硬土面房址3座、灰坑78个、灰沟6条。出土小件器物221件。最重要的发现为铜镞1件。多数灰坑和房址内有马厂晚期和齐家早中期的陶片共存的现象。

大通长宁遗址发掘。任晓燕的《青海长宁遗址抢救性考古取得重要成果》（《中国文物报》2006年12月20日第2版）一文，介绍了大通遗址2006年的发掘情况。发掘面积近3000平方米，清理房址15座、灰坑和窖穴共计150个、墓葬5座，出土玉器、骨器、石器、陶器等近2000余件。

（二）卡约文化的发掘与研究

遗存发掘与发现。陈海清的《李家峡砂石料场新石器时代和青铜时代遗址》（《中国考古学年鉴（1992）》，文物出版社，1994年）一文，介绍了李家峡水电站之砂石料场遗址1991年的发掘情况。发掘面积560平方米，清理灰坑4座、灰沟2条。该遗址包含有半山、齐家和卡约文化的文化堆积及遗迹单位，第一层为卡约文化层。陶器主要为夹砂粗红陶，器形有罐、瓮、鬲等。任晓燕等的《青海平安县古城青铜时代和汉代墓葬》（《考古》2002年第12期）一文，介绍了1998年平安县古城青铜时代和汉代墓葬发掘简报，共发掘卡约文化墓葬4座、汉代墓葬2座。赵志军的《青海互助丰台卡约文化遗址浮选结果分析报告》（《考古与文物》2004年第2期）一文，简述了2001年互助丰台遗址的试掘情况，试掘面积16平方米，出土了一些陶片、石器、骨器、动物骨骼等。通过对该遗址植物遗存的浮选，判断原始先民大概是以种植耐寒作物大麦为主，偶尔也种植春小麦和粟等温带作物。靳桂云等的《青海互助丰台卡约文化遗址孢粉分析与人类活动研究》（《华夏考古》2006年第3期）一文，通过对孢粉的分析，反映了农业经济在卡约文化逐步衰落的过程。

发掘简报与报告。青海省考古研究所等的《青海循化苏呼撒墓地》（《考古学报》1994年第4期）一文，介绍了循化苏呼撒墓地1982—1983年的发掘情况。共清理墓葬116座，其中65座属马家窑文化半山类型，22座属卡约文化。苏呼撒墓地虽然位于卡约文化的阿哈特拉类型分布区内，但其文化面貌则与阿哈特拉山墓地有着明显的差别。青海省文物考古研究所的《青海湟中下西河潘家梁卡约文化墓地》[《考古学集刊》（第8集），1995年]一文，介绍了下西河潘家梁卡约文化墓地发掘情况。1981—1982年两次共发掘墓葬249座，出土遗物6958件，揭露面积1250平方米。青海省文物考古研究所、西北大学、化隆县文物管所的《青海化隆县半主洼卡约文化墓葬发掘简报》（《考古》1996年第8期）一文，介绍了化隆县半主洼卡约文化墓地1988年的发掘情况。共发掘卡约文化墓葬85座、吐蕃时期墓葬4座。刘宝山的《青海化隆县上半主洼卡约文化墓地第二次发掘》（《考古》1998年第1期）一文，介绍了化隆县上半主洼卡约文化墓地1990年的发掘情况，共发掘出卡约文化墓葬62座，出土各类随葬品749件。刘宝山、窦旭耀的《青海化隆下半主洼卡约文化墓地第二次发掘简报》（《考古与文物》1998年第4期）一文，介绍了化隆县雄先乡西北村（下半主洼）南部1990年和1994年的两次考古发掘情况，共发掘卡约文化墓葬17座，出土各类随葬品300余件。

文化内涵研究。韩建业的《中国西北地区先秦时期的自然环境与文化发展》（文物出版社，2008年）一书，对卡约文化进行了综述，认为卡约文化属于半农半牧经济，畜牧成分最大。湟水流域的卡约类型畜牧业成分可能更重一些，农作物可能主要为大麦（青稞）。黄河沿岸的阿哈特拉类型农业经济的成分更大。卡约文化房屋甚至为简陋的地面式房屋或者帐篷，制陶手工业明显不发达，流行铸造青铜武器、工具而非容器。陶器数量少，制作粗糙，纺织缝纫仍使用石（骨、陶）纺轮、骨针、骨（铜）锥等工具。也有较多辗转来自沿海地区的海贝。

类型与分期研究。水涛的《甘青地区青铜时代的文化结构和经济形态》（《中国西北地区青铜时代考古论集》，科学出版社，2001年）一文，将卡约文化分为三期，有地方性差异，晚期唐汪式彩陶在黄河沿岸流行，逐渐取代土著彩陶成分。高东陆的《略论卡约文化》[《考古学文化论集》（三），文物出版社，1993年]一文，将卡约文化分为卡约、上孙、阿哈特拉、大华中庄四个类型。谢端琚的《甘青地区史前考古》（文物出版社，2002年）一书，将卡约文化分为潘家梁、阿哈特拉、大华中庄三个类型。日本学者三宅俊彦的《卡约文化青铜器初步研究》（《考古》2005年第5期）一文，将卡约文化分为湟水流域和黄河流域两个区，细分为六期。张文立的《卡约文化青铜器分期与断代》（《中国考古学会第十二次年会论文提要集》，2009年）一文，通过器物的共存关系并参照碳十四测年结果将卡约文化的青铜器分为四组，分别代表商代早期、商代晚期至西周早期、西周中晚期至春秋早期、春秋中晚期至战国四个时期。

与周边文化关系研究。水涛的《甘青地区青铜时代的文化结构和经济形态》（《西北地区青铜时代考古论集》，科学出版社，2001年）一文，认为在卡约文化广泛分布的早中期阶段，从洮河、大夏河流域向西发展的辛店文化也进入了青海东部的民和地区，晚些时候更向西分布到大通一带。辛店文化与卡约文化在湟水流域的共存发展，使两种文化在晚期阶段出现了一些共同因素，即唐汪式陶器。在湟水和大通河流域，卡约文化向西发展，曾对新疆东部的青铜文化产生了影响，也对青海西部的诺木洪文化产生了深刻的影响。李水城的《西北与中原早期冶铜业的区域特征及交互作用》（《考古学报》2005年第3期）一文，认为在卡约文化晚期辛店文化的势力进入了卡约文化的分布地域，即所谓"唐汪式"陶器出现。还有迹象表明卡约文化和四坝文化也有过接触，这条途径是通过张掖经扁都口穿越祁连山实现的。韩建业的《中国西北地区先秦时期的自然环境与文化发展》（文物出版社，2008 年）一书，认为黄家寨等遗址出土的双大耳罐、双小耳绳纹罐、花边绳纹罐、豆等和齐家文化晚期遗存近似，说明其主要源头应为齐家文化。卡约文化与辛店文化关系密切，尤其阿哈特拉类型，其彩陶、石刀、铜钺等均与辛店文化类似。西宁鲍家寨卡约文化的铜鬲，与郑州张寨二里岗上层文化基本一致，表明早商文化很可能影响至此。此外，青铜器、殉牲习俗、穿孔砺石、羊距骨等，均与新疆早期铁器时代文化近似；尤其晚期涡纹彩陶的出现，反映了苏贝希文化影响的深入。张文立、林沄的《黑豆嘴类型青铜器中的西来因素》（《考古》2004 年第 5 期）一文，认为卡约文化铜斧、铜钺上的孔周起缘或"丁"字装饰与陕西淳化县黑豆嘴等地出土的晚商至商周之交的青铜器装饰存在密切的联系，陕西淳化黑豆嘴类青铜器是受卡约文化影响的结果。陈苇的《甘青地区与西南山地先秦时期考古学文化及互动关系》（吉林大学博士学位论文，2009 年）一文，认为卡约文化对西南的影响颇为强烈，波及整个雅砻江流域和金沙江上、中游地区。卡约文化的传播路线是翻越阿尼玛卿山和巴颜喀拉山后顺金沙江南下一直影响到川西南、滇西北以及楚雄地区。日本学者三宅俊彦的《卡约文化青铜器初步研究》（《考古》2005 年第 5 期）一文，将卡约文化青铜器按陶器分期标准分为六期，采用文化因素分析的方法将卡约文化铜器来源因素分为独自因素、中原及北方系因素、欧亚北部因素。

体质人类学研究。韩康信的《青海循化阿哈特拉山古墓地人骨研究》（《考古学报》2000 年第 3 期）、张君的《青海李家山卡约文化墓地人骨种系研究》（《考古学报》1993 年第 3 期）、张君的《从头骨非测量特征看青海李家山卡约文化居民的种族类型》（《考古》2001 年第 5 期）、韩康信等的《中国西北地区古代居民种族研究》（复旦大学出版社，2005 年）等论文及研究报告分别对阿哈特拉、李家山（潘家梁）和上孙家寨的人骨进行了体质人类学研究，结果表明虽然上述人骨体质特征都接近于现代东亚蒙古人种，但与甘青新石器时代人骨之间已经出现较大差异，而且后二者与现代藏族更为接近一些。韩建业的《中国西北地区先秦时期的自然环境与文化发展》（文物出版社，2008 年）一书，认为人骨的差别正好与俞伟超先生提出的对两个地方类型的划分吻合。其族属当为羌戎系统。

生业模式研究。王明珂的《华夏边缘——历史记忆与族群认同》（社会科学文献出版社，2006 年）一书，认为卡约文化遗存在时代与地理分布上都与辛店文化有部分重叠，但是前者时代延续时间较长，位置更向西延伸，留下卡约文化遗存的人们已过的是游牧生活了。长方形石刀、锛、铲、凿等农具在卡约文化中消失，陶器比辛店文化的还要小、还要少。随葬品主要是小型饰品，以便适应经常移动的生活形态。卡约文化的人群考古遗存中，猪完全消失，取而代之的是羊、马、牛等草食动物，河流上游的高地被充分地利用。与游牧经济相对应的是分裂与平等自主的游牧社会组织。

葬俗研究。水涛的《甘青地区青铜时代的文化结构和经济形态》（《中国西北地区青铜时代考古论集》，科学出版社，2001 年）一文，认为在新石器时代晚期甘青地区所盛行的厚葬之风被青铜时代盛行的二次扰乱葬所取代，厚葬死者到轻视死者，这种观念的变化其深刻的根源只能归结为经济生活方式的改变。以认为万物有灵为基本内容的萨满文化，曾经在世界各地许多古代和近现代的游牧民文化中广为流传。薄葬及二次扰乱葬的真正原因仍然是社会对财富需求的不断增长和社会生产所提供的财富总量严重不足这一矛盾的长期存在和日益尖锐。汤惠生的《藏族天葬和断身仪轨源流考》（《中国藏学》2001 年第 1 期）一文认为，卡约文化的二次葬的剔尸、曝尸、割尸等断身现象是受萨满文化的影响，其目的是获得再生。乔虹的《卡约文化的丧葬礼仪》（《青海民族研究》2002年第1期）一文，用考古发掘实例介绍了卡约文化的二次扰乱葬、火葬、碎颅、断指葬及殉葬动物砾石的习俗，认为火葬与土葬的形式虽然不一样，但最终目的都希望能够让骨骼尽快暴露，灵魂再生。碎颅、断指、断身等具有浓厚的宗教色彩。牛、羊、马、石块等的殉葬是受萨满教的影响，借助神灵祛除疾病。

社会组织研究。 水涛的《甘青地区青铜时代的文化结构和经济形态》（《中国西北地区青铜时代考古论集》，科学出版社，2001年）一文，认为甘青地区青铜时代经济形态的巨大转变，不仅使物质文化的生产活动受到严重破坏，形成文化发展的停滞和倒退现象，而且也使人们的观念形态发生了深刻的变化，这种变化最终导致社会的发展进入了以私有制为核心的早期阶级社会，主要是以家庭经济为所有制单位的私有制形态。在甘青地区，游牧经济限制了大规模的社会组织结构的存在和发展，原始先民只能以小而分散的人群组织散布于各地，这种较小的社会组织主要应是核心家庭和血缘家族。

金器及动物造型研究。 王国道、崔兆年的《青海卡约文化出土的金器》（《故宫博物院院刊》2003年第5期）一文，收集、整理了青海地区卡约文化墓地出土的金贝、金耳环、金项圈等金饰品，认为这些金饰品年代为卡约文化中期。乔虹的《浅析青海地区卡约文化的动物造型艺术》（《青海师范大学学报》2005年第1期）一文，对卡约文化出现的各类动物形象分别进行了介绍，认为动物造型的大量出现与动物在卡约文化生产生活中的重要作用有关，有些动物形象是帮助萨满完成交通天神使命的，卡约文化动物纹饰深受北方草原文化的影响。

（三）辛店文化的发掘与研究

双二东坪遗址发掘。 王国道的《乐都县双二东坪马家窑文化墓葬》（《中国考古学年鉴1993》，文物出版社，1995年）一文，介绍了双二东坪遗址1992年的发掘情况，清理马厂类型墓葬34座、齐家文化墓葬1座、辛店文化瓮棺葬1座、唐汪式墓葬1座、无随葬品时代待定的墓葬1座，出土各类文物860余件。乔虹的《乐都双二东坪辛店文化遗址》（《中国考古学年鉴1996》，文物出版社，1998年）一文，介绍了双二东坪遗址1995年的发掘情况，发掘面积约540平方米，文化堆积主要为辛店文化张家嘴类型，清理出房址29座，其中2座为半地穴式圆形房屋，余者皆为地面建筑。灰坑224座，分圆形、椭圆形、长方形及不规则形几类，还有儿童瓮棺葬1座、窖藏1座以及部分石、土墙和2条壕沟。陈海清的《乐都双二东坪辛店文化遗址》（《中国考古学年鉴1997》，文物出版社，1999年）一文，介绍了双二东坪遗址1996年的发掘情况，发掘面积400余平方米，出土遗物300余件。遗迹有壕沟、土墙、石墙，房址14座，灰坑200余座。在一些灰坑和基槽的填土中还发现了一些灰白色的墙壁残块，有的残块上涂有红色颜料或画有黑色线条。

辛店文化遗存的发掘报告。 青海省文物考古研究所、青海省文物管理处、西北大学文博学院等编撰的《民和核桃庄》（科学出版社，2004年）一书，系统介绍了核桃庄墓地1978—1981年的发掘情况。小旱地墓地是一处典型的以辛店文化遗存为主的墓地，共发掘了367座辛店文化墓葬。该书按遗迹单位详细刊载该墓地的全部发掘资料，对墓葬及随葬品分期、墓地布局、埋葬习俗、人口状况与社会组织结构等问题也进行了深入探讨，在附录中还对核桃庄史前文化墓地出土的人骨进行了专题研究。

辛店文化的来源、分布及年代研究。 水涛的《甘青地区青铜时代的文化结构和经济形态研究》（《中国西北地区青铜时代考古论集》，科学出社，2001年）一文，认为辛店文化主要分布在黄河上游及其支流洮河、大夏河、湟水、渭河上游地区。张学正等的《辛店文化研究》[《考古学文化研究（三）》，文物出版社，1993年]一文，认为辛店文化的主要因素是齐家文化晚期遗存的分化和发展，同时吸收了马厂类型的部分彩陶因素。早期的分布地域主要在黄河、洮河和湟水的交汇地带；中期主要集中于洮河下游和黄河沿岸，此时迫于周秦势力的压力，辛店文化的居民已经开始向湟水流域迁移；晚期逐步深入湟水中上游地区。卡约文化中的唐汪式陶器因素应该是由辛店文化的影响所致。韩建业的《中国西北地区先秦时期的自然环境与文化发展》（文物出版社，2008年）一书，认为辛店文化主体年代大约距今3600—2600年。

辛店文化的文化内涵研究。谢端琚的《甘青地区史前考古》（文物出版社，2002年）一书，认为辛店文化陶器是以双耳彩陶罐、袋足鬲、腹耳壶和单耳杯等为组合的陶器群。其中，彩绘双钩纹的双耳彩陶罐和瓮是最典型的器物。石器有带肩石斧、环状石器、刃侧缺口刀、圆锥形杵和石臼等石器。骨器有骨铲、骨梳、锥、匕、凿、笄、刻花管、骨哨等。铜器有铜罐、弧刃带柄刀、长方銎矛、锥、泡、联珠饰、扣、镞等铜器。辛店墓制除常见的长方形竖穴土坑墓外，还有竖穴偏洞墓、带龛墓和石棺墓。韩建业的《中国西北地区先秦时期的自然环境与文化发展》（文物出版社，2008年）一书，综述了辛店文化的住址结构和埋葬习俗。双二东坪聚落发现壕沟、土墙和石墙，姬家川、莲花台、双二东坪聚落均发现纵长方形半地穴式房屋，还有多间房屋。张家嘴、姬家川、莲花台、双二东坪窖穴集中分布，多圆形袋状，也有少量长方形直壁窖穴和圆形锅底状灰坑。葬式流行仰身直肢葬和二次葬，少数为屈肢葬、俯身葬、侧身直肢葬，同时还有合葬墓。

辛店文化的类型及分期研究。许永杰的《河湟青铜文化的谱系》[《考古学文化论集（三）》，文物出版社，1993年]一文，将辛店文化分为六期九段。张学正等的《辛店文化研究》[《考古学文化研究（三）》，文物出版社，1993年]一文，将辛店文化划分为三期七段，即山家头期—姬家川期—张家嘴期。李水城的《论董家台类型及相关问题》[《考古学研究》（三），科学出版社，1997年]一文，将辛店文化分为三期。水涛的《甘青地区青铜时代的文化结构和经济形态研究》（《中国西北地区青铜时代考古论集》，科学出版社，2001年）一文，将辛店文化分为三期七段，其中山家头（二、三段）、核桃庄早期、柳湾、簸箕掌属于一期；姬家川属于二期；张家嘴及核桃庄晚期属于第三期。核桃庄延续时间较长，跨越三个时期。青海省文物考古研究所、青海省文物管理处、西北大学文博学院编撰的《民和核桃庄》（科学出版社，2004年）一书，将核桃庄墓地分为三期七段。韩建业的《中国西北地区先秦时期的自然环境与文化发展》（文物出版社，2008年）一书，认为"董家台类型"遗存与山家头类型近似，时代也相当，或许可作为辛店文化第一期的另一个地方类型。

辛店文化与周边文化关系研究。张学正等的《辛店文化研究》[《考古学文化研究（三）》，文物出版社，1993年]一文，认为辛店文化顺序经过了山家头期、姬家川期、张家嘴期三个发展阶段，唐汪式陶器只是张家嘴类型遗存中的一部分陶器。辛店文化形成之后，与较后一时期形成的寺洼文化在各方面始终处于同时并存、各自独立发展的状态。晚期阶段向西发展的辛店文化遗存与卡约文化发生广泛的接触，并对卡约文化晚期阶段的彩陶因素产生较大的影响。水涛的《甘青地区青铜时代的文化结构和经济形态》（《中国西北地区青铜时代考古论集》，科学出版社，2001年）一文，认为辛店文化与卡约文化有着密切的关系，两者分布区域比较接近且有交叉，在文化面貌上有一些共同点。辛店文化与卡约文化的共存发展，是以辛店文化进入卡约文化分布区，并影响其遗存性质，使卡约文化被同化为特点的。卡约文化则基本没有进入辛店文化的主要分布区。韩建业的《中国西北地区先秦时期的自然环境与文化发展》（文物出版社，2008年）一书，认为辛店文化纵向"勿"字纹大概是蛙纹的变体。"唐汪式陶器"的涡纹彩陶、单耳豆等，与新疆鄯善洋海墓地苏贝希文化陶器甚至皮具木器花纹近似，说明还有来自新疆地区的影响。辛店文化对卡约文化、寺洼文化和商周文化有一定影响，山西曲沃北赵晋侯墓地 M113 出土的一件青铜扭索耳双耳罐，就极可能为从辛店文化传入的。

（四）诺木洪文化研究

诺木洪文化的渊源研究。 水涛的《甘青地区青铜时代的文化结构和经济形态》（《中国西北地区青铜时代考古论集》，科学出版社，2001年）一文，认为在青海西部地区，晚于齐家文化的某段时间，从新疆东部向东发展的某支青铜文化进入柴达木盆地，形成诺木洪文化以土坯居址为代表的较早期遗存，并在盆地内形成一定的分布规模。晚些时候接受了卡约文化遗存的影响。其后逐渐进入文明时代，形成一种定居的、掌握修建复杂的木构房屋技术、会使用木轮车的土著文化。

诺木洪文化的分布范围和年代研究。 韩建业的《中国西北地区先秦时期的自然环境与文化发展》（文物出版社，2008年）一书，认为诺木洪文化遗址主要分布于柴达木盆地东部边缘地区，诺木洪文化遗址共有40余处，主要分布于海西地区的都兰香日德、巴隆及诺木洪地区。有可靠测年的数据显示至少包含距今约 3300—2800 年这一段时间，诺木洪文化上限或认为在西周早期及前1000年前后，或认为接近新石器时代及前2000年，至少其大部分时段应与青海东部的卡约文化同时。

诺木洪文化的文化内涵研究。 水涛的《甘青地区青铜时代的文化结构和经济形态》（《中国西北地区青铜时代考古论集》，科学出版社，2001年）一文，对诺木洪文化的生业模式和聚落形态进行了综述。认为畜牧经济在这一地区得到了充分的发展，不仅驯养山羊、绵羊，还驯养了体格高大的藏牦牛。诺木洪聚落由若干土包围成圆圈状，中央形成一个较为空阔的活动场所。聚落内有土坯院墙、房址、土坯圈栏等建筑物，还有瓮棺葬。土坯院墙分成若干单元，每个单元都由两个院子组成。房址有方形和圆形两种，有的还有小套间；土坯坑多在房址周围当属于窖穴。牲畜圈栏以木柱和横木、树枝组成篱笆墙，地面发现大量羊、牛、马、骆驼骨骼，还有野牛角、车毂等。韩建业的《中国西北地区先秦时期的自然环境与文化发展》（文物出版社，2008年）一书，总结了诺木洪文化生活工具的特点，陶器均为粗糙的夹砂陶。多素面，也有装饰压印纹、蓝纹、锥刺纹、附加堆纹、旋纹、圆圈纹和彩陶；占多数的压印纹有圆点、三角纹、波纹、松针纹、"人"字形纹等。彩陶较少，多在器表或口沿施灰黑色、红色或灰白色陶衣，用浓稠色彩绘出黑或红褐色纹样。发现有錾铜钺、有錾铜斧、石斧、骨（角）铲、石锛、石（骨）凿、带肩石锤、石杵、石磨盘、穿孔砾石、铜刀、石（骨）刀、铜（石、骨）镞、骨锥、骨针、石（骨、陶、木）纺轮、石弹丸、骨梳等工具或武器；椭圆形石饰、穿孔玛瑙饰、骨笄、骨管、穿孔牙饰、穿孔蛤蜊壳等简单装饰品；羊毛纺成的绳、线、带和羊毛织品；牛皮履、骨笛、骨哨、陶塑牦牛等。

诺木洪文化与周边文化的关系研究。 水涛的《新疆青铜时代诸文化的比较研究——附论早期中西文化交流的历史进程》（《国学研究》创刊号，北京大学出版社，1993年）一文，认为在诺木洪文化晚期偏早阶段的第 5 层堆积时期出现了土坯建筑的围墙居址，在这些早期和较早期的遗存中可以明显看出新疆东部某些青铜文化的因素和影响。韩建业的《中国西北地区先秦时期的自然环境与文化发展》（文物出版社，2008 年）一书，认为诺木洪文化与卡约文化有较多的相似之处，如有銎斧、刀、有銎五孔钺等铜器，双耳罐、单耳罐、侈口罐等陶器，以及圈足器特征，共见于二者且形态接近。但诺木洪的陶四纽盆、四纽双耳缸、底侧耳盆等则自具特色。该文化偏早的蓝纹与齐家文化或许存在联系，其形成也当与齐家文化有一定的关系，形成后则与卡约文化存在密切的交流，其波折纹常见于寺洼文化，松针纹则类似骟马类遗存。至于有手指印的湿泥土坯和有銎铜斧等则见于新疆的苏贝希文化，更早的源头在中亚和西伯利亚等地区，显然来自西方的影响在该文化的发展中也起到过重要的作用。

（五）青铜时代考古学文化综合研究

青铜时代文化谱系研究。许永杰的《河湟青铜文化的谱系》［《考古学文化论集（三）》，文物出版社，1993 年］一文，提出河湟青铜文化谱系的概念并进行了论证，提出了诸青铜文化类型同时并存发展的对子结构体系。齐家文化和马厂文化是同时存在、并行发展的两支考古学文化。辛店文化复彩系的产生与齐家文化大夏河类型的消失有着直接的关系，复彩系在形成的过程中，还吸收了其他考古学文化的一些因素，红黑两彩相间的复彩风格是马厂文化的传统，双钩纹等花纹图案是在与圜底系接触的过程中产生的。水涛的《中国西北地区青铜时代考古论集》（科学出版社，2001 年）一书，运用区系类型学的方法理论，在分期的基础上对甘青地区的各支青铜文化进行了系统的梳理，阐明了各支青铜文化的时空关系，讨论了其之间的相互关系及文化渊源。在文化交流传播方面，认为甘青地区的彩陶既存在仰韶文化彩陶的西渐，又存在西亚、中亚彩陶东

移的互动关系。公元前 2000—1000 年，来自中亚的安德罗诺沃文化、卡拉苏克文化、斯基泰文化对中国西部的新疆及甘青地区产生深刻的影响，小麦、砷铜、土坯及骑马技术等传入西部地区。

青铜时代铜器研究。刘宝山的《试论甘青地区的早期铜器》（《青海师范大学学报》1996 年第 2 期）一文，认为甘青地区的早期铜器业，东部明显要比西部发达。甘青地区的早期铸铜技术、对自然铜的利用，是由东向西逐渐传播而来的。青海的青铜时代冶铜制器技术应是由甘肃境内的齐家文化一期四段以后传入的。刘宝山的《青海"史前"的铜铃》（《文物季刊》1995 年第 2 期）、《青海青铜时代的铜管和铜环》（《文物季刊》1997 年第 1 期）、《青海的青铜斧和青铜钺》（《文物季刊》1997 年第 3 期）等文，对青海青铜时代的铜器分型分式进行了介绍，并对其功能进行了分析。王国道的《青海早期铜器的讨论》（《青海社会科学》1999 年第 6 期）一文，对青海青铜时代的铜器按文化类型进行了介绍，对各时期铜器的特点进行了归纳，认为青海早期铜器从数量和种类上与中原地区相当，但器形简单、粗糙。乔虹的《浅议青海地区的史前青铜艺术》（《青海民族研究》2004 年第 4 期）一文，按青铜器的功能分类进行了介绍，认为其艺术风格既不同于中原地区，也不同于北方草原地区，青铜器在生产生活中起着重要的作用，许多器物是举行萨满仪式的法器。李水城的《西北与中原早期冶铜业的区域特征及交互作用》（《考古学报》2005 年第 3 期）一文，系统地阐述了国内北方地区的早期铜器发现与各区域特征、早期冶铜业工艺传统及演进趋势、东西方早期冶铜术的传播与互动。认为齐家文化处于中国青铜时代的初期，冶铜业呈现出迅猛的发展势头，冶铜业经历了从红铜到锡青铜的演进历程。齐家文化所有的铜器均出土于洮河以西地区，而且位置偏西的

齐家文化遗址往往出土的铜器数量偏多。中原地区与齐家文化直接接触，齐家文化又与四坝文化发生直接联系，齐家文化在早期铜器的交流与传播中起到了纽带桥梁作用。

（六）先秦时期考古学文化的综合研究

先秦时期考古学文化与环境演变关系研究。韩建业的《中国西北地区先秦时期的自然环境与文化发展》（文物出版社，2008年）一书，综合考察了中国西北地区全新世环境演变过程，全面梳理了黄土高原区、内蒙古半干旱草原区和西北内陆干旱区先秦时期的考古学文化谱系、聚落形态和经济形态状况，并深入探讨了西北地区先秦时期自然环境和文化发展的辩证关系。认为西北地区先秦时期自然环境及其变化对文化发展有明显的制约，反过来，多样性的人类文化多数时候都能够有效适应环境特点及其变化，对自然环境的负面影响有限。

先秦时期考古学文化综合研究。谢端琚的《甘青地区史前考古》（文物出版社，2002年）一书，回顾了20世纪甘青地区史前考古的主要发现与研究成果，从发现与研究简史、分布与文化特征、类型与分期、社会经济形态、精神文化生活等方面介绍了甘青地区的史前考古学文化，并对其族属进行了初步探讨。

先秦时期彩陶研究。青海省地方志编纂委员会编纂的《青海省志·彩陶志》（黄山书社，1995年）一书，以青海地区的文化类型为基础，介绍了各文化类型彩陶的发现、分布、发掘等基本情况，描述了各个时期彩陶的器物组合、器形、纹饰、彩绘、制陶及绘画工艺特点，归纳了不同时期彩陶的演变规律。重点介绍了一些彩陶珍品，收录了一批有关彩陶研究的论文。

青海先秦时期文化与周边文化关系研究。刘宝山的《论关陇文化与青海史前文化的关系》（《东南文化》2007年第3期）一文，认为青海东部的新石器时代和青铜时代的诸考古学文化并不能构成一个独立的文化传统，其史前文明的基本面貌与陇上地区和关中地区的考古学文化有着高度的相似性和传承关系。

四、汉至曹魏西晋时期

1993—2010年发掘的汉至曹魏西晋时期遗存主要有湟中多巴、大通上孙家寨、西宁陶家寨、石头磊、南滩、山陕台、平安北村、平安东村、古城崖、古城乡沙卡村、互助高寨、乐都马家台、民和胡李家等。

（一）汉晋时期遗存的考古发掘与发现

大通上孙家寨东汉墓群的发掘。胡晓军的《大通上孙家寨东汉墓群》（《中国考古学年鉴1998》，文物出版社，2000年）一文，介绍了大通上孙家寨东汉墓群1997年的发掘情况，共发掘汉墓9座，有土坑墓、单室穹隆顶墓、单室券顶墓三种。墓葬年代为东汉晚期。

西宁石头磊魏晋排水沟遗址的发掘。胡晓军的《西宁石头磊魏晋排水沟遗址》（《中国考古学年鉴1998》，文物出版社，2000年）一文，介绍了石头磊魏晋排水沟遗址1997年的发掘情况，发掘分A、B两区共875平方米。A区清理灰坑3个，排水沟1条。遗物多集中于排水沟内，有早期的卡约文化陶片。魏晋时期陶器多以绳纹为主，可辨器形有瓮、甑、大口罐、小口罐和素面小口罐。B区发现的石墙年代可能是明清时期。

西宁陶家寨汉墓群的发掘。肖永明等的《青海省西宁市陶家寨汉墓2002年发掘简报》（《考古与文物》2007年增刊）一文，介绍了陶家寨墓地2002年的发掘情况。西汉时期瓮棺葬1座，东汉至魏晋时期墓葬46座。墓葬分为砖室墓、土圹墓两大类。除M41为竖穴土坑墓外，其余墓葬皆有墓道，墓道均位于墓室东侧。砖室墓共27座，分为多室墓、双室墓和单室墓。土圹墓共20座，因结构的不同可分为土洞墓、竖穴土坑墓和瓮棺葬。

西宁南滩汉墓的发掘。刘宝山、王忠信的

《1999 年青海西宁南滩汉墓发掘简报》（《丝绸之路研究第 14 辑·中国青海省丝绸之路研究》，2002 年）一文，介绍了西宁南滩汉墓 1999 年的发掘情况。发掘汉代墓葬 23 座、清代墓葬 51 座，出土各类文物 400 余件。23 座汉代墓葬中除 M62 为木椁墓外，其余均为砖室墓。砖室墓中有 1 座为三室，2 座为双室，其余均系单室。这批汉墓年代从王莽时期一直延续到东汉晚期。

西宁山陕台墓地的发掘。陈海清的《西宁市山陕台墓地》（《青海省文物考古研究所 2004 年报》，内部刊物）一文，介绍了山陕台墓地 2004 年的发掘情况，发掘墓葬 23 座，其中东汉时期墓葬 6 座，十六国时期墓葬 2 座，清代墓葬 15 座。在东汉时期的墓葬中，有 2 座为砖室墓，1 座土坑墓，3 座木椁墓。砖室墓均为单室券顶。

平安东村魏晋墓的发掘。吴平的《平安东村魏晋墓》（《青海省文物考古研究所 2004 年报》内部刊物）一文，介绍了 2004 年平安县某驻军所在地发现的一座砖室墓的发掘情况，墓葬为砖砌单室穹窿顶，由墓门、甬道、墓室三部分组成。墓门向西。墓内共有 6 具被盗扰的人骨。随葬品有簋、盘、勺、碗、钵、罐、仓、灶、多子盒、砖灯、铜镜、五铢钱、铜饰等。发掘者判断该墓年代为魏晋时期。

平安古城崖汉墓的发掘。胡晓军、卢宗义的《平安县古城崖魏晋墓》[《中国考古学年鉴（2006）》，文物出版社，2008 年]一文，介绍了古城崖汉墓 2005 年一座仿木结构砖室墓的发掘情况，该墓由斜坡墓道、墓门、甬道、前后室及耳室组成。墓门之上有额墙，额墙有垂拱、屋檐等仿木结构。前、后室均为穹窿顶，前室墓壁镶嵌有模印仿木结构的斗拱和乳钉纹、菱格纹花纹砖。发掘者根据墓葬形制及出土器物推测该墓年代为魏晋时期。

平安古城青铜时代和汉代墓葬的发掘。任晓燕等的《青海平安县古城青铜时代和汉代墓葬》（《考古》2002 年第 12 期）一文，介绍了平安县古城青铜时代和汉代墓葬 1998 年的发掘情况，共清理汉墓 2 座，青铜时代墓葬 4 座。汉墓均为单室券顶砖室墓，保存较好。这两座汉墓年代为东汉早期。

互助高寨魏晋墓的发掘。陈海清、王国道的《青海互助县高寨魏晋墓的清理》（《考古》2002 年第 12 期）一文，介绍了高寨墓群 1990 年的发掘情况，共发掘两座墓葬，M1 为单室砖砌穹窿顶墓，封土已不存，墓向 52°。墓葬由墓道、甬道、墓室三部分组成。M2 尚存高约 8 米的封土堆，墓向为 30°，为砖砌双室穹窿顶墓，由墓道、墓门、甬道、前室、后室几部分组成，墓门有砖砌仿木结构门墙。在一彩绘壶形砖上还朱书"高陵尉徐卿府吉舍"八字。这两座墓葬年代为汉末至魏晋初年。

乐都侯白家汉墓的发掘。蔡林海的《乐都县侯白家汉墓》[《中国考古学年鉴（1998）》，文物出版社，2000 年]一文，介绍了侯白家汉墓 1997 年的发掘情况，墓葬由墓道、甬道、前室和后室四部分组成，墓向 320°。墓道为斜坡式。甬道单券顶，没有封门砖。墓室均用青砖垒砌，顶部应是两重纵券顶结构。墓葬年代属东汉晚期。

民和胡李家汉墓的发掘。庄电一的《青海民和汉墓发现欧洲人种遗骨》（《光明日报》2004 年 6 月 25 日 A4 版）一文，介绍了胡李家汉墓 2004 年的发掘情况，发掘王莽时期至东汉晚期的墓葬 9 座。胡李家汉墓 M1 中的 3 具骨骼经初步鉴定，体质特征为欧洲人种。M2 出土的一组釉陶器，是青海省迄今发现的最为完整的汉代釉陶器。

（二）汉晋时期遗存考古资料的整理与研究

《上孙家寨汉晋墓》考古发掘报告。青海省文物考古研究所的《上孙家寨汉晋墓》（文物出版社，1993 年）一书，介绍了上孙家寨墓地 1973—1981 年的发掘及研究情况。将 182 座汉晋墓葬分为土圹墓、木椁墓和砖室墓三大类，将各类墓葬分型分式进行举例说明，对出土器物分型分式进行描述，根据墓葬形制及器物演变将墓葬分为六期。并对墓葬包含的文化因素、族属、经济状况进行了分析和推测。

汉晋时期体质人类学研究。 李胜男的《青海西宁陶家寨墓地 M5 号墓古人群线粒体 DNA 研究》（吉林大学硕士学位论文，2009 年）一文，应用古 DNA 技术、群体遗传学的理论和方法，并结合考古学和人类学的研究成果，对陶家寨 M5 的 15 具人骨个体遗传结构及其与相关人群的遗传关系进行了较为系统的分析。认为陶家寨 M5 人骨个体间可能具有较近的母系亲缘关系，其为家族墓地的可能性较大。M5 号墓地样本与羌族的亲缘关系最接近，其次为辽宁汉族。通过与喇家遗址古人群比较发现，与喇家古代居民在遗传结构上仍体现出一定的连续性。张敬雷的《青海省西宁市陶家寨汉晋时期墓地人骨研究》（吉林大学博士学位论文，2008 年）一文，认为陶家寨墓地古代居民的死亡年龄段主要集中在中年期和壮年期，中年期是陶家寨墓地古代居民的死亡高峰期。墓地居民人口的性别比例为 1.05：1，平均死亡年龄为 33.39 岁，总人口的平均预期寿命为 33.26 岁。居民应归属于亚洲蒙古大人种的范畴，与东亚蒙古人种有着密切的人类学联系。

汉晋玻璃器研究。 史美光等的《青海大通县出土汉代玻璃的研究》（《文物保护与科技考古 1990》，文物出版社，1993 年）一文，认为青海上孙家寨汉晋墓玻璃器的测定结果显示耳珰均属于"铅钡玻璃"，是中国自制的，可能自甘肃、四川从古代中原传入的。出土的部分玻璃珠成分与西方国家古代钠钙玻璃基本上是相类似的，外国输入的可能性为大，而且也有可能是通过印度输入的。汤惠生的《藏族珠饰"GZI"考略》（《中国藏学》1995 年第 2 期）一文，认为藏族人称为"Gzi"的料珠，很可能是由西亚经由印度输入的，或由中亚随着北方草原文化的南下而来。高志伟的《浅析青藏高原的玻璃器》（《西藏研究》1996 年第 1 期）一文，认为上孙家寨汉墓出土的耳珰形玻璃器是由中原地区输入的，玻璃珠很可能是从印度、中亚等地输入的。藏区的"Zig"等玻璃制品，其来源可能有两个：一是通过尼婆罗来自印度，另一个是通过于阗来自中亚或西亚。

上孙家寨汉简研究。 王家祥的《大通上孙家寨汉简〈孙子〉研究——关于〈孙子兵法〉早期形态的一点认识》（《文献》2000 年第 1 期）一文，认为上孙家寨 M115 出土的《孙子》残简引用了《汉书·艺文志》所称的《吴孙子》，也就是《史记·孙吴列传》所言的孙武的"兵法"十三篇。

上孙家寨出土银壶研究。 仝涛的《论青海大通上孙家寨汉晋墓出土银壶的异域风格》（《考古》2009 年第 5 期）一文，认为上孙家寨墓地出土的波斯银壶是希腊化帕提亚装饰风格的银壶，器物的制作工艺和装饰风格沿东西方的商贸路线向东传播，其器形应是为了适合其间某个民族或使用者的习惯而做了相应的调整，器物的最终主人可能是匈奴别部卢水胡，在东汉晚期随葬在青海上孙家寨墓地。

五、十六国至南北朝时期

1993—2010 年，发掘了湟中徐家寨模印砖墓、天峻、天峻县加木格尔滩古城址。研究内容主要是集中在对平安、湟中模印砖墓的年代推断和题材解读，对西宁虎台、互助泽林村墓、乐都郡城等有关鲜卑遗存的探讨。

（一）十六国至南北朝时期遗存的发掘发现

平安窑房村及湟中徐家寨画像砖（模印砖）墓发掘与研究。 许新国的《青海平安县出土东汉画像砖图象考》（《青海社会科学》1991 年第 1 期）一文，简述平安县窑房村一座单室穹窿顶墓的发掘情况，该墓墓壁砌有模印图像砖 134 块，题材有力士、甲骑、宴饮、神鸟与日月、舞人等六种，认为其年代为东汉晚期至三国时期。张朋川等的《湟中、平安画像砖墓内容及年代考订》（《丝绸之路》2000年第24期）一文，介绍了湟中县徐家寨画像砖墓2000年的清理情况。墓顶大部分已被破坏，墓葬为带有甬道的单室砖室墓，平面呈"凸"字形，墓壁有模印砖，砖题材有菩萨、供养人、凤鸟、力士、莲花、莲瓣、胡人牵骆驼、兽面等七大类。徐家寨画像砖与平安窑房村画像砖相比，题材图案基本一致。并认为墓葬的年代为北朝晚期至隋唐初期。温玉成的《"早期佛教初传中国南方之路"质疑》（《四川文物》2000年第2期）一文，认为平安画像砖墓年代为汉献帝时至三国初（200—230年）。柳春诚、江介也的《中国青海湟中画像砖墓的发现及其意义》（《文化史学》第64号（日文），2008年）一文，认为平安窑房村、徐家寨画像砖墓的年代为十六国后半期至北朝时期。

天峻加木格尔滩古城遗址发掘。吴平的《天峻县加木格尔滩古城遗址》（《中国考古学年鉴1996》，文物出版社，1998年）一文，介绍了加木格尔滩古城1996年的发掘情况，经钻探发现西边沿保存一段城墙，城内有3个小区，建筑遗迹主要围绕三个区。1、2号小区为方形，建筑遗迹布局相同，环绕围墙四面有房址遗迹9座，中心部位有主体建筑1处。出土"常乐万亿"等铭文瓦当。初步判断其年代约在南北朝时期。

（二）十六国至南北朝时期遗存的考古研究

青海省砖瓦厂墓研究。孙危的《鲜卑考古学文化研究》（科学出版社，2007年）一书，从用棺特点和鸟形金牌饰判断该墓可能为十六国至北朝时期或吐谷浑统治时期一位鲜卑族高级军事首领的墓葬。

伏俟城和乐都郡城研究。李智信的《青海古城考辨》（西北大学出版社，1995年）一书，据文献资料推测屈真川可能是指青海湖内流河川之一的布哈河。"贺真城"是伏俟城未成为都城时

的旧称，是吐屈真川戍名。推测南凉时期的乐都城正在今大小古城一带，乐都内城应为吕光时或以前修建的乐都郡城，外城是秃发傉檀从西平迁回乐都后，在原郡城外加筑的大城。乐都城被扩大后，内城仍为宫殿区和秃发部族人的居住区，外城是所谓"晋人"即汉人的居所。

西宁虎台性质研究。曾永丰的《西宁虎台遗址浅析》（《青海社会科学》2008年第1期）一文，对西宁虎台遗址的性质进行了分析，否定了虎台是"将台""荒粮堆""墓葬"的说法，认为虎台是南凉时期与军事有关的祭祀场所。

互助泽林村墓葬研究。孙危的《鲜卑考古学文化研究》（科学出版社，2007年）一书，根据双马纹铜牌饰上的马镫的出现，认为互助县丹麻乡泽林村的土洞墓与四世纪中叶以后的秃发鲜卑的活动有关，与后来的南凉政权有着一定的联系。乔梁的《鲜卑遗存的认定与研究》（《中国考古学的跨世纪反思下册》（香港：商务印书馆，1999年）一文，认为出自该墓的小口扁腹壶不见于各地的匈奴遗存，而同辽宁朝阳地区的D组遗存相近，双马纹铜牌饰也是诸鲜卑遗存中的常见器物，因此认为该墓是慕容鲜卑吐谷浑西迁至青海初期的遗存。

六、隋唐吐蕃与宋辽金西夏时期

这一时期发现了较多的墓葬、城址以及与佛教有关的摩崖、塔窟等，主要发掘工作有都兰热水、莫克力墓地、考肖图沟遗址、乌兰大南湾、德令哈夏塔图墓地等，研究工作集中在与都兰吐蕃墓相关的墓葬形制、葬俗、出土丝织品及金银器的研究。夏塔图彩绘棺版画的发现引起了对有关墓主人族属的探讨和多元文化因素的分析，都兰、玉树等地摩崖石刻、造像等有关佛教题材的研究，门源境内唐宋城址研究。

（一）隋唐吐蕃与宋辽金西夏时期遗存的发掘发现

都兰热水吐蕃墓发掘。《都兰吐蕃墓群》（《中

国考古学年鉴1997》，文物出版社，1999年）一文，介绍了都兰吐蕃墓群1996年及其之前的发掘情况，1996年发掘墓葬数十座，连同此前的两次发掘，共清理墓葬60座。这些墓葬均依山面河分布，上覆梯形或圆形封土，墓室分单室、双室和多室几种。葬式多为屈肢葬，另有一定数量的二次扰乱葬；有单人葬、男女合葬、三人葬等。发掘者认为墓葬为吐蕃统治下的吐谷浑人遗存。

都兰莫克里吐蕃墓葬发掘。许新国的《都兰县莫克里沟吐蕃墓葬》[《中国考古学年鉴（1999）》，文物出版社，2001年]一文，介绍了莫克里吐蕃墓葬1998年的发掘情况。共发掘墓葬21座，墓葬均有封土，一般封堆下方均有砾石，砾石下方为墓室，均铺有柏木盖顶。墓室分单室、前后室、前后室墓带侧室等几种。M14保存完整，其1号人骨脑后明显地下垂一辫，头部下方发现玛瑙珠、绿松石珠数粒。判断墓葬为唐代吐蕃统治下的吐谷浑墓葬。

都兰考肖图沟吐蕃时期遗址的发掘。蔡林海的《都兰考肖图沟吐蕃时期遗址》[《中国考古学年鉴（1997）》，文物出版社，1999年]一文，介绍了考肖图遗址1996年的发掘情况。发掘面积2000平方米，揭露塔形建筑1座，覆斗形祭台1座和内外围墙各1周。塔形建筑是一座具有浓厚中亚风格的佛塔。出土古藏文木简、开元通宝、漆甲等遗物。初步断定遗址的年代属于吐蕃时期。

都兰热水吐蕃墓的发掘。北京大学考古文博学院、青海省文物考古研究所编撰的《都兰吐蕃墓》（科学出版社，2005年）一书，详细介绍了1999年热水墓群南岸4座吐蕃贵族墓葬的发掘及研究情况，虽然这些墓葬基本被盗空，但仍残留了一些木版画、金银饰件、皮件、木器件、陶器和织物残片。99DRNM3出土了吐蕃大相墓石，这方墓石标明墓主人的身份是"blon"（论），99DRNM1墓主人据考释可能为757年死于任上的尚论思结桑。

乌兰大南湾遗址发掘。青海省文物考古研究所的《青海乌兰县大南湾遗址试掘简报》（《考古》2002年第12期）一文，介绍了大南湾遗址2000年的发掘情况，共发掘墓葬6座、祭祀遗址2处、房址2座。遗物有陶擦擦、陶环、铜扣、铜带钩、铁铠甲、皮带扣、莲花瓣石础、卜骨等，推测遗址年代最晚可到公元11世纪。

德令哈夏塔图墓地发掘。许新国的《郭里木吐蕃墓葬棺板画研究》（《中国藏学》2005年第1期）一文，简述了郭里木墓葬2002年的发掘情况，发掘墓葬2座，墓葬上方有封土，两座墓葬均为竖穴土坑形制，墓室均为长方形单室，均有长方形斜坡式墓道。其中一座有木椁，另一座无木椁，但用柏木封顶。两座墓葬的棺板均较完整，两座墓内3具木棺的四面均有彩绘。其中棺档头绘有四神、花鸟，棺侧板绘有狩猎图、商旅图，帐居绘有迎宾图和职贡图。推测墓葬年代为唐代吐蕃统治时期。

西宁钰兴花园唐宋墓发掘。陈海清的《钰兴花园古墓葬》（《青海省文物考古研究所2004年报》，内部刊物，2005年）一文，介绍了西宁钰兴花园2004年一座唐宋墓的发掘情况，为单室砖室墓，由墓道、甬道、墓室组成。长方形斜坡墓道位于墓室南侧，墓室北部有一东西向砖砌棺床，棺床上置一具梯形朽棺，人骨凌乱不全。出土陶壶、白瓷碗各一件。推测墓葬年代为唐宋时期。

（二）隋唐吐蕃与宋辽金西夏时期遗存的考古研究

都兰吐蕃墓葬研究。许新国的《吐蕃墓的墓上祭祀建筑问题》（《青海文物》1995年第9期）一文，认为都兰血渭M1下部封堆系人工堆积，推测上部封堆遗迹为墓上建筑，即文献中记载的供殿、享堂和祠祭之所。许新国的《吐蕃丧葬殉牲习俗研究》（《青海考古五十年论文集》，青海人民出版社，1999年）一文，认为在吐蕃丧葬仪轨中，献祭动物即殉牲习俗占有重要地位，反映了吐蕃时代的苯教特色和民族风格。吐蕃丧葬殉牲习俗主要来源于羌—西戎系统和匈奴—东胡鲜卑系统的民族，是在民族迁徙、交往和融合的过程中逐步形成的。许新国的《中国青海省都兰吐蕃墓群的发现、发掘与研究》（《西陲之地与东西方文明》，北京燕山出版社，2006年）一文，记述了1982—1999年都兰吐蕃墓葬的调查、发掘的经过，重点介绍了热水血渭M1的发掘情况。总结归纳了吐蕃墓葬的墓葬形制、埋葬习俗和随葬品及其包含的东西方多元文化因素，对墓葬的年代、族属、丝织品的来源及制作特点、都兰吐蕃墓葬在汉藏关系及其在丝绸之路研究中的重要地位进行了阐述。

都兰丝织品研究。许新国的《都兰吐蕃墓出土含绶鸟织锦研究》（《中国藏学》1996年第1期）一文，将都兰出土的含绶鸟织锦分为粟特织锦和波斯织锦并进行阐述，认为两类含绶鸟织锦的织造方法都属于中亚或西亚的西方系统，即广义的"萨珊式"系统。含绶鸟图案象征着帝王的神格化、王权神授，或者说帝王作为神再生不死的观念。许新国的《青海都兰吐蕃墓出土太阳神图案织锦考》（《中国藏学》1997年第3期）一文，认为都兰一号大墓封堆2号陪葬墓出土太阳神织锦按图案的不同可分为三个类型。三件太阳神织锦虽然图案有别，主题却一致，年代接近，相当于6世纪末前后。都兰太阳神织锦里作为主题的乘坐在马车上的人物应是帝王的象征，除了包含古印度因素与波斯因素以外，也有希腊文化因素。都兰所出的两种太阳神织锦图案是中国内地制作的、具有中国特色的图像。许新国的《吐蕃墓出土蜀锦与青海丝绸之路》（《藏学学刊》2007年第1期）一文，将都兰出土丝织品中的蜀锦，按时代先后选取若干有代表性的标本，逐件加以分析和论定，并结合文献资料，对我国古代以益州为起点经青海省柴达木盆地，西入鄯善、且末的交通路线进行综合探讨。

都兰吐蕃金银器研究。许新国的《都兰吐蕃墓中镀金银器属粟特系统的推定》（《中国藏学》1994年第4期）一文，认为都兰金银器鹿形饰片、镈饰片、带饰、忍冬花形饰片及残损木祭器上的镀金银饰片等，均系整片金银片制成，普遍使用锤揲技法作为金属成型的主要手段。器物表面为全部或局部镀金，绝大部分器物以镂空形式表现纹饰的浮雕效果。锤揲和阴线浅刻并用在都兰都较为常见。霍巍的《吐蕃系统金银器研究》（《考古学报》2009年第1期）一文，总结了吐蕃系统金银器的特点与风格和制作工艺，探讨了吐蕃金银器与周边地区的交流，认为吐蕃金银器从造型、纹饰、制作工艺等诸多方面都具有很高的成就，吐蕃已成为当时东亚地区一个重要的金银器生产制作中心。初步判定其流行的年代主要为吐蕃王朝兴起和强盛于青藏高原时期，即公元7—9世纪中叶。

德令哈夏塔图墓地彩绘棺板画研究。《中国国家地理》（《青海专辑·下辑》2006年第3辑）收录的一组文章，介绍了青海吐蕃棺版画，即程起骏的《棺板彩画：吐谷浑人的社会图景》，罗世平的《棺板彩画：吐蕃人的生活画卷》，林梅村的《棺板彩画：苏毗人的风俗图卷》，关于彩绘人物的族属问题有"吐谷浑说""吐蕃说""苏毗说""吐蕃占领下的吐谷浑说"等不同的观点。霍巍的《青海出土吐蕃木棺板画的初步观察与研究》（《西藏研究》2007年第2期）一文，认为这批木棺板画所反映的不是一般所谓"社会生活场景"，而是流行于吐蕃本土的苯教丧葬仪轨影响到吐蕃所征服和占领地区的直观反映。墓葬主人的族源应为北方鲜卑系统的吐谷浑人，但其在受到吐蕃文化影响的同时，还受到来自中原与西域文化的影响，反映了青海吐蕃文化的多元因素。霍巍的《西域风格与唐风染化中古时期吐蕃与粟特人的棺板装饰传统试析》（《敦煌学刊》2007年第1期）一文，通过对粟特人墓葬和吐蕃墓葬棺椁上的装饰图像的比较分析，认为这些图像既可以看到两者所保存的某些西域共同文化传统，也可以观察到北朝隋唐时期通过西北"丝绸之路"中原汉文化对其所产生的染化影响，在一定程度上也反映出吐蕃与粟特之间的交往联系。全涛的《木棺装饰传统——中世纪早期鲜卑文化的一个要素》（《藏学学刊第 3 辑》，四川大学出版社，2007 年）一文，认为郭里木出土的木棺版画的传统应当源自北魏鲜卑族。吴晓燕的《青海海西州棺板彩绘的初步研究》（中央民族大学硕士学位论文，2010 年）一文，认为这批棺板彩绘是鲜卑、羌、吐蕃、西方及中原文化的多元文化因素，是这一地区在东西方文化、多民族文化中碰撞、交融、整合的产物，在一定程度上反映了该地区在吐蕃统治时期内多民族共存的社会现象。

海西地区唐代墓葬中的树木年轮研究。邵雪梅等的《柴达木盆地东北部 3500 年树轮定年年表的初步建立》（《第四纪研究》2007 年第 4 期）、王树芝等的《都兰吐蕃三号墓的精确年代——利用树轮年代学研究方法》（《文物科技研究》，科学出版社，2007 年）及王树芝的《跨度为 2332 年的考古树轮年表的建立与夏塔图墓葬定年》（《考古》2008 年第 2 期）等文，通过采集海西地区祁连圆柏的现生树种及古墓葬中的树木年轮，运用交叉定年技术建立起了柴达木盆地东北部自前 1580 年至今约 3500 年树轮定年表，为海西地区普遍使用的祁连圆柏作为墓葬建筑材料的古墓葬的科学定年树立了标尺，并确定了一批墓葬的准确年代或年代上限。肖永明的《树木年轮在青海西部地区吐谷浑与吐蕃墓葬研究中的应用》（《青海民族研究》2008 年第 3 期）一文，通过对海西地区几处用树木年轮定年墓葬的分析，认为封土堆中有无梯形石砌边框是区分海西地区吐蕃时期外来吐蕃人与被征服的吐谷浑人墓葬的重要标志。

唐宋时期城址的研究。李智信的《祁连门源境内的古城考辨》（《青海考古五十年论文集》，青海人民出版社，1999 年）一文，认为门源县金巴台古城可能为吐蕃新城，即 738 年所置的威戎军故城。在祁连、门源境内发现的十八公里古三角城、沙金城、门源古城、克图古城建制相同，应该是宋代震武军及其所辖的城堡。张生寅的《北宋震武军城位置考辨——兼谈门源县境内几座古城的始筑年代》（《青海社会科学》2009 年第 1 期）一文，认为北宋震武军城为今甘肃省永登县境内水磨沟口的连城古城，而非今青海省门源县境内的克图古城，并进一步推测克图古城等门源县境内的四座古城为唐开元、天宝年间唐蕃对峙时期所筑。李智信的《青唐城小议》（《青海民族学院学报》2007 年第 1 期）一文，认为唃厮啰宫城建在今西宁文庙和大佛寺之间的可能性极大，现在西宁的南北大街应该是当时宫城内的中轴大道，在这条大道上建有谯楼、中门、议门、大殿等建筑，并详细分析列举了这些建筑现今的对应位置。

露斯沟摩崖石刻研究。许新国的《露斯沟摩崖石刻图像考》（《青海社会科学》1994 年第 2 期）一文，简述了露斯沟摩崖石刻图像，在都兰县热水乡察汗乌斯河南岸、露斯沟南侧高 5 米处的崖面上有一组摩崖石刻，包括有用浮雕技法制作的马的形象、一组在石崖壁上用阴线刻的坐佛和一组用阴线刻的立佛形象。认为属于三佛，将年代定在公元 5 世纪至 6 世纪上半叶。日本学者前园实智雄的《中国青海乌兰的佛塔——希里沟瞭望台》（《学习考古Ⅲ》2007 年 7 月 10 日）一文，认为三尊坐佛可能是密教系造像，是公元 663 年吐蕃占领吐谷浑以后的作品。

玉树地区唐代佛教摩崖石刻研究。汤惠生的《青海玉树地区唐代佛教摩崖考述》（《中国藏学》1998 年第 1 期）一文，对玉树勒巴沟口的"文成公主礼佛图"和"三转法轮图"两组石刻进行了研究，认为从技术和造像风格以及风蚀程度来看为同期作品，这两组石刻或为文成公主驻跸此地时命人所刻，或为文成公主途经此地之后，人们勒石以志。贝纳沟大日如来和八大菩萨浮雕造像基本造型仍带有明显的唐代或吐蕃早期风格。根据题记内容判断贝纳沟大日如来和八大菩萨造像可能与赤松德赞大力弘扬佛法有关，题记可能暗示着石刻与汉藏往来有关。汤惠生的《青海玉树勒巴沟地点2发现的吐蕃初期的佛教摩崖》（《中国边疆考古学术讨论会论文摘要》，2005年）一文，认为青海玉树的勒巴沟沟口（地点1）松赞干布礼佛图摩崖年代为8世纪末；大日如来及八大菩萨造像年代为公元9世纪初。在这两处早期佛教石刻之间，距勒巴沟口不远，还分布着一些吐蕃初期的佛教摩崖，内容包括大日如来及其两弟子、佛塔、飞天、金刚力士等，并将其称为勒巴沟地点2，地点2的制作年代应介于地点1和文成公主庙间。桑德布金的《玉树地区吐蕃时期摩崖石刻考述》（中央民族大学硕士学位论文，2008年）一文，认为玉树摩崖石刻是公元9世纪吐蕃赞普赤德松赞时期由比丘僧大译师益西央等奉赞普之命主持雕刻的，玉树摩崖石刻中贝库的大日如来摩崖石刻造像是形成藏族自己的艺术风格的端倪和标志，而勒库的大日如来佛和供养人摩崖石刻造像、十方佛和众有情摩崖石刻造像等，在风格上也明显属于吐蕃时期。

川青藏交界地区藏传摩崖石刻研究。谢继胜的《川青藏交界地区藏传摩崖石刻造像与题记分析——兼论吐蕃时期大日如来与八大菩萨造像渊源》（《中国藏学》2009年第1期）一文，对川藏青藏交界地带现今公布的9世纪前后吐蕃时期的摩崖造像及其古藏文题记内容进行了系统的著录考释，并就各处造像之间在构图、题材、图像特征之间的联系进行了分析，重点探讨了这一区域大日如来与八大菩萨造像的风格来源及其与敦煌、藏区西部同类图像的关系。

门源岗龙石窟研究。许新国的《青海门源岗龙石窟的年代与族属》（《青海民族大学学报》2010年第4期）一文对岗龙石窟进行了研究，通过实地考察，并与周边地区出土的唐卡、擦擦、青砖佛雕像等佛教文物进行对比研究，认为岗龙石窟是12世纪末至13世纪初期西夏人刻造的。

宋代瓷器、服饰研究。李智信的《浅谈青海宋代时期瓷器的文化归属》（《青海考古五十年论文集》，青海人民出版社，1999年）一文，对互助、湟中、大通县等地征集的一些宋代瓷器进行了观察分析，将其与西夏灵武窑出土瓷器进行比较，结合历史背景资料将这些瓷器分为三类：一类是宋代瓷器和受宋文化影响较深的瓷器；一类是西夏瓷器或受西夏文化影响较深的瓷器；一类是以多耳器为代表的具有土著风格的唃厮啰瓷器。赵丰等的《论青海阿拉尔出土的两件锦袍》（《文物》2008年第8期）一文，对海西阿拉尔盆地1951年发现的一座墓内出土的两件织绣服饰进行了研究。一件为盘雕纹锦袍，一件为对羊孔雀纹锦袍。两件锦袍均为交领右衽缺胯袍，属于胡服的一种。其结构沿用唐代以来的标准斜纹纬重组织，其尺寸更接近西域织锦的规格，其图案融合了11—12世纪流行于西伊斯兰地区的波斯、阿拉伯、拜占庭风格。该墓的年代推断为北宋至南宋绍兴年间。

七、元明清时期

这一时期的田野考古发掘工作主要是西宁周边明代家族墓的发掘和明长城资源调查，围绕新出土明代墓志进行了西宁卫名人家谱及土司制度的研究，明长城资源调查促进了西宁卫周边长城的研究，乐都西来寺壁画及瞿昙寺壁画的基础资料陆续发表后引起广泛关注和研究。

（一）元明清时期遗存的发掘发现

西宁南郊明墓发掘。胡晓军等的《西宁市南郊明墓清理简报》（《青海文物》1994 年第 8 期）一文，介绍了西宁市南郊明墓 1994 年的清理情况，共清理了 3 座明代墓葬。其中 M3 墓室保存相对较好，长方形的墓室，墓道位于墓室北侧。据 M1 和 M3 墓志了解到，M3 墓主人为陈辅，M1 墓主人陈三畏系陈辅长子。陈三畏始"以昭勇将军嗣职"，并"委署本卫（西宁卫）经历司篆"，31 岁英年病逝。卢耀光的《陈土司世系考辨》（《青海文物》1994 年第 8 期）一文，据墓志考证陈氏家世源流，认为《西宁府新志》记载有误。陈子名不可能被封为西宁卫第一家土司，也不会是第一代陈土司，陈土司第一代应为陈义。陈辅、陈三畏均为一代土司，在以往史志及论著中的陈畏应为陈三畏。

西宁嘉荣华张氏家族墓发掘与研究。刘宝山、崔永红的《明代西宁名门张氏孺人墓碑考释》（《青海社会科学》2005 年第 6 期）一文，考释了嘉荣华张氏家族墓地采集的明张母孺人杨氏墓表。据残存碑文和地方志考证，这通碑是由当时在四川邻水县任主簿的西宁人张芝为其母杨氏而立，以表彰其善于相夫教子之美德。卢宗义、徐兴莹的《张问仁墓志铭考释》（《青海社会科学》2007 年第 1 期）一文，介绍了嘉荣华张氏家族墓地发掘出土的 M11 墓志，并考证为明朝张问仁的墓志铭，墓志叙述了其生平事迹即仕宦生涯、儒学修养、文学素养及社会关系，张氏家族的渊源和世系等。王倩倩、孙小妹的《西宁市嘉荣华明清张氏墓群》[《中国考古学年鉴（2005）》，文物出版社，2007 年] 一文，介绍了西宁嘉荣华张氏家族墓 2005 年的发掘情况。共发掘了 11 座墓葬，其中有 10 座土洞墓。墓室平面一般为圆角长方形。墓葬多东西向排列，墓道位于墓室东侧，仅 M7 为南北向，墓道位于墓室北侧。自该墓地采集和出土了数通墓志。墓地年代为明清时期。王倩倩的《张母赵太宜人墓志铭考略》（《互助土族》2010 年夏季号）一文，据

明代张母赵太宜人墓志铭碑文考证，墓主人为张莱的妻子，即张问仁之母。并对墓志特点和反映的门第观念进行了分析总结。

（二）元明清时期遗存的考古研究

柴达木盆地出土的元钞研究。叶玉梅的《元代青藏麝香之路上的纸币——青海柴达木盆地出土的元钞》（《青海民族研究》1994 年第 2 期）一文，简述了 1955 年在青海柴达木盆地格尔木农场发现元代纸钞的情况，认为西宁经日月山到柴达木为丝绸之路的一条南路支线，南接西藏，是汉地进入西藏蕃地的重要途径——麝香之路，并分析了元代流行印钞而缺少铸钱的原因。叶玉梅的《试析青海柴达木盆地出土的元"钞"》（《青海社会科学》1994 年第 6 期）一文，介绍了柴达木盆地出土的元"钞"，探讨了元钞由产生经发展到衰落以致最后停用的历史，认为国家纸币的发行要与政治经济形势和生产商品流通需要相适应，既不能一味紧缩，阻碍经济事业的发展，也不能盲目滥发，影响国民经济的稳定。

乐都瞿昙寺壁画研究。叶玉梅的《青海瞿昙寺壁画的风格特点和艺术成就》（《攀登》2008 年第 4 期）一文，概述了瞿昙寺壁画的主要内容，对壁画中常见的绘制手法及其装饰纹样进行了总结归纳，分析了瞿昙寺壁画的风格特点及其艺术成就。谢继胜、廖旸的《青海乐都瞿昙寺瞿昙殿壁画内容辨识》（《中国藏学》2006 年第 2 期）一文，对瞿昙殿的壁画内容进行了描述和辨识，认为瞿昙殿是青海乐都瞿昙寺中最早建造的佛殿，建成于明洪武二十四年（1391），其建筑为设置礼佛道的早期样式，西北地区很多明代前期寺院的形制及壁画内容都仿照瞿昙殿。谢继胜、廖旸的《青海乐都瞿昙寺宝光殿与隆国殿壁画内容辨识》（《美术研究》2006 年第 3 期）一文，对瞿昙寺宝光殿与隆国殿壁画内容进行了辨识和描述。谢继胜、廖旸的《瞿昙寺

回廊佛传壁画内容辨识与风格分析》(《故宫博物院院刊》2006 年第 3 期)一文,考察了瞿昙寺建寺史实,首次完整辨识瞿昙寺回廊佛传壁画的内容,复原了不同时期壁画的次序,并就壁画风格进行了分析。余玉龙的《瞿昙寺壁画及保护初探》(《中国文物科学研究》2007 年第 3 期)一文,认为瞿昙寺壁画的艺术风格受青藏地区热贡艺术的影响,针对壁画现存的环境问题进行了分析并提出保护建议。

乐都西来寺水陆画研究。白万荣的《青海乐都西来寺明水陆画析》(《文物》1993 年第 10 期)一文,对乐都西来寺建寺作画的年代及相关人物进行了考证,介绍了 24 幅明代绢质水陆画中的 4 幅。许新国、白万荣的《青海乐都西来寺明代水陆画初探》(《青海考古五十年论文集》,青海人民出版社,1999 年)一文,认为西来寺明代水陆画也是佛教艺术处于衰微时期的产物,因此也不可避免地带有这一历史时期的现实特点。图式化、概念化、类型化极为明显,神的形象已完全人间化、世俗化。邓玉秀的《西来寺的明代水陆画菩萨天王赴会图》(《中国土族》2007 年夏季号)一文,介绍了乐都西来寺水陆画的第十幅图内容,认为是一幅《菩萨天王赴会图》。

八、通论性或综述性的考古研究

1993—2010 年,一些专著、论文集、期刊及综述性质的论文,辑录不同时期或时间跨度较大的综述性的研究成果。刘杏改编撰的《青海省考古资料汇编(一)1925 年—1979 年》(内部资料,1996 年)一书,收录了 1997 年以前发表的有关青海考古方面的报道、简报、研究论文等 54 篇。青海省政协学习和文史委员会编的《青海考古纪实》(内部资料,1998 年)一书,收录了青海考古工作者亲历的考古调查、发掘及古建维修项目等考古纪实 47 篇。青海省文化厅、青海省文物考古研究所编撰的《青海考古五十年文集》(青海人民出版社,1999 年)一书,摘录了原载

于《青海考古学会会刊》和《青海文物》的 36 篇研究论文。任晓燕的《浅论青海原始乐舞艺术》(《青海社会科学》2001 年第 2 期)一文,认为考古中发现的石镰、石刀等在当时可兼作敲击乐器,空心的木头和竹筒有可能是最早的打击乐器,推测青海宗日遗址两音孔陶埙的出现表明了五声音阶早在这时期已形成,卡约文化四个音孔陶埙的出现证实了七声音阶已被卡约人所掌握。马兰的《青海文物精品图集》(中国文联出版社,1999 年)一书,以图录形式介绍了青海不同时期的精品文物,图文并茂,通俗易懂。汤惠生的《青藏高原古代文明》(三秦出版社,2003 年)一书,收录了汤惠生有关青海考古不同时期的研究论文 19 篇。许新国的《西陲之地与东西方文明》(北京燕山出版社,2006 年)一书,收录许新国有关青海考古不同时期的研究论文 37 篇。青海省文物处主办的《青海文物》(内部期刊)创刊于 1988 年,至 1999 年停刊,共编印 11 期。青海省文物考古研究所编的《青海省文物考古研究所 2004 年报》(内部资料,2005 年)一书,介绍了青海省文物考古研究所 2004 年的 15 项田野发掘成果及其他考古工作内容。高志伟的《青海地区古代农业的起源与发展》(《青海民族研究》2005 年第 3 期)一文,认为青海地区农业起源可追溯到 6000 年前,中国历代王朝及青海地方官员都先后采用"戍边屯田"、"移民屯田"、交流引进、教民农桑、引进先进的生产工具和农耕技术、兴修农田水利等促进措施,推动农业生产不断进步。高志伟的《青海地区青铜器的成分分析及来源》(《华夏考古》2007 年第 2 期)一文,汇总了青海地区史前及各历史时期出土铜器的金属成分检测结果,通过对比分析认为,贵南尕马台墓葬出土的铜镜及上孙家寨乙 M1、M6 出土的部分铜镜可能来自中原地区。上孙家寨铜镜残片及吐蕃墓出土的铜器属富锡铜,可能与青海地区锡矿较多有关。

第二节　文物普查专题性调查及古建筑保护研究

新中国成立以来，先后进行过三次全国性的文物普查。第一次始于1956年，以后有陆续的调查和发现；第二次于1981年启动，主要调查工作自1984年开始实施；第三次是2007—2011年。

一、青海省全国文物普查成果

国家文物局主编、青海省文化厅编制的《中国文物地图集·青海分册》（中国地图出版社，1996年）一书，以图文对照的形式详细介绍了1984—1994年青海省第二次全国文物普查的成果，共收录不可移动文物3716处。青海省第三次全国文物普查共登记文物点6411处，其中新发现2416处，复查3995处。经调查确认由于基本建设等原因有370处文物点消失。普查登记的6411处文物可分为六大类，其中古遗址3788处，古墓葬967处，古建筑819处，近现代重要史迹及代表性建筑524处，石窟寺及石刻99处，其他文物点214处。

二、岩画调查与研究

岩画调查。 2007—2011年第三次全国文物普查青海省共发现岩画地点35处，这些岩画多分布于环青海湖周边、柴达木盆地边缘山麓河谷地带、长江上游流域的青南地区，黄河谷地的贵德及官厅盆地也有零星的发现。

青海岩画的综合研究。 汤惠生、张文华的《青海岩画》（科学出版社，2001年）一书，详细介绍了青海地区的13处岩画，并运用二元对立理论对岩画中的各种图形因素的文化原型及其意义进行了考证和分析，运用综合分析法和微腐蚀断代法对岩画进行了断代分析，涉及的范围不仅包括史前艺术和史前考古，还包括整个原始文化，是一部系统介绍和研究青海岩画的著作。

青海岩画的分期、文化内涵及文化因素分析与研究。 汤惠生、张文华的《青海岩画》（科学出版社，2001年）一书，运用考古学、民族学、宗教学和文献学等资料进行综合比较，将青藏高原岩画分为四期，其中青海地区的岩画分为三期。第一期，前1000年至前500年，以敲凿法（即垂直打击法）制成；第二期，公元前后，以阴线轮廓法制成；第三期，7—9世纪，多以磨画法制成。1997年以微腐蚀断代法测定青海岩画，选择了青海省境内的野牛沟、卢山和天棚等3处岩画点进行测定，最后得出的结论是野牛沟岩画距今约3200年，卢山岩画距今约2000年，天棚岩画距今约2300年。运用二元对立思维的方法及萨满文化分析和解释了蹲踞式人形、牛、人骑马、羊、骑猎图、兽搏图、鹰、男女交媾图、象、X射线风格的动物等岩画的意义，认为青藏高原的鹿、车、虎等形象是来自北方草原的文化因素。舍布齐岩画中的骑猎图中骑猎者腰间佩带长形的、其一端饰以球形物的武器，为"缒杖"，是中亚乃至欧亚草原地区游牧部落武士和猎人的标志，在中亚地区及我国北方草原岩画中非常流行，这种缒杖除舍布齐岩画外，尚见于野牛沟、卢山等岩画地点。张亚莎的《西藏的岩画》（青海人民出版社，2006年）一书，认为"牦牛、猎牧、雍仲（卍字符号）"是青藏岩画的三个基本特征，中国西部相当大的一片地区的岩画都可以被归入青藏高原牦牛岩画类型，其分布范围及分布特征可概括为"五大区域""三大中心"。龚田夫、张亚莎的《中国岩画的文化坐标》（《黑龙江民族丛刊》2006年第1期）一文，认为除黑龙江外，在北方岩画体系中，又可分为东、西两个岩画带，即内蒙古—宁夏岩画带和甘肃—青海—新疆—西藏岩画带。甘肃—青海—新疆—西藏岩画带以甘肃和青海为核心，向东辐射到宁夏中部偏西一带，向南辐射到西藏，向西辐射到新疆东南部，形成自东向西和自北向南发展的、十字交叉的两大岩画文化带。

三、明长城调查与研究

明长城遗存调查。 2006—2009 年国家文物局组织进行了全国范围的长城调查工作，2007 年青海省加入全国长城资源调查范围，组建了由以青海省文物考古研究所为主体、联合青海省测绘局及州县文博单位的调查队伍开展调查工作，2009 年田野调查工作基本结束。经调查，青海省明长城本体主线范围在乐都县、互助县、大通县、湟中县、湟源县。除主线外，在民和县、门源县、化隆县、贵德县、互助县、大通县、湟中县及乐都县，还有长短不一的墙体及壕堑。青海明长城主线全长 331.83 千米，其他墙体及壕堑 31.61 千米，合计 363.44 千米；还有敌台 10 座、烽火台 116 座、关 4 座、堡 46 座、相关遗存 5 处。

明长城相关研究。 陈荣的《大通境内的明长城考释》（《青海民族研究》2002 年第 3 期）一文，介绍了大通县内长城主体的布局走向、构筑种类、长度、修建年代、附属建筑的类型数量等，结合文献考证了其名称称谓和具体位置，认为大通境内明长城的建筑年代、分布地点、布局、构筑方式等都与文献记载基本相符。闫璘的《明代西宁卫最早的长城——门源县境内明代长城》（《中国长城博物馆》2009 年第 2 期）一文，通过文献记载和实地考察，论证了门源县的长城可能修建于明弘治四年（1491），是明代西宁卫修筑时间最早的长城。后来，此段长城沦为东蒙古部落和西海蒙古的游牧地区而废弃。闫璘的《大通县境内明代烽火台考释》（《青海社会科学》2009 年第 3 期）一文，以大通县和平安县明代 13 处烽火台为例，将大通县明代烽火台按

功能及布局特点分为随墙烽火台、峡榨烽火台、堡寨烽火台三种类型，并论证了其建筑形制、功能等。闫璘的《平安县境内的明代烽火台考释》（《青海民族大学学报》2010 年第 2 期）一文，将平安县明代烽火台按功能及布局特点分为驿路烽火台、民屯堡寨烽火台、军堡烽火台三种类型，论证了平安县明代烽火台的类型，建筑形制、烽火台的功能等。闫璘的《青海发现明代修筑长城题记考辨》（《丝绸之路》2010 年第 22 期）一文，介绍了湟中县上新庄镇上新庄村南的贵德峡内石壁上发现的一处修筑长城墨书题记，认为题记的年代应是隆庆六年（1572）。从题记可以看出，青海明代长城构筑的管理方式为分段承包，各负其责。由西宁卫驻牧民族分段修筑，附近的各民族都曾参与修筑。

四、古建筑保护研究

塔尔寺、瞿昙寺、隆务寺保护与修缮。 姜怀英、刘占俊的《青海塔尔寺修缮工程报告》（文物出版社，1996 年）一书，介绍了塔尔寺主要建筑的形制与结构及其修造年代，以及维修项目的维修方案、维修过程等。彭启胜的《青海寺庙塔窟》（青海人民出版社，1998 年）一书，以县域为单元介绍了青海各县市现存的寺庙塔窟，详细记述了各建筑单元的历史沿革、相关宗教人物、布局结构、建筑风格、装饰艺术等。张君奇的《青海古建筑论谈》（青海人民出版社，2002 年）一书，收录了作者有关青海古建研究、设计的相关论文 28 篇，内容涉及与古建相关的风水、建筑风格、装饰艺术、调查维修报告、仿古建筑设计方案等。张君奇的《青海古建筑设计制图》（银河出版社，2006 年）一书，收录了作者通过 CAD 制作的青海地区古建筑制图 72 幅，内容包括塔尔寺、瞿昙寺、隆务寺等青海著名古建和民居的平面、立面、侧立面、横剖面等实测图，以及具有地方特色的斗拱、门窗、吻兽、宝顶、柱头等常见建筑构件

图。张君奇的《河湟民族文化丛书——河湟古建筑艺术》（青海人民出版社，2010 年）一书，收录了作者有关青海河湟地区古建研究、设计的相关论文 16 篇。内容涉及与古建相关的风水、建筑风格、装饰艺术、调查维修报告、仿古建筑设计方案等。

第十五章　文学研究

20 世纪 90 年代以来，随着西部开发战略的实施和文艺政策的落实，青海省文艺界在创作和研究两个方面发生了较大变化。西部文学开始引起国内文坛的注意，青海作家作品特别是青海诗歌和青海少数民族创作日益受到重视。青海学者在研究国内外作家作品的同时，开始重视和推介本土作家创作，在学术界发出了自己的声音。以作家作品为研究对象的国家社科基金项目开始获批立项，青海民族民间文学研究成为这一阶段全省文学研究的重要方向。

在这一重要变化过程中，青海文学的研究工作开始步入稳定发展的时期。文学研究的对象和范围、理论和方法不断扩大，文学与人类学、文化学、民间文艺学和美学等多学科交叉研究现象较为突出，从中国文学到外国文学，从古代文学到现当代文学，从作家文学到民间文学，研究领域不断拓展。诸子散文、建安文学、《诗经》研究、《红楼梦》研究、左翼作家研究、昌耀诗歌研究、昆仑神话研究、《格萨尔》史诗研究和青海"花儿"研究不断深化。学科队伍持续壮大，高学历研究人才不断涌现，研究成果明显增多。据不完全统计，1993—2010 年，青海文学研究的专著有 20 多部，公开发表论文 1000 余篇，获批国家和省级社科基金项目有 13 项。研究成果数量增多的同时，质量也不断提升，出版了《老子聿新》《文心雕龙注译》《青海新文学史论》《土族文学史》《昆仑神话》《青海花儿大典》《〈格萨尔〉史诗概论》等高水平研究专著，发表和完成了《唐人〈赵志集〉初议》《甄真贾假〈红楼梦〉》《革命、青春与文学的先锋叙事——中国现代左翼知识分子文化性格论》《高原之魂的哭泣与诉说——对昌耀诗歌话语方式的阐释》《重压下的行动哲学——从〈五万元〉中杰克的形象看海明威笔下的硬汉性格》《审美感觉论》《论"虎齿豹尾"的西王母》《论河湟皮影戏展演中的口头程式》《西北花儿的研究保护与学界的学术责任》等多篇具有一定影响力的研究论文。这些研究成果涵盖了中国古代文学研究、中国现当代文学研究、文艺学研究、外国文学研究、青海民族民间文学研究等五个门类，提出了一系列具有理论价值和认知价值的学术观点，丰富了文学研究的内涵，也对青海作家诗人的创作具有重要的启示意义。

第一节　中国古代文学研究

随着"国学热"的兴起和学术界关注目光的调整，挖掘《老子》和《诗经》的学术价值，评价建安文学的创作实绩，探讨山水田园诗和元曲的艺术特征，关注"红学"及其相关学术话语成为这一时期中国古代文学研究的主要方向和领域。这方面的研究者大多集中在省内高等院校，大批学术论文在专业期刊上发表。

一、先秦文学研究

1993—2010 年，青海学者重点对诸子散文、《诗经》和楚辞进行了比较系统的研究。

诸子散文研究。左克厚的《大学中庸导读》（广东高等教育出版社，2002 年）一书，系统分析了《大学》《中庸》的内涵要义，认为传统文化经典有着一般教材不可企及的优势，学习者不仅可以从中得到全面的知识素养（包括文、史、哲知识及一个民族最核心、最本质的文化信仰），而且还在潜移默化中养成醇厚的道德人格，文化经典往往就是古代圣贤人物的嘉言懿行，读《大学》《中庸》实际上就是直接跟孔子、孟子这样的圣人学习；与此同时，现在的中学语文教材增加了古文的分量，这应该是语文教育界的有识之举。安海民的《老子聿新》（青海人民出版社，2005 年）一书，运用历史语言学、阐释学、校勘学等学科的知识和方法，探讨了老子的生平思想、精神志趣，认为老子的思想是"大"的思想，其境界是"大"的境界，"道"是老子哲学的个性化术语，也是一中心观念、中心范畴与基石；"老子今释与探赜"部分，从文章本意角度、以老子证老子之方法，对老子八十二章五千字进行了新的解读与阐释，既有宏观的探讨，又有微观的剖析，在老子研究上钩沉索引，通幽洞微，具有显明的创新意义。安海民的《望月斋文墨》（青海人民出版社，2006 年）一书分为上、下

编，编辑了作者近十年来的学术论文和文学艺术方面的评论文章 30 余篇。上编学术论文对汉魏乐府诗和陆机诗歌进行了研究，同时以《离骚讲绎录》《两都赋笺释》《汉赋渊源评义》《汉赋特质论略》等为研究论题，对魏晋南北朝文学进行了专题研究。下编辑录了多篇评论文章，对梅卓散文诗、《土族文学史》《站在高原能看多远》等本土作家学者的作品和论著进行了评说。左克厚的《孟子"鱼我所欲也"解析》（《文史知识》2006 年第 9 期）一文，对诸子散文做了新的解读。李措吉的《幽玄与暗示——先秦诸子散文的言说方式及其哲学背景探微》（《青海师范大学学报》2008 年第 4 期）一文，认为在众多的哲学理念中，关注"幽玄意识"应该是诸子经典文本解读中一个可能的向度。安海民的《〈老子〉一书言"大"字意及其他》（《天水行政学院学报》2008 年第 6 期）一文，认为《老子》有一独立自主的文化精神蕴乎其中，正是这种主体性拓展、丰富和提升了人的精神生命和思想生命，使得"道大、天大、地大、人亦大"。安海民的《从历史语言学的角度解读〈老子〉》（《青海民族学院学报》2009 年第 1 期）一文，从历史语言学的角度对《老子》进行了尝试性的解读。安海民的《先秦文学与汉赋渊源》（《青海师范大学学报》2009 年第 2 期）一文，认为从文体本身所蕴含的内容与表现形式考察，《诗经》及其诗教的美刺原则影响着汉赋的创作情绪，而汉赋的表现形式、艺术风格则源于《楚辞》及战国诸子文章。安海民的《〈老子〉独立自主精神的文化阐释》（《青海民族大学学报》2010 年第 1 期）一文，运用文化学、阐释学、训诂学的方法对《老子》所蕴含的独立自主精神进行了阐释。安海民的《老子"上善若水"解》（《青海师范大

学学报》2010 年第 2 期）一文，提出圣人应师法水德，"居善地，心善渊，与善仁，言善信，政善治，事善能，动善时"，以成就上德者之人格。

《诗经》和楚辞研究。 纳秀艳的《最难消遣是黄昏——〈君子于役〉黄昏意象的美学意蕴及其意义》（《青海师范大学学报》2001 年第 4 期）一文，认为《诗经·君子于役》一诗的作者巧妙地选取黄昏意象入诗，使之具有了独特的艺术魅力，自此以后，中国许多文人士大夫借黄昏意象表达他们失意哀怨、凄婉的情感。蒲生华的《中国古代女性主角恋情诗中的壮美审视》（《青海民族大学学报》2003 年第 2 期）一文，认为直率美和悲剧美交织互补共同构成了《诗经》恋情诗中的壮美。蒲生华的《尚玉意识在〈诗经·国风〉中的表现方式》（《青海社会科学》2004 年第 1 期）一文，认为饰物、信物和美洁物的喻体是尚玉意识在《诗经·国风》中的三种表现形式。纳秀艳的《从文化语境的角度审视〈诗经·陈风〉情诗的内涵》（《青海师范大学学报》2007 年第 2 期）一文，以《陈风》为例，从历史文化语境的角度窥其情诗的巫风文化内涵及其婚恋诗的特质。蒲生华的《〈诗经〉中的"薪"在先秦抢婚风俗中的功能》（《青海师范大学学报》2008 年第 3 期）一文，认为《诗经》中的"薪"大多出现在歌咏婚恋内容的诗歌或诗句中，"薪"也是先秦婚俗中的一件重要物象。"薪"之所以成为先秦婚俗什物，主要表现在抢婚中的照明功能、攻防功能和马料功能等三个方面。纳秀艳的《〈诗经〉战争诗的美学特质》（《青海师范大学学报》2009 年第 1 期）一文，认为《诗经》305 篇长于家居生活的描写及日常情感的反映，而其中纯粹的战争诗，虽然篇幅极少，但作为我国战争文学的源头，战争诗艺术地展现了周人军事生活的历史画卷，呈现出独具特色的美学风格。李措吉的《太阳诗人的精神寻根——楚辞

中的日神意象及其人类学解读》（《青海民族研究》2010 年第 3 期）一文，提出日神崇拜是原始时代世界各民族较为普遍的图腾崇拜，楚民族就是一个崇拜太阳的民族，认为屈原不断以"太阳"意象表达着这种寻根意识，以此来确认祖先的神圣与自我的神圣，其中隐含着楚民族在逐步走向强大后重拾民族自尊和重建文化信仰的心理欲求。

二、两汉及魏晋南北朝文学研究

两汉及魏晋南北朝文学时间跨度较大，学者研究视域也较为广泛，研究内容涵盖了汉赋、古代文人诗歌和建安文学。

汉代文学研究。 童凤畅的《古代文人诗歌中的女性现象——比兴与政治价值取向》（《青海社会科学》1994 年第 2 期）一文，认为自《诗经》《楚辞》以来，诗人多用女性形象来比兴，将求女思妇、美人佳丽等寻常人生题材赋予更深刻的社会内容，借以隐喻作者的政治理想或人生遭遇。董家平的《文心雕龙名篇探赜》（青海人民出版社，1997 年）一书，对《文心雕龙》原作进行了古今释义和对译，力求立意新颖，析理透彻，论述周翔。此著的学术价值和意义主要表现为，在前人注释的基础上做了大量的考据查证工作，对一般词语的释义多引有书证，提高了注释的可信度和学术价值。译文用词准确，风格典正，含义周备，受到学界好评。董家平的《文心雕龙注译》（青海人民出版社，2006 年）一书，在《文心雕龙名篇探赜》的基础上对《文心雕龙》进行了系统研究，对刘勰生平、《文心雕龙》的问世背景、撰书过程以及该书的理论体系、书名含义进行了详细的考证，论述了先秦至魏晋涉及的文学问题以及刘勰的文学观、文体论、创作论和批评论。全书的注释翻译，先讲《文心雕龙》的语言文字训诂，次解文义，再明故实，以《文心雕龙》固有的理论体系与理论主张为本，纵横古今中外，联系创作实际，阐明了《文心雕

龙》的精义所在。孙玉冰的《古代诗歌中的节日风情》（《青海师专学报》2008年第1期）一文，认为古诗中的节日诗歌不仅为人们的生活增添了意义和乐趣，同时也显示了古典诗词中的丰富的民俗文化。安海民的《汉赋之特质论略》（《开封教育学院学报》2009年第1期）一文，认为汉赋的特质表现为在题材内容上"品物毕图"，在表达方式上由于丽辞与夸饰等表现手法的大量运用，体现出"蔚似雕画"和"极声貌以穷文"的特点，在结构体制上有序、有正文、有结尾，遣词造句，韵散结合。

魏晋文学研究。李措吉的《放浪形骸之外谨守规矩之中——陶渊明人生样态之现代审视》（《青海民族学院学报》1997年第3期）一文，认为陶渊明以其高超的精神境界、内在的智慧风貌、逸伦卓群的言行风度及其独领风骚的诗文，显示了一种独特的人生样态——本性的自由释放。唐仲山的《论〈搜神记〉中的巫术现象及其他》（《青海民族师专学报》2000年第1期）一文，较早关注到了古代民间传说，提出鲜卑、匈奴、羌人、乌丸、氐等民族的内迁，使得北方大范围形成了民族杂居和融合的局面。董家平的《论曹植的赋》（《青海民族学院学报》2002年第1期）一文，认为曹植的赋关注军国大事，痛伤骨肉相残，叙写人间真情，着墨世间万物，具有较强的现实性，推动了骈俪风尚，提高了抒情技巧，给后代的赋以艺术启迪。董家平的《曹植诗歌之"骨气"析》（《青海师范大学学报》2002年第1期）一文，认为在曹植一生追求理想并屡遭失败的过程中，他面对骨肉相残的现实所表现出的或顺从权势，或抗争灾难，或沉溺痛苦，或超脱尘外，以及任性而行和持性而作等矛盾对立是其诗歌"骨气奇高"特征的具体体现，而形成这个特征的根本原因是他的儒道互补的人格和对风骚传统的继承。董家平的《曹植章表"独冠群才"的精彩与悲哀》（《青海师范大学学报》2003年第1期）一文，认为曹植不但是杰出的诗人，而且是写作章表的方家，他的章表具有立意高远、陈情恳切、理深文赡等特点，并记录着一生的追求与失望，洋溢着一生的才华与情感。纳秀艳的《执著与反叛——阮籍〈咏怀诗〉生命意识探析》（《青海师范大学学报》2003年第6期）一文，认为阮籍生活的时代有其独特性，他的处世思想及政治态度的形成与时代相关。董家平的《气·文士气·曹丕的诗歌》（《青海师范大学学报》2004年第5期）一文，认为曹丕诗歌文士气的形成原因在于他所具有的久经历练、善于权变，文武兼备、以文见长，宽猛相济、恩威并施，尊奉儒学、排斥异端等方面的个性气质，以及他对前代诗歌特别是对李陵诗歌的继承和发展，并受到了建安至黄初这两个时代诗风变迁的影响。李成林的《论三曹乐府诗对两汉民间乐府的继承》（《青海师范大学学报》2006年第4期）一文，探讨了三曹乐府和两汉乐府之间的关系，认为建安时代曹操及其二子曹丕、曹植等两汉文人诗歌创作的低谷而异峰突起，创作了大量文质兼美的乐府诗。

南北朝文学研究。纳秀艳的《论南朝山水诗的形态特征》（《青海师范大学学报》2010年第4期）一文，认为南朝山水诗在中国山水文学发展史上有着十分重要的意义，它开辟了山水诗创作的新领域，奠定了山水诗的文学地位，同时也确立了山水诗以山水为本位、以五言为基本形式的结构模式，从而形成了山水诗清逸明秀、雅丽纯美的艺术特色，对后世山水诗歌产生了深远的影响。耿朝晖的《〈高僧传〉梦的梳理与文学解析》（《青海社会科学》2010年第4期）一文，指出《高僧传》延续了《左传》《史记》以来的"记梦"传统，对梦文化及梦文学的发展起到促进作用。雒海宁、许慧茹的《南北朝及之前的边塞诗》（《青海社会科学》2010年第5期）一文，梳理了边塞诗在南北朝之前的发展历程，分析了这一时期边塞诗的基本内容、风格及对后世边塞诗歌的影响。耿朝晖的《〈高僧传〉关于死亡哲学及美学描述》（《青海师范大学学报》2010年第5期）一文，认为《高僧传》不仅详尽描述了高僧圆寂之诸多情状，这些描述从心理、形式、内容诸多方面美化和神圣化了死亡这一必然现象，也为死亡这一命题的多样化研究提供了有益启示。

三、唐宋文学研究

从研究主题而言，这一时期对唐代文学的关注和研究论文较多，研究对象集中在边塞诗、田园诗和传奇小说方面，有关宋代文学的研究以婉约词为主。

唐代文学研究。赵宗福的《唐人〈赵志集〉初议》（《文献》1995年第1期）一文，提出日本天理大学出版部在1980年的《天理图书馆善本丛书》"汉籍之部"第二卷中，有一部是汉文古籍《赵志集》一卷的影印，"题解"中还有花房英树撰写的有关这部诗集的情况介绍，这是国内早已失传的一部唐人诗集残卷在海外的首次公开面世，但是这事似乎并未引起中国古典文学学术界的注意，在大陆和港台报刊上迄今还没见到有关的评介文字。该文根据影印本对《赵志集》残卷作了初步整理，并参照日本学者花房英树的"题解"，对这部唐人诗集作了评介和探索。王宝琴的《花容月貌 玉颜春心——李白妇女诗意象群论析》（《青海师范大学学报》2002年第1期）一文，认为李白在描写妇女的诗歌中烘托女性之美丽可爱、坚贞纯洁，构成了独特的诗歌意象群。王宝琴的《范成大田园诗论析》（《青海师专学报》2004年第3期）一文，认为范成大的田园诗不是远距离的素描或居高临下的怜悯，而是以比以往诗人更加平等、更为亲切的态度，对农民生活做了广泛深入的描绘，散发出浓郁的农村气息。赵宗福、袁宏军的《论仙乡传说对唐传奇〈柳毅传〉的影响》（《长安大学学报》2005年第4期）一文，认为《柳毅传》是作者在吸取并改写民间仙乡传说的基础上形成的唐传奇名篇。雒海宁的《从唐诗看盛唐边塞气象》（《青海民族学院学报》2006年第1期）一文，认为盛唐边塞诗歌是盛唐文学积极进取精神的承担者，它的繁荣在于边塞诗人的入边、游边和使边，其外敛的意识是儒家"兼济天下"胸怀的完美演绎。孙玉冰的《一曲社会与人性的悲歌——〈杜十娘怒沉百宝箱〉悲剧价值评析》（《青海师范大学学报》2006年第4期）一文，认为这一悲剧的意义在于醒人醒世，反映了在明代中后期商品经济繁荣的表象下，虚伪的封建礼教制度、金钱和私欲对人性的践踏。孙玉冰的《试论柳宗元笔下的"小人物"形象》（《青海民族学院学报》2006年第4期）一文，从柳宗元传记文学的题材和人物形象上探讨了"小人物"等弱势群体的人文价值，记述了柳宗元对真、善、美的人文追求，以及其朴素的唯物主义思想和进步的社会历史观。雒海宁的《王维山水田园诗的禅意和回归主题》（《青海民族研究》2006年第4期）一文，通过对禅宗的介绍，并结合王维一生的主要经历，论述了王维山水田园诗歌中所具有的空灵和静寂的禅宗思想，以及在诗歌中运用飞鸟和夕阳的审美意象表现出回归自然的主题。许四辈的《盛唐浪漫豪放的艺术高峰——论李白、张旭的诗歌与书法共生现象》（《青海师范大学学报》2008年第4期）一文，认为书法与诗歌联系密切，本质相似，李白与张旭使得诗歌和书法两种艺术形式达到了完美的统一，并将盛唐浪漫豪放的艺术推向了高峰。李措吉的《痛苦体验生成的忧患情结——李商隐悲剧心理透视》（《青海民族学院学报》2009年第2期）一文，认为李商隐是晚唐特定时代一个悲剧性的生命意象，其47年的生命历程充满了人生的痛苦体验，正是这些痛苦体验主导了他心理建构的悲剧性意向，而这意向的核心就是贯穿在诗人一生心理和生命历程中的忧患情结。童占芳的《对立、冲突与断裂：孟郊赋性及诗风关系》（《唐山师范学院学报》2010 年第 3 期）一文，认为孟郊诗歌带给读者的是读之不欢、弃之不舍的非常独特的审美感受，这是中唐奔竞士风的反映，也与孟郊真率坦诚的个性气质有关，孟郊的诗歌创作昭示着一种新的诗歌风格的到来。童占芳的《从爱情小说看中唐士人价值观的转化》（《青海师范大学学报》2010 年第 6 期）一文，认为中唐小说由神怪逐渐转向现实生活，婚恋题材传奇创作取得了一定的成就。与六朝小说相比，中唐小说更注重人物心理、外貌的描写，思想含量更加丰富。

宋代文学研究。 王宝琴的《俗·典丽·醇雅——柳永、周邦彦、姜夔与宋词词风变化》（《青海师专学报》2001 年第 1 期）一文，认为宋词婉约派词风总的发展倾向是由俗到雅，柳永、周邦彦、姜夔三位大词人分别以自己独特的艺术风格影响了一代词风的变化。孙玉冰的《从李清照的词看她的思想变化过程》（《青海师专学报》2006 年第 3 期）一文，认为李清照一生坎坷，由早年的活泼开朗到晚年的孤苦凄凉，她的思想也随之发生了变化，这一过程在她的词中表现得非常清晰。

四、元明清文学研究

元明以来，随着城市经济的发展，戏曲和杂剧开始兴盛，话本小说和市民文学开始繁荣。这一时期对元曲、杂剧和《红楼梦》《水浒传》等长篇小说有所关注，发表了一批高质量的研究论文。

元代文学研究。 王宝琴的《对中国古典戏曲"大团圆"现象的思考》（《青海师专学报》2000 年第 2 期）一文，认为"大团圆"现象表现了中华民族的宇宙观，以喜结悲、哀而不伤的情感模式，是中国古典美学崇尚"中和"原则的体现。纳秀艳的《〈汉宫秋〉悲剧结构艺术初探》（《青海师范大学学报》2000 年第 4 期）一文，认为

《汉宫秋》是一部堪称"千古绝品"的戏曲作品，漾溢着浓郁的抒情意味，表现出极高的思想性。而它独特的结构更增强了作品凄婉、缠绵的悲剧艺术魅力。童凤畅的《"白马秋风塞上"——元代少数民族边塞诗简论》（《青海师范大学学报》2001 年第 3 期）一文，认为中国古代边塞诗以征战戍边、描写战事者为多，元代边塞诗则不同，其时的诗人们没有强烈的建功立业的思想，他们更多的是在感受塞外奇丽的自然风光。王宝琴的《宋元"赵贞女型"戏文模式之演变》（《青海师范大学学报》2006 年第 1 期）一文，认为"赵贞女型"戏文模式在宋元时期经历了一个从形成到成熟之演变过程，从这个演化轨迹可以捕捉到当时社会婚姻观、人生观、价值观等方面的变化以及由此带给戏曲文学从主题到形式等方面的影响。杨柳的《嫦娥原型在元杂剧中的置换与解码》（《宝鸡文理学院学报》2008 年第 4 期）一文，认为嫦娥是一位对彼岸世界充满了幻想，敢于逃离束缚，大胆追求幸福与理想，具有自主意识的个性化女性原型，这一原型在以后的各朝各代都有传承、转化和变异。

明清文学研究。 赖振寅的《眼泪与冷香丸——黛玉、宝钗原型命意探微》（《青海师范大学学报》1998 年第 3 期）一文，认为钗、黛二人的"陋处"实际上是儒道二家文化根性中的"陋处"，代表着曹雪芹对儒道两种文化的基本评价，也是《红楼梦》一书最终舍弃儒道、归于释家的原因所在。赖振寅的《甄真贾假〈红楼梦〉》（《红楼梦学刊》2000 年第 3 期）一文，提出《红楼梦》的最高价值不是体现在世俗文化层面，而是体现在哲学、美学、文化学这些形而上的层面。赵宗福的《论清代西部旅行诗歌及其民俗影响》（《西藏大学学报》2000 年第 4 期）一文，提出西部地区地域辽阔，自然环境艰苦，民族性格强毅，民俗独特而丰富，历代政治势力进

退空间甚大，从而给诗人们的旅行和创作带来了诸多困难和无限生机，特别是唐、元、明、清几朝，西部旅行诗歌创作颇为繁荣，这些旅行诗歌以表现西部民俗文化和山川形胜风光的为最多。王宝琴的《纳兰性德情词探微》（《青海民族学院学报》2002 年第 3 期）一文，认为纳兰性德用自然深挚、清新朴实之笔谱写出一曲曲情真意切、感人肺腑的爱情词篇，从而展现他凄风苦雨的情感历程，形成哀感顽艳、纯真自然的独特风格，成为一代词坛大家。赖振寅的《"末世凡鸟"的文学镜像与文化意蕴——兼谈"一从二令三人木"》（《红楼梦学刊》2003 年第 3 期）一文，认为凤姐个人悲剧是时代悲剧的缩影，贾府家族的悲剧是历史悲剧的写照。赖振寅的《反观〈红楼〉》（《红楼梦学刊》2004 年第 1 期）一文，认为可将《红楼梦》一书比喻为中国封建社会的一面镜子，这面由曹雪芹精心铸造打磨的"宝鉴"既可"正照"，亦可"反观"，"正照"可照封建社会之形，"反观"可观封建文化之神，"正照"与"反观"表里兼顾、形神毕露。赖振寅的《历史的复现与思想的重演——〈红学：1954〉对于当代红学研究的启示》（《河南教育学院学报》2004 年第 2 期）一文，认为《红学：1954》一书带有浓重反思意味的研究，不仅有助于一些历史遗留问题的解决，而且对当代红学研究具有启示作用。王宝琴的《〈儒林外史〉与〈人间喜剧〉之比较》（《青海民族学院学报》2006 年第 1 期）一文，认为吴敬梓与巴尔扎克都是现实主义作家，尽管他们的社会基础和时代背景各有不同，但他们创作的作品在思想内容和艺术成就上都具有许多相似之处。齐昀的《"邦分崩离析"的表征——从家庭伦理角度看〈水浒传〉中的悲剧女性》（《青海社会科学》2006 年第 1 期）一文，认为《水浒传》对女性的描写历来褒贬不一，颇多争议。从家庭伦理的角度看，其描写节妇与淫妇的目的，主要在于通过表现当时社会道德一步步走向堕落的过程，由此揭示出旧的没落的社会价值体系必将崩溃。雷庆锐的《从〈型世言〉评点看陆云龙的义利观》（《西南大学学报》2008 年第 1 期）一文，认为陆云龙是晚明东南沿海地区较有影响的评选家、小说家兼书坊主，儒家传统的价值观以及经济伦理思想深刻地影响了陆云龙义利观的形成，其义利观鲜明地表现在他对《型世言》的评点之中。米海萍的《试析清代文人之西部竹枝词之创作》（《青海师范大学学报》2008 年第 6 期）一文，认为清代文人中间普遍兴起了竹枝词的创作热潮，尽管他们境遇不同、身份各异，但都热心参与，创作出了一批结构严谨、音韵优美且通俗质朴、内容丰富的西部竹枝词，这些作品深刻展现了广阔西部的风土民情，具有多方面的研究价值。孙玉冰的《论〈西游记〉中猪八戒的世俗之性》（《青海师专学报》2009 年第 2 期）一文，认为猪八戒是作者着力刻画的喜剧典型，作者在作品中的很多方面肯定他、欣赏他，但又对他性格中的许多消极方面进行了幽默的讽刺和严肃的批判。他的诸多性格之中的矛盾之处，使他更加有血有肉，更加人性化。

第二节　中国现当代文学研究

20 世纪 90 年代后，现当代文艺理论、现当代文学思潮、现代知识分子的文化性格、现代小说、现代派诗歌、省内外作家作品、李宜晴和昌耀的诗歌成为中国现当代文学研究的重点。时代背景中的文学理论和文艺思潮研究，文艺思想和文学运动中的现代知识分子性格，集中凸显了时代性特征，作家作品研究较为典型，也比较分散，具有专题研究的特征。

一、中国现代文学研究

这一时期，研究的重心体现在对现代知识分子的研究和对中国现代派诗歌的解读方面，作为现代文学史上的青海籍诗人李宜晴，学者对其创作也多有关注。

现代文学思潮研究。冯晓燕的《周作人文学理论的现代性追求》（《青海师专学报》1997年第4期）一文，认为周作人文学观的独特性对理解和研究该时期文学思想的嬗变具有重要的现实意义。赵成孝的《文学大众化——意识形态话语的新探索》（《青海师范大学学报》2002年第2期）一文，认为"五四"以来的新文学过分重视文学的功利性，忽视了市场需求，20世纪50年代的新传奇小说力图用通俗小说的形式来灌输新的意识形态，在一定程度上获得了成功，但由于过于追求工具作用，限制了其更大的发展。赵成孝的《全球化语境中文学的精神价值取向》（《青海民族学院学报》2003年第2期）一文，认为传统人文精神在20世纪90年代后遭到重创，文学的价值取向出现了关注人生与关注消费的分化。陕锦风的《沈从文文艺观初探》（《青海师专学报》2005年第3期）一文，提出沈从文主张写作应该是"出于一种对生命永生的渴求"，而不是一种政治的宣传口号或获得实际利益的方式。冯晓燕的《论沈从文创作中文学民族性的弘扬》（《承德民族师专学报》2005年第3期）一文，认为作为"乡下人"的沈从文在不断"城市化"的进程中，以深厚的民族文化体验与认同为支点，运用自身特有的精神动力与内心资源，在中西文化不断融合过程中，以自身独特的文学艺术形式完成了文学民族性的弘扬。冯晓燕的《周作人妇女观探微》（《青海师范大学学报》2010年第5期）一文，认为周作人的妇女观是在对中国历来女性"不净观"的批判和对封建"贞洁观"的鞭笞基础上形成的，他倡导女性思想的独立性，同时也指出了女性解放的渐进性。

现代知识分子研究。刘晓林的《论20世纪中国文学知识者形象的边缘化倾向及其角色选择》（《青海师范大学学报》1996年第1期）一文，认为整个20世纪，中国知识分子在理想与现实的矛盾冲突中，在精英意识与被社会拒绝接纳的困境中，在拥有启蒙话语和面对现实市场发作的失语症的尴尬状态中，进行着艰难而漫长的精神探索。刘晓林的《革命、青春与文学的先锋叙事——中国现代左翼知识分子文化性格论》（《青海师范大学学报》2001年第4期）一文，认为20世纪的中国左翼革命是深刻改变了知识分子精神发展向度的重要现象。刘晓林的《荆棘途中的跋涉——中国现代左翼知识分子文化性格论》（《青海师范大学学报》2003年第5期）一文，认为在革命理性的召唤下，经由思想改造运动，左翼知识者放弃了启蒙主义的思想立场，逐渐认同工农大众的价值取向。刘晓林的《动荡与困厄中的精神守望——西南联大知识分子文化性格论》（《延安大学学报》2004年第3期）一文，认为西南联合大学是抗战时期联合办学的一个范例，其"大学独立、学术自由"的治校理念保证了在战争环境中维系民族文化命脉的办学目的的实现，同时联大知识分子关怀人间的道德意识及崇尚自由的精神取向，成为立足文化创造本位的学院派知识分子文化性格的重要表现。刘晓林的《鲁迅：明暗之间的生存与语默之间的徘徊》（《西北师范大学学报》2004年第3期）一文，认为鲁迅与中国启蒙思潮的独特联结，决定了他特有的言说路向与生存方式，并形成了他在怀疑中寻求道德担当、在绝境中探索出路的"与绝望抗战"的精神品性。刘晓林的《"自己的园地"与人生的艺术化——京派知识分子群体文化性格论》（《青海师范大学学报》2004年第3期）一文，认为京派知识分子群体的出现与聚合同20年代末中国政治中心南移，自由主义知识分子疏离现实政治，立足文化创造的价值本位，营造心远地偏精神世界的人生选择密切相关。刘晓林的《蔡元培的教育理念与北大新知识分子群体的形成》（《青海社会科学》2004 年第 5 期）一文，认为蔡元培教育思想的实施是北大扮演新文化运动中坚角色的前提条件，也是北大知识分子形成立足学术研究本位、关怀人间文化品性的重要保证。

现代小说研究。刘晓林的《叛逆者的自赎与毁灭——李劼人小说女性形象分析》（《成都大学学报》1994 年第 1 期）一文，认为李劼人笔下的女性形象并没有脱离时代的宏大背景，她们强劲的生命意志，追求情欲的自由实现所呈示出的独特性只具备相对的价值。马钧的《钱钟书痴气初探》（《贵州大学学报》1995 年第 2 期）一文，从审美心理学角度，说明痴气是一种"诗意的性情"，是生命力极度充盈的表现，是内在生命达到自由状态的精神表征。胡芳的《不是传奇的传奇——浅析张爱玲的小说》（《青海社会科学》1997 年第 2 期）一文，认为张爱玲的小说挖掘了人性世界的阴暗面，表现出人生的悲凉和生存的无奈，同时也写出了在苍凉的人生背景下挣扎着的平凡灵魂。刘晓林的《论李劼人的文学选择》（《青海师专学报》1997 年第 3 期）一文，认为李劼人的文学选择内在机制是他是一位具有强烈社会责任感和使命意识的作家，而中国新文学中的现实主义发展的内在要求是促成他文学选择的客观依据。杨柳的《从神话到现代——嫦娥原型在现代文学中的置换与反思》（《青海师范大学民族师范学院学报》2009 年第 2 期）一文，通过对"嫦娥"原型在现代文学中的置换变形，管窥现代女性命运的变化，反思其隐藏的社会文化根源。杨柳的《现代小说中的女性民俗及文化反思》（《青海民族学院学报》2009 年第 2 期）一文，认为我国现代小说家对女性的婚姻习俗、禁忌恶俗和信仰习俗进行了多角度的描写，这些民俗成为作家反映女性社会地位、生存状况、文化

心态以及解剖国民灵魂的最好标本。

现代诗歌研究。祝晓耘的《中国象征诗派的产生与发展》（《青海民族学院学报》1997 年第 2 期）一文，认为象征诗派以其特异的创作方法，隐而不露的多层次的美学功能，健全了自己，丰富了"五四"新诗新的审美质素，它的出现和成长标志着白话新诗由初期阶段进入了一个新的艺术探索阶段。祝晓耘的《中国三十年代现代派诗歌流派的审美特征》（《绥化师专学报》1997 年第 3 期）一文，认为现代派为中国新诗的发展做出了重要贡献，其审美特质在于它是古典意境与现代意识的统一，是中国历史沉淀的审美情趣与西方现代主义审美倾向的统一。祝晓耘的《"诗怪"的怪诗——论象征派诗人李金发诗的审美内涵》（《青海师范大学学报》1997 年第 4 期）一文，认为李金发师承法国象征派诗，并极力追求着自己艺术美的殿堂，其诗丑中见美的审美方式、幽昧飘忽的审美意象和低抑冷涩的抒情节奏，使他获得"诗怪"之称。祝晓耘的《现代诗派在中国的产生与流变》（《延边大学学报》1997 年第 4 期）一文，认为现代诗派的形成和发展以致后来走向衰微到产生重大转变，说明现代派以及它所体现的一段文学思潮，是研究中国新诗演变时不可跨越的文学现象。卓玛的《超人哲学的"变异"——论郭沫若早期作品中的"激情天才"形象》（《青海师范大学学报》1998 年第 1 期）一文，认为郭沫若在他的早期作品中，以"激情天才"形象实现了对尼采超人哲学的"变异"，使之成为"五四"时代革命精神的体现者。祝晓耘的《"地之子"的深情与质朴清新的审美品质——评现代派诗人李广田及其早期诗歌》（《青海民族学院学报》2000 年第 4 期）一文，认为李广田的早期诗歌充满着醇厚的泥土之香，朴素、恬淡、坦率、诚恳是其诗歌的灵魂。祝晓耘的《论现代派诗人卞之琳初期诗作的审美意蕴》（《青海民族学院学报》2001 年第 4 期）一

文，认为卞之琳善于把握中西诗歌相通的特质，谐调古洋，独辟蹊径，对中国新诗的发展做出了独特的贡献。祝晓耘的《卞之琳诗风的形成与其诗的特质论》（《青海民族学院学报》2002年第4期）一文，认为卞之琳的诗在继承我国古诗和借鉴西洋诗的基础上形成了独自的风格，他和其他诗人一起推动了新诗从早期的浪漫主义，经过象征主义，到达中国式的现代主义。祝晓耘的《论"九叶"诗派与中国现代主义诗潮》（《青海师范大学学报》2003年第4期）一文，认为"九叶"诗派自觉追求艺术与现实、时代与自我、知性与感性以及中外诗艺的交融与平衡，使诗的思想和艺术方法都发生了深刻变化，达到了现实主义精神与现代派艺术方法相结合的艺术效果，中国现代主义诗歌由此兴起、发展直至臻于成熟。祝晓耘的《论穆木天〈旅心〉的美学追求》（《西北民族大学学报》2007年第2期）一文，认为穆木天除了力图接通西方诗的交响理论与传统诗的"兴"理论，构建象征世界外，还追逐富于现代气息的艺术潮流，追求诗的纯粹性，通过朦胧音乐暗示心灵万有交响，因而形成了既"幽微远渺"又明丽清新的艺术风格。祝晓耘的《中国现代派诗歌新论》（中国文联出版社，2009年）一书，着重分析了中国现代派诗歌的内涵与特点。

李宜晴诗词研究。胡芳的《土族女词人李宜晴词艺探析》（《青海民族研究》2001年第2期）一文，从语言、表现手法、抒情手段及艺术风格等方面入手，对李宜晴的创作特色和艺术性进行了较深入的探索和分析，认为李宜晴是现代杰出的土族女词人，其词具有较高的艺术造诣和美学价值。胡芳的《李宜晴词作抒情模式探析》（《青海社会科学》2001年第3期）一文，认为在长期的诗词创作中，李宜晴以女性特有的视角着力于对情感领域的发掘和开拓，形成了独具的抒情模式。王宝琴的《土族女诗人李宜晴思乡念国诗词之探析》（《青海师专学报》2008年第6期）一文，认为李宜晴蕴含丰厚且具有高超艺术技巧的诗作，体现了整个中华民族文化的精髓，散发着永久的艺术魅力。王宝琴的《土族女诗人李宜晴怀人思亲诗词探析》（《青海民族学院学报》2009年第2期）一文，认为李宜晴的诗词内容丰富，题材广泛，其中描写亲情、爱情、友情的诗词情感真挚，风格哀婉。

二、中国当代文学研究

这一时期，文学史论的研究比较突出，出现了以《土族文学史》和《青海新文学史》为代表的理论专著。省外作家的研究主要集中在少数民族作家作品方面，省内作家作品研究集中在昌耀、杨志军等卓有成就的作家身上。

文学理论研究。赵成孝的《中国后现代主义：新贵的奢侈》（《青海师范大学学报》1995年第2期）一文，认为后现代主义是一把双刃剑，它在解构主流话语的同时，也在解构人们的思想和"自我"意识，而失去"自我"的民族，恐难建立起民族的"人文精神"。马光星的《土族文学史》（青海人民出版社，1999年）一书，比较详细地介绍了土族文学发展的基本历程，对土族不同时期的文学状况进行了细致的分析论述，特别是对土族民间文学中的神话、史诗、传说等经典作品进行了全面分析。冯国寅的《青海当代文学50年》（青海人民出版社，1999年）一书，对新中国成立17年以来的青海小说创作、"文革"期间的小说、新时期以来的小说创作、少数民族小说以及青海当代散文、青海当代报告文学、青海当代文学评论等方面进行了较为系统的描述和评价，对不同题材和时间段的代表性作家作品进行了专题式的探讨，具有一定的文学史料价值。安海民的《土族文学研究的丰硕成果——评马光星先生新著〈土族文学史〉》（《民族文学研究》2000年第2期）一文，认为土族文学虽历时千余年，非但不因历史的风尘而被湮没，反而譬如积薪，后来居上，至当代而蔚为大观，而关于土族的历史、土族的文学，则以口耳相传的形式在民间代代相传。胡芳的《〈土族文学史〉简评》（《青海师专学报》2001 年第 3 期）一文，从资料梳理、叙述框架、研究方法及思想脉络等方面入手，对其进行了较深入的评述。胡芳的《青海少数民族文学发展的历史回顾》（《攀登》2001 年第 5 期）一文，以中国共产党的领导促进了青海少数民族文学的发展作为基本线索和思想脉络，从民间文学和作家文学两方面回顾和总结了青海少数民族文学在新中国长足发展的光辉历程和辉煌成就。毕艳君的《不得不面对的尴尬——20 世纪 80 年代以来青海当代文学的回顾与思考》（《青海社会科学》2006 年第 3 期）一文，在青海文学这个大背景下，从 20 世纪 80 年代以来的当代文学入手，介绍了这一时期青海文学在小说、诗歌、散文以及影视文学上或繁荣或滞后的发展现状，从而正视了青海文学人在尴尬中不断求进的现实。刘晓林的《青海新文学写作的历史流变与文化阐释》（《青海师范大学学报》2006 年第 6 期）一文，认为青海新文学是伴随着青海社会的现代化进程发生、发展的，在迄今近 80 年的历史中，经历了从边缘化的地区性写作逐步汇入中国新文学主潮并努力营造自身品格的流变过程，映衬着独特人文历史与自然景观的青海新文学。刘晓林、赵成孝的《青海新文学史》（青海人民出版社，2007 年）一书，对青海新文学的发生、追逐主流文学话语的文学拓荒进行了钩沉与评述，通过对处在时代与区域文化中的作家心灵深层的文化解析，讨论了青海新文学对历史沉思、人性审视和边缘化文学创作的意义和价值，凸显了"史论"的学术论述特质。杨柳的《嫦娥原型在当代文学中的置换与反思》（《理论与创作》2008 年第 4 期）一文，认为嫦娥原型所蕴含的文化精神，表征了女性对于生命自由的追求，对人与自然、人与人有机和谐关系的渴望，昭示着未来女性的成长之路。杨

柳的《回归女神精神的文化想象——嫦娥原型在当代文学中的重述与超越》（《青海师范大学学报》2008 年第 5 期）一文，认为"嫦娥"原型所内蕴的文化精神，表征了女性对于生命自由的追求，对人与自然、人与人有机和谐关系的渴望，昭示着未来女性的成长之路。卓玛的《中外比较视域下的当代西藏文学》（国家社科基金项目，2009 年）一文，从中外比较文学的视野入手，对当代西藏文学创作做出了对比分析和评论。贾一心的《诗态：民族精神的个体呈现》（《民族文学研究》2010 年第 3 期）一文，认为在中国诸多的少数民族文艺理论家中，有许多杰出的理论家和批评家，他们的诗学思想对本民族的文学创作发挥着重要的作用。2010 年，马绍英的"藏汉文化背景下当代汉语写作问题研究"、南色的"二十世纪藏族文学史"、雷庆锐的"青藏高原多元一体文化与民族文学研究"三项国家社科基金项目立项。

省外作家作品研究。纳秀艳的《谌容小说结构艺术管窥》（《青海师范大学学报》1994 年第 2 期）一文，认为在蜂拥崛起的作家群中，谌容小说以其独特的艺术魅力在当代文坛上占据显赫的地位。马有义的《试论张承志回族题材作品的审美倾向及美学特征》（《青海民族学院学报》1996 年第 2 期）一文，认为张承志的作品中充溢着浓烈的作家自身的个性特征和审美旨趣，因之也使整个回族题材的作品呈现出独特、鲜明的美学特质。马有义的《试论张承志回族题材作品的民族特色》（《青海民族研究》1996 年第 3 期）一文，对张承志笔下艺术形象的审美特质及其价值取向进行了分析。卓玛的《走出"阴影"——谈扎西达娃〈风马之耀〉中人性的复苏》（《青海民族学院学报》1998 年第 4 期）一文，以荣格的阴影理论，探索了《风马之耀》中主人公复仇意象的根源，展现其古老传统与文明的内心冲突，昭示出西藏人将告别过去，走向"时代之耀"。卓

玛的《"镜"中之惑——论〈世纪之邀〉中扎西达娃的生存忧患》（《青海民族研究》2004年第3期）一文，从莫洛亚、张军以及作者的相似的镜子理论入手，通过现实之镜向心理之镜的流变，展示出心理之镜的非现实化来自显示之镜的现实化的催生，从而奠定了生存困惑是来自作家深感于现实社会的心理显现。孔占芳的《神话与传说：族群文化的隐显——读阿来的〈尘埃落定〉》（《民族文学研究》2004年第4期）一文，通过对小说中神话和传说的解读，探讨了族群文化对创作个体的思维方式和小说构思的影响，从而解释了作家阿来企图实现写一部"寓言"式"普世意义"小说的构想。卓玛的《魔幻设计与期待视野——论扎西达娃〈悬崖之光〉中的隐在读者》（《青海民族研究》2006年第4期）一文，从魔幻设计与期待视野入手，具体论述了扎西达娃在《悬崖之光》中运用抽象外在形式所达到的目的性，进一步确定了作者与读者达成共识并诠释其丰富内涵的全然同一。冯晓燕的《汪曾祺的"纯小说"创作》（《时代文学》2008年第8期）一文，认为汪曾祺的创作对中国20世纪80年代以后的现代小说高峰的到来有着潜在的影响，对新时期的寻根派、先锋派小说也在一定程度上起着先导作用。马绍英的《底层意识、边缘立场和革命情怀——张承志新世纪文学思想片论》（《文艺理论与批评》2009年第1期）一文，认为在疲惫平庸的中国散文界，张承志以"以其奇崛、孤傲与沉痛，以其充满了内在冲突的历史反思、生命体验和文化批判，以其熊熊燃烧的形式"树立起新世纪中国散文精神的高标。

省内作家作品研究。赵成孝的《〈环湖崩溃〉的原型批评》（《青海师范大学学报》1994年第2期）一文，指出《环湖崩溃》这部反映西部边隅生活的作品之所以受到海内外人士的激赏，主要是由于作家通过个性心理表现出的超个体的深层意象，体现出的对人类自身的文化心理结构和艺

术母题的共同关注。谢佐的《展现青藏高原历史风貌的宏篇——评〈藏族历代文学作品选〉》（《青海社会科学》1994年第4期）一文，认为《藏族历代文学作品选》梳理了自公元7世纪以来藏族文学由世俗的口头文学走向佛门的僧侣文学的漫漫历程，特别是元明清以来的藏族文学作品，蕴含了许多社会问题和人生哲理。赵成孝的《从〈魔琴〉看轩锡明的创作》（《青海师专学报》1996年第3期）一文，认为与本土作家井石鲍义志等人相比，轩锡明有自己特殊的味道，这种不同并不在于能否熟练地应用当地的方言俗语，而在于作品本身的内涵、在于作品所表现出的文化意蕴。赵成孝的《新时期文学背景下的杨志军"荒原系列"小说》（《青海师范大学学报》1998年第3期）一文，认为"荒原系列"小说的推出，可以视为杨志军小说创作一个阶段的结束，十几年来，杨志军迈出的步伐与新时期文坛同步，集中呈现的文本既是作者十余年来心路历程的坦露，也可以视为新时期文坛十几年来所走道路的折射。赵成孝的《由〈麻尼台〉看井石的创作》（《青海民族学院学报》2002年第2期）一文，认为作者对乡土的挚爱使他的作品带有鲜明的地方色彩，但是过于狭隘的眼界也影响了其创作。毕艳君的《美的另一种展示——论井石笔下两个典型的悲剧性人物》（《青海社会科学》2004年第2期）一文，认为井石作为讲述湟水谷地人民苦难史的能手，先后在《麻尼台》与《金梦劫》两部长篇小说中刻画了两个典型的悲剧性人物，从而使主人公的人性裂变在悲怆意蕴中显现其复杂与痛楚，同时凸显了作品的深刻之所在。毕艳君的《理性挣扎中的情感认同——简论察森敖拉的小说〈天敌〉》（《民族文学》2004年第7期）一文，认为小说《天敌》以广阔的草原生活为背景，以主人公超尘的温情与爱心以及孩子们毫无设防的童心与动物之间的和谐相处为主要叙述内容，揭示了人与自然的密切关系。胡芳

的《民间生活的真实镜像——论陈元魁的长篇小说〈麒麟河〉》（《文坛瞭望》2006 年第 2 期）一文，认为该小说运用了"新历史小说"的创作手法，用一种眼光向下的民间立场和视角真实再现了青海河湟地区近半个世纪民间文化和生活变迁的历史，并对河湟传统文化在当代社会的式微进行了深刻的反省和思考。毕艳君的《民族文化心理的诗意传达——论蒙古族作家察森敖拉的小说创作》（《雪莲》2006 年第 3 期）一文，认为深切的人文关怀、独特的儿童视角、成功的人物塑造、巧妙的情节设计、独有韵味的本土语言是其小说的特点。马光星的《一部散发着泥土芬芳的作品——茹孝宏散文集〈生命本色〉解读》（《中国土族》2007 年第 2 期）一文，认为人的生命本色是一种生命的存在方式，既与一个人的生活经历和生命体验相联系，与人性中的亲情、爱情、友情相关，又与远大的理想境界相联系。马光星的《极地生态的探视与忧患——读祁建青的散文集〈玉树临风〉》（《民族文学研究》2007 年第 3 期）一文，认为祁建青的散文通过对江河源头自然生态独到的感知方式，让自己的视野和灵魂抵达生命的发源之地，触及与自然相关的人生、人性、生命等命题，透出某种穿越时空、卓有见地的艺术探索。毕艳君的《隐在的诗意：军人视野下的高原大美》（《解放军艺术学院学报》2007 年第 4 期）一文，认为祁建青的散文在浓郁的高原情结中处处展现了高原的大美，他发现美、阐述美的过程就是其探寻生命意义乃至人类灵魂所在的心灵历程。而在这个过程中，其特有的精神承载和审美风度，显现了他别样的审美个性。胡芳的《民族现实生活的文化审视——论梅卓中短篇小说创作中的先锋性探索》（《文坛瞭望》2009 年第 3 期）一文，认为梅卓小说中的魔幻艺术形式突破了人们惯常的审美思维，给人们提供了一种新的充满了藏民族意味的审美经验。刘大伟的《小角度的叙事和大

文化的探寻——刘会彬近作简论》（《青海湖》2010 年第 5 期）一文，认为作者的审美追求在创作中得到了较为充分的实践，这种实践体现在他的小说文本和散文写作之中，他所寻找的那扇门便是小说创作的小角度叙事，而那份令人踏实的归属感则是散文创作中对传统民族文化的追寻和认同。

昌耀诗歌研究。杨柳的《至真、至善、至美：西部诗人昌耀的审美追求》（《浙江学刊》2000 年第 6 期）一文，提出昌耀诗歌创作的审美追求是至真、至善、至美。胡芳的《西部高原的礼赞——论昌耀的诗歌创作》（《青海社会科学》2005 年第 2 期）一文，认为昌耀是西部高原孕育出来的大诗人，西部高原不仅给了昌耀精神上的滋养和温暖，也给了他艺术上的独特发现和无尽灵感，昌耀正是凭借对西部高原前所未有的展现和发掘，取得了自己诗歌艺术上的成就。杨柳的《高原之魂的哭泣与诉说——对昌耀诗歌话语方式的阐释》（《理论与创作》2006 年第 3 期）一文，从昌耀诗歌独特的话语方式入手，解读了这位"灵魂意义上的诗人"富于个性的诗歌话语方式，认为它不仅以自身无限的活性和可能性构筑诗歌完美的形式，而且以绝对的姿态表征了诗人独具的天性和生命的体验。赵成孝的《昌耀：孤独的行者》（《海南师范学院学报》2006 年第 5 期）一文，认为昌耀得益于西部的闭塞，顺利渡过了 20 世纪 80 年代中期的精神危机，然而在接踵而来的 90 年代的更大范围、更为深广的危机中，他陷入了更为深刻的孤独，被人类生存的宿命所震撼，一种深刻的悲剧感油然而生。刘大伟的《有一驭夫，朝向东方顶礼——昌耀柔韧、细腻而又深邃的心灵诗章探微》（《青海湖》2007 年第 3 期）一文，认为透过昌耀诗歌厚重坚实的结构外壳，将阅读之触角伸及诗人丰富的内心深处，就会发现诗人骨子里栖存着柔韧、细腻与深邃的诗情，这种诗情渗透于诗人的个体经历、创

作意象、写意空间和诗歌语言之中。雷庆锐的《昌耀与惠特曼诗歌创作相似性解读》（《青海社会科学》2008 年第 5 期）一文，认为昌耀与惠特曼是中外诗歌史上成绩斐然的两位诗人，相近的生存状态与人生遭遇使得他们在诗歌创作中呈现出类似的精神气质。马绍英的《昌耀自传性长诗的意识形态话语分析》（《青海师范大学学报》2009 年第 1 期）一文，认为昌耀的自传性长诗与意识形态话语紧密纠结并且在不同时期呈现出迥异的表现形态。20 世纪 80 年代初期的长诗充满悲剧意识和崇高感，80 年代后期的长诗表现为生存的荒诞情景，90 年代以来的长诗中，现实的焦虑取代了诗意的冥思，表现出诗人道德理念与历史经验的断裂。

第三节　外国文学研究

这一时期，从事外国文学研究的学者相对较少，以国别为界限的研究特点较为明显。研究对象以英国、美国、法国、德国、俄国、古希腊和亚非拉等国的作家作品为主，分布范围较为广泛，研究对象也比较分散。英国作家研究以弗吉尼亚·伍尔夫、夏洛蒂·勃朗特为重点，法国作家研究以左拉、加缪、萨特为代表，德语作家研究以歌德和卡夫卡为重点，美国作家研究以海明威为代表，俄国作家研究以托尔斯泰为重点。此外，对古希腊悲剧、泰戈尔诗剧、贝克特的戏剧和马尔克斯的小说也有所关注，研究方法以比较研究为主。

一、英国和美国文学研究

英美文学研究中，所涉作家作品不多，研究者关注了弗吉尼亚·伍尔夫、夏洛蒂·勃朗特和海明威等代表性作家。

英国文学研究。马强的《〈到灯塔去〉中对"双性同体"状态的追求》（《青海社会科学》2007 年第 3 期）一文，认为"双性同体"是妇女创作的最佳状态，也是消除两性差异的良好途径，两性可以任意选择他们的行为方式和生活，摆脱强加于男女两性的束缚，获得个人自由，走向两性和谐的理想状态。范景兰的《在"天使"与"妖妇"之间——简爱形象的女性主义解读》（《青海师范大学学报》2007 年第 3 期）一文，对简爱形象做了梳理和辨析，在充分论证简爱既不是"天使"也非"妖妇"的基础上，为简爱是"人"的形象之还原做出定位。范景兰的《论父权制文化秩序在〈简爱〉中的无意识呈现》（《青海社会科学》2007 年第 4 期）一文，认为作为生活在 19 世纪的女性作家，在《简爱》中折射出了由于长期受父权制文化秩序的熏陶而形成的集体无意识，这对作品人物形象塑造产生了一定的影响。马强的《精神主义与诗化小说——试论伍尔夫小说〈达洛维太太〉的创作风格》（《青海师范大学学报》2007 年第 5 期）一文，认为小说以一种诗化的语言抒写了人物的内在心境，使作者的生命悲观意识通过人物的心理活动不动声色地表现出来，一种对于生命的悲哀思索在自然优雅的状态中得以抒发，让读者在看似低落的心境中体验到心灵世界的神奇韵味，由此实现了作家的"精神主义"和"诗化小说"的创作理论。范景兰的《论意象派诗歌对中国古典诗歌的"误读"》（《西南交通大学学报》2008 年第 3 期）一文，对欧美文学中的道德内涵和诗学特征进行了分析，认为英美意象派诗歌对中国古典诗歌营养资源的吸取是 20 世纪"中学西渐"一个重要的学术研究命题，它为西方文学的发展注入了新鲜血液。

美国文学研究。卓玛的《重压下的行动哲学——从〈五万元〉中杰克的形象看海明威笔下的硬汉性格》（《青海民族学院学报》1995 年第 2

期）一文，认为行动哲学是海明威硬汉性格形成的思想基础，它主要以主体的行动为表达方式，用主体的行为和动作来展示其丰富的内涵。它所揭示的是肉体和精神的永恒生命力来自不断涌起的驱动力，强调的是在深沉的行动中，锻造有价值的灵魂。

二、法国和德国文学研究

学者在研究法国和德国文学时，关注了左拉、加缪、萨特、歌德和卡夫卡等具有世界影响的重要作家，比较研究是其重要的研究方法。

法国文学研究。范景兰的《法国"新小说"与中国新时期小说》（《国外文学》1997年第1期）一文，认为由于国门的再度打开，在激发传承本土传统活力质素与借鉴吸收西方优秀创作的大背景下，中国新时期文学的主旋律是碰撞的、交错的，并在迷惘的选择中和选择的迷惘中走向下一世纪。卓玛的《左拉的"白日梦"——关于小说〈南塔斯〉》（《青海师范大学学报》1999年第4期）一文，认为作家的白日梦首先需要一个诱发或刺激其愿望产生的现实事件，并与相关的早期经历相联系，从而进一步展开对未来情景的美妙构想，使幻想在我们观念中的过去、现在和将来的游移中达到自我的展示和精神满足的完美统一。马强的《从"局外人"到"忏悔者"——略论加缪的荒诞与反抗》（《青海民族学院学报》2007年第1期）一文，认为在加缪一生的创作中渗透着荒诞与反抗的主题，其哲学思想以《西绪福斯神话》和《反抗者》为主要体现。马强的《略论萨特和加缪的思想及其在小说中的表现》（《青海师专学报》2007年第2期）一文，认为萨特和加缪在20世纪的世界文坛上有着同等重要的地位，他们都以其哲学思想和文学创作著称于世，他们的生活境遇、哲学思想及小说创作都表现出了同中有异的风格。

德国文学研究。卓玛的《试论〈浮士德〉与

〈女神〉中泛神论"大我"思想》（《青海民族学院学报》2001年第2期）一文，通过比较歌德与郭沫若的泛神论思想，突出了二位文学巨匠的共同追求——神即自然，自然即本体表现的"物我合一"的"大我"普遍圆满人格，并分别从民主的改良性和民主的斗争性的人格圆满定位中，确定"大我"的特殊具体含义。卓玛的《二重心理结构的本原——论〈浮士德〉中地狱和天堂的象征性体验》（《青海民族学院学报》2005年第2期）一文，通过《浮士德》中地狱和天堂的象征性心理体验，进一步论述了二重矛盾心理结构的本原，并确定了二重心理结构对人类创造力的积极作用，同时从歌德自身的矛盾心理中去诠释主人公矛盾心理的根源，进而肯定了歌德的生命力追求。卓玛的《卡夫卡与扎西达娃宿命意识之比较——以〈诉讼〉与〈悬崖之光〉为例》（《甘肃社会科学》2006年第3期）一文，从相似性的宿命叙述过程中探讨宿命的先决性、必然性和体制化，并从相异性角度探讨了《诉讼》中钟摆式宿命下过去预示未来的现实悲哀和《悬崖之光》中圆形宿命下循环往复的历史沉重。卓玛的《民族审美主体的自由之路——卡夫卡孤独三部曲与扎西达娃虚幻三部曲的比较》（《青海师范大学学报》2008年第1期）一文，通过比较研究，概括出作品中为了人类的尊严而进行不懈的自由追寻的相似性，同时从绝对非理性自由观和相对理性自由观进行相异性的探寻。

三、其他国家的文学研究

其他国家的作家作品研究主要包括了俄国文学、古希腊文学和亚非拉等国的文学。学者对托尔斯泰及其作品多有关注，古希腊悲剧、泰戈尔诗剧、贝克特的戏剧和马尔克斯的小说也有所涉及，研究方法仍以比较研究为主。

俄国文学研究。李措吉的《试论安娜·卡列尼娜形象的悲剧意义》（《青海社会科学》1994年第1期）一文，提出这部巨著自诞生之日起评

论界就以不同视角的观照，赋予它种种见仁见智的"定性"。尤其是对托尔斯泰以如椽之笔活画出的安娜·卡列尼娜这个悲剧形象的理解与认识，更是成了争论的焦点之一，这自然是由于形象的复杂性和性格内蕴的多层次决定了读者欣赏和论者分析的多视角。马强的《难以逃脱的藩篱——对安娜悲剧的再思考》（《外国文学研究》1998年第2期）一文，通过安娜追寻爱情、追寻自我的悲剧，剖析其内心世界，以期说明安娜在爱情的追求过程中表现了对自我的追寻。范景兰的《安娜与子君角色认同的危机及困境辨析》（《青海民族学院学报》2008年第1期）一文，从女性角色认同问题所存在的困惑与危机入手，在传统与现代的交叉点上，透过对安娜和子君深层文化心理结构的剖析来观照女性确立主体身份的艰难，从而探析集体无意识和个体无意识对女性确立主体身份的双重制约和影响。范景兰的《论女性主义文学批评的矛盾与困惑》（《宁夏社会科学》2008年第4期）一文，认为女性主义文学批评理论的发展面临着很多问题，其中既有解构主义带来的问题，也与研究主体自身存在的尴尬处境有关，梳理这些矛盾与困惑，将有利于对这一批评理论的正确建构。

古希腊文学研究。马强的《女性的悲哀——略论美狄亚和珀涅罗珀的悲剧》（《青海师专学报》1998年第2期）一文，认为两位女性的反抗分别代表了妇女在追求自我幸福的过程中的两个极端："美狄亚型"和"珀涅罗珀"型。她们或妥协，或反抗，都以悲剧而告终，这昭示了女性在男权社会中无可奈何的悲哀。卓玛的《开放道德的类价值——略论欧美文学中普罗米修斯非理性群体道德内涵》（《青海师范大学学报》2004年第1期）一文，诠释了普罗米修斯类价值的群体非理性道德内涵，并从不同时代相似的需求、不同作家相似的先悟能力方面分别论述，从而确

定出开放道德与普罗米修斯类价值的一致性。马强的《女性困境与妇女解放——对美狄亚与爱碧杀子行为的反思》（《攀登》2007年第1期）一文，认为两位人物在剧作家笔下有着相同的杀子行为，却有着爱和恨的目的，透过这完全相反的目的，我们看到的却是相同的本质：女性在男权社会中的生存困境。范景兰的《悲剧与文化精神——中西悲剧艺术个性辨析》（《青海师范大学学报》2008年第2期）一文，通过对中西悲剧文本中关于悲剧成因的解释及悲剧主体反抗走向的挖掘，对中西悲剧的艺术个性差异，特别是透过这种差异所折射出的悲剧精神之特征做了探讨，从而对中西文化差异性之形成渊源从文学角度做出阐释。

亚非拉文学研究。卓玛的《〈吉檀迦利〉中相似逻辑的合理运用》（《青海师范大学学报》1995年第4期）一文，认为《吉檀迦利》由于获诺贝尔奖而轰动了当时的文坛，人们对这位脱颖而出的东方诗人产生了浓厚的兴趣，尤其是《吉檀迦利》中那神秘的"神"，更成为人们探究的对象。肖黛的《浅议川端康成文学作品的民族性》（《青海民族学院学报》1997年第1期）一文，认为在文学创作中，只有把本民族最根本的质置于文学作品中，才能与世界大文化进行广泛的沟通融汇，文学的民族性才能显示其世界价值。卓玛的《不相似的原始互渗，相似的现代阐释——马尔克斯〈百年孤独〉与扎西达娃〈西藏，系在皮绳扣上的魂〉比较研究》（《青海民族研究》1999年第4期）一文，从列维·布留尔的《原始思维》中神秘的互渗入手，比较分析了拉美式的直接互渗和西藏式的间接互渗，并从两位作家共同的现代思维中，确定出他们弃原始互渗而求现代阐释的心迹。卓玛的《相似的荒诞悲剧，不相似的荒诞意味——比较贝克特〈等待戈多〉与扎西达娃〈世纪之邀〉的等待意识》（《青海师范大学学

报》2005 年第 2 期）一文，从怀疑的等待和信赖的等待剖析出中西方不同的思维方式，并张扬出二位作家共同的理念，正视荒诞的存在才能振奋民族精神。

第四节　文艺学研究

在整个文学研究领域，文艺学的研究因其本身具有的理论深度和难度往往相对滞后一些，然而这一时期的青海文艺学研究就其成果而言，表现出了一定的活力和价值。关于美的本质讨论、诸子美学思想、《文心雕龙》研究、皎然诗学和当代文艺理论文艺学成为这一时期的研究重点。

一、美学研究

美学研究以理论研究和思想研究为主，学者较多关注了孔子、孟子和荀子的美学思想，从不同角度提出了自己的看法。

美学理论研究。 左克厚的《真善美统一论》（《青海师范大学学报》1999 年第 2 期）一文，认为人们总是在特定的场合谈论真善美的统一，在人们构造知识体系时，特别强调知识的客观性、真理性，强调道德价值的超越性，既超越残酷的历史主义，也超越审美享乐主义。左克厚的《审美感觉论》（《北京大学学报》2001 年第 1 期）一文，认为在美学研究领域，首先应当确立研究的优先性原则，即审美感觉对审美理论的优先性，审美主体对审美客体的优先性。雒海宁的《〈美学〉中的典型——黑格尔人物性格论》（《青海师范大学学报》2010 年第 6 期）一文，论述了黑格尔《美学》中的艺术美理论，分析其理论关于艺术美和艺术的本质，就其理想性格所具有的三个特征即丰富性、明确性和坚定性进行辨析。

美学思想研究。 左克厚的《孔子美学思想结构新论》（《温州师范学院学报》2006 年第 3 期）一文，提出孔子的美学思想有两个不同层次：诗的美学和乐的美学。诗的美学来源于礼，服务于社会；乐的美学根源于仁，关注人生。乐的美学高于诗的美学。左克厚的《美：一种简单的生活方式——老子美学思想的逻辑》（《青海社会科学》2006 年第 3 期）一文，认为老子无心于美学，却创造了一个影响深远的美学体系，老子的美学精神在于倡导一种简单的生活方式，并从理想样式、思维样式、实践样式三方面阐述了这一简单生活方式的内涵。雒海宁的《“尽善”、“尽美”与“文质彬彬”——论孔子的美学思想》（《青海师范大学学报》2009 年第 6 期）一文，从孔子哲学思想的基础仁学入手，辨析了以诗教、乐教为中心的文艺观、“兴观群怨”说与“尽善”“尽美”的美学理想，分析了“文质彬彬”的审美境界与“中庸”的美学标准。雒海宁的《荀子的美学思想》（《青海师范大学民族师范学院学报》2010 年第 1 期）一文，从荀子哲学的思想基础“性恶论”入手，辨析了其“性伪合”的美学观，分析了美感的本能与合乎礼义以及“夫乐者乐也”的艺术思想。雒海宁的《“性善论”与孟子的美学思想》（《青海民族大学学报》2010 年第 3 期）一文，从孟子哲学思想的基础“性善论”入手，从审美观、人格美的塑造、美感的普遍性规律及艺术美特征等几个方面分析了孟子的美学思想。

二、文论研究

文论研究主要包括古代文论和现当代文论研究，古代文论涉及《文心雕龙》《典论》《艺概》等经典论著，现当代文论重在探讨原型批评理论和少数民族文艺理论。

古代文论研究。 甘生统的《佛教与〈文心雕龙〉关系问题研究述略》（《湖州师范学院学报》2009 年第 5 期）一文，认为佛教与《文心雕龙》的关系问题研究主要在两个层面上展开，一个层面是佛学有没有可能影响刘勰及《文心雕龙》或在多大程度上产生影响，另一层面以认定佛教对刘勰及《文心雕龙》产生影响为前提，重点探究影响的具体表现。多旦的国家社科基金项目"藏族古代文论研究"（2010 年）获批立项。董家平的《曹丕〈典论·论文〉穷原竟委》（《青海师范大学学报》2010 年第 2 期）一文，指出历代视曹丕《典论·论文》是纯粹的文学专论，强调了其文学的价值，批评了文人的陋习，区分了其文学的体裁，品评了建安七子，并提出了文气说。李成林的《论〈艺概·经义概〉的理论特色及贡献》（《青海师范大学学报》2010 年第 3 期）一文，认为《经义概》内容紧凑精准，理论阐述具有鲜明的动态性，其中存在大量可施之一般文章作法的真知灼见，关于文题关系、锤炼字句、抑扬顿挫等方面，刘熙载都有非常独到的看法，值得细细研读。

现当代文论研究。左克厚的《文学批评的哲学》（《青海师范大学学报》1998 年第 3 期）一文，认为批评永远是自我的，但批评自我的表达形式却是多样的，客观批评本质上是一种非经验、非阅读的零度批评，也是一种典范的解释学，需要一个批评的前结构，批评的前结构奠定了批评自我的理论前提。赵宗福的《论当代中国文化研究中的原型批评思潮》（《文艺评论》2001 年第 3 期）一文，认为原型批评理论从 20 世纪 80 年代中期传入中国，在文学研究乃至整个文化领域产生了极大影响，取得了诸多批评实践业绩，进而形成思潮。赖振寅的《文论的漫溢与批评的缺席——"拿来主义"时代的文论与批评》（《青海师范大学学报》2002 年第 1 期）一文，着眼于对中国当代文论发展轨迹及构成特征的宏观考察，对其中所存在的一些深层次问题进行剖析，旨在从中找出导致批评"缺席"的根本原因。贾一心的《对中国少数民族文艺理论研究的思考》（《青海师专学报》2008 年第 4 期）一文，认为在全球一体化发展的趋势下，面对东方与西方、中心与边缘文艺理论激烈交锋的当下语境，应将视域聚焦到地域辽阔、历史悠久和类型丰富的中国古代少数民族文学艺术苑囿，对中国古代少数民族文艺理论作更深入的探讨与研究，为丰富、充实和发展中国特色的文学理论和美学理论做出新的贡献。

三、创作论研究

创作论的研究以文学创作和文学思想研究为主。文学创作研究的核心命题是文艺的起源问题、文学的本质问题和文学的语言问题；文学思想研究的重点集中在老子身上。

文学创作研究。雒海宁的《试论文学本质的归纳》（《青海师范大学学报》2000 年第 4 期）一文，将文学放置于社会生活系统、上层建筑亚系统和艺术子系统之中，进而形成对文学本质的基本认知。雒海宁的《文艺起源假说辨析》（《青海师范大学学报》2001 年第 2 期）一文，通过对原始艺术的分析，论证艺术起源于劳动的马克思主义理论及不足，阐述艺术起源于以劳动为中心的人类多方面的社会生活。雒海宁的《文学形象、时空的模糊性特征》（《青海师范大学学报》2003 年第 2 期）一文，从各种艺术塑造形象的不同特点入手，分析了语言艺术塑造形象间接造型的特征，以文学语言的不精确性、不确定性和相对性为基础，进而论述了文学模糊性的特征以及在形象、时空关系上的种种表现。雒海宁的《文学语言的色彩美》（《甘肃社会科学》2006 年第 1 期）一文，通过对文学语言的字面意义的分析，论述了色彩美是文学语言的重要审美特征。左克厚的《论艺术创造的技巧》（《青海师范大学学报》2006 年第 5 期）一文，认为艺术创造的技巧表现为一个动态过程，充满偶然性和个性化特征。技巧呈现为意识到的技巧和意识不到的技巧两个层次，艺术技巧最重要的本质是空间的时间化，即把空间并存的存在变成时间先后的存在。

文学思想研究。左克厚的《论老子思想的根源》（《青海社会科学》2010 年第 4 期）一文，认为老子思想的根源是"自然"，其"自然"思想与大自然有密切联系，老子思想直接受到自然现象的启示。左克厚的《论老子的身体意识》（《青海民族大学学报》2010 年第 4 期）一文，认为身体感觉是思想形成的重要条件，不同的身体感觉产生不同的思想类型，孔子将身体伦理化，老子将身体哲理化。《老子》中出现大量的身体词汇和身体意象，表明老子有强烈的身体意识，这也成为老子的思想特色之一。左克厚的《论老子身体思想的价值》（《青海师范大学学报》2010 年第 4 期）一文，认为老子的思想目标是建立理想国，理想国面对两个不可逾越的障碍：现实中侯王的利益和传统上儒学的治国思想，老子从身体出发，以身体对抗利益，以身体反对身份，从而找到一条通往理想国的思想之路。

四、诗学及其他研究

诗学、玄学成为这一时期研究的重点。诗学研究以皎然的"诗教"说为主，玄学研究以"魏晋风度"和佛道思想为主。

诗学研究。雒海宁的《中国古典诗词的物象选择》（《青海民族学院学报》2001 年第 3 期）一文，论述了中国古典诗词意境构成的内涵及意境、意象和物象三个概念，并以古典诗词中"月亮""春雨""水"等物象为例，分析了物象选择的类型。李措吉的《"以禅喻诗"说"妙悟"——浅议禅对〈沧浪诗话〉的理论贡献》（《青海民族学院学报》2003 年第 2 期）一文，认为禅作为一种文化现象对中国文学理论产生过重要影响，尤其是"诗话"这种类似语录体的诗评形式就是直接习自禅家的一个成果，《沧浪诗话》即为代表作，其中"妙悟"说是来自禅宗的重要概念。甘生统的《皎然建安文学观新论》（《北方论丛》2010 年第 2 期）一文，认为学界评价皎然时，大多以为皎然对建安文学持贬抑态度，实际上皎然是追慕建安文学的，这在他的

"高逸"观、对谢灵运的评价，以及在他自己的创作中均有不同程度的体现，他对建安文学的批评性意见是建立在客观、公正基础上的。甘生统的《皎然"诗教"说考论》（《广西社会科学》2010 年第 6 期）一文，认为皎然所提的"诗教"不同于儒家所谓"诗教"，他是教人如何写诗。而他教人写诗亦并非为了参加科考，主要是借对诗美、诗境之体悟，以实现更好的证心之目的。

其他研究。甘生统的《玄学背景与话语权力：东晋佛教兴盛原因管窥》（《青海师范大学学报》2005 年第 1 期）一文，认为东晋时，佛教一改过去结好道教亲近儒家的面目，开始用一种独立的声音向思想界宣布它的存在，与佛教有关义理相仿的玄学思想普遍地被人接受，知识分子为了维护自汉末出现危机的话语权力，及时调整思路，开始新的选择，这是佛教勃兴的内在原因。左克厚的《舍鱼取熊掌与舍生取义——一个传统观念的现代阐释》（《攀登》2006 年第 4 期）一文，认为在孟子"舍生取义"的道德命题中，"生"和"义"的内涵并不对称，"生"是自然概念，内含单纯，"义"是文化概念，内含丰富。从"舍鱼取熊掌"到"舍生取义"，其间有逻辑断点，前者是利益选择，后者是道德选择。甘生统的《论竹林名士的超越意识》（《青海师范大学学报》2007 年第 3 期）一文指出，魏晋之际，以嵇康和阮籍为代表的竹林名士在现实苦难、精神失落等多重打击之下，选择超越作为平衡内心的手段。他们的超越意识具体表现为三个方面：追求自由，渴望长生，企慕"大人"。甘生统的《王骥德曲学与佛教中道观》（《青海师范大学学报》2010 年第 3 期）一文，认为王骥德的曲学与佛教中道观有着密切关系，主要表现在王骥德在论述"本色"问题时采用了中观思维方式，描述"本色"内涵时又融化了中道观的"无分别"理论，在阐释戏曲曲文咏物的做法等问题时则直接运用了佛教中观学的概念、范畴和理论。

第五节 青海民族民间文学研究

青海民族民间文学研究是青海文学研究的重要方面，这一时期出现了具有一定数量和质量的研究成果。这一时期，以"青藏地区民族民间文学研究""青海宝卷研究"为代表的多项国家社科基金项目获批立项，以"青海民间文学三套集成"、《昆仑神话》《青海花儿大典》为代表的多部理论专著出版。昆仑神话、青海"花儿"、《格萨尔》史诗和口头传统成为研究的重点，青海多民族民间文学研究呈现"百花齐放"的特点。

一、神话研究

神话研究主要以昆仑山和西王母为重点，旨在梳理和探究昆仑神话体系，分析昆仑神话与昆仑文化的关系，解读西王母的角色形象和神格功能。另外，对创世神话和族群神话也有研究，成果较为丰厚。

神话与昆仑研究。赵宗福的《岗仁波钦信仰与昆仑神话》（《西北民族研究》1995年第1期）一文，认为对于藏族佛教徒、苯教徒和印度教徒以及耆那教徒来说，横贯于阿里地区的冈底斯山尤其是主峰岗仁波钦，犹如汉民族心中的昆仑山一样是世界第一神圣之山。栗凰的《论屈赋与昆仑神话的关系》（《青海社会科学》1995年第2期）一文，认为屈原之所以能搜集众多江河源头昆仑山的神话，除却诗人"博闻强志"的主观因素外，还因为楚民族的历史和文化中昆仑神话为屈赋提供了借以抒情的素材，昆仑神话则借屈赋得以保存；昆仑神话为屈赋增添了光华和艺术魅力，昆仑神话又借屈原这位世界文化名人而得以广为流传，乃至流传到域外。赵宗福的《中国月亮神话演化新解——以月虎为主题的考证》（《民间文学论坛》1995年第4期）一文，以语言为主要研究手段，提出中国月亮生活的要核是虎（於菟），月亮神话实际上是虎神话，而这月虎神

话作为昆仑神话的有机组成部分，起源于西部古羌。齐昀的《黄帝与昆仑同源考》（《青海师范大学学报》1996年第2期）一文，认为黄帝与昆仑神话的起源地均为中国西北。黄帝在神话中是兼具太阳神与土地神神格的创世大神；昆仑在神话中被看成微缩宇宙，又兼为父性崇拜与母性崇拜的圣地，二者都是源于生殖崇拜观念。赵宗福的《被埋没的〈山海经〉研究重要成果——清代陈逢衡〈山海经汇说〉述评》（《民俗研究》2001年第3期）一文，认为清代陈逢衡的《山海经汇说》是昆仑神话研究中被人们忽略的一篇极有参考价值的研究成果。张崇琛的《昆仑文化与楚辞》（《兰州大学学报》2003年第1期）一文，认为"神话昆仑"的地理位置大致在今青海高原一带，史前期人类曾在这里创造过中华文化源头之一的昆仑文化。昆仑文化对楚辞的主要影响表现在昆仑文化之情结、神人杂糅之习俗、时空跨越之思维和尊坤崇女之意识等四个方面。赵宗福的《昆仑神话》（青海人民出版社，2004年）一书，运用符号学、民俗文化学和文化人类学的理论方法，系统整理和评述了有关昆仑的神话故事，描述了神话昆仑山的风貌，探究了昆仑女神西王母及其神格功能，进而讨论了昆仑神话与青海的关系、昆仑神话的本质、昆仑神话的影响，初步勾勒了较为完整的昆仑神话体系。陈永香、曹晓宏的《昆仑神话与西南彝语支民族的虎崇拜》（《青海社会科学》2010年第5期）一文，认为昆仑神话中的虎文化符号和西南彝语支民族中的虎崇拜，在文化意义上是相通的，都是源于古代氐羌族群的虎崇拜。作为男性的野蛮人酋长和巫师的西王母之虎齿、山神和帝都守护神陆吾的状虎和虎爪，与西南少数民族彝语支民族的创世神虎、山神虎、象征男性祖先的虎及各种习俗

中的虎文化，其文化意蕴是男性话语背景下对强大力量的崇拜。虎崇拜虽然随着社会的发展而不断演变，但其作为神秘强大力量的代表和男性符号的深层意蕴却绵延至今。

神话与西王母研究。赵宗福的《论"虎齿豹尾"的西王母》（《北京师范大学学报》1993年访问学者专号）一文，从"虎齿豹尾"入手，结合民族史志材料，对西王母形象的文化内涵和西王母神话的起源问题做新的探索。赵宗福的《黄河之水青海来——河源神话之谜破译》（《青海民族学院学报》1995年第1期）一文，认为初民们创作的昆仑神话中"河出昆仑"之说和张骞的河源潜流一样，并不是毫无事实依据的，其依据就是湟水曾是黄河上游主道，青海湖曾是黄河的源头所在，而以青海湖为中心的青海高原（包括祁连山脉和草原青海湖）就是神话中的昆仑。赵宗福的《西王母的神格功能》（《寻根》1999年第5期）一文，认为西王母的神格功能有六个方面：主刑杀的死神、使人长生不老的吉神、中国的月亮神、降雨救灾的保护神、生育神和创世神。陈荣的《论獬豸冠与"西王母"》（《青海社会科学》2004年第5期）一文，通过对"獬豸冠"的考证，论述了羌人部落的首领"西王母"是头戴"獬豸冠"的，现今在与古羌人有密切渊源关系的藏族生活中，藏传佛教喇嘛帽的法帽，还在使用"獬豸冠"。赵春娥的《青海地域中西王母的历史流变》（《青海社会科学》2010年第6期）一文，认为中国神话大多记录在历史文献中，远古时期今青海境内羌戎部族首领西王母本体的真实存在由此得以实证，古代羌戎人生活的昆仑山即为今青海境内的祁连山，西王母在青海地域的演化反映的是人类社会由氏族社会到国家形成递进中的历史形貌，西王母在道教出现后将其升格为掌管生命生死祸福大权的神，至此其已经完满地实现了由人到神、从尘世间部族首领到天界神仙真人的华丽转身。

创世及族群神话研究。齐昀的《从上古洪水神话看女娲补天的文化内涵》（《青海师范大学学报》2004年第6期）一文，认为中国上古洪水神话中女娲补天神话早于鲧禹治水神话，反映的社会内涵在于原始社会婚姻形态的变化，由群婚走向了对偶婚，女娲表现出独特的阴阳兼具的神格功能，这种阴阳一体的观念对后世影响至大。霍福的《神话"夸父追日"原型考》（《青海社会科学》2004年第6期）一文，通过对神话"夸父追日"中夸父饰蛇和饮干河渭两个质点的分析，认为这则神话反映的是"雨后出虹"的自然现象。胡芳的《文化重构的历史缩影——土族创世神话探析》（《民族文学研究》2005年第4期）一文，对土族创世神话发展脉络进行尝试性的梳理，并探究了土族创世神话的文化蕴涵，指出这是土族受多重文化影响之后进行文化重构的历史缩影。杨柳的《神话时代失落的女神——嫦娥原型文化内涵的女性主义解读》（《青海师范大学学报》2008年第1期）一文，从神话原型批评的角度入手，对嫦娥形象的原生态意蕴、心理特征、自主意识等进行了女性主义解读，阐释了其丰厚的文化内涵，为生态女性主义提供了借鉴。鄂崇荣的《多元历史记忆与族群认同变迁——从土族神话传说看民和土族认同的历史变迁》（《青海民族学院学报》2008年第2期）一文，以土族的起源、发展、形成与延续为背景，探讨了在历史时空变幻中，土族的历史记忆和族群认同经历了怎样的传递和调适过程，以及当前土族精英分子如何利用部分历史记忆和学术资源影响土族民众，土族民众如何利用历史记忆资源获取各种利益，从而为土族族群自我认同的历史变迁及现存的学术争论提供借鉴。刘永红的《青海黄南藏族神话及其文化内涵》（《长江大学学报》2009年第1期）一文，认为青海黄南藏族中流传的一些活态的"初创世型"神话，与创世神斯巴有关的系列文化神话和哈拉射日等"再创世型"神话，为当地藏族文化与社会制度提供了合法的、神圣的证明，给民众一个生活的范式，体现了神话在人类生活中的象征意义，在民族史和文化史的研究中具有重要的资料价值。杨柳的《嫦娥神话母题观照下的民族文化心理》（《河南教育学院学报》2010 年第 5 期）一文，认为嫦娥神话母题蕴含了民族古老的世界观、宗教观、道德观，积淀了深厚的民族文化心理，至今仍潜移默化地影响着人们的生活。霍福的《沉睡的记忆——神话传说、彩陶纹饰解读与田野调查》（青海民族出版社，2010 年）一书，以地方性民间信仰文化为主线，通过长期扎实的民族民间调查研究和文献梳理以及对文化史变迁脉络的把握，将青海地域文化放置于中国传统的文化语境中给予定位和理解，从不同侧面进行论证，提出了许多崭新的观点。

二、花儿研究

花儿研究主要集中在花儿理论研究、花儿文本研究、花儿表演及花儿会的调查研究方面。理论方面重点关注花儿的保护传承与创新问题，文本方面更多研究花儿的主题内容和艺术形式，花儿会的研究突出了传承人及其表演语境。

花儿理论研究。毕艳君的《论"花儿"的超断代发展》（《青海社会科学》2000 年第 6 期）一文，认为"花儿"传唱了几代人，存在了上百年，却始终如一地以一种合力张扬和发展着，它既不为哪个民族所独享，也不为哪个民族所排斥，而是以西北少数民族所共有的特征、以一种超"断代"的态势得以继承和创新。李泰年的《走近花儿》（青海人民出版社，2001 年）一书认为，花儿这一民歌样式是河湟民众爱情史上的文明信号，是民众自行构建的和谐平台和文化载体，是人与自然和谐共处的赞曲，是老百姓自娱自乐的精神家园，是河湟大地上的朴野乡音。认为花儿在音乐曲令上具有昆仑神话般的诡谲，在风格上能与十五国风相媲美，是高原上唱响的天

籁之音。赵宗福的《"花儿"理论研究与基础工作的关系——〈花儿词话〉序》（《青海民族研究》2001 年第 4 期）一文，认为花儿作为一种传统文化的载体，不仅在体制上有着极强的传承性和模式化，而且通过不断的拷贝、传递和扩布着各种各样的传统观念和"地方性知识"。该书对民俗相关的词语做了考证和解释，颇有价值。滕晓天的《花儿的现代创新》（《中国土族》2004 年第 2 期）一文，论述了自 20 世纪 50 年代开始，尤其是改革开放以来"花儿"创作在内容和形式上的创新和变化，具有资料性的参考价值。滕晓天的《青海花儿品牌该怎么打造》（《柴达木开发研究》2004 年第 5 期）一文，提出花儿应该成为文化品牌，因为它有着历史、地域、曲令、容量和民族等多方面的优势。刘永红的《禁忌与狂欢——浅谈"花儿"的文化特征与社会功能》（《青海民族研究》2006 年第 1 期）一文，运用巴赫金狂欢理论，强调作为西北民俗文化事象的"花儿"具有禁忌与狂欢的文化特征，表现出对社会的调适和整合，体现了文化和社会的互动关系。颜宗成的《青海花儿论集》（中国文联出版社，2006 年）一书，收录了从理论研究与基础工作、继承传统和不断创新、非遗传承和与时俱进、市场需求与花儿产业、花儿民俗和花儿走向、网络花儿与审美价值、花儿社会学和民族特征、花儿音乐与曲令发展等方面的研究论文近 70 篇，从多个方面探讨了花儿的起源与发展、曲令与文本、艺术与审美、传承与创新、机遇与挑战，以及花儿会的发展与变迁等诸多问题，具有一定的资料价值。赵宗福的《西北花儿的研究保护与学界的学术责任》（《民间文化论坛》2007 年第 3 期）一文，认为保护西北花儿等带有表演性质的程式化的遗产，不仅要求学者学习和运用先进的理论与方法，更新学术观念，还应该深入花儿存活的文化传统实际，解密花儿口头传承的普遍的内在机制，挖掘出各地

区、各民族花儿口头传承的个性价值，从宏观和微观上全面准确地理解和把握花儿，进而在非物质文化遗产的保护中真正发挥学者应有的参与层次和学术功能。王文业的《网络花儿民俗主义评析》（《青海师范大学民族师范学院学报》2008年第2期）一文，认为花儿从乡间田野走向网络媒体，形成了一种新型的"网络花儿"，对花儿这种传统的地域性民歌来说，无疑是空前的、巨大的变化，应予以高度重视。滕晓天的《青海花儿和谐思想浅析》（《中国土族》2009年第1期）一文，认为自古以来，多民族在青海地区和谐相处，兄弟情深，各兄弟民族的文化、习俗相互融合、相互影响，有着多民族的多元文化和多地域的地域特色。晓天、井石、宗成的《青海花儿论集》（2）（金陵书社出版公司，2009年）一书选辑了2006年后多次举行的花儿研讨会会议论文成果，分别从继续探讨打造花儿品牌、花儿的非物质文化遗产保护、花儿艺术特质、挖掘民间花儿资源、纪念和研究朱仲禄花儿成就、花儿创作评介、展示花儿人的艺术人生等方面进行了选辑整理。吉狄马加、赵宗福的《青海花儿大典》（青海人民出版社，2010年）一书，内容包括综述、词选、曲令、花儿会、花儿传承人、花儿创作、花儿研究等七个部分，展示了青海花儿文本类型的调查和搜集，融汇了花儿的音乐艺术、民间文化、展演空间、享用主体和研究成果等内容形式。李言统的《理论研究与应用研究相结合的学术研究范式——评〈西北花儿的研究保护与学界的学术责任〉》（《青海社会科学》2010年第1期）一文，认为在非物质文化遗产的抢救和保护中，如何把理论研究与应用研究有机结合，进行规范的学术研究，以期更好地服务于"非遗"事业，学者的责任显得尤为重要。他认为，赵宗福的《西北花儿的研究保护与学界的学术责任》以西北花儿的研究保护为个案，在重新鉴定花儿的族属、价值、花儿会的个性特征的基础上进一步

明确了学者的责任和理论追求等问题。阿进录的《原型批评视域下"花儿"意象研究》（《青海民族大学学报》2010年第2期）一文，认为"花儿"意象具有深刻的象征含义，体现了中国文化的精神原型，折射出西北地区各民族隐秘的文化心理。

花儿文本研究。刘凯的《西部花儿散论》（广西人民出版社，1995年）一书，从民间文学、语言学、民族学、民俗学等学科视角，对花儿的历史渊源、流变发展、流派体系、格律押韵、方言俚词、展演形式、民族特点等方面展开了较为详尽的阐释论述和归纳分析，特别是对花儿与少年的来源、花儿流派的形成过程、花儿与方言的关系、花儿的修辞艺术、花儿的曲令特点、花儿的地域和民族特性以及花儿的展演形式等方面进行了探讨，具有一定的参考价值。毕艳君的《个性的张扬，理性的扼杀——论"花儿"中的爱情悲剧》（《青海民族研究》1999年第4期）一文，认为"花儿"由于长时期被作为"野曲儿"来对待，传至今天保留较多的都是近现代的一些"花儿"，而这些"花儿"由于所处的特定历史环境大多表现出了众多西北人对旧礼教的反叛和对个体生命价值的追求，文章对爱情"花儿"中体现出的生命体验做了论述。罗耀南的《花儿词话》（青海人民出版社，2001年）一书，搜集了700多首花儿文本，全书按花儿的艺术体式和修辞特点，共分为起兴篇、叠字篇、顶真篇、嵌数篇、谐音篇、"独木桥体"篇及杂体篇等七种主要的花儿类型，这种分类方式对于探寻花儿的创作艺术、修辞艺术和表演艺术具有一定的参考价值。全书就花儿文本所涉及的历史典故、民俗风情、方言俚语等做了比较全面的注解，并对所收集的花儿作了文学鉴赏和评析。滕晓天的《青海花儿话青海》（香港银河出版社，2002年）一书分上下两篇，上篇从花儿文本中展现青海历史悠久、文化独特，讴歌了青海壮美山河、淳朴民风；下篇通过具体的花儿文本，重点

分析花儿蕴含的多种修辞手法和艺术风格。阿进录的《情感与欲望之间——论"花儿"情歌的基本文化特征》（《青海民族研究》2007年第1期）一文，认为"花儿"情歌的内容始终游走于情感与欲望之间，文章此为出发点，简要分析和阐述了"花儿"情歌的基本特征。阿进录的《"牡丹"：一个"花儿"经典意象的文化分析》（《青海民族研究》2007年第4期）一文，以"花儿"中最经典的比兴意象"牡丹"为例，说明"花儿"的比兴意象不只是具有形式上的意义，更有特殊的历史文化内涵，具有深刻的文化象征意义。李言统的《民歌花儿的民间指涉和文本使用》（《青海民族研究》2008年第3期）一文，认为民歌花儿是一种口头演唱艺术，其文本在从口头向书面转化的过程中，经过了文人学者搜集、整理、改编、创制、出版等一系列的工序，这样写成的书面文本与花儿存活的真实图景之间的距离不断拉大。文章采用文本回溯的方法，对历年形成的花儿书面文本进行追溯，以揭示花儿演唱的民间性及文本使用中呈现出来的特殊性。杨生顺的《试论青海"花儿"的内容及情感》（《湖南广播电视大学学报》2010年第4期）一文，从青海"花儿"的整体作品结构入手，对"花儿"的比兴、抒情内容进行了细致的考察、研究与分类，认为情是"花儿"的核心，是内在的最本质的东西。杨生顺的《试论青海花儿的歌词艺术美》（《青海民族大学学报》2010年第6期）一文，从语言学和美学的角度，对青海花儿的歌词艺术美进行了研究，认为青海花儿的歌词艺术包括高超的修辞艺术、独特的语言艺术和整体的谋篇艺术。

表演与花儿会研究。毕艳君的《浅论花儿会的变异》（《青海民族研究》2002年第4期）一文，以花儿的良性发展为出发点，从本质上阐述了花儿会在市场冲击下不可动摇的民间性。张君仁的《花儿王朱仲禄——人类学情景中的民间歌手》（敦煌文艺出版社，2004年）一书，以音乐人类学的特殊视阈，对著名花儿歌手朱仲禄的个人生活历程和艺术生涯作了传记式记叙，对其一生的花儿情结、花儿发展和花儿艺术研究等做了论述。张莲葵的《"花儿"演唱风格与民族声乐艺术》（《青海师范大学学报》2005年第3期）一文，通过对回族、撒拉族及土族"花儿"的演唱方法进行分析与研究，认为各民族的花儿在演唱风格上是相互借鉴、互动发展的，把不同民族的演唱风格，用科学的演唱方法融会贯穿到演唱中，使"花儿"这一民族声乐艺术取百家之长，不断丰富和完善，逐步向多元多样化发展。李言统的《"在场"视域下花儿的创作和表演刍议》（《青海师范大学学报》2007年第2期）一文，认为花儿作为一种演唱艺术，是歌手在特定情境下的即兴创作和表演。而创作和表演是花儿演唱过程的两个方面，是由歌者和听众在特定的时空下共同构成的一种"在场"。在这种"在场"视域下，花儿演唱呈现出一些新的特征。文章从歌手与听众、创作与表演的关系入手，对花儿在创作和表演中的程式化特征和表演性特征做一新的探讨。李言统的《青海全境四大花儿庙会的调查报告》（《西北民族研究》2009年第1期）一文，认为青海花儿庙会作为一种独特的民俗文化活动，集神圣的庙会信仰活动和极具狂欢性质的歌节为一体，有着悠久的传承历史和明显的地域文化特征。李言统、陈荣、王国林的《河湟花儿与花儿会》（青海人民出版社，2010年）一书，以乐都瞿坛寺花儿会、民和七里寺花儿会、大通老爷山花儿会、互助丹麻土族花儿会为主要考察对象，兼论杰出的花儿传承人。强调不同语境、不同民族的花儿和花儿会的形成背景和展演方式，在分析比较其共性特征和个性差异的基础上，凸显河湟花儿和花儿会的文化价值和现实意义。

三、口头传统研究

口头传统研究。赵宗福的《论河湟皮影戏展演中的口头程式》(《文艺研究》2000 年第 4 期)一文,对河湟皮影戏艺人在展演中对大小不等的三种"词"即叙事单元的模式记忆、艺术重构以及艺人与观众间内部沟通的话语问题做了研究,并且阐释了民间文艺创作的秘诀。贾一心的《〈古兰经〉美学思想探析》(《青海民族学院学报》2008 年第 2 期)一文,分析和阐释了《古兰经》的美学思想,指出其本体美、生命美、和谐美的主旨,以期进一步了解、认识伊斯兰美学。邢海燕的《土族口头传统与民俗文化》(甘肃人民出版社,2008 年)一书,对土族散文类和韵文类口头传统分别从多元叙事模式和程式化表达两方面展开论述,同时对反映生活智慧的土族谚语、谜语、俗语等从其展演的文化背景和现场情景入手,探索其自身的内部运行规律,并且将土族口头传统置于具体的文化语境中去认知它所存在的多元文化空间以及表现出的独有特征和民俗功能。马光星的《土族史诗〈福羊之歌〉浅析》(《青海民族学院学报》2009 年第 4 期)一文,认为流传于土族和藏族地区的《福羊之歌》是一部对羊的颂扬之歌,羊之所以被赋予不同寻常的来历,是高原人出于对羊的一种特有的生命情怀。马光星的《河湟民间叙事诗》(青海人民出版社,2010 年)一书,从河湟地区各民族民间叙事诗的文化语境、主要作品和传承保护等方面来展现这一民间文学样式的丰富多彩。通过对《拉布仁与吉门索》《马五哥与尕豆妹》《福羊之歌》《祁家延西》《太平哥儿》《方四娘》《不幸的察瓦绒》《日月情》等河湟民间叙事诗的分析、解读,指出这些叙事诗是广大民众智慧的民间文化结晶,真实地反映了当时民众的生活现实和思想情感。

四、传说、故事、歌谣和谚语研究

传说研究关注了青藏地区的民间传说和《杨家将》传说,故事研究以土族和藏族民间故事为主,也涉及宝卷故事的研究。歌谣研究以口头说唱、本土音乐和少数民族歌谣为研究对象。

传说研究。安海民的《三江源地区民间传说及其文化意蕴初探》(《青海民族研究》2009 年第 1 期)一文,认为三江源民间传说具有自为性为主开放性为辅、民族性为主互融性为辅、通俗性为主神秘性为辅的特点,同时还具有记录历史、反映现实的文化功能以及传承文明的文化功能和自娱自乐、实施教化的文化功能。胡芳的《青藏地区民间传说的文化史价值》(《青海社会科学》2010 年第 1 期)一文,认为青藏地区丰富多彩的民间传说是各民族历史记忆的另一种呈现,镌刻着各民族历史和文化演进的脉络,包孕着深厚博大的文化内涵,是各民族人民用幻想性的、传奇的口头叙事构建起来的原始的"口述史",具有历史、宗教、民俗等多方面的文化史研究价值和意义。梁家胜的《脉与场:家族与宗族及其文化观念——以杨家将传说为例》(《青海社会科学》2010 年第 6 期)一文,认为"脉"与"场"是"杨家将"这一特定英雄群像得以生发和承继的两个关键性因素,从而为我们理解在广大民众的生活和观念中根深蒂固的家族与宗族传统拓展了阐释的平台和空间。

故事研究。星全成的《土族民间故事刍议》(《青海民族研究》1999 年第 1 期)一文,认为历史上的土族虽然没有自己的文字,但在长期的生活和生产实践中,土族人民依靠自己的聪明才智创作出了大量的民间文学作品,在一定程度上丰富了祖国的民间文化宝库。胡芳的《土族原始文化的活化石——土族蟒古斯故事研究》(《中国土族》2006 年第 2 期)一文,对土族蟒古斯故事的起源和演变历程进行了尝试性的探寻,并对其中所蕴含的原始文化意蕴进行了挖掘和解析。霍福的《青海目连手抄本述略》(《青海社会科学》2006 年第 3 期)一文,认为青海目连戏作为一个剧种已经消亡,仅存的剧本《目连宝卷》手抄本成为这个剧种的一份遗产。《目连宝卷》是在目连说唱本《目连救母幽冥宝传》的基础上发展形成的。王歌行等人编著的《中国民间故事集成·青海卷》（中国 ISBN 中心，2007 年）一书，搜集和整理了流传在不同时期、多个区域和民族中的民间故事。索南措的《论印度故事对藏族故事的影响——以几则动物故事为例》（《语文学刊》2009 年第 12 期）一文，以流传在藏区的几则寓言为例，印证了印度动物故事对藏族寓言的影响，认为藏族故事在沟通印度和中国中原地区汉族民间故事中起着重要的作用。

歌谣研究。 罗耀南的《社火词曲选注》（青海人民出版社，1993 年）一书，通过大量田野作业，对青海尤其是流传在湟中县、西宁市的社火词进行了搜集、整理，内容包括社火小调、表说词、民间小戏和典型曲谱，还比较系统地叙述了社火的形成演变与发展流变，资料性比较强。胡芳的《土族婚礼歌探析》（《中国土族》2001 年第 1 期）一文，认为土族婚礼歌是传承民族文化的重要载体，包含着土族早期的哲学思想、宗教信仰和伦理道德观念，间接而形象地反映了土族先民对世界和自然的认识和解释。毕艳君的《甘青河湟地区"财宝神"文化内蕴阐释》（《民族文学研究》2007 年第 1 期）一文，认为"财宝神"是流传于甘青河湟地区的一种民间艺术形式，它在土族地区和一些汉族地区广泛传唱，形成了自己别具特色的文化意蕴。文章从传统汉文化特征、地方差异性及文化价值取向等不同角度对其进行了分析和阐释。苍海平的《从青海社火看本土音乐的文化变迁》（《音乐艺术》2007 第 4 期）一文，以社火的孕育、形成、演变、融合、发展为研究点，寻求本土音乐文化在高度文明社会中的变迁、传承与可持续发展之道路。许英国、马光星等人编著的《中国民间歌谣集成·青海卷》（中国 ISBN 中心，2007 年）一书，搜集和整理了流传在不同时期、多个区域和民族中的民间歌谣。毕艳君的《简析土族民歌"库咕笳"的艺术魅力》

（《湖北民族学院学报》2007 年第 1 期）一文，认为"库咕笳"作为土族特有的传统情歌，以其鲜明的民族特色、艺术风格和有别于"花儿"的特征，对土族人民至善至美的爱情追求进行了讴歌。陕锦风的《论少数民族文学的功能——以西北歌谣为例》（《青海社会科学》2007 年第 5 期）一文，认为少数民族民间文学是中国文学园地中的一枝奇葩，它是少数民族群众表达思想情感、服务生活和社会的审美结晶，具有相异于作家文学的特点和功能。苍海平的《撒拉族音乐文化概论》（上海音乐学院出版社，2010 年）一书，参照中国民间音乐的分类方法，结合撒拉族民族音乐特点，将撒拉族民间音乐分为民歌、歌舞、民族器乐，而将其中民歌又分为劳动号子、宴席曲、小调、儿歌、"玉儿"、花儿六大类，较为系统地介绍和分析了撒拉族民族民间音乐及其风俗文化。

谚语和谜语研究。 冯国寅等人编著的《中国民间谚语集成·青海卷》（中国 ISBN 中心，2007 年）一书，搜集和整理了流传在不同时期、多个区域和民族中的民间谚语。蒲生华的《青藏地区的谜语特征探微》（《青海师范大学学报》2010 年第 3 期）一文，认为谜语是一种以猜测某种事物为目的的韵文类口头作品。谜语除了其知识性、趣味性、娱乐性等特点让人难以释怀外，它的地域乡土特征和语言文学特征同样引人入胜。综观青藏地区的谜语，其浓郁的乡土气息令人迷醉留恋，其隽永的文学意蕴耐人寻味，至于别开生面的藏族谜语更是夺人眼目。蒲生华的《青藏地区谚语的特征与功能探析》（《青海师范大学学报》2010 年第 9 期）一文，提出青藏地区是谚语的富矿区，这里的谚语具有浓厚的地方特色和独特的社会功能。青藏地区谚语的特征主要表现为浓郁的民族性、鲜明的地域性、深邃的哲理性和语言描述上的形象性，其功能主要有警示教化功能、知识传播功能和文化载体功能。

第十六章　教育学与心理学研究

20世纪90年代以来，青海教育体制改革全面启动，逐步转向与建立社会主义市场经济体制相适应的教育发展轨道。以科教兴青和西部大开发战略为契机，深化教育改革，推进素质教育，实施"两基"攻坚，扩大办学规模，提高办学效益，加快发展各级各类教育，全省教育步入了一个跨越式发展的新时期。

这一时期，青海省教育学研究和心理学研究也发生了前所未有的变化，进入了繁荣发展的时期。普及九年义务教育、发展普通高中、扩大高等教育办学规模、扶持少数民族教育、实施素质教育、提高办学效益等方面的教育学研究不断深化。心理学研究由认知心理学的研究方向转向了认知科学特别是认知神经科学，心理学本土化的研究陆续展开，心理学本土化研究意识初步形成。教育学和心理学研究内容不断丰富，研究队伍日益壮大，研究成果日益丰硕。据不完全统计，1993—2010年，教育学研究方面发表论文4500余篇，出版了《21世纪的青海教育与可持续发展研究》《藏族教育改革与发展》《青藏牧区教育跨越式发展研究》等一批水平较高的教育科研专著，发表了《青海民族地区基础教育发展研究》《更新观念　优化环境　促进女童教育健康发展——青海省少数民族女童教育实验报告》等多篇有一定学术影响力的论文和研究报告。心理学研究方面出版专著《民族交往心理的跨文化研究》，完成国家社科基金项目《藏族学生藏汉双语认知研究》，发表学术论文1200余篇，《藏汉双语教学研究》《高原不同海拔地区小学生学习能力变化特点研究》《青海大学生创造性思维及其相关因素研究》《高原地区民族学院大学新生心理状况调查》等多篇论文具有一定的学术影响力。研究成果具有青海地区独有的民族特色，填补了青海地区民族教育、心理研究的空缺，提出了有建设性的对策和建议。

第一节　教育学研究

随着教育改革的不断深入，优化教育结构，创新教育内容、方法和手段，推进依法治教，提高教育质量和办学效益，搞活职业教育和成人教育，扩大高等教育办学规模，扶持民族教育，加大教育投入，改善办学条件等方面的问题，成为这一时期教育学研究的主要内容，也产生了一批有较高质量的研究成果。

一、教育改革发展研究

这一时期是青海教育改革全面推进、逐步深入，教育事业发展迈出新步伐的时期，广大教育工作者对青海教育改革和发展进行了一系列深入细致的研究。

教育可持续发展研究。蒋焕东的《邓小平教育思想体系与改革中的青海教育》（《青海教育》1994年第5期）一文，论述了邓小平科教兴国的战略思想和实践，邓小平以伟大战略家的眼光提出"教育要面向现代化，面向世界，面向未来"，他从社会主义现代化战略全局和中华民族命运的高度重视发展教育，提出"我们要实现现代化，关键是科学技术要能上去。发展科学技术，不抓教育不行"，指出应该用邓小平教育理论的精髓指导青海教育改革和发展的实践，为实施科教兴青战略做出更大的贡献。白玛、陈化育、丁生东等的《21世纪的青海教育与可持续发展研究》（青海人民出版社，2002年）一书，首次对青海省教育改革与发展战略进行了系统研究，分析了21世纪初期青海经济社会发展趋势和教育发展战略的调整、青海省"十五"及2010年教育发展目标、青海省教育投资及"十五"和2010年教育经费供求平衡、21世纪初期青海教师队伍问题研究等问题，提出和探讨了21世纪青海教育发展战略对策。杜小明的《抓住机遇 改革创新 努力实现青海教育的跨越式发展》（《青海民族学院学报》2004年第4期）一文，认为教育是现代文明的基础和百年大计，在实施西部大开发、青海大发展和全面建设社会主义的伟大事业中，教育具有先导性和全局性作用，必须摆在优先发展的战略地位。同时，阐述了青海教育发展状况及特点、青海教育形势分析以及如何加快青海教育发展等内容。王振岭、丁生东、张军等的《青藏牧区教育跨越式发展研究》（青海人民出版社，2010年）一书，主要论述了青藏牧区教育跨越式发展的重要战略意义，总结了现代青藏牧区教育

跨越式发展的成就、青藏牧区教育发展的主要历程、发展青藏牧区教育的主要政策措施、青藏牧区教育面临的主要挑战，探讨了青藏牧区教育跨越式发展规律、青藏牧区教育的特殊性、青藏牧区教育跨越式发展的有利条件，分析了青藏牧区学校布局结构和中小学教师队伍的现状以及存在的主要问题，对青藏牧区学校管理的现状及内容、学校管理的经验、加强学校管理的对策措施等方面也进行了研究探讨。王予波的《论转变青海教育发展方式的科学内涵及路径选择》（《青海师范大学学报》2010年第5期）一文，认为实现经济发展方式转变的关键在教育，探索了转变青海教育发展方式的有效途径和观念、体制、能力、作风等方面的有力保障，并论述了如何加快转变青海教育发展方式的进程。

教育改革发展研究。任玉贵的《现代学校科学管理概论》（陕西人民教育出版社，1997年）一书，以邓小平同志提出的"教育要面向现代化，面向世界，面向未来"为指针，运用系统论、信息论、控制论观点对现代学校管理的意义、特点、原理、原则、内容、方法、对象等进行了比较全面、系统、科学的论述。王振岭的《青海牧区教育发展研究》（青海人民出版社，2004年）一书，主要论述了发展区域教育在振兴社会经济中的核心地位，进而论证发展牧区教育对解决社会发展中的民族问题乃至维护国家统一大业所具有的战略意义；从青海牧区主体少数民族的民族特征出发，研究牧区教育发展的基本属性和共性特征；从学校布局的现状分析入手，运用教育资源流向原理及其规律，分析青海牧区师资、生源、区域生产力水平及经济发展状况，提出青海牧区优秀师资队伍建设的科学构想；依据实例，系统论述青海牧区寻求教育资源的有效途径和基本经验；以实例介绍青海牧区如何因地制宜发展区域内不同类型教育的基本模式及有效途径。王振岭的《青海教育：形势分析和对策建

议》（《青海社会科学》2006 年第 2 期）一文，认为教育是关系青海未来发展的事业和百年大计，对青海教育当前的形势进行了分析，对存在的问题进行了剖析，并在此基础上提出全面实现规划目标、大力发展高中阶段教育、积极发展高等教育、优化学校布局、加快教育信息化建设步伐、改善办学条件等发展和改革青海教育的对策建议。生杰卓玛的《浅析青海教育发展问题》（《青海师专学报》2006 年第 2 期）一文，认为当今时代的发展越来越迅速，对人的知识文化水平的要求越来越高，为适应时代的发展，当务之急在于大力提高教育水平，构建全面教育、终生教育体系，对于欠发达的青海来说，显得尤为紧要。祁永寿、何丽的《青海省教育投资与经济增长关系的实证分析》（《青海师范大学学报》2009 年第 4 期）一文，运用哈罗德－多马模型和相关数据对青海省教育投资与经济增长的关系进行了实证分析，认为虽然青海省教育投资和经济增长存在长期均衡关系，但青海省教育投资对经济增长贡献率较低，教育投资体制比较单一，并提出了一些多渠道增加教育投资的对策建议。

教育发展历程研究。杜小明主编的《青海教育史》（青海人民出版社，1997 年）一书，主要分为"青海的古代教育""青海的近、现代教育""青海的当代教育"三大部分，基本勾勒了青海教育发展演变的脉络，再现了青海教育发展的历程和地方特色。蒋焕东、任玉贵的《江河源教育的启始与发展》（《西北民族学院学报》1998 年第 2 期）一文，系统阐述了青海的教育发展史，并对如何推动青海教育发展提出了对策建议。刘永成的《改革开放二十年的青海教育》（《青海教育》1999 年第 1 期）一文，全面总结了改革开放以来青海省教育事业取得的前所未有的成就。贾伟、李臣玲的《试论杨应琚教育主张对青海教育的影响》（《青海民族研究》2004 年第 3 期）一文，着重回顾了青海历史上著名的教育家杨应琚的教育主张以及其采取的教育措施，并论述了对当前青海教育的影响。岳文莉的《民国时期青海国民教育的途径及步骤》（《青海教育》2008 年第 3 期）一文，回顾了民国时期南京国民政府推行的"政教合一""三位一体""管教养卫"等国民教育制度。刘青云的《青海教育：10 年辉煌的变迁》（《青海教育》2010 年第 12 期）一文，认为 21 世纪以来青海省教育事业进入了一个加速发展的时期，特别是国家西部大开发战略的实施和社会主义新青海建设的推进，为青海省教育事业发展注入了强大的生机和活力，全省教育工作迎来了加速发展的一次重大机遇，青海省教育工作取得了前所未有的成绩。

二、基础教育研究

基础教育关系到每一个人，是提高国民素质、实现国家富强的基础性工程。提高人口素质，加快发展信息技术教育、远程教育、农牧区义务教育是这一时期教育工作者研究的重点。

民族基础教育研究。刘旭东的《青海民族地区基础教育发展研究》（《民族教育研究》1994 年第 1 期）一文，认为我国沿海发达地区和其他经济增长较快的地区之所以能取得较高的发展水平，是因为它们均有一条共同的经验，即大力发展乡镇企业、产业结构不断现代化、不断提高产业部门的技术构成，为了实现这一目标，就必须要拥有较高的人口素质以及与此相适应的、规范的基础教育，而沿海发达地区今天走过的道路，必将是青海民族地区明天要走的道路。王振岭、丁生东的《青海藏族地区基础教育发展的背景、现状及对策》（《民族教育研究》2007 年第 1 期）一文，认为藏族地区教育，尤其是牧区教育是目前最难办的教育之一，在西部大开发的特殊条件下，针对青海藏族地区的实际情况，应抓住基础建设和义务教育的重点，调整学校布局，合理配置教育资源，加强师资培训，建立特色鲜明的民族寄宿制学校，完善贫困学生资助制度，等等，以提高整体教育水平。陈巍的《实现青海藏区义务教育均衡发展的有效途径》（《青海民族学院学报》2007 年第 3 期）一文，分析了当前青海省藏区义务教育的现状和发展中存在的主要问题和困难，并就实现藏区义务教育均衡发展提出了统筹协调、整合资源，遵循规律、整体推进，以人为本、生师并重等设想。何波的《青海基础教育发展研究》（《青海师范大学学报》2008 年第 6 期）一文，认为青海基础教育形成了独特的体系结构，呈现出普通教育与民族教育双元体系的存在态势，但青海基础教育的类型结构、层次结构、空间布局结构、师资队伍结构都需调整、规划和改革。该文还立足于青海基础教育的实际，以区域教育均衡发展为基本理念，尝试性地建构了青海基础教育改革与发展的政策框架。

牧区基础教育研究。 刘文璞的《青海牧区教育的特殊困难及克服办法》（《青海社会科学》1995 年第 5 期）一文，认为青海省在数十年探索实践的基础上，确定了多种形式的灵活办学原则，在教学管理上以寄宿制为主体和骨干，充分发挥乡寄宿制小学的核心作用，逐步发挥乡寄宿制小学对村级初级小学和教学点（班）的指导和带动功能，逐步建立和健全教学工作检查、学生成绩考核、质量评估等方面的管理制度，形成了自己的教育特色。宁中宏的《电大远程教育：青海牧区培养人才的有效途径》（《青海学刊》2001 年第 4 期）一文，认为现代信息技术正在迅速地改变着人们的学习方式、教育方式和生活方式，而远程教育是在传统的学校教育基础上发展起来的，运用传播媒介完成"教"与"学"过程的一种新型教育形式。刘忠的《论青海牧区发展远程教育中的若干问题》（《青海师范大学学报》2002 年第 4 期）一文，立足于青海牧区的人口与地域特征、教育发展现状，通过对牧区远程教育发展的分析研究，探讨了青海牧区发展远程教育的指导思想、战略方针和基本模式。王振岭的

《对青海南部牧区教育的调查与思考》（《民族教育研究》2004 年第 4 期）一文，认为要发展青海南部牧区教育，必须进一步提高对教育战略地位的认识，增强紧迫感和责任感，努力实现职业技术教育和基础教育的早期结合，最大限度地提高教育的投资效应，打破封闭状态，坚持以人为本，创新方法和手段，妥善处理好寺院教育、传统教育与现代教育的关系。薛建玲的《青海农牧区普及九年制义务教育问题浅探》（《攀登》2005 年第 6 期）一文，认为青海省义务教育投入不足，使得青海省农牧区九年制义务教育工作与国家义务教育的目标要求存在一定的差距，因此，规范教育投入保障机制，实现教育资金的逐年增长，并加大《义务教育法》的执法力度，力促"普九"工作目标在农牧区如期实现，对青海省具有特殊的重要意义。张春海的《青海牧区教育发展的困境与出路》（《中国科技信息》2007 年第 7 期）一文，通过对青海牧区教育现状的认识和把握，分析其发展中存在的问题，主要探讨了"两免一补"政策、牧区教育结构与布局、汉语文教学、民族教育教材建设、校本课程开放等问题，并提出了解决这些问题的思路和策略。韩维良的《青海农牧区开展现代远程教育现状调查》（《青海民族研究》2009 年第 3 期）一文，对青海省农牧区开展现代远程教育的现状进行了调研和科学分析，提出了进一步研究和实施青海省农牧区现代远程教育的对策建议。马晓娟的《青海农牧区中小学信息技术教育的发展现状及其对策——以青海省海北州为例》（《青海师范大学民族师范学院学报》2009 年第 2 期）一文，认为实施信息技术教育，是农牧区解决教育资源短缺、师资力量薄弱等问题，实现基础教育可持续发展的最有效途径。该文通过对青海省海北州中小学信息技术教育现状的实地调查，分析了阻碍青海农牧区中小学信息技术教育发展的因素，并初步探讨了青海农牧区中小学信息技术教育发展

的对策。仁青才让的《浅谈青海贫困牧区基础教育发展的分析及对策》（《中国教育研究论丛》2009年）一文，认为由于地理、经济、文化等诸多方面存在差异性和特殊性，青海贫困牧区实施素质教育面临特殊的困难和问题，只有从牧区的实际出发，因地制宜，区别规划，突出特色，找准素质教育在牧区的切入点，才能探索和开创实施素质教育的新路子，才能实现素质教育的宗旨和本义。

三、职业教育研究

职业教育是教育结构中的一个重要组成部分，是振兴经济的重要基础因素。实施中等教育结构改革、扩大职业教育规模、加快技能型人才培养、大力发展农牧区职业教育成为这一时期研究的重点。

职业教育发展研究。 朱斌的《浅谈发展青海职业技术教育的若干问题》（《青海民族研究》1994年第2期）一文，认为自1980年以来，青海省进行了以发展职业技术教育为主体的中等教育结构改革，经过十余年的努力，单一的中等教育结构得到初步改变，职业技术教育得到一定发展，一个努力适应经济建设需要、行业配套、结构合理并能够与普通教育相互沟通的中等职业技术教育体系正在逐步建立。哈薇的《插上腾飞的翅膀——青海成人中等专业教育发展回顾与展望》（《青海教育》1997年第1期）一文，认为青海省的成人中等专业教育是在改革开放大潮中应运而生的，虽然只有十几年的发展历史，但发展迅速。到1996年底已初步形成规模适度、布局合理、结构优化的，具有职业性和开放性的成人中专教育体系。刘琴成的《发展青海职业教育的一点思考》（《青海社会科学》2003年第3期）一文，认为青海是一个多民族聚居的地区，由于地理、历史等方面的原因，经济、社会发展水平较低，其根本原因是劳动者科技文化素质不高，而提高人口素质，培养各级各类人才，必须大力

发展职业教育，这是经济社会全面发展进步的前提。

职业教育发展对策研究。 单军的《试谈青海发展职业教育的必要性》（《青海教育》2005年第1期）一文，认为职业教育是教育结构中的一个重要组成部分，是振兴经济的重要基础因素。随着青海省国民经济连续三年12%以上的增长速度和"工业强省"、全面实现小康的社会经济发展要求，研究和确定青海省职业教育改革与发展的走向，调整职业教育体制结构，与时俱进地为青海社会经济发展培养高质量人才。王振岭、南金翠的《青海职业教育发展的形势、机遇和对策分析》（《青海民族研究》2007年第2期）一文，认为青海职业教育既有新的发展也面临很多困难和矛盾，提出了进一步扩大中等职业教育的规模、建设一批骨干示范学校和示范专业、加快技能型人才培养、大力发展农牧区职业教育、加强东西合作、建立现代招生制度和职业教育学生自主制度、进一步打造职业教育发展的良好环境等加快青海职业教育的对策建议。王振岭、张天生的《青海职业教育发展的机遇与对策研究》（《民族教育研究》2008年第5期）一文，认为职业教育是青海教育的薄弱环节，对青海职业教育发展的形势、当前面临的困难、新世纪发展职业教育的大好机遇以及如何加快发展职业教育等进行了深入的分析和探讨，并提出了一定的建设性意见。李文时的《抓住机遇　谋求发展　努力实现青海交通高等职业教育的跨越发展》（《青海交通科技》2010年第6期）一文，分析了青海省高等职业技术教育的现状及存在的问题，阐述了交通高等职业技术教育发展的主要工作思路。

四、高等教育研究

加强人文社会科学教育、大学生思想政治教育，开展留学生教育和引智工作，加快发展高等职业技术教育，发挥高等教育在社会经济发展中的作用等是这一时期研究高等教育的重点。

高等教育专业结构研究。李泽启、朱斌的《优化教育结构：青海教育改革的走向》（《青海师范大学学报》1993 年第 2 期）一文，认为社会主义市场经济体制的建立，对教育的改革和发展既提供了有利的环境，又提出了新的要求，如何根据市场经济的需要合理配置教育资源，使教育更好地适应青海省经济建设的需要，为青海经济建设服务，是摆在青海省教育部门面前的一项重要任务。李莱的《加强人文社会科学教育是青海大学面临的重要课题》（《青海大学学报》2002 年第 1 期）一文，针对高校传统方式培养的人才知识结构单一等弊端，强调了当今高校加强人文社会科学教育的重要性，并从学校实际出发，提出了转变观念、增大人文课程比重、设置交叉学科等措施。邢建民、孙立科等的《青海高等教育适应本省经济社会发展的思考》（《青海师范大学学报》2004 年第 6 期）一文，认为青海高等教育要适应本省经济社会发展，必须充分认识青海高等教育在青海经济社会发展中的战略地位；树立现代大学办学理念，更新教育观念，不断提高办学质量；加大师资队伍建设和人才培养力度，优化专业结构，推进学科建设；加强科学研究，多出研究成果，促进成果转化，提高科技贡献率；多渠道筹措办学经费，促进青海高等教育发展。陈英玉的《对加强青海高校非环境专业的环境教育的几点思考》（《青海环境》2005 年第 2 期）一文，认为高校非环境专业的环境教育是整个环境教育的重要内容，分析了在高校实施环境教育的重要性和非环境专业的环境教育存在的问题，并提出了相应建议。梁玉金、李莱、黄金龙等的《青海大学利用清华教育资源开设远程课堂的调查分析——以人文素质教育课程为例》（《青海大学学报》2009 年第 3 期）一文，阐述了正确认识开设清华远程课程的目的与作用，提出了在教师和学生中深入开展加强人文素质课程建设的教育、强化对学生进行清华远程素质课程选修的指导、调动助教教师参与清华远程建设的积极性与主动性、加强制度建设和规范学生选课等提高清华远程教学效果的对策建议。陈清明的《试述青海地区教育档案工作中人才资源的开发与配置》（《青海师范大学学报》2010 年第 5 期）一文，认为发展青海地区教育档案事业，开拓教育档案工作新局面，拓展教育档案服务新领域，进行人才培训，壮大人才队伍，发挥人才潜能，优化人才结构，合理开发配置人才资源的工作，对于推进教育档案事业科学发展具有十分重要的意义。

大学生教育研究。邓薇、杨琦的《对青海农牧区大学生思想政治教育的几点思考》（《青海民族研究》2002 年第 2 期）一文，认为重视农牧区大学生的思想政治教育是青海社会经济发展的现实要求，也是实现农牧区社会稳定的客观需要，青海高校的思想政治教育应切实加强马克思主义民族观、党和国家的宗教政策和艰苦奋斗精神等方面的教育。阿春林的《青海高校留学生教育与引智工作探讨》（《青海大学学报》2003 年第 3 期）一文，阐述了青海省应抓住全球经济一体化进程的加快和中国加入 WTO 这一机遇，大力开展留学生教育和引智工作，尤其是要在办学层次、办学条件、教学质量、招生规模和宣传力度上狠下功夫，使这一工作尽快形成规模，以便顺利地与国际接轨。王作全的《实践"三个代表"思想 促进青海民族高等教育的创新》（《青海民族学院学报》2003 年第 3 期）一文，结合"三个代表"重要思想及党的十六大报告精神，深入分析开发民族文化资源和发展民族高等教育事业对青海开发建设的重要意义，并就如何推进教育创新、促进民族高等教育事业的发展提出了自己的看法。刘启珍的《青海省外籍留学生教育工作回顾与展望》（《青海社会科学》2005 年第 5 期）一文，回顾了青海省外籍留学生教育发展的历史，展望了青海省 21 世纪外籍留学教育发展的前景。牟国元的《发展青海高等教育浅议》（《青海社会科学》2006 年第 4 期）一文，通过对青海高等教育现状的分析，提出高等教育发展的思路。该文认为加强合作、加大教育经费的投入、优化专业结构、改善人才环境、实行适度分权管理、扩大办学规模、加快发展高等职业技术教育等是提高青海高等教育质量的基本保障。王作全的《大学：人类文明的灯塔——论高等教育在青海经济社会发展中的特殊地位与作用》（《青海师范大学学报》2007 年第 2 期）一文，认为高等教育在青海经济社会发展中发挥着举足轻重的作用，青海各高校应进一步增强自己的历史使命、社会责任和服务社会的意识和理念，不断提高办学水平，扩大社会影响力，政府应进一步发挥投资主体和管理者的职责，大力支持大学的建设和改革，使青海省的高等教育在全面建设小康社会、构建和谐青海、富民强省的关键时期，真正发挥助推器和服务站的功能。铁生兰的《教师教育全程培养模式研究——以青海师范大学为例》（《福建论坛》2009 年第 4 期）一文，指出青海师范大学在全面分析和研究教师教育培养模式现状的基础上，结合当地教育的现状，开展了教师教育全程培养模式的创新实验，这种实践探索对加快教师教育发展、促进教师培养模式改革的多元化和开放化具有重要的意义。童成乾、星全成的《青海高校研究生教育调查研究》（《青海民族研究》2009 年第 3 期）一文，通过对青海省三所本科院校研究生教育状况的调研，梳理出青海省高校研究生教育在经费投入、导师素质、学科布局、内部管理诸方面存在的突出问题，并就如何促进高校研究生教育的发展进行了探讨。雷梅莉、赵慧莉、谢金的《大学新生入学教育策略研究——以青海师范大学为案例》（《青海师范大学学报》2010 年第 3 期）一文，从分析青海师范大学大学生的心理特点出发，研究了多民族、多元文化背景下新生入学适应教育

的策略、内容和管理，以及青藏高原地区高校辅导策略和规划。

五、民族教育研究

民族教育研究内容主要聚焦于民族教育改革与发展、藏族教育、回族教育、民族女童教育等方面的研究，研究成果偏重于现状和问题分析及应用对策研究。

民族教育改革与发展研究。刘文璞、王振岭的《青海民族教育发展的基本经验》（《青海民族学院学报》1994 年第 4 期）一文，在回顾新中国成立 40 多年青海民族教育发展史的基础上，对 40 年来青海民族教育发展的基本经验作了归纳总结。张凤英的《论青海民族教育的现状及对策》（《青海师范大学学报》1996 年第 2 期）一文，认为青海经济的振兴和发展，实质上就是少数民族地区的振兴和发展。该文分析研究了青海省民族教育的现状、问题，提出了发展民族教育的对策措施。苏晓明的《青海民族地区教育发展的主要矛盾及制约因素探析》（《青海民族学院学报》1999 年第 2 期）一文，对青海民族地区教育发展中存在的内外部主要矛盾及其他制约因素进行了分析和研究，认为青海民族地区教育的改革和发展，首要的任务是解决其面临的主要矛盾和克服其制约因素，只有找准民族教育与当地经济社会发展的切入点，把教育变成一个民族的自觉行动，才能发挥民族教育的功能。樊大新的《积极贯彻"十六大"精神　推进青海民族教育创新》（《青海民族学院学报》2003 年第 2 期）一文，认为作为民族高等院校，要以"三个代表"重要思想为指导，坚持三个面向，狠抓思想道德教育创新，教育教学改革创新，教学、科研、管理创新，教师、科研队伍建设创新等四个创新，不断推进民族高等教育的发展。吕建中的《青海民族教育发展的历史与现状》（《青海民族研究》2004 年第 2 期）一文，认为解放前的青海民族教育处于十分落后的状态，新中国成立

后，民族教育事业得到很大发展，但受经济发展、自然条件、教育基础等多种因素的制约，仍存在不少困难和问题，需要进一步提高认识、转变观念、加大投入、加快师资建设和教学手段改革、优化教育结构、提高管理水平等，这样才能实现培养大批少数民族合格人才的战略目标。李臣玲、贾伟的《试论青海近代社会结构特征及其对近代民族教育的影响》（《民族教育研究》2005年第5期）一文，指出青海是一个多民族、多文化汇聚的地区，在近代形成了鲜明的社会结构特征，使得青海近代民族教育在发展过程中深受制约，无论在形式还是内容上都呈现出多元性和非均衡性的特点。尚季芳、窦雅丽的《青海高等民族教育现状及对策探析》（《青海民族研究》2006年第1期）一文，认为办学经费不足、生源基础差、师资力量薄弱、师资流失严重、教育结构不合理等因素严重制约着青海民族高等教育的发展，进而提出了加大经费投入力度、加强师资队伍建设、调整学校布局结构等对策建议。赵雷的《青海民族地区信息技术教育的现状及对策》（《青海教育》2006年第1期）一文，认为青海省处于西部民族地区，经济发展较为滞后，教育水平比较落后，不论是教育观念还是软硬件资源条件，尚有待进一步转变、改善和发展，在信息技术教育广泛开展之时，加快青海民族地区信息技术教育有着重要的现实意义。陈永涌的《浅析跨文化教育背景下青海土族青少年品格的发展》（《学理论》2010年第22期）一文，认为中国的民族教育实质上是跨文化教育，是在尊重不同文化背景的前提下，为具有多种多样文化和民族背景的受教育者提供教育，而实施跨文化教育有利于打破本民族中心主义，体现教育机会平等，符合教育发展规律。梁爽的《加强少数民族外语教育的现实意义——以青海为例》（《西南民族大学学报》2010年第1期）一文，认为少数民族学生外语学习对经济社会发展的现实意义一直以来

被人们所忽视，在全球经济日益一体化的历史新格局下，外语教育在培养高素质、高科技的少数民族人才方面有着关键性的作用，当前少数民族外语教育还存在一些问题，高校应采取一些提高少数民族外语教育水平的措施。

藏族教育研究。夏铸、刘文璞主编的《藏族教育改革与发展》（青海人民出版社，1993年）一书，详细阐释了新中国成立以来，党和政府为扶持藏族教育发展所采取的一系列特殊政策及其重大意义；对藏汉双语教学与体系问题，从理论和实践的高度进行了详尽的论述，提出了切实可行的措施；对各级各类教育，也从藏族教育的现状与实际出发，突出基础教育，提出了改革发展的思路、对策与建议；对藏族职业技术教育与成人教育、藏族高等教育及大中专民族班、藏族师范教育与教师队伍建设、藏族教育投资问题、藏文教材的建设、构建藏族教育体系等内容均做了专题研究。吴永财、刘锋贵的《青海藏族教育与双语教学》（《民族教育研究》1993年第3期）一文，认为青海藏族居住分散，文化教育落后，大部分地区只用母语（藏语）进行初级教育，很难培养出更高层次的人才，而要推动青海教育的发展，首先要从藏族教育入手，藏族教育的难点主要是语言过渡问题，需要培养一批合格的从事中等教育的双语师资，对此普通高校民族班有着义不容辞的责任。陈化育的《以邓小平"三个面向"为指导，深化和加快青海藏族教育的改革与发展》（《青海民族学院学报》1994年第1期）一文，阐述了邓小平同志于1983年国庆节为北京景山学校的题词："教育要面向现代化，面向世界，面向未来"，科学地提出了党对教育工作的总体要求，为深化和加快青海藏族教育改革与发展指明了正确方向和战略目标。先巴的《青海现代藏族教育的社会基础和文化背景》（《中国藏学》1996年第3期）一文，认为教育是一种培养人的社会活动，其发展的程度、规模和速度，

与整个社会的发展有着十分密切的联系，社会整体的发展水平和不同历史阶段的社会要求是教育发展的最终根据。孟宪范、綦淑娟、侃本的《青海藏族的教育需求——对两个藏族社区的调查》（《中国社会科学》1998 年第 3 期）一文，指出社会流动渠道是激活教育需求的结构性要素，提出了教育可以从社会结构上增进民族地区与中华民族主流社会的同质性和相容性，从而提高社会整合水平的观点。木多的《青海藏区藏族人口文化及经济现状对藏族高师教育的新要求》（《康定民族师范高等专科学校学报》1999 年第 2 期）一文，认为要缩小藏族地区与其他先进民族地区的差距，使之更好地适应社会主义市场经济的新要求，首先必须改革藏族教育，尤其是藏族高师教育。李生花的《藏汉双语教学在青海藏医学教育中存在的问题及对策》（《青海师范大学民族师范学院学报》2003 年第 1 期）一文，结合双语教学的新观念，针对藏医学教学中存在的语言障碍问题，分析汉藏文化交流的历史、藏医学发展背景、藏医学生心理特点及现存的一些亟待解决的问题，并提出了解决问题的一些办法。贾荣敏、张志方的《青海高原藏族游牧区现代学校教育的文化适应性分析》（《青海民族研究》2009 年第 4 期）一文，对青藏高原藏族游牧区学校实施的"普适化"教育模式与藏族游牧文化背景下的文化适应性进行了分析，指出游牧区的教育模式应在游牧文化的背景下构建，而非套用内地教育模式。杨虎得的《民族文化教育与青海藏族自治地方社会稳定》（《青海社会科学》2010 年第 2 期）一文，认为中华人民共和国成立以来，青海藏族自治地方文化教育取得巨大成就，但与该地区社会发展要求还存在很大差距，这不仅制约了青海藏族自治地方经济发展，影响到公民政治文化的整合，而且也制约了文化教育对青海藏区社会群体政治行为的积极影响。加强青海藏区文化教育建设，既需要国家特殊政策的支持，同时也要发挥

民间社区的作用，坚持一切从实际出发的原则。何波的《论青海地方法规架构中的藏汉双语教育》（《青海社会科学》2010 年第 3 期）一文，认为双语教育是民族教育的重要特征，是民族教育改革与发展的关键。在青海地方法规架构中，以自治州自治条例为基础，以自治州藏语文工作条例、自治州义务教育条例为骨干，涉及藏汉双语教育的方方面面，尤其对双语教育的指导思想、基本原则、实施政策和双语教育的外部关系进行了规范，为双语教育的实施提供法律制度保障。

回族教育研究。陈化育的《青海回族教育再议》（《青海民族研究》1993 年第 2 期）一文，指出研究回族教育的状况与发展，对于促进青海省两个文明建设有着重要的意义。党的十一届三中全会以来，青海的回族教育不断发展和壮大，为了促进民族教育事业的发展，省委、省政府采取了一系列特殊政策。朱解琳的《青海回族的近代学校教育》（《民族教育研究》1993 年第 2 期）一文，认为学校教育的兴起在清代，清政府在青海回族地区举办以儒家思想为内容的义学，并将科举选士的制度应用到了回族地区。骆桂花的《青海回族教育的难点及对策》（《青海民族学院学报》1998 年第 4 期）一文，认为回族教育是青海省民族教育的一个薄弱环节，对此，要立足于青海回族教育的现状，采取有效对策，解决回族教育中存在的问题，为青海民族教育、经济的可持续性发展提供强劲的后备力量。马明良的《关于青海回族教育的若干问题》（《回族研究》1999 年第 2 期）一文，认为青海回族教育的现状令人担忧，在当地 5 个主要少数民族中，回族儿童入学率、大中专学生比例，均为倒数第一，这种情况应引起各方面的关注，群策群力，尽快扭转回族教育每况愈下的局面。骆桂花的《教育——青海地区回族经济发展的必然选择》（《青海民族研究》1999 年第 2 期）一文，认为提高青海回族群众的科学文化素质，关键是发展教

育。青海地区回族教育观念陈旧，教育结构不合理，师资力量薄弱，教育经费投入困难，教学内容不实际，这些均与当前民族地区经济发展不相适应，必须端正思想、提高认识，增加教育经费投入，构建民族教育新体系，构建民族特色的教材体系和教学内容，并形成一支稳定合格的师资队伍。马燕的《青海回族教育发展的特点及途径——兼谈回族女子教育》（《青海民族研究》2000 年第 3 期）一文，在总结青海回族教育发展特点的基础上，探讨了青海回族教育发展的途径，并对回族妇女教育问题做了初步的探索。

民族女童教育研究。关桂霞的《提高民族整体素质　必须强化女子教育——青海少数民族女子教育探微》（《青海民族研究》1993 年第 3 期）一文，认为中华人民共和国成立以来，青海少数民族女子教育事业从无到有，不断发展壮大，取得了历史性的巨大成就，但女子教育的落后性还未得到根本的改变，在当前还存在不少问题，必须进一步推动青海省少数民族女子教育事业的发展。刘文璞、任玉贵主编的《青海民族女童教育研究》（青海人民出版社，1994 年）一书，对全省少数民族女童教育的现状及问题进行了深入调研，探讨研究了民族地区女童辍学等问题，系统研究了影响民族女童就学的主要障碍和原因，提出了改善民族女童教育环境的对策。王振岭、刘文璞、任玉贵的《更新观念　优化环境　促进女童教育健康发展——青海省少数民族女童教育实验报告》（《教育研究》1994 年第 12 期）一文，主要研究了青海省少数民族女童教育实验的背景、目标、措施、效果、评价、启示与建议，认为解决女童教育受教育难的问题，必须高度重视

转变观念，把女童教育问题当成重大的社会问题取得全社会共识，采取改革基础教育、建设高素质的教师队伍、发挥实验学校的示范作用等综合性措施。王振岭的《青海撒拉族女童教育研究》（《西北民族学院学报》1996 年第 1 期）一文，指出撒拉族女童教育是青海民族教育的一个难点，认真研究并努力探索解决这一问题的途径，对于实现《中国教育改革和发展纲要》中提出的"到本世纪末基本普及九年义务教育、基本扫除青壮年文盲"的宏伟目标，具有十分重要的意义。弋玉清的《青海少数民族妇女教育现状及对策思考》（《青海民族学院学报》1998 年第 3 期）一文，认为妇女教育直接影响到全民族素质的进一步提高，青海少数民族女童入学率低、辍学率高，少数民族女性的平均学历低、文盲率高，这不仅影响了其心理素质的健康发展，而且在一定程度上造成了地位及就业的不平等。王振岭的《青海少数民族女童教育与民族地区义务教育》（《民族教育研究》2000 年第 4 期）一文，认为少数民族女童教育是青海普及九年义务教育的难点，为了攻破这个难点，青海在"八五"期间开展了少数民族女童教育实验研究，并在"九五"期间利用世行贷款"贫三"项目推广了这一成果，取得显著成绩，为少数民族贫困地区实施义务教育创造了新经验。陈巍的《对青海民族贫困地区女童教育的再思考》（《青海民族学院学报》2005 年第 1 期）一文，认为由于民族地区教育发展的特殊性，青海的女童教育存在许多问题，应根据新时期女童教育发展的新要求，与时俱进，适时有效地开展民族地区女童教育工作。

第二节　心理学研究

　　心理学是一门研究人类心理现象及其影响下的精神功能和行为活动的科学，兼顾突出的理论性和应用性。心理虽无法真正看到，却也能找到其中的规律和机制。纵观青海省 1993—2010 年

心理学研究，队伍不断壮大，规模日趋成熟，成果日益丰富，呈现出一派繁荣景象。研究的方向遍及心理学的各个领域，特别是在教育心理学、发展心理学、民族心理学、心理健康与咨询等研究领域，已经结出了累累硕果，扎根青藏高原，具有浓郁的地区特色。

一、教育心理学研究

教育心理学是心理科学与教育科学的一门交叉学科。自诞生初期，就有一批先锋人士试图从教育范畴研究心理学问题，以解决人类复杂的教育之谜。青海省教育心理学研究主要集中在教育心理学基本问题、教育心理学与学科教学、心理健康教育工作三个方面。

（一）教育心理学基本问题研究

教育心理学基本问题研究，主要围绕学生的学习特点、心理特征、素质培养、道德养成，教师的教学心理、职业倦怠、生命教育以及教育心理的生理基础等方面展开研究。

少数民族学生心理研究。仁青当智的《藏族学生生理心理特征与师范教育》（《青海民族学院学报》1998 年第 3 期）一文，从藏族学生的生理和心理特点入手，针对藏族学生特点，对如何开展师范教育的问题进行了分析和探讨。赵慧莉、李美华的《普通高校少数民族学生学习特点及规律研究》（《青海师范大学学报》1999 年第 4 期）一文，认为少数学生已占普通高校在校人数相当大的比例，形成了特殊的群体，以这一特殊群体为研究对象，以其学习特点及规律为突破口，对普通高校少数民族学生的学习特点进行深入研究，具有一定的理论意义和现实意义。

素质教育、个性教育以及普适教育研究。赵慧莉的《家庭教育中子女素质培养研究》（《青海师范大学学报》2000 年第 4 期）一文，从家庭教育的现状入手，对家庭教育中子女素质的培养进行探讨，提出了家庭教育中子女素质培养的方向、原则和方式。金守诚的《职校生道德养成和心理教育谈》（《职教论坛》2002 年第 18 期）一文，分析了造成职校生不良行为的原因，提出了教育对策。马丽君的《个性教育：学生创造性发展的心理基础》（《青海师范大学学报》2005 年第 4 期）一文，指出了个性的特征，论述了开展个性教育的必要性和个性教育的优势。王习发、陈仁军的《教育心理场中生命意识的缺失与回归》（《青海师范大学学报》2006 年第 2 期）一文，认为教育心理场中生命意识的缺失使教育实际结果偏离其目标功能，提出要恢复对生命的尊重、重塑教育中的人格精神、实现当代教育的历史使命。

教学心理研究。王文明的《教师进行愉快教育的心理准备》（《陕西师范大学继续教育学报》2000 年第 3 期）一文，在素质教育的背景下论述了教师进行愉快教育心理准备的前提条件，认为教师具有良好的职业道德和做好课前准备是进行愉快教育的关键。赵慧莉的《浅谈教师职业倦怠及心理调适》（《青海师范大学学报》2004 年第 4 期）一文，从教师的职业特点出发，探索教师职业倦怠的成因，提出了一些心理调适的方法。

学习心理的认知基础研究。祁乐瑛、梁宁建的《心理旋转中的外部参考框架的眼动研究》（《心理科学》2008 年第 4 期）一文，主要观点为：当外部刺激和外部参考框架同时呈现时，内部参考框架可以随着外部参考框架方向的变化而修正，心理旋转通过框架旋转来完成；外部参考框架对于旋转角度远离直立方向的心理旋转作用要小于旋转角度接近直立方向的心理旋转作用；有外部参考框架时，以直立方向为准，顺时针的心理旋转与逆时针的心理旋转没有差异，旋转遵循"最短加工路径"原则。祁乐瑛、梁宁建的《场依存性——独立性认知方式对心理旋转的影响》（《心理科学》2009 年第 2 期）一文，主要观点为：对于不同像的字母，采用的信息加工方式不同；不同性别、不同学科的学生心理旋转有差异，心理旋转与记忆表象有关，受到知识经验的影响；不同认知方式的学生在旋转效率上存在显著差异，场独立性的学生心理旋转的能力优于场依存性的学生心理旋转的能力；认知方式与心理旋转效率具有显著相关性，从生理机制看，认知方式与心理旋转有共同之处，都与大脑功能一侧化有关。

（二）教育心理学与学科教学研究

将教育心理学应用于学科教学中，是相关研究的一个重要领域。其中藏汉双语教学研究是研究的热点，也有研究者对英语、数学等学习心理进行了研究。

藏汉双语教育教学研究。才让措的《藏汉双语教学研究》（《青海民族研究》1999年第2期）一文，就青海藏汉双语教学的意义、模式、现状以及与素质教育的关系进行了探讨。才让措的《青海省同仁地区藏族小学生藏汉双语教学实验研究报告》（《中国藏学》2000年第3期）一文，在总结藏汉双语教学实践经验和理论研究成果的基础上，进行了"以母语为先导，汉语口语优先，为读写打好基础，双语共同发展"的为期六年的实验研究，探讨了藏族小学生的双语发展水平及规律。才让措的《青海藏族教师双语态度研究》（《青海师范大学学报》2002年第3期）一文，认为青海藏族双语教师对母语的态度具有多重性和复杂性，而对汉语则持积极肯定且具较高层次的理性态度。才让措的《论建构主义理念下的藏汉双语课程》（《青海师范大学学报》2004年第6期）一文，从建构主义课程观的视角，分析了目前藏族教育中藏汉双语课程所存在的不足，并就构筑建构主义的藏汉双语课程阐述了自己的观点，认为在藏汉双语课程的教学中应努力发挥藏族学生、双语教师以及社群中的相关人士三方面的作用，并使之形成合力，探索出一条行之有效的教学模式。

特定学科学习的教育心理研究。黄海滨的

《少数民族大学生英语学习心理障碍与对策研究》（《青海民族学院学报》2006年第3期）一文，指出少数民族大学生在英语学习中存在的心理障碍，认为应针对少数民族大学生实际情况，帮助他们矫正心理和学习上的偏差，尊重差异，因人施教，激发他们学习英语的兴趣，提高英语学习成绩。朝霞的《试论英语阅读中的图式理论》（《青海民族学院学报》2006年第3期）一文，以心理语言学的理论模式为基础，探讨了英语教学中的图式理论模式。朱国春的《论阅读的心理过程模式对英语阅读理解的作用》（《青海师范大学学报》2006年第4期）一文，以阅读的心理过程模式为基础，分析读者与英语阅读文字之间的相互作用和相互交流，提出阅读者的背景知识对阅读文章的理解具有正确的引导作用，并且通过阅读文字给读者清晰的词义提示。李琼的《心理咨询在民族院校思想政治教育中的运用探析》（《青海社会科学》2006年第4期）一文，通过新时期民族院校大学生面临的现实问题分析，阐述了心理咨询运用到思想政治教育中的必要性以及存在的不足，并提出了解决的方法和对策。郭永发的《孔子教育思想在数学教育中的解析》（《青海大学学报》（自然科学版）2007年第5期）一文，解析了孔子教育思想在数学教育中的具体运用，主要包括善于捕捉学生的矛盾心理、关注学生个性发展和心理差异、倡导快乐教育和学以致用、培养学生的创新精神。

（三）心理健康教育研究

心理健康教育是学校开展教育教学工作的重点，为学生全面健康发展打下坚实基础。高等院校的心理健康教育工作是研究的重点，同时研究者对其他层次学生的心理健康也开展了研究。

青海地区心理健康综合研究。朱韶晖、马前锋的《我国心理健康教育思想与模式综述》（《青海师范大学学报》2006年第6期）一文，探讨了我国传统心理健康教育思想和当前心理健

康教育的发展模式。艾溪涛的《民族地区健康教育的特点与多样性》(《中国健康教育》2007年第9期)一文，认为应用多种语言面对面的人际传播是民族地区开展健康教育与健康促进最有效的方法之一，充分利用民族传统文化节庆活动是开展健康传播活动的重要平台，不同地域选择不同的传播手段十分重要，"小手拉大手"的学校健康教育与健康促进活动是各种传播活动的有益补充。

高校心理健康教育研究。于志康的《对高等学校开展心理健康教育的思考》(《青海大学学报》(自然科学版)1999年第2期)一文，根据高校大学生存在的心理问题的种种表现，阐述了在高等学校开展心理健康教育的必要性，并提出了解决这些心理问题的方法和途径。鞠晓英的《新时期少数民族大学生心理健康教育初探》(《青海师范大学学报》2007年第6期)一文，分析了少数民族大学生主要心理问题的表现，以及少数民族大学生心理问题形成的因素，提出解决少数民族对策建议。马会军的《大学生人际适应与心理健康研究》(《宝鸡文理学院学报》2008年第2期)一文，探讨不同背景下的大学生人际适应的差异情形，以及大学生人际适应与心理健康的关联，根据研究提出了结论与建议。

其他层次学生的心理健康教育研究。赵慧莉、侯广彦的《青海省特殊教育学校1—3年级聋哑儿童与正常听力儿童能力的比较研究》(《特殊儿童与师资研究》1994年第4期)一文，对青海省特殊教育学校1—3年级(13—15岁)聋哑学生和青海省同龄正常听力学生进行比较，结果表明，聋哑学生的总智商明显低于同龄正常听力学生的总智商，两组学生的总智商有特别显著差异。造成这一结果的原因一方面是先天或后天听力障碍均会对儿童智力发展产生影响，另一方面是社会环境的影响也会造成儿童智力落后。赵凤的《高职新生心理健康教育研究与实践》

(《中国高等医学教育》2008年第6期)一文，指出心理健康教育实施后，学生的心理健康水平明显提高，认为针对新生的心理健康状况，开展有针对性的心理健康教育活动是十分必要的。

二、发展心理学研究

发展心理学是研究个体学生心理发展的特点和规律。青海省发展心理学研究主要集中在发展心理学基本问题、儿童期的心理发展以及成年期的心理发展研究三个方面。

(一)发展心理学基本问题研究

发展心理学的基本问题研究主要集中在理论方面，成果相对较少。祁乐瑛的《智力理论的发展对韦克斯勒测验方法的影响》(《青海师范大学学报》2004年第3期)一文，探讨了现代智力理论的内涵、韦克斯勒智力测验存在的问题及发展趋势。童成乾的《论社会变迁与大众的心理适应》(《青海民族学院学报》2007年第4期)一文，通过对社会大众心理的分析，认为在制度层面上决策和建立制度及实施过程中应关注民情、民意和民心，个体层面上应学会审视现实环境，调整心态，积极应对社会变迁。

(二)儿童期的心理发展研究

儿童期是人生发展的重要阶段，儿童期的心理特征及心理健康状况受到了研究者的广泛关注，研究内容主要集中在儿童期心理发展影响因素、儿童期心理健康状况及影响因素、儿童期心理问题对策等方面。

儿童期学习能力发展研究。陈仁军、李美华、胡亚玲的《高原不同海拔地区小学生学习能力变化特点研究》(《中国学校卫生》1997年第2期)一文，通过对高原环境与小学生学习能力之间关系的研究，发现了不同海拔地区小学生学日、学周学习能力的变化规律和特征，分析了产生这些规律和特征的原因，有针对性地提出建议。才让措、索南加的《青海牧区藏族儿童语言与思维能力的发展研究》(《青海师专学报》2007

年第 2 期）一文，以语言与思维的关系为切入点，对青海牧区藏族儿童进行了藏汉口语发展水平与图形推理能力的相关研究，结果表明，藏族儿童藏汉口头言语的发展水平与图形推理能力之间并不是线性的高相关，表现了牧区藏族儿童在图形推理中，思维活动独立于言语活动的特性。

儿童期心理发展影响因素研究。 李美华、赵慧莉的《子女与父母早期分离的教养环境对其心理发展的影响》（《青海师范大学学报》1997 年第 2 期）一文，认为早期分离教养影响儿童的心理发展，不良的家庭环境是影响儿童心理发展的重要因素，早期社会关系的好坏直接影响儿童情绪、个性的发展。张晓梅的《传统游戏与儿童心理发展》（《涪陵师范学院学报》2007 年第 2 期）一文，指出传统游戏的缺失及原因，说明了传统游戏对儿童心理发展的影响，并提出了在儿童心理发展教育中普遍实施传统游戏的具体措施。刘晓年的《幼儿体育游戏与心理发展探讨》（《中国校外教育》2010 年第 4 期）一文，认为体育游戏促进了儿童的认知发展、社会性发展，以及学期儿童的自我意识发展，有利于儿童不良情绪与行为的调节，有利于儿童积极情绪情感的发展。

儿童期心理健康影响因素及相关研究。 杜欣柏、李平善、刘兰香等的《初中生心理健康状况与学习成绩的关系》（《青海医药杂志》2004 年第 9 期）一文，应用中学生心理健康自我测评量表（MSSMHS），对西宁市某中学初中一、二、三年级的第一、第二班全体学生进行检测，探讨初中生心理健康状况与学习成绩之间的关系。黄龙卫的《寄宿制与非寄宿制青少年依恋及其与心理健康关系的比较》（青海师范大学硕士学位论文，2009 年）一文，以寄宿制与非寄宿制青少年为研究对象，采用描述性统计分析、t 检验、方差分析、回归分析、相关分析等统计方法来探讨这两种群体青少年依恋关系的性质和特点以及它

们对心理健康的影响。刘蓬的《初中生睡眠质量、心理健康和学习成绩现状及其相互关系研究》（青海师范大学硕士学位论文，2010 年）一文，采用匹兹堡睡眠质量指数量表（PSQI）、症状自评量表（SCL - 90）对太原市部分中学的初中生睡眠质量、心理健康和学习成绩现状及其相互关系等问题进行了初步探索。

儿童期心理问题及对策研究。 李美华的《儿童孤独症的表现特征及教育对策》（《青海师范大学学报》1998 年第 3 期）一文，简述了儿童孤独症的表现特征、检验方法和教育治疗对策，指出要正确认识孤独症儿童。李凤梅的《中小学生焦虑倾向透析》（《四川文理学院学报》2007 年第 2 期）一文，指出中小学生焦虑倾向的检出率为 34.6%，中小学焦虑水平存在性别差异，在学段上呈现出从小学、初中到高中依次增高的趋向。刘永萍、吴有祯的《城市化与农村青少年心理调适》（《青海民族学院学报》2007 年第 4 期）一文，指出在实施城市化过程中，环境变化引起农村孩子群体心理特征发生嬗变，探讨了如何根据他们的心理变化进行相应的教育，促进其身心全面发展，并提出了相应的对策措施。

（三）成年期的心理发展研究

关于成年期的心理发展研究的对象主要集中在高校学生，研究内容集中在心理差异、心理健康状况分析、自我职业意识等方面。

青海省大学生心理健康状况研究。 赵凤的《青海高职护生心理健康状况及其与社会支持因素的相关性分析》（《中国健康教育》2006 年第 11 期）一文，运用症状自评量表（SCL - 90）、社会支持量表（SSRS），分析了青海高职护生心理健康状况与社会支持的相关性。李树华的《高校不同生源学生心理健康状况分析》（《卫生职业教育》2006 年第 19 期）一文，指出不同生源大学生心理健康状况差别较大，应根据城市、农村、牧区不同生源学生的心理特点，积极开展心

理健康教育，促进学生健康成长。韩国玲、杜欣柏、刘桂兰等的《高原地区民族学院大学新生心理状况调查》（《中国公共卫生》2008 年第 8 期）一文，对青海民族学院 767 名大学新生进行集体测查，探讨高原地区民族院校大学新生心理健康状况的影响因素，以便为本地区教育工作提供心理学依据，提高心理健康教育的针对性和有效性。刘兰香、何秀英的《青海大学新生心理健康状况调查》[《青海大学学报》（自然科学版）2009 年第 2 期] 一文，采用症状自评量表（SCL - 90）对农牧学院 205 名新生进行调查，发现青海大学新生的心理健康状况值得重视。并且探讨了他们心理健康问题产生的原因，提出了心理健康教育对策。

学生自我职业意识研究。赵慧莉的《当代师范生自我职业意识的调查分析》（《青海师专学报》1997 年第 3 期）一文，对青海省部分高等师范院校的师范生自我职业意识进行了抽样调查与分析。

大学生心理规律及特征研究。李美华的《青海民族地区跨文化心理研究》（《青海民族学院学报》1999 年第 1 期）一文，根据跨文化心理研究的理论，通过对青海多民族地区的文化、教育、地理环境、经济条件、语言等多种因素的分析，探讨了青海少数民族青少年心理发展的特点及差异。张军的《大学生个性特征与心理健康的相关分析》（《青海师专学报·教育科学》2003 年第 4 期）一文，用典型相关分析高海拔地区大学生 EPQ 与 SCL - 90 结果之间的关系，指出大学生 EPQ 与 SCL - 90 结果之间存在显著相关，大学生 EPQ 的 P、E、N 三项与 SCL - 90 的 9 个因子之间存在动态联系。张军的《青海大学生创造性思维及其相关因素研究》（《心理科学》2005 年第 2 期）一文，采用创造性思维问卷、推理能力测验问卷和 Y - G 量表，对青海省四所高校的 548 名大学生的创造性思维及其相关因素进行了

研究，结果发现青海省大学生发散性思维三个特征的发展水平与青海省的经济发展和教育条件及水平密切关联。

三、心理健康与咨询研究

1993 年以前，青海省在心理健康与咨询方面还没有进行很深入的探讨，尔后的十余年间，社会各界对心理健康问题高度重视，针对心理健康与咨询的研究如雨后春笋般迅速涌现，心理健康的基础研究取得了不菲的成绩，心理健康状况的调查与分析方面也有大量成果。

（一）心理咨询研究

心理咨询方面的研究主要围绕心理咨询问题的内容、特点以及实现心理咨询与治疗本土化的途径等方面展开。刘桂兰、阿怀红的《心理健康热线分析》（《青海医药杂志》2004 年第 6 期）一文，对青海心理热线电话咨询求询的问题及其特点进行了探讨。许华尧的《中国巫术文化和心理咨询与治疗本土化》（《石家庄学院学报》2007 年第 3 期）一文，认为中国巫术在传统文化中占有独特的地位，巫术文化和心理咨询与治疗本土化有着密切的关系，是实现心理咨询与治疗本土化的有效途径。

（二）心理健康的基础研究

心理健康的基础研究方面做了大量的研究和探索，主要围绕不同群体的心理健康及其相关因素展开研究，取得了丰硕成果。

个体心理健康及其相关因素研究。韩严民的《个性化心理教育二题》（《青海民族学院学报》2004 年第 2 期）一文，认为在传统教育占主导地位的今天，应重视并加强个性化心理教育问题，提高学生的心理素质，促进学生全面发展。郭辉的《个体的社会适应与心理健康的相关性研究》（《攀登》2008 年第 5 期）一文，从人际关系和健康状况的心理归因、医学领域中的心理学演进及其内涵、中国传统文化向心理保健的迁移等三个方面对个体的社会适应和心理健康的相关性进

行了研究。

大学生心理健康及其相关因素研究。张军的《高海拔地区大学生自尊水平及心理健康状况的调查与分析》（《中国临床康复》2004 年第 27 期）一文，指出高海拔地区大学生的自尊情感水平和心理健康处于良好状态，学生的心理健康水平随受教育程度的提高而逐渐提高，而人际关系中敏感、强迫症、偏执、敌对、抑郁、焦虑是大学生中较为常见的心理问题。段军钢的《大学生不同心理健康水平与身体素质的比较》（《北京体育大学学报》2005 年第 2 期）一文，运用症状自评量表（SCL－90）调查了大学生的心理健康水平，分析研究了不同心理健康水平对其身体素质所产生的影响，论证了心理健康水平与身体素质的关系。杜蕾的《提高大学生心理健康水平》（《湖北广播电视大学学报》2008 年第 3 期）一文，认为如何提高大学生心理健康水平，如何促进人的发展与学校发展的和谐统一，已经成为构建和谐社会需要解决的刻不容缓的问题。

高原地区人群心理健康及其相关因素研究。叶玉华、施红生、赵亚林等的《高原机车乘务员心理健康状况和个性》（《铁道劳动安全卫生与环保》2005 年第 4 期）一文，采用症状自评量表（SCL－90）和艾森克个性问卷（EPQ），对西宁和格尔木机务段的 403 名机车乘务员心理健康状况和个性进行了研究，提出了高原机车乘务员应具备的心理健康状况，认为高原机车乘务员的个性应首先考虑内向稳定的人，其次考虑外向稳定的人和中间型的人，而内、外向不稳定的人则不能担任高原机车乘务员。袁振才、张雪峰、邓云青等的《高原施工人群症状自评量表测试及其影响因素》（《环境与健康杂志》2006 年第 3 期）一文，指出高原环境对施工人员心理健康产生一定的负性影响，应尽可能缩短高原施工周期、适当延长平原冬休时间，这对提高再入高原人员的

习服水平有积极作用。袁宁、邓云青、张雪峰的《初入高原人群心理健康状况及相关因素分析》（《中国行为医学科学》2006 年第 9 期）一文，人格中的神经质、精神质，个体对高海拔低氧所致的躯体症状的主观认知水平都是影响初入高原人群心理健康的主要因素。孙亮、马洪杰、刘建华等的《高原驻防方式对官兵心理状况的影响》（《武警医学》2009 年第 10 期）一文，采用抑郁自评量表（SDS）、焦虑自评量表（SAS）及交流恐惧自陈量表（PRCA－24），对换防组和常驻组两组官兵进行问卷调查，并将调查结果与全国常模组做对比，得出换防组的战士抑郁及焦虑程度明显高于常驻组，而交流恐惧程度两组相当的结论。

职工心理健康影响因素及对策研究。文国栋的《组织工作应给干部更多人文关怀》（《理论视野》2008 年第 12 期）一文，分析了影响干部心理健康的压力、形成原因及对干部工作的影响，提出组织工作要多围绕干部心理健康、给予干部更多人文关怀、以组织工作的和谐促进干部心理健康等对策建议。韩成、刘培国的《学习实践科学发展观　关注一线职工心理健康》（《中国石油和化工》2010 年第 3 期）一文，阐述了心理健康的定义与野外一线职工心理健康的标准，对油田野外一线职工产生心理健康问题的原因进行剖析，提出调试、缓解、消除野外一线职工心理健康问题的对策。陈永涌的《公务员心理健康问题探析》（《佳木斯教育学院学报》2010 年第 6 期）一文，对影响公务员心理健康的因素进行分析，提出了提高公务员心理健康水平的对策建议。

教师心理健康影响因素及对策研究。马丽君的《论影响教师心理健康的原因及对策》（《西北成人教育学报》2006 年第 4 期）一文，阐释教师心理健康的标准以及教师心理不健康的主要表现与危害，探究教师心理健康问题产生的原因，研究维护和促进教师心理健康的对策。魏芳

的《论教师心理障碍的成因及解决途径》(《漯河职业技术学院学报》(综合版) 2006 年第 4 期) 一文，指出了教师错误的教育观念和行为，认为教师自身心理健康问题是导致学生心理障碍的重要原因，应开展面向全体教师的心理健康工作。

心理健康与构建和谐社会关系研究。 赵慧莉的《构建社会主义和谐社会面临的心理健康问题》(《青海师范大学学报》2007 年第 3 期) 一文，认为构建社会主义和谐社会必须坚持以人为本，做到人与人之间的和谐；必须从心灵开始，实现个人内心和谐与社会和谐的内在统一；必须从青少年抓起，进一步加强其心理健康教育。梅罗丰、李飒的《心理健康是和谐社会的精神基石》(《武汉冶金管理干部学院学报》2008 年第 4 期) 一文，探讨了心理健康与和谐社会的概念，以及两者之间的关系，提出了促进心理健康发展，构建社会主义和谐社会的措施。

特殊人群心理健康研究。 黄石卫、杨会的《高中择校学生心理健康状况与择校效果的研究》(《安徽教育学院学报》2006 年第 4 期) 一文，指出自信心最弱的学生较多分布于择校生中，自信心最强的学生全部集中于录取生，但焦虑水平两者并无明显差异。该文还指出：在教学条件较好的示范中学借读的中考分较高的择校生，其高考成绩优于留在原校就读的相同中考分的录取生；中考分较低的择校生，其高考成绩低于中考同分数段的录取生，即择校对他们的学习基本无效。刘瑞芳、钟瑶的《农村"留守老人"心理健康及适应策略——一种生态学的视角》(《沧桑》2008 年第 5 期) 一文，运用心理学的理论，结合农村生活的现状，从生态学的角度分析了影响留守老人心理健康的主要因素，从认知和行为两方面提出了维护农村留守老人心理健康的积极主动的应对策略。

心理干预实际应用研究。 焦松伟的《论心理干预在突发性危机事件中的应用》(《黑龙江教育学院学报》2009 年第 6 期) 一文，认为积极的心理干预能够消除公众的恐惧心理，在危机干预模式下运用心理干预的技术和措施来消除公众的恐惧心理，促进公众的心理健康发展。

(三) 心理健康状况调查分析

学者们针对学生、教师、社会各阶层职工的心理健康状况进行了深入调查与全面分析，并据此提出了对策建议。

教、职工心理健康状况调查分析研究。 童成乾、张军、朱韶晖的《对青海农村民办教师心理健康状况的调查分析》(《青海师专学报》1999 年第 1 期) 一文，采用 (SCL - 90) 症状自评量表，对 204 名男、女民办教师的心理健康状况进行了研究，认为农村民办教师心理卫生症状各因子项的平均分均高于全国常模及青海省西宁地区正常成人的测试结果，并存在非常显著或显著的差异。杜欣柏、宋志强、安海生等的《进驻青藏高原铁路建设职工心理健康状况调查》(《高原医学杂志》2004 年第 3 期) 一文，指出进驻高原施工对职工的心理健康状态有一定的影响，主要表现在抑郁和焦虑等方面，有随进入高原时间的延长而症状加重的趋势。郝枝、刘桂兰、韩国玲等的《青海省监狱民警的心理健康状况调查》(《青海医药杂志》2010 年第 2 期) 一文，对 294 名监狱民警进行心理健康测查表测定，结果显示：监狱警察的心理健康问题比国内正常人群要严重；一线工作狱警比科室工作的狱警严重；男性狱警比女性狱警问题突出。

学生心理健康状况调查分析研究。 杨廷祥的《156 名医学中专生心理健康状况调查分析》(《中国健康教育》2001 年第 3 期) 一文，采用症状自评量表 (SCL - 90)，对青海省海北州卫生学校部分在校学生进行了心理测试和相应的心理健康状况分析。赵慧莉、陈仁军、李美华的《青藏高原汉、回族学生心理健康现状分析》(《青海民族学院学报》2002 年第 1 期) 一文，在对汉、回族中学生心理健康测试数据进行统计分析的基础上，指出青藏高原乡镇汉、回族中学生在心理健康方面存在的差异和问题，并提出了比较符合实际的对策建议。邢咏梅的《青海大学学生心理健康状况的调查》（《青海大学学报》2006 年第 2 期）一文，采用分层抽样和整群抽样相结合的方式，对青海大学 500 名男、女大学生进行了心理健康状况调查。谈美琴的《青海高校大学生心理健康调查与分析》（《青海大学学报（自然科学版）》2008 年第 5 期）一文，通过对青海高校各年级大学生进行心理健康状况调查，了解青海各高校大学生心理健康状况，认为学校应关注大学生的心理健康，并采取相应措施，及时预防和治疗大学生的心理疾病，进而针对其主要特点，合理有效进行教学和研究工作。

（四）心理健康与学科教学

学科教学中融入心理健康知识是一种非常新颖、重要的教学方法，有利于学生更加全面、健康地发展。黄建中的《体育教学与增进心理健康》（《青海师专学报·教育科学》2005 年第 1 期）一文，提出要培养学生人际交往能力，培养稳定愉快的情绪，培养学生自信心。梁奎先的《浅析体育教育对中学生心理健康的影响》[《中国校外教育》（理论版）2008 年第 1 期]一文，将心理健康融于体育教学之中，分析了体育活动对于促进人的心理健康的积极影响。

四、民族心理学研究

青海是多民族聚居的省份，浓郁的民族氛围与独特的风土人情为研究少数民族心理的相关问题提供了优渥的条件。

（一）民族心理的基础研究

民族心理的基础研究主要围绕政治、经济、文化对民族心理形成产生的影响作用，并且有学者重点对回族的民族心理、民族情感、民族特征进行了深入研究。

文化对民族心理形成的研究。罗嗣忠的《古代胡族"贵壮贱老"与汉族"尊长敬老"不同习俗形成原因之比较研究》（《青海民族学院学报》1997 年第 2 期）一文，认为我国古代的"贵壮贱老"的胡俗与"尊长敬老"的汉俗，与自然环境和经济类型的不同、社会环境和民族心理的差异、文化教育发展程度的悬殊密切相关。阿忠荣的《民族的心理诉求与趋同》（《青海师范大学学报》2001 年第 4 期）一文，认为人类社会在现时期的发展与滞后，以及政治、经济、文化各方面的矛盾与冲突，皆与民族主义思潮有着深深的纠葛和牵连，调适与选择一种健康理性的民族心理意识以帮助人类从冲突中走出来，携手建造一个和平发展的世界。陈化育、陈仲亮的《文化整合与青藏高原民族文化心理调适》（《青海师范大学学报》2005 年第 6 期）一文，从文化整合及青藏高原教育现代化的视角出发，就民族文化心理、民族文化心理与现代教育、吸纳异族优秀文化与民族文化心理调适三个方面作了探讨。王习发的《文化移入与当代中国民族心理的转型》（《黔东南民族师范高等专科学校学报》2006 年第 1 期）一文，分析了文化移入背景下中国传统文化价值导向作用的弱化、嬗变和转型趋势，并从人格心理变化入手，寻找民族文化传统在扬弃或更生中可能的转归及民族精神现代化发展的生长点。刘永红的《南牛北马——中国民族性格的象征》（《语文学刊》2009 年第 11 期）一文，认为在中华民族文化发展史中，受多方面因素的影响，形成了以南方和中原地区为代表的农耕文化和以北方草原地区为代表的游牧文化，南牛和北马则是二者文化的象征符号，历史上不同的民族或与牛关系密切，或与马形影不离，二者所蕴含的是中华民族的性格写真。李静的《民族交往心理的跨文化研究》（中国社会科学出版社，2010 年）一书，结合田野工作和相关理论，论述了交往及民族交往、交往的心理动因与社会交往理论，提出了研究民族交往心理的指标体系和五个构成要素，同时对民族交往态度与心理距离、社会结构差异及其对民族心理的影响等内容进行了民族心理学视角的调查研究，最后对和谐民族关系建构的民族心理因素进行了分析。

回族民族心理、民族情感研究。南文渊的《几个世纪以来对回族民族心理的评说综述》（《青海民族研究》1997 年第 3 期）一文，将 16 世纪到 20 世纪 40 年代间对回族民族心理的评说做了介绍，从中可以窥探各个历史时期回族在外人眼中的社会地位和形象，也可以了解回族民族心理形成的历史文化背景。喇秉德的《论回回民族特征》（《回族研究》2000 年第 2 期）一文，从共同语言问题、共同地域问题和共同经济生活问题、共同心理素质等三个方面对回回民族的基本特征进行了探述，认为回族具有自尊、自强意识和中华民族凝聚力的民族意识。马玉秀的《回族民族情感与科学理性间失衡原因探析》（《青海社会科学》2004 年第 6 期）一文，从历史、文化、社会等角度入手，探讨回族民族情感强烈有余而科学理性稍有不足的内外诸因，指出回族在新时期须不断调适民族情感，提升科学理性，力求形成健康、积极的民族心理素质。

（二）民族学生的心理研究

学生是民族复兴的希望，是建设社会的主力军。重视少数民族学生的心理健康问题，提出相应教育对策，不仅有利于民族地区社会发展，也有利于民族团结和社会稳定。李美华、赵慧莉、陈仁军的《青藏高原城市汉、回中学生心理健康现状分析》（《青海民族研究》2004 年第 1 期）一文，采用症状自评量表（SCL－90）对青藏高原城市汉、回中学生的心理健康状况进行了调查研究。张秀琴的《藏汉中学生心理健康水平比较研究综述》（《青海民族研究》2004 年第 3 期）一文，总结了跨文化心理学的研究状况，以及少数民族学生心理状况的研究、藏汉中学生心理状况的研究，提出了研究的不足和需求。张发斌、谭鹏、王三环等的《青海省少数民族贫困大学生心理健康状况调查》（《中国卫生工程学》2008 年第 3 期）一文，运用症状自评量表（SCL－90）对 562 名少数民族贫困大学生进行测查，并与全国常模和本省贫困大学生进行对比，得出高校应高度重视和加强少数民族贫困大学生心理健康教育的结论。

第十七章 语言学研究

20 世纪 90 年代以来，青海省政治、经济、文化领域进入大调整和大发展期。随着西部大开发战略的实施，有关青海文化建设的研究和创新成果不断涌现，促进了多民族聚居区经济快速发展社会和谐稳定。在创造经济发展新局面的同时，加快提高全省精神文化建设水平的要求也成为语言学研究工作的努力方向。

在这一繁荣发展时期，青海语言研究工作者也迎来了改革开放的良好局面，依托青海省语言学会与国内学术界广泛开展交流，拓展研究视野，提高研究能力。新的研究理论和方法被普遍运用到各种语言研究中，各语言研究领域涌现出一批专业素质高、成果丰硕的学者、专家，在国内具有一定影响力。研究成果等级和数量都有极大提升，国家级、省级课题的获批数增多。研究范围涉及古代汉语、近代汉语、现代汉语、青海方言、双语教学、语言使用、少数民族语言等内容。据不完全统计，截至 2010 年，获批国家级、省部级基金项目 20 项，出版专著 20 余部，在权威、核心期刊发表高质量论文 100 余篇。出版了《现代汉语方言大辞典·西宁方言词典》《训诂学新探》《青海方言语法专题研究》《藏语安多方言语音研究》《河湟蒙古尔人》《撒拉族语言·文化论》等一批著作，发表了《西宁方言的前置宾语句》《dol－da（达勒达）辨析》《藏语数词的语音变化》《撒拉族文化与委婉语》《谈谈蒙古语句子结构的几个问题》等富有创见和探索性的论文，完成了《濒危语言——撒拉语研究》《藏族学生藏汉双语认知研究》《安多藏语语音研究》等国家社科基金研究项目。这些成果运用新的理论与方法，切合现实问题进行研究，极大丰富了青海语言学研究的内容，在国内学术界争得一席之地。

第一节 汉语研究

20 世纪 90 年代以来，青海汉语研究内容主要涉及古代汉语、近代汉语、现代汉语语法、修辞等汉语本体研究以及青海汉语方言本体研究、与省内少数民族语言进行比对后从语言接触的角度审视青海汉语方言的特点等。

一、古代汉语研究

古代汉语研究主要集中在训诂学、汉语史语法、汉字学等方面。尤其是在训诂释义方法的研究方面，各研究者从不同文献、不同语言现象出发，分析探讨，均有论文发表。

训诂学研究。都兴宙的《敦煌写本〈悉达太子修道因缘〉校勘拾零》（《青海师范大学学报》1993年第1期）一文，以周绍良《敦煌文学作品选》中《悉达太子修道因缘》为研究对象，对其校勘中存在的漏校、误校、误排、错排等问题提出自己的见解。冯宽平的《〈庄子〉里的"遊"和"藏"》（《青海民族学院学报》1995年第2期）一文，从解释"遊"和"藏"的自然义出发，来探讨经典中因意向、信念等心理因素产生的非自然义，这是理解经典的要义。都兴宙的《〈宣和遗事〉中的"底"和"的"》（《青海师范大学学报》1995年第4期）一文，全面统计全书中"的""底"字的出现次数，分析二字的用法，并参考一些其他材料，力图对现代汉语中结构助词"的"的发展线索进行初步探索。冯宽平《古音通假与古文释义》（《青海民族学院学报》1996年第4期）一文，则从古音通假这个角度说明细究语音十分有助于对古文释义的理解。都兴宙的《青海汉族的"社日"风俗及其他》（《青海民族研究》1998年第4期）一文，结合青海当地民俗事象，通过"社"字含义的解释及溯源，说明语言与文化之间的关系：风俗保存了语言古老的含义，语言赋予风俗文化的色彩。陈良煜的《训诂学新探》（青海人民出版社，2001年）一书，从介绍传统训诂的定义、内容以及训诂学的形式、与其他学科的关系、研究方法等方面，解释了训诂学的含义及内容，解析了训诂方法，说明了训诂学的学科定位和学术意义。全书着重从语言实践分析能力培养、帮助读者掌握训诂方法、分辨训诂正误、减少训诂失误的目的出发，阐明如何认识、掌握词义的有关规律，以及用何种方法去解决古籍阅读中出现的问题。陈良煜的《切语词散论》（《古汉语研究》2001年第3期）一文历数历代文献中的切语词，说明早期研究者注意到这种因语速变化而产生的词语形式，但没有细究其产生的语境。作者致力于分析其构词方式，进而说明其语音形式为连绵词，而意义多隐晦，形成独特的构词规律。冯宽平的《"丬""且"语源考释》（《青海民族学院学报》2002年第4期）一文，通过对"丬""且"二字的考释，探讨因源于不同字族而声符不同的汉字，怎样通过其共有意义，判定语源关系。陈良煜的《汉语韵律释例》（《青海社会科学》2003年第2期）一文，列举汉语传统古典诗词的韵律特征和民间文艺形式"花儿"通过唱词的韵律变化表达不同情感的手法，说明汉语韵律表达的形式和特征；其《"狼跋其胡"质疑》（《青海师范大学学报》2004年第6期）一文，通过对《诗经》中一首诗理解的重新分析，说明不按照诗歌表述的具体情境，拘泥于古训定例理解诗文词意，必将产生谬误。全文详细分析了"狼跋其胡"中"其"的所指，说明正确理解该诗的关键就在于对"其"是指狼还是指猎物的理解上。贾爱媛的《近代俗语词"利市"考辨》（《青海民族研究》2004年第1期）一文，考察了近代汉语中"利市"一词意义的演变历史。通过穷尽式考察宋明清小说中"利市"一词的用法，来考察不同词性、不同意义呈现出的演变轨迹。冯宽平的《〈说文解字注〉"叙"的词语训释方法考察》（《青海民族学院学报》2008年第4期）一文，对专书《说文解字注》的训释方法"叙"包括的体例术语进行全面分析和归纳，归纳出十七种训释方法，将其分别归入形训、义训、声训三大类方法中。

汉语史语法研究。李春玲的《关于敬词、谦词、应答之词等问题》（《中国语文》1996年第3期）一文，从教学的角度出发，认为应当在不同编者的《古代汉语》教材中将谦词、敬词、应答词统一起来，把谦词、敬词归入副词，统称为谦敬副词或者表敬副词，应答词的归类还有待进一步研究。贾爱媛的《汉语第三身代词的流变》（《青海民族学院学报》1997年第4期）一文，从汉语史的角度，讨论汉语第三身代词由上古指示代词引申出旁指代词进而成为人身代词的过程，说明三身代词的特点和用法。都兴宙的《近代汉语的"呵"与"後"》（《青海师范大学学报》1998 年第 1 期）一文，以宋金元文献中频频出现的语法成分"呵"与"後"为研究对象，说明在汉语史由中古向近代过渡时期，新词及新的语法成分大量产生，给后世的研究留下了许多值得深入探讨的问题，有待进一步深入研究。

汉字学研究。多集中在字族研究和汉字构形方面，冯宽平的《"易"、"多"字族分析》（《北京大学学报》，2000 年）一文，对"易""多"字族从形、音、义角度分析二者的不同特点，进而说明在字族关系中三者的联系。2003—2008 年，李春玲的一系列有关汉语颜色词族的研究，如《汉语中红色词族的文化蕴含及其成因》（《汉字文化》2003 年第 2 期）、《汉语白系词族的文化蕴涵及其成因》（《青海师范大学学报》2004 年第 6 期）、《汉语中黑系词族的文化蕴涵及其成因》（《汉字文化》2005 年第 1 期）、《汉语中"青"系词族的文化蕴涵及其成因》（《青海师范大学学报》2005 年第 4 期）、《试论汉语"黄"系语词的文化蕴涵及其成因》（《青海师范大学学报》2008 年第 5 期）等论文，从五色与方位、季节、文化含义之间的关系说明五色词族与汉民族文化之间的关系。尚红、尚黄的中华民族在相应的词汇中也通过此类词语表达褒扬、尊贵、喜庆等感情色彩，而黑白系文化则有肃杀、悲观、阴郁的色彩，青色因包含色彩众多，因此词义多彩，在表义方面独树一帜。贾爱媛的一系列论文也描述了汉字构形中的同化和类化、与人类思维模式的联系等问题，如《论汉字构形中的类化现象》（《青海师范大学学报》2007 年第 4 期）一文，从汉字构形的角度出发，对一些在古代文献中由于类化而改变字形的现象进行了分类阐述，并分析了形成这种现象的原因。说明了类

化前后的字不同于一般意义上的通假字、古今字、异体字，因此应当引起足够重视，加以区别对待；其《试论汉字偏旁的同化与类化——兼谈"尸"部字类意义的形成》（《青海师范大学学报》2008 年第 3 期）一文，通过对一些从"尸"字的考辨，探求了部首"尸"所代表的类意义，从而说明了汉字在组合造字时、在篆书成形的过程中经历了偏旁的同化与类化，而这种同化与类化正是汉字部首形成的基础；其《汉字的构形表意与远古人类思维模式》（《青海民族学院学报》2008 年第 4 期）一文，则从人类学的角度探讨了远古人类的思维模式同汉字造字方法以及表意之间的联系。因为汉字的产生即文明的开端，这时正是人类从原始思维向哲学思维过渡之际，所以在古汉字形体结构中保存有原始人类的思维模式就不是偶然的事了；《从汉字构形的系统性论"六书"之"转注"》（《长春师范学院学报》2009 年第 6 期）一文，对《说文解字》中"转注"定义的解释，说明许慎对在汉字构形问题上具有系统性的深刻认识。《双音节词中字形类化综析》（《湖北师范学院学报》2009 年第 2 期）一文，对词汇在双音化过程中或双音化后产生的一种字形的变易现象作了分类阐述和分析，具体表现为有些字体因此而改变了形符，有些字体因此而加上了新的形符，进而导致形符一致。

二、现代汉语研究

现代汉语的研究，主要集中在汉语语法、汉语修辞、汉语应用及青海汉语方言研究等方面。

汉语语法研究。语法研究理论繁多，怎样结合汉语实际进行研究一直是语言学者关注的话题。宋卫华有关汉语词类划分标准、兼语式语法特征的几篇论文，如《象声词的语用特征及词类划分标准》（《青海师范大学学报》1993 年第 4 期）一文，从象声词应该划归入实词和虚词的哪一类入手，探讨汉语语法学界一直争论且尚无定

论的汉语词类划分原则和标准等问题；《汉语副词的虚实归属》（《青海师范大学学报》1994年第2期）一文，则从副词的语法功能、语义特征列举历代语法学家的相关论点，通过对副词虚实归属的说明分析，来讨论汉语词类划分的标准问题；其《"动词后附成分"的语法分析》（《青海师范大学学报》1994年第4期）一文，分析了动词后附成分"在、到、于、向"与动词结合的结构，认为是分析为"单音节动词＋介词＋名词性词语"，还是分析为"双音节谓语动词＋名词性词语"，影响到汉语词类划分标准的认定；《对"兼语式"语法特点的再认识》（《青海师范大学学报》1995年第1期）一文，对古已有之、认识分歧的"兼语式"的特点进行了再分析、再解释。列举了语法学家对兼语式的解释和演变过程，介绍了对兼语式包含的形式的不同观点，提出对兼语式的认识和语法教学都要严格按照其动词特性和动词之间的关系来判断。刘道英则依据结构主义语言学派、转换生成语法理论探讨汉语语法中存在的问题。如《"隐含"不同于"省略"》（《汉语学习》1999年第6期）一文，依照"普遍语法"中空语类理论的研究，认识到空语类是语义研究中不可忽略的一个内容。但对汉语空语类的性质，究竟是一种隐含还是一种省略认识不太一致。论文从结构平面、形成方式、出现的句式、有无相应的完整式、语义范围等方面，谈二者的区别，通过对比分析，目的在于界定二者的范围，说明这二者有质的不同；其《汉语几种同形异构句式中的空语类》（《郑州大学学报》2000年第1期）一文，由空语类理论联想到汉语研究中的"零形式"，如零声母、隐现主语，这其实也是一种空位观念。着重分析了汉语一些同形异构句式的空语类，并以此对传统句式的分析进行再认识。其专著《汉语分析研究》（青海人民出版社，2001年）一书，是由作者近年在教学之余的部分科研成果汇集而成，研究内容为语言

理论及汉语语法。全书共分四部分，分别是语法语义语用分析研究、中西语法比较研究、语言与教学研究、语言与文化心理研究。内容涉及现代汉语独特句式、词类特点的总结、词义的分析、句义与句法结构的关系、运用生成语法理论研究现代汉语语法特点、教师口语课教学研究、文学语言的美学价值等。其《从"标记理论"看汉俄语言名词语法范畴的否定对立》（《青海师范大学学报》2009年第5期）一文，则利用由结构主义语言学布拉格学派音位系统理论中音位对立原则衍生出来的标记理论，分析汉语和俄语名词语法范畴的不同，寻找它们之间的对立情况，进而掌握汉语自身的发展规律。

汉语修辞研究。修辞研究历来注重与语言实践的结合。王培基的《修辞学专题研究》（陕西人民教育出版社，1994年）一书，分十六个专题，为修辞源流浅说、修辞学定义试析、修辞学的研究对象、范围、简论修辞学基本原则、同义手段、辞格、消极修辞与积极修辞、模糊语言、修辞学说、语法修辞结合、修辞研究方法等内容。每个专题都辅以典型材料和例证做了研究，并提出作者相应的观点，反映修辞学研究的概貌。每个专题后还有"主要思考题"和"主要参考文献"，帮助阅读者理论联系实际，通过练习加深学习内容，通过参考文献，拓宽研究视野。王培基的《"题旨情境"渊源综谈》（《青海社会科学》1995年第1期）一文，从古典文献中寻找出有关"题旨"和"情境"的论述，说明作为文章的"主脑"，题旨体现了作者为文之本意，而情境将个人的情感、体验通过上下文表现了出来。修辞就是要解决表达符合作者个人化风格的要求。刘启珍的《论修辞的选择和语境的参与》（《青海师范大学学报》1998年第2期）一文，从修辞和语境的关系、语境的参与及修辞的传神两方面来说明修辞的选择和语境的参与都属于语用的范畴，指出二者相互依存、相互制约。言语

中潜在的言外之意、感情、修辞、意境乃至风格意义，都产生于语言形式和语境参与之间的和谐一致。王培基、毛宗胜的《简评修辞学家对文学语言特征的研究》（《修辞学习》1998年第2期）一文，针对五种有关文学语言特征的观点，指出其合理性，进而分析目前修辞学界有关研究的不足，如对特点的概括还存在分歧，对特点的内在联系探讨不够深入，对文学语言的变异性认识不足，等。杨静的《读〈新编现代汉语〉（张斌主编）"修辞章"》（《修辞学习》2004年第1期）一文，通过教学实践体验，总结《新编现代汉语》课本中"修辞"部分的创新特点，包括创新的体系、新颖的内容、立足于实用等方面，说明好的教材一定是要在编写内容的实用性和新颖性上下功夫的。王培基的《文学作品中语言变异现象的调查与简析》（《青海社会科学》2004年第4期）一文，全面、细致地调查了现当代著名作家的各类代表性作品中的语言变异现象，通过量化的数据揭示了文学语言不同层面、语体的变异句与常规句的关系，提供了阐明文学语言性质及独创性特征的实证；其《文学语言研究误区评说》（《青海社会科学》2005年第1期）一文，对文学语言研究中的观念、语体、方法几个误区作了集中、简要的评说，认为文学家和语言学家都有义务区分文学语言研究的误区，以使文学语言研究沿着正确的方向拓展。

汉语应用研究。这类研究成果主要集中在教师语言艺术和普通话教学等方面。刘启珍的《态势语的审美功能及不同语境中的运用》（《青海师范大学学报》1997年第4期）一文，以主要通过视觉、听觉传递信息的态势语为研究对象，探讨其与语境的关系。说明在日常交际中，语境和态势语互为补充，为传情达意融合服务。通过在不同语境中使用，态势语体现出丰富多彩的审美功能。赵君的《口语特点浅谈》（《青海师专学报》2001年第5期）一文，简要介绍了口语的

六个特点：有声性、复合性、情境性、多变性、即对性和简散性，指出口语习得应该从这六方面入手。刘启珍的《中介语理论在普通话培训及水平测试中的运用》（《第二届全国普通话水平测试学术研讨会论文集》2004年）一文，介绍分析了青海多民族地区汉语普通话习得过程中存在的中介语（青海普通话）的特点。提出在普通话教学和测试中应运用中介语理论，分清使用中介语群体各阶段语音、语汇、语用层面上的特殊现象，按不同方言、不同母语群体在习得普通话时的实际差异，分阶段强化训练。测试过程中，要分清习得者发音时的"错误"和"缺陷"，进行合理评判。贺虎的《普通话测试中"字化"现象调查分析》（《青海师专学报》2008年第3期）一文，则采用抽样调查的方法来分析普通话学习者尤其是少数民族大学生，在学习普通话的过程中，过分注重单个音节的发音标准，没有掌握语流中已经发生变化的各音节，将句子处理成标准单音节的机械相加，从而严重影响语句自然流畅程度的现象。指出该现象是受学习者环境、心理因素、教育背景等的影响。

青海汉语方言语言接触研究。熟悉青海境内阿尔泰诸语言的语言工作者通过比对青海境内诸阿尔泰语言与青海汉语方言，探讨青海汉语方言语法与阿尔泰语言之间的关系，这些研究侧重于语法事实的描写，尤其注意到了青海汉语方言与普通话、青海境内阿尔泰诸语言之间的词汇、语法差异。如贾晞儒的《青海汉话的"着"与青海蒙古语的－dʒ》（《西北民族研究》1993年第1期）一文，先介绍了青海汉语方言中"着"的几种特殊用法，然后与青海蒙古语的动词词尾－dʒ进行比对，发现二者语法功能上有趋同性，语音上有相似性，说明二者有互相影响的可能。李克郁的《析青海汉语中的让动形式"给"》（《青海民族学院学报》1993年第4期）一文，讨论了青海汉语方言中已经虚化的、不同于普通话用法

的"给"。指出这种用途广泛的、独特的"给"字，与青海境内阿尔泰语系某些语言动词的让动形式不无关系。马伟的《试探河州话的产生基础》（《青海民族研究》1997 年第 2 期）一文，通过对比河州话和阿尔泰语，说明与汉语普通话在语法方面有巨大差异的河州话的来源，与河州地区民族来源和语言接触有关。贾晞儒的《青海话中的民族语借词》（《民族语文》2006 年第 2 期）一文，从语言接触的角度，列举、分析了青海汉语中的民族语借词。认为青海汉语方言在多语环境下，吸收了当地少数民族语言成分，在语音、词汇、语法等方面形成了不同于汉语其他方言的特点。都兴宙的《〈元朝秘史〉中"行"的用法分析》（《青海民族大学学报》2005 年第 1 期）一文，将"直译体"文献《元朝秘史》中语法化后置词"行"作为研究对象，说明该词用法反映的青海汉语方言与蒙古语之间的关系。马梦玲的《西宁方言的"哈""俩"及其语序类型学特点》（《青海师范大学学报》2009 年第 4 期）一文，从语序类型学的角度，探讨了西宁方言中特殊的标记"哈""俩"所体现出来的类型学特征和语言接触的痕迹。作为藏汉语研究双通的青年学者，王双成的一系列论文从语言接触的角度探讨了青海汉语方言语音、词汇、语法与青海少数民族语言之间的关系，如《青海方言元音［i］的舌尖化音变》（《中国语文》2006 年第 4 期）一文，通过观察青海汉语方言高元音［i］的舌尖化音变，发现舌尖化的原因主要是由于"复元音的单元音化"导致大量的同音现象，为了增加区别度，［i］只能进一步高化而成为［ɿ］；《汉语青海方言的动词重叠式》（《民族语文》2008 年第 3 期）一文，认为青海汉语方言的动词重叠式有可能是安多藏语对青海汉语方言影响的结果；《西宁方言的差比句》（《中国语文》2009 年第 3 期）一文，说明西宁方言的差比句类型特点与语言接触密切相关；《西宁方言与吴方言的一

些语言现象之比较》（《语言科学》2009 年第 5 期）一文，则从青海汉语方言和吴方言中较为一致的语言现象入手，指出青海汉语方言的来源和特点与早期移民有关。

青海汉语方言本体研究。都兴宙的《西宁方言中的虚词"着"辨异》（《青海民族学院学报》1993 年第 2 期）和《论西宁话里的虚词"lia"》（《青海民族学院学报》1995 年第 1 期）两文，分别探讨了西宁方言与普通话功能不同的特殊虚词"着"和"lia"。在西宁方言里，虚词"着"一读轻声，一非轻声，二者不能互换。同时，"着"的词性、语法意义及用法都表现出十分复杂的特点。"lia"作为西宁方言里使用频率很高的虚词，其写法不定，特点复杂。作者从"lia"的词性、语法意义及用法入手，探讨其来源。任碧生的《西宁方言中表示重复的"再"》（《青海师范大学学报》1993 年第 2 期）一文，从描写西宁方言"再"出现的语境、表现的语义着手，分析西宁方言的"再"与普通话之间的区别。张成材编著的《现代汉语方言大词典·西宁方言词典》（江苏教育出版社，1994 年）一书是根据《汉语方言调查字表》和为方言词典专门编订的《方言调查词表》等调查得来的语料编成。词典正文之前以"引论"形式，先从西宁方言的内部差别、西宁方言的声韵调、西宁方言单字音表、西宁方言的特点、词典凡例、词典中例句常用字注释、西宁方言音节表等方面，扼要介绍青海汉语方言语音、词汇、语法方面的特点，全面展示了青海汉语方言的面貌。词典正文之后附有方言义类索引和方言条目首字笔画索引。该词典宗旨是为一般读者提供方言词义的参考，为研究者提供专业资料。郭纬国撰写的《循化方言志》（青海人民出版社，1995 年）一书，记录、描写了循化汉语方言的面貌，对循化汉语方言的归属进行了探讨。全书按照一般方言志书形式编排，共分为导言、语音分析、同音字表、与北京话语音比

较、分类词表、语法特点、语法例句以及标音举例八章。书中词表后还有两章附录，附录一简略谈到了循化回、汉族汉语方言词语语音、用词的不同，其语音的不同主要体现在一些端组字的异读和连读变调上，词汇的不同主要在于回族方言中的经堂语。附录二主要谈及族群接触背景下，循化汉语方言与撒拉语、藏语之间的互相影响。张成材的《西宁声母与〈广韵〉声母的比较》（《青海师范大学学报》1995 年第 1 期）一文比较了西宁方言和中古语音的声母系统，根据中古声母在西宁今声母中有几种读音，为研究汉语古今语音演变现象，总结语音演变规律提供例证。都兴宙、狄志良的《〈西宁方言词典〉简论》（《青海民族学院学报》1997 年第 1 期）一文，对《西宁方言词典》一书中语音系统、收词标准、词语注音等方面存在的问题提出了订正意见，并阐述了作者的见解，提出商榷。张成材的《西宁方言研究刍议——答都兴宙先生》（《青海民族学院学报》1997 年第 3 期）一文，回应了质疑，厘清了一些学术观点。朱世奎、丁乐年等的《西宁方言词语汇典》（青海人民出版社，2003 年）一书，由于参与编纂者皆为"老西宁"人，汇典的词条选择、词语形式、词语释义等方面都具有特点，内容包括一般分类词汇，以及谚语、俗语、熟语等，除了反映方言特征外，还体现了民俗文化。蒲生华的《青海方言中"我"字诸音考辨》（《青海民族研究》2003 年第 1 期）一文，根据青海方言中"我"的四个读音分析其来源，认为有的是古音的沉淀，有的是特殊环境的影响，还有其他语音的渗透。任碧生的《西宁方言的前置宾语句》（《方言》2004 年第 4 期）一文，对西宁方言的前置宾语句的类型进行了初步观察和描写，认为西宁方言部分前置的宾语有标记词"啊"，前置宾语句中的动词不能是光杆动词，在提供新信息时，前置的宾语可以是不定指的；其《西宁话"把"字句的多样性》（《青

海民族学院学报》2005 年第 2 期）一文，则分析了西宁方言中的"把"字句除了有与普通话相同的特点外，还有允许自主动词、形容词充当"把"字句的述语等不同于普通话语法的特点，这一特点和"把"所具有的处置义以及"把"字句的结构有相当大的关系。马雪艳的《西宁方言与普通话"儿"尾的对比研究》（《青海民族学院学报》2005 年第 4 期）一文，从"儿"字在西宁方言与普通话中发音方式、表达功能上的不同，探讨了西宁方言"儿"尾的语音及表达特点。任碧生的《青海方言语法专题研究》（青海人民出版社，2006 年）一书，探讨了青海汉语方言语法中的一些特殊现象。全书包括绪论共七章，主要研究了以西宁方言为代表的青海汉语方言的重叠式、宾语和受事的前置现象、话题句、"把"字句、"着""头""再"以及几个特殊的后置词，还专列一章研究了元明时期韩国学习汉语的教材《老乞大》与青海汉语方言的关系。书中还依照章节内容，收录了发表在《方言》和《青海民族学院学报》上的两篇论及青海汉语方言语法的论文。张成材的《中古音与青海方音字汇》（青海人民出版社，2006 年）一书，是根据 1979 年油印本《青海方音字汇》修订后出版的。该书依照普通话韵母，列表陈列青海各地方音与中古、北京、西安、兰州语音的比对结果，集中展示了青海汉语方言的语音特点及异同。书中青海地点方言包括西宁、湟源、湟中、大通、平安、互助、化隆、门源、贵德、乐都、民和、循化、同仁等十三个，为青海本地方言语音比对研究和与其他地方方言比对异同提供了语料。陈良煜的《河湟汉族来源与青海方言的形成》（《青海师范大学学报》2008 年第 6 期）一文，集中探讨了青海汉语方言的来源和形成时间。将河湟汉语形成与地区民族、政局变化结合研究，得出青海汉语方言的形成不会晚于东汉末年的结论。

青海回族汉语方言研究。马燕的《回族常用语言的特点及所蕴含的民俗文化》（《青海民族学院学报》1999 年第 4 期）一文，分析了回族特定语言的传承、独特的语法现象、常用语言的特点等多方面内容，同时解读了回族方言、常用语言所蕴含的民俗文化。

第二节　其他语言研究

1990—2010 年，青海其他语言的研究在各项事业繁荣发展的大环境下，多依照现代语言学理论，探寻了各民族语言在语音、词汇、语法方面的特点以及呈现出的文化内涵。出现了一批有价值的研究成果，同时培养了民族语言研究人才，形成有发展后劲的研究队伍。

一、藏语研究

自 20 世纪 90 年代起，藏语的研究主要利用现代语言学理论，进行了全面、系统的研究。内容涉及藏语语音、词汇、语法、语言教学等各方面。

藏语语言文字研究。陈庆英的《从西夏〈文海〉看西夏语同藏语文化的关系》（一）（二）（《青海民族学院学报》1993 年第 3—4 期）两文，依据产生于 12 世纪中期的西夏文字典《文海》中有关字的汉字反切注音，来考察西夏语与藏语对应词相同或相近的现象，论证西夏语与藏语安多方言之间是否存在源流关系。王荣德的《天峻藏语里的元音和韵母》（《青海民族学院学报》1993 年第 2 期）一文，分析了天峻藏语作为一种方言土语，其元音通过变异、高化、减缩、继承等方式从早期藏语中形成，而韵母则以单元音增多、辅音韵尾减少成为新趋势。黄布凡、索南江才、张明慧的《玉树藏语的语音特点和历史演变规律》（《中国藏学》1994 年第 2 期）一文，以青海省玉树藏族自治州杂多地区的藏语语音为研究对象，探寻玉树藏语的语音特点和演变规律，进而分析玉树藏语在藏语方言中的地位及由此获得对历史比较法的启示。这样的研究是源于以往对玉树藏语的认识不足，对其地理分布和隶属方言了解不多的现状。王荣德的《天峻藏语复辅音的特殊现象》（《青海民族研究》1994 年第 3 期）一文，主要介绍了天峻藏语复辅音的语音形式，分析其有别于其他方言的前置辅音的发音特点，论述了前置辅音的由来。玉珍的《藏语安多方言同仁话中的汉语借词》（《中国藏学》1996 年第 1 期）一文，从藏语安多方言同仁话的汉语借词的借入时期和类型、借入的方式及变化、借入后的语音变化等方面，介绍了同仁藏语中汉语借词的类型和特点。说明这类借词进入藏语系统时都要按照其系统规则改造语音、构词方式。耿显宗的《谈谈藏语地名汉译用字的问题》（《青海民族研究》1996 年第 1 期）一文，从主客观原因、民族文化特征和翻译工作的复杂性三方面分析了青海省藏语地名汉译中译音不准、一名多译或一名多写、通名多译、方言译音等问题，并提出相应建议。祁玉海的《藏语语音融合式教学模式研究》（《青海师范大学学报》1997 年第 1 期）一文，从语言教学的角度，探求将藏语语音的辅音、元音和音节与汉语拼音有机结合在一起的藏语语音教学方法，以求同时提高藏族学生藏、汉语能力，达到教学目的，提高教学水平。周毛吉的《论藏语语法和诗学修辞》（青海民族出版社，1998 年）一书，从语言运用的角度观照了藏语语法、语法和修辞、文学之间的关系。吉太加的《现代藏语语法通论》（甘肃民族出版社，2000 年）一书，运用现代语言学理论，从现行藏文字形入手，对现代藏语语法进行了全面阐述。才让加、吉太加的《基于藏语语料库的词类分类方法研究》（《西北民族大学学报》2005 年第 2 期）一文，说明在藏语语料自动标注生成的过程中，词类分析和标注极为重要，根据这一需要，提出藏语词类标注和分类方法，探索了藏语语料库建设方面的标准和方法。完玛冷智的《藏语数词的语音变化》（《民族语文》2006年第4期）一文，介绍了藏语数词"十"的音变早在吐蕃时期就已发生，是中古藏语的语音残留，现代藏语方言中的"变体"沿用古音。数词"一"在一些口语"十一"的后字读为送气舌面塞擦音，这是吐蕃早期语音的残留；其《吐蕃藏语体词性成分"清音浊化"的条件》（《民族语文》2007年第5期）一文，基于汉藏语的清浊辅音具有辨义功能的认知，认为吐蕃藏语清浊交替中有相当一部分名词性成分是有条件的"清音浊化"，其浊化基本上只出现在双音节名词性成分的后项，是一种语音弱化的表现。在今安多藏语中，仍保留着这一古藏语特征，直接表现为韵律词的轻重结构对词的影响。该文目的在于探讨吐蕃时期文献与现代安多藏语音变规律的一致性，说明这种现象对研究藏语语音演变规则和方向的重要性。王双成的《安多藏语复元音韵母的特点》（《民族语文》2004年第3期）一文，通过比较提出安多藏语牧区话有［ua］［ui］两个出现频率较高、分布较普遍的假性复元音韵母，分析二者特点，反驳了一般认为卫藏、康巴方言有复元音韵母而安多方言没有的观点；其《安多藏语轻重唇音的分化趋势》（《语言研究》2007年第1期）一文，通过描写安多藏语久治、阿坝、红原等地口语和书面语中已出现可以单独作声母的 f 这一语言事实，反驳了学术界一般认为安多藏语至今还没有轻唇音的观点。同时说明汉语方言也有类似的情况，从中可以看到汉藏语言唇音演化的共性规律。才让加的《藏语语料库词语分类体系及标记集研究》（《中文信息处理》2009年第4期）一文，根据藏语语料库和计算机自动切分和标注的实际需要，在藏语词语分类体系的构建上，提出了切分词类的方法和步骤，要

先分虚实，再在大类的基础上分出小类，依次分出不同深度的子类。同时证明该分类方法和标记集比较合理实用。完玛冷智的《藏语安多方言语音研究》（青海民族出版社，2009年）一书，选取我国境内藏语三大方言之一，同时也是存古性较高的安多方言作为研究对象。面对藏语方言研究中安多方言研究比较薄弱的局面，全书充分运用现代语言学理论，如实验语音学、历史比较、文献考证、内部构拟等理论和方法，对安多藏语的辅音系统、元音分布、辅音韵尾、音节构造等，做了较为全面、深入的研究，全面讨论了安多方言的声、韵及其历史演变特征。王双成、陈忠敏的《安多藏语送气擦音的实验研究》（《民族语文》2010年第2期）一文，运用实验语音学的手段分析了安多藏语擦音中区分送气与否的区别性特征，详细论证了藏语送气擦音的来源，提出安多藏语许多土语都有清擦音送气与否的对立，可以从送气擦音的声学特征、能量的强弱、能量集中区的频率高低、后接元音谐波能量的大小等方面来验证其送气特征。王双成的《安多藏语 i 的舌尖化及其类型学意义》（《语言研究》2010年第2期）一文，主要讨论安多藏语元音 i 的舌尖化音变问题。通过对藏语和汉语方言（吴语、徽语等）的相关表现的分析，认为舌尖化是汉藏语系不同语言中较为普遍的一种音变现象，并指出其演变过程中的共性特征。

藏语语言文化研究。王青山的《藏族词汇与性别差异》（《青海民族学院学报》1993年第3期）一文，根据《藏汉大词典》和《格西曲扎藏文辞典》中的语词以及笔者收集到的方言俚语，观察在不同场合由不同性别的人使用时的表现，来说明语言使用者自觉选用适合自己身份与地位的词语，遵守言语交际规则，从而形成男女语言使用上的一些差异。耿显宗的《果洛藏语地名命名特点及历史文化蕴涵》（《青海民族研究》1997年第4期）一文，从果洛藏语地名命名的方

式和地名的历史文化蕴含两方面，说明果洛藏语地名的文化特征与历史、宗教、神话传说、民族迁徙、民族情感以及当地部落官职等有关。东主才让的《探析词语的民族性》（《北京大学学报》2004 年）一文，以藏语为例，说明在汉藏语翻译过程中，要注意词语的民族性问题。从藏语基本词汇入手，探讨了民族生活环境、习俗文化、民间信仰对词语音义构成、运用的影响。王双成的《藏族"拉伊"的特殊唱词及其成因探析》（《青海民族研究》2004 年第 3 期）一文，以在青海部分地区流行的藏汉语混合的"拉伊"唱词为研究对象，指出作为交际工具的语言与不同语言的相互接触与影响不可避免，这种"拉伊"唱词就是不同语言间相互接触与影响的产物。东主才让的《试论藏语借词及其文化背景》（《青海民族大学学报》2010 年第 2 期）一文，介绍了藏语通过"密切借用"和"文化借用"两种途径，用音译、音译加注、音义半借、音形义全借、音形义半借五种方式从其他民族语言中借词，从中可以看到民族文化交流的痕迹。

二、土族语研究

20 世纪 90 年代以后，关于土族语语音、词汇、语法的研究成果层出不穷。

土族语语言文字研究。华侃的《土族语中的藏语借词》（《西北民族研究》1994 年第 1 期）一文，初步探讨了土族语里的藏语借词在语音、词义和构词方式等方面的某些特点。藏语借词多为早期借入的，借入手法有音译、音译加意译等，保留了古藏的语音特点，也发生了语义的变化，构词时遵循土族语的语法规则。李美玲的《试谈土族文字中解决新词术语的方法问题》（《青海民族研究》1995 年第 3 期）一文，针对土族文字还没有合适的解决新词术语的方法这一问题，提出加强调查研究、充分运用土族语自身构词规律、从其他民族语言中借用表达新事物、新概念的词等具体的应对方法，以期解决这一问

题。席元麟的《土族惯用语浅析——兼议惯用语的土译汉问题》（《青海民族研究》1996 年第 4 期）一文，先详细介绍了土族语惯用语的两种表达方式，说明其独有特征。进而讨论翻译过程中，应把握住语言风格，以体现原文的民族特色和地方特色为要旨，翻译出语句的核心内涵。为了正确认识土族语言的性质，李克郁、李美玲 1996—1997 年发表的《土族语、蒙古语对照词表（一）、（二）、（三）、（四）、（五）》（《青海民族研究》1996 年第 4 期；1997 年第 1—4 期）等五篇论文，摘录出《蒙古秘史》《华夷译语》《武备志》《卢龙塞略》中的一些蒙古语基本词汇，与土族语言进行了比较。文中详细分析和描述了土族语言词汇的组成。李美玲、李永翎的《〈蒙古秘史〉语与土族语语音比较——a 元音之比较》（《青海民族研究》1999 年第 1 期）一文，则是通过描写土族语语音，比较与同语系语言特点的异同，来分析土族语的语音特点。李美玲的《土族语长元音的形成》（《西北民族研究》2001 年第 1 期）一文，分析土族语长元音与蒙古语有共同性质，但是土族语还处在向长元音过渡时期，还没有完成长元音形成的全过程；其《土族语词首清擦辅音 f 的演变》（《青海民族学院学报》2001 年第 1 期）一文，运用历史比较法，探讨了在共时平面上，土族语内部方言和亲属方言词首清擦辅音 f 呈现出的地理分布差异以及演变历程。李克郁、李美玲的《河湟蒙古尔人》（青海人民出版社，2005 年）一书，探讨土族族源问题时以土族语言作为依据之一。全书共四编，分别名为回顾、研究、源流、语言。"语言编"从土族语的研究历史、发生学分类、与蒙古语语音文化的比较、土族语长元音的形成以及突厥语底层等方面详述土族语的特点，然后以土族文字为一章从创制方案、正字法、试行和推广等方面进行叙述，结合语言、历史等资料来分析，土族的缘起与蒙古族有关，是元末驻守甘肃行省

的蒙古军后裔。祁进玉的《文化融合与文化涵化的范例——基于三大方言区的土族语同源、借词研究》（《西北民族大学学报》2007年第1期）一文，从现代土族语的互助、民和、同仁等三大方言区词汇特点出发，对三大方言区的土族语加以比较，探讨土族语中借词来源于藏语、汉语的词语特点，以及新时期土族语如何吸纳新借词，力图通过这样的介绍深入了解土族语词汇特点，阐述由于族群交融，土族语内部的方言差异反映出不同族际之间文化交流、文化融合的样貌。李克郁的《李克郁土族历史与语言文字研究文集》（民族出版社，2008年）一书，收录了发表在《民族研究》《民族语文》《青海民族研究》《青海民族学院学报》《青海社会科学》等刊物上的33篇论文，主旨是证明土族的族源，展示了李克郁近40年土族语和土族文化研究的成果。其中与土族语有关的内容，有对土族语的语言概述，还有对土族语中某一构词成分用法的探讨，有将土族语和蒙古语进行比较的，也有分析青海汉语方言中的某些阿尔泰语言成分的，还有谈及土族文字的创制问题的。

土族语语言文化研究。席元麟的《从土族词汇看土族文化的多元性》（《青海民族学院学报》1993年第1期）一文，从现代土族语使用情况、土族语文化中的借词状况入手，论述了随着土族先民的西迁，其语言文化离阿尔泰语系民族语言文化越来越远，但与青海境内汉藏语系民族语言文化接触，渐渐形成二者兼有而又有变化的独特的语言文化体系，是一种多元文化体系。贾晞儒的《土族语和蒙古语白色词的文化内涵》（《西北民族研究》1996年第2期）一文，认为民族语言文字在记录、保留民族习俗及体现民族心理等方面具有重要价值。土族语和蒙古语白色词的读音、赋予的意义、构成新词的方式以及民族心理的体现等内容都有一致性，但也有相异之处，从这些具体表现来探讨土族族源问题；其

《从语言比较中看土族蒙古族文化心理之异同》（《青海民族研究》1998年第2期）一文，开篇通过土族自称"蒙古尔"或"察干蒙古尔"，认为这反映出土族与蒙古族在历史上的密切关系，全文通过土族语和蒙古语的同源词、某些词的构词特点等内容说明土族、蒙古族文化心理的异同。李克郁的《dol－da（达勒达）辨析》（《青海民族研究》1999年第1期）一文，从反驳顾颉刚和陈寄生都说土族除"土护家""土人"之称呼外别无其他称呼的说法开始，认真考释"dol－da（达勒达）"，探讨土族族源问题。李美玲的《从"kur een"一词看土族古代婚姻制度》（《青海民族研究》2001年第1期）一文，通过对"kur een"一词原始形式的构拟及其词源意义的探讨，说明了土族语"kur een"一词蕴含着古代土族社会曾有过的婚姻制度。

三、撒拉语研究

20世纪90年代以来，撒拉语研究立足于深入挖掘撒拉语在语音、语法方面的特点，为语言学界提供了研究语料，进而探讨撒拉族族源及文化特征。

撒拉语语言文字研究。韩建业的《〈土尔克杂学〉词汇选释》（《青海民族研究》1993年第4期）一文，将以阿拉伯、波斯文字母为基础的一种拼音文字——土尔克文字写成的手本《土尔克杂学》作为研究对象，从中摘取50多个词汇，分析其特点，认为该手本中的语言是撒拉族在中世纪时使用的，相关词汇在现代撒拉语中既有保留也有消失。马伟的《循化汉语的"是"与撒拉语［sa/se］语法功能比较》（《青海民族研究》1994年第3期）一文，通过比较循化汉语方言、普通话和撒拉语，展示了循化汉语方言的"是"与撒拉语［sa/se］的特点、关系和语法功能，说明循化汉语方言和撒拉语在"是"的用法方面有一致性，这应当是汉语方言阿尔泰化的表现；其《撒拉语的主语宾语问题》（《青海民族研究》

1995 年第 2 期）一文，针对撒拉族受母语的影响，学习汉语时经常颠倒语序的困难，通过分析对比撒拉语和汉语语序的区别，了解语言特点，助力撒拉族汉语教学。美国学者杜安霓著，赵其娟、马伟编译的《撒拉语中的突厥语因素——一种具有察哈台语形式的乌古斯语?》（《青海民族研究》2003 年第 3 期）一文，研究了撒拉语和突厥语的特点、撒拉语分层学和突厥语的分类、撒拉语在突厥语族中的地位以及撒拉语和乌古斯语的发生学关系。这三人的《撒拉语和土库曼等语的关系》（《青海民族研究》2003 年第 4 期）一文，继续探讨了撒拉语的突厥语历史层次和地域特点，从撒拉语和乌古斯语的发生学关系、和南西伯利亚语与克普恰克语长久的联系两方面来谈撒拉语和土库曼等语的关系，反驳了学界关于撒拉语与现代维吾尔语有发生学关系的看法。马成俊、马伟主编的《百年撒拉族研究文集》（青海人民出版社，2004 年）一书，收录了韩建业、马成俊、马伟等学者有关撒拉语研究的成果，涉及撒拉语语音、词汇、语法。这些文章说明，属于阿尔泰语系突厥语族的撒拉语与同属突厥语族的维吾尔语、哈萨克语、土耳其语虽然具有共性，但也具有自己的特性，并显示出与汉语、藏语、蒙古语接触的痕迹，尤其在词汇方面有显著接触特点。韩建业的《韩建业民族语言文化研究文集》（民族出版社，2008 年）一书，全面研究了撒拉语语音、词汇、语法以及语言接触等方面的问题。同时从文化符号功能的角度，对其所负载的风俗文化、民族特征等深邃而广泛的文化内涵进行了综合研究和系统论述。全书分为"语言文字""文化教育""民俗民间文学""其他"四篇，其中"语言文字"包括撒拉语概况、撒拉语的新词术语、句子分类、词组和句子的结构方式、名词的构成及格的划分、动词、词法等研究成果，还有康家话、民族文字使用与汉语语法结构的比较等内容。其他几篇中有关外来词、地

名、姓氏、风俗等内容的论文，都是与语言有关的观察结果。马伟的《撒拉语的濒危状况及原因分析》（《青海民族研究》2009 年第 1 期）一文，根据循化县积石镇石头坡村的田野调查结果，分析了撒拉语的濒危状况及濒危原因，认为撒拉族文字的缺失、汉语的影响、母语习得者的减少都是濒危的原因，撒拉语的濒危情况与撒拉族社会发生的社会经济变化有着密切的关系。马成俊、马伟编著的《民族小岛·新世纪撒拉族研究》（民族出版社，2010 年）一书，涉及撒拉语研究，收录有关撒拉语语音、语法、语言接触以及使用状态等方面内容的论文 5 篇。韩建业、马成俊编著的《撒维汉词典》（民族出版社，2010 年）一书，是首部撒拉语、维吾尔语、汉语三语对照词典，比对罗列了三种语言的面貌。以拼写符号注音，共收录了常用单词、词组、谚语和成语共 1 万余条。词典为了便于其他民族读者了解撒拉族历史、文化和风俗习惯，也酌量吸收了一些古旧词语（用"昔"表示）。注意到了撒拉语和汉、藏、蒙古语的关系，比如词典中收录了 116 条在词义、词形等方面与蒙古语相同或者相近的词以及撒拉语词汇里使用的汉、藏、阿拉伯、波斯语借词。

撒拉语语言文化研究。韩建业的《从外来词透视撒拉族文化》（《青海民族研究》1995 年第 1 期）一文，分两部分介绍撒拉语中的阿拉伯、波斯语借词和汉语、藏语借词，说明在族群接触中，词语的借入方式和内容都有不同，借助此类外来词可以一窥撒拉语的本质特征和文化特征。马伟的《撒拉族文化与委婉语》（《语言与翻译》2001 年第 3 期）一文，分析了撒拉语委婉语的内容、形式以及与文化的关系，认为撒拉族文化影响了语言中的委婉语，表明委婉语来自文化禁忌这一特点是民族共性的内容，但同时在委婉语构成方面有独特的民族特点。马成俊的《土库曼斯坦访问纪实——兼谈撒拉族语言、族源及其他》

（《青海民族研究》2001年第1期）一文，阐述了对撒拉语语源和特点的认识。马伟、马建忠的《中国撒拉族民俗》（《The Folklore of China's Islamic Salar Nationality》）（美国纽约 Edwin Mellen 出版社，2001年）一书，涉及撒拉语的内容是收集了撒拉语语音素材，用韩建业创建的拼写系统和稍加改进的国际音标注音，并翻译成英语。韩建业的《撒拉族语言·文化论》（青海人民出版社，2003年）一书，展示了撒拉语语言内部结构规律，同时揭示了撒拉语负载的文化内涵。全书共分"语言专论"和"文化笔谈"两编。"语言专论"分析了撒拉语的语音、词汇、语法特点，还附有部分词汇条目和话语材料。"文化笔谈"则涉及地名、姓氏、文学、民俗风情体现的文化特征以及撒拉族相关文献研究和民族教育等内容。书中既有撒拉语内部特点描写，也谈及撒拉语和汉语、藏语接触后产生的现象，对撒拉族双语教学问题也提出相应建议。

四、蒙古语研究

自20世纪90年代后，青海蒙古语研究主要涉及蒙古语言特点、语言蕴含的文化特征等方面内容。

蒙古语语言文字研究。 贾晞儒的《试谈海西蒙古话［ʤuː］一词的特点及其归属问题》（《民族语文》1993年第1期）一文，通过实例分析认为：［ʤuː］在海西蒙古话里不但有加强句子感情色彩的作用，而且属于一个多功能的特殊的方言词，与蒙古语的情态词更为接近。乌云才其格的《谈谈青海蒙古方言词》（《青海民族研究》1993年第1期）一文，认为和硕特蒙古迁居青藏高原后，在族群接触过程中，其语言的语音、词汇等方面产生了一定的变化，使之与书面语和其他方言有了一定的差异，形成了自己的特点。贾晞儒的《谈谈蒙古语句子结构的几个问题》（《民族语文》1995年第5期）一文，主要探讨怎样在蒙古语句法研究中探索出一种语义内

容和句法形式相互映现的特殊规律，如何在研究中处理歧义和句法形式的关系，是蒙古语句法研究的一个重要内容。贾晞儒的《海西蒙古语方言词结构特点拾零》（《民族语文》1998年第4期）一文，主要介绍了海西蒙古语构词的几个特点，如用改变中性词的词形以构成表示尊敬意义的对应词，变一般词为特指词，加缀附加成分改变词义，等等。巴依斯哈力、策仁敦德布的《蒙古语青海方言辞典》（蒙文，内蒙古大学出版社，1998年）一书，收集了大量青海蒙古语方言词，编排体例依照现代蒙古语词典的一般编排原则，按蒙文字母的排序来安排词条，每个词条下又标有国际音标，反映了词条的方言语音特征。释义时先主位义后次位义，并根据需要附有例句，突出了方言词义演变特点以及与标准语和其他方言的异同，说明三者之间存在"名异实同""名同实异""名同义近"等关系。辞典中还收录了一些蒙古语与青海方言中的藏语借词。贾晞儒的《试论蒙古文字的内聚力》（《青海民族研究》1999年第2期）一文，重点阐述了作为语言的辅助性工具，蒙古文字不但是记录蒙古语言的符号，而且在展示蒙古文化、体现民族性格、凝聚民族精神方面也起到了重要作用。其《宗加、巴隆蒙古语亲属称谓词比较》（《民族语文》2002年第2期）一文，比较和分析了海西都兰县两个毗邻的蒙古族聚居乡宗加、巴隆的亲属称谓，以示其语言和社会习俗方面的一些特点。他的《关于蒙古语状语的几个问题的讨论》（《青海民族研究》2004年第1期）一文，以语言事实为依据，分析、归纳了蒙古语状语的类别及其在句子中的表现形式、位次变化和结构形式等。其《语言·心理·民俗》（青海民族出版社，2004年）一书，共有十三章，包括语言"直言性"中的信息蕴含、人的言语行为与社会风尚、语言是心理、民俗的中介、语言中的民俗事象、语言的地域差异与民俗、民俗中的社会心理特征、词语搭配与

民俗、语言是观察社会风貌的窗口、语言的历史折射、社会心理与语言运用、社会心理对语言结构的影响、社会生活变革与新词语的产生等内容，从语言和民俗、民族心理的关系等方面，充分展示了"语言是社会的产物""语言是历史的一面镜子"这样的论断。娜日斯的《浅谈青海蒙古族习惯语》（《西部蒙古论坛》2010 年第 1 期）一文，通过研究青海蒙古语习惯语的结构、语义特点及来源，说明在长期的历史演进中，由于自然地理环境和社会环境的变化，青海蒙古语形成了一些特殊结构和寓意新颖的习惯语。

蒙古语语言文化研究。贾晞儒的《青海蒙古语地名的几个特色》（《西北民族研究》1994 年第 2 期）一文，从命名的多样性、地名的结构和语义特征等方面探讨了青海蒙古语地名的语言学意义和文化特征；其《蒙古语言与蒙古族历史、文化》（《青海民族学院学报》2002 年第 1 期）一文，论述了蒙古语言的语法、语义构成等内容，指出蒙古语言不仅是交际工具也是蒙古文化和历史的载体；其《青海蒙古语言文化纵论》（青海民族出版社，2006 年）一书，主要以青海海西蒙古族语言文化作为研究对象，分"语言篇"和"文化篇"两部分展开论述和阐释。其中"语言篇"共十四章，从语音、词汇、语法等方面介绍了青海蒙古语概况，然后介绍了乌图美仁话中的元、辅音，还描述了海西蒙古语的方言词、藏语借词的来源、语音语义特征及构词方式。将青海蒙古语地名的特点及语言学意义单列两章详细叙述，还分析了句子结构和谓语动词的几个问题。"文化篇"共五章，包括青海蒙古语地名的文化学意义、民间文学和信仰、服饰文化等内容。书后附录收录了作者自 20 世纪 70 年代至 2004 年的语言学论著目录。其《贾晞儒民族语言文化研究文集》（民族出版社，2008 年）一书，收录了作者历年发表在《民族语文》《青海民族研究》等刊物上，有关蒙古语、地域文化研

究、语言接触理论、语言教学的 42 篇论文，体现了作者最初研究蒙古语时对语言与文化之间关系的关注。全书有探讨蒙古语不同结构语义特点的论文，有对蒙古语词义类型的分析，还有一系列有关蒙古语与历史文化关系的论述，包括蒙古文字与蒙古历史、蒙古人名体现的语言特征、语词结构中透射的独特民俗事象、海西蒙古族的语言观念等内容。书中还有对青海汉语方言与境内少数民族语言接触性特点的一系列论文，内容涉及青海汉语方言里的借词、与少数民族语言相近的语法结构等。也有对语言教学的思考，以及书评。吉乎林的《浅谈青海蒙古语地名之文化内涵》（《西部蒙古论坛》2009 年第 1 期）一文，通过对青海蒙古语地名的研究，探索其所蕴含的文化内涵，如地名体现出的民族迁徙的历史和线路，某个地方地貌特征和当地乡土文化、民风民俗的联系等。贾晞儒的《德都蒙古语"德吉"（dege Ji）的文化内涵及发展演变》（《青海民族大学学报》2010 年第 3 期）一文，从"德吉"由一个表饮食品"头一份"的普通名词，词义演变成"珍品""良"后，加后缀 - Jile 变为动词，表示"先享用""取其精华"等意义的过程，指出该词的演变史体现了青海蒙古族深层的民族习俗文化、伦理观念。

五、康家话研究

青海因多民族聚居，语言生态呈现多样化，有些语言特征独异，系属不明，有研究者也对其进行了研究。地处尖扎县康杨镇沙里木、宗支拉、巷道三个村的部分回族群众有一种用以内部交际的语言，其特征复杂，引起研究者注意。李克郁的《蒙古语族康杨回族语语音特点》（《青海民族研究》1993 年第 2 期）一文，比较了康家回族语与河湟地区蒙古语族几种语言的语音，认为康家回族语具有明显的蒙古语族语言特点，也有自己诸多特点。通过对其语音特点的描述，探讨了其族群来源与语言之间的可能关系。韩建

业的《康家回族话语法探析》（《青海民族研究》
1994 年第 3 期）一文，从词法、句法两个方面
对康家回族话做初步探讨与分析，认为康家话
形态结构属于黏着语的类型，系属阿尔泰语系
蒙古族语。席元麟的《康家回族的亲属称谓语》
（《青海民族学院学报》1994 年第 1 期）一文，
认为其亲属称谓语与操汉语的回族有所不同，

部分与保安语、土族语称谓语相同，有些亲属
称谓语是康家话和汉语的复合称谓，其特点表
现出很深的接触痕迹。其《康家回族话的词汇
特点》（《青海民族研究》1995 年第 2 期）一
文，专注于康家话词汇特点的描述，认为其词
汇的组成、语音特点、构词形式等方面都呈现
出复杂特征。

第十八章　艺术研究

1993—2010 年，随着改革开放的深入，经济水平的提高，青海省艺术事业得到了空前的发展。由于对外交流的加强，信息渠道的畅通，尤其是互联网的使用，人们获取知识的渠道越来越多元化。这一时期，通过东西方文化的交流，西方的艺术理论也融合到国内理论研究者的研究中，新的理论研究方法开始广泛运用，有力推动了艺术研究的发展。

这一时期，青海的艺术研究进入了繁盛时期。在西方艺术研究理论的指导下，研究方法有了很大的突破。随着一些青年硕士、博士的加入，艺术理论研究的学者呈井喷式发展，研究队伍不断壮大，研究领域不断拓展，研究水平有很大的提升，研究的成果丰硕。以花儿研究、藏传佛教音乐研究、土族音乐研究、音乐教育研究、地方舞蹈研究、地方曲艺研究等为热点的音乐研究水平大幅提高；以青海彩陶等研究、民族宗教艺术研究、热贡艺术研究、唐卡艺术研究、民族民间艺术研究、传统手工艺研究、皮影戏研究、美术理论和美术史研究、青海美术教育研究为亮点的美术研究学术水平节节提高。据不完全统计，1993—2010 年，青海省艺术研究的相关专著 20 多部，公开发表学术论文 300 余篇，获批国家社科基金项目有 3 项。在研究成果数量持续增多的同时，研究成果质量也稳步提升，出版了《青海藏传佛教音乐文化》《土族音乐文化实录》《撒拉族音乐文化概论》《艺术的存在方式》《热贡艺术》《西陲艺韵——西部民族艺术研究》等一批高水平的科研专著，发表了《青海黄南藏传佛教宗教祭祀仪式羌姆乐舞音乐考察》《土族的风情习俗与音乐文化》《热贡地区藏传佛教寺院建筑的形式美》《从四大圆圈纹到蛙纹图形的嬗变——柳湾马厂彩陶主体纹饰的民俗学解读》等多篇有一定影响力的学术论文。这些研究成果对青海艺术问题从理论和应用两个方面进行了深入的研究，并提出了一系列极具理论价值和现实价值的学术观点，丰富了全省艺术理论研究的内涵，同时也对青海艺术事业的发展起到了重要的指导作用。

第一节　音乐研究

青海地处祖国西北高原边陲，自然条件相对恶劣，因此音乐艺术的发展具有民族性、区域性、封闭性等综合性特征。20 世纪 90 年代以来，青海的经济建设在这一时期取得了较大成就，音乐艺术相关理论研究也得到了迅速的发展。音乐理论研究、花儿音乐研究、藏传佛教音乐研究、土族音乐研究、民族民间音乐研究，以及青海地方曲艺研究、地方舞蹈研究、音乐教育研究等，成为青海艺术学界研究的主要方向和重点，并产生了一大批研究成果。

一、音乐理论研究

音乐理论研究在青海艺术研究中具有非常重要的地位，主要集中在音乐理论、声乐理论、器乐理论等方面的研究。

音乐理论研究。李国顺的《论音乐新课程标准下高师音乐教师的素质要求》（《青海教育》2008 年第 11 期）一文，重点强调了作为音乐教育师资培训主流的高师音乐教育，应加快音乐教育改革的步伐，尽快做好与中小学音乐新课标教学接轨的准备。作者认为建立新课程教学观念、重视音乐学的继续教育和完善综合文化知识结构是非常必要的。晁元清的《浅谈对音乐时间性的认识》（《黄河之声》2001 年第 5 期）一文，将各类艺术概括为三大类：时间艺术（音乐）、空间艺术（雕塑、建筑）、时空艺术（电影、戏剧、舞蹈）。认为音乐艺术就是以动的形式为特征，在时间中发展的艺术，因此，音乐艺术是瞬间的时间艺术。叱培虹的《民间传统音乐调查的理论和技术准备》（《青海师范大学学报》2008 年第 5 期）一文，就传统音乐调查的目的和方法、理论和技术准备问题做了深入的探析，对"采风"和"田野工作"这两个术语进行了界定和区分，并就技术准备与方法设计制定了详尽的步骤。作者认为有必要站在更新的学科高度上去进一步强调实地调查工作在民族音乐学研究工作中的重要性，并对它继续进行更为深入的科学阐述和系统研究。商文娇《"功能主义"与音乐的功能作用》（《陕西教育·高教版》2009 年第 3 期）一文，探讨了音乐文化中所体现出的各类功能现象，并就"功能主义"理论、学派对民族音乐学与音乐人类学学科范畴和定义的影响进行了探析。认为音乐的功能作用普遍存在于人类社会生活中，"功能主义"作为一种理论学说，对包括音乐在内的各项事物的理解、诠释上，还是存在一些局限性和片面性。谈云波的《浅析音乐在歌剧中的功能和作用》（《青海社会科学》2009 年第 4 期）一文，就歌剧中音乐对人物、动作、气氛三个方面发生的作用加以阐述，说明了音乐在歌剧中的能动作用。王晖的《浅谈民俗音乐的社会功能》（《大舞台》2010 年第 6 期）一文，认为民俗音乐的社会功能存在普遍性、广泛性和大众性。民俗音乐是被大众认可的观念化了的东西，显现高度的大众化、通俗化，具有抒情、传情、娱神、教化等多项功能。陈璐的《从〈蜀道难〉看郭文景音乐创作的传统文化情结》（《青海师范大学学报》2010 年第 5 期）一文，认为郭文景音乐创作的独特风格不仅是其个人艺术魅力的体现，也是巴蜀地域文化在其作品中的再现。他在重视民族民间传统文化的基础上推陈出新，巧妙地将现代作曲技法和四川传统音乐相结合，以独特的艺术语言表达、诠释了深刻的民族情感。《蜀道难》中，郭文景运用中西合璧的创作理念，探索出了一条表现民族文化的新道路。吴雨娟的《肖邦与李斯特之音乐比较》（《大众文艺》2010 年第 24 期）一文，对 19 世纪欧洲音乐史上浪漫乐派的杰出代表人物肖邦与李斯特的钢琴音乐创作进行了比较研究，认为他们的作品中融入了对祖国和人民的深深眷恋，本民族的民间音乐被他们在创作中运用得淋漓尽致，充分发挥了各自的创作风格，把钢琴音乐推向了浪漫主义音乐的巅峰。

声乐理论研究。晁元清的《高等师范院校声乐教学应体现师范特点》（《青海师范大学学报》2002 年第 2 期）一文，认为高等师范院校音乐专业的声乐教学在教学方法、教材选用和考核评估等方面不应该照搬专业音乐院校声乐专业的教学模式，应注重师范性特点，以便培养出既有一定专业技术能力又有较强教学能力的合格音乐教师。叱培虹的《唐代"以诗入乐"的歌曲形式及乐调来源》（《青海师范大学学报》2002 年第 4 期）一文，作者对唐诗歌曲创作中的"以诗入乐"现象做了探析，从撰诗、选诗入乐到乐调的来源，均进行了全面的梳理。认为音乐与诗歌相互携手、相互促进、相互结合，创造了大量唐诗歌曲，不仅极大地丰富了唐人的文化生活，而且在中国歌曲史上占有重要的地位。晁元清的《论原生态歌唱对高校音乐教育的启示》（《青海师范大学学报》2007 年第 4 期）一文，作者认为高校音乐教育应该抓住机遇、结合实际、因地制宜，发掘原生态音乐资源，培养出既有音乐专业技术又具有人文背景和文化素养的有用人才。谈云波的《歌剧重唱在喜歌剧中的价值》（《青海社会科学》2008 年第 3 期）一文，阐述了重唱作为歌剧新的创作元素，对歌剧起到了衔接及歌剧戏剧性发展的作用，并通过对歌剧《费加罗的婚礼》的分析来证明重唱的价值。刘俊的《歌唱中的心理个别差异分析》（《科学咨询·决策管理》2008 年第 8 期）一文，结合心理学有关知识和方法研究了歌唱者的个别差异，从智力个别差异与人格个别差异两方面展开论述。张连葵的《心理因素对歌唱的影响》（《歌海》2009 年第 4 期）一文，论述了如何正确掌握歌唱心理过程、个性特征的发生和发展规律，探寻避免因为心理因素的影响导致信心不足和消极因素的原因。李昕的《黄自声乐作品的创作风格》（《绍兴文理学院学报》2010 年第 3 期）一文，通过介绍黄自先生的生平和音乐创作倾向，着重对声乐作品的音乐形成及音乐特点做了简单的评析，并对我国第一部清唱剧《长恨歌》进行了较为全面的论述。

器乐理论研究。 晁元清的《谈巴赫对巴洛克时期键盘乐的贡献》（《青海师专学报》2002 年第 3 期）一文，分析了作为西方巴洛克时期最重要的杰出音乐家代表之一的巴赫，在键盘乐领域的继承、创新和发展，认为巴赫对巴洛克时期的键盘乐艺术发展达到顶峰做出了重要贡献。宁静的《青海平弦打击乐器"月儿"述略》（《青海民族学院学报》2009 年第 1 期）一文，采用文献资料和艺人访谈相结合的方法，对青海平弦打击乐器"月儿"的源流和特征进行了考察，并在此基础上，就其当代文化价值方面做出了较为中肯的分析。薛海萍的《鹰骨笛在青海藏民族生活中的运用及特点》（《民族音乐》2010 年第 4 期）一文，对藏族鹰骨笛的发展历史、乐器制作、吹奏方法、应用场合、演奏人员和演奏的曲目等方面做了探讨，认为鹰骨笛丰富了青海藏族民间音乐的内涵，促进了民间音乐的发展。藏族传统乐器与民间音乐在艺术上有着极为密切的关系，它们之间相互影响、相互渗透，同时相互促进、共同发展。

二、花儿音乐研究

花儿属山歌体系，作为一种区域性民歌，极具地域文化的传统模式，反映了多民族社会内容和地域文化心理。独特的文化形态及其艺术形式吸引了众多学者对它进行多角度研究。1993—2010 年，青海的学者对花儿的研究主要集中在花儿理论研究、花儿文本研究、花儿史研究、花儿会调查与研究、花儿音乐研究、花儿传承保护研究等几个方面。这里主要关注花儿综合艺术研究和花儿音乐研究方面。

花儿综合艺术研究。 吕霞的《西北少数民族"花儿"的审美意蕴》（《青海民族学院学报》1998 年第 4 期）一文，从音乐审美的角度，对西北少数民族"花儿"进行了分析。认为"花儿"的曲调悠扬高亢，是一种生长在山野间、享受着人类生命滋养的艺术。同时点出了西北"花儿"是属于野曲山歌的音乐体裁性质，并分别总结了回族、保安族、土族、撒拉族以及藏族、东乡族花儿的音乐曲调特征和审美倾向。马桂花的《河湟"花儿"艺术略谈》（《青海师专学报》2004年第3期）一文，认为"花儿"为人们创造了抒发情感的环境氛围，描绘出色彩斑斓的生活画面，可以说是一本"百科全书"。文章不仅介绍了汉族、回族、土族和撒拉族花儿的状况，还涉及了不同民族花儿的曲调和唱法等。马成俊等的《青海民间文化新探》（民族出版社，2008年）一书，对甘、宁、青、新四省区数个少数民族演唱的民歌"花儿"，尤其是青海花儿及花儿会进行了详细的论述。从花儿的起源、花儿产生的背景、观念动机以及花儿的民俗文化特点到花儿会的文化特征及文化功能等方面展开详尽的探究，认为花儿就是凝结的历史文化符号，而花儿会则与古代春游活动有着千丝万缕的联系。花儿会具有狂欢和禁忌两种特质，花儿会的狂欢实际上是人性初始的一种回归，狂欢相对而言也有其良性功能的一面，从深层来看，花儿会在人们的劳动生活中起着社会调节器的作用。

花儿音乐比较研究。郭德慧的《西北回族宴席曲与"花儿"的比较研究》（西南师范大学硕士学位论文，2001年）一文，通过对宴席曲和"花儿"音乐本体艺术特征的研究，拟在纠正将宴席曲与"花儿"混为一谈，甚至于把宴席曲归纳在"花儿"之中的学说。并通过对西北地区回族宴席曲的分类、艺术特色以及演唱风格的探索，与"花儿"所传唱的内容、曲调等诸方面做了比较性的研究，从而使宴席曲与"花儿"在概念上以及艺术风格上泾渭分明、条理清晰，以便丰富我国民间音乐的歌种，进而更好地挖掘西北地区民族民间音乐的宝藏。王文韬的《土族民歌的区域性特征》（《音乐探索》2001年第2期）一文，结合民俗文化、地域文化特征将土族民歌划为两个色彩区，并进行了简略的比较研究。其中涉及被划为野曲的土族花儿，作者通过对两个色彩区花儿音乐的分析，认为两地花儿都具有很

强的地方性特点，但一个普遍的、相互影响的文化事象，是不能孤立地进行研究的。李昕的《青海"花儿"与小调的比较研究》（《音乐探索》2001年第1期）一文，采用比较研究的方法，就流传于青海地区的花儿音乐进行了分析与总结，并对本地花儿和小调两种音乐体裁，从音乐特征、唱词特点、演唱方式方法及旋律、调式等方面做了剖析，认为"花儿"与小调是同属于民间歌谣范畴的两种不同的歌曲体裁形式。董卿基的《青海花儿与小调的比较研究》（中央民族大学硕士学位论文，2007年）一文，从青海花儿和小调的功能、传承、发展等几个大的方面展开研究，认为首先要对花儿与小调有一个准确的认识，这点非常必要。从音乐分析的角度来看，关键是要针对民歌音乐发展的特点进行比较，研究的角度和手段应多元化。

花儿音乐艺术研究。赵维峰的《土族民歌的种类及其音乐特征研究》（《中国音乐学》1994年第3期）一文，对土族"花儿"的旋律来源、节奏节拍、曲式调性以及题材内容、曲调特征等进行了分析，认为土族"花儿"曲调是由土族情歌发展演变而来，并吸收了某些藏族情歌的成分。刘姝的《青海"花儿"的歌词格律及音乐特征》（《青海师范大学学报》2002年第2期）一文，首先对花儿的概念做出了较为准确的界定，其次对花儿曲调的命名、音乐的曲式结构以及风格特点进行了分析，认为青海"花儿"歌词的格律因各地方言土语的影响而形成了不同的形式。叱培虹的《青海花儿曲令风格与多民族文化关系浅议》（《青海民族研究》2003年第2期）一文，以实例说明民族音乐风格的形成，就是民族融合、变异和发展的历史见证。"花儿"的流行区域虽然比较广泛，但最具风格特点、最有韵味的曲令则集中于黄河、湟水流域多民族交融地区。青海"花儿"曲令风格的形成，就是民族文化交流、交融的产物。李昕的《青海"花儿"的音乐

特征及其继承与发扬》（《青海民族学院学报》
2003 年第 3 期）一文，在介绍青海"花儿"的
内容和音乐特点的基础上，对不同民族"花儿"
的特点作了剖析，并就"花儿"的继承和发展提
出了自己的看法。张莲葵的《"花儿"的令名及
其艺术特色》（《中国音乐》2005 年第 3 期）一
文，则对"花儿"的曲调即"令"进行了较为
详尽的阐释，认为这些使用了各种别致、脍炙人
口的衬词而产生的"令名"，在情绪的表达、民
族风格特色的形成，以及增加音乐情趣方面起着
不可或缺的作用，使花儿的音乐形象显得更加独
特和绚丽多彩。张霞的《青海河湟花儿的音乐解
析》（《艺术百家》2008 年第 4 期）一文，从音
乐特点分析的角度出发，对河湟花儿的音阶、调
式、节奏以及旋律进行了分析探究，同时对河湟
花儿的演唱形式和发展保护提出了自己的见解。
李昕的《青海"花儿"的音乐特性及演唱方法探
究》（《西安音乐学院学报》2008 年第 3 期）一
文，在青海"花儿"所具有的音乐共性基础上，
对不同民族的"花儿"特性做了进一步剖析，并
就"花儿"的演唱方法及润腔技巧做了进一步的
阐述。苍海平、马占山的《土族音乐文化概
述——以互助方言区为例》（《青海社会科学》
2009 年第 3 期）一文，认为土族花儿鲜明的音乐
特色和审美风格体现出了土族独特的文化内蕴，
土族"少年"中的下滑音行腔是土族野曲的重要
特点。作者对土族花儿的演唱场合、风格特点、
旋律结构、使用的唱词尤其是语言等进行了详尽
的分析。藤晓天的《推出艺术精品是成功的关
键——关于花儿演唱的思考》（《中国土族》
2010 年第 1 期）一文，主要从花儿唱家的表演出
发，对于演唱中选择良词美句、讲求绝佳的演唱
效果极为重视，并对吐字、表情、台风等一一做
了详细的解释和重点强调。

三、藏传佛教音乐研究

佛教音乐作为宗教和音乐艺术的交叉研究领
域，其研究的理论价值和实践意义都很强。研究
主要集中在藏传佛教诵经音乐、寺院羌姆乐舞和
宗教仪式音乐的器乐、乐谱等几个方面。

藏传佛教寺院音乐研究。王祖阳的《塔尔寺
的藏传佛教音乐》（《艺术探索》1998 年第 1 期）
一文，对塔尔寺宗教活动所使用的乐器、乐器分
类、使用场合等进行了叙述，之后对诵经音乐、
宗教舞蹈音乐以及花架音乐展开分析，认为塔尔
寺花架音乐的乐曲主要靠口传心授，上花院的杰
宗增扎和下花院的果芒增扎两支乐队所演奏的花
架音乐有采借民间音乐元素，并为宗教进行服务
的特点。王文韬的《塔尔寺藏传佛教节日及舞蹈
音乐略探》（《天津音乐学院学报》2002 年第 1
期）一文，对藏传佛教舞蹈音乐"跳欠"和花架
音乐进行了分析、阐释。认为舞蹈音乐与塔尔寺
的法事活动密切相关，花架音乐基本上没有受到
其他民间音乐的影响，并针对怎样保护、发展塔
尔寺藏传佛教文化遗存提出了可行性建议。

藏传佛教音乐文化研究。赵宗福的《一项拓
荒性的研究成果——〈青海藏传佛教音乐文化研
究〉序》（《青海民族研究》2007 年第 3 期）一
文，认为《青海藏传佛教音乐文化》一书全面系
统地梳理了青海的藏传佛教音乐文化，调查方法
科学，描述准确可信，从文化层面进行了阐释性
描述；将藏传佛教的音乐事象置于民族音乐文化
的大背景之上，对音乐与民族宗教文化的关系以
及宗教音乐与民族审美等进行了阐释与分析，全
面解读宗教音乐的社会文化功能。并强调它的问
世，既是中国民族音乐学界的一件大事，也在国
际音乐学界产生了较大的影响。多杰仁宗、满当
烈等的《青海藏传佛教音乐文化》（兰州大学出
版社，2009 年）一书，论述了藏族三大方言区的
各类藏族传统音乐的基本情况与特点、国外对藏
族传统音乐（重点是宗教音乐）考察研究的情况
与成果，以及中国音乐界对藏族传统音乐尤其是
民间音乐考察研究的情况与成果等。该书分别从

藏族文化和藏传佛教的历史及人文背景、宗教乐舞、诵经音乐、寺院乐器、寺院乐谱、各教派寺院的法会仪式及仪式音乐等方面进行了详细的论述，是一部集中研究青海地区藏传佛教音乐的著作。晁元清、叱培虹的《塔尔寺花架音乐探析》（《青海民族研究》2009年第1期）一文，从塔尔寺花架音乐的来源、发展及乐曲特点，花架乐队建制及乐器使用，花架乐队传承保护等几个方面展开论述，是研究塔尔寺花架音乐较为细致和有影响力的一篇文章。

仪式音乐及乐谱研究。郭晓虹的《青海黄南藏传佛教宗教祭祀仪式羌姆乐舞音乐考察》（《青海师范大学学报》2009年第5期）和《羌姆乐舞仪式音乐的传承与文化内涵》（《群文天地》2009年第8期）两文，以黄南藏传佛教寺院中羌姆乐舞仪式音乐为立足点进行考察研究，认为仪式音乐是比较古老的音乐，是增强和延续仪式行为的一种手段，也是藏传佛教进行宗教活动的重要内容。通过对乐舞音乐结构的分析，更好地诠释了藏民族文化的内涵。李华的《塔尔寺羌姆——"法王舞"宗教音乐研究》（《青海师范大学》2007年第1期）和《论塔尔寺羌姆——"法王舞"的构成要素及其美学价值》（《青海民族研究》2010年第3期）两文，通过对塔尔寺"法王舞"的构成要素和音乐形态的分析与研究，概括出"法王舞"的基本特征、象征意义。作者通过大量的实地调查，得出塔尔寺"法王舞"音乐是由旋律性音乐、信号性音乐和节奏性音乐组成的结论，充分体现出了其特有的美学价值和宗教艺术魅力。多杰仁宗的《青海地区藏传佛教寺院乐谱研究》（《中央音乐学院学报》2009年第3期）一文，认为乐谱的产生是藏传佛教历史高度发展的标志，也是寺院宗教音乐趋于成熟的表现，对藏传佛教古乐谱的发现和解译是藏传佛教音乐研究上的一个突破。流传于青海寺院宗教音乐的文字注解类图形乐谱具有了总谱的概念，这是个重要的发现，也说明藏传佛教图形乐谱现象，是与寺院音乐传承有关联而产生的宗教音乐符号。

藏族民间音乐研究。银卓玛的《神圣仪式与世俗情感——青海黄南民俗仪式及拉伊研究》（西北师范大学硕士学位论文，2009年）一文，依据民族音乐学及音乐人类学相关理论和方法，对青海省黄南州同仁县地区藏族"拉伊"在当地的传承与发展现状进行了实地调查。分析了"拉伊"在藏族人民生产生活及其剧烈的社会文化变迁中所具有的文化意义和音乐风格，并在田野调查的基础上，阐述了当前藏族"拉伊"的传承与发展现状。才让措的《安多藏族民歌——以青海安多方言区为例》（《大众文艺》2010年第19期）一文，从安多藏族民歌的音乐特征的角度展开论述，对当地民歌做了分类，并对节奏节拍、旋法调式及唱词进行了分析，认为安多藏族民歌作为口传艺术的形式，是藏族文化中的瑰丽之花，具有深刻的思想性和较高的艺术性。谈云波的《青海玉树地区"卓"曲的调查研究》（《青海民族研究》2011年第4期）一文，从玉树"卓"曲的发展、"卓"曲的分类及音乐特点两个方面进行了较为深入的研究，并分析了"卓"的调式曲式结构、唱词和装饰音的特点及运用，认为玉树"卓"曲充分吸收了当地民间音乐的元素，融入了深刻的宗教思想与宗教色彩，具有极高的艺术价值。

四、土族音乐研究

1993—2010年，对土族音乐的研究是以音乐形态和音乐民俗研究为主、以补充搜集民歌为辅的研究阶段的过渡时期。研究角度丰富，逐渐从单一的音乐研究向美学与音乐、民俗与音乐、宗教与音乐、民间文学与音乐等多角度的研究方向过渡。研究成果主要集中在土族民俗与民间歌曲、土族婚礼歌等几个方面。

土族民俗与民间音乐研究。马占山的《土族的风情习俗与音乐文化》（《中央音乐学院学报》1996 年第 1 期）一文，着重对丰富多彩的土族民歌展开了多方介绍与探析，同时将土族民间歌曲归纳为婚礼歌、花儿、情歌、叙事曲、赞歌、问答歌、儿歌、劳动号子、宗教歌、安召舞曲等。认为土族民歌所涉及的生活面极为广泛，从民族历史到各个时代的社会生活、爱情和家庭婚姻，民族民间风俗、宗教信仰等，综合体现了土族人民的审美心理及审美观念。赵维峰的《土族的民俗与民俗音乐》（《中国音乐》1994 年第 3 期）和李昕、叶姿含的《土族民俗及民俗音乐》（《青海社会科学》2010 年第 4 期）两文，均对几种与音乐有密切联系又有本民族特色的土族传统民俗活动进行了简介，同时论述了土族民俗音乐的主要种类和音乐特点。认为探求土族民俗及民俗音乐这些传承现象的本质及其产生、发展、变化和消亡的规律，是推动土族社会发展和文化传播的一个途径。赵维峰的《土族音乐中的他民族文化因素》（《中国音乐》2000 年第 3 期）一文，采用逆向溯源和比较分析的方法，对辽东鲜卑族文化、蒙古族文化以及藏、汉等民族文化在历史上对土族音乐产生过的影响进行了梳理与初步研究，提出土族音乐文化的形成是受不同民族文化影响混融而成的观点。马占山的《话说土族叙事长歌》（《中国土族》2003 年第 1 期）一文，通过对土族民族文化背景以及叙事长歌的阐述，对土族民间叙事长歌的形态、内容等进行了深入的探讨。郭德慧的《从民俗看青海土族民间音乐赖以生存的社会土壤》（《音乐探索》2004 年第 2 期）一文，认为民俗是土族民间音乐的宣传者、动员者，使土族民间音乐具有了强大的吸引力和凝聚力，成为本民族生活中不可分割的重要部分。宋巨瑶的《土族民间音乐及其特征》（《青海民族学院学报》2007 年第 4 期）一文，对独具民族风情的土族民间音乐进行了详尽的阐释，认为土族民歌有着悠久的历史，内容丰富且曲调

委婉古朴，颇有辽阔悠远的情调，民歌以其鲜明的音乐特色和审美风格，表现了土族独特的文化内蕴。马占山的《土族音乐文化实录》（中国文联出版社，2006 年）一书，以土族民歌音乐研究为主线，深入浅出，文谱并茂，阐述了土族音乐文化的历史和现状、体裁与形式、表现手法、音乐特征和旋律的节奏旋法、调式调性、曲式结构、风格色彩以及词曲关系，并论述了土族传统音乐与民族历史、民族宗教、民俗民风之间的辩证关系。全书分为上篇和下篇两部分，根据丰富翔实的史料，进行全面、具体、细致的综合分析。重点从民族历史、风土人情、宗教信仰和伦理道德以及审美情趣与本民族音乐的血缘关系简述的角度，勾勒出土族音乐文化的现状和发展轮廓。苍海平、马占山的《土族音乐文化概述——以互助方言区为例》（《青海社会科学》2009 年第 3 期）一文，从情歌与少年、叙事歌与儿歌、土族婚礼歌、安召舞与轮子秋、赞歌与问答歌、劳动歌曲与宗教音乐六个方面对互助方言区的音乐文化进行了概述。认为土族少年中的下滑音行腔是土族野曲的重要特点，也是与甘、青、宁兄弟民族花儿在格调上的重要区别之一。

土族婚礼歌研究。赵维峰的《试论土族婚礼歌的艺术特色》（《西北民族学院学报》1996 年第 4 期）一文，从婚俗、唱词、音乐等几个方面，简述了土族婚礼歌主要的艺术特色，认为土族婚礼是集婚俗、音乐、唱词、舞蹈和服饰等于一体的综合艺术，婚礼歌的音乐具有古朴自然的特点，唱词内容极为丰富，涵盖了土族人民的历史、文化艺术、生活习俗和宗教信仰等诸多方面的内容，因此土族婚礼歌也被称为土族"百科全书"。杨正君的《土族民间音乐的历史与现状》（《青海民族研究》2003 年第 3 期）一文，以青海省互助土族自治县东沟乡大庄村的婚礼仪式和婚礼曲为文章的切入点，在继承目前研究成果的基础上，采用民族音乐学的理论和分析方法，借

鉴民族学、历史学、文化人类学研究成果，对互助县东沟乡大庄村婚礼曲的音乐形态特征、音乐文化特征等方面进行了深入的分析与研究。郭德慧的《土族婚俗及婚礼歌探究》（《绍兴文理学院学报》2004年第2期）一文，认为土族的婚俗是一种很独特的文化形态表现，充满浓郁的生活情趣，土族婚俗中的婚礼歌展示了土族在特定历史条件下的婚俗，反映出土族歌舞音乐独树一帜的特点。文章对土族传统婚仪的婚俗以及婚礼歌一一做了探究。郭晓莺的《土族传统婚礼歌及其音乐特点》（《青海民族学院学报》2008年第3期）一文，认为土族婚礼歌展示了土族独特的婚礼习俗，充满浓郁的乡土气息和民族风情。婚礼歌内容广泛，节奏明快，音乐悠扬，特色鲜明，是中国民族民间音乐文化宝库中的珍贵财富。苏娟的《土族婚礼曲歌词的艺术特征》（《青海社会科学》2008年第6期）一文，认为土族婚礼仪式是土族宗教、文化、生活习俗、民族精神的总体反映，是研究该民族文化形态和审美心理的重要依据。土族婚礼曲中的歌词是构成土族婚礼曲艺术特色的重要组成部分，内容涵盖了土族人民的历史、文化艺术、生活习俗和宗教信仰等诸多方面的内容，具有浓郁的泥土气息和民族特点。通过分析，揭示其艺术价值、历史价值、美学价值。苏娟的《青海土族婚礼曲的研究》（首都师范大学硕士学位论文，2008年）一文，围绕着土族婚礼歌进行了音乐本体及文化阐释的研究与分析，以青海省互助土族自治县东沟乡大庄村的婚礼仪式和婚礼曲为切入点，采用民族音乐学的理论和分析方法，对婚礼曲的音乐形态特征、音乐文化特征等方面进行了分析与研究，并提出保护和传承的具体措施。刘姝、郭晓莺的《土族婚礼歌的艺术特征及文化内涵》（《青海民族研究》2010年第1期）一文，以互助土族传统婚礼歌为主要对象，对其研究状况、艺术特征及其文化内涵等进行了简单的梳理和分析。认为土族

婚礼歌伴随着土族悠久历史留存至今，是研究土族历史、宗教风俗和民间艺术的宝贵资料。

土族民间歌曲研究。杨正君的《土族民歌分类新说》（《中国音乐》2004年第1期）一文，按社会功能和应用场合对土族民歌进行重新分类，并对"家曲"和"野曲"概念做出新的理解。其《青海、甘肃河湟地区民族杂居地土族民歌研究》（华南师范大学硕士学位论文，2004年）一文，按土族民歌的社会功能、应用场合特点、音乐形态特征等对土族民歌进行新的综合性分类尝试；从现今流传土族民歌的种类与曲目、音乐形态、唱词语言三个方面对其特点进行分析，并对其"互助""民和"两大色彩区的区域性特征进行比较研究，论述了两区周边汉、藏民族文化，乃至土族其他传统文化在土族民歌形成、发展过程中所起的影响和作用，探析了土族民歌特点及其区域性特征的成因。叱培虹、马占山的《土族情歌与"少年"音乐风格比较研究》（《青海师范大学学报》2007年第5期）一文，从土族情歌与"少年"的歌词及旋律特征方面进行了比较研究。从歌词结构上分析出情歌的歌词和少年的歌词属两种不同格律的歌词形式，情歌是纯粹的土族语歌曲，而少年则是用汉语去唱的歌种，二者在音乐风格、旋法调式、曲式结构、节奏等方面，既有紧密联系又有明显的区别。杨正君的《土族民歌形态特点及其区域性特征》（《新疆艺术学院学报》2008年第1期）一文，从土族民歌分类、音乐形态、唱词语言及音乐风格等方面对土族民歌的特点进行了系统论述。从歌词及旋律特征上对土族情歌与少年做了比较研究，并进一步深入分析"互助""民和"两大色彩区土族民歌的区域性特征。

土族仪式音乐研究。苍海平的《土族民间信仰及其仪式音乐研究》（《中国音乐学》2009年第2期）一文，通过对土族民族文化背景以及民间信仰的阐述，研究其相关仪式音乐，进一步探

讨其文化特色。祁慧民的《仪式音乐与婚姻：青海互助土族传统婚礼及其音乐的调查与研究》（中国社会科学出版社，2011 年）一书，讨论了生活在青海省互助土族自治县土族人的传统风俗及其仪式过程中的用乐。以土族传统婚仪过程为基石，结合人类学和民族音乐学理论的研究原则与方法，对婚仪中表现出的人文及音乐文化现象加以诠释。认为当代互助土族人以信仰藏传佛教为主，但历史上该民族对原始的马纳和象征性器物的崇拜以及萨满教信仰的情况，在互助土族传统婚仪中清晰可见。婚礼人物角色中阈限与交融及罚与敬共存现象的保留，不仅揭示了土族婚仪所包含的丰富、深刻的社会学内涵，也是古代抢婚习俗在现代生活中依然顽强存在的明显痕迹。

五、民族民间音乐研究

青海民族民间音乐包括各个民族的民间歌曲、民间器乐及曲艺音乐、歌舞音乐和戏曲艺术等。相关研究成果多集中在各族民歌及信仰音乐方面，其他音乐体裁研究成果较少。

民间歌曲研究。李国顺的《青海河湟宴席曲音乐特点分析》（《青海师范大学学报》2006 年第 2 期）一文，认为青海河湟宴席曲在曲目和自身音乐特质上具有一套完整的体系。苏娟的《浅议青海民族民间歌曲》（《赤峰学院学报》2008 年第 1 期）一文，把青海的民族民间歌曲按民族分为汉族民歌、藏族民歌、土族民歌、蒙古族民歌、撒拉族民歌五种，并分别对各族民歌进行细分和阐释，认为青海民间歌曲体裁多样，品种纷繁，每种民歌都有其独特的、不可替代的风格。王海龙的《青海撒拉族民间音乐调式旋律分析》（《青海民族研究》2008 年第 4 期）一文，在初步阐述撒拉族民间音乐种类和特点的基础上，进一步分析论述了撒拉族民间音乐的分类、旋律形态及调式。其《青海撒拉族哭嫁歌研究》（《青海民族学院学报》2009 年第 3 期）一文，对撒拉族民间哭嫁歌进行了深刻的阐释，认为它们集

中体现了撒拉族的审美观念，是撒拉族先民文化生活中的一个重要组成部分。王海龙的《青海撒拉族民间宴席曲研究》（《民族艺术》2009 年第 3 期）和《青海撒拉族民间音乐研究概况及现存问题》（《大舞台》2010 年第 9 期）两文，从不同角度，对撒拉族宴席曲、民间音乐、代表性歌种及作品展开了分析和研究，认为民族音乐文化应融入国际化的多元音乐文化中，有利于中国音乐的发展和世界多元音乐的完善。因此必须加强少数民族音乐的改善和推广，使其更加成熟，进而融入世界音乐范围中去。晁元清的《撒拉族民歌"阿里玛"遐想》（《音乐创作》2010 年第 3 期）一文，论述了撒拉族民歌"阿里玛"如何从最初的民间宴席曲，成为具有一定艺术演唱技巧的花腔女高音声乐作品的发展过程。认为撒拉族音乐文化既有本民族独特的风格和魅力，又借鉴吸收了其他民族的音乐元素，兼容并蓄才能更加完善，因为只有民族的才是世界的。张连葵的《浅谈青海回族民歌及其演唱风格》（《民族音乐》2010 年第 4 期）一文，认为青海回族民歌曲目繁多，内容广泛，曲调优美，语言清新，具有浓郁的民族色彩和高原风情。李国顺的《青海河湟宴席曲文学特征探析》（《青海师范大学学报》2010 年第 5 期）一文，认为宴席曲是青海河湟地区社会的、集体的音乐文化现象，具有明显的叙事性和说唱性特点，歌词中渗透着高原文化心理特征和高原民族特有的气质。

蒙古族民歌研究成果。纳·才仁巴力、宫日格玛的《青海蒙古族民歌》（内蒙古人民出版社，1998 年）一书，由"劳动歌曲"、"宴席曲"、"婚礼歌曲"、"史诗歌曲"、"情歌"、"酒令曲"（也叫猜拳歌）、"祝赞词曲"七个部分 136 首歌曲和曲调组成，较全面完整地介绍了青海蒙古族民歌。其内容丰富、资料翔实，是一本研究青海蒙古族民歌，以及了解青海蒙古族人民的民族性格、文化特点、历史渊源等的资料。傲登、韩玉

兰的《青海蒙古族人的风情与民歌谚语》（《青海民族研究》1998年第4期）一文，揭示了蒙古族民歌谚语和民族宗教信仰之间不可分割的亲密关系，人们在生活中用格言、谚语及民歌等口头文学对下一代进行教育。哈斯其美格的《浅谈青海蒙古族民歌的语言艺术特点》（《意林文汇》2010年第6期）一文，认为青海蒙古族民歌是青海蒙古族人民表达心声的一种艺术手段，具有鲜明的地域性语言艺术特点。文章分析了青海蒙古族民歌的思想内涵和语言特点，认为了解这些特点，对于考察青海蒙古族的语言文化具有一定的借鉴意义。

信仰及仪式音乐研究。 崔玲玲的《青海台吉乃尔蒙古人人生礼仪及其音乐研究》（中央民族大学出版社，2006年）一书，借鉴民俗学中有关人生仪礼的研究理论，以台吉乃尔蒙古人的人生仪礼及仪式音乐的实际情况为基础，结合其传统观念，进行分析、解释，体现了台吉乃尔蒙古人传统观念中完整的人生仪礼的过程。台吉乃尔蒙古人的音乐文化是蒙古族音乐文化中的重要一支，是一笔丰厚的民族文化遗产。台吉乃尔蒙古人与当地的藏族、土族、撒拉族、回族、汉族、哈萨克族等民族杂居，多民族的居住环境形成了文化间的交流、趋同与融合，其人生仪礼中的仪式及音乐，体现了台吉乃尔蒙古人丰富的民俗和多彩的音乐，也体现了蒙古民族悠久的传统文化。其《青海台吉乃尔蒙古人婚礼与婚礼仪式音乐研究》（《中央音乐学院学报》2006年第1期）一文，对青海台吉乃尔蒙古人婚礼与婚礼仪式音乐进行了研究和分析，认为仪式音乐的结构因素同其社会文化中的传统因素、新接纳的外来因素之间存在必然的联系。郭晓虹的《"於菟"的民间信仰仪式音乐阐释》（《青海师专学报》2009年第4期）一文，认为从黄南藏族自治州年都乎村的於菟舞音乐中，可以更好地诠释原始祭祀乐舞中仪式音乐的本真和其所蕴含的文化内涵和音

乐底蕴。商文娇的《青海民和妇女念唱嘛呢经的调查研究》（《青海社会科学》2010年第4期）一文，以流行于青海省东部农业区乡村妇女生活中的民间信仰嘛呢经为研究个案，以民俗学和民族音乐学的理论方法，从侧面了解和研究了河湟地区妇女在民族文化、宗教信仰、生活习俗等方面的特性。

音乐保护与传承研究。 李昕的《对我国原生态民歌生存发展的思考》（《青海社会科学》2008年第4期）和《从原生态民歌看我国民族音乐的多元发展》（《青海师范大学学报》2010年第2期）两文，就新形势下原生态音乐及少数民族民歌的发展、传承及保护方面，提出了一些思考性的意见和建议。王玫的《文化转型期青海少数民族传统音乐的保护及传承》（《青海社会科学》2008年第5期）一文，对少数民族传统音乐文化现状进行分析，对如何传承和创新提出自己的意见，提出用创新理念在现实问题中突围并实现人类文化遗产的保护和传播。李华的《文化传承与青海民族民间音乐校本课程开发》（《青海教育》2010年第3期）一文，认为民族民间音乐作为各民族生活历史和精神观念的反映，是最为宝贵的地方文化资源和财富，对推动社会进步与发展，以及个体的成长和发展都有着举足轻重的作用。青海民间音乐校本课程开发是促进学生个体发展、回归生活的需要，也是传承、创新民族民间音乐文化的内在需求。王海龙的《审美视角下的青海少数民族音乐传承——以海北门源回族宴席曲为例》（《大众文艺》2010年第15期）一文，认为回族宴席曲的发展与各个时期对回族民间音乐的开拓创新及对民间音乐审美意识的升华，离不开本民族文化的传承。作为一种民间文化，仪式活动中的回族宴席曲，其内在机制和审美动力保证了它能在主体的操纵中代代相传，包括丰富的历史、地理、文化、社会生活等方面的信息及当地民众的审美观、伦理念、价值观等。

民间器乐研究。宋邦义的《回响在青海民间的音乐》（《中国土族》2009 年第 1 期）一文，对青海民间乐器板胡在器乐合奏、戏曲表演、曲艺演唱、社火歌舞方面的使用与功能进行了论述。最后重点对青海弦索乐的乐器组成和演奏风格、地区特点做了分析。

戏曲艺术研究。田农的《青海地方戏曲剧种及艺术特色》（《青海师范大学学报》1998 年第 3 期）一文，对青海现存的地方戏曲剧种灯影戏、眉户戏、平弦戏和藏戏等各地方戏曲剧种概貌及艺术特点分别予以了介绍，并对各剧种的音乐唱腔、曲牌运用、伴奏乐器、经典剧目、艺术风格等展开了详尽的论述。曹娅丽的《青海黄南藏戏》（文化艺术出版社，2007 年）一书，从人类学的角度对青海藏戏进行田野调查与研究。全书分为四章，分别对黄南藏戏、格萨尔藏戏、华热藏戏以及康巴藏戏进行了考述，并就其审美价值、生存现状、艺术形态及传承保护方面提出了自己的见解。曹娅丽的《青藏高原藏戏遗产及其特点——以青海藏戏为例》（《青海民族学院学报》2008 年第 4 期）一文，在介绍青海民间藏戏形成发展的基础上，就藏戏的艺术特点做了详细的探讨。曹娅丽的《青海藏戏艺术》（民族出版社，2009 年）一书，集传承谱系梳理、藏戏流派分析、观点详述、田野案例及作者见解于一体，细致地描述和梳理了青海藏戏各流派的产生与发展、戏班演员的生活方式、戏班的传承方式，以及民间戏班特有的演出剧目与演出形式，客观地剖析了藏戏流派的存在方式，由此揭示了青海藏戏拥有顽强生命力的文化渊源。

六、地方曲艺研究

进入 21 世纪后，曲艺研究进入一个缓滞期，更多的研究目光聚集在了汉族的地方曲艺种类上，研究成果多以青海的平弦、贤孝为主。苍海平的《青海贤孝及其音乐研究》（《音乐探索》2001 年第 1 期）一文，介绍和研究了青海贤孝

（西宁贤孝）的形成以及演唱、内容、唱词格律、音乐形态（曲调）、类型以及调式音阶、节拍、节奏、旋法、结构、演唱特点、伴奏乐器等，是一篇研究青海贤孝及其音乐的力作。沈德成的《青海坐唱曲艺平弦的起源与发展》（《青海社会科学》2007 年第 5 期）一文，对青海坐唱曲艺平弦的发展过程及新形势下平弦戏发展问题进行了分析，并提出加快创新、推动发展的对策建议。王海龙的《青海地方音乐"打搅儿"》（《民族音乐》2008 年第 2 期）和苍海平的《青海打搅儿及其音乐研究》（《青海民族学院学报》2008 年第 4 期）两文，对青海东部农牧区汉族、回族、撒拉族等群众中广为流传的青海地方曲艺音乐"打搅儿"进行了多方位的探究。认为其在贤孝、平弦、越弦以及宴席曲演唱中临时穿插，起着调节气氛的功能和作用。郭晓虹的《苯教音乐与〈格萨尔〉史诗唱腔之渊源考析》（《群文天地》2009 年第 8 期）一文，依据苯教文献的相关记载，结合史诗唱腔曲调及其衬词，对《格萨尔》说唱音乐的唱腔与苯教音乐之渊源进行了辨析和梳理，得出苯教音乐和《格萨尔》史诗唱腔存在一定渊源关系的结论。马岩芳的《对河湟曲艺文化及社会功能的探讨》（《科教导刊》2010 年第 8 期）一文，对河湟曲艺文化、说与唱的形式及社会功能进行初步的探讨，认为河湟曲艺融入了浓郁的河湟风土人情和地方特色，体现了人们对美好生活的向往追求，在节日的群众性愉悦中拥有不可替代的娱乐功能。

七、地方舞蹈研究

青海是一个多民族聚居的地区，各民族在长期的历史发展过程中，创造出了极具特色且种类繁多的民族舞蹈。研究成果主要集中在藏传佛教寺院的祭祀舞蹈羌姆乐舞和民间舞蹈两个方面。

羌姆乐舞研究。马盛德、曹娅丽的《人神共舞：青海宗教祭祀舞蹈考察与研究》（文化艺术出版社，2005 年）一书，以青海地区藏传佛教羌

姆乐舞与民间祭祀舞蹈为研究对象，在大量获得第一手田野资料的基础上，系统梳理了青海藏传佛教羌姆乐舞的人文背景、历史渊源及其特征。阐述了青海宗教祭祀乐舞与藏族戏曲艺术之间的关系，分析了青海民间宗教祭祀舞蹈的特性及其表现内容，探究宗教祭祀乐舞的演出形式并辅以个案研究。全书共分为十个章节，文图结合、资料翔实，重点描述了青海宗教祭祀乐舞活动活跃的地区，同时也是藏传佛教的重要传播区，体现了佛教文化的丰厚与多彩。苍海平的《从青海社火看本土音乐的文化变迁》（《音乐艺术》2007年第4期）一文，以青海社火为实例，以社火的孕育、形成、演变、融合、发展为研究点，寻求本土音乐文化在"高文明"社会中的变迁、传承与可持续发展的道路。

民间舞蹈研究。王文韬的《青海藏族舞蹈"卓"和"单"曲浅探》（《音乐探索》1999年第4期）一文，通过对青海藏族舞蹈"单"和"卓"曲的阐述，从不同角度分析了"单"和"卓"曲的艺术特点，以引起专家、学者从民族学、民俗学等角度对歌舞"卓"更进一步地探讨、研究。卓玛的《青海民族民间舞蹈的审美蕴涵》（《青海民族学院学报》2006年第3期）一文，以世居青海的汉、藏、回、土、撒拉、蒙古等6个主体民族的民间舞蹈为审美对象，归纳出青海民族民间舞蹈的艺术性、民族性、民俗性和宗教性特征，并对其独具魅力的审美内涵进行了剖析。李端的《土族"纳顿"民俗活动中的舞蹈研究》（中国艺术研究院硕士学位论文，2006年）一文，以青海省民和县三川土族地区的民俗活动"纳顿"为背景，以活动中的舞蹈为具体研究对象，运用文化人类学理论和舞蹈生态学的方法，对"纳顿"舞蹈的文化内涵进行了系统考察和研究分析。文章的写作建立在广泛而严格的田野调查基础上，通过对历史及具体现状的考察，客观描述和分析了"纳顿"活动的文化形态、组织结构、舞蹈传承等文化事象，并对"纳顿"舞蹈表演过程及形态进行了详细的梳理与描述。李措毛的《藏族民间舞蹈教程》（青海人民出版社，2006年）一书，主要运用舞蹈学、教育学和人体解剖学等多学科理论和方法，对藏族民间舞蹈的学科定位、发展历程、构思模式、技术分析以及教学内容进行了系统研究，并阐述了藏族民间舞蹈的共性与个性的美学特征，显示了藏族区域性舞蹈艺术自我完善的方式。全书由十个章节组成，分别介绍了青海、甘肃、西藏、四川、云南等地藏族民间舞蹈的共性与个性特征，同时通过对藏族民间舞蹈独特文化内涵的研究，结合藏文史资料，以现代理念深入探讨了区域藏族民间舞蹈文化的传承与创造。邓长秀的《浅谈青海藏族民间舞蹈》（《青海社会科学》2008年第4期）一文，认为青海藏族舞蹈历史悠久，各类舞蹈分别有着不同的形式、跳法和功能，研究藏族民间舞蹈艺术不能离开变化中的社会和发展着的文化。李措毛、牟英琼的《藏族歌舞》（青海人民出版社，2010年）一书，对藏族歌舞的文化语境和代表形式进行了系统分析，反映了青海本土藏族歌舞中非物质文化遗产项目的历史渊源和代表性民俗歌舞、传承人、艺术特征与文化价值。该书对当前舞蹈艺术的发展、传承进行了分析与阐释，在介绍藏族舞蹈的表现形式及表现风格同时，分解讲述了舞蹈动作的要领。对青海省藏族歌舞中非物质文化遗产的丰厚底蕴进行了挖掘，梳理了传承脉络，再现了史诗中生动的歌舞，认为只有文化融合与创新，才能真正实现其传承价值，进而唤起全社会抢救保护非物质文化遗产的文化认知与文化自觉。吕旭章的《论青海民族民间舞蹈的发展方向》（《柴达木开发研究》2010年第4期）一文，阐释了青海民族民间舞蹈近年来发展的三个方向，即现代气息的融入，追求传统文化内涵的气质，原生态因素在舞蹈中的表现。认为应保持艺术的民族性和原生状态，不断吸收其他民族艺术的精华，以完善和发展本民族艺术。

八、音乐教育研究

青海音乐教育研究主要集中在各类音乐教育工作者中，他们通过自身的教学经验感受，对音乐教育中存在的比较典型的问题进行了研究。叱培虹的《早期音乐教育的重要性》（《青海教育》1998 年第 2 期）一文，认为重视儿童音乐教育已成为全社会共同关注的大事，要注重儿童早期的音乐教育，应先激发幼儿学习音乐的兴趣，重视听觉训练。在游戏中学习音乐，从而达到培养儿童对音乐的兴趣，全面提高儿童的音乐素养。张连葵的《高等师范院校应重视本土民族音乐教育与传承》（《民族音乐》2009 年第 5 期）一文，认为在音乐教育改革的新形势下，构建本土特色的音乐教育创造型课程成为要点。针对此项，应该优化本土民族音乐特色，加强本土民族音乐教学的多样性以及提高教师素质和业务水平。商文娇的《多媒体方式下的民族民间音乐教学》（《艺术教育》2009 年第 11 期）一文，就多媒体方式下民族民间音乐课程的教学效果、多媒体课件的运用原则以及对传统音乐教育的挑战等方面进行了阐释。作者认为将多媒体技术应用于课堂教学，用多媒体手段取代传统教学工具，能显著提高课堂教学的质量和效率，也是当前高师音乐教学改革正在进行的一个有益探索。王晖的《电脑技术、媒介、对传统艺术的作用》（《大众文艺》2010 年第 12 期）一文，认为电脑音乐制作作为新兴专业走进多数高等艺术院校的课堂，它的出现是把双刃剑，既拓展了传统艺术的语言、形式和思想，同时又对传统文化具有一定的消极作用。文章重点阐述了在电脑音乐技术中，如何利用现代科技，助力于传统音乐艺术的发展与传播，并且在音乐创作过程中发挥积极的作用。吴雨娟的《对柯达伊民族音乐教育思想的认识》（《大舞台》2010 年第 12 期）一文，对柯达伊音乐教育思想及其基本原则进行了详尽的介绍，并强调学校音乐教育应该继承民族音乐传统，创造民族音乐文化语境。认为柯达伊教育主张和教学法给我国的启迪是深刻的、实际的，探讨柯达伊音乐教育思想，系统研究柯达伊体系，借鉴其精华，将会促进我国民族音乐教育的改革与发展。

第二节　美术研究

1993—2010 年，受现代中国文化思潮的影响，"救亡"与"启蒙"的思想深刻影响着中国文化发展的脉络，中国美术界也掀起了"改良"与"革命"的争论。中国美术进入转型时期，20 世纪以来美术理论研究、彩陶艺术等研究、热贡美术研究、唐卡绘画艺术研究、民族民间美术研究、民族宗教美术研究、皮影戏研究、美术史研究、美术教育研究，成为青海艺术学界研究的主要方向和重点，并产生了一大批研究成果。

一、美术理论研究

美术理论研究在青海艺术研究中具有非常重要的地位，主要集中在美术理论、书法理论、寺院绘画理论、建筑理论等方面的研究。

美术理论研究。卢士刚的《在历史之外的中国文人画》（《青海师范大学学报》1997 年第 4 期）一文，认为以中国画发展的前景为研究点，由此产生的困惑在复兴中国画理论与实践中非但未得以平顺，反而越发突出了。考察了该问题的滋生背景，并提出自己的思考。卢士刚的《中国画和中国绘画的传统精神》（《艺术探索》2002 年第 2 期）一文，认为如果我们想从中国传统绘画中体察到某种类似性格和禀赋的东西，作为认同或放弃传统的理由和出发点，那么就必须认清在中国绘画的特定的文化品格形成过程中起了决定作用的因素，这些因素里可以没有笔墨，可以没有隐逸者，甚至可以没有文人画，然而不能没有天人合一的宇宙观念，也不能没有天人合一的生存态度和生存理想。失去了这些，中国人也就告别了那段产生过"心灵之画"的时代。卢士刚的《作为中国现代绘画起点的写实主义》（《青海师范大学学报》2002年第3期）一文，认为对中国传统绘画要有进行改造的诉求，从西方艺术中寻求突破口，在不同层面进行了深入的研究，借以革除或替代中国绘画中的不足的问题。赵强的《试论中国画的发展和创新》（《青海师专学报》2004年第3期）一文，认为"中国画"作为和"西洋画"的对应，标志中国绘画文化的概念含义已经失去了意义，而且成了创新的束缚。尤其当水墨画和其他外来艺术品种同等地在中国土地上竞相开放的今天，它应该和油画、中国版画具有相同地位。芦继庆的《艺术的神化与异化》（《青海师范大学学报》2005年第2期）一文，认为艺术是体现在人类的生物、物质、社会和精神性生存等几个生存层面的一种本质力量和生存方式。艺术的变化并不是艺术本身，而是依附在艺术身上的思想观念，在当今哲学与文化的融合中，哲学对艺术的"他律性"已经很明显地支配了艺术的发展。芦继庆的《艺术的蜕变与情感价值的失落》（《青海师范大学学报》2007年第1期）一文，认为情感是人性的一个基本方面，也是人类建构文化的基点，然而，情感文化并不能为人类征服世界的本能意志提供支持，理性文化成为文化的主体是必然的，因此艺术的衰落也是必然的。但只要情感存在着，艺术就必然存在着。芦继庆的《艺术的存在方式》（兰州大学出版社，2008年）一书，认为艺术的产生与人的生存方式密切相关，作为人类生存方式的艺术、作为人类社会的艺术、艺术是情感的载体、作为人类精神的艺术、作为人类文化的艺术、作为人类历史的艺术等，全书共六章打破以往以艺术理论本体论为主线的编写框架，建立起以人的生存方式为文化情景，以人类生存经验为语境，从不同方面对人类与艺术的关系进行了深入剖析。马花的《浅谈中西绘画艺术的差别》（《中国土族》2008年第3期）一文，认为将中西绘画进行对比分析研究，可以得出艺术的起源是基本相同的结论，但中西绘画各有渊源，绘画思想自成体系，艺术表现差距很大。宋卫哲的《雪域意象的艺术阐释——当代青海山水画创作之我见》（《柴达木开发研究》2010年第6期）一文，认为山水艺术在精神和物质层面已经和古人有了很大的不同，以"某家某派"为主导的作品形态和表现方式已经不能满足于当代山水发展的审美需要，这一现实情况为青海山水画家提供了一个发展和兴盛的契机。

书法理论研究。张世杰的《楷书的流派与风格》（《书法研究》2007年第2期）一文，认为楷书的创始是在魏晋南北朝时期，一是魏晋钟繇、王羲之楷书，二是南北朝"魏碑"楷书，先后形成了两大流派，并形成了各自独具特色的风格，唐代楷书是从这两大流派的基础上发展起来的，形成了书法史上晋唐两座难以企及的高峰。书法的发展经历了从汉字演变到书法自觉、从自觉到成熟的重要阶段。

寺院绘画理论研究。李景隆的《藏传佛教艺术论著（画经）美学思想初探》（《青海民族学院学报》1994年第4期）一文，认为藏传佛教影响着藏族人的生活，这些美学思想的产生是艺术经验的不断积累。佛教中的壁画、唐卡、造像以及建筑艺术、酥油花、堆绣等造型艺术，都有其特定的美学理解和思想。许显成的《洪水泉清真寺的建筑艺术与民俗图案》（《青海民族研究》2005年第4期）一文，认为在黄河源头的支流——湟水河中游南部山区矗立着一座神气而又宏伟的古寺，它就是著名的洪水泉清真寺。该寺位于青海省东部平安县西南30多公里处的洪水泉村，据说始建于明代，最初规模不大，后经 5 次扩建，其中以清代乾隆年间扩修工程形成现在规模。洪水泉清真寺的地理位置、建筑历史和建筑图案都具有特殊的艺术价值。叶玉梅的《青海瞿昙寺壁画的风格特点和艺术成就》（《攀登》2008 年第 4 期）一文，认为青海瞿昙寺创建于明代初年，距今已有 600 多年的历史。其内具有很高艺术水平的巨幅彩色壁画，布满各殿堂的大小墙面，成为这一时期国内保存比较完整、全面的艺术珍品，成为我国重要的非物质文化遗产。

建筑理论研究。马兰的《青海藏区建筑艺术》（《古建园林技术》1997 年第 2 期）一文，认为青海是一个多民族聚居的地区，也是我国西北少数民族发祥地之一，青海藏区建筑艺术既有传统的藏族文化特色，同时还融合了周边民族的文化因素在里边。张君奇的《青海古建筑论谈》（青海人民出版社，2002 年）一书，认为青海古建筑具有很强的地域性、民族性，其艺术价值独特。该书共收录了 28 篇文章，如《青海同仁隆务寺热贡艺术与建筑风格》《青海都兰吐蕃墓葬文化博物馆设计》等。全书对青海富有民族特色的古建筑的历史渊源、建筑风格、结构特点和艺术手法等做了详细介绍，并从古建筑技术方面进行了深刻分析。总结了各类古建筑工程实践技术经验，有较强的创新性、理论性和使用价值。旦秀英的《青海玉树藏式建筑艺术的魅力》（《西藏艺术研究》2004 年第 4 期）一文，认为以青海玉树藏式建筑为例，阐释了居室建造作为一种民俗事象，也是一个民族传统文化的基本表现形式之一。在藏民族审美文化中，民居建筑是一个十分重要的篇章，具有鲜明的藏民族风格。李朝的《民间公祭建筑艺术的系统研究与文化批评》（《中外建筑》2006 年第 6 期）一文，认为中华传统民族民间公祭建筑有其审美的范畴。在研究中将我国汉藏语族的表木（汉族）、拉泽（藏族）、阿尔泰语族的峨博（蒙古族等）等民族传

统公祭建筑归纳在一起，运用语言学、人类学等分析方法，互为参照，彼此比较，追溯各自的源流演化。杨桂香的《浅析青海少数民族民居特色与审美价值》（《青海社会科学》2009 年第 1 期）一文，认为青海少数民族在长期的历史发展中形成了独特的民居建筑风格，通过塑造本民族文化建筑风格的特征和传统手法，既体现了民族技艺和独具特色的乡土建筑文化，同时也体现了儒、道、佛合一的文化现象。胡青华的《热贡地区藏传佛教寺院建筑的形式美》（《西藏艺术研究》2009 年第 3 期）一文，认为藏传佛教寺院建筑是我们认识和了解藏传佛教及其文化的现实材料，是信徒愿望的载体，同时承载着形式美的因素在里边。邵楠的《略论青海藏传佛教建筑壁画艺术——以塔尔寺和瞿昙寺为例》（《青海师范大学学报》自然科学版 2010 年第 4 期）一文，认为瞿昙寺、塔尔寺等古建筑群为当今国内为数不多的建筑艺术宝库，是中华民族十分珍贵的文化遗产，青海藏传佛教建筑壁画吸收了西域等外来绘画技法与民族技法。元旦尖措的《雄伟壮丽的藏式建筑》（《群文天地》2010 年第 5 期）一文，认为藏族群众在艰苦劳作和长期建筑实践中，因地制宜，就地取材，不断吸取多民族文化，发明和积累了十分宝贵的建造技术和建筑经验，并创造了独特而鲜明的建筑艺术形式和风格。

二、彩陶、青铜艺术研究

青海境内的陶器由两个先后不同时期文化所组成，即仰韶文化、马家窑文化。青铜器属于卡约文化，主要研究集中在彩陶、彩陶图案、青铜器艺术等方面。

彩陶、青铜艺术研究。赵晓明的《青海彩陶动物纹饰及图腾的研究》（《青海社会科学》1994 年第 5 期）一文，认为青海出土的彩陶器以河湟流域最为丰富，河湟流域，指今天的黄河上游的河谷地带、湟水流域和大通河流域，古称"三河间"。大约距今 3000—4000 年，河湟流域

水草丰美，森林茂密，气候比较适宜于人类的生产活动，特别在海拔 1800—2200 米的河谷和丘陵地带，由于当时植被和森林覆盖率比较高，先民们从事狩猎活动，与野生动物关系十分密切。刘杏改的《关于青海彩陶的几点认识》（《青海社会科学》1994 年第 5 期）一文，认为彩陶是人类早期社会活动给我们留下的一份珍贵的文化遗产，是对当时人类社会生活的一种高度提炼，凝聚着人们的思想、情感和追求。目前对于彩陶的研究还不够深入广泛，仍有许多谜一样的问题诱使着人们去探讨、去思索。青海省文物考古研究所等编著的《民和核桃庄》（北京科学出版社，2004 年）一书，认为青海有许多有价值的古墓及文物。编纂青海省民和核桃庄遗址小旱地 367 座辛店文化墓葬的发掘报告，以遗迹为单位，从挖掘古墓的角度介绍了发掘出的 567 件彩陶及一些铜器、石器等。同时，报告中对墓葬及随葬品分期归类、对墓地布局、埋葬习俗、人口状况与社会组织结构等问题也进行了深入探讨；这是目前公布的辛店文化考古发掘和研究中数量最大、最完整的一批资料，对于研究辛店文化的渊源、当地考古学文化谱系及聚落形态有着重要参考意义。乔虹的《浅议青海地区的史前青铜艺术》（《青海民族研究》2004 年第 4 期）一文，认为近年来青海地区考古发掘的青铜器，涉及生产、生活、宗教等诸多方面，其艺术风格既不同于中原地区，也不同于北方草原地区，具有独特的艺术风格。青铜器的出现，是社会文明进步的产物。除了具有一定的实用性之外，还赋予了其特殊的使命。柳春诚的《绚丽多姿的远古彩陶》（《中国土族》2006 年第 2 期）一文，认为从产生、鼎盛到衰退，经历了长达五千年的历史。在远古时代，勤劳智慧的先民们对泥土的加工与运用，以水和火作媒介，使泥土变成陶器，这一漫长的摸索过程，是万千古代艺术家的伟大创造，是人类文明发展史上的一次重大革命。青海柳湾

彩陶博物馆的《燧火的赠品：青海柳湾彩陶》（青海人民出版社，2007 年）一书，认为柳湾彩陶的艺术文化价值斐然，并以叙事散文的手法，对柳湾彩陶的历史沿革、文化内涵进行了描述。柳湾彩陶以数量和花纹著称，是新石器时代青海地区民族生活中常见的装饰摆放品，其富有变化的图案显示出多样化的审美韵味，是青海省新时期时代文化的重要标志。通过叙事手法使读者从全新的视角了解柳湾、审视彩陶，从而走近青海，走近灿烂的青海史前文明。李学武的《远古的舞动——青海彩陶的渊源及当代》（《美术研究》2010 年第 1 期）一文，认为早在 8000 多年前，黄河流域就已开始出现彩陶，是世界上最早出现彩陶的地区之一。马家窑文化是黄河上游新石器时代晚期文化，主要分布于甘青地区。彩陶的发展伴随着农业文明，在新石器时代随着手工艺水平的提高和人们对物质以及精神需求的增长而产生。

彩陶图案研究。霍福的《宗日"二人抬物"彩陶盆解析》（《青海民族学院学报》2002 年第 4 期）、《青海宗日舞蹈盆的文化符号学分析》（《青海民族研究》2005 年第 3 期）、《从四大圆圈纹到蛙纹图形的嬗变——柳湾马厂彩陶主体纹饰的民俗学解读》（《民间文化论坛》2009 年第 6 期）、《柳湾"人像彩陶壶"新解》（《青海师范大学民族师范学院学报》2010 年第 2 期）、《沉睡的记忆——神话传说、彩陶纹饰解读与田野调查》（青海民族出版社，2010 年）等文章，认为彩陶是新石器时代的文化遗存，彩陶的产生、发展和演变，是新石器时代原始先民文化演进的重要标志之一，是反映原始先民物质生活和精神生活的器物。青海彩陶文化从新石器时代仰韶文化开始至卡约文化历经四千多年的发展、流变，充分展示了我国彩陶文化鼎盛时期的艺术风貌。因此，彩陶成为青海地域远古文化的显著标志，其数量冠诸远古文化之首。其中具有明显特征的、

能代表各种文化类型的特色彩陶文物不断涌现，作者就各文化类型中的经典彩陶及其纹饰略做了分析和解读并通过结合民俗学的理论，将彩陶器物上图形的内涵、彩陶纹样中所包含的文化现象解读出来。叶玉梅的《青海古代文物图形艺术的精神与象征》（《青海民族学院学报》2002 年第 2 期）一文，认为图形艺术作为一种特殊的文化，体现了人们的审美心理及意识。从青海出土的丰富多彩的文物纹饰中，我们能领略远古先民们的智慧，也能感悟其中所包含的深刻意蕴。乔虹的《浅析青海地区卡约文化的动物造型艺术》[《青海师范大学学报》（哲学社会科学版）2005 年第 1 期]一文，认为根据卡约文化中各种题材的动物纹饰，揭示出卡约人与动物之间复杂的关系。不仅反映了当时的艺术创造水平，更重要的是包含着卡约人的原始宗教信仰、思想意识及社会组织形式等方面。柳春诚的《青海彩陶上的史前"维纳斯"——柳湾"裸体人像彩陶壶"解读》（《青海社会科学》2010 年第 4 期）一文，认为针对从青海柳湾墓地征集的裸体人像彩陶壶上的人体形象的性别进行深入分析与探讨，在原有的男性说、女性说及男女合体说的基础上，查阅了大量的国内外新、旧石器时代的有关裸体人像资料，进行统计与对比，认为柳湾裸体人像的性别为女性更为合理。

三、热贡艺术研究

以青海"热贡"（同仁地区的藏语称呼）命名的藏传佛教绘画、彩塑等艺术形式的总称，即"热贡艺术"。主要研究成果集中在热贡艺术发展研究、热贡艺术保护研究。

热贡艺术的发展研究。马成俊的《热贡艺术》（浙江人民出版社，2005 年）一书，认为热贡是艺术的故乡，其艺术形式种类繁多、地域集中、民族特征鲜明。全书从热贡艺术的生成、发展及保护，热贡艺术的种类，热贡唐卡艺术，热贡堆绣艺术，热贡雕塑艺术，多彩的热贡建筑，

热贡舞蹈艺术，热贡六月歌会及热贡艺术的现代转型等几个方面系统论述了热贡艺术的特征及形式。激励当代人通过加强对这些民族文化遗产的认识与保护，将中国的优秀文化传统与现代社会紧密结合起来，开创中华民族更为灿烂的未来前景。伯果的《热贡艺术的历史传承和风格演变》（《西藏艺术研究》2007 年第 2 期）一文，认为热贡艺术传承于尼泊尔画派，继承了曼唐画风，其本源在西藏，在七百余年的发展过程中，通过历代艺人的不懈努力，使其成为既区别于西藏传统佛教艺术，又区别于内地佛教艺术的独树一帜的藏传佛教艺术。马花的《浅谈"热贡艺术"的发展及其艺术特色》（《美术观察》2001 年第 12 期）、吕霞的《藏传佛教在热贡的传播及艺术表达》（《青海民族研究》2008 年第 1 期）两文，从热贡艺术的产地及艺术表现形式，以唐卡、堆绣、壁画、雕塑、建筑、舞蹈、藏戏等为代表，从宗教题材、颜料实用、度量经的规范等方面进行研究，阐述了热贡艺术的价值。热贡艺术是藏族、土族等民族共同创造的民间艺术瑰宝，是伴随着藏传佛教在热贡的传播而产生、发展的，就热贡艺术的历史文化渊源及分期问题进行了阐述，提出了热贡艺术产生、发展的文化根由。认为热贡艺术源远流长，具有重要的历史文化价值。

热贡艺术的发展保护研究。吕霞的《热贡艺术的学科建设问题》（《青海师专学报·教育科学》2004 年第 4 期）一文，认为青海民族学院艺术设计（民族工艺美术方向）本科专业的设置情况，对热贡艺术在高校的专业化发展问题提出了具体的设想，对热贡艺术的学科建设问题进行了深入探讨。马花的《新时期民族民间美术的保护和传承——谈青海"热贡艺术"》（《美术大观》2008 年第 10 期）一文，认为"热贡艺术"是青海热贡地区的历史先民在不同历史时期，建立在一定物质文化基础上的精神文明成果，这一

成果包括物质和非物质两种，反映人们的思想观念、道德风范、知识结构和心理素质。吕霞的《文化生态与艺术传承——以热贡艺术为例》（《青海民族研究》2009年第3期）一文，作者长期对热贡艺术进行田野考察，根据热贡文化生态特点，从文化生态学、艺术人类学角度，了解到热贡艺术产生前青海美术创作的状态，重点探析了藏传佛教在热贡的传播对热贡艺术的直接影响。探讨了热贡艺术的文化生态，以及生态系统中的文化特质，并对热贡艺术产业化发展进行了思考。

四、唐卡艺术研究

唐卡也叫唐嘎，系藏语音译，是藏族文化中一种独具特色的绘画艺术形式，它具有鲜明的民族特点和浓郁的宗教色彩，研究成果主要集中在唐卡发展研究、唐卡绘画技法、审美研究。

唐卡发展研究。 胡青华的《藏族唐卡绘画艺术的传承方式与趋变特点》（《青海师范大学学报》2006年第4期）和《民间唐卡艺术的专业化》（《青海师专学报》2006年第4期）两文，认为唐卡是藏民族文化的精髓，既具备强烈的民族特征，又显现出民间的生存状态，它是最具典型意义的民族民间艺术。对唐卡艺术进行传承方式的专业化和精品化的保护抢救和开发利用，在高校培养具备民族民间传统工艺美术理论基础和实际操作能力的唐卡绘画制作和设计工作人才，是发展这一民族民间艺术资源的重要手段。马花的《热贡艺术精品——唐卡》（《青海民族研究》2002年第1期）一文，认为"热贡艺术"是藏传佛教文化艺术中一个有影响的流派，其中唐卡是"热贡艺术"中的一朵奇葩，唐卡的产生与发展是和宗教文化紧密相关的，在经历了多年的沧桑，特别是在汉地宗教艺术的不断影响下已日臻完善，精美无比，逐渐形成了独特的艺术风格。马有义的《中国唐卡艺术集成·吾屯卷》（宁夏人民出版社，2007年）一书，认为唐卡系藏语，

意为用彩缎织物装裱成的卷轴画，具有独特的艺术风格，是藏族绘画艺术中的一朵奇葩。远在四五千年前的卡诺文化遗址中，就发现了有彩绘纹饰的唐卡，这是对特色地域文化的反映。全书从唐卡之乡吾屯的地理人文、村落及族群源流、宗教与信仰、民俗及吾屯唐卡的历史沿革及艺术特色、唐卡的分类、唐卡的供奉、唐卡的绘制及工具等方面进行了系统的阐述，同时还收录了许多珍贵的历史资料，以及与唐卡有关的传说与艺诀。孔誉璇的《第一批国家级非物质文化遗产走进青海唐卡艺术之乡》（《上海工艺美术》2007年第3期）一文，认为唐卡于《藏汉佛学词典》中译为"卷轴画像"或"卷轴画"。藏话唐卡为藏语音译，有彩绘、描金、描银、织锦、丝绸、油画等多种，一般在二尺至三尺之间，大者达十余丈。伯果的《唐卡艺术的象征主义倾向解读》（《装饰》2007年第8期）一文，从唐卡艺术的象征内容和象征形式两个方面对唐卡进行了深入的研究，发现其审美标准既不同于现实主义艺术，也不同于理想化的抽象艺术，阐释出充满佛教哲理的象征内涵是它艺术价值的精髓所在。佛教徒终身修习的教理，在一幅幅小小的唐卡画中能得到如此充分的展示，足见其功用已不仅仅停留在艺术上。吕霞的《唐卡艺术的学科建设、创新与保护——首届唐卡艺术学术研讨会综述》（《中国土族》2007年第4期）、《文化保护语境中的艺术传承——以热贡唐卡传承为例》（《内蒙古大学艺术学院学报》2008年第3期）两文，认为热贡唐卡的造像、线条、色彩、构图、装饰等具有显著的特征，通过探讨在全球化语境中热贡唐卡艺术的保护与传承，提出文化生态保护模式是热贡唐卡艺术走向可持续发展之路的重要选择，而传承人的保护就是解决艺人队伍的培训、艺人队伍的连续性问题，这样技法断层的问题才会解决。杨晓燕的《师徒传承下热贡唐卡的继承与发展》（《西藏艺术研究》2008年第2

期）一文，认为艺术传承的状态和文物保护的情形之间是互为因果的。从唐卡的产生到艺术形式的表现，宗教内涵和唐卡未来的发展与保护都要有一定的方法和原则。乔秀花的《唐卡艺术品产业化发展对策》（《攀登》2008 年第 4 期）一文，认为当今世界，开发独具特色的民族文化资源，打造民族文化品牌，已成为人们的共识。文章通过对唐卡的历史内涵、文化价值、商业前景的研究，提出应采取有效措施，提高唐卡艺术品的社会化、产业化和市场化水平，从而使其成为青海独具魅力的旅游产品。吉狄马加的《"火一样的安多唐卡"：热贡唐卡的前世今生》（《艺术市场》2008 年第 8 期）一文，认为唐卡艺术是中华民族民间艺术中弥足珍贵的非物质文化遗产。唐卡在内容上多为西藏宗教、历史、文化艺术和科学技术等，凝聚着藏族人民的信仰和智慧，记载着西藏的文明、历史和发展。

唐卡绘画技法、审美研究。 胡青华的《唐卡绘画中的色彩表现》（《中国美术教育》2006 年第 4 期）一文，认为唐卡是装饰色彩的典范，是具有典型意义的民族民间艺术，认为唐卡需要专业化和精品化的保护抢救和开发利用，高校只有培养具备民族民间传统工艺美术理论基础和实际操作能力的唐卡绘画制作和设计工作人才，才有利于唐卡的传承与发展。夏吾才让、关却杰的《藏族唐卡艺术绘画指南》（青海民族出版社，2007 年）一书，认为唐卡的绘制也要有规范的绘画理论，针对五屯唐卡的绘制提出了指导思想。唐卡以佛教为主要题材，描绘了佛与菩萨、罗汉、护法神等形象，还有一些画像是描绘天文、地理和医学的，内容涉及藏传佛教文化的方方面面，不仅是宣传佛教文化的重要艺术资料，而且也成为研究藏族文化、历史、宗教等的重要实物资料，唐卡绘画艺术历史悠久，经久不衰，已成为藏传佛教重要的艺术门类。随着藏族文化的传播和发展，唐卡艺术越来越受到世人的喜爱。尹

俊燕的《绘画唐卡艺术的审美价值——色彩与线条的韵律》（《西藏艺术研究》2009 年第 1 期）一文，认为唐卡的种类十分繁多，按材料和制作方式可以分为绣像唐卡、绘画唐卡和版印唐卡三大类。绘画唐卡是唐卡艺术形式中流行最广，也是最为常见的形式。它的审美价值主要在色彩和线条这两个方面。关却呼尼玛的《唐卡绘画艺术的审美特征》（《西藏艺术研究》2009 年第 3 期）一文，认为唐卡的历史发展、风格流派、绘画形式、艺术表现都有其自己的民族文化特征，唐卡是藏族宗教文化的副产品。赵玉芹的《唐卡艺术审美探析》[《郑州轻工业学院学报》（社会科学版）2009 年第 6 期]、《试论唐卡艺术的审美价值》（《西藏艺术研究》2010 年第 3 期）两文，认为唐卡是民族艺术且具有独特的审美价值，是藏族人民绘画艺术中的瑰宝，积淀着深厚的审美品格与价值。其宗教性象征符号所开拓的审美想象空间引领人们进入神圣的艺术境地，彰显了藏族人民对圆满之美的追求与生命意识，呈现出艳美与狞厉美的审美形态。

五、民族民间艺术研究

民族民间美术的产生伴随着人类的发展，青海各民族的手工艺人创造了种类繁多的民族民间美术。研究成果主要集中在民族艺术研究、民间绘画艺术研究、服饰艺术研究、刺绣艺术研究、剪纸艺术研究、面具艺术研究。

文化艺术研究。 吕霞的《民间艺术的审美创造——西部少数民族审美文化研究之八》（《青海民族研究》2000 年第 1 期）一文，认为在西部少数民族民间工艺中，最具特色的要数壁画、唐卡、刺绣及各种图案艺术。它们集中反映了西部各民族迥异的文化心理和审美意识，是不同民族精神气质和艺术创造力的重要储存库。赵宗福的《塔尔寺酥油花散论》（《民族艺术》2000 年第 2 期）一文，认为塔尔寺"艺术三绝"之一酥油花，是从西藏传入塔尔寺的，并对塔尔寺酥油花

的渊源、发展、价值等进行了较为全面的论述。也由此得出，由于多民族文化的相互影响、竞争机制的长期运作、专业艺人的精心传承，最终使酥油花成为藏传佛教文化和藏族艺术中的精品。吕霞的《西陲艺韵——西部民族艺术研究》（青海民族出版社，2004年）一书，认为土族有着深厚的历史底蕴和独特的文化风格，展示了土族优秀的民族艺术及其文化内涵，同时也不同程度地论述了土族艺术与周边藏族、汉族以及回族等民族艺术的文化交融关系，使得这个"小民族"的"大文化"风采屡屡闪亮登场，从而再次证明了民族艺术无穷的文化价值和艺术魅力，对人类文化研究和民族文化的发展有着十分重要的意义。曹娅丽的《土族文化艺术》（中国戏剧出版社，2004年）一书，认为土族文化背景、文化与艺术之间的内在关系非常紧密，全书用十二章系统地阐述了土族文化艺术的内在关联，同时也对土族文化艺术的发展状况提出了独到的见解。主要研究了青海、甘肃两省土族的历史、语言、服饰、婚礼仪式、节庆、音乐舞蹈、文学、绘画、法会等民族文化的渊源、变迁及功能意义，并提出了针对土族文化艺术旅游资源开发和保护的建议。马燕的《回族装饰艺术审美风格略论》（《青海民族研究》2004年第1期）一文，认为回族装饰艺术作为回族文化艺术的重要组成部分，以其鲜明的宗教性、民族性体现了回族文化的内蕴，特别是在伊斯兰图案艺术、阿拉伯书法艺术、精美的雕刻艺术等方面的追求，既具有一般装饰艺术的性质，又有其独特的民族审美风格，呈现出了回族的艺术观及审美情趣。曹娅丽的《青海土族文化艺术的保护与发展》（《青海社会科学》2004年第2期）一文，认为土族文化艺术具有较高的生态文化价值和人文价值。从社会学角度讲，土族文化艺术尚处在原生形态，保存着古朴原始的遗风，从中可窥探到土族先民的精神寄托和对文化艺术的审美追求，探寻到土族的历史以

及与多民族交融的轨迹。从文化学角度讲，土族文化艺术积淀厚重、内容丰富、形式独特，成为世人瞩目、学者关注的重要研究对象。秦永章的《青海塔尔寺的酥油花艺术》（《中央民族大学学报（哲学社会科学版）》2007年第2期）一文，认为酥油花是青藏高原藏传佛教艺术中的一朵奇葩，它具有非常重要的艺术价值。其中青海塔尔寺的酥油花尤为著名，成为该寺"艺术三绝"之一。然而，塔尔寺酥油花艺术的特殊工艺要求使其后继乏人，甚至出现了衰微的迹象。王小明的《青海藏式工艺品的市场价值与设计》（《青海师范大学学报》2007年第2期）一文，认为青海藏式工艺品原始的审美艺术和独特的地域文化使得它在现代工艺品市场中受到人们的青睐。青海藏式工艺品的开发保护与设计将对民族工艺的发展起到一定的推动作用。杨辉麟的《西藏的艺术》（青海人民出版社，2008年）一书，认为西藏的艺术具有浓郁的民族风格和鲜明的民族特色。西藏自治区域的建筑、绘画、歌舞和文学具有独特的艺术价值，展现了西藏建筑的博大精深、绘画的精美绝伦、歌舞的无穷魅力、文学的绚丽多姿。内容丰富，史料翔实，以文字记述的形式，收录了青海、甘肃、北京等省市与西藏艺术有关的内容，力求全面系统地介绍藏区艺术的形式特点。盖艳红的《青海民间艺术资源的开发和利用》（《青海教育》2008年第1期）一文，认为课程资源是指形成课程的要素来源以及实施课程的必要而直接的条件，即与课程相关的一切资源（课程设计、实施和评价过程中可利用的一切人力、物力以及自然资源）的总和。李朝的《青海民族民俗工艺的文化特征研究》（《青海民族研究》2009年第4期）一文，认为受多民族文化、多元宗教文化的影响，民族工艺器物本身多元复合了人们对于民艺器物在使用基础上赋予的多重含义，青藏民俗工艺的造物思想直接表现为青藏各族民间工艺的造物思想的实用原则。仙

珠的《浅谈青海蒙古族文化艺术的保护与发展》
(《青海社会科学》2009 年第 4 期) 一文, 认为
青海蒙古族文化艺术积淀厚重、内容丰富、形式
独特, 它作为一种独特的文化形态, 在青海历史
发展中占有重要的地位, 并已成为世人瞩目的十
分珍贵的文化遗产。因此, 重视青海蒙古族文化
艺术的人文价值, 采取必要措施保护其文化生态
圈, 更显得十分重要和异常紧迫。公保才让的
《格萨尔石刻文化的人类学解读——论康区宁玛
派与格萨尔文化的渊源关系》(《青海社会科学》
2010 年第 3 期) 一文, 认为格萨尔石刻文化在人
类学视野中承载着多层意义。作者从康区格萨尔
石刻造型艺术视角, 分析和解读格萨尔石刻的宗
教文化背景、表现形式和文化功能。

民间绘画艺术研究。马达学的《佛的尊容
人的风采——从塔尔寺、吾屯寺看藏传佛画造型
艺术》(《青海民族学院学报》1995 年第 4 期)
一文, 认为藏传佛画涉及了藏传佛教的各个艺术
门类, 内容广泛, 主要包括绘画、雕塑、建筑图
案、堆绣、酥油花等, 其高超的艺术造型无不令
人神往和赞叹。叶玉梅的《浅谈唐宋明清时期青
海藏传佛教造型艺术之演变与发展》(《西藏艺术
研究》2000 年第 1 期) 一文, 认为藏传佛教艺
术的建立, 大部分是向外 (中国内地、印度、尼
泊尔) 吸收的结果, 亦正是这样不断地吸收、融
合, 才形成后来那种强烈的艺术风格。冶存荣的
《谈中国藏族文化艺术彩绘大观》的特色 (《西
藏艺术研究》2003 年第 3 期) 一文, 认为青海
黄南藏族自治州同仁县是民间彩绘、彩塑、木
刻、堆绣、建筑装饰等藏族民间艺术的集中制作
之地, 是藏传佛教艺术中的一个重要流派便形成
了 "热贡艺术"。热贡艺术的足迹遍及国内、国
外等藏传佛教盛行的地方。陈佳丽的《汉代浪漫
主义精神与青海画像砖独特的艺术风格》(《求
索》2007 年第 2 期) 一文, 认为汉代通过神话
和历史、现实和神、人与兽的丰满的形象画面,

极有气魄地展示了一个五彩缤纷、琳琅满目的理
想世界, 平安出土的画像砖基本反映了汉代画像
砖的重要内容, 取材于现实生活, 一砖一画, 各
自独立。其内容广泛而丰富, 可以说在一定程度
上用生动的形象再现了汉代社会的容貌。万国英
的《青海湟中农民画浅论》(《青海社会科学》
2007 年第 6 期) 一文, 认为湟中农民画以深厚的
民族审美意识、纯朴的艺术风格、活泼的表现形
式、幽默夸张的造型、喜庆热烈的色彩、打破常
规的透视, 反映了人们的理想和美好追求。王小
明的《湟中农民画的民俗文化学研究》(青海师
范大学硕士学位论文, 2010 年) 一文, 认为农民
画是民间绘画中的一种。作者用民俗文化学的理
论从艺术学的视角对青海省湟中县农民画进行了
较为系统的分析研究。土旦才让的《浅析西藏史
前陶器的装饰图案》(《青海师范大学民族师范学
院学报》2010 年第 1 期) 一文, 以西藏考古发
掘资料为主要依据, 对西藏新石器时代陶器装饰
图案进行分析, 归纳出西藏新石器时代陶器纹样
的审美特征以及高原先民审美意识的形成。

服饰艺术研究。曹娅丽的《试论土族服饰中
蕴含的原始信仰审美观》(《青海民族研究》
2001 年第 2 期) 一文, 认为服饰是一个民族文化
的表征, 反映了一个民族的宗教信仰、文化历史
和审美观念。该文就土族服饰发展源流、演变及
特征进行分析, 以期进一步探讨土族服饰中蕴含
的原始信仰审美观。陈亚艳的《浅谈青海藏族服
饰蕴藏的民族文化心理》(《青海民族研究》
2001 年第 2 期) 一文, 认为青海藏族服饰具有浓
郁的地方民族特点和艺术特色, 透过青海藏族服
饰文化的表象, 我们可以窥见青海藏族居住区域
之生活环境、生活方式、宗教信仰、审美取向和
该民族的历史及其与周边民族的交流等一系列民
族文化信息。吕霞的《隆务河畔的土族服饰》
(《中国土族》2002 年第 1 期) 一文, 认为同仁
县的土族, 主要集中在隆务河中游一带, 由于长

期与藏族杂居，其服饰特征就有藏族服饰因素的杂糅。吕霞的《隆务河畔的僧侣服饰》（《青海民族研究》2002 年第 1 期）一文，认为隆务河畔的藏族、土族等民众信仰藏传佛教，当地林立的寺院中僧侣的服饰，以迥然有别的标识功能强化了宗教的神圣性，履行了严格的着衣程序。宗教服饰的艺术化，再现了宗教描绘的景象中人物衣饰的华美与高贵，浓墨重彩地表现出神佛世界环佩叮当、衣袂飞扬、璎珞绕身的服饰景观，表达了独特的宗教服饰观念。其《土族头饰的文化内涵》（《青海民族研究》2003 年第 1 期）一文，认为头饰作为一个民族文化的显性表征，是该民族物质文化与精神文化的外在体现，通过研究土族头饰类别、制作技艺、装饰功能等，得出了蕴藏在土族头饰这一文化现象背后的民族历史、文化传统、价值取向和审美追求。其《隆务河畔的藏族民间服饰及其审美意蕴》（《青海民族学院学报》2003 年第 1 期）一文，认为黄南隆务河流域的藏族服饰在形制、款式、工艺上呈现的独特风格，体现出藏族服饰文化独特的个性特征，同时也凝聚着深沉的藏民族文化因子。

刺绣艺术研究。冶存荣的《青海民间刺绣概说》（《民俗研究》2003 年第 3 期）、《美在民间——青海民间刺绣艺术的魅力》（《美与时代》2003 年第 4 期）两文，认为民间刺绣是民族文化百花园中的一枝奇葩，在人民生活中占据着重要的位置。青海民族众多，世居藏族、蒙古族、土族、撒拉族、回族、汉族等，在漫漫的历史长河中，各族人民用自己辛劳的双手，不仅谱写了青海的历史，而且为丰富和发展民族文化的宝库，做出了不朽的贡献。甘泉的《土族刺绣艺术的文化特色》（《青海师范大学学报》2006 年第 4 期）一文，认为土族刺绣从历史背景、图案形式及文化内涵来看都有其渊源，同时也是其母体文化的映射，也是多元文化融合的例证。万国英的《青海民间传统刺绣特征叙略——以青海湟中县的绣品为例》（《西北民族大学学报》2007 年第 3 期）一文，以湟中刺绣为例，从刺绣在宗教活动和日常生活中的应用，以及浓郁的地方色彩与随意性等方面，阐释了民间刺绣的民族审美意识、单纯质朴的艺术风格。

剪纸艺术研究。唐仲山的《折剪勾刻　异彩缤纷——记青海民间剪纸艺人田菊英》（《青海民族研究》2005 年第 2 期）一文，认为青海民间剪纸艺术主要流行于日月山以东的农业区。剪纸题材较为丰富，用途亦较为广泛。通常在婚嫁、春节期间展现得最为集中，另外在民间刺绣及藏传佛教艺术堆绣作品制作中，也成为重要或必要的样、胎。折叠、剪切、勾线（图）、刻镂等手段是其重要技法。王连民的《高原山花正烂漫——青海民间剪纸艺术漫谈》（《中国土族》2008 年第 3 期）一文，认为青海地处青藏高原，其独特的高原地理环境孕育了青海独具特色的高原文化和民间艺术，多彩的民族民间文化给生活在高原上的人们增添了无穷的快乐和生活情趣，青海民间剪纸就是其中的一枝奇葩，她开放在高原，在高原沃土上扎根成长。万国英的《河湟民间剪纸文化特征略说——以湟中县为例》（《西北民族大学学报》2009 年第 6 期）一文，以湟中县民间剪纸艺术为例对其来源、品类和文化特征进行分析，提出其来源深受屯田移民和多民族文化影响呈现出独具特色的艺术特征和文化内涵。

面具艺术研究。马达学的《青海民间藏戏面具艺术》（《青海民族学院学报》1998 年第 3 期）一文，从藏传佛教文化内涵、宗教精神的角度对青海民间藏戏面具的起源、形成、发展、演变以及制作工艺和独特的艺术魅力进行了探讨。马达学的《青海面具艺术》（青海人民出版社，2006 年）一书，认为青海面具艺术主要用于藏传佛教各教派所属寺院和民间祭祀庆典仪式中，作者全面梳理了青海面具艺术的风格流派和艺术构成，运用大量图片系统地展现了面具造型和内容、风格特征，展现了青海高原的人文精神、地方历史文化、民俗风情、宗教艺术及青海地方文化中特有的一种神秘的美。从文化人类学和艺术人类学角度入手对青海面具艺术进行了深入的讲解。该书也是全国艺术科学规划项目"十五"文化部青年专项课题的成果。陈影的《独具特色的藏族面具艺术》（《群文天地》2009年第3期）一文，认为藏族面具是藏族宗教心态、民俗心态和审美心态的发展与变迁。面具史几乎与文明史同步。在众多异彩纷呈的面具中，藏族面具始终以其独特的造型和审美价值赢得了越来越多人的关注。邢海珍、尕桑卓玛的《藏族面具艺术初探》（《大众文艺》2010年第19期）一文，认为藏族面具艺术起源于巫术观念和巫师行为，它是原始文化的遗存，主要运用于宗教和藏族戏剧之中，该文还将面具做了分类且分析了藏族面具独有的艺术特色与文化内涵。

六、宗教艺术研究

青海是非常典型的民族杂居区，民众多信仰佛教、藏传佛教、道教、伊斯兰教。民族宗教艺术研究的成果主要集中在宗教艺术研究、宗教绘画艺术研究。

宗教艺术研究。卢士刚的《青海藏传佛教艺术研究综述》（《青海师范大学学报》1996年第1期）一文，认为藏传佛教艺术属宗教艺术范畴，但是它与藏族群众的生活紧密相连。从20世纪50年代开始就有不少研究者着手藏传佛教艺术遗产的搜集和整理工作。陈光国的《藏族历史上的宗教与艺术》（《青海民族学院学报》1996年第4期）一文，认为宗教是藏族历史上的一种文化现象，是藏区从事生产的人们掌握世界的一种方式。韩英的《原始艺术与原始宗教关系略谈》（《青海民族学院学报》1999年第2期）一文，认为原始社会最初的艺术并不是为了欣赏，而是当时的人们为了求生而采取的一种通向神的巫术

形式。因此，原始艺术无不打上原始宗教的烙印。青措的《藏族尚白习俗浅说》（《青海社会科学》2002年第6期）一文，认为藏族崇尚白色习俗的形成是受自然生态和生活环境、宗教信仰和民族心理、本族文化和外来文化的影响及它们之间相互融合、相互激荡的结果。白色崇拜已经深深植根于藏族的民俗文化体系中，成为藏族民俗文化的构成因素，深深地积淀在人们的心理结构中。叶玉梅的《也谈原始宗教与原始艺术的关系》（《青海民族学院学报》2007年第4期）一文，认为原始宗教和原始艺术不可分割、互相渗透，原始宗教为原始艺术提供内容，而原始艺术则成为宗教的表现形式。

宗教绘画艺术研究。胡青华的《程式化和自由化——两种宗教绘画的比较》（《装饰》2005年第1期）一文，认为宗教是绘画艺术的主要题材，不同的宗教绘画呈现不同的内容和形式，但在艺术风格上又呈现出许多共同之处，使得基督教和藏传佛教两种宗教绘画特点更加鲜明。由于两个宗教深厚的文化底蕴和完整的理论体系，两种宗教绘画必将长期存在，并在交融中发展。刘焱的《对藏族唐卡的艺术人类学阐释——以青海黄南藏族自治州同仁县境内隆务河流域唐卡绘画为例》（《康定民族师范高等专科学校学报》2009年第1期）一文，认为唐卡是由一整套本身特有的完整的符号象征体系组合而成，具有特定的宗教教义功能，而且在现实生活中也具有一定的社会整合与社会控制的功能。杨晓燕的《青海藏传佛教绘画艺术资源概述》（《西藏艺术研究》2009年第4期）一文，认为藏传佛教绘画艺术是藏民族文化艺术的重要组成部分，它将深邃的思辨智慧，悠久的历史文明，精美的线条图案，独到的医学见解，非凡的想象能力和令人景仰的高僧大德风范一并融合其中，让世人看到一个与众不同的民族的文化。

七、皮影戏研究

皮影戏主要分布在青海省东部农业区，是一种以汉民族文化为主，融合了当地少数民族文化的民间艺术。皮影戏研究主要集中在皮影戏表演艺术研究、皮影戏制作艺术研究。

皮影戏表演艺术研究。 赵宗福的《论河湟皮影戏展演中的口头程式》（《文艺研究》2000年第4期）一文，认为河湟皮影戏有其自己的话语程式。艺人们根本不用影卷等书面文本，也用不着演前彩排，即可表演甚至即兴创作演出大型或连台情节生动、唱词唱腔优美的戏。它体现了民间文艺传承口头性与民俗文化程式化的特性。该文对河湟皮影戏艺人在展演中对大小不等的三种"词"，即叙事单元的模式记忆、艺术重构以及艺人与观众间内部沟通的话语问题做了研究，以图解释民间文艺创作的秘诀。毕艳君、鄂崇荣的《濒危的民间戏剧——青海河湟地区皮影戏艺术的人类学田野个案调查》（《青海社会科学》2008年第1期）一文，认为皮影戏这个民间艺术正在淡出人们的视野，濒临绝迹。以平安县灯影队为典型个案，在大量参考前人调查研究的文献资料基础上，结合人类学参与观察、访谈调查等田野调查方法，对河湟地区的皮影进行了较为深入的考察。李玉英的《河湟皮影戏的程式与表演研究》（青海师范大学硕士学位论文，2008）一文，以青海省互助县皮影艺人张占保和西宁市大通县皮影艺人周邦辉及其皮影戏班为主要调查对象，进行程式与表演的研究。薛海萍的《浅谈皮影戏发展渊源与新途径传承》（《重庆科技学院学报》2008年第11期）一文，认为皮影戏艺术正处在萎缩状况，通过研究皮影戏的发展渊源、特征，指出皮影戏在新时代背景下的传承途径。

皮影戏制作艺术研究。 马桂花的《青海灯影戏及其雕刻艺术略谈》（《青海民族学院学报》2000年第4期）一文，认为青海灯影戏是集民间美术、音乐、戏曲于一体的，有独立音乐声腔系统的地方剧种。它以其浓厚的乡土气息和艺术魅力深受当地群众的喜爱。灯影戏精巧细腻的雕刻制作，是构成其艺术感染力的重要方面。赵生明的《土族灯影艺人包世英小记》（《中国土族》2002年第4期）一文，从土族灯影艺人包世英的成长环境、学习灯影技艺及成为有影响的灯影艺人等方面做了系统的调研。万国英的《大通皮影艺术特点述略》（《青海民族大学学报》2010年第4期）和《浅论河湟地区民间皮影艺术》（《青海师范大学学报》2010年第5期）两文，从皮影制作的角度阐述了皮影艺术是我国民间工艺美术与戏剧巧妙结合形成的一种独特的艺术形式，在丰富人民群众文化生活方面发挥了重要作用。大通皮影是我国民间时空艺术、工艺美术与戏剧艺术巧妙结合的艺术品种，它在人物及场面景物制作中采取了独特的造型特色。

八、美术史研究

青海从事青海美术史研究的学者不多，研究成果也非常有限。马建设的《青藏民族工艺美术》（青海人民出版社，1999年）一书，认为各个历史时期，青藏民族工艺美术都有代表性的艺术作品。全书分三大编共十章，较系统地论述了青藏地区民族工艺美术发展的历史，并按历史时期详细叙述了金工、雕塑、织绣、服饰、陶瓷、皮革等各类工艺美术的发展和艺术特色，融民族、宗教、工艺、生活于一体阐述它们的内在联系和相互影响，这本书也是青海省第一部关于青海工艺美术史的著作。

九、美术教育研究

青海美术教育研究主要集中在各类美术教育工作者中，他们通过自身的教学经验感受，对美术教育中存在的比较典型的问题进行了研究。芦继庆的《设计意识的培养是美术教育的重要内容》（《青海教育》1996年第9期）一文，认为设计意识的培养是美术教育的重要内容，以往的美术教育认为主要培养学生的纯美术技能和审美情趣，把美术设计意识教育放在了次要位置，这是一个误区，一个急需改变的观念。芦继庆的《美术教育改革的根本方向在哪里》（《中国美术教育》1997 年第 1 期）一文，通过探索美术教育改革的有关问题，提出美术教育如果适应于现代化的要求，就必须为商品经济和科技现代化服务，必须在为国家精神文明建设服务的同时为物质文明建设做出应有的贡献。土旦才让的《青海少数民族地区中学美术发展的调查研究》（《青海师范大学民族师范学院学报》2006 年第 1 期）一文，认为青海省少数民族地区受经济、环境、教育观念等方面的制约，影响美术教育活动的开展。该文认为从转变教育观念、解决经费不足、

加强美术师资队伍建设等方面入手来发挥美术教育的重要作用。黄蔚宁的《高校美术教育与大学生审美能力培养》（《青海师范大学学报》2006 年第 4 期）一文，认为在高校学生有限的美术教育课程中，应多途径培养高校学生的审美能力，从而引发其自身潜质提升，通过美术教育引导学生认识世界、认识自然、认识自己，使学生的文化素质得以全面提升。胡青华的《对幼儿美术教育的几点思考》（《青海教育》2007 年第 12 期）一文，探索了幼儿美术教育从指导思想到教育活动的内容和形式都发生了很大的变化，幼儿教师专业素质的提高是决定幼儿美术教学改革和各科教法改革的重要因素。

第十九章　新闻传播学研究

20世纪90年代以来，随着国家改革开放加速推进，以建立适应市场经济的媒介运行机制为主要目标而进行的一系列改革，成为这一时期新闻出版和广电传媒发展的时代主题。围绕报刊和广电如何适应市场经济的挑战、新世纪媒体发展的要求，以及实践领域出现的诸多热点问题和制约媒体发展的难点问题，成为这一时期青海新闻出版和广播电视理论界研究的主题，并形成了很多理论成果和学术观点。

1993—2010年，青海新闻传播学研究进入加速发展时期，学术研究机构和团体不断健全，学科建设逐步完善，学术研究水平逐年提升，学术研究成果日益增多，研究成果主要集中在新闻发展史、报业发展、新闻舆论、新闻队伍建设、编辑理论与实践、编辑业务与素养、科技期刊编辑工作、广播电视编辑、广播电视事业改革发展、广电新闻实践等方面，主要以学术论文为主。公开发表了《青海新闻发展史研究的源流及特征》《青海报业现状及发展研究》《用新闻舆论的力量提升民众的精神状态》《编辑活动的不同语境及社会学特征》《编辑活动与编辑主体论》《关于地方社科学术期刊突出刊物特色的认识》《对学术期刊若干问题的分析与思考》等具有理论价值和现实意义的学术论文200余篇，对推进青海新闻传播学研究以及青海新闻传播业的蓬勃发展发挥了重要作用。

第一节　新闻学研究

1993年以来，青海新闻研究的主题和成果主要集中在新闻发展史、报业发展、新闻舆论工作、新闻舆论队伍建设等方面，成果形式主要以研究性理论文章为主。

一、新闻发展史研究

这一时期主要围绕青海现代新闻的源流、兴起、特征及发展进行了系统研究。纪小春的《青海新闻发展史研究的源流及特征》（《青海师范大学学报》2006年第1期）一文，就青海新闻发展史研究的源流、特征、视野等进行了思考，认为青海新闻发展研究所涉内容甚广，青海新闻史研究应广泛吸取当代文化研究的已有成果，尽可能以当代新视野科学地审视青海新闻活动，在研究中应尽力把握好青海新闻传播的源流、青海省情、研究视野、民族关系、地缘特征、制约因素等问题，实现研究的客观性和准确性。纪小春的《青海现代新闻事业的曲折发展》（《青海师范大学民族师范学院学报》2006 年第 2 期）一文，对以报纸、期刊、广播电视三大媒体为主的青海新闻事业发展分三个阶段进行了梳理，总结了青海新闻事业在这一时期发展中的经验和教训，为后期发展和研究提供了借鉴。他的《青海近代新闻事业的兴起》（《青海社会科学》2007 年第 2 期）一文，对青海近代新闻事业兴起及发展分萌芽期（1926—1928 年）、初创期（1929—1932 年）、控制期（1932—1945 年）、衰退期（1946—1949 年）四个阶段进行了梳理总结，认为在此期间青海地区虽受制于以马麒、马步芳为首的军阀专制统治，新闻事业艰难起步，颇多磨难，但这一时期新闻事业的发展在一定程度上为打破青海的专制封闭、传播各种文化知识、交流时代信息、开阔人们的视界发挥了一定的作用。

二、报业发展研究

这一时期，报业发展成为研究新闻学的热点主题，研究者从实践到理论对报业的发展趋势和走向进行了较为理性的探讨。赵得录的《建立跨世纪报业集团刍议》（《青海社会科学》1996 年第 6 期）一文，认为报业集团是市场经济的产物，建立报业集团是计划经济体制向市场经济体制转变的需要。地处偏远、信息封闭的青海应该解放思想，更新观念，要有超前意识，从实际出发，积极、稳妥地进行报业领导体制改革，为组建报业集团创造条件。赵得录的《贯彻"三个代表"重要思想，促进青海报业发展》（《青海学刊》2001 年第 1 期）一文，围绕青海报业如何以"三个代表"重要思想指导实践，把握发展这一时代主题，深化改革，促进报业发展进行了理论思考和实践探讨。认为促进青海的报业发展，必须从生产力的发展要求、先进文化的前进方向、最广大人民的根本利益三个方面出发去抓宣传、抓改革、抓发展。李连峻、赵英、陈长生的

《青海报业现状及发展研究》（《青海社会科学》2003 年第 5 期）一文，对青海报业基本现状进行了全面介绍，归纳了青海报业市场报纸总量小、覆盖面大、人口少、总体素质不高等十个主要特征，分析了制约青海报业发展的六大因素，提出实现报业发展要走报业市场化之路、组建报业集团等发展对策。莫自才的《对青海报纸媒介的环境分析》（《攀登》2008 年第 4 期）一文，从宏观和微观两个层面对青海报纸媒介的发展环境进行了分析，认为从宏观层面看，信息时代的大环境和西部大开发战略的实施，为青海报纸媒介的发展提供了机遇；从微观层面看，报纸结构趋于完善、报纸功能更全面、报业广告竞争激烈、发行稳步上升、新技术应用广泛、战略意识增强、报业管理走向现代化等，对青海报纸媒介的发展提出了新挑战。赵得录、刘力群的《开创西部省级党报报业发展新局面》（《中国记者》2008 年第 11 期）一文，认为开创省级党报报业发展新局面，最核心的是要以"三个代表"重要思想指导办报实践，唱响主旋律，坚持正确舆论导向。提出开创报业发展新局面要在全局工作中找准自己的位置，搞好热点引导，充分发挥报纸在思想教育、舆论引导、文化熏陶等方面的优势和功能。李云的《三十年报业发展探析》（《青海社会科学》2008 年第 5 期）一文，总结了改革开放 30 年来我国报业规模不断扩大、报业实力日益提升、报业结构渐趋优化等成就。指出报业发展中存在盈利模式相对落后、新技术适应能力相对较弱、市场体系不够完善等问题，提出了解决问题思路：不断解放思想、推进制度创新；加强市场调控、优化报业市场环境；推进科技创新、提高报业技术水平。莫自才的《对开拓青海报业市场的几点思考》（《攀登》2010 年第 3 期）一文，认为青海报业尚未进入产业化运作，存在体制不顺、创新意识不强等问题，提出市场化运作是青海报业发展的长远

之计，开拓报业市场应突破传统的思维方式，开阔眼界，寻找新的经济增长点，扩大多种经营范围，采取切实可行的措施和办法，以适应市场竞争的需要。

三、新闻舆论研究

这一时期，随着社会主义市场经济体制逐步完善和改革开放的深入推进，新闻舆论引导和新闻舆论监督成为青海新闻舆论研究的重点，产生了一批重要的研究成果。

新闻舆论引导研究。 王浩的《新闻宣传：必须坚持正确的舆论导向》（《柴达木开发研究》2001年第1期）一文，认为报纸作为新闻宣传的舆论媒体之一，应时刻坚持正确的舆论导向：树立政治意识，坚持党性原则；坚持正确舆论导向，服务党委政府工作；不断提高办报质量和舆论引导。韩青峰的《用新闻舆论的力量提升民众的精神状态》（《青海民族研究》2004年第4期）一文，从增强中华民族凝聚力的需要、提升爱国主义精神品格的需要、展示国家良好形象和社会精神面貌的需要三个层面分析了弘扬伟大的民族精神的时代要求，提出提升民众精神状态要做好舆论引导支持：坚持贯彻"三个代表"重要思想，谱写弘扬民族精神的新篇章；坚持解放思想、与时俱进的精神，唱响时代的主旋律；坚持求真务实、联系实际的工作作风，提升广电新闻宣传的吸引力、影响力和感召力。胡永盛的《坚持两分法是提高舆论引导水平的有效途径》（《攀登》2007年第2期）一文，从哲学方法论的角度阐释了提高新闻舆论引导水平的途径，认为要增强新闻宣传报道的吸引力和感染力，避免报道的片面性、绝对化，提高舆论引导水平，就必须遵循唯物辩证法一分为二的方法论。徐明的《党报舆论引领作用刍议》（《青海社会科学》2007年第4期）一文，认为随着新型媒体传播、普及速度的不断加快，作为主流媒体的党报要保持其舆论引领作用和社会影响力，充分发挥自身所

长、延展新闻链条，改进报道方式，把表现重大主题、重大题材，体现时代主旋律的高端新闻、主流新闻做到位，使之产生不可替代的权威性和公信力。毛翠香的《民生新闻：提升媒体竞争力的新亮点》[《青海师范大学学报》（社会科学版）2008年第4期]一文，认为作为媒体特别是地方党报，要以民本思想为基点，以平民视角关注普通老百姓生活的民生新闻，扩大民生新闻报道的领域，以民生新闻正确引导舆论、以民生新闻实现舆论监督，为实现党的十七大提出的新时期党和政府工作的新目标提供舆论支持。刘力群的《创新实践，确实提高党报舆论引导能力》（《中国记者》2008年第11期）一文，从创新观念体现主流、创新方式体现权威、创新内容体现公信力、创新机制关键在人四个方面进行了阐述，提出在坚持正确舆论导向前提下，讲求宣传艺术，提高引导水平，创新报道内容和形式，不断提高舆论引导能力，使宣传报道更加贴近社会、贴近生活、贴近群众，使广大读者喜闻乐见。

新闻舆论监督研究。 王冬燕、钟立锋的《充分发挥舆论监督在反腐败斗争中的作用》（《攀登》1998年增刊）一文，认为改革开放以来，社会主义市场经济不断发展，经济观念日益更新，相对而言，我国的监督体制、监督观念严重滞后，尤其是新闻舆论监督缺乏应有的法律保障，在一定程度上影响了舆论监督作用的发挥。建议在提高新闻舆论监督的认识、准确把握新闻舆论监督的原则的基础上，围绕反腐败中心工作积极开展舆论监督，通过加强法制建设，依法进行舆论监督。赵喜平的《舆论监督与法治建设》（《江西行政学院学报》2004年第3期）一文，阐释舆论监督概念及其价值取向，探讨舆论监督对我国法治建设的重要作用，分析我国舆论监督功能尚未得到充分发挥的原因及存在的问题，认为受历史和现实各种因素制约，我国舆论监督的

功能尚未得到充分发挥，与民主法治的要求尚有较大差距，并提出了相应的对策建议。张成国的《依法行政与舆论监督之我见》（《攀登》2005年第4期）一文，从舆论对依法行政监督的必要性、行政机关对舆论监督应有的认识和态度、开展舆论监督应坚持的原则等方面做了分析。司成秀的《新闻舆论监督如何避免名誉侵权》（《青海师范大学学报》2008年第2期）一文，对从新闻报道中批评报道事实不准确或存在偏颇、言辞失实、图片失实、转载或据其他媒体报道而获得的消息不真实等造成当事人名誉受到侵害的经验和教训进行了梳理总结，认为要减少和避免新闻名誉侵权案件的发生，就应该强化新闻工作者的"四个意识"，即责任意识、法律意识、防范意识和自我保护意识，对新闻工作者合理合规行使新闻舆论监督、有效避免新闻名誉侵权案的发生提供了思路。卓娅的《强化舆论监督，构建和谐社会》（《西北民族大学学报》2008年第5期）一文，指出新闻舆论监督与构建和谐社会有着天然不可分割的联系，新闻媒体只有把握好人民利益、依法监督和客观真实三个原则，敢于监督、善于监督和有效监督，努力提高自身素质，才能担当起时代赋予的舆论监督重任。魏灵芝的《公民社会和舆论监督》（《学理论》2009年第30期）一文，从新闻学的角度阐释了公民社会和舆论监督的概念及关系，探讨了公民社会的成长对舆论监督的促进作用，并通过具体新闻实例展望了我国公民社会逐步影响、推动舆论监督的前景。

四、新闻队伍建设研究

这一时期青海新闻界研究者主要围绕职业道德建设、作风建设、素质建设等主题进行新闻队伍建设研究，公开发表了多篇学术论文。罗菊芳的《论新闻工作者的职业道德》（《攀登》2004年第3期）一文，从体制和规范两个层面分析了

新闻工作者职业道德失范的原因，并从宏观层面提出深化改革、严肃法纪法规、加强对新闻工作者的教育等一系列对策措施，对新闻工作者坚持正确的舆论导向，弘扬良好的职业精神，树立正确的世界观、人生观、价值观，自觉遵守法纪法规，遵守职业道德，维护新闻工作的严肃性和声誉，推动新闻事业健康发展提供了可循之策。黄晓姝的《新形势下新闻工作者的职业道德建设》（《新闻窗》2009年第4期）一文，总结新闻工作者职业道德建设的现状及存在的问题，提出加强新闻工作者职业道德建设应提高政治素质，强化政治意识、大局意识和责任意识；提高理论素养，夯实基础知识功底，具体夯实理论知识功底、专业知识功底、基础知识功底；提高业务素质及调查研究能力，提高独立新闻采访能力、撰稿能力、稿件审查和编辑修改能力、调查研究能力等。马小雁的《新闻队伍作风建设管见》（《青海社会科学》2009年第5期）一文，阐释了加强新闻队伍作风建设的意义，认为加强新闻队伍作风建设是捍卫新闻事业党性和真实性原则的必然要求，是践行"三个代表"重要思想的集中体现，提出加强新闻队伍作风建设应牢固树立和坚持马克思主义新闻观、社会主义荣辱观，着力培养适应时代进步和新闻事业发展要求的优良作风，努力做好党和政府与人民群众联系的桥梁和纽带。郭伟的《对强化新闻从业人员素质的几点思考》（《青海社会科学》2009年第6期）一文，分析了强化新闻从业人员素质的必要性，认为新闻从业人员的角色特征与素质要求是强化新闻从业人员素质的内在动力，新闻产业的迅速发展是强化新闻从业人员素质的外在压力。认为媒体的激烈竞争和新闻的时效性对新闻从业者强化自身素质提出了新的要求，并围绕职业道德、行业自律、学习理念、对外交流等提出了强化新闻从业人员素质的对策建议。

第二节　编辑学研究

这一时期青海的编辑学研究主要集中在编辑实践问题研究上，研究者大多就编辑学的某一方面或某一具体问题进行研究，研究成果涉及编辑理论与实践、编辑职业素质、科技期刊发展、学术不端等主题，且主要集中于期刊编辑学领域。

一、编辑理论与实践研究

1993 年以来，青海期刊界研究者着重围绕如何实现编辑理论对编辑实践的科学指导进行思考和研究，这一方向的研究成果比较丰硕。

编辑理论研究。郭洪纪的《编辑活动的不同语境及社会学特征》（《河北师范大学学报（哲学社会科学版）》1997 年第 2 期）一文，指出编辑活动作为人类精神生产的重要形式，是以传播思想、观念、价值为目的，以相应的技术、规模、效率为手段，对精神产品的原型进行选择、加工、再创造的社会化过程。同时，编辑活动是带有价值交换性质的社会行为，它对各类精神文化产品的整理和选择，实际是对传媒的社会倾向和文化品位进行评判的过程。这种活动的规范性，在于既不能以个体的情感和好恶为标准，也不能脱离自身的形式与语境，因而具有鲜明的社会学特征。认为编辑学理论的丰富与发展，只能从普遍的编辑形式与义理的结合中发掘资源。戴燕的《编辑活动与编辑主体论》（《青海师范大学学报》1997 年第 4 期）一文，指出编辑活动是一个社会化过程，它通过对精神产品的原型进行选择、加工、再创造的方式，来传播思想、观念、价值，最终达到文化缔构和文化承传的目的。社会化过程本身充分体现了编辑活动特有的文化性和社会性，而这个过程的实施和编辑行为系统的运作，都是由编辑主体具体承担的。因此，要把握整个编辑活动的全过程，还要对编辑主体有一个明确的认识。认为对编辑主体的研究，不能只停留在对主体自身结构特性的孤立分析，要从编辑主体存在的文化背景去考察，要从编辑主体同其存在的背景关系中把握主体。戴燕的《学术期刊的优化模式与学术文化重建》（《青海师范大学学报》2006 年第 5 期）一文，认为若把学术期刊的文化选择过程与编辑流程看作一个生态系统，那么，这个系统包含以学术人为主的学术研究和以编辑主体为核心的编辑活动两个子系统，它们相互联系、相互作用，共同影响学术期刊的质量。指出学术期刊生存环境的优劣不仅直接影响整个学术环境，而且影响社会文化的选择与构建，所以优化学术期刊系统内各元素的关系，是提高质量、维护学术期刊可持续发展的根本选择。李静的《编辑活动的近代转型及其文化意义》（《青海师范大学学报》2006 年第 6 期）一文，指出编辑活动是社会文化活动的一个重要组成部分，一定社会在经济、政治、文化和科技方面的发展变革将会直接影响编辑活动的水平并形成其相应特点。认为现代新闻出版业的产生是编辑活动实现专业化和职业化的有利契机，现代印刷技术的输入、近代意义出版机构的出现以及新式传媒报刊的产生，更新改变了古老的编辑出版的传统模式。建军的《浅谈现代编辑思想及其价值取向》（《青海民族学院学报》2009 年第 3 期）一文，认为编辑出版业作为文化建设和精神文明建设的重要阵地，广泛而持久地影响着人们的理想信念、思想境界、文化传承和知识积累。指出现代编辑思想的价值取向主要表现为注重编辑活动内容和形式的创新、不以名家而以质量作为稿件的取舍标准、恪守正确的出版理念，以及热情真挚的读者服务精神。

编辑实践研究。余中水的《关于坚持社科学术期刊办刊原则的思考》（《青海社会科学》

1996 年第 5 期）一文，就市场经济条件下如何进一步办好社科学术期刊，使之在两个文明建设中发挥更大的作用，提出了坚特正确的政治导向、坚持学术水平为本、坚持学术与政治统一的三条办刊原则。并提出认识和把握共性与特色、历史问题研究和现实问题研究、基础理论研究和应用理论研究、经济效益与社会效益的问题。余中水的《关于地方社科学术期刊突出刊物特色的认识》（《青海社会科学》1997 年第 1 期）一文，结合《青海社会科学》办刊实践就地方社科学术期刊如何突出自身特色进行思考，指出地方社科学术期刊既要反映一般社科理论研究成果，更要以反映和研究本地问题为主，在反映和交流本地区社科研究成果、发现和培养本地区研究人才、促进本地区社科事业繁荣发展方面，显示自己的优势和活力，青海社科学术期刊应主要突出地方特色和民族特色。张前的《对办好青海省社科期刊的几点浅见》（《青海社会科学》2000 年第 1 期）一文，对青海社科期刊的现状进行了梳理，分析归纳了制约社科期刊发展的观念不新、思想陈旧、编辑知识陈旧、难以适应时代要求、激励机制缺失等因素，提出解放思想、大胆创新；主动面向市场、积极参与竞争；合理定位、突出特色；建设高素质编辑队伍等解决问题的措施和发展思路。李姗的《文化生活类期刊的办刊之道》（《青海民族学院学报》2000 年第 6 期）一文，就文化生活类期刊顺应市场经济、办出独有的个性和特点的期刊，提出了设想和办法：坚持正确导向，做到守土有责；宗旨明确，定位准确；在内容上保持品位，在形式上追求精美；加强与读者、作者之间的联系；增强期刊策划意识，期刊经营要顺应网络时代新潮流。肜子岐的《文学期刊面临的困境及出路》（《青海社会科学》2004 年第 2 期）一文，分析文学期刊遭遇的困境及原因，指出文学期刊从昔日的辉煌跌落到今日之衰落，是市场经济冲击所致。认为文学期刊要想摆

脱市场经济所带来的困境，办刊者和管刊者要有一个思想解放、观念更新的过程；管理机制要有一个从计划机制向市场机制转变的过程；出版环境要有一个从无序向有序转变的过程；编辑的内功要有一个从基本扎实到日趋精湛的过程。张前的《对学术期刊若干问题的分析与思考》（《青海社会科学》2004 年第 6 期）一文，从评审制度、评价制度、市场意识三个方面对学术期刊市场化进程中不可回避和亟待关注的问题进行了分析和思考。指出国内学术期刊在审稿中应该有选择地借鉴国际通行的匿名审稿和编委制衡的编审制度，加快完善期刊和论文学术评价的标准和体系，创造一个提高期刊和论文质量的良好环境，使之走上健康有序的发展道路。强调学术期刊在处理两个效益问题时，必须以社会效益为前提，努力实现经济效益。张前的《一个编辑眼里的版面费问题》（《光明日报》2005 年 2 月 3 日）一文，从学术期刊编辑的独特视角对"版面费"现象进行解读，分析"版面费"产生的根源和引发的负面影响，并提出政府应从体制、办刊经费等方面对学术期刊提供健康宽松的发展空间的对策建议。樊原成、李伟的《期刊发展趋势及青海省期刊现状分析》（《青海师专学报》2006 年第 5 期）一文，就期刊的定义、属性、分类、结构及发展趋势进行了阐释，并针对青海省期刊的发展提出了发展对策：充分利用国家对于西北地区的文化扶植政策，发展民族出版事业；进一步调整期刊结构，有效盘活现有存量；转变观念，开辟安全的融资渠道，积极推进青海期刊业"走出去"的发展战略；实行人才发展战略，培养期刊专业人才。张前的《市场语境中学术期刊的命运与路径》（《青海社会科学》2007 年第 6 期）一文，指出社会主义市场经济的建构对我国学术期刊产生了深远的影响，期刊市场在为学术期刊发展提供物质保障和技术支撑的同时也带来了不少负面影响，并从学术期刊面临的尴尬境遇、出现

尴尬境遇之原因、期刊立身之本及市场路径选择四个方面进行了阐述，认为在市场语境中，学术质量仍然是学术期刊的立身之本，只有在学术性市场取得成功，才能解决经营性市场的问题和刊物遭遇的市场困境。张前的《社科类学术期刊科学发展的路径选择》（《攀登》2007年第1期）一文，对社科类学术期刊科学发展问题进行探讨，指出社科类学术期刊在市场化背景下遭遇危机的实质是在市场中如何与学术最佳结合的问题，认为社科类学术期刊要处理好学术性市场和经营性市场的关系，提升社科期刊"核心竞争力"，应充分发挥社科期刊作为学术传承和学术积累的载体作用，创造更多的精神财富，促进社会和谐，实现自身科学发展。陈军的《学术期刊参考文献规范化问题刍议》（《攀登》2007年第1期）一文，主要阐述了学术期刊参考文献的作用，分析了参考文献在著录方面存在的问题，并提出了出版行政部门应进一步加强参考文献规范化管理、强化审核程序、加强编辑素质教育、强化作者的文献规范化教育的对策与建议。

二、编辑职业素养研究

这一时期青海编辑学领域有关编辑职业素养研究，主要围绕编辑工作者的政治素养和专业素养两个方面进行研究。郭洪纪的《谈期刊主编的文化更新意识》[《青海师范大学学报》（社会科学版）1998年第1期]一文，基于传统出版业与市场经济格局逐渐融合的背景，就期刊主编如何确立一种适应现代化发展趋势的文化更新意识，从期刊的选题、内容、格调、文风、特色等方面进行了分析和思考，认为在出版活动中编辑主体必须具备一种较强的综合素质、一流的文字修养、较高的学术造诣，通过策划选题、打造特色实现编辑主体文化观念更新。彤子岐的《期刊质量与编辑素养》（《柴达木开发研究》1998年第1期）一文，认为刊物的质量问题归根结底是

个编辑的素养问题，要提高期刊质量，首先是要提高编辑的素养，并提出从政治、政策和法律、思想、职业道德、文化、语言文字方面提高编辑素养。张永涛的《期刊编辑的基本素质》（《青海民族学院学报》1999年第2期）一文，认为期刊编辑的文化素质与编辑水平决定着期刊质量的高低，因此要认真选题，突出"新"与"实"，同时要加强编辑结构组织能力。陈景东的《浅谈综合性教育期刊编辑的素质》（《青海师专学报》1999年第3期）一文，认为编辑工作的效率和质量主要取决于编辑主观能动性和主导作用的发挥，而这都源于编辑的责任心和德才学识，取决于编辑自身的思想素质和业务素质，编辑应注重加强自我修养，完善自我，充分发挥在社会和教育发展中所起的作用和肩负的责任。马勇进的《以创新的姿态当好学术期刊编辑》（《青海社会科学》2002年第5期）一文，提出学术期刊编辑要与时俱进，更新思维模式，树立新的编辑理念，强化开放意识，认为以新思维、新姿态去从事编辑工作，才能适应时代发展的需要。李静的《编辑主体的创新意识与高校学报学术空间的拓展》（《青海师范大学学报》2003年第5期）一文，认为随着我国社会的现代化转型与发展，高校学报长期延承的办刊理念和运营模式已逐渐显露出某些局限性，提出高校学报应立足于编辑主体创新意识的建树，充分拓展期刊的学术利用空间，以质量求生存，以特色求发展，以创新求突破，从而更好地发挥学报对我国社会主义文化建设的重要作用。王乃明的《论学术期刊的市场调节与政府调节机制——兼论学术期刊的市场化》（《攀登》2004年第4期）一文，认为随着社会主义市场经济体制的建立和完善，学术期刊必须要面向市场，适应市场体制的要求。在市场经济条件下，学术期刊必然接受市场调节，同时，学术期刊的运营及其产品特殊性决定了政府必须依据学术期刊社会效益的大小，进行

政府调节，只有市场调节与政府调节相结合，并使之与学术期刊的评价体系联结起来，方能构建学术期刊的调节机制。高清的《期刊编辑的素质及其主体能动性的发挥》（《攀登》2006 年第 3 期）一文，指出编辑素质的高低是制约期刊质量的关键因素，高质量的期刊必须拥有一支高水平、高素质的编辑队伍，认为期刊编辑只有坚持与时俱进的科学精神，不断提高自身的各项素质，才能更好地适应和服务于本职工作。樊原成的《浅谈图书编辑综合素质》（《青海师范大学学报》2006 年第 4 期）一文，指出图书编辑的素质是出版社参与图书市场竞争的基本条件，直接决定着出版社的生存和发展。在社会主义市场经济条件下，图书编辑应该具备较高的政治意识、责任意识和大局意识，以及丰富的市场知识、深厚的文化知识、扎实的业务素质。李学军的《浅论党刊编辑创新能力的培养和提高》（《青海社会科学》2007 年第 5 期）一文，就培养和提高党刊编辑创新能力进行了论述，认为提高党刊编辑创新能力，思维创新是前提、知识广博是基础、技能熟练是关键、乐于奉献是内在动力、良好的工作机制和环境是重要保障。王雪丽的《浅谈报纸专刊编辑的策划意识》（《青海师范大学学报》2008 年第 2 期）一文，提出报纸专刊编辑在策划专刊时应注意策划内容要具有新闻性，要突出专刊的特点，要有主动参与的意识，要引导读者正确的价值取向。韩军的《对提高党刊编辑创新能力的几点思考》（《攀登》2009 年第 3 期）一文，认为党刊质量的高低直接关系其能否正确有效地发挥宣传、教育的作用，而党刊质量的高低在很大程度上取决于党刊编辑的业务能力及水平，尤其是编辑的创新能力对保证刊物质量、发挥刊物的积极作用具有重要的意义。韩海泉的《"识"是学报编辑的首要素质》（《青海师范大学学报》2010 年第 4 期）一文，将学报编辑之"识"分为意识、学识、见识和鉴识四种，认为自觉的主体意识会使编辑对自己的行为有一种使命感，合理的学识和深邃的见识可使编辑体察到文稿的深层内涵，最大限度地达到与社会选择的契合一致。认为学报编辑自觉的意识、合理的知识、卓越的见识，是培养其现代科学思维能力的必不可少的基础和前提。

三、学术不端问题研究

进入新时期，学术研究环境发生了重大变化，学术不端事件频频发生。作为学术成果重要发布平台，学术期刊如何抵制学术不端，青海学术期刊界的研究者们进行了一些思考和研究。马勇进的《抵制学术不端行为：学术期刊的神圣职责》（《青海社会科学》2008 年第 6 期）一文，指出学术不端在学术期刊中的主要表现形式为：抄袭剽窃、一稿多投、一稿多发、学术成果低水平重复、虚假注释、不实参考文献等。认为学术不端行为在学术期刊中之所以大量存在，既有社会以及个人原因，也有缺乏有效惩戒措施的因素，更有学术期刊自身的问题。学术期刊必须主动采取积极的措施防范学术不端行为，把好学术关、当好守门人，加强自律、坚守职业道德，培养学术素质、提高鉴别力，增强责任意识。张前的《学术不端与学术期刊的责任》（《青海社会科学》2009 年第 6 期）一文，对学术不端如何作为的问题进行了分析和思考，认为学术期刊出版部门应从以下两个环节去抑制学术不端行为的蔓延：将核查论文是否涉嫌学术不端作为稿件三审之外的重要工作程序来严格执行，要严厉惩处学术不端行为并形成一种长效机制。同时，消除"版面费"引发的负面影响，走出选稿中"唯名是举"的怪圈和"唯财是举"的泥淖。

四、科技期刊发展研究

这一时期，青海科技期刊研究者从宏观视角审视科技期刊可持续发展、国际化、创新发展等重大问题，从微观视角思考科技期刊稿件编审、队伍建设等具体问题。张文英的《科技期刊编辑对文稿的审修》[《青海大学学报》（自然科学版）1999年第5期]一文，从科技编辑工作的职责和劳动特点出发，对科学论文的审核和编辑加工的原则及方法进行了阐述，对编辑学中理论与实践的结合做了有益探讨。指出科技期刊编辑在对文稿审修处理时应注意对论文内容进行审核、对文章结构层次进行调整、对图表进行技术处理、对文献著录进行标准化处理、对语言文字进行润色修改。郭辉的《知识经济时代科技期刊可持续发展的影响因素》（《青海师范大学学报（自然科学版）》2001年第4期）一文，指出了影响科技期刊可持续发展的正面因素和负面影响因素，认为唯有强化有利因素、消除不利影响，才能适应知识经济时代的要求，实现可持续发展。郭辉的《中国科技期刊如何面向国际化》（《青海师范大学学报》2002年第1期）一文，根据中国科技期刊国际化的标志，分析中国科技期刊走向世界的制约因素，并提出了相关的对策：加强英文版科技期刊的建设，改善中文版科技期刊英文信息的质量，提高刊物载文质量，突出中国特色，势力与国际接轨，加速科技期刊现代化进程，进行市场化整合，扩大发行渠道。郭辉的《知识经济时代科技期刊出版业的创新与发展》[《青海师范大学学报》（自然科学版）2002年第4期]一文，基于知识经济时代背景，就科技期刊出版提出了"四个创新"的观点：科技期刊出版业只有通过人才开发模式的创新，质量和效率模式的创新，出版产品模式的创新，运营与管理模式的创新，才能适应知识经济时代的要求，实现其健康发展。李姝睿的《试论新世纪科技期刊编辑的能力培养》[《青海师范大学学报》（自然科学版）2004年第1期]一文，指出知识经济时代引发了科技期刊的生存变革，为适应这种变革，科技编辑要从观念、知识结构、工作方

式等各个方面尽快地实现转变。王海明的《论科技期刊的无效信息及信息整合》（《青海师范大学学报》2006年第6期）一文，分析了科技期刊存在刊载大量无效信息并不断膨胀的原因，指出科技编辑要不断完善和构建自身知识体系，加强信息意识和信息处理能力，运用信息整合理论解决信息分散、无序、多样化的问题来提高用户获取信息的效率，依次释放和净化学术空气，遏制学术腐败，全方位提高编辑对期刊控制的理性和自由。陈芃的《科技期刊质量的综合影响因素》（《青海科技》2008年第4期）一文，对影响科技期刊出版质量的主要因素进行了分析，对提高科技期刊的综合质量进行思考并提出对策建议：强化办刊特色，积极加入各种期刊电子版数据库，提高论文的浏览量；重视办好快讯栏目，重视科技期刊编排规范，抓管理体制、组织建设、编辑队伍建设、高端网络建设、发行工作"五个到位"。

五、广播电视编辑学研究

这一时期，随着青海广播电视事业的蓬勃发展，青海广播电视编辑学者围绕电视新闻编辑工作、电视新闻学体系建构等主题进行了研究。曹德林的《论电视新闻编辑学的体系建构》（《青海师范大学学报》2008年第4期）一文，认为作为现代社会最重要的传媒，电视新闻既有文字表现的精确性特点，又长于图像表现的直观性特点，再加以完美的技术剪辑、音响烘托等等，已成为受众生活中的重要部分。构建电视新闻编辑学体系，需要观念主导、技术支撑和制度安排等各方面的因素条件。万晓东的《受众心理需求下的电视新闻编辑工作浅论》（《科技创新导报》2008年第28期）一文，从电视新闻的受众视角，分析了编辑过程对于信息的选择标准，并从信息的选择、求真、求变及受众审美心理等方面提出了在电视新闻编辑过程中提升新闻的易受性，以及满足受众的心理需求思路。

第三节 广播电视学研究

广播电视学的研究内容涉及传播学、文化学、社会学等诸多学科，20 世纪 90 年代以后，在国民经济市场化浪潮的推动下，广电媒介产业化的趋势日渐显现，以建立适应市场经济媒介运行机制为主要目标而进行的一系列改革成为这一时期广电传媒发展的时代主题，实践领域出现的诸多热点和难点问题成为广播电视理论界研究的主要话题。青海广播电视学研究，主要围绕本省乃至西部地区广电事业的改革发展问题、广播电视编辑等内容进行了研究和思考，形成了一批具有理论和实践价值的研究成果。

一、广播电视事业改革发展研究

这一时期青海广播电视事业有了长足发展，广播电视事业改革发展主题成为研究的重点和前沿主题，研究成果相对集中和丰富。韩青峰的《青海电视业跨越式发展探析》（《青海社会科学》2003 年第 3 期）一文，认为青海电视业生存与发展面临着前所未有的竞争压力和严峻挑战，深层次存在的问题比较突出，直接影响了广播电视业加快发展的步伐，提出以要牢牢守住电视宣传作为建设有中国特色社会主义文化的重要阵地为前提，正确认识宣传与产业之间的关系，正确处理导向与市场、主业与副业、社会效益与经济效益之间的关系，开辟新的产业途径。郑惠农的《西部大开发与民族地区广播事业的发展》（《青海师专学报》2003 年第 3 期）一文，认为民族地区广播宣传因其独特的优势而具有不可替代的作用，既具有重要的政治意义，又具有促进民族地区经济发展、提高农牧民科学文化素质的重要作用。指出民族地区的广播工作挑战与机遇并存，认为国家实施西部大开发战略和"村村通"广播电视工程为民族地区的广播事业发展带来了难得的发展机遇。王治宁的《浅谈电视媒体

的地域性优势》（《青海社会科学》2005 年第 5 期）一文，认为对于地方电视媒体而言，本土特色和本土文化是彰显其地域性优势的法宝，电视媒体应以弘扬本土特色与本土文化为己任，以此作为发展契机。地方电视媒体既可以把地域文化作为张扬自身个性的一种利器，在形象塑造、品牌经营中找到与观众心理沟通的链接点；又可把本土特色与文化作为与其他媒体竞争的潜在机遇，在强势媒体产品的创造性模仿中找到灵感和契机。牛玉芳的《发展农牧区广播电视事业》（《青海师专学报》2007 年第 3 期）一文，认为随着社会主义市场经济的发展，人民生活水平的提高，人们对精神文化的需求日益增强，加快农牧区广播电视事业的发展，丰富人民群众的精神文化生活，是农牧区加快发展、构建社会主义和谐社会过程中必须关注和研究的课题，并从管理和技术两个层面提出了加快发展农牧区广播电视事业发展的对策和建议。吴世慧的《对青海广播电视产业发展的思考》（《青海社会科学》2008 年第 4 期）一文，认为青海广播电视人才资源短缺、广告投放量小、广告收益少是影响青海广播电视产业发展的主要原因，提出青海广播电视必须树立开拓性、创新性的产业理念，以节目优势涉足市场竞争，推行广播电视资本运营策略，充分发掘青海广播电视产业的潜能和综合优势，使青海广播电视产业经营深入发展。董海安的《关于边远少数民族地区广播电视台发展的思考》（《当代电视》2009 年第 10 期）一文，在对边远少数民族地区广播电视发展基本状况进行总结和梳理的基础上，分析了当前面临的困境和制约因素，并提出对策：加大政策支持力度，高投入、重装备；立足本土，挖掘潜力，打品牌、创特色；转变经营管理理念，闯市场、

增效益；大力培养专业人才，强素质、上水平；把握网络宣传领域，拓空间、抓导向。郑惠农的《对提升广播影响力的思考》（《西海记者》2010年第8期）一文，认为面对媒体激烈竞争的新形势，应充分认识提升广播自身影响力的必要性与迫切性，指出提升广播自身影响力的对策建议：挖掘媒体独特优势，充分发挥广播不可替代的作用；应对新媒体冲击，走与新媒体联合之路；实施全方位的品牌战略，打造广播全新的媒体形象。

二、广电新闻实践研究

这一时期青海的广播电视事业取得了前所未有的成绩，广播电视研究工作者就如何总结广播电视实践工作中的经验教训和运用新闻理论指导具体的广电新闻实践等进行了较为深入的研究。郑惠农的《坚持"三贴近"，强化受众意识》（《西海记者》2005年第6期）一文，阐述了广播电视坚持"三贴近"与重视受众意识的关系，指出坚持"三贴近"就是要求进一步树立贴近受众的意识，实践"三贴近"就必须在节目上进一步创新，把节目办得让受众喜闻乐见。郑惠农的《提高广播的问话艺术》（《西海记者》2005年第11期）一文，认为提高广播的问话艺术，主要是提高广播记者和广播节目主持人的问话艺术，梳理了几种广播记者和广播节目主持人常用、常见的问话形式，以及问话中的几种通病，提出了问话对于采访与节目的成败起着重要作用、问话是展示广播记者和广播节目主持人能力与风采的重要方面、问话是广播记者和广播节目主持人的常修课等观点。韩青峰的《浅议电视新闻声画语言的整体组合》（《青海声屏研究文集》，2006年）一文，分析电视传播的元素组成、认识误区和声画组合，提出改进电视采编制播、加强节目编排创新、提升电视新闻质量的举措和办法。韩青峰的《西部地区加强电视国际新闻报道之管见》（《国际新闻报道研讨论文汇编》2007年）一文，认为随着经济一体化、信息全球化时代的到来，西部各族观众对国际信息的渴求空前迫切，对重点新闻栏目的节目形态、内容构成和节目编排提出了更新的要求，建议西部地区的电视媒体应该充分利用一切资源，来丰富国际新闻报道的形式和内容。郑惠农的《广播消息：用音响说话》（《西海记者》2008年第9期）一文，认为与其他媒体的新闻相比，广播新闻最突出、最根本的特点莫过于音响的运用，广播评论区别于其他媒体新闻评论的特征也非音响莫属。指出广播消息作为以简短篇幅迅速报道事实信息的一种新闻体裁，更便于运用音响。音响不再是广播消息的"辅料"，而应该是广播消息的"主料"，应站在当代广播发展的角度，把音响作为广播消息的要素来对待，赋予音响与文字同等重要甚至更加重要的地位去彰显广播优势。韩青峰的《新形势下提升新闻舆论引导能力的几点思考》（《昆仑声屏》2008年第3期）一文，从理论的高度论述了电视新闻舆论实现有效传播需要抓好的基本点：牢牢把握正确的舆论导向的根本；着力增强电视新闻的舆论吸引力、感染力"两力"；处理好电视新闻社会效益与经济效益、电视新闻与宣传、电视新闻传播与受众"三个关系"，打造好四个平台。

第二十章　档案学、图书馆学、情报学研究

20世纪90年代以来，国家加快改革开放步伐，逐步推进经济体制改革，不断实施西部大开发战略，中国加入世界贸易组织等，特别是信息技术的发展与应用一日千里，档案学、图书馆学和情报学研究随之发生了一些较明显变化。这一时期，参照国际范例，结合中国国情的档案学、图书馆学、情报学学科体系基本形成并逐步完善，档案事业、图书馆事业也逐步走向健康发展之路。

面对国际国内经济社会大环境的变化，随着档案图书馆界科研队伍总量不断增长和高级职称人员不断增多，青海档案学、图书馆学、情报学领域研究水平不断提升，研究领域不断拓展，研究内容愈加广泛，研究方向更加多样。从完善基础理论到研究方法创新，从各类资源建设到资源开发利用，从提升服务水平到拓展服务领域，等等，涌现了一大批研究成果。据不完全统计，1993—2010年，青海省档案学、图书馆学、情报学研究发表学术论文300余篇，获批国家社科基金项目4项。在研究成果数量不断上升的同时，研究成果质量也有所提升，但大多数论文发表在行业内部刊物上，只有少部分论文发表在全国和区域性刊物上，如《建立文档管理中心是优化馆藏档案的有效途径》《明代金书铁券的历史价值》《图书馆学科的动态特性》《国外图书馆的藏书保护工作》《"青海省图书馆联盟"构建之思考》《试论网络环境下的图书情报工作》等具有学术影响力的论文。这些研究成果对档案学、图书馆学等从理论和应用层面进行深入分析，提出了具有理论价值和实践价值的学术观点，不仅对提升青海学术影响力和推进档案学和图书馆学发展起到了指导作用，也丰富了学科体系，拓展了内涵与外延，并为推动社会进步做出了贡献。

第一节　档案学研究

青海省档案学界紧跟改革开放和社会主义现代化建设进程，面对高速发展的信息化、网络化、数字化环境，其研究涉及档案学基础理论、研究方法创新、与时代相适应、档案信息资源开发与利用、为青海国民经济发展和社会发展服务、提升服务水平等方面。

一、档案学基础理论研究

档案学基础理论涉及档案属性、种类、功能

等诸多方面，青海档案界对档案学的研究主要包括基本理论研究、研究方法创新、研究原则及与时代相适应等方面。

档案学基础理论研究。 岳文莉的《试论档案学的实证研究》（《青海档案》1995年第1期）一文，认为档案学应当成为有独立研究方法的一个学科，而不是一个综合性、交叉性的学科，进行基础理论研究所采用的方法是理论思维，应采用实证研究，对档案和档案工作的规律进行把握。李正宁的《加强市场经济条件下的档案学理论研究》（《青海档案》1995年第2期）一文，认为档案学理论和实践的发展归根结底要依存经济的发展和社会管理的客观要求，档案学理论研究是档案实践发展的动力，是建立完善档案学知识体系的关键。陈小平的《中外档案鉴定理论比较研究》（《青海档案》2001年第4期）一文，简述欧美国家和我国档案鉴定理论的发展和特点，比较其异同点，认为我国档案理论界应该大胆地洋为中用、吐故纳新。

档案学健康持续发展研究。 曾彩霞的《浅议档案学的创新》（《青海档案》1997年第3期）一文，提出档案学的创新是档案观念的更新、档案学研究方法的更新、档案学研究方式的更新、档案学知识的更新，认为有必要着重研究档案学如何改革和探讨我国档案学研究的管理体制问题。岳文莉的《谈档案学理论研究中的两个基本问题》（《青海师范大学学报》2002年增刊）一文，认为档案实体作为物质存在，就有量的意义，档案数量的激剧增长的问题带有根本性，是档案学研究中的一个基本问题，是档案学基础理论的一个组成部分。档案具有论据性价值和情报性价值，这决定了档案学基础理论中应该包含一个抽象的档案价值理论。霍战旗的《浅谈档案利用与基础工作的关系》（《青海档案》2003年第3期）一文，认为档案的基础工作与提供利用之间构成了一对矛盾，这对基本矛盾始终贯穿于整个

档案工作发展的全过程。郑亚萍的《怎样对待和处理转型期的档案》（《青海档案》2004年第3期）一文，认为信息网络时代，文档由"库房"式的管理到树立"窗口"形象意识，文件由立卷归档到无纸收藏或两者兼而有之，档案的工作中心转移到信息的传递和深加工上来，保存档案的职能降到次要位置。苏丽萍的《档案工作者对档案价值鉴定再认识需要强化的几个观念》（《青海档案》2005年第4期）一文，认为对保管期限已满，但利用价值仍存在而又不敢延长保管期限类档案的鉴定难、甄别和取舍难的问题一直未能得到彻底解决。档案保存价值的鉴定要从强化实践观念、管理观念和学习观念着手，逐步走向规范化、科学化。张景珍的《建立文档管理中心是优化馆藏档案的有效途径》（《浙江档案》2006年第3期）一文，认为建立文档管理中心是优化馆藏档案质量的有效途径，可以使机关档案由分散式管理转变为集约式管理，可以提高馆藏档案的新鲜度和可用度，可以使机关档案工作得到更有效的指导。

促进档案事业和谐发展研究。 于成志的《对构建和谐档案事业的一点思考》（《青海档案》2008年第2期）一文，认为人的因素是构建和谐档案事业的主导因素和先决条件，档案因素是构建和谐档案事业的核心因素，人与档案的因素是构建和谐档案事业的生命力。刘秀杰的《加强档案意识建设　依法和谐发展档案事业》（《青海档案》2008年第3期）一文，认为各项事业的发展需要有档案事业为之服务，而档案事业服务水平的高低、档案事业发展的快慢决定于档案意识的发展程度。王晓红的《以科学发展观为指导推动档案工作新发展》（《攀登》2009年第4期）一文，认为应重新认识档案和档案工作，增强忧患意识、责任意识、发展意识和服务意识。

二、档案管理与管理方法研究

青海档案界对档案管理和管理方法的研究，

内容涉及从立卷及静电复印机复制褪变档案整理、电子文档保存、档案信息化、档案管理、档案管理发展等方面。

档案立卷复制与整理研究。岳文莉的《对档案立卷方法的思考》（《青海档案》1994 年第 3 期）一文，认为立卷工作是档案整理工作的一个重要环节，也是档案部门费事费力颇多的一项工作，探讨了立"纯卷"的方法。刘成德的《对静电复印机复制褪变档案的商榷》（《青海档案》1998 年第 3 期）一文，认为用复印机复制褪变档案，不仅没有从根本上解决原有褪变档案的问题，反而又产生了新的褪变档案，建议对永久保存的褪变档案由复印机复制改为打字复制，并采取蜡纸打字、油印的办法处理。杨正梅的《档案整理中的常见错误及预防措施》（《青海档案》2004 年第 4 期）一文，认为档案整理中存在宏观管理方面和微观操作技术方面的问题，应按照机关档案业务建设规范要求，做好机关文件材料归档工作，制定档案整理方案，加强培训，监督检查与指导验收并举。

电子档案工作研究。崔延辉的《浅谈电子文件及其管理》（《青海档案》2000 年第 2 期）一文，认为电子文件的原生属性难以确认，电子文件的产生、存储、管理、利用依赖于特定技术和设备，电子文件载体的不稳定性和易损性加大了档案部门的保管难度，提出要深入研究电子文件从形成到归档、保管的流程，修订、补充和完善现有的档案管理制度，对归档管理的电子文件尽可能用一种格式保存，改善管理条件、制定操作规范、确保文件安全。岳文莉的《对电子文件归档的思考》（《青海档案》2000 年第 3 期）一文，认为电子文件的归档是将应归档的经过整理的电子文件，确定档案属性后，从计算机和网络的存储器上拷贝或刻录到可移动的磁、光介质上以便长期保存的工作过程，要加强对电子文件归档的组织管理，划定电子文件的归档范围，制定归档

方法，加强对归档电子文件的保护。司锦军的《电子文件管理中存在的问题与对策》（《四川档案》2003 年第 6 期）一文，认为电子文件管理中存在认识不足、档案计算机管理系统与办公网络系统不兼容、电子文件的不安全因素影响电子档案的长期保存等问题，提出应用"前段控制"理论介入电子文件的运作和管理，提高电子文件管理意识，加快制定管理电子文件的标准，确立电子文件的法律效力，加强办公自动化系统和电子文件的安全防护工作，加强电子文件管理业务知识培训等对策。

档案信息化工作研究。乔月英的《浅议西部地区档案信息化建设》（《青海档案》2001 年第 3 期）一文，分析西部地区档案信息化程度低、发展缓慢的现状，提出推动档案信息化建设的途径：进一步解放思想、转变观念，借鉴经验、大胆探索，加大投入，大力开发档案信息资源，加快培养档案信息化建设的高素质人才，加快档案信息化建设。邢建的《省档案馆网络建设及信息化服务探讨》（《青海档案》2003 年第 2 期）一文，认为档案馆的网络环境建设有档案馆内部网和与政府部门连接的政务网、与互联网连接的公众网，并实行三网物理隔离，形成三个相互独立的网络，网络建设需要大容量的分布式资源数据库，大规模并发用户的访问服务管理系统。王江红的《试论档案信息网络化建设》（《青海档案》2003 年第 4 期）一文，认为走网络化建设之路、实现档案信息的网上服务，不仅克服了档案利用过程中受时间、地域等因素的限制，而且查询速度快，工作效率高，可以解决传统利用服务工作的弊端。苏丽萍的《依托电子政务建设，加快档案信息化步伐》（《青海档案》2004 年第 4 期）一文，提出通过政府信息平台开展公众网上查询档案服务，构建全省档案信息网，推进档案信息化标准体系建设，建立全省档案信息网络，实现全国范围内的网络互联，最终建成青海省数字档

案信息系统。邵林娥的《电子档案管理和应用的思考》（《青海档案》2009 年第 3 期）一文，认为应该建立多套备份制度和使用权限审核管理的利用档案新规则。

档案管理办法研究。刘崇亮、刘赠昭的《档案管理现代化建设的几点思考》（《青海档案》2001 年第 3 期）一文，分析档案工作实现现代化管理的必然和档案管理现代化建设的困境，提出提高认识、统一规划、合理组网，抓好队伍培养人才，加强与东部地区的交流与合作，加强档案管理现代化的法规标准建设等建议。田华的《试论档案的管理与开发利用》（《青海档案》2002 年第 2 期）一文，阐述了档案鉴定、档案收集、档案整理、档案检索四种档案的管理方法，认为档案编研是汇集、提炼、升华档案中最有价值部分的过程，档案信息的利用与开发具有相辅相成的密切关系。刘彦丽的《知识经济条件下档案管理创新》（《青海档案》2003 年第 1 期）一文，从管理观念、管理手段、管理人才三个方面阐述了档案管理创新的途径，提出管理观念的创新是档案管理创新的最高理念。秦雪玲的《如何推进档案工作规范化标准化》（《青海档案》2006 年第 2 期）一文，认为档案工作规范化、标准化是实现档案管理现代化的重要中间环节，而推进档案工作规范化、标准化，公文制发是基础性前提，实施"以我为主"的立卷归档原则是关键环节，提高案卷质量是可靠保证。秦雪玲的《对改变现行机关档案管理模式的设想》（《青海档案》2008 年第 1 期）一文，认为在州、县级国家综合档案馆建立文件中心，采用现代化管理设备，对各机关产生的信息进行筛选，建立档案信息资源库，为社会提供全面、系统和准确的服务。杨新萍的《对加强声像档案管理的建议》（《青海档案》2008 年第 4 期）一文，认为声像档案普遍存在归档不完整、保管条件差、管理混乱等问题，提出应加强监督，分类指导，注重业务培

训；结合实际，创造条件，力求妥善保管；全面出击，形式多样，疏通收集渠道。汤伟荣的《基于 SOA 架构的档案管理信息系统研究》（《青海档案》2009 年第 4 期）一文，认为基于 SOA 即面向服务的体系结构或面向服务架构的档案管理信息系统主要解决档案信息的收、管、用三个问题，考虑用户资料的管理、权限验证和授权、可控的资源限制访问。王青芬的《建立社区居民健康档案管理存在的问题与对策》（《青海师范大学学报》2010 年第 3 期）一文，提出把建立统一的社区居民健康档案工作作为基本医疗卫生服务制度建设、实现基本公共卫生服务均等化的重要内容纳入议事日程。

档案工作趋势及档案编研研究。邵琳娥的《谈档案馆鉴定工作的"提前介入"》（《青海档案》2008 年第 3 期）一文，认为档案鉴定工作应从档案文件运动周期的文书归档立卷、机关档案室和档案馆的鉴定等各个阶段进行全面系统的鉴定，抓起点、严把"入馆"关，从加强档案鉴定工作的标准化管理方面"提前介入"。杨正梅的《浅谈公文归档工作中出现的问题及对策》（《青海档案》2008 年第 4 期）一文，针对归档案卷中请示与批复、正件与附件"分家"的问题，认为公文承办业务人员必须明确批示性文件、正件及附件、呈报文件的相互关系，以保证归档文件的齐全完整性为目的。贾生寿的《档案编研的现状与对策》（《青海档案》2010 年第 2 期）一文，认为实现小编研向大编研转变要加强横向联系，走开放式、社会化的编研之路，拓宽选题范围，编研课题与现实社会紧密结合，贴近公众，贴近时代和生活。

三、档案信息资源建设研究

档案信息资源是档案的生命，青海档案信息资源建设的研究主要涉及声像、文字图片以及提升资料质量等方面。

实物档案资源建设研究。陈希耀的《如何做

好城市建设声像档案工作》（《青海档案》1993年第4期）一文，提出要把声像档案作为专门或单独的档案对待，对城市建设中突发事件要进行及时拍摄，要专人专柜管理。张寿年的《明代金书铁券的历史价值》（《湖北档案》1998年第2期）一文，认为明代金书铁券具有特殊档案的实物价值，具有研究历史和历史人物的史料价值，具有历史文物价值。张寿年的《馆藏珍品——明代金书铁券》（《中国档案》1998年第7期）一文，认为这是全国档案馆所藏的唯一铁券，铁券是特殊形式的档案，铁券是皇帝颁赐功臣的特制文件，铁券是受赐人及后代赦减犯罪的凭证。张国正的《青海省档案馆是如何开展档案征集工作的》（《档案》2004年第4期）一文，介绍了档案史实征集工作，主要有家谱类、珍贵历史类、历史档案类和特殊档案史等。苏卓改的《浅谈档案资源建设》（《青海档案》2008年第4期）一文，认为档案资源建设是档案工作的生命线，是档案工作提高服务能力和水平的物质基础，提出要正确处理档案资源建设中数量与质量的关系、档案与资料的关系、门类齐全与突出重点的关系，搞好档案资源建设。

发挥档案信息资源作用研究。 鲁卓的《发掘民族档案资源　为生态环保服务》（《档案》2003年第6期）一文，提出加大民族地区档案业务基础建设力度，尤其是县以下各级机关单位档案的收集、整理、进馆工作；重视少数民族文字档案资料信息的开发，加大对少数民族文字档案的研究、抢救工作。杨正梅的《发挥档案信息资源作用的思考》（《兰台世界》2005年第9期）一文，认为档案工作应解放思想、更新观念，实现由收集管理型向主动开发型转变，采取多种形式把能够反映本地区矿产资源、生态环境资源、产品资源、人力资源、物产资源、技术资源等方面的档案信息开发出来，提供全面系统的档案信息，更好地为当地各项建设事业服务。陆映红的

《档案信息资源利用可持续发展探析》（《攀登》2010年第4期）一文，认为档案信息资源可持续发展的研究成果远远不能满足现实工作的需要，档案用户数量较少、类型单一，需求更显狭窄和浅薄，改革创新的力度、深度和广度都不够，提出要培育和发展新的生长点，进一步改变档案事业的社会形象，提高档案信息服务的水平，不断拓展档案用户，夯实档案事业可持续发展的基础。

四、档案信息资源开发与利用研究

青海档案信息资源丰富，有待开发与利用，发挥档案对社会的正面影响，学界主要从档案信息资源开发与利用的意义、原则、方法等方面进行了研究。

档案开发利用价值研究。 纪文娟的《谈档案信息资源的开发》（《青海档案》1993年第3期）一文，认为档案信息是各级领导实行科学决策、科学管理的基础和必要条件，是搞好经济建设的有效措施，开发档案信息资源必须转变观念，变被动服务为主动服务，要提高档案人员的素质，唤起社会利用档案的意识。肖平的《谈档案信息的开发》（《青海档案》1995年第3期）一文，认为档案信息在经济建设和未来社会的发展中显得越来越重要，必须提高认识，明确服务方向，做好档案信息的开发、加工和服务工作。甘丽萍的《论市场经济条件下档案信息资源的开发》（《青海档案》2002年第4期）一文，论述了市场经济条件下开发档案信息资源的重要性，提出要贯彻"数量充分、质量优化、成分充实、结构合理"的馆藏标准，丰富馆藏，加强对档案信息的深加工工作，多渠道、多类型开发档案信息资源，加强社会宣传，提高档案人员的素质。

档案开发利用方法研究。 朱莲娣的《信息时代的档案管理和利用》（《青海档案》1998年第2期）一文，结合信息收集、处理的一般原则和计算机技术的新发展，对信息时代的档案管理作了初步分析和探讨，认为为了让更多的人利用计算

机查询馆藏或室藏档案信息，应该走扩大查询使用点的路子，将单机上的档案信息转换为可在网络上使用的信息，以达到信息共享、提高馆藏档案利用率的目的。张国正的《新形势下档案信息开发与传播浅议》（《浙江档案》2002 年第 5 期）一文，认为档案信息的开发与传播工作已成为档案馆工作的一个主题，既要建立起符合自身特点的档案文献检索系统，还要加强对档案信息开发、传播理论的研究。宋春兰的《信息资源公开共享是档案利用的基本原则》（《青海档案》2003 年第 1 期）一文，提出信息资源的公开共享，首先要求信息资源公开化、透明化；实现档案信息的社会化，必须加强信息服务机构的合理分工和协作配合，提高档案信息的综合承载传递能力；实现信息资源公开共享，需要有雄厚的人才资源和必要的设施支持。王萍的《档案信息资源开发利用之管见》（《攀登》2009 年第 5 期）一文，认为档案信息资源开发利用的制约因素有政治、经济、科技、文化和社会实践，提出要借助政府信息公开制度，实现管理手段和保护技术的现代化，将档案资源数字化，并将其置放于互联网上，使信息查阅和利用者借助网络方便、快捷地使用各类档案信息资源。

特殊档案资料开发利用研究。董继瑞的《浅谈清代档案史料的开发利用》（《青海档案》2003 年第 2 期）一文，认为要贯彻党中央关于开放历史档案的工作方针，不断提高档案馆为公民服务的责任意识。鲁卓的《谈藏文历史档案的开发利用》（《浙江档案》2003 年第 2 期）一文，提出要继续投入一定的重点档案保护费；要按照对开放档案的要求，对藏文历史档案进行专题汇编公开出版；要按照《青海省档案馆关于征集档案资料的通告》调查、了解、接收、收集、征集反映青海少数民族历史的有关资料、图片、实物等；并进行科学统一的管理。岳文莉的《家谱档案的历史沿革及研究现状》（《历史档案》2008

年第 4 期）一文，提出中国家谱用独特的方式反映一个群体、一个区域的历史文化，是一笔还在沉睡的、待开发的，也面临消亡的资源，是重树道德规范、加强人与人关系、繁荣家族的重要途径，应加快利用，更好地为史学、经济学、文学、民俗学、行政学等科研活动服务。鲁卓的《青海省档案馆馆藏毛泽东像章的收集整理与利用》（《档案》2009 年第 6 期）一文，认为这些像章、纪念章是不可再生、不可多得的实物档案资源，也是保存特定历史记忆的一种形式，应积极利用，发挥实物档案的作用。

五、档案信息资源服务社会研究

发挥档案正面影响力、提升档案利用率是档案工作的重要方面。青海档案界主要从档案利用的意义、特点、服务领域、服务模式以及提升服务水平等方面进行了研究。

档案利用服务于社会研究。张寿年的《加大档案工作为青海经济建设和社会发展服务的力度》（《青海社会科学》1998 年第 3 期）一文，认为为党的总目标、总任务服务，为社会主义物质文明和精神文明建设服务，是档案工作应始终遵循的宗旨，提出档案工作要为青海经济建设服务，档案工作要为党的各项重点工作服务，档案工作要为各项社会事业的发展服务。岳文莉的《略论西部大开发中的档案工作定位》（西部大开发青海大发展理论研讨会，2000 年）一文，认为要进一步解放思想，更新观念，树立大局意识、参与意识、创新意识，变被动服务为主动服务，大力加强档案工作，全方位、多层次、多角度地开发档案信息资源，以直接或间接的方式参与到经济建设中去，为领导决策服务，为西部大开发服务。邢建的《对档案信息资源公开共享的思考》（《青海档案》2004 年第 2 期）一文，认为档案工作的终极目标，就是在妥善保存档案载体的基础上，有效地开发档案信息资源，最大限度地服务于社会，应尽快开放应当开放、可以开放的档案。董继瑞的《新时期档案利用工作的新特点及其规律性探析》(《青海档案》2009年第4期)一文,认为档案利用工作的新特点是档案利用重点明确,创新服务适应强烈的时代心声,档案利用由封闭向社会开放,实现档案信息资源共享成为人们的新追求,档案利用的领域不断延伸,服务对象及范围逐步扩大。

扩大档案服务领域研究。苏丽萍的《积极拓展档案工作服务新领域》(《青海档案》2003年第1期)一文,认为档案部门要适应新形势,积极推进现行文件资料查阅利用工作,进一步开放档案资料,延伸服务,主动介入,积极参与各行各业拓展档案工作服务空间。王金英的《对档案馆由"国家模式"向"社会模式"转变的思考》(《档案学研究》2003年第5期)一文,认为档案馆应由"国家模式"向"社会模式"转变,打开大门,迎民进馆,扩大服务面和服务水平。张少伟的《论实现档案价值为经济建设服务》(《攀登》2005年第4期)一文,认为档案馆(室)不仅要对档案进行收集、整理和保管,而且要丰富档案馆藏,优化馆藏结构,更好地为党和政府的中心工作服务,为社会大众服务,为经济建设服务。蒋萱的《档案工作服务民生之我见》(《兰台世界》2008年第7期)一文,认为树立为民发展的理念,加快档案资源整合步伐,改变过去"重物轻人、重事轻人"的档案价值观念,把所有涉及人的档案收集全、保管好。

档案服务观念及服务能力建设研究。徐丽萍的《要用创新的观念开展档案服务工作》(《青海档案》2008年第2期)一文,认为档案服务领域要有新拓展,档案服务条件要有新改进,档案服务方式要有新突破,要在互联网上建立局域网,用生动直观的多媒体手段,增强用户利用档案的主动性,利用大众传播媒介开展档案服务。徐玲的《加强档案意识建设　提升档案服务水平》(《档案》2008年第5期)一文,认为从接受者渠道制定档案工作的服务策略,提高全社会档案意识,通过"窗口"效应,更好地满足各界的利用需求。岳文莉的《创新服务理念　提高档案工作水平》(《攀登》2008年第5期)一文,认为档案部门作为档案信息管理、开发、利用的实施者,应打破封闭保守的管理方式,创新服务理念,由被动服务向主动服务转变,由单一式服务向全方位、多层面、超时空服务方向发展,实现从单纯的管理者向管理者和服务者的双重角色转变。

六、档案馆及档案事业发展研究

档案馆基础设施以及档案事业建设是一个长期的过程,青海档案学界主要针对民族地区和基层档案馆的可持续发展问题进行了研究探讨。

基层与民族地区档案馆研究。李青翠的《丰富少数民族地区档案馆馆藏的设想》(《青海档案》1995年第4期)一文,认为振兴少数民族地区的档案工作首先要在丰富馆藏上下功夫,要让全社会了解档案馆接收工作的重要意义,处理好数量与质量、广度与深度、档案与资料、收集与征集的关系,应用先进技术丰富馆藏。徐玲的《落实科学发展观　加强基层档案馆建设》(《青海档案》2009年第4期)一文,提出基层档案馆要优化馆藏结构,积极开展已公开的现行文件利用服务,建设具有地方特色的综合档案馆,深化馆藏资源开发和利用,有效整合档案信息资源,合理调整档案管理模式,加强档案馆信息化建设,强化档案馆服务功能,等等。

档案事业科学发展研究。赵康阶的《解放思想,深化改革,使档案工作在经济建设主战场上更加有效地发挥作用》(《青海档案》1993年第1期)一文,认为各级各类档案馆(室),要改革内部管理,引进竞争和奖励机制,实行目标管理、定额管理和岗位责任制,加强内部基础业务和专业队伍建设,大力开发档案信息资源,发挥档案的经济效益和社会效益。贺俊兰的《档案文化建设的思考》(《兰台世界》2005年第10期)

一文，认为在新时期的文化背景下，档案工作者在开拓思维、提高认识的前提下，肩负起挖掘和弘扬档案文化价值的时代使命，保护档案文化资源，丰富档案文化内容，扩大档案文化功能外延，积极营造浓厚的档案文化氛围，自觉地融入社会主义先进文化建设大领域中去，更好地发挥档案文化在弘扬民族文化实践中的积极作用。

提升档案界人员素质、服务能力研究。 王宇晖的《试论档案专业技术人员继续教育》（《青海档案》1997 年第 2 期）一文，认为档案专业技术人员继续教育的内容包括专业知识教育、现代化管理方法教育、创新能力教育、职业道德教育。谭奇的《努力提高农村档案工作的服务水平》（《青海档案》1999 年第 3 期）一文，分析了全省农业和农村档案工作的现状，提出要积极开展村级建档，抓好土地、草山承包经营档案的管理，继续搞好乡镇企业、龙头企业、个体私营企业的档案工作，建立县乡村三级农业科技档案信息工作网络，做好小城镇建设和农业基本建设档案工作。王晓红的《加强领导 转变观念 服务新农村》（《四川档案》2006 年第 6 期）一文，认为为农民建立档案，是档案工作 为亿万农民群众利益服务的创新实践，要狠抓业务建设，建立农村档案工作新机制，围绕新农村工作大局，服务农村基层组织建设、服务农民群众、服务农村各级领导决策。贺俊兰的《深化"三农"档案工作 为建设新农村服务》（《浙江档案》2006 年第 9 期）一文，认为档案工作参与新农村、融入新农村、服务新农村，其方式和途径就是深化"三农"档案工作，搞好档案宣传工作，夯实档案工作基础，做好利用服务工作。石庆玲的《对加强区县新农村建设档案工作的几点思考》（《青海档案》2009 年第 1 期）一文，提出要充分发挥村支部的核心作用，稳定村级档案人员队伍，加大考核力度，档案部门要强化指导，规范管理，促进新农村建设档案工作。

档案工作创新发展研究。 谭奇的《服务大局 改革创新 努力开创档案工作新局面》（《青海档案》1998 年第 1 期）一文，提出档案工作要从调查研究入手，着手建立档案法规体系；加大对档案的投入，保证档案事业的健康发展；全面开展档案馆（室）定级升级工作，提高管理水平和开发档案信息资源能力；加强经济科技领域和农村的档案工作，为全省经济建设和改革开放服务；等等。洛旭的《试述档案工作创新的几个方面》（《青海档案》2003 年第 1 期）一文，认为创新是档案事业发展的永恒主题，包括观念意识、制度机制、服务理念、人才培养、研究领域等的创新。兰国祥的《对依法治档工作的几点认识》（《青海档案》2003 年第 1 期）一文，认为面对 21 世纪的新形势和新要求，更好地发挥档案事业行政管理和档案保管利用两种职能，必须进一步提高依法管理档案工作的水平，把开展业务指导中的难点作为依法治档的重点，建设一支高素质的档案队伍是依法治档的关键。岳文莉的《构建和谐社会的档案工作研究——基于机关档案管理工作的视角》（《档案》2008 年第 6 期）一文，提出通过加强制度建设、实行文档一体化管理、正确处理好档案保密与利用的关系等方式加快档案工作现代化进程，提高档案工作者的政治素质和服务水平，积极培养复合型人才，建立一支合格的电子档案管理队伍。

第二节 图书馆学研究

自 20 世纪 90 年代以来兴起的以网络为代表的新技术革命，给图书馆学学科带来了前所未有的压力和挑战。图书馆学面临着到哪里去的危机，弱小的图书馆学学科发展步伐在强大的冲击波面前步履艰难。青海图书馆学界不断适应网络、电脑等快速发展的技术环境和改革开放的社会发展环境和社会需求，调整优化研究方向，重点围绕图书馆管理、藏书建设和藏书组织、读者服务、数字图书馆建设等新型现代问题进行研究，发表了研究领域比较宽泛的图书馆学研究成果。

一、图书馆学基础理论研究

图书馆事业向哪里去是研究者绕不开的问题，研究者围绕图书馆功能定位、发展及趋势、藏书保护及资源共享、办馆模式、文献著录标准化等展开了探讨。

图书馆学内涵与功能研究。银洁的《"图书馆意识"的内涵及其意义》（《青海图书馆》1998 年第 3 期）一文，认为图书馆意识就是人们通过其机能作用对图书馆现实的反映，社会图书馆意识是图书馆生存和发展的决定性因素。水小莹的《现代图书馆功能的哲学思考》（《医学图书馆通讯》1999 年第 3 期）一文，认为现代图书馆具有为社会服务、为科技服务、为经济服务、为社会教育服务、为休闲娱乐服务以及保存和再创造的功能。韩卫红的《图书馆：填平"数字鸿沟"的重要力量》（《图书与情报》2003 年第 6 期）一文，探讨图书馆在填平"数字鸿沟"中应该发挥的重要作用，提出图书馆应该为广大读者提高知识水平、充分自由地利用信息创造更加优越的条件。银洁的《略论图书馆学理论系统》（《青海社会科学》2004 年第 4 期）一文，认为图书馆学理论是由一系列概念、原理、推论组成的逻辑系统，是构成图书馆知识整体及其所属门类，并能保持门类和学科特征的最基本的科学单元，在图书馆学认识中具有解释与导向的功能，图书馆工作者应尽力将其转化为社会效益和经济效益。许西乐的《图书馆学科的动态特性》（《图书馆界》2007 年第 3 期）一文，认为图书馆学是一门随着人类社会的进步、科学技术的更新而不断丰富、不断变换着自身理论及理论体系

以适应社会持续发展需要的学科；是一门实践性、应用性极强的动态性学科。

图书馆发展及发展趋势研究。贾海莉编译的《二十一世纪大学图书馆展望》（《青海师专学报》1993 年第 4 期）一文，认为图书馆将由外表美观但多少有点被动的知识宝库转变为积极的知识中转站，图书馆工作人员应既是管理者又是教师和研究人员，图书馆及图书馆专业需要在整个社会里发挥自身价值。帅兵的《青海古代图书事业发展探索》（《青海图书馆》1995 年第 1 期）一文，整理了青海古代各时期图书的发展历史，侧面反映了青海历史上各阶段政治、经济、文化的发展状况。王宝通、张朋青的《对青海高校图书馆改革发展的思考》（《青海大学学报（自然科学版）》1995 年第 2 期）一文，从组织领导、经费投入、职工队伍建设、读者服务工作及馆际协作方面论述了青海高校图书馆的改革发展问题。唐宏炜的《新时期高校图书馆办馆模式探讨》（《青海大学学报（自然科学版）》1997 年第 4 期）一文，分析了我国高校图书馆传统办馆模式与新时期不相适应的主要表现，提出以实施竞争机制为目标的办馆模式的思路。张志青的《对青海省图书馆事业的现状与发展的思考》（《青海师专学报》1998 年第 1 期）一文，认为青海省图书馆事业发展的重点是主动适应社会主义现代化建设、社会主义市场经济，建立适应社会现代化发展的制度、体制、机制等，政府给予政策倾斜和投入，图书馆应利用自身优势，搞深层次的开发，促使图书馆向现代化、多功能的目标发展。陈伟的《院校合并后高校图书馆工作的思考》（《宁波大学学报》1998 年第 5 期）一文，认为院校合并后在图书馆工作中应处理好人员思想波动、经费分配、规章制度和优势互补等问题。谢穗芬的《近年来西北地区图书馆学研究现状概述》（《情报杂志》1999 年第 6 期）一文，通过对《中国图书馆学报》《大学图书馆学报》

等图书馆学期刊 1993—1997 年西北地区作者发表的论文进行统计，从作者的地区分布、系统分布、核心作者和作者较多的单位四个方面分析了西北地区图书馆学研究者的基本状况及主要观点，认为图书馆基础理论、图书馆管理、文献资源建设三个方面是西北地区图书馆学研究的主要内容。李秀东的《西部大开发与民族地区图书馆发展战略探索》（《青海民族研究》2001 年第 1 期）一文，提出西部民族地区图书馆界需要进一步确立将图书馆作为现代信息中心的观念，图书馆人才培养必须走在各项工作的前列，建立西部民族地区图书馆新的投入体系，强化对民族文献信息的资源开发，走联合开发、资源共享之路。马翠兰的《知识经济与高校图书馆建设》（《青海师范大学学报》2001 年第 2 期）一文，认为知识经济给高校图书馆带来的挑战来自馆藏资源、服务方式、馆员素质方面，提出高校图书馆通过实现现代化管理、改变图书馆服务方式、加强信息资源建设、提高馆员素质来赶上世界经济信息化的大潮流，迈向知识经济新时代。张毓卫的《把握机遇　走出困境——论地方社科院文献信息机构的发展》（《情报资料工作》2001 年）一文，认为西部地方社科院文献信息工作要把握机遇，从明确任务、调整馆藏、协调协作、加强队伍建设四个方面入手，尽快走出困境。冯淳玲的《西部大开发与青海高校图书馆建设》（《情报资料工作》2002 年）一文，认为青海和西北其他省区相比，经济发展缓慢，文化相对滞后，青海高校图书馆应从地方文献建设、图书馆基础设施建设、培养造就高素质的高校图书馆人、建立自身的信息服务体系等方面为地方经济服务。

图书馆藏书保护研究。 韩月萍的《国外图书馆的藏书保护工作》（《图书馆理论与实践》1995 年第 4 期）一文，通过分析美国、苏联、加拿大等国图书馆的藏书保护工作，提出我国目前

只有在各国已取得成果的基础上，不断改善文献保护的现状，建立和发展专门研究机构，培养专门技术人才，壮大文献修复队伍，才能减弱馆藏文献的老化，使我国优秀的文化遗产得以长期的保存。冯淳玲的《古代藏书之保护》（《图书与情报》2003 年第 4 期）一文，总结了古代私家藏书中防火、防水、防虫的经验和方法，提出挖掘这些古代科技成果，不仅可以为今天的图书提供防蠹服务，而且可以为某些纸质文物的年代、作者等提供鉴定服务。贾永红的《对加强党校图书馆藏书工作的思考》（《攀登》2000 年增刊）一文，分析党校图书馆藏书建设中存在的问题，认为要建设有党校特色的藏书体系，制订长远的藏书补充计划，提高藏书补充工作的质量，提高图书采访人员的素质，加大藏书剔旧工作的力度。

图书馆工作规则研究。 逯仰章的《不专设提要项的可行性》（《图书情报工作》1997 年第 10 期）一文，认为中文文献国家著录标准不再专设提要项，而是将内容提要作为附注项选择著录的信息之一，或将附注项改作"附注与提要"，这既是可行的，也是文献著录标准化的需要。逯仰章的《西文会议录标目的著录信息源》（《图书情报工作》1998 年第 1 期）一文，通过对《西文文献著录条例》与《AACR2》的比较，认为《西文文献著录条例》中会议录标目的著录信息源应与《AACR2》的规定一致。刘正伟的《"三三圆形说"：图书馆学基本理论问题的一种认识》（《图书与情报》1998 年第 2 期）一文，认为搜集、组织、提供文献是图书馆具有的内在特性，图书馆学就是为了确定解决"搜集什么"、"如何组织"和"怎样提供"这些问题的原则而产生的。蔡淑敏的《文献资源建设若干名词的辨析》[《青海大学学报》（自然科学版）2002 年第 5 期]一文，对图书馆文献资源建设的若干名词概念做了分析比较，指出其之间的异同，认为图书

馆学是一门古老而又年轻的科学，至今尚未达到完全成熟的阶段，它的许多名词还不规范、还不统一，在一定程度上影响到学科的交流和发展。王慧忠的《〈中图法〉有关藏医药文献分类的探讨》（《中华医学图书情报杂志》2004年第4期）一文，认为以学科专业为基础，根据文献的某些内部和外部特性，运用概念划分的原则，将藏医药文献按照逻辑次序分门别类地排列起来，形成分类类目。周志强的《图书馆藏书剔旧探析》（《青海师范大学学报》2006年第5期）一文，认为藏书剔旧是图书馆在完善自己，对优化藏书结构、增强藏书活力、提高图书馆效益有着重要作用，并探讨了藏书剔旧的原则与方法。

二、图书馆工作研究

青海图书馆研究者就图书馆工作理念与方法、管理理念与方法、馆藏文献资源共享体系建立、促进图书馆事业发展、提升图书馆工作效率等诸多方面进行了广泛的探讨。

图书馆工作理念与方法研究。 梁明芳的《市场经济与图书馆工作》（《青海社会科学》1995年第5期）一文，分析市场经济对图书馆工作的影响，提出图书馆要抓住机遇、迎接挑战、摆脱困境，在市场经济的大潮中找到自己的位置，以其独特的优势和独特的方式参与竞争、服务社会、发展自己，实现自身的价值。张海红的《社会科学研究的信息需求及对策》（《青海师专学报》2005年第1期）一文，认为应针对新时期社会科学研究的信息需求，调整馆藏机构的服务手段，合理配置馆藏资源，以需求为导向建立特色馆藏，加强灰色文献的开发利用，建立学术会议数据库，培养高素质社科信息人才，为社科研究者提供积极有效的信息服务。卫晓红的《公共图书馆工作的创新与发展》（《攀登》2006年第3期）一文，探讨了信息化、网络化时代公共图书馆的发展趋势，提出公共图书馆应在观念创新、技术创新、管理创新、服务创新、人才创新中求

得发展。

图书馆管理理念与方法研究。 刘霞的《浅析人本观念在图书馆管理中的实现》（《青海师专学报》2006年第5期）一文，提出要通过实事求是的科学定位、平等和谐的人性化管理、平和宽松的领导管理、知人善任的信任管理、"人和第一"的团队精神，运用激励机制，调动人的积极性，实现图书馆人本观念的管理理念。韩月萍的《成本效益视角下的图书馆服务》（《江西图书馆学刊》2007年第4期）一文，认为图书馆信息服务的成本应根据图书馆在信息开发、运行、维护、管理、输出等方面的资金耗费以及人力、能源的消耗和使用来确定。图书馆界应从加强成本控制、加强协作等方面入手，以最低的成本投入实现服务效益的最大化。韩月萍的《中国两次新图书馆运动比较研究》（《图书馆建设》2008年第3期）一文，分析了中国20世纪的新图书馆运动与21世纪的新图书馆运动对我国图书馆事业的发展方向、服务方式、服务理念产生的深远影响，指出这两次新图书馆运动吸纳新的办馆思想与理念，发出了我国图书馆平民化理念的心声。马翠兰的《公共关系与高校图书馆工作》（《青海师范大学学报》2008年第5期）一文，论述高校图书馆开展公共关系活动的目的和方法，认为只有把公共关系运用到高校图书馆工作中，才能进一步推动图书馆与其公众的沟通与合作，塑造高校图书馆良好形象，进而增进图书馆整体效益。

图书馆文献资源共享研究。 朱彩萍的《构建青海省区域内中心图书馆共享体系设想》（《青海师范大学学报》2005年第4期）一文，设想通过文献资源的联合建设、分工收藏，实现采访编目的协作与共享；建立馆际互借、文献传递系统，实现印刷型文献和在线数字化文献开发利用的协作与共享；建设数据库体系，实现特色数据率的协作共享；建设一支高素质的资源共享网络

队伍，实现业务培训的协作共享途径，构建青海省区域内中心图书馆共享体系。侯玲的《浅谈如何提高馆藏期刊的利用率》（《攀登》2007年第5期）一文，认为提高期刊利用率要找准读者定位，根据读者不同的需求，加强文献的检索、订购和导读，从而为读者提供方便、快捷的服务。

促进图书馆事业发展研究。贾永红的《西部开发中图书馆面临的困境与出路》（《青海师专学报》2002年第1期）一文，认为西部地区的图书馆事业整体水平较低，无法担当开发文献信息资源、服务西部开发的重任。因此，在西部大开发中，必须高度重视图书馆事业的建设，强化社会文献信息意识，加强地区间的协作，实现西部图书馆界的联合行动。党海凤的《民族院校图书馆建设刍议》（《农业图书情报学刊》2005年第8期）一文，认为加快民族院校图书馆建设是实施素质教育、提高教学科研水平、创办一流民族高校的需要，是信息化时代图书馆自身发展的必然趋势，是民族区域经济发展的信息保障。张志青的《青海省公共图书馆现状分析与对策》（《青海社会科学》2006年第1期）一文，针对青海公共图书馆事业建设、创新投入管理及信息资源共享模式，盘活文献资源，建立跨区域、跨行政隶属的图书馆公共服务体系等问题提出了对策建议。张春贞的《利用图书馆学会促进藏区图书馆事业》（《现代情报》2010年第5期）一文，认为藏区各级各类图书馆总体发展水平较低，与经济社会发展不相协调，应充分发挥各级图书馆学会的桥梁纽带作用，搭建合作发展平台，促进藏区图书馆事业发展。

提升图书馆工作效率研究。朱彩萍的《略论检索工具中"著者索引"的编制规则》（《甘肃科技》1997年第2期）一文，指出著者名称是文献的一个十分重要的外部特征，是检索文献的"入口"，利用它来标引文献、做索引条目的标目，单独组织索引档，能给用户提供从著者角度

追踪情报的便利。朱彩萍的《优化布尔逻辑检索策略，提高检索效率》（《甘肃科技》2004年第6期）一文，探讨了优化布尔逻辑组配检索的检索策略及调整方案。逯仰章的《书目记录功能需求浅谈》（《图书馆工作与研究》2007年第1期）、《对〈新版中国机读目录格式使用手册〉的几点认识》（《上海高校图书情报工作研究》2007年第2期）两文，对书目记录功能需求（FRBR）的实体及其属性、各实体间的关系、实体与书目用户间的联系和FRBR对编目领域的影响做了简要介绍，认为以FRBR理念实现国际书目控制已成为一种趋势，FRBR研究的深入将对我国编目工作产生巨大的影响。党海凤的《浅谈古今文献载体的演变》（《青海师专学报》2008年第4期）一文，介绍文献载体的特点及变化，认为文献载体从非纸质文献过渡到纸质文献直至电子文献，其发展演变过程与人类社会文明发展程度、社会生产力发展水平、科学技术的发展、社会文献信息量的需求等诸多因素紧密相关。蔡淑敏的《伪书产生的原因及其对策》（《青海社会科学》2009年第4期）一文，探讨了伪书产生的原因及其治理对策，认为古籍伪书是一种客观存在的文化现象，正确的态度是提高科学辨伪的理论与方法，深入挖掘其蕴藏的史料价值、思想价值和学术价值。逯仰章的《书目记录功能需求模型对图书馆编目工作的影响》（《攀登》2010年第6期）一文，认为书目记录功能需求模型是一种适应网络环境下用户检索需求功能的概念模型，其在国际编目领域的广泛运用，对国际、国内编目规则的制定和图书馆的文献信息资源编目工作都产生了重大的影响。

扩大图书馆服务对象研究。李继晓的《面向青海省农牧民弱势群体知识援助的图书馆新制度研究》（《图书馆论坛》2007年第1期）一文，提出作为面向全社会公益性服务机构的图书馆，应当充分利用自身拥有的社会资源优势，为社会

弱势群体提供形式多样的学习进修、技术培训和信息咨询等方面的知识援助。蔡淑敏的《维护国家文化安全是图书馆的重要职责》（《图书馆理论与实践》2009 年第 3 期）一文，认为图书馆作为国家重要的文化机构，居于社会文化的中心地位，肩负着发展先进文化、建设社会主义精神文明的历史重任，在维护国家文化安全的过程中具有无可取代的特殊作用。何腊梅的《浅析图书馆信息服务向知识服务转变》（《攀登》2010 年第 4 期）一文，认为先进的信息技术是实现知识服务的前提，符合时代要求的服务理念是实现图书馆知识服务的根本保障，知识型的图书馆员是实现知识服务的关键，建立新的管理机制是实现知识服务的基础。

图书馆知识管理研究。严之山的《欠发达地区高校图书馆的知识管理》（《攀登》2007 年第 4 期）一文，认为欠发达地区高校图书馆管理必然会走向信息资源管理发展的新阶段——知识管理，运用知识管理原理、方法来指导与创新图书馆各项服务工作。马顺邦、刘正伟的《图书馆文献管理工作之我见》（《攀登》2007 年第 4 期）一文，探讨图书馆文献管理工作的本质特征和结构，认为馆员、工具、文献是文献管理工作结构系统的三个基本要素，构成了文献管理工作系统中的不同子系统。馆员通过一定的工具、手段作用于文献，是三者之间的具体结合方式。

图书馆文化研究。韩月萍的《中西不同文化背景下的图书馆文化》（《情报资料工作》2007 年第 2 期）一文，从分析中西方文化背景出发，指出由于文化背景的差异，中西方图书馆在各自的社会系统中按照该社会系统所规定的发展模式与逻辑进行发展，进而产生了中西不同的图书馆文化。张淑香的《论图书馆文化建设的哲学基础》（《农业网络信息》2007 年第 10 期）一文，从物质文化、制度文化、精神文化、信息文化四个文化域阐述了图书馆文化，指出作为一个特定

的文化圈，图书馆文化无论从发育程度还是从发展规模上，都是四个文化域相互作用、相互关联的整体。只有认识到图书馆这四个文化域，我们才能具体地研究目前与未来图书馆的文化问题，预见图书馆文化的走向，把握图书馆文化的灵魂。

图书馆数字化建设研究。于翔的《对高校图书馆数字化建设若干问题的探讨》（《攀登》2007 年第 3 期）一文，认为数字图书馆替代传统图书馆已是势之所趋，传统图书馆与数字图书馆技术融合是现代图书馆发展的主体方向。何腊梅的《网络环境对图书馆的促进作用》（《医学信息学杂志》2007 年第 4 期）一文，论述了网络环境对图书馆办馆理念、馆藏发展、建筑设备、馆员工作、信息用户、信息整序、服务方式以及内部管理的影响，认为图书馆诸方面都必须迎合时代的要求和与时俱进地发展。李怡敏的《以人为本的图书馆环境建设》（《青海师专学报》2009 年第 6 期）一文，在强调图书馆环境建设重要性的基础上，对影响图书馆环境的各种因素逐一分析，并针对最直接影响读者身体健康的图书馆室内空气质量进行三个方面的实际测量，为标准化图书馆环境质量提供了可行的检测方法和第一手数据。

图书馆馆际协作体系探索研究。赵勇生的《青海省高校文献资源共建共享工作的最佳选择》（《大学图书馆学报》1996 年第 4 期）一文，分析了青海省高校图工委 1991 年 10 月制订的《青海省高校图书馆藏书建设协调方案》，提出在省高校图工委的领导下建立省高校文献信息中心，从协调采购起步，逐步开展全省的文献信息开发服务和自动化网络化建设，应是实现青海省高校文献资源共建共享的最佳选择。李桂荣的《新信息环境下西部图书馆文献保障体系模式的发展创新》（《攀登》2008 年第 4 期）一文，探讨新信息环境下西部图书馆信息资源建设工作的改进模

式与文献保障体系，提出要打破图书馆各自为政、闭关自守的现状，实现馆际协作，构筑一个能与新信息环境和新时代图书馆服务相匹配的新的信息资源建设组织管理模式和运行机制。张淑香的《省域内信息资源服务共享体系建设思考》（《图书馆理论与实践》2009年第6期）一文，总结国内外信息资源服务共享体系经验，分析省域内信息资源服务共享体系建设存在的标准化问题、信息资源建设重复浪费等问题，提出以合作建设开发、联合引进、馆际互借与文献传递相结合的模式完成框架建设。张亚琴的《关于西部图书馆发展的几点思考》（《科技情报开发与经济》2009年第25期）一文，提出在西部发展的诸多制约因素中图书情报事业发展滞后、信息匮乏是一个重要的方面，认为树立创新观念是图书馆生存和发展的活力源泉，需要国家采取有效的政策措施加以扶持，加强联合以实现资源共享，加快数字化建设以开拓馆藏资源。朱彩萍、李盛福的《"青海省图书馆联盟"构建之思考》（《图书馆理论与实践》2010年第4期）一文，分析了青海省各类型图书馆有史以来的合作思想及合作的现实基础，认为构建一个由青海师范大学图书馆牵头组建的高校图书馆联盟、由省图书馆牵头组建的公共图书馆联盟及其他类型图书馆之间的全省图书馆大联盟，使省内图书馆形成一个纵横交错的图书馆联盟网络，组成虚拟的服务联合机构，共同为社会提供服务。

三、文献信息资源建设研究

文献信息资源分为实物文献和电子文献，青海图书馆界对文献资源的研究涉及文献信息资源现状与建设、图书馆数字信息资源建设、文献信息资源共享研究等方面。

文献信息资源现状与建设研究。王昱主编的《青海省社会科学文献资源调查评述》（青海省社科院文献情报所编印，1994年）一书，对青海社科文献的规模、特点、总量与分布、类型结构、

学科结构等进行了分析评述，认为青海省社科文献资源总量相对贫乏不仅仅是个绝对数量少的问题，更主要的是实际拥有的社科文献种数更少、更贫乏，大大降低了馆藏社科文献整体保障率；个别馆藏社科文献的学科分布呈集聚状态，大部分的馆藏社科文献学科分布则基本处于均势；青海社科文献资源初具地方、民族特色，但缺乏系统性和完整性；社会科学文献馆藏达到研究级学科和重点级学科水平的很少；社科文献资源建设缺乏宏观调控、资金投入不足、开发不力。对社科文献资源建设提出了对策建议。张淑香的《青海高校图书馆期刊资源建设的现状与对策》[《青海大学学报》（自然科学版）1998年第1期]一文，通过对青海省高校图书馆期刊资源建设现状的分析，提出全省高校图书馆期刊资源建设的对策。许西乐的《青海省社科文献的分布状况及各类的藏量分析》（《青海图书馆》1998年第2期）一文，梳理青海各地区社科文献资源的藏量和分布，分析了各自的优势。马翠兰的《西部民族高校图书馆应加强音像文献服务工作》（《青海民族研究》2001年第3期）一文，提出建立音像文献服务工作"一体化"管理体系，加强音像文献服务工作各个环节在组织上和业务上的有机联系，实现音像文献的计算机管理，等等。张春娥的《论高校多校区图书馆期刊的管理与服务》（《青海师专学报》2008年第1期）一文，认为对现有的全部图书资源实行宏观管理、合理调配，深挖潜力，打破各校区图书馆"小而全"的期刊文献资源建设体系，统一规划、统一管理，形成连续性、完整性、系统性的全校图书馆期刊文献资源体系。

图书馆数字信息资源建设研究。田玉华的《对青海高校图书馆文献信息资源开发及向现代化转轨的思考》（《大学图书馆学报》1999年第3期）一文，认为网络化建设是高校图书馆事业发展的必然趋势，应转变思想观念，加强宏观管

理，深层次开发具有地方特色的文献信息资源，实现高校图书馆在新时代的顺利转轨。李秀东的《基层党校图书馆的数字化信息资源建设》（《攀登》2005年第5期）一文，提出基层党校图书馆数字信息资源的建设，要根据各地党校的学科建设、教学内容和科研方向，制定出科学的馆藏建设计划，合理规划数字信息资源的学科范围，调整好各学科专业数字信息资源的收藏比例，以期充分体现基层党校图书馆为教学、科研和领导决策提供信息化服务保障的功能。卓尕措的《民族文献信息资源现状及发展对策》（《情报杂志》2005年第11期）一文，分析了现阶段民族文献信息资源状况，提出加强西部民族数据库建设、强化已建成的民族特色数据库的检索功能，严格实施特色馆藏文献信息的加工、记录、传递、质量管理等一系列标准化，加强对民族文字识别软件的开发，搭建信息平台，实现资源共享。刘霞的《青海高校图书馆特色数据库建设构想》（《青海师范大学学报》2006年第2期）一文，提出建设重点学科网络导航系统、特色学科数据库、学校文库特色数据库的构想。李秀东的《西部民族地区高校图书馆信息资源建设刍议》[《青海大学学报》（自然科学版）2006年第5期]一文，分析西部民族地区高校图书馆资源建设现状，提出要加强民族特色数据库建设，建立西部民族地区高校图书馆信息资源联合专藏体系。王喜梅的《浅析网络环境下民族地方文献信息资源建设与利用》（《青海社会科学》2007年第1期）一文，从体系建设、数据库建设、作用发挥等方面论述了网络环境下民族地方文献信息资源的建设与利用问题，提出不能片面追求数字化、网络化，应重视培养与造就专业人才。王喜梅的《高校图书馆期刊信息资源建设与网络化服务》（《青海师范大学学报》2007年第6期）一文，提出期刊信息服务的发展策略，认为必须加快网络环境下的信息资源建设，深化信息服务，期刊资源

建设应在保留传统印刷型期刊的基础上，积极开拓电子期刊，建立期刊文献资源信息保障体系，实现信息资源数字化。韩小红、李秀东的《西部民族地区图书馆的数字化信息资源建设》（《攀登》2008年第4期）一文，提出应注重西部地区的横向联合，加快西部地区馆藏建设，注重对西部民族地区图书馆的投入和政策倾斜。刘文祖的《网格技术在数字化信息资源库中的运用机制》[《青海师范大学学报》（自然科学版）2009年第1期]、《网格——高校图书馆信息存储与共享的新变革》（《青海师范大学学报》2009年第5期）两文，分析了网格技术与数字化信息资源库在建设上的一致性，认为网格技术为数字化信息资源库建设提供了有利条件，可为数字化信息资源库建设提供资源整合应用、技术应用、运行模式等方面的保障，指出教育科研网格是我国高校图书馆信息资源存储与共享典范。

文献信息资源共享研究。 龙梅宁的《加强馆际协作 促进青海省资源共享》（《青海图书馆》1993年第4期）一文，认为只有开展馆际间的协作，才能充分发挥文献资源的作用，进而有利于资源的建设和发展。张毓卫的《西部地区文献资源共享实践刍议》（《甘肃社会科学》2001年第5期）一文，认为西部各省（区）文献资源共享的实践可本着"资源共享、优势互补、互利互惠、自愿参加"的原则，先由少数馆联合起步，逐步扩大范围，或以行业自发组织形式启动，以横向联合的方式共同开发利用各馆馆藏文献，以信息网络化为目标开展文献资源共享实践。刘霞的《网络环境下青海高校图书馆电子文献资源共享的思考》（《青海社会科学》2006年第1期）一文，认为青海省高校有良好的网络平台、优势互补的学科设置和良好的合作共识，应发挥高校图工委的功能，从联合购买、资源共享、利用现代技术、开发特色数据库等方面进行高校图书馆电子资源的共建、共享工作。谢平的《青海文化信

息资源工程建设浅议》（《青海社会科学》2007年第6期）一文，概述了青海文化信息资源共享工程实施五年来的总体发展情况，就共享工程在建设过程中存在的问题及对策进行了探讨。颜碧桃的《论西部民族地区图书馆文献资源共建共享》（《科技情报开发与经济》2007年第25期）一文，认为开展西部民族地区之间的文献资源共建共享，以此改善文献资源在学科分布上的重复和遗漏现象，缩小文献资源建设在分布上资源贫富不均的差距，能从整体上保证文献资源质量的提高与规模的扩大。

四、图书馆文献信息资源开发利用研究

图书馆文献信息资源的开发利用研究多围绕信息化背景展开研究，主要是提升文献的二次利用，探讨文献信息资源开发利用的意义和价值，文献信息资源开发利用的方法和渠道，等等。

文献信息资源开发利用意义研究。郑家强的《社科期刊文献的开发与利用》（《青海图书馆》1996年第1期）一文，认为要提高期刊的利用率，图书馆应在期刊文献的二、三次开发上多做文章。张海红的《社科类图书馆信息网络建设的困境与出路》（《青海社会科学》1997年第3期）一文，认为解决观念上的问题，只有把满足用户的需求作为出发点和归宿，抛开个人或局部利益，才能实现信息网络的共建。雷英的《浅谈图书馆民族文献资源的开发利用与建设》（《青海民族研究》2005年第4期）一文，认为民族文献资源开发利用的关键是要从现实出发，充分体现为当地经济建设服务的作用。王喜梅的《谈民族地方特色文献资源的开发利用》（《图书馆理论与实践》2009年第8期）一文，介绍了青海少数民族历史文化背景及其文献构成，论述了青海少数民族文献开发利用的价值，提出要深入挖掘原生态民族文化资源，重点保护濒危民族文化传统和文献，用科学的方法收集和开发利用青海少数民族文献。

文献信息资源开发利用方法研究。南丽萍的《青海省图书馆馆藏文献资源开发利用中存在的问题及对策》（《青海图书馆》1998年第1期）一文，认为应从改变单一、落后的服务方式，保证藏书质量，提高工作人员的素质等方面来提高馆藏文献的开发和利用率。单大妹的《浅谈民族地方文献信息资源的开发与利用》（《青海民族学院学报》2004年第2期）一文，认为民族文献信息具有广泛性、回溯性、准确性、有序性等特点，开发利用民族文献信息资源应从加大搜集力度、建立文献数据库、成立研究与服务中心、加强人才培养和运用现代技术五个方面着手。封晓玲的《浅论西北大开发中图书馆少数民族馆藏资源开发》（《甘肃科技》2005年第10期）一文，论述了在实施西部大开发战略中，西北图书馆应如何开发馆藏民族文献信息资源，探讨了影响开发的因素，并提出了应对措施。颜碧桃的《关于加强高校图书馆地方文献资源开发利用的思考》（《大学图书情报学刊》2007年第4期）一文，从高校图书馆对地方文献资源开发利用的角度出发，对地方文献的概念、种类、特点及其在教学、科研和社会服务中所起的作用进行了分析和研究，就高校图书馆地方文献的开发利用提出了四点举措。季拥政的《试论青海高校图书馆网络信息资源的开发利用》（《青海社会科学》2007年第4期）一文，对网络环境下青海省高校图书馆网络信息资源的现状、网络信息资源开发利用的机遇进行了分析，并提出相应的对策和措施。

五、图书馆及数字图书馆建设研究

青海图书馆建设相关研究成果不多，研究多以高校为例，部分涉及民族地区等基层图书馆建设，此外还涉及数字图书馆网络化研究。

基层图书馆建设研究。李新东的《困扰农村、牧区中小学图书馆（室）建设的主要问题及其对策》（《中小学图书情报世界》1998年第2期）一文，认为要扭转中小学图书馆（室）建设

的滞后局面，必须提高对图书馆（室）及图书资料在中小学教育中重要作用的认识，努力提高决策水平，充实和完善建章立制工作，从而加强图书馆（室）建设。蒲宁英的《对社区图书馆建设问题的思考》（《青海社会科学》2006年第4期）一文，认为社区图书馆建设是社区总体规划中不可或缺的文化基础设施。王海山的《社区图书馆建设在社区文化构建中的作用》（《攀登》2006年第4期）一文，阐述社区图书馆的职能特征、在社区文化构建中的意义和作用，提出应由政府主导建设社区图书馆，走分馆之路，建立社区图书馆网。金菊花的《青海农牧区图书馆建设之我见》（《攀登》2009年第4期）一文，分析了青海农牧区图书馆建设中存在的主要问题，提出加强服务、加大投资、加强建设、做好服务、培养人才等举措。刘春梅的《农村公共图书馆发展之我见》（《攀登》2010年第4期）一文，认为为农村的广大农民读者提供良好的文化公益服务，应当成为公共图书馆的工作重点，拓宽公共图书服务渠道，建立农牧区图书服务流通点，加大扶持"农家书屋"的力度，做好农村信息服务工作。

高校等数字图书馆建设研究。 张春娥的《浅议青海高校图书馆自动化现状及对策》（《青海师专学报》1997年第1期）一文，认为图书馆自动化建设已迫在眉睫，要下决心增加投入，制定发展规划，加快图书馆自动化建设步伐。青海各高校图书馆在选择硬软件系统时，要考虑建库和使用过程中的先进性、实用性、兼容性，易于各高校图书馆联成网络。刘文祖的《青海省高校图书馆自动化建设的现状与对策》（《西北高校图书馆》1997年第2期）一文，认为青海省高校图书馆自动化建设面临组织机构不健全、设备经费不足、人员素质较差等困难，提出要健全组织机构、加大经费投入、重视人员培训、引进成熟系统软件、建立标准数据库等，加强高校图书馆的

自动化建设工作。李继晓的《多媒体技术在高校图书馆中的应用》[《青海大学学报》（自然科学版）2000年第2期]一文，提出多媒体技术是处理信息的高精尖技术，其在高校图书馆自动化中的应用将从本质上改变图书馆的一切工作环节。张春娥的《对加快青海高校图书馆自动化进程的思考》（《青海师专学报》2000年第4期）一文，认为加快青海省高校图书馆自动化进程，必须提高认识，建立一支适应图书馆自动化需要的人才队伍，加强馆际协作联合建设数据库。周建平的《信息网络环境下电子图书馆的服务特征》（《图书馆》2000年第5期）一文，认为电子图书馆是以计算机信息网络技术为支持，用数字化技术对各种文献信息进行压缩、存储，并通过网络传播，不受时空限制地为所有用户服务的现代化图书馆。郑家强的《青海社科文献信息数字化建设环境分析与原则建议》（《青海社会科学》2004年第4期）一文，认为青海实施文献信息数字化，要坚持统一领导、分区分级管理、规范和标准、可持续发展的原则。李秀东的《浅谈西部民族地区数字图书馆的建设》（《青海师专学报》2005年第1期）一文，提出西部民族地区数字图书馆的建设，必须根据本地区的特殊区情，分步骤地建设符合民族地区特色的数字图书馆，更新技术及设备是西部民族地区数字图书馆建设的策略之一，加强东西部、落后地区与发达地区之间的协作是民族地区建设数字图书馆的重要途径，把人力资源开发放置更加重要的位置。贾永红的《党校图书馆的数字资源建设》（《攀登》2007年第4期）一文，认为加强党校图书馆数字资源建设应着重处理好数字资源与传统文献资源、自建数据库与外购数据库、共建与共享、硬件建设与软件建设之间的关系。水小莹的《医学图书馆的数字化建设》（《青海社会科学》2007年第4期）一文，认为数字化图书馆的建设是时代发展的必然，也是一个复杂艰巨的系统工

程，在发展建设中"资金来源"和"知识产权"是关键问题，提出建立医学数字图书馆应坚持因馆制宜，从基础工作做起，才能有所发展、有所突破。

数字图书馆网络化发展研究。张春娥的《联盟发展青海省高校数字图书馆的思考》（《青海社会科学》2005年第2期）一文，探讨联盟发展数字图书馆的基本思路，提出成立青海高校数字图书馆建设联盟管理机构；加强自身资源整合，为建立图书馆联盟打好基础；加强特色数据库建设；着力培养复合型人才等建议。李秀东的《西部民族地区数字图书馆建设的基本思路》（《中共山西省委党校学报》2006年第4期）一文，提出西部民族地区数字图书馆建设存在资金不足、技术问题困难重重、工作人员素质不高等诸多不利因素，必须提高认识、合理规划，加强数字图书馆关键技术的研究；加强地区间协作，实现资源共享；注重民族地区数字图书馆功能作用的实际发挥。靳婉燕、安秀荣的《西部地区党校数字图书馆建设之我见》（《攀登》2006年第5期）一文，提出重视数字图书馆的建设与发展，培养适应数字图书馆的新型馆员，加快西部地区党校数字图书馆建设步伐，发挥优势，建立特色馆藏系统。李玉彬的《对建立青海民族特色数据库的思考》（《青海社会科学》2006年第5期）一文，提出青海民族特色数据库的建设意义、建设原则、建设方法和应注意的问题。李继晓、刘霞、张生荣的《青海高校图书馆信息化建设问题研究》（《河南图书馆学刊》2010年第5期）一文，建议青海高校图书馆信息化建设应该从加强数字资源建设、加强馆员队伍建设、分工合作建立有专业特色的文献信息资源体系、实现资源共享四个方面将青海省高校图书馆网络资源整合成一个整体，形成多种资源类型、多种服务方式的服务主导型网络图书馆，实现信息资源共建、共知、共享，为青海高校乃至社会服务。

六、图书馆信息咨询服务

图书馆信息咨询服务研究主要围绕服务对象进行研究，探讨了图书人如何提高服务能力，研究提升服务质量的方式方法、扩大服务对象的意义价值等。

提高信息咨询服务能力研究。张春娥的《大学生阅览活动浅析》（《青海师专学报》1995年第3期）一文，通过分析高等学校图书馆学生读者的学习活动规律、学生阅览目的和范围、不同年级学生的阅读心理，提出要提高图书馆服务的质量，更好地发挥图书馆的作用，必须了解学生阅读特点，通过主动宣传、推荐馆藏文献，协助查找有关文献情报，给予学生有力的帮助。于翔的《公共图书馆读者流失之我见》（《青海图书馆》1998年第4期）一文，认为在市场经济条件下，图书馆的读者工作应当破除传统、封闭、半封闭的观念，强化市场观念，提高服务意识，把重点从传统服务转换到文献检索和信息咨询服务上来，以开放式、全方位服务模式，吸引更多的读者利用图书馆。贾海莉的《论图书馆意识》（《青海师专学报》1999年第4期）一文，认为提高社会的图书馆意识，最根本的是要提高整个社会的生产力水平和科学文化水平，图书馆要加强自身宣传，开展广泛的读者培训，改革管理方式。郑家强的《西部开发中的社科文献信息需求分析》（《情报资料工作》2004年第4期）一文，分析西部开发中社科文献信息需求的类型与特点，认为社科文献信息工作者应加强对用户信息需求类型和特点及其需求变化的研究，以便更好地为西部大开发服务。张海红的《社会科学创新与图书馆知识服务》（《青海社会科学》2005年第4期）一文，认为由于现代信息技术的率先应用，使图书情报研究机构率先面临创新，这就要求图书馆在现代技术基础上改造传播信息交流和知识服务环境。于立仁、刘润玲的《博客：图书馆开展读者服务工作新理念》（《青海社会科学》

2006 年第 2 期）一文，探讨图书馆读者服务工作的新理念，认为博客作为一种新的网络交流工具，已引起图书界的广泛关注，深刻认识博客理念，积极创建图书馆博客，对图书馆建设、增强为读者服务具有重大的意义。李桂荣、安秀荣、赵立鸣的《党校图书馆信息服务工作之我见》（《攀登》2006 年第 4 期）一文，认为随着信息时代的到来，党校教育的整体信息需求和教职员工个性化的信息需求都呈现出一定的特点，其要求党校图书馆必须通过加强信息资源建设，提供个性化服务。于翔的《浅析图书馆在远程教育中的运用》（《青海师专学报》2006 年第 5—6 期）一文，认为图书馆资源在加强常规性工作服务的同时，只有利用多媒体资源进行远程教育支持服务，才能构成远程开放教育的文献资源保障和学习支持服务体系的主体，使图书馆真正成为远程教育的科研和教育资源中心。韩月萍的《读者权利：现状、维护与保障》（《河南图书馆学刊》2007 年第 4 期）一文，认为读者应有自由利用图书馆、平等利用图书馆、免费利用图书馆的权利，提出应通过繁荣社会经济和文化的发展、提升图书馆管理能力和服务水平、唤醒读者权利意识等渠道来保障实现读者权利。邓莉的《图书馆服务理念的创新》（《攀登》2007 年第 4 期）一文，认为图书馆作为教育和信息传播机构，倡导以人为本的理念，遵循读者至上、服务第一的原则，对于提升图书馆的整体水平、充分发掘图书馆的服务潜力、树立图书馆的崭新形象，具有重大的现实意义。孔繁青的《高校图书馆加强学生人文素质教育思考》（《青海社会科学》2007 年第 5 期）一文，针对高等教育中人文素质教育缺失现象，提出高校图书馆应根据自身特点，配合学校加强学生的人文素质教育。卢新青的《党校图书馆的特殊性及发展思路》（《攀登》2010 年第 3 期）一文，分析了制约党校图书馆发展的主要因素，认为党校图书馆应转变观念，强化信息意识，顺适时代的新要求，由传统坐等式的内阅外借服务向网络化、数字化形式发展，将主动服务规范化、制度化，形成长效机制。

提高信息咨询服务质量研究。张志青的《现代超市与图书馆读者服务的新模式》（《科技情报开发与经济》2006 年第 15 期）一文，认为现代图书馆应以互联网和信息高速公路为依托，引进现代超市的理念，最大限度地缩短读者与信息之间的距离，最大限度地发挥文献信息的作用，使读者服务工作有所创新、富于特色，以吸引更多读者。靳婉燕的《网络环境下的图书馆参考咨询工作》（《攀登》2007 年第 5 期）一文，分析图书馆参考咨询服务方面存在的问题，探讨网络环境下图书馆参考咨询服务的发展策略，认为必须加强参考咨询信息资源建设，拓宽服务范围，深化参考咨询服务内容，重视培养高素质信息咨询馆员，走网上协作咨询之路，开展研究型信息咨询服务。贾凌的《略论高校图书馆电子阅览室的服务创新》（《科技信息》2008 年第 4 期）一文，提出进一步加强对读者使用电子阅览室的宣传与指导，深入、细致、具体地做好读者导航工作；加强信息服务和个性化服务，努力提高读者的满意度；提供咨询服务和意见反馈服务，及时采纳用户信息，改进工作及更新馆藏。卓尔措、王林超的《高校图书馆与大学生信息素养教育》（《青海师专学报》2008 年第 6 期）一文，认为应建立专门的信息素养教研室，制定合理的教学目标，培养学生的信息伦理道德修养，使之能够遵循信息伦理道德规范。马翠兰的《高校图书馆与老年读者群体》（《青海民族学院学报》2008 年第 9 期）一文，认为高校图书馆要保证老年读者使用图书馆的共享权，对不同类型的老年读者有针对性地提供更为温馨的服务。龙梅宁的《论图书馆文化服务功能的开发与创新》（《青海师范大学学报》2009 年第 2 期）一文，认为图书馆讲座服务是图书馆为满足社会发展而提供的一项独特的文化服务活动，作为一种开放的社会教育形式，其文化属性是社会教育职能的延伸和拓展。

图书馆拓展服务范围、扩大服务对象研究。贾永红的《为西部大开发积极提供文献信息服务》（《图书情报知识》2000年第3期）一文，认为要广泛收集国外开拓新地区的资料，为开发西部提供参考借鉴。赵勇生的《虚拟图书馆用户模式探讨》（《第四届海峡两岸科技信息交流研讨会》，2002年）一文，对中国大陆虚拟图书馆用户模式进行分析，提出中国大陆在建设虚拟图书馆时应把注意力集中到数据库的建设方面，打破以国家部门建设为主的模式，培育一批信息提供商并参与售后服务，使虚拟图书馆走向千家万户。王清香的《全民阅读教育与图书馆功能的发挥》（《青海社会科学》2006年第6期）一文，认为图书馆是开展全民阅读教育的最佳场所，提出进行全民阅读教育的具体措施。王清香的《青少年阅读教育工作研究》（《中小学图书情报世界》2008年第8期）一文，分析了青少年阅读现状及青少年阅读教育的必要性，认为政府部门的重视以及图书馆、家庭和学校的参与，培养青少年读者掌握科学的读书方法是做好青少年阅读教育工作的基本对策。徐培德的《网络环境下党校数字图书馆开展社会化服务的思考》（《科技与生活》2010年第22期）一文，认为必须大力加强党校图书馆的社会化服务工作，一方面要做好资料的收集整理以供教研人员和各级领导参阅，另一方面还要满足社会各界民众日益增长的文化需求，拓展社会化服务功能，实现图书馆功能的最大化。

七、地方文献资源建设及利用研究

地方文献资源是一个地区发展进步的史料积淀，建立地方文献资源体系、开发利用地方文献是青海图书馆界研究的重点之一。

地方文献资源建设研究。南丽萍的《地方文献收集与开发利用之我见》（《攀登》2005年第4期）一文，介绍地方文献的特征及重要性，对地方文献的收集、开发利用进行了探讨。邢玲臣的《建设青海地方文献网络体系的构想》（《青海社会科学》2007年第2期）一文，分析地方文献信息资源建设服务现状及构建文献信息资源网络体系之必要性，从目的、任务、原则、措施等方面做出建设构想。党海凤的《建立民族地方文献篇目数据库的思考》（《青海师专学报》2007年第4期）一文，认为民族文献资源对研究少数民族历史、文化、经济等有着其他文献资源无法替代的得天独厚的学术价值，应打破滞后的服务手段，改变落后的思想观念，在网络环境下建立民族文献数据库。民族高校图书馆应根据自己馆藏文献特色，在相互协调的基础上携手合作，取长补短，发挥整体优势，进行合理的数据库配置，以最少的投入获得最多的信息资源。王清香的《对青海高校文库建设的构想》（《青海师范大学学报》2007年第5期）一文，认为青海高校文库建设还处于起步、摸索阶段，提出应做好宣传，建立文库建设可持续发展机制；突出本校学科优势，建立图书馆特色馆藏；建立收集、呈缴制度，广泛征集类型多样的文献；注重文库数据规范化建设，实现文献资源的共享。王清香的《论地域文化中的地方文献资源建设》（《青海师专学报》2007年第6期）一文，认为地方文献是中国传统文化的重要组成部分，它涵盖了某一地域的历史、地理、文化风俗、社会结构、民族宗教、政治、国民经济、教育、科学技术、自然资源等情况的一切文献资料，是地域文化发展的缩影和积淀，地方文献资源建设应遵循认识普遍化、资源整体化、研究社会化、管理专业化、收藏科学化之原则。靳婉燕、安秀荣的《浅谈图书馆地方文献的收集工作》（《攀登》2008年第6期）一文，对如何做好地方文献收集工作进行了探讨，认为争取政府和全社会的支持、建立健全地方文献收集制度是做好地方文献工作的重要保证，应制定地方文献收集的长远规划，构建地方文献收集协作网络，加强地方文献专业队伍建设。马翠兰的《民族高校图书馆特色馆藏资源建设二三题》（《青海民族学院学报》2009 年第 3 期）一文，认为民族院校的资源建设应从实际出发，逐步形成以办学方向和培养目标为指导、教学科研用书为中心、民族文献为特色的藏书体系，尽可能做到特色范围内的信息资源人无我有、人有我全、人多我优。高媛的《高校图书馆重点学科数据库建构》（《攀登》2009 年第 6 期）一文，提出重点学科数据库的建设以方便用户检索为原则，以重点学科为单元，对重点学科相关的学术资源进行搜集和分类、排序和优化、组织和整理，从而建立分类目录式资源组织体系、动态链接、重点学科资源数据库和检索平台，为用户提供重点学科的网络信息资源导引、检索线索的导航系统以及馆藏特色重点学科数据库。李继晓的《建设青海地域文化资源特色数据库探索》（《情报探索》2009 年第 10 期）一文，阐述青海地域文化的背景及青海地域文化资源特色数据库建设的主要内容，提出建设青海地域文化资源特色数据库应遵循信息资源要优化、数据录入要规范化、检索点要标准化、软硬件要优化、馆员素质要全面化的原则。谢平的《青海省图书馆家谱文献建设浅议》（《群文天地》2010 年第 9 期）一文，针对青海省图书馆家谱存量文献现状，提出应加强家谱文献的搜集和整理工作，加大家谱文献的开发研究力度，抓好搜集、整理、研究和利用各个环节。

地方文献信息资源开发利用研究。党海凤的《刍议网络环境下民族文献信息的开发利用》（《科技情报开发与经济》2008 年第 3 期）一文，认为开发民族文献信息，提高民族文献信息资料的利用率，是民族高校图书馆文献工作者的首要任务，提出建立民族文献数据库、利用网络技术等措施。谢平的《对加强民族地区图书馆地方文

献资源建设的思考》（《攀登》2009 年第 2 期）一文，认为加强民族地方文献建设，抢救和保护地方民族文化遗产，是民族地区图书馆义不容辞的重要责任，必须不断提高认识，建立科学的管理方法，加强人才队伍建设，实施数字化建设，开展横向联系与馆际协作，实现民族地方文献资源的共享。党海凤的《青海地方文献保护开发与利用之我见》（《青海民族大学学报》2010 年第 3 期）一文，提出要进一步解放思想，建立和健全保护地方文献的专门组织机构，分阶段、分地区做好保护和开发地方文献的近期和中长期计划，采取各种措施，加大专门人才的培养力度，各级政府应设立专项资金，保证地方文献收集与保护工作的正常、有序进行。丁萍的《医学院校图书馆纸质资源和数字资源的有效利用》（《中华医学图书情报杂志》2010 年第 6 期）一文，分析纸质资源和数字资源在医学院校图书馆中的作用和地位以及利用情况，提出应力求医学类书刊完整，突出重点专业，加强数字化馆藏建设，慎重对待版权问题。

八、图书馆人力资源建设研究

图书馆的发展离不开各类图书馆人才的发展壮大，随着经济社会发展，青海图书馆人才不断成长，图书馆专业人员总数不断增长，群体结构有了较大改善，队伍建设研究成果丰硕。

图书馆专业队伍发展建设研究。卓尕措的《青海省高校图书馆专业队伍现状分析与对策》（《青海民族学院学报》1995 年第 4 期）一文，分析全省高校图书馆工作人员的职称、年龄、学历、性别、知识结构等，提出应适当增加图书资料专业系列高级职称指标，加强职业道德教育，多渠道培育素质较高、结构合理的专业干部队伍。王宝通的《高校图书馆人才流失成因与稳定队伍之我见》（《图书馆建设》1995 年第 4 期）一文，分析高校图书馆人才流失的主要原因和人才队伍稳定的相对性，提出建立高校图书馆人才

队伍动态稳定机制的初步设想。张淑香的《青海省高校图书馆专业队伍调查报告》（《西北高校图书馆》1996年第2期）一文，指出青海高校图书馆存在的专业队伍数量不足、素质较低、断层现象严重、学科结构不合理等问题，影响专业队伍整体水平的提高，难以形成老有所用、中有所献、青有所为的合理群体结构。唐宏伟的《高校图书馆员的素质亟待提高》（《四川图书馆学报》1998年第1期）一文，分析高校图书馆员素质现状和新时期图书情报服务工作的特点，认为培养、提高自身综合素质是做好服务工作的基础和关键，开展继续教育是提高素质的重要途径。贾海莉的《迎接知识经济时代 提高图书馆人员素质》（《青海民族师专学报》1999年第2期）一文，认为只有紧紧抓住个体素质的提高，才能保证整体素质的质量；只有把握整体素质的发展方向，个体素质才能有合理、充分的发展空间。李秀东的《对党校图书馆人才队伍建设的几点思考》（《攀登》2001年第3期）一文，提出党校图书馆新型人才队伍的基本素质要求和新型人才队伍建设的有效途径，认为应大力引进各方面人才，使人员的知识结构向多层次、综合化方向发展，建设以终身教育为目标的培训体系。龙梅宁的《论新时期图书馆员的继续教育》（《青海教育》2005年第7期）一文，认为多方位、多途径对现有馆员实施继续教育，是提高图书馆业务人员素质的当务之急。胡芳的《提高西部高校图书馆员教育培训工作的效益》（《陕西师范大学学报》2005年第S1期）一文，认为培养和造就高素质的高校图书馆员，是面向21世纪推进高校图书馆现代化建设的关键所在，也是实施西部大开发战略的客观要求，应进一步完善西部图书馆员培训机制和制度建设。张淑香的《知识团队——图书馆组织变革的新途径》（《青海师范大学学报》2006年第6期）一文，从传统职能机构和工作方式的挑战者、创新的运作单元和竞争

优势的潜在拥有者、图书馆人力资本投资的高风险群体等方面分析了知识团队对图书馆的影响，提出图书馆组建知识团队应遵循注重知识团队共同目标的共性程度、关注团队成员之间相互关系的依赖程度、控制团队的规模的原则。王海英的《浅谈新时期图书馆员的继续教育》（《攀登》2007年第4期）一文，提出图书馆员继续教育的途径和如何开展馆员继续教育的问题，认为图书馆员继续教育必须制度化，建立继续教育的管理机制、动力机制、激励约束机制。王丽莉的《浅议图书馆员素质建设》（《青海社会科学》2007年第5期）一文，通过分析信息化时代图书馆员面临的挑战和机遇，提出提高图书馆员素质应从提高图书馆员的政治思想水平和加大资质培训力度两方面着手。梁学青的《21世纪高校图书馆员的继续教育》（《青海师专学报》2009年第6期）一文，从21世纪社会对馆员的要求出发，提出了继续教育的观念、内容和方式。李桂荣的《网络环境下民族地区图书馆人才队伍建设刍议》（《青海师范大学学报》2010年第3期）一文，认为坚持实施继续教育是提高民族地区图书馆工作人员素质的根本途径，岗位培训是民族地区图书馆人才教育培养方式的重要补充，开展学术研究和实践调研等交流活动有利于促进民族地区图书馆人才快速成长。

图书馆人力资源建设研究。于翔的《知识经济时代的图书馆人力资源管理创新》（《青海社会科学》2007年第3期）一文，提出图书馆人力资源管理的新理念，介绍了青海省图书馆以人为本，引入竞争机制、激励机制的模式。马翠兰的《论高校图书馆人力资源的开发与管理》（《青海民族学院学报》2007年第2期）一文，分析了高校图书馆人力资源现状及存在的问题，提出确立图书馆人才战略目标，树立"人本管理"新理念，重视激励导向，引入竞争机制。马翠兰的《民族院校数字图书馆人力资源建设存在的问题

及对策探析》(《青海民族研究》2009 年第 3 期)一文，分析民族院校数字图书馆人力资源建设存在的问题，提出民族院校数字图书馆人力资源建设应创新管理理念，培养复合型人才，留住现有人才，引进高科技人才，提高馆员的综合素质，建立科学合理的绩效考核机制。李桂荣的《浅议古籍数字化人力资源的开发与管理》(《第二届中国古籍数字化国际学术研讨会论文集》，2009 年)一文，认为古籍数字化需要大力培养能够利用现代先进技术手段保护古籍、研究和利用古籍的国学传承人，需要我们建立专门机构，投入专项资金，以新的起点培养人才，有计划、有针对性地培养人才；需要我们以新的标准建设队伍，以新的机制培训人才，以新的理念管理人才。

九、图书馆间协作与事业发展研究

从 20 世纪 50 年代起，西北五省区高校图书馆之间出现了自发的协作活动，后拓展到五省区图书馆之间的协作。截至 2000 年，先后召开七次协作会议，共完成 20 余项协作协议。学者们围绕西北地区图书馆协作、青海省图书馆的信息资源共享及图书馆事业发展等问题进行了探讨。

图书馆之间资源共享协作研究。蔡成瑛的《对西北地区高校图书馆协作活动的回顾》(《科技文献信息管理》2000 年第 10 期)一文，介绍了西北五省区高校图书馆协作活动的历史与现状以及取得的丰硕成果。单大妹的《青海省图书馆文献信息资源共享初探》(《图书馆学刊》2001 年增刊)一文，认为青海省实现文献信息资源共享，要发挥省(市)级图书馆的中心馆作用，建设联合数据目录库和公共图书馆目录查询系统，加强图书馆网络化建设，开展区域性馆际互借，等等。蒲宁英的《浅议青海图书馆系统文献资源

共建共享运行机制》(《青海师范大学学报》2006 年第 3 期)一文，分析探讨了青海省公共图书馆及各系统图书馆在经费短缺的境况下，实现在网络环境中文献资源联合共建起到资源共享的重要意义与必然趋势。

图书馆事业发展研究。梁明芳的《西部地区图书馆事业发展的回顾与思考》(《青海社会科学》1998 年第 5 期)一文，分析了西部地区图书馆事业现状和发展的制约因素，提出了振兴西部地区图书馆事业的思路。韵士忠、苏明、刘正伟的《青海省图情事业发展中存在的问题与对策》(《青海科技》1999 年第 3 期)一文，分析了青海省图情事业发展中存在的问题，提出了今后发展的思路和对策，认为公共图书馆应按"区域覆盖，就近服务"原则发展；以信息资源开发为目标，提高服务水平；以传播知识、倡导读书为核心，实施"知识工程"；优先发展大中型图书馆；等等。刘正伟的《谈图书馆系统的几个问题》(《青海社会科学》2000 年第 3 期)一文，叙述了图书馆系统的构成要素、环境、功能、运行与发展。许西乐、谢穗芬的《对民族高校图书馆现状的分析》(《大学图书馆学报》2006 年第 5 期)一文，根据全国民族高校图工委 2005 年 10 月的调查数据，结合高校基本办学条件指标，对全国 13 所民族高校图书馆建设状况进行了分析比较。蔡淑敏的《青海图书馆事业的发端》(《青海社会科学》2007 年第 4 期)一文，全面梳理从 20 世纪初到新中国成立的青海图书馆事业，认为青海早期的图书馆数量少、规模小，始终在极其困难的环境中苦苦挣扎，这一时期青海图书馆事业的鲜明特点是读者对象的大众化、办馆主体多元化等。

第三节　情报学研究

情报学使人们有效地传播已积累的知识，不　断地使人们及时吸收并应用新知识，唤起人们对

知识的记忆，推动人类社会、经济、文化和科学技术的不断进步。20 世纪 90 年代以来，随着计算机技术普及、网络使用更加便捷，青海情报学研究逐步推进，形成了一些研究成果。研究重点主要是情报特征和特点、情报资源建设与技术方法创新等。

一、情报学基本理论方面研究

情报研究者根据时代背景，着重研究情报学特点、情报检索方法、情报学发展趋势等。

情报特征和特点研究。 梁明芳的《关于社科情报研究的几点思考》（《青海社会科学》1994 年第 6 期）一文，认为信息和知识是两个与社会科学情报联系十分密切的概念，在研究社会科学情报时，不可避免地要涉及三者的辩证关系，论述了社会科学情报研究的五个方面。黄淑君的《信息意识与图书馆多元化服务浅议》[《青海大学学报》（自然科学版）1999 年第 3 期]一文，认为信息意识是当前图书馆复合型人才的重要素质之一，图书馆员必须具备较强的信息意识，才能更充分地利用馆内信息资源，有效地提供信息服务工作。韩月萍的《简论信息商品的价格》（《情报杂志》2001 年第 7 期）一文，从信息商品的价格形成及特殊性入手，认为信息商品使用后获得的效用、供求状况、信息技术的垄断程度、信息商品化程度、信息技术水平、转让次数等因素影响信息商品价格，指出信息商品的定价基础和依据应从效用价格论、垄断价格论、供求关系决定论、价值决定论四个方面去决定。张照云的《我国信息公平问题探析》（《图书馆建设》2008 年第 9 期）一文，认为信息公平是社会健康快速发展的内在要求，关乎国家的根本利益，但我国地区间及各社会层面的"数字鸿沟"却在不断加大。提出为促进实现信息公平，应逐步实现全国文献信息资源的均衡配置，加强公共信息资源及其利用平台建设，大力整合现有信息资源，努力扩大其开放性，不断提高公民的信息权利意识。

情报信息检索方法研究。 赵勇生的《论情报检索的认知模型》（《情报杂志》1996 年第 1 期）一文，通过对情报检索过程的分析，提出建立情报检索的认知模型，并阐述模型中各要素之间的联系。赵勇生、祝玉芳的《信息评估的烟分析法》（《情报杂志》2001 年第 8 期）一文，分析信息资源评估使用分析法的可能性，设定各项参数的取值范围和方法，指出信息资源的质量和品质、用户吸收信息的能力以及环境的影响因素的有机联系。

情报学发展研究。 谢穗芬的《我国情报学刊物的现状及发展趋势》（《情报杂志》1997 年第 5 期）一文，回顾中华人民共和国成立 40 年来我国情报学刊物体系的发展过程，认为我国情报学刊物地区分布不平衡、体系结构不合理，提出情报刊物发展应优化期刊体系结构、加强统一管理、提高研究水平、增强期刊自身机能、提高期刊质量。王新萍的《试论网络环境下的图书情报工作》《青海师范大学学报》2009 年第 2 期）一文，认为网络信息资源的日益丰富和完善，使得人们在存取和利用网络信息方面的需求与日俱增，图书情报工作面临着一些新的内容和特点，应从完善和加强网络环境的各个方面来提升图书情报工作。张照云的《科学发展观视野下的图书情报业及其改革发展探析》（《科技情报开发与经济》2009 年第 16 期）一文，阐述图书情报业贯彻落实科学发展观的必要性与紧迫性，提出图书情报业应以科学发展观为指导改革现行体制，统筹兼顾、科学布局现有资源与服务，尽快制定颁布数据库建设的国家标准，投资开发或确定全国通用的数据库建设平台，利用现代信息技术的优势，开辟数字信息资源获取利用的绿色通道。王新萍的《论信息技术对情报学的影响与推动》（《青海师范大学学报》2010 年第 4 期）一文，从信息技术的发展状况，信息技术与情报学的关系，试述了信息技术对情报学的影响和推动。

二、信息技术与资源建设研究

情报信息技术涉及图书馆影响力、网络安全、网站建设、信息资源获取等方面，青海学界的研究成果主要是在情报信息技术的运用及发展、信息资源建设等领域。

情报新技术运用及发展研究。 崔凡萍的《浅论新技术对图书馆的影响》（《青海图书馆》1998 年第 4 期）一文，认为新技术使图书馆日趋信息化，网络化是图书馆文献信息服务的趋势，提出图书馆要适应新技术，加快网络化、自动化进程。马文寿的《计算机网络安全问题的探讨和对策》（《青海师专学报》2006 年第 5 期）一文，探讨了计算机网络安全的相关技术，认为网络分段、以交换式集线器代替共享式集线器、运用 VLAN（虚拟局域网）技术可以提高计算机网络安全。李玉彬的《中小型公共图书馆网站的规划与建设》（《图书馆理论与实践》2007 年第 3 期）一文，探讨了中小型公共图书馆网站规划与建设的原则、内容与功能、流程、技术实现方案等。

情报信息资源建设研究。 吴新兰的《青海文化信息资源建设浅议》（《青海社会科学》2008 年第 5 期）一文，阐述了青海省文化信息资源及其建设原则、内容及重点，提出相应的建议和保障措施。刘春梅的《图书馆组织管理网络信息资源的探讨》（《青海民族大学学报》2010 年第 4 期）一文，介绍网络信息资源的种类，分析了网络信息资源的特点，认为图书馆对信息资源的组织是信息网络化发展的现实课题，提出组织网络信息资源应遵循的原则和网络信息资源组织的方法。

三、情报信息服务与利用研究

情报信息服务研究根据不同人群对情报信息的需求，探索情报服务方式方法转变。研究情报信息资源的利用途径，提出对策建议。

情报信息需求与服务研究。 汪永兰、籍广蕊的《论青海省情报信息需求与服务策略》（《情报杂志》1993 年第 4 期）一文，认为如何满足社会需求是情报信息理论研究的核心，也是设计情报信息系统和选择服务策略的依据，从研究青海省情报信息需求特点与供给现状出发，提出实施情报信息服务策略的对策与措施。马翠兰的《市场经济与青海省图书资料情报职能》（《青海民族学院学报》1995 年第 4 期）一文，认为图书情报工作者要强化图书情报职能，需把眼光放在读者的需求和民族经济发展的实际上，加强文献基础工作和文献的转换工作，加强对文献、情报需求的调查研究，从单向型服务转变为双向型服务，加强纵横交错的情报信息网络，加强读者用户的情报实用培训。韩月萍的《试论图书馆用户情报行为》（《情报杂志》2001 年第 B06 期）一文，探讨用户情报行为的意义，分析用户情报行为的过程及其基本特征和规律，认为用户情报需求的迫切过程、用户情报能力的强弱程度和用户对信息环境的熟知程度是影响用户情报行为的主要因素。卓尕措的《关于网络时代图书馆信息服务工作的思考》（《青海民族学院学报》2004 年第 3 期）一文，认为网络环境下图书情报工作者要有创新意识，树立以人为本的服务观念，提供网上资源库的检索服务，帮助用户在网络信息中快速准确地查找到所需的信息。南丽萍的《浅论网络环境下图书馆信息服务》（《青海师范大学学报》2005 年第 4 期）一文，分析网络环境下图书馆信息服务的特点及网络化对图书馆工作的影响，提出在网络环境下信息服务工作要开发网络信息资源、运用现代信息技术、开展网络服务等举措。周国泰的《影响科技查新质量的因素及解决方法探讨》（《科技情报开发与经济》2005 年第 17 期）一文，分析了科技查新工作程序各个环节中容易出现的问题，对影响科技查新质量的因素及解决方法进行了探讨。王清香的《论高校研究生信息素质教育》（《青海师范大学学报》2005 年第 3 期）一文，阐述了对研究生信息素质教育的重要性和图书馆开展信息素质教育的优势，提出加强信息意识宣传力度、开设研究生文献检索与利用课程、建立学科馆员制度对研究生进行信息素质教育的途径。张照云的《当前我国信息用户的主要信息行为及其发展趋势》（《图书馆学刊》2009年第10期）一文，认为用户信息行为的发生总量、频次呈快速增长态势，传统信息行为将受到高新技术的影响而逐步发生变革。韩月萍的《基于图书馆平台的信息素质教育》（《青海民族大学学报》2010年第5期）一文，介绍了信息素质教育的概念、内涵、发展历程以及美国在信息素质方面的进展，分析了我国高校图书馆开展信息素质教育方面存在的问题，并对图书馆如何更好地开展信息素质教育提出了相应的发展对策和措施。高媛的《高校图书馆信息素质教育之特色》（《青海师范大学学报》2010年第6期）一文，分析了我国高校图书馆开展信息素质教育方面存在的问题，提出图书馆要通过基础设施、信息环境、用户教育内容的体系化、信息伦理道德教育、馆员素质等五个方面的建设，构建信息素质平台，为信息素质教育的实施提供基本保障。

情报信息开发利用研究成果。张照云的《青海科技信息开发利用之障碍分析及对策研究》（《青海科技》2001年第2期）一文，分析了青海省科技信息开发及利用的工作环境、存在的障碍及成因，提出由政府宏观调控、全社会共同推进、市场化运作的发展科技信息服务业的模式。张毓卫的《青海信息化建设的经济环境和人文环境分析》（《青海社会科学》2007年第6期）一文，认为青海农业经营方式比较落后，对发展农业信息化产生不利影响，投入不足困扰着青海的企业信息化建设进度，基层公共图书馆文献数量严重不足、缺少现代化技术应用、人才队伍素质不高等问题限制了信息化发展中提供文献信息保障作用的发挥。认为提升和发展第三产业对于信息化建设有着至关重要的作用，必须大力促进科技进步与应用，抓好信息技术应用工程，加强科技基础平台建设，建立和完善文献信息和科学数据资源共享的制度体系。

第二十一章　研究机构、学术团体和队伍建设

20 世纪 90 年代以来，青海省社科研究机构和学术团体得到发展，形成了多层次、多功能而又相互联结的体系网络，培养了一批政治素质高、科研能力强、梯队衔接好的社会科学工作者，推动了青海省社会科学事业的繁荣发展。1993 年末，全省共有社会科学专门研究所（室）30 个，地方志编纂机构 114 个；各学会、研究会、协会有 68 个，会员达 19800 人；出版学会会刊 40 余种。到 2010 年，全省共有科学专门研究所（室）40 余个；各学会、研究会、协会有 78 个，会员达 2 万余人；出版学会会刊 50 余种。

第一节　研究机构

青海省社会科学院、省地方志编纂委员会、高等院校、党政部门等研究机构紧跟时代需求、彰显中国特色、尊重学科发展规律，积极更新观念、健全学科体系，展现出蓬勃生机。2010 年底，研究机构共有研究所（室）、编辑部等 60 余个、学术刊物 40 余种。据不完全统计，1993—2010 年，共出版学术论文 3000 余篇，学术专著 340 余部，获奖成果 250 余个，资料汇编 40 余部，完成国家级、省级等课题 100 余个，译著、译文、工具书、教材等 50 余部，举办研讨会、讲座、论坛等 100 余场，极大地丰富了人们的认识，繁荣了哲学社会科学事业。

一、青海省社会科学院

青海省社会科学院成立于 1978 年 10 月，是青海唯一的哲学社会科学专门研究机构。主要职能是：承担国家重点社科理论方面的基础和应用课题研究，为青海地方经济和社会发展提供理论研究成果，着力解决社会实践中的重大理论问

题，对关系全省的热点、难点问题开展超前性研究；承担省委、省政府交办或委托的重要方针、政策的调研任务和重大现实问题的研究。坚持"立足青海、面向全国、注重实际、突出特色"及"三兼顾、三为主"的科研方针，从事基础研究和应用对策研究，注重具有地方特色和民族特色研究，在地方经济、地方历史文化、藏学、民族宗教、青藏高原生态环境等领域逐步形成了研究优势，生产出一批优秀科研成果。自 1999 年起连续编撰出版了《青海经济社会蓝皮书》，对全省经济社会发展趋势进行分析和预测，成为沟通社科研究机构与各级党政部门和社会各界之间紧密联系的重要渠道。2001 年创办了专呈副省级以上党员领导干部参阅的《青海研究报告》。2006 年创办了以"咨政献策、一事一议、观点创新"为宗旨的短论载体《进言》。综合性学术期刊《青海社会科学》，刊发大量对当前经济社会发展有现实针对性和指导意义的学术论文，部分

论文被《新华文摘》《人大复印资料》全文转载，充分发挥了其学术窗口和理论载体的效用。2006年和2008年该刊连续两次入选国内社会科学评价领域的权威品牌——"中文社会科学引文索引（CSSCI）来源期刊"。2008年获青海省第二届社科类期刊编校印刷质量评比一等奖。

表21-1-1　1993—2010年青海省社会科学院负责人名录

姓　名	职务	任职时间
朱世奎	党组书记、院长	1989.6—1994.5
周生文	党组副书记、副院长	1989.6—1998.12
翟松天	党组成员、副院长	1989.6—2007.12
王　昱	党组成员、副院长	1989.6—2007.12
刘　忠	党组成员、副院长	1991.3—1998.12
冯　敏	党组成员	1993.12—2007.12
陈国建	党组书记、院长	1994.8—1998.12
谢　佐	党组成员、副院长	1995.5—1998.12
汪发福	党组成员、纪检书记	1996.5—2007.12
曲青山	党组成员、副院长	1997.10—1999.11
景　晖	党组书记、院长	1998.12—2007.12
曹景中	党组成员、副院长	2000.2—2002.10
淡小宁	党组成员、副院长	2002.10—
崔永红	党组成员、副院长	2006.4—2009.12
孙发平	党组成员、副院长	2006.4—
赵宗福	党组书记、院长	2008.4—
苏海红	党组成员、副院长	2010.12—

2010年底，全院有6个研究所，1个编辑部，1个文献中心，3个地方分院。科研人员47人，其中：高级职称人员33人，中级职称人员12人，初级职称人员2人；其中：享受政府特殊津贴5人，省级优秀专业人才1人。

1993—2010年，全院共出版学术专著111部，发表学术论文1767篇，译著12部，译文24篇，学术性资料汇编27部，工具书6部，各种综述34篇，普及读物3部，教材3部。获省部级优秀科研成果奖223项。

（一）经济研究所

成立于2003年7月，由原经济研究所与青藏高原资源与经济研究所合并而成。主要研究青海经济社会发展中的重大理论和现实问题，开展省情调查。研究领域涉及区域经济发展战略、区域产业布局、区域生态功能研究；国企改革、产业结构优化升级；生态农牧业、耕地草场流转、新型城镇化建设研究，资源环境经济、民族经济、工业经济、人口经济、盐湖资源的综合开发利用；等等。历任所长为徐建龙、苏海红。2010年科研和辅助人员10名，其中研究员5人、副研究员5人。

（二）法学研究所

成立于2004年5月，主要研究青海地方法治建设、民族地区生态环境保护、少数民族民间法、党史党建等相关问题。所长张立群。2010年科研人员3人,其中教授1人、副研究员2人。

(三) 藏学研究所

前身为1978年成立的宗教研究室,后几经变更,1986年6月改为现名。主要研究藏族历史文献整理与翻译、藏族传统文化的现代化转型与变迁,重大理论与实践问题、藏族历史、藏族经济社会、藏传佛教教义教理、藏传佛教寺庙塔窟、藏族语言文学、藏族民俗等。历任所长为陈庆英、何峰、马林。2010年科研人员6人,其中研究员4人、副研究员2人。

(四) 民族与宗教研究所

前身是1978年10月成立的民族宗教研究室,1996年改为现名。以青海主要宗教和世居少数民族为研究对象,通过文献研究、田野调查、统计分析等手段,对青海民族宗教问题进行基础理论和对策应用研究。历任所长为刘醒华、蒲文成、穆兴天、马连龙;副所长为蒲文成、拉毛扎西、穆兴天、吕建福、拉毛措、马连龙。2010年科研和辅助人员共7人,其中研究员1人、副研究员3人。

(五) 文史研究所

2000年3月由原历史研究所和文学研究所合并而成。主要研究青海地方历史、青海民族民间文学,兼顾文化青海建设战略、文化产业、非物质文化遗产、人才发展等应用对策研究。2000年至2010年,历任所长为崔永红、马进虎。2010年科研人员6人,其中副研究员5人。

(六) 哲学社会学研究所

前身为成立于1978年10月的哲学研究室,后几经变更,1990年9月改为现名。以马克思主义哲学、科技哲学、美学、社会心理学、社会文化学、民族宗教社会学、妇女社会学、人口社会学及应用社会学为重点研究学科,针对青海省经济社会发展和社会转型过程中的重大社会热点、

难点问题,广泛开展田野调查和学术研究。先后有30余名研究人员在所内工作。1993—2010年历任所长为朱玉坤、拉毛措;副所长为邢海宁、徐明、拉毛措、刘成明。2010年研究人员7名,其中研究员1名、副研究员5名。

(七)《青海社会科学》编辑部

前身是1978年10月成立的刊物编辑室,1982年改为现名,主要负责《青海社会科学》编辑出版工作。1989年始设主编、副主编,2003年设常务副主编(正处级)。1993—2010年历任负责人为魏兴、童金怀、余中水、汪发福、徐明。2010年人员5人,其中研究员1人、副编审2人、副研究员1人、编务1人。

(八) 文献信息中心

前身是1978年10月成立的图书资料情报室。1993年10月,《社会科学参考》编辑部从文献情报所分出独立运行,1996年8月更名为现名,下设文献部、信息部两个科级机构。自2008年起负责社科院网站的业务技术工作。1993—2010年历任负责人为李端兰、梁明芳、张毓卫。2010年人员7人,其中副研究馆员3人。

(九) 各地方分院

2008年7月和10月,分别成立海北州分院和黄南州分院,2009年12月成立海南州分院。三所分院均设在各州委政策研究室,是省社科院州级研究所和省情调研基地。分院的主要职能是:围绕省情州情,研究影响地方经济社会发展中的重大问题;围绕地方经济社会发展积极建言献策,为地方党委政府决策提供智力支持;研究并回答干部群众普遍关心的重大理论和现实问题。地方分院的研究方式和目的是:充分发挥各自优势,共享研究资源,开展多方面、宽领域合作,不断提高合作的层次和水平,使之成为社科理论为地方建设服务的典范,成为具有明显特色和优势、社科研究能力和水平有较大影响的社科理论研究阵地。

二、青海省地方志编纂委员会及其工作机构

1986年6月，省委批准成立青海省地方志编纂委员会，下设办公室为青海省社会科学院代管的县级事业单位。1994年11月，省编委批复省地方志编纂委员会为省政府办公厅管理的事业单位，省地方志编辑部为其工作机构，内设总编办公室、省志编写处、业务指导处。2002年10月，省编委发文将省地方志编纂委员会编辑部更名为省地方志编纂委员会办公室，并挂青海省地方志办公室牌子，为省政府办公厅代管的社会公益类厅级事业单位，内设综合处、业务指导处、青海年鉴社。2007年2月，省人事和社会保障厅批复省地方志编纂委员会办公室纳入参照公务员法管理的事业单位。主要职责是：贯彻落实中国地方志指导小组及其办公室和省委、省政府有关地方志工作的方针、政策，拟定全省地方志编纂有关规定和办法；拟定全省地方志工作规划和编纂方案；统筹组织、指导、督促和检查全省地方志工作；组织编纂地方志书、地方综合年鉴及相关地情文献；搜集、整理保存地方志文献和资料，组织开展旧志整理，推动省方志馆建设；挖掘地情资源，组织编纂特色志书；开展地方志学术交流，推动地方志理论研究；加强全省修志队伍建设，组织开展全省志鉴业务培训；组织、管理、开发利用地方志资源，推进地方志数字化、网络化。

表21-1-2　1986—2010年青海省地方志编纂委员会负责人名录

姓　名	职　务	任职时间
马万里	主任	1986.6—2001.1
田成平	第二主任	1992.12—1997.4
白恩培	第二主任	1997.4—1999.8
赵乐际	主任	2001.1—2003.10 （1999年8月—2003年10月任第二主任）
杨传堂	主任	2003.10—2004.12
宋秀岩	主任	2004.12—2010.5
骆惠宁	主任	2010.5—
陈云峰	副主任	1986.6—1997.4
景生明	副主任	1986.6—1997.4
马石纪	副主任	1986.6—1997.2
桑结加	副主任	1992.1—2007.6
班玛旦增	副主任	1992.12—2000.9
王　昱	副主任	1992.12—2007.6
谭　奇	专职副主任	2000.9—2003.10
姚湘成	副主任	2000.9—2010.5
田　源	副主任	2000.9—2007.6
白　玛	副主任	2000.9—2007.6
谭　奇	副主任	2003.1—2007.6
李津成	副主任	2007.6—2010.5

（续表）

姓　名	职　务	任职时间
曲青山	副主任	2007.6—2010.5
蒲文成	副主任	2007.6—2010.5
徐福顺	副主任	2010.5—
吉狄马加	副主任	2010.5—
刘春耀	副主任	2010.5—
韩玉贵	副主任	2010.5—
马彦海	常务副主任	1994.10—1997.2
谢　佐	常务(专职)副主任	1997.4—2000.9

表 21 - 1 - 3　　　　1986—2010 年青海省地方志编纂委员会工作机构主要负责人名录

姓　名	职　务	任职时间
景生明	青海省地方志编辑部总编辑	1986 年 12 月—1992 年 12 月
马石纪	青海省地方志编辑部总编辑	1993 年 1 月—1994 年 10 月
马彦海	青海省地方志编辑部总编辑	1994 年 10 月—1997 年 2 月
谢　佐	青海省地方志编辑部总编辑	1997 年 2 月—2000 年 9 月
谭　奇	青海省地方志编辑部总编辑、办公室主任	2000 年 9 月—2007 年 3 月
万伟力	青海省地方志编辑部副总编辑	1995 年 9 月—1997 年 3 月
徐锦华	青海省地方志编辑部副总编辑、副主任	1996 年 6 月—2005 年 12 月
胡守忠	青海省地方志编辑部副总编辑、副主任	1997 年 6 月—2000 年 6 月
刘德然	青海省地方志办公室副主任	2005 年 12 月—

三、高等院校研究机构

（一）**青海省情研究中心**

成立于 2008 年，是中共青海省委教育工作委员会直属机构，挂靠青海大学，实行省教工委和青海大学双重领导与管理的体制，是集科研、教育、咨询、决策服务为一体的多功能研究机构，也是青海大学唯一的一所人文社会科学重点研究基地。

青海省情研究中心自成立以来，以青海大学为依托，立足地方，学以致用，与青海省女子监狱合作建立"青海大学青海省情研究中心思想政治教育与社会服务基地"。秉持"突出特色，整合资源，强化内涵，服务国家战略"的宗旨，制定了以学术性与实践性相结合、基础性研究和应用性研究相结合的"双结合"方针作为工作指导思想。

（二）**青海民族研究所**

成立于 1980 年 5 月，2009 年经青海省机构和编制办公室批准，民族研究所更名为民族学与社会学学院，下设民族学、历史学、宗教学、民俗学、语言学、人类学 6 个教研室。截至 2010 年底，研究所共有研究成员 19 人，其中教授 9 人、副教授 3 人、博士 7 人。

研究所以汇聚一流人才、培养一流人才为目标，打造了"青藏高原民族区域发展与社会管理""中国民族史（青藏高原民族历史文化）"

"青藏高原民族社会研究""青藏高原族群与区域文化"等四个学科团队。民族学团队被青海省人才办确定为社会科学领域"人才小高地"，基本形成了一支高职称、高学历、高学位、高学术水平的教师团队。创办《青海民族研究》刊物，被北京大学、南京大学、武汉大学3个期刊评价权威机构确定为中国人文和社会科学核心期刊、中国民族学类核心期刊。

1993—2010年，出版专著160余部，发表论文370余篇，总共承担国家社科规划办课题30余项，国家民委、青海省社会基金项目教育部、文化部等部门课题50余项，获得各类项目经费支持600余万元，科研成果获青海省社会科学成果奖等省部级奖励30余项。

（三）青海省法学研究所

成立于2004年11月，下设藏汉双语法律教育与实践中心、民族法学研究中心、青藏高原生态环境与资源保护研究中心、人权法研究与教育培训中心、青海省地方立法评估与咨询服务中心和《昆仑法学论丛》编辑部等机构。2010年末，有研究员18人，其中教授6人、副教授9人、博士1人。

青海省法学研究所以服务国家在青藏高原地区的重大战略和区域经济社会发展为宗旨，围绕青藏高原多民族法律文化、民族习惯法、民间法和青藏高原环境与资源保护法等研究领域，开展调查研究、学术研讨、咨询论证和法治评估等工作，为促进青藏高原地区法治建设提供理论支持和智力服务。与全国十几所大学法学院建立了学术交流关系，先后主办和承办了"首届全国惯法、民间法研讨会""青海省第二届法学前沿理论研讨会""中国法学会民族法学会2010年年会暨学术研讨会"等全国性学术会议。截至2010年末，研究人员在《中国法学》《法商研究》《环球法律评论》等期刊发表学术论文300余篇，3项科研成果获省部级以上奖项。

（四）青海省旅游文化研究所

2000年经青海省编委同意设立机构，2003年挂牌成立，隶属于青海民族大学旅游学院。主要开展科研、教学、社会调研、咨询等系列活动，以青海省地域文化与旅游开发为主要研究内容，重点关注青海省文化创意与旅游开发、文化遗产保护与管理、旅游开发与规划、旅游经济发展与旅游产业竞争力提升。2010年有成员9人，其中教授2人、副教授2人、博士1人。

2003年至2010年，研究所依托旅游管理特色专业项目组织出版教材及专著16部，公开发表学术论文60余篇，主持完成国家社会科学基金项目2项，在研国家社科基金项目3项，获省部级奖励1项。旅游管理专业教师团队先后主持完成了《西宁市城中区十二五旅游发展专项规划》《海北州海晏县热水温泉旅游景区规划》等。

（五）青海省青藏高原生态环境研究所

成立于2006年，主管单位为青海民族大学。主要围绕青藏高原生态环境问题，实施评价、调查、监测等工作；围绕青藏高原农牧业发展、生态移民、生态补偿等问题开展研究。2006—2010年，共发表论文15篇，著作1部，调研报告1篇。研究所负责人为杨永梅，研究成员8人，其中教授1人、副教授4人、博士3人。

（六）青海省语言与民俗研究所

成立于2005年，主管单位为青海民族大学。主要研究民族语言、地域方言和少数民族民俗文化。2005—2010年先后承办了"西北方言与民俗研究国际年会""第四届现代汉语语法研究国际研讨会""第七届中国社会语言学年会""教育部中文教学指导委员会2008年年会""青海省语言学会年会"等高层次的学术研讨会。2010年末，有研究成员8人，其中教授1人、副教授4人。

（七）青海省非物质文化遗产研究所

成立于2007年1月，主管单位为青海省文化厅。主要开展全省非物质文化遗产搜集整理研究、各类非遗传承与保护研究项目申报等工作。2007—2010年申报省部级以上非遗传承与保护项目10项，出版《青海藏戏艺术》《格萨尔遗产戏剧人类学研究》《格萨尔文化音乐人类学研究》《中国体系非物质文化遗产研究》等专著十余部，发表论文50余篇；邀请国内外知名专家进行专题讲座20余次，举办大型学术研讨会2次；研究所成员先后获省部级科研奖13项。负责人为曹娅丽，研究成员有索端智、先巴、李景隆、谷晓恒等学者及艺术学院具有科研能力的副教授。

（八）青海省藏学研究中心

成立于1999年5月，归属青海民族大学藏学院，研究人员为藏学院全体教师。2009年升格为青海省藏学研究中心，重点围绕语言、文学、历史、宗教、逻辑、历史文献等藏学研究领域开展研究，为民族地区的政治、经济、文化等建设服务。2010年，研究中心主任为旦正，有专业研究人员27人，其中教授11人、副教授8人、博士4人。

2005—2010年，先后承担了科研项目12项，其中国家社科基金2项、教育部项目4项、省级项目6项；出版藏学专著15部；发表学术论文160余篇。举办"藏传因明及高校民族教育研讨会""首届民族院校研究生学术研讨会""全国藏学学术期刊协调会"等多场全国性学术研讨会，十余人参加在美国、加拿大、北京等地召开的国际藏学研讨会及《格萨尔》国际学术研讨会。研究中心成员先后获"国家级教学名师"奖、文学创作"骏马奖"、藏学研究类"珠峰奖"等国家级奖励10项，获青海省社会科学成果奖等省部级奖励15项。

（九）青海省企业管理咨询中心

成立于2005年，主管单位为青海民族大学，是立足青海、面向青藏地区，服务中小企业管理和提供企业咨询的研究中心。重点研究民族地区

中小企业创新与创业、公司治理、人力资源管理等内容。2010年有研究人员10人，其中：省级优秀教师1人，青海省"千人计划"入选人才1人，青海省"135人才计划"入选人才1人；教授1人，副教授5人。自成立至2010年，中心成员共承担省部级以上课题、横向课题25项，发表各类学术论文55篇，出版专著10部，举办"青藏高原旅游研究"等区域性学术会议3次。

（十）青海民族大学人力资源管理研究所

成立于2005年，挂靠青海民族大学政治与公共管理学院，研究人员为本学院相关专业教师。主要从事提供人力资源领域关键数据、战略信息，建设人力资源研究信息数据库，为人力资源战略决策提供数据、信息支持。开展相关行业的人力资源发展态势、人力资源管理等研究，参与国家及省市人力资源战略的顶层设计。承担国家重大人力资源战略问题研究，接受政府部门、企业和研究机构的委托进行科学研究和管理咨询服务工作。带动团队建设和人才培养，重点培养博士、硕士层次的高端复合型管理人才，面向大中型企业及政府相关管理部门高层管理者开展人力资源培训。开展国内外合作，建立跨学科的合作研究网络。2010年末有研究人员13人，其中教授4人、副教授2人、博士2人。自成立至2010年，研究所成员发表论文60余篇，主编著作7部，主持完成国家社会科学基金项目6项，省级社会科学基金项目3项，在研国家社科基金项目2项。

（十一）青海蒙古文化研究中心

成立于2006年，为青海民族大学校级研究机构，挂靠于学校原蒙古语言文学系。教学与科研并重，主要开展青藏高原德都蒙古历史文献、古代文学、现当代文学、方言学、民间文学、民俗学等领域的研究与教学工作，以青藏高原的蒙古族传统文化遗产和现代文化现象为研究主攻方向。2010年有研究人员14人，其中教授6人、

副教授3人、博士2人，研究中心主任为才仁巴力兼任。

（十二）青海民族大学大学生思想政治教育研究中心

成立于2009年10月。主要研究青海民族大学大学生思想政治教育、思想政治理论课堂教学与课堂实践，社会主义核心价值体系的理论与实践，民族院校推进马克思主义中国化、大众化和时代化，少数民族大学生的马克思主义国家观、民族观、历史观、文化观、宗教观教育研究，思想政治理论课课程及案例研究，等等。2010年有学术顾问6人，其中教授5人、副教授1人；教师成员6人，其中教授3人、副教授2人。负责人为马文祥。

四、党政部门研究机构

（一）省委政策研究室

前身是1975年12月成立的省委办公厅调查研究室。1994年10月，根据省编委下达的"三定"方案，省委政策研究室列行政编制39人、事业编制12人，内设办公室、农村牧区处、城市工作处、政治建设处、社会发展处、综合处6个职能处室。1995年8月17日，成立省委农村牧区工作领导小组，办公室设在省委政研室。1996年1月12日，省委成立青海省农村牧区固定观察点办公室，办公室及其业务挂靠省委政研室农牧处。2001年3月，省委政研室内设机构确定为5个：办公室、经济研究处、农村牧区处（挂省委农村牧区工作领导小组办公室牌子）、社会发展处（挂政治建设处牌子）、综合调研处。核定行政编制32名，机关事业编制6名。《民族经济与社会发展》杂志社由副县级事业单位调整为县级事业单位，同时增挂"省委政研室信息咨询服务中心"牌子，事业编制由7名增至9名。1993—2010年历任主任：王宝良、于敬尧、寻兴才、刘春耀、杨效平、李联元、高存福。

省委政策研究室职责：组织对全省政治、经济、社会、文化、党建等方面的重大问题进行调查研究，并提出政策建议和意见，供省委决策和参考；紧紧围绕省委中心工作，按照省委的意图，协调有关部门力量，组织或参与起草、修改省委重要文件、报告和讲话；协调和指导全省党委系统的调查研究工作，承担全省经济、社会发展战略及有关政策的调查研究，组织撰写宣传、阐释党的路线、方针、政策的文章和书籍；负责搜集、整理、分析国内外、省内外理论研究动态，典型经验和经济社会发展信息，为省委决策提供参考；承担省委农村牧区工作领导小组办公室的日常工作。

（二）中共青海省委党史研究室

成立于1991年2月，1998年增设编审处。2001年1月，党史研究室由省委直属的厅级事业单位调整为省委组织部代管的独立的县级事业单位，核定事业编制16名，内设办公室、政策研究室、编审室。2003年2月，省委党史研究室改由省委办公厅代管，机构规格、人员编制、领导职数不变。2010年，省委党史研究室调整为省委办公厅管理的副厅级事业单位，未明确内设机构和领导职数。历任主任：窦俊德、杨效平、赵国清、魏效祖、李敏。

省委党史研究室是中共青海地方党史的研究机构和中共青海省委主管全省党史业务的工作部门，其主要职责是：承担中国共产党青海历史研究工作，组织编写中共青海地方史和编年史、专门史；征集、整理、编纂青海地方党史重要资料，搜集、整理省内外党史资料等。2006年12月，省委党史研究室内部编印《中国共产党青海省历次代表大会重要文献汇编》〔第一至第五次（上下）〕，2007年8月内部编辑印刷《中国共产党青海省历次代表大会重要文献汇编》〔第六至第十次（上下）〕。重点专题资料征集编纂《中国资本主义工商业的社会主义改造（青海卷）》《中国共产党青海省组织史资料》《中国新时期农村的变革（青海卷）》《青海高原精神教育读本》《改革开放二十年大事纪略》《拨乱反正（青海卷）》《"大跃进"运动（青海卷）》《六十年代国民经济调整（青海卷）》《走进新世纪——从党的十五大到十六大（青海卷）》《"三反""五反"运动（青海卷）》《青海的共和国之最》。编纂党史人物丛书《孙作宾》《张中良纪念文集》，编纂党史基本著作《中共青海历史大事记（1932—1990）》《孙玉清传》。

（三）省政府研究室

前身是 1987 年 9 月成立的青海省人民政府研究中心办公室。1993 年，为省政府办公厅所属事业单位，编制 7 人，厅处级职数 4 人。1995 年 8 月与省政府办公厅信息处合并，成立省政府经济研究信息中心，内设宏观经济处、社会处、信息处，列事业编制 24 人，主任 1 人，处级领导职数 9 人（含副主任 2 人）。1997 年 3 月，省政府经济研究信息中心更名为省政府发展研究中心，内部处（室）由 3 个增设至 4 个，新增设自动化办公室，宏观经济处改为经济处，社会处与办公室合署办公。2000 年 5 月，将省政府发展研究中心的信息处和自动化办公室合并划出。2002 年挂省政府研究室牌子，为省政府办公厅管理的行政管理类副厅级事业单位。2005 年 5 月将《青海政报》编辑部划归省政府发展研究中心管理。2006 年 11 月，省政府发展研究中心（挂省政府研究室牌子）列入参照国家公务员法管理范围，为省政府办公厅管理的行政管理类副厅级事业单位。2010 年 5 月，省政府发展研究中心更名为省政府研究室，挂省政府发展研究中心牌子，升格为正厅级机构，设主任 1 人，副主任 2—3 人。1993—2010 年历任负责人：万伟力、胡先来、钟通蛟、尚玉龙。

省政府研究室主要职责是：围绕省政府重要决策搞好调查研究，进行经济形势分析、经济发展预测工作；起草省政府工作报告，省政府全体会议文件和其他重要文件；负责起草、审修省长、副省长有关讲话材料；承担省政府领导交办的其他事项。编发《经济动态》《社会动态》《调研报告》《青海快讯》《青海政务信息》《省外信息摘编》等刊物，协同省委政策研究室编辑发行《民族经济与社会发展》。

（四）政协青海省委员会办公厅研究室

成立于 1995 年，与秘书处合署办公，1998 年 10 月单设，2010 年 12 月升格为副厅级行政单位，代管信息中心和《青海政协》编辑部，人民政协报青海记者站、青海省人民政协理论研究会挂靠在研究室。历任负责人：杨曙光、李毅。

主要职责是：负责统一战线、人民政协理论及政协工作实践的研究，为政协领导和办公厅提供参考意见、建议和资料；协助做好省政协党组中心组学习的相关工作；参与省政协重要调查研究，收集相关的政策、法规、情况和意见，进行综合分析研究；组织政协优秀调研报告评选活动。编发《青海政协信息》《社情民意》，负责《青海政协年鉴》《青海年鉴》省政协部分、《全国政协年鉴》青海部分的编撰工作，负责《青海政协》编辑部的管理，编辑出版《青海政协》杂志。

（五）省纪委、省监察厅政策法规研究室

成立于 1993 年 4 月，省纪委、省监察厅合署办公，将原来的省纪委政策研究室和省监察厅法规室合并成立省纪委、省监察厅政策法规研究室，属党政机关内设机构。主要工作职责是：负责纪检监察工作理论研究及有关政策问题的调查研究；起草重要文件、报告；负责拟定纪检、监察法规和政策规定；参与有关拟定党内法规和行政法规的工作；审查州、地、市纪检监察机关上报备案的法规和政策规定。

省纪委监察厅政策法规研究室历任领导：姜琪芳、孙传宝、田延英、陈宝君、韩素文、徐浩洲。

（六）青海经济研究院

前身为1981年12月成立的青海省计划委员会经济研究所。1996年，经济研究所与经济信息中心合署办公。2001年，将经济研究所与青海省价格研究所合并成立青海经济研究院，为全额拨款事业单位，事业编制18名，核定处级领导职数3名。2002年改为社会公益类县级事业单位，列事业编制15人，县级领导职数3人，经费实行全额预算。主要职责为：研究全省国民经济和社会发展中的重大方针政策、发展战略；研究经济体制改革，国民经济结构调整生产力布局及区域经济等重大问题；预测、分析国民经济运行态势；研究价格政策与青海经济发展问题。主办刊物《青海经济研究》。历任院长：姚海瑜、张义德、李勇。

（七）青海省教育科学研究所

隶属青海省教育厅。2002年核定事业编制7名，处级领导职数2人。主要职责是：开展全省普通中小学教育、幼儿园教育、特殊教育、职业技术教育、民族教育科研工作，承担国家、省和教育厅下达的教育科研课题；承担全省教育科研和学术交流工作。历任所长：刘文璞、刘永成、王仲林、王振岭。

主要成果：1993年，夏铸、刘文璞主编的《藏族教育改革与发展》由青海人民出版社出版；王振岭、刘文璞、任玉贵撰写的《更新观念 优化环境 促进女童教育健康发展——青海省少数民族女童教育实验报告》发表在《教育研究》1994年第12期。1994年，刘文璞、任玉贵主编的《青海民族女童教育研究》由青海人民出版社出版。1997年，任玉贵编著的《现代学校科学管理概论》由陕西人民教育出版社出版。2002年，白玛、高福寿主编的《21世纪的青海教育与可持续发展研究》由青海人民出版社出版。2004年，王振岭编著的《青海牧区教育发展研究》由青海人民出版社出版。2010年，王振岭主编的《青藏牧区教育跨越式发展研究》由青海人民出版社出版。

（八）青海省文物考古研究所

前身是1974年5月成立的青海省文物管理处所属的考古工作队，隶属于青海省文化厅，属正处级公益性事业单位。研究范围包括考古、历史、古建筑、文物保护等领域，主要职责是承担全省文物保护、调查、勘探、考古发掘和文物研究工作任务。主办刊物《青海文物》。至2010年，专家学者在考古专业杂志和国家一级刊物上发表文章200多篇，荣获青海省社会科学优秀成果二等奖5项、三等奖4项，其中《青海柳湾》获中国社会科学院考古研究所夏鼐考古学研究成果二等奖。至2010年，编制43人，其中正高级职称2人、副高级职称7人、中级职称12人。历任所长：刘溥、卢耀光、许新国。

（九）青海省少数民族古籍办公室

前身是1984年12月成立的省民族古籍整理规划办公室。2002年7月改为社会公益性县级事业单位，核定事业编制7人，县级领导职数2名。主要职责是开展全省少数民族古籍的抢救、搜集、整理、出版、研究工作。主要研究成果有王昱、马忠校注的《（顺治）西宁志》《青海省志·宗教志》等。1993—2010年历任负责人为韩道壮、吴天春、李巷秀、马玉芬、普日哇、马文彪。

（十）青海省《格萨尔》史诗研究所

成立于1985年，是省文联下属全额拨款事业单位，受全国《格萨尔》工作领导小组办公室指导。主要从事《格萨尔》史诗的抢救、保护、挖掘、搜集、整理、翻译、研究等工作。2005年6月，与青海民族大学签订合作协议，承担《格萨尔》学科的教学科研任务。1993—2010年历任所长：角巴东主、索南卓玛。主要研究成果有：角巴东主的研究专著《格萨尔新探》《格萨尔疑难新论》，角巴东主等编写的

《格萨尔》儿童文学丛书，角巴东主、娘吾才让、索加本等记录整理的《孕德智慧宗》《南铁宝藏宗》《阿达夏宗》，索南卓玛的专著《关于〈格萨尔王传〉》等。

（十一）青海省艺术研究所

原名为青海省文学艺术研究所。2002 年更名为青海省艺术研究所，是青海省文化和新闻出版厅直属单位。2008 年与新成立的青海省非物质文化遗产保护中心合署办公，内设非物质文化遗产保护中心、创作研究室、编辑部、办公室。2010 年核定编制数 17 人，实有工作人员 15 人，专业技术人员 10 人，其中高级职称 4 人、中级职称 3 人、初级职称 3 人，所长耿占坤。创办内部刊物《青海文化旅游》。主要研究青海文化基础理论、文化发展现状、民族民间艺术与非物质文化保护

等。2000 年以来编辑出版《昆仑文化论集》《昆仑文化新谈》《青海民族民间文化》《青海文化论集》《昆仑文化旅游论坛》等，代表性科研成果专著有《寻根记忆》《青海民族民间文化概览》《青海土族文化艺术》《高原放歌》《青海藏戏面具艺术》《青海回族史》《中国地域文化通览青海卷》等。完成全国社会科学规划课题《青海戏曲舞蹈资源调查》《藏族格萨尔唐卡艺术研究》、文化部艺术科学研究立项课题《青海民歌的社会学分析》、全国艺术科学规划项目"国家西部课题"《青海艺术史》《中国地域文化通览·青海卷》、青海省首批国家非物质文化遗产代表作名录丛书《河湟绝艺》《青海省非物质文化遗产名录图典》《玉树非物质文化遗产名录图典》等。

第二节　学术团体

学会、协会、研究会是社科联的组织基础，是省社科联联系广大人民群众的桥梁和纽带。1993 年初，全省有社科类社会组织 68 个，人员近 2 万人，其中中、高级职称的有 2400 多人。1997 年，发展到 90 多个，会员达 2.2 万人。2005 年，对全省民办社科研究机构进行全面清理整顿，新批准成立民办社科学会 6 家，学会共有 86 个。2010 年，有学会 91 个，会员 3 万人，会员遍布科研、宣传、教学、党政企事业单位。

一、青海省社会科学界联合会

青海省社会科学界联合会（简称省社科联），是青海省社会科学界学术性社会团体的联合组织，是全省社会科学群团组织的管理机构，属于中共青海省委领导下从事全省社会科学工作组织联络、指导管理、协调服务的人民团体。2002 年11 月，青编委批复省社科联由省委宣传部代管，将省委宣传部所属的《青海学刊》编辑部和省社会科学规划办公室划入省社科联，内设学会工作

部（挂办公室牌子）、省社会科学规划办公室、学刊编辑部。列事业编制 12 人，核定专职副主席（副厅级）1 人，处级领导职数 5 人，经费实行全额预算。2008 年 3 月，经省委组织部批复，省社科联实行参照公务员法管理。其主要职责是组织开展社会科学各学科的理论研究和学术交流，推动社会科学普及和咨询服务工作，为繁荣发展青海哲学社会科学事业做出贡献。

1993—2010 年，省社科联共召开两次代表大会，选举产生了第三、第四届社科联委员会。青海省社会科学界联合会第三次代表大会于 1997 年 12 月 25—26 日召开，出席代表 180 人，选举产生了由 79 人组成的省社科联第三届委员会，30 人组成的省社科联第三届常务委员会。田源当选为省社科联第三届委员会主席，寻兴才、赵森民、刘春耀、陈国建、冯敏（常务副主席）、江再杰、张广志、丹果、施涛、魏兴当选为副主席。2000 年 12 月—2003 年 1 月，王昱任社科联

常务副主席。

省科联第四次代表大会于 2003 年 1 月 21 日召开，出席代表 150 人，选举产生了由 65 人组成的省社科联第四届委员会，33 人组成的省社科联第四届常务委员会。曲青山当选为省社科联第三届委员会主席，武玉嶂、胡先来、石昆明、张季明（常务副主席）、王志峰、王昱、赵森民、李连峻、刘树仁、乔正孝、樊大新当选为副主席，刘志安当选为秘书长。

主办《青海学刊》月刊。2002 年将青海省委宣传部管理的《青海学刊》定为内刊，交由省社科联出版。《青海学刊》是全省社科工作的唯一学术刊物，主要反映青海社科界工作进展情况、社科工作者的工作成果和实践经验，对青海省社科研究工作发挥指导作用。2004 年初，由省委宣传部和省社科联共同创办《社科研究参考》和《决策参考》两份刊物，作为决策咨询的载体，并由省社科联负责日常编务工作。至 2010 年底，共编发《社科研究参考》17 期，《决策参考》52 期。

二、学会、协会、研究会选介

（一）青海省教育学会

成立于 1979 年 7 月 3 日，由省教育厅主管。1993 年 1 月召开第五届理事会，会长马玉麟，秘书长刘文璞。1998 年 3 月召开第六届理事会，会长高荣，秘书长靳育德。2002 年 12 月召开第七届理事会，会长杜小明，秘书长王仲林。2010 年 1 月召开第八届理事会，会长王予波，秘书长王振岭。学会围绕青海省教育改革与发展，开展群众性的教育科学研究和科普工作，为建立和发展具有中国特色的社会主义教育体系与理论，深化教育教学改革，全面提高教育质量，促进青海教育事业发展做出贡献。

（二）青海江河源文化研究会

成立于 1992 年 2 月，先后挂靠青海省民委、青海省文化厅。1994 年 3 月，会长蔡竹林；1995 年 10 月，会长马万里，秘书长张武明。1998 年 4 月召开第二届理事会，会长马万里，执行会长李志刚，秘书长师守成。2006 年 3 月召开第三届理事会，名誉会长马万里，会长张武明，秘书长师守成。2002 年、2008 年被省社科联授予省级先进社科学会称号，2008 年被授予全国社科联先进社会组织称号。创办《江河源文化研究》内部发行学术刊物。

（三）青海省城市金融学会

成立于 1991 年 7 月，挂靠中国工商银行股份有限公司青海省分行。业务范围为宣传国家金融工作的方针、政策，制定城市金融领域群众性科学研究、学术活动规划和年度工作计划，组织开展金融理论研究活动，等等。第一届理事会设理事 37 人，会长卢正云，秘书长李信；第二届理事会设理事 33 人，会长赵庆轩，秘书长贺世国；第三届理事会设理事 35 人，会长田寿，秘书长贺世国；第四届理事会设理事 45 人，会长李志诚，秘书长温陇秦；第五届理事会设理事 53 人，会长崔亮，秘书长陈春霞，后调整为会长张延挺，秘书长韩占永。

（四）省审计学会

成立于 1986 年 1 月 26 日，是青海省审计厅领导下的全省性公益性审计学术团体。学会设副会长、常务理事、理事、单位会员和学会秘书处。学会秘书处设秘书长。第四届审计学会，会长李万柳，秘书长张文江；第五届审计学会，会长张旭，秘书长曹红；第六届审计学会，会长张国生，秘书长王祥文；第七届审计学会，会长王继卿，秘书长马家平。编辑期刊《青海审计》（双月刊）。2003 年，撰写《财政体制改革对审计的影响及应对措施》获审计署优秀科研项目"三等奖"。2005 年，撰写《青海农业专项资金运行过程中存在问题及其审计对策》，获青海省哲学社会科学优秀成果三等奖。

（五）省钱币学会

成立于 1987 年，主管单位是中国人民银行西宁中心支行。2004 年学会由人民银行西宁中心支行调查统计处移交到货币金银处，挂靠于人民银行西宁中心支行，接受省民政厅的管理与监督，是省内历史货币工作者、研究者和钱币爱好者的学术性群众团体。1993—2010 年历任会长胡安舜、王小平，秘书长祁贵兴、张健民。2010 年 5 月，学会筹建青海钱币展览室。学会成员为全省历史货币工作者、研究者和钱币爱好者、钱币收藏家，主要开展历史货币的搜集、整理与科学研究，在全国性报刊发表论文 80 余篇，青海地方报刊发表论文 70 余篇，为普及中国古钱币文化做出了积极贡献。

（六）青海土族研究会

前身是 1992 年 9 月成立的青海省土族研究会，1999 年 9 月改为现名。第二届理事会设理事 91 人、常务理事 37 人，会长祁明荣，常务副会长鲍义志、董思远（兼秘书长）。第三届理事会设理事 135 人、常务理事 51 人，会长鲍义志，常务副会长董思远、何文祥（兼秘书长）。曾荣获青海社会科学类一级学会、全国先进社会组织、青海省科普宣传先进单位等荣誉称号。会刊《中国土族》，2001 年由内部刊物改为向国内外公开出版发行，并从 2001 年冬季号（总第十二期）开始，与青海日报社联办，曾获得国际优秀期刊称号。

（七）青海省世界语协会

成立于 1992 年 12 月 15 日，挂靠青海省社会科学院。首任会长朱世奎、秘书长贾文德，会员主要是科研人员、大中小学英语教师、工人和农民共 120 人。主要开展世界语宣传推广，参加全省科普活动。拍摄全国第一部世界语语音电视讲座，由青海电视台播出。编审的《简明世界语语法》一书，由中国世界语出版社出版，获青海省第五届哲学社会科学成果三等奖。多次被评为全

省社科普及先进集体、全省一级学会。

（八）青海德仁心理健康研究院

2008 年 8 月在青海省民政厅登记注册成立，业务主管单位是青海省社会科学界联合会。主要研究心理，积极心理治疗五阶段，心身疾病与健康学研究，指导预防亚健康、家庭心理健康教育，咨询服务等各类心理问题；培养健康指导师、心身健康师、家庭教育师、心理疗养师等。

（九）青海省图书馆学会

成立于 1979 年 1 月 9 日。是由本省各系统图书馆工作者及相关行业或机构科技工作者自愿结合、依法登记成立的地区性、公益性、学术性、非营利性的社会组织。主要开展学术研究和学术交流活动，组织会员参加中国图书馆学会每年举办的图书馆学术年会及其他小型学术交流活动，于 2005 年、2009 年分别主办第十次和第十一次全国图书馆科学讨论会。1995 年 7 月 17 日召开第四届理事会，理事长陈秉智，秘书长李园；2001 年 12 月 25 日召开第五届理事会，理事长陈秉智，秘书长李盛福；2005 年 3 月 25 日召开第六届理事会，理事长于立仁，秘书长李盛福。

（十）青海省金融学会

成立于 1981 年 6 月 2 日，主管单位是中国人民银行西宁中心支行，是中国金融学会和青海省社会科学界联合会的团体会员。1996 年 12 月召开第五届理事会，会长刘世安，秘书长祁贵兴；2005 年 6 月召开第六届理事会，会长胡安舜，秘书长陈希凤；2010 年 8 月召开第七届理事会，会长王小平，秘书长陈希凤。学会先后三次被评为先进社团组织、四次科普活动先进集体、一次优秀组织单位，2010 年成为全省首批通过认定的"一级学会"。学会组织推动了经济金融理论、金融方针政策研究，会刊《青海金融》为国内外公开发行的期刊。2003 年，《青海金融》成为"中国学术期刊（光盘版）全文收录期刊""中国期刊网全文收录期刊""中国学术期刊综合评价数

据库来源期刊"。

（十一）青海省中华小记者活动指导委员会

成立于 2005 年 7 月，业务主管单位是青海省社科联。指导中华小记者理论学习和社会实践活动。首任主任张季明。主办内部资料《对角羚》和《中华小记者活动信息报》。

（十二）青海省税务学会

成立于 1985 年 1 月 26 日，是省内专门组织税收科学研究的学术性社会团体。是中国税务学会的团体会员，会刊《青海税务学习》（月刊）。学会秘书处设在青海省税务局税收科学研究所，与科研所合署办公。学会的主要职责：履行好作为中国税务学会团体会员的职责，积极承接中国税务学会的各项工作任务；围绕中心，服务大局，紧密联系经济社会发展和税收工作实际，认真开展税收学术研究，组织青海税务系统的群众性税收学术交流活动；积极开展税收科学知识普及工作。历任会长：侯展夫、陈树勋、权芳楼、郭梓楠、饶勇。

（十三）青海省心理咨询协会

成立于 2007 年 9 月，会长曹斌。协会宗旨是宣传和普及心理学知识，唤起大众对心理健康的关注并促进其心理健康发展和人格不断完善。协会自成立以来为青海省培训了第一批心理咨询专业人员，参加过汶川大地震、玉树大地震的心理援助和组织指导工作。2008 年代表青海省参加了"5·12"汶川特大地震的震后心理援助工作，工作时长 3 年，为灾区服务 7000 余人次；2009 年为青海省中小学培训了第一批 150 名心理健康辅导员，使省内中小学心理健康教育工作从无到有；2010 年受省委、省政府指派，全面负责"4.14"玉树大地震心理援助工作的组织和实施，服务灾区群众、学校、机关、部队万余人次。

（十四）青海省统计学会

成立于 1980 年 11 月，业务主管单位是青海省统计局。主要从事统计工作和开展统计科学研究，是中国统计学会、青海省社会科学联合会和青海省科学技术协会的团体会员。1993—2010 年历任会长：赵恒伦、常俊华、薛政、侯碧波。创办《青海统计》期刊。

（十五）青海省社会工作协会

成立于 2004 年 6 月 4 日，是经青海省民间组织管理部门核准登记的非营利性省级社会团体，属青海省民政厅直管社团。首任会长克保，秘书长喇英才。协会由从事和关心社会工作的单位和个人自愿组成，以推进社会公益事业的发展，弘扬社会主义道德，促进社会互助，构建和谐社会为己任。协会成立以来，遵循"以人为本、发展公益、关注民生、服务社会"的宗旨，立足青海实际，注重有益于困难群众和弱势群体的工作。自成立至 2010 年，共争取引进各类资金 3300 多万元，实施了医疗救助、解决人畜饮水困难、关爱社会弱势群体、支持教育事业、抗震救灾、社会工作者培训等 30 多项公益项目。先后救治儿童先心病近 500 例，小儿疝气 4000 多例，解决 1 万多名群众的饮水困难，捐赠太阳灶 3000 余台，援建小学 5 所，资助贫困大学生 200 多人，为玉树地震灾区捐赠行军床 4.2 万张、过冬煤 800 吨。先后培训了 500 多名村主任、近 300 名社区主任，为改善边远贫困地区就医、上学和困难群众生活生产条件，促进和谐青海建设做出了积极贡献，受到受益群众的好评和资助方赞许，走出了"雪中送炭"式的青海社会工作模式。

（十六）青海省延安精神研究会

成立于 1993 年 12 月，主要职能是开展延安精神的宣传教育和延安精神理论研讨活动。第一届理事会（1993.12—2002.2）名誉会长扎喜旺徐、蔡竹林，会长马万里，秘书长景晖；第二届理事会（2002.3—2007.7）会长马万里，执行会长黄太兴，秘书长王志峰；第三届理事会（2007.8—2012.12）会长姚湘成，执行会长喇秉礼，名誉会长马万里、黄太兴、尕布龙、官却，秘书长王志峰。创办《延风》会刊，编辑出版《弘扬延安精神　振兴青海经济》《延安精神与中国现代化》《纪念邓小平诞辰100周年专刊》《毛泽东、邓小平、江泽民论延安精神》等书刊。研究会多次被上级业务主管部门评为先进社团、先进学会、先进研究会，2004年被民政部评为全国先进民间组织。

（十七）青海省地方志研究会

成立于1982年8月，前身为青海省地方史志研究会。1998年3月，经省民政厅民间组织管理局批准，改为青海省地方志研究会，由青海省地方志编纂委员会办公室主管。研究会主要进行地方志理论研究和学术交流，巩固和扩大地方志专业的编研队伍，提高志书质量，推动方志事业的发展。

（十八）青海省妇女问题研究会

前身是青海省婚姻家庭研究会，成立于1986年，主管单位青海省妇女联合会，由党校、高校、社科系统领导、专家、学者中的妇女选举产生理事会、常务理事会。主要围绕青海省委、省政府的中心工作，妇女发展的现状和妇联工作的实际，宣扬马克思主义妇女观和男女平等基本国策，围绕妇女群众普遍关心的热点、难点问题，开展妇女问题的理论研究，为党政部门和妇联组织决策妇女工作提供理论依据。历任会长：岳世淑、陈瑞珍、马海莉、张黎。

（十九）青海土楼观昆仑文化艺术研究院

成立于2005年8月，为民办非营利性社会服务组织，主管单位省社科联。院长喇宗静，秘书长李进茂，由30名理事、15名常务理事组成理事会。主要研究、挖掘、收集、整理昆仑文化

内涵，开展道教文化、道教艺术、书画摄影等文化交流，弘扬中华传统文化。

（二十）青海省保险学会

成立于1990年10月，1994年10月召开第三届理事会，选举产生常务理事18人，会长宋福兴，秘书长王虎林。1998年3月召开第四届理事会，选举产生常务理事16人，会长马炳超，秘书长高强生。2008年7月召开第五届理事会，选举产生常务理事36人，会长博科、李春，秘书长马元明、张永吉、梁健。学会以保险理论研究、保险政策研究和保险实务研究为主线，开展学术交流、教育培训、宣传保险、普及保险知识。创办学术刊物《青海保险》（后更名为《和谐保险》）。曾被评为全省"先进集体"、"全省先进民间组织"、青海省社会科学类"二级""三级"学会、"4A级社会组织"。

（二十一）党史学会

成立于1981年5月。1995年3月召开第七届理事会，选出理事9名，毛军任会长，孙欲声、张嘉选、冯敏任副会长，张照庆任秘书长。1996年3月，省委副书记姚湘成任名誉会长。2003年2月召开理事会，增补张世华、费雅君为副会长，胡明安为秘书长（兼），并增补部分理事。2004年8月召开第八届理事会，选举张世华为会长，孙欲声、费雅君、李世达、周忠瑜、崔永红为副会长。1993—2010年开展研讨会、讨论会、专题讲座等60次。在纪念红军长征胜利60周年系列活动中，配合省委党史研究室、青海电视台和省委党校，拍摄录制了5个纪念长征胜利的电视专题讲座。学会的一些老专家多次应邀到外地讲学，多次参与或参加全国、全省党史研究学术活动。

第三节　学术刊物

社科类社会杂志是社科界专家学者和工作人员发声的平台，深刻阐述哲学社会科学的时代价

值，科学分析面临的新形势、新任务。公开发行的社科类刊物有 8 种，内容涵盖广泛，涉及金融研究、生态研究、宗教研究、藏学研究、经济建设、生态建设等方面，发行单位为全省主要社科研究机构。

《青海社会科学》1980 年创刊，双月刊，青海省社会科学院主管主办。1981 年前为季刊，内部发行，1982 年改为双月刊，国内公开发行，1985 年起国内外公开发行。《青海社会科学》立足青海，面向全国，坚持正确的政治方向和学术导向，遵循解放思想、实事求是、与时俱进的思想路线，坚持理论联系实际的原则，贯彻"百花齐放、百家争鸣"的方针，既重视基础理论、历史问题、全国性问题的研究，也重视应用理论、现实问题、青海问题的研究，突出区域特色、民族特色和生态特色，保持了较高的学术品位，获得了很好的社会声誉。自创刊以来，刊发了一批富有学术价值的文章，在省内外学界产生了重要的影响，为青海乃至国家经济社会文化发展发挥了重要的思想功能和理论支撑，为我国哲学社会科学事业的繁荣发展做出了重要贡献，成为展示地方哲学社会科学研究成果的学术名片和青海省哲学社会科学界对外交流的重要窗口。1992 年被确定为全国综合类社会科学重要期刊和民族学类核心期刊；1999 年确定为中国人文社会科学核心期刊；1998—2010 年先后 4 次入选中文社会科学引文索引（CSSCI）来源期刊；2009 年获"中国北方十佳期刊"；1993 年获得青海省首届社科类编校质量二等奖 1 项；2003 年、2008 年先后两次获得青海省编校质量一等奖。

《攀登》由中共青海省委党校（青海省行政学院）主管和主办的哲学社会科学理论双月刊，每逢双月上旬出版。该刊于 1982 年创刊，自1989 年起在国内外公开出版发行，国际标准刊号：ISSN1001－5647，国内统一刊号：CN63－1015／C。该刊系中国人文社会科学期刊 AMI 综合

评价 A 刊扩展期刊，《CAJ－CD 规范》执行优秀期刊，是国家新闻出版广电总局第一批认定的学术期刊。《攀登》坚持以理论性、学术性、地域性为特色，主要刊载政治学、经济学、哲学、民族宗教学、法学、社会学和管理学等学科的哲学社会科学最新研究成果。其办刊宗旨是：以中国特色社会主义理论体系和习近平新时代中国特色社会主义思想为指导，深入研究、积极宣传和贯彻党的创新理论以及党在新的历史时期的重大战略思想，着力探讨当代中国和青海经济建设、政治建设、文化建设、社会建设、生态文明建设的理论与实践问题，为繁荣哲学社会科学理论研究服务。主要栏目："党的建设研究""政治学研究""社会治理研究""政府治理研究""青海经济社会发展研究""法学研究"。根据理论研究热点适时推出专题，刊发具有重要研究价值和现实意义的文章。

《青海民族大学学报》（藏文版）前身是《青海民族学院学报》（藏文版）。为进一步推动学校藏语言文学教学和研究工作，并为之搭建学术展示窗口与平台，2003 年 6 月经国家新闻出版总署批准，青海民族学院创刊《青海民族学院学报》（藏文版）。在学校"办一流刊物，创一流水平"的指导思想下，本刊突出民族学特色，注重对青藏高原的历史、文化、经济、宗教等领域的藏语文写作的科学研究成果，设有"文学评析""学术争鸣""翻译论坛""语言研究""民俗探微"等特色栏目。

自创刊以来，刊物坚持正确的办刊导向和政治站位，积极维护藏区社会稳定与发展，不断拓展藏学研究领域，促进我国藏学研究事业的繁荣与发展。本刊积极着眼于国内外藏学研究前沿，注重学术研究性和现实服务性强的学术成果，致力于推动和深化藏学研究的本土化，进而推进藏区经济社会全面发展，服务国家发展战略。刊物在发展中不断成熟，办刊水平不

断提高，学术影响力日益增强，所刊发的部分成果获得省部级以上奖励。如刊发在 2003 年创刊号上的论文《论藏族文学翻译》和《红娘子和白娘子》在青海省第七次哲学社会科学优秀成果奖中荣获三等奖。

2005 年 9 月 19 日，在学校支持下，编辑部召开《学报》（藏文版）创刊两周年座谈会，参加"第四届全国高校藏文专业教学研讨会"的全体专家、省内藏文刊物的主编及部分作者参加了座谈会，与会专家学者就本刊的办刊理念和办刊方向提出相关意见建议，并对刊物给予高度评价。2006 年，《学报》全文被维普数据库收录，成为我国藏文学术期刊中首个数字化刊物。2007 年由国家民族事务委员会文化宣传司和全国学报民族系统联络中心联合举办的首届全国民族地区学报（期刊）评比活动中，本刊执行编辑多杰太同志被评为"全国民族地区学报期刊优秀编辑"。2009 年，在学校更名的契机下，《青海民族学院学报（藏文版）》更名为《青海民族大学学报》（藏文版），同时，变更了国内统一刊号和国际标准刊号。同年，在全省第三届期刊编校质量评比中荣获二等奖。

在办刊实践中，利用学校在国内外藏学研究领域的区位优势，积极开拓思路，探索创新发展路径，取得良好成效。自创刊以来，刊发了一批颇有学术价值的独创性研究成果，也培养了一批致力于藏区社会研究的作者群，受到社会各界的欢迎和好评。

《青海民族大学学报》（社会科学版） 季刊，青海民族大学主管主办。1975 年 1 月，创办内部刊物《青海民族学院》。1978 年，《青海民族学院》更名为《青海民族学院学报》（社会科学版，以下简称《学报》），在国内公开发行。

改革开放以来，《学报》始终坚持四项基本原则，立足本院，立足青海，面向全国，贯彻"百家争鸣、百花齐放"的方针，发扬理论联系实际的学风，突出青海地方性及民族性特点，注重对人类学、文化学的研究，努力反映学校教学改革及当代社会科学的最新成果。本刊设有藏学、文化学、民族学、社会学、民族经济、民族法学、宗教学、青海地方史、民族史、民族教育、民族语言文学等栏目。

由于《学报》注重自身特色和学术质量，从而使其跻身于国内优秀学术期刊的行列，在国内外产生了一定的影响。1996 年，《学报》再次获得"全国中文核心期刊"的殊荣，从而成为青海省社会科学期刊中唯一连续两次获得上述殊荣的刊物；20 世纪 80 年代起，日本京都大学东洋史研究会创办的《东洋史研究》，将《学报》的每期要目刊出，从未间断过；80 年代以来，《学报》发表的数十篇论文获国家和省级优秀学术成果奖。《学报》与国内数十家科研学术机构建立了交换关系。1998 年，《学报》加入《国学术期刊》（光盘版）和"中国期刊网"，扩大了对外影响。2006 年，在全省首届中文社科类期刊编校质量评比中荣获三等奖。2007 年由国家民族事务委员会文化宣传司和全国学报民族系统联络中心联合举办的首届全国民族地区学报（期刊）评优活动中，《学报》荣获"全国民族地区优秀学报（期刊）"称号，"藏学研究""土族研究"被评为优秀栏目，2 人分别被评为全国民族地区学报期刊优秀主编和优秀编辑。同年，1 人荣获"全国新闻出版业领军人才"称号。与此同时，《学报》还被收入教育部和南京大学联合编制的"CSSCI"来源期刊目录。2009 年教育部同意青海民族学院更名为青海民族大学，《青海民族学院学报》更名为《青海民族大学学报》。

《青海民族研究》 季刊，青海民族学院民族研究所主办，青海民族学院主管。1986—1988 年试刊，1989 年正式创刊，主要对青海少数民族政治、经济、文化、教育等进行研究。1991 年改为季刊，1994 年在国内外公开发行。

自创刊以来，《青海民族研究》始终坚持正确的办刊方针，坚持马列主义、毛泽东思想，坚持社会主义方向，坚持"双百方针"，立足青海，注重理论联系实际，全方位、多角度研究探索青海各民族在两个文明建设中的各种实际问题和理论问题，寻求规律，开创未来，推进青海各民族政治、经济、文化、教育等事业的蓬勃发展。尤其是自 1994 年在国内外公开发行后，刊物的影响日益扩大，每年都有一批优秀论文被人民大学报刊复印中心创办的《民族问题研究》等国内相关刊物全文复印或摘要论点，有的则收入各种论文集出版发行。1996 年，国家数据库统计系统在研制"中国人文和社会科学论文统计与分析研究"（国家"九五"重点项目）时，从全国 3300 种社会科学期刊中选出了 700 种作为数据统计源，该刊被确定为"核心期刊"。1998 年，加入《中国学术期刊（光盘版）》。2004 年和 2008 年被评为民族学类核心期刊。

《青海金融》月刊，青海省金融学会主办，中国人民银行西宁中心支行主管。于 1981 年创刊，1991 年公开发行出版。《青海金融》是青海省唯一具有国际、国内刊号的公开出版发行的金融专业学术期刊，坚持立足青海、面向全国，以宣传党和国家金融方针政策、交流经济金融工作经验、组织理论探讨为己任，以服务地方经济发展、服务金融改革开放、服务金融知识传播为宗旨，《青海金融》是青海省经济金融界理论研究的前沿阵地，为促进青海省经济金融繁荣发展做出了积极贡献。1993 年《青海金融》在省委宣传部、青海省新闻出版局举办的"全省期刊编校质量评比"比赛中获得汉文期刊第四名的荣誉。1997 年在中国人民银行系统全国金融期刊评比中得到"地方色彩较浓，栏目设置具有实践性和区域性，版式设计讲究，印刷精美，给人留下较深的印象"的高度评价。1998 年在全国金融期刊评比中荣获"优秀栏目设置期刊奖"。2000 年荣获

国家级火炬项目"中国学术期刊综合评价数据库来源期刊"证书，并成为中国期刊网全文收录期刊。2003 年青海省新闻出版局在《审读工作交流》中给予"该刊乃青海省众多社科期刊中的佼佼者之一，已成为世界了解青海、青海走向世界的一个窗口"高度赞誉。2008 年获得青海省新闻出版局颁发的"在 2008 年度全省期刊、连续性内部资料出版物印制质量检测中被认定为优质产品"荣誉证书。

《青海师范大学学报》（哲学社会科学版）是由青海省教育厅主管、青海师范大学主办的综合性学术理论刊物。创刊于 1960 年，原名为《青海师范学院学报》，1984 年更易为现名。本刊为双月刊，面向国内外公开发行。50 多年来，《青海师范大学学报》（哲学社会科学版）立足西部，服务全国，面向世界，理论联系实际，将学术研究与时代发展相结合，追踪学术热点和社会思潮，尤其注重刊载反映民族地区特色的研究成果，为西部地区经济开发和教学科研提供最新学术信息。

主要栏目有：民族教育研究、青藏高原文化、哲学研究、丝绸之路与西北社会、历史研究、文学研究、语言学、教育教学研究及思政研究等。其中，"青藏高原文化"特色栏目得到学术界广泛好评和认可。

被确定为"中国学术期刊综合评价数据库""中国人文社会科学引文数据库"来源期刊，并被"中国学术期刊光盘版"和"中国学术期刊网"全文收录。

《青海师范大学民族师范学院学报》创刊于 1990 年，当时是以"藏汉合璧"的形式内部发行。1998 年新闻出版总署批准汉文学报国内外公开出版发行，刊物名称为《青海民族师范高等专科学校学报》；1999 年新闻出版总署批准藏文学报国内外公开出版发行，刊物名称亦为《青海民族师范高等专科学校学报》。2001 年由于青海民

族师范高等专科学校并入青海师范大学，成立青海师范大学民族师范学院，两刊随之更名为《青海师范大学民族师范学院学报》。2010 年藏文版学报更名为《青海师范大学学报》。

本刊突出学术性、师范性、地方性和民族性。坚持社会主义办刊方向，贯彻党的"百花齐放，百家争鸣"方针，开展学术讨论，交流教学和科研成果，发现和扶植人才，培养学术理论队伍，为促进校内外学术交流、活跃学术气氛，为学校教学和民族教育事业服务。

主要栏目：藏学研究、青藏文化研究、双语教学研究、文学、语言学研究。

本刊为"中国核心期刊（遴选）数据库"来源期刊，《中国知网》《中国期刊网》《中国学术期刊（光盘版）》《万方数据数字化期刊群》《维普网》等全文收录期刊。

第四节　队伍建设

1993 年以来，省委、省政府顺应青海社会、政治、经济、文化等领域的深刻变化，实施了系列社会科学人才引进、培养、管理项目工程，稳步扎实推进培养科研人才、选用管理人才。如 2004 年 9 月 15 日，青海省委出台《关于繁荣发展哲学社会科学的实施意见》，提出要造就一支高水平的哲学社会科学队伍。2006 年 12 月 20 日，中共青海省委宣传部印发《青海省哲学社会科学研究"十一五"（2006—2010）规划纲要》。2009 年，省委组织部制定出台《青海省引进海外高层次人才暂行办法》。省垣社会科学界认真贯彻落实文件精神，注重抓住培养、吸引、用好等环节，积极扶持培养，引领优秀人才脱颖而出，逐步形成了由党政机关、高等院校、科研机构、党校系统、社会科学团体组成的学科门类比较齐全和知识结构合理、学历层次攀升、年龄分布科学的社会科学研究队伍体系。2010 年末，全省从事社会科学各专业的工作者达 6.95 万人，其中高级专业技术职务的有 1588 人，中级专业技术职务的有 13730 人。

一、专业队伍建设

青海省始终把专业人才作为关系全省事业发展的关键性问题，着力开发人才资源，建设和培养专业人才，积极为专业人才在青创业搭建平台。开展新世纪"百千万人才工程"国家级人选推荐选拔工作，有 12 人推选入围。实施高层次专业技术人才培训年度计划，共选派 700 多名各学科、行业专家和学科带头人赴省外和国外进行专题培训。省委党校完成了校院教学科研和教学辅助部门 106 名专业技术人员对岗聘任工作，对全省党校系统申报中级职称的 32 名专业技术人员进行评审。省社科院建立了海北、黄南、海南地方分院以及海北、黄南、海南、乐都县李家乡省情调研基地，具有博士学位人员达 6 人。省属各高校利用现有平台开展引才、育才工程。青海大学建立了三江源科研基金，成立了青海大学—清华大学三江源研究院，先后派遣 40 多人次赴国外高校或科研机构、36 人次赴省外高校及研究院学习交流。青海师范大学优化师资学历、学位、学缘结构，整体规划、分层培养、重点引进，提高教学科研能力。青海民族大学着力培育治学严谨、德高学富的教授和富于创新精神的中青年学科带头人、学术骨干，有专职教师 714 人，教授、研究员 178 人，副教授、副研究员 290 名，具有博士、硕士学位的教师 472 人，占专任教师总数的 66.1%。青海广播电视大学采取公开招录与培养相结合的方式，教师队伍的数量、质量、学历层次和专业结构得到改善，有专业技术人员 77 人，副高以上职称 28 人，研究生学历 17 人，共派出 59 人到省外参加各种业务学习培训。至 2010 年末，全省获"有突出贡献的中青年专家"称号 1 人，由国务院命名的享受政府特殊津贴专家社科研究人员 11 人，青海省人民政府命名的优秀专业技术人才社科研究人员 2 人。

二、社会科学团体队伍建设

青海省社会科学界联合会积极为人才培养搭建平台，着力培养社会科学团体的专业人才。1993 年以来，组织举办各种不同形式的学术研讨会、讨论会、报告会、恳谈会 280 多次，参加人数 9704 人次，社会科学工作者撰写论文和调查报告 3460 余篇，汇编、出版学术资料和论文集 30 多种，专著、教材 40 多部。各社会科学团体也依托自己的平台，组织召开各种研讨会、学术报告会 300 余次，听讲人数达 10000 人（次），撰写论文 6000 余篇。部分团体还积极参与区域性、全国性、国际性学术研讨和学术交流活动，邀请美国、日本等国家和省外专家学者来做讲座，取得较大社会反响。部分社会团体对少数民族政治、经济、历史、文化、宗教的研究也取得了突出的进展，产生了深远的影响。在社会科学人才队伍的引领下，社会科学团体繁荣发展。2010 年末，全省性的各种学会、协会、研究会、非公社会组织达 90 个，学会会员遍布党政机关、企事业单位及科研、宣传、教学等机构，会员人数达 2 万余人，研究骨干达 2000 多人。

第二十二章　科研管理与学术活动

1993—2010 年，青海省委、省政府高度重视哲学社会科学事业繁荣发展，各研究机构和高等院校不断深化科研管理体制改革与创新，科学制订年度科研计划和实施方案，强化对社科项目、资金、成果的管理，科研组织和管理力度得到了明显提升，有力推动了全省哲学社会科学的进一步发展，人才队伍不断壮大，生产出一批高质量的研究成果，为全省改革创新发展提供了理论支撑和决策依据。

在迈入 21 世纪的过程中，科研管理逐步规范化、制度化、常态化，以社科院、社科联、高等院校、党校及群众性学术团体为主体的社科研究队伍基本形成，各研究机构和高等院校营造良好学术氛围，学术研讨和交流活动日益频繁。据不完全统计，1993—2010 年，举办开展全国性学术会议 29 起 3380 余人参会，区域性学术会议 24 起 1350 余人参会，各学会活动 53 起 2650 余人参会，各研究会活动 24 起 1400 余人参会，各协会、联合会活动 12 起 900 余人参会，国际学术活动 19 起 100 余名国外学者参与交流，涉及亚洲、非洲、欧洲、北美洲、大洋洲的 30 多个国家和地区。通过社科界与国内外学术界的合作交流，从推进社科知识的普及宣传、为党委政府建言献策、推动社会科学事业的繁荣发展等方面做了大量的工作，为促进我国经济和社会的全面协调可持续发展做出了重大贡献。

第一节　科研组织管理

各研究机构和学会在青海省委、省政府，省委宣传部的领导和省社科联的指导下，努力将科研管理和学术活动进一步规范化、制度化、常态化，科学制订年度科研计划和实施方案，科研组织和管理力度得到了明显提升。

一、制度建设

1993 年，青海省社会科学规划办公室出台《青海省哲学社会科学规划及课题资助管理暂行办法》，2001 年对该办法进行修订，并于当年 6 月编发《青海省社会科学规划项目管理办法》，各研究机构和学会也参照制订了保障和支撑科研工作的相关制度。

（一）青海省社会科学院

相继制订和修订了《科研经费管理办法（1994）》《青海省社会科学院科研发展基金管理办法（1997）》《科研课题管理暂行办法

（1997）》《青海省社会科学院激励约束机制试行办法（1999）》《青海省社会科学院科研管理细则（2000）》《青海省社会科学院导师制实施办法（2000）》《青海省社会科学院资深研究员评定办法（2000）》《青海省社会科学院激励约束机制试行办法（2000）》《青海省社会科学院资深研究员评定办法（2000）》《青海省社会科学院重大课题管理办法（2002）》《青海省社会科学院专业技术人员业务培训管理办法（2002）》《青海省社会科学院学术著作出版资助暂行办法（2005）》《青海省社会科学院科研专项经费相关开支管理暂行办法（2005）》等管理制度。

（二）青海省委党校

相继制订和修订了《校院科研成果管理暂行规定（1994）》《校院科研工作暂行规定（1994）》《校院学术委员会工作条例（1994）》《科研工作业务指导办法（2006）》《校院科研制度（2007）》《校院学术委员会工作条例（2007）》《校院非社团性质研究中心运行办法（2007）》《关于科研课题申报论证资助的补充规定》《关于立项课题主持人集中时间开展研究工作的办法（2009）》《关于完善科研工作量考核标准及计算办法的实施意见（试行）（2009）》《校院科研新秀奖评选奖励办法（2009）》《校院科研组织奖评选办法（2009）》《关于调整、完善〈校院科研制度〉有关规定的意见（2010）》。

（三）青海大学

相继制订和修订了《青海大学科研基金管理条例（1999）》《青海大学科研项目申报和鉴定及成果奖励管理办法（1999）》《青海大学科研经费管理办法（1999）》《青海大学科技服务及科技成果转让管理办法（1999）》《青海大学科研经费使用管理办法（暂行）（2008）》《青海大学科技发展规划（2008—2012）（2008）》《青海大学显著提高科研服务社会行动计划（2009）》。

（四）青海民族大学

相继制订和修订了《青海民族学院科研基金项目管理办法（2002）》《青海民族学院院长资金出版资助暂行规定（2003）》《青海民族学院优秀科研成果奖励和出版资助条例（2003）》《青海民族学院哲学社会科学研讨会、报告会、讲座的管理办法（2005）》《青海民族学院博士学位人员科研项目管理办法（2006）》等管理制度。

（五）青海师范大学

相继制订和修订了《青海师范大学科研工作保密条例（1998）》《青海师范大学科研基金管理办法（2000）》《青海师范大学优秀科研成果奖励办法（2000）》《青海师范大学学术著作出版基金管理办法（2004）》《青海师范大学优秀科研成果奖励办法实施细则（2004）》《青海师范大学科研项目管理办法（2004）》《青海师范大学重点学科建设科研支撑管理办法（2010）》等管理规章制度。

二、管理机构

（一）青海省社会科学规划办公室

青海省社会科学规划办公室成立于1993年3月，与省委宣传部理论处合署办公。2002年10月，根据省编委《关于省委宣传部所属事业单位机构改革方案的批复》，将省社会科学规划办公室划入省社科联。

青海省社会科学规划办公室的主要职责：一是制定和发布全省社科规划项目课题指南；二是负责与全省社科专家的联络工作；三是管理和使用全省社科规划项目专项经费；四是组织省社科规划项目的申报、评审工作，实施项目日常管理工作；五是组织对项目成果的鉴定、验收和推广工作；六是受全国哲学社会科学规划办公室委托，协助做好国家社科基金项目的申请、管理和成果鉴定、验收、推广等工作；七是交流社会科学研究信息；八是同相关部门一道加强哲学社会科学重点学科建设工作；九是完成省委宣传部和省社科联交办的其他工作。

（二）青海省社会科学院科研管理处

2003年在全省机构改革过程中，青海省社会科学院将科研组织处更名为科研管理处，成为科研组织与科研管理的专门机构。

科研管理处的主要职责：一是确定学科建设方案，拟制科研规划和年度课题计划，设置课题指南；二是制定本院科研管理的各项规章制度；三是组织申报国家、省级及各类项目；四是管理科研专项经费和相关课题经费；五是实施对科研人员的业务管理；六是组织开展科研外事及各种学术交流活动；七是进行科研档案建设管理。

（三）青海省委党校科研处

1991年，经青海省机构编制委员会批准，青海省委党校设立科研处。科研处是在校委会领导下的科研管理机构，全面负责学校的科研工作。

科研处的主要职责：一是负责拟制科研咨询长期规划、年度计划和有关规章制度，并组织实施；二是负责各级科研咨询项目组织申报和管理工作；三是负责各类学术活动和科研评奖的组织工作；四是负责组织、承担重大理论和实践研究课题攻关，履行"青海省中国特色社会主义理论体系研究中心"办公室的职责；五是负责科研经费和科研档案管理工作；六是负责非社团性学术机构的管理工作；七是负责审核教研人员科研工作量；八是负责科研协作和对州县党校的科研指导工作；九是负责编辑校院《研究报告》《资政专报》；十是负责校院学术委员会的日常工作；十一是承办校委会和校院领导交办的其他事项。

（四）青海大学科技处

青海大学科技处成立于1998年，是青海大学业务职能部门之一，下设科研管理科、社科科、产学研及成果管理科、综合科，主要负责全校科研项目的计划申报、执行检查、成果管理、推进产学研结合等工作，并通过科技工作不断促进教学工作，着力提升社会服务能力。

科技处的主要工作职责：一是协助学校领导编制学校科研工作中长期发展规划（草案）及年度计划和组织实施工作；二是不断深化科技体制改革，制定学校科技工作的各项管理制度，为科技工作创建良好的环境；三是负责组织实施各类科研项目的申报、立项、评审、检查及结题等管理工作；四是负责学校各类基金管理办法（草案）的制定及实施，保证基金的合理使用；五是负责组织实施各类科研成果的评审、鉴定、登记、报奖等工作；六是负责学校知识产权的保护及科研资料的保密工作；七是建立健全分级档案制度，做好科研资料的整理、归档工作；八是负责学校科研数据的收集、汇总、核实，编报科技工作的各种统计报表；九是负责组织各种学术会议、学术交流、科普活动，协调科研学会、协会、研究会方面的事宜；十是组织、指导和协调科研成果的推广应用，技术转让和科技咨询服务工作；十一是做好校领导和上级主管部门布置的其他工作。

（五）青海民族大学科学技术处

2002年，经青海省机构编制委员会批准，青海民族大学设立科学技术处，全面负责学校的科研工作，系青海民族大学科学研究管理的职能部门。

科学技术处的主要职责：一是根据国内外科学研究发展的趋势，结合学校实际，制定学校理工科科学研究的中长期规划和年度科研计划，并负责组织实施。二是建立健全学校在科研管理方面的各项规章制度，完善科研激励机制，营造良好的学术氛围，为科学研究工作的顺利实施创造条件。三是组织各级各类纵向和横向科研项目的申报工作，对各类在研项目进行督促检查与过程管理；负责各级各类科研项目、知识产权成果申报的合同签约与登记工作。四是根据学校科研发展规划，组织实施校级科研项目的申报、立项评审、中期检查及结题验收工作。五是配合财务处编制学校科研经费的预算，并承担管理、监督和审批科研项目经费的使用。六是负责完成学校理工科科技成果的汇总、统计、登记和教学科研人员的科研业绩审核工作和各类科技档案的整理、归档及保密工作。七是负责办理各级各类科研成果的推荐、报奖和评优工作。八是负责组织安排和管理学校各类学术交流活动，审核发放学术活动经费，协调安排各类科技展览、科技宣传等活动。九是负责完成校学术委员会、青海民族大学科学技术协会等相关日常工作。十是负责校长基金出版资助的日常管理工作。十一是负责创新团队、科研机构、研究基地、协同创新中心等科研平台的建设规划制定、日常管理及考核评估工作。十二是负责本部门的党风廉政建设、相关校务信息公开等工作。十三是负责科研管理人员培训等相关工作。十四是完成学校领导交办的临时

性工作和其他专项工作。

（六）青海师范大学科技处

1998年，根据青海省编委批复文件，青海师范大学设立科技处，全面负责学校科学研究、科技服务、学术交流等工作。

科技处的主要职责：一是贯彻落实国家科技方针政策，编制、实施学校科研工作年度计划和学校科研发展中长期规划；二是各级各类课题的申报组织和管理（立项、审批、阶段检查和服务、结题、成果报告、鉴定、报奖等）；三是各类科研成果的评审、鉴定、专利申请及科研成果的评奖工作；四是组织科技服务、科技成果推广和转化活动，对外洽谈、签订科研合作协议；五是负责科研机构和学术团体的管理；六是组织学校学术委员会、学术道德委员会开展工作。

第二节　学术活动

1993—2010年，青海省哲学社会科学学术团体和学术活动发展迅速，以社科院、社科联、高等院校、党校及群众性学术团体为主体，广泛开展了各类学术交流，举办了大量的学术讲座和理论研讨会，在组织形式上有全国和区域性学术会议，各类学会、研究会、协会召开的学术会议。与此同时，积极开展了国际性学术交流活动，对繁荣发展哲学社会科学事业起到了积极推动作用。

一、全国性学术活动

1993—2010年，各学术机构和高等院校积极开展全国性学术研讨会、研究年会等活动，不同省份的专家学者围绕主题交流经验，拓宽研究视野，为青海省社会科学与其他省份社会科学研究交流搭建了平台。

（一）青海省社会科学院

2002年6月16—19日，青海省社科院举办了全国"科研管理与社科成果评价研讨会"，来

自全国部分社科院及高校、党校的有关领导、专家学者参加了会议。2008年7月23日，由青海省社科院承办的"第十一届全国社科院文史所长联席会暨地域文化多样性与和谐社会建设学术研讨会"在西宁举行，来自中国社科院、全国20余个省市自治区社科院的文史所所长和青海社科院的科研人员80余人出席研讨会。

（二）青海省委党校

2000年8月10—14日，中国现代史学会、青海省委党史研究室、青海省委党校、青海民族学院与西宁市委和市政府联合举办"中国现代化与西部大开发学术研讨会"，来自省内外的79位专家学者参加了会议，54篇学术论文通过评审入选。2006年7月27—28日，青海省委党校承办了以"行政管理体制改革的法律问题"为主题的中国法学行政法研究年会，省内外近200名专家学者参加了会议，提交论文百余篇。2007年8月

2 日，青海省委党校与中央党校学习时报社共同主办"中国特色社会主义道路理论研讨会"，来自全国党校、组织、宣传、军队、大学等各界的 100 余位专家学者、30 余位相关部门负责人参加了会议。2007 年 8 月 6—9 日，青海省委党校与中央党校文史教研部联合主办了全国党校系统"和谐社会与文化建设学术研讨会"，来自中央党校和全国各省市区党校的 90 多名专家学者参加了会议。2008 年 7 月 21 日，青海省委党校与全国毛泽东哲学思想研究会联合举办"第十五次全国毛泽东哲学思想学术研讨会"，中国马克思主义哲学史学会名誉会长，全国毛泽东哲学思想研究会会长、副会长、理事，中央机关、全国党校、高校和社科院系统的 70 余名专家学者参加了会议。2009 年 7 月 6—10 日，中国马克思主义哲学史学会主办，青海省委党校与西宁市委、市政府联合举办"新中国 60 年与马克思主义哲学发展理论研讨会暨中国马克思主义哲学史学会 2009 年年会"。

（三）青海大学

1998 年 10 月 14 日，青海省财政厅厅长贾国民受邀在青海大学作了"关于青海省财政和财政形势报告会"。2002 年 9 月 28 日，青海省省长赵乐际在青海大学礼堂为近千名师生作青海省形势报告。2003 年中国社会科学院财贸经济研究所副所长、我国著名经济学家、博士高培勇教授为青海大学、青海师范大学近千名师生作了《中国的公共财政制度建设》的学术报告。2004 年 4 月 27—28 日，清华大学校长、中科院院士顾秉林教授，清华大学国际问题研究所所长阎学通教授，中国工程院院士孙家广教授在青海大学礼堂为师生作了三场学术报告。2005 年 8 月 2—6 日，青海大学财经学院承办了"第 19 次全国财政（经）高职高专教育研讨会"，共有 14 所财政（经）高职高专院校和相关单位的 54 名代表参加了会议，青海省副省长马培华出席会议并讲话。

（四）青海民族大学

2003 年 8 月 21—23 日，由北京大学经济法研究所和青海民族学院主办、青海民族学院法学系承办的"第四届全国经济法前沿理论研讨会"在西宁召开，会议的主题为"经济法责任的独立性"。2004 年 8 月 24—27 日，青海民族学院承办了"中国蒙古学会第三次会员代表大会暨第七次学术研讨会"。2004 年 8 月 24—27 日，青海民族学院蒙古语言文学系承办了"中国蒙古学会第三次会员代表大会暨第七次学术研讨会"。2004 年 9 月 24—27 日，"第二届全国民族理论与民族政策教学研讨会"在青海民族学院召开。2005 年 7 月 6—8 日，由青海民族学院与山东大学威海分校共同举办的"全国首届民间法、习惯法学术研讨会"在西宁召开。2006 年 8 月 3 日，青海省文联和青海民族学院文学院联合举办第三届民族文学论坛，来自全国各地的 60 多位代表参加了论坛。2007 年 6 月 14—17 日，由中国逻辑学会因明专业委员会主办、青海民族学院承办的"中国第三届因明学术研讨会"在青海民族学院召开。2007 年 7 月 3—7 日，青海民族学院和青海省文联联合主办了"首届全国格萨尔说唱艺人演唱会暨学术研讨会"。2008 年 7 月 16—17 日，青海民族学院承办了"'理论创新时代：中国当代文论改革与审美文化转型'学术研讨会暨中国中外文艺理论学会第五届年会"。2010 年 7 月 22—23 日，由青海民族大学承办的"中国法学会民族法学研究会 2010 年会暨学术研讨会"在西宁召开，来自国家民委、国务院法制办、中国法学会以及各省、自治区、直辖市民委的领导及专家学者 50 余人参会。

（五）青海师范大学

2002 年第九次全省高校党建工作会议在青海师范大学召开，省委副书记、省高校工作领导小组组长宋秀岩出席会议并做了重要指示。2005 年 7 月 16—18 日，由中国中文信息学会主办，藏川甘青滇五省区藏族教育协作领导小组、青海师范大学、中国科学院软件研究所承办的"第十届全国少数民族语言文字信息处理学术研讨会"在西宁召开。2005 年 8 月 18 日，青海师范大学与中国明史学会、西北师范大学、甘肃省社科院共同承办了"第十一届明史国际学术研讨会"。2006 年 8 月 5—7 日，由青海师范大学人文学院会同陕西师范大学西北历史环境与经济社会发展研究中心、国家清史编纂委员会典志组共同举办的"清代中国生态环境特征及其区域表现"国际学术研究会在西宁召开。2008 年 10 月 15 日，由中国人民大学基督教文化研究所主办、青海师范大学承办的"神学与诗学"第五届神学与人文学国际研讨班开班。

二、区域性学术活动

1993—2010 年，各学术机构和高等院校普遍召开了区域性学术论坛、研讨会、座谈会等活动，加强了学科与学科之间的交流与合作，促进了交叉学科的发展，推动了区域省份之间社会科学研究领域整体水平的提升。

（一）青海省社会科学院

1993 年 5 月 8 日，由青海省社会科学院承办的"西北五省区社会科学院第二届院长联席会议"在西宁举行，省委副书记桑结加、省委常委宣传部部长田源参会并做讲话，山东、安徽、广东等社科院的领导、专家学者参加会议。1994 年 2 月 6 日，中国社会科学院副院长腾藤来省社科院视察工作，其间与省委常委宣传部部长田源和省委党校、省社科院专家学者座谈了欠发达地区经济发展问题。1995 年 6 月 10 日，"全省纪念抗日战争胜利 50 周年学术交流会"在省社科院举行，省垣近现代史、中共党史学界专家学者 40 余人参加会议。1996 年 9 月 9 日，由省社科院牵头组织的"青海省纪念红军长征 60 周年学术研讨会"在西宁召开，全省社科理论界的 40 余名专家学者参加会议。1997 年 8 月 27 日，省社科

院邀请中国台湾藏学专家萧金松、林冠群与省垣部分社会科学工作者进行座谈。1998 年 8 月 6 日，中国藏学研究中心历史宗教所所长陈庆英研究员一行 4 人与省社科院从事民族宗教研究、藏学研究、历史研究的专家学者进行了座谈交流。1999 年 10 月 22 日，《青海通史》首发式在西宁举行，省委常委宣传部部长田源出席首发式并讲话。2000 年 7 月 5 日，由省社科院主办的"西部大开发理论研讨会暨西北五省区社科院院长联席会议"在西宁召开，省委常委宣传部部长田源到会并讲话。2007 年 10 月 10 日，中国社科院西亚非洲研究所国情调研考察组来省社科院，与部分专家学者进行了交流座谈。2009 年 8 月 11 日，中国社会科学院社会政法学部、青海省社会科学院、中国社会科学院民族学与人类学研究所、中国社会科学院藏族历史文化研究中心联合举办了"首届中国藏区经济社会发展论坛暨藏区社会科学院院长联席会议"，省委常委宣传部部长曲青山出席大会并讲话。2010 年 4 月 29 日，省社科院举办首届经济学术沙龙，邀请本省专家解读青海"三农"难题。

（二）青海省委党校

2001 年 5 月 31 日，组织召开全省党校系统纪念建党 80 周年理论研讨会。2003 年 2 月 15 日，组织召开全省党校系统"学习贯彻'三个代表'重要思想、全面建设小康社会理论研讨会"。2005 年 10 月 14 日，组织召开全省党校系统"构建社会主义和谐社会理论研讨会"。2006 年 7 月 19 日，青海省委党校举办"青海历史文化论坛"，省政协副主席蒲文成参加论坛，80 余位专家学者参加会议。2006 年 8 月，青海省委党校举办"民族地区党建论坛"，中央党校、人民日报社、甘肃省委党校、省纪委、省直机关工委、省政协、青海民族学院等专家学者参加会议。

（三）青海大学

1994 年 7 月 21—27 日，青海大学筹备并主

办"西南、西北地区财政（经）学校第十四届校级协作会议"，共计 39 人参加了会议。2009 年 4 月 1 日，青海大学与青海省国税局、西宁市国税局共同举办了以"税收、发展、民生"为主题的学术活动。

（四）青海民族大学

2004 年 9 月 24—27 日，青海民族学院主办了"第二届民族理论与民族政策教学研讨会"。2004 年 11 月 5 日，"青海省首届法学前沿理论研讨会"在青海民族学院召开。2006 年 7 月 26—27 日，由中国社会科学院《民族文学研究》编辑部、青海省文联、青海民族学院主办的第三届多民族文学论坛在西宁召开。2007 年 7 月 29 日—8 月 1 日，青海民族学院、黄南州人民政府联合举办召开首届唐卡艺术学术研讨会，四川、甘肃、内蒙古、青海的近 60 名专家学者参加了本次唐卡艺术学术研讨会。

（五）青海师范大学

1999 年 9 月 20 日，西北五省区高师院校联席会在青海师范大学召开。2006 年 11 月 20 日，省高校图书馆第七次学术讨论会在青海师范大学召开，省各高校、高职高专院校图书馆负责人，各高校学术研讨会论文作者等 60 余名代表参会。

三、学会、研究会、协会和联合会活动

1993—2010 年，全省学会、研究会、协会和联合会积极开展各类学术活动，通过召开研讨会、座谈会、理事会、征文等活动，哲学社会科学呈现出百家争鸣的新局面。

（一）学会

青海省教育学会：1993 年 1 月 12—13 日，青海省教育学会第五次代表大会召开，学会的代表以及论文作者共 50 人参加会议。1998 年 3 月 16 日，省教育学会召开第六届委员会代表大会，会议听取了第五届理事会工作报告，通过了新修订的学会章程，选举产生了新一届理事会。

青海省税务学会：1993 年 4 月 13—14 日，

省税务学会举办"税收理论研讨会"，全省各地税收论文作者代表和西宁、海东、海西、玉树等地区税务学会的秘书长等共 40 人参会，收到论文 81 篇，就其中的 20 多篇进行了会议交流。1995 年 6 月 27—28 日，召开了"全省税收理论研讨会"，会议共收到论文 87 篇，交流 23 篇。1996 年 7 月 4—5 日，省国家税务局、地方税务局、税务学会联合在西宁召开了"全省税收理论研讨会税收科研优秀成果表彰会"，100 余名代表参加了会议，会议共收到论文和调查报告 155 篇，对 1994—1995 年度 47 篇优秀成果的 55 位作者进行了表彰奖励。1997 年 1 月 17 日，召开第三届六次理事（扩大）会议，会议审议并通过了1996 年工作报告及 1997 年工作要点，研究确定了学会 1997 年重点调研课题 49 项。1999 年 3 月 25 日，在广东省广州市召开"中国税务学会第四次会议代表大会暨全国税收理论研讨会"，青海省税务学会被授予全国先进学会称号，5 项税收研究成果在全国第三次群众性税收学术研究优秀成果评选中获奖。

青海省计划国土经济学会、青海省外贸经济学会：1993 年 6 月 26—7 月 1 日，中国计划学会、青海省计划国土经济学会、青海省外贸经济学会在西宁联合举办"社会主义市场经济体制研讨会"。青海省副省长王汉民出席会议并讲话，会议收到论文近 20 篇。

青海省劳改学会：1993 年 8 月 19—21 日，省劳改学会召开首次理论研讨会，来自省劳改学会各会员单位的 67 位理论和实际工作者参加会议，收到论文 46 篇，对评出的 24 篇优秀论文作者进行了表彰奖励。

青海省警察学会：1997 年 3 月 13 日，省警察学会召开第一届四次理事（扩大）会议，会议审议通过了学会 1996 年工作总结和 1997 年工作要点，补选调整了学会理事会，制定了《青海省警察学会"九五"发展规划》。

青海省法学会：1995 年 7 月 18 日，省法学会召开第四次会员代表大会，省委常委、省政法委书记冯敏刚，省人大常委会主任宦爵才郎，省政协副主席马进孝，省检察院院长张济民等出席了会议。1997 年 10 月 9 日，省法学会、法官协会、青少年犯罪研究学会联合召开"学习十五大精神做好政法工作"座谈。1998 年 5 月 26 日，省社科联、省法学会联合举办"省政法系统学会理论研讨会"，共 45 人参加会议，16 人进行交流发言，省委常委、省政法委书记冯敏刚，省委常委、宣传部部长田源到会并讲话。2001 年 6 月 18 日，省法学会、省司法厅联合举办"省垣法学界纪念建党 80 周年座谈会"，来自西宁地区的 20 余位法学工作者和法律工作者参加了会议。2001 年 10 月 19 日，青海省法学会第五次会员代表大会在西宁召开，来自省政法战线各部门、大专院校、科研单位的会员代表 72 人，特邀代表 16 人出席了大会，省委常委、省政法委书记管雷出席大会并讲话。2002 年 1 月 28 日，省禁毒委员会办公室、省青少年犯罪研究会、省法学会联合召开"青海省禁毒工作研讨会"，向获奖论文作者颁发了证书。2003 年 9 月 27 日，省社科联、省反邪教协会、省政协社会学研究会、省法学会联合举办了"'防范邪教，维护稳定，建设小康理论研讨会'暨省反邪教协会第二届学术年会"，共收到论文 16 篇，对 6 篇优秀论文、10 篇入选论文作者颁发了证书。

青海人口学会：1995 年 8 月 27 日，省人口学会召开代表大会，副省长白玛出席会议并讲话，会议听取通过了第二届理事会工作报告，修改了《青海人口学会章程》，选举产生了第三届理事会。

青海省城市金融学会：1995 年 10 月 26 日，省城市金融学会召开"第二届会员代表大会暨理论研讨会"，会议审议通过了第一届理事会工作报告，选举产生了第二届理事会。1996 年 10 月 26 日，省金融学会召开第五次会员代表大会，选举产生了新一届学会领导班子，省委常委宣传部部长田源应邀出席会议并讲话。2005 年 1 月 21 日，省城市金融学会召开第四届会员代表大会，60 余位团体会员单位代表出席会议，会议审议通过了第三届理事会工作报告，选举产生了第四届理事会。

青海省审计学会：1995 年 11 月 7—8 日，省审计学会组织召开"全省审计理论研讨会"，会议收到论文 28 篇。1996 年 6 月 27 日，省审计学会召开了"纪念审计学会成立十周年暨全省审计理论研讨会"，收到 55 篇论文，12 篇优秀论文作者在会上做了交流发言。1997 年 9 月 5 日，省审计学会召开"全省审计理论研讨会"，共 50 余人参加会议，收到论文 40 篇，20 余篇论文作者在大会进行了交流。1998 年 9 月 21—22 日，省审计学会召开"1998 年度全省审计理论研讨会"，共 70 余人参加研讨，收到并交流学术论文 67 篇。2003 年 2 月 19 日，省审计学会第六次会员代表大会召开，来自全省各地的学会理事、会员代表 70 余人参加了会议。

青海省档案学会：1996 年 7 月 11 日，省档案学会召开"第四次会员代表大会暨第五次档案学术讨论会"，收到论文 70 篇，并对评选出的 17 篇优秀成果作者给予了表彰。2000 年 4 月 20 日，省档案学会举办省垣及海东地区"西部大开发，档案工作怎么办"学术研讨会，收到论文 32 篇。2000 年 9 月 28 日，省档案学会召开"第五次会员代表大会"，听取了第四届理事会工作报告，修改了学会章程，选举产生了新一届理事会。2005 年 3 月 2 日，省档案学会第六次会员代表大会召开，60 名会员代表出席会议，审议通过了第五届理事会工作报告，修改了学会章程，选举产生了第六届理事会。

青海省国际经济贸易学会：1996 年 6 月 6 日，省国际经济贸易学会第三次会员代表大会在西宁召开，学会团体会员单位代表及有关部门领导共 85 人参加了会议，青海省政府副省长赵乐际应邀出席会议并讲话，审议通过了学会第二届理事会工作报告和 1996 年工作安排，讨论和修改了学会章程，选举产生了新一届理事会。

青海语言学会：1996 年 8 月 21 日，省语言学会召开第六届年会，选举产生了第六届理事会，进行了学术交流，提出了语言学会要进一步适应市场经济、为经济建设服务的任务。2001 年 9 月 22 日，青海省语言学会第七届学术年会在青海师范大学举行，20 余名专家学者参加会议，提交论文近 20 篇。

青海省统计学会：1996 年 10 月 30 日，青海省统计学会召开第五次代表大会，通过了新的章程，选举产生了新的理事会。1999 年 10 月 24 日，青海省统计学会召开"第六次会员代表大会暨 2000 年统计科学研讨会"，会议听取了第五届理事会工作报告，修改了学会章程，选举产生了新一届理事会，交流评审了经济与统计科研学术成果，对优秀论文作者进行了表彰。2005 年 6 月 27—28 日，青海省统计学会承办了"西北五省（区）统计学会第二届会长联席会议"，来自陕西、甘肃、宁夏、新疆、青海以及新疆生产建设兵团统计学会会长、秘书长，各省区统计科研所所长和学会工作人员 23 人参加了会议。2005 年 10 月 25 日，省统计学会成立 25 周年纪念大会召开，来自全省各地的学会理事、团体会员代表，州地市统计局领导等共 100 余人参加了会议。

青海省会计学会：1997 年 1 月 30 日，省会计学会召开 1996 年年会暨 1997 年迎春联谊会，会议传达了中国会计学会第五次全国代表大会精神，讨论通过了省会计学会 1996 年工作总结及 1997 年工作要点，并向获得 1996 年优秀科研成果的作者颁发了证书和奖金。

青海省价格学会：1997 年 4 月 29 日，省价格学会召开了"第三次价格理论研讨会"，共 40

余人参加了会议。1998 年 7 月 23 日，省价格学会第二次代表大会召开，会议听取和审议了学会第一届理事会工作报告，讨论、修改了学会章程，选举产生了新一届理事会。

青海商业经济学会：1997 年 8 月 13 日，中国商业经济学会和青海商业经济学会在西宁共同举办了"江河源"学术研讨会，来自北京、河北、吉林、湖南、广东、河南、福建、浙江、四川、陕西、山西、新疆、青海以及兰州商学院等 14 个省市及院校的代表共 30 人参加了会议。

青海省高等教育学会：1999 年 4 月 1—2 日，省高等教育学会召开"第四届理事会换届会暨 1999 年学术年会"，第三届理事会理事，各高校分会、学会各专业委员会代表以及论文作者 100 余人参加会议，共收到论文 49 篇，27 篇论文进行了会议交流。

青海省监察学会：1999 年 7 月 6 日，省监察学会召开"第二届会员代表大会"，会员代表和有关领导 40 余人参加会议，省委常委、省纪委书记李有慰出席会议并讲话，会议总结了学会七年来的工作，修改了学会章程，选举产生了新一届理事会领导机构。2000 年 10 月 13 日，省监察学会举办"为西部大开发保驾护航理论研讨会"，省委常委、省纪委书记李有慰出席会议并讲话，研讨会共收到论文 90 篇，评出优秀论文 35 篇。2004 年 11 月 23 日，省监察学会召开"第三届会议代表大会"，33 名会员代表出席会议，省委副书记、省纪委书记白玛出席会议并讲话，会议审议通过了第二届理事会工作报告，选举产生了新一届理事会。

青海省财政学会：2001 年 3 月 1 日，青海省财政学会召开"第五次会员暨财政理论研讨会"。

青海省监狱学会：2002 年 11 月 24 日，省监狱学会召开"第二次会员代表大会"，全省监狱系统各地的学会理事、会员及领导共 80 余人参加了会议。2003 年 8 月 17—21 日，青海省监狱学会承办了"西北地区第十四次监狱研讨会"，来自陕西、甘肃、宁夏、新疆、青海以及新疆建设兵团监狱学会的40多名代表出席了会议，共收到论文100余篇，对其中36篇优秀论文作者进行了表彰，部分优秀论文作者做了交流发言。

青海省党史学会：2003年12月25日，省党史系统召开"纪念毛泽东同志诞辰110周年理论座谈会"，省党史学会理事、纪念征文入选作者及省垣理论、党史界的部分专家学者和省民族学院部分师生近百人参加了座谈会，省委常委、省委秘书长刘伟平出席会议并讲话。2005年9月2日，省委党史研究室与省中共党史学会联合召开"青海省党史系统纪念抗日战争胜利暨世界反法西斯战争胜利60周年理论座谈会"，6名同志做了重点发言。

青海省农村金融学会：2004年6月18—19日，省农村金融学会在大通县召开"降低不良贷款"专题研讨会，共收到论文、调研报告33篇，省农金学会理事及部分论文作者代表60人参加了会议。

（二）研究会

青海省统战理论研究会：2004年2月19日，省统战理论研究会召开第三届会员代表大会，会议修改通过了研究会章程，70余名会员参加了会议，省委常委、统战部部长、省统战理论研究会会长仁青加出席会议。

青海省少先队工作研究会：1993年10月13日，省少先队工作研究会召开"第二届会议代表大会暨理论研讨会"，大会产生了新一届理事会，交流了学术论文，并对评选出的58篇优秀论文作者颁发了证书。

青海省高校思想政治教育研究会：1997年5月5日，省高校思想政治教育研究会召开"第三届代表大会暨1996年年会"，全省高校思想政治工作人员和部分论文作者代表54人参加了会议，省委常委宣传部部长田源出席会议。

青海省建设有中国特色社会主义理论研究会：1994年8月26—27日，省委宣传部、省社科联、省委党校、省社科院、省教委共同组织召开"青海省建设有中国特色社会主义理论研究会成立大会暨理论研讨会"，会议围绕青海改革开放、经济发展、加强民族团结、维护社会稳定、加快建立社会主义市场经济和两手抓、两手都要硬等重大理论问题进行了研讨，全体理事和40位入选的论文作者、省级有关部门负责同志，以及各州、地、市委宣传部部长和部分报刊的主编、主任参加了会议。1995年7月15日，省委宣传部、省社科联、省建设中国特色社会主义理论研究会召集西宁地区理论研究专家、学者，召开"学习《邓小平同志建设有中国特色理论学习纲要》座谈会"。1997年11月12日，省社科联、省委宣传部、省建设有中国特色社会主义理论研究会联合召开省垣社科界召开"高举邓小平理论伟大旗帜，促进青海省社会科学发展"专题研讨会，与会40多位社科界专家学者参加研讨。

青海省延安精神研究会：1994年12月1—3日，省委组织部、宣传部和省延安精神研究会联合举办了"全省延安精神与当代中国发展和民族工作实践理论研讨会"，省委副书记桑结加出席了开幕式，150多人参加了会议，收到论文86篇，其中62篇入选优秀论文。1997年3月25日，省延安精神研究会召开常务理事会议，审议通过了1996年工作总结和1997年工作要点。

青海省地方史志研究会：1993年7月20—21日，省地方史志研究会举行了"1993年年会暨第九次学术讨论会"，会议共收到论文30篇，并进行了大会交流。

青海省江河源文化研究会：1993年7月20—21日，省地方史志研究会召开"1993年年会暨第九次学术讨论会"，共收到论文30篇并进行了大会交流。1995年11月2日，省地方史志研究会召开"第十次年会暨学术研究会"，12篇优秀论文作者进行了交流。2002 年 7 月，青海省地方志理论研讨会暨地方志研究会年会在西宁召开，共收到论文 48 篇。2004 年 9 月，省地方志研究会整理汇集 2002—2004 年全省有关地方志工作的研究成果，编辑《研究与探索》一书。2004 年 12 月，青海省地方志研究会召开 2004 年学术年会，征集论文 29 篇。

青海省妇女问题研究会： 1998 年 12 月 17 日，省妇联、省妇女问题研究会联合举办全省第三次妇女理论研讨会，各州、地、市妇联主席，以及会员代表、入选论文作者 50 余人参加，省委办公厅、省委宣传部、省社科联、省民政厅的有关领导莅临大会指导，省社科联常务副主席冯敏讲话。

青海省职工思想政治工作研究会： 1996 年 5 月 15—16 日，省职工思想政治工作研究会第四次会员代表大会暨成立十周年庆祝大会在青海制药厂隆重召开，省委副书记桑结加和省委常委、宣传部部长田源分别做了重要讲话，省社科联副主席兼省政研会副会长冯敏作了研究会工作报告。

青海省党史研究会： 1995 年 11 月 16 日，省党史研究会召开 1995 年年会，传达学习了全省社科类学会工作会议精神，传达了全国抗日战争胜利五十周年理论研讨会精神，省社科联副主席冯敏当选为副会长。

青海省家庭教育研究会： 1995 年 11 月 23—24 日，省家庭教育研究会召开第四届年会，选举产生了新一届理事会会长，修改通过了学会章程，年会围绕"努力做好家庭教育，迎接 21 世纪"的主题进行了理论研讨，收到论文 17 篇，其中 7 篇优秀论文获奖。

青海省职工政治思想研究会： 1995 年 11 月 28—30 日，省委宣传部和省职工政治思想研究会联合召开了"青海省建立现代企业制度与企业思想政治工作研讨会"，参会代表和论文作者共 120 余人，副省长贾锡太、省委宣传部部长田源分别做了重要讲话，会议对 61 篇优秀论文作者进行了表彰和奖励。

青海省回族研究会： 1996 年 12 月 25 日，青海回族研究会第二届年会在西宁隆重召开，来自全省各地区、各部门、各行业回族专家学者，以及党政领导、理论和实际工作者 100 余人参加了会议，省政协副主席、青海省回族研究会会长马进孝作了会议报告。1997 年 8 月 5 日，省回族研究会在西宁举行了第二次学术研讨会，来自西宁、大通、湟中等地区的 80 余名会员出席了会议。2002 年 10 月 31 日，省回族研究会召开第五次年会，各会员单位的理事、会员代表共 70 余人参加了会议，省人大常委会副主任张玉林、省政协副主席韩生贵出席会议。2004 年 9 月 23 日，省回族研究会成立十周年庆祝活动、第六次年会暨第二次理事会换届大会在西宁举行，来自全省各地的学会理事及团体会员代表 100 余人参加会议，会议听取审议了第二届理事会工作报告，选举产生了新一届理事会。

青海省土族研究会： 2002 年 9 月 27 日，省土族研究会成立十周年暨《中国土族》杂志创刊十周年庆祝大会在省会议中心隆重举行，省政协主席桑结加、省人大常委会副主任姚湘成、省政协副主席松布和全国政协委员马元彪等领导出席会议。2004 年 12 月 10 日，青海土族研究会召开第三届会议代表大会，近百名会员代表出席会议，省政协副主席、青海土族研究会会长鲍义志出席会议并讲话，会议审议通过了第二届理事会工作报告，修改并通过了新的研究会章程，选举产生了新一届理事会。

青海省撒拉族研究会： 1994 年 12 月 20—21 日，省撒拉族研究会召开"第一次学术研讨会暨第二届理事会"，75 名会员参加了研讨会，20 篇论文进行了大会交流，内容涉及撒拉族的经济、文化、教育、宗教、文学语言、医药等方面，省政协副主席韩应选、省高级人民法院院长马有功出席会议并讲话。

（三）协会、联合会

青海省计划生育协会：2003 年 5 月 30 日，省计划生育协会第四次会员代表大会召开，省委副书记白玛、省人大常委会副主任李玉兰、副省长邓本太和省级有关部门的领导出席会议，会议审议通过了第三届理事会工作报告，修改并通过协会章程，选举产生了第四届青海省计划生育协会理事会。2005 年 1 月 24 日，省计划生育协会第四届三次理事（扩大）会议召开，理事及特邀代表 80 余人参加会议，省政府副省长、省计生协会会长邓本太出席会议并讲话，省政府副秘书长解源、省社科联常务副主席张季明应邀参加会议，会议通报了省计生协会 2004 年工作和 2005 年工作思路，调整改选了第四届理事会部分理事。

青海省反邪教协会：2001 年 12 月 19 日，省反邪教协会召开第一届学术年会，省社科联常务副主席王昱同志的《崇尚科学、反对邪教》论文在会上进行了交流，并获得优秀论文奖。2002 年 2 月 10 日，省社科联将青海省社科界专家学者关于反对邪教、表达公民意愿的 20 余封信件转交省反邪教协会，全力支持青海省反邪教协会"反对邪教保障人权"的民众声讨活动。2004 年 6 月 15—7 月 30 日，由省反邪教协会主办的"崇尚科学、关爱生命、维护人权、反对邪教"大型展览，分两个阶段在西宁市四区及大通、湟中、湟源、互助县等地做邪教巡回展出。2005 年 2 月 24 日，省反邪教协会第一届七次理事会召开，省政协副主席等 24 人出席会议。2005 年 8 月 1—4 日，由中国反邪教协会主办、青海省反邪教协会承办的"全国反邪教协会第二届秘书长联席会议"在西宁召开，来自全国 25 个省市区科协领导、反邪教协会秘书长等共 50 余人参加会议，青海省政协副主席、青海省反邪教协会副理事长

韩生贵等领导出席会议。

青海省女法官协会：2000 年 1 月 15 日，省法官协会、省女法官协会召开第二次会员代表大会，会议传达了中国法官协会、中国女法官协会会议精神，听取审议了第一届省法官协会、省女法官协会工作报告，听取审议了两协会财务报告，修改通过了两协会章程，选举产生了第二届理事会和协会新一届领导机构。2005 年 1 月 9日，省法官协会、省女法官协会召开第三次会议代表大会，来自两协会的各团体会员代表、基层法院领导和有关单位领导近百人参加会议，省政协副主席陈瑞珍等到会祝贺，会议听取审议了协会第二届理事会工作报告，审议通过了两协会新的章程，选举产生了新一届理事会。

青海国际文化经济交流协会：1999 年 5 月 26 日，青海国际文化经济交流协会 1999 年学术年会在西宁召开，协会理事、会员 40 余人出席会议，会议总结了 1998 年工作，提出了 1999 年工作要点。

青海省商业联合会：1996 年 1 月 10 日，省商业联合会就进一步明确和树立社团中介组织在建立社会主义市场经济体制中的地位、作用，社团中介组织工作的难点和对策以及加强自身建设等问题召开座谈会，会议所形成的《纪要》由中国商业联合会转发全国各地。2003 年 1 月 22 日，省商业联合会召开第二届三次理事会，40 余人参加了会议，会议传达了中商联会议精神，并审议通过了第二届三次理事会工作报告。

四、国际学术交流活动

1993—2010 年，全省科研机构、高等院校通过组织和参与国际学术交流活动，促进了青海社科界专家学者与世界各个国家同行之间的学术交流与合作，扩大了青海社会科学研究的影响力和话语权，对推动青海社会科学研究起到了积极作用。

（一）青海省社会科学院

1993 年 8 月 30 日，青海社科院院长朱世奎出访澳大利亚，在该国围绕城市管理、规划、环保方面进行了学术交流。1995 年 10 月 23 日，省社科院专家学者与欧共体委派援助《青海省畜牧业发展项目》的法国农村社会经济学专家狄德龙女士一行 3 人进行了交流座谈。1995 年 10 月 25 日，省社科院翟松天副院长随中国社科院出访团赴斯洛伐克、波兰进行考察访问。2008 年 8 月 24—30 日，省社科院与日本爱知大学国际中国学研究中心、宁夏社会科学院联合承担的科研合作项目正式启动，课题组在孙发平副院长的带领下赴青海省湟中、乐都、贵德、共和、刚察、海晏等县对当地自然生态、土地利用及水质等问题进行了实地考察。

（二）青海省委党校

2006 年 6 月 20—22 日，青海省委党校组织教研人员参加国家行政学院举办的"第三届中欧政府管理高层论坛——公共管理创新"国际学术研讨会和"促进社会稳定构建和谐社会战略研究"理论研讨会。2008 年 9 月 11—13 日，由中国与加拿大联办的"环境保护与可持续发展中的社会问题"国际学术研讨会在省委党校举行，省委常委、副省长徐福顺致辞，并做主题报告。2010 年 3 月 29 日，青海省委党校与日本大阪产业大学亚洲共同体研究中心、中央党校国际战略研究中心联合举办"绿色发展与东亚合作"学术研讨会，省委常委、常务副省长徐福顺参会并讲话，青海省委党校常务副校长武伟生、日本大阪产业大学经济学部部长韩福相教授、中央党校国际战略研究所所长宫力教授在开幕式上致辞，日本、韩国及国内的 15 位专家学者做了大会发言。

（三）青海大学

2010 年 7 月 19—22 日，清华大学经济管理学院中国保险与风险管理研究中心与青海大学财经学院联合举办"2010 中国保险与风险管理国际年会"，大会主题是"巨灾风险管理和巨灾保险"，国内外 100 余名专家和学者参会，青海省副省长王令浚应邀出席了开幕式并致辞。

（四）青海民族大学

2004 年 9 月 20 日，青海民族学院邀请日本东京外国语大学蒙古学科主任、博士生导师，英国剑桥大学和德国伯恩大学客座研究员二木博史教授来院做《日本国蒙古文化研究及特征》的学术报告。2006 年 7 月 25 日，青海民族学院承办"第二届西北方言与民俗国际研讨会"，陕西师范大学、澳门大学文学院、澳门语言学会等联办单位的专家学者参加会议。2007 年 3 月 22 日，加拿大驻华使馆和青海民族学院联合举办"中加少数民族文化保护论坛"。2007 年 8 月 2—7 日，由青海民族学院、北京大学、复旦大学、华中师范大学、暨南大学、浙江师范大学、香港理工大学、香港城市大学联办的"第四届现代汉语语法国际研讨会"在西宁举行。2009 年 7 月 16—20 日，青海民族大学承办"第七届中国社会语言学国际学术研讨会"，来自中国大陆、中国香港、中国澳门、中国台湾、新加坡、日本、韩国、荷兰、美国等地区和国家的 157 名代表出席了会议。

（五）青海师范大学

1993 年，青海师范大学与宾夕法尼亚州布鲁姆斯堡大学签订交流合作协议。2000 年，加拿大驻华大使贝祥先生一行来青海师范大学访问。2006 年 5 月，青海师范大学领导率学校代表团对乌克兰国立南方师范大学进行了友好访问并签订了校际合作协议。2008 年 10 月 15 日，由中国人民大学基督教文化研究所主办、青海师范大学承办的"'神学与诗学'第五届神学与人文学国际研讨班"开班。2010 年 7 月 9 日，青海师范大学同全球大学生组织联合举办的中美大学生语言文化夏令营开营。

第三节　优秀成果评奖

1993—2010 年，相继举办了六次全省哲学社会科学优秀成果评奖活动，通过优秀成果评选，初步建立了社科研究成果评价指标和体系。

青海省第四次哲学社会科学优秀成果评奖以《青海省哲学社会科学优秀成果评奖试行条例》为基础，设立了一、二、三等奖和荣誉奖、鼓励奖项目，对获荣誉奖和一、二、三等奖的项目，由青海省人民政府颁发"青海省哲学社会科学优秀成果奖"证书并给予奖励。

2009 年，青海省委办公厅、青海省人民政府办公厅联合印发《青海省哲学社会科学优秀成果奖励办法》，对成果奖项的数量、评奖等次重新设定，细分两类成果奖项，对参评范围、奖励条件、评选程序做了相应调整。

1993—2009 年，累计评出一等奖 21 项，二等奖 194 项，三等奖 593 项，鼓励奖 413 项，荣誉奖 54 项。

表 22 – 3 – 1　青海省第三次哲学社会科学优秀成果评奖（1993 年）

等　级	题　　目	成果形式	作　　者
一等奖 （3 项）	当代中国的青海	编著	陈云锋等
	安多藏族史略	专著	黎宗华　李延恺
	青海产业结构与产业政策研究	专著	卞耀武　窦汝广　蔡申鹤
二等奖 （31 项）	古文诗词哲理精华类编	编著	毛高田
	树立马克思主义自由观	论文	徐澄清
	社会主义企业道德	专著	冯敏等
	运用矛盾法则正确认识和处理党内矛盾	论文	景晖等
	人口控制学构想	论文	张　伟
	中国社会主义经济思想史研究	专著	王毅武
	走向新世纪的战略选择	论文	于敬尧
	加快电力建设发展青海经济的对策研究	论文	黄佐等
	浅谈变革微观生产关系与搞好国有大型企业的几点思考	文化	朱太秀
	青海农业开发的战略研究	论文	牛宏瑞
	关于青海产业结构调整中的十个关系	论文	田　源
	构造具有青海特点的区域经济格局	论文	于敬尧等
	互助县民族经济发展战略研究	编著	翟松天等
	县域经济社会发展战略研究	编著	祁明荣等
	中国农业起飞战略	专著	白　玛
	青海 2000 年经济社会发展战略与对策研究	论文	施永祥
	青海旅游资源	编著	张忠孝
	中国国情丛书——百县市经济社会调查·格尔木卷	专著	格尔木卷课题组

（续表）

等　级	题　目	成果形式	作　者
二等奖 （31 项）	社会主义的西藏与藏族人民的人权	论文	陈光国
	中共党史和马克思主义党的建设理论学习提要	教材	诸雨民等
	中国民事审判学（青海作者所写的七章）	专著	钱应学等
	立法十年	论文	徐澄清
	检察程序概论	专著	喻良新
	中国僧官制度史（6—10 章）	专著	白文固
	青海公路交通史第一册	专著	欧华国
	果洛史要（藏文）	专著	杨富华等
	洙泗之学与西河之学——孔子殁后的儒家道路	论文	李学功
	都兰出土纺织品初探	论文	许新国
	元朝帝师八思巴	专著	陈庆英
	加强对青年教师的培训是高校师资队伍建设的迫切任务	论文	卢承业
	海东地区普及九年制义务教育的现状和发展趋势分析	论文	李得林等
三等奖	110 项（略）		
鼓励奖	165 项（略）		
荣誉奖	6 项（略）		

表 22 - 3 - 2　青海省第四次哲学社会科学优秀成果评奖（1996 年）

等　级	题　目	成果形式	作　者
一等奖 （3 项）	藏族部落制度研究	专著	陈庆英等
	中国少数民族审美意识史纲	专著	彭书麟
	少数民族地区经济政策研究	调研报告	省政府研究室课题组
二等奖 （39 项）	修辞学专题研究	专著	王培基
	青海古城考辨	专著	李智信
	中国密教史	专著	吕建福
	毛泽东与中国社会主义	专著	周忠瑜等
	新时期毛泽东思想发展研究	专著	景　晖等
	中国妇女社会地位调查（青海卷）	专著	岳世淑等
	中华民族谁也离不开谁的故事	编著	郑绍功
	关于青海农村实现小康的研究	调研报告	李泽启等
	土族（蒙古尔）源流考	专著	李克郁
	觉囊派通论	专著	蒲文成等
	藏族教育的改革与发展	专著	刘文璞等
	教学思维方法	专著	仇保燕

（续表）

等 级	题 目	成果形式	作 者
二等奖 （39项）	青海产业结构及产品结构研究	编著	张伟等
	历史学的生命力	论文	任奇正
	国共两党与抗日民族统一战线之形成——兼论国民党在抗战前后的政治态度	论文	张嘉选
	青海省全面节约规划与对策研究报告	调研报告	施永祥等
	社会主义市场经济导论	专著	刘同德等
	藏族古代教育史略	专著	谢佐等
	交通事故透析	编著	朱玉坤
	邓小平哲学思想概论	专著	张延祯等
	青海都兰热水血渭吐蕃大墓殉马坑出土舍利容器推定及相关问题	论文	许新国
	儒家德性人格学说对权利人格的僭越（"儒家伦理与中国文化转型"系列研究之九）	论文	郭洪纪
	政策科学与应用	专著	苏多杰
	唯物论通俗读本	科普读物	魏兴等
	关于开发青海黄河经济带的调查与研究	论文	吴天荣
	社会主义建设探索中的曲解与校正现象研究	论文	翟松天
	论抗日民族统一战线对青海的影响	论文	孙欲声等
	更新观念优化环境促进女童教育健康发展	调研报告	王振岭等
	中国社会主义经济思想研究丛书（11本）	专著	王毅武等
	"格萨尔"新探（藏文）	专著	角巴东主等
	现代城市幼儿家长教子观初探	调查报告	卢承业等
	市场经济条件下繁荣和发展我省社会科学的研究报告	调研报告	傅良效等
	社会主义市场经济条件下党的建设	专著	卜广坡等
	浅谈毛泽东的具有中国特色的改造罪犯思想	论文	张致弟
	试论艰苦奋斗的时代意义	论文	张照庆
	东部与中西部地区协调发展管见	论文	曲青山
	青海藏族自治地区发展与稳定的思考	论文	王汉民
	在总结历史经验的基础上创造新的理论	论文	童金怀
	摆脱财政困境纵横谈	调研报告	赵乐际
三等奖	95项（略）		
鼓励奖	87项（略）		
荣誉奖	3项（略）		

表 22 - 3 - 3　青海省第五次哲学社会科学优秀成果评奖（2000 年）

等　级	题　目	成果形式	作　者
一等奖 （4 项）	青海通史	专著	崔永红等
	青海百科全书	编著	桑结加　田　源等
	高耗电工业西移对青海经济和环境的影响	专著	翟松天　徐建龙等
	现代化进程中的民族问题	专著	贾晞儒　尕宝英等
二等奖 （46 项）	论新时期的思想解放	论文	曲青山
	社会主义市场经济条件下的道德建设概论	专著	田　源　曲青山
	当今中国廉政与腐败的较量	专著	孙传宝
	中国共产党青海地方组织志	编著	姚湘成　魏俊夫
	辉煌 50 年·青海	光盘	曹毓祯　马　林等
	孙中山思想研究	专著	田　源　刘同德等
	青海省志·社会科学志	编著	朱世奎　王　昱等
	走进毒品王国	专著	朱玉坤
	青海省预防青少年犯罪的战略与策略研究	论文	张致弟
	自然资源和可持续利用与青海经济发展	调研报告	王恒生
	青海资源开发研究	专著	景　晖　李正风等
	人力资源开发与经济增长	专著	李广斌
	青海草原畜牧业产业化研究	调研报告	陈国建　彭立鸣等
	青海省国民经济新经济增长点研究报告	调研报告	李　勇　贺文慈等
	青海资源开发回顾与思考	调研报告	陈国建　徐建龙等
	青海财源建设研究	专著	张孚路　刘　忠等
	青海经济史（古代卷）	专著	崔永红
	青海经济史（近代卷）	专著	翟松天
	转型时期物价几个问题探析	专著	刘光和　冯　敏等
	试谈农村牧区深化改革的方向和任务	论文	于敬尧　王　进
	世纪之交的抉择——科教兴国与可持续发展	专著	苏多杰
	石油企业管理整体优化	专著	严振鸣　郭俊武等
	论青海省人才资源开发的对策	论文	卢承业
	孔子的道论及其范畴体系	专著	朱丰杰
	幸福论	专著	王世朝
	儒家的工具伦理与传统制度的超稳态性	论文	郭洪纪
	伊斯兰文化新论	专著	马明良
	五世达赖喇嘛传	译著	陈庆英　马连龙等
	青海藏族史	专著	陈光国
	藏传佛教与藏族社会	专著	穆兴天

（续表）

等级	题目	成果形式	作者
二等奖 （46项）	藏族古代军事理论研究（藏文）	论文	何峰
	元代寺院僧尼的赋役问题	论文	白文固
	藏传因明概论（藏文）	编著	祁顺来
	鉴戒史学的反思	论文	任奇正
	中国文物地图集（青海分册）	编著	格桑本　李智信等
	论青海历史上区域文化的多元性	论文	王昱
	神话中之昆仑山考述	论文	汤惠生
	都兰吐蕃出土含绶鸟织锦研究	论文	许新国
	中国西部民族地区职业教育研究	专著	何波　刘旭东
	现代学校科学管理概论	专著	任玉贵
	沉重的翅膀——关于循化撒拉族女童教育的调查报告	调研报告	马成俊　斯琴等
	中等牧医专业能力教育体系改革实验研究报告	调研报告	阎文华　宁金友等
	土族文学史	专著	马光星
	《文心雕龙》名篇探赜	编著	董家平
	文学概论（藏文）	教材	吴钰　索南航旦
	青海当代文学50年	专著	冯国寅　马光星
三等奖	139项（略）		
鼓励奖	136项（略）		
荣誉奖	19项（略）		

表22-3-4　青海省第六次哲学社会科学优秀成果评奖（2003年）

等级	题目	成果形式	作者
一等奖 （4项）	西陲古地与羌藏文化	专著	李文实
	商法学	编著	王作全等
	青海省志·建置沿革志	专著	王昱
	人口控制学	编著	张伟等
二等奖 （38项）	青海人力资源开发研究	专著	李广斌
	知识经济论	编著	苏多杰
	青海省加快启动民间投资问题研究	调研报告	李勇等
	青海经济蓝皮书——经济形势分析与预测	编著	王恒生等
	实施绿色工程发展特色经济——青海开发绿色食品的现状与前景分析	调研报告	余中水等
	青海省"三大扶贫工程"研究	调研报告	钟通蛟等
	21世纪青海经济发展问题研究	编著	罗朝阳等

（续表）

等　级	题　目	成果形式	作　者
二等奖 （38项）	青海省山川秀美科技行动战略研究	编著	彭敏等
	江河源区相对集中人口保护生态环境	调研报告	穆兴天等
	关于青海省拓宽融资渠道问题研究	论文	王兰英等
	预算外资金及行政事业性收费管理	编著	张孚路等
	青海中小企业发展环境研究	调研报告	曹学礼
	现状　影响　对策——入世后青海对外经济贸易的调查	调研报告	省委政策研究室
	中国当代藏族寺院经济发展战略研究	编著	郭华等
	藏族传统文化及其现代化	专著	星全成
	黑水与华夏文化	论文	张　晟
	青海社会文论	专著	段继业
	文化民族主义与地缘经济模式的形构	论文	郭洪纪
	循化撒拉族自治县文化资源开发研究	编著	冯　敏等
	青海省卫生政策研究	调研报告	陈资全等
	民族法学基础理论	专著	马继军
	三江源自然保护区法律对策研究	论文	王佐龙等
	青海省民族地区行政管理体制改革研究	调研报告	省委政策研究室
	藏族部落习惯法研究丛书之二——藏族部落习惯法通论	编著	戈　明等
	民族区域自治与联邦制的比较研究	论文	周忠瑜
	中国佛塔	专著	华瑞·索南才让
	从史诗《格萨尔》看藏族的动物观	论文	何　峰
	青海省志·宗教志	编著	吴天春等
	藏传佛教与青海藏区社会稳定问题研究	论文	参看加等
	青海省志·军事志	编著	陈文安等
	三代社会形态——中国无奴隶社会发展阶段研究	专著	张广志等
	中国古代遗嘱继承制度质疑	论文	魏道明
	中国古代僧尼名籍制度	专著	白文固等
	21世纪的青海教育与可持续发展	编著	高福寿等
	高等师范院校教育实习指导	专著	王自洲
	汉语分析研究	专著	刘道英
	花儿词话	专著	罗耀南
	论河湟皮影戏展演中的口头程式	论文	赵宗福
三等奖	129项（略）		
鼓励奖	16项（略）		
荣誉奖	12项（略）		

表 22 - 3 - 5　青海省第七次哲学社会科学优秀成果评奖（2006 年）

等　级	题　　目	成果形式	作　者	单　位
一等奖 （2 项）	青海地理	编著	张忠孝	青海师范大学
	撒拉族史	专著	芈一之	青海民族学院
二等奖 （29 项）	五世达赖喇嘛传	专著	马　林	青海省社科院
	近百年来柴达木盆地开发与生态环境变迁研究	课题	王　昱	青海省社科院
	中国的法制和法制的中国	专著	马天山	青海省检察院
	果洛古籍丛书	专著	居·格桑	果洛州民族语文办
	神秘的热贡文化	专著	马成俊	青海民族学院
	青海牧区教育发展研究	专著	王振岭	省教育科学研究所
	中国少数民族文艺理论集成	编著	彭书麟	青海民族学院
	青海湖区生态环境研究	专著	刘景华	青海省社科院
	儒家哲学与中国古代科技	论文	郭洪纪	青海师范大学
	藏族格言文化鉴赏	专著	星全成等	青海民族学院
	青海经济史（当代卷）	专著	翟松天等	青海省社科院
	青海自然灾害	编著	史国枢等	青海省民政厅
	李大钊宪政思想与近代中国社会	专著	周忠瑜	青海民族学院
	地方文化系统中的王母娘娘信仰	论文	赵宗福	青海师范大学
	三部《格萨尔》说唱本	古籍整理	角巴东主	青海民族学院
	稳健财政政策下的青海财政问题研究	调研报告	青海省财政厅	青海省财政厅
	西部大开发中民族关系发展态势研究	课题	关桂霞等	青海省委党校
	五世达赖喇嘛《十三法》探析	论文	何　峰	青海民族学院
	黄河流域史前考古与传说时代	专著	刘宝山	青海省考古研究所
	河湟蒙古尔人	专著	李克郁等	青海民族学院
	省外在青海固定资产投资研究	专著	徐建龙	青海省社科院
	抢救、保护青海目连戏研究	课题	徐明等	青海省社科院
	理想与现实——人的自由发展与社会主义	专著	曹海玲	青海师范大学
	黄教圣地——塔尔寺·鲁沙尔镇	专著	陈亚艳	青海民族学院
	藏族文字发展简史	专著	吉太加	青海师范大学
	社会主义政治文明建设若干问题研究	课题	胡维忠	青海省委宣传部
	土族文化艺术	专著	曹娅丽	青海民族学院
	青海工业内生性增长因素研究	课题	詹红岩	青海省社科院
	藏族民间舞蹈教程	教材	李措毛	青海师范大学
三等奖	97 项（略）			
鼓励奖	9 项（略）			
荣誉奖	14 项（略）			

表 22 - 3 - 6　青海省第八次哲学社会科学优秀成果评奖（2009 年）

等　级	题　目	成果形式	作　者	单　位
一等奖 （5 项）	中国三江源区生态价值及补偿机制研究	专著	孙发平等	青海省社科院
	汉藏民族关系史	专著	蒲文成等	青海省政协
	西北花儿的研究保护与学界的学术责任	论文	赵宗福	青海省社科院
	循化县水库移民现存问题及对策建议	调研报告	徐建龙	青海民族大学
	对民族地区突发公共事件应急管理机制的认识——以青海省为例	论文	何　颖	青海省委党校
二等奖 （11 项）	藏族生态文化	专著	何峰等	青海民族大学
	建设青海社会主义新农村	专著	李　勇	青海经济研究院
	明代以来黄河上游地区生态环境与社会变迁史研究	专著	崔永红	青海省社科院
	中国藏区反贫困战略研究	专著	苏海红等	青海省社科院
	始于兵而终于礼——中国古代族刑研究	专著	魏道明	青海师范大学
	青海省城镇各社会阶层状况调研报告	调研报告	省社科院 哲学社会学所	青海省社科院
	青海审美文化思考	论文	李景隆	青海民族大学
	"十一五"期间青海特色优势产业集群化发展战略研究	调研报告	陈雪梅等	青海大学
	三江源地区实现可持续发展的制度保障研究	调研报告	马洪波等	青海省委党校
	人口可持续发展与青海省农村反贫困问题研究	调研报告	祁永寿等	青海大学
	资源型企业与青海省经济可持续发展研究	调研报告	王建军等	青海大学
三等奖	23 项（略）			

第四节　社科基金项目

按照全省"九五""十五""十一五"时期哲学社会科学发展规划，以国家级、省级社科基金项目为主导，资助跨学科综合研究和地方特色的学科研究，以及社会科学与自然科学的交叉结合研究。1993—2010 年，青海省获国家社会科学基金项目立项 231 项，其中，一般项目 100 项，重点项目 5 项，西部项目 114 项，青年项目 10 项，后期资助项目 2 项。详见表 22 - 4 - 1 国家社会科学基金项目立项名单。

2001—2010 年，省级社科基金资助项目 395 项，其中重点项目 15 项，一般项目 380 项。由于数量较多，本志未详细罗列。

表 22 - 4 - 1　国家社会科学基金项目立项名单

序号	项目批准号	项目类别	学科分类	项目名称	立项时间	项目负责人	单位
1	94BZJ008	一般项目	宗教学	青海地区宗教与社会稳定	1994 年 7 月 1 日	陈元福	青海师范大学
2	96AMZ006	重点项目	民族问题研究	加速少数民族和民族地区经济社会发展研究	1996 年 7 月 1 日	刘　忠	青海省社科院

（续表1）

序号	项目批准号	项目类别	学科分类	项目名称	立项时间	项目负责人	单位
3	96BJL029	一般项目	理论经济	青海柴达木后发展战略研究——三次开发柴达木的经验与教训	1996年7月1日	乔正孝	青海师范高等专科学校
4	96CJB017	青年项目	应用经济	中国西部农业土地资源开发研究	1996年7月1日	张嘉选	青海省委党校
5	97BJL036	一般项目	理论经济	高耗电工业西移对青海经济和环境的影响经验总结前景展望对策建议	1997年4月15日	翟松天	青海省社科院
6	98BKG001	一般项目	考古学	都兰吐蕃墓葬发掘与研究	1998年5月1日	许新国	省文物考古研究所
7	98BMZ011	一般项目	民族问题研究	中国藏区生态环境与可持续发展研究	1998年5月1日	南文渊	大连民族学院
8	99BMZ004	一般项目	民族问题研究	藏族生态文化	1999年7月1日	何 峰	青海民族学院
9	00BJY004	一般项目	应用经济	青藏高原经济可持续发展战略研究	2000年7月1日	蒲文成	青海省社科院
10	00BMZ016	一般项目	民族问题研究	江河源区相对集中人口保护生态环境	2000年7月1日	穆兴天	青海省社科院
11	00BSH021	一般项目	社会学	青藏高原地区环境破坏性生存的替代战略研究	2000年7月1日	朱玉坤	青海省社科院
12	01AJY007	重点项目	应用经济	三江源生态经济研究	2001年7月1日	高昭平	青海省委党校
13	01AZZ004	重点项目	政治学	藏族妇女人权状况研究	2001年7月1日	何 颖	青海省委党校
14	01BMZ004	一般项目	民族问题研究	西部大开发与民族地区可持续发展研究	2001年7月1日	刘 忠	青海省社科院
15	01BMZ010	一般项目	民族问题研究	青藏铁路沿线藏区人文环境评估	2001年7月1日	马 林	青海省社科院
16	01BMZ015	一般项目	民族问题研究	西部大开发与青海少数民族优势产业研究	2001年7月1日	王恒生	青海省社科院
17	02BJY053	一般项目	应用经济	青海湖区生态环境综合治理对策研究	2002年7月1日	马生林	青海省社科院
18	02BJY084	一般项目	应用经济	青藏高原天然草地实施休牧育草战略研究	2002年7月1日	温生辉	青海省委政研室
19	02BMZ001	一般项目	民族问题研究	西部大开发中民族关系发展态势研究	2002年7月1日	关桂霞	青海省委党校
20	02BMZ003	一般项目	民族问题研究	历代达赖喇嘛与中央政府关系研究	2002年7月1日	马连龙	青海省社科院
21	02BMZ015	一般项目	民族问题研究	青藏高原生态替叠及其趋向	2002年7月1日	景 晖	青海省社科院
22	02BMZ019	一般项目	民族问题研究	藏族妇女问题研究	2002年7月1日	拉毛措	青海省社科院

（续表2）

序号	项目批准号	项目类别	学科分类	项目名称	立项时间	项目负责人	单位
23	03BFX029	一般项目	法学	三江源国家级自然保护区生物多样化法律保护与生态补偿机制研究	2003年8月11日	王作全	青海民族学院
24	03BJY031	一般项目	应用经济	青藏高原城市化模式研究	2003年8月11日	马维胜	青海民族学院
25	03BMZ001	一般项目	民族问题研究	西部少数民族地区小康社会建设中科技创新研究	2003年8月11日	苏多杰	青海省委党校
26	03BMZ002	一般项目	民族问题研究	民族传统文化发展创新与高原小康社会建设研究	2003年8月11日	贾晞儒	青海民族学院
27	03BMZ014	一般项目	民族问题研究	"三江源"区生态移民研究	2003年8月11日	索端智	青海民族学院
28	03BZS036	一般项目	中国历史	近百年来柴达木盆地的开发与生态环境变迁研究	2003年8月11日	王　昱	青海省社科院
29	03BZX011	一般项目	哲学	社会转型期西北少数民族价值观的嬗变	2003年8月11日	赵德兴	南京社科院
30	04BDJ012	一般项目	党史·党建	西部少数民族聚居区党的执政能力建设研究	2004年5月9日	梁代生	青海省委党校
31	04BJL064	一般项目	理论经济	对中国藏区国家级贫困县的调查研究及对策建议	2004年5月9日	翟松天	青海省社科院
32	04BMZ008	一般项目	民族问题研究	青海省藏族地区经济与社会平衡发展研究	2004年5月9日	张宏岩	青海大学
33	04BMZ019	一般项目	民族问题研究	西北少数民族地区人力资源开发的特殊性研究	2004年5月9日	张和平	青海民族学院
34	04BMZ035	一般项目	民族问题研究	青藏高原热贡艺术的开发、保护与利用	2004年5月9日	吕　霞	青海民族学院
35	04BYY037	一般项目	语言学	濒危语言——撒拉语研究	2004年5月9日	马　伟	青海民族学院
36	04BZS007	一般项目	中国历史	青藏高原各民族汇聚中华的历史研究	2004年5月9日	先　巴	青海民族学院
37	04CJY017	青年项目	应用经济	WTO框架下的青藏高原特色农业国际竞争力	2004年5月9日	李双元	青海大学
38	04XJY006	西部项目	应用经济	非经营性国有资产监督管理对策研究	2004年11月22日	吴红卫	青海省委党校
39	04XJY038	西部项目	应用经济	青藏高原区域旅游合作的现状、方向及对策研究	2004年11月22日	马有义	青海民族学院
40	04XJY048	西部项目	应用经济	青海省国债项目建设、运营和偿债研究	2004年11月22日	徐建龙	青海民族学院
41	04XMZ006	西部项目	民族问题研究	青藏地区藏族和回族经济发展问题研究	2004年11月22日	马生林	青海省社科院

（续表3）

序号	项目批准号	项目类别	学科分类	项目名称	立项时间	项目负责人	单位
42	04XMZ017	西部项目	民族问题研究	青海省民族地区经济发展脆弱性研究	2004年11月22日	丁　琳	青海大学
43	04XSH006	西部项目	社会学	中国藏区社会稳定监测评价指标体系和预警机制研究	2004年11月22日	段继业	青海省委党校
44	04XTY003	西部项目	体育学	青藏高原农牧区城镇居民体育现状的调查与发展研究	2004年11月22日	郜建海	青海师范大学
45	04XZS013	西部项目	中国历史	明代以来黄河上游地区生态环境与社会变迁史研究	2004年11月22日	崔永红	青海省社科院
46	04XZW011	西部项目	中国文学	青海高原多元民俗文化圈的形成发展与现实意义	2004年11月22日	赵宗福	青海师范大学
47	04XZX004	西部项目	哲学	青海审美文化研究	2004年11月22日	李景隆	青海民族学院
48	05FZS001	后期资助项目	中国历史	始于兵而终于礼——中国古代族刑研究	2005年1月1日	魏道明	青海师范大学
49	05BJY023	一般项目	应用经济	循环经济研究：柴达木矿产资源开发的模式转换	2005年5月18日	冀康平	青海省社科院
50	05BJY028	一般项目	应用经济	青海民族地区收入分配差距与稳定问题研究	2005年5月18日	马春梅	青海大学
51	05BMZ022	一般项目	民族问题研究	汉藏民族关系史	2005年5月18日	蒲文成	青海省政协
52	05BZW063	一般项目	中国文学	藏族当代文学研究	2005年5月18日	南　色	青海民族学院
53	05BZZ012	一般项目	政治学	藏传佛教大活佛系统与清朝治理蒙藏地区方略研究	2005年5月18日	星全成	青海民族学院
54	05XDJ014	西部项目	党史·党建	我国少数民族地区构建和谐社会中的意识形态工作研究	2005年7月1日	孔祥录李积华	青海民族学院
55	05XFX004	西部项目	法学	西部少数民族地区和谐社会法制构建研究	2005年7月1日	张立群	青海省社科院
56	05XFX016	西部项目	法学	青藏高原地区与东部发达地区区域经济合作的法律问题研究	2005年7月1日	周继红	青海民族学院
57	05XJL016	西部项目	理论经济	资源型企业与青海省经济可持续发展研究	2005年7月1日	王建军	青海大学
58	05XJY009	西部项目	应用经济	中国西部城镇化发展模式研究	2005年7月1日	苏海红	青海省社科院
59	05XMZ009	西部项目	民族问题研究	西北地区伊斯兰文化圈人口较少民族科学发展问题研究	2005年7月1日	陈化育	青海民族学院

（续表4）

序号	项目批准号	项目类别	学科分类	项目名称	立项时间	项目负责人	单位
60	05XMZ010	西部项目	民族问题研究	民族自治地方改善政府公共服务体系研究——以青海民族自治地方为例	2005年7月1日	张　伟	青海省社科院
61	05XMZ036	西部项目	民族问题研究	青藏地区"汉藏走廊"的形成及经济社会发展问题研究	2005年7月1日	刘景华	青海省社科院
62	05XSH004	西部项目	社会学	青海构建和谐社会进程中体制创新问题研究	2005年7月1日	杨松义	青海省委党校
63	05XSH007	西部项目	社会学	明清民国时期甘青藏传佛教寺院与地方社会发展	2005年7月1日	白文固	青海师范大学
64	05XSH016	西部项目	社会学	青海藏族自治地区社会稳定研究	2005-07-01	杨虎德	青海民族学院
65	05XTY005	西部项目	体育学	青海三江源地区小康社会建设与全民健身体育协调发展的研究	2005年7月1日	方协邦	青海师范大学
66	05XYY004	西部项目	语言学	藏族学生藏汉双语认知研究	2005年7月1日	李美华	青海师范大学
67	06XDJ004	西部项目	党史·党建	民族地区党的先进性建设基础问题研究	2006年6月20日	马学勤	青海省委党校
68	06XJL002	西部项目	理论经济	城市化进程中的城市社区建设与和谐社会	2006年6月20日	许光中	青海师范大学
69	06XJY008	西部项目	应用经济	推进青藏两省区区域经贸合作共建青藏铁路经济带加工中心问题研究	2006年6月20日	刘小平	青海大学
70	06XMZ001	西部项目	民族问题研究	城市化进程中的西北民族关系研究	2006年6月20日	汪春燕	青海师范大学
71	06XMZ012	西部项目	民族问题研究	架设南亚大陆桥，建设青藏国际大通道	2006年6月20日	刘同德	青海师范大学
72	06XMZ013	西部项目	民族问题研究	民族发展进步与构建和谐社会研究	2006年6月20日	关桂霞	青海省委党校
73	06XMZ014	西部项目	民族问题研究	高寒民族地区土地可持续利用模式与对策研究	2006年6月20日	俞文政	青海民族学院
74	06XMZ024	西部项目	民族问题研究	西北少数民族地区建设社会主义新农村（牧区）问题研究	2006年6月20日	陈晓雪	青海省委党校
75	06XSH011	西部项目	社会学	青藏地区文化多样性与构建和谐社会研究	2006年6月20日	苏雪芹	青海民族学院

（续表5）

序号	项目批准号	项目类别	学科分类	项目名称	立项时间	项目负责人	单位
76	06XTQ006	西部项目	图书馆、情报与文献学	《藏文大藏经（丹珠尔）目录》编制研究	2006年6月20日	董多杰	青海民族学院
77	06XZS009	西部项目	中国历史	吐蕃政治制度研究——兼论藏族融入中华民族的历史背景	2006年6月20日	何峰	青海民族学院
78	06XZS014	西部项目	中国历史	青海历史文化的内涵及其在现代旅游中的开发利用研究	2006年6月20日	王昱	青海省社科院
79	06XZW011	西部项目	中国文学	藏区《格萨尔》遗迹遗物普查与考证	2006年6月20日	角巴东主	青海民族学院
80	06BFX027	一般项目	法学	三江源自然保护区生态保护立法问题研究	2006年7月1日	张立	青海民族学院
81	06BJY051	一般项目	应用经济	青藏高原资源环境约束下区域工业发展研究	2006年7月1日	翟岁显	青海民族学院
82	06BMZ009	一般项目	民族问题研究	吐谷浑社会生活史研究	2006年7月1日	李朝	青海民族学院
83	06BMZ014	一般项目	民族问题研究	民族自治地方经济增长方式转变研究	2006年7月1日	王恒生	青海省社科院
84	06BMZ021	一般项目	民族问题研究	黄河上游小民族非物质文化遗产的抢救与保护研究	2006年7月1日	马成俊	青海民族学院
85	06BSH016	一般项目	社会学	青海藏区民族宗教问题与西藏、新疆社会稳定关系研究	2006年7月1日	绽小林	青海民族学院
86	06CFX020	青年项目	法学	恐怖主义犯罪与中国刑事立法之进一步完善	2006年7月1日	简基松	青海民族学院
87	06CMZ011	青年项目	民族问题研究	安多地区多元文化共生现象与构建和谐社会关系研究	2006年7月1日	贾伟	青海民族学院
88	06CTJ004	青年项目	统计学	基于多元统计和GIS的环境质量评价和指数研究	2006年7月1日	王晓鹏	青海师范大学
89	07AZW003	重点项目	中国文学	《格萨尔》手抄本、木刻本版本研究	2007年6月4日	黄智	青海民族学院
90	07BDJ011	一般项目	党史·党建	中国藏区社会主义改造问题研究	2007年6月4日	周忠瑜	青海民族学院
91	07BFX052	一般项目	法学	社会主义新农村建设中的农牧民权利法律保障机制研究——以青藏高原少数民族区域为例	2007年6月4日	王佐龙	青海民族学院

（续表6）

序号	项目批准号	项目类别	学科分类	项目名称	立项时间	项目负责人	单位
92	07BJY132	一般项目	应用经济	青藏铁路沿线旅游业资源开发和保护问题研究	2007年6月4日	张爱儒	青海大学
93	07BMZ024	一般项目	民族问题研究	原生文化方式与青藏民间戏曲研究	2007年6月4日	王志强	青海民族学院
94	07BMZ027	一般项目	民族问题研究	唐蕃古道文化遗产的人类学研究	2007年6月4日	曹娅丽	青海民族大学
95	07BMZ032	一般项目	民族问题研究	东西部区域协调发展与构建和谐社会研究	2007年6月4日	苏多杰	青海省委党校
96	07BMZ038	一般项目	民族问题研究	中国藏区生态移民问题研究	2007年6月4日	桑才让	青海民族学院
97	07BSH023	一般项目	社会学	青海藏区藏民族移民群体社会结构变迁与反贫困问题研究	2007年6月4日	马占山	青海民族学院
98	07BTY017	一般项目	体育学	国际环青海湖赛事资源的开发与利用研究	2007年6月4日	周晓丽	青海民族学院
99	07BYY035	一般项目	语言学	汉藏双语语料库处理技术及其标准规范研究	2007年6月4日	才让加	青海师范大学
100	07BZX014	一般项目	哲学	青藏地区在中印交流中的特殊地位及文化安全研究	2007年6月4日	郭洪纪	青海师范大学
101	07CMZ006	青年项目	民族问题研究	回族宗教信仰与社会和谐研究	2007年6月4日	马旭东	青海民族学院
102	07BMZ026	一般项目	民族问题研究	丝路羌中道民族走廊文化研究	2007年6月4日	张红岩	青海大学
103	07XJY003	西部项目	应用经济	环境成本的确认和计量	2007年7月10日	郑晓红	青海民族学院
104	07XJY010	西部项目	应用经济	柴达木地区资源综合利用和发展循环经济研究	2007年7月10日	张卫东	青海省委党校
105	07XMZ001	西部项目	民族问题研究	青藏高原藏文化圈当代演化与和谐民族关系构建——以青海为例	2007年7月10日	鲁顺元	青海省社科院
106	07XMZ008	西部项目	民族问题研究	甘青地区土族民间信仰与构建和谐社会研究	2007年7月10日	文忠祥	青海师范大学
107	07XMZ010	西部项目	民族问题研究	青藏新寺院组织和民族宗教涵化互动问题与社会稳定关系研究	2007年7月10日	陶秉元	青海民族学院
108	07XMZ021	西部项目	民族问题研究	多民族村落民俗文化结构及其演变研究	2007年7月10日	霍　福	青海师范大学
109	07XSH001	西部项目	社会学	青藏铁路沿线生态环境保护及对策研究	2007年7月10日	胡峰力	青海民族学院

（续表7）

序号	项目批准号	项目类别	学科分类	项目名称	立项时间	项目负责人	单位
110	07XSH008	西部项目	社会学	青藏农牧区基层民族历史文化遗产调查与保护研究	2007 年 7 月 10 日	徐世和	青海民族学院
111	07XSH012	西部项目	社会学	和谐社会视野中的青藏地区生态文化建设研究	2007 年 7 月 10 日	黄生秀	青海民族学院
112	07XSH015	西部项目	社会学	西部地区贫困与反贫困研究	2007 年 7 月 10 日	王亚玲	青海省委党校
113	07XYY017	西部项目	语言学	安多藏语语音研究	2007 年 7 月 10 日	王双成	青海师范大学
114	07XZJ003	西部项目	宗教学	元明清时期藏传佛教与国家政治及各级政权政教关系的历史与特点研究	2007 年 7 月 10 日	马 林	青海省社科院
115	07XZS002	西部项目	中国历史	"春秋决狱"研究	2007 年 7 月 10 日	朱宏才	青海省委党校
116	07XZW010	西部项目	中国文学	汉藏佛教文学比较研究	2007 年 7 月 10 日	董家平	青海师范大学
117	08BFX048	一般项目	法学	少数民族非物质文化遗产保护法律制度研究——以青海"热贡"地区为例	2008 年 6 月 4 日	才让塔	青海民族学院
118	08BJY084	一般项目	应用经济	青藏铁路沿线重点地区发展优势产业和特色经济研究	2008 年 6 月 4 日	王 健	青海大学
119	08BMZ019	一般项目	民族问题研究	青藏地区宗教内部利益集团问题与基层政权建设及社会稳定关系研究	2008 年 6 月 4 日	马秀梅	青海民族学院
120	08BMZ028	一般项目	民族问题研究	青藏历史移民与民族文化变迁研究	2008 年 6 月 4 日	俞丽娟	青海民族学院
121	08BMZ039	一般项目	民族问题研究	环青海湖少数民族地区特色城镇化研究	2008 年 6 月 4 日	丁生喜	青海大学
122	08BSH007	一般项目	社会学	青藏新历史遗留因子与边疆安全及区域发展关系研究	2008 年 6 月 4 日	秦学勤	青海省委党校
123	08BSH014	一般项目	社会学	和谐社会视野中的青海藏区穆斯林群体与藏族互动关系研究	2008 年 6 月 4 日	张 军	青海民族学院
124	08BSH061	一般项目	社会学	青藏铁路沿线藏民族社会变迁与反贫困问题研究——项中国人所不熟悉的场域挑战	2008 年 6 月 4 日	李成明	青海省委党校
125	08BTY037	一般项目	体育学	青南地区和谐社会建设中藏族农牧民体育健身的研究	2008 年 6 月 4 日	张青莲	青海师范大学

（续表8）

序号	项目批准号	项目类别	学科分类	项目名称	立项时间	项目负责人	单位
126	08BYY066	一般项目	语言学	藏语句法研究	2008年6月4日	吉太加	青海师范大学
127	08BZJ012	一般项目	宗教学	清代藏传佛教、伊斯兰教与国家关系的比较研究	2008年6月4日	杜常顺	青海师范大学
128	08BZJ018	一般项目	宗教学	小区域多宗教共存（互动关系）现状调研	2008年6月4日	马明忠	西宁市委党校
129	08BZW083	一般项目	中国文学	印度婆罗门文化与藏族古典文学	2008年6月4日	扎　布	青海师范大学
130	08CMZ012	青年项目	民族问题研究	青海藏区构建和谐社会进程中优先发展教育的特殊政策研究	2008年6月4日	李子华	青海民族学院
131	08XDJ002	西部项目	党史·党建	建立健全党内激励、关怀、帮扶机制研究	2008年7月4日	费雅君	青海省委党校
132	08XFX001	西部项目	法学	我国少数民族权利保障问题研究——以青海民族地区为个案	2008年7月4日	陈永进	青海省委党校
133	08XFX019	西部项目	法学	青藏高原地区刑事法治发展制约因素及解决机制研究——以刑法的人权保障机能为中心	2008年7月4日	苏永生	青海民族学院
134	08XJY012	西部项目	应用经济	青海湖域生态服务功能与生态补偿标准的定量研究	2008年7月4日	陈克龙	青海师范大学
135	08XMZ029	西部项目	民族问题研究	中国图瓦人社会文化研究	2008年7月4日	关丙胜	青海大学
136	08XMZ032	西部项目	民族问题研究	生态文明视域中的青海藏区经济与社会协调发展研究	2008年7月4日	李臣玲	青海师范大学
137	08XMZ049	西部项目	民族问题研究	河湟地区穆斯林民族的文化适应与经济发展问题研究	2008年7月4日	陈其斌	青海民族学院
138	08XRK003	西部项目	人口学	我国藏区人口安全问题与构建和谐社会研究	2008年7月4日	严维青	青海省委党校
139	08XTQ006	西部项目	图书馆、情报与文献学	土族学文献资料数据库的建设	2008年7月4日	张　青	青海师范大学
140	08XTY008	西部项目	体育学	青藏高原少数民族传统体育特色项目研究	2008年7月4日	孙翠琪	青海师范大学
141	08XYY006	西部项目	语言学	汉藏书面、语音平行语料库的建设和汉语教学研究	2008年7月4日	安见才让	青海民族学院
142	08XYY010	西部项目	语言学	青海省少数民族地区普通话推广与应用研究	2008年7月4日	刘启珍	青海师范大学

（续表9）

序号	项目批准号	项目类别	学科分类	项目名称	立项时间	项目负责人	单位
143	08XYY011	西部项目	语言学	西部藏区中小学语文双语教学应用研究	2008年7月4日	铁生兰	青海师范大学
144	08XZJ008	西部项目	宗教学	青藏地区多宗教共存（互动关系）现状调研	2008年7月4日	何启林	青海省委党校
145	08XZS003	西部项目	中国历史	秩序与情感的冲突：解读清代的亲属相犯案件	2008年7月4日	魏道明	青海师范大学
146	08XZW021	西部项目	中国文学	青藏地区民族民间文学研究	2008年7月4日	米海萍	青海师范大学
147	08XZW024	西部项目	中国文学	藏族古典诗学研究	2008年7月4日	贾一心	青海民族学院
148	08XZW025	西部项目	中国文学	三江源地区《格萨尔》文化的保护研究	2008年7月4日	索南卓玛	青海民族学院
149	09AZW002	重点项目	中国文学	藏区《格萨尔》说唱艺人普查与研究	2009年6月4日	角巴东主	青海民族学院
150	09BFX004	一般项目	法学	藏族文化生态与法律运行的适应性研究	2009年6月4日	张继宗	青海省社科院
151	09BJL062	一般项目	理论经济	青海南部高原藏区生态旅游环境承载力及社区参与研究	2009年6月4日	卓玛措	青海民族学院
152	09BJY026	一般项目	应用经济	青藏高原生态圈一体性长效性生态环境补偿机制研究	2009年6月4日	王兰英	青海省委党校
153	09BKS043	一般项目	马列·科社	少数民族地区马克思主义大众化问题研究	2009年6月4日	吴玉敏	青海省委党校
154	09BMZ004	一般项目	民族问题研究	青海、西藏牧区改革发展研究	2009年6月4日	丁忠兵	青海省社科院
155	09BMZ016	一般项目	民族问题研究	藏传佛教社会功能研究	2009年6月4日	阿忠荣	青海师范大学
156	09BMZ017	一般项目	民族问题研究	建立维护藏区社会稳定工作长效机制研究	2009年6月4日	陈玮	青海省委党校
157	09BMZ018	一般项目	民族问题研究	元代以来藏传佛教寺院管理研究	2009年6月4日	张生寅	青海省社科院
158	09BMZ022	一般项目	民族问题研究	文化融合与民俗变迁——以河湟民族走廊土族文化为例	2009年6月4日	马延孝	青海民族学院
159	09BMZ025	一般项目	民族问题研究	唐蕃古道文化开发研究	2009年6月4日	李莱	青海大学
160	09BMZ034	一般项目	民族问题研究	三江源生态移民的社会转型与藏区稳定关系研究	2009年6月4日	骆桂花	青海民族学院

（续表10）

序号	项目批准号	项目类别	学科分类	项目名称	立项时间	项目负责人	单位
161	09BSH036	一般项目	社会学	青藏地区文化安全与宗教互动问题及社会稳定发展关系研究	2009年6月4日	张世杰	青海民族学院
162	09BSH048	一般项目	社会学	唐蕃古道青海段濒危弱势语言的调查与保护研究	2009年6月4日	陈涛	青海民族学院
163	09BWW004	一般项目	外国文学	中外比较视域下的当代西藏文学	2009年6月4日	卓玛	青海民族学院
164	09BXW017	一般项目	新闻学与传播学	藏区社会舆论与媒体创新问题研究	2009年6月4日	谷晓恒	青海民族学院
165	09BZJ018	一般项目	宗教学	多元文化背景下多民族民间信仰互动共享与变迁研究——以青海地区为例	2009年6月4日	鄂崇荣	青海省社科院
166	09CZS029	青年项目	中国历史	儒学在青藏地区的传播与影响	2009年6月4日	李健胜	青海师范大学
167	09BMZ016	一般项目	民族问题研究	藏传佛教社会功能研究	2009年6月4日	阿忠荣	青海师范大学
168	09BRK004	一般项目	人口学	三江源地区藏族人口流动现状和社会影响研究——以青海省贵南县藏族人口流动研究为例	2009年6月4日	史玉梅	青海大学
169	09FZW002	后期资助项目	中国文学	藏族文学理论批评史	2009年6月4日	吴钰	青海民族大学
170	09XDJ007	西部项目	党史·党建	改革开放以来藏区党的建设基本经验及运用研究	2009年6月19日	梁代生	青海省委党校
171	09XKS003	西部项目	马列·科社	西部民族地区领导干部践行科学发展观研究	2009年6月19日	曹淑英	青海省委党校
172	09XMZ016	西部项目	民族问题研究	濒危土族语言与口头传承文学资源库的建设	2009年6月19日	胡枫	青海师范大学
173	09XMZ021	西部项目	民族问题研究	藏传佛教寺院规范化管理的实证研究	2009年6月19日	华热多杰	青海民族学院
174	09XMZ022	西部项目	民族问题研究	青藏地区宗教教职人员问题与少数民族族群集团及社会稳定互动关系研究	2009年6月19日	郭华	青海民族学院
175	09XMZ024	西部项目	民族问题研究	土族社会发展现状调查研究	2009年6月19日	胡芳	青海省社科院
176	09XMZ028	西部项目	民族问题研究	青海藏传佛教寺院僧人基本状况调查研究	2009年6月19日	周成仓	青海大学
177	09XMZ039	西部项目	民族问题研究	青藏地区经济一体化发展研究	2009年6月19日	马生林	青海省社科院

（续表11）

序号	项目批准号	项目类别	学科分类	项目名称	立项时间	项目负责人	单位
178	09XMZ051	西部项目	民族问题研究	城镇化进程中青藏高原农牧民生存境况及择业取向的调查分析研究	2009年6月19日	久毛措	青海大学
179	09XMZ053	西部项目	民族问题研究	青海藏区农牧民素质与生活水平关系研究	2009年6月19日	费胜章	青海大学
180	09XMZ054	西部项目	民族问题研究	西北地区穆斯林民族农业人口城镇化过程中的择业趋向研究	2009年6月19日	白晓荣	青海师范大学
181	09XSH012	西部项目	社会学	城市化进程中回族社区变迁与清真寺功能社会化研究	2009年6月19日	马占彪	青海省委党校
182	09XSH017	西部项目	社会学	苯教文化与藏区和谐社会建设	2009年6月19日	周毛吉	青海民族学院
183	09XTY003	西部项目	体育学	青海藏区生态移民点全民健身公共服务体系研究	2009年6月19日	李鸿斌	青海大学
184	09XYY024	西部项目	语言学	藏族远程教学资源库建设	2009年6月19日	才智杰	青海师范大学
185	09XZJ006	西部项目	宗教学	新时期藏传佛教伦理思想在构建和谐藏族社会关系中的价值研究	2009年6月19日	吴春香	青海师范大学
186	09XZJ011	西部项目	宗教学	青海宝卷研究	2009年6月19日	刘永红	青海师范大学
187	09XZW016	西部项目	中国文学	敦煌吐蕃民间文学作品研究	2009年6月19日	吴　钰	青海民族学院
188	09XZW019	西部项目	中国文学	藏族民间文学研究	2009年6月19日	羊毛吉	青海民族学院
189	09XZW021	西部项目	中国文学	青海多民族族群的历史记忆与重构——以民间文学为例	2009年6月19日	毕艳君	青海省社科院
190	09XZW022	西部项目	中国文学	青海蒙古族民间文学研究	2009年6月19日	呼　和	青海民族学院
191	10BMZ027	一般项目	民族问题研究	新疆与甘宁青地区穆斯林文化的结构性差异比较研究	2010年6月17日	马进虎	青海省社科院
192	10BMZ044	一般项目	民族问题研究	新时期西部民族地区乡村社会变迁研究	2010年6月17日	冯彩莉	青海大学
193	10BMZ049	一般项目	民族问题研究	青藏地区矿产资源开发利益共享机制研究	2010年6月17日	詹红岩	青海省社科院
194	10BMZ051	一般项目	民族问题研究	促进青海藏区基本公共服务均等化研究	2010年6月17日	李双元	青海大学
195	10BMZ053	一般项目	民族问题研究	青藏高原藏族游牧区公共服务问题研究	2010年6月17日	索端智	青海民族大学

（续表12）

序号	项目批准号	项目类别	学科分类	项目名称	立项时间	项目负责人	单位
196	10BSH020	一般项目	社会学	青藏地区基层宗教组织与社会稳定的社会学研究	2010年6月17日	马文慧	青海省社科院
197	10BYY022	一般项目	语言学	青海省少数民族地区汉语使用状况调查研究	2010年6月17日	赖振寅	青海师范大学
198	10BZJ011	一般项目	宗教学	我国藏传佛教信教群众的宗教认同与公民身份问题研究	2010年6月17日	谢热	青海省社科院
199	10BZS046	一般项目	中国历史	藏族古代史论遗产的发掘与整理研究	2010年6月17日	叶拉太	青海师范大学
200	10BZW097	一般项目	中国文学	藏汉文化背景下当代汉语写作问题研究	2010年6月17日	马绍英	青海民族大学
201	10BZW112	一般项目	中国文学	二十世纪藏族文学史	2010年6月17日	南色	青海民族大学
202	10CJY015	青年项目	应用经济	青海湖湿地生态系统服务功能价值动态及驱动机制研究	2010年6月17日	曹生奎	青海师范大学
203	10CMZ006	青年项目	民族问题研究	《蒙古王统记大论—金册》译注	2010年6月17日	才项多杰	青海省社科院
204	10XFX004	西部项目	法学	青海藏区"赔命价"习惯法研究	2010年7月1日	淡乐蓉	青海民族大学
205	10XJL009	西部项目	理论经济	青海省民族地区农地制度变迁研究	2010年7月1日	冉永春	青海大学
206	10XJL016	西部项目	理论经济	基于生态环境约束的青藏地区转变发展方式实证研究	2010年7月1日	苏海红	青海省社科院
207	10XJY007	西部项目	应用经济	三江源生态保护的长效机制研究	2010年7月1日	马洪波	青海省委党校
208	10XJY011	西部项目	应用经济	和谐社会视角下的青海藏区农（牧）区最低生活保障问题研究	2010年7月1日	李凤荣	青海大学
209	10XKS008	西部项目	马列·科社	生态文明建设中促进青海藏区人的全面发展实践模式研究	2010年7月1日	张丽萍	青海师范大学
210	10XMZ006	西部项目	民族问题研究	青藏高原游牧区经济发展与社会稳定问题研究	2010年7月1日	贾荣敏	青海民族大学
211	10XMZ011	西部项目	民族问题研究	青海世居少数民族国家认同研究	2010年7月1日	解占录	青海省社科院

（续表13）

序号	项目批准号	项目类别	学科分类	项目名称	立项时间	项目负责人	单位
212	10XMZ023	西部项目	民族问题研究	河湟世居诸族中"假西番"等特殊族群的社会文化涵化研究	2010年7月1日	梁玉金	青海大学
213	10XSH003	西部项目	社会学	青海藏区寺院宗教组织与少数民族族群问题研究	2010年7月1日	昂秀才让	青海民族大学
214	10XTQ002	西部项目	图书馆、情报与文献学	图书馆信息素养教育研究	2010年7月1日	韩月萍	青海师范大学
215	10XTQ013	西部项目	图书馆、情报与文献学	青海省三江源区藏传佛教寺院特色数据库建设研究	2010年7月1日	白英卿	青海大学
216	10XTY003	西部项目	体育学	环青海湖国际公路自行车赛商业化运作的研究	2010年7月1日	孙海波	青海大学
217	10XYY022	西部项目	语言学	藏语方言研究的历史与现状研究	2010年7月1日	索南东主	青海师范大学
218	10XZJ004	西部项目	宗教学	历辈班禅额尔德尼与中央政府关系研究	2010年7月1日	马连龙	青海省社科院
219	10XZJ014	西部项目	宗教学	青藏高原多民族共聚区宗教现状与社会稳定对策研究	2010年7月1日	马学贤	青海省社科院
220	10XZS005	西部项目	中国历史	明清河湟社会变迁研究	2010年7月1日	杨军	青海省社科院
221	10XZS012	西部项目	中国历史	民国时期青海省社会状况研究	2010年7月1日	卢艳香	青海大学
222	10XZW015	西部项目	中国文学	唐宋士风文风嬗变研究	2010年7月1日	方丽萍	青海师范大学
223	10XZW030	西部项目	中国文学	藏族古代文论研究	2010年7月1日	多旦	青海师范大学
224	10XZW034	西部项目	中国文学	青藏高原多元一体文化与民族文学研究	2010年7月1日	雷庆锐	青海民族大学
225	10XZW035	西部项目	中国文学	青海蒙古民歌演唱传统及传承研究	2010年7月1日	玉梅	青海民族大学
226	10XZZ008	西部项目	政治学	青藏地区乡镇政府公共服务能力与构建和谐社会研究	2010年7月1日	李广斌	青海省委党校
227	10XZZ009	西部项目	政治学	青海省地方政府治理创新路径研究	2010年7月1日	伍海峰	青海省委党校
228	10XZW030	西部项目	中国文学	藏族古代文论研究	2010年7月1日	多旦	青海师范大学
229	10BJL057	一般项目	理论经济	实现青海藏区跨越式发展研究	2010年7月1日	鲁临琴	青海省委党校

社会科学人物

　　社会科学是推动历史发展和社会进步的重要力量，是人类文明史上的文化宝库和知识灯塔，而社科研究者以探索社会发展规律、寻求人类文明进步为己任，他们既是社会科学的创造者和奠基者，也是文明的传薪者和文化的传承者。1993—2010 年，广大青海社科工作者怀着强烈的使命感和责任感，用自己的聪明才智为建设富裕文明和谐美丽新青海添砖加瓦，他们将自己的研究与青海经济社会和民族和谐发展紧密联系在一起，把自己的研究论著写在了辽阔的青海高原上，为青海各项事业发展提供了强有力的学术支撑和智力支持。为了铭记这些为青海社会科学事业发展做出实绩和贡献的学者，本章特以简表形式辑录1990—2010 年全省社会科学领域的专家学者。

一、获特殊荣誉称号的社会科学人物

　　1993—2010 年，青海省获得"国家突出贡献专家"荣誉称号2 人，其中：编审1 人，教授1 人；享受国务院特殊津贴专家31 人，其中：研究员9 人，研究馆员1 人，教授20 人，编审1 人；获"省级优秀专家"荣誉称号12 人，其中：研究员2 人，研究馆员1 人，教授8 人，编审1 人；获"省级优秀专业技术人才"荣誉称号16 人，其中：研究员1 人，教授15 人。

1993—2010 年获得国家突出贡献专家称号的社会科学人物

编号	姓名	性别	出生年月	学历	学位	职称	专业	命名年份	工作单位
1	郭洪纪	男	1948 年 5 月	本科	学士	编审	编辑	1997	青海师范大学
2	何　波	男	1957 年 1 月	本科	学士	教授	民族教育	1998	青海师范大学

1993—2010 年享受国务院特殊津贴的社会科学人物

编号	姓名	性别	出生年月	学历	学位	职称	专业	命名年份	工作单位
1	王骧业	男	1936 年 6 月	本科	学士	教授	教育学	1993	青海师范大学
2	卢承业	男	1936 年 10 月	本科	学士	教授	教育学	1993	青海师范大学
3	吴建民	男	1936 年 11 月	本科	学士	教授	政治	1993	青海民族大学
4	蔡成瑛	男	1937 年 3 月	本科	学士	研究馆员	图书情报	1993	青海师范大学

（续表）

编号	姓名	性别	出生年月	学历	学位	职称	专业	命名年份	工作单位
5	蒲文成	男	1942 年 11 月	研究生	硕士	研究员	古藏语文	1993	青海省政协
6	赵宗福	男	1955 年 10 月	博士	博士	研究员	民俗学	1993	青海省社科院
7	胡安良	男	1934 年 3 月	本科	学士	教授	文学	1994	青海民族大学
8	张瞳德	男	1935 年 5 月	本科	学士	教授	机械工程	1994	青海广播电视大学
9	芈一之	男	1924 年 3 月	本科	学士	教授	专门史	1996	青海民族大学
10	张忠孝	男	1941 年 10 月	本科	学士	教授	民俗学	1996	青海师范大学
11	景 晖	男	1947 年 11 月	本科	硕士	研究员	思想政治教育	1997	青海省社科院
12	王恒生	男	1941 年 7 月	本科	学士	研究员	区域、生态经济学	1998	青海省社科院
13	旦 正	男	1955 年 5 月	研究生	硕士	教授	藏学	1999	青海民族大学
14	何 峰	男	1956 年 12 月	研究生	博士	教授	藏学	1999	青海民族大学
15	王培基	男	1940 年 10 月	研究生	硕士	教授	语言学	2000	青海师范大学
16	郭洪纪	男	1948 年 5 月	本科	学士	编审	编辑	2000	青海师范大学
17	冀康平	男	1953 年 4 月	本科	学士	研究员	无机化工	2000	青海省社科院
18	翟松天	男	1942 年 7 月	本科	学士	研究员	经济学	2001	青海省社科院
19	刘 佑	男	1948 年 1 月	专科	学士	教授	教育学	2001	青海广播电视大学
20	崔永红	男	1949 年 10 月	本科	学士	研究员	历史学	2001	青海省社科院
21	桑 杰	男	1951 年 8 月	研究生	硕士	教授	藏学	2001	青海民族大学
22	张嘉选	男	1961 年 12 月	本科	学士	教授	党史党建	2002	青海省委党校
23	董家平	男	1952 年 4 月	研究生	硕士	教授	中国古代文学	2003	青海师范大学
24	王作全	男	1957 年 11 月	博士	博士	教授	法学	2004	青海师范大学
25	张得祖	男	1948 年 9 月	本科	学士	教授	历史学	2006	青海师范大学
26	陈 玮	男	1959 年 12 月	博士	博士	教授	藏学	2006	青海省社科院
27	周忠瑜	男	1957 年 12 月	本科	学士	教授	中共党史	2007	青海民族大学
28	孙发平	男	1962 年 10 月	本科	学士	研究员	政治经济学	2008	青海省社科院
29	马 林	男	1955 年 9 月	本科	学士	研究员	藏学	2009	青海省社科院
30	祁永寿	男	1955 年 11 月	本科	学士	教授	管理学	2010	青海广播电视大学
31	何 颖	女	1957 年 9 月	本科	学士	教授	政治学	2010	青海省委党校

1993—2010 年获得青海省优秀专家称号的社会科学人物

编号	姓名	性别	出生年月	学历	学位	职称	专业	命名年份	工作单位
1	张成材	男	1932 年 2 月	研究生	硕士	教授	现代汉语方言	1994	青海师范大学
2	李宗远	男	1934 年 9 月	本科	学士	教授	政治学	1994	青海民族大学
3	苏多杰	女	1955 年 9 月	本科	学士	教授	生态环境学	2000	青海省委党校
4	李智信	男	1958 年 4 月	本科	学士	研究馆员	考古	2000	省文物考古研究所

（续表）

编号	姓名	性别	出生年月	学历	学位	职称	专业	命名年份	工作单位
5	张嘉选	男	1961 年 12 月	本科	学士	教授	党史党建	2000	青海省委党校
6	余中水	男	1941 年 1 月	本科	学士	编审	哲学	2001	青海省社科院
7	张 伟	男	1950 年 8 月	本科	学士	研究员	政治经济学	2005	青海省社科院
8	马成俊	男	1964 年 7 月	研究生	博士	教授	民族学	2006	青海民族大学
9	关桂霞	女	1960 年 2 月	本科	学士	教授	民族宗教学	2007	青海省委党校
10	东主才让	男	1964 年 3 月	研究生	硕士	教授	藏学	2007	青海民族大学
11	杜常顺	男	1963 年 12 月	博士	博士	教授	地方史	2008	青海师范大学
12	马 林	男	1955 年 9 月	本科	学士	研究员	藏学	2009	青海省社科院

1993—2010 年获得青海省优秀专业技术人才称号的社会科学人物

编号	姓名	性别	出生年月	学历	学位	职称	专业	命名年份	工作单位
1	魏成德	男	1932 年 5 月	本科	学士	教授	国际共运史	1993	青海师范大学
2	贾晞儒	男	1936 年 1 月	本科	学士	教授	语言学	1993	青海民族大学
3	董家平	男	1952 年 4 月	研究生	硕士	教授	中国古代文学	1993	青海师范大学
4	李克郁	男	1934 年 6 月	本科	学士	教授	语言学	1994	青海民族大学
5	何 峰	男	1956 年 12 月	研究生	博士	教授	藏学	1996	青海民族大学
6	何 波	男	1957 年 1 月	本科	学士	教授	民族教育	1996	青海师范大学
7	陈 玮	男	1959 年 12 月	研究生	博士	教授	藏学	1997	青海省社科院
8	姚继荣	男	1960 年 9 月	研究生	博士	教授	历史学	1997	青海民族大学
9	扎 布	男	1964 年 7 月	研究生	博士	教授	汉藏古典文学	1997	青海师范大学
10	关桂霞	女	1960 年 2 月	本科	学士	教授	民族宗教学	2006	青海省委党校
11	东主才让	男	1964 年 3 月	研究生	硕士	教授	藏学	2007	青海民族大学
12	马洪波	男	1967 年 8 月	本科	博士	教授	经济管理生态环境	2007	青海省委党校
13	刘景华	女	1964 年 4 月	本科	学士	研究员	北方少数民族	2008	青海省社科院
14	李双元	男	1970 年 11 月	研究生	博士	教授	农牧业经济管理	2008	青海大学
15	李广斌	男	1966 年 2 月	本科	学士	教授	行政管理	2009	青海省委党校
16	朱宏才	男	1967 年 8 月	本科	学士	教授	传统文化	2010	青海省委党校

二、社会科学高级职称学者简表

1980—2010 年，青海省具有副高以上职称的社会科学专业人员中，有研究员 22 人，研究馆员 28 人，教授 403 人，编审 10 人，译审 3 人，副研究员 28 人，副研究馆员 73 人，副教授 308 人，副编审 4 人，副译审 4 人，共计 883 人。

1981—2010 年青海省社会科学院（67 人）

编号	姓名	性别	出生年月	毕业院校	所学专业	学历	职称	职称获得年份	从事专业	工作单位
1	刘醒华	男	1925.08	西北大学	新闻学	本科	编审	1981	新闻与文艺	青海省社科院
2	陈庆英	男	1941.10	中央民族学院	古藏文	研究生	研究员	1988	藏学	青海省社科院
3	谢 佐	男	1941.12	中央民族学院	古藏文	研究生	教授	1986	藏学	青海省社科院
4	蒲文成	男	1942.11	西北民族大学	古藏文	研究生	研究员	1992	藏学	青海省社科院
5	朱世奎	男	1932.12	西北师范学院	生物	大专	研究员	1993	地方文化	青海省社科院
6	李高泉	男	1934.09	东北财经学院	统计学	本科	研究员	1993	经济学研究	青海省社科院
7	翟松天	男	1942.07	西北民族学院	政治教育	本科	研究员	1993	经济学	青海省社科院
8	景 晖	男	1947.11	中央党校	政治教育	本科	研究员	1993	政治教育	青海省社科院
9	王 昱	男	1947.06	武汉大学	图书馆学	本科	研究员	1994	青海地方史	青海省社科院
10	魏 兴	男	1949.08	内蒙古大学	哲学	研究生	编审	1995	编辑	青海省社科院
11	童金怀	男	1936.12	中国人民大学	中共党史	本科	编审	1996	党史和国际共运史	青海省社科院
12	刘 忠	男	1937.06	辽宁财经学院	经济学	本科	研究员	1996	经济学	青海省社科院
13	赵宗福	男	1955.10	北京师范大学	民俗学	研究生	研究员	1996	民俗学	青海省社科院
14	王恒生	男	1941.07	中国农业大学	动物科技	本科	研究员	1998	区域、生态经济学	青海省社科院
15	曲青山	男	1957.05	中央党校	中共党史	研究生	教授	1998	党建、民族宗教	青海省社科院
16	余中水	男	1941.01	北京大学	哲学	本科	编审	1999	哲学	青海省社科院
17	崔永红	男	1949.10	青海师范大学	历史学	研究生	研究员	2000	中国地方史	青海省社科院
18	张 伟	男	1950.08	兰州大学	政治经济学	本科	研究员	2000	经济学	青海省社科院
19	陈 玮	男	1959.12	兰州大学	藏学	研究生	教授	2000	民族宗教学	青海省社科院
20	孙发平	男	1962.10	西北民族学院	政治	本科	教授	2000	政治经济学	青海省社科院
21	马连龙	男	1957.10	青海民族学院	文学	本科	译审	2002	藏文民族宗教理论	青海省社科院
22	穆兴天	男	1960.09	中央民族学院	民族学	研究生	研究员	2003	民族宗教	青海省社科院
23	马 林	男	1955.09	青海民族学院	藏语文	本科	研究员	2005	藏学	青海省社科院
24	朱 华	女	1962.01	青海大学	农学	本科	研究员	2005	经济学研究	青海省社科院
25	马生林	男	1959.12	青海教育学院	中文	大专	研究员	2006	旅游与环境经济	青海省社科院
26	张立群	女	1962.11	陕西师范大学	社会发展与制度文明	研究生	教授	2006	法学研究	青海省社科院
27	冀康平	男	1953.04	青海大学	无机化工	本科	研究员	2007	资源、技术经济	青海省社科院
28	拉毛措	女	1962.12	中央民族大学	藏学	研究生	研究员	2007	民族学研究	青海省社科院
29	刘景华	女	1964.04	中央民族学院	北方少数民族	本科	研究员	2009	地方史和民族史	青海省社科院
30	谢 热	男	1963.12	西北民族学院	藏语文	本科	研究员	2010	藏区经济社会文化	青海省社科院
31	苏海红	女	1970.01	北京农业大学	农学	本科	研究员	2010	经济学	青海省社科院

（续表1）

编号	姓名	性别	出生年月	毕业院校	所学专业	学历	职称	职称获得年份	从事专业	工作单位
32	周生文	男	1937.05	青年师范学院	藏语文	大专	副研究员	1987	藏学	青海省社科院
33	马尚鳌	男	1934.05	西安外国语大学	俄语	本科	副译审	1988	翻译	青海省社科院
34	姚丛哲	男	1937.02	—	—	高中	副研究员	1988	历史学	青海省社科院
35	陈国建	男	1936.01	西南农学院	农业经济	本科	副教授	1992	经济学	青海省社科院
36	杨昭晖	男	1935.02	北京师范大学	地理	本科	副研究员	1993	经济学研究	青海省社科院
37	李嘉善	男	1937.05	青海师范大学	数学	大专	副研究员	1993	哲学、经济学	青海省社科院
38	窦国林	男	1965.08	西安地质学院	工程水文环境地质学	本科	副研究员	2000	农村、资源经济	青海省社科院
39	梁明芳	女	1949.07	天津南开大学	哲学	大专	副研究馆员	2002	图书情报学	青海省社科院
40	顾延生	女	1965.08	青海师范大学	地理学	本科	副研究员	2003	旅游与环境经济	青海省社科院
41	张毓卫	男	1952.02	北京大学	图书馆学	大专	副研究馆员	2004	图书馆信息学	青海省社科院
42	郑家强	女	1962.08	北京大学	图书馆学	大专	副研究馆员	2004	图书分编信息加工	青海省社科院
43	毛江晖	男	1969.06	中央党校函授学院	涉外经济	本科	副研究员	2004	商贸经济学	青海省社科院
44	詹红岩	男	1971.10	兰州理工大学	经济学	本科	副研究员	2004	经济学	青海省社科院
45	高永宏	男	1962.11	陕西师范大学	政治教育	本科	副研究员	2005	法学	青海省社科院
46	刘成明	男	1971.05	中国人民大学	人口学	本科	副研究员	2005	社会学	青海省社科院
47	鲁顺元	男	1971.11	兰州大学	民族学	研究生	副研究员	2005	民族社会学	青海省社科院
48	马进虎	男	1963.03	中央民族学院	历史学	研究生	副研究员	2006	世居少数民族	青海省社科院
49	张海红	女	1964.08	青海师专	中文	大专	副研究馆员	2006	文学	青海省社科院
50	参看加	男	1967.08	西北民族学院	藏语言文学专业	研究生	副研究员	2006	民族与宗教研究	青海省社科院
51	胡　芳	女	1972.03	中央民族大学	汉语言文学	研究生	副研究员	2006	民俗学	青海省社科院
52	张　前	男	1973.07	青海民族学院	汉语言文学	本科	副编审	2006	编辑	青海省社科院
53	解占录	男	1974.11	青海师范大学	历史学	研究生	副研究员	2006	青海地方史	青海省社科院
54	马学贤	男	1957.03	青海民族学院	藏语文	本科	副研究员	2007	民族学	青海省社科院
55	唐　萍	女	1966.01	中国社科院研究生院	政治经济学	研究生	副研究员	2007	政治经济学	青海省社科院
56	丁忠兵	男	1974.08	兰州大学	经济学	本科	副研究员	2007	经济学	青海省社科院
57	张生寅	男	1974.11	中央民族大学	历史学	研究生	副研究员	2007	青海地方史研究	青海省社科院
58	鄂崇荣	男	1975.02	中央民族大学	历史学	研究生	副研究员	2007	民族宗教研究	青海省社科院
59	毕艳君	女	1975.11	青海民族学院	文学	本科	副研究员	2008	青海民间文学	青海省社科院
60	肖　莉	女	1964.05	青海师范大学	哲学	本科	副研究员	2009	应用社会学	青海省社科院
61	马文慧	女	1971.06	华东师范大学	哲学	本科	副研究员	2009	宗教社会学	青海省社科院

（续表2）

编号	姓名	性别	出生年月	毕业院校	所学专业	学历	职称	职称获得年份	从事专业	工作单位
62	张继宗	男	1976.06	甘肃政法大学	经济法学	研究生	副研究员	2009	民族法学	青海省社科院
63	徐 明	男	1952.11	青海省委党校	政治理论	大专	副研究员	2010	政治学	青海省社科院
64	王丽莉	女	1966.07	青海省委党校	经济管理	本科	副研究馆员	2010	图书管理	青海省社科院
65	娄海玲	女	1971.01	西北政学院	经济法学	本科	副研究员	2010	经济法环境法学	青海省社科院
66	刘傲洋	女	1976.06	北京物资学院	经济学	本科	副研究员	2010	工业与城市经济	青海省社科院
67	杜青华	男	1978.04	青海大学	草学	本科	副研究员	2010	区域经济及生态	青海省社科院

1980—2010年青海省委党校（96人）

编号	姓名	性别	出生年月	毕业院校	所学专业	学历	职称	职称获得年份	从事专业	工作单位
1	俞金顺	男	1928.01	沪江大学商学院	财经	本科	教授	1986	政治经济学	青海省委党校
2	谢文杰	男	1936.01	四川大学	政治经济学	本科	教授	1986	政治经济学	青海省委党校
3	李顺义	男	1948.12	青海省委党校	经济管理	研究生	教授	1994	经济学	青海省委党校
4	张延祯	男	1939.09	北京师范大学	哲学	本科	教授	1995	哲学	青海省委党校
5	曹学礼	男	1946.08	西安矿业学院	矿山企业建设	本科	教授	1998	经济管理	青海省委党校
6	司卫国	男	1945.04	北京政法学院	政法	本科	教授	1999	科学社会主义	青海省委党校
7	何 颖	女	1957.09	青海民族学院	政治	本科	教授	1999	政治学	青海省委党校
8	费雅君	女	1953.07	中央党校	经济管理	研究生	教授	2000	党史	青海省委党校
9	苏多杰	女	1955.09	青海师范大学	物理	本科	教授	2000	现代科技	青海省委党校
10	关桂霞	女	1960.02	青海民族学院	思想政治教育	本科	教授	2000	民族学	青海省委党校
11	韩关却加	男	1955.06	中央民族学院	民族史	本科	教授	2002	民族宗教学	青海省委党校
12	李诸平	男	1947.12	宝鸡师范学院	数学	本科	教授	2003	现代科技	青海省委党校
13	曹淑英	女	1956.06	中央党校	经济管理	本科	教授	2003	科学社会主义	青海省委党校
14	孙洲霞	女	1957.01	中央党校	经济管理	本科	教授	2003	经济管理	青海省委党校
15	袁志平	女	1958.09	青海民族学院	政治	本科	教授	2004	哲学	青海省委党校
16	王兰英	女	1960.03	青海民族学院	思想政治教育	本科	教授	2004	经济学	青海省委党校
17	吴玉敏	女	1963.10	四川大学	哲学	本科	教授	2004	哲学	青海省委党校
18	李广斌	男	1966.02	四川大学	哲学	本科	教授	2004	行政管理学	青海省委党校
19	马洪波	男	1967.08	兰州大学	区域经济学	研究生	教授	2004	区域经济学	青海省委党校

（续表1）

编号	姓名	性别	出生年月	毕业院校	所学专业	学历	职称	职称获得年份	从事专业	工作单位
20	王兆远	男	1946.09	青海师范学院	思想政治教育	本科	教授	2005	政治经济学	青海省委党校
21	陈永进	男	1954.12	华东政法学院	法学	本科	教授	2005	法学	青海省委党校
22	马学勤	男	1960.01	青海民族学院	政治	本科	教授	2005	党史	青海省委党校
23	桑才让	男	1962.09	中央民族学院	哲学	本科	教授	2005	哲学	青海省委党校
24	李清源	女	1954.04	青海民族学院	数学	本科	教授	2006	现代科技	青海省委党校
25	杨春英	女	1955.02	青海省委党校	经济学	研究生	教授	2006	经济学	青海省委党校
26	马晓红	女	1959.12	青海省委党校	科学社会主义	研究生	教授	2006	科学社会主义	青海省委党校
27	高明森	男	1962.09	青海省委党校	政治经济学	研究生	教授	2006	现代科技	青海省委党校
28	杜敏学	女	1963.02	兰州大学	经济	本科	教授	2006	经济学	青海省委党校
29	梁代生	男	1957.07	中央党校	党政建设	研究生	教授	2007	党史党建	青海省委党校
30	王亚玲	女	1962.11	青海省委党校	科学社会主义	研究生	教授	2007	政治学	青海省委党校
31	何启林	男	1964.06	青海省委党校	科学社会主义	研究生	教授	2007	政治学	青海省委党校
32	朱宏才	男	1967.08	中山大学	历史学	本科	教授	2007	传统文化	青海省委党校
33	薛红焰	男	1964.01	西北师范大学	思想政治教育	研究生	教授	2008	政治学	青海省委党校
34	南补习	男	1956.07	陕西师范大学	中文教育	本科	教授	2009	现代科技	青海省委党校
35	马占彪	男	1962.03	中央民族学院	中国少数民族史	本科	教授	2009	青海发展战略	青海省委党校
36	鲁临琴	女	1963.06	青海省委党校	经济管理	研究生	教授	2009	经济学	青海省委党校
37	伍海峰	男	1966.10	中山大学	哲学	本科	教授	2009	图书馆	青海省委党校
38	马桂芳	女	1967.08	青海省委党校	经济管理	研究生	教授	2009	经济学	青海省委党校
39	严琼	女	1958.08	青海师范大学	数学	本科	教授	2010	经济学	青海省委党校
40	张卫东	男	1962.06	青海省委党校	政治经济学	研究生	教授	2010	经济学	青海省委党校
41	张玉良	男	1963.01	中央党校	政法	研究生	教授	2010	现代科技	青海省委党校
42	严维青	男	1965.03	青海省委党校	经济管理	研究生	教授	2010	经济学	青海省委党校
43	罗菊芳	女	1954.07	中央党校	经济管理	本科	编审	2005	编辑	青海省委党校
44	王乃明	男	1960.02	西北农业大学	农业经济管理	本科	编审	2006	编辑	青海省委党校
45	李积兰	女	1961.03	青海省委党校	经济管理	本科	编审	2007	编辑	青海省委党校
46	刘玉英	女	1961.01	青海省委党校	经济管理	研究生	译审	2008	编辑	青海省委党校
47	才旦多杰	男	1969.10	青海民族学院	藏语文	本科	译审	2010	编辑	青海省委党校

（续表2）

编号	姓名	性别	出生年月	毕业院校	所学专业	学历	职称	职称获得年份	从事专业	工作单位
48	贾永红	女	1967.04	武汉大学	图书馆学	本科	副研究馆员	2001	图书馆	青海省委党校
49	李秀东	女	1969.12	中央党校	政法	研究生	副研究馆员	2007	图书馆	青海省委党校
50	李润身	男	1928.01	中央党校	党校基础	中专	副教授	—	党建	青海省委党校
51	费民	男	1931.12	中央党校	哲学	本科	副教授	—	哲学	青海省委党校
52	关确才旦	男	1932.04	青海民族学院	政治	中专	副教授	1981	藏汉语言文学翻译	青海省委党校
53	徐澄清	男	1934.10	中国人民大学	法律	专科	副教授	1986	科学社会主义与法学	青海省委党校
54	汪承基	男	1936.01	北京大学	政治经济学	本科	副教授	1986	政治经济学	青海省委党校
55	杨宏真	男	1937.03	西北财经学院	统计学	本科	副教授	1986	经济管理	青海省委党校
56	吴清纯	男	1932.07	四川师范大学	语文	专科	副教授	1988	古典文学	青海省委党校
57	江再杰	男	1942.12	安徽商学院	市场经济	本科	副教授	1988	政治经济学	青海省委党校
58	王庆海	男	1934.01	中国人民大学	机械	本科	副教授	1992	工业企业与经济管理	青海省委党校
59	罗会仁	男	1935.04	华中师范学院	教育	本科	副教授	1992	编辑	青海省委党校
60	吴承义	男	1935.10	青海师范学院	政史	专科	副教授	1992	民族、统战	青海省委党校
61	王淑华	女	1936.06	保定师范学院	历史学地理	专科	副教授	1992	地理	青海省委党校
62	王建华	男	1936.12	兰州大学	政治经济学	本科	副教授	1992	政治经济学	青海省委党校
63	付承信	男	1937.02	中国人民大学	政治经济学	研究生	副教授	1992	编辑	青海省委党校
64	卜广坡	男	1937.04	西安二炮技术学院	航天学	专科	副教授	1992	党建	青海省委党校
65	陈学业	男	1938.09	山东社会主义劳动大学	农学	本科	副教授	1992	现代汉语	青海省委党校
66	高守成	男	1943.08	青海师范大学	藏语文	本科	副教授	1992	汉语文	青海省委党校
67	任春谭	男	1945.12	安徽商学院	统计	本科	副教授	1992	政治经济学	青海省委党校
68	张进德	男	1939.04	青海师范学院	政治经济	本科	副教授	1994	党建	青海省委党校
69	王文波	男	1942.08	黑龙江青年刊授大学	中国语言文学	专科	副教授	1995	科学社会主义	青海省委党校
70	丁萍	女	1957.01	青海师范大学	政治教育	本科	副教授	1995	经济学	青海省委党校
71	何玲	女	1958.08	中央民族学院	民族史	本科	副教授	1998	民族学	青海省委党校
72	段继业	男	1960.10	北京师范大学	哲学	本科	副教授	1998	社会学	青海省委党校
73	赵永兴	男	1944.02	青海师范大学	藏语文	本科	副教授	1999	语文	青海省委党校
74	梁红旗	女	1950.08	中央党校	经济管理	本科	副教授	1999	经济学	青海省委党校
75	伦顺成	男	1952.10	中央党校	经济管理	本科	副教授	2000	经济管理	青海省委党校

（续表3）

编号	姓名	性别	出生年月	毕业院校	所学专业	学历	职称	职称获得年份	从事专业	工作单位
76	李成明	男	1963.09	青海省委党校	科学社会主义	研究生	副教授	2000	科学社会主义	青海省委党校
77	桂晓红	女	1965.05	中央民族大学	历史学	本科	副教授	2000	公共管理	青海省委党校
78	沈秀丽	女	1962.12	北京外国语学院	英语	本科	副教授	2001	现代科技	青海省委党校
79	乔新生	男	1963.05	青海民族学院	汉语言文学	本科	副教授	2001	现代科技	青海省委党校
80	杨多才旦	男	1966.05	青海民族学院	汉语言文学	本科	副教授	2003	发展战略研究	青海省委党校
81	李生文	男	1967.02	四川大学	汉语言文学	本科	副教授	2003	现代科技	青海省委党校
82	彭友锋	男	1954.07	中央党校	科学社会主义	研究生	副教授	2004	法学	青海省委党校
83	张佐良	男	1963.05	青海民族大学	公共管理	本科	副教授	2004	公共管理	青海省委党校
84	赵喜平	男	1966.02	四川大学	法学	本科	副教授	2004	法学	青海省委党校
85	黄国政	男	1963.04	兰州大学	历史学	本科	副教授	2005	法学	青海省委党校
86	朱瑞	女	1966.07	四川大学	哲学	本科	副教授	2005	哲学	青海省委党校
87	李桂娥	女	1967.03	青海民族大学	法律	本科	副教授	2005	法学	青海省委党校
88	张鲁宁	男	1965.05	北京广播学院	国际关系	本科	副教授	2006	发展战略研究	青海省委党校
89	薛建玲	女	1967.07	青海民族大学	公共管理	本科	副教授	2006	公共管理	青海省委党校
90	徐格明	男	1966.10	四川大学	历史学	本科	副教授	2007	法学	青海省委党校
91	杨皓然	男	1973.03	兰州大学	区域经济学	研究生	副教授	2007	经济学	青海省委党校
92	秦学勤	男	1963.01	青海民族学院	政治教育	本科	副编审	2000	编辑	青海省委党校
93	高清	女	1968.07	青海省委党校	社会学	研究生	副编审	2007	编辑	青海省委党校
94	罗者	男	1930.10	青海民族学院	翻译	专科	副译审	—	翻译	青海省委党校
95	更登尖措	男	1938.07	西北民族学院	翻译	高中	副译审	1996	藏语文	青海省委党校
96	豆改本	男	1965.02	青海省委党校	政治经济学	研究生	副译审	2004	编辑	青海省委党校

1980—2010 年青海师范大学（347 人）

编号	姓名	性别	出生年月	毕业院校	所学专业	学历	职称	职称获得年份	从事专业	工作单位
1	聂文郁	男	1909.11	北京大学	中文	本科	教授	1980	中文	青海师范大学
2	张谷密	男	1930.08	鲁迅文学艺术学院	作曲与作曲理论	本科	教授	1986	音乐学	青海师范大学
3	魏成德	男	1932.05	北京师范大学	马列主义研究	本科	教授	1986	国际共运史	青海师范大学
4	张广志	男	1937.10	山东大学	历史学	本科	教授	1986	中国古代史	青海师范大学

（续表1）

编号	姓名	性别	出生年月	毕业院校	所学专业	学历	职称	职称获得年份	从事专业	工作单位
5	吴 均	男	1913.01	青海省第一师范	藏学	专科	教授	1988	藏语文、藏族史	青海师范大学
6	赵盛世	男	1924.09	复旦大学	历史学	本科	教授	1988	历史学	青海师范大学
7	陈业恒	男	1928.10	上海美术专科学校	美术学	专科	教授	1988	美术学	青海师范大学
8	罗景光	男	1930.12	中国人民大学	法律	本科	教授	1989	中国近代史	青海师范大学
9	陈德顺	男	1931.04	兰州大学	中文	本科	教授	1989	中文	青海师范大学
10	金长胜	男	1932.05	天津圣路易学校	外语	本科	教授	1989	外语	青海师范大学
11	郭洪纪	男	1948.05	青海师范大学	历史学	本科	编审	1991	编辑	青海师范大学
12	王自洲	男	1930.04	西北师范大学	心理学	本科	教授	1992	心理学	青海师范大学
13	杨 玎	女	1933.09	中国人民大学	党史	本科	教授	1992	思想政治教育	青海师范大学
14	李 晏	男	1930.11	东北师范大学	思想政治教育	本科	教授	1993	历史学	青海师范大学
15	张成材	男	1932.02	东北师范大学	现代汉语	研究生	教授	1993	现代汉语方言	青海师范大学
16	于靖杨	男	1932.09	北京大学	经济学	本科	教授	1993	思想政治教育	青海师范大学
17	张元禄	男	1935.11	华东师范大学	中国语言文学	本科	教授	1993	中文	青海师范大学
18	卢承业	男	1936.01	西北师范学院	学校教育	本科	教授	1993	学校教育	青海师范大学
19	王骧业	男	1936.06	北京师范大学	学校教育	本科	教授	1993	教育学	青海师范大学
20	徐美英	女	1936.07	北京师范大学	中文	本科	教授	1993	中文	青海师范大学
21	蔡成瑛	男	1937.03	北京大学	图书馆学	本科	研究馆员	1993	图书情报	青海师范大学
22	王广才	男	1938.03	东北师范大学	教育学	本科	教授	1993	教育学	青海师范大学
23	王燕梅	女	1941.02	辽宁大学	历史学	本科	教授	1993	近现代史	青海师范大学
24	白文固	男	1943.11	兰州大学	历史学	研究生	教授	1993	中国历史学	青海师范大学
25	马国忠	男	1934.08	西南师范学院	音乐	本科	教授	1995	音乐	青海师范大学
26	冷晏明	男	1934.01	四川大学	中文	本科	教授	1998	中文	青海师范大学
27	张明映	男	1940.01	兰州大学	政治经济学	本科	教授	1998	思想政治教育	青海师范大学
28	王培基	男	1940.01	青海师范大学	现代汉语	研究生	教授	1998	语言学	青海师范大学
29	张忠孝	男	1941.01	北京师范大学	地理	本科	教授	1998	民俗学	青海师范大学
30	蔡存义	男	1944.12	内蒙古师范学院	体育学	本科	教授	1998	运动技能学	青海师范大学
31	任奇正	男	1947.01	青海师范学院	历史学	本科	教授	1998	世界古代史	青海师范大学
32	董家平	男	1952.04	青海师范大学	中国古代文学	研究生	教授	1998	中国古代文学	青海师范大学
33	王作全	男	1957.11	日本国中京大学	法学	研究生	教授	1998	法学	青海师范大学

（续表2）

编号	姓名	性别	出生年月	毕业院校	所学专业	学历	职称	职称获得年份	从事专业	工作单位
34	何　波	男	1957.01	山东师范大学	教育学	本科	教授	1999	教育学	青海师范大学
35	都兴宙	男	1957.10	兰州大学	汉语言史	研究生	教授	1999	中国古代汉语	青海师范大学
36	陈　志	男	1963.01	西北高原生物研究所	生化	研究生	教授	2000	人体及动物生理学	青海师范大学
37	刘同德	男	1964.11	天津大学	技术经济管理	研究生	教授	2000	经济学	青海师范大学
38	张得祖	男	1948.09	青海师范学院	历史学	本科	教授	2001	历史学	青海师范大学
39	陈仁军	男	1956.05	青海医学院	医疗	本科	教授	2001	心理学	青海师范大学
40	杨翠兰	女	1959.07	复旦大学	经济学	本科	教授	2001	经济学	青海师范大学
41	扎　布	男	1963.05	西北民族大学	少数民族语言文学	研究生	教授	2001	少数民族语言文学	青海师范大学
42	杜常顺	男	1963.12	暨南大学	历史学	研究生	教授	2001	地方史	青海师范大学
43	赵勇生	男	1946.07	兰州理工大学	水利机械	本科	研究馆员	2002	图书资料	青海师范大学
44	宋琦凡	女	1959.09	青海师范学院	体育学	本科	教授	2002	体育学	青海师范大学
45	吉太加	男	1963.06	西北民族学院	藏语文	研究生	教授	2002	藏语文	青海师范大学
46	扎　布	男	1964.07	青海民族学院	藏语文	研究生	教授	2002	汉藏古典文学	青海师范大学
47	格日加	男	1947.03	青海民族学院	藏语文	专科	教授	2003	藏语文	青海师范大学
48	冯国桢	男	1950.01	青海师范学院	政史	本科	教授	2003	哲学	青海师范大学
49	刘道英	女	1950.07	南开大学	汉语言文学	本科	教授	2003	现代汉语	青海师范大学
50	陈良煜	男	1950.09	北京大学	汉语言文学	本科	教授	2003	古汉语	青海师范大学
51	赵成孝	男	1951.03	北京大学	中文	本科	教授	2003	中文	青海师范大学
52	石志新	女	1954.04	兰州大学	历史学	本科	教授	2003	历史学	青海师范大学
53	田运康	男	1957.02	青海师范学院	历史学	本科	教授	2003	历史学	青海师范大学
54	魏道明	男	1963.02	北京师范大学	历史学	本科	教授	2003	历史学	青海师范大学
55	多　旦	男	1963.08	青海民族学院	藏语文	本科	教授	2003	藏语文	青海师范大学
56	汪春燕	女	1964.05	西安交通大学	思政	研究生	教授	2003	民族理论	青海师范大学
57	李晓华	男	1964.09	西北师范大学	教育领导与管理	研究生	教授	2003	教育领导与管理	青海师范大学
58	赵春娥	女	1966.10	武汉大学	中国历史学	研究生	教授	2003	中国历史学	青海师范大学
59	韦　坚	男	1945.01	青海师范大学	中文	本科	教授	2004	中文	青海师范大学
60	堪　本	男	1946.05	青海民族师范学院	古藏语文	本科	教授	2004	古藏语文	青海师范大学
61	宁东来	男	1952.11	青海师范学院	美术学	大普	教授	2004	美术学	青海师范大学
62	高庆选	男	1954.09	加利福尼亚大学	英语	研究生	教授	2004	英国语言文学	青海师范大学

（续表3）

编号	姓名	性别	出生年月	毕业院校	所学专业	学历	职称	职称获得年份	从事专业	工作单位
63	才　果	女	1955.05	青海师范大学	教育学	本科	教授	2004	教育学	青海师范大学
64	罗桂花	女	1956.01	西南师范学院	生物学	本科	教授	2004	生物学	青海师范大学
65	谢卫平	男	1959.02	西安体育学院	体育	本科	教授	2004	体育	青海师范大学
66	张礼萍	女	1962.04	陕西师范大学	历史学	本科	教授	2004	历史学	青海师范大学
67	桑本太	男	1962.08	西北民院	藏语文	研究生	教授	2004	藏语文	青海师范大学
68	李美华	女	1963.04	香港公开大学	教育管理	本科	教授	2004	教育管理	青海师范大学
69	董　倩	女	1963.07	西北师范大学	历史学	研究生	教授	2004	历史学	青海师范大学
70	赵慧莉	女	1963.09	香港公开大学	教育管理	本科	教授	2004	教育管理	青海师范大学
71	曹海玲	女	1964.02	天津师范大学	哲学	博士	教授	2004	政治学	青海师范大学
72	赖振寅	男	1964.03	北京师范大学	中文	本科	教授	2004	中文	青海师范大学
73	仁青诺日	男	1964.10	青海民族学院	藏语文	本科	教授	2004	藏语文	青海师范大学
74	李　晓	男	1965.07	四川大学	哲学	硕士	教授	2004	哲学	青海师范大学
75	刘晓林	男	1965.10	青海师范大学	中文	研究生	教授	2004	中文	青海师范大学
76	仁青扎西	男	1966.01	西北民院	藏语文	本科	教授	2004	藏语文	青海师范大学
77	武启云	男	1967.11	西北师范大学	教育领导与管理	研究生	教授	2004	教育领导与管理	青海师范大学
78	方协邦	男	1949.02	青海师范学院	体育学	大普	教授	2005	体育理论学	青海师范大学
79	王延吾	男	1949.07	青海师范学院	思想政治教育	大普	教授	2005	思想政治教育学	青海师范大学
80	仁青当智	男	1952.11	青海民族学院	藏语系	本科	教授	2005	心理学	青海师范大学
81	任碧生	女	1953.11	青海师范学院	中文	本科	教授	2005	汉语言文学	青海师范大学
82	邰建海	男	1956.06	青海师范学院	足球	本科	教授	2005	体育学	青海师范大学
83	张青莲	女	1958.04	青海师范大学	体育学	本科	教授	2005	体育学	青海师范大学
84	刘启珍	女	1958.12	青海教育学院	汉语言文学	本科	教授	2005	汉语言文学	青海师范大学
85	高　兰	女	1958.12	青海师范学院	中文	本科	教授	2005	汉语言文学	青海师范大学
86	普华杰	男	1959.12	青海民族学院	藏语文	本科	教授	2005	藏语文	青海师范大学
87	鲍新山	男	1961.11	南京大学	历史学	本科	教授	2005	中国古代史	青海师范大学
88	王世朝	男	1962.11	安徽师范大学	中文	本科	教授	2005	中国古代史	青海师范大学
89	米　琴	女	1962.11	陕西师范大学	生物学	本科	教授	2005	生物学	青海师范大学
90	张连葵	女	1962.11	青海师范大学	音乐	本科	教授	2005	音乐学	青海师范大学
91	李春玲	女	1963.01	青海师范大学	中文	本科	教授	2005	中国古代史	青海师范大学

（续表4）

编号	姓名	性别	出生年月	毕业院校	所学专业	学历	职称	职称获得年份	从事专业	工作单位
92	宋　斌	女	1963.02	青海师范大学	思想政治教育	本科	教授	2005	思政	青海师范大学
93	杨淑萍	女	1964.02	西安体育学院	体育学	本科	教授	2005	体育学	青海师范大学
94	阿忠荣	男	1964.03	青海民族学院	中文	研究生	教授	2005	中文	青海师范大学
95	邱　丹	女	1964.03	西北师范大学	生物学	本科	教授	2005	生物学	青海师范大学
96	仇毓文	男	1964.05	山东师范大学	教育学原理	本科	教授	2005	心理学	青海师范大学
97	米海萍	女	1964.08	青海师范大学	历史学	本科	教授	2005	民俗学	青海师范大学
98	曾　阳	男	1964.09	青海师范大学	生物学	本科	教授	2005	生物学	青海师范大学
99	李少波	男	1964.10	青海师范大学	中国古代文学	本科	教授	2005	中国古代文学	青海师范大学
100	高　媛	女	1965.04	西安公路学院	机械制造	本科	教授	2005	图书馆	青海师范大学
101	马敬芳	男	1965.07	青海师范大学	中国古代文学	本科	教授	2005	中国古代文学	青海师范大学
102	南拉加	男	1965.07	西北民族学院	藏语文	本科	教授	2005	藏语文	青海师范大学
103	索南东主	男	1965.09	西北民族学院	藏语文	研究生	教授	2005	藏语文	青海师范大学
104	逯仰章	男	1954.02	青海师范学院	英语	本科	研究馆员	2005	图书资料	青海师范大学
105	王文明	男	1948.05	青海教育学院	中文	本科	教授	2006	中文	青海师范大学
106	才　旦	男	1953.04	西北民族学院	藏语文	大普	教授	2006	藏语文	青海师范大学
107	马　岭	男	1953.09	西安体育学院	体育学	大普	教授	2006	运动技能学	青海师范大学
108	李措毛	女	1954.12	中央民族学院	舞蹈	本科	教授	2006	藏族民间舞蹈	青海师范大学
109	郭永峰	男	1955.10	广州军体学院	篮球	专科	教授	2006	高水平运动	青海师范大学
110	许玉萍	女	1956.01	河南教育学院	英语	本科	教授	2006	英国语言文学	青海师范大学
111	童生海	男	1959.05	北京外国语学院	英语	本科	教授	2006	英国语言文学	青海师范大学
112	刘　霞	女	1962.07	中央党校(函授)	经济管理	研究生	研究馆员	2006	经济管理	青海师范大学
113	孙翠琪	女	1963.02	青海师范大学	体育学	本科	教授	2006	运动技能学	青海师范大学
114	于宏伟	男	1963.11	复旦大学	英语	研究生	教授	2006	英国语言文学	青海师范大学
115	左克厚	男	1963.12	青海师范大学	中国古代文学	本科	教授	2006	中国古代文学	青海师范大学
116	马丽君	女	1963.12	陕西师范大学	教育学	本科	教授	2006	教育学	青海师范大学
117	靳国胜	男	1964.10	西安交通大学	思想政治	本科	教授	2006	思想政治	青海师范大学
118	纳成仓	男	1965.03	华东师范大学	英语	本科	教授	2006	英语	青海师范大学
119	李　涛	男	1965.03	西安体育学院	体育学	本科	教授	2006	运动医学	青海师范大学
120	张丽萍	女	1965.05	青海师范大学	思想政治教育	本科	教授	2006	思政	青海师范大学

（续表5）

编号	姓名	性别	出生年月	毕业院校	所学专业	学历	职称	职称获得年份	从事专业	工作单位
121	雒海宁	男	1965.07	青海师范大学	中国古代文学	本科	教授	2006	中国古代文学	青海师范大学
122	李玲珑	女	1965.11	青海师范大学	中文	本科	教授	2006	中文	青海师范大学
123	郭梅花	女	1966.12	四川师范大学	世界历史学	研究生	教授	2006	世界历史学	青海师范大学
124	孙崇凯	男	1969.11	青海民族学院	法学	研究生	教授	2006	法学	青海师范大学
125	王文颖	女	1973.01	中科院西高所	生态学	研究生	教授	2006	生物学	青海师范大学
126	刘　峰	男	1949.03	青海师范学院	外语	本科	教授	2007	外语	青海师范大学
127	马丽范	女	1953.04	西安外语学院	英语	本科	教授	2007	外语	青海师范大学
128	芦继庆	男	1955.11	青海师范学院	美术	本科	教授	2007	美术	青海师范大学
129	宋为华	男	1957.05	青海师范学院	中国语言文学	本科	教授	2007	汉语言文学	青海师范大学
130	宋巨瑶	女	1958.02	青海师范大学	音乐	本科	教授	2007	音乐	青海师范大学
131	郭殿雄	男	1959.09	青海民族学院	思想政治教育	本科	教授	2007	思想政治教育	青海师范大学
132	才让措	女	1961.12	香港公开大学	教育管理	本科	教授	2007	教育管理	青海师范大学
133	马春芳	女	1963.03	西安交通大学	法学	本科	教授	2007	法学	青海师范大学
134	雷逢春	女	1964.03	青海民族学院	汉语言文学	本科	教授	2007	汉语言文学	青海师范大学
135	吴春香	女	1964.03	陕西师范大学	中国近现代史	研究生	教授	2007	中国近现代史	青海师范大学
136	拉秀吉	女	1964.06	青海民族学院	藏语文	本科	教授	2007	藏语文	青海师范大学
137	陈晓翔	男	1965.04	青海师范大学	思想政治教育	本科	教授	2007	思想政治教育	青海师范大学
138	范荣玲	女	1967.11	上海师范大学	英语	本科	教授	2007	英语	青海师范大学
139	文忠祥	男	1970.04	兰州大学	民族学	研究生	教授	2007	民族学	青海师范大学
140	张克溪	男	1951.11	青海师范学院	外语	本科	教授	2008	外语	青海师范大学
141	娘吾加	男	1961.05	中国政法大学	法学	本科	教授	2008	法学	青海师范大学
142	扎　保	男	1962.10	青海民族学院	藏语文	本科	教授	2008	藏语文	青海师范大学
143	贾爱媛	女	1963.03	青海师范大学	中文	本科	教授	2008	中文	青海师范大学
144	王士勇	男	1963.12	芬兰赫尔辛基大学	数学	研究生	教授	2008	民族经济发展	青海师范大学
145	安海民	男	1964.10	青海民族学院	中国古代文学	研究生	编审	2008	中国古代文学	青海师范大学
146	景　芳	女	1965.02	青海师范大学	思想政治教育	本科	教授	2008	思想政治教育	青海师范大学
147	陈晓筠	女	1966.09	西北政法大学	法律	本科	教授	2008	法律	青海师范大学

（续表6）

编号	姓名	性别	出生年月	毕业院校	所学专业	学历	职称	职称获得年份	从事专业	工作单位
148	戴燕	女	1966.04	青海师范大学	历史学	研究生	编审	2008	历史学	青海师范大学
149	王清香	女	1968.10	西北民族学院	中文	本科	研究馆员	2008	中文	青海师范大学
150	李红霞	女	1969.12	西安交通大学	政治经济学	本科	教授	2008	思政	青海师范大学
151	陈德	男	1953.01	青海师范学院	思想政治教育	本科	教授	2009	思想政治教育	青海师范大学
152	王丽珍	女	1957.07	陕西师范大学	汉语言文学	本科	教授	2009	古代汉语	青海师范大学
153	于书正	男	1957.11	青海师范学院	音乐	本科	教授	2009	音乐	青海师范大学
154	梁爽	女	1957.11	青海师范学院	外语	本科	教授	2009	英语	青海师范大学
155	王大钊	男	1958.03	陕西师范大学	思政	本科	教授	2009	思政	青海师范大学
156	纪小春	男	1962.02	青海师范大学	中国古代文学	本科	教授	2009	中国古代文学	青海师范大学
157	冯淳玲	女	1963.02	高等教育自考	英语	本科	研究馆员	2009	英语	青海师范大学
158	符松涛	男	1964.11	青海师范大学	历史学	本科	教授	2009	历史学	青海师范大学
159	梅岩	男	1965.05	香港理工大学	社会工作	研究生	教授	2009	社会学	青海师范大学
160	确生	男	1968.08	天津大学	公共管理	研究生	教授	2009	公共管理	青海师范大学
161	韩维良	男	1969.06	青海师范大学	教育学原理	本科	教授	2009	教育学原理	青海师范大学
162	杨柳	女	1969.10	青海师范大学	中文	本科	教授	2009	中文	青海师范大学
163	马兰花	女	1970.03	中国政法大学	法学	本科	教授	2009	法学	青海师范大学
164	谈云波	女	1970.09	西北师范大学	音乐	本科	教授	2009	音乐	青海师范大学
165	杨红	女	1970.11	陕西师范大学	经济学	本科	教授	2009	经济学	青海师范大学
166	马梦玲	女	1971.12	南京师范大学	中文	研究生	教授	2009	中文	青海师范大学
167	丁柏峰	男	1972.01	陕西师范大学	历史学地理学	研究生	教授	2009	历史学地理学	青海师范大学
168	李姝睿	女	1972.01	兰州大学	民族学	研究生	教授	2009	民族学	青海师范大学
169	王海龙	男	1974.11	乌克兰柴可夫斯基学院	作曲	研究生	教授	2009	作曲	青海师范大学
170	刘辉成	男	1952.05	南开大学	中文	本科	教授	2010	中文	青海师范大学
171	王秉习	男	1957.06	西安外国语学院	德语	本科	教授	2010	翻译	青海师范大学
172	许光中	男	1963.09	西安交通大学	法学	本科	教授	2010	法学	青海师范大学
173	刘海云	女	1965.05	青海师范大学	英语	本科	教授	2010	英语	青海师范大学
174	晁元清	女	1965.08	西安音乐学院	音乐	本科	教授	2010	音乐	青海师范大学
175	李增垠	男	1968.03	陕西师范大学	跨语言文化研究	研究生	教授	2010	跨语言文化研究	青海师范大学
176	纳秀艳	女	1968.05	陕西师范大学	中国古代文学	研究生	教授	2010	中国古代文学	青海师范大学

（续表7）

编号	姓名	性别	出生年月	毕业院校	所学专业	学历	职称	职称获得年份	从事专业	工作单位
177	杜文艳	女	1970.11	中国政法大学	法学	本科	教授	2010	法学	青海师范大学
178	尕藏本	男	1971.04	青海民族学院	民族语言学	研究生	教授	2010	民族语言学	青海师范大学
179	郭　辉	男	1971.04	陕西师范大学	教育学原理	研究生	教授	2010	教育学原理	青海师范大学
180	荣司平	男	1971.12	青海师范大学	教育学	研究生	教授	2010	教育学	青海师范大学
181	祁乐瑛	女	1973.03	华东师范大学	基础心理学	研究生	教授	2010	心理学	青海师范大学
182	王志善	男	1939.11	青海师范学院	化学	专科	副研究馆员	1989	图书馆员	青海师范大学
183	率秀沆	男	1951.08	北京大学	图书馆学	本科	副研究馆员	2000	图书馆学	青海师范大学
184	王清香	女	1968.10	西北民族学院	中文	本科	副研究馆员	2000	图书资料	青海师范大学
185	韩月萍	女	1963.01	高等教育自考	英语	本科	副研究馆员	2001	图书资料	青海师范大学
186	丁海英	女	1954.05	青海师范学院	政史	本科	副研究馆员	2002	图书资料	青海师范大学
187	杨宝英	女	1960.09	青海广播电视大学	图书馆学	专科	副研究馆员	2002	图书资料	青海师范大学
188	安彩英	女	1958.12	兰州大学	政治经济学	本科	副研究馆员	2003	图书资料	青海师范大学
189	王翠英	女	1953.09	青海师范学院	思想政治教育	本科	副研究馆员	2004	图书资料	青海师范大学
190	朱彩萍	女	1965.09	青海师范大学	发展与教育心理学	本科	副研究馆员	2005	发展与教育心理学	青海师范大学
191	周芬玲	女	1959.09	中央党校(函授)	党政管理	本科	副研究馆员	2006	档案	青海师范大学
192	李晓兰	女	1960.07	青海广播电视大学	图书馆学	专科	副研究馆员	2006	图书资料	青海师范大学
193	乔红彬	女	1960.09	青海教育学院	思想政治教育	专科	副研究馆员	2006	编辑	青海师范大学
194	蒋　红	女	1961.03	青海广播电视大学	图书馆学	本科	副研究馆员	2006	图书资料	青海师范大学
195	宋衍斌	男	1962.01	中共青海省委党校	社会学	研究生	副研究馆员	2006	社会学	青海师范大学
196	李武伟	男	1967.12	青海教育学院	中文	本科	副研究馆员	2006	中文	青海师范大学
197	乔玉清	女	1968.03	青海师范大学	教育学	本科	副研究馆员	2006	教育学	青海师范大学
198	贺成贵	男	1952.04	青海师范学院	图书资料	本科	副研究馆员	2007	图书资料	青海师范大学
199	李桂香	女	1958.12	青海教育学院	历史学	本科	副研究馆员	2007	图书资料	青海师范大学
200	阎海英	女	1960.05	青海教育学院	汉语言文学	本科	副研究馆员	2007	图书资料	青海师范大学
201	张生荣	男	1964.09	高等教育自考	中文	专科	副研究馆员	2007	中文	青海师范大学
202	马成梅	女	1969.05	华东师范大学	图书情报	本科	副研究馆员	2007	图书情报	青海师范大学
203	郭生华	女	1963.10	高等教育自考	历史学	专科	副研究馆员	2008	历史学	青海师范大学

（续表8）

编号	姓名	性别	出生年月	毕业院校	所学专业	学历	职称	职称获得年份	从事专业	工作单位
204	张海花	女	1960.03	玉树州民族师范学校	中文	中专	副研究馆员	2009	档案	青海师范大学
205	张亚琴	女	1964.05	青海广播电视大学	图书馆学	专科	副研究馆员	2009	图书馆学	青海师范大学
206	吴红军	女	1965.09	青海师范大学（函授）	教育学	本科	副研究馆员	2010	教育学	青海师范大学
207	任清川	男	1924.11	北京师范大学	中文	本科	副教授	1982	中文	青海师范大学
208	王弘振	男	1929.06	西北大学	马列主义研究	本科	副教授	1988	历史学	青海师范大学
209	景文山	男	1936.01	北京师范大学	俄语	本科	副教授	1989	俄语	青海师范大学
210	张荣林	男	1936.08	北京师范大学	中文	本科	副教授	1989	中文	青海师范大学
211	陈瑞生	男	1943.02	甘肃师范学院	中文	本科	副教授	1989	中文	青海师范大学
212	刘军	女	1956.08	青海师范学院	英语	本科	副教授	1989	外语	青海师范大学
213	肖黛	女	1955.05	西北大学	中文	本科	副教授	2001	写作学	青海师范大学
214	于萍	女	1956.01	青海师范学院	美术	本科	副教授	2001	美术	青海师范大学
215	童风畅	女	1961.11	青海师范大学	中文	本科	副教授	2001	中文	青海师范大学
216	刘新	男	1966.12	陕西师范大学	法学	本科	副教授	2002	法学	青海师范大学
217	吴海园	男	1964.05	美国佛蒙特国际学校	文化交流	研究生	副教授	2003	文化交流	青海师范大学
218	王文旭	男	1965.02	青海师范大学	中国哲学	本科	副教授	2003	中国哲学	青海师范大学
219	多果吉	女	1968.09	青海民族大学	宗教学	研究生	副教授	2003	宗教学	青海师范大学
220	田艳萍	女	1969.03	西安外国语大学	英语	本科	副教授	2003	英语	青海师范大学
221	阿春林	男	1958.02	青海教育学院	英语	本科	副教授	2004	翻译	青海师范大学
222	周密	女	1963.06	香港公开大学	教育管理	本科	副教授	2004	教育管理	青海师范大学
223	贾青萍	女	1968.11	西安外国语学院	英语	本科	副教授	2004	英语	青海师范大学
224	东主才让	男	1968.12	西北民族学院	藏语文	本科	副教授	2004	藏语文	青海师范大学
225	胡亚玲	女	1970.04	青海师范大学	教育学	研究生	副教授	2004	教育学	青海师范大学
226	杨静	女	1971.01	青海师范大学	中文	本科	副教授	2004	中文	青海师范大学
227	丁晓春	女	1972.01	浙江大学	英语	本科	副教授	2004	英语	青海师范大学
228	张洪	男	1954.06	青海师范学院	美术	本科	副教授	2005	美术	青海师范大学
229	赵春华	女	1956.12	青海师范学院	英语	本科	副教授	2005	英语	青海师范大学
230	尹梅芳	女	1962.12	高等教育自考	外语	本科	副教授	2005	外语	青海师范大学
231	郭强	男	1963.01	青海师范大学	思想政治教育	本科	副教授	2005	思想政治教育	青海师范大学

（续表9）

编号	姓名	性别	出生年月	毕业院校	所学专业	学历	职称	职称获得年份	从事专业	工作单位
232	陈富元	男	1966.02	青海师范大学	中国古代文学	本科	副教授	2005	中国古代文学	青海师范大学
233	龙生祥	男	1967.03	青海师范大学	民俗学	本科	副教授	2005	民俗学	青海师范大学
234	牟昱苍	男	1967.09	青海师范大学	中国哲学	本科	副教授	2005	中国哲学	青海师范大学
235	张韧	男	1967.12	香港公开大学	教育管理	本科	副教授	2005	教育管理	青海师范大学
236	陈爱民	女	1968.01	青海师范大学	教育学	本科	副教授	2005	教育学	青海师范大学
237	邓尔玉	女	1968.06	青海师范大学	教育	本科	副教授	2005	教育	青海师范大学
238	佘立华	女	1969.03	西安外国语学院	英语	本科	副教授	2005	英语	青海师范大学
239	马正录	男	1969.12	青海师范大学	中文	本科	副教授	2005	中文	青海师范大学
240	华洛	男	1969.12	西北民族大学	藏语文	研究生	副教授	2005	藏语文	青海师范大学
241	马骊	女	1970.10	美国哈丁大学	英语	研究生	副教授	2005	英语	青海师范大学
242	杨晓	女	1971.03	陕西师范大学	经济学	本科	副教授	2005	经济学	青海师范大学
243	耿英春	女	1971.03	青海师范大学	民俗学	本科	副教授	2005	民俗学	青海师范大学
244	井含伟	男	1971.06	青海民族大学	工商管理、政治教育	本科	副教授	2005	工商管理、政治教育	青海师范大学
245	褚松仑	女	1962.05	陕西师范大学	思想政治教育	本科	副教授	2006	思政教育	青海师范大学
246	拉毛才让	女	1962.11	中央民族学院	民族史	本科	副教授	2006	社会学	青海师范大学
247	黎青	女	1962.11	青海教育学院	英语	本科	副教授	2006	英语	青海师范大学
248	杨宁	女	1963.10	西安交通大学	法学	本科	副教授	2006	法学	青海师范大学
249	叱培红	女	1963.11	青海师范大学	音乐	本科	副教授	2006	音乐	青海师范大学
250	王蓓	女	1964.01	福建金融管理干部学院	国际金融	本科	副教授	2006	经济学	青海师范大学
251	陈远	男	1964.02	石家庄陆军参谋学校	指挥	本科	副教授	2006	指挥	青海师范大学
252	吴兰	女	1965.09	青海师范大学	思想政治教育	本科	副教授	2006	思想政治教育	青海师范大学
253	廖选琴	女	1965.09	青海师范大学	思想政治教育	本科	副教授	2006	思想政治教育	青海师范大学
254	魏芳	女	1965.11	香港公开大学	教育管理	本科	副教授	2006	教育管理	青海师范大学
255	李静	女	1966.02	青海师范大学	中文	本科	副教授	2006	中文	青海师范大学
256	蒋开君	男	1966.09	首都师范大学	教育学原理	研究生	副教授	2006	教育学原理	青海师范大学
257	甘泉	女	1967.07	青海师范大学	民俗学	本科	副教授	2006	民俗学	青海师范大学
258	李永学	男	1968.04	西安外国语学院	英语	本科	副教授	2006	英语	青海师范大学
259	旦正加	男	1968.05	中央民族大学	藏学	研究生	副教授	2006	藏学	青海师范大学

（续表10）

编号	姓名	性别	出生年月	毕业院校	所学专业	学历	职称	职称获得年份	从事专业	工作单位
260	孙玉冰	女	1968.09	青海师范大学	中文	本科	副教授	2006	中文	青海师范大学
261	侯广彦	男	1968.09	青海师范大学	教育	本科	副教授	2006	教育	青海师范大学
262	侯广艳	男	1968.09	青海师范大学	教育学	研究生	副教授	2006	心理学	青海师范大学
263	袁志明	男	1969.03	青海师范大学	中国古代史	研究生	副教授	2006	中国古代史	青海师范大学
264	薛生海	男	1969.05	青海民族学院	法学	本科	副教授	2006	法学	青海师范大学
265	蒲生华	男	1969.08	青海师范大学	民俗学	本科	副教授	2006	民俗学	青海师范大学
266	石长起	男	1969.08	青海师范大学	思想政治教育	本科	副教授	2006	思想政治教育	青海师范大学
267	冷智多杰	男	1970.08	西北民族大学	藏语文	研究生	副教授	2006	藏语文	青海师范大学
268	薛海萍	女	1970.10	西安外国语大学	英语语言文学	本科	副教授	2006	英语语言文学	青海师范大学
269	齐昀	男	1970.10	青海师范大学	中文	本科	副教授	2006	中文	青海师范大学
270	王青	女	1970.10	青海师范大学	中国哲学	本科	副教授	2006	中国哲学	青海师范大学
271	马旭东	男	1971.02	中南财经政法大学	知识产权	研究生	副教授	2006	知识产权	青海师范大学
272	张剑勇	男	1972.04	兰州大学南洋理工大学	工商管理、公共管理	研究生	副教授	2006	工商与公共管理	青海师范大学
273	孔占芳	女	1971.10	青海师范大学	中国古代文学	本科	副教授	2006	中国古代文学	青海师范大学
274	伊敏	女	1972.07	青海师范大学	历史学	本科	副教授	2006	社会工作	青海师范大学
275	关小梅	女	1972.11	陕西师范大学	经济学	本科	副教授	2006	经济学	青海师范大学
276	马都孕吉	女	1977.10	西北民族大学	少数民族语言文学	研究生	副教授	2006	少数民族语言文学	青海师范大学
277	陈明	男	1958.02	西安交通大学	思想政治教育	本科	副教授	2007	思想政治教育	青海师范大学
278	马晓岗	男	1958.08	青海民族学院	藏语文	本科	副教授	2007	藏语文	青海师范大学
279	杨尚京	女	1960.12	青海省委党校	政治经济学	研究生	副教授	2007	政治经济学	青海师范大学
280	王钢	男	1962.02	山东师范大学	学校教育	本科	副教授	2007	教育学	青海师范大学
281	罗冬梅	女	1962.12	北京外国语大学	英语	本科	副教授	2007	英语	青海师范大学
282	刁子安	男	1963.04	青海师范大学	艺术	本科	副教授	2007	艺术	青海师范大学
283	马瑞灵	女	1964.03	西安交通大学	思想政治	本科	副教授	2007	思想政治	青海师范大学
284	兰伊春	女	1964.03	青海师范大学	中国古代文学	本科	副教授	2007	中国古代文学	青海师范大学
285	李国顺	男	1964.12	西北师范大学	音乐学	本科	副教授	2007	音乐学	青海师范大学
286	周芳	女	1966.04	陕西财经学院	工业经济	本科	副教授	2007	经济学	青海师范大学

（续表11）

编号	姓名	性别	出生年月	毕业院校	所学专业	学历	职称	职称获得年份	从事专业	工作单位
287	史文冲	男	1966.05	香港公开大学	教育管理	本科	副教授	2007	教育管理	青海师范大学
288	鲍洪武	男	1966.09	青海师范大学	思政教育	本科	副教授	2007	思政教育	青海师范大学
289	李锋军	男	1966.10	青海教育学院	汉语言文学	本科	副教授	2007	汉语言文学	青海师范大学
290	周立梅	女	1966.10	青海师范大学	思想政治教育	本科	副教授	2007	思想政治教育	青海师范大学
291	尕丹才让	男	1968.06	陕西师范大学	人口资源与环境经济学	研究生	副教授	2007	经济学	青海师范大学
292	铁生兰	女	1968.06	陕西师范大学	语文教育	本科	副教授	2007	语文教育	青海师范大学
293	霍 霞	女	1969.03	西安交通大学	法学	本科	副教授	2007	法学	青海师范大学
294	裴敏超	男	1969.03	青海师范大学	中国古代文学	本科	副教授	2007	中国古代文学	青海师范大学
295	尖措吉	女	1969.05	香港公开大学	教育管理	本科	副教授	2007	教育管理	青海师范大学
296	方立江	男	1969.09	陕西师范大学	马克思主义中国化	研究生	副教授	2007	马克思主义中国化	青海师范大学
297	胡 廷	男	1970.10	青海民族学院	民族史	研究生	副教授	2007	民族史	青海师范大学
298	土旦才让	男	1971.03	青海师范大学	民俗学	本科	副教授	2007	民俗学	青海师范大学
299	何吉芳	女	1971.05	夏威夷大学	人类学	研究生	副教授	2007	人类学	青海师范大学
300	娄仲俊	女	1971.06	青海民族学院	法学	本科	副教授	2007	法学	青海师范大学
301	张晓娟	女	1971.09	西安外国语大学	英语语言文学	本科	副教授	2007	英语语言文学	青海师范大学
302	王兆宁	男	1971.11	青海师范大学	区域经济学	研究生	副教授	2007	区域经济学	青海师范大学
303	马金芳	女	1972.01	青海师范大学	教育学原理	本科	副教授	2007	教育学原理	青海师范大学
304	金培玲	女	1972.07	西安交通大学	法学	本科	副教授	2007	法学	青海师范大学
305	达 果	女	1973.07	青海民族大学	艺术学理论	本科	副教授	2007	艺术学理论	青海师范大学
306	甘生统	男	1973.11	中央民族大学	中国古代文学	研究生	副教授	2007	中国古代文学	青海师范大学
307	多杰仁青	男	1974.06	西北民族大学	少语	研究生	副教授	2007	少语	青海师范大学
308	李健胜	男	1975.08	陕西师范大学	中国古代史	研究生	副教授	2007	中国古代史	青海师范大学
309	王小明	男	1978.07	青海师范大学	民俗学	研究生	副教授	2007	民俗学	青海师范大学
310	陈 瑜	女	1979.11	西北师范大学	课程与教学论	本科	副教授	2007	课程与教学论	青海师范大学
311	马丽明	女	1965.11	华东师范大学	历史学	本科	副教授	2008	历史学	青海师范大学
312	吴 用	男	1968.08	青海师范大学	汉语言文学	本科	副教授	2008	汉语言文	青海师范大学

（续表12）

编号	姓名	性别	出生年月	毕业院校	所学专业	学历	职称	职称获得年份	从事专业	工作单位
313	徐世芳	女	1968.10	西北民族大学	藏语文	研究生	副教授	2008	藏语文	青海师范大学
314	王丽芳	女	1969.05	青海师范大学	思想政治教育	本科	副教授	2008	思想政治教育	青海师范大学
315	袁亚丽	女	1969.08	青海师范大学	中国古代文学	博士	副教授	2008	中国古代文学	青海师范大学
316	里太吉	女	1970.08	西北民族大学	格萨尔	研究生	副教授	2008	格萨尔	青海师范大学
317	周晶	男	1972.09	香港公开大学	教育管理	本科	副教授	2008	教育管理	青海师范大学
318	裴正华	男	1974.08	西安外国语大学	英语	本科	副教授	2008	英语	青海师范大学
319	刘大伟	男	1979.12	青海师范大学	民俗学	研究生	副教授	2008	民俗学	青海师范大学
320	丁晓武	男	1963.07	青海师范大学	思想政治教育	本科	副教授	2009	思想政治教育	青海师范大学
321	李存龙	男	1965.03	青海师范大学	英语	本科	副教授	2009	英语	青海师范大学
322	才项多杰	男	1966.04	西北民族大学	少数民族语言文学	研究生	副教授	2009	少数民族语言文学	青海师范大学
323	王玉	女	1966.05	西安交通大学	法学	本科	副教授	2009	法学	青海师范大学
324	纪兰芬	女	1970.09	香港公开大学	教育	研究生	副教授	2009	教育	青海师范大学
325	张瑜	男	1972.05	青海师范大学	教育学原理	本科	副教授	2009	教育学原理	青海师范大学
326	尹秀娟	女	1974.04	西安交通大学	法学	本科	副教授	2009	法学	青海师范大学
327	唐仲霞	女	1974.07	陕西师范大学	旅游管理	研究生	副教授	2009	旅游管理	青海师范大学
328	金颜	女	1974.08	陕西师范大学	马克思主义基本原理	研究生	副教授	2009	马克思主义基本原理	青海师范大学
329	王玫	女	1975.09	西北师范大学	音乐学	本科	副教授	2009	音乐学	青海师范大学
330	陈文祥	男	1977.05	兰州大学	民族学	研究生	副教授	2009	民族学	青海师范大学
331	宋晓梅	女	1978.12	华东师范大学	民族史	研究生	副教授	2009	民族史	青海师范大学
332	黄少政	男	1958.06	四川大学	英语	研究生	副教授	2010	英语	青海师范大学
333	郭凤霞	女	1965.04	青海师范大学	历史学	本科	副教授	2010	历史学	青海师范大学
334	李瑞华	女	1965.10	青海师范大学	教育学原理	本科	副教授	2010	教育学原理	青海师范大学
335	商文娇	女	1969.07	青海师范大学	民俗学	研究生	副教授	2010	民俗学	青海师范大学
336	宁静	女	1970.02	西北师范大学	音乐教育	研究生	副教授	2010	音乐教育	青海师范大学
337	贲进柱	男	1970.06	西北师范大学	电教	本科	副教授	2010	电教	青海师范大学
338	刘晓年	女	1970.10	青海师范大学	教育学原理	研究生	副教授	2010	教育学原理	青海师范大学
339	赵菱贞	女	1970.12	青海师范大学	中国古代史	本科	副教授	2010	中国古代史	青海师范大学
340	马海寿	男	1972.12	兰州大学	民族学	研究生	副教授	2010	民族学	青海师范大学

（续表13）

编号	姓名	性别	出生年月	毕业院校	所学专业	学历	职称	职称获得年份	从事专业	工作单位
341	马春香	女	1972.12	青海师范大学	民俗学	本科	副教授	2010	民俗学	青海师范大学
342	鞠晓英	女	1973.04	青海师范大学	教育学	本科	副教授	2010	教育学	青海师范大学
343	陈鹏文	女	1975.07	西安外国语学院	英语	本科	副教授	2010	英语	青海师范大学
344	朋毛才旦	男	1975.08	青海民族学院	藏语文	本科	副教授	2010	藏语文	青海师范大学
345	耿朝晖	女	1976.09	陕西师范大学	中国古代文学	研究生	副教授	2010	中国古代文学	青海师范大学
346	陈璐	女	1977.05	西北师范大学	音乐学	研究生	副教授	2010	音乐学	青海师范大学
347	韩海泉	男	1951.06	青海教育学院	中文	本科	副编审	2005	中文	青海师范大学

1980—2010年青海民族大学（151人）

编号	姓名	性别	出生年月	毕业院校	所学专业	学历	职称	职称获得年份	从事专业	工作单位
1	李文实	男	1914.02	成都齐鲁大学	历史学	本科	教授	1950	历史学	青海民族大学
2	芈一之	男	1924.03	南京政治大学	政治学	本科	教授	1985	专门史	青海民族大学
3	祝宽	男	1921.01	北平师范大学	中文	本科	教授	1986	中文	青海民族大学
4	胡安良	男	1934.03	北京大学	文学	本科	教授	1986	文学	青海民族大学
5	欧潮泉	男	1930.07	西南民族大学	民族学	本科	教授	1992	民族学	青海民族大学
6	李宗远	男	1934.09	北京师范大学	政治学	本科	教授	1992	政治学	青海民族大学
7	浦汉明	男	1937.09	北京师范大学	中文	本科	教授	1992	中文	青海民族大学
8	祁顺来	男	1941.01	青海民族学院	藏语文	本科	教授	1992	藏语文	青海民族大学
9	李克郁	男	1934.06	内蒙古大学	语言学	本科	教授	1993	语言学	青海民族大学
10	贾晞儒	男	1936.01	西北民族学院	蒙古语	本科	教授	1993	语言学	青海民族大学
11	彭书麟	男	1936.01	华中师范大学	中文	本科	教授	1994	中文	青海民族大学
12	李建本	男	1952.01	青海民族学院	藏语文	研究生	教授	1996	藏语文	青海民族大学
13	南色	男	1957.01	西北民院	藏语文	研究生	教授	1998	藏语文	青海民族大学
14	王作全	男	1957.11	日本中京大学	法学	研究生	教授	1998	法学	青海民族大学
15	桑杰	男	1951.08	青海民族学院	藏学	研究生	教授	1999	藏学	青海民族大学
16	李景隆	男	1954.12	青海民族学院	汉语言文学	本科	教授	1999	汉语言文学	青海民族大学
17	旦正	男	1955.05	西北民院	藏语文	研究生	教授	1999	藏语文	青海民族大学
18	周忠瑜	男	1957.12	青海民族学院	政治	本科	教授	1999	政治	青海民族大学
19	郭华	女	1957.08	青海民族学院	政治	本科	教授	2000	政治	青海民族大学
20	吴玉	男	1953.11	西北民院	藏语文	研究生	教授	2001	藏语文	青海民族大学

（续表1）

编号	姓名	性别	出生年月	毕业院校	所学专业	学历	职称	职称获得年份	从事专业	工作单位
21	张和平	男	1954.02	青海民族学院	政治学	本科	教授	2001	政治学	青海民族大学
22	陈化育	男	1951.09	青海省高等师范专科学校	中文	本科	教授	2002	中文	青海民族大学
23	何峰	男	1956.12	兰州大学	民族学	研究生	教授	2002	民族学	青海民族大学
24	尕宝英	男	1962.08	西北民族学院	政治	本科	教授	2002	政治	青海民族大学
25	嘉扬智华	男	1949.01	青海隆务寺	藏语文	研究生	教授	2003	藏语文	青海民族大学
26	星全成	男	1958.06	青海民族学院	藏语文	本科	研究员	2003	藏学	青海民族大学
27	周继红	女	1961.02	日本中京大学	法学	研究生	教授	2003	法学	青海民族大学
28	赤旦多杰	男	1962.04	青海民族学院	政治	本科	教授	2003	政治	青海民族大学
29	马成俊	男	1964.07	中山大学	人类学	研究生	教授	2003	人类学	青海民族大学
30	祝晓耘	女	1949.09	青海省高等师范专科学校	汉语言文学	本科	教授	2004	汉语言文学	青海民族大学
31	吕建中	男	1952.06	青海民族学院	政治学	本科	教授	2004	政治学	青海民族大学
32	黄得莲	女	1954.11	中央民族学院	政治	本科	教授	2004	政治	青海民族大学
33	苏雪芹	女	1962.11	中央民族学院	哲学	本科	教授	2004	哲学	青海民族大学
34	杨虎得	男	1962.11	华中师范大学	科学社会主义与国际共产主义运动	研究生	教授	2004	科学社会主义与国际共产主义运动	青海民族大学
35	多杰	男	1962.12	兰州大学	民族学	研究生	教授	2004	民族学	青海民族大学
36	王佐龙	男	1963.03	青海民族学院	民商法	本科	教授	2004	法律	青海民族大学
37	东主才让	男	1964.03	中央民族大学	藏语文	研究生	教授	2004	藏语文	青海民族大学
38	扎西达哇	男	1964.05	中央民族大学	少数民族语言文学	研究生	教授	2004	少数民族语言文学	青海民族大学
39	达哇	男	1964.05	中央民族大学	少数民族语言文学	研究生	教授	2004	少数民族语言文学	青海民族大学
40	刘钦明	男	1951.02	青海省高等师范专科学校	中文	专科	教授	2005	中文	青海民族大学
41	穆殿春	男	1953.01	青海民族学院	汉语言文学	本科	教授	2005	汉语言文学	青海民族大学
42	陈宗麒	男	1955.08	青海师范大学	中文	本科	教授	2005	中文	青海民族大学
43	才仁巴力	男	1955.09	内蒙古师范大学	蒙文	本科	教授	2005	蒙文	青海民族大学
44	梅端智	男	1958.02	青海民族学院	政治	本科	教授	2005	政治	青海民族大学
45	王维国	男	1958.08	青海民族学院	汉语言文学	本科	教授	2005	汉语言文学	青海民族大学

（续表2）

编号	姓名	性别	出生年月	毕业院校	所学专业	学历	职称	职称获得年份	从事专业	工作单位
46	翟岁显	男	1959.05	西南大学	经济管理	本科	教授	2005	经济管理	青海民族大学
47	周毛吉	女	1959.08	青海民族学院	藏语文	专科	教授	2005	藏语文	青海民族大学
48	马秀梅	女	1960.10	北京大学	宗教学	研究生	教授	2005	宗教学	青海民族大学
49	杨发玉	男	1962.05	中央党校函授学院	经济管理	研究生	教授	2005	经济管理	青海民族大学
50	王立明	男	1963.01	中国人民大学	民商法学	研究生	教授	2005	民商法学	青海民族大学
51	罗雪娟	女	1963.01	陕西师范大学	英语	本科	教授	2005	英语	青海民族大学
52	丁秀清	女	1963.02	青海民族学院	行政管理	本科	教授	2005	行政管理	青海民族大学
53	先巴	男	1964.09	中央民族学院	民族史	本科	教授	2005	民族史	青海民族大学
54	马维胜	男	1964.09	青海民族学院	行政管理	本科	教授	2005	行政管理	青海民族大学
55	淡乐蓉	女	1965.06	山东大学	法学理论	研究生	教授	2005	法学理论	青海民族大学
56	马燕	女	1965.08	青海民族学院	专门史	本科	教授	2005	专门史	青海民族大学
57	张秀琴	女	1966.01	清华大学	心理学	研究生	教授	2005	心理学	青海民族大学
58	吕霞	女	1966.01	青海民族学院	汉语言文学	本科	教授	2005	汉语言文学	青海民族大学
59	郭晓玲	女	1972.11	青海民族学院	行政管理	本科	教授	2005	行政管理	青海民族大学
60	呼和	男	1956.07	西北民族学院	蒙古语言文学	本科	教授	2006	蒙文	青海民族大学
61	王小娟	女	1960.01	陕西师范大学	历史学	本科	教授	2006	历史学	青海民族大学
62	姚继荣	男	1960.09	北京师范大学	历史学	研究生	教授	2006	史学理论与史学史	青海民族大学
63	陈柏萍	女	1961.09	中央民族学院	历史学	本科	教授	2006	历史学	青海民族大学
64	马玉英	女	1964.02	西安交通大学	马克思主义理论与政治教育	本科	教授	2006	马克思主义理论与政治教育	青海民族大学
65	李美玲	女	1964.03	青海民族学院	汉语言文学	本科	教授	2006	汉语言文学	青海民族大学
66	张小华	女	1964.06	青海师范大学	英语	本科	教授	2006	英语	青海民族大学
67	谷晓恒	男	1964.08	青海民族学院	汉语言文学	本科	教授	2006	汉语言文学	青海民族大学
68	李琼	女	1964.08	西安交通大学	政治教育	本科	教授	2006	政治教育	青海民族大学
69	张惠玲	女	1964.09	青海师范大学	语言学与应用语言学	本科	教授	2006	汉语言文学	青海民族大学
70	邸平伟	男	1964.11	青海民族学院	汉语言文学	本科	教授	2006	汉语言文学	青海民族大学
71	马青芳	女	1965.01	青海民族学院	专门史	本科	教授	2006	专门史	青海民族大学
72	赵其娟	女	1965.01	青海师范大学	英语	本科	教授	2006	英语	青海民族大学

（续表3）

编号	姓名	性别	出生年月	毕业院校	所学专业	学历	职称	职称获得年份	从事专业	工作单位
73	李加才旦	男	1965.12	西安交通大学	政治教育	本科	教授	2006	政治教育	青海民族大学
74	马雪艳	女	1965.02	青海民族学院	中文	本科	教授	2006	中文	青海民族大学
75	卓玛	女	1966.07	北京师范大学	中文	本科	教授	2006	中文	青海民族大学
76	索端智	男	1966.07	中山大学	人类学	研究生	教授	2006	人类学	青海民族大学
77	雷庆锐	女	1969.05	南开大学	中国古代史	研究生	教授	2006	中国古代史	青海民族大学
78	陶秉元	男	1957.05	青海民族学院	政治学	本科	教授	2007	政治学	青海民族大学
79	许西乐	男	1960.05	青海师范大学	汉语言文学	本科	研究馆员	2007	汉语言文学	青海民族大学
80	刘雪萍	女	1961.12	陕西师范大学	英语	本科	教授	2007	英语	青海民族大学
81	邓薇	女	1962.01	陕师范大学	政治教育	本科	教授	2007	政治教育	青海民族大学
82	朱国春	女	1962.04	青海师范大学	英语	本科	教授	2007	英语	青海民族大学
83	更登	男	1963.11	青海隆务寺	藏学	研究生	教授	2007	藏学	青海民族大学
84	马德明	男	1963.06	青海民族学院	政治学	本科	教授	2007	政治学	青海民族大学
85	曹娅丽	女	1963.10	青海民族学院	汉语言文学	本科	教授	2007	汉语言文学	青海民族大学
86	李俊英	女	1963.11	北京外国语学院	英语	本科	教授	2007	英语	青海民族大学
87	乌仁其木格	女	1963.12	内蒙古大学	少数民族语言文学	研究生	教授	2007	少数民族语言文学	青海民族大学
88	王宝琴	女	1964.01	青海民族学院	专门史	本科	教授	2007	专门史	青海民族大学
89	马福	男	1964.02	西北师范大学	英语	本科	教授	2007	英语	青海民族大学
90	胡峰力	女	1964.03	青海师范大学	中文	本科	教授	2007	中文	青海民族大学
91	黄海滨	女	1964.04	青海师范大学	英语	本科	教授	2007	英语	青海民族大学
92	徐建龙	男	1964.12	西北大学	经济管理	研究生	教授	2007	经济管理	青海民族大学
93	李世新	男	1965.09	西北师范大学	英语语言文学	本科	教授	2007	英语语言文学	青海民族大学
94	汪丽萍	女	1965.12	西安交通大学	马列理论与政教	本科	教授	2007	马列理论与政教	青海民族大学
95	张建英	女	1967.08	青海民族学院	行政管理	本科	教授	2007	行政管理	青海民族大学
96	甘措吉	女	1971.08	中央民族大学	民族学	研究生	教授	2007	民族学	青海民族大学
97	甘措	女	1971.08	中央民族大学	民族学	研究生	教授	2007	民族学	青海民族大学
98	陈其斌	男	1972.03	兰州大学	民族学	研究生	教授	2007	民族学	青海民族大学
99	骆桂花	女	1972.09	兰州大学	民族学	研究生	教授	2007	民族学	青海民族大学
100	张世杰	男	1957.01	西北民族学院	汉语言文学	本科	教授	2008	汉语言文学	青海民族大学
101	赵正全	男	1959.04	青海师范大学	政治教育	本科	教授	2008	政治教育	青海民族大学

（续表4）

编号	姓名	性别	出生年月	毕业院校	所学专业	学历	职称	职称获得年份	从事专业	工作单位
102	宝音额木和	男	1962.03	青海民族大学	少数民族语言文学	本科	教授	2008	少数民族语言文学	青海民族大学
103	彭国丽	女	1962.06	北京师范大学	企业管理	本科	教授	2008	企业管理	青海民族大学
104	李鸿霞	女	1965.03	青海民族学院	行政管理	本科	教授	2008	行政管理	青海民族大学
105	仁青多杰	男	1966.12	西南民族大学	民族学	研究生	教授	2008	民族学	青海民族大学
106	李朝	男	1966.06	青海师范大学	民俗学	本科	教授	2008	民俗学	青海民族大学
107	陈晓筠	女	1966.09	青海民族学院	民商法	本科	教授	2008	民商法	青海民族大学
108	张立	女	1966.12	中国政法大学	经济法学	本科	教授	2008	经济法学	青海民族大学
109	更藏	男	1968.11	青海民族大学	藏语文	本科	教授	2008	藏语文	青海民族大学
110	马存芳	女	1970.03	北京师范大学	课程与教学论	本科	教授	2008	课程与教学论	青海民族大学
111	马伟	男	1970.07	中央民族大学	语言学及应用语言学	研究生	教授	2008	人类学	青海民族大学
112	王梅花	女	1975.09	中央民族大学	少数民族语言文学	研究生	教授	2008	少数民族语言文学	青海民族大学
113	许荣生	男	1950.03	青海师院	中文	本科	教授	2009	中文	青海民族大学
114	张维平	男	1950.11	中央党校	党政管理	本科	教授	2009	党政管理	青海民族大学
115	马慈祥	男	1958.04	北京外国语大学	英语	本科	教授	2009	英语	青海民族大学
116	乌英其其格	女	1960.09	青海民族学院	蒙文	本科	教授	2009	蒙文	青海民族大学
117	乌云才其格	女	1961.09	青海民族学院	蒙文	本科	教授	2009	蒙文	青海民族大学
118	马凤兰	女	1963.03	青海民族学院	专门史	本科	教授	2009	专门史	青海民族大学
119	童成乾	男	1963.08	西北师范大学	教育	本科	教授	2009	教育	青海民族大学
120	沈燕萍	女	1963.10	青海民族学院	行政管理	本科	教授	2009	行政管理	青海民族大学
121	康红	女	1965.12	西北师范大学	课程与教学论	本科	教授	2009	课程与教学论	青海民族大学
122	袁金霞	女	1966.03	青海民族大学	政治教育	本科	教授	2009	政治教育	青海民族大学
123	张军	男	1968.06	华东师范大学	基础心理学	本科	教授	2009	基础心理学	青海民族大学
124	马绍英	男	1970.01	兰州大学	中国现当代文学	研究生	教授	2009	中国现当代文学	青海民族大学
125	马兰花	女	1970.03	中国政法大学	刑法学	本科	教授	2009	刑法学	青海民族大学
126	更尕	男	1974.03	西北民族大学	少数民族语言文学	研究生	教授	2009	少数民族语言文学	青海民族大学

（续表5）

编号	姓名	性别	出生年月	毕业院校	所学专业	学历	职称	职称获得年份	从事专业	工作单位
127	张海云	女	1975.02	兰州大学	民族学	研究生	教授	2009	民族学	青海民族大学
128	娜木斯尔	女	1955.02	内蒙古师范大学	蒙文	本科	教授	2010	蒙文	青海民族大学
129	黄军成	男	1963.01	华东师范大学	政治教育	本科	教授	2010	政治教育	青海民族大学
130	万国英	女	1963.11	西北民族学院	美术	本科	教授	2010	美术	青海民族大学
131	绽小林	男	1965.11	陕西师范大学	马克思主义中国化	研究生	教授	2010	政治	青海民族大学
132	贾一心	男	1965.12	青海民族学院	专门史	本科	教授	2010	专门史	青海民族大学
133	宁新海	男	1966.07	青海民族学院	民商法学	研究生	教授	2010	民商法学	青海民族大学
134	才让塔	男	1968.01	青海民族大学	民商法	本科	教授	2010	民商法	青海民族大学
135	索南尖参	男	1968.05	青海民族学院	少数民族语言文学	研究生	教授	2010	藏语文	青海民族大学
136	刘建霞	女	1968.08	青海民族学院	民商法学	本科	教授	2010	民商法学	青海民族大学
137	朱韶晖	女	1971.08	青海师范大学	教育学原理	本科	教授	2010	教育学原理	青海民族大学
138	唐仲山	男	1972.08	青海师范大学	民俗学	研究生	教授	2010	民俗学	青海民族大学
139	张科	男	1972.08	青海师范大学	历史学	研究生	教授	2010	历史学	青海民族大学
140	才项多杰	男	1973.09	西南民族大学	民族学	研究生	教授	2010	民族学	青海民族大学
141	阿进录	男	1973.10	青海民族学院	民族学	研究生	教授	2010	民族学	青海民族大学
142	张海育	女	1963.09	青海民族学院	专门史	本科	副教授	2005	专门史	青海民族大学
143	陈文烈	男	1972.01	华中师范大学	政府经济学	研究生	副教授	2005	经济学	青海民族大学
144	才航多杰	男	1972.06	青海民族大学	藏语文	研究生	副教授	2005	少数民族语言文学	青海民族大学
145	贾荣敏	女	1969.10	青海民族大学	民族学	本科	副教授	2006	民族学	青海民族大学
146	李子华	男	1971.04	西北师范大学	教育	研究生	副教授	2006	教育	青海民族大学
147	卓玛（小）	女	1973.08	北京师范大学	中国现当代文学	研究生	副教授	2006	中国现当代文学	青海民族大学
148	牛丽云	女	1976.04	青海民族学院	民商法学	研究生	副教授	2006	法学	青海民族大学
149	杨永梅	女	1975.01	西北农林科技大学	生态学	研究生	副教授	2008	生态学	青海民族大学
150	郭晓莺	女	1976.12	西北师范大学	音乐教育	本科	副教授	2008	音乐学	青海民族大学
151	林金花	女	1968.12	青海民族大学	少数民族语言文学	本科	副教授	2009	少数民族语言文学	青海民族大学

1980—2010 年青海大学（150 人）

编号	姓名	性别	出生年月	毕业院校	所学专业	学历	职称	职称获得年份	从事专业	工作单位
1	张永隆	男	1931.09	北京大学	汉语言文学	研究生	教授	1992	汉语言文学	青海大学
2	刘润玲	女	1955.01	青海师范大学	体育教育	本科	研究馆员	2004	体育教育	青海大学
3	杨君丽	女	1962.12	青海大学	植物保护	本科	研究馆员	2004	编辑	青海大学
4	刘尚荣	女	1963.01	东北财经大学	财政	本科	教授	2004	经济学	青海大学
5	张宏岩	男	1963.06	西北农业大学	农业经济与管理	本科	教授	2004	农业经济与管理	青海大学
6	唐宏炜	女	1965.02	青海大学	植物保护	本科	研究馆员	2004	编辑	青海大学
7	吴建中	男	1959.11	日本山重大学	体育教育	研究生	教授	2005	体育教育	青海大学
8	王建军	男	1965.12	复旦大学	管理科学	研究生	教授	2005	企业战略管理	青海大学
9	赵英	女	1956.09	上海化工学院	化学工程	本科	研究馆员	2006	图馆学	青海大学
10	辛积山	男	1957.03	青海民族学院	思想政治教育	本科	教授	2006	思想政治教育	青海大学
11	张世春	男	1963.01	西安体育学院	体育教育	本科	教授	2006	体育教育	青海大学
12	吕春峰	男	1963.09	江西财经学院	经济学	本科	教授	2006	经济学	青海大学
13	白英卿	男	1963.10	北京师范大学	物理	本科	教授	2006	经济学	青海大学
14	李芬兰	女	1964.12	西安体育学院	体育教育	本科	教授	2006	体育教育	青海大学
15	李莱	女	1954.06	青海师范大学	汉语言文学	本科	教授	2007	区域文化研究	青海大学
16	邢建民	男	1963.09	陕西师范大学	政治教育	本科	教授	2007	政治教育	青海大学
17	王健	男	1963.11	西北农学院	农业经济管理	本科	教授	2007	农业经济管理	青海大学
18	季拥政	男	1963.12	华东师范大学	图馆学	本科	研究馆员	2007	图馆学	青海大学
19	许彩萍	女	1966.06	西安交通大学	马克思主义理论	本科	教授	2007	马克思主义理论	青海大学
20	韩卫红	女	1969.02	青海大学	工商企业管理	本科	研究馆员	2007	图馆学	青海大学
21	李双元	男	1970.11	西北农林科技大学	农业经济管理	研究生	教授	2007	农业经济管理	青海大学
22	马学梅	女	1962.12	西北民族学院	政治理论教育	本科	教授	2008	政治理论教育	青海大学
23	刘海斌	男	1964.06	青海师范大学	政治学	本科	教授	2008	政治学	青海大学
24	孔繁青	男	1964.08	青海大学	工商企业管理	本科	研究馆员	2008	工商企业管理	青海大学
25	段辉民	男	1966.01	北京财贸学院	工商管理	本科	教授	2008	工商管理	青海大学
26	李臣玲	女	1974.09	兰州大学	民族社会学	研究生	教授	2008	民族社会学	青海大学
27	沈有梓	男	1953.08	青海师范大学	政治教育	研究生	教授	2009	政治教育	青海大学

（续表1）

编号	姓名	性别	出生年月	毕业院校	所学专业	学历	职称	职称获得年份	从事专业	工作单位
28	李凤荣	女	1962.10	厦门大学	财政	本科	教授	2009	财政	青海大学
29	邱翊	女	1964.06	青海师范大学	汉语言文学	本科	教授	2009	文化社会学研究	青海大学
30	周元福	男	1964.08	西北农林学院	农业经济管理	本科	教授	2009	农业经济管理	青海大学
31	闵小芳	女	1964.10	青海师范大学	政治教育	本科	教授	2009	哲学	青海大学
32	高慧荣	女	1965.05	黑龙江商学院	经济	本科	教授	2009	经济	青海大学
33	李小平	女	1965.07	大连理工大学	经济管理	本科	教授	2009	经济管理	青海大学
34	秦嘉龙	女	1965.10	江西财经学院	经济学	本科	教授	2009	经济学	青海大学
35	宋积萍	女	1967.03	西安体育学院	体育	本科	教授	2009	体育	青海大学
36	张永林	男	1968.01	西安体育学院	体育教育	本科	教授	2009	体育教育	青海大学
37	刘小平	女	1969.12	青海民族大学	贸易与少数民族经济	本科	教授	2009	贸易与少数民族经济	青海大学
38	冯彩莉	女	1970.03	清华大学	马列主义原理	本科	教授	2009	马列主义原理	青海大学
39	丁生喜	女	1971.02	青海师范大学	规划/自然地理学	本科	教授	2009	规划/自然地理学	青海大学
40	周成仓	男	1964.01	青海民族学院	政治教育	本科	教授	2010	政治教育	青海大学
41	武永亮	男	1965.01	青海大学	思想政治教育	本科	教授	2010	思想政治教育	青海大学
42	和东红	女	1966.12	西安交通大学	法学	研究生	教授	2010	法学	青海大学
43	张永春	女	1969.03	青海民族大学	中国少数民族经济	本科	教授	2010	中国少数民族经济	青海大学
44	刘晓平	女	1974.03	青海民族大学	中国少数民族经济	本科	教授	2010	中国少数民族经济	青海大学
45	朱枸	男	1935.07	北京师范大学	俄语	本科	副教授	1992	俄语	青海大学
46	吴泰恒	男	1935.12	兰州大学	汉语言文学	本科	副教授	1992	编辑	青海大学
47	王宝通	男	1953.03	青海大学	矿业	专科	副研究馆员	1996	编辑	青海大学
48	韩淑英	女	1944.09	内蒙古农牧学院	草原学	本科	副教授	1999	草原学	青海大学
49	陈伟	男	1966.02	中央党校	经济管理	研究生	副教授	1999	经济管理	青海大学
50	张昱宙	男	1950.12	北京体育学院	体育教育	本科	副教授	2000	体育教育	青海大学
51	田巧玲	女	1963.06	青海大学	植物保护	本科	副教授	2000	植物保护	青海大学
52	卫美云	女	1964.01	青海师范大学	思想政治教育	本科	副教授	2000	思想政治教育	青海大学
53	马云	男	1960.06	中央民院	汉语言文学	本科	副教授	2001	汉语言文学	青海大学
54	郭海林	男	1962.10	中南财经大学	经济学	本科	副教授	2001	经济学	青海大学

（续表2）

编号	姓名	性别	出生年月	毕业院校	所学专业	学历	职称	职称获得年份	从事专业	工作单位
55	王月娥	女	1958.08	上海财经大学	财政税收	本科	副教授	2002	财政税收	青海大学
56	曹静宝	男	1961.12	西安体育学院	体育教育	本科	副教授	2002	体育教育	青海大学
57	吴美玉	女	1965.06	北京师范大学	体育教育	本科	副教授	2002	体育教育	青海大学
58	李建荣	男	1966.12	西安体育学院	体育	本科	副教授	2002	体育	青海大学
59	袁霞	女	1962.03	中央财政金融学院	税收	本科	副教授	2003	税收	青海大学
60	韩海珍	女	1964.06	华东师范大学	政经	本科	副教授	2003	政经	青海大学
61	张杰	男	1964.12	北京师范大学	体育教育	本科	副教授	2003	体育教育	青海大学
62	钱青红	女	1967.02	上海财经大学	财政税收	本科	副教授	2003	财政税收	青海大学
63	李英军	男	1952.05	青海师范大学	政治教育	专科	副教授	2004	政治教育	青海大学
64	任中海	男	1964.05	西安体育学院	体育教育	本科	副教授	2004	体育教育	青海大学
65	李宗林	男	1965.08	中南财经大学	经济学	本科	副教授	2004	经济学	青海大学
66	姜斌	男	1967.04	青海师范大学	植物学	本科	副教授	2004	植物学	青海大学
67	胡文平	女	1968.02	青海师范大学	中国哲学	本科	副教授	2004	中国哲学	青海大学
68	曹玉姣	女	1970.03	西安交通大学	马克思主义理论	本科	副教授	2004	马克思主义理论	青海大学
69	毛永革	男	1970.07	西安体育学院	体育教育	本科	副教授	2004	体育教育	青海大学
70	褚宝萍	女	1970.10	青海师范大学	教育学	本科	副教授	2004	教育学	青海大学
71	姚维玲	女	1972.09	东北财经大学	经济学	本科	副教授	2004	经济学	青海大学
72	蒲雅琴	女	1956.05	青海大学	经济学	本科	副研究馆员	2005	图馆学	青海大学
73	胡芳	女	1963.06	青海广播电视大学	行政管理	专科	副研究馆员	2005	行政管理	青海大学
74	王红	女	1964.04	青海师范大学	英语	本科	副教授	2005	英语	青海大学
75	李晓宇	男	1964.04	青海师范大学	体育教育	本科	副教授	2005	体育教育	青海大学
76	左金萍	女	1965.08	青海教育学院	汉语言	本科	副教授	2005	汉语言文学	青海大学
77	王岩	男	1965.10	青海民族学院	政治教育	本科	副教授	2005	政治教育	青海大学
78	蔡守琴	女	1965.11	山东财政学院	经济学	本科	副教授	2005	经济学	青海大学
79	羊秀措	女	1966.07	青海大学	畜牧	本科	副研究馆员	2005	图馆学	青海大学
80	万玉勤	女	1967.07	上海财经大学	财政税收	本科	副教授	2005	财政税收	青海大学
81	姜玉波	女	1967.12	清华大学	教育经济管理	本科	副教授	2005	教育经济管理	青海大学
82	拉烈卓玛	女	1968.01	青海省委党校	数学	本科	副研究馆员	2005	图馆学	青海大学
83	陈建红	男	1969.07	青海民族大学	统计	本科	副教授	2005	统计	青海大学

（续表3）

编号	姓名	性别	出生年月	毕业院校	所学专业	学历	职称	职称获得年份	从事专业	工作单位
84	马会军	男	1969.12	陕西师范大学	政治教育	本科	副教授	2005	政治教育	青海大学
85	杨世友	男	1970.04	江西财经学院	农业经济管理	本科	副教授	2005	农业经济管理	青海大学
86	赵娟	女	1970.09	东北财经大学	经济学	本科	副教授	2005	经济学	青海大学
87	李鸿斌	男	1970.10	南昌大学	体育人文社会学	本科	副教授	2005	体育人文社会学	青海大学
88	陈生琛	男	1971.01	西安体育学院	体育教育	本科	副教授	2005	体育教育	青海大学
89	张红岩	女	1971.08	西安交通大学	马列主义原理	本科	副教授	2005	马列主义原理	青海大学
90	任善英	女	1971.10	东北财经大学	金融学	本科	副教授	2005	金融学	青海大学
91	郑永琴	女	1971.11	西北农林科技大学	农业经济管理	本科	副教授	2005	农业经济管理	青海大学
92	孙海波	男	1972.11	华东师大	体育	本科	副教授	2005	体育	青海大学
93	陈雪梅	女	1973.04	清华大学	企业管理	本科	副教授	2005	企业管理	青海大学
94	张春贞	男	1973.09	中央党校	涉外经济	本科	副研究馆员	2005	涉外经济	青海大学
95	关丙胜	男	1974.01	厦门大学	人类学	研究生	副教授	2005	人类学	青海大学
96	唐惠民	男	1956.11	中央党校	涉外经济	本科	副教授	2006	汉语言文学	青海大学
97	陈玉萍	女	1957.06	青海师范大学	政治	本科	副教授	2006	政治	青海大学
98	于继明	男	1961.02	青海师范大学	语文	本科	副教授	2006	语文	青海大学
99	侯慧清	女	1962.12	青海大学	经济学	本科	副教授	2006	经济学	青海大学
100	李积禄	男	1963.01	青海师范大学	体育	本科	副教授	2006	体育	青海大学
101	林肖宁	女	1963.03	中央党校	涉外经济	本科	副研究馆员	2006	涉外经济	青海大学
102	卢光发	男	1964.02	兰州商业学院	商业经济	本科	副教授	2006	商业经济	青海大学
103	左金平	女	1965.08	青海教育学院	汉语言	本科	副教授	2006	汉语言	青海大学
104	李月清	男	1965.09	中央广播电视大学	法学	本科	副教授	2006	法学	青海大学
105	王岩	男	1965.10	青海民族学院	政治教育	本科	副教授	2006	政治教育	青海大学
106	赵治中	男	1967.04	石河子农学院	经济管理	本科	副教授	2006	经济管理	青海大学
107	李忠	男	1967.08	陕西师范大学	政治教育	本科	副教授	2006	政治教育	青海大学
108	姚红义	男	1968.10	西北农林科技大学	农业经济管理	本科	副教授	2006	农业经济管理	青海大学
109	马海萍	女	1969.08	江西财经学院	经济学	本科	副教授	2006	经济学	青海大学
110	吉敏全	男	1970.07	青海民族大学	中国少数民族经济	本科	副教授	2006	中国少数民族经济	青海大学
111	李凌云	男	1970.10	中南财经大学	财政税收	本科	副教授	2006	财政税收	青海大学

（续表4）

编号	姓名	性别	出生年月	毕业院校	所学专业	学历	职称	职称获得年份	从事专业	工作单位
112	邢咏梅	女	1971.03	青海师范大学	体育教育	本科	副教授	2006	体育教育	青海大学
113	韩红英	女	1971.01	青海师范大学	体育教育	本科	副教授	2006	体育教育	青海大学
114	何梅青	女	1972.01	东北财经大学	旅游管理	本科	副教授	2006	旅游管理	青海大学
115	刘　宁	男	1972.05	南京师范大学	体育教育	本科	副教授	2006	体育教育	青海大学
116	张俊杰	男	1972.11	西安体育学院	体育	本科	副教授	2006	体育	青海大学
117	韩小雁	女	1973.10	西安交通大学	马列主义原理	本科	副教授	2006	马列主义原理	青海大学
118	郭成立	男	1963.03	江西财经学院	经济学	本科	副教授	2007	经济学	青海大学
119	莫乃兴	男	1964.01	青海大学	经济学	本科	副教授	2007	经济学	青海大学
120	张小红	男	1965.03	青海民族大学	政治学	本科	副教授	2007	政治学	青海大学
121	任晓英	男	1965.05	中央党校	经济管理	本科	副教授	2007	经济管理	青海大学
122	史玉梅	女	1965.07	青海民族学院	汉语言文学	本科	副教授	2007	汉语言文学	青海大学
123	王永宏	男	1970.08	西安交通大学	马列主义原理	本科	副教授	2007	马列主义原理	青海大学
124	王路明	男	1971.05	北京体育学院	体育教育	本科	副教授	2007	体育教育	青海大学
125	陈晓萱	女	1972.08	青海民族大学	中国少数民族经济	本科	副教授	2007	中国少数民族经济	青海大学
126	刘　波	男	1973.09	青海民族大学	中国少数民族经济	本科	副教授	2007	中国少数民族经济	青海大学
127	曲　波	男	1973.10	中国社会科学院	法学	研究生	副教授	2007	法学	青海大学
128	梁玉金	女	1975.05	青海师范大学	汉语言文学	本科	副教授	2007	汉语言文学	青海大学
129	王艺霖	女	1975.10	清华大学	技术经济与管理	本科	副教授	2007	技术经济与管理	青海大学
130	李渝珍	女	1954.07	西北农林科技大学	林学	本科	副编审	2008	编辑	青海大学
131	王　宏	男	1959.05	青海广播电视大学	中文	专科	副研究馆员	2008	中文	青海大学
132	王黎明	男	1965.02	青海大学	经济学	本科	副教授	2008	经济学	青海大学
133	欧明建	男	1966.04	中央党校	经管	本科	副教授	2008	经管	青海大学
134	代戈资	男	1967.10	东北财经大学	统计	本科	副教授	2008	统计	青海大学
135	久毛措	女	1972.07	日本朝日大学	质量管理	本科	副教授	2008	质量管理	青海大学
136	王春雷	男	1973.11	中央财经大学	财政	本科	副教授	2008	财政	青海大学
137	徐雪青	女	1974.10	中央财经大学	财税	本科	副教授	2008	财税	青海大学
138	王　艳	女	1975.11	青海民族大学	民商法学	研究生	副教授	2008	民商法学	青海大学

（续表5）

编号	姓名	性别	出生年月	毕业院校	所学专业	学历	职称	职称获得年份	从事专业	工作单位
139	牛 勇	男	1976.12	厦门大学	金融学	研究生	副教授	2008	金融学	青海大学
140	张继清	男	1958.05	青海教育学院	英语	专科	副研究馆员	2009	英语	青海大学
141	张 军	男	1967.11	青海师范大学	教育管理	本科	副教授	2009	教育管理	青海大学
142	陈有道	男	1969.02	青海师范大学	体育教育	本科	副教授	2009	体育教育	青海大学
143	王晓省	男	1969.05	厦门大学	金融学	本科	副教授	2009	金融学	青海大学
144	丁海英	女	1970.07	青海大学	工商企业	本科	副研究馆员	2009	工商企业	青海大学
145	李德成	男	1971.10	青海大学	畜牧	本科	副研究馆员	2009	图馆学	青海大学
146	张国毅	男	1975.01	山西财经学院	经济学	本科	副教授	2009	经济学	青海大学
147	张清慧	女	1976.07	东北财经大学	财政学	本科	副教授	2009	财政学	青海大学
148	李 蓓	女	1963.10	郑州粮油学院	油脂	本科	副教授	2010	油脂	青海大学
149	符 敏	男	1969.12	西北政法学院	经济法	本科	副教授	2010	经济法	青海大学
150	窦 蔚	女	1975.07	南昌大学	经济法	研究生	副教授	2010	经济法	青海大学

1980—2010 年青海广播电视大学（32 人）

编号	姓名	性别	出生年月	毕业院校	所学专业	学历	职称	获得职称时间	从事专业	工作单位
1	刘 佑	男	1948.01	青海省高等师范专科学校	中文	专科	教授	2003	教育管理	青海广播电视大学
2	李继华	男	1948.02	青海广播电视大学	电子学	专科	教授	2003	教育学	青海广播电视大学
3	祁永寿	男	1955.11	青海师范大学	中文	本科	教授	2005	教育管理	青海广播电视大学
4	李晓云	女	1963.09	西南大学	中文	本科	教授	2005	中文	青海广播电视大学
5	那小红	女	1967.04	兰州大学	经济管理	研究生	教授	2008	经济管理	青海广播电视大学
6	方之励	男	1939.06	青海省畜牧兽医学院	兽医	本科	副教授	1986	教育管理	青海广播电视大学
7	陈家生	男	1944.03	重庆大学	物理	本科	副教授	1986	教育管理	青海广播电视大学
8	尚铁英	女	1953.03	青海师范大学	英语	本科	副教授	1986	英语	青海广播电视大学
9	张瞳德	男	1959.09	清华大学	动力机械	本科	副教授	1986	教育学	青海广播电视大学
10	朱胜奎	男	1950.05	青海省高等师范专科学校	政治教育	专科	副教授	1988	政治教育	青海广播电视大学
11	杨和灿	男	1940.08	新乡师范学院	化学	专科	副教授	1992	教育管理	青海广播电视大学
12	孙业科	男	1945.12	西安交通大学	动机	本科	副教授	1992	教育学	青海广播电视大学
13	张云霞	女	1944.05	青海省畜牧兽医学院	兽医	研究生	副教授	1993	教育管理	青海广播电视大学

（续表）

编号	姓名	性别	出生年月	毕业院校	所学专业	学历	职称	获得职称时间	从事专业	工作单位
14	赵金满	男	1955.12	兰州大学	无线电	本科	副教授	2000	教育管理	青海广播电视大学
15	郑永萍	女	1958.04	青海省高等师范专科学校	思想政治教育	专科	副教授	2000	思想政治教育	青海广播电视大学
16	程新炜	男	1958.12	自学考试	汉语言文学	本科	副教授	2001	汉语言文学	青海广播电视大学
17	韩凌云	女	1964.11	兰州商学院	财务经济学	本科	副教授	2001	财务管理	青海广播电视大学
18	宋瑞萍	女	1963.09	陕西师范大学	化学	本科	副教授	2002	教育学	青海广播电视大学
19	吴术路	男	1964.09	青海师范大学	物理	本科	副教授	2004	教育学	青海广播电视大学
20	郭 军	男	1958.05	中央广播电视大学	汉语言文学	本科	副研究馆员	2005	汉语言文学	青海广播电视大学
21	庞卫青	女	1966.02	中央党校	经济管理	本科	副研究馆员	2005	档案管理	青海广播电视大学
22	晁仕德	男	1969.06	华中理工大学	水利机械	本科	副教授	2005	教育管理	青海广播电视大学
23	帖 征	男	1971.04	中央民族学院	经济管理	本科	副教授	2005	经济管理	青海广播电视大学
24	李贵喜	女	1957.09	青海广播电视大学	图书馆学	专科	副研究馆员	2006	图书管理	青海广播电视大学
25	丁玉芝	女	1966.07	青海民族学院	汉藏翻译	本科	副研究馆员	2006	档案管理	青海广播电视大学
26	贾民力	男	1968.04	青海师范大学	物理	本科	副教授	2006	开放教育管理	青海广播电视大学
27	王照侠	男	1962.04	青海民族学院	思想政治教育	本科	副教授	2007	教育管理	青海广播电视大学
28	欧明建	男	1966.04	青海大学	经济学	本科	副教授	2007	经济学	青海广播电视大学
29	卜 红	女	1970.08	青海民族学院	汉语言文学	本科	副教授	2007	汉语言文学	青海广播电视大学
30	李洪德	男	1970.06	西北师范大学	课程与教学论	研究生	副教授	2008	教育管理	青海广播电视大学
31	李秋梅	女	1976.09	上海交通大学	思想政治教育	本科	副教授	2008	思想政治教育	青海广播电视大学
32	付 弘	女	1966.05	华东政法大学	法律	本科	副教授	2009	法律	青海广播电视大学

1980—2010 年青海省图书馆（17 人）

编号	姓名	性别	出生年月	毕业院校	所学专业	学历	职称	职称获得年份	从事专业	工作单位
1	谢 平	男	1965.03	中央民族学院	中国史	本科	研究馆员	2002	图书资料	青海省图书馆
2	刘正伟	男	1961.04	青海畜牧兽医学院	兽医	本科	研究馆员	2004	图书资料	青海省图书馆
3	龙梅宁	女	1963.11	武汉大学	新闻	本科	研究馆员	2005	图书资料	青海省图书馆
4	胡 英	女	1953.12	青海师范学院	思想政治教育	本科	研究馆员	2006	图书资料	青海省图书馆
5	吴 平	男	1954.09	上海化工学院	玻璃	本科	研究馆员	2006	图书资料	青海省图书馆
6	张志青	男	1955.06	西北农学院	农田水利	本科	研究馆员	2006	图书资料	青海省图书馆

（续表）

编号	姓名	性别	出生年月	毕业院校	所学专业	学历	职称	职称获得年份	从事专业	工作单位
7	蒲宁英	男	1955.08	西安交通大学	热能装置	本科	研究馆员	2006	图书资料	青海省图书馆
8	李盛福	男	1957.08	大连外国语学院	俄语	本科	研究馆员	2008	图书资料	青海省图书馆
9	邓尚元	男	1933.10	武汉大学	图书馆学	本科	副研究馆员	1988	图书资料	青海省图书馆
10	雷英	女	1953.11	中央民族学院	数学	专科	副研究馆员	2000	图书资料	青海省图书馆
11	张照云	男	1957.10	中共青海省委党校	行政管理	本科	副研究馆员	2000	图书资料	青海省图书馆
12	崔凡萍	女	1959.11	青海广播电视大学	电子	专科	副研究馆员	2002	图书资料	青海省图书馆
13	单大妹	女	1964.02	北京大学	信息管理	本科	副研究馆员	2005	图书资料	青海省图书馆
14	周志强	男	1965.04	高等教育自考	汉语言	本科	副研究馆员	2007	图书资料	青海省图书馆
15	马顺邦	男	1954.01	青海广播电视大学	机械制造及设备	本科	副研究馆员	2008	图书资料	青海省图书馆
16	封晓玲	女	1958.06	兰州化工学校	化工机械	中专	副研究馆员	2008	图书资料	青海省图书馆
17	柳笛	女	1963.01	西安地质学院	地球物理	本科	副研究馆员	2009	图书资料	青海省图书馆

1980—2010 青海省文物考古研究所（11人）

编号	姓名	性别	出生年月	毕业院校	所学专业	学历	职称	职称获得年份	从事专业	工作单位
1	刘溥	男	1937.05	青海省师范学院	考古	专科	研究馆员	1995	考古	青海省文物考古研究所
2	许新国	男	1951.07	北京大学	考古	本科	研究馆员	1999	考古	青海省文物考古研究所
3	李智信	男	1958.04	北京大学	考古	本科	研究馆员	2000	考古	青海省文物考古研究所
4	任晓燕	女	1956.04	北京大学	考古	本科	研究馆员	2002	考古	青海省文物考古研究所
5	张君奇	男	1950.04	青海师范大学	美术	专科	研究馆员	2007	古建	青海省文物考古研究所
6	吴平	男	1954.09	四川大学	考古	本科	副研究馆员	1996	考古	青海省文物考古研究所
7	贾鸿键	男	1957.11	青海广播电视大学	汉语言	专科	副研究馆员	2001	考古	青海省文物考古研究所
8	刘杏改	女	1957.11	青海广播电视大学	汉语言	专科	副研究馆员	2004	资料整理	青海省文物考古研究所
9	乔虹	女	1969.08	四川大学	考古	本科	副研究馆员	2004	考古	青海省文物考古研究所
10	崔兆年	女	1960.02	青海广播电视大学	汉语言	专科	副研究馆员	2007	资料整理	青海省文物考古研究所
11	陈海清	男	1959.06	中国人民大学	文博	专科	副研究馆员	2008	考古	青海省文物考古研究所

1980—2010 年青海省档案馆（12人）

编号	姓名	性别	出生年月	毕业院校	所学专业	学历	职称	职称获得年份	从事专业	工作单位
1	岳文莉	女	1965.09	四川大学	历史学	本科	研究馆员	2008	历史学	青海省省档案馆

（续表）

编号	姓名	性别	出生年月	毕业院校	所学专业	学历	职称	职称获得年份	从事专业	工作单位
2	赵生璞	男	1934.03	湟源畜牧学校	农作物栽培	中专	副研究馆员	1992	档案管理	青海省省档案馆
3	张寿年	女	1947.06	西宁师范学校	师范	中专	副研究馆员	1999	档案管理	青海省省档案馆
4	李正安	男	1943.12	中国逻辑与语言函授大学	中文	本科	副研究馆员	2000	中文	青海省省档案馆
5	王晓红	女	1966.11	青海民族大学	汉语言文学	本科	副研究馆员	2002	汉语言文学	青海省省档案馆
6	张景珍	女	1957.10	安徽大学	历史学系档案专业	专科	副研究馆员	2003	历史档案	青海省省档案馆
7	鲁 卓	女	1957.12	青海民族学院	中文系汉语文学	本科	副研究馆员	2003	汉语文	青海省省档案馆
8	司锦军	男	1963.03	中央党校函授学院	涉外经济管理	本科	副研究馆员	2003	涉外经济管理	青海省省档案馆
9	王金英	女	1963.11	四川大学	历史学	本科	副研究馆员	2003	历史学	青海省省档案馆
10	景庆风	女	1967.05	中央党校函授学院	涉外管理	本科	副研究馆员	2004	涉外管理	青海省省档案馆
11	杨正梅	女	1963.01	中央党校函授学院	行政管理	本科	副研究馆员	2005	行政管理	青海省省档案馆
12	蒋 萱	女	1963.09	中央党校函授学院	行政管理	本科	副研究馆员	2005	行政管理	青海省省档案馆

附　录

青海省哲学社会科学优秀成果评奖试行条例

（1994 年 4 月 21 日）

第一章　总则

第一条　为检阅青海省哲学社会科学优秀成果，奖励在哲学社会科学研究方面做出突出贡献的集体和个人，调动哲学社会科学工作者的积极性，繁荣和发展青海省哲学社会科学事业，更好地为两个文明建设服务，特制定本条例。

第二条　奖励名称定为"青海省哲学社会科学优秀成果奖"，以青海省人民政府名义颁发。设一等奖、二等奖、三等奖和鼓励奖。

第三条　青海省哲学社会科学优秀成果评奖活动每三年举行一次。

第四条　成立青海省哲学社会科学优秀成果评奖委员会（以下简称省评委会）。省评委会由省内知名专家、学者及省级综合管理部门的领导同志组成，评委会成员由省社科联与有关单位协商推荐，省委宣传部审查，省委、省政府审批。

评委会的办事机构为省评委会办公室，办公室设在省社会科学界联合会。

评委会按专业设学科专家评审组，其成员由评委会办公室向有关方面征询意见后提名，由评委会审定、聘任。

第五条　奖金由省政府奖励基金列支。

第二章　范围和对象

第六条　凡在评奖规定时限内由出版社出版、省级以上公开发行的报刊或经正式批准发行的省级以上内部刊物发表（含在国外出版社出版、报刊发表），在青海省工作的个人或集体哲学社会科学类成果，包括专著、编著、译著、教材、普及读物、论文、调研报告、工具书等，均可申报评奖。虽未公开发表，但确有较高社会价值，已被省级以上决策部门采纳的调研报告、对策建议，经有关部门鉴定，并出具书面证明的，亦可参加评奖。上述范围的少数民族语言文字成果均可参加申报评奖。

第七条　与外省作者合作的成果，有下列情况的可以申报：本省作者为第一作者的成果，本省作者为主编或课题负责人的成果，本省作者主笔并有明确标志的成果。

申请参加评奖的个人可申报一项独立完成的成果和一项合作的成果，合作的成果只能以第一作者的名义申报。

未标明主编或课题负责人的成果，可以集体名义申报（以版权页为准）。每个单位的申报数不得超过三项。

第三章 评奖标准

第八条 一等奖：独立开辟某一学科，或填补了某一学科的空白；提出了有创见性的观点、结论，对该学科的发展做出了重大贡献；对解决两个文明建设中的重大理论和实际问题有重大贡献，发挥了现实指导作用，对普及社会科学知识有重大作用，并在国内外产生了较为广泛的影响。

二等奖：对某一学科面临的重大理论和实践问题的研究有新的进展，对学科的发展做出了贡献；解决了某一重要实际问题，并进行了科学的理论阐述，得到省级以上有关单位的较高评价，对普及社会科学知识有重要作用。

三等奖：在理论上进行了正确的富有新意的概括和阐述，对重大理论和实际问题进行了科学的探索，并有一定的科学见解和参考价值。

鼓励奖：对理论和重大实际问题进行了大胆地探索，并有一定的科学见解。

第四章 申报、评选程序和方式

第九条 申报

凡申报参加评奖的项目必须认真填写《青海省哲学社会科学优秀成果奖申报表》（《申报表》由省评委会办公室统一印制）。成果作者填写《申报表》后，经所在单位审查推荐，各州、地、市委宣传部和省级各厅局、省直各单位初选，送省评委会办公室参评。

第十条 评选

青海省哲学社会科学优秀成果评奖实行三级评选制度，具体程序是：

1. 初评。省评委会各学科专家评审组，负责成果的初评工作，并按照评奖标准和省评委会下达的入选成果比例向省评委会推荐各奖项获奖候选项目。

2. 复评。由各学科专家评审组组长及评委会成员组成若干复评组，对初评结果进行复评。

3. 终评。省评委会对各学科专家评审组复评推荐的各奖项候选获奖项目进行最后评定。

4. 评奖工作由省公证处监督并给予公示。

5. 由省政府审批获奖项目并给予奖励。

第十一条 评审实行无记名投票方式。到会投票人员必须超过参评人员或评委的三分之二，投票方为有效。得票必须超过投票人数三分之二方为有效。

第十二条 省评委会认为必要时，可以对某些申报成果组织专家评议，为学科专家评审组和省评委会提供评选参考。

第五章 奖励办法

第十三条 实行精神鼓励和物质奖励相结合的原则。获一、二、三等奖的项目，由省政府颁布《青海省哲学社会科学优秀成果奖》证书和奖金，获鼓励奖的项目由省评委会颁发证书和奖金。

第十四条 获优秀成果奖者，应作为作者考核、晋升和评定专业技术职务的重要依据。

第六章 评审纪律

第十五条 严格依照评奖标准和程序秉公评选，以质取文，不徇私情。

第十六条 实行回避制度。凡涉及专家评审组和评奖委员会成员的成果，评审人一律回避。

第十七条 获奖成果如发现弄虚作假、窃取他人成果者，一经查实，即撤销其奖励，追回证书和奖金，并视情节轻重，给予批评教育或建议本人所在单位给予适当处分。

第七章 附则

第十八条 本条例由省评委会办公室负责解释。凡未列入本条例的有关事项，由评委会遵照本规定精神研究办理。

第十九条 本条例自发布之日起施行。

附录二

中共青海省委关于繁荣发展哲学社会科学的实施意见

（青发〔2004〕15 号）

《中共中央关于进一步繁荣发展哲学社会科学的意见》（中发〔2004〕3 号），对进一步开创哲学社会科学繁荣发展的新局面做出了全面部署，是繁荣发展哲学社会科学的纲领性文件。为认真贯彻《意见》精神，推动青海省哲学社会科学事业的繁荣发展，现提出如下实施意见。

一、充分认识繁荣发展哲学社会科学的重大意义

哲学社会科学是人们认识世界、改造世界的重要工具，是推动历史发展和社会进步的重要力量。哲学社会科学的研究能力和成果是综合国力的重要组成部分，建设中国特色社会主义离不开以马克思主义为指导的哲学社会科学的繁荣发展。实施科教兴国战略包括繁荣发展自然科学和社会科学两个方面。哲学社会科学和自然科学同样重要，培养高水平的哲学社会科学家与培养高水平的自然科学家同样重要，提高全民族的哲学社会科学素质和提高全民族的自然科学素质同样重要，任用好哲学社会科学人才并充分发挥他们的作用与任用好自然科学人才并充分发挥他们的作用同样重要。在全面建成小康社会、加快推进社会主义现代化的历史进程，在实现中华民族伟大复兴的历史进程中，哲学社会科学具有不可替代的重大作用。

改革开放特别是党的十三届四中全会以来，青海省哲学社会科学有了长足发展，取得了一大批优秀成果，呈现出可喜的发展局面，为全省物质文明、政治文明、精神文明建设提供了理论支持，为省委、省政府的科学决策提供了参考依据。同时，我们也要清醒地看到，与时代和事业发展的要求相比，青海省哲学社会科学的发展还

有许多不适应。哲学社会科学重要的战略地位还未受到普遍重视；哲学社会科学对一些重大理论问题和实践问题的研究力度有待进一步加大；哲学社会科学的管理体制需要进一步改革。成果转化机制要进一步健全；经费投入需要进一步加大；理论队伍建设特别是中青年理论人才培养滞后。青海省经济社会的全面发展和进步离不开哲学社会科学的繁荣发展。当前，青海省改革发展正处在关键时期，哲学社会科学既面临新的发展机遇，又面临新的挑战。因此，加快青海省哲学社会科学的繁荣发展，是一项重大而紧迫的战略任务，我们一定要从党和国家事业发展的全局高度，从完成青海省"两大历史任务"和实现"三个保持和发展"的高度，增强责任感和使命感，努力推动青海省哲学社会科学事业有一个新的更大发展。

二、繁荣发展青海省哲学社会科学的指导思想、方针原则和目标任务

（一）**指导思想**：以马克思列宁主义、毛泽东思想、邓小平理论和"三个代表"重要思想为指导，把马克思主义的立场、观点和方法贯穿到哲学社会科学中去，坚持解放思想、实事求是、与时俱进，坚持理论联系实际、围绕中心，服务大局，努力强化服务、突出特色，推进创新，为全面建设小康社会提供思想保证、精神动力和智力支持。

（二）**方针原则**：坚持为人民服务、为社会主义服务的方向和百花齐放、百家争鸣的方针，坚持贴近实际、贴近生活、贴近群众。坚持兼顾基础和应用研究、以应用研究为主，兼顾历史问题和现实问题研究、以现实问题研究为主，兼顾

全国共性问题和青海特殊性问题研究、以青海特殊性问题研究为主的原则，既立足当代又继承传统，以青海改革发展稳定的实践和我们正在做的事情为中心。着眼于马克思主义理论的运用，着眼于对实际问题的理论思考，着眼于新的实践和新的发展。

（三）总体目标：经过 10 年左右时间，逐步形成具有时代特点、特色鲜明的体系；培养造就一批政治强、素质高、学风正、结构合理的社科研究和管理人才队伍；建立和完善哲学社会科学的工作体制和运行机制：强化精品意识，注重对青海省改革开放和现代化建设中重大理论和现实问题的研究，产生一批求实创新、具有较大影响的成果，充分发挥哲学社会科学认识世界、传承文明、创新理论、咨政育人、服务社会的重要作用。

（四）基本任务：以青海改革发展稳定和广大干部群众关心的重大理论和现实问题为主攻方向，加强对全局性、战略性、前瞻性问题的研究，加强传统学科建设，重点发展特色学科和优势学科，积极扶持新兴学科、交叉学科，逐步调整和完善学科结构。兼顾基础研究和应用对策研究，重点扶持应用对策研究。充分发挥报刊、广播电视、互联网等大众媒体的作用，加强哲学社会科学的宣传和普及，大力宣传哲学社会科学研究的优秀成果，扩大优秀成果的社会影响力，提高人们的道德素养和精神境界。加强哲学社会科学宏观管理体制和微观运行机制建设，建立健全党委统一领导、各部门分工负责的哲学社会科学管理体制；形成既能把握正确方向，又有利于激发哲学社会科学发展活力的引导机制；形成既能有效整合资源，又能充分发挥各方面积极性的调控机制；深化哲学社会科学各单位的内部改革，转变管理方式，增强活力，壮大实力，形成创新能力和自我发展能力较强的运行机制。大力实施哲学社会科学"走出去"战略，加强哲学社科学工作的对外交流。注重引进省外哲学社会科学优

秀成果、研究方法和管理经验，介绍一批青海省哲学社会科学的优秀成果，扩大青海省哲学社会科学在全国的影响；注重选拔思想素质好、有一定学术造诣的中青年专家学者，参与国内外学术交流与合作，吸引国内外著名专家学者到青海省进行学术指导和交流，同时积极争取国际、国内合作项目。加强群众性团体建设，充分发挥省社科联和各类学会、研究会在繁荣发展哲学社会科学中的桥梁纽带、组织协调、咨询服务和宣传普及作用。注重阵地建设，办好哲学社会科学类学术理论刊物和理论宣传报刊，加强哲学社会科学文献、资料的整理和研究工作，以更好地为省委、省政府决策服务、为青海省三个文明建设服务。

三、积极推进哲学社会科学管理体制改革

（一）深化哲学社会科学研究体制改革。哲学社会科学研究的重点是，围绕青海省经济社会发展的实际问题，开展应用对策研究，同时开展有青海特色和区域优势的基础理论研究。逐步实行研究课题招标制，建立以课题为依托、以课题负责人为龙头的研究机制，建立重大课题快速反应机制和联合攻关机制，整合社科院、党校、高校、党政研究机构的研究力量，优化配置，建立部门、跨学科研究平台，联合攻关。成立青海省社会科学专家咨询委员会，建立健全重大决策专家论证制度。

（二）深化哲学社会科学教学改革。以提高教学质量和课堂效果为重点，改革教学内容和教学方式，推动多媒体在教学中的广泛应用，推进教学手段现代化。引入竞争机制，推行聘用制、学生选课制，把学术造诣较高、讲课效果好的专家学者吸引到教学第一线，进一步推动邓小平理论和"三个代表"重要思想进教材、进课堂、进学生头脑的工作，切实改进邓小平理论和"三个代表"重要思想的教学工作，增强马克思主义理论课的吸引力和感染力。抓好马克思主义理论课师资队伍的建设，着力培养一批中年马克思主义

理论骨干。

（三）深化哲学社会科学规划体制改革。要把哲学社会科学事业纳入全省社会经济发展规划。省哲学社会科学规划领导小组要加强对哲学社会科学的规划工作，制定好省哲学社会科学五年研究规划和年度项目计划。改革和完善省哲学社会科学规划项目的评审立项和课题结项制度，重点扶持对全省经济社会发展有重大影响的研究项目，对全省学科创新发展起关键性作用的研究项目，对弘扬"五个特别"精神有重大作用的研究项目。注重提高科研的组织水平和过程管理。

（四）建立和完善哲学社会科学的评价和激励机制。哲学社会科学成果评价要注重原创性，注重实际价值，推动理论创新，推动理论与实际结合。进一步完善哲学社会科学优秀成果奖励制度和评奖办法，逐步加大奖励力度，对具有重大经济社会效益的优秀成果予以重奖。

四、加强领导，努力建设一支高水平的哲学社会科学队伍

（一）加强党对哲学社会科学的领导。各级党委和政府要高度重视哲学社会科学工作，努力把握哲学社会科学的发展规律，改进领导方式，提高管理水平，为繁荣发展哲学社会科学创造良好的环境。要经常向哲学社会科学界提出一些需要研究的重大问题，注意把哲学社会科学的优秀研究成果运用于各项决策中，运用于解决改革发展稳定的突出问题中，使哲学社会科学界成为党和政府工作的"思想库"和"智囊团"，不断推进决策科学化、民主化。坚持党管干部、党管人才原则，加强哲学社会科学单位的领导班子建设。把那些忠于马克思主义、坚定走中国特色社会主义道路、熟悉哲学社会科学工作的人选拔到领导岗位上来。要正确处理思想领域的问题。注意区分学术问题和政治问题的界限，学术问题的研究和讨论没有禁区，理论宣传和教学要有纪律，在事关政治方向和根本原则问题上，始终坚持正确的政治方向，做到旗帜鲜明。要加强对哲学社会科学宣传阵地、各类组织和哲学社会科学研讨会、报告会、讲座的管理。要尊重劳动、尊重知识、尊重人才、尊重创造，树立服务意识，关心哲学社会科学工作者的学习、工作和生活，多为他们办实事、办好事，充分调动他们的积极性、主动性、创造性。

（二）加大对哲学社会科学的投入。要建立以政府投入为主，鼓励社会各界和个人资助的多种渠道投入机制。建立哲学社会科学基金制度，随着财政收入的增长不断加大财政主渠道的投入，保证哲学社会科学事业发展经费。鼓励省社科院等哲学社会科学研究机构和高校提供有偿服务，通过合作研究、咨询服务、成果转化、利用外援、获取企业和民间资助等多种形式，拓展吸纳资金渠道，增强自身发展活力。教育部门和高等院校要结合实际，不断加大对哲学社会科学重点学科建设、研究和教学工作的投入。

（三）造就一支高水平的哲学社会科学队伍。要认真落实中央关于人才工作的一系列政策和措施，完善哲学社会科学人才选拔和管理机制，紧紧抓住培养、吸引、用好人才三个环节，形成优秀人才脱颖而出、人尽其才的良好机制。加大人事制度改革力度，建立既能体现哲学社会科学特点，又能发挥市场作用的开放、灵活的人才配置机制。推行聘用制，改革职称制度，完善职称评聘机制，做到能上能下、能进能出。完善分配制度，重实绩、重贡献，建立健全人才培训制度，加大学科带头人和中青年理论骨干的培养、引进力度。加强哲学社会科学队伍的思想道德和学风建设，进一步培养哲学社会科学工作者严谨治学、实事求是、民主求实的学风，增强服务意识，以高度的事业心和强烈的责任感，深入研究和回答青海省改革发展稳定中的重大理论和现实问题，多出精品力作，努力为青海省哲学社会科学的繁荣发展和三个文明建设做出更大贡献。

附录三

青海省社会科学规划项目管理办法

（2006 年 7 月修订）

第一章 总 则

第一条 为全面贯彻《中共中央关于进一步繁荣发展哲学社会科学的意见》和《中共青海省委关于繁荣发展哲学社会科学的实施意见》，为适应青海省改革开放和社会主义现代化建设的新形势、新任务，为适应青海省哲学社会科学繁荣发展和项目管理的需要，特制定本办法。

第二条 哲学社会科学规划项目的管理必须坚持以马克思列宁主义、毛泽东思想、邓小平理论和"三个代表"重要思想为指导，全面落实科学发展观，坚持理论联系实际，坚持解放思想、实事求是、与时俱进，坚持"百花齐放、百家争鸣"，积极探索、努力遵循哲学社会科学研究规律，加强学科建设，推进理论创新，更好地为省委、省政府决策服务，为全省三个文明建设和和谐社会建设服务。

第三条 青海省社会科学研究专项基金重点支持对全省经济社会发展有重大影响，对全省学科发展创新起关键性作用的研究项目。

第四条 哲学社会科学成果评价要注重原创性，注重实际价值，推动理论创新，推动理论与实际结合。

第五条 青海省社会科学规划领导小组受省委、省政府委托，实施对全省哲学社会科学规划工作的领导。青海省社会科学规划办公室是领导小组的办事机构，其职责是：

1. 编制全省哲学社会科学中长期规划和年度计划；具体管理和筹措社会科学研究资金；

2. 检查中长期计划和年度计划的实施情况，交流社会科学研究信息；

3. 具体组织规划课题的申报、评审立项、管理、鉴定验收和推广；

4. 受全国哲学社会科学规划办公室的委托，负责申报、管理、鉴定本地区的国家社科基金项目，管理工作按《国家社会科学基金项目管理办法》执行。

第六条 省社会科学研究资助项目的中长期规划和年度课题指南的制定，由省社会科学规划办公室在调查研究、广泛征集研究选题、征询有关领导和专家意见的基础上，经筛选整理，确定方案，提交领导小组审定。中长期规划每 5 年制定一次，年度课题指南在当年的第一季度发布。

第二章 规划选题与评审立项

第七条 省哲学社会科学规划项目选题，要坚持省委确定的社会科学研究"三兼顾、三为主"的原则，即基础理论研究和应用研究兼顾，以应用研究为主；历史问题研究和现实问题研究兼顾，以现实问题研究为主；全国共性问题研究和青海特殊性问题研究兼顾，以青海特殊性问题研究为主。积极研究青海省改革开放和社会主义现代化建设中的重大理论问题和实际问题，同时注重基础研究、新型边缘交叉学科和跨学科综合研究，支持具有重要价值的历史文化遗产的抢救和整理工作。

第八条 由省社会科学规划专项基金资助的研究课题，采取重点组织和公开招标相结合的办法立项。凡公开招标的课题，面向全省，公平竞争，择优立项。少数由省委、省政府领导提出的重要和急需的研究课题经省社会科学规划领导小组负责人审定，单独立项，委托研究。一般委托课题由省社会科学规划办公室确定，统一管理。

第九条 省哲学社会科学规划项目每年评审

一次，成果形式为研究报告和专著。研究报告的完成时限一般为1年，专著为1—3年。

第十条 省哲学社会科学规划课题设立自筹经费项目，其选题申报和评审办法与资助项目的要求相同。立项数量视当年申报的实际情况确定。

第十一条 省哲学社会科学规划项目自年度课题指南发布之日起开始受理申请，受理期限一般为两个月。申请人可从有关网站下载或从社会科学规划办公室索取《青海省社会科学规划立项申请书》及有关材料，并根据课题指南和申请书的要求认真填写，经所在单位审核，按规定时间统一报省社会科学规划办公室。

第十二条 申请省哲学社会科学规划项目者应符合以下条件：

1. 享有中华人民共和国公民权，遵守中华人民共和国宪法，拥护社会主义制度和中国共产党的领导；

2. 申请人一般应具有副高以上的专业技术职务，不具备副高以上条件者，可由申请人选择两名具有副高以上专业技术职务的同行专家推荐；

3. 申请人必须胜任承担和负责组织、指导项目的实施，不能从事实质性研究工作的，不得申报；

4. 申请人当年只能申报一个项目，已承担国家社科基金项目或省哲学社会科学规划项目尚未结项的不能申报；

5. 申请自筹经费项目，须有出资单位的经费资助证明。

第十三条 申请人所在单位须根据上述第十二条的规定进行审查，签署意见，并承诺提供研究条件和承担项目管理任务及信誉保证。

第十四条 省社会科学规划办公室在省社会科学规划领导小组的领导下，负责组织全省哲学社会科学规划项目的评审。

1. 资格审查。按本办法第二章第十二条的内容及申请书的提示，进行审查，合格者进入初评。

2. 初评。省社会科学规划办公室组织有关专家进行初步筛选，筛选数以高于立项数1—2倍掌握。

3. 审批。初选通过的课题，提交省社会科学规划领导小组会议审批。

第十五条 省社会科学规划领导小组对拟立项目及资助金额行使最终审批权，并由省社会科学规划办公室向项目负责人发出《立项通知书》，立项时间从会议批准之日算起。

第十六条 立项课题资助方案由省社会科学规划办公室根据当年社科专项资金拨款数额提出课题资助方案，经省社会科学规划领导小组负责人审定、批准后执行。资助经费一次核定，分期拨付，包干使用，超支不补。

项目经费拨到项目负责人所在单位的银行账户，由所在单位统一管理。立项当年拨付资助经费的50%，其余50%待项目鉴定结项后拨付，未通过鉴定结项的，不予拨付。

第三章　经费使用与课题管理

第十七条 资助经费开支范围：

1. 为课题研究服务的资料费；

2. 国内调研差旅费；

3. 小型研讨会会议费；

4. 计算机使用费；

5. 专家咨询费；

6. 研究成果印刷、打印费；

7. 课题组成员适量劳务费；

8. 研究成果鉴定费。根据最终成果形式和字数，每位专家的鉴定劳务费可掌握在100—300元；

9. 专著类成果出版费。

第十八条 严格防止将资助经费用于其他与完成课题研究无直接关系的开支。

资助经费专款专用，单独记账，在财务制度

和本办法规定的范围内由课题负责人全面负责经费的使用。

第十九条 项目一经批准，即不得随意变更或无故终止。无故自行终止的，要追回全部经费。对因项目负责人外出、生病或其他原因不能继续研究的，要停止研究，并追回所有经费。

第二十条 项目完成后，项目负责人应会同所在单位财务部门，清理历年收支账目，如实编制《青海省社会科学规划项目结项审批书》中的经费决算表，并接受管理部门检查。

第二十一条 项目负责人要按本办法的有关规定和管理部门的要求做好项目自我管理，组织和带领课题组成员按进度计划和质量要求，认真完成研究任务。课题主要负责人每年年终应提交研究进度和经费使用情况的书面报告，以接受检查。项目负责人所在单位要将省哲学社会科学规划项目纳入本单位的科研工作计划，对项目执行情况和经费使用情况进行跟踪检查；省社会科学规划办公室进行必要的抽查，并随时通报执行情况。

第二十二条 凡有下列情形之一者，须由项目负责人提交书面申请，经所在单位同意，报省社会科学规划办公室审批：

1. 变更项目负责人；

2. 改变项目名称；

3. 研究内容有重大调整；

4. 变更项目管理单位；

5. 延期一年以上或多次延期；

6. 项目执行过程中成果出版等方面有涉外问题；

7. 终止项目研究；

8. 撤销项目；

9. 其他重要事项的变更。

第二十三条 凡有下列情形之一者，由省社会科学规划办公室撤销项目：

1. 研究成果有严重政治问题；

2. 研究成果学术质量低劣；

3. 第一次鉴定未能通过，经修改后重新鉴定仍未获通过；

4. 剽窃他人成果，弄虚作假；

5. 逾期不提交延期申请或多次延期仍不能完成；

6. 严重违犯财务制度。

被撤销项目的项目负责人三年内不得申请新项目。

第二十四条 凡接受资助的课题，均须在完成后对其成果进行结项验收。

1. 公开出版的专著类成果以出版单位的审查意见为鉴定结论。出版单位同意出版，即视为通过鉴定并填写结项书完成结项手续。出版单位不同意出版即视为未通过鉴定。政治性、政策性强的专著，须经省社会科学规划办公室会同出版单位共同鉴定后方可出版。

2. 研究报告的鉴定一般采用聘请同行专家通讯鉴定的方式，由省社会科学规划办公室组织专家鉴定。

3. 每个项目须由3名以上专家进行鉴定。通讯鉴定专家一般应具有高级专业技术职务或相当于高级专业技术职务，有较高的学术水平。

4. 课题组不能参与选择本项目的鉴定专家，鉴定组织者须对鉴定专家的人选、鉴定过程中的具体内容严格保密。

第四章 鉴定验收与成果推广

第二十五条 课题完成后，课题负责人要及时填报《结项审批书》。结项时，须报送5份成果由省社会科学规划办公室统一安排鉴定验收。鉴定验收合格者，由省社会科学规划办公室发给"青海省哲学社会科学规划项目成果证书"，方能正式结项。

第二十六条 具备下列条件之一者，可免于鉴定：

1. 获得省部级二等以上奖励；

2. 涉及党和国家的机密不宜公开，但成果已得到有关部门的认可；

3. 提出的理论、政策、建议等被省部级以上党政领导机关采纳。

属于上述情况者，仍须填写《结项审批书》，注明免于鉴定的理由，并将有关证明材料和最终成果报省社会科学规划办公室。

第二十七条　验收合格的省哲学社会科学规划项目最终成果，在正式出版或报送时，须在醒目位置标明"青海省 XXXX 年哲学社会科学规划项目"字样，作为参加社会科学评奖的条件之一。

第二十八条　由省社会科学规划专项基金资助的课题研究成果，应积极采取各种措施进行推广，推动学术交流和成果转化，以充分发挥其在三个文明建设和和谐社会建设中的作用。对社会主义现代化建设具有重要作用并可能产生重大经济效益和社会效益的研究成果，省社会科学规划办公室向有关部门推荐，促使其发挥应有的效益。

要努力通过各种新闻媒体，广泛宣传哲学社会科学规划项目的成果及转化后的效益，扩大其影响。省社会科学规划办公室不定期编发《青海省哲学社会科学规划项目成果选编》。

第二十九条　未尽事项将另行制定具体办法和措施或根据实际情况研究解决。

第五章　附　则

第三十条　本办法的解释权和修改权属省社会科学规划领导小组。

第三十一条　本办法自公布之日起试行。2001 年 6 月 8 日颁行的《青海省社会科学规划项目管理办法》同时废止。

编 后 记

《青海省志·社会科学志（1993—2010）》是《青海省志·社会科学志》（古代至1992年卷）的续志，也是《青海省地方志工作总体规划（2006—2015年）》中计划编纂的61部专业志中的一部，由青海省社科院牵头编纂。由于种种原因，志书的编纂工作启动较晚。2018年5月，省政府召开全省地方志编纂"两全目标"工作调度会后，青海省社科院党组认真贯彻落实会议要求，将《社会科学志》编纂工作纳入单位重点工作，正式启动了志书的编纂工作。

《社会科学志》的编纂大致经过了以下几个阶段。

第一阶段：组建机构、制定方案、落实人员、动员部署阶段。2018年5月，在青海省社科院党组的推动下，组建了《社会科学志》编纂委员会、编纂办公室，编纂委员会吸收了各参编单位相关领导，并由编纂办公室负责制定编纂工作方案。编纂工作方案编制完成后，经编纂委员会多次讨论修改审定后，上报省地方志编纂委员会办公室审定。同时，编纂办公室协调省社科联、青海师范大学、省委党校、青海民族大学、青海大学等参编单位，落实了编写人员。

第二阶段：分解任务、培训作者阶段。2018年10月，编纂委员会召开《青海省志·社会科学志》编纂工作会议，编纂办公室就编纂工作方案起草、编纂体例、篇目设计、作者安排等做了说明，参会人员就志书篇目设计、编纂步骤等提出了修改完善意见。11月，编纂办公室组织召开编纂作者培训会议，就如何编纂志书工作做了详细全面的培训辅导，并对写作时间、范围、主题、对象、资料收集等提出了具体要求。

第三阶段：资料搜集与志稿编写阶段。鉴于社科工作涉及各学科研究和业务管理工作，不同于其他行业业务工作的特点，编纂委员会将资料搜集与志稿撰写作为一个整体来推进。2018年11月以后，志书编纂进入资料搜集与志稿撰写阶段，各参编单位编写人员全力以赴搜集资料，在对收集的资料进行校订、修改、补充、鉴别、考证的基础上，陆续转入志稿撰写阶段。编纂委员会按照《第二轮〈青海省志〉编目大纲》的规定，将志书的下限由2017年调整为2010年，根据志书质量规定增设"社会科学学者"一章，按"获特殊荣誉称号的社会科学专家""社会科学高级职称学者简表"两个类别进行辑录。2019年8月底，志稿初稿全部完成。

第四阶段：分纂与总纂阶段。2019年8月6日，编纂委员会召开分纂总纂工作会议，根据省社科院人事调整实际，增补了一名编委会副主任（副主编），进一步充实和加强了编纂委员会的力量，决定志书主编陈玮教授、孙发平研究员和志书副主编马起雄副院长、代辛副院长根据研究专长，分章对志稿进行总纂统稿工作。其间，各总纂责任人积极与各章节作者反复沟通，提出明确的修改完善意见，按照志书规范与要求对志稿做了认真细致的修改完善。2020年3月18日，由于人事变动，省社科院党组研究决定，增补索端智教授为编委会主任，《青海省志·社会科学志》编委会主任由陈玮教授、索端智教授两位同志担任；主编由陈玮教授、孙发平研究员两位同志担任；副主编由马起雄副院长、代辛副院长、张生寅研究员三位同志担任。为进一步提高志书质量，编纂办公室还函请省社科联、省委党校、青海师范大学、青海民族大学、青海大学对志稿进行审阅，并补充有关重大科研活动和重要学术活动内容。

第五阶段：审查与验收阶段。志稿初稿编写完成后，于2020年1月由编纂委员会组织了初审，初审专家组一致同意通过初审。之后，根据初审专家组意见，编纂委员会组织人员对志稿进行了认真修改。3月20日，编纂委员会组织召开复审会，复审专家组一致同意通过复审。会后编纂办公室于4月17日召开了志书复审意见讨论会，进一步明确了志书的修改内容。4月22—24日编纂办公室召开了复审修改推进会，通过单对单、面对面的方式对所有章节作者提出了具体的修改意见。经过全体作者的不懈努力，5月21日基本完成修改任务。为进一步提升编纂质量，彻底解决志稿复审稿中存在的内容重复问题，编纂委员会又组织志书主编、副主编于5月23—26日赴民和对志稿进行了封闭式集中编纂与统稿，最终形成终审稿。7月23日，青海省地方志办公室组织召开终审、验收会，专家组一致同意通过终审、验收。7月27日、8月4日，编纂办公室召开志稿修改会议，着重对章节顺序、部分章节设置、附录内容调整进行了研究，提出了部分章节修改补充的具体意见。8月10—19日，陈玮教授、孙发平研究员对志稿进行了最后的修改、审定。8月20日，志稿全部定稿，并上报青海省地方志编纂委员会批准，提交出版社出版。

《青海省志·社会科学志》是一部集体成果，全志除概述、大事记、附录外，共设23章，计70万字。概述、大事记、附录及各章的撰写者如下。概述：张生寅、鲁顺元；大事记：李卫青；第一章：朱学海、王亚波；第二章：杜青华、杨军（经济所）、王礼宁；第三章：薛红焰、周雅安、董华朋；第四章：梁代生、王多昕；第五章：高永宏、娄海玲；第六章：马文慧、索南诺日、拉毛措；第七章：毕艳君、胡芳；第八章：郭华、张生寅、祁炳乾；第九章：张明霞、李婧梅；第十章：鄂崇荣、于晓陆、朱奕瑾、韩得福、吉乎林；第十一章：鄂崇荣、朱奕瑾、韩得福；第十二章：谢热、李臣玲；第十三章：解占录、云公保太；第十四章：肖永明；第十五章：刘大伟；第十六章：丁生东、陈永涌；第十七章：马梦玲；第十八章：甘泉、商文娇；第十九章：张前；第二十章：窦国林、邓玉兰、岳文莉、李英、铁雪莲、张海霞、马超英、张小燕、朱彩萍；第二十一章：河生花、贾存成、石阳、韩学历；第二十二章：杨军（文献信息中心）；第二十三章：李芳琴；附录：韩学历。书中图片由杨军（文献信息中心）收集。

本志在编纂过程中得到了相关单位和各级领导的关心、指导和帮助。编纂工作启动之际，为解决经费短缺的困难，杨逢春副省长亲自协调解决编纂经费，省财政厅给予积极支持。省地方志办公室始终关心支持志书编纂工作，杨松义主任及时协调解决编纂中遇到的困难，各相关处室对编纂工作给予积极支持和及时指导。省社科联、青海师范大学、省委党校、青海民族大学、青海大学等参编单位领导和参编人员，对志书编纂给予大力支持，使得志书能够在较短时间内顺利编纂完成。杨逢春、杨松义、魏守良、马廷旭、王向明、王昱、崔永红、马成俊、李泰年、李广斌、李勇、云公保太、赵春娥、李清、董得华、张堰翔、庞宁涛等专家学者及相关领导，先后参加初审、复审、终审及验收，提出了十分宝贵的修改意见，对提升志书质量发挥了重要作用。自志书编纂工作启动以来，青海省社科院党组高度重视并全力支持志书编纂工作，各位编委会主任及志书主编、副主编在精心组织和推进编纂工作的同时，承担志稿分纂与总纂任务。编纂委员会、编纂办公室各位领导及工作人员在组建机构、制定方案、落实人员、培训作者、组织撰稿、总纂统稿、审查验收、出版发行的各环节，做了大量艰苦细致的工作，为按时高质量完成志书编纂任务做出了积极贡献。编纂办公室主任孙发平统筹安排志稿编纂事务，编纂办公室工作人员窦国林承担了联络和志稿汇总、校对、排版工作，为志稿编纂付出了艰辛劳动。在此，对上述关心、支持和参与志书编纂的各位领导、专家、作者及工作人员表示诚挚的谢意！

由于社会科学研究涉及的学科及成果十分庞杂，加之编纂任务重、时间紧，本志在编纂体例、篇目设计、资料收集、成果分类、研究综述等方面仍有许多不足之处，衷心祈望广大读者给予批评、指正。

《青海省志·社会科学志》编纂委员会

2020 年 8 月 27 日